中国图书馆年鉴 2016

ZHONGGUO TUSHUGUANNIANJIAN

中国图书馆学会
国家图书馆 编

国家图书馆出版社
National Library of China Publishing House

图书在版编目(CIP)数据

中国图书馆年鉴. 2016/中国图书馆学会，国家图书馆编. --北京：国家图书馆出版社，2017. 3

ISBN 978 - 7 - 5013 - 6036 - 9

Ⅰ. ①中…　Ⅱ. ①中…　②国…　Ⅲ. ①图书馆事业—中国—2016—年鉴　Ⅳ. ①G259. 2 - 54

中国版本图书馆 CIP 数据核字(2017)第 000335 号

书　　名　中国图书馆年鉴 2016

著　　者　中国图书馆学会　国 家 图 书 馆　编

责任编辑　金丽萍　高爽　唐澈

出　　版　国家图书馆出版社(100034　北京市西城区文津街 7 号)
(原书目文献出版社　北京图书馆出版社)

发　　行　010－66114536　66126153　66151313　66175620
66121706(传真)　66126156(门市部)

E-mail　nlcpress@nlc. cn(邮购)

Website　www. nlcpress. com ──→投稿中心

经　　销　新华书店

印　　装　北京鲁汇荣彩印刷有限公司

版　　次　2017 年 3 月第 1 版　2017 年 3 月第 1 次印刷

开　　本　889×1194(毫米)　1/16

印　　张　38　彩插:2

字　　数　1033千字

书　　号　ISBN 978 - 7 - 5013 - 6036 - 9

定　　价　340. 00 元

编辑说明

1.《中国图书馆年鉴》是反映中国图书馆事业年度发展状况的大型资料工具书。首卷出版于1996年,反映1990年至1995年间的情况。自1999年始,编辑出版周期为隔年一卷,包括1999年卷、2001年卷、2003年卷以及2005年卷。自2006年卷起,改为每年编辑出版一卷。

2.《中国图书馆年鉴》自2007年卷起,由中国图书馆学会、国家图书馆联合主办,编纂工作由国家图书馆研究院《中国图书馆年鉴》编辑部主持。

3.《中国图书馆年鉴2016》反映2015年中国图书馆界的发展状况。

4.《中国图书馆年鉴2016》的动态性信息由全国各省、自治区、直辖市图书馆学会、中国图书馆学会各分支机构及所属各专业委员会、相关专业机构或教学研究机构提供。年鉴的统计资料来自文化部、地方文化行政部门、专业协作组织、中国图书馆学会高校图书馆分会以及有关专业机构。年鉴的参考性、指南性资料,由年鉴编辑部组织整理编辑,并得到中国图书馆学会编译出版委员会年鉴编辑出版专业委员会的指导。专文由年鉴编纂工作委员会确定选题、特邀作者撰写。

5.《中国图书馆年鉴2016》正文采用分类编辑法。全文由纪事、专文、图书馆事业、学术研究与活动、法律法规与政策性文件、专业文献、统计资料、年度大事记、图书馆活动图辑、索引等几大部分构成。

编辑说明

《中国图书馆年鉴》主办与编纂单位

主　　办　中国图书馆学会　国家图书馆

编　　纂　国家图书馆研究院《中国图书馆年鉴》编辑部

《中国图书馆年鉴》编纂工作委员会

《中国图书馆年鉴》编辑部

编辑部联系方式：

地　　址：北京中关村南大街 33 号　国家图书馆研究院《中国图书馆年鉴》编辑部

邮　　编：100081

电　　话：(010)88544057

电子邮箱：zgtsgnj@nlc.cn

联 系 人：程　鹏　王旭东

本卷特约专文作者（按姓氏笔画排列）

王天乐　王海明　刘宇初

本卷撰稿人（按姓氏笔画排列）

马　丽　马　迎　马　骏　马兰芳　马红月　马丽军　马秀峰　马祥涛　马慧艳
文一叶　方　丽　牛　宇　王　芹　王　佳　王　波　王　茜　王　哲　王　莉
王　琳　王云祥　王兰伟　王安芝　王丽琴　王伯秋　王希样　王国强　王玲玲
王晓华　邓　茜　邓淑敏　冯新照　卢　玮　史秀珍　尕藏才让　左都雯
田　丹　田　颖　龙子华　伍舜璎　伏　琰　伦志军　刘　芳　刘　莉　刘　源
刘　鹏　刘玉萍　刘作晶　刘洁萍　刘晓云　刘晓兰　刘雪平　刘韩萍　吕　鹏
吕秋培　孙小满　孙长征　孙革玲　朱　强　朱本军　朱成香　朱隽嘉　江建忠
祁东峰　邢小芳　齐健扉　严　真　何　芳　何先进　何杰锋　何瑞华　余　兵
吴　荇　吴汉华　宋姬芳　宋福燕　张　帅　张　丽　张　利　张　宏　张　亮
张　虹　张　野　张小野　张世彤　张建荣　张若冰　张倩竹　张莉莉　张淑琼
张惠君　张雅妮　张慧蕊　张毅宏　时　新　李　抒　李　娜　李　香　李　莉
李文革　李永刚　李玉杰　李丽霞　李晓萌　李望博　李盛福　李维杰　李雅玲
李德胜　杜丽莎　杨　凡　杨　华　杨庆怀　杨岭雪　杨雨辰　杨洪江　汪　滨
汪淑梅　沈　静　苏文珠　邹序明　陆桂安　陈　华　陈　洁　陈　晶　陈　慧
陈小清　陈云鹏　陈敏仪　陈嘉乐　周　沛　周小磊　周建勇　周晓军　国博鸣
孟家如　宗　影　岳慧艳　林　英　林宏磊　林建华　武　霞　武锦丽　武巍泓
者凤莲　范志峰　郎多闻　郑刘美莉　金仙花　金美丽　金晓明　侯国柱
罗　欢　哈马小亮　姚　勤　姚文莉　姚晓霞　施　静　段蓓虹　胡　波
胡京波　赵　燕　赵冬梅　赵国良　赵青杏　赵新萍　郝明洁　郝继英　骆建成
倪海燕　夏雨雨　徐　志　徐　坤　徐　浪　徐志荣　秦庆涛　秦晓婕　贾红英
贾晓斌　郭　坚　郭建瑛　郭祥文　顾沿泊　高　岩　高　巍　高乃英　曹安阳
曹国强　曹洪欣　梁　勇　梁金平　菊秋芳　黄　健　黄　艳　黄曼华　黄维茜
喻　磊　彭　杰　温晓红　程　晟　董　隽　董春花　谢　萍　韩延彬　蒲　叶
靳艺星　鲍国葆　廖　佳　廖　源　廖叶丽　熊　陈　翟东航　蔡伟昌　蔡淑敏
赫　青　樊　晶　潘　伟　潘小芳　潘雅茵　薄海涛　霍彩玲　戴　哲　魏　进

◆ 12 月 16 日，出席 2015 年中国图书馆年会开幕式的领导为 2015 年“中国图书馆榜样人物”颁奖

◆ 1 月 23 日，中国古籍保护协会成立大会在国家图书馆召开，文化部党组副书记、副部长杨志今出席大会并为中国古籍保护协会揭牌

◆ 4 月 23 日，国家图书馆馆长韩永进、北京师范大学教授王宁及读者代表一起开启公共开放课程平台“国图公开课”

◆ 5 月 27 日，国家图书馆主办的“炫彩童年——中国百年童书展”在国家典籍博物馆开幕

◆ 6 月 11 日，“我与中华古籍”摄影大赛优秀摄影作品巡展启动仪式在河北省图书馆举行，国家古籍保护中心、中国图书馆学会和中国古籍保护协会联合各省、自治区、直辖市文化厅（局）在全国开展此次巡展活动

◆ 6 月 30 日，国家图书馆人民法院分馆开馆

◆ 8 月 14 日—9 月 20 日，“不朽的长城——纪念中国人民抗日战争暨世界反法西斯战争胜利 70 周年馆藏文献展”在国家图书馆举办，文化部党组书记、部长雒树刚出席开幕式并宣布展览开幕

◆ 8 月 18—20 日，“冯仲云图书馆”揭牌暨“重走抗联路”主题纪念活动在黑龙江省兴隆林业局举办

◆ 9 月 25 日，“铁军魂 · 中华情——纪念中国人民抗日战争胜利七十周年图片摄影展”在国家图书馆开幕。开幕式上，开国将军乔信明、于玲夫妇创作的长篇纪实小说《掩不住的阳光》手稿正式捐赠国家图书馆

◆ 10 月 14 日，“甲骨文记忆”展览在国家典籍博物馆开展

◆ 11 月 9 日，国家古籍保护中心召开《中华古籍保护计划“十三五”时期规划纲要》专家审议会

◆ 12 月 10 日，国家图书馆集中首发《国际检察局讯问记录》《抗日战争史料丛编：第二辑》及《中华抗战期刊丛编》三套大型抗日文献

◆ 12 月 22 日，国图艺术中心首次以众筹模式举办演出活动——纽约哈莱姆合唱团创团 20 周年亚洲巡演北京音乐会

◆ 4 月 9 日，中国图书馆学会第九次全国会员代表大会在北京召开

◆5 月 21 日，中国图书馆学会第五届百县馆长论坛在福建晋江召开

◆6 月 17 日，全国数字图书馆建设与服务联席会议第十六次会议在上海崇明县图书馆召开

◆4 月 17 日，第五届北京换书大集在首都图书馆举行

◆9 月 24 日，“原创十年 · 绘本原画展”在首都图书馆举办

◆11 月 19 日，京津冀图书馆联盟成立签约仪式在河北省图书馆举行

◆ 5 月 18—23 日，全国图书馆阅读推广的理论与实践高级研修班在河北省图书馆举办

◆ 3 月 7 日，唐山市图书馆举办唐山地域文化知识讲座

◆ 6 月 5 日，武安市图书馆举办汉字听写大赛

◆ 5 月 13 日，廊坊职业技术学院第六届读书月启动

◆ 1 月 1 日，山西省图书馆举办新年古琴音乐会

◆ 6 月 20 日，山西省图书馆举办“2015 少儿端午经典诵读会”

◆ 9 月 3 日，纪念中国人民抗日战争胜利 70 周年朗诵音乐会在山西省图书馆举行

◆ 4 · 23 “世界读书日” 活动启动仪式上，“太原市图书馆公众微信平台” 正式开通

◆ 2015 年，太原市图书馆与新华书店跨界合作，在省内首创 “你选、我购、图书速借” 服务模式，受到市民读者广泛好评

◆ 4 月 23—30 日，内蒙古图书馆举办首届换书活动

◆ 11 月 1 日，内蒙古图书馆少儿馆完成全新升级改造并向公众免费开放

◆ 12 月 15 日，内蒙古图书馆首次参加中国图书馆年会展览会并展示该馆首创实施的“彩云服务”和“数字文化走进蒙古包”工程所取得的成果

◆ 6 月 19 日，呼和浩特市图书馆理事会成立大会召开

◆ 9 月 13 日，内蒙古自治区图书馆学会第七次会员代表大会在鄂尔多斯市召开

◆ 11 月 23 日，阿拉善博物馆、盟图书馆、盟群艺馆理事会成立授牌仪式举行

◆ 8 月 29 日，呼伦贝尔市图书馆主办的“美丽的呼伦贝尔”摄影展在蒙古国开展

◆ 7 月 29 日，辽宁省图书馆举办“探新馆读者体验活动”

◆ 3 月 17 日，辽宁省图书馆、莫斯科中国文化中心、俄罗斯国立图书馆共同举办的“中国传统节日系列图片展”在俄罗斯国立图书馆开展

◆ 10 月 19 日，辽东北五市第 22 届图书馆学术研讨会在沈阳召开

◆ 11 月 25 日，“《圆明园四十景》原件再造文化特展”在辽宁省图书馆开展

◆ 12 月 31 日，辽宁省图书馆举办 2015 年读者联谊会

◆ 11 月 17 日，长春市宽城区图书馆针对弱势群体举办“阅读改变人生”读书会

◆ 4 月 17 日，延边图书馆“中国朝鲜文全文数据库项目”启动

◆ 4 月 23 日，延边图书馆和延边群众艺术馆共同举办“中华国粹文化大讲堂——京剧赏析”讲座

◆ 8 月 6 日，延吉市少年儿童图书馆举办朝鲜语作文讲堂现场写作比赛

◆ 2015 年，桦甸市图书馆开展“经典阅读 · 开启智慧人生”阅读推广主题活动，将经典名著送到乡村小学

◆ 5 月 12 日，吉林省高校图书馆首届阅读推广案例大赛在长春工程学院图书馆举行

◆ 4 月 23 日，“书香中国 · 龙江读书月”暨黑龙江省全民阅读活动启动仪式在省图书馆举行

◆ 5 月 22 日，“2015 年春雨工程——文化共享志愿者边疆万里数字文化长廊行”活动启动仪式在黑龙江省抚远县举行

◆ 9 月 15 日，中俄图书馆学术研讨会在黑龙江省图书馆召开

◆ 2015 年，黑龙江省图书馆“龙江讲坛”被中共中央宣传部评选为基层理论宣讲先进集体

◆荣获“2015 最美基层图书馆”称号的绥芬河市图书馆开展对俄文化交流活动

◆3 月 28 日，2015 年上海市民文化节“家文化”系列活动在上海图书馆启动

◆4 月 22 日，上海图书馆与市妇联共同启动“地铁 i 阅读”女性读书活动

◆4 月 25 日，上海图书馆、新疆新闻出版广电局与上海市新闻出版局联合启动“新疆日”系列活动

◆5 月 27 日，《盛宣怀档案选编》一百卷出版首发座谈会在上海图书馆举行

◆7 月 28 日，“三毛”漫画形象诞生 80 周年纪念座谈会在上海图书馆召开

◆ 10 月 22—23 日，2015 竞争情报上海论坛在上海图书馆召开

◆ 11 月 16 日，“生前身后——上海图书馆藏人物文献展”在上海图书馆开展

◆ 12 月 4 日，大数据与公共数字文化服务研讨会暨文化部公共文化研究上海图书馆基地揭牌仪式在上海图书馆举行

◆ 12 月 19 日，《翁同龢日记》稿本等珍贵文献正式入藏上海图书馆

◆ 6 月 19 日，上海少年儿童图书馆联合企业共同发起“带着童书回家乡”活动，1000 个爱心小书包送达 10 余所农民工子弟学校

◆ 4 月 23 日，南京图书馆举办第六届“南图阅读节”主题论坛

◆ 4 月 23 日，常州市图书馆举行成立 111 周年馆庆暨常州市政协文史馆开馆仪式

◆ 4 月 23 日，如皋市少儿图书馆成立如师附小分馆

◆ 8 月 14 日，江苏省公共图书馆馆长培训班在盐城举办

◆ 8 月 21 日，扬州市图书馆举办的"七彩的夏日"青少年科技文化夏令营开营

◆ 10 月 11 日，金陵图书馆举办的首届读者节活动中读者载歌载舞

◆靖江市图书馆 24 小时自助馆——马洲书房

◆南通市图书馆新馆外景

◆改造后的张家港市少儿图书馆内景

◆ 4 月 19 日，“五水共治　两美浙江——水之美人之梦”大型朗诵活动在浙江图书馆举行

◆ 5 月 7 日，国家级古籍修复技艺传习中心浙江传习所在浙江图书馆孤山分馆揭牌

◆ 8 月 16 日，艺术与文献国际学术研讨会暨张宗祥先生逝世五十周年纪念会在浙江图书馆召开

◆ 9 月 19 日，“文化共享　结伴礼堂——浙江省文化共享工程农村文化礼堂行”启动

◆ 10 月 20—22 日，浙江省图书馆学会第十四次（2015）学术年会在海宁举行

◆ 10 月 13 日，第三十二届国际盲人节“心阅风景　爱促融合”大型主题公益活动在钱江新城举行

◆ 10 月 22 日，“公共图书馆：社会教育与市民终身学习”国际研讨会在杭州图书馆开幕

◆ 12 月 21 日，浙江图书馆首届理事会成立仪式在浙江图书馆举行

◆海宁市图书馆新馆外景

◆宁波市镇海培菊图书馆外景

◆温州市龙湾区图书馆新馆外景

◆5月7—8日，2015年浙江省高校图书馆馆长工作会议在浙江传媒学院举行

◆1月27日，安徽省图书馆、合肥市图书馆在中建四局六公司工地联合开展“关爱农民工 书籍送温暖”赠书活动

◆5月17日，4位学者做客在安徽省图书馆举行的2015年湘鄂赣皖四省图书馆联盟巡回讲座，讲座主题为“上善若水——湘鄂赣皖名湖文化解读”

◆ 6月13日，2015“我与中华古籍”摄影大赛优秀摄影作品巡展在安徽省图书馆开展

◆ 6月28日，安徽省图书馆联合安徽商报等单位在省馆开展“爱心一日捐”大型公益活动——为贫困孩子募捐图书

◆ 7月7日，合肥地区新四军老战士风采展在安徽省图书馆举办

◆ 8月9日，残障人士读书文化日活动之“肢残人康复锻炼讲座”在安徽省图书馆举办

◆ 8月21日，2015年新安·利群阳光助学行动寒门学子报告会及助学金发放仪式在安徽省图书馆举行

◆ 9 月 24—25 日，安徽省 2015 年全省图书馆阅读推广学术研讨会在蚌埠召开

◆ 12 月 8 日，在安徽省图书馆召开的湘鄂赣皖四省公共图书馆联盟工作推进会上完成四省联盟轮值馆交接仪式

◆ 12 月 9—11 日，文化部三大数字文化工程安徽技术培训班在安徽省图书馆举办

◆ 6 月 20 日，“我与中华古籍”摄影大赛优秀摄影作品巡展在福建省图书馆正谊书院开展

◆ 4 月 19 日，“读吧，福建”2015 年世界读书日阅读推广活动启动

◆ 8 月 1 日，新加坡国家图书管理局向厦门市图书馆赠书

◆ 8 月 25—27 日，2015 年全国少儿阅读峰会在福建厦门召开

◆ 9 月 11 日，日本“谏早市图书馆友会”发起人愿能良一访问漳州市图书馆并赠送图书

◆ 11 月 20 日，闽赣两省高校图书馆联盟暨网络信息化建设学术研讨会在福州大学图书馆召开

◆ 4 月 15 日，“网络书香 · 数字图书馆建设与服务”宣传推广项目（江西站）系列活动在抚州市启动

◆ 9月16日，湘鄂赣皖四省公共图书馆联合调研活动江西站在江西省图书馆启动

◆ 10月21日，“互联网+”时代图书馆资源建设学术研讨会在南昌举行

◆ 11月17日，江西省公共图书馆“十三五”规划研讨会召开

◆ 12月29日，2015江西省公共图书馆工作会议在南昌召开，会上颁发公共数字文化服务先进单位等奖项奖牌

◆赣州市石城县图书馆流动图书车开展服务

◆ 8 月 31 日，兴国县图书馆在兴国县将军广场举办纪念抗战胜利 70 周年图片展

◆ 10 月 28 日，CALIS 江西省中心开展“一战成名，谁与争锋”知识竞答

◆淄博市图书馆新馆外景

◆ 4 月 16 日，河南省高校图书馆 2015 年馆长会议在郑州召开

◆ 11 月 6 日，2015 海峡两岸暨港澳图书馆学情报学期刊发展论坛在河南省图书馆召开

◆ 3 月 20 日，湖南省最大的自助图书馆——湖南图书馆 24 小时自助图书馆经提质改造后重新开放

◆ 3 月 31 日，湖南图书馆理事会成立

◆ 4 月 21 日，湖南图书馆在宁乡县贫困山区小学举办“传递温暖 爱心圆梦”活动

◆ 12 月 9 日，湖南图书馆口述历史小组人员采访亲身经历湘西剿匪的 86 岁老人罗志鹏

◆ 12 月 27 日，“册府千华——湖南省藏国家珍贵古籍名录特展”在湖南图书馆开展

◆ 11 月 29 日，在“书香湖南——2015 年全省少年儿童中国梦汉语美”诵读展演活动中，株洲市代表队表演国学经典诵读节目《诗经 · 卫风 · 木瓜》

◆ 6 月 8—12 日，数字图书馆推广工程 · 全国图书馆参考咨询协作网图书馆参考咨询业务培训班在广东省立中山图书馆举办

◆ 9 月 24 日，“百纳璐诗杯”首届全国听障演讲比赛决赛暨颁奖典礼在广东省立中山图书馆举行

◆ 10 月 14—16 日，广东图书馆学会第十二次会员代表大会在深圳市宝安区图书馆举行

◆ 10 月 15 日，首届广东省公共图书馆业务知识大赛总决赛在深圳市宝安区图书馆举行，曹树金副理事长为一等奖获奖队伍颁奖

◆ 11 月 11 日，中山大学学人文库开放仪式在该校南校区图书馆举行

◆ 12 月 15 日，国家级古籍修复技艺传习中心广东传习所揭牌暨拜师仪式在广东省立中山图书馆举行

◆ 12 月 17 日上午，2015 年中国图书馆年会“公共图书馆法制建设”主题论坛在广州市白云国际会议中心举行

◆ 10 月 28—29 日，民国时期文献保护计划宣传推广活动（广西站）系列活动在广西壮族自治区图书馆举行

◆ 5 月 23 日，海南省“2015 年春雨工程——文化共享志愿者边疆万里数字文化长廊行”启动仪式在省图书馆举办

◆ 8 月 13 日，“家风家教万里行”系列互动直播惠民服务活动在海南省图书馆启动

◆ 11 月 16 日，韩国济州特别自治道汉拿图书馆馆长洪荣基一行到海南省图书馆参观访问

◆ 11 月 19 日，2015 鲁豫皖赣新琼图书馆学（协）会学术年会在海口召开

◆ 3 月 19 日，海南省高校图工委召开 2015 年工作会议，全面部署“十三五”规划和“十二五”评估工作

◆ 7 月 24 日，文化共享工程重庆市分中心联合各区县图书馆开展蒲公英梦想书屋走进贵州省紫云县活动

◆ 10 月 24 日，重庆市图书馆学会、重庆市高校图工委第七届学术研讨会召开

◆ 11 月 4 日，第三期全国古籍修复技术与工作管理研修班在重庆图书馆开班

◆ 12 月 26 日，重庆图书馆理事会正式成立

◆ 4 月 23 日世界读书日当天，四川省图书馆“巴蜀讲坛”在通江县举办讲座

◆ 11 月 23 日，《四川省图书馆、四川省中心图书馆藏汉文化交流项目五年规划（2016—2020）》专家论证会在成都召开

◆ 10 月 21 日，四川省绵阳市图书馆第二期中老年电脑公益培训班举行结业仪式

◆ 12 月 26 日，四川省委副书记、省委宣传部部长尹力宣布四川省图书馆新馆正式开馆，副省长黄彦蓉主持开馆仪式

◆四川省图书馆新馆内景

◆ 6 月 10—13 日，第三届中美高校图书馆合作发展论坛在四川大学举行

◆ 4 月 24 日，云南省图书馆学会到云南省女子一监开展阅读活动

◆ 12 月 27 日，云南省图书馆馆长王水乔在“云南文化大讲堂”作“认识图书馆　利用图书馆”专题报告

◆ 7 月 13 日，西藏自治区藏文古籍修复中心在拉萨正式挂牌成立

◆ 10 月 13 日，陕西省图书馆开展“关注乡村学生　分享阅读快乐”捐书助读活动，书法家曹京梅为学生现场书写墨宝

◆ 2015 年西安图书馆“两会”服务现场

◆ 3 月 22 日，甘肃省第三届图书馆—出版社文化论坛及新书现采会在甘肃省图书馆举办

◆ 4 月 27 日，甘肃图书情报界讲座展览联盟 2015 年度工作会议在甘肃省图书馆召开

◆ 7 月 28 日，图书馆法人治理结构建设培训班在兰州举办

◆ 7 月 29 日—8 月 5 日，“上等级图书馆学习交流培训班”学员在甘肃、陕西两省 11 家图书馆参观学习

◆ 10 月 16 日，2015 甘肃省图书馆学会年会在兰州召开

◆ 6 月 29 日—7 月 3 日，宁夏回族民间工艺美术品展首展在宁夏图书馆举行，民间传统技艺传承人现场进行工艺美术品制作展示

◆ 9月8日，广东省立中山图书馆馆长刘洪辉做客宁夏图书馆“塞上论坛”，主讲“图书馆阅读推广”

◆ 10月17日，中央电视台著名主持人敬一丹携新书《我遇到你》在宁夏图书馆与读者现场交流

◆ 3月5日，宁夏贺兰县图书馆举行元宵灯谜有奖竞猜活动，近万名群众参与

◆ 4月26日，新疆维吾尔自治区图书馆在和平都会分馆举办“网络书香少儿绘画比赛”颁奖典礼

◆ 8月7日，新疆“春雨工程——文化共享志愿者边疆万里数字文化长廊行”旗帜传递仪式在海拔4000米的塔什库尔干县红其拉甫边检站举行

◆ 7 月 23 日，在新疆维吾尔自治区图书馆举办的第四届中国新疆国际民族舞蹈节国际舞蹈大师课上，乌兹别克斯坦功勋文化工作者卡布洛夫娜携 3 位舞者作精彩演讲

◆ 9 月 16 日，数字图书馆推广工程“网络书香”阅读推广活动在阿勒泰地区哈巴河县举办

◆ 11 月 24 日，第二届新疆图书馆发展论坛在乌鲁木齐召开

◆ 1 月 11 日，乌鲁木齐市图书馆走进“两会”会场提供信息服务

◆ 5 月 15 日，乌鲁木齐市图书馆举办“共浴阳光 · 携手同行”助残日主题活动

◆ 8 月 30 日，乌鲁木齐市图书馆举办“天山珠玑——新疆优秀文学作品系列朗诵会第 23 场“铭记百年耻辱史　共筑千年强国梦——纪念中国人民抗日战争暨世界反法西斯战争胜利 70 周年文学作品朗诵会”

◆ 7 月 21—24 日，中国图书馆学会专业图书馆分会 2015 年学术年会在贵阳召开

◆ 9 月 24—25 日，2015 中国机构知识库学术研讨会在上海举行

◆ 10 月 19—20 日，2015 中国开放获取推介周在北京举行，中国科学院文献情报中心主任黄向阳致开幕词

◆ 3 月 18—19 日，计量科技文献信息检索与利用专题讲座在中国计量科学研究院举办，该讲座已纳入国家质检总局基层专业技术骨干集中培训内容

◆ 7 月 24—27 日，中国计量科学研究院文献馆赴西藏开展科技文献信息检索与利用能力提升培训，并向西藏自治区计量测试所赠送计量科技图书文献

China
Library Yearbook

中国图书馆 年鉴 2016

目 录

纪 事

专 文

图书馆事业

学术研究与活动

法律法规与政策性文件

专业文献

统计资料

年度大事记

纪　　事

公共图书馆法公开征求意见

公共图书馆数量少，公共图书馆选址远离人口密集区，公共图书馆设施陈旧缺乏管理……这些制约我国图书馆事业发展的问题，有望通过立法解决。根据国务院法制办12月9日公布的《中华人民共和国公共图书馆法（征求意见稿）》（以下简称《征求意见稿》），公共图书馆的捐赠者，可以获得图书馆的专题活动、馆舍及馆名等的“冠名权”。

为促进公共图书馆事业发展，《征求意见稿》明确，公共图书馆可以依法以捐赠者姓名、名称命名文献信息资源专藏或者专题活动。公民、法人或者其他组织设立的公共图书馆，可以依法以捐赠者的姓名、名称作为公共图书馆的馆名，或者命名图书馆的馆舍、其他设施。

此外，公民、法人或者其他组织依法设立公共图书馆或者向公共图书馆捐赠，可按照有关规定给予税收优惠和其他扶持政策；高等学校图书馆、科研机构图书馆以及政府设立的其他类型图书馆向公众开放的，国家给予必要的经费支持。

《征求意见稿》指出，国家要建立覆盖城乡、便捷实用的公共图书馆网络。县级以上地方人民政府需根据当地人口规模、分布等因素确定本行政区域内公共图书馆的数量、规模、结构和分布，并通过固定馆舍和流动服务设施、自助服务设施等方式为公众提供服务。公共图书馆内应设置少年儿童阅览区域，有条件的可以单独设立少年儿童图书馆。

公共图书馆应当免费向公众提供文献信息资源查询、借阅服务，免费开放公共空间设施场地，有条件的可以免费提供参考咨询服务。政府设立的公共图书馆还应当免费开展公益性讲座、培训、展览等阅读推广活动。政府设立的公共图书馆应当加强数字资源建设、配备相应的设施设备，为公众提供数字服务。

《征求意见稿》强调，公共图书馆应妥善保护读者的个人信息、借阅信息，不得出售或者非法向他人提供。

有关单位和各界人士可在2016年1月9日前，通过登录中国政府法制信息网（http://www.chinalaw.gov.cn）的意见征集系统，对《征求意见稿》提出意见。（《中国文化报》2015年12月11日第1版报道）

中办、国办印发《关于加快构建现代公共文化服务体系的意见》

中共中央办公厅、国务院办公厅日前印发《关于加快构建现代公共文化服务体系的意见》（以下简称《意见》），对加快构建现代公共文化服务体系，推进基本公共文化服务标准化均等化，保障人民群众基本文化权益做了全面部署。

《意见》强调，要按照全面建成小康社会的总体要求，构建体现时代发展趋势、适应社会主义初级阶段基本国情和市场经济要求，符合文化发展规律、具有中国特色的现代公共文化服务体系，为实现中华民族伟大复兴的中国梦提供强大精神动力和文化支撑。要以人民为中心，以社会主义核心价值观为引领，坚持正确导向，坚持政府主导、社会参与、共建共享、改革创新的原则，到2020年，基本建成覆盖城乡、便捷高效、保基本、促公平的现代公共文化服务体系。

《意见》提出，要统筹推进公共文化服务均衡发展。因地制宜、分类指导，建立基本公共文化服务标准体系，促进城乡基本公共文化服务均等化，推动革命老区、民族地区、边疆地区、贫困地区公共文化服务实现跨越式发展，保障老年人、未成年人、残疾人、农民工、农村留守妇女儿童等特殊群体享有基本公共文化服务。提升公共文化设施建设、管理和服务水平。

《意见》强调，要增强公共文化服务发展动力，推动文化事业和文化产业协调发展。引入市场机制，培育和促进文化消费，满足群众多样化的精神文化需求。进一步简政放权，吸引社会资本投入公共文化领域。建立健全政府向社会力量购买公共文化服务机制。鼓励和引导社会力量参与。培育和规范文化类社会组织，大力推进文化志愿服务。

《意见》指出，要加强公共文化产品和服务供给，提升公共文化服务效能。推进公共文化服务与科技融合发展，提升现代传播能力。建立公共文化服务体系建设协调机制，实现共建共享，提升综合效益。加大公益性文化事业单位改革力度，完善公共文化服务评价工作机制。建立健全公共文化服务财政保障机制。加强基层文化队伍建设。建立健全公共文化服务法律体系。

与《意见》一同印发的《国家基本公共文化服务指导标准（2015—2020年）》（以下简称《标准》），对各级政府应向人民群众提供的基本公共文化服务项目和硬件设施条件、人员配备等做出了明确规定。在《标准》的基础上，各地将从实际出发，制定适合本地区的实施标准，并落实保障资金。有关部门将加大监督检查力度，对《意见》和《标准》的落实情况进行督查。

（中央政府门户网站2015年1月14日报道）

教育部高等学校图书情报工作指导委员会四届三次工作会议召开

7月22—23日，第四届教育部高等学校图书情报工作指导委员会（以下简称“图工委”）第三次工作会议在辽宁省沈阳市召开。会议由图工委主办，辽宁大学图书馆承办。图工委委员、高职高专分委员会委员，各省、直辖市、自治区高校图工委秘书长等90余人参加会议。

开幕式由图工委副主任委员、清华大学图书馆馆长邓景康主持。辽宁大学副校长陆杰荣，辽宁省教育厅高教处处长杨为群，教育部高教司教学条件处副处长都昌满，图工委主任委员、北京大学图书馆馆长朱强分别致辞。都昌满在讲话中通报修订《普通高校图书馆规程》和编写《中国高等学校图书馆发展报告》（蓝皮书）两项工作的进展情况，并对图工委下一步工作提出要求。

随后，会议分四个议题展开。首先是围绕高校图书馆“十三五”规划的12个主题报告。兰州大学图书馆馆长沙勇忠的报告题目是“‘十三五’规划规划什么”，南京大学图书馆馆长计秋枫的报告题目是“南京大学图书馆‘十三五’规划设想”，海南省图工委秘书长詹长智的报告题目是“高校图书馆‘十三五’规划需要重点关注的几个问题”，东北师范大学图书馆馆长刘万国的报告题目是“‘十三五’图书馆面临的信息化环境前瞻”，江苏大学图书馆馆长卢章平的报告题目是“江苏省高校图工委对‘十三五’规划的思考”，贵州师范大学图书馆馆长张伟云的报告题目是“对贵州高校图书馆‘十三五’规划的思考”，重庆大学图书馆馆长彭晓东的报告题目是“大学图书馆变革的传承与创新”，西安交通大学图书馆馆长王元的报告题目是“iLibrary：西安交通大学的下一代图书馆”，哈尔滨医科大学图书馆馆长曲章义的报告题目是“我国国外学术数字期刊资源保障的困局及破解方案”，沈阳师范大学图书馆馆长王宇的报告题目是“高校图书馆阅读推广工作的规划与设计”，浙江建设职业技术学院图书馆馆长周云的报告题目是“新框架下高等职业院校图书馆发展探索”，辽宁大学图书馆馆长刘宁宁的报告题目是“关于图书馆文化建设的思考”。

其次，由各工作组依次报告一年来的工作进展和未来计划。清华大学图书馆馆长邓景康、四川大学图书馆馆长马继刚、北京师范大学图书馆馆长张奇伟、上海交通大学图书馆馆长陈进、西南交通大学图书馆馆长高凡、河南省图工委秘书长崔波、兰州大学图书馆馆长沙勇忠、海南省图工委秘书长詹长智、天津医学高等专科学校副校长赵蕴珍、北京大学图书馆馆长朱强，分别代表信息素养教育组、人力资源建设工作组、人力资源工作组、读者服务创新与推广工作组、文献资源建设工作组、馆舍与环境建设工作组、信息技术应用工作组、战略规划研究工作组、高职高专分委会、古籍和规程工作组做报告。

第三部分是主题研讨。全体委员分成五组讨论高校图书馆“十三五”规划问题，朱强、郭俊平（内蒙古工业大学图书馆馆长）、顾萍（南方医科大学图书馆馆长）、刘斌（大连理工大学图书馆副馆长）、卢兵（南京工业职业技术学院副院长）分别代表各讨论组做总结。中国教育图书进出口公司副总经理申水平介绍了该公司在按需印刷、数字资源开发等方面拓展的新服务。

闭幕式上，秘书长陈凌做会议总结。他回顾了都昌满副处长的讲话要点和会议各阶段的精彩内容，概要总结图工委各工作组一年来的工作进展和特点。作为CALIS管理中心的副主任，他介绍了CALIS的转型与可持续发展的思路，表示今后将把图工委和CALIS的工作结合得更好，使两者相互促进，开创更好的工作局面。

（摘编自教育部高等学校图书情报工作指导委员会网站，原作者王波）

2015 中国高校图书馆发展论坛召开

6月4日上午，2015中国高校图书馆发展论坛在武汉隆重开幕。本次论坛由中国图书馆学会高等学校图书馆分会（以下简称“高校分会”）主办，湖北省高等学校图书情报工作委员会、华中师范大学图书馆、《中国现代教育装备》杂志社共同承办。来自国内外的图书馆发展研究专家学者、全国各高校图书馆馆长共约450余人参会。会议主题为“大学图书馆服务能力的提升与拓展”，通过举办2场主论坛、6场分论坛开展学术讨论，同时举办图书馆设备展览和产品演示活动。

高校分会秘书长、中国人民大学图书馆副馆长宋姬芳主持主论坛（一）暨开幕式。华中师范大学副校长彭南生，教育部高校图工委委员、湖北高校图工委秘书长、武汉大学图书馆馆长王新才，中国图书馆学会副理事长、高校分会主任、北京大学图书馆馆长朱强分别致辞。主论坛邀请上海交通大学图书馆馆长陈进教授做题为“前瞻思考，创新转型”的主题报告，介绍基于“互联网+”时代的慕课与图书馆的结合；华中师范大学图书馆馆长李玉海教授做“高校图书馆PDA策略与方法”主题报告，主要介绍高校图书馆PDA建设的方法；上海图书馆副馆长刘炜教授则以“从被颠覆到颠覆者：未来十年图书馆信息技术应用前瞻”为题做报告，重点阐述未来图书馆的发展模式，要善于利用新技术、新方法促进自身发展；西安知先信息技术公司CEO、《电子设计工程》杂志社主编钱建立做“机构知识库&学科建设决策支撑”主题报告。

6月5日下午，香港中文大学（深圳）图书馆馆长张甲主持此次会议主论坛（二）暨闭幕式。朱强教授做题为“北京大学图书馆面向世界一流大学——2014—2018行动纲要”的主题报告，从目前高等教育的变化和北京大学发展战略说起，分别从经费、机构、人力资源建设与管理、资源、读者服务行动计划、馆舍空间、信息技术等方面，介绍北京大学图书馆配合学校建设世界一流大学中的行动纲要，给各高校图书馆“十三五”规划的制订提供借鉴与启示。北京中文在线教育科技发展有限公司副总经理杜嘉以“助力校园文化建设，打造数字书香中国”为题，介绍中文在线公司在推进数字阅读、打造书香中国以及高校数字阅读中所做的努力。

在头脑风暴环节，邀请清华大学图书馆副馆长窦天芳、重庆大学图书馆馆长彭晓东、华东师范大学图书馆副馆长李欣、加州大学戴维斯分校图书馆研究馆员李晓莉等7位嘉宾。参会代表踊跃提问，问题涉及图书馆的馆藏资源建设、管理组织、读者满意度、信息素养、空间改造、图书馆技术应用、“十三五”规划、隐私保护等，7位嘉宾给予翔实回答。

在颁奖环节，宋姬芳介绍本次论坛学术论文及应用案例征集与评审的基本情况。本次论坛共收到学术论文150篇、案例40份，在数量上远超往年。通过专家评审，共评选论文一等奖12篇、二等奖25篇、三等奖40篇，案例一等奖4份、二等奖10份、三等奖14份，同时还评选出本年度中国图书馆学会高校分会网站最佳新闻奖4名、最佳通讯员9名。会上对获奖代表进行颁奖。

最后，清华大学图书馆馆长邓景康做论坛总结。邓馆长介绍了本次论坛的筹备等基本情况，并对8个论坛的主要内容进行回顾与总结，指出本次论坛的意义与成效。

“中国高校图书馆发展论坛”作为中国高校图书馆领域的年度性大型论坛，迄今已在北京、成都、苏州、长春、西安连续成功举办五届，是高校图书馆领域的高峰盛会。论坛致力于探讨我国高校图书馆建设与发展的理论与实践，将宏观发展趋势与微观图书馆技术实践紧密结合。每届论坛都以深刻而富有前瞻性的主题、高层次的嘉宾演讲和丰硕的会议成果赢得高校图书馆界的一致关注和认可，以此推动我国高校图书馆事业的进步和发展。（摘编自中国教育装备采购网网站）

教育部等三部门联合印发《关于加强新时期中小学图书馆建设与应用工作的意见》

近日，教育部、文化部和国家新闻出版广电总局三部门联合印发《关于加强新时期中小学图书馆建设与应用工作的意见》（以下简称《意见》）。《意见》明确了新时期中小学图书馆的发展定位，针对当前不同程度存在的馆藏质量不高、与教育教学融合不够等突出问题，提出一系列具有针对性的工作举措。《意见》的实施对于充分发挥中小学图书馆保障教学、服务教学、改善教学功能，提高学生自主学习能力和终身学习能力，促进教师专业成长和学生全面发展具有重要作用。同时，对促进全民阅读、建设学习型社会和书香社会，丰富群众精神文化生活具有深远意义。

《意见》指出，中小学图书馆作为服务教育教学、教育科学研究的重要办学条件，是基本实现教育现代化的重要体现，是均衡合理配置教育资源的重要内容，是广大学生、教师获取信息资源不可或缺的重要途径，是落实立德树人根本任务、全面深化课程改革的重要阵地。要使图书馆与教育教学全面深度融合，成为学校信息资源高地和师生智慧中心、成长中心、活动中心。

《意见》提出，到 2018 年，有条件地区要按照学校建设标准补充新建图书馆，改善不达标图书馆，不具备条件的农村中小学、教学点要建有图书柜、图书角。到 2020 年，绝大部分中小学要按照国家规定标准建有图书馆。基本建成与深化课程改革、实施素质教育相适应的现代化中小学图书馆建设、管理和服务体系。

《意见》确立六项重点任务。一是推进基础条件建设。要求各地加快推进建设，逐步将中小学图书馆建设为设施齐全、功能完备、运转顺畅、服务便捷、使用高效的育人阵地和重要课堂。形成学校在“图书馆”中的良好氛围。二是确保馆藏资源质量。要求根据推荐目录选配图书。探索建立学生、教师读书反馈和评议推荐制度，遴选学生和教师心目中的好书。三是规范馆藏采购机制。要求各级教育、文化和新闻出版部门建立协作机制，完善管理制度。健全多方参与的采购机制，共同把好中小学图书馆馆藏采购质量关。四是不断提高信息化水平。要求逐步实现管理信息化和服务形式网络化，探索动态实现区域内图书馆纸质图书、报刊的联合采编，公共检索，馆际互借等功能。五是充分发挥育人作用。要求推进图书馆与学科教学有效结合、深度融合。培养学生搜集、整理、分析和选择信息资源的能力，提高学生信息素养。六是带动书香社会建设。提倡小学生每天课外阅读半小时、中学生每天课外阅读 1 小时。鼓励中小学图书馆向家长开放，提倡学生和家长共同读书、读同一本书，营造良好阅读氛围。

《意见》还对落实经费保障、强化队伍建设、纳入督导评估、加强组织领导等保障措施提出具体要求。（教育部网站 2015 年 6 月 1 日报道）

文化部等七部委印发《"十三五"时期贫困地区公共文化服务体系建设规划纲要》

近日，文化部、国家发展改革委、国家民委、财政部、新闻出版广电总局、体育总局、国务院扶贫办七部委共同印发了《"十三五"时期贫困地区公共文化服务体系建设规划纲要》（以下简称《规划纲要》），提出"十三五"时期贫困地区公共文化服务体系建设的总体目标是：公共文化服务能力和水平有明显改善，群众基本文化权益得到有效保障，基本公共文化服务主要指标接近全国平均水平，扭转发展差距扩大趋势，公共文化在提高贫困地区群众科学文化素质、促进当地经济社会全面发展方面发挥更大作用。

《规划纲要》指出，构建中国特色现代公共文化服务体系、实现基本公共文化服务标准化均等化，最艰巨、最繁重的任务在贫困地区。"十三五"时期加快推进贫困地区公共文化服务体系建设是服务脱贫攻坚大局、构建现代公共文化服务体系的重要任务，也是统筹城乡区域文化一体化发展、维护国家文化安全、保障人民群众基本文化权益、促进全体人民共享文化改革发展成果的重大举措，更是全面建成小康社会、构建社会主义和谐社会的迫切需要。

《规划纲要》实施范围为六盘山区、秦巴山区、武陵山区、乌蒙山区、滇桂黔石漠化区、滇西边境山区、大兴安岭南麓山区、燕山—太行山区、吕梁山区、大别山区、罗霄山区等区域的集中连片特困地区和已经明确实施特殊政策的西藏、四省藏区、新疆南疆四地州，以及连片特困地区以外的国家扶贫开发工作重点县，共计839个县，含民族自治地方县426个、革命老区县357个、陆地边境县72个，共有乡镇（街道）1.29万个，行政村14.2万个，总人口3.26亿，占全国人口的23.8%；总面积479.6万平方公里，占国土面积的49.9%，涉及22个省级行政区、167个地级行政区。

针对贫困地区公共文化建设存在的突出问题，《规划纲要》从完善设施网络、推动均衡发展、增强发展活力、提高服务效能、推进数字文化、加强队伍建设、加大文化帮扶、推动脱贫致富8个方面提出了具体任务，并设立了8个专栏，从公共文化基础设施建设、基本公共文化服务内容、公共文化服务效能、公共数字文化、人才队伍建设、文化帮扶等方面策划了29个项目，作为推动落实贫困地区公共文化建设主要任务的具体抓手。

《规划纲要》还从加强组织领导、推进精准建设、加大财政投入、加强考核评估4个方面提出了保障措施。（《中国文化报》2015年12月10日第1版报道）

中国古籍保护协会成立

1月23日，中国古籍保护协会第一次会员代表大会暨协会成立大会在国家图书馆隆重召开。文化部党组副书记、副部长杨志今出席成立大会并为中国古籍保护协会揭牌，文化部公共文化司司长张永新，国家图书馆馆长、国家古籍保护中心主任韩永进分别致辞，国家图书馆副馆长、当选协会会长刘惠平发言，傅熹年、安平秋、李致忠等国内著名古籍保护专家作为特邀顾问出席活动，来自国家图书馆、副省级以上公共图书馆和部分高校图书馆代表、社会团体和相关机构以及个人会员代表100余人参加会议。

大会选举中国古籍保护协会第一届理事会领导机构成员，审议通过《中国古籍保护协会章程》《协会会费标准及管理办法》和第一次会员代表大会决议。会上，民政部民间组织管理局副局长李勇宣读批准同意协会筹备成立的文件，文化部办公厅副主任陈丁昆宣布协会第一届理事会领导机构成员、常务理事及特邀顾问名单。目前，协会已有会员124人，其中单位会员77人、个人会员47人。大会还选举产生理事会理事62人，包括常务理事21人。

张永新在致辞中表示，中国古籍保护协会是由全国古籍收藏、保护修复、整理出版研究等有关企事业单位、社会团体和相关机构和个人自愿组成的全国性、行业性、非营利性社会组织，是加强行业自律，维护行业权益，促进行业发展的民间行业组织。发展公共文化行业协会组织，发挥协会的行业代表、行业服务、行业自律、行业协调作用，是社会主义市场经济条件下加快转变政府职能的重要要求，也是全面深化文化体制改革的重要内容。

韩永进在致辞中表示，中国古籍保护协会的重要职能代表了全面深化文化体制改革、政府转变职能、调动社会力量参与文化建设的大方向，也是正在实施“中华古籍保护计划”的国家古籍保护中心职能的有效补充，并可以与之形成良性互动的管理体制和工作格局。国家古籍保护中心作为政府主导全国古籍保护工作的业务组织实施单位，会全力支持协会的发展，按照各自的职能定位，相互支撑、优势互补，形成古籍保护工作的合力。

安平秋在发言中表示，一个学会、一个协会，它的作风，将影响该学会或协会的发展。很高兴看到《中国古籍保护协会章程》总则里面有一条是“加强行业的自律”的内容。这是非常重要、非常英明的。

刘惠平在发言中表示，中国古籍保护协会要以服务为宗旨，坚持依法办会、民主办会、科学办会，充分调动社会资源和民间力量，在文化部的领导和国家古籍保护中心的支持下，结合当前古籍保护工作实际，认真开展各项工作，为构建优秀传统文化传承体系做出应有贡献。

2013年12月，国家古籍保护中心发起筹备成立中国古籍保护协会并获文化部批复，后经国家民政部正式批复同意中国古籍保护协会筹备成立。中国古籍保护协会的成立是深入贯彻党的十八大和十八届三中、四中全会精神，特别是习近平总书记关于中华优秀传统文化系列讲话精神的重要举措，是建设、完善由政府主导、社会力量积极参与的古籍保护体系的必然要求，对形成政府、市场和社会良性互动关系，鼓励民间资本参与古籍保护工作，促进古籍保护事业快速发展具有重要意义。（国家图书馆网站报道）

国家科技图书文献中心举行《数字文献资源长期保存共同声明》发布会

9月23日，由国家科技图书文献中心（NSTL）举办的《数字文献资源长期保存共同声明》（以下简称《共同声明》）发布会在中国科学院文献情报中心举行。国家科技图书文献中心、国家图书馆、中国科学院文献情报中心、中国科学技术信息研究所、中国农业科学院农业信息研究所、中国医学科学院医学信息研究所、中国社会科学院图书馆、中国人民解放军医学图书馆、北京大学图书馆、清华大学图书馆等50多个文献信息机构的领导和代表出席并集体签署《共同声明》。截至9月23日，已有78个文献信息机构作为发起机构签署《共同声明》。

NSTL主任海波在致辞中指出，此次《共同声明》的签署和发布，表达了我国图书馆界对加快实现数字文献资源的国家长期保存的共同强烈愿望，对我国科研、教育、创新的信息环境可持续发展具有重要意义，对促进国内外出版社与我国国家数字文献资源长期保存系统开展长期保存合作产生积极推动作用。NSTL将按照科技部的部署，在国内图书馆的广泛支持下，联合国内数字文献资源采购和服务的重要机构，努力把国家数字科技文献资源长期保存体系建设好，加快和扩大数字科技文献资源的国家长期保存。

中国科学院文献情报中心主任黄向阳代表发起签署机构在会上宣读《共同声明》。建设项目负责人、中国科学院文献情报中心张晓林教授介绍了国家数字文献资源长期保存体系建设的战略、机制和进展；建设项目总体组对示范保存系统做介绍和演示。与会代表就进一步扩展长期保存资源、推进国家有关部门等对长期保存的支持、建设可信赖的保存体系和可持续的运行机制以及推进高效的合作保存等进行热烈讨论和交流，对NSTL、中国科学院文献情报中心等在数字文献长期保存方面的战略前瞻、相关部署和取得的成果表示高度赞赏和充分肯定，对NSTL牵头组织国家数字科技文献资源长期保存体系建设表示支持并积极参与。

发布会后，NSTL将代表所有签署机构向国内外有关出版商发送《共同声明》的中英文版，同时向国际图书馆协会联合会、中国图书馆学会等组织发送通告。

数字文献资源长期保存共同声明

数字文献资源已经成为学术信息创造、出版、传播、利用的主要形态之一，已经成为支撑创新驱动发展战略的主流信息资源，已经成为国家科研、教育和创新体系不可或缺的战略基础。但是，在当前以网络数据库方式提供信息获取和服务的机制下，我国用户对数字文献资源的可靠获取随时处于危险之中。为可靠有效支撑研究、教育和创新，必须保障重要数字文献资源在中国本土的长期保存和在必要条件下的公共获取服务。

为此，我们共同声明如下：

1. 图书馆拥有对所采购的数字文献资源进行本土长期保存的权利。图书馆采购数字文献资源的实质是采购知识内容，使得自己所服务的用户能够在当前和未来获取这些知识内容，数字文献资源能够被长期可靠利用是这种采购的内在含义和基础条件。但是，由于各种技术故障、自然灾害、经济动荡、市场变化、管理失误等因素及其巨大的不可预见性，数字文献资源的“网络获取”随时可能中断，使得这些资源实际上处于“濒于损毁”状态。没有可靠的本土长期保存，图书馆对所采购知识内容的利用权就是不完整和不可靠的。因此，长期保存权利是图书馆通过采购获得的知识内容利用权利的自然部分，是数字文献资源被图书馆用户可信赖地利用的必要条件，是图书馆对数字文献资源的销售、推广和应用的重要支持措施，也是图书馆与数字文献资源提供者合作持续进行数字文献资源采购的重要基础。

2. 为切实保护图书馆对所采购知识内容的长期保存，图书馆拥有对所采购数字文献资源的合理的存档权、处理权和服务权。存档权指图书馆对所采购数据完整、及时、可靠地摄入和存档的权利，处理权指图书馆因长期保存需要对存档数据进行检验、转换、提取元数据、迁移等处理的权利，服务权指图书馆拥有在必要条件下利用保存数据向授权用户提供获取服务的权利。为有效履行上述权利，图书馆还拥有在行使保存权利时消除技术保护措施不良影响的权利。

图书馆为提高长期保存的效率，拥有委托第三方机构进行长期保存的权利，拥有相互合作进行长期保存的权利，只要第三方机构或合作机构履行合理保护利益相关方合法权益的义务。

3. 所有采购数字文献资源的图书馆，都有义务推动所采购资源在中国本土实现长期保存，并将所采购资源在中国本土获得长期保存作为采购的重要条件，应该在资源采购谈判中主动主张和维护所采购资源在中国本土长期保存的权利，应该要求资源提供者在采购合同中明确承认采购方对所采购资源的长期保存权利并明确说明资源提供者支持采购方对所采购资源进行长期保存的义务。

4. 图书馆充分承认和保护出版社在数字文献资源长期保存中的合法权益，充分承认和承担诚信尽责保护出版社合法权益的义务。图书馆支持建立可信赖的法律、管理、技术等措施，推进诚信勤勉尽责维护各方合理权益的制度机制，促使长期保存相关利益方能够遵守各自在长期保存中的权利与义务。

5. 图书馆支持国家建立数字文献资源长期保存系统，授权可靠的长期保存承担单位，协同保存重要数字文献资源并在必要条件下向这些资源的合法用户提供公共获取服务，图书馆将委托国家长期保存系统长期保存自己所采购的数字文献资源。图书馆要求国家将数字文献资源长期保存系统作为重要的国家公共基础设施，予以长期稳定的支持和规范可靠的管理，保障该系统的可靠运行和持续发展。图书馆将共同努力，建设能够有效支持数字文献资源长期保存和可靠利用的环境，建立与资源提供者合作开展长期保存的可靠机制，促进数字文献资源长期保存系统的高效、经济和可信赖运行。（摘编自国家科技图书文献中心网站）

纪念抗战胜利70周年系列活动在多地图书馆举办

2015年适逢中国人民抗日战争暨世界反法西斯战争胜利70周年，国家图书馆以及多地图书馆举办一系列纪念活动，铭记历史，缅怀先烈。

【国家图书馆】

策划举办“不朽的长城——纪念中国人民抗日战争暨世界反法西斯战争胜利70周年馆藏文献展”“以史为鉴·和平发展——纪念抗战胜利70周年联合国资料特藏文献网络展”“铁军魂·中华情——纪念中国人民抗日战争胜利七十周年图片摄影展”“向着胜利——纪念抗战胜利70周年”等线上线下专题文献展览；组织“中国的抗日战争与日本的战后处理”“新四军在抗日根据地的历史地位和作用”等专题讲座；举办“聆听经典——战争年代的歌”“神圣的战争——大型诵读音乐会”“铭记历史筑梦中华——抗战胜利70周年纪念歌会”等抗战主题音乐会；组织“冯仲云图书馆”揭牌暨“重走抗联路”主题纪念活动；召开“抗战时期古籍抢救保护史迹研讨会”，开展抗战时期古籍抢救保护重要事例征集并编撰出版《抗战时期古籍抢救保护史迹文集》；举办“烽火中的记忆·国图与抗战”学术征文；开展“中日战事史料征辑会资料整理与研究”工作；建设并发布“东京审判资源库”，依托“中国记忆”项目采集东北抗日联军老战士口述史料，编辑整理“中国记忆”项目东北抗日联军专题、抗战史料、对日战犯审判史料等系列图书；设立中文图书阅览区抗战图书专架。这些举措获得社会各界的广泛好评。其中的重要活动包括以下几项：

1. “不朽的长城——纪念中国人民抗日战争暨世界反法西斯战争胜利70周年馆藏文献展”

8月14日至9月20日，此次展览在国家图书馆举办。文化部党组书记、部长雒树刚出席开幕式并宣布展览开幕，国家文物局副局长宋新潮，文化部和国家文物局机关司局、文化部直属单位有关负责人，国家图书馆馆长韩永进及在京馆领导班子成员，专家学者代表参加仪式。国家图书馆精选馆藏抗战相关珍贵历史资料展出，展品包括新善本、日记、手稿、报刊、图书、照片、缩微胶片、影音资料等1500多件。展览以文献为证，让历史说话，用史实发言，充分发挥文献史料在爱国主义教育和培育社会主义核心价值观中的独特作用。展览还集中展示“民国时期文献保护计划”立项以来积极开展抗战史料调研征集、整理出版、广泛宣传等工作成果，以及“中国记忆”项目采访以东北抗联老战士为代表的抗战老兵，做好战争亲历者记忆中活资料搜集工作的丰硕成果。“东京审判资源库”也在展览开幕当天在国家图书馆网站发布，内容包括国家图书馆近年来从海外征集到馆的东京审判庭审记录4.9万页，中英文判决书各1200页，证词、证据文件4949份，庭审现场历史照片384张等。

展览开幕以来，来自新华网、光明网、人民网、网易新闻、凤凰财经、新浪网、搜狐网及《京华时报》等多家媒体对此进行相关报道或转载，影响颇大。

2. “冯仲云图书馆”揭牌暨“重走抗联路”主题纪念活动

8月18—20日，此次活动在黑龙江省兴隆林业局举办。冯仲云同志是东北抗日联军杰出领导人之一，也是新中国第一任国家图书馆馆长。“冯仲云图书馆”是我国第一个以东北抗日联军将领命名的图书馆，馆址地处巴彦县兴隆镇，该镇是抗日战争期间中共北满省委机关所在地，也是东北抗联长年驻扎并战斗的地方。在此背景下，经兴隆林业局提议，冯仲云子女授权，将兴隆林业局图书馆命名为“冯仲云图书馆”。在揭牌仪式上，国家图书馆馆长韩永进向该馆赠送“民国时期文献保护计划”的重要出版成果——80册《远东国际军事法庭庭审记录》、“中国记忆”项目东北抗日联军专题口述史料视频资源，以及“中国记忆”丛书《东北抗日联军口述史》等抗战主题图书；冯仲云长女冯忆罗向该馆赠送冯仲云著《东北抗日联军十四年苦斗简史》的手稿仿真复制件。

揭牌仪式后，国家图书馆党团员代表开展

“重走抗联路”主题纪念活动，参观“白山黑水铸忠魂”巡展；聆听东北抗联史研究专家讲述东北抗联的战斗生活；前往沙河林场走访尖山子密营、交通壕、散兵坑等战迹地遗址，韩永进在密营遗址为馆内党团员代表讲了一堂生动的党课。在纪念活动中，将密营遗址群及战迹地设立为“中国记忆”项目东北抗日联军专题“记忆空间”，采集战迹地、密营遗址影像资料约10小时，在历史事件发生地首次实践“记忆空间”的设立与保护。同时特邀《中国文化报》社记者随队参加活动，并于8月27日在《中国文化报》第四版推出整版报道。

3. 抗战时期古籍抢救保护重要事例征集及“抗战时期古籍抢救保护史迹研讨会”

5月4日，国家古籍保护中心正式启动抗战时期古籍抢救保护重要事例征集活动，在国内首次全方位、多角度地揭露日本军国主义破坏中国文化典籍、展示民众抢救保护珍贵古籍的义举。共征集24个省、自治区、直辖市45家单位上报的61个事例，从中遴选出40个事例入编《抗战时期古籍抢救保护史迹文集》并于2015年年底正式出版。8月至12月，与《藏书报》合作开展“勇护国宝——抗战时期古籍抢救保护史迹大型报道”，出版专版18期，对重要事例进行报道。

8月15日，国家古籍保护中心、中国古籍保护协会在北京召开“抗战时期古籍抢救保护史迹研讨会”。文化部、国家文物局、国家图书馆领导及文物保护界专家学者，全国各省级古籍保护中心领导和参与此次征文活动的有关单位负责人、撰稿人等60余人出席会议。会上，参会代表通过大量图片和数据，讲述八路军保护《赵城金藏》、钱存训转运平馆善本、清华大学南运古籍、文澜阁《四库全书》西迁贵阳秘藏6年8个月等典型事例，展示中华古籍饱经战乱的颠簸命运，记录前辈先人守护文明的艰辛历程。

【首都图书馆】

8月，开通两种数字资源——“抗日战争主题文献库”和“中国人民抗日战争暨世界反法西斯战争连环画阅览室”，读者可以免费浏览。“抗日战争主题文献库”以CNKI总库资源为基础，设立12个栏目，全面展示中国人民反抗日本帝国主义对华侵略战争的艰难曲折历程与伟大胜利。“中国人民抗日战争暨世界反法西斯战争连环画阅览室”提供儿童抗日、敌占区人民抗日、敌后武工队、电影戏剧类抗日以及综合抗日题材的连环画405种。

【天津图书馆】

8月1日，举办“缅怀先烈　守护信仰——纪念世界反法西斯战争暨中国抗日战争胜利70周年图书展”，从馆藏文献中精选反映世界反法西斯战争及中国抗日战争相关题材的书籍255册，并配以展板16块。

9月19日，举办“抗战胜利70周年，我们纪念什么？”主题活动，邀请著名媒体人、时事评论家曹景行主讲。“民国文史客厅”系列讲座第59—62讲邀请民国文史研究室原专家王向峰讲授“抗战胜利70周年”。“海津讲坛”第326讲、327讲、328讲、331讲分别邀请著名曲艺理论家高玉琮、天津市环境科学学会专家尹树鹏、著名作家张曼菱、南开大学城市文化研究院副院长侯杰讲述“曲艺与抗日战争”“地图故事中的‘九一八’”“西南联大的读书生活”“用我们的血肉铸起新的长城——长城抗战暨抗战胜利70年纪念”。

【河北省图书馆】

8月1日，与南京图书馆联合举办“铸剑为犁——纪念世界反法西斯战争胜利七十周年图片展”，展出47块展牌、195幅珍贵图片，采用东、西方两大战场分别叙述的展陈模式，全景式回顾和审视1939年至1945年第二次世界大战形成、爆发，展现波澜壮阔的世界反法西斯战争和中国人民抗日战争。

【山西省图书馆】

7月至9月，“文源讲坛”先后邀请7位专家学者做客“抗战系列讲座”，向读者讲述抗战历史，阐述抗战精神的深远意义和影响；举办“抗战回眸——胡冰摄影作品选”及“连环小人书　烽火大抗战”连环画主题展览。

9月2日，“烽火三晋、红色文华——晋察冀、晋绥、晋冀鲁豫抗日根据地文献展”在省馆开展，共展出真实反映根据地军民战斗、生活的原始文献资料555件。9月3日，“纪念中国人民抗日战争胜利70周年朗诵音乐会”在省馆上演。

【吉林省图书馆】

8月31日，举行“生命的读本——《抗战老兵口述史》发行暨抗战胜利70周年纪念活动”，通过《序言》《记忆》《追寻》《歌唱》四个篇章，以现代声、光、电技术，将人们带回战火硝烟的岁月，追寻老兵的战斗足迹。纪念中国人民抗日战争暨世界反法西斯战争胜利70周年图片展同日在省馆开展。10月1日，“白山黑水抗联魂——弘扬伟大东北抗联精神专题图片展”在省馆举办，展出照片308张，此展览还在长春市、吉林市、四平市、延边州等地巡展。

【黑龙江省图书馆】

自5月19日开始，在馆内展出“伟大的胜利——纪念中国人民抗日战争胜利70周年图片展”和“铭记历史　珍爱和平——纪念世界反法西斯战争胜利70周年图片展”。9月1日，举办“勿忘国耻　圆梦中华——中国人民抗日战争暨世界反法西斯战争胜利70周年书画展”，展出黑龙江省著名书画家和书法爱好者的作品百余幅。

【上海图书馆】

5月24—31日，举办“纪念世界反法西斯战争胜利70周年系列讲座”，邀请4位国内外学者分别为市民解读70年前中国人民与犹太难民在患难中互相支持的故事与历史因缘。

6月18日，举办“美国哥伦比亚大学东亚图书馆藏卡尔逊抗战史料报告会”。会上，哥伦比亚大学东亚图书馆向上海图书馆捐赠该馆馆藏“卡尔逊抗战史料”数字资料。

7月7日，举办“国际视野下的中国抗战·上海记忆图片展”，展出包括卡尔逊档案在内的145幅图片和7部视频资料，这些史料主要来自当时在上海的外国媒体、出版物、记者和国际人士，大部分是首次与公众见面。

【南京图书馆】

5月9日，举办“铸剑为犁——纪念世界反法西斯战争胜利七十周年图片展”，展出47块展牌、195幅图片，其中图片大部分取材自馆藏民国报刊的当年报道与记述。

【浙江图书馆】

7月7日，举办“浙江抗战历史图片展”，展出历史图片143幅，全方位、多角度地再现70年前抗日战争时期的历史风云。展览持续到7月17日，之后在全省各公共图书馆巡展。

【安徽省图书馆】

4月30日—5月10日，举办纪念中国人民抗日战争暨世界反法西斯战争胜利70周年之“世界反法西斯战争”篇展览，介绍世界反法西斯战争重大战役、二战尖端武器等。7月7日，举办“革命精神永放光芒——合肥地区新四军老战士风采展”，展出70位新四军（八路军）老战士的照片和事迹介绍，同时还展出刺刀、头盔、军旗、炮弹壳等抗战文物和与新四军抗战相关的馆藏图书。8月28日，举办“抗日战争时期的安徽出版”文物原件展，展示抗战时期安徽的战事战况以及政治、经济、文化、教育等方面的情况，绝大多数展品为首次公开展出。8月29日，举办“抗日战争历史文物展”，共设展板30块、展柜26个，展示图片174张、抗战实物近200件，所有展品均由合肥市军休一所休养干部张兴华（原为解放军电子工程学院教授）提供。

5月至9月，安徽省公共图书馆阅读推广联盟依托107个联盟成员馆，联合举办以“重温历史·品味经典”为主题的纪念抗战胜利暨世界反法西斯战争胜利70周年系列活动，内容包括公益讲座全省巡讲、公益展览全省巡展、读书征文及演讲比赛、个人主题数字图书馆建库大赛、亲子电子书创作大赛、红色经典书籍书目推荐暨优秀书刊漂流阅读活动等。

【江西省图书馆】

5月23日，举办“中国人民抗日战争暨世界反法西斯战争胜利70周年图书展”。7月下旬至8月底，相继推出“铸剑为犁——纪念世界反法西斯战争胜利七十周年图片展”及“连环小人书　烽火大抗战——纪念中国人民抗日战争暨世界反法西斯战争胜利70周年连环画主题展”。8月24日，举办《抗日小英雄》连环画故事会及连环画拼图大奖赛。8月28日，举办“江西省图书馆纪念抗战胜利70周年歌咏比赛”。

【山东省图书馆】

9月1日，“连环小人书　烽火大抗战——纪念中国人民抗日战争暨世界反法西斯战争胜利70周年连环画主题展”中国华东地区巡展首展在山东省图书馆尼山书院揭幕，展出展板45幅，包含从1931年至今出版的抗日连环画。9月2日，举办“不朽的抗战——馆藏抗战时期珍贵文献展”，展出包括抗战时期出版报纸、期刊、图书等各类型文献200余种、抗战图片近百幅，精选自省馆所藏3000余种近10000册民国文献。

【河南省图书馆】

9月1日，举办“豫中抗战烽火——纪念抗日战争胜利暨世界反法西斯战争胜利70周年展”，集中反映河南尤其是以郑州为中心的豫中地区的英勇抗战历程。

【湖南图书馆】

启动寻访湖南抗日战争亲历者和旧址活动，深入当年湖南发生重大抗日战役的长沙、岳阳、常德、衡阳、怀化等地，聆听亲历抗战的老兵和群众亲口讲述，记录抗日战争旧址、遗址或遗物现状。4月25—26日，寻访组到岳阳境内寻访湘北抗战旧址。

【广东省立中山图书馆】

7月2—4日，举办“顶天立地　英魂长存——中国驻印军印缅抗战胜利暨新一军广州受降七十周年特展”及“中国驻印军新一军印缅抗战及留在广州的印记”专题讲座，展品以省馆馆藏为主，辅以各方提供的视频和实物史料。

【广西壮族自治区图书馆】

在国家古籍保护中心开展的征集抗战时期抢救保护古籍重要事例活动中，该馆申报的“危难之中方见本色：抗战中广西图书馆两度冒险转移古籍”入选。

8月24日，“不容忘却的历史——馆藏文献中的广西抗战图片展”和“铸剑为犁——纪念世界反法西斯战争胜利七十周年图片展”同时开展。前者取材广西图书馆馆藏的珍贵资料，内容包括铁血桂军、广西空战、桂南会战、桂柳会战、日寇在广西暴行、中共与广西抗战、战时广西文化等，反映广西抗战的基本情况。

9月5日，邀请广西知名党史专家、广西党校研究员何成学做题为“广西在抗战中的作用与历史贡献”的专题讲座。

【广西桂林图书馆】

8月26日，举办“精神的丰碑——广西桂林图书馆馆藏桂林抗战出版物图片展”，展览以桂林图书馆馆藏抗战时期出版物为主题，展现桂林抗战时期文化的繁盛。在桂林图书馆展出结束后，还在广西14个市、县图书馆及高校图书馆巡展，观展人数达3万余人。

【重庆图书馆】

7月，举办“重庆图书馆馆藏抗战漫画展”，展现抗战漫画运动从兴起、高涨、沉寂、重新高涨的历史过程。8月，相继举办“连环小人书　烽火大抗战——纪念中国人民抗日战争暨世界反法西斯战争胜利70周年连环画主题展”“长枪出击——抗战时期大后方版画运动文献展”“抗战时期重庆木刻运动文献展”。活动期间，还安排两场电影展播，免费放映外国人拍摄的中国抗战影片。

【陕西省图书馆】

5月30日，举办“陕图讲坛”抗战胜利70周年系列首场讲座，邀请中共陕西省委理论讲师团特聘教授、西安邮电大学党委宣传部部长袁武振讲述陕西军民抗战期间的故事。8月30日，著名抗战史学者、军史作家萨苏受邀做“国家记忆——美国国家档案馆馆藏中国抗日战争影像志”专题讲座。

7月25日，举办“民族记忆——反法西斯战争胜利70周年图片展”，展示八路军、中国远征军抗战历程和国际社会的援助等。

7月26日，举行主题为“与时间赛跑的人——陕西抗战老兵营志愿者讲述寻访抗战老兵的故事”的真人图书馆活动，来自民间组织“陕西抗战老兵营”的3位志愿者讲述他们寻访、帮助抗战老兵的过程和感受。

8月14日，举行“孙蔚如将军手稿捐赠仪式”，陕籍著名抗战将领孙蔚如先生子女将先父手稿无偿捐赠给该馆。

【甘肃省图书馆】

全国文化信息资源共享工程甘肃省分中心（甘肃省图书馆）组织开展“文化记忆·致敬荣光——纪念中国人民抗日战争暨世界反法西斯战争胜利70周年网络答题活动、征文活动、征集书法活动”。

【宁夏图书馆】

8月25日，举办以“纪念世界反法西斯战争暨中国人民抗日战争胜利70周年”为主题的诵读大赛。

【新疆维吾尔自治区图书馆】

9月6日，该馆“昆仑讲坛”邀请新疆师范大学杜瀚教授为武警8664部队分馆的600余名战士做“纪念抗日战争胜利70周年”专题讲座。（摘编自国家图书馆网站及各省、自治区、直辖市图书馆供稿）

中国图书馆学会第九次全国会员代表大会在北京召开

2015年4月9日，中国图书馆学会第九次全国会员代表大会在北京召开。中国科协党组成员、书记处书记徐延豪，文化部公共文化司副司长陈彬斌出席大会并讲话。大会主席团主席、第八届理事会理事长韩永进致开幕词。大会主席团成员、学会顾问、特邀的第八届理事会常务理事以及来自文化部、国家图书馆、中国图书馆学会各分支机构和各省、自治区、直辖市图书馆学会正式代表、列席代表和特邀嘉宾，共400余人出席大会。

徐延豪在讲话中充分肯定中国图书馆学会第八次全国代表大会以来的各项工作，并希望中国图书馆学会以本次会议的召开为契机，深入贯彻党的十八大和十八届三中、四中全会精神，抓住全面深化改革的机遇，着力发挥学会的生力军作用，着力提升学术交流实效，着力承接政府转移职能，着力提高科普阅读工作成效，着力拓宽人才发展途径，着力提高决策咨询水平，创新和拓展学会工作，服务创新驱动发展战略，进一步调动全国图书馆工作者的积极性和创造性，推动我国图书馆事业全面发展。

陈彬斌在讲话中简要回顾了中国图书馆学会的发展史，对近年来的工作给予充分肯定，并希望中国图书馆学会以本次大会的召开为契机，进一步发挥桥梁和纽带作用，按照中央关于推进公共文化服务标准化均等化的战略部署，密切结合图书馆事业发展需求，积极开展学术研究，促进学术创新，不断提高图书馆工作者的专业素质，大力培养学术带头人，共同推动我国图书馆事业实现新的跨越和发展。

大会审议通过《继往开来　开拓创新　努力促进我国图书馆事业全面发展——中国图书馆学会第八届理事会工作报告》《中国图书馆学会第八届理事会财务收支情况报告》以及修订后的《中国图书馆学会章程》和《中国图书馆学会会员会费标准及管理办法》。选举产生由175名理事组成的第九届理事会。在随后召开的九届一次理事会上，选举产生55名常务理事和10名学会负责人。国家图书馆馆长、党委书记韩永进当选为理事长，武汉大学信息管理学院院长方卿、北京大学图书馆馆长朱强、文化部公共文化司巡视员刘小琴、北京大学信息管理系主任李广建、上海图书馆馆长吴建中、中国科学院文献情报中心主任张晓林、国家图书馆副馆长陈力、中山大学图书馆馆长程焕文当选为副理事长，霍瑞娟当选为秘书长。通过第九届理事会副秘书长名单，邓菊英、仲岩、刘细文、宋姬芳为副秘书长。通过聘请第九届理事会顾问的决定，聘请吴慰慈、彭斐章、詹福瑞为顾问。通过授予名誉理事的决定，授予万群华等16位同志为名誉理事。

闭幕式上，向顾问和名誉理事颁发证书，并宣布大会决议。大会号召，中国图书馆学会紧密团结和依靠全体会员和全国广大图书馆及相关行业科技工作者，在新一届理事会的领导下，充分发挥各分支机构、专门工作委员会和地方学会的积极性，抓住机遇，开拓创新，提升水平，增强能力，争取党和政府及社会力量的广泛支持，把学会建设成为学术影响力、行业协调力、会员凝聚力、社会公信力和自主发展力较强的现代社会组织，为我国图书馆事业发展做出新的更大的贡献！

（中国图书馆学会网站2015年4月10日报道）

2015年中国图书馆年会在广州召开

12月16—17日，作为我国图书馆界层次最高、规模最大的年度盛会——2015年中国图书馆年会在广州举行。本次年会由文化部主办，广州市人民政府、中国图书馆学会、国家图书馆、文化部全国公共文化发展中心、中国古籍保护协会承办，广东省文化厅协办。年会以“图书馆：社会进步的力量”为主题，分为工作会议、学术会议和展览会三个板块。来自文化部和各省（区、市）文化部门相关负责人，部分国家公共文化服务体系示范区创建城市、国家级基本公共文化服务标准化试点地区的代表，各级图书馆工作者，有关专家学者、企业代表及海外嘉宾3000余人参加会议。

【开幕活动】

12月16日上午，2015年中国图书馆年会开幕式在广州白云国际会议中心举行。文化部副部长杨志今，广东省委常委、宣传部部长慎海雄，广州市市长陈建华、副市长王东，国家图书馆名誉馆长、中国志愿服务基金会理事长周和平，中国图书馆学会理事长、国家图书馆馆长韩永进，国际图联主席多纳·席德尔出席开幕式。杨志今、王东、多纳·席德尔先后致辞。韩永进主持开幕式。

会上颁发2015年最美基层图书馆（10家）和2015年中国图书馆榜样人物（10人）奖项。西藏自治区林芝市图书馆、宁夏回族自治区银川市贺兰县图书馆、安徽省合肥市望湖小学图书馆、江苏省苏州市吴江区图书馆、浙江省湖州市德清县图书馆、海南省定安县多校村知海书屋、陕西省榆林市神木县图书馆、云南省保山市腾冲县绮罗图书馆、广西壮族自治区河池市罗城仫佬族自治县图书馆、黑龙江省绥芬河市图书馆被评为“最美基层图书馆”；北京大学图书馆副馆长陈凌、广东省广州图书馆馆长方家忠、江西省抚州市图书馆馆长孔彬、国家科技图书文献中心原主任袁海波、四川省甘孜藏族自治州图书馆馆长刘骧、河南省少年儿童图书馆馆长崔喜梅、内蒙古图书馆馆长李晓秋、福建省漳州市南靖县图书馆馆长吴文智、新疆维吾尔自治区克拉玛依市图书馆馆长李军、湖北省图书馆古籍书目专家阳海清获得“中国图书馆榜样人物”荣誉称号。

陈建华应邀在开幕式上做嘉宾演讲。陈市长在演讲中介绍了近年来广州市文化建设取得的成就，包括公共文化服务体系建设、《广州大典》编纂等，并就促进图书馆事业发展提出五点倡议：一是充分发挥政府主导作用，营造全民阅读的书香社会；二是积极推进顶层立法，加快实现图书馆事业依法发展；三是深化业界的交流合作，最大限度地发挥馆际协同效应；四是不断创新服务模式，加快推动图书馆事业转型发展；五是着力推动社会力量参与办馆，不断拓宽图书馆事业发展渠道。

【公共数字文化建设工作会议】

12月16日下午，公共数字文化建设工作会议在广州召开。会议传达中央领导同志关于重点文化惠民工程效能建设有关批示精神，总结“十二五”以来全国公共数字文化建设工作，交流各地做法经验，并对下一步公共数字文化建设工作进行部署。文化部相关司局负责人，各省（区、市）文化厅（局）、新疆生产建设兵团文化广播电视局负责人及公共文化处处长，国家图书馆、文化部全国公共文化发展中心负责人，省级图书馆馆长，计划单列市、副省级城市图书馆馆长，第一、二、三批国家公共文化服务体系示范区创建城市文化局局长等300余人与会。杨志今出席会议并讲话。

杨志今指出，近年来各级文化部门以实施重大数字文化惠民工程为抓手，加快推进公共数字文化建设，取得明显成效。下一步，应进一步明确公共数字文化建设工作思路和重点任务。第一是加强数字文化资源建设，优化资源结构，提高资源的针对性和实用性；第二是建设互联互通的公共数字文化服务平台，完善服务网络；第三是加强公共数字文化管理和服务，进一步提升服务效能；第四是统筹实施重大数字文化工程，实现融合发展。

杨志今强调，公共数字文化建设是一项需要大胆探索、创新实践的工作，也是大有可为、大有作为的新领域。对下一阶段的工作，他提出五点要求。一是要加强谋划，做好公共数字文化建设工作规划和设计；二是要加强统筹，协同推进公共数字文化建设与其他公共文化服务体系建设工作；三是要创新机制，激发公共数字文化建设的活力；四是要强化保障，促进公共数字文化建设可持续发展；五是要加强交流合作，协同推进公共数字文化建设。

会议期间，还介绍了全国文化共享工程、公共电子阅览室、数字图书馆推广工程的建设推进情况及下一步工作思路，广东省立中山图书馆等5个地方代表介绍各自公共数字文化建设的经验。

【学术会议】

12月16—17日，2015年中国图书馆年会学术会议在广州白云国际会议中心召开。学术会议是整个年会的重要组成和依托。本届学术会议吸引图书馆及相关行业的代表参与，协调公共、高校、专业等不同系统，省、市、县等不同级别，东、中、西部等不同地域，出版社、信息服务商、书商等不同类型单位的广泛合作，也吸引来自国际图联和美国、德国、韩国、新加坡、俄罗斯等国家的同仁，共有3000余名代表通过中国图书馆学会会员管理与服务平台报名参会。通过组织4个主题论坛、21个学术分会场、3个卫星会议等活动，服务文化强国战略，结合社会发展和图书馆价值，充分阐释“图书馆：社会进步的力量”的年会主题。

1. 年会征文。在业界近百名专家的积极参与和大力支持下，征文活动于7月底圆满完成。征集论文数量达1309篇，参与作者近2000名，体现年会对全国图书馆界的巨大影响力。年会期间，一等奖论文结集出版并向参会代表发放。同时，通过对年会征文活动的宣传、发动、组织情况及应征论文的数量、质量等因素进行综合评定，本年度共评出征文活动组织奖10个。

2. 主题论坛。本次年会围绕会议主题，针对当前业界关注和推进的重大议题，策划组织4个主题论坛。广州市图书馆学会、广州图书馆主办的“迈向权利保障时代——公共图书馆发展与广州实践”主题论坛，对现阶段我国公共图书馆发展模式进行探讨，分享广州地区图书馆在政府保障、规划制订、绩效管理、法律建设、体系建设、交流合作等各方面的经验。国家图书馆主办的“使命·创新·未来——互联网信息的保存与利用”主题论坛，交流和探讨网络信息资源与图书馆未来的联系和影响，分享网络信息资源保存规划的思路。中国图书馆学会学术研究委员会图书馆法律与知识产权研究专业委员会、广州市图书馆学会、广州图书馆、中山大学图书馆与资讯科学研究所主办的“公共图书馆法制建设”主题论坛，通过报告和各方对话，积极探讨如何健全我国图书馆法律制度，厘清法制建设的重点任务，并以《广州市公共图书馆条例》为例进行评析。中国图书馆学会专业图书馆分会、高等学校图书馆分会、国家机关图书馆分会主办的“知识服务支撑经济与区域发展”主题论坛，以“创新驱动·知识服务·决策咨询”为主要交流内容，探讨图书情报机构在科技创新链条中的地位、作用、任务、发展途径以及实施路线，分享图情机构面向未来发展的战略思考及情报服务创新实践。

3. 年会分会场。本次年会在分会场设立方面，进一步针对细分的交流主题和领域组织交流，以便为更多的与会代表提供深入参与和发表见解的机会；在分会场策划和申办方面，进一步面向业界开放，宏观规划、精细组织，数量达21个。分会场更加注重对各图书馆优秀经验的鼓励和推介，分别针对图书馆未成年人服务、图书馆法律法规、图书馆学研究方法、“互联网+”时代的图书馆变革、数字保存的国家战略和具体实践、地方文献建设、中国记忆项目资源共建共享、图书馆与出版社的跨界合作、MOOC与信息素养教育、少儿阅读推广、校园阅读文化与阅读推广、馆员自发阅读推广活动、阅读推广人培育、图书馆的馆舍空间发展、学习型图书馆、少数民族图书馆的社会责任、图书馆网络化体系化服务、图书馆事业发展“十三五”规划等方面，通过相互介绍和交流学术成果、实践经验和发展设想，促进今后图书馆理论与实践的发展。

4. 卫星会议。基于广东地区的图书馆发展水平，在东莞、深圳、广州等地图书馆的大力支持下，借鉴国际图联大会卫星会议的成功经验，继2013年首创卫星会议形式后，此次年会再次以“会前会”和“会后会”的形式组织交流研讨会和图书馆实地考察。12月14—15日，以“信息技术助推图书馆社会化”和“阅读·城市·图书馆”为主题的会前会分别在东莞图书馆和深圳图书馆举行。12月19—20日，主题为“作为社会公共空间的公共图书馆建筑与功能”的会后会在广州图书馆举行。3个会议参会者达1000余人次，其中广州会后会邀请来自美国、德国、法国、新加坡、俄罗斯、芬兰、日本等9个国家与地区的16名境外嘉宾参会。卫星会议为业界同人特别是中西部欠发达地区图书馆进行考察观摩、工作交流及学术研讨提供了便利，同时延展年会交流的时空跨度，使年会成效进一步显现，为与会代表在办馆理念、业务工作等各方面带来更多启发和经验借鉴。

【展览会】

12月15—17日，2015年中国图书馆展览会在广州市白云国际会议中心举办。为推动社会力量参与文化建设，本次展览会采取“政府主导，企业运作”的模式，实现市场化运作，共有56家单位参展。布展面积7000平方米，其中国际标准展位28个，特装展位28个。在事业单位展区，文化部全国公共文化发展中心、国家图书馆、国家古籍保护中心、广东省立中山图书馆、北京市东城区文化委员会等公共文化事业单位，分别主办“文化共享工程暨公共电子阅览室体验区”“数字图书馆推广展”“古籍保护成果展”“广东省图书馆事业成就展”“北京市东城区公共图书馆建设剪影”等主题展。在企业展示区，图书馆相关产业的核心企业如上海阿法迪智能标签系统技术有限公司、中文在线数字出版集团、方正阿帕比等参展单位，通过展示与图书馆相关的设施设备、数字软件产品等，推广图书馆新技术、新设备和新服务，“信息化”特色鲜明。

【“图书馆之夜”交流会】

12月16日晚，一场别致、有趣的交流会和分享会——“图书馆之夜”交流会在广州图书馆举行。此次活动以“相聚，交流，发现图书馆之美”为主题，1000余名年会代表在广州图书馆相聚、交流、对话、探讨。通过思想、文字、音乐和舞蹈，别出心裁地构成图书馆空间，让图书馆里的人与环境、人与书本、人与阅读、书与书、人与人之间的关系因为气场的作用产生新的发现和体验。

【闭幕活动】

12月17日下午，2015年中国图书馆年会闭幕活动在广州白云国际会议中心举行。中国图书馆学会副理事长、国家图书馆副馆长陈力主持闭幕活动。中国图书馆学会副理事长、上海图书馆馆长吴建中做题为“从未来看现在——图书馆下一个十年（2015—2025）”的嘉宾演讲，引发每一位参会代表对图书馆的现在与未来进行深入思考。在颁奖仪式上，相继颁发2015年中国图书馆年会征文活动组织奖、个人奖、全民阅读示范基地、2014年全民阅读优秀组织奖、2014年全民阅读先进单位奖等奖项。文化部公共文化司巡视员、中国图书馆学会副理事长刘小琴致闭幕词。文化部公共文化司副司长陈彬斌最后宣布：2016年中国图书馆年会在安徽铜陵举办。（摘编自国家图书馆网站、中国图书馆学会网站、《中国文化报》《图书馆报》）

中国图书馆学会第五届百县馆长论坛在福建晋江召开

2015年5月21—22日，由中国图书馆学会和晋江市人民政府主办、福建省图书馆学会和晋江市图书馆承办的中国图书馆学会第五届百县馆长论坛在福建省晋江市隆重召开。中国图书馆学会副理事长、文化部公共文化司巡视员刘小琴，中国图书馆学会副理事长、国家图书馆副馆长陈力，中国图书馆学会秘书长霍瑞娟，福建省图书馆学会理事长、福建省图书馆馆长郑智明，泉州市文广新局副局长林育毅，晋江市人民政府市长刘文儒，晋江市图书馆馆长郑君平等领导，中国图书馆学会学术研究委员会常务副主任、北京大学信息管理系教授李国新，中国图书馆学会学术研究委员会副主任、南开大学信息资源管理系教授柯平，中国图书馆学会阅读推广委员会主任、深圳图书馆研究馆员吴晞，中国图书馆学会图书馆社会合作研究专业委员会副主任、浙江大学公共管理学院副教授李超平，教育部高校图工委副主任委员、海口市社科联主席詹长智等特邀专家，以及来自全国各省、自治区、直辖市县级图书馆馆长、媒体代表和图书馆相关技术的企业代表共300余人出席开幕活动。刘小琴、陈力、郑智明、刘文儒共同启动本届论坛开幕仪式。与会领导和专家为论坛案例征集活动中获奖案例的单位代表颁发获奖证书。刘小琴做题为“县级图书馆在构建现代公共文化服务体系中的地位和作用”的主旨报告。开幕活动由晋江市人民政府副市长史思泉主持。

本届论坛主题为“县级图书馆在构建现代公共文化服务体系中的地位和作用”。围绕主题，中国图书馆学会面向全国图书馆界开展案例征集活动。经过专家委员会评审，共有45个案例获奖。本届论坛设置专题发言、分会场和专家报告等环节，围绕“以县级图书馆为中心的总分馆制建设”“基层图书馆的阅读推广”和“贫困地区基层图书馆发展”等内容，通过优秀案例获奖单位的代表发言、专家点评和专家报告，共同引领与会代表进行广泛研讨和深入交流。通过研讨和交流，代表们在总结基层公共图书馆发展的中国经验，交流图书馆服务创新的实践成果，分析县级公共图书馆发展面临的挑战，探讨县级图书馆在构建现代公共文化服务体系中的责任、使命和可持续发展的基础上，形成系列共识。论坛闭幕活动上，陈力宣读了《中国图书馆学会第五届百县馆长论坛晋江共识》，李国新做论坛总结，陈力代表中国图书馆学会向郑智明和郑君平等承办单位领导颁发感谢状。

中国图书馆学会百县馆长论坛自2005年10月在河南省林州市创办以来，每届论坛都有不同的主题，每个主题都紧扣同期我国基层图书馆事业发展的脉搏。如今，论坛已经成为中国图书馆学会品牌学术活动，得到业界的广泛认可，对推动我国县级图书馆的发展发挥了重要的作用。本届论坛是在深入学习贯彻党的十八届三中、四中全会精神，中办、国办下发《关于加快构建现代公共文化服务体系的意见》的背景下召开的一次行业盛会，通过研讨进一步明确我国基层图书馆在构建现代公共文化服务体系中的地位和作用。

中国图书馆学会第五届百县馆长论坛晋江共识

值此中国图书馆学会百县馆长论坛创办十周年之际，来自全国29个省、自治区、直辖市300多名县级公共图书馆馆长聚首晋江，总结基层公共图书馆发展的中国经验，交流图书馆服务创新的实践成果，分析县级公共图书馆发展面临的挑战，探讨县级公共图书馆在构建现代公共文化服务体系中的责任、使命和可持续发展，形成如下共识。

一、从2005年第一届中国图书馆学会百县馆长论坛到今天，十年弹指一挥间，中国图书馆事业已经彻底改变了全面落后于发达国家的状况，许多方面已经走在了世界前列。我们用十年跨越发展的实践，创造出了全球图书馆事业发展的中国经验、中国模式和中国道路。与会代表为十年来我国公共图书馆事业取得的成就而振奋和自豪，对构建现代公共文化服务体系进程中的公共图书馆事业可持续发展充满信心。

二、中共中央办公厅、国务院办公厅《关于加快构建现代公共文化服务体系的意见》（以下简称《意见》）明确要求，公共文化服务均衡发展、标准体系实施以县为单位，县级公共图书馆在我国公共图书馆服务体系中处于事业基石、体系枢纽、服务前端和总分馆中心的地位，县级馆强，则中国图书馆事业强。

三、总分馆制是实现公共图书馆事业城乡一体化均衡发展的重要措施。《意见》明确要求以县级图书馆为中心，推进总分馆制建设，统筹农家书屋发展，实现资源和服务的城乡互通、共建共享。公共图书馆近十年的总分馆建设，为党中央、国务院的决策奠定了实践基础，提供了经验。未来一个时期，进一步推进以县馆为中心、以县域为基本范围的公共图书馆总分馆体系，丰富和完善公共图书馆总分馆建设的理论与实践，是县级公共图书馆义不容辞的责任。

四、全面建成小康社会和构建现代公共文化服务体系，重点和难点在基层，在经济欠发达地区。中西部基层公共图书馆要抓住“十三五”时期国家推动贫困地区公共文化建设跨越式发展的历史机遇，全面落实各级政府的扶持和保障政策，结合实际，一县一策，精准建设，重点突破，到2020年，实现贫困地区县级公共图书馆服务能力和水平的明显改善。

五、提升服务效能是东部经济发达地区公共图书馆建设和服务的首要任务。要进一步确立以人民为中心的服务宗旨，探索资源、服务和需求有效对接的实现方式，以创新性的思维、创造性的方法、强有力的措施、跨越式的速度，大幅度提升公共图书馆的服务效能，率先代表中国全面追赶公共图书馆服务效能的国际先进水平。

六、公共图书馆是深入开展全民阅读活动的主阵地、主力军。推动全民阅读走向深入和普及，重视未成年人、弱势群体阅读促进工作，促进全民阅读活动的常态化、广参与、高效益，与相关行业、部门密切合作，为书香城市、书香社区、书香乡村建设贡献力量，让阅读融入生活方式、工作方式，应该成为县级公共图书馆服务的重要任务。

七、文化共享工程、数字图书馆推广工程和公共电子阅览室建设计划等国家重大数字文化惠民工程，有力促进了基层图书馆数字资源提供能力和远程服务能力的提升，带动了基层公共图书馆的数字化、信息化建设。在新的历史时期，公共图书馆要保持在公共数字文化建设和服务方面的领先水平，开展基层公共图书馆数字化相关项目建设的融合发展，把公共图书馆的数字服务融入区域性公共数字文化服务平台，不断丰富服务内容，创新服务方式，提升综合效益。

八、政府主导下的社会化发展，是促进公共图书馆发展的内在动力。要充分理解、认识和践行现代公共文化服务体系建设赋予公共图书馆的新功能和新任务，探索公共图书馆在公共文化服务社会化发展背景下的发展方式、路径和模式，创新发展思路，实现公共图书馆事业社会化发展的新突破。

九、公共图书馆组建理事会、建立法人治理结构，是创新管理体制和运行机制的时代要求。县级公共图书馆要进一步提高认识，积极参与试点实践，总结经验，发现问题，完善政策，为公共图书馆形成健全的决策、执行和监督机制贡献力量。

十、《意见》提出了加大公共文化保障力度的新政策、新措施。与会代表热切希望各级党委政府全面落实《意见》提出的加强组织领导、加大财政支持力度、加强基层队伍建设、健全法律保障体系的一系列政策措施，推动和保障公共图书馆事业持续健康发展。

中国图书馆学会第五届百县馆长论坛全体与会代表

2015年5月22日于福建晋江

（中国图书馆学会网站2015年5月25日报道）

全国图书馆标准化技术委员会第二届委员会成立

根据《国家标准委办公室关于全国图书馆标准化技术委员会换届及组成方案的复函》（标委办综合函〔2015〕85号）精神，8月27—28日，全国图书馆标准化技术委员会第二届委员会成立大会暨标准化工作与图书馆事业发展研讨会在国家图书馆召开，标志着全国图书馆标准化技术委员会（以下简称图标委）第二届委员会正式成立。国家标准化管理委员会服务业标准部主任杨泽世、文化部文化科技司司长孙若风、文化部公共文化司巡视员刘小琴莅临会议并致辞。第二届委员会主任委员韩永进，副主任委员汪东波、倪晓建、周德明、张智雄和柯平，委员兼秘书长申晓娟，委员兼副秘书长李东来等第二届委员会委员40余人参加会议。

图标委第二届委员会共有委员41人，均具有副高级以上专业技术职称，有较强的专业研究能力，其中来自公共图书馆的委员占39%，来自高校图书馆和专业图书馆的委员占24.4%，来自图书馆学教育和研究机构的委员占19.5%；委员分布涵盖政府主管部门，国家图书馆，各省级公共图书馆和少年儿童图书馆，高等学校图书馆，科研院所及党校、军队、医院、农业等专业图书馆，以及图书馆学教育和研究机构，特别是本届委员会还新增文化主管部门代表1人，中国图书馆学会代表2人，民族图书馆代表1人，组成结构较为科学合理，并具有更加广泛的代表性。

会上，杨泽世主任宣读图标委换届批复文件并向第二届委员会委员颁发委员聘书。韩永进主任委员做“站在新起点抓住新机遇，推进图书馆标准化工作再上新台阶”的讲话。讲话全面总结第一届委员会的工作成果，通报第二届委员会的换届情况，围绕制订“十三五”时期标准化工作规划、逐步构建较为完善的标准体系、加快制修订事业发展亟须标准、积极推进标准成果的宣传与推广、加强国内外交流合作、构建图书馆标准化信息平台和进一步加强图标委秘书处工作等七个方面提出第二届委员会的主要工作思路。会议围绕《全国图书馆标准化工作“十三五”规划纲要》（讨论稿）及第二届委员会工作思路开展专题研讨。

会议同期举办“标准化工作与图书馆事业发展研讨会”。第二届委员会全体参会委员及图标委归口管理的部分标准化工作项目组成员70余人参加研讨。研讨会邀请国家标准化研究院副研究员金燕芳、北京大学信息管理系教授刘兹恒和南开大学商学院教授柯平，分别以“标准制修订全过程管理”“ISO、IFLA标准规范体系研究”和“公共文化服务体系标准规范研究”为题做主题报告。

本次会议的召开，为图标委把握当前构建现代公共文化服务体系，推进公共文化服务标准化、均等化的时代机遇，谋划和推进“十三五”时期的图书馆标准化工作打下坚实的基础。会议达到预期效果，取得圆满成功。（国家图书馆 田颖）

专　文

“十二五”时期中国图书馆事业发展综述

王天乐　刘宇初（国家图书馆）

图书馆是国家重要的文化与教育机构，是公众自由平等获取各类信息的主要场所，在保存民族文化遗产、传播信息与知识、推进社会教育、丰富公众文化生活等方面发挥着越来越重要的作用。“十二五”以来，中央和地方各级政府进一步加大对图书馆事业的重视和支持力度，图书馆法制化、制度化建设取得新进展，较为完备的图书馆网络基本建成，办馆条件和服务体系建设逐步完善，服务效能稳步提升，传承和弘扬中华优秀传统文化成效明显，体制机制改革和事业发展保障体系建设有序推进，国际交流与合作进一步加强，中国图书馆界的国际影响力进一步提高。综合来看，“十二五”时期，中国图书馆事业发展取得的主要成就有：

一、图书馆法制化建设切实加强

“十二五”期间，中国图书馆事业进入转型发展的关键时期，中央和地方各级政府进一步加大扶持力度，相关法律法规和标准规范体系的建设也取得实质性进展。

（一）全国性公共图书馆立法工作取得突破性进展

2013年，《公共图书馆法》被列入第十二届全国人大常委会立法规划第一类项目。2015年12月，国务院法制办发布《中华人民共和国公共图书馆法（征求意见稿）》，面向社会公开征求意见，广泛听取社会各界对公共图书馆事业立法的意见和建议。

征求意见稿的发布和公开征求意见是《公共图书馆法》立法取得的重要进展，并在促进政府转变职能、推动公共图书馆事业社会化发展、规范公共图书馆设立条件等诸多方面有新的突破和亮点。

（二）地方性图书馆条例规章相继出台

新中国成立后，部分省市就相继出台了地方性的公共图书馆法律规章条例，走在国家立法的前面，呈现出图书馆法治建设“地方先行”的态势①。“十二五”期间，四川、广州、上海三省市相继出台或修订其地方性图书馆条例和法规。这些法规在促进地区图书馆事业发展方面起到积极作用。

（三）图书馆相关政策陆续制定和完善

“十二五”时期公共图书馆领域发展规划相继出台。2013年，首个全国性公共图书馆事业发展中长期规划——《全国公共图书馆事业发展“十二五”规划》以及《全国文化信息资源共享工程“十二五”规划纲要》相继出台，为“十二五”时期公共图书馆事业及公共数字文化的发展提出战略构想。《全国公共图书馆事业发展“十二五”规划》确立“将公共图书馆纳入公共文化服务体系建设总体框架，构建覆盖全社会的公共图书馆服务体系，加大对中西部地区图书馆、农村和基层图书馆的支持力度，缩小事业发展的地区差距和城乡差距”等基本原则。

公共图书馆服务规范制定并颁布。2011年，《公共图书馆服务规范》颁布，并于2012年5月实施，为县级以上各级公共图书馆围绕社会需求有针对性地开展多元化、多层次服务提供规范和指导。

公共图书馆免费开放政策出台，评估定级政策不断完善。2011年，文化部会同财政部出台《关于推进全国美术馆公共图书馆文化馆（站）免费开放工作的意见》，对各级公共图书馆全面免费开放基本服务给予具体政策支持。随后，财政部又发布《关于加强美术馆、公共图书馆、文化馆（站）免费开放经费保障工作的通知》，对免费开放给予经费保障。2012年，文化部下发《关于开展县以上公共图书馆第五次评估定级工作的通知》，决定于2013年在全国开展第五次公共图书馆评估定级工作。本次评估定级的基本依据——《省级、市级、县级公共图书馆评估标准》和《定级必备条件》同步下发。旨在通过以评促建，积极争取改善办馆条件，努力改进各项

① 周和平.城镇化条件下中国图书馆事业的发展.中国图书馆学报，2013(6)：4－8.

业务工作，提高管理和服务水平。

全民阅读立法工作正式启动。2013 年 3 月，全民阅读立法工作正式启动，并列入国务院法制办立法规划项目。江苏、湖北、辽宁、深圳等地先后推出地方性阅读法规。

高校图书馆与中小学图书馆事业发展得到进一步政策保障。2011 年，《教育部、新闻出版总署关于进一步加强中小学图书馆（室）图书配备和管理工作的通知》，进一步加强中小学图书馆（室）标准化建设，规范中小学图书馆（室）图书配备工作。2015 年，教育部、文化部、国家新闻出版广电总局联合下发《关于加强新时期中小学图书馆建设与应用工作的意见》，要求中小学图书馆每周开放时间原则上不少于 40 小时，并将图书馆纳入中小学建设规划。同年，教育部为适应高等学校图书馆事业发展需要，对 2002 年发布的《普通高等学校图书馆规程（修订）》进行修订。修订后的《普通高等学校图书馆规程》将更好地指导和规范高等学校图书馆工作。

二、图书馆办馆条件不断改善

“十二五”以来，中央和地方进一步加大对图书馆事业发展的重视和支持，《关于加快构建现代公共文化服务体系的意见》《关于推进全国美术馆公共图书馆文化馆（站）免费开放工作的意见》等纲领性文件陆续出台，国家图书馆、公共图书馆、高校图书馆、专业图书馆等各级各类图书馆充分发挥自身资源优势，不断加大资金投入力度、完善基础设施建设、丰富馆藏资源，办馆条件和水平在“十二五”期间有极大提高。

（一）公共图书馆基础设施网络日趋完善

“十二五”时期，在《全国公共图书馆事业发展“十二五”规划》指导下，为实现覆盖全国的公共图书馆设施网络，各地继续加大公共图书馆设施建设力度。截至 2015 年年底，全国共有县级以上独立建制的公共图书馆 3139 个，比“十一五”末增加 255 个，公共图书馆设施网络状况得到较大改善。全国省级公共图书馆设置率已达 100%。全国公共图书馆建筑面积达到 1316.8 万平方米，馆均馆舍面积 4195 平方米，比 2010 年增长 34.4%。拥有读者座席 91 万个，比 2010 年增长 46.2%；电子阅览室终端 12.7 万台，比 2010 年增长 52.4%。县级以下图书馆设施建设力度不断加大，全国乡镇和街道、村和社区等都相继设立众多图书馆或图书馆服务网点，流动图书馆车、24 小时自助图书馆等流动服务设施日益普及。

（二）经费投入力度不断加大

近年来，国家对图书馆事业的经费投入力度不断加大。2015 年，公共图书馆的财政拨款总额达 127 亿元，是 2010 年的 2.2 倍；馆均财政拨款约 405 万元，与 2010 年相比翻了一番；新增藏量购置费 19.7 亿元，比 2010 年增长 77.5%；人均购书经费达到 1.43 元，比 2010 年增长 72.3%。高校图书馆经费投入在各校间差别较大，但“十二五”期间总体呈增长趋势。据“教育部高校图书馆实施数据库”相关统计数据显示，2014 年高校图书年度总经费的平均值约为 580.8 万元，与 2013 年相比增加 80.8 万元，年度经费投入在 500 万元以上的高校占比达到 33.8%。

（三）特殊群体保障设施不断完善

无障碍信息服务中心、农民工之家、儿童阅读中心、老年人阅览室等纷纷建立，为各类特殊群体提供人性化服务。2015 年，各级公共图书馆少儿阅览室座席数 223948 个，比 2010 年增长 43.1%；盲人阅览室座席数 22285 个，比 2011 年增长 116.4%。浙江省“视障信息无障碍服务中心”、甘肃省“残疾人阅览服务中心”、山东省“光明之家”盲人数字图书馆等建成并投入使用，特殊群体阅读服务得到有效而完善的保障。

（四）文献资源保障能力不断提高

“十二五”期间，各级各类图书馆文献总藏量和新增藏量逐年增长。2015 年，全国公共图书馆总藏量为 83844 万册/件，比 2010 年增长 35.8%；全国人均藏书和年人均新增藏量分别达到 0.61 册/件和 0.037 册/件，分别比 2010 年增加 0.15 册/件和 0.015 册/件。与此同时，数字资源总量不断增加，截至 2015 年年底，文化共享工程、数字图书馆推广工程等公共数字文化工程建设的数字资源总量超过 10000TB，电子图书 83041 万册，是 2010 年末的 134 倍。2015 年，国家文献战略储备库项目方案已正式由国务院批准立项。在此基础上，各级公共图书馆立足地方历史文化特点和经济社会发展需求，开展地方特色文献资源建设，全面采集保存地方志、家谱、少数民族文献、民族记忆类资源，建设了一批高质量的地方专题数据库。

三、图书馆体系更加完备，服务效能稳步提升

"十二五"时期，图书馆事业迎来历史上最好的发展时期之一。经过三四十年的积累，中国图书馆事业取得突破性进展，图书馆体系更加完备。全国图书馆行业不断更新服务理念，拓展服务职能，延伸服务范围，创新服务手段，加强服务协同与合作，推进公共图书馆服务体系建设取得实质性突破，各级公共图书馆服务效能显著提升。

（一）图书馆体系日趋完备

一个由国家图书馆、公共图书馆、高校图书馆、专业图书馆以及工会和中小学图书馆等各类型、各系统图书馆组成的图书馆体系不断完善。截至2015年年底，全国各类型图书馆共约70万个，其中县级以上公共图书馆3139个、高校图书馆超过3200个、专业图书馆1000余个、工会图书馆约20万个。

在此基础上，各类型、各系统图书馆充分发挥各自资源优势，积极探索跨系统的资源共享与业务合作，逐步建立起统筹协调、优势互补、共赢互利的分工合作机制。

（二）文献信息资源的揭示与整合、共建与共享水平不断提升

"十二五"时期，通过深入挖掘馆藏，形成一批高质量的地方特色资源品牌，如《广州大典》等有重大影响的专题文献的整理出版，北京记忆、上海年华等文化记忆项目的实施，以及《四川民间艺术数据库——绵竹年画数据库》《四川少数民族文化数据库——藏族唐卡数据库》等地方特色数字资源库的建设等。随着西北五省虚拟图书馆群系统的运行、上海图书馆签约加入中国高等教育保障系统，以及"上海市文献资源共建共享协作网""深圳文献港""首都图书馆联盟"等区域性联盟组织陆续成立，公共图书馆与其他系统图书馆的资源共享取得突破性进展。

（三）服务职能进一步拓展

除传统的文献借阅服务外，图书馆的社会教育职能不断拓展，讲座、展览、培训、阅读推广等成为新时期图书馆的重要服务内容。各地相继开展具有品牌影响力的社会教育服务活动，如山西省图书馆的"文源讲坛"、河南省图书馆的"春满中原"春节系列读者活动、杭州图书馆的文澜大讲堂等。山东、云南、吉林等地还成立以省图书馆为中心的讲座、展览、数字阅读联盟，实现各类型社会教育活动资源的共享。

（四）空间功能不断优化

近年来，各级图书馆在积极争取条件扩大馆舍面积的同时，还围绕馆舍空间的现代化、人文化、生活化不断努力，逐步把图书馆打造成为人们喜爱和向往的公共文化空间，以更好地满足公众休闲娱乐、自我提升、相互交流的需求。例如上海图书馆于2013年5月推出以"激活创意、知识交流"为理念的"创·新空间"创意阅览室，为读者提供智能化、全媒体专题信息服务，为创客、极客及专业设计人员搭建主题服务的知识平台和体验艺术创意的智能空间。杭州图书馆将浣纱路老馆改造成"杭图生活主题分馆"，天津图书馆创办音乐专题图书馆，均实现空间再造与功能优化。此外，上海交通大学图书馆、武汉大学图书馆、天津大学图书馆等高校图书馆纷纷设立创客空间，服务高校师生创新创业。中国科学院文献情报中心与科技孵化器合作建成的"创意空间"，则是中国第一个专业图书馆创客空间。

（五）面向特殊群体的服务水平不断提升

各级公共图书馆纷纷建立无障碍信息服务中心、农民工之家、儿童阅读中心、老年人阅览室等，为各类特殊群体提供人性化服务。2015年，各级公共图书馆少儿阅览室座席数223948个，比2010年增加67424个，增长43.1%；盲人阅览室座席数22285个，比2011年增加11985个，增长116.4%。浙江图书馆建成"浙江省视障信息无障碍服务中心"；甘肃省图书馆建立"甘肃省残疾人阅览服务中心""农民工之家"以及流动儿童阅读中心；上海市虹口区图书馆掌上图书馆"菜场书屋"为虹口区内22家标准化菜场的进城务工人员安装无线服务器，使外来务工人员及其子女可以直接通过手机等移动终端进行阅读；山东省还建立全国首个区域化盲人数字图书馆服务网站——"光明之家"盲人数字图书馆。

（六）在阅读推广活动中的主体作用日益突出

提供阅读服务是图书馆最为重要的职能之一。目前，各地已培育起一批阅读服务品牌，建

立专门阅读服务组织，形成由专业人员和志愿者组成的阅读推广人队伍。一些图书馆及行业组织通过编制推荐书目的形式，指导公共图书馆的馆藏建设，如中国图书馆学会阅读推广委员会推荐阅读书目专业委员会编制的《中国基层图书馆基本藏书推荐目录》，国家图书馆编制的《全国少年儿童图书馆基本藏书目录》等，受到业界的广泛欢迎。各级图书馆围绕全民阅读积极策划品牌活动，如温州市少年儿童图书馆的“读者成长计划”、辽宁省图书馆的“家庭阅读推广计划”、河南省鹤壁市图书馆的“倡导全民读书，建设阅读社会”数字图书馆免费阅览活动等，产生广泛的社会影响。为了深入掌握阅读需求，有针对性地开展阅读活动，图书馆还积极开展各种形式的阅读调查活动，比较有影响的如上海图书馆推出的《上海市公共图书馆 2012 阅读报告》、苏州图书馆推出的《苏州图书馆数字资源使用情况读者调查分析报告》等。复旦大学图书馆、华中师范大学图书馆等多家高校图书馆也陆续发布年度阅读报告和榜单，揭示高校师生年度阅读状况。

（七）延伸服务成效显著

在各地积极探索公共图书馆服务体系建设的过程中，广泛采用图书馆联盟、流动服务、数字服务、多媒体服务等服务模式，延伸服务范围。以首都图书馆联盟、湘鄂赣皖公共图书馆联盟为代表的跨地区、跨行业的合作不断深入；深圳、北京、武汉等多地设立 24 小时自助图书馆，将图书馆的服务不受开馆时间和馆舍空间限制地提供给社会公众；贵州数字图书馆在国内第一个实现全省范围免费开放；广州图书馆应用 RFID 技术开发“智能流动图书馆”；北京、重庆、上海等地推出掌上阅览室、U 盘图书馆等数字服务，为读者打造随身图书馆。高校图书馆中，全国师范院校成立图书馆联盟，创建以教育科学信息资源的共建共享为特色的师范教育文献信息资源保障和服务体系。专业图书馆方面，中科院文献情报中心与陕西、甘肃、江西、贵州、河北、河南等 6 省科学院合作，挂牌成立“国科图—省级科学院共享文献情报服务站”，拓展文献情报服务链。

四、传承弘扬优秀传统文化成效显著

“十二五”期间，中华古籍保护计划、民国时期文献保护计划等重点文化项目全面推进，优秀传统文献典籍的保护与利用工作机制初步建立，各地图书馆还积极通过文化讲座、书院、典籍展览等公众所喜闻乐见的方式推广传统文化。各级各类图书馆有效发挥培育和践行社会主义核心价值观的重要阵地作用。

（一）古籍保存与保护工作深入开展

全国古籍普查登记工作全面展开，截至 2015 年年底，全国已完成 170 余万部古籍的普查登记。第四批、第五批《国家珍贵古籍名录》和全国古籍重点保护单位名单颁布。至 2015 年年底，共有 11375 部古籍和 166 家古籍收藏单位入选《国家珍贵古籍名录》和“全国古籍重点保护单位”，有效带动地方珍贵古籍名录建设，实现古籍分级保护。民族文字古籍保护工作进一步加强，西藏、新疆古籍保护专项有序推进。海外中华古籍合作保护项目积极开展。古籍数字化建设稳步推进，启动“中华古籍数字资源库”建设，完成数字化古籍超过 2 万种，累计接收 19 家单位的约 29 万拍国家珍贵古籍影像资源。古籍标准规范项目取得阶段性成果，《汉文古籍特藏藏品定级》系列国家标准的编制陆续展开。

（二）文化典籍整理与出版工作有序推进

《中华再造善本》（续编）工程于 2014 年年底顺利结项，共影印出版全国各类存藏机构的古籍善本文献 1312 种 2336 函 13240 册。2014 年年底，《中华再造善本》（一期）工程的数据库建设全部完成，其中包括唐宋、金元编 758 种珍稀古籍原本的数字资源。“中国珍贵典籍史话丛书”、《中华传统文化百部经典》等文化典籍的编纂工作已于“十二五”期间正式启动。

（三）民国时期文献保护工作稳步落实

2012 年，由国家图书馆联合国内文献收藏单位策划并实施的“民国时期文献保护计划”正式启动。几年来，民国时期文献普查、海外文献征集及整理出版等各方面工作都取得重要成果。重点围绕细菌战、天皇战责、日本虐俘罪行等主题，启动美国国家档案馆藏纸质抗战档案和日本战争罪行专题档案数字化回归工作。整理出版民国时期文献资料丛编、对日战犯审判文献资料丛刊、抗日战争文献史料丛编等民国时期珍贵文献资料，在国内尚属首次。

（四）中华文化展示推广工作扎实开展

2014 年，运用现代化展陈手段展示中华优秀典籍的国家典籍博物馆正式开馆运行，向公众实行免费开放。其藏品包括从甲骨、敦煌遗书、善本古籍、金石拓片、舆图、样式雷图档到民族文字古籍、名家手稿、西文善本等各类珍贵典籍资源，全面生动地呈现中华民族多元丰富的书籍文化，对于中华优秀文化典籍的收藏、展示、研究、保护、教育传播、文化传承等具有重要意义。此外，各省市公共图书馆在“十二五”期间充分挖掘馆藏或当地特色文化，结合读者实际需求，开展丰富多彩的传统文化阅读推广活动，增强公众古籍保护意识，营造全社会共同保护古籍的良好局面。

五、数字图书馆发展持续深入

“十二五”时期，是中国数字图书馆发展的关键时期，也是各类新兴现代信息技术广泛应用到图书馆的重要拓展期。国家图书馆、公共图书馆、高等教育图书馆、专业图书馆等各类图书馆从多个技术层面和角度出发，努力建设具有中国特色的、较为完备的数字图书馆体系，使得中国数字图书馆发展逐步呈现出多路并举、分工协作、统筹规划的良好局面。

（一）重大数字文化惠民工程陆续实施

文化部、财政部依托各级公共图书馆，陆续实施全国文化信息资源共享工程、数字图书馆推广工程和公共电子阅览室建设计划等三项重大数字文化惠民工程。其中，全国文化信息资源共享工程截至2014年年底，在24个省份全面推进国家公共文化数字支撑平台建设，数字资源标准规范通过专家验收，多个省市分中心深入基层广泛开展数字资源使用培训班等文化惠民服务。数字图书馆推广工程截至2014年，已在全国33家省级馆、374家市级馆启动实施，各级财政投入经费总额累计达8.1亿元，其中中央转移支付资金2.96亿元。2015年，工程建设重点由硬件与网络平台建设转向资源建设与服务，数字图书馆业务平台投入使用，服务效益不断凸显。公共电子阅览室建设计划于2012年提出实施，2014年已全面完成，基本实现公共电子阅览室在全国所有乡镇、街道、社区的全面覆盖。

（二）国家高等教育文献保障系统（CALIS）三期建设项目正式启动

CALIS三期项目旨在为全国近2000个高校成员馆提供标准化、低成本、自适应、可扩展的数字图书馆统一服务和集成平台，构成全国高校数字图书馆三级共建和共享服务以及多馆服务协作的联合体系，共同为高校师生提供全方位的文献服务、咨询服务、电子商务和个性化服务。截至2014年11月底，CALIS云服务平台整合的各种类型资源已成规模，其中包括有章节全文的图书170万种、学位论文460万篇、中文期刊2.3万种、报纸条目近6000万条、年鉴/工具书条目近1700万条；已汇集和整合2900多家图书馆的各类馆藏资源，其馆藏记录总数超过434亿条。

（三）专业图书馆数字信息资源建设加速发展

“十二五”时期，现代信息技术也被越来越多地应用到专业图书馆数字信息资源建设中。2013年，中科院国家科学图书馆北京分馆的4D机房正式投入使用，其开发的科学文化传播平台正式面向全馆开展服务。截至2013年年底，中科院国家科学数字图书馆组织引进网络数据库155个，可链接使用的外文电子期刊17997种，中文电子期刊14168种，为国家创新体系内的各领域科研机构提供文献信息保障、战略情报研究服务、公共信息服务平台支撑和科学交流与传播服务。

随着新兴信息传播形态和阅读形式不断升级，“十二五”时期的数字图书馆逐渐向多元化发展，移动化、智能化和泛在化的数字图书馆成为主流趋势，同时，随着云计算、大数据技术在各类图书馆数字资源建设中的融合应用，数字图书馆业已跨入全方位飞速发展时期，以更好满足各类型用户的个性化服务需求。

六、体制机制改革有序推进

“十二五”时期是中国进一步推进公共文化服务体系建设的重要战略机遇期，图书馆体制机制的改革也成为时代发展的迫切需求，有助于实现政府职能的转变、激发图书馆自身发展活力。

（一）图书馆法人治理结构改革稳步开展

我国自2007年起组织开展面向公益性服务类事业单位的法人治理结构改革试点工作，公共图书馆作为公益性服务类事业单位，在法人治理结构改革工作中也成为重要一环。2015年1月，中办、国办印发《关于加快构建现代公共文化服务体系的意见》，强调“推动公共图书馆、博物馆、文化馆、科技馆等组建理事会”。据不完全统计，“十二五”期间，深圳市福田区图书馆、广州图书馆、温州图书馆、南京图书馆、宁波图书馆、上海图书馆、湖北图书馆、东莞图书馆等近 30 家公共图书馆相继建立法人治理结构。总体来看，中国公共图书馆理事会制度建设尚处于起步阶段，部分机构在试点过程中存在的配套制度未有效衔接、缺乏相应法律保障及专业支撑等问题有待解决。

（二）社会力量参与图书馆建设日益推进

坚持政府主导、社会参与，倡导和鼓励社会力量以多种方式参与公共图书馆建设，是中国图书馆事业发展的重要支撑。“十二五”期间，社会力量以多种形式逐步参与到公共图书馆服务体系建设中，其主要模式包括承接公共图书馆运营与管理、兴办图书馆并提供公益性服务、向公共图书馆提供款物捐助以及志愿参与公共图书馆服务等几类。江苏无锡新区、北京市西城区等部分地方政府尝试通过购买服务的方式引入社会力量，促进公共图书馆建设主体多元化，发挥市场在文化资源配置中的积极作用，向公众提供低成本、高效优质的图书馆服务。

（三）图书馆评估定级工作扎实开展

2012 年 2 月至 2013 年 10 月，文化部组织开展第五次全国县以上公共图书馆评估定级工作，并对评估标准进行全面修订。全国共有 2621 个图书馆参加此次评估定级，占县以上公共图书馆总数的 85%。2013 年 10 月 31 日，文化部印发《关于公布第五次公共图书馆评估定级上等级图书馆名单的通知》，全国共计 2230 个图书馆达到三级以上图书馆标准。通过开展公共图书馆评估定级工作，各级公共图书馆以评促建、以评促改，努力改革创新，加强基础设施及业务建设，提高服务效能和管理水平，图书馆评估工作成为政府文化主管部门行使管理职能、加强业务指导、推动公共图书馆事业发展的有效手段。

（四）人才队伍建设不断提高

“十二五”以来，全国各类图书馆从业人员结构和整体素质进一步优化，多元化的用人机制逐步形成。专业技术人才比例逐步扩大。截至“十二五”末，全国公共图书馆共有从业人员 40251 人，其中，中级职称 18475 人，比 2010 年增长 6.4%；高级职称 5746 人，比 2010 年增长 30.4%。2014 年，651 所高校图书馆在编馆员总人数为 26255 人，拥有硕士学位以上馆员总人数为 6992 人，平均每馆 10.86 人。针对农村和社区基层图书馆开展的全国基层文化队伍培训工作取得良好成效，围绕古籍修复与保护、数字图书馆建设等事业发展重点领域的系列培训也相继开展，志愿者队伍建设与管理机制不断完善。

七、国际交流与合作继续深化

当今时代，全球经济一体化和信息网络化相互依存、相互促进的趋势越来越明显，共建、共享、联同、合作成为图书馆的生存方式和发展之路。“十二五”时期，中国图书馆界通过多种方式与国际图书馆界建立广泛联系，从而更加开放地走向国际，融入世界。

（一）中国图书馆界国际影响力进一步提升

自 1996 年在北京成功举办第 62 届国际图联大会以来，中国图书馆界的国际交流与合作日益频繁，中国图书馆事业的发展得到国际社会的关注与肯定，国际影响力和话语权日益增强。目前，中国图书馆界有近 30 人在国际图联各专业组担任委员职务。中国各级各类图书馆陆续获得一批国际奖项，如 2012 年清华大学图书馆的“爱上图书馆”系列视频及排架游戏荣获第十届国际图联国际营销奖第一名；2015 年，厦门大学图书馆的“圕·时光”获国际图书馆营销奖；内蒙古图书馆 2015 年推出的“彩云服务”获得美国图书馆主席国际创新奖。第六届、第七届上海国际图书馆论坛继续成功举办，论坛已成为图书情报界有较高知名度的国际性专业学术会议。

（二）国际合作与交流日益深入

“十二五”以来，图书馆界积极参与并策划或启动一系列国际合作项目，如哈佛燕京图书馆古籍数字化合作项目、全球“中华寻根网”、海外中华古籍调查暨数字化合作项目等，中国之窗、国际敦煌项目等继续深入开展。2012 年 11 月，中国科学院国家科学图书馆与英国自然出版集团正式签署数字资源长期保存合作协议，该协议是自然出版集团唯一与欧洲之外的图书馆签署的长期保存合作协议。2013 年 10 月，中华人民共和国文化部、中国国家图书馆和中国驻英国使馆向英国剑桥李约瑟研究所捐赠书籍 200 余册，帮助其对中国科技的研究。2015 年，“海外中华古籍调查暨数字化合作项目”成功实现法国国家图书馆《圆明园四十景图》数字版本和英国牛津大学博德利图书馆 19 册《永乐大典》的高清数字版本回归。这些项目的实施加强了对外传播和文化交流，为中华文化“走出去”做出积极贡献。“十二五”时期，中国图书馆与世界许多图书馆通过联合办展、馆员交换、学术研讨、交流互访等形式开展诸多合作，充分发挥中国图书馆在古籍修复、中文信息处理、东方语种文献编目等方面的独特优势。一些图书馆还通过互建分馆的方式，积极拓展与其他国家图书馆之间的深层次业务合作。2015 年 11 月，沙特阿拉伯阿卜杜勒·阿齐兹国王公共图书馆北京大学分馆暨北京大学古籍图书馆在北京大学举行奠基仪式。分馆建成后，北京大学与阿卜杜勒·阿齐兹国王公共图书馆将共同进行馆藏建设，开展阿拉伯文献的收藏与阅览服务，举办专题讲座及学术会议，推进中沙两国文化、学术、学者交流。

（三）桥梁纽带作用愈发突显

长期以来，不同文明之间的对话与理解在促进国际、地区间的交流与合作中发挥着重要的桥梁纽带作用。图书馆作为各民族文明成果的保存和传承机构，是各民族人民了解彼此历史文化、理解彼此价值观念、学习彼此文明成果的重要窗口。“十二五”时期，在中阿、中英、中澳、中美等双边或多边人文交流活动中，图书馆都发挥了积极作用。2013 年，中国政府提出共建丝绸之路经济带和 21 世纪海上丝绸之路的倡议，强调要打造互利共赢的“利益共同体”和共同发展繁荣的“命运共同体”，得到国际社会的广泛关注和积极响应。中国图书馆界已经与丝绸之路沿线国家和地区图书馆展开文献互赠与交换、举办合作论坛、联合举办展览等深层次的交流合作，并倡议建立“丝绸之路图书馆联盟”，建设“丝绸之路数字图书馆”，共同保护、利用与展示丝绸之路文献，促进丝绸之路沿线文明的交流互鉴。

“十二五”时期，在国家全面构建公共文化服务体系和大力推进社会主义文化大发展大繁荣的政策背景和大好形势下，中国图书馆事业呈现出欣欣向荣的蓬勃发展势头，并取得长足的发展和进步。展望“十三五”，中国图书馆界必将紧紧把握发展机遇，积极应对时代挑战，认真思考与审视快速变革社会中民众对图书馆服务的新需求，谋划全国图书馆事业的发展，在新时期再创佳绩。

2015 年度学校图书馆发展报告

王海明（中国教育装备行业协会）

2015 年，是学校图书馆发展成绩突出的一年。首先，从政府引导层面看，教育部、文化部和国家新闻出版广电总局三部门联合印发《关于加强新时期中小学图书馆建设与应用工作的意见》，这是我国首部关于中小学图书馆建设与应用全面工作的系统性文件，对学校图书馆发展给予更加明确的宏观政策要求和操作性的实施要求，开启中小学图书馆建设的新时代。其次，少儿出版领域也出现更加繁荣的景象，优秀少儿读物的出版在国内外均获佳绩。同时国家新闻出版部门对少儿出版、中小学教辅材料的出版和发行也进行更加严格的科学监管。中小学图书馆书目推荐活动受到社会的广泛关注，一些机构和个人编制的多种书目产品逐渐走向科学规范的管理。响应全民阅读的社会大背景，阅读活动开展和阅读服务产品的研发得到重视，“2015 全国少年儿童阅读年”“百社千校”阅读活动、“校园智慧阅读”、儿童阅读服务体系平台上线等活动相继推出。包括中西部贫困地区的中小学图书馆的办馆条件进一步得到改善，通过“2015 最美校园书屋”推荐、评选活动，发现一批在馆舍馆藏建设方面有突出特点的中小学图书馆（室）。此外，中小学图书馆员的队伍建设尽管还不能够适应事业发展需要，但培训工作也在持续进行着。数字阅读、移动阅读等新媒体阅读形式与阅读设备走进中小学。阅读指导课程出现一些新变化，在教研创新方面更具有较大的思考与实践空间。《中小学图书馆（室）规程（修订）》再次修订，中小学图书馆国家标准的研制受到业界关注。

本发展报告分为三大部分：基本数据统计、2015 年学校图书馆建设进展、学校图书馆发展存在问题及未来发展建议。报告基本数据统计部分中年度数据统计的时间段为 2014 年，数据比较分析的时间段为 2011—2014 年。报告其余部分材料均以 2015 年的事实为主，个别涉及 2016 年年初的情况。

一、2011—2014 年基本数据统计

（一）全国中小学校及学生情况

1. 全国小学数及在校学生数

根据教育部《2014 年教育统计数据》，2014 年全国共有小学 20.14 万所，比 2013 年减少 1.21 万所，比 2012 年减少 2.72 万所；在校生数 9451.07 万人，比 2013 年增长 90.52 万人，比 2012 年减少 244.83 万人。

2. 全国中学及在校学生数

根据教育部《2014 年教育统计数据》，2014 年全国共有中学（高中 + 初中）7.09 万所，比 2013 年增长 0.47 万所，比 2012 年增长 0.42 万所。在校生数 6785.10 万人，比 2013 年减少 90.92 万人，比 2012 年减少 445.13 万人。

（二）全国中小学图书馆馆舍面积情况

1. 2014 年小学图书馆馆舍面积

根据教育部《2014 年教育统计数据》，2014 年全国小学图书馆馆舍总面积 16.47 平方千米，其中城区小学馆舍面积 4.34 平方千米，镇区小学馆舍面积 4.95 平方千米，乡村小学馆舍面积 7.18 平方千米。参见表 1。

表 1　2014 年小学图书馆馆舍情况统计表（单位：平方千米）

名称	馆舍情况
城区	4.34
其中：城乡结合区	0.92

续表

名称	馆舍情况
镇区	4.95
其中:镇乡结合区	1.83
乡村	7.18
合计	16.47

与2013年相比，2014年小学馆舍面积增加1.34平方千米，增幅为8.86%，其中增长最大的是镇区馆舍面积，城区、镇区、乡村馆舍面积增幅分别为12.14%，11.74%和5.12%。2011—2014年小学图书馆馆舍面积的统计参见表2。

表2　2011—2014年小学图书馆馆舍面积统计表(单位:平方千米)

年份	城区	镇区	乡村	合计
2014	4.34	4.95	7.18	16.47
2013	3.87	4.43	6.83	15.13
2012	3.50	3.99	6.57	14.06
2011	3.14	3.55	6.64	13.33

2.2014年中学图书馆馆舍面积

根据教育部《2014年教育统计数据》，2014年全国中学（高中+初中）图书馆馆舍总面积26.33平方千米，其中城区中学馆舍面积12.41平方千米，镇区中学馆舍面积11.11平方千米，乡村中学馆舍面积2.81平方千米。参见表3。

表3　2014年中学图书馆馆舍情况统计表(单位:平方千米)

名称	馆舍情况
城区	12.41
其中:城乡结合区	2.11
镇区	11.11
其中:镇乡结合区	2.94
乡村	2.81
合计	26.33

与2013年、2012年相比，2014年中学图书馆馆舍面积分别增加1.98和3.46平方千米，增幅分别为8.13%和15.13%。其中与2013年比较，城区馆舍增加0.97平方千米，镇区馆舍增加0.83平方千米，乡村馆舍增加0.18平方千米。增幅分别为8.48%、8.07%和6.84%。2011—2014年中学图书馆馆舍面积的统计参见表4。

表4　2011—2014年中学图书馆馆舍面积统计表(单位:平方千米)

年份	城区	镇区	乡村	合计
2014	12.41	11.11	2.81	26.33
2013	11.44	10.28	2.63	24.35
2012	10.87	9.36	2.64	22.87
2011	10.17	8.77	2.67	21.61

3. 2011—2014 年各省区市中小学图书馆馆舍面积

全国 31 个省、自治区、直辖市 2011—2014 年小学图书馆馆舍面积统计参见表 5，中学图书馆馆舍面积统计参见表 6。

表 5　2011—2014 年各省区市小学图书馆馆舍面积统计表（单位：平方千米）

地区	2014 年	2013 年	2012 年	2011 年
北京	0.16	0.15	0.13	0.12
天津	0.11	0.10	0.09	0.09
河北	1.15	1.04	0.98	0.94
山西	0.44	0.43	0.42	0.42
内蒙古	0.25	0.24	0.23	0.22
辽宁	0.33	0.32	0.31	0.30
吉林	0.22	0.21	0.21	0.21
黑龙江	0.21	0.22	0.23	0.24
上海	0.17	0.16	0.15	0.14
江苏	1.09	0.95	0.85	0.77
浙江	0.68	0.62	0.55	0.50
安徽	0.79	0.68	0.61	0.54
福建	0.62	0.59	0.54	0.50
江西	0.49	0.45	0.43	0.42
山东	1.23	1.08	0.92	0.85
河南	1.50	1.45	1.44	1.37
湖北	0.70	0.68	0.60	0.52
湖南	0.64	0.60	0.57	0.56
广东	1.61	1.42	1.30	1.25
广西	0.59	0.54	0.53	0.53
海南	0.11	0.10	0.11	0.10
重庆	0.28	0.26	0.24	0.24
四川	0.71	0.63	0.58	0.54
贵州	0.54	0.50	0.50	0.48
云南	0.50	0.47	0.46	0.45
西藏	0.05	0.04	0.04	0.04
陕西	0.50	0.43	0.37	0.34
甘肃	0.33	0.30	0.28	0.29
青海	0.07	0.06	0.05	0.05
宁夏	0.11	0.10	0.09	0.09
新疆	0.33	0.30	0.26	0.20

表 6　2011—2014 年各省区市中学图书馆馆舍面积统计表（单位：平方千米）

地区	2014 年	2013 年	2012 年	2011 年
北京	0.34	0.32	0.31	0.29
天津	0.22	0.20	0.20	0.20
河北	1.35	1.21	1.17	1.14
山西	0.86	0.83	0.77	0.74

续表

地区	2014年	2013年	2012年	2011年
内蒙古	0.49	0.47	0.42	0.40
辽宁	0.67	0.66	0.65	0.61
吉林	0.31	0.28	0.26	0.26
黑龙江	0.42	0.41	0.40	0.39
上海	0.47	0.47	0.46	0.42
江苏	2.49	2.27	2.09	2.00
浙江	1.65	1.58	1.51	1.50
安徽	1.18	1.06	0.95	0.86
福建	1.16	1.21	1.10	1.50
江西	0.90	0.81	0.77	0.65
山东	1.84	1.63	1.50	1.33
河南	1.51	1.42	1.42	1.37
湖北	0.90	0.89	0.82	0.75
湖南	1.24	1.18	1.14	1.10
广东	2.47	2.24	2.12	2.03
广西	0.67	0.62	0.55	0.54
海南	0.19	0.19	0.17	0.14
重庆	0.45	0.43	0.37	0.35
四川	1.25	1.14	1.07	1.03
贵州	0.66	0.54	0.47	0.44
云南	0.67	0.62	0.58	0.56
西藏	0.04	0.04	0.03	0.04
陕西	0.69	0.62	0.54	0.51
甘肃	0.41	0.39	0.37	0.34
青海	0.11	0.08	0.09	0.07
宁夏	0.17	0.16	0.16	0.15
新疆	0.59	0.48	0.38	0.36

从各省区市中小学图书馆馆舍面积统计数据来看，2014年小学馆舍面积排名前五位的分别为广东、河南、山东、河北和江苏；与2013年相比，仅有黑龙江的小学馆舍面积是下降的，降幅为4.55%；2014年小学馆舍面积增幅较大的有西藏、青海、陕西、安徽和江苏，增幅分别为25.00%、16.67%、16.28%、16.18%和14.74%。中学馆舍面积排名前五位的分别为江苏、广东、山东、浙江和河北；上海、海南和西藏的中学馆舍面积为零增长，而仅有福建的中学馆舍面积下降，降幅为4.13%；2014年中学馆舍面积增幅较大的有青海、新疆、贵州、山东和河北，增幅分别为37.50%、22.92%、22.22%、12.88%和11.57%。2013年，教育部、国家发改委、财政部下发《关于全面改善贫困地区义务教育薄弱学校基本办学条件的意见》（教基一〔2013〕10号）。2014年，教育部等三部委又下发《关于制定全面改善贫困地区义务教育薄弱学校基本办学条件实施方案的通知》（教基一〔2014〕26号），就“全面改薄”实施方案的工作目标、重点任务、实施范围、实施步骤、安排资金和保障措施等问题进行部署。从表5、表6可以看出，2014年中西部贫困省份的中小学图书馆馆舍面积均得到不同程度改善，这与国家“全面改薄”项目实施密不可分。

（三）中小学图书馆馆藏建设情况

1.2014年小学图书馆馆藏图书数量

2014年，全国小学图书馆馆藏图书（含期刊）总量186277.02万册，其中城区小学馆藏总量60164.41万册（含城乡结合区小学馆藏10871.14万册），镇区小学馆藏总量63808.33万册（含镇乡结合区小学馆藏20151.14万册），乡村小学馆藏总量62304.27万册。参见表7。

表7　2014年小学图书馆馆藏图书情况统计表(单位:万册)

名称	馆藏图书
城区	60164.41
其中:城乡结合区	10871.14
镇区	63808.33
其中:镇乡结合区	20151.14
乡村	62304.27
合计	186277.02

2.2011—2014年小学图书馆馆藏图书情况

2011—2014年，各年小学图书馆馆藏图书情况，参见表8。

与上年相比，2014年全国小学图书馆总藏书量增长9189.36万册，增幅5.19%。其中城区小学图书馆总藏书量增幅9.50%，镇区小学图书馆总藏书量增幅6.25%，乡村小学图书馆总藏书量增幅仅为0.35%。与这三方面2013年的9.59%、9.61%和1.68%的增幅相比，增速已经明显变缓。特别是乡村小学图书馆总藏书量，2014年仅比2013年增加215.04万册。

表8　2011—2014年小学图书馆馆藏图书总量统计表(单位:万册)

年份	城区	镇区	乡村	合计
2014	60164.41	63808.33	62304.27	186277.02
2013	54945.08	60053.35	62089.23	177087.66
2012	50136.91	54788.97	61064.03	165989.91
2011	44595.71	47701.56	59393.45	151690.72

3.2014年中学图书馆馆藏图书数量

2014年，全国中学图书馆馆藏图书（含期刊）总量211113.02万册，其中城区中学馆藏总量82941.08万册（含城乡结合区中学馆藏14530.95万册），镇区中学馆藏总量96733.87万册（含镇乡结合区中学馆藏25232.12万册），乡村中学馆藏总量31438.07万册。参见表9。

表9　2014年中学图书馆馆藏图书情况统计表(单位:万册)

名称	馆藏图书
城区	82941.08
其中:城乡结合区	14530.95
镇区	96733.87
其中:镇乡结合区	25232.12
乡村	31438.07
合计	211113.02

4.2011—2014年中学图书馆馆藏图书情况

2011—2014年，各年中学图书馆馆藏图书情况，参见表10。

与上年比较，2014年全国中学图书馆总藏书量增长11862.98万册，增幅5.95%。其中城区中学图书馆总藏书量增加8317.21万册，镇区中学图书馆总藏书量增加 4185.32 万册，乡村中学图书馆总藏书量却减少 639.55 万册。与上年的增幅相比，2014 年增速下降了 0.28 个百分点，这里需要指出的是，乡村中学图书馆的总藏书量，2012—2014 年是逐年减少，2013 年与 2012 年相比减少 53.70 万册，但 2014 年更比 2013 年减少 640 万册，这种变化需引起相关部门的重视。

表 10 2011—2014 年中学图书馆馆藏图书总量统计表(单位:万册)

年份	城区	镇区	乡村	合计
2014	82941.08	96733.87	31438.07	211113.02
2013	74623.87	92548.55	32077.62	199250.04
2012	68262.60	87170.22	32131.32	187564.14
2011	61077.54	78633.26	32620.14	172330.94

5.2011—2014 年各省区市中小学图书馆馆藏图书情况

根据教育部《2014 年教育统计数据》，全国 31 个省、自治区、直辖市 2011—2014 年小学图书馆馆藏图书总量情况，参见表 11；2011—2014 年中学图书馆馆藏图书总量情况，参见表 12。

表 11 2011—2014 年各省市小学图书馆馆藏总量统计表(单位:万册)

地区	2014 年	2013 年	2012 年	2011 年
北京	2673.76	2656.23	2560.05	2428.58
天津	1794.30	1717.78	1518.45	1275.53
河北	13201.11	12232.15	12037.05	10968.80
山西	4349.07	4441.33	4201.37	4063.61
内蒙古	2341.46	2337.81	2345.48	2160.26
辽宁	4695.23	4413.00	4081.84	3790.00
吉林	2771.18	2469.02	2324.79	2317.28
黑龙江	1959.57	2027.58	2073.72	2084.83
上海	2356.48	2266.46	2139.54	1776.68
江苏	10380.21	9792.68	9292.57	8876.33
浙江	9179.23	8931.40	8573.85	7980.38
安徽	7481.75	7265.45	6734.63	5265.86
福建	6491.15	6274.35	5813.23	5226.77
江西	4959.30	4786.03	4640.14	4531.85
山东	15651.83	13404.99	11308.60	9736.57
河南	14653.79	14378.82	14451.87	13526.96
湖北	8429.41	8221.12	6714.52	4744.13
湖南	8371.94	8082.76	7668.93	7295.90
广东	17929.51	17506.73	17065.63	16384.22
广西	5980.74	5627.23	5222.65	4832.58
海南	1191.60	1144.87	1117.28	1007.98
重庆	2601.45	2709.42	2495.21	2381.73
四川	8408.60	8280.37	7773.92	7045.21

续表

地区	2014 年	2013 年	2012 年	2011 年
贵州	6554.27	5423.64	4937.48	4310.31
云南	6724.47	6247.59	5361.90	4904.59
西藏	466.26	459.42	463.47	45.37
陕西	6478.96	6073.72	5602.82	5205.32
甘肃	3513.13	3541.07	3427.47	3402.37
青海	926.50	898.96	780.47	687.41
宁夏	1056.51	1056.87	995.83	951.36
新疆	2704.29	2418.81	2265.17	2073.68

表 12　2011—2014 年各省市中学图书馆馆藏总量统计表(单位:万册)

地区	2014 年	2013 年	2012 年	2011 年
北京	2815.44	2732.11	2261.26	2605.00
天津	2008.40	1869.14	1693.69	1517.34
河北	11280.78	12080.63	9983.84	9415.41
山西	5441.74	5178.57	4872.40	4686.47
内蒙古	2941.79	2818.29	2737.56	2545.60
辽宁	5735.84	5480.20	5347.02	4914.97
吉林	3001.47	2504.04	2418.72	2360.73
黑龙江	2751.35	2665.92	2649.80	2562.42
上海	3717.71	3586.92	3465.27	2910.21
江苏	12900.13	12645.10	12449.60	11696.27
浙江	10185.90	9848.75	9421.34	8887.72
安徽	8616.10	8333.19	8047.86	6673.69
福建	7053.15	6981.73	6731.74	6365.54
江西	6130.74	5920.66	5649.69	5428.21
山东	17769.63	15986.86	13561.67	11673.33
河南	12865.91	12777.56	12962.14	12063.73
湖北	7753.85	7742.59	6954.78	5596.51
湖南	9416.61	9357.22	9189.56	8903.13
广东	22780.42	20894.31	19521.28	18345.18
广西	6233.57	5817.13	5302.47	5117.04
海南	1393.49	1296.09	1154.46	1008.18
重庆	2907.87	2960.78	2783.54	2475.01
四川	12889.60	12026.01	11051.29	9705.13
贵州	8181.96	6918.53	6148.19	5306.70
云南	5935.79	5369.14	4675.54	4271.12
西藏	417.58	425.90	372.88	350.26
陕西	7344.46	7037.55	6590.27	6214.40
甘肃	4366.31	4120.17	3945.55	3866.41
青海	1172.50	1104.89	845.01	789.46
宁夏	1210.33	1080.39	1007.31	909.51
新疆	3892.35	3489.64	3369.39	3166.53

从统计数据来看，2014年，小学图书馆馆藏图书总量超过亿册的依次为广东（1.793亿册）、山东（1.565亿册）、河南（1.465亿册）、河北（1.320亿册）、江苏（1.038亿册）；不足3000万册的有12个，依次为吉林、新疆、北京、重庆、上海、内蒙古、黑龙江、天津、海南、宁夏、青海、西藏；参照各省区市小学在校生数量，河南在校生位列第一，馆藏图书总量却位列第三，四川在校生位列第五，馆藏图书总量却位列第八，而江苏在校生位列第七，馆藏图书却位列第五；与2013年相比，小学馆藏图书总量增幅超过10%的有贵州（20.85%）、山东（16.76%）、吉林（12.24%）和新疆（11.8%）；馆藏图书总量下降的有重庆（降幅3.98%）、山西（降幅2.08%）、黑龙江（降幅3.35%）、甘肃（降幅0.79%）和宁夏（降幅0.03%）。中学图书馆馆藏图书总量超过亿册的依次为广东（2.278亿册）、山东（1.777亿册）、江苏（1.290亿册）、四川（1.289亿册）、河南（1.287亿册）、河北（1.128亿册）、浙江（1.0185亿册）。其中不足5000万册的有13个，依次为甘肃、新疆、上海、吉林、内蒙古、重庆、北京、黑龙江、天津、海南、宁夏、青海、西藏。参照各省区市中学在校生数量，河南在校生位列第二，馆藏图书总量却位列第五；江苏在校生位列第九，馆藏图书却位列第三。与2013年相比，中学馆藏图书总量增幅超过10%的有吉林（19.87%）、贵州（18.26%）、宁夏（12.03%）、新疆（11.54%）、山东（11.15%）和云南（10.55%）；馆藏图书总量下降的有河北（降幅6.62%）、西藏（降幅1.95%）、重庆（降幅1.79%）。

（四）馆藏图书生均册数情况

1.2011—2014年小学图书馆馆藏图书生均册数变化

2014年，全国小学图书馆平均生均册数为19.88册，而2011—2013年平均生均册数分别为15.28册、19.00册、18.92册。2014年平均生均册数比2013年有较大幅度增长，增幅为5.07%。超过《中小学图书馆规程》规定的人均藏书册数2类标准4.88册。参见表13。

表13　2011—2014年小学图书馆馆藏图书总量及生均册数统计表

年份	馆藏图书总量(单位:万册)	生均册数
2014	186277.06	19.88
2013	177087.66	18.92
2012	158937.73	19.00
2011	151690.72	15.28

2.2011—2014年中学图书馆馆藏图书生均册数变化

2014年，全国中学图书馆平均生均册数为30.71册，2011—2013年平均生均册数分别为25.61册、28.23册、28.97册。2014年平均生均册数比2013年增长1.74册，增幅为6.01%。达到《中小学图书馆（室）规程》规定的人均藏书册数2类标准（平均量30册）。参见表14。

表14　2011—2014年中学图书馆馆藏图书总量及生均册数统计表

年份	馆藏图书总量(单位:万册)	生均册数
2014	211113.02	30.71
2013	199250.03	28.97
2012	195205.49	28.23
2011	181142.68	25.61

3.2013—2014年各省区市小学图书馆馆藏图书生均册数统计

2013—2014年各省市小学图书馆馆藏图书生均册数统计情况，参见表15。

表 15　2013—2014 年各省区市小学图书馆馆藏图书生均情况统计表

地区	2014 年生均册数	2013 年生均册数	增减册数
北京	32.56	33.65	-1.09
天津	31.30	31.11	0.19
河北	23.39	22.39	1.00
山西	19.37	19.34	0.03
内蒙古	18.06	17.84	0.22
辽宁	23.66	21.59	2.07
吉林	21.84	18.13	3.71
黑龙江	13.19	13.17	0.02
上海	29.35	28.60	0.75
江苏	22.16	22.50	-0.34
浙江	25.89	25.55	0.34
安徽	18.02	17.76	0.26
福建	23.64	24.15	-0.51
江西	12.01	11.73	0.28
山东	24.14	21.41	2.73
河南	15.78	15.30	0.48
湖北	26.25	25.05	1.20
湖南	17.67	17.28	0.39
广东	21.55	21.67	-0.18
广西	13.85	13.20	0.65
海南	15.83	15.47	0.36
重庆	12.79	13.62	-0.83
四川	15.83	15.74	0.09
贵州	18.93	15.25	3.68
云南	17.57	15.93	1.64
西藏	15.80	15.58	0.22
陕西	28.62	26.72	1.90
甘肃	19.49	18.96	0.53
青海	20.10	18.94	1.16
宁夏	17.95	17.50	0.45
新疆	13.92	12.77	1.15

对比两年间小学在校生数和馆藏图书总册数，得出两年各省区市小学图书馆馆藏图书生均册数。由数据可知，31 个省区市小学图书馆中，2014 年馆藏图书生均册数比 2013 年减少的有 5 个，分别为北京（1.09）、重庆（0.83）、福建（0.51）、江苏（0.34）和广东（0.12）；生均册数增加最多的为吉林（3.71），其次为贵州（3.68）、山东（2.73）、辽宁（2.07）；增加最少的有四川和山西，仅增加 0.09 册和 0.03 册。2014 年有些省区市小学在校生数、馆藏总量与生均册数成反比，在校生数和馆藏图书总量均呈增长状况，而生均册数反而比 2013 年有所下降。

4. 2013—2014 年各省区市中学图书馆馆藏图书生均册数统计

2013—2014 年各省市中学图书馆馆藏图书生均册数统计情况，参见表 16。

表 16　2013—2014 年各省市中学图书馆馆藏图书生均情况统计表

地区	2014 生均册数	2013 生均册数	增减册数
北京	58.13	54.84	3.29
天津	45.98	42.88	3.10
河北	33.25	37.97	-4.72
山西	26.59	24.20	2.39
内蒙古	25.50	23.83	1.67
辽宁	33.58	31.51	2.07
吉林	28.90	22.80	6.10
黑龙江	18.55	17.51	1.04
上海	63.64	60.44	3.20
江苏	44.70	42.61	2.09
浙江	44.48	42.41	2.07
安徽	27.57	25.62	1.95
福建	40.19	39.56	0.63
江西	23.09	22.50	0.59
山东	36.56	32.73	3.83
河南	21.85	22.25	-0.40
湖北	33.79	31.32	2.47
湖南	28.86	29.39	-0.53
广东	38.56	33.42	5.14
广西	22.35	21.00	1.35
海南	27.12	24.65	2.47
重庆	17.87	17.63	0.24
四川	31.65	28.41	3.24
贵州	27.17	23.37	3.80
云南	22.26	20.56	1.70
西藏	23.20	23.77	-0.57
陕西	37.31	33.49	3.82
甘肃	26.86	24.20	2.66
青海	36.03	34.84	1.19
宁夏	27.39	24.01	3.38
新疆	28.32	25.55	2.77

对比这两年中学在校生数和馆藏图书总册数，得出两年各省区市中学图书馆馆藏图书生均册数。由数据可知，31 个省区市中学图书馆中，2014 年馆藏图书生均册数比 2013 年减少的有 4 个，分别为河北、西藏、湖南和河南。增加的有 27 个，增加较多的是吉林和广东，分别增加 6.10 册和 5.14 册；重庆增加最少，仅增加 0.24 册。

二、2015 年学校图书馆建设进展

（一）《2015 年全国中小学图书馆（室）推荐书目》颁布

2 月，为加强中小学校图书馆建设，提高图书馆配备质量，在教育部基础教育一司的直接指导下，教育部基础教育课程教材发展中心组织专家按照《〈全国中小学图书馆（室）推荐书目〉图书评审标准》，对 255 家图书出版单位报送的

8912种图书经过初审、终评、公示等工作程序，进行严格认真评审，最终评选推荐2730种优质图书。4月，该中心向全国正式颁布《2015年全国中小学图书馆（室）推荐书目》，供全国中小学校在装配图书时参考使用。书目对于引导学生吸收世界文明发展的有益成果、积极弘扬爱国主义与优秀革命传统、深入践行社会主义核心价值观将具有积极的作用。

（二）国家新闻出版广电总局向全国青少年推荐2015年百种优秀图书及百种优秀音像电子出版物

为配合全民阅读活动的开展，进一步丰富青少年的阅读形式，国家新闻出版广电总局于2月启动2015年向全国青少年推荐百种优秀图书活动。经过出版单位申报、材料审核、专家评审等程序，最终确定2015年向全国青少年推荐的百种优秀图书及百种优秀音像电子出版物。

（三）中国图书馆学会开展“2015全国少年儿童阅读年”系列活动

为进一步推动少年儿童阅读活动的开展，整合全国社会各界的儿童阅读推广力量，在广大少年儿童和青少年中形成“多读书、读好书”的良好社会风尚，3—12月，中国图书馆学会联合国家图书馆以及全国各地公共图书馆、少年儿童图书馆和中小学图书馆共同组织开展“2015全国少年儿童阅读年”系列活动。

活动以“经典阅读——弘扬优秀传统文化”为主题，全国各地少年儿童图书馆、公共图书馆、中小学图书馆坚持“儿童优先”和“儿童利益最大化”，以及统一策划、规范组织、总分结合、上下互动的组织原则联合开展行动，积极策划和组织多种形式的阅读推广活动。如：长春市少年儿童图书馆承办“我给孩子讲故事”大赛活动，重庆市少年儿童图书馆承办全国“亲子绘本阅读推广月”活动，大连市少年儿童图书馆承办全国少年儿童“寻找最美读书故事”征文大赛活动，杭州少年儿童图书馆承办“用声音传播经典——全国少年儿童中华经典讲读大赛”活动，河南省少年儿童图书馆承办“中国传统节日”图书馆未成年人服务案例征集评选活动，等等，系列活动取得良好的社会效果。

（四）中国出版界在博洛尼亚童书展获得佳绩

3月30日至4月2日，全球最大的少儿出版物博览会——第52届博洛尼亚国际童书展在意大利博洛尼亚会展中心举行。中国少儿出版界在本届书展上喜讯不断：新一届10人评委中唯一一位来自亚洲的评委、来自中国北京外国语大学的吴青教授获选国际安徒生奖评委，这是中国评委首次当选国际安徒生奖评委会委员。

同时，中国少儿图书作品及出版社获得全球性和地区性的荣誉奖项。由中国少年儿童新闻出版总社出版、曹文轩创作的《丁丁当当》系列小说获得2015年国际儿童读物联盟颁发的以残障儿童为主角的全球最优秀儿童图书奖。二十一世纪出版社获评“亚洲地区年度最佳出版社”，实现中国大陆出版社在该奖项上零的突破。这一奖项由博洛尼亚书展主办方和意大利出版商协会于2013年创立，旨在表彰上一年度各地区在童书的编辑策划和技术创新方面有突出表现的出版社。

（五）《关于加强新时期中小学图书馆建设与应用工作的意见》发布

6月，教育部、文化部和国家新闻出版广电总局三部门联合印发《关于加强新时期中小学图书馆建设与应用工作的意见》（以下简称《意见》），这是我国首部针对中小学图书馆建设与应用工作的系统性文件。

《意见》明确新时期中小学图书馆的发展定位，针对当前存在的不同程度的馆藏质量不高、与教育教学融合不够等突出问题，提出一系列具有针对性的工作举措。《意见》的实施对于充分发挥中小学图书馆保障教学、服务教学、改善教学功能，提高学生自主学习能力和终身学习能力，促进教师专业成长和学生全面发展具有重要作用。

（六）2015年“百社千校”阅读活动

为进一步推动在全国少年儿童中形成“爱读书、读好书、善读书”的阅读之风，7—12月，国家新闻出版广电总局组织遴选出百家出版单位与分布在全国各地，特别是老少边穷地区的千所中小学共同开展“百社千校”阅读活动。参加活动的出版单位高度重视，加强组织协调，创新活动形式，大力宣传推广，通过开展主题读书活动、演讲征文比赛、发挥名家名作效应、阶梯阅读指导、捐赠优秀少儿图书等内容丰富、形式多样的阅读活动，吸引少年儿童广泛参与。

这次阅读活动成效显著、亮点纷呈：一是紧扣“中国人民抗日战争暨世界反法西斯战争胜利

70周年”等时代主题，弘扬主旋律，传播正能量。二是重点面向“老少边穷”地区的中小学校，保障农村留守儿童等特殊困难群体的基本阅读需求。三是名家名作进校园、读书征文和主题演讲、少儿阶梯阅读指导等各类阅读活动丰富多彩。四是不断创新阅读方式，充分利用多方资源，共同推动少儿阅读。五是充分发挥主流媒体和各类新媒体的宣传推广功能，营造全社会关心和推动少儿阅读的良好氛围。

经统计，各出版单位邀请儿童文学作家、少儿阅读专家等开展各类读书活动3176场次，捐赠图书238.3万册，码洋4680.81万元，覆盖全国31个省（自治区、直辖市）的3976所学校的382万名学生。其中，捐赠图书100万元以上的有19家；开展活动30场次以上的有35家；联系10所以上学校的有42家。

（七）北京中小学试点开设图书馆课程

随着“四个一”活动的开展和综合实践课程的开设，不同于学科课程和跨学科课程的“超学科课程”逐步在北京中小学设立。北京教育学院附属丰台实验学校和北京教育学院附属海淀实验小学已经试点开设图书馆课程，而其他一些学校多开设了博物馆课程等场馆课程。

北京教育学院附属丰台实验学校从9月新学期起开始将图书馆学纳入校本必修课，初一和初二的学生全部开始学习。其课程培养目标是使初中生学习图书馆课程后，可以达到本科生的图书馆素养。据了解，图书馆课程是北京教育学院在其附属中小学试点开设的课程，意在启蒙中小学生对于图书馆功能的认识，教授学生正确使用图书馆的技能，为今后的自主学习和研究性学习提供切实有效的帮助。

（八）我国首个“校园智慧阅读”系统推出

旨在助力“全民阅读”的中国首个“校园智慧阅读”系统及“分级阅读标准”11月在深圳推出。

据介绍，分级阅读是起源于发达国家，并成功应用于少年儿童阅读，被认为是提高少年儿童阅读能力的最有效方法。“校园智慧阅读创新系统”以“分级阅读”理念为基础，引入互联网技术辅以极具特色的长效激励方式，激发学生的阅读兴趣，培养学生的阅读习惯。该系统目前已经覆盖广东、辽宁、山东、海南、湖北、河北等省大中城市的100多所学校，为数十万学生及家长提供阅读服务。

分级阅读方案《中国儿童阅读内容分级标准1.0》《中国儿童阅读能力评估标准1.0》暨中国阅读分级标准由悦好教育相继推出。

（九）首家完整儿童阅读服务体系平台上线

12月1日，由二十一世纪出版社集团主导的国内首家提供完整儿童阅读服务体系的平台——“二十一世纪中国儿童阅读推广云平台”正式发布。这是出版机构第一次尝试与终端读者建立牢固联系，通过提供优质的延伸服务获得读者认可和追随。通过云平台，家长能根据自己孩子的阅读特点，获得量身定制的个性化书单，不必再面对庞大复杂的图书产品线，不必再困惑于孩子究竟适合看什么书，又该如何一起共享亲子阅读等问题；另一方面，出版社通过云平台进行大数据搜集，可以精确了解读者的需求，为选题提供依据，并动态跟踪孩子的阅读行为，构建儿童阅读服务生态体系，让出版社不仅为孩子提供优秀图书，而且延伸成为父母提供图书产品之外的专业阅读指导服务，让父母与孩子享受更多的阅读快乐。

（十）全国中小学图书馆工作者研修班在合肥举办

为加强中小学图书馆建设，培养青少年良好阅读习惯，12月20—22日，全国中小学图书馆工作者研修班暨培养青少年良好阅读习惯讲座在合肥市举行。来自科技部、北京师范大学、首都师范大学的专家从中小学图书馆功能及服务拓展、书香校园建设、青少年阅读与修养等方面为学员做现代图书馆建设及阅读改变人生的理论与实践相结合的报告。全国各省、自治区、直辖市教育装备部门、从事中小学图书馆工作的近400余名代表参加研修班。与会人员还实地参观望湖小学、金葡萄小学、合肥师范附小三小和合肥六中的图书馆，对合肥市中小学书香校园建设的做法及成效给予充分肯定。

（十一）“2015最美校园书屋”推荐、评选活动

为推进中小学图书馆建设与发展，更好地配合文化部、中国图书馆学会主办的“2015最美基层图书馆”评选活动，中国图书馆学会中小学图书馆委员会在全国中小学校开展“2015最美校园书屋”推荐、评选活动。此项工作得到各省、自治区、直辖市教育厅（教委）教育技术装

备中心（处、站、办），新疆生产建设兵团教育技术装备管理中心单位及相关图书阅读指导部门的大力支持。共有27个省区市推荐参评的候选中小学校图书馆。

中小学图书馆委员会组织由教育管理部门、大学图书馆、相关专业领域的教授、学者组成的专家评审组。根据评审要求，专家认真审查候选单位的书面材料和电子材料，经反复讨论研究，最终评选出北京史家胡同小学、上海市市西中学等31个中小学图书馆为“2015最美校园书屋”。其中，安徽省合肥市望湖小学在由文化部组织的有3500多家单位图书馆参评的“2015最美基层图书馆”活动中，经过层层选拔，成为全国唯一一所获得此项荣誉的中小学图书馆。

三、学校图书馆今后发展问题及建议

（一）推动落实《关于加强新时期中小学图书馆建设与应用工作的意见》

6月，教育部、文化部、国家新闻出版广电总局联合发文《关于加强新时期中小学图书馆建设与应用工作的意见》。针对一个问题从国家的层面两部一局联合发文，充分体现党和国家对这个领域的高度重视。这不仅对于推动中小学图书馆事业具有重要意义，而且对于推动基础教育事业、社会文化事业整体发展都具有带动作用。文件具有开创性和鲜明的时代特征，提出：“到2018年，结合全面改善贫困地区义务教育薄弱学校基本办学条件、中西部农村初中校舍改造工程等重大项目实施，有条件地区要按照学校建设标准补充新建图书馆，改善不达标图书馆，不具备条件的农村中小学、教学点要建有图书柜、图书角。到2020年，绝大部分中小学要按照国家规定标准建有图书馆。基本建成与深化课程改革、实施素质教育相适应的现代化中小学图书馆建设、管理和服务体系。使图书馆与教育教学全面深度融合，成为学校信息资源高地和师生智慧中心、成长中心、活动中心。基本形成中小学图书馆与公共图书馆、高等学校图书馆馆藏资源共享格局，带动全民阅读，助推公共文化服务体系、学习型社会和书香社会建设。”

文件要落地，要落实这些目标，需要各省市教育主管部门高度重视，组织相应的关于文件的宣传和学习活动，制定适合各地的实施细则及工作安排。从国家层面来说，也要图书馆界、教育界、出版界等多方协同，大家都来关注中小学图书馆建设，组织一些对落实文件有推动作用的教学活动、研究活动和协作活动。

（二）尽快完成《中小学图书馆（室）规程（修订）》的再修订

2003年，教育部印发《中小学图书馆（室）规程（修订）》，至今已有10余年，社会情况、教育形势、中小学办学环境、师生读者群体、图书馆管理人员的情况等都发生一些变化，亟待对《中小学图书馆（室）规程（修订）》进行再修订，使中小学图书馆的工作有法可依。

2015年11月23日，中国图书馆学会中小学图书馆委员会正式启动该规程修订版的修订工作。来自装备部门、教研部门、高校图书馆、中小学图书馆、公共图书馆及图书馆委员会的十几位专家参加会议，并参加全过程修订工作。会议就修订原因、修订原则、修订的主要方向一一做了说明。与会专家围绕图书馆的自动化、网络化、数字化建设，配备标准，馆员条件，推动阅读等几个问题展开讨论。

（三）开展全国中小学图书馆现状调研，为制定“十三五”规划做准备

教育部教学仪器研究所（现教育部教育装备研究中心）曾经针对“十五”期间国内外中小学图书馆状况进行过调研，并且形成中小学图书馆建设研究报告，发表于《中小学图书情报世界》上。“十一五”到“十二五”期间，未系统开展关于中小学图书馆状况的调研。建议有关部门对这十年中小学图书馆的发展状况做一项全面系统的调研，为制定“十三五”规划做准备。

（四）启动中小学图书馆国家标准的研制工作

《关于加强新时期中小学图书馆建设与应用工作的意见》提出：到2020年，绝大部分中小学要按照国家规定标准建有图书馆。从我们了解的情况来看，文件发布以后，制定全国中小学图书馆标准的呼声也日趋强烈。但截至目前，我国涉及中小学图书馆建设、管理与服务诸方面的国家标准和行业标准均属空白。作为全国专业负责“图书馆管理、服务，图书馆古籍善本的收藏、定级、维修、保护，图书馆环境等领域标准化工作”的技术委员会，全国图书馆标准化技术委员会在中小学图书馆标准化工作方面有待开展，图书馆领域标准体系中学校图书馆标准子体系有待

完善。中国教育装备行业协会组织业界力量积极参与申报，提出研制《中小学图书馆馆藏馆舍建设通用规范》，如果可以立项，研究成果将用于指导并规范全国中小学图书馆实际工作，推动教育事业和图书馆事业协调发展。有效填补相关领域标准化工作的空白，完善图书馆标准体系的构建。下一步，建议《中小学图书馆服务通用规范》也纳入考虑范围。

（五）加强中小学生阅读课的教研创新

目前，中小学生阅读指导课的开设存在校际发展不均衡、图书馆教师参与不够、阅读课教学内容方法陈旧等问题。建议中小学生阅读课教学从以下几个方面做些创新性实践与思考：阅读课教学怎样为提高学生核心素养服务；阅读课教学怎样打破通常的以语文教学为主体的模式，而是面向各个学科，深度融入学科教学；利用信息化手段，利用微课程等形式，改进教学方式；阅读课教学怎样充分利用资源，包括校本资源，校外社会资源；如何促进阅读课教研成果的转化，如形成校本教材等。

参考文献

[1] 尹晓波.《2015年全国中小学图书馆（室）推荐书目》正式颁布.实验教学与仪器，2015(6)：8

[2] 中国新闻出版广电网. http://www.chinaxwcb.com/

[3] 中国教育装备采购网. http://www.caigou.com.cn/

[4] 中华人民共和国国家新闻出版广电总局. http://www.gapp.gov.cn/

[5] 中国图书馆学会. http://www.lsc.org.cn/

[6] 新华网. http://news.xinhuanet.com/

[7] 中华人民共和国教育部. http://www.moe.gov.cn/

[8] 中央政府门户网站. http://www.gov.cn/

[9] 央广网. http://news.cnr.cn/

[10] 中国教育装备网. http://www.ceiea.com/

[11] 中国教育在线初中频道. http://chuzhong.eol.cn/

[12] 中国图书馆学会中小学图书馆委员会. http://www.zxxtwh.com/

[13] 中国出版网. http://www.chuban.cc/

[14] 中国教育装备行业协会.中小学图书馆（室）配备核心书目(2016小学版).北京：团结出版社，2016

[15] 中国教育装备行业协会.中小学图书馆（室）配备核心书目(2016初中版).北京：团结出版社，2016

[16] 中国教育装备行业协会.中国教育装备行业蓝皮书(2014版).北京：中国大百科出版社，2014

[17] 教育部.2013教育统计数据. http://www.moe.edu.cn/s78/A03/moe_560/s8492/

[18] 教育部.2014教育统计数据. http://www.moe.edu.cn/s78/A03/moe_560/jytjsj_2014/

[19] 教育部教学仪器研究所.中小学图书馆建设研究报告.中小学图书情报世界，2007(11)：6－11

[20] 陈大富.歌德电子书借阅机在图书馆服务工作中的应用.福建图书馆理论与实践，2015(4)：42－44

图书馆事业

国家图书馆

综述

2015年是国家图书馆“规划发展年”，国家图书馆围绕科学谋划“十三五”事业发展，圆满完成全年工作任务，荣获“全国文明单位”“全国巾帼文明岗”等称号。主要工作有：

国家文献信息资源总库建设取得重大突破。入藏多件具有重要历史意义的珍贵文献：一是《佛说弥勒菩萨上生经》《金刚经》《弥勒下生经》三件五代刻本，为研究唐末五代中国民间文化提供重要实物证据，其中《佛说弥勒菩萨上生经》是世界上现存有明确纪年的第二件雕版印刷典籍，在世界印刷史上堪称标志性例证；二是从宁夏私藏购入一批西夏文献，其中世俗文献《碎金》《谚语集》《三才杂字》等具有极高的文献、文物和收藏价值，弥补国内缺藏。

国家图书馆国家文献战略储备库建设项目成功立项。为保障中华文明成果长久、安全保存和传承，保障经济社会发展拥有可靠、坚实的文献支撑，保障国家图书馆事业长远发展，国家图书馆与相关部门积极沟通，围绕国家文献战略储备体系建设开展宏观研究，初步确定国家文献战略储备库选址。2015年，国务院正式批准国家图书馆国家文献战略储备库项目立项，列入国家“十三五”重点文化设施项目。项目建设将确保国家战略文献的永久保存，并为最终建成大规模分级分布、共建共享的国家文献战略储备体系奠定基础。

分层次、立体化推进“十三五”系列规划编制工作。2015年年初，雒树刚部长和杨志今副部长对国家图书馆未来发展提出明确要求。为落实部领导重要批示精神，国家图书馆将2015年确定为“规划发展年”，围绕事业发展中的重大突出问题进行规划预研，进一步明确发展思路，确定发展重点，策划发展项目，规划发展路径，形成以《国家图书馆“十三五”规划纲要》为核心，重点文化工程、科研、人才、行业组织等十余个专项规划为支撑，点面结合、系统完备的规划体系，为建设“国内最好，世界领先”的图书馆做好路线图设计。

重大服务举措凸显国家级公共文化服务阵地作用。国家级公共开放课程平台“国图公开课”上线，依托互联网为公众提供高品质终身教育资源，得到中央领导、中宣部和文化部领导同志的高度肯定。策划举办“不朽的长城——纪念中国人民抗日战争暨世界反法西斯战争胜利70周年馆藏文献展”等十余项专题纪念活动，推动抗战研究，宣传阐释抗战精神。少年儿童图书馆迁址开放，服务面积、阅览座席和文献数量均比原址增加一倍。国家图书馆艺术中心正式开放，成为深受百姓欢迎的京城文化艺术阵地。最高人民法院分馆建立，面向全国四级人民法院系统提供文献支持服务。

创新方式手段传承弘扬中华优秀传统文化。启动《中华优秀传统文化百部经典》编纂项目，通过对古代典籍的阐释，传播当代中国价值观念，体现中华文化精神，为中华优秀传统文化传承体系建设做贡献。策划举办圆明园四十景文化展、珍贵古籍雕版展、非物质文化遗产中的文字传承、甲骨文记忆展等系列重大专题展览，国家图书馆开展爱国主义教育和培育社会主义核心价值观的独特作用进一步彰显。编辑出版《中国珍贵典籍史话丛书》《佳联赏析》，推进中华优秀传统文化、节日习俗知识的普及。成立西藏自治区藏文古籍修复中心，深入宗教系统积极协助推动佛教古籍保护，得到刘奇葆同志的高度肯定。

推进全国图书馆事业统筹协调发展。组织编纂我国第一部图书馆事业发展通史《中国图书馆史》。作为社会组织的秘书处挂靠单位，举办中国图书馆学会第九次全国会员代表大会，选举产生第九届理事会；召开中国古籍保护协会第一次代表大会，选举产生第一届理事会；完成第二届全国图书馆标准化技术委员会和第六届全国文献影像技术标准化技术委员会换届。

结合国家重大发展战略务实推进国内外交流与合作。启动“海外中华古籍调查暨数字化合作项目”，实现《圆明园四十景图》和19册《永乐大典》的数字化回归；配合“一带一路”战略，筹备建立丝绸之路图书馆联盟和“一带一路”数字图书馆;制定海外中国文化中心数字图书馆建设方案,着力推进中华传统文化的国际传播,展示中国现代化建设成就。

已有业务持续向好。2015 年,馆藏文献资源总量达 3518.15 万册/件,自建数字资源总量达 1160.98TB,接待到馆读者 388.29 万人次,网站访问量超过 14.51 亿次,文献流通量超过 2308.12 万册次,举办各类公益性展览、讲座、培训 768 场。完成第五批《国家珍贵古籍名录》和“全国古籍重点保护单位”评审上报。开展“我与中华古籍”摄影大赛,在全国 458 家图书馆巡展。首次开展“中华古籍普查志愿服务行动”。集中首发《国际检查局询问记录》《抗日战争史料丛编:第二辑》《中华抗战期刊》3 套大型抗战文献。东京审判资源库面向社会提供服务。全国 275 家省、市级图书馆接入数字图书馆推广工程网络体系,356 个业务平台实现互联互通;服务系统实名用户超过 655 万人,年点击总量超过 12 亿次。

以“三严三实”专题教育为核心狠抓内部建设。结合国家图书馆工作实际,在馆处两级班子中深入开展“三严三实”专题教育,全馆党员干部践行“三严三实”的思想自觉与行动自觉显著提升。策划举办馆长公开课,每位馆领导轮流开讲,就所分管工作领域的大政方针、发展趋势与工作思路同干部员工进行深入交流,使专题教育落到实处,目前已有 3 位馆领导做过专题讲座。建立“馆长—员工交流午餐会”机制,加强馆内信息沟通与交流,带动全馆树立脚踏实地的工作作风。(国家图书馆研究院)

年度工作

【贾庆林同志参观国家典籍博物馆】 1月9日，中共中央政治局原常委、全国政协原主席贾庆林到国家典籍博物馆参观。文化部党组书记、部长雒树刚，九三学社中央副主席印红，文化部办公厅主任于群，国家图书馆馆长、党委书记韩永进，副馆长、党委副书记刘惠平，副馆长李虹霖，馆长助理孙一钢，以及清史专家阎崇年、北京语言大学教授石定果等陪同参观。贾庆林先后参观国家典籍博物馆首展“善本古籍”“金石拓片”“少数民族语言文字古籍”“名家手稿”“西文善本”“敦煌遗书”展览以及“我们的文字——非遗中的文字书写与传播”专题展览。（国家图书馆办公室）

【北京首家地铁图书馆成立】 1月12日，国家图书馆与京港地铁共同启动京城首家地铁图书馆。北京市交通委员会委员容军、国家图书馆馆长韩永进、北京京港地铁有限公司总经理王绍基等出席启动仪式，M地铁·图书馆正式开馆，首期主题活动——“我们的文字”拉开帷幕。该项目是由国家图书馆和京港地铁共同创意发起的大型公益项目，依托地铁这一公众出行平台，推送国家图书馆的优质资源，弘扬优秀传统文化，促进全民阅读，让地铁图书馆成为“每个人的阅读驿站”。（国家图书馆办公室）

【2015年省级古籍保护中心工作会议举办】 1月24日，会议在国家图书馆举行。国家图书馆馆长、国家古籍保护中心主任韩永进就2014年中华古籍保护计划工作进展和2015年重点工作做主旨报告。会议由国家图书馆副馆长、国家古籍保护中心副主任张志清主持，国家图书馆副馆长、中国古籍保护协会会长刘惠平及全国省级古籍保护中心负责人、副省级公共图书馆、部分高校图书馆领导和专家70余人出席会议。（国家图书馆办公室）

【国家图书馆藏传统楹联文献展开展】 2月6日—3月6日，由国家图书馆主办，中国楹联学会支持的“国家图书馆藏传统楹联文献展”在国家典籍博物馆举行，展览现场还同时举行“名家带你写春联”活动。国家图书馆馆长、党委书记韩永进，中国书法家协会党组书记陈洪武，国家图书馆副馆长张志清、李虹霖等出席活动。（国家图书馆办公室）

【文化部部长雒树刚到国家图书馆调研】 2月27日，文化部党组书记、部长雒树刚，党组副书记、副部长杨志今来到国家图书馆调研，办公厅主任于群、政策法规司司长饶权、人事司司长张雅芳、财务司司长赵雯、公共文化司司长张永新参与调研。国家图书馆领导班子成员和相关部门负责人陪同调研。（国家图书馆办公室）

【“千年古郡　九朝神韵——正定历史文化展”开幕】 3月10日，展览在国家典籍博物馆开幕。国家图书馆馆长、党委书记兼国家典籍博物馆馆长韩永进，石家庄市副市长、正定县委书记王韶华，河北省社会学科院副院长孙继民出席开幕式并致辞，著名建筑学家梁思成哲嗣梁再冰先生出席活动。来自国家图书馆、石家庄市、正定县的相关部门领导及部分专家学者、媒体记者100余人参加活动。（国家图书馆办公室）

【数字图书馆推广工程2015年宣传员培训班举办】 3月25—26日，由国家图书馆主办、武汉市文化局承办、武汉图书馆协办的“数字图书馆推广工程2015年宣传员培训班”在武汉召开。武汉市文化局副局长朱进出席开班仪式并致辞。来自全国75家省、市级公共级图书馆的宣传工作负责人80余人参加培训。（国家图书馆办公室）

【《任继愈文集》出版座谈会举行】 4月15日，由国家图书馆和任继愈研究会联合主办的“《任继愈文集》出版座谈会”在国家图书馆古籍馆举行。全国政协常委、民族和宗教委员会主任朱维群，文化部副部长杨志今，国家图书馆馆长韩永进、原馆长詹福瑞、副馆长刘惠平、张志清，中国社会科学院、国家新闻出版广电总局、部分高等院校、中国无神论学会、任继愈研究会等单位相关领导和专家学者，任继愈家乡的代表和亲属等参加会议。（国家图书馆办公室）

【国图公开课启动】 4月23日，第20个世界读书日当天，国家图书馆在国图艺术中心举办大型阅读推广活动，启动"国图公开课"并举行首场特别活动，倡导全民阅读，建设学习型社会。活动现场，国家图书馆馆长韩永进、北京师范大学教授王宁和读者代表共同开启国图公开课。天文学家、科普作家卞毓麟先生和哲学家、作家周国平先生为读者带来两场直播形式的演讲。第十届文津图书奖作为国图公开课的一次特别活动内容，正式揭晓获奖图书。（国家图书馆办公室）

【国家图书馆举办首场"馆长公开课"】 4月24日，国家图书馆首场"馆长公开课"在国图艺术中心举办。国家图书馆馆长、党委书记韩永进作为首讲的主讲人，以"中国梦　国图梦——中华民族伟大复兴中的国家图书馆"为主题做讲座。讲座由国家图书馆馆长助理孙一钢主持。在馆的馆领导以及国家图书馆各部门员工参加活动。（国家图书馆办公室）

【法国国家图书馆向中国国家图书馆捐赠《圆明园四十景图》数字版本】 4月28日，中国国家图书馆馆长韩永进会见来访的法国国家图书馆馆长布鲁诺·拉辛一行，副馆长张志清、馆长助理孙一钢陪同会见。借拉辛先生一行到访之机，两馆续签《中国国家图书馆与法国国家图书馆合作协议》，拉辛还代表法国国家图书馆向中国国家图书馆捐赠该馆馆藏《圆明园四十景图》的数字版本，这是"海外中华古籍调查暨数字化合作项目"开展以来的第一项重要成果，为该计划拉开序幕。（国家图书馆办公室）

【"三山五园文化巡展——圆明园四十景文化展"开展】 4月28日，展览在中国国家典籍博物馆正式开幕。本次展览由中国国家典籍博物馆、法国国家图书馆、北京市海淀区人民政府、上海世纪出版集团联合举办。在开幕式上，上海远东出版社向中国国家图书馆赠送原件再造版《圆明园四十景》，这件以原质地、原大小复制再造的《圆明园四十景图》也成为此次展览的一大亮点。（国家图书馆办公室）

【"册府千华——西域文献保护成果展"开展】 5月15—29日，国家图书馆（国家古籍保护中心）在总馆北区举办"册府千华——西域文献保护成果展"。国家图书馆副馆长、党委副书记刘惠平，副馆长张志清，以及来自北京大学、中国人民大学、首都师范大学的专家学者参观展览。展览期间，国家图书馆以举办学术讲座、专家座谈会等多种形式，从多角度阐释馆藏西域文献的史料价值、学术价值。展览分4个单元系统梳理并展示国家图书馆在西域文献征集入藏、修复保护、整理研究等方面的成果，精选近50件文献原件、其他展品50余件展出。（国家图书馆办公室）

【"青少年走进典籍博物馆互动体验系列活动"之"灿烂的中华文化"举办】 5月20日，在世界博物馆日之际，国家典籍博物馆举办"青少年走进典籍博物馆互动体验系列活动"之"灿烂的中华文化"，来自中科院附属实验学校的学生参加体验活动。本次活动以"灿烂的中华文化"为主题，分为听文字故事、看甲骨文展品、书写活动、探寻活动、展示分享5个环节，使青少年体验到中华文化的博大精深，发挥了国家典籍博物馆的社会教育作用。（国家图书馆办公室）

【"书香校园"雏鹰建言征集活动启动】 5月21日，"书香校园"雏鹰建言征集启动仪式在国家典籍博物馆举行。本次活动由国家典籍博物馆、北京教育科学研究院主办，国家图书馆展览部、北京市青少年科技创新学院、北京市101中学承办，160余名师生作为代表参加启动仪式。国家图书馆副馆长、党委副书记刘惠平结合国家典籍博物馆馆藏经典文献，为学生们提供阅读推荐书单，来自北京市101中学的学生代表采用文字、图形等多种形式向全市中学生发起阅读建言。（国家图书馆办公室）

【"炫彩童年——中国百年童书展"开展】 5月27日，"炫彩童年——中国百年童书展"在国家典籍博物馆开幕。本次展览由国家图书馆（国家典籍博物馆）主办，国家图书馆少年儿童馆、国家图书馆展览部联合承办，北京师范大学中国儿童文学研究中心协办。国家图书馆副馆长、党委副书记刘惠平，北京师范大学文学院教授、中国儿童文学研究中心主任王泉根，湖南省少年儿童

图书馆书记杨柳先后致辞。来自全国各级公共图书馆、少年儿童图书馆的50余位馆长参加此次活动。（国家图书馆办公室）

【中国儿童阅读发展论坛举行】 5月28—29日，由国家图书馆主办、国家图书馆少年儿童馆承办的中国儿童阅读发展论坛在北京召开。作为国家图书馆2015年国际儿童节系列活动之一，来自国内外知名儿童阅读研究专家，全国公共图书馆、少年儿童图书馆以及童书出版领域的从业人员共聚一堂，深入分析我国儿童阅读发展现状，交流研讨我国儿童阅读发展前景。（国家图书馆办公室）

【“我与中华古籍”摄影大赛优秀摄影作品巡展启动】 6月11日，“我与中华古籍”摄影大赛优秀摄影作品巡展启动仪式在河北省图书馆启动。本次活动由国家古籍保护中心、中国图书馆学会和河北省文化厅主办，河北省图书馆（河北省古籍保护中心）和河北省图书馆学会承办。国家图书馆副馆长、国家古籍保护中心副主任张志清，河北省文化厅副厅长李新平等领导及新闻媒体、社会公众百余人出席启动仪式。仪式上，张志清副馆长和李新平副厅长先后致辞，并启动巡展活动。巡展内容包括摄影展览、古籍保护讲座、古籍修复技艺展示等读者活动。文化遗产日前后，首批巡展活动已在河北、天津、江苏、山西、黑龙江、湖南等近20个省（市）开展，并在全国各省分期举行巡展。（国家图书馆办公室）

【册府千华——珍贵古籍雕版特展开展】 6月12日，在我国第十个文化遗产日来临之际，“册府千华——珍贵古籍雕版特展”在国家典籍博物馆隆重开幕，这是新中国成立以来第一次对珍贵古籍雕版的全面展示。展览共展出来自全国十余家单位和个人收藏的雕版147块以及珍贵雕版印刷品展品共计200余件。展览开幕当天，“古代珍贵雕版保护研讨会”召开，50余位专家学者、古籍版片收藏单位代表和非遗技艺传承人等与会，共商古代雕版保护、传承工作。（国家图书馆办公室）

【大型套装图书《李铎》入藏国家图书馆】 6月28日，大型套装图书《李铎》入藏国家图书馆典藏仪式在国家典籍博物馆举行。著名书法家、中国人民革命军事博物馆研究馆员李铎先生，中国文联副主席、党组副书记、书记处书记李屹，中国书法家协会分党组书记、驻会副主席、秘书长陈洪武，中国人民革命军事博物馆馆长董长军，国家图书馆馆长韩永进、副馆长李虹霖等出席仪式。国家图书馆馆长助理孙一钢主持仪式。（国家图书馆办公室）

【新加坡总统访问国家图书馆】 6月30日，新加坡总统陈庆炎及夫人徐美娟访问中国国家图书馆，捐赠300余册新加坡图书，并参观国家典籍博物馆展览。新加坡总理公署部长兼环境与水资源部及外交部第二部长傅海燕，贸易及工业部兼国家发展部高级政务部长李奕贤，驻华大使罗家良等新加坡代表团成员一行30余人一同来访并参观。中国国家图书馆馆长韩永进，中国驻新加坡大使陈晓东，中国国家图书馆副馆长刘惠平、馆长助理孙一钢等参加会见并陪同参观。（国家图书馆办公室）

【国家图书馆人民法院分馆开馆】 6月30日，国家图书馆人民法院分馆在京开馆，最高人民法院常务副院长沈德咏、副院长贺荣，文化部副部长杨志今，国家图书馆馆长韩永进出席活动并共同开通国家图书馆人民法院分馆平台，沈德咏、韩永进分别代表合作双方致辞，文化部公共文化司巡视员刘小琴、办公厅副主任陈发奋，国家图书馆馆长助理孙一钢以及来自最高人民法院、国家图书馆等相关部门的负责同志参加活动。（国家图书馆办公室）

【“册府千华——民间珍贵典籍收藏展”开展】 7月10日，展览在国家图书馆隆重开幕，这是新中国成立以来对海内外民间珍贵古籍藏品进行的首次集中展示。展览由国家图书馆（国家古籍保护中心）与中国古籍保护协会联合主办，邀请海内外30位著名私人收藏家参展，展出展品百余件。展览开幕当天，“民间珍贵古籍保护研讨会”成功举办。国家图书馆副馆长张志清主持会议，党委副书记、副馆长刘惠平致辞。20余位参展的知名藏书家代表和来自文化部、国家文物局以及部分古籍收藏单位的领导及专家参加研讨。（国家图书馆办公室）

【中华古籍普查志愿服务行动启动】 7月20日，活动启动仪式在国家图书馆举行。此次志愿服务行动由中国古籍保护协会发起，国家古籍保护中心、国家图书馆古籍馆和国家图书馆出版社支持。旨在通过组织高校学生参加古籍普查，发动社会力量参与古籍保护，推动古籍普查登记工作在“十三五”时期全面完成。（国家图书馆办公室）

【韩永进率团参加“鉴藏——两岸古籍整理与维护研讨会”】 8月4—5日，国家图书馆馆长韩永进率代表团一行出席在台湾汉学研究中心召开的“鉴藏——两岸古籍整理与维护研讨会”，与两岸专家学者交流经验、分享成果，共同为古籍整理贡献力量。研讨会由台湾汉学研究中心、思源文博基金主办，邀请上海图书馆、故宫博物院等8家大陆机构，台北“故宫博物院”等10余家台湾机构出席。（国家图书馆办公室）

【刘惠平率团参加第81届国际图联大会】 8月14—23日，应国际图联、毛里求斯国家图书馆邀请，中国国家图书馆副馆长、党委副书记刘惠平率代表团一行5人赴南非参加世界图书馆和信息大会——第81届国际图联大会，刘惠平代表中国国家图书馆参加国家图书馆馆长会议，与国际图联主席多纳·希德、前任主席辛妮卡·西皮莱以及新加坡、新西兰、法国等国家图书馆高层举行双边工作会谈，就相关事项进行协商，推动合作项目的顺利实施。代表团还访问了毛里求斯国家图书馆。（国家图书馆办公室）

【国家古籍保护人才培训基地工作会议举行】 8月27—28日，国家古籍保护人才培训基地工作会议在贵州民族大学举行。国家图书馆副馆长、国家古籍保护中心副主任张志清，贵州省文化厅、贵州民族大学、贵州省图书馆等单位领导，以及全国12家培训基地负责人和部分古籍保护专家参加会议。会上，张志清总结2007年“中华古籍保护计划”实施以来开展的各项培训工作，以及近年来对古籍保护人才培养模式的有益探索。（国家图书馆办公室）

【中国人民抗日战争暨世界反法西斯战争胜利70周年纪念歌会举办】 9月1日，由国家图书馆党委组织的“铭记历史　筑梦中华——中国人民抗日战争暨世界反法西斯战争胜利70周年纪念歌会”在国图艺术中心举行。来自国家图书馆合唱团以及主要业务部门200余位在职和离退休员工唱响激昂澎湃的抗战歌曲。国家图书馆馆长、党委书记韩永进，副馆长、党委副书记刘惠平，副馆长陈力、李虹霖，馆长助理孙一钢、汪东波，以及员工代表近800人参加活动。（国家图书馆办公室）

【韩永进会见俄罗斯塔斯社驻北京分社负责人】 9月9日，中国国家图书馆馆长韩永进会见来访的俄罗斯塔斯社驻北京分社负责人基里洛夫一行。副馆长刘惠平陪同会见。受俄罗斯塔斯社社长谢尔盖·米哈依洛夫委托，基里洛夫代表塔斯社社长向中国国家图书馆捐赠俄文版《习近平谈治国理政》。韩永进代表国家图书馆接受捐赠并向塔斯社颁发捐赠证书。（国家图书馆办公室）

【韩永进率团访问土耳其、阿塞拜疆、伊朗】 9月11—19日，中国国家图书馆馆长韩永进应邀率代表团一行5人赴土耳其、阿塞拜疆及伊朗进行业务交流。访问阿塞拜疆期间，韩永进与阿塞拜疆国家图书馆馆长凯利姆·塔希洛夫共同签署《中国国家图书馆与阿塞拜疆国家图书馆合作协议》。此次访问是两馆间首次交往，为进一步加强两国国家图书馆之间的沟通与合作奠定良好基础。（国家图书馆办公室）

【“2015年中华古籍普查志愿服务行动”总结表彰会举行】 9月12日，“2015年中华古籍普查志愿服务行动”总结表彰会在国家图书馆召开。国家图书馆副馆长、党委副书记刘惠平、副馆长张志清出席会议，河北省图书馆副馆长顾玉青、《中国文化报》社公共文化部副主任李静以及来自京津冀的普查指导教师、高校志愿服务工作者、古籍普查志愿者共80余人参加大会。（国家图书馆办公室）

【“书香养我——熊召政诗文书法展”开展】 9月15日，由国家图书馆、湖北省文化厅主办，湖北省文学艺术界联合会、湖北省中华文化促进会、湖北省图书馆承办的“书香养我——熊召政诗文书法展”在国家图书馆隆重开幕。全国政协副主席、中国文学艺术界联合会主席孙家正出席开幕式。国家图书馆副馆长、党委副书记刘惠平，湖北省文化厅党组书记、厅长雷文洁分别致辞。熊召政致答谢词并向国家图书馆赠送诗文书法作品。（国家图书馆办公室）

【《民国时期文献总目（图书卷）》编纂工作正式启动】 9月16日，国家图书馆召开《民国时期文献总目（图书卷）》编纂工作专家座谈会，正式启动《民国时期文献总目（图书卷）》编纂工作。来自北京大学、北京师范大学、中国社会科学院的多位专家参加座谈会。国家图书馆副馆长陈力主持会议。根据文献普查进度，先期启动图书卷的编纂工作，拟按学科分册出版，成为一部收集、整理民国时期文献的大型工具书。该总目在收书数量与收录文献种类上与已出版的同类书目相比，将实现较大突破，体现民国时期文献普查工作最新成果。（国家图书馆办公室）

【韩永进会见英国国家图书馆馆长】 9月21日，中国国家图书馆馆长韩永进会见来访的英国国家图书馆馆长罗利·凯丁，魏大威副馆长参加会见。双方表示，未来两馆在甲骨文的研究与保护、中文古籍的数字化与出版以及人员与技术的交流方面将有更大的进展。（国家图书馆办公室）

【纪念中国人民抗日战争胜利七十周年图片摄影展开幕】 9月25日，“铁军魂·中华情——纪念中国人民抗日战争胜利七十周年图片摄影展”在国家图书馆开幕。第十五届中央政治局委员、中央军委副主席迟浩田，北京新四军研究会名誉会长万海峰、第十二届全国人大法律委员会副主任委员张海阳、第十一届全国政协委员钱海皓、国家图书馆馆长韩永进、北京市委党史研究室主任李良、中国艺术节基金会会长田建平，以及新四军老战士和读者代表共300余人出席开幕式。（国家图书馆办公室）

【庆祝新疆维吾尔自治区成立60周年新疆农民画展开幕】 9月28日，由文化部公共文化司、新疆维吾尔自治区文化厅、国家图书馆共同主办的2015年“春雨工程”全国文化志愿者边疆行之“绘新疆新景　展农村新貌——庆祝新疆维吾尔自治区成立60周年新疆农民画展”在国家图书馆开幕。国家图书馆馆长韩永进、新疆维吾尔自治区文化厅厅长穆合塔尔·买合苏提出席仪式并分别致辞，来自国家艺术基金管理中心、中国文化传媒集团有限公司、中国美术馆等单位的有关领导、新疆农民画作者代表参加活动。（国家图书馆办公室）

【甲骨文记忆展开幕】 10月14日，由国家图书馆（国家典籍博物馆）主办的甲骨文记忆展在国家典籍博物馆开幕。国家图书馆馆领导班子成员集体参观了展览。展览精选65件代表性甲骨文珍品集中展出，分重现的文明、神奇的文字、传奇的王国、探索的旅程4个单元，通过甲骨实物展示、场景还原、考古发掘图片资料、学者们研究成果的集锦以及器物的展示，深入浅出地探寻甲骨背后的秘密。（国家图书馆办公室）

【甲骨文记忆研讨会举办】 10月26日，甲骨文记忆研讨会在国家典籍博物馆举行。研讨会主题是“甲骨文在中华文化传承中的作用”。国家图书馆馆长韩永进、副馆长李虹霖、首都师范大学甲骨文研究中心主任黄天树，以及来自全国的甲骨文研究领域专家、甲骨收藏单位代表共20余人与会。（国家图书馆办公室）

【孙一钢出席“中文文献资源共建共享合作会议”理事会第九次会议】 11月3—4日，国家图书馆馆长助理孙一钢、台港澳交流处处长张煦赴香港出席“中文文献资源共建共享合作会议”理事会第九次会议，张煦代表理事会秘书处做工作报告。其间，孙一钢出席由香港中央图书馆举办的“回顾与前瞻——中文文献资源共建共享的机遇”座谈会并发言。（国家图书馆办公室）

【纪念陈垣先生诞辰一百三十五周年展开幕】 11月6日，由国家图书馆、北京师范大学、江门市人民政府联合主办的“傲骨立天地　史学铸丰碑——纪念陈垣先生诞辰一百三十五周年展”在国家典籍博物馆开幕。中央编办原副主任黄文平，中国侨联原副主席唐闻生，国家图书馆馆长韩永进、副馆长李虹霖，北京师范大学党委副书记刘利，江门市副市长钟军，江门市蓬江区委常委、宣传部长何莲，蓬江区副区长文丽，陈垣先生嫡孙陈智超等出席开幕式。（国家图书馆办公室）

【专家审议《中华古籍保护计划“十三五”时期规划纲要(征求意见稿)》】 11月9日，《中华古籍保护计划“十三五”时期规划纲要（征求意见稿）》（以下简称《纲要》）专家审议会在国家图书馆召开。文化部公共文化司巡视员刘小琴，国家图书馆副馆长、国家古籍保护中心副主任张志清，全国古籍保护工作专家委员会部分委员、部分省级古籍保护中心和高校图书馆负责人共30余人出席会议。（国家图书馆办公室）

【《中国珍贵典籍史话丛书》出版座谈会召开】 11月20日，由国家图书馆（国家古籍保护中心）主办的《中国珍贵典籍史话丛书》出版座谈会在国家图书馆召开。国家图书馆副馆长张志清、馆长助理汪东波出席会议，来自国家图书馆、中国社会科学院、北京大学等10余家单位的40余位专家学者参加座谈。该丛书初步规划100种选题，邀请80余位知名专家学者担任撰稿工作。选题涵盖《国家珍贵古籍名录》中汉文古籍经、史、子、集各部，并涉及甲骨文献、简帛文献、敦煌遗书与佛教典籍、少数民族文字文献、碑帖拓本、舆图等诸多类别，包含中国各民族文化经典。（国家图书馆办公室）

【汪东波率团赴日本进行业务交流】 11月24日—12月1日，中国国家图书馆馆长助理汪东波率团赴日，开展为期8天的中日两国国家图书馆第三十四次业务交流活动。此次交流中，双方就过去一年的总体工作各自发表基调报告，围绕“为视障人士提供服务”“音像资料等非书资料的收集、保存与利用”两个主题，相互介绍业务开展情况，并按惯例商议“中国国家图书馆与日本国立国会图书馆关于交流协作的意向书”条款。（国家图书馆办公室）

【数字图书馆推广工程“网络书香”阅读推广活动在黔西南州举办】 11月27日，由国家图书馆主办，贵州省文化厅、贵州省图书馆承办，黔西南州文体广电新闻出版局协办的数字图书馆推广工程“网络书香”阅读推广活动在贵州省黔西南州举办。国家图书馆向贵州地区10家基层图书馆分别捐赠3万册图书和期刊，还将包括5000册电子图书、200种电子期刊、6000集精品视频、3.2万张图片资源、26万条政府公开信息资源等近4TB优秀数字资源通过硬盘方式共享给贵州省县级以上基层图书馆。（国家图书馆办公室）

【中国古籍保护协会与松岭(上海)股权投资基金管理有限公司签署战略合作框架协议】 12月2日，中国古籍保护协会与松岭（上海）股权投资基金管理有限公司战略合作框架协议签约仪式在国家图书馆举行。国家图书馆副馆长、中国古籍保护协会常务副会长张志清与松岭公司法人代表蔡晨分别代表甲乙双方在协议书上签字。这标志着中国古籍保护协会在加强行业建设、探索引入社会力量参与古籍保护工作、促进中华古籍保护事业发展上迈出重要一步。（国家图书馆办公室）

【国图公开课专家座谈会召开】 12月3日，国图公开课专家座谈会在国家图书馆召开。会议旨在总结国图公开课2015年的建设进展，探讨未来发展规划及合作共建模式。国家图书馆馆长、党委书记韩永进，副馆长、党委副书记刘惠平，副馆长魏大威，以及部分公开课、图书馆界专家代表、国家图书馆相关部处负责同志出席会议。（国家图书馆办公室）

【国家图书馆开展“南京大屠杀死难者国家公祭日”纪念活动】 12月10日，第二个“南京大屠杀死难者国家公祭日”到来前夕，国家图书馆官网、微博、微信平台正式上线“日本战犯罪行审判史料编译”专题，推动抗战历史研究和抗战历史普及教育。同时，集中发布《国际检察局讯问记录》《抗日战争史料丛编：第二辑》与《中华抗战期刊》3套大型抗战文献出版成果，为抗战历史研究提供第一手史料支撑，为驳斥日本右翼保守势力歪曲否认侵华历史言论提供强有力的武器和佐证。（国家图书馆办公室）

【宋元善拓展暨“经典与传承”主题研讨会举行】 12月10日，由国家艺术基金资助，国家图书馆（国家典籍博物馆）、中国书法家协会主办的宋元善拓暨全国书法临摹展、“经典与传承”主题研讨会、王家新临摹历代书法经典作品展在国家图书馆举行。部分书法家将临摹作品捐赠给国家图书馆，国家图书馆馆长、国家典籍博物馆馆长韩永进为书法家代表颁发捐赠证书。研讨会上，王连起、李刚田、施安昌、叶培贵4位专家分别就古代名碑帖展示、书法教育等方面做主题发言。大家一致表示，本次展览充分彰显国家图书馆在弘扬经典文化、履行社会教育方面的独特优势和重要作用。（国家图书馆办公室）

【国图公开课首次走出国图举办线下特别活动】 12月14日，国家图书馆与北京市教育委员会在北京市第三十五中学“志成讲堂”联合举办国图公开课“书香燕京”特别活动“大家与你面对面——古琴与中华传统文化”。活动中，国家级非物质文化遗产古琴艺术项目代表性传承人丁承运先生为同学们及北京市各区县图书馆主管及57所中小学“中国文化读书社”负责人做古琴知识讲座。本次活动以国图公开课内容为依托，整合优质课程资源，兼顾知识性、故事性，是国图公开课走出国图面向公众举办的首次线下特别活动，既为中学生创造与名师面对面、开阔视野的机会，又为国家图书馆文献资源推广与服务提供新渠道。（国家图书馆办公室）

【首个全国图书馆系统记忆资源共建共享项目启动】 12月16日，“中国记忆项目资源共建共享研讨会”在广州举办。国家图书馆、各地公共图书馆以及高校和研究机构图书馆等全国31家图书馆的负责人、专家首次就口述史料、影音资料等文献资源的共建共享进行专题工作研讨，共同向全国图书馆界发出抢救和建设记忆资源的倡议，并启动首个全国图书馆系统的记忆资源共建共享项目——图书馆学家专题。（国家图书馆办公室）

【国图艺术中心首次以众筹模式举办演出】 12月22日，“纽约哈莱姆合唱团创团20周年亚洲巡演北京音乐会”在国家图书馆国图艺术中心举行。这是国图艺术中心首次以众筹模式成功举办演出活动，业界人士及音乐爱好者反响良好。（国家图书馆办公室）

【《国家图书馆古籍普查登记目录》正式出版】 12月，第一部收藏过百万的大馆普查登记目录——《国家图书馆古籍普查登记目录》由国家图书馆出版社正式出版，标志着全国古籍普查登记工作进入普查登记与成果出版并行的新阶段。（国家图书馆办公室）

公共图书馆

综述[①]

2015年，全国公共图书馆系统全面贯彻党的十八大和十八届三中、四中、五中全会精神，深入学习贯彻习近平总书记系列重要讲话精神，紧紧围绕“四个全面”战略布局，坚持社会主义先进文化前进方向，坚持以人民为中心的工作导向，在实现公共图书馆事业发展“十二五”规划总体目标、总分馆建设、推进三大公共文化数字工程建设、古籍保护、全民阅读以及公共文化事业单位法人治理等方面开拓创新，积极作为，图书馆事业建设改革发展取得新成效。

一、基本实现公共图书馆事业发展“十二五”规划总体目标，成为人民群众基本文化需求的重要阵地

2015年，是我国第一个全国性的公共图书馆事业发展五年规划《全国公共图书馆事业发展“十二五”规划》(下称《规划》)攻坚之年，各项任务圆满收官，基本实现《规划》提出的主要指标和目标任务。2015年，全国共有公共图书馆3139个，比上年增加22个。其中少儿图书馆113个，增加5个。地市行政区划公共图书馆达到100%全覆盖，县级行政区划公共图书馆的全覆盖率达到95.89%；85.1%的县以上公共图书馆达到部颁三级以上评估标准；县以上公共图书馆全面实现免费开放；图书总藏量83844万册，增长6.01%，其中古籍2712万册；电子图书83041万册，增长63.9%；人均公共图书馆藏书量0.61册，增加0.03册，人均公共图书馆年新增图书藏量0.037册，人均公共图书馆购书经费1.434元；持证读者总人数达到5721万人；国家数字图书馆资源总量达到1160.98TB；全年全国公共图书馆发放借书证5721万个，比上年增长45.07%；总流通人数58892万人次，增长11.04%。书刊文献外借50896万册次，增长8.9%；外借人数23085万人次，增长1.5%。全年共为读者举办各种活动114544次，增长10.66%；参加5908万人次，增长17.8%；提供远程访问服务的公共图书馆比例省级馆达到100%，地市级馆达到90%，县级馆达到50%。四川省图书馆新馆于12月26日正式开馆；辽宁省图书馆完成旧馆向新馆过渡和新馆试开馆工作；新疆维吾尔自治区图书馆二期改扩建工程稳步推进；青海省图书馆一期改造二期扩建工程全面启动；上海市金山区图书馆，广东省揭阳市图书馆、广州市黄埔区图书馆、江苏省宿迁市图书馆、山东省淄博市图书馆、日照市图书馆、滨州市图书馆、青海省海南州图书馆等新馆建设顺利完工并正式对外开放。

二、积极推进以县级图书馆为中心的总分馆制建设，公共图书馆文化服务体系建设迈上新台阶

推进以县级图书馆为中心的总分馆制建设是构建现代公共文化服务体系的重要任务，对于有效整合公共文化资源、提高公共文化服务效能、促进优质资源向基层倾斜和延伸具有重要的推动作用。2015年，全国地方各级人民政府和有关部门加大政策支持和资金投入力度，积极促进公共图书馆(室)设施网络完善和服务条件改善，推动具备条件的地方因地制宜建设县级图书馆总分馆制，发挥总馆在县域公共图书馆体系建设中的中枢作用，通过分馆把优质公共文化服务延伸到基层农村，增加公共文化产品和服务供给，为更好地满足广大群众基本文化需求创造良好条件，提供有力保障。2015年，上海市中心图书馆“一卡通”服务体系成员包括275家机构，流通服务点达到311个；北京公共图书馆“一卡通”成员馆达到178家，颁布实施《北京市基层图书馆服务资源整合实施方案》，建立资源配送体系，实施基层资源整

① 文中数据来自“2015中国公共图书馆事业发展基础数据概览，国家图书馆研究院”

合;浙江省进一步完善公共图书馆城乡一体化服务体系建设,全省共建成乡镇(街道)分馆557个,其中嘉兴市公共图书馆总分馆服务体系城乡覆盖率已达每馆3万人;江苏南京市江宁区、扬州市的以市图书馆为中心(总馆)的总分馆、流动图书馆、24小时自助图书馆("城市书房")和掌上图书馆"'四位一体'公共图书馆服务体系"等入选第三批国家公共文化服务体系示范区和示范项目创建行列;福建全省公共图书馆分馆建设达到617个;宁夏石嘴山市通过图书馆总分馆服务体系建设和公共文化示范区创建,为这座资源枯竭型城市的转型发展获得更多机遇,社会更加和谐稳定;山东全省公共图书馆实现尼山书院全覆盖,"图书馆+书院"公共文化服务模式荣获第二届山东省文化创新奖;广东流动图书馆二期工程建设工作继续推进,目前共有分馆88个,其中有70家分馆实现图书借阅馆内一卡通;河北全省公共图书馆总分馆制建设工作有实质性进展,石家庄、秦皇岛、沧州、邢台、廊坊等市级图书馆以及迁安市、三河市等某些条件较好的县区级图书馆也在开展总分馆制建设方面进行有益的探索。

2015年,文化部通过完善顶层设计,切实推进基本公共文化服务标准化、均等化。出台《关于加快构建现代公共文化服务体系的意见》《"十三五"时期贫困地区公共文化服务体系建设规划纲要》等文件,为全国公共图书馆文化服务体系建设提供有力保障。推出《关于做好政府向社会力量购买公共文化服务工作的意见》,对引导社会力量参与公共图书馆服务体系建设起到积极推动作用,使公共文化服务资源得到进一步整合,服务效能得到明显提升。公共文化服务保障机制进一步健全,立法工作取得重要进展。《公共文化服务保障法》已经提交全国人大常委会审议,《公共图书馆法》立法工作进展顺利。江苏省公共文化建设取得重大进展,全省五级公共文化设施网络覆盖率超过90%;陕西省委办公厅、省政府办公厅正式印发《陕西省加快构建现代公共文化服务体系实施意见》;陕西公共图书馆服务联盟加盟成员馆数量发展至105家,队伍不断壮大;京津冀图书馆联盟成立,并就京津冀图书馆协同发展的机制、模式,策划、对接合作项目等进行积极探索;湘鄂赣皖4省公共图书馆联盟工作积极推进,有力促进四省公共图书馆事业协调发展;广州市以法制推动广州地区公共图书馆服务体系建设,《广州市公共图书馆条例》自2015年5月1日起施行,《广州"图书馆之城"建设规划(2015—2020)》2015年年底发布,广州公共图书馆服务体系将以"中心馆—总分馆"体系为核心,以村(社区)服务点、农家书屋、流动图书车、24小时自助图书馆和其他服务点为延伸,并吸引社会力量积极参与;深圳"图书馆之城"建设进入规范化、标准化的发展阶段,完成全市《公共图书馆统一服务技术平台应用规范》和《公共图书馆RFID技术应用业务规范》两个市级标准和五项《深圳市公共图书馆统一服务业务规范》的研究制定工作。

三、扎实推进三大公共数字文化工程建设发展,切实发挥在公共数字文化建设中的主体作用

2015年,全国各级公共图书馆依托文化信息资源共享工程、数字图书馆推广工程、公共电子阅览室建设计划三大公共数字文化工程服务平台,以项目实施为抓手,着力推进全国三大公共文化数字工程建设。到2015年末,全国文化共享工程数字资源总量达到530TB;服务网络实现从城市到农村的全面覆盖,公共电子阅览室基本覆盖全国所有乡镇和街道、社区。基本完成文化部《全国文化信息资源共享工程"十二五"规划纲要》提出的完善覆盖城乡的六级服务网络、推进文化共享工程进入居民家庭、实施"公共电子阅览室建设计划"、加强数字资源建设的统筹规划和管理、打造先进实用的技术平台、推动国家中长期人才培训计划的实施、促进基层惠民服务品牌化专业化基本完成等7个方面主要任务,着力将文化共享工程建成资源丰富、传播高效、服务便捷、管理科学的公共数字文化品牌工程。全国各级公共图书馆根据数字图书馆国家中心要求,完成数字图书馆推广工程运维平台的部署工作,积极参与数字图书馆推广工作及国家图书馆组织开展的各项活动。截至2015年年底,北京市建立共享工程站点4295个,率先实现"村村通",向数字图书馆推广工程提交政府公开信息数据14.1万条,完成300余个公共电子阅览室软硬环境及终端软件的安装部署等工作;上海地区的公共电子阅览室平台系统完成覆盖全市17个区县的任务;江苏完成全省文化共享工程流媒体服务平台全覆盖、网络数字电视终端设备全覆盖,"江苏省少儿数字图书馆"项目顺利推进,张家港市在全国率先实现县域文化数字化,建设24小时图书馆驿站30家。山东省设立我国首个驻外文化信息资源共享工程服务点——"全国文化信息资源共享工程中国驻利

比里亚维和警察防暴队服务点”;安徽省完成公共文化数字支撑平台二期项目和进村入户项目建设工作;甘肃省初步实现覆盖全省省、市两级公共图书馆的数字图书馆服务体系;内蒙古自治区“数字文化走进蒙古包”工程在全区29个旗县共建设242个一级数字加油站、810个移动数字加油站,服务面积达40余万平方公里,累计服务农牧民200余万人;浙江全省公共图书馆联合发布《开放融合,连接一切——浙江省公共图书馆“互联网+”行动计划》,完成“浙江文化通”二期改造,客户端用户下载安装量全年5.4万个,用户访问量达205.2万余次,实现技术平台与公共文化服务行业的对接;新疆维吾尔自治区举行2015年“春雨工程——文化共享志愿者边疆万里数字文化长廊行”旗帜交接及北疆和南疆片区旗帜传递,并前往西藏拉萨进行此次旗帜传送活动,活动历时18天。

四、古籍保护工作全面推进,古籍保护人才培养取得新进展

2015年12月,第五批《国家珍贵古籍名录》、“全国古籍重点保护单位”(建议名单)发布,《赵城金藏》残失的“泰”字号一卷,清雍正四年内府铜活字印本光绪间描润本《钦定古今图书集成》、南三阁《四库全书》26部共899部古籍入选第五批《国家珍贵古籍名录》,天津师范大学图书馆等14家单位入选第五批重点保护单位。自2007年至2015年间,国务院先后公布四批《国家珍贵古籍名录》和“全国古籍重点保护单位”,有力带动全国19个省份开展省级《珍贵古籍名录》评审工作,推动古籍分级保护制度的建立,促进被命名单位的古籍存藏环境显著改善。2015年,上海共组织9家单位申报《上海市珍贵古籍名录》,共有80种善本入选;浙江省古籍普查完成率达到92.26%;陕西省基本完成全省公共馆的古籍普查登记目录;重庆市古籍普查累计发现古籍71.9万册,善本9.3万册;辽宁省图书馆启动第一批《辽宁省珍贵古籍名录图录》的出版工作,涉及24家古籍收藏单位,共计1013部珍贵古籍。2015年,以国家古籍保护人才培训基地、国家级古籍修复技艺传习中心为依托,加快保护人才体系建设,古籍修复保护工作取得新进展。国家级古籍修复技艺传习中心上海、复旦大学、浙江、湖北、山西、陕西、甘肃、广东等传习所纷纷揭牌成立。截至2015年年末,全国古籍修复技艺传习所共有15家,收徒99人,涵盖从事古籍修复的一线从业人员及刚接受古籍培训教育的年轻一代;复旦大学图书馆中华古籍保护研究院古籍保护方向专业硕士班开班,为中国培养专业古籍保护人才奠定新的教学模式;上海图书馆古籍保护修复技术“碑刻传拓及拓片装裱技艺”首次入选非遗名录,并承办第二期全国碑帖拓片修复技术培训班,为各古籍保护单位培养碑帖修复保护人才;浙江省组织开展第二批“省级古籍修复中心和古籍修复站”申报评审工作,积极推进全省古籍修复网络建设;广东省开通省港澳古籍民国文献网上资源共享平台;山西省启动一级珍贵古籍修复项目;安徽家谱古籍数字化资源加工项目正式启动;中华古籍普查志愿服务行动河北试点成效显著;新疆维吾尔自治区图书馆编纂出版《新疆维吾尔自治区入选国家珍贵古籍名录图录》;辽宁省启动《辽宁省珍贵古籍名录图录》出版工作;反映甘肃全省古籍普查成效的《全省古籍普查登记目录》出版工作继续有序推进,甘肃省图书馆成为《国家珍贵古籍名录》特制函盒项目的首家试点单位;《首都图书馆古籍普查登记目录》于2015年正式出版,“古籍珍善本图像数据库”上线,并按计划逐步为全市区图书馆代存古籍进行数字化。

五、积极发挥全民阅读主阵地作用,读者活动与宣传推广形式多样,参与人员广泛

各级公共图书馆高度重视开展全民阅读活动,通过加强图书馆网络建设,丰富馆藏资源,提升图书馆服务能力,在促进全民阅读工作中发挥主阵地作用。2015年,各馆以世界读书日、图书馆服务宣传周、全民读书月为重要节点,推出一批国家级示范活动和地方主题阅读活动,树立“让阅读成为一种生活方式”的理念,推动全民阅读常态化、长效化。北京市启动全民阅读大型公益活动“阅读之城——市民读书计划”,全市公共图书馆举办全民阅读活动5874次,吸引203.6万人次读者参加;上海市302家公共图书馆全年共举办各类阅读活动3.7万场,参与人数达540万人次,上海图书馆两项阅读活动“阅读传递 传递悦读”全民阅读推广系列活动与“2015年上海智慧女性读书系列活动”入选上海读书节“示范引领项目”,上海浦东图书馆首推面向全市的“阅读推广人”计划,“嘉定·宝山读书月”跨区活动历经九年形成合力助推全民阅读;

“书香中国·龙江读书月”暨黑龙江省全民阅读活动于4月23日启动，并列入全民阅读活动国家级项目，“龙江讲坛”被中共中央宣传部评选为基层理论宣讲先进集体；福建省委宣传部等13家单位联合举办“读吧！福建”2015年世界读书日阅读推广系列活动，同时启动首届“读吧！福建”读书征文活动；湖南图书馆2015年度世界读书日系列活动关注青少年阅读；吉林省启动全民阅读宣传周并发布《吉林省全民阅读倡议书》；辽宁省图书馆举办“辽宁省第四届读书节暨辽宁省图书馆第五届读书节”“手语世界”服务活动，被文化部评为“文化志愿服务推进年”示范项目；广东省立中山图书馆与香港公共图书馆联合举办“阅读看世界——2015年世界阅读日粤港创作大赛”，东莞第十一届读书节全市图书馆共举办各类读书活动452项，参与群众约420万人次，深圳图书馆全年举办各类阅读推广活动1320场，参与读者203万人次；重庆市区县层面形成全民阅读“一区一品、一县一特色”，市民综合阅读率达85%。全国各级公共图书馆举办的各类读者活动不仅数量多而且形式多样，特别针对未成年人、老年人、残疾人、外来务工人员等开展关爱服务。广东省立中山图书馆组织举办“百纳璐诗杯”首届全国听障演讲比赛决赛暨颁奖典礼，全年组织超过300场少儿活动，累计吸引近10万名少儿读者和家长参加。上海图书馆与上海市残疾人联合会共同举办“书香人生美好家园——上海市残疾人系列读书活动”，入选第十七届上海读书节“示范引领项目”；上海少年儿童图书馆“品味书香，悦读童年”主题活动征集到来自上海17个区县6000多个家庭的亲子朗读音频，并在微信、网站等平台播出。北京市红领巾读书活动全年共举办978场次，青少年原创科普剧、“我的藏书票”设计比赛等活动参与人数达40.4万人次。辽宁省图书馆首次走出国门，赴俄罗斯举办“中国传统节日系列图片展”。

六、公共文化事业单位法人治理结构改革建设成效显著，进一步激发公共图书馆的动力和活力

随着十八届三中全会通过的《中共中央关于全面深化改革若干重大问题的决定》出台，进一步强调不同文化事业单位功能定位，尤其是2014年9月文化部公布10家公共文化机构法人治理结构试点单位后，各地公共文化机构的法人治理结构改革如雨后春笋般出现，各层级理事会、监事会纷纷成立。截至2015年年末，全国各级公共文化事业机构图书馆成立理事会的单位共计60家，其中公共图书馆占43家。从全国范围看，有16个省、自治区和直辖市有试点，其中沿海地区占统计总数的58.3%。各地公共文化机构法人治理结构按照“增加投入、转换机制、增强活力、改善服务”的要求进行改革，取得显著成效。上海图书馆理事会在实践发展和研究探索上取得积极成效，理事会决策咨询和监督管理的作用明显发挥，进一步激发上海图书馆的动力和活力；浙江省积极推进公共文化机构法人治理结构试点工作，截至12月底，已有浙江图书馆、温州市图书馆等13家单位成立理事会，着力推动全省公共图书馆法人治理结构建设；南京图书馆法人治理结构新模式获江苏省宣传思想文化工作创新奖；重庆图书馆成功组建理事会，并牵头主城11家公共图书馆联合推出“重庆市公共图书馆统一服务电话”4008223776，打造为民服务的对外品牌。（上海图书馆　金晓明）

年度工作

北京市

【概况】 2015年，北京市各级公共图书馆共计5356个，其中市级图书馆1个，区级图书馆23个（含房山文化活动中心和燕山图书馆），街道级图书馆165个、乡镇级图书馆179个，社区级图书馆1654个、村级图书馆3334个。公共图书馆面向特定读者群建立分馆292个，数字文化社区300个，共享工程基层点4295个。

全市公共图书馆文献总藏量3917.1万册/件，人均文献藏量1.82册，人均文献购置费42.24元，人均到馆0.76次，藏书利用率为36.87%。馆舍面积75.3万平方米，阅览座席12.4万个，年文献购置费9087.5万元，接待读者1641.5万人次，外借1643.6万册。普遍实现无线网络的全覆盖，各图书馆通过官方网站、微博、微信、APP等形式，全方位向读者提供服务。在数字资源联合服务方面，CNKI数据库使用39.3万次、方正电子书检索2.1万次、龙源期刊下载16.6万次。

公共图书馆"一卡通"成员馆178家（其中通还馆125家，比去年增加15家），全年办理读者卡近14万个，外借图书751万册，还书728万册。全市24小时自助图书馆164台，其中首都图书馆2台、朝阳区126台、东城区8台、西城区9台、海淀区9台、房山区2台、大兴区6台、石景山区和通州区各1台。全年办理借书证8704个，借阅图书24.95万册，还书32.61万册，动态浏览屏发布公共图书馆全民阅读活动信息30次。送书点3102个，流动配送图书2082次78.2万册。流动捐书车服务网点79个，图书交换5103册。

全市公共图书馆提供政府信息公开查询服务面积1017平方米，座席550个，专用计算机91台，接收文件14367份，收存政府信息总量达9.4万份，接待读者查询4719人次，网上查询4792人次。

全民阅读活动举办5874次，203.6万人次参加，其中讲座2598场，13.2万人次；展览517次，119.2万人次；读者培训797次，4.4万余人次。北京市红领巾读书活动共举办978场次，青少年原创科普剧、"我的藏书票"设计比赛等活动参与人数达40.4万人次。

升级自动化集成管理系统，提高业务保障能力。全市公共图书馆不断完善"北京市公共图书馆计算机信息服务网络"建设，制定《ALEPH系统数据合并规则》和《书目数据库批处理转换规则》，完成ALEPH系统运行环境切换工作，并组织全市范围的ALEPH系统操作培训，编写《北京市公共图书馆ALEPH500软件操作使用说明书》，共有19家区图书馆的系统管理员及业务骨干参加培训，培训学员共计272人次。

推进文化共享工程，不断扩充数字资源。截至2015年年底，北京市建立共享工程站点4295个，率先实现"村村通"。首都图书馆完成对"北京市文化信息资源共享工程信息内容传输服务平台""数字文化社区高清交互平台"的维护，完成对基层服务点的数据广播，采购龙源电子期刊原文原貌版数据、龙源电子期刊馆外服务、CNKI流量、方正报纸全文库、读秀知识库等商用数据库，并实现资源在全市范围共享使用；首都图书馆协同东城、西城、朝阳、海淀、大兴区馆开展数字资源建设工作，北京市公共图书馆向数字图书馆推广工程提交政府公开信息数据14.1万条，完成5.6万条数据的唯一标识符注册工作和100个政府网站的数据收集和整理工作。

实施基层资源整合，建立资源配送体系。根据《关于加快构建现代公共文化服务体系的意见》和"1+3"公共文化政策文件的要求，市文化局牵头实施北京市基层图书资源整合工作，颁布《北京市基层图书馆服务资源整合实施方案》，采取统一规划、统一运作、统一管理、统一服务、统一发展的管理模式，将益民书屋纳入公共图书馆服务体系。各区图书馆制定本区资源整合方案和工作计划。海淀区和延庆区已启动试点工作，对基层图书馆（室）进行整合，强化图书服务资源的统一管理，按照"老书老办法，新书新办法"统筹图书服务资源的采购与加工、数字资源共享与阅读活动的开展，建立流转配送体系，统一管理制度与服务规范，提高基层公共文化资源的利用率。

完善公共电子阅览室建设，推广社会化合作工作。北京市公共电子阅览室技术平台完成300余个公共电子阅览室软硬环境及终端软件的安装部署等工作。持续开展北京地方特色文化资源建设工作，如“北京故事——国韵京剧”多媒体资源库、梨园子弟口述专题片资源库等。利用中央财政下发的公共电子阅览室社会化合作专项资金，开展北京市的社会化推广工作，制定《北京市分中心公共电子阅览室社会化合作推广工作方案》，配合海淀区创建全国公共文化服务体系示范区工作，启动北京市公共电子阅览室社会化合作推广项目。

稳步推进古籍保护工程，积极开展再生性保护等工作。北京市古籍保护中心继续进行市属单位古籍普查登记工作，《首都图书馆古籍普查登记目录》于2015年初正式出版，同时积极开展市属单位的古籍工作，对12家区图书馆代存古籍进行例行清点核对工作；协助首都经贸大学图书馆、北京市第二十四中学图书馆完成馆藏古籍的整理编目工作，共计5000余种；为3家市属藏书单位修复破损古籍14种82册；对东城区第一图书馆古籍进行鉴定；“古籍珍善本图像数据库”已经上线，可以在首都图书馆内外浏览，按计划逐步为区图书馆代存古籍进行数字化。（首都图书馆）

【京津冀图书馆联盟正式成立】 11月19日，首都图书馆、天津图书馆、河北省图书馆在石家庄签署合作协议，成立京津冀图书馆联盟。北京市文化局副局长庞微，天津市文化广播影视局社会文化处处长朱义海，河北省纪委驻文化厅纪检组长、河北省监察厅驻文化厅监察专员张军田出席活动并讲话。仪式之后，首都图书馆、天津图书馆、河北省图书馆及三地部分区县图书馆代表就京津冀图书馆协同发展的机制、模式以及策划、对接合作项目进行研讨座谈，并考察河北省图书馆基础设施与业务建设、读者服务工作、京津冀协同发展专题服务项目等。会后，廊坊市图书馆就和北京市西城区第二图书馆结成对子。（首都图书馆）

【北京市启动全民阅读大型公益活动“阅读之城——市民读书计划”】 5月29日，由北京市文化局、首都图书馆联盟联合打造的北京市全民阅读大型公益活动“阅读之城——市民读书计划”在首都图书馆启动。中国人民大学图书馆副馆长索传军、北京市文化局办公室主任路斌、北京市文化局公共文化处副处长刘贵民出席启动仪式。首都图书馆馆长倪晓建致辞，中央民族大学外国语学院院长郭英剑和科普作家、中国地震局地质研究所研究员位梦华分别做题为“数字化时代的阅读：读什么和怎么读”和“读书漫谈”的演讲，中央美术学院绘本创作工作室文本辅导向华也以视频的形式做“阅读与传承”的主题演讲。活动最终评选30册图书组成“2015年度请读书目”。（首都图书馆）

【北京市召开贯彻落实“1+3”公共文化政策工作会】 7月23日上午，北京市委宣传部、市文化局联合召开贯彻落实“1+3”公共文化政策工作会。市委常委、宣传部部长李伟，市委副秘书长郭广生，市政府副秘书长王晓明，市委宣传部常务副部长王海平，市文化局党组书记、局长陈冬，市财政局副巡视员张宏宇，市发展改革委员会主任助理孙骏飞，市公共文化服务体系建设联席会各成员单位主管领导、区县有关负责同志出席会议，会议由市政府副秘书长王晓明主持。会议通报北京市公共文化服务体系联席会议制度建立情况，部署“1+3”公共文化政策的贯彻落实工作以及首都公共文化服务示范区创建工作。各区县宣传部部长、主管公共文化工作的区县长、各区县文化委员会发展改革委及财政局负责同志、市文化局有关同志和部分媒体记者参加会议。（北京市文化局公共文化事业处）

【首都图书馆概况】 2015年，首都图书馆按照“十二五”时期首都公共图书馆建设目标圆满完成全年各项工作任务。截至2015年年底，首都图书馆总藏量达771.47万册/件，数字资源总量达237.32TB。其中新购藏量38.13万册/件，新购数字资源12.14TB。全年总流通514.42万人次，持证读者量达44.38万人，书刊文献外借252.48万册次。举办讲座、展览等各类文化活动813场，共计61.04万人次参与。首都图书馆官网、一卡通等各类网站点击量总计2367.66万次。

首都图书馆积极引领构建“首都图书馆—区图书馆—街乡分馆—社区（村）图书馆（室）”

四级公共图书馆服务配送体系，不断扩大资源共享范围，积极参与“一带一路”文化建设，通过科研促进基层业务指导，推进全市公共图书馆服务体系建设，完成“图书馆总分馆服务和流动服务标准研究”等课题。

积极推进三大数字文化惠民工程，北京市分中心对全市共享工程4000个基层服务点以及300个数字文化社区进行全面巡检工作。持续推进全市数字图书馆推广工程建设，提交政府公开信息数据14.1万条，注册完成5.6万条数据的唯一标识符，收集和整理100个政府网站数据。合作推广公共电子阅览室，制订《北京市分中心公共电子阅览室社会化合作推广工作方案》，全面启动北京市公共电子阅览室社会化合作推广项目。

完成《首都图书馆古籍普查登记目录》，年修复本馆文献200余册，并为西城区图书馆等四家单位抢救性修复破损文献14种82册；继续开展古籍数字化工作，全年完成馆藏古籍文献数字化近17.9万拍，开通试运行“首都图书馆藏古籍珍善本图像数据库”。

不断加强对外交流活动。全年共接待国内外业界参访900余人；应邀出席在阿拉伯国家联盟总部召开的“首届中阿图书馆信息专家大会”，赴波兰、新加坡等地进行交流访问。科研能力不断提升，成功申请国家社科基金及北京市社科基金项目4个。志愿服务态势良好，超过4600人次志愿者累计提供近3万小时的志愿服务。（首都图书馆）

【于光远学术思想研讨会在首都图书馆举行】 7月5日，由中国国土经济学会、中国自然辩证法研究会、中国未来研究会、中国生产力研究会、中国技术经济研究会、国家发展改革委员会、中国民生研究会、孙冶方经济科学基金会、知识产权出版社和首都图书馆联合举办的于光远学术思想研讨会在首都图书馆举行。中国科学院、中国社科院、北京大学、清华大学等单位的多名专家学者参与研讨，于光远的夫人孟苏女士、女儿余小东教授等家人，与于老生前的友人、学生和部下约150人参加研讨会。会上，中国科学院院士何祚庥、中国社科院学部委员张卓元等10多位专家做专题发言，回顾于光远的学术思想和生前事迹；首都图书馆馆长倪晓建介绍于光远先生与该馆多年的密切关系。（首都图书馆）

【首都图书馆举办“名家面对面——走进神奇的冒险侦探世界”活动】 8月19日，由首都图书馆与童趣出版有限公司联合举办“名家面对面——走进神奇的冒险侦探世界”活动。来自奥地利的知名儿童文学作家托马斯·布热齐纳先生走进图书馆，与小读者们一同分享他的冒险侦探世界。托马斯·布热齐纳著有小虎队系列、《神探马克和“鬼怪”》《神奇自行车》等众多畅销作品。在中国，小虎队系列图书受到无数小读者的喜爱，布热齐纳也因此获得“侦探小说大师”的称号。（首都图书馆）

【外国文化官员访问首都图书馆】 8月21日，阿拉伯联合酋长国文化、青年与社会发展部图书馆司司长艾哈迈德·哈达比一行4人到访首都图书馆。首都图书馆副馆长陈坚接待参观团并在座谈中向来宾简要介绍该馆相关情况，随后陪同来宾参观。同日，由来自印度尼西亚、马来西亚、菲律宾等国的文化官员组成的参观团一行21人到访首都图书馆。副馆长陈坚陪同来宾进行参观，并在参观过程中简要介绍该馆的有关情况。（首都图书馆）

【“美国钢琴家约翰·罗毕莱特古典钢琴音乐会”在首都图书馆举行】 9月24日，由首都图书馆、美国驻华大使馆联合举办的“美国钢琴家约翰·罗毕莱特（John Robilette）古典钢琴音乐会”在首都图书馆A座二层报告厅举行，为来自美国大使馆和首都图书馆的读者近300人带来一场精彩的演出。美国钢琴家约翰·罗毕莱特被称为“黄金时代”的复古钢琴演奏家，曾在许多世界顶级音乐殿堂独奏过，包括美国国会图书馆、华盛顿特区的肯尼迪中心、伦敦的威格摩尔音乐厅、里约热内卢的撒拉塞西莉亚梅雷莱斯音乐厅等。（首都图书馆）

【北京市人大代表到首都图书馆视察】 10月23日，北京市人大代表、市人大常委会教科文卫体办公室及市文化局相关领导一行10余人赴首都图书馆，就京津冀协同发展规划中文化方面的具体规划情况进行视察。首都图书馆党委书记肖维平接待到访客人，介绍有关情况并汇报推动

京津冀图书馆一体化协同发展、联盟建设、信息资源共建共享有关工作情况。（首都图书馆）

【首都图书馆召开2015年文化志愿者工作联席会议】 会议于10月30日召开。北京市律师协会、北京市残疾人文化体育指导中心、北京市红丹丹教育培训交流中心、首都师范大学初等教育学院、北京市劲松职业高中5家单位的志愿团体代表、志愿者个人代表以及首都图书馆9个志愿项目的负责人参会。会议审议了《首都图书馆星级、优秀文化志愿者评定及奖励办法》《首都图书馆文化志愿服务计时（志愿北京）平台管理办法》《首都图书馆文化志愿服务社会资助专项资金管理办法》《首都图书馆文化志愿服务微信公众订阅号管理办法》4个办法以及《关于开展2015年度文化志愿者评选表彰活动的通知》。（首都图书馆）

【韩国国立中央图书馆企划进修部部长柳政荣访问首都图书馆】 11月11日，韩国国立中央图书馆企划进修部部长柳政荣（副馆长）一行5人到访首都图书馆。李冠南副馆长接待到访嘉宾，双方就北京市公共图书馆服务体系建设情况、读者服务特色等方面进行交流。（首都图书馆）

【首都图书馆文化援疆项目——原创儿童奇幻童话剧《音乐精灵》在首图剧场演出】 11月20日，由首都图书馆与乌鲁木齐市文化局联合主办，乌鲁木齐市艺术团自编、自导、自演的原创儿童奇幻童话剧《音乐精灵》在首图剧场演出。《音乐精灵》作为新疆维吾尔自治区成立60周年献礼作品，此次在北京演出是北京市文化局、首都图书馆文化援疆的一个项目，是首都北京与祖国边疆文化交流的又一成果。（首都图书馆）

【首都图书馆主要领导同志职务调整】 12月11日，首都图书馆召开干部大会，宣布北京市文化局党组关于首都图书馆主要领导同志职务调整的决定。市文化局党组书记、局长陈冬出席会议并作重要讲话。局党组副书记、副局长吕先富在会上宣读局党组决定：常林兼任首都图书馆馆长，免去倪晓建馆长职务。倪晓建、常林分别讲话，首都图书馆党委书记、副馆长肖维平发言。首都图书馆领导班子成员、党委委员、纪检委员、中层干部、工会委员、团委委员和党团支部书记共44人参加大会。（首都图书馆）

【首都图书馆荣获2015年全国少年儿童阅读年系列活动3项优秀组织奖】 12月16日，在广州举办的2015年中国图书馆年会上，首都图书馆荣获2015年全国少年儿童阅读年系列活动、2015年全国少年儿童阅读年——全国少年儿童“我的藏书票”设计大赛、2015年全国少年儿童阅读年——“中国传统节日”图书馆未成年人服务案例征集评选活动3项优秀组织奖。“全国少年儿童阅读年”是全国各级少儿图书馆、公共图书馆和中小学图书馆共同参与的一项大型全民阅读推广活动，自2009年启动，已经成为未成年人阅读推广的公益品牌。（首都图书馆）

【“书香西城·繁星PLAY书吧”正式开放】 2月9日，“书香西城·繁星PLAY书吧”在繁星戏剧村正式向公众开放。书吧配置《茶馆》《骆驼祥子》《哈姆雷特》《中国戏剧史》等戏剧方面的剧本、研究著作近700册。书吧不定期举办主题读书会、讲座、沙龙、研讨会、导演见面会和戏剧排练公开日等文化活动。（西城区第一图书馆）

【“都市旅游阅读空间”落户西城区第一图书馆】 2月16日，西城区“都市旅游阅读空间”新春文化旅游推介会在西城区第一图书馆正式启动。启动仪式上，西城区第一图书馆负责人介绍了“都市旅游阅读空间”的基本情况。西城区旅游委、西城区文委联合门头沟旅游委等京郊旅游部门，共同推介春节期间精彩文化旅游线路。“都市旅游阅读空间”汇集西城故事、西城旅游一册通，以及门头沟、平谷、昌平、怀柔、延庆等多个郊区旅游文献和旅游宣传品，读者和市民可以凭证进馆免费领取有关资料。该空间配装“旅信通”智慧旅游服务终端，读者和市民可以自助查询所需要的旅游资讯，将来还可以通过“旅信通”逐步实现酒店预定、机票、火车票购买等在线服务。（西城区第一图书馆）

【北京市第一家“书香银行”——交通银行阅读空间正式开放】 8月21日，西城区文化委员会、西城区第一图书馆与交通银行西单支行共同建立的全市第一家“书香银行”——交通银行阅读空间正式向公众开放。交通银行阅读空间位于交通便利、地处闹市的交通银行西单支行一层公共服务空间，配置图书800余册，其中金融类书籍近500种，内容涵盖金融知识、投资理财等方面，阅读空间还不定期举办免费金融理财知识讲座、主题阅读等特色服务。（西城区第一图书馆）

【西城区中小学图书馆(室)专业技术人员继续教育培训班开班】 4月2日，西城区中小学图书馆（室）专业技术人员继续教育培训班开学典礼在西城区青少年儿童图书馆四层报告厅举行。西城区青少年儿童图书馆馆长樊亚玲重点介绍2015年继续教育培训课程的设置、安排及完善西城区中小学图书馆网片建设构想。清华大学图书馆信息参考部副主任王媛做题为“小小专架 大大效果——图书馆建设专题书架的实践与思考”的专题讲座。西城区共计47所中小学校的68名教师参加培训。（西城区青少年儿童图书馆）

【东城区数字图书馆“书香东城”全民阅读平台正式启动】 4月17日，东城区数字图书馆“书香东城”全民阅读平台正式开启，活动由区委宣传部、区文委主办，东城区第一图书馆和北京中文在线数字出版股份有限公司共同承办。东城区委常委、宣传部长宋甘澍，区人大常委会副主任于静，副区长王晨阳，著名文化学者于丹，东城区第一图书馆馆长肖佐刚等出席启动仪式。中小学生代表、部队官兵代表以及街道社区读者等400余人参加启动仪式。启动仪式后，于丹教授发表“读书与读心”主题演讲，号召生活、工作在东城的社会公众走进图书馆、利用图书馆。（东城区第一图书馆）

【“曹灿杯”全国首届青少年朗诵大赛在东城区第一图书馆举办】 5月，“曹灿杯”全国首届青少年朗诵大赛正式拉开帷幕。大赛由中国诗歌学会朗诵演唱专业委员会、北京市语言学会朗诵研究会、北京市东城区文化委员会主办，东城区第一图书馆及东城区第一文化馆协办。大赛同步启动“清音计划”——关爱语言障碍儿童公益活动，邀请全国各地语言障碍儿童进京免费参与赛事全程活动，并进行免费培训。大赛评审专家由瞿弦和、陈铎、殷之光、方明等国内知名朗诵表演艺术家组成，中央电视台播音指导虹云担任评审委员会主任。新华社、《光明日报》《中国青年报》《北京青年报》、中国教育电视台、中央电视台、北京电视台等多家媒体出席发布会。（东城区文化委员会）

【东城区图书馆成立理事会】 7月3日，东城区第一图书馆、第二图书馆作为东城区文化事业单位推行法人治理结构试点单位，正式成立理事会。2015年5月，制订《东城区第一、第二图书馆试行法人治理结构工作方案》，草拟《东城区图书馆章程》及《决策失误追究制度》《年度工作报告制度》《重要信息公开制度》《绩效评价制度》四项制度。6月初，东城区文化委员会制定《向社会公开招募东城区图书馆理事会理事工作方案》，通过《北京日报》、图书馆网站、微博、海报发布招募社会理事信息。在11名理事会理事构成中，社会理事人数超过内部理事人数。东城区文化委员会领导向社会理事颁发聘书。图书馆内部理事包括上级主管单位1名，东城区第一、第二图书馆馆长及普通馆员各1名。在东城区图书馆理事会第一届第一次会议上，外部理事甄军当选为理事长，通过《东城区图书馆章程》，确定下一阶段理事会工作内容。（东城区文化委员会）

【舒乙先生向石景山区图书馆赠送图书】 1月13日，由政协北京市石景山区委员会编辑的《舒乙与石景山》文史专辑签名赠书仪式在京燕饭店举行。仪式上，舒乙先生向石景山区图书馆赠送文史专辑图书。《舒乙与石景山》一书是石景山区政协推出的《石景山文史》第二十本专辑，全书共15万字，图片200多张，收录舒乙先生撰写的关于石景山区的文章，以及他积极谏言与石景山区文化发展的政协提案。同时书中收录石景山区人民怀念老舍先生的文章，以及石景山各界人士与舒乙先生交往的文章。（石景山区图书馆）

【第五届书香中国·北京阅读季·亲子阅读月活动正式启动】 5月15日，此次活动在通州区图书馆正式启动。活动由北京市新闻出版广电局、市教育委员会、市妇女联合会主办，中共北京市通州区委宣传部、区文化委员会、区教育委员会、区妇女联合会承办，通州区图书馆协办。

北京市新闻出版广电局，北京市教育委员会，通州区文化委员会、通州区教育委员会等相关人员参加启动仪式。（通州区图书馆）

【大兴区图书馆高米店街道分馆正式开馆】 5月29日，北京市新闻出版广电局、大兴区文委、大兴区高米店街道等单位领导出席开馆仪式并揭牌。高米店街道分馆位于大兴新城北部，比邻兴华大街和地铁4号线，地理位置优越。分馆面积约300平方米，设有少儿阅读区、成人借书区、电子阅览区、展览展示区、休闲区等。馆内收藏文学、政治、经济、哲学、少儿读物等类图书1万册，光盘2000余张。（大兴区图书馆）

【朝阳区图书馆获得全民阅读先进单位称号】 8月28日，朝阳区图书馆被中国图书馆学会授予2014年全民阅读先进单位荣誉称号。该馆在开展全民阅读活动过程中，充分彰显品牌优势，努力实现新突破，拓展新业绩，进一步吸引社会力量，实现合作共赢，打开新局面，在全民阅读工作中得到专家肯定与认可。该馆“书香朝阳”全民阅读推广工作进一步加强领导、统筹谋划、突出重点，定期研究，确保工作深入推进，扎实有效地把弘扬中国传统文化与“全民阅读”结合起来，激发大众读书热情，让读书成为社会发展的无限动力。（朝阳区图书馆）

【平谷区图书馆被评为2015年全国少年儿童阅读年经典阅读绘画大赛优秀组织单位】 由中国图书馆学会主办、中国图书馆学会未成年人图书馆服务专业委员会承办的2015年全国少年儿童阅读年经典阅读绘画大赛评审结果揭晓，平谷区图书馆获得优秀组织单位称号。该馆围绕“品经典，绘梦想，画未来”主题，组织全区乡镇、街道、学校、幼儿园等不同层面开展活动，共征集作品280余幅。经过遴选上报的112幅作品在各参赛组均取得优异成绩。其中3人荣获幼儿组金奖，1人荣获少年组金奖，22人分别荣获不同组别的银奖、铜奖、优秀奖；4位教师荣获优秀指导教师称号。（平谷区图书馆）

河北省

【概况】 截至2015年年底，河北省共有公共图书馆172个，其中：省级图书馆1个，地级市图书馆11个，县级图书馆160个；分馆和馆外服务点1000多个。总建筑面积43.92万平方米，其中：书库面积9.13万平方米，阅览室面积12.8万平方米。阅览座席33112个。文献总藏量2199.83万册/件。年度经费总投入29268万元，年度文献资源购置费3055.2万元。从业人员1855人，其中：正高级职称44人，副高级职称189人，中级职称545人。拥有计算机7400台，电子阅览室终端4673台。持证读者89.27万个，年度总流通1427.56万人次、971.81万册次。组织各类讲座2042次，28.24万人次参加；举办展览703次，134.51万人次观看；举办培训班864次，5.77万人次参加。

2015年，全省公共图书馆事业稳步发展，势头良好。年度经费增加26.8%，增幅明显，拥有计算机台数增加6.2%，电子阅览室终端增加4.5%，办馆条件得到改善。全省各级图书馆服务能力显著提升，持证读者增加12.2%，总流通人次增加11.8%，流通册次增加16.1%。各级图书馆利用“世界读书日”“图书馆服务宣传周”以及节假日及热点事件，集中开展多种形式的主题阅读活动，讲座、展览及各类培训活动丰富多彩，受众范围不断扩大。各级图书馆积极开展学术研究、学术交流，广大馆员专业素养、学术水平不断提高。

全省公共图书馆总分馆制建设工作有实质性进展。石家庄、秦皇岛、沧州、邢台、廊坊等市级图书馆以市馆为总馆，选择部分县区图书馆为分馆，加大文献分拨投入，开展分馆业务培训，有力地拉动基层薄弱图书馆服务能力的提升。迁安市、三河市等某些条件较好的县区级图书馆也在统筹乡镇文化站、村图书室，开展总分馆制建设方面进行有益的探索。（河北省图书馆学会 杨洪江）

【河北省省长张庆伟视察省馆】 1月4日，河北省省长张庆伟、副省长姜德果在省安全消防等部门领导和省文化厅厅长张妹芝、副厅长李新平的陪同下，到河北省图书馆检查安全生产工作。省馆党委书记李勇全程陪同检查并解答相关问题。张庆伟强调安全生产和消防安全的重要责任，要求图书馆进一步提升安全防范和应急处置能力。（河北省图书馆 潘伟）

【河北省图书馆举办中国家谱家训族规资料展】 此次“修身正身　扬清厉俗——中国家谱家训族规资料展”展期为1月20—31日，是全国公共图书馆展览联盟迎新春联展的首站，旨在让观众在家谱史料和名人小故事中感受人生的真善美。展览从数百部家谱中撷取精华，以“名谱巡礼”“四海一家”“啜英咀华”“千年传颂”4个主题，分为孝顺、修身、和睦、敬业、治家、爱国、诚信、教育、守法、廉洁10类，共40块展板，展示我国各地的家谱家训族规和5名历史人物的高尚道德情操小故事。（河北省图书馆　周建勇）

【全国图书馆阅读推广理论与实践高级研修班在河北省图书馆举办】 此次研修班于5月18—21日在省馆学术报告厅举办。研修班由中国图书馆学会、中国图书馆学会阅读推广委员会、中国图书馆学会经典阅读专业委员会、河北省图书馆学会、河北省图书馆联合举办，邀请吴晞、王余光、徐建华等10余名省内外知名专家授课，全国11个省的近300名代表参加培训。结业式上，与会专家范并思、徐建华、王媛为学员代表发放研修结业证书。（河北省图书馆　冯宝秀）

【第十期全国古籍普查登记目录审校人员培训班暨河北省第六期古籍普查培训班举办】 为加快河北省古籍普查登记目录的出版工作，由国家古籍保护中心和河北省文化厅主办，省古籍保护中心和省图书馆承办的第十期全国古籍普查登记目录审校人员培训班暨河北省第六期古籍普查培训班于6月10—13日在省图书馆举办。来自省内公共图书馆系统、文博系统、高校系统、档案系统等古籍收藏单位的百余名业务骨干参加培训。国家图书馆副馆长张志清以“保护古籍，传承文明——中华古籍保护计划”为题做首堂培训。国家图书馆出版社编辑赵嫄、浙江图书馆古籍普查专家曹海花、国家古籍保护中心专家王沛、省图书馆特藏部主任苏文珠分别授课。（河北省图书馆　苏文珠）

【河北省图书馆京津冀协同发展主题馆正式开放】 为满足党政机关及社会各界对京津冀协同发展的信息需求，省馆精选、整合近万册专题图书和大量数字资源，配备先进查询设备，建设的200平方米的“京津冀协同发展”主题馆于7月8日正式开放。该馆通过开展专题文献服务，向河北省各级党政机关、科研院所及广大读者推送京津冀协同发展的各类数据、信息和科研成果，使之成为省委、省政府及各级党政机关部门推动“京津冀协同发展”的决策信息服务中心、专家学者研究的数据参考中心和京津冀三地关于“协同发展”的专题文献中心。（河北省图书馆　杨雨辰）

【河北省图书馆举办纪念世界反法西斯战争胜利七十周年图片展】 8月1日，为纪念世界反法西斯战争胜利七十周年，省图书馆联合南京图书馆在一楼云水展廊举办“铸剑为犁——纪念世界反法西斯战争胜利七十周年图片展”。展览共展出47块展牌、195幅珍贵图片，采用东、西方两大战场分别叙述的展陈模式，紧扣基本史实的年代线索，以全景式回顾和审视了1939年至1945年第二次世界大战形成、爆发，展现波澜壮阔的世界反法西斯战争和中国人民抗日战争。（河北省图书馆　吕鹏）

【河北省图书馆举办“互联网＋图书馆”研讨会暨数字图书馆推广工程培训班】 此次培训于9月7—10日在张家口市张北县举办，来自全省各设区市、省直管县、张家口市各县级图书馆的馆长及相关技术负责人共计150余人参加。省文化厅副巡视员梁扉出席开班仪式并做重要讲话，深刻阐述互联网技术对图书馆工作带来的机遇和挑战，全面分析全省数字图书馆建设取得的成绩和存在的问题，并对今后如何运用互联网技术推动图书馆事业发展提出明确要求。培训班邀请上海市图书馆副馆长周德明、刘炜，浙江图书馆副馆长刘晓清，河北建筑工程学院图书馆馆长杜占江等业界专家进行授课。专家们从公共图书馆转型发展的思考和实践、“十三五”图书馆信息技术应用趋势前瞻、数字图书馆建设与服务等角度进行深度讲解，既有基础理论知识又有专业理论讲授，既有高层次的理论点拨又有现实问题的案例分析。此次培训将进一步促进互联网和图书馆的有效融合，提升全省图书馆的服务水平和创新能力。（河北省图书馆　余兵）

【中华古籍普查志愿服务行动河北试点成效显著】 7月23日至8月23日，河北省古籍保护中心圆满完成由中华古籍保护协会组织的中华古籍普查志愿服务行动试点工作。来自北京大学等高校的77名志愿者在河北大学等5个单位开展志愿服务，共普查古籍19万册，在普查平台登记古籍普查数据1.5万条，有力地推动河北省古籍普查工作的进程。9月12日，在国家图书馆召开“2015年中华古籍普查志愿服务行动”总结表彰会，对志愿服务行动进行总结，对来自京津冀的普查指导教师、高校志愿服务工作者、古籍普查志愿者进行表彰。（河北省古籍保护中心）

【河北省图书馆举办全省图书馆高级管理人员研修班】 11月2—6日，此次研修班在北京中央文化干部管理学院举办。研修班由河北省图书馆、河北省图书馆学会主办，中央文化管理干部学院承办，全省各级公共图书馆共计62名学员参加。国家图书馆研究院申晓娟研究馆员、中央党校李媛媛教授、北京大学李国新教授、浙江大学李超平教授、中国传媒大学韩旺辰教授莅临授课，文化部公共文化司司长张永新为学员解读《关于加快构建现代公共文化服务体系的意见》。（河北省图书馆　齐健庫）

【河北省图书馆组织实施2015年“春雨工程——阅读推广边疆行”】 2014年年底，河北省图书馆向文化部申报“春雨工程——阅读推广边疆行”项目并获批准。2015年10月28日至11月1日，省馆选派专业技术人员到新疆维吾尔自治区巴音郭楞蒙古自治州考察调研，为当地40余名馆员进行图书馆信息技术和地方文献工作培训，对其阅读推广工作给予指导。11月8—15日，邀请巴州州、县两级图书馆16人到河北省考察交流，并参加省馆举办的“数字图书馆推广工程、文化信息资源共享工程”培训班，与省馆领导、业务骨干座谈交流，还就新疆巴州各市县图书馆和河北省各设区市图书馆结成帮扶对子达成合作意向。（河北省图书馆　梁勇）

【河北省图书馆组队参加全国盲人百科知识竞赛跻身三甲】 11月29—30日，首届全国盲人百科知识竞赛在中国盲人图书馆举行。来自全国各地的40支队伍120余名盲人参加。河北省图书馆在全省选拔并培训的3名盲人选手团结协作、奋力拼搏，取得图书馆组第三名、二等奖的优异成绩，省馆荣获大赛优秀组织奖。（河北省图书馆　周沛）

【石家庄市图书馆开展多项全民阅读活动】 石家庄市图书馆在“世界读书日”期间，组织举办多项读书活动促进全民阅读。一是精心谋划，广泛发动，认真组织开展好2015年燕赵少年读书系列活动。二是深入省会社区，开展主题展览宣传活动。三是围绕读书主题，石图讲堂组织开展多场讲座。四是组织举办民国书局文献展览。五是公布2014年度图书借阅年度排行榜。六是举办第十届文津图书奖宣传推广活动。七是组织举办新乐分馆成立揭牌仪式。目前，石家庄市图书馆已试点建成新华、灵寿、晋州等8县（市）区分馆，并实现通借通还和资源共享。预计再建立3—5个分馆。八是开展小学生“共读一本书”诵读会及阅读体验活动。（石家庄市书馆）

【承德市图书馆“承图讲堂”首度开课】 为传承民族传统文化，挖掘承德特色文化，承德市图书馆于2015年推出特色公益讲座“承图讲堂”。2月8日，“承图讲堂”首讲——中国传统文化系列讲座开课，市诗词楹联学会副会长姚崇实教授主讲“对联写作知识”。讲堂选题贴近群众生活，内容具有思想性、知识性，雅俗共赏、健康文明，图书馆力求将其打造成为读者喜爱的标志性文化品牌。（承德市图书馆）

【秦皇岛图书馆开展周末“公益影片展播”活动】 为充分发挥共享工程丰富的数字资源优势，满足广大少儿读者的文化需求，让大家度过一个孩子开心、家长放心的假日，秦皇岛图书馆利用周末开展“公益影片展播”活动。5月至8月，播放《宝葫芦的秘密》《雾都孤儿》《天书奇谭》《基督山伯爵》等多部经典影片。（秦皇岛图书馆）

【唐山市图书馆举办地域文化知识讲座】 为了让更多的人了解唐山的发展历史，让家乡文化得以传承和发展，3月7日、14日，唐山市图书馆聘请冀东革命史研究会名誉会长、唐山师范学院教授张亚钧先生做客“唐图讲堂”，举办两场

“知家乡历史　爱大美唐山”地域文化知识讲座。张教授为读者讲述唐山市的缘起、唐山市几条主要街道的变迁以及唐山传统名吃的发展历史，150余位市民在张教授精彩的讲座中了解唐山的历史起源，感受唐山的巨大变化。（唐山市图书馆）

【廊坊市图书馆开展春节文化系列活动】 廊坊市图书馆以“书香廊坊”读书会为平台，与多家社会团体联合开展春节文化系列活动。2月6日至3月3日，与中泓诗书画院联合举办“迎新春农民书画展”，展出书画作品100幅，吸引3000余人参观。2月7日，举办楹联知识讲座，并与龙河书院联合举办“迎新春　赠楹联”活动，8位老艺术家现场挥毫泼墨，赠出楹联180多对，参与读者200多人。3月5日（正月十五），继续举办2015年元宵节有奖猜谜活动，近400人参与，发放奖品200份。（廊坊市图书馆）

【保定市图书馆开展古籍工作理论普及和宣传推广活动】 2015年，保定市图书馆开展多种形式的活动，进行古籍保护的理念普及和宣传推广。一是开展“我与中华古籍”摄影大赛。由于宣传和组织工作到位，保定市图书馆选送的多幅作品获奖。其中专业组一等奖一名、三等奖一名、大众组一等奖一名、二等奖二名、三等奖一名。二是积极探索典藏为社会服务、为学术研究所用的途径。先后出版《保定市图书馆古籍善本书目》《保定市稀见方志丛刊》《保定莲池书院善本图录》等多部工具书供社会大众参考使用。三是开展“中华古籍进校园”活动。依照国家古籍保护中心展板的内容，结合保定文化古城的历史特点，精心制作40余块展牌，在保定各大、中、小学校进行巡展。（保定市图书馆）

【沧州市图书馆获得河北省服务名牌奖】 1月7日，河北省质量技术监督局网站发布公告，沧州市图书馆获得河北省服务名牌奖，受到表彰。此次获奖是该馆继2006年荣获河北省服务质量奖荣誉称号之后的又一服务质量省级大奖，在全省170多个公共图书馆中只有沧州市图书馆、定州市图书馆2个图书馆获此殊荣。（沧州图书馆）

【沧州市图书馆微信公众号跻身全国图书馆前100位】 在4月公布的“大陆地区图书馆微信公众号影响力排行榜”WCI（微信传播指数）排名前100位的图书馆公众号中，沧州市图书馆微信公众号位列第65位，成为河北省唯一上榜的公共图书馆。该馆是河北省首家认证微信公众号的公共图书馆，于2014年开通。该馆微信公众平台每天定时发布3—5条微信，内容包括馆讯、书目推荐、阅读推广活动、讲座预告等。读者还可以通过“我的图书馆”“云阅读”“常用服务”等模块检索馆藏书刊，了解沧州图书馆的最新动态等实用信息。（沧州图书馆）

【沧州市图书馆晓岚阁分馆正式开馆】 5月28日，沧州市图书馆首家面向全市公众开放的分馆——晓岚阁分馆正式开馆。该分馆由沧州市图书馆和沧州中鼎文化传播有限公司共同建设，位于城区东部，馆舍面积200平方米，读者座席50个，馆藏图书报刊8000册/件。馆内服务设备先进，与沧州市图书馆实现通借通还，并不定期举办文化沙龙等阅读推广活动。晓岚阁分馆设计风格自然、古朴、温馨，“百姓书房”特色鲜明，除了免费为读者提供基本借阅服务外，还引入沧州文化元素的礼品书和工艺美术品专柜及咖啡吧，已具备“都市文化休闲生活馆”的雏形。（沧州图书馆）

【沧州市图书馆举办大学生创业优秀案例分享会】 10月17日，沧州市图书馆策划的大型真人图书馆活动——“大众创业·万众创新”大学生创业优秀案例分享会在馆内举行。市文广新局、市文明办、团市委、市教育局、沧州师院、市图书馆相关负责同志以及沧州师范学院、河北工程技术高等专科学校的大学生代表参加此次活动，这也是2015狮城读书月的一项重要活动。本次案例分享会邀请“〇三幺柒摄影工作室”创办人孔超等6位沧州籍自主创业成功人士分享创业经验，并与大学生们进行现场互动。（沧州图书馆）

【邢台市图书馆举办纪念抗战胜利70周年百种优秀图书荐读活动】 2015年，邢台市图书馆组织开展纪念中国人民抗日战争暨世界反法西斯战争胜利70周年百种优秀图书荐读活动。从馆藏图书中精选100多种400多册优秀抗战题材图书，通过设立专题书架、微信推送等途径，集中推荐给广大读者，让读者在阅读中重温那段悲壮的历史，铭记在心，把握未来。（邢台市图书馆）

【邢台市图书馆首次举办总分馆建设培训班】 培训班于12月9日开班，市图书馆和6个分馆主管技术人员14人参加培训。邢台市图书馆于2014年启动首批分馆试点，2015年进一步扩大试点范围。此次培训的内容主要包括总分馆建设协议及相关问题、图创管理系统应用、书目数据建设标准等。（邢台市图书馆）

【邯郸市图书馆强制戒毒所流动图书站揭牌】 1月23日，邯郸市图书馆馆长祁向东一行6人参加了邯郸市强制戒毒所转制后首个大型开放日活动。活动现场，市文广新局副局长武鸿雁和市司法局长陈惠永共同为邯郸市图书馆戒毒所流动图书站揭牌。市馆为戒毒所送去首批图书307册，今后还将根据戒毒人员的阅读需求定期更换图书，并组织开展读书、演讲、知识竞赛等读书活动。（邯郸市图书馆）

【邯郸市图书馆举办暑期经典阅读活动】 7月26日，为丰富广大青少年读者的暑期生活，继承和弘扬中华经典诗词传统文化，邯郸市图书馆联合市朗诵协会举办“快乐暑期”中小学生中华经典诗词美文诵读会，近200名青少年读者和家长参加活动。8月1日，该馆联合贝贝国学数字资源举办“走进诗词天地　感悟经典之美”贝贝国学亲子活动，活动内容包括诗词接龙、国学闯关、团体及个人PK赛等，吸引30多名小读者和家长参与，激发孩子们对国学的兴趣。（邯郸市图书馆）

【平泉县图书馆启动流动图书车进校园活动】 6月18日，平泉县图书馆流动图书车深入到距县城20多华里的双洞子小学开展“小学生契丹文化知识智力竞赛”活动。这项活动是2015“平泉人爱平泉”系列文化活动的延伸，该馆立足契丹祖源地普及契丹文化知识，让孩子们“知我平泉、爱我平泉”，80多名小学生参加此项活动。流动图书车容纳图书2000册，可有效解决乡村孩子们读书难的问题。（平泉县图书馆）

【青龙县图书馆举办农家书屋管理员演讲大赛】 7月29日，由青龙县文广新局主办、青龙县图书馆承办的农家书屋管理员演讲大赛在县图书馆举办。演讲比赛以“农家书屋带来的新变化”为主题，由各乡镇选送的18名优秀选手从不同方面讲述农家书屋给农村带来的新变化，反映农家书屋作为农民群众精神家园的重要作用。比赛共评选出一等奖1名，二等奖3名，三等奖5名。（青龙县图书馆）

【涿州市图书馆举办“图书共享杯”诵读讲故事决赛】 4月18日，涿州市图书馆举行“2015·图书共享杯”诵读讲故事决赛，从160多名参赛选手中选拔产生的60名优秀学生代表参加此次比赛。决赛分为幼儿组、小一组、小二组和初中组4个组别，采用专业评委打分和大众评委投票的方式，共评出一等奖10名、二等奖13名、三等奖19名。（涿州市图书馆）

【任丘市图书馆开展“你的书库你做主”图书荐购活动】 4月23—26日，任丘市图书馆在市新华书店举办“你的书库你做主”图书荐购活动。活动期间，收到读者图书荐购表300余份。馆内工作人员在对调查表进行统计、筛选后，有计划地采购读者喜爱的图书。（任丘市图书馆）

【枣强县李玉霞图书馆举办“阅读的力量”大型图文展】 4月20日，在世界读书日来临之际，由枣强县委宣传部、县文广新局、团县委、县妇联主办，李玉霞图书馆承办的“阅读的力量”大型图文展开展。展览以2万多字和200多张图片，讲述图书的发展史、名人与阅读的故事以及阅读方式的变化，揭示出阅读伴随人类思想、历史、文明发展的历程。（枣强县李玉霞图书馆）

山西省

【山西省图书馆概况】 2015年，山西省图书馆基本公益服务和综合办馆效益再创新高。全年接待读者294万人次，借还书刊202万册次，直属分馆和流通站借还图书17126册，读者证办理39816个，新建流通站5个。公益活动数量多、质量高，社会影响力不断提升。举办“文源讲坛”系列讲座120期，接待读者3万余人次；

举办少儿系列活动200余场，举办综合性大型活动11次，如举办“书香长风　文化三晋”征文评比暨“最美读者”评选表彰活动，“烽火三晋　红色文华：晋察冀、晋绥、晋冀鲁豫抗日根据地文献展”等。

编辑《晋图专递》65期，《晋图实用信息》58期；编辑《晋图指南》6期，发行2万多份；开展电子书免费借阅服务；开辟读者图书交换站；建成并对外开放音乐视听室；报刊阅览室新增触摸屏数字阅报阅刊一体机8组32台；建成数字多媒体体验区，向读者免费开放。

大力开展志愿者服务活动，有效推进社会人力资源共享工作。山西省图书馆成人志愿者累计注册登记团队17个，累计安排3660人次志愿者参与志愿服务；招聘566名小志愿者参加小小义务图书馆员社会实践活动。

加快国家和省重点文化工程建设并有所突破。一是文化信息资源共享工程突出资源建设，完成2015年项目申报；配合国家中心完成“戏曲动漫”“文化中国微视频”项目方案制定和联合立项工作。二是数图推广工程突出数字资源加工，完成近5万余条数据加工制作工作。三是文化部批复山西省古籍修复中心为“国家级古籍修复技艺传习中心山西传习所”；启动山西省一级珍贵古籍修复项目。四是征集石刻拓片2094张，其中有隋唐时期的墓志600余张。（山西省图书馆　梁金平）

【山西省图书馆举办“书香长风　文化三晋”征文暨“最美读者”评选表彰活动】　4月23日，山西省图书馆于长风新馆开馆一周年之际，结合省委宣传部“德润三晋　共筑梦想”主题活动，开展面向全国的“书香长风　文化三晋”征文暨“人文泽晋　共筑梦想”寻找“最美读者”评选表彰活动，庆祝第二十个“世界读书日”。活动受到省内外各界人士的广泛关注和参与，经过严格评审，共有20名“最美读者”和28名征文获奖作者受到表彰。（山西省图书馆　梁金平　王莉）

【山西省图书馆成立盲文图书分馆】　4月下旬，山西省图书馆协助太原市盲童学校及陵川县盲人曲艺宣传队进行图书室建设，并建成山西省图书馆盲文图书分馆，给盲校师生及盲人文艺宣传队搭建了全新的阅读平台。借助山西省图书馆总分馆借还系统，盲文分馆与山西省图书馆视障阅览室的图书实现免费借阅、通借通还，为盲人读者提供更便利的阅读条件。山西省图书馆定期为盲文图书分馆更换、补充新的盲文读物，组织各种读书活动，为盲人读者送去更多精神食粮。（山西省图书馆　李德胜　李望博）

【首届“绿色读书月”活动在山西省图书馆启动】　6月6日，第一届“绿色读书月”活动启动仪式在山西省图书馆报告厅举行。此次活动由山西省环保厅、山西省文化厅联合举办，山西省环境保护宣传教育中心、山西省图书馆承办，旨在倡导全民读书、绿色读书、读绿色书，在绿色书籍的熏陶下，热爱自然环境，关注生态环保，传递生态文明，享受绿色生活，让书与绿色成为人生永远的朋友。为配合“绿色读书月”活动，山西省图书馆同期举办“绿色读书　读绿色书”专题图书展览活动，共展出300余种近600册涉及童话、科普、小说等内容的环保图书。（山西省图书馆　李德胜　王莉）

【党史图书大型捐赠活动在山西省图书馆启动】　7月31日，由中共山西省委党史办公室联合省文化厅、省教育厅（高校工委）举办的“让历史照亮未来——党史图书大型捐赠活动”启动仪式在山西省图书馆举行。省委党史办公室向山西省图书馆、省城高校、市档案馆等13家单位捐赠30年来出版的60余种4300余册价值近50万元的珍贵图书。内容涵盖通史类、选编类、人物类、画册类、年鉴、文汇类等，包括《中国共产党山西历史》《华北抗日战争史》《奋斗的历程》《新军影集》《太行革命根据地简史》《高君宇传》等精品力作。本次捐赠活动，是省委党史办在纪念抗日战争胜利70周年之际所开展的一项重要活动，不仅满足青年学生和广大民众的文化需求，而且极大地发挥了存史资政育人的作用。（山西省图书馆　梁金平　王莉）

【晋察冀、晋绥、晋冀鲁豫抗日根据地文献展在山西省图书馆举办】　9月2日，为纪念抗日战争胜利70周年，由山西省文化厅主办、山西省图书馆承办的“烽火三晋、红色文华——晋察冀、晋绥、晋冀鲁豫抗日根据地文献展”在省馆长风馆三楼展厅开展。展览由序言、晋察冀文献、晋绥文献、晋冀鲁豫文献、特种文献和王海勇藏抗战文献选展六部分组成。突出“内容丰富、形式多样、原汁原味、弥足珍贵”四大展览特色，通过展柜陈列、图文展板展示、多媒体机播放和实物摆放陈列等多样形式展示，共展出555件真实反映根据地军民战斗、生活的原始文献资料，包括论著、报刊、文集、公文、账据票证，46幅根据地原始地图，1800余幅原始抗战历史图片，251首抗战歌曲，真实展现晋察冀、晋绥、晋冀鲁豫抗日根据地军民万众一心喋血御侮的英雄壮举。（山西省图书馆　梁金平　王莉）

【山西省图书馆举办纪念抗战胜利70周年系列活动】 9月3日，由山西省文化厅、山西省作家协会、山西广播电视台综合广播及山西省电影家协会朗诵艺术学会主办，山西省图书馆承办的纪念中国人民抗日战争胜利70周年朗诵音乐会在山西省图书馆上演，山西广播电视台综合广播主持人以及省图文源朗诵团成员深情朗诵爱国诗篇。为纪念抗日战争胜利70周年，山西省图书馆于7月至9月举办形式多样的纪念活动，“文源讲坛”先后有7位专家学者做客“抗战系列讲座”，向读者讲述抗战历史，阐述抗战精神的深远意义和影响；“抗战回眸——胡冰摄影作品选”及“连环小人书　烽火大抗战”连环画主题展览，图文并茂地展示中国人民抗日战争和世界反法西斯战争波澜壮阔的历史。（山西省图书馆　李德胜　王莉）

【全民阅读报刊行活动总结表彰暨“最美读书人”报告会在山西省图书馆举行】 9月23日，由山西省委宣传部、省新闻出版广电局、省总工会、团省委、省妇联、山西日报报业集团、山西出版传媒集团主办的“书香三晋·文明社会”全民阅读报刊行活动总结表彰暨“最美读书人”报告会在山西省图书馆举行。本次报告会共评选出10位“最美读书人”、40位“最美读书人”提名奖获得者、10家优秀组织奖及15位优秀采编人员。山西省图书馆馆长魏存庆获评“最美读书人”。（山西省图书馆　梁金平　王莉）

【上海新闻出版界向山西省图书馆捐赠图书】 9月25日，第二十五届全国图书交易博览会活动间隙，上海世纪出版集团代表上海新闻出版界向山西省图书馆捐赠《同盟国的胜利——抗日战争图志》《竺可桢全集》等57种355册价值20万码洋具有收藏价值的大型文献类图书。上海市新闻出版局副局长彭卫国、上海市新闻出版局发行管理处处长忻愈、上海世纪出版集团股份有限公司副社长李远涛等20名上海出版界的嘉宾，山西省图书馆馆长魏存庆、党委书记石焕发、副馆长李达秀及全体中层干部参加了捐赠仪式。（山西省图书馆　李德胜　王莉）

【山西省举办基层文化队伍示范性培训公共数字文化工程建设技术培训班】 11月2—6日，由山西省文化厅主办、山西省图书馆承办的此次培训班分两期在山西省图书馆开班，全省11个地市文化局公共文化科的负责人、6个市级公共图书馆与119个县级公共图书馆的馆长及相关信息技术人员共261名代表参加。省文化厅公共文化处处长张晴从把握“互联网+”发展大势的角度，提出做好公共数字文化服务工作的方向性指导意见；山西省图书馆馆长魏存庆向代表详细介绍公共数字文化工程建设的总体思路、组织架构和具体举措；各项目及部门负责人介绍近年来山西省公共数字文化工程建设及数图推广工程数字资源联合建设的具体情况。市、县公共图书馆信息技术人员有针对性地参加实训操作。此次培训对全省公共数字文化工程建设的发展起到重要的推动作用。（山西省图书馆　梁金平　王莉）

【山西省图书馆理事会成立大会暨理事会第一次会议召开】 会议于12月9日召开。山西省文化厅党组书记、厅长张瑞鹏向山西省图书馆馆长魏存庆等13名理事颁发聘书。理事会作为山西省图书馆的决策和监督机构，成员来自政府部门、举办单位、相关组织、专业领域和服务对象，主要职责是审议和提出章程的修改意见，审议长期发展战略和发展规划，审议年度工作计划、年度工作报告，审议财务预算和决算。山西省图书馆理事会的组建成立旨在进一步提升该馆的管理水平和服务效能，给社会公众带来更多的文化实惠。（山西省图书馆　梁金平　李望博）

【太原市图书馆概况】 2015年，文献总流通33.73万人次，书刊文献外借12.81万册次；采购新书9.57万册；举办展览13场，公益讲座及电视讲座 46 场；网站访问量 139.08 万人次。全年完成 1729 箱 13.9 万余册的芯片数据加工工作，各项业务指标均达到年初预定目标。（太原市图书馆　张建荣）

【太原市图书馆全年开展“书香太原”系列活动】 太原市图书馆 2015 年分 5 个阶段开展“书香太原”活动，包括：翰墨飘香“书香两节”，“爱悦读、爱生活、爱公益”为主题的“春季读书月”，以“你选、我购、图书速借”活动为主要内容的“夏季读书月”，以“相约精彩书博，品味书香并州”为主题的“金秋读书节”及以“品读经典”为主题的“全民阅读月”活动。活动贯穿全年，成为太原市全民阅读推广活动着力打造的文化品牌。在 4·23 世界读书日“春季读书月”活动之际，正式开启太原市图书馆微信平台，开展“廉政专题图书推荐”“抗战胜利 70 周年专题图书推荐”“国家图书馆推荐 70 种图书”等优秀图书馆推荐活动，适时发布“书香太原”系列活动情况。在夏季读书活动中，与新华书店跨界合作，在书店设立现场办证服务台，使读者享受到“现场办证”“现场选书”“现场借阅”的创新服务模式，此次活动为读者借书 11727 种 62484 册次。（太原市图书馆　张建荣）

【太原市图书馆打造高校志愿者联盟服务品牌】 “太原市图书馆高校志愿者联盟”自 2013 年创建以来，加强了图书馆与读者之间的交流与沟通，建立和完善了太原市图书馆、各高校图书馆与广大读者沟通互动的平台。在 2013 年、2014 年获得文化部颁发的“文化志愿者基层服务年示范项目”的基础上，2015 年年底，“太原市图书馆高校志愿者联盟”又一次被山西省文化厅选送至文化部参与该奖项评选活动。（太原市图书馆　张建荣）

【阳泉市图书馆概况】 2015 年，阳泉市图书馆累计图书藏量达 35.45 万册/件，含自行编写的地方文献《共享文丛》系列丛书累计达 25 种（本年新增刘鹰军《山城往事》漫画集、董怀庆《阳泉记忆》回忆录、薛连生《图书馆速写》画册）。累计流通 29.52 万人次，书刊文献外借 14.38 万册次，有效借书证个数达 3.67 万个，数字资源总量达到 10TB。举办各类讲座 80 场、展览 25 场、培训班 15 期，累计参与人数 1 万余人次。移动服务体验区得到强化，电子报纸份数达 30 份，实现每日同步更新，全年累计容量达 500G。手机借阅电子书升至 4800 册，下载容量达 47GB。借阅电子期刊达 100 余种，实现期刊每月及时更新。少儿电子体验设备升级扩容，音视频资源种类达 1.3 万余种，总量达 555GB。全年读者各类下载册次达 3.5 万余次。新增社区流动图书站 6 个，基层公共文化服务站点累计达到 18 个；全年实现图书大流动 2 次，流动图书 3600 余册。（阳泉市图书馆　李永刚　张亮　樊晶）

【阳泉市图书馆初步建成多渠道宣传平台】 2015 年，阳泉市图书馆宣传推广工作基本形成网站、微博、微信、政府信息公开平台、主流新闻媒体的多渠道模式。微博、微信累计发送信息条数 88 条，关注人数 1000 余人，网站累计访问浏览流量 8 万余次。政府信息公开平台累计公开各类信息 50 余条。省市主流新闻媒体报道 10 余篇。（阳泉市图书馆　李维杰）

【阳泉市图书馆开展各类“文化惠民”讲座展览】 2015 年，阳泉市图书馆继续加强特色品牌讲座“桃河讲堂”的建设。暑假期间，与《阳泉日报》社合作，推出 8 期“读者下午茶”讲座。同时，继续开展“学子论坛”、书法讲座等常规性讲座项目。期间穿插各类展览，推出“网络书香·推广工程畅游”图文展、“网络书香·掠美瞬间”摄影展、阳泉地方文献展等。针对抗战胜利 70 周年主题，在地方文献阅览室推出馆藏抗战珍贵史料实物展、日军侵华战争罪行图片展、33 米“百团大战”巨幅国画展。在国家古籍保护中心、中国图书馆学会举办的“我与中华古籍”摄影大赛中，该馆选送的 3 幅摄影作品分获大众组一等奖和二等奖。（阳泉市图书馆　樊晶　王晓华）

【山西省首家微刊在朔州市图书馆上线】 朔州市图书馆是山西省首家引进微刊的公共图书馆，朔图微刊于 8 月正式上线。微刊是将海量优质期刊与朔图微信平台嵌入对接的一种全新的阅读形式。读者只需要扫描二维码或查找公众号“朔州市图书馆”添加关注，就可在朔图微信首页“微资讯”中找到“微刊”。“朔图微刊”每

日更新最新60期精选精品名刊，以原貌原版形式高清呈现给读者。（朔州市图书馆　冯新照）

【朔州市图书馆首个“流动图书馆”开进社区】 12月10日上午，朔州市首个“流动图书馆”开进振华社区。“流动图书馆”以中型客车为载体，配备开放式书架、活动式阅览桌椅等一整套自动化管理服务系统，采用无线上网等现代技术手段与市图书馆互连实现图书通借通还。“流动图书馆”定期前往乡镇、机关、社区、校园、军营、企业等场所开展全民阅读活动，为广大基层群众提供现场办证、书刊借阅、图书预约及信息咨询等服务。（朔州市图书馆　冯新照）

【大同市图书馆概况】 2015年，大同市图书馆有从业人员18人（专业技术人员17人，其中高级职称2人，中级职称12人）。建立晋商银行分馆，分馆总数为3个。举办讲座26次，文献借还2.07万册次、1.13万人次。（大同市图书馆　赵新萍）

【大同市图书馆接收个人捐赠图书】 9月25日，市馆收到已故大同大学中文系教授龚协的女儿代其父亲捐赠的图书1100册，这是该馆建馆以来收到的数量最多的个人捐赠图书，将在新馆开馆后设专架展示。（大同市图书馆　赵新萍）

【长治市图书馆概况】 2015年，长治市图书馆开启数字化阅读新模式，完成“第二十五届全国图书博览会”长治分会场的承办任务，图书馆基础设施建设、公共文化服务水平及社会责任担当都上升到一个新台阶。截至12月底，已累计办理读者证2万多个（含流动图书车在大辛庄强制隔离戒毒所为戒毒人员免费办理的165个读者证），全年服务读者32万余人次。2辆流动图书车开展进社区服务450多次，惠及20个社区8万多居民。（长治市图书馆　马丽军）

【“我与中华古籍”摄影大赛优秀摄影作品巡展在长治市图书馆开展】 6月13日第十个“文化遗产日”之际，“我与中华古籍”摄影大赛优秀摄影作品巡展在长治市图书馆开展。图书馆特别邀请周边学校近500名中小学生参加首日展览，并首次将图书馆古籍部向孩子们开放，让他们近距离地认识古籍、了解古籍，增强孩子们对古籍现状的了解以及对古籍保护重要性的认识。长治站活动从6月一直持续到9月。（长治市图书馆　马丽军）

【长治市图书馆馆藏特色文献参加纪念抗战胜利七十周年山西抗日根据地文献展】 9月2日，长治市图书馆精选《中国革命战争的战略问题》等130多册馆藏红色特种文献参加由山西省图书馆主办的纪念抗战胜利七十周年山西抗日根据地文献展。此次参展文献出版时间都在1937年到1945年之间，或反映共产党人抗战主张，或反映地方抗战活动，是长治市图书馆珍贵馆藏中能充分展示抗日战争时期历史风貌的精品。此外，8月初到9月底，根据长治市城区文物局关于文物普查的具体要求，对馆内符合相关条件的千余册民国文献馆藏进行文物普查。（长治市图书馆　马丽军）

【晋中市榆次区图书馆古籍藏书纳入国家文物电子信息管理系统】 2015年，根据晋中市文物局要求，榆次区图书馆将馆内所藏民国前古籍文献35种120册，依据题名、著者、年代、质地、文物类别、册数、外形尺寸、质量范围、完残程度、保存状态、入藏年度等做了详细分编著录，按照书影制作要求，拍取正面图、底部图、局部图、侧视图、全景图，并将采集信息逐一录入“国家文物局全国可移动文物信息登录平台——文物信息采集”中，纳入国家电子管理系统。（晋中市榆次区图书馆　温晓红）

【曲沃县图书馆成立首家分馆】 5月12日，武警曲沃县中队分馆成立，这是曲沃县图书馆建立的第一家分馆。该馆定期为分馆更换书刊300余册，并对分馆业务及日常工作进行业务和技术指导。（曲沃县图书馆　何芳　邢小芳）

【临汾市尧都区图书馆加强农家书屋工程建设】 尧都区图书馆承担着全区17个乡镇372个农家书屋的建设和辅导培训工作，现已完成农家书屋全覆盖，使用率达到100%。为加强尧都区农家书屋管理建设，图书馆建立农家书屋长效管理机制，以屯里镇、刘村镇等乡镇为重点，以农家书屋+公共图书馆的方式，实施农家书屋提升工程。图书馆在17个乡镇分别举办农家书屋管理员培训班，不定期进行现场业务指导，包括图书分类、编目、上架、贴标签、借阅登记、报刊管理等。（临汾市尧都区图书馆　蒲叶）

【盂县图书馆概况】 盂县图书馆坚持全年无休，365天开馆。2015年，新增电子图书6000册，购买报刊87种，纸质图书3000册，征集地方文献100余种。对全县农家书屋开展业务辅导。共有计算机30台，电子阅览室终端20台，不定期下载印制《农业科技信息摘编》，刻录科普光盘，进行科技下乡，配合省共享工程开展各项活动。（盂县图书馆　郭建瑛）

内蒙古自治区

【内蒙古图书馆概况】 2015年，内蒙古图书馆购入中文图书共计5.65万种19.4万册，采购蒙文新书3000余种1.5万余册。加工分编中文图书8592种1.97万册，蒙文图书1300种9000余册。接受缴送书、报、刊等文献资料共计1623册，接受赠书1840册。完成馆藏民国文献数据库建设工作，加工数据共计3.06万余条，合计图书4.5万余册。全年接待阅览和借阅读者56.83万人次，流通图书24.10万册次，办理各类读者证件3.78万个。新建内蒙古政府法制办公室、呼和浩特市公安局交警支队、阳光财产保险股份有限公司内蒙古分公司3个馆外流通点。在自治区召开的“两会”期间，积极开展“两会”服务工作，为“两会”代表、委员撰写提案、议案，累计提供《内蒙古自治区“两会”专题资料汇编》900余册、电子资料900余份、馆藏文献10000余册，办理图书馆读者证600余个，现场为代表和委员们打印材料40余次，服务受到两会代表们的一致好评。

完成《内蒙古图书馆古籍普查登记目录》的文字核对、数据核查工作，等待出版安排。加工完成第一批可移动文物普查数据997条，拍照4000张；制作并上报第二批可移动文物普查数据；积极开展第三批可移动文物普查工作。配合古籍库改造工程施工。打包封存线装古籍、民族地方及蒙文古旧文献。继续开展《民族地方人物资料索引》《建国后内蒙古地方报刊考录》《建国前馆藏期刊有关内蒙古地方篇目索引》等学术课题研究工作；参与国家民委项目《中国少数民族古籍总目提要目录·蒙古族卷》的编制工作；参与国家新闻出版总署“新闻出版改革发展项目库”入库项目、内蒙古民族文化建设研究工程项目“蒙古学蒙古文文献大系”整理出版工作；内蒙古大学蒙古学研究中心学术著作系列《清朝乾隆朝实录蒙古史史料抄》之《高宗实录》（十八）所载有关蒙古史史料的摘录工作；完成国家社科基金项目《北部边疆历史与现状》之《科尔沁史》部分内容的汉译及审稿工作，正在准备出版；完成“十二五”国家重点图书出版规划项目《蒙古部族史研究丛书》之《土默特蒙古史略》；参加“国家社科基金特别项目”《北疆项目》之《蒙古勒津部落史》；参加2014年教育部人文社会科学研究规划基金项目《贡桑诺尔布年谱长编》；参加2015年度北京市社科院课题《近代早期日本的满族史研究》；参与完成2014年度赤峰市科研课题《赤峰市现存清朝圣旨文书调查与研究》；参与并完成2014年度北京市社科院一般课题《新史料与清代鄂尔多斯历史研究》。年内职工在公开刊物上发表专业论文15篇；接待美国、日本、波兰、韩国、蒙古等国家的学者10余人。

“数字文化走进蒙古包”工程科学合理利用国家专项建设资金，分批次开展基层站点建设工作。在全区29个旗县共建设242个一级数字加油站、810个移动数字加油站，服务面积达40余万平方公里，累计服务农牧民200余万人。“彩云服务”实施以来，已完成新华书店（图书大厦）、新华书店图书馆服务点、内蒙古博物院书店、北京西单图书大厦4个试点单位的建设。

11月1日，内蒙古图书馆少儿馆历时一年紧张施工建设，以全新的面貌向社会开放。古籍特藏库改造工程施工也进入尾声，开展古籍设备采购与安装。建设完成功能完备的数字化多功能报告厅，以满足内蒙古图书馆讲座服务等读者活动需求。完成演播室、录音棚的改造建设，为更好地完成该馆作为全国共享工程蒙古语资源建设中心所承担的大量蒙古语资源建设任务提供有力保障。（内蒙古图书馆）

【蒙古国生命科学大学中心图书馆访问内蒙古图书馆】 4月27日，蒙古国生命科学大学中心图书馆馆长一行来内蒙古图书馆学习交流。蒙文部主任包金香带领来宾参观内蒙古图书馆及少儿馆，介绍该馆基本情况，蒙汉双语业务管理系统、RFID现代自助设备的使用情况，以及彩云服务等创新服务。随后为学习代表办理读者证，让学习代表亲自体验内蒙古图书馆自助借还、彩云服务的便捷性。（内蒙古图书馆）

【“2015年春雨工程——文化志愿者边疆万里数字文化长廊行”内蒙古活动旗帜交接启动】 7月2日，文化共享工程内蒙古分中心在内蒙古自治区兴安盟阿尔山边防连队隆重举行“2015年春雨工程——文化志愿者边疆万里数字文化长廊行”旗帜交接仪式。文化共享工程黑龙江分中心副主任张大尧代表黑龙江省将“2015年春雨工程——文化志愿者边疆万里数字文化长廊行”旗帜交到文化共享工程内蒙古分中心副主任银志刚手中，“内蒙古文化共享志愿者边疆万里数字文化长廊行”正式启动。旗帜交接仪式上，文化共享工程内蒙古分中心向边防连队赠送3T的数字资源，向全区12个盟市102个旗、县基层图书馆赠送5000余册纸质图书。共享工程内蒙古分中心为边防连队举办春雨工程建设图片展，展览由反映全国及内蒙古“数字文化走进蒙古包”工程建设成果的16块展板组成，通过文字和图片，面向基层群众和连队战士宣传展示公共数字文化建设成就。（内蒙古图书馆）

【各大媒体聚焦内蒙古图书馆公共文化创新服务】 7月17—18日，由文化部组织的人民日报社、《光明日报》、中央电视台、中央人民广播电台、央广内蒙、《中国文化报》、中国经济网、人民网、新华社内蒙古分社9家媒体组成的采访团，来到内蒙古开展“现代公共文化服务体系建设先进典型集中采访”工作，实地采访作为先进典型的两项公共文化创新服务——内蒙古图书馆实施的“数字文化走进蒙古包与彩云服务”，听取内蒙古图书馆馆长李晓秋和计算机网络部主任张树杰的详细介绍，采访团对该馆的两项创新服务给予充分肯定。各大媒体围绕推进基本公共文化服务标准化均等化、提升公共文化服务效能、促进公共文化服务社会化和文化与科技融合的典型经验等情况对数字文化走进蒙古包和彩云服务进行深入真实的报道。（内蒙古图书馆）

【内蒙古图书馆首次参加2015年中国图书馆年会展览会】 12月15日，2015年中国图书馆年会在广州举办，内蒙古图书馆首次参加年会展览会。展馆分为彩云服务体验区和数字文化走进蒙古包体验区，充分展示内蒙古图书馆首创实施的“彩云服务”和“数字文化走进蒙古包”工程所取得的服务效果。展览以实地体验为主，让参观者身临其境体验到彩云服务的全过程，包括读者办证、书店选书、书店办理借阅手续、手机转借、到馆入藏等一系列借阅体验。（内蒙古图书馆）

【包头市图书馆概况】 2015年，包头市图书馆全年接待读者120多万人次，办理读者卡近1.9万张，图书借阅154.4万册次。举办公益展览7期、真人图书馆13期、名家作品阅读活动19场次，放映公益电影106场，编辑《舆情参考信息》24期，自创微信栏目“编读编聊”11期，免费开放服务项目达40余种；多项少儿活动在全国比赛中获奖。主阵地服务被《中国文化报》等新闻媒体进行100余次宣传报道。继续打造文化品牌活动“尚书讲坛”，开办“精品小讲堂”，共举办讲座44场。被包头市委宣传部评为“五星级讲坛”；残障读者服务中心接待读者302人次，外借设备17部次，每月对外送书100多册，购置云图数字有声服务平台，下载各类有声读物及电子书近1200部，代表自治区首次参加中国信息无障碍论坛并交流成功经验，赴京参加全国盲人百科知识竞赛，获优秀组织奖。举办残障活动28场次，少儿公益活动180多期，服务老年读者1200多人次；建成分馆、流通点57家，流动书刊21340册次。开展业务辅导46次，培训草原书屋管理员117名；选送6名青年文化人才到国家图书馆、北大等知名院校培训、进修。首次开展包头市阅读推广志愿者外派培训。完成继续教育培训等活动。开展“励志工程”引进专家等讲座4场。承办“春雨工程”文化志愿者边疆行活动。派出9名技术人员开展文化人才下基层工作。（包头市图书馆）

【包头市图书馆建立环卫工人之家微型图书流通点】 1月27日，该流通点正式成立，包头市图书馆精心挑选环卫工人喜爱的文学、养生、艺术、自然科学等方面的900册书刊和30个小型期刊架走进各“环卫工人之家”。该馆通过读者座谈会等形式，进一步了解环卫工人阅读需求，定期为流通点更换书刊，全年流动书刊达到3000册次，服务覆盖2000余名环卫工人读者并受到一致好评。“环卫工人之家”微型图书流通点的建立，受到《中国文化报》《包头日报》《包头晚报》等多家媒体的关注报道。（包头市图书馆）

【草原书屋纳入总分馆】 包头市共辖有9个旗县区。2015年，包头市根据当地草原书屋现状，确定包头市图书馆作为中心馆，旗县区图书馆作为总馆，各草原书屋作为分馆，搭建技术平台，逐步实现资源共享、通借通还。全市607家草原书屋117.28万册图书全部完成录入工作，9个旗县区图书馆全部使用“图创”业务管理系统，包头市青山区开始总分馆的试点工作。在此基础上，包头市积极推进草原书屋数字化试点工作，在边远牧区建起45家数字草原书屋，每个乡镇草原书屋增加读报机和数字资源盒，形成电视、手机、网络等多种现代传媒阅读模式和传统纸质阅读模式并存，为农牧区读者提供更丰富的阅读资源和更便捷的信息服务。（包头市图书馆）

【包头市图书馆流动书刊服务走进宗教寺庙】 为了促进民族文化交流，服务藏传佛教僧人群体及召庙周边居民，包头市图书馆于2015年12月在美岱召与土右旗图书馆共同成立美岱召图书流通点。包头市图书馆首批提供395册蒙汉文书刊，土右旗图书馆提供了书架、阅览桌椅等设施。包头市、旗两级图书馆为该流通点定期更换书刊，提供业务辅导，并与召庙对如何开展共建活动进行积极探索。美岱召图书流通点的建立，让图书馆走进寺院，在内蒙古自治区范围内尚属首次，与包头市图书馆传播多元文化精神相符合，为少数民族自治地区民族文化交流、公共文化与宗教文化间的交流打下坚实基础。（包头市图书馆）

【呼伦贝尔市图书馆概况】 2015年，呼伦贝尔市图书馆全年举办呼伦贝尔文化讲坛8期，邀请国内知名专家学者亲临现场讲座，到部队、学校举办讲座，听众达到1900人。在内蒙古自治区新闻出版广电局、内蒙古自治区教育厅、内蒙古自治区司法厅、内蒙古公安边防总队主办的“书香内蒙古·亮丽风景线”2015草原阅读季活动中，呼伦贝尔文化讲坛荣获全区最佳十件实事优秀奖。全年累计举办展览15次，观展3万人次。其中，“美丽的呼伦贝尔”摄影展颇具规模，先后在呼伦贝尔市，广东省汕头、潮州、梅州，俄罗斯赤塔市，蒙古国东方省乔巴山市等多地巡展，同时推出网络数字展览。全年举办活动近百次，有图书馆服务宣传周活动、草原阅读季系列活动、社会科学普及活动周系列活动、公益讲座、展览、助力“十个全覆盖”送书下乡、延伸服务、开展“五进”活动送科普知识到基层等活动。现已建立分馆19个，图书流动站42个，定期送书并开展阅读活动。自2013年4月开始筹备编写的《呼伦贝尔图书馆事业志》，在全市范围内向各级各类图书馆搜集原始材料，经过反复修改、核定、补充和校对，历经两年8个月的时间，12月定稿出版。承办西部公共图书馆联合会第二届（2015）年会暨学术讨论会做好会议征文接收、整理、评审和出版工作，助力本次大会成功举办。（呼伦贝尔市图书馆）

【呼和浩特市图书馆概况】 2015年，呼和浩特市图书馆充实馆藏资源，图书馆数字化建设进一步加强，吸引更多的读者走进图书馆，读者接待量和图书流通率有大幅提升。在图书流动服务、图书馆讲座、少儿活动等方面组织丰富多彩的活动。新增部分图书流动站，共流动图书近万册。在流动纸质图书的同时，逐步推行将数字资源送进机关、医院。呼和浩特市图书馆移动图书馆为传媒大厦、呼和浩特市第一医院，为机关干部、患者提供更多的阅读资源。讲座品牌栏目“青城文化讲坛”邀请文化名人、学者、专家就社会生活中老百姓关注、关心和感兴趣的热点问题举办讲座10余场，累计听众2000余人次。2015年年初，对馆舍进行分期改造，目前各项改造工程已全部完成并投入使用。（呼和浩特市图书馆）

【呼和浩特市图书馆可移动文物普查工作完成】 根据国务院、国家文物局、内蒙古自治区文化厅等上级部门文件精神和工作安排，3月底，呼和浩特市图书馆全面开展可移动文物（古籍）普查工作。为了更好地完成此次普查工作，多次邀请内蒙古博物院、自治区文物普查办、呼和浩特市普查领导小组的专家进行现场辅导。工作开展初期，邀请呼和浩特市文物普查专家对130种年代不清的古籍文献做认定。6月，邀请内蒙古图书馆古籍方面的专家何远景再次对呼和浩特市图书馆的古籍进行鉴定，并对普查工作进行辅导。7月上旬，此次可移动文物普查工作圆满完成，共整理出1020种13253册古籍图书。（呼和浩特市图书馆）

【呼和浩特市图书馆理事会成立大会暨第一届第一次会议召开】 此次会议于6月19日在呼和浩特市图书馆召开。呼和浩特市文新广局领导和图书馆理事会成员出席大会。会上，宣读呼和浩特市文新广局对呼和浩特市图书馆理事会理事的聘任，并由参会领导向各位理事颁发聘书。经呼和浩特市文新广局推荐，聘任著名作家邓九刚为呼市图书馆理事会第一届理事长，张浩如为副理事长。图书馆理事会的成立，标志着呼和浩特市文化事业单位法人治理工作取得初步成效，也标志着呼和浩特市图书馆事业发展进入一个新的历史时期。（呼和浩特市图书馆）

【乌兰察布市图书馆概况】 乌兰察布市图书馆新馆于2010年10月建成。馆舍面积8400平方米，阅览座席720个，其中儿童阅览座席100个。馆藏文献26万余册。配备计算机120多台，其中读者使用95台。引进区域图书馆集群自动化软件管理系统等数字化管理模式。各个阅览室、读者休闲区均实现无线网络覆盖。拥有手机图书馆（30000册电子版图书）、触摸型读报系统、3D图书馆导航系统、自助复印系统、音乐图书馆系统等丰富的数字资源，数字化服务水平进一步提升。2015年，完成图书借阅2.67万人次、5.72万册次；接待到馆读者16.66万人次；移动图书馆新增APP终端客户4606户、下载量176.15万次。年初，建立盲人阅览室。完成全部20类3558种6097册的蒙文图书电脑录入和书目数字化工作，实现蒙文图书数字化管理。在搞好馆内阅读的同时，开展送书上门服务，将阅读服务延伸到机关、社区、学校、敬老院等地，建立图书流动点10多处，赠送、流动图书1万余册，使丰富的文献资源惠及广大读者。（乌兰察布市图书馆）

【巴彦淖尔市图书馆概况】 2015年，巴彦淖尔市图书馆全面落实各项工作职责，从读者创新服务、文献资源建设、馆员队伍建设等几个方面入手，稳步推进各项工作。

截至11月份，共接待读者203512人，其中自学人次100309人、借阅人次84496人、查阅人次18707人。外借册次150392册，修补图书1913本，发放借阅证2661个。订报纸52种87份，期刊392种464份，购图书4798册；上报工作信息54期，出版编辑内部刊物《参考文摘》4期，编辑《巴彦淖尔市图书馆工作动态》两期。（巴彦淖尔市图书馆）

【巴彦淖尔市图书馆"典藏巴彦淖尔"文献陈列室被评为"书香内蒙古·亮丽风景线"2015草原阅读季全民阅读十件实事】 10月21日晚，"书香内蒙古·亮丽风景线"2015草原阅读季朗诵会暨颁奖晚会在内蒙古自治区新闻出版广电数字传媒中心举行。自治区党委常委、宣传部部长乌兰，自治区政协副主席杨成旺出席。

在颁奖活动中，巴彦淖尔市图书馆的"典藏巴彦淖尔"文献陈列室被评为此次阅读季全民阅读十件实事。该陈列室面积达110平方米，共展示本地书刊2300余种。自4月23日正式对外开放以来，受到全市广大干部群众的热切关注，是巴彦淖尔市史料整理研究、学术科研、文艺创作等文化成果纸质载体的永久保存和开发利用的重要基地，是巴彦淖尔市图书馆为当代以及后人研究巴彦淖尔社会发展变迁、研究河套文化生态提供和建设的本地文献资源"种子库"。（巴彦淖尔市图书馆）

【阿拉善盟图书馆概况】 2015年，阿拉善盟图书馆全年采购新书2949册，入藏新书2452册，征订报刊总计2625种；各服务窗口总流通10.1万人次，咨询26.4万人次，新办借阅证770张，书刊文献外借9.45万人次，书刊文献外借10.86万册次，向读者推荐新书介绍专栏55期。馆外图书流动服务点配送图书6318册次，流通人次9024人，新签订流动服务协议12份，新建流动图书点11个。全年累计对外赠送图书3387册，服务残疾读者送书上门120册。举办各类展览8期，积极策划形式多样、卓有成效的读者活动37次，吸引大量读者参与，深受他们的欢迎。申办连续性内部资料《书海拾贝》

（蒙汉双语版），7月1日正式出版第一期创刊号，每半年出版一期，免费提供最新的图书情报信息资料。（阿拉善盟图书馆）

【阿拉善盟图书馆完成数字化升级改造工作】 6月15日至7月4日，阿拉善盟图书馆进行数字化升级改造工作，为各个借阅室的图书更换10万余枚磁条，写入数据5万余条，转换图书数据15万余条，读者数据8000余条，期刊数据18万余条，安装自助借还书机4台、防盗门禁一套，服务器3台，电子读报机1台，电视机2台，更换馆内电脑30台。新系统采用先进的射频识别技术（RFID），实现蒙汉语图书的一卡通借还、24小时自助借还书等智能服务手段，为读者提供更加方便快捷的服务。（阿拉善盟图书馆）

辽宁省

【辽宁省图书馆概况】 2015年，辽宁省图书馆完成旧馆向新馆过渡和新馆试开馆工作。全年办理读者证1.89万个，外借文献77.15万册次，流通102.19万人次，服务馆外读者28.95万人次，利用网络平台服务用户1228.93万人次。全年共举办读者活动789次，参加人次54.98万人。其中举办展览38次，参观人次21.47万人；举办讲座67次，参观人次1.66万人；举办7次全省性培训，6次馆内培训。推出24小时自助图书馆服务。首次走出国门，赴俄罗斯举办“中国传统节日系列图片展”。

全年完成2万多条古籍普查登记目录的审核和排序工作。年初启动第一批《辽宁省珍贵古籍名录图录》出版工作，涉及24家古籍收藏单位，共计1013部珍贵古籍，目前已出版《清宫遗珍：天禄琳琅、石渠宝笈典籍书画集》和《辽宁省图书馆藏民国时期东北大学毕业论文全集》。

采购中外文图书9.69万种35.81万册/件，订购中外文报刊6817种。征集地方版本图书4019种8038册。征集地方文献4133种7905册。接收国际交换图书413种422册，期刊68种172册。新购数据库6个，续订数据库51个。为加强地方文献建设，启动东北人物数据库、口述历史、地名数据库、地方建筑数据库和中华古籍数字资源库5个数据库的建库工作。

2015年，辽宁省图书馆获中央精神文明办授予“全国未成年人思想道德先进单位”，“手语世界”服务活动被文化部评为“文化志愿服务推进年”示范项目。（辽宁省图书馆学会）

【“中国传统节日系列图片展”在俄罗斯举办】 3月17日，由辽宁省图书馆、莫斯科中国文化中心、俄罗斯国立图书馆共同举办的“中国传统节日系列图片展”开幕式在俄罗斯国立图书馆玫瑰展厅隆重举行。《人民日报》《中国》杂志、新华社、俄罗斯当地媒体等多家媒体出席并报道展览启动仪式。（辽宁省图书馆学会）

【辽宁省图书馆第五届读书节开幕】 4月23日，辽宁省图书馆举办“辽宁省第四届读书节暨辽宁省图书馆第五届读书节”启动仪式。围绕“走进辽图，书海畅读”这一主题，辽宁省图书馆在读书节期间推出“名家讲座”“中华传统文化系列展览”“文化阅读体验系列活动”等五大板块、19个项目、百余场公益活动，全力打造一场别具特色的文化盛宴，引导广大市民多读书、读好书，形成良好的社会阅读风尚。（辽宁省图书馆学会）

【辽宁省图书馆举办全省首届少儿故事大赛】 8月，由省文化厅主办、省图书馆承办、丹东市少年儿童图书馆协办的“憧憬辽宁”——辽宁省首届少儿故事大赛活动盛大启幕。全省各市公共图书馆、少儿图书馆积极响应，大力宣传，将活动推广延伸到对应县、区图书馆及各中小学、绘本馆。在参赛单位的认真组织下，大赛组委会共收到视频形式的决赛入围作品64项，其中幼儿组35项，少儿组29项。（辽宁省图书馆学会）

【辽宁省图书馆新馆试开馆】 8月22日，历经4年建设的省图书馆新馆正式对外试开放。开放当天开通自助办证系统，读者从办证到取证仅需20秒，极大地缩短办证流程，为读者提供方便快捷的服务。新馆一楼区域的少儿天地、特殊群体服务中心、24小时自助图书馆、展览展示厅、多功能报告厅、新书坊率先与广大读者见面，完善的设施、舒适的环境、丰富的资源、贴心的服务等受到各类读者的热烈欢迎和一致好评。同时，为配合新馆试开馆，省图书馆还举办一系列活动，如“城市记忆沈阳老建筑绘画雕塑展”，著名学者阎崇年的精彩讲座“图书馆——

我一生的朋友”吸引大量读者观看和聆听。据不完全统计，试开馆当天接待读者1万人次，办理读者证1200余个，外借图书60余册次，多家媒体对此进行相关报道。（辽宁省图书馆学会）

【辽宁省图书馆举办“植根沃土·铸梦辽宁”主题嘉年华活动】 8月22日—9月30日，辽宁省图书馆组织全省公共图书馆开展以“植根沃土·铸梦辽宁”为主题的图书馆嘉年华系列读书活动。嘉年华活动围绕“讲辽宁”“看辽宁”“读辽宁”“憧憬辽宁”“快乐暑期·书香铸梦”“打通最后一公里百万图书万里行”6个版块，将公共文化服务惠及全省百姓，带领广大读者跨越地域限制，打开时空界限，体验全新阅读。（辽宁省图书馆学会）

【辽宁省公共图书馆网上联合参考咨询协作网正式运行】 12月7日，辽宁省公共图书馆网上联合参考咨询协作网在辽宁省图书馆网站正式运行。联合参考咨询协作网以辽宁省及全省各市、县区公共图书馆丰富的馆藏文献资源、电子资源和极具地方特色的自建库资源为依托，为读者提供社会科学、科学技术、专利、标准等方面的免费信息检索服务。（辽宁省图书馆学会）

【辽宁省基层图书馆数字资源提升活动培训班举办】 12月29日，辽宁省图书馆在辽宁大剧院举办全省基层图书馆数字资源提升活动培训班，全省14个市、县（区）图书馆的技术人员90人参加培训。辽宁省图书馆为参会各单位分别发放4TB的硬盘，并向受训人员详细讲解了此次下发资源的内容及硬盘的安装和使用方法，以加快提升基层文化机构的数字资源保有量和服务能力，进而满足基层群众的服务需求。（辽宁省图书馆学会）

【沈阳地区公共图书馆概况】 2015年，沈阳市有县级以上公共图书馆19个，其中少儿图书馆5个。实有工作人员402人（编制人数是467），其中业务人员324人，高级职称72人，中级职称203人。馆舍面积84403平方米。藏书676.55万册，视听资料数36.58万件。年购书经费1096万元；年购新书8.42万种22.06万册。图书馆全部实行自动化管理，有计算机2752台。年新增读者证10.09万个，全年接待到馆读者462.89万人次，图书外借430.69万册次。举办各类活动925次，参与读者45.56万人次。下基层开展送书服务712次，52.32万册次。沈阳市图书馆“星期六剧场”被文化部评为2014年“文化志愿服务推进年”系列活动示范项目。（沈阳市图书馆学会）

【沈阳市少年儿童图书馆在沈阳市盲校建立数字分馆】 分馆于5月12日建立。数字分馆的成立旨在保障残障儿童的文化权利，充分体现公共图书馆“自由、平等”的原则。在启动仪式上，市少儿图书馆为市盲校百余名孩子送去100余册盲文图书，1000余种童话有声读物及200张数字阅读卡。（沈阳市图书馆学会）

【2015年大连市图书馆系列读书活动启动】 4月23日，由大连图书馆和大连市图书馆学会联合举办的“‘全民阅读，社会书香’——2015年全市图书馆系列读书活动”正式启动。读书活动主题是“全民阅读，社会书香”，全市24个公共、高校、科研院所图书馆参加活动，累计举办阅读推广活动156项。其中，11个公共图书馆举办活动105项；13个高校图书馆举办活动51项。（大连市图书馆学会）

【鞍山市图书馆概况】 至2015年底，鞍山市图书馆总藏量153万册/件，入藏中文纸质图书6241种1.55万册；现藏期刊3503种，报纸218种；年文献借阅33万人次；发放借书证5097个，文献流通85万册次。为读者举办各种活动90余次，其中组织各类讲座57场。服务窗口共接待读者近25万人次、借阅图书23万余册次，解答读者咨询3000余人次。组织馆员撰写学术论文30余篇。完成市社科联2015年度哲学社会科学立项课题3项，其中重点课题1项，一般课题2项。全年举办5次培训：鞍山地区公共图书馆新入职馆员培训班、统计员培训班、县区馆业务骨干培训班、社区书屋管理员培训班、鞍山市图书馆青年馆员培训班。新建分馆11个，在年底前完成52家社区书屋并入“一卡通”工作，推进全地区一卡通成员单位免证卡服务。完成150家社区书屋并网工作。（鞍山市图书馆学会）

【举办纪念中国人民抗日战争、世界反法西斯战争胜利70周年主题报纸收藏展、满铁资料图片展】 6月27日，鞍山市图书馆、鞍山市收藏协会、鞍山市集报协会联合举办此次展览。展览为期两天，首日就吸引300多人次参观。8月26日，由鞍山市图书馆举办的"纪念抗日战争胜利暨世界反法西斯战争胜利70周年"满铁资料图片展社区巡展活动正式启幕。此次巡展为期三天，先后在铁东区园林街道东宾社区、解放街道长影社区、解放社区3个社区展出。展览首日就吸引参观群众120余人次前来观展。（鞍山市图书馆学会）

【抚顺市图书馆概况】 2015年，抚顺市图书馆馆舍面积1万平方米。购进图书1.22万册，电子图书400册，期刊、报纸740种；全年接待读者194万人次（含网络读者）；流通图书52万册次。在业务培训、学术研讨、组织读者活动等方面做出很多新的尝试，通过举办各种展览、报告会、品牌讲座、科技下乡等活动，开展延伸服务，使知识、信息更直观、更系统、更有效地为市民所了解和利用，活动足迹遍布机关、企事业单位、学校、部队、农村和棚改新区等，丰富了图书馆工作的内容。先后被中国图书馆学会授予"全民阅读示范基地"称号，全国大中城市社科联工作会议主席团授予"全国先进社科组织"，中共辽宁省委、辽宁省人民政府授予"2012—2014年度文明单位"，辽宁省社会科学界联合会授予"先进社团"荣誉称号，抚顺市精神文明建设委员会授予"雷锋号先进集体"、抚顺市总工会授予"模范职工小家"称号。（抚顺市图书馆学会）

【《地方》杂志首发】 2015年4月上旬，由抚顺市文广电局主管，抚顺市图书馆主办的杂志《地方》首次发刊。《地方》杂志本着挖掘远古文化宝藏，记录抚顺昨日辉煌，宣传抚顺今日之变化为宗旨，是一本推介抚顺、服务地方的杂志。（抚顺市图书馆学会）

【日伪图书数字化】 2015年上半年，抚顺市图书馆借助计算机技术和图书馆管理软件完成3000余册"日伪图书"全文电子扫描工作，并在数字化处理过程中，发现一批出版时间在20世纪10—40年代的日文图书。书中主要记载日本侵略中国东北及在华军事行动，清晰地再现日本侵华的史实。（抚顺市图书馆学会）

【本溪市图书馆概况】 本溪市图书馆建筑面积10917平方米。现有服务窗口20个，阅览座席600个。截至2015年年底，总藏量100余万册，图书92.7万册。侧重收藏钢铁、医药和旅游等地方支柱经济类书籍。地方文献收集完整，现有2000余种300余册。现有持证读者45803人，2015年图书流通30万册次。组织的读者活动形式多样，内容丰富多彩，全年举办讲座42次，展览41次，培训10个，接待读者40余万人次。（本溪市图书馆学会）

【阅读推广新举措——公交阅读】 本溪市图书馆为进一步推广全民阅读，不断转变服务理念，创新服务方式，推出系列"接地气"的推广阅读活动举措，成为"书香本溪、全民阅读"的发起者、倡导者和中坚力量。2015年，该馆联合7路公交汽车公司，将《汽车时尚报》《美食导报》《中国花卉报》等报刊绑在公交车座椅上供乘客阅读。该路汽车每天接待乘客约2.8万人次，这一举措使市民在乘坐公交车的闲暇时间就能阅读报刊，得到广大市民的一致好评。（本溪市图书馆学会）

【丹东市图书馆概况】 丹东市图书馆建筑面积3826平方米，藏书82.57万册/件，职工65人。现设有7个服务窗口，阅览座席110个，2015年接待读者14.19万人次、流通图书16.5万册次，新增读者1579人，新增藏量1.04万册/件；编辑《他山之石》12期，撰写专题综述12篇，2015年第8期《各地培养引进人才的新政策新举措》专题综述得到市长石坚批示；送信息下乡20次；举办少儿读书活动20余次。（丹东市图书馆学会）

【丹东市图书馆承办"2015年春雨工程"启动仪式】 6月25日，丹东市图书馆承办"2015年春雨工程——辽宁省文化共享志愿者边疆万里数字文化长廊行活动"启动仪式。活动中举行了吉林与辽宁两省信息资源共享边疆行旗帜传递仪式；辽宁省文化资源服务中心为振安区文化活动场所发放 31 台价值 3 万余元的文化网络机顶盒，并为相关单位举办机顶盒使用培训；以展板的形式，面向基层群众展示公共数字文化建设成就；省厅文化服务大篷车还为振安区东泰社区居民免费放映了一场有关抗战题材的影片。（丹东市图书馆学会）

【锦州市图书馆概况】 锦州市图书馆馆藏 87 万余册。其中古籍藏量为 4 千余种 5 万余册，居辽西之首。馆藏最早的一部古籍是元朝刻本《资治通鉴》，仅存一册，另外还有十几种明万历和崇祯年间的刻本和部分清康熙、乾隆年间刻本。2015 年总流通 24 万余人次，文献外借 66 万余册次。举办读者活动 117 次，参与读者 2 万余人次，其中讲座 71 次，参与人数 6670 人；展览 16 次，14779 人。现有工作人员 63 人，其中高级 10 人，中级 25 人。公益讲座《辽西·读书讲坛》被辽宁省文化厅评为 2014 年“文化志愿服务推进年优秀项目奖”，锦州市图书馆荣获 2012—2014 年度锦州市“文明单位”光荣称号，获“看辽宁——‘美丽家园’读者摄影作品征集活动”优秀组织奖，锦州市图书馆学会被辽宁省社会科学界联合会授予 2013—2014 年度“先进社团”荣誉称号。（锦州市图书馆学会）

【锦州市图书馆成立文献捐赠交换中心】 在 4 月 26 日举行的成立仪式上，市图书馆领导为捐赠 286 册图书的马志勇女士颁发捐赠证书。仪式结束后，参加交换活动的读者、“小记者协会”的 30 名小记者及他们的家长认真地寻找心仪的书刊，与自己所带的图书进行交换。本次活动共成功交换图书 300 余册，让更多的闲置书籍得到充分的利用。（锦州市图书馆学会）

【凌海市图书馆建立锦州地区首家视障读者有声读物阅读室】 5 月 15 日，凌海市图书馆与残联合作筹建的锦州地区首家视障读者有声读物阅读室正式启用。阅览室面积 50 多平方米，配备阅读桌椅 200 多种、视障读者专用电脑 2 台，安装视障读者智能读屏软件和专用的听书机，并有专人负责管理和指导，得到广大视障读者的好评。（锦州市图书馆学会）

【营口地区图书馆概况】 2015 年，营口地区公共图书馆基础建设成效显著。共有公共图书馆 8 个（含独立编制的少儿图书馆 1 个），其中市级馆 2 个，县级馆 6 个。实际使用总建筑面积为 4.1 万平方米，文献总藏量 128.1 万册，从业人员 186 人，阅览座席 2700 个，年购书经费 107 万元。全地区总流通 58 万人次、87 万册次，全地区共有计算机 511 台，年举办读者活动 264 次，参与人数达到 11.1 万人次。

截至 2015 年年底，营口市图书馆启动的“图书馆联盟”已经形成以市馆为总馆，以站前区、西市区、老边区、大石桥市等县、区图书馆为分馆的“总分馆制”集群化管理，实现 5 馆一证通；构建 20 余个社区分馆。营口市图书馆、营口市少儿图书馆、老边区图书馆新馆建设正在进行中。（营口市图书馆学会）

【营口市全民读书节开展重点图书进社区活动】 5 月 29 日上午，由营口市文明办、市妇联、市民政局、营口市图书馆联合举办的此次活动正式启动。启动仪式上，宣读《全民读书节重点图书进社区活动方案》，营口市文明办、市妇联、市民政局、市图书馆等单位为全市社区捐赠图书 1200 册。市图书馆还举办“移动图书馆阅读使用及推广培训”，为每个社区赠送一个移动图书馆使用账号，为社区读者提供大量音视频资源等文献的下载、在线阅读服务，深受社区读者的欢迎。（营口市图书馆学会）

【辽阳市图书馆概况】 辽阳市图书馆新馆于 2014 年 10 月 18 日正式开馆。新馆建筑面积 14770 平方米，共 3 层。阅览座席 1200 个，设计馆藏容量 100 万册。图书馆采用藏、借、阅、查、展一体的新型服务模式，除特殊文献外，馆藏资源全部对读者开放。馆内设施完善、设备先进，拥有电子计算机、自助借还机、电子读报机、多媒体导视、多媒体查询机等设备。（辽阳市图书馆学会）

【阜新地区图书馆概况】 阜新市有县级以上公共图书馆 8 所，高校图书馆 2 所。2015 年，各级公共图书馆积极改善馆舍条件，新邱区图书馆、清河门区图书馆预计 2016 年迁入新馆。公共图书馆馆舍面积合计 1.7 万平方米，阅览座席 1248 个，工作人员 102 人；总藏量 49 余万册/

件，新增借书证 4376 个，全年接待读者 13.9 万人次；流通图书 16 万册次。举办读者活动 24 次，展览 6 次；开展信息发布活动 4 次，发放专题资料近 5 万条次信息。截至 2015 年年底，阜新市 85 家社区书屋建成并通过验收，至此全市 187 个社区全部建立书屋。（阜新市图书馆学会）

【铁岭市图书馆概况】 2015 年，铁岭市图书馆藏书 26.98 万册/件，报刊 1.2 万册，地方文献 4623 册，声像资料 538 种 671 册，电子文献 10 万册，拥有 6 个数据库资源。有阅览座席 500 个。建有机关、部队、学校、社区等图书流动站。设有 13 个对外服务窗口，日均接待读者 1200 余人次。图书馆现有持证读者 6972 人，共举办读者活动 76 次，参加活动读者 6.3 万人次。（铁岭市图书馆学会）

【朝阳市图书馆概述】 2015 年，朝阳市图书馆全年接待读者 10 万人次、流通 25 万册次，新增读者 962 人。全年共举办系列讲座 10 场、专题展览 9 场、读书活动 45 次，参与读者达 2.55 万人次。开展地区、馆内等各类业务人员培训 8 次，315 人次接受培训。解答读者咨询 2450 条，完成服务成果 20 项，征收读者文章 60 篇，撰写业务工作调研报告 6 篇。编辑《朝阳图书馆界》4 期、编印《决策参考》小报 12 期，印发 576 份。全年入藏图书 3372 册、报刊 450 册，征收地方文献 248 册。新增中文图书书目数据 1.14 万条。完成馆藏布局调整，仅图书达 40 万册。图书流通站及分馆总数达到 57 个，年流通图书 3 万册次。同时，积极组织地区的图书馆学学术活动，全年征集学术论文 52 篇，其中有 41 篇发表并获奖。全年建立各类业务档案 20 卷。（朝阳市图书馆学会）

【盘锦市图书馆概况】 截至 2015 年年底，馆内总藏书量为 8.9 万种 28.6 万册。其中纸质图书 7.2 万种 18.3 万册，期刊 915 种 6.6 万册，报纸 168 种 2 万册，电子图书 100 万册（种）；现有持证读者 7780 人，年均接待读者 18.5 万人次、流通图书 16.1 万册次。举办盘锦市第二届“十佳书香之家”颁奖活动。2015 年被盘锦市文化广电局评为“文广系统标兵单位”。（盘锦市图书馆学会）

吉林省

【文化部公共文化服务设施建设使用情况专题调研组到吉林省图书馆调研】 2 月 3—5 日，由文化部财务司副司长燕东升、财务司综合统计处亢博、湖北省文化厅规划财务处处长周鸿森一行 3 人组成的文化部公共文化服务设施建设使用情况专题调研组来到吉林省图书馆调研。调研组相继参观省图强弱电机房、安防消防控制室、地源热泵机房、空调机房、4D 影院和各阅览区域，了解公共文化设施建设情况、管理细则和使用效益。在 5 日召开的文化设施建设使用情况座谈会上，赵瑞军馆长汇报了省馆公共文化设施建设使用的总体情况、主要问题及发展趋势，并提出合理化建议，受到调研组的充分肯定。（吉林省图书馆学会秘书处）

【吉林省全民阅读宣传周启动仪式在省图书馆举行】 4 月 22 日，在第 20 个“世界读书日”到来之际，吉林省全民阅读宣传周在省图书馆启动。省委常委、宣传部长庄严出席启动仪式并讲话，全民阅读协会会长赵家治宣读《吉林省全民阅读倡议书》，省文化厅厅长马少红在启动仪式上宣读省委书记巴音朝鲁对全民阅读活动的寄语。宣传周期间，全省举行《吉林好书》发布会、“倡导全民阅读，建设书香吉林”巡讲、任林举《粮道》读书会、百名作家进校园等多项文化惠民活动，引导每个单位、每个家庭、每个人把阅读作为一种生活方式，打造更多群众喜闻乐见的品牌活动。（吉林省图书馆学会秘书处）

【吉林省图书馆“作家进校园”活动走进岔路河镇中心小学】 4 月 23 日，吉林省图书馆 2015“作家进校园”活动在永吉县岔路河镇中心小学学生书房启动。首场活动邀请轮椅作家李子燕为同学们带来“在阅读中遇见美丽的自己”主题讲座。120 余名师生、家长现场聆听讲座，全校 46 个班级 2200 余名师生、家长同时观看讲座直播。作为农民工子女阅读基地工作中的又一次探索，“作家进校园”活动还先后走进腰十小学、九台市第八中学举办讲座。（吉林省图书馆学会秘书处）

【“2015 年春雨工程——吉林省边疆万里数

字文化长廊行"活动举办】 按照《文化部、中央文明办关于开展2015年文化志愿服务工作的通知》的工作部署，文化部全国公共文化发展中心与中国文化馆协会联合开展"2015年春雨工程——文化志愿者边疆万里数字文化长廊行"活动，在吉林省文化厅的领导下，文化共享工程吉林省分中心与黑龙江省分中心于6月8日在珲春顺利进行"边疆万里数字文化长廊行"的旗帜交接，随后与吉林省群众艺术馆全面联手，在白山黑水间开展一系列文化惠民活动和培训。具体包括：在各地区开展大舞台、大讲堂、大展台、小分队和活动旗帜传递的"三大一小一传递"系列志愿者服务活动、赴福利院慰问演出活动、举办文化共享工程技术骨干培训班、岗前培训班、文化艺术培训班、公共电子阅览室信息管理系统使用及日常维护培训班等。"吉林省边疆万里数字文化长廊"项目在珲春、图们等5个边疆地区建设20个乡镇基层服务点、150个数字文化驿站，不仅为基层服务点下发公共文化一体机、摄像机、平板电脑等设备，还现场传授设备使用方法。6月25日，吉林省分中心在辽宁省宽甸县完成与辽宁的旗帜交接工作，此旗帜将带着文化志愿服务精神一直传递下去，直至遍布祖国万里边疆。（吉林省图书馆学会秘书处）

【吉林省图书馆"结对子　种文化"活动走进靖宇县】 7月3日，吉林省图书馆"结对子、种文化"活动在靖宇县举办。"结对子、种文化"活动初期以较为偏远的靖宇、柳河、镇赉三县为服务对象，与当地图书馆联合，举办文化吉林讲坛、天下书香读书会、书法绘画展览及文化志愿等活动，丰富人民群众精神文化生活。此次活动由吉林省图书馆、靖宇县图书馆联合举办，邀请东北师范大学文学院金振邦教授为社区居民带来"阅读：人的生命力之源"主题讲座，就阅读的重要性及其基本方法、值得阅读的几类书以及怎样培养阅读兴趣等方面进行讲解。（吉林省图书馆学会秘书处）

【吉林省图书馆举办"亲子图书管理员"活动】 7月31日，为期一周的由吉林省少儿馆倾力打造的暑期特色社会实践活动——2015暑期亲子图书馆管理员活动结束。活动甄选10组热爱生活、乐于奉献的家庭，以家庭协作的形式，学习图书馆专业知识和阅览室管理制度，了解少儿阅览室工作流程，参与图书上架整理、维持秩序、指导读者借阅图书等实践工作。活动中，孩子们在家长的带领下，表现出很大的工作热情和严谨的工作态度，辛勤的劳动赢得广大读者的关注和赞扬。（吉林省图书馆学会秘书处）

【《抗战老兵口述史》发行暨抗战胜利70周年纪念活动在吉林省图书馆举办】 8月31日，由吉林省新闻出版广电局、省文化厅、省文学艺术界联合会、省政府参事室主办，吉林人民广播电台、省国防教育办公室、省图书馆联合承办的"生命的读本——《抗战老兵口述史》发行暨抗战胜利70周年纪念活动"在省图举行。整场活动分《序言》《记忆》《追寻》《歌唱》4个篇章展开"生命的读本"，以现代声、光、电技术，将人们的记忆带回战火硝烟的岁月，追寻老兵的战斗足迹。（吉林省图书馆学会秘书处）

【全省首届全民阅读月启动仪式暨"中华魂"朗诵会在吉林省图书馆举行】 9月25日，由中共吉林省委宣传部、省新闻出版广电局、省文化厅共同主办，省全民阅读协会、省图书馆联合承办的吉林省首届全民阅读月启动仪式暨"中华魂"朗诵会在省图举行。仪式由省委宣传部副部长韩煦东主持，省新闻出版广电局局长许云鹏做全民阅读月动员讲话，省政协原副主席、省全民阅读协会会长赵家治和省图书馆馆长赵瑞军共同开启"让书香弥漫白山松水"全民阅读月主题画轴，省文化厅厅长马少红宣布首届全民阅读月正式启动。随后，以"中华魂"为主题的百人经典诵读活动将仪式推向高潮。（吉林省图书馆学会秘书处）

【吉林省图书馆举办总分馆系统软件操作与使用培训班】 12月7—10日，吉林省图书馆针对12家总分馆系统软件用户的实际需求，举办总分馆系统软件操作与使用培训班，对汇文LibsysBS图书馆集群管理系统各功能模块进行操作实训。培训邀请江苏汇文软件有限公司技术人员授课，为学员详细讲解系统采访、编目、期刊、流通、典藏等子模块的功能及使用方法，并安排学员进行实际操作演练，遇到疑点、难点现场解惑答疑。来自省内20余家单位的60多名工

作人员参加培训。（吉林省图书馆学会秘书处）

【吉林省图书馆举办全省基层图书馆数字资源提升活动培训班】 基层图书馆数字资源提升活动是国家数字图书馆推广工程“十二五”期间的重要举措，它的实施将带动县级图书馆的公共文化服务，使其具备普遍开展数字图书馆服务的能力。12月9日，为期两天的全省基层图书馆数字资源提升活动培训班在省图书馆举办。来自基层公共图书馆代表100多人参加培训。培训班通过专家授课方式对活动进行解析，对资源的安装部署和使用方法进行详细讲解，同时将4TB资源硬盘下发至全省各市、县级图书馆。（吉林省图书馆学会秘书处）

【吉林省古籍保护工作会议在长春召开】 12月11日，吉林省古籍保护工作会议在长春召开。全省各古籍收藏单位、省古籍保护专家委员会代表以及省古籍保护工作厅际联席会议成员单位领导参加会议。吉林省古籍保护中心主任、省图书馆馆长赵瑞军对过去八年全省古籍保护工作进行总结。会上授予吉林省图书馆、吉林大学图书馆、东北师范大学图书馆、长春图书馆、长春中医药大学图书馆获得“吉林省古籍保护工作先进集体”荣誉称号；公布新一届吉林省古籍保护专家委员会名单和首批吉林省珍贵古籍名录及重点保护单位名单；东北师大图书馆馆长刘万国代表专家委员会围绕“保护古籍就是保护文化”做主题发言。省文化厅副巡视员李虹做重要讲话，充分肯定近几年来吉林省古籍保护工作所取得的成绩，并对下一步工作提出具体要求。（吉林省图书馆学会秘书处）

【吉林省图书馆推动音乐与图书相结合的公共文化交流推广平台】 2015年，吉林省图书馆通过公共文化交流推广平台，举办“打开音乐之门”2015新春室内乐音乐会、爵士乐演奏会、“文化吉林·我与中华古籍”古典乐曲演奏会、北京大学原创话剧《早安，妈妈》、“王雁和他的朋友们”铜管重奏专场音乐会等5场活动，深受市民喜爱。与此同时，利用这一平台，策划举办音乐鉴赏、美术设计、新媒体、动漫等文化活动，提升市民综合素质。（吉林省图书馆学会秘书处）

【长春市宽城区图书馆概况】 长春市宽城区图书馆位于宽城区东一条街649号，始建于1983年，图书馆历经1988、2010年两次馆舍建设后，馆舍面积达2111平方米。现有藏书16.64万册，阅览座席240个。2015年接待读者14.98万人次，举办读者活动50次，参与人数1.59万人次。先后在街道、乡（镇）、学校建立26个图书分馆，在边远学校建立15个流通站，整合利用各种文献资源，形成以区图书馆为中心，向边远社区辐射的图书馆流通服务体系，为文化示范区建设、推广全民阅读工作的开展发挥应有作用。（长春市宽城区图书馆　史秀珍）

【长春市宽城区图书馆举办“启蒙礼”活动】 8月23日上午，由长春市宽城区图书馆主办，吉林省汉文化研究会和宇慧国学馆共同承办的“启蒙礼”活动在宽城区图书馆一楼大厅举办，辖区内20余名7岁儿童参加活动。在老师的引导下，学童们依次进行“麒麟引道”“端正衣冠”“行拜师礼”“朱砂启智”“开坚破蒙”等程序，并齐声朗读《弟子规·总序》，击鼓明志，鞠躬感恩，至此礼成。启蒙礼能教导学童做人的基本道理，让学童一生铭记，终身受益，对孩子成长意义重大。（长春市宽城区图书馆　史秀珍）

【白山市数字图书馆开展书影共赏名著传承活动】 白山市数字图书馆自2015年初开放以来，深受读者喜爱。影音室在免费为读者播放经典影片、音乐片、纪录片、少儿优秀动画片等优秀视频的同时，专门开设“书影共赏”经典名著展播，为读者精心挑选国内外经典名著，先后播放《子夜》《简·爱》《傲慢与偏见》《巴黎圣母院》《悲惨世界》《放牛班的春天》等获奖影片，丰富读者的文化生活，让读者通过观影了解原著，达到书影共享的目的。（白山市图书馆　孟家如）

【延边图书馆启动中国朝鲜文全文数据库项目建设】 4月17日，由延边图书馆和同方知网合作开发的“中国朝鲜文全文数据库项目”启动仪式在延边图书馆举行。该项目是一个庞大的系统工程，既有软件及应用平台建设，又有文献数字化工作。项目建设可以有效保护朝鲜族文字、朝鲜族文献，弘扬中华民族优秀文化，更好地展现我国的民族政策，同时为地方党政机关决策提供可靠依据，推动文化、旅游、特色经济、饮食等产业有效结合，搞活地方经济，带动地区文化事业发展。（延边图书馆　金仙花）

【延边图书馆成立监狱分馆】 4 月 23 日，延边图书馆延吉监狱分馆正式揭牌成立。延边图书馆和延吉监狱领导以及百余名服刑改造人员参加仪式。仪式上，双方签署合作协议，图书馆向分馆赠送 2000 余册法律、文学、历史、科技生产等方面的书籍。监狱分馆的成立，是延边图书馆拓宽服务领域的一项重要举措，为社会特殊群体学习知识、了解社会创造良好条件，也使图书馆优秀文化资源得以充分利用。（延边图书馆　金仙花）

【延边图书馆举办“中华国粹文化——京剧赏析”讲座】 4 月 23 日，“中华国粹文化大讲堂——京剧赏析”讲座在延边图书馆举办，来自北山街道丹英社区的近百名市民参加活动。延边京剧协会会长孙铁汉从京剧发展历史入手，细致讲解京剧的扮相之美、唱腔之美、表现之美。曾在中央电视台表演的小演员们从化妆到表演，将京剧的基础常识和文化内涵鲜活地呈现给观众，完美的表演、圆润的唱腔、热情的互动深深感染着观众，也让大家对传统艺术有更深入的了解。此次讲座是延边图书馆和延边群众艺术馆共同举办的系列文化惠民讲座之一。（延边图书馆　金仙花）

【延边图书馆图书流通站落户延吉仁坪小学】 12 月 25 日，延边图书馆在延吉市仁坪小学建立图书流通站。图书馆针对学校 98%以上的学生是留守儿童这一特点，精心挑选文学经典、自然科学、人文教育、文化艺术等图书 1700 册，帮助学校建立图书室，并承诺每三个月更换一次新书，以此丰富孩子们的校园文化生活。（延边图书馆　金仙花）

【2015 年通化市文化共享工程技术骨干培训班开班】 11 月 24—25 日，由吉林省图书馆主办、通化市图书馆承办的此次培训班在通化市开班。来自通化市各县（市、区）图书馆、通化市图书馆联盟成员馆和部分基层服务点的业务骨干、乡镇文化站站长、文化大院带头人、农家书屋负责人 150 余人参加培训。长春师范大学政法学院副教授刘宝瑞、吉林省图书馆社会教育培训部主任焦明华等分别授课。此次培训班为通化市各级各类图书馆及乡村基层服务点搭建了与专家学者交流互动的平台。（通化市图书馆　王哲）

【桦甸市图书馆抓好农家书屋工程】 2015 年，桦甸市图书馆以“文化惠农直通车”为载体，面向八道河子镇红旗村、公吉乡怀南村等 12 个贫困（重点扶持）村，配送图书 5880 册。同时，加大村级农家书屋图书的补充力度，坚持“统一标准、统一采购、统一配备、统一发放”原则，集中为全市 156 个村级农家书屋补充图书 40716 册。集中开展专项大检查，对 2013—2014 年农家书屋补充图书的管理和使用情况进行全面督查，使农家书屋作用发挥不断呈现新常态。全年开展基层业务辅导累计 17 次。（桦甸市图书馆　国博鸣　黄艳）

【桦甸市图书馆打造未成年人阅读服务品牌】 2015 年，桦甸市图书馆面向农民工子女、贫困学生、残障儿童等城乡未成年人组织开展丰富多彩的阅读推广、作品展览活动。一是举办阅读推广主题活动。开展“阅读伴成长”主题系列活动，分别走进永吉小学、榆木中心小学关注农民工子女和贫困学生；“经典阅读　开启智慧人生”阅读推广主题活动——走进苏密沟红星小学；小记者站走进图书馆主题参观实践活动。全年面向未成年人免费赠送图书 4070 册。二是主题作品展览。举办第二届“春芽儿”杯原创作品大赛暨吉林省第十二届“青青草”杯原创作品大赛桦甸分赛区比赛，桦甸市第三届农民工子女书画大赛，第四届“魅力江城杯”少年儿童绘画书法大赛桦甸分赛区比赛。共组织征集主题征文、书法、剪纸等作品 500 余份，评选出优秀作品参加省、市大赛，并取得优秀成绩，共有 118 人获奖。（桦甸市图书馆　国博鸣　黄艳）

黑龙江省

【概况】 2015 年，黑龙江省 107 个公共图书馆馆舍建筑总面积达 29.21 万平方米，阅览室座席 23324 个。总藏量 1827.26 万册。财政拨款

2.94亿元。购书专项经费2053.3万元，年新增藏量87.88万册，其中报刊2.61万种。从业人员1693人。专业技术人员1386人，其中中级职称702人，副高级职称306人，正高级职称77人。有效借书证61.36万个。书刊文献外借330.18万人次，书刊文献外借688.03万册次，总流通967.78万人次。计算机5990台（其中电子阅读室终端数3821台），图书馆网站访问量达694.85万页次。组织各类讲座886次，参加12.58万人次。举办展览484个，参观70.19万人次。举办培训班780个，培训4.06万人次。

在中宣部、中央文明办主办的第四届全国文明城市（区）、文明村镇、文明单位评选活动中，黑龙江省图书馆荣获“全国文明单位”称号。绥芬河市图书馆荣获“2015最美基层图书馆”称号。“龙江讲坛”被中共中央宣传部评选为基层理论宣讲先进集体。（黑龙江省图书馆学会秘书处）

【黑龙江省图书馆举办残障读者迎新年联欢会】 1月23日，黑龙江省图书馆举办“阅享新春”2015残疾人迎新联欢会。省馆副馆长张大尧致新年贺词并为荣获2014年度优秀盲人读者和优秀志愿者颁发荣誉证书。参加省馆残障人电脑培训班、俄语培训班、葫芦丝演奏培训班的学员演出舞蹈、小品、魔术、葫芦丝演奏、诗歌朗诵及戏曲联唱等精彩节目，真挚深情的表演打动300多名观众。送福字和抽奖活动使现场气氛更加热烈。（黑龙江省图书馆学会秘书处）

【数字图书馆为黑龙江“两会”服务】 黑龙江省图书馆“两会”信息咨询服务始于2008年，设立“两会”图书馆服务区，为代表、委员提供“两会”专题资料、文献检索、文献传递、解答专题咨询等服务。2015年，“两会”信息咨询服务全面运用馆藏数据库、百链云图书馆、移动数字图书馆、网络雷达、二维码扫描、光盘刻录、在线阅读、电子书原文传递、触摸屏等数字图书馆服务方式，打造省馆“两会”服务平台。根据“两会”议题、大会发言参考题目及社会热点，选取“依宪治国”“深化改革”“资源型城市转型”“中俄边贸”“一带一路”等12个主题，平台利用网络雷达，通过“求是理论网”“人民网”“中央党校网”等30个主流、权威网站及“国研专稿”“红旗文稿”“龙图视角”等110个特色频道24小时不间断采集，形成有深度的专题信息数字资源。（黑龙江省图书馆学会秘书处）

【“书香中国·龙江读书月”暨黑龙江省全民阅读活动启动】 此次活动启动仪式于4月23日在黑龙江省图书馆门前广场隆重举行，黑龙江省及哈尔滨市全民阅读活动正式拉开帷幕。“书香中国·龙江读书月”活动是国家新闻出版广电总局“书香中国”系列活动的组成部分，已经列入全民阅读活动国家级项目。国家新闻出版广电总局新闻报刊司司长李军、信息中心主任刘晓凯，黑龙江省副省长孙东生，哈尔滨市委常委、副市长曲磊，市委常委、宣传部长张丽欣，省委宣传部、省新闻出版广电局等全民阅读领导小组成员单位的有关领导，以及哈尔滨市有关单位领导和各界群众代表500余人参加启动仪式。启动仪式前，2014年“阅读助力人生”全省诵读演讲比赛获奖作品进行展演，哈尔滨市继红小学校100名小学生同台表演国学经典诵读。启动仪式由省全民阅读领导小组副组长、省新闻出版广电局局长赵洪生主持。李军、孙东生发表讲话。参加活动的领导分别为获得哈尔滨市第五届“学习型家庭”、第三届“学习型社区”的受表彰代表和全省十佳优秀讲座专家颁奖。黑龙江出版集团与北京人天集团联合向大庆市教育局捐赠总值300万元的图书6000余种。黑龙江省同源文化发展有限公司向全省少年儿童免费开放小笨熊云阅读平台一年使用权。读者代表宣读倡议书。曲磊向全民阅读志愿者授旗并颁发徽章。在阅读月期间，省全民阅读活动领导小组办公室推出“黑龙江省全民阅读首批推荐书目”80种，其中大众类读物50种，青少类读物30种。同时在省馆举办首批推荐书目展。（黑龙江省图书馆学会秘书处）

【黑龙江广播电视台都市频道与黑龙江省图书馆联合举办首届冰城换书大集】 此次活动于5月10日在省图书馆举行。活动由黑龙江广播电视台都市频道新闻夜航栏目知名主持人杨洲、修琳主持，400余名哈尔滨热心市民与20名志愿者参与本次活动。根据活动要求，市民从家中拿出闲置的有阅读价值的图书，通过参与现场的活动进行交换，达到分享阅读、传递快乐、以书交友的目的。本次活动持续3个小时，共有1000

余本图书被交换。（黑龙江省图书馆学会秘书处）

【“2015 年春雨工程——文化志愿者边疆万里数字文化长廊行”活动在黑龙江省举办】 5 月 22 日，活动启动仪式在抚远县人民广场隆重举行。文化部全国公共文化发展中心副主任李建军，黑龙江省文化厅副厅长韩慧峰，文化部全国公共文化发展中心培训保障处处长刘刚，文化共享工程黑龙江省分中心主任、省图书馆馆长高文华，省群众艺术馆馆长李春盛，以及抚远县相关领导、抚远县所辖各级文化干部出席启动仪式，现场约 200 名群众参加活动。同时拉开全国“2015 春雨工程——文化共享志愿者边疆万里数字文化长廊行”的帷幕。至 7 月 2 日活动在黑龙江省内结束。其间，省图书馆（共享工程省级分中心）与省群众艺术馆文化共享志愿者们集中在全省 18 个边境县举办 4 次大型专家讲座、5 次大型文艺演出、40 多场辅导活动、72 次分级辅导活动，21 次共享工程的成果和美术书法作品展。此外，共享工程省级分中心为全省 18 个县级图书馆配备移动数字和远程数字服务设备，包括公共文化一体机和平板电脑等移动数字终端。同时，在县级图书馆建立资源服务中心，进一步提高边疆地区公共文化服务效能和覆盖能力。（黑龙江省图书馆学会秘书处）

【“我与中华古籍”2015 年摄影大赛及优秀摄影作品巡展、古籍保护宣传推广活动在黑龙江省举办】 6 月 13 日，在中国第十个文化遗产日到来之际，由国家古籍保护中心、中国图书馆学会、中国古籍保护协会联合黑龙江省文化厅共同主办，黑龙江省图书馆（省古籍保护中心）和省图书馆学会承办的“我与中华古籍”2015 年摄影大赛及优秀摄影作品巡展、古籍保护宣传推广活动在省图书馆拉开序幕。活动时间自 6 月 13 日至 6 月 28 日。展览资源与宣传资料相继在哈尔滨市图书馆、齐齐哈尔市图书馆、牡丹江市图书馆、大庆市图书馆、绥芬河市图书馆进行巡展与发放。同步联展大大提高本次活动的影响力。《黑龙江日报》《生活报》《黑龙江晨报》凤凰网、东北网等对此进行大版面的宣传报道。2015 年 12 月，国家古籍保护中心、中国图书馆学会对此次活动进行表彰，黑龙江省图书馆学会、黑龙江省图书馆荣获优秀组织单位奖。（黑龙江省图书馆学会秘书处）

【“哈尔滨市中小学图书馆（室）管理人员培训班”开班】 6 月 17—19 日，黑龙江省图书馆与哈尔滨市教育局勤工俭学技术装备处联合举办首届“哈尔滨市中小学图书馆（室）管理人员培训班”。省图书馆副馆长毕红秋、辅导培训部主任闻德锋等 4 位授课老师，结合中小学图书馆的管理与服务特点，从“图书馆基础知识与服务”“文献资源组织与管理”“图书馆阅读推广”“图书馆现代化技术应用”4 门课程入手，对全市中小学图书馆（室）管理人员进行图书馆业务知识培训，使参加学习的 90 余名学员系统地了解了图书馆的基础业务流程、现代化的管理手段以及形式多样的服务方式与服务内容。18 日，学员到省图书馆参观学习，亲身体验 24 小时自助图书馆、24 小时数字图书馆的自助服务与数字服务、少儿服务、图书馆现代化的管理手段。（黑龙江省图书馆学会秘书处）

【2015 年黑龙江省地市图书馆馆长工作会议召开】 会议于 7 月 1 日在齐齐哈尔市图书馆新馆召开。来自全省 13 个地市的图书馆馆长，以及绥芬河、抚远、黑河图书馆的馆长，省农垦总局图书馆、大庆油田图书馆、黑龙江边防总队宣传处、黑龙江消防总队宣传处、省森工总局文化局的有关领导 26 人参加会议。会议由黑龙江省图书馆学会秘书长、省馆辅导培训部主任闻德锋主持。省馆馆长高文华介绍省馆工作取得的重要进展。省馆副馆长张大尧介绍“黑龙江省数字图书馆推广工程”，对工程建设提出具体要求。牡丹江市图书馆馆长蒋伟、齐齐哈尔市图书馆馆长富红分别做题为“延伸服务手臂，提升服务价值”和“凝心聚力、展现文化传播新常态，不负使命、缔造新馆建设新纪元”的经验交流。（黑龙江省图书馆学会秘书处）

【“数字图书馆推广工程·黑龙江省数字图书馆参考咨询服务工作培训班”在齐齐哈尔举办】 7 月 1 日，黑龙江省图书馆在齐齐哈尔市图书馆举办此次培训班，旨在进一步提高黑龙江省各地市图书馆数字图书馆推广工程资源利用率，明确参考咨询协作服务下一阶段的工作目标与任务。来自全省 13 个地市图书馆馆长、业务骨干共 60

多人参加培训。省馆副馆长张大尧从参考咨询服务的定位、参考咨询业务规范以及未来发展等方面进行系统阐述。3位省馆的老师从图书馆参考咨询服务概论及案例解析、图书馆决策咨询服务、数字图书馆推广工程联合建设项目内容的解读、数字图书馆服务平台的推介等不同角度对数字图书馆推广工程中参考咨询业务进行全面讲授。在业务研讨环节中，学员们充分探讨参考咨询协作模式与服务创新、实践经验以及面临的问题，加强图书馆参考咨询界的交流与沟通。（黑龙江省图书馆学会秘书处）

【“弘扬儒家文化　跟着孔子去旅行”系列活动在黑龙江省图书馆举行】 以“宣传儒家思想，弘扬中国传统文化”为主题的“弘扬儒家文化　跟着孔子去旅行”系列活动于8月8日在省馆正式启动。本次活动采用讲座、展览相结合的方式广泛宣讲和深度展示孔子及其儒家思想与文化。特邀孔祥林（孔子第75代孙）以及省文明办、省文化厅、省社科联、省文联、省政府参事室、哈尔滨师范大学相关领导，嘉宾、读者200余人参加启动仪式。仪式由省馆馆长高文华主持。省文化厅副厅长韩慧峰，省政府参事室副主任、省文史研究馆副馆长缪文辉，世界儒学大会秘书处秘书长孔祥林分别致辞。“跟着孔子去旅行”作品展的作者梅庆吉老师发表感言，并代表香港孔教学院汤恩佳先生向省馆赠送《汤恩佳尊孔之旅——环球演讲集》一书。启动仪式后，大家参观了“梅庆吉‘跟着孔子去旅行’摄影展”，聆听第420期“龙江讲坛”，由孔祥林主讲“诗礼传家一脉长”。（黑龙江省图书馆学会秘书处）

【黑龙江省地方文献工作会议召开】 由黑龙江省图书馆主办的此次会议于9月10日在省馆多功能厅召开。来自省内地市级公共图书馆及部分高校、专业、民族图书馆的馆长及相关工作人员60余人参加会议。会议还特别邀请省市档案局、省市社科院、省军区、省博物馆、哈尔滨市地方志办公室、省农垦史志办公室、哈尔滨铁路局史志办公室、高校图工委、哈尔滨广播电视台等涉及地方文献的相关单位参加。省馆馆长高文华致开幕词。随后，进行地方文献资源共建共享、数字化平台建设、文献开发利用及服务等6项主旨发言。与会代表和嘉宾就地方文献相关工作进行介绍和交流。会议还讨论了《黑龙江省公共图书馆地方文献工作条例》（征求意见稿）、《黑龙江省地方文献共建共享平台建设方案》《黑龙江省地方文献普查工作方案》（征求意见稿）。省馆副馆长毕洪秋做会议总结发言。（黑龙江省图书馆学会秘书处）

【举办中俄图书馆学术研讨会】 9月14日至18日，黑龙江省图书馆与俄罗斯远东国家科学图书馆举办了中俄图书馆学术研讨会。会议由省馆副馆长孙建华主持，省馆馆长高文华和俄罗斯远东国家科学图书馆馆长雅库巴分别致辞。在学术研讨阶段，雅库巴馆长介绍了俄罗斯国家信息图书中心LIBNET系统，以及在该系统下远东国家科学图书馆所做的工作和取得的成绩；省馆副馆长毕洪秋与大家分享对阅读推广的理解，并展示黑龙江省图书馆在开展阅读推广活动中所取得的经验和成果；俄罗斯远东国家科学图书馆副馆长拉伊莎、主任斯塔拉金娜介绍该馆现在的发展情况。会上，两馆互送礼物、图书并签订长期战略合作意向书。会后，俄罗斯远东国家科学图书馆同仁参观了黑龙江省图书馆、黑龙江大学图书馆，并就相关业务工作进行深入交流和研讨。（黑龙江省图书馆学会秘书处）

【“我是你的眼”黑龙江省全民阅读公益助盲活动在黑龙江省图书馆举行】 10月16日，为庆祝第32届国际盲人节，由黑龙江省新闻出版广电局、省文化厅主办，省图书馆、哈尔滨广播电视台承办的“我是你的眼”黑龙江省全民阅读公益助盲活动在省图书馆报告厅举行。相关单位领导、部分盲人读者、捐赠“好声音”的爱心志愿者以及现场200余名观众参加活动。省新闻出版广电局党组副书记、副局长唐衍伟为省图书馆捐建“盲人听书室”授牌，省图书馆馆长高文华接受捐赠。哈尔滨广播电视台影视频道崔丽红主任向盲人读者捐赠“悦咿呀”制作的260个有声绘本故事，以及哈尔滨广播电视台节目制作部制作的生活类音效包。本次捐赠的听书机共有30台，每台装有20多册图书，其中20台用来外借，10台用于馆内使用。只要凭身份证和残疾证办理读者卡就可借阅听书机，借期为3个月，可以循环借阅，也可以打电话或通过网络预约，

志愿者上门服务为存储卡安装所需资料。（黑龙江省图书馆学会秘书处）

【《黑龙江省关于加快构建现代公共文化服务体系的实施意见》暨公共数字文化工程培训班在黑龙江省图书馆举办】 培训班于12月12日至14日举办，黑龙江省各公共图书馆馆长及技术部主任170余人参加。省馆馆长高文华主持开班仪式，省文化厅厅长宋宏伟致辞并做“加快构建黑龙江省现代公共文化服务体系”主旨报告。文化部全国文化信息资源建设管理中心原主任、现中国文化馆协会理事长张彦博以“在新的起点下加快推进现代公共文化服务的建设步伐”为题进行授课。省馆副馆长毕洪秋详细解读《黑龙江省基本公共文化服务实施标准（2015—2020年）》文件精神。

此次培训班除开展有关公共文化服务体系建设的培训内容外，还举办2015年数字图书馆推广工程阅读推广暨黑龙江“基层图书馆数字资源提升活动”启动仪式和2015年黑龙江省共享工程服务推广培训暨2015年边疆万里数字文化长廊设备发放仪式。为全省地市、县（区）图书馆整合封装140块“基层图书馆数字资源提升活动”资源硬盘（4TB/块），在启动仪式上发放给13个地市代表。随后，省馆馆长高文华做“公共数字文化工程建设与服务”专题报告；国家图书馆数字资源部主任曹宁做“面向‘十三五’的数字图书馆推广工程”专题报告。省馆副馆长张大尧对全省“基层图书馆数字资源提升活动”工作进行安排部署。学员们还学习了“公共数字文化服务资源推广应用”“边疆万里数字文化长廊设备维护与资源更新”“共享数字资源SSLVPN服务平台的安装及使用”“公共电子阅览室管理云平台的使用与维护”等课程。培训班还安排答疑和交流环节，学员代表们就本地区工作亮点、存在的问题进行深入的交流和讨论。（黑龙江省图书馆学会秘书处）

【哈尔滨市图书馆荣获文化部“文化志愿服务推进年”示范项目】 哈尔滨市有视力残障人士7.2万，其中盲人约2万人。为了更好地体现图书馆对这一特殊群体的人文关怀，哈尔滨市图书馆积极组建文化志愿者队伍，依托图书馆公益性文化设施开展名家名剧赏析会、盲人读者座谈会和电脑培训班、视障读者体验图书馆等各种文化志愿服务活动。阵地服务与上门服务相结合，走进街道、社区、敬老院、残障学校、盲人按摩院。为提升文化志愿服务水平，常年对馆员和招募的大学生志愿者进行服务技能培训。2015年，哈尔滨市图书馆报送的“‘文化暖心　点亮生活’视障读者文化志愿服务”项目被文化部评为2014年“文化志愿服务推进年”系列活动示范项目。（黑龙江省图书馆学会秘书处）

【大庆市图书馆推出“你读书　我买单”惠读行动】 此项活动于6月推出。凡是大庆市图书馆的读者在百湖城书艺馆选购新书时，如果选购的图书在该馆没有入藏，读者可以选择在百湖城书艺馆里直接办理借阅手续，将新书作为该馆藏书借回家，阅读完毕还回百湖城书艺馆即可。（黑龙江省图书馆学会秘书处）

【齐齐哈尔地区公共图书馆馆长工作会议召开】 8月25日，“2015年齐齐哈尔地区公共图书馆馆长工作会议”在市图书馆新馆召开。市文化广电新闻出版局副局长袁锋、文化科科长范玉胜、副科长郑秀才以及来自齐齐哈尔市、讷河市、拜泉县、富裕县等12个市县区的图书馆馆长、副馆长参加会议。会议由市图书馆副馆长马义秋主持。市图书馆馆长富红做题为“峥嵘岁月铸就发展，百年老馆再谱华章”的报告。会议布置了公共图书馆志编纂工作。副馆长王晓光传达了省图书馆学会秘书长会议精神。与会代表介绍各馆近期重点、特色工作，并对在实际工作中遇到的问题和难点进行交流。袁锋最后做会议总结。（黑龙江省图书馆学会秘书处）

【东宁县图书馆举办大型快闪定格东宁读书系列活动】 4月23日，东宁县图书馆举办“世界读书日　等你来阅读”大型快闪定格东宁读书系列活动。该馆与交通广播电台、建国社区、西山社区、东宁第二小学、东宁二中、金霞老年艺术团、银河音乐学校、捷安特骑行车友俱乐部等携手在东宁县最繁华的商业步行街法律小广场、天府商厦、总工会广场、第二小学、第二中学等地开展此项活动，向市民、学生展示“阅读的姿势”“流动与静止的阅读”“骑行快闪宣传”等行为艺术表现形式，并与歌舞类节目、发放宣传

资料相结合，营造慢阅读慢生活的文化氛围，倡导全社会阅读的正能量。（黑龙江省图书馆学会秘书处）

上海市

【概况】 2015年，上海市图书馆行业被命名为第八届上海市文明行业，荣获“三连冠”，上海图书馆获得全国文明单位“二连冠”，青浦区图书馆、虹口区图书馆也相继被授予全国文明单位称号。市级和区（县）公共图书馆中共有19家获得上海市文明单位称号。完成《上海市公共图书馆“十三五”发展规划》制定，并在分析已制定发布的《公共图书馆服务规范》《公共图书馆建设标准》等图书馆行业标准化建设基础上，结合上海公共图书馆管理运行中的实际，制定“公共图书馆服务通用基础标准体系”“公共图书馆服务保障标准体系”“公共图书馆提供标准体系”3个方面186项标准，为全市公共图书馆科学化管理打下坚实基础。

2015年，上海市中心图书馆“一卡通”拓展和深化取得实效，“一卡通”各项数据指标增减互现，流通量持续增长。办理“一卡通”读者证22.3万张，同比减少18.52%；“一卡通”有效证300.82万张；“一卡通”文献流通借还册次6219.44万册，同比增长8.32%；“一卡通”文献入藏量2547.91万册，同比增长9.07%。其中，办理少儿“一卡通”读者证3.56万张，同比减少51.81%；“一卡通”少儿读者有效证134.92万张；“一卡通”少儿图书借还册次1845.29万册，同比增长27.87%；“一卡通”少儿图书入藏量为251.59万册，同比增长31.47%。上海市公共图书馆行业诚信体系建设得到进一步加强，读者借阅信息统一纳入上海市公共信用信息服务平台。自2014年10月开展诚信免押金办证以来，全市约4.32万读者加入此活动，共免读者证押金431.86万元。

2015年，上海市文化共享工程建设在文化部全国公共文化发展中心的指导下，积极推进地方特色资源建设，组织各区县支中心、东方信息苑和上海市网络视听行业协会共同参与申报地方特色资源建设项目，共有5个项目通过评审立项公示；3个地方特色资源项目全部通过国家中心组织的专家评审验收，得到国家中心的表扬；建成优化上海市公共电子阅览室管理平台。根据国家中心的要求，上海地区的公共电子阅览室平台系统完成覆盖全市17个区县的任务，共安装终端66台。在已经建成的上海区（县）级、街镇级公共电子阅览室的管理平台基础上，基本完成和国家中心的数据对接，各区（县）支中心及基层服务点的相关数据可在上海市分中心的管理平台上实时体现。

2015年，上海市古籍保护中心按照国家古籍保护中心的工作部署与上海地区各古籍收藏单位的现状，继续做好全市珍贵古籍名录评审与非遗项目申报工作。本年度组织9家单位申报上海市珍贵古籍名录，共有80种善本入选。上海图书馆申报的“碑刻传拓及拓片装裱技艺”非遗项目，入选第5批上海市非物质文化遗产代表性项目，这是图书馆的古籍保护修复技术首次在上海进入非遗名录。古籍保护人才培养取得新进展。上海市古籍保护中心承办第二期全国碑帖拓片修复技术培训班；国家级古籍修复技艺传习中心上海图书馆传习所和复旦大学图书馆传习所于5月在上海分别揭牌。复旦大学图书馆中华古籍保护研究院古籍保护方向专业硕士班开学，为中国培养专业古籍保护人才奠定新的教学模式。

上海图书馆“上海之窗”不断提升国际影响力，拓展多层次境外交流与合作。2015年，“上海之窗”在美国密歇根州立大学图书馆、美国哈佛燕京图书馆等新开11家，累计赠书4413种5957册；对已有“上海之窗”增补图书6335种7881册。截至2015年年底，“上海之窗”在全球六大洲64个国家和地区的129家机构开设，共计提供图书8.67万册。与此同时，向全球合作伙伴推出全新的电子赠书服务。服务自推出以来，受到合作伙伴及其用户的普遍欢迎和好评。目前“上海之窗”电子赠书网站提供1万余种电子书、227种工具书和30种报纸、7000种中国数字化期刊，现已在26家合作伙伴馆开通并试用。2015年度在已有的IP登录模式之外，开通300个电子赠书账号，赠送给世界各地的读者。凭借这些账号，读者无须前往图书馆，只要在联网的条件下登录该网站，便可使用其中的服务内容，随时随地开展数字阅读。（上海市图书馆学会秘书处）

【举办上海宣传系统第一届职工读书节闭幕式暨上海图书馆数字阅读论坛】 1月8日，上海宣传系统第一届职工读书节闭幕式暨上海图书馆数字阅读论坛在上海图书馆举行，这标志着为期3个月的读书节落下帷幕。闭幕式通过短片回顾上海宣传系统各单位围绕读书节开展诸项活动的成果，表彰在活动期间涌现的10个优秀组织、20名读书达人和30篇优秀读书笔记的作者。上海远东出版社审校室主任杨林成、上海图书馆历史文献中心文献修复部助理馆员陈茜、国家新闻出版广电总局五五三台副台长龚洪和上海精文投资有限公司团总支书记魏娜分别做交流发言。在上海图书馆数字阅读论坛上，上海图书馆馆长吴建中做主旨发言。本次读书节由上海市委宣传部主办，上海图书馆承办。（上海市图书馆学会秘书处）

【"上图讲座"举办纪念周信芳诞辰120周年新年首场"大家讲坛"】 2015年是周信芳诞辰120周年。1月10日，"上图讲座"邀请荣获"上海文学艺术杰出贡献奖"的京剧麒派掌门人陈少云作客新年首场"大家讲坛"，与艺术评论家谢春彦共话京剧"麒派的永恒魅力"。1月10—15日，以周信芳舞台形象为表现主题的近百余幅戏剧水墨画"戏画麒芳——戏曲人物画名家邀请展"在上海图书馆开展。（上海市图书馆学会秘书处）

【上海图书馆加入都柏林核心元数据组织(DCMI)】 1月12日，都柏林核心元数据组织（DCMI）在其官方网站（http://dublincore.org/）宣布上海图书馆正式成为其机构会员，上海图书馆（上海科学技术情报研究所）副馆长、DCMI教育推广委员会联合主席刘炜任DCMI管理委员会委员。（上海市图书馆学会秘书处）

【《红色小提琴——陈钢小提琴作品专辑》捐赠上海图书馆】 3月4日，由陈钢作曲、潘寅林演奏的《红色小提琴——陈钢小提琴作品专辑》光碟捐赠仪式在上海图书馆举行。仪式上，陈钢与潘寅林回忆并介绍专辑作品的创作背景和演出经历。吴建中馆长代表上海图书馆接受捐赠，同时表示将把这280套《红色小提琴作品专辑》的一部分作为中国音乐艺术瑰宝通过"上海之窗"项目平台转赠境外图书馆等文化机构，让全世界的读者都能了解和欣赏到中国音乐艺术的精华魅力。（上海市图书馆学会秘书处）

【101岁合唱指挥泰斗马革顺手稿入藏中国文化名人手稿馆】 3月10日，音乐教育家、指挥家、作曲家马革顺的手稿入藏中国文化名人手稿馆。这是中国文化名人手稿馆在音乐家手稿征集方面的重要收获，也是首次入藏百岁老人的曲谱手稿。这批手稿包括合唱曲谱手稿、合唱曲谱作品分析、表演提示、教学笔记、读书笔记、讲座讲稿、生活记录等大量珍贵手稿，另有著名音乐家贺绿汀的题字及罗洪、谭抒真、瞿希贤的来信等。（上海市图书馆学会秘书处）

【上海市民文化节"家文化"系列讲座在上海图书馆举办】 3月28日，2015年上海市民文化节"家文化"系列活动在上海图书馆启动。上海市民文化节以"家"作为贯穿主线，通过写家史、续家谱、议家训、树家教、传家风、说家事等市民易于参与、乐于参与的形式，传承和发扬"好家风、好家训"。结合此次活动，"上图讲座"在上海市文明办、上海市妇联、上海市图书馆行业协会等单位的指导下，主推"家族文化系列讲座"，打造海派家风文化特色品牌。（上海市图书馆学会秘书处）

【《近代上海城市文化纪录片》第一季上线】 3月先期推出的4部8集纪录片，分别为《传统年画的绝响——上海小校场年画》《石头谱写的文明——近代上海石印》《城市文化地标——上海电影院》《并非只是游山玩水——近代上海旅游》。《近代上海城市文化纪录片》是文化信息资源共享工程上海分中心、上海图书馆历史文献中心为全国文化信息资源共享工程制作的专题文献纪录片。纪录片选取具有上海地域特色，在中国近现代文化发展史上具有重要影响的史实为切入点，以多媒体的形式，揭示上海图书馆的特色馆藏和研究成果。（上海市图书馆学会秘书处）

【上海图书馆两项阅读活动项目入选上海读书节"示范引领项目"】 以"书香上海、成就梦想"为主题的第17届上海读书节于4月23日在上海图书馆拉开帷幕。作为全国"全民阅读活动优秀项目"和上海学习型城市的标志项目、群众性文化的经典品牌，本届上海读书节开展76项活动，其中包括“示范引领项目”21 项、“经典传承项目”22 项、“基层优秀项目”33 项。上海图书馆有 2 个项目入选“示范引领项目”，分别为“阅读传递　传递悦读”全民阅读推广系列活动及与市妇联、上海开放大学、申通地铁共同主办的 2015 年上海智慧女性读书系列活动。4 月 22 日，“地铁 i 阅读”女性读书活动在人民广场地铁站启动，倡导职业女性利用上下班乘坐地铁的时间进行阅读，仪式上发布“上海女性阅读状况报告”。（上海市图书馆学会秘书处）

【上海图书馆举办纪念世界反法西斯战争胜利 70 周年系列讲座】 5 月 24—31 日，上海图书馆携手上海犹太研究中心、上海市世界史学会策划“纪念世界反法西斯战争胜利 70 周年系列讲座”。邀请上海市世界史学会会长、上海犹太研究中心潘光，上海社会科学院历史研究所副所长、上海犹太人研究专家王健，来沪犹太难民后裔、美国伊利诺伊学院历史系教授斯蒂夫·霍却斯达特，引领“以色列 17 年以来新建筑技术与新建筑语言发展的新潮流”的城市设计师渡堂海等国内外 4 位相关学者，分别以“上海——犹太难民的‘诺亚方舟’”“互伸援手：二战时期的中犹友谊”“流亡在上海：从逃离第三帝国说起”“一切源于 1919”为题，为市民解读 70 年前中国人民与犹太难民在患难中互相支持的故事与历史因缘。（上海市图书馆学会秘书处）

【上海图书馆成立中西文化交流研究资料中心】 5 月 25 日，该中心在上海现存最早的近代图书馆——上海图书馆徐家汇藏书楼正式成立并对外服务。聘请京沪两地的 8 位教授为特约研究员，法国利氏汉法辞典协会的主席华伯乐向上海图书馆捐赠全套《利氏汉法辞典》和《利氏中国植物名称辞典》等书。徐家汇藏书楼所藏的大量中西文化交流的文献，深受中西交通史、中国近代史、中国社会史、中国新闻史的研究者关注。2010 年，从瑞典引进包含摇篮本在内的中西交流主题的“罗氏藏书”551 种；2015 年再次调整馆藏，开放原徐家汇藏书楼所藏的近 2000 种 5000 多册明末至民国的珍贵中文文献的阅览服务。（上海市图书馆学会秘书处）

【《盛宣怀档案选编》“上图首发”】 5 月 27 日，由国家清史领导小组办公室、国家清史编纂委员会、上海图书馆、上海古籍出版社联合主办的《盛宣怀档案选编》出版首发座谈会在上海图书馆举行。国家清史领导小组办公室主任、国家清史编纂委员会常务副主任卜键，上海图书馆馆长吴建中，上海古籍出版社社长高克勤以及近代史专家学者王汝丰、姜义华等 50 余人出席该书的“上图首发”。《盛宣怀档案选编》是国家清史纂修工程《档案丛刊》项目之一，由上海图书馆主编，上海古籍出版社出版，全书共 100 册。其中《慈善编》17 册，《赈灾编》19 册，《铁路编》17 册，《电报编》16 册，《典当钱庄编》16 册，《文化教育编》15 册。《盛宣怀档案选编》是上海图书馆揭示馆藏，开展文献整理研究的又一重大成果。2008 年 12 月，上海图书馆与国家清史编纂委员会正式签约，承担国家清史项目《盛宣怀档案选编》的编纂工作。历时 6 年，从馆藏 15 万余件的“盛档”中精选编成此《盛宣怀档案选编》100 册。（上海市图书馆学会秘书处）

【辛清华藏《纳书楹曲谱·四梦全谱》捐赠上海图书馆】 6 月 11 日，辛清华藏《纳书楹曲谱·四梦全谱》捐赠仪式在上海图书馆举行。辛清华出生于 1928 年，是第 3 批国家级非物质文化遗产项目代表性传承人之一，上海昆剧团一级作曲。辛清华将珍藏的《纳书楹曲谱·四梦全谱》共 22 册悉数捐赠上图，完成了多年的心愿。《纳书楹曲谱》由清代的叶堂编订，使昆曲的演唱有了初步的规范，是当时演唱者和爱好者的重要曲谱。（上海市图书馆学会秘书处）

【美国哥伦比亚大学东亚图书馆藏卡尔逊抗战史料报告会在上海图书馆举办】 报告会于 6 月 18 日举办。上海市政协文史资料委员会主任冯小敏，上海市政协文史资料委员会专职副主任王建华，上海图书馆馆长吴建中、副馆长周德明，哥伦比亚大学东亚图书馆馆长程健，上海社会科学院历史研究所褚晓琦，上海书店出版社社长许仲毅、副社长唐晓云以及上海图书馆有关人员参加会议。会上，哥伦比亚大学东亚图书馆向上海图书馆捐赠该馆馆藏“卡尔逊抗战史料”数字资料，上海书店出版社向上海图书馆捐赠数字版哥伦比亚大学东亚图书馆馆藏《新编对相四言》《古巴华工调查录》。（上海市图书馆学会秘书处）

【“国际视野下的中国抗战·上海记忆”图片展在上海图书馆举办】 本次图片展于 7 月 7 日开幕，由上海市政协主办，市政协文史资料委员会、上海社科院、市委党史研究室、上海社科院历史研究所、上海图书馆、上海报业集团、上海音像资料馆承办。包括卡尔逊档案在内，共展出 145 幅图片和 7 部视频资料，分“侵略暴行铁证如山”“中流砥柱全民抗战”“反法西斯统一战线”3 个部分进行展示。这些史料主要来自当时在上海的外国媒体、出版物、记者和国际人士，大部分是首次与公众见面。（上海市图书馆学会秘书处）

【上海图书馆举办“纪念张乐平三毛漫画形象诞生 80 周年”系列活动】 上海图书馆收藏的 1935 年 7 月 28 日《晨报》副刊《图画晨报》上出现的三毛漫画被认为是最早的三毛漫画形象，由此这天也成为“三毛”的生日。上海图书馆中国文化名人手稿馆联合相关单位和张乐平后人，从 7 月 28 日起，在上海图书馆开展“今年三毛 80 岁”系列活动。活动包括：张乐平三毛漫画形象诞生 80 周年纪念座谈会、张乐平漫画作品捐赠与三毛漫画形象授权使用、“80 岁的三毛”漫画展、张乐平漫画图书展、三毛漫画图书交流会和《三毛百趣记》“上图首发”等。（上海市图书馆学会秘书处）

【《宝晋斋法帖》新书首发暨宋拓原帖特展在上海图书馆举办】 9 月 28 日，上海图书馆馆长吴建中与上海人民出版社总编辑王为松共同为《宝晋斋法帖》新书首发暨宋拓原帖特展开幕式揭幕。上海图书馆与上海人民出版社合作，将上海图书馆藏《宝晋斋法帖》的原貌以全本高仿精印的方式公布于世。《宝晋斋法帖》为南宋咸淳五年（1269）曹之格刻，共 10 卷。一至五卷王羲之书，六、七卷王献之书，八卷王凝之、王徽之、王操之、王涣之书，九、十卷米芾书。此帖系宋拓孤本全帙，国家一级文物。经元代赵孟頫，明代顾从义、顾晋、吴士谔、吴廷、吴嘉祯，清代涂呈书、穆扬阿递藏。此为文物价值、艺术价值极高的善本碑帖，名闻天下，列入《国家珍贵古籍名录》。与此同时，《宝晋斋法帖》特展暨馆藏碑帖整理出版成果展在上海图书馆古籍目录厅开展，展览首次将《宝晋斋法帖》原件与最新影印版对社会公众开放，同时集中展出 10 年来上海图书馆馆藏碑帖整理的主要出版成果。（上海市图书馆学会秘书处）

【生前身后—— 上海图书馆藏人物文献展】 11 月 16 日，生前身后——上海图书馆藏人物文献展在上海图书馆开幕。上海图书馆所藏历史文献数量浩大、品种珍稀、价值宝贵，其中年谱、讣告等人物主题文献即属特色之一。此次展览是上海图书馆连续第 11 年举办的年度馆藏文献精品展，精选年谱、讣告、墓志及寿序等馆藏人物主题文献 150 余种。这些展品不仅有极高的文献价值与文物价值，且兼具学术性与观赏性：孙中山、马相伯、王国维、沈曾植、张謇、哈同等近代史上显赫人物的生前身后，均以文献实物展出；还有经由梁思成修订的《梁任公先生年谱长编初稿》、汇集各界大家手泽的《张菊生先生九十生日纪念册》、袁世凯百日称帝的亲历实证《洪宪月份牌》、以图像形式完整记录当时丧葬礼俗的陈氏影集、名家珍藏的苏东坡铁如意拓本《坡公铁如意拓本》等展品。另外，展览还特意展出一部分抗战将领的相关文献，以纪念中国人民抗日战争暨世界反法西斯战争胜利 70 周年。（上海市图书馆学会秘书处）

【《上海图书馆藏珍稀年谱丛刊》（第 1 辑）首发】 11 月 17 日，由上海图书馆编辑的《上海图书馆藏珍稀年谱丛刊》（第 1 辑）出版首发座谈会在上海图书馆举行。该丛刊由上海图书馆主编，国家图书馆出版社出版，第 1 辑共 15 册。年谱是按时间顺序记述谱主一生事迹的史书，实际上为一种特殊的人物传记。上海图书馆从馆藏历史文献中精选相关年谱，汇辑成《上海图书馆藏珍稀年谱丛刊》。所收年谱中，稿抄本数量约占一半之强。其中不乏稀见本、孤本，具有较高的学术价值。同时还囊括黄瑞、秦翰才、廉建中、项士元等年谱专家所撰之书。丛刊还注重收录附刊于族谱中的年谱，这些年谱未有单行本流传，更显得弥足珍贵。（上海市图书馆学会秘书处）

【顾廷龙手迹入藏上海图书馆】 11 月 25 日，社会学家邓伟志将珍藏 40 余载的顾廷龙手迹捐赠给中国文化名人手稿馆。这是 20 世纪 70 年代顾廷龙辨认马王堆竹简的手迹，经悉心保存，纸张依然完好如初，字迹清晰可辨。邓伟志为手迹特撰附言一篇。顾廷龙是上海图书馆的老馆长，长期致力于版本目录学、古典文献学的研究，此次获赠顾老手迹是上海图书馆馆藏的重要收获。（上海市图书馆学会秘书处）

【大数据与公共数字文化服务研讨会暨文化部公共文化研究基地揭牌】 12 月 4 日，由文化部公共文化司指导、上海图书馆主办的“大数据与公共数字文化服务研讨会暨文化部公共文化研究上海图书馆基地揭牌仪式”在上海图书馆举行。上海图书馆是唯一一家入选公共文化研究基地的图书馆。研讨会上发布《公共文化服务领域大数据应用》研究报告。会议期间还举办“云开千朵，于此独妍——大数据与公共数字文化服务展”，展出“上海文化云”APP、“市民数字阅读”APP、微信和支付宝平台的“微阅读”频道等。来自文化部公共文化司、上海市文广局、国家公共文化服务体系建设专家委员会、文化部公共文化研究北京大学、中国传媒大学、西南大学、首都师范大学基地以及武汉大学文化创新研究中心、中国美术馆、首都图书馆、苏州市公共文化中心等单位的 50 多位专家参加会议。（上海市图书馆学会秘书处）

【《翁同龢日记》稿本等珍贵文献入藏上海图书馆】 晚清重臣翁同龢的日记是中国近代史上最著名的日记之一。由于翁氏后人翁万戈先生的慷慨捐赠，这部日记稿本与《翁氏文献丛编》手稿一起从海外回归，于 12 月 19 日正式入藏上海图书馆。12 月 21 日，上海图书馆举行“翁万戈捐赠‘翁氏文献’入藏仪式”。翁万戈侄子翁以钧，中国史学会副会长、上海史学会会长熊月之，上海远东出版社社长徐忠良，中西书局总经理秦志华，华东师范大学教授谢俊美等专家、学者参加入藏仪式。此次回归的“翁氏文献”中，最主要的是翁同龢日记稿本共计 47 册。翁同龢日记起自清咸丰八年六月二十一日（1857 年 7 月 31 日），止于清光绪三十年五月十四日（1904 年 6 月 27 日），持续时间长达 46 年之久，为研究晚清重要的第一手历史材料。（上海市图书馆学会秘书处）

【上海少年儿童图书馆举办纪念抗战胜利 70 周年纪念系列活动】 为纪念抗日战争暨世界反法西斯战争胜利 70 周年，让小读者重温那段血与火的光荣历史，缅怀革命先烈的丰功伟绩，9 月 3 日，市少儿馆联合澳通乐儿团队开展“红色集结号”专题活动。此外，市少儿馆举办的“纪念抗日战争暨世界反法西斯战争胜利 70 周年”图片展也吸引不少小读者与家长前往观看，让小读者对历史有更直观的了解。此次活动还在中学部设置抗战图书专架，陈列包含军事、战争纪实和抗战历史等百余种图书。（上海市图书馆学会秘书处）

【上海市少年儿童图书馆举办少年儿童童话、故事创作比赛】 6—9 月，由上海少年儿童图书馆主办的 2015 上海童话节“飞翔吧，想象力”少年儿童童话、故事创作比赛共收到来自全市 17 个区县、431 所中小学的 3673 篇文章，经过严格的初审与复审，最后共计 189 位同学获得奖项，其中小学组一等奖 8 名、二等奖 20 名、三等奖 39 名、优秀奖 58 名，初中组一等奖 4 名、二等奖 10 名、三等奖 20 名，优秀奖 30 名。（上海市图书馆学会秘书处）

【2015 年长宁区读书节】 4 月 19 日，由中共长宁区委宣传部、长宁区推进学习型城区建设指导委员会办公室、长宁区精神文明建设委员会办公室、长宁区总工会、长宁区文化局主办，长宁区图书馆学会、长宁区图书馆和长宁区少年儿童图书馆承办的 2015 年长宁区读书节开幕式暨“行走中的读书人”城市文化微旅行启动仪式在中山公园米兰广场举办。上海市文化广播影视管理局等市区有关领导，2014 年度上海市民文化节“知识达人”“阅读家庭”代表，2014 年度长宁区“十大草根作者”代表以及参与城市文化微旅行的青年读者参加仪式。长宁区读书节以“阅读·城市”为主题，举办 1 场高峰论坛、2 场城市旅行、5 次艺术展览、9 场文化沙龙及社区文化展示交流活动等，在长宁区营造了浓郁的书香氛围。（上海市图书馆学会秘书处）

【闸北区图书馆成立五月花儿童社区图书馆】 12 月 24 日，闸北区图书馆携手中国少年儿童文化艺术基金会、闸北区商委、芷江西路街道和丽丰控股集团，共同创建的儿童社区图书馆在五月花生活广场成立。所有来图书馆的小朋友，只需要捐赠自己希望与大家分享的书籍，即可免费获得在图书馆内无限阅读的机会，同时也可以免费参加图书馆定期举行的围绕阅读的活动。五月花儿童社区图书馆将馆内的图书按年龄分成两大类：适合3—6岁儿童的图画绘本书与适合7—12岁的小学生读物，这样的分类方便了孩子们在最快的时间里找到自己喜欢的书。在五月花儿童社区图书馆内还有一个公告栏——“好书推荐”，上面有孩子们推荐自己最喜欢的书籍感想，更有一个“心愿单”记录了每一个来到这里孩子想要一本书的美好愿望。（上海市图书馆学会秘书处）

【虹口区图书馆举办图书漂流活动】 此次活动于4月23日举办。活动全程由志愿者参与，倡导全民阅读，培养文明阅读习惯，全面助力虹口区创建上海市文明城区工作。虹口区图书馆志愿者挑选近300册各类图书供读者免费领取。参与此次“图书漂流”的读者只需办理简单的登记手续，即可将现场挑选的书籍带回家。读者阅读完后，可将该书籍向社会捐赠。读者如希望保留此本书籍，可用自家闲置的图书进行交换。这种“0”门槛的漂流方式令现场气氛热烈，各类图书一借而空。（上海市图书馆学会秘书处）

【2015嘉定·宝山读书月活动启动】 4月26日，2015嘉定·宝山读书月活动在嘉定图书馆新馆启动。该活动是嘉定、宝山两区第7次携手为市民献上内涵丰富、形式创新的系列读书月活动，旨在以“悦读”为名，带领市民共同发现身边的图书馆，共同感悟关于阅读的那些人、那些事。开幕式上，两区与上海市新闻出版局共同举办的“中国最美的书”展览开展。作为此次读书月重要活动内容，中华语言文字大赛在开幕式期间举行。本次比赛由嘉定区人民政府、上海市语言文字工作委员会共同主办，以市民熟悉的成语、对联、谚语、歇后语、谜语为内容，通过与“侬好上海”微信合作等的竞赛形式，鼓励家庭成员共同参与线上互动游戏，为市民提供多样化、便捷的参赛方式。与此同时，大赛组委会特别邀请华东师范大学、上海市语文学会、上海楹联学会、《咬文嚼字》杂志社的专家共同编撰的《中华语言文字大赛读本》，也在开幕式上正式亮相并赠送给现场的市民代表。读书月期间，上海市首个区县阅读地图——《嘉定区公共阅读地图》发布。开幕式最后，上海文广新闻传媒集团电视节目主持人曹可凡作“我的城市　我的家”专题讲座并现场签售新书《蠡园惊梦》。（上海市图书馆学会秘书处）

江苏省

【概况】 2015年，江苏省公共文化建设取得重大进展。江苏省委省政府对构建现代公共文化服务体系十分重视，按照党中央、国务院的战略部署，全面推动公共文化事业稳步健康发展，先后召开全省文化建设迈上新台阶工作会议和全省现代公共文化服务体系建设推进会，召开江苏省公共文化服务体系建设协调组成立暨第一次全体会议，对全省现代公共文化服务体系建设进行全面部署和推进。省委省政府印发《关于推动文化建设迈上新台阶的意见》，省委办公厅、省政府办公厅联合印发《关于推进现代公共文化服务体系建设的实施意见》（以下简称《实施意见》）和《保障标准》，省政府办公厅转发省文化厅等部门《关于做好政府向社会力量购买公共文化服务工作的实施意见》。省人大常委会颁布《江苏省公共文化服务促进条例》，并于2016年3月1日起施行，江苏公共文化服务在全国率先进入法治化轨道。全省各地加强地方政策法规的配套工作，苏州、镇江等市出台《关于推进现代公共文化服务体系建设的实施意见》和《保障标准》，扬州、泰州、盐城、徐州等市出台《关于推动文化建设迈上新台阶的实施意见》，苏州市人大颁布《苏州市公共文化服务办法》。年底，省政府办公厅又下发通知，由省文化厅牵头，对全省基层公共文化服务设施网络建设进行全面督查。截至2015年年底，全省万人拥有公共文化设施面积由“十一五”期末的621平方米发展到现在的近1500平方米。全省五级公共文化设施网络已经建立，覆盖率超过90%。宿迁市图书馆新馆建设顺利完工并投入使用。

全省公共图书馆业务建设成效显著。截至2015年年底，省、市、县（市、区）三级共有公共图书馆114个（含独立编制的少儿图书馆9个），其中省级馆1个、市级馆17个、县级馆96个。实际使用总建筑面积为103.12万平方米，其中书库面积15.84万平方米、书刊阅览室面积18.15万平方米、电子阅览室面积2.6万平方米。阅览室座席共 50707 个，其中少儿阅览室座席 14329 个。实体文献总藏量为 6846.93 万册、其中普通图书 5865.68 万册、古籍 348.5 万册、报刊 436.66 万件、视听文献 108.37 万件/套、缩微制品 5.76 万件/套。电子图书总量 4353.46 万册。2015 年新增实体文献 477.69 万册/件，新增电子图书 59.53 万册，购买报刊 8.01 万种。获财政拨款总经费 82558.2 万元，其中专项购书经费 13952.9 万元。省馆获财政拨款总经费 14721.5 万元，其中专项购书经费 4500 万元。全省发放有效借书证 1107.32 万个，总流通 6001.25 万人次，书刊文献外借 2881.75 万人次、4979.84 万册次。组织各类讲座 3007 次，听众 60.85 万人次；举办各类展览 1127 个，观展读者 282.42 万人次；举办各类培训班 1809 个，培训 8.63 万人次。共有计算机 10291 台，电子阅览室终端 5810 个，图书馆网站总访问量 4684.71 万页人次。共有从业人员 3183 人，专业技术人员 2167 人，其中具有中级职称 1012 人、副高级职称 311 人、正高级职称 51 人。

公共文化服务标准化水平不断提高。为推动公共文化服务标准化均等化发展，“江苏省基本公共文化服务保障标准”随同省委办公厅和省政府办公厅的《实施意见》一道下发。各地积极参照省级保障标准，制定符合地方实际而又高于省级标准的“保障标准”，努力通过标准化来逐步实现公共文化服务均等化。苏州市作为全国公共文化标准化建设试点地区，无锡市、连云港市作为全省标准化建设试点地区，针对图书馆等公共文化设施的建设要求分别制定标准，付诸实施。

公共文化服务体系示范区创建成效显著。苏州市制定的《苏州市国家公共文化服务体系示范区后续建设规划》、无锡市创建第二批国家公共文化服务体系示范区、南京市“文化惠民百千万行动计划”、常州市“电视图书馆”创建国家示范项目等，各项工作均取得阶段性成果，带动地方公共文化建设快速发展。南京市江宁区、扬州市的以市图书馆为中心（总馆）的总分馆、流动图书馆、24 小时自助图书馆（“城市书房”）和掌上图书馆“‘四位一体’公共图书馆服务体系”等顺利进入第三批国家公共文化服务体系示范区和示范项目创建行列。

公共图书馆服务品牌纷纷涌现。南京图书馆等一大批公共图书馆推出“你购书，我买单”服务，扬州市图书馆“24 小时城市书房建设”、苏州市图书馆“网上借阅、社区投递”等公共文化服务品牌深受读者欢迎。苏州市吴江区图书馆被文化部评为 2015 年度全国 10 个最美基层图书馆之一。

公共数字文化建设得到加强。完成全省共享工程流媒体服务平台全覆盖、网络数字电视终端设备全覆盖。“江苏省少儿数字图书馆”项目顺利推进。张家港市在全国率先实现县域文化数字化，建设 24 小时图书馆驿站 30 家。

公共图书馆从业人员业务水平不断提高。开展全省公共图书馆业务竞赛活动，参赛人数占全省从业人数的 28%左右。举办全省图书馆馆长培训班，邀请有关专家就中国传统文化、图书馆建设与发展、数字化在公共图书馆中的运用等专题进行培训，收到良好效果。

古籍保护工作进一步加强。江苏省古籍保护中心全年修复古籍近 200 册，整理出版《南京图书馆藏抗战时期画报》《中国抗战戏剧文献丛刊》两套丛书。与江苏省图书馆学会联合承办“民国时期文献保护计划”宣传推广项目江苏站系列活动。（江苏省图书馆学会　杨岭雪）

【南京图书馆法人治理结构新模式获全省宣传思想文化工作创新奖】 1 月 14 日揭晓的 2014 年度全省宣传思想文化工作创新奖名单中，南京图书馆建立法人治理结构新模式榜上有名。此次全省评出创新奖 15 个，创新奖提名奖 15 个。南京图书馆建立理事会、监事会制度，也被《新华日报》列入 2014 年江苏文化大事记。（江苏省图书馆学会）

【全国公共图书馆参考咨询工作会议在南京召开】 3 月 19—20 日，2015 年全国省级及副省级市公共图书馆参考咨询工作会议在南京图书馆召开，会议由国家图书馆主办，南京图书馆承办。国家图书馆馆长助理汪东波致开幕词，国家图书馆参考咨询部主任王磊主持会议，国家图书馆立法决策部主任卢海燕做协作平台报告和会议总结，南京图书馆副馆长许建业致欢迎词，南京图书馆馆长助理王兵主持大会交流研讨。来自全国图书馆参考咨询和立法决策服务的管理者和工作者共计 80 多人参加此次年会。会议通报 2014

年度"全国省级及副省级市公共图书馆参考部主任工作会议"工作、全国图书馆参考咨询协作网工作、全国省级公共图书馆决策咨询服务协作平台工作、数图推广工程及资源共建共享情况以及图书馆参考咨询服务规范的研制进展，组织代表参观南京图书馆服务窗口并书面印发《南京图书馆参考咨询服务和立法决策信息服务简介》材料，分组讨论全国图书馆参考咨询协作网与全国省级公共图书馆决策咨询服务协作平台章程、业务培训规划、培训教材编制方案，布置全国图书馆参考咨询协作网和省级公共图书馆决策咨询服务协作平台2015年度工作规划。（江苏省图书馆学会）

【江苏省社科基金重大项目《江苏经籍志》论证会在南京图书馆举行】 4月17日，江苏省社会科学基金重大项目《江苏经籍志》专家论证会在南京图书馆召开。《江苏经籍志》是南京图书馆历史上首次成功申报的江苏省社会科学重大基金项目。该项目将以江苏历史文献的载体和价值为研究内容，对江苏历代文献进行梳理与把握，以推动全省古籍整理工作，为研究江苏地域历史、传承江苏优秀传统文化奠定文献基础。该项目的首席专家为南京图书馆馆长徐小跃。（江苏省图书馆学会）

【南京图书馆举办第六届南图阅读节】 本届阅读节于4月23日至5月上旬举办，围绕《孟子》一书开展以"向善之心——中华民族的信仰追求"主题论坛为重点的一系列活动，包括《孟子》专题讲座和展览、专题影视播放、年度优秀读者座谈会等。《孟子》主题论坛吸引广大读者的关注。南京图书馆馆长、南京大学教授徐小跃作论坛主旨发言。北京师范大学教授、博士生导师张奇伟，扬州大学教授、博士生导师刘瑾辉做专题发言。徐小跃对两位专家的发言作点评与主旨发言。讲座主题为"熟读《孟子》，深知亚圣"，由张奇伟主讲。和往届阅读节一样，本届阅读节也举办了专题展览——《孟子》插图版本展。展览分为孟子生平简介及其主要思想、孟子故事与《孟子》中的成语、有关《孟子》的版本及各种注疏本相关知识3个部分。读书节期间，第五十一期陶风读书会选择《孟子》中的部分成语，与读者探讨《孟子》的语言特色和重要思想。专题影片赏析因其独特的方式、新颖的视角，丰富的内容而备受读者的关注，本届阅读节《孟子》专题影视片内容涵盖《孟母三迁》之京剧荟萃、《孟子说》之动画演绎以及《孟子的智慧》之学习讲座。参加3场活动的读者共计600余人次。（江苏省图书馆学会）

【南京图书馆举办纪念二战胜利70周年主题展览】 5月9日，"铸剑为犁——纪念世界反法西斯战争胜利70周年图片展"在南京图书馆一楼展厅开展。主题展览采用东、西方两大战场分别叙述的展陈模式，紧扣基本史实的年代线索，从而使广大观展读者能够对二战宏大的历史叙事脉络深入了解。主题展览所采用的图片，大部分取材自馆藏民国报刊的当年报道与记述，在内容说明的同时，增强广大观展读者的历史现场感。（江苏省图书馆学会）

【全国编目工作培训班在南京图书馆举办】 5月19日，由国家图书馆、南京图书馆、江苏省图书馆学会联合举办的"RDA的理论与实践"培训班开班仪式在南京图书馆学术报告厅举行。全国10余个省、自治区、直辖市公共图书馆、高校图书馆近百名采编人员参加培训，这是首次大规模、全国性的RDA业务培训活动。此次培训班为期5天，特邀国家图书馆RDA理论与实践经验丰富的业务专家及骨干授课，内容集学科前沿性、针对性和实用性为一体。（江苏省图书馆学会）

【第二届玄览论坛在台湾举办】 8月6—7日，由中国国家图书馆、台湾汉学研究中心、南京图书馆、佛光山文教基金会联手主办的第二届玄览论坛在台湾佛陀纪念馆五观堂举办。两岸知名专家学者、图书馆馆长及各界人士近300人与会，围绕"阅读经典　精彩人生"的论坛主题，就如何提升当代经典阅读风气，展开热烈交流。国家图书馆馆长韩永进率队与会。台湾汉学中心主任曾淑贤在开幕典礼上致辞。南京图书馆馆长徐小跃发表讲话。佛光山常务副住持慧传法师以地主身份出席开幕仪式。南京图书馆、汉学研究中心、中国国家图书馆和佛光山文教基金会，在开幕会上互赠珍藏古籍善本影印本和感谢状。为期2天的论坛，围绕"阅读经典，生活美学""古籍展演，丰富人生""经典保存，传承文化”“推广阅读、精深人文”4个子主题，交流论文11篇，搭起两岸推广阅读、深化经典的平台。论坛结束后，大陆代表团展开文化参访。“玄览论坛”是两岸文化盛事，由台湾汉学研究中心和南京图书馆共同主办，首届论坛在南京图书馆举办。（江苏省图书馆学会）

【江苏省公共图书馆馆长培训班暨“2015年春雨工程”旗帜交接仪式在盐城举办】 8月1—14日，“2015年江苏省公共图书馆馆长培训班”暨“2015年春雨工程——文化志愿者边疆万里数字文化长廊行”旗帜交接仪式在盐城市图书馆举办。本次培训由文化部全国公共文化发展中心指导，江苏省文化厅主办，南京图书馆、盐城市文广新局、盐城市图书馆等单位承办。南京图书馆馆长徐小跃、省文化厅公共文化处处长束有春、南京图书馆副馆长许建业、山东省图书馆副馆长李西宁以及盐城市政府副秘书长仇鼎文、盐城市文广新局局长季德荣等相关领导出席开班仪式暨交接仪式。全省各市、县（区）的公共图书馆馆长和各市文广新局社文处长共160多人参加活动。徐小跃和李西宁分别代表江苏与山东进行“2015年春雨工程”旗帜交接仪式，标志着“2015年春雨工程——文化共享志愿者边疆万里数字文化长廊行”活动从山东行进到江苏。仪式结束后，徐小跃做题为“国学与人生”的首场讲座。陈胜利主讲“共享工程资源建设的当前任务及发展规划”，曹宁主讲“面向“十三五”的数字图书馆推广工程”，许建业主讲“江苏省公共图书馆数字文化建设的近期目标与重点工作”。最后，束有春做题为“图书馆的前生今世”的讲座。（江苏省图书馆学会）

【数字图书馆推广工程数字资源联合建设培训班在扬州举办】 10月19—21日，“2015年全省数字图书馆推广工程数字资源联合建设培训班”在扬州举办。此次培训班由南京图书馆（江苏省公共数字文化建设中心）主办、扬州市图书馆承办。南京图书馆副馆长许建业、馆长助理姚俊元出席并先后主持此次培训，来自全省13个地级市公共图书馆馆长、图书馆信息技术部门负责人共48人参加本次培训活动。培训班课程围绕如何实施数字资源联合建设展开，特邀国家图书馆副馆长魏大威，中国高等教育文献保障系统（CALIS）总工程师王文清，南京大学教授、南京大学图书馆副馆长邵波进行授课。专家们从前沿信息技术发展、数字图书馆推广工程建设现状，图书馆如何转型与发展等不同角度，对数字资源联合建设以及数字图书馆创新建设做深度思考，并为未来数字图书馆推广工程建设“十三五”规划提供建议。南京图书馆业务管理部主任吴政从实际项目建设的角度，介绍全省公共数字文化建设以及加强地区联合建设的主要任务。（江苏省图书馆学会）

【南京图书馆举办全省公共图书馆业务竞赛】 11月27日，2015年度全省公共图书馆业务竞赛在14个考区举行，全省各级公共图书馆共917名从业人员参加竞赛。此项竞赛活动自2013年起由江苏省文化厅每两年组织一次，旨在进一步加强公共图书馆人才培养，推动公共图书馆从业人员的综合素质提升，活跃图书馆专业学习与学术研究氛围，促进全省公共图书馆事业的可持续发展。本次竞赛在省文化厅指导下由南京图书馆承办，竞赛内容结合当前图书馆事业的发展要求，主要考核图书馆未成年人服务、公共图书馆信息技术应用、公共文化服务体系建设与公共数字文化建设、古籍保护等方面的内容。全省参赛总人数占全省从业人数的27%，各地参赛人数均超过文件要求的15%，其中南京地区参赛人员比例达到72%。全省参赛选手中最年轻的19岁，最年长的58岁，充分展示出全省公共图书馆从业人员的勤奋学习、积极向上的精神风貌。本次竞赛共产生个人奖122名，团体奖10名，组织奖6名。（江苏省图书馆学会）

【金陵图书馆首创读者节】 10月11日，“书香南京”——首届金陵图书馆读者节在“朗读者”艺术团50名成员的精彩文艺汇演中拉开帷幕。作为第十五届南京文化艺术节的一大亮点，活动历时20余天，以全市读者为主体，以图书馆特色服务为内容，首届金图读者节精心打造“特别策划”“名家讲座”“精品展览”“阵地服务”“数字推广”“读者互动”“七彩少儿”等10个部分共50多场活动。（江苏省图书馆学会）

【苏州图书馆举办2015年“世界读书日”经典诵读活动】 4月23日，值第20个世界读书日，苏州图书馆举办以“阅读的力量”为主题的2015年“世界读书日”经典诵读活动。此次活动由中共苏州市委宣传部、苏州市文明办、苏州市知识工程领导小组、苏州市文化广电新闻出版局主办，苏州图书馆、苏州市图书馆学会、全国文化信息资源共享工程苏州市支中心承办。当天共有苏州市7家单位组织代表队参加活动。各个代表队以多种形式诵读经典美文，抒发阅读的快乐。此外，苏州图书馆的“你选书　我买单”特色品牌服务也于当天起新增2处活动地点。（江苏省图书馆学会）

【无锡市图书馆举行开馆100周年纪念会暨“公共图书馆的社会责任”学术报告会】 1月7日，会议举行。文化部公共文化司巡视员刘小琴，江苏省文化厅党组成员、南京图书馆党委书记方标军，无锡市政府副市长华博雅等出席。上海图书馆馆长吴建中等业内专家与图书馆同仁共同探讨公共图书馆在新态势下的社会责任。（江苏省图书馆学会）

【无锡市图书馆编辑出版《无锡地区家谱知见目录》】 历时十余年，无锡市图书馆在广泛征集地方家谱、系统整理馆藏家谱资料的基础上，于2015年年底编辑出版《无锡地区家谱知见目录》。该书为现存的无锡（含江阴、宜兴）家谱（含新、旧）联合目录，其中包括家谱图录、名人家谱提要、家谱知见目录，收录近2000种家谱、179个姓氏，所录家谱最早的纂修于明嘉靖十一年（1532），最晚的纂修于2015年11月，跨度近500年。（江苏省图书馆学会）

【常州市图书馆举行成立111周年馆庆暨常州市政协文史馆开馆仪式】 4月23日，活动举行。市政协副主席居丽琴出席仪式并讲话。常州市协文史馆分为两部分：第一部分以展板形式展示市政协的历史发展及主要活动，第二部分是政协文史资料图书，收藏5000余册反映常州市政协和全国各地政协出版的特色文史图书资料。文史馆为政协委员和市民增加共享阅读的平台。（江苏省图书馆学会）

【南通市图书馆新馆正式开馆】 10月1日，南通市图书馆（南通市少年儿童图书馆）新馆正式开馆。南通市图书馆是近代著名实业家、教育家张謇先生于1912年创办的国内早期公共图书馆。新馆于2010年奠基建设，2015年建成并投入使用。建筑面积2.8万平方米，设计文献藏量200万册、阅览座席1680个。开馆时，市文广新局组织推荐了8大类60个南通市现代公共文化服务创新项目，举办“‘国庆书展’——微信扫一扫50元书券等你拿”等活动。目前，馆藏文献100多万册、数据库20个。古籍文献资源16.8万册，其中32部古籍入选《国家珍贵古籍名录》，114部古籍入选《江苏省珍贵古籍名录》。（江苏省图书馆学会）

【南通市图书馆成立李昌钰文献馆】 10月19日上午，李昌钰文献馆揭牌仪式在南通市图书馆举行。李昌钰博士做客南通市图书馆“静海讲坛”，做题为“变不可能为可能——世界名案探讨”专题讲座，讲座结束后举行李昌钰文献馆揭牌仪式。该文献馆约60平方米，专门收藏李昌钰文献专题资料，并提供给市民参观学习。（江苏省图书馆学会）

【泰州市阅读学会成立】 4月18日，全省首家阅读学会——泰州市阅读学会成立大会在泰州市图书馆召开。江苏省新闻出版广电局局长周琪，泰州市委常委、秘书长、宣传部长卢佩民出席成立大会。该学会为地方性、学术性、非营利性社会组织，倡导以阅读为乐、阅读为荣的理念，团结和组织会员开展丰富多彩的阅读创作活动，进一步推动全社会形成多读书、读好书的良好氛围和社会风尚。学会会员主要分布于各市（区）机关、企事业单位、高等院校、科研单位，以具有较强阅读兴趣和一定阅读能力的理论工作者、教学工作者为主。（江苏省图书馆学会）

【镇江市公共文化产品和服务社会化运作平台“淘文化网”上线】 7月8日，“淘文化网”——镇江市公共文化产品和服务社会化运作平台在市图书馆启动上线。淘文化网平台建设是2015年镇江市民生改善重点项目，由市文广新局牵头实施，市图书馆落实完成。该平台是一种“文化团队上网当‘店主’，群众网上选演员淘节目，政府根据评价购买服务”的新型公共文化服务模式，实现“超市式”供应。平台还有公共

文化演出在线选购、图书在线漂流、公益文化活动在线抢票等功能。（江苏省图书馆学会）

【《徐州市图书馆古籍普查登记目录》出版】 1月，《徐州市图书馆古籍普查登记目录》由国家图书馆出版社正式出版发行，徐州市图书馆成为江苏省第一家完成古籍普查登记目录的单位。古籍普查登记目录是国家级项目，《徐州市图书馆古籍普查登记目录》的出版，摸清了馆藏家底，为古籍保护和利用工作提供依据，也是古籍保护长期工作的一个里程碑。（江苏省图书馆学会）

【张家港市图书馆获得“2014 中国书业年度图书馆”称号】 1月7日，张家港市图书馆荣获“2014 中国书业年度图书馆”称号，成为江苏首个获此殊荣的图书馆。中国书业年度评选由《出版人》杂志发起，已经举办8届，成为民间主办的、在作者和广大读者心目中最有影响力的书业奖项。该奖每年评选出1—2家在当年度做出杰出贡献的图书馆为年度图书馆。此前，深圳图书馆、上海图书馆、东莞图书馆等先后获得该荣誉。（江苏省图书馆学会）

【张家港史志馆开馆】 1月22日，张家港史志馆开馆仪式暨“图说港城·2014 现代化印迹”摄影作品展在张家港市图书馆举行。张家港市委常委、宣传部部长杨芳和苏州市地方志办公室主任邬才生为市史志馆揭牌。张家港市副市长华红出席本次活动并致辞。由市委党史办和市图书馆合作建成的张家港史志馆，设在市图书馆四楼，馆藏面积120平方米，设计库容12000册，已入库全市历年出版的史、志、鉴书籍和地方人士编纂的各类书刊、家谱族谱6000余册。该史志馆的设立，为张家港市地方文献收藏与服务、地情文化展示与咨询、地情历史研究与交流等搭建了平台。（江苏省图书馆学会）

【张家港市少年儿童图书馆改造完工试开放】 6月1日，历时9个月闭馆改造的张家港市少年儿童图书馆正式对外试开放。著名书法家孙晓云为之题写馆名。该馆建筑面积1.25万平方米，藏书35万册，实行免证入室、免费阅览服务。作为全国首个按照分级阅读布馆的少儿图书馆，服务人群从0岁到18岁，设置芽芽园、梦想小舞台、绘本馆、小学生借阅室、中学生借阅室、国学堂、文学借阅室等多个服务窗口。面向0到8周岁的儿童，率先在全国公共图书馆系统采用图书馆自动化指纹借阅系统。全国政协原副主席、全国文联主席孙家正，中央文明办专职副主任、中宣部副秘书长、理论局局长夏伟东，文化部文化科技司司长孙若风等领导先后考察该馆，并给予高度评价。11月，该馆荣获“首届华文领读者·阅读空间入围奖”，是全国唯一获此项殊荣的少儿图书馆。（江苏省图书馆学会）

【张家港市图书馆经验材料入选中宣部《宣传工作创新百例》】 12月15—17日，全国《宣传工作创新百例》研讨班在北京举行，张家港市《打造永不打烊的图书馆驿站》经验材料入选中宣部《宣传工作创新百例》，江苏全省仅有3个案例材料入选。张家港市图书馆驿站有效破解了社区图书室、农家书屋布点困难、效能不佳的难题，为打通公共图书馆服务体系“最后一公里”提供可借鉴可复制的样本，成为百姓身边“永不打烊”的图书馆，得到媒体、公众及专家学者的关注和一致好评。至2015年年底，全市建成30家图书馆驿站，实现全市镇、办事处和重点社区全覆盖。（江苏省图书馆学会）

【“历史与未来”中国图书馆事业建设与发展高层论坛在常熟举行】 此次论坛于9月20日举行。论坛由中国图书馆学会、常熟市人民政府主办，市文广新局、常熟市图书馆承办。文化部公共文化司巡视员、中国图书馆学会副理事长刘小琴，中国图书馆学会副理事长、国家图书馆副馆长陈力，中国图书馆学会副理事长、上海图书馆馆长吴建中，国家公共文化服务体系建设专家委主任、北京大学李国新，国家公共文化服务体系建设专家委委员、上海社科院研究员巫志南，浙江图书馆馆长徐晓军，青海省图书馆馆长张景元，江苏省文化厅公共文化处处长束有春等领导出席论坛开幕式。开幕式由常熟市文广新局局长吴伟主持，潘志嘉致欢迎词，刘小琴、陈力、束有春分别讲话。开幕式上，常熟图书馆向有关单位赠送“百年常图”丛书。之后，北京大学中文系教授，博士生导师张颐武做题为“国学传统与当下人生”的讲座。（江苏省图书馆学会）

【宜兴市图书馆新馆开馆】 12月28日，宜兴市图书馆新馆开馆。新馆总建筑面积2.68万平方米，设计藏书100万册，目前藏书50万册，设读者座位1200个，日均可接待读者4000人次。馆内设有少年儿童借阅区、亲子活动区、低幼绘本区、数字多媒体服务区、综合外借服务区、视障阅览区、专题文献服务区、影音室、报告厅、培训教室等多种功能区域。（江苏省图书馆学会）

【扬州市邗江区图书馆举行《扬州文库》展示活动】 9月25日起，扬州市邗江区图书馆举办《扬州文库》丛书展，该套丛书为广陵书社赠送的精装大型地方文献，全套共101册。作为扬州2500周年城庆的文化献礼工程，由扬州市委、市政府编纂的大型地方文献丛书《扬州文库》首印1000套。这部耗时两年编纂完成的文库是当代扬州最大的文化出版工程丛书，内容涉及地方志书、地方史料、传记家谱、学术著作、诗文集诸方面，保存大量珍贵的历史资料，堪称扬州历史文化的百科全书。（江苏省图书馆学会）

【扬州市邗江区举行图书馆联盟成立暨工作研讨会】 9月25日，扬州市邗江区图书馆联盟成立暨工作研讨会在区文化中心举行，区文体新局分管领导、区图书馆负责人、部分镇（街道）文体中心负责人、区内有关学校分管领导和图书馆负责人出席会议。该联盟旨在整合区内公共图书馆与中小学、机关企事业单位等各类图书馆资源建设与服务的力量，发挥团队服务的优势，提升各类图书馆的服务效益，在区文体新局的组织领导下，由区图书馆牵头，推动区内各类图书馆进行合作，实现资源共建共享，拓宽阅读推广形式，创新图书馆建设与服务模式，壮大全民阅读推广的声势，以吸引更多的市民走进图书馆，参与阅读，推进书香邗城建设。会议明确联盟的组织与管理办法，实行理事会管理的运作机制；介绍联盟的建设对象、建设目标、运作机制、序时进度、具体措施等相关内容，以及下一阶段工作思路。首批加入联盟的单位包括全区中小学校图书馆和25个镇（街道）、村（社区）图书馆分馆。（江苏省图书馆学会）

浙江省

【概况】 截至2015年年底，浙江省共有县（市、区）以上公共图书馆100个，其中省级图书馆1个、市级图书馆11个、市级少儿图书馆3个、县（市、区）以上图书馆85个。从业人员3577人，其中专业人员2108人，较上一年增加1.74%。全省公共图书馆馆舍面积95.08万平方米，比上一年增加10.7%。阅览座席60777个。2015年，全省公共图书馆藏书总量达到6250万册，累计发放有效借书证1639万张，外借图书5727万册。图书馆网站访问量6470万人次，较上一年增加5.8%。全年总流通7942万人次；为读者举办各种活动10456次，参加513万人次。

推进公共文化机构法人治理结构试点工作。4月13日，浙江省文化厅印发《浙江图书馆法人治理结构试点工作方案》《温州市图书馆法人治理结构试点工作方案》，明确两家单位的试点任务和要求。4月23—24日，浙江省文化厅召开全省公共文化机构法人治理结构试点工作推进会。会上浙江图书馆等12家单位交流了法人治理结构改革进展情况，文化部专家对各单位法人治理工作做了点评，提出针对性的意见和建议。浙江图书馆提出先立章程再依章程组建理事会的工作思路，梳理完成图书馆业务清单、举办单位权利清单、理事会职权清单、管理层职权清单，并以此为据起草《浙江图书馆章程》，经省文化厅核准后报浙江省事业单位登记管理局登记。面向全社会公开招募浙江图书馆理事会理事。12月21日，浙江图书馆首届理事会正式成立，首届理事会中社会代表理事9名，占70%，理事长也由社会理事担任。截至12月底，已有宁波市图书馆、宁波市江东区图书馆、宁波市海曙区图书馆、宁海县图书馆、宁波市鄞州区图书馆、余姚市图书馆、宁波市镇海区图书馆、舟山市图书馆、平阳县图书馆、乐清市图书馆等单位起草《图书馆章程》，成立理事会，着力开展公共图书馆法人治理结构建设。

全民阅读活动精彩纷呈。浙江省文化厅与省委宣传部、省新闻出版广电局等单位联合主办首届浙江全民阅读节，全省公共图书馆于4月联动举办“五水共治，两美浙江”大型朗诵活动。活动在浙江图书馆设主会场，各市、县（市、区）设分会场，通过朗诵与主题相关的诗词、散文、话剧等文学作品，营造关注阅读、关注环境的良好氛围共开展朗诵活动100余场，参与读者近万人。5月13日，举办第十一届浙江省未成年人读书节，以“五水共治、两美浙江”为主题，通过开展系列读书活动和社会实践活动，倡导未成年人节水爱水。全省各级公共图书馆组织开展1000余场活动。4月23—28日，组织全省各级公共图书馆联动开展“寻遍浙江·阅动全城”活动。依托微博、微信等新媒体，全省各级公共图书馆共同开展线上线下互动活动，11个地区36个图书馆5000余人参加。

公共图书馆城乡一体化服务体系建设进一步完善。积极构建以省、市图书馆为依托，县级图书馆为中心，图书馆乡镇（街道）分馆为重点，村（社区）图书室为基础的城乡一体化公共图书馆服务体系。通过下发文件督促推进全省县图书馆乡镇分馆建设，目前全省共建成乡镇（街道）分馆557个。公共图书馆服务实施“互联网+”战略，联合发布《开放融合，连接一切——浙江省公共图书馆“互联网+”行动计划》。图书馆服务入驻支付宝钱包，浙江图书馆与蚂蚁金服签订协议，实现技术平台与公共文化服务行业的对接。首期合作包括在支付宝的图书馆服务中开通书目和活动信息查询、续借预约办理等服务。二期合作正在推出在线办证、支付、借还书，活动预约、智能图小二、数字阅读等系列便民服务。对浙江文化通APP进行升级，管理平台支持全省各级文化机构直接发布文化信息，支持各级公共图书馆用户登录使用，开通浙江文化通微信公众号。制定标准推动改革。浙江图书馆起草《浙江省公共图书馆服务标准》并报省质监局作为地方标准立项；嘉兴市发布《嘉兴市公共图书馆中心馆——总分馆服务体系标准》，以推动各级各类图书馆对照服务标准进行改革和提升。活动形成品牌。全省公共图书馆联动开展“文化惠民 书香礼堂 浙江省公共图书馆走进文化礼堂系列活动”，通过组织百场展览走进文化礼堂、百名馆长走进文化礼堂现场讲解展览故事、“文化共享 结伴礼堂”等活动，充分发挥公共图书馆服务基层的职能。

文化共享工程不断推进，完成“浙江文化通”二期改造，推出“文化浙江 最美浙江”——浙江文化通上线两周年纪念系列活动。客户端用户下载安装量全年5.4万个，用户访问量达205.2万余次。改版升级浙江网络图书馆，访问量1246.4万次，文献传递31.5万次，电子图书阅读56万次，期刊下载365.8万篇。完成“元数据仓储”“政府公开信息”“地方文献数字化”“网事典藏”“唯一标示符”5个资源联合建设项目，报国家中心验收。制作完成《浙江历史文化名人》《浙江书楼书院学堂》专题片，新立项“浙江戏曲动漫库”。举办浙江省文化共享工程“数字文化讲师团”培训班1期，培训青年讲师30余人；讲师团成员下基层授课126场，培训学员7110人。举办2015年度浙江省文化信息资源共享工程业务培训班3期，100多名业务人员参加。提高公共电子阅览室管理平台的接入率，全年平台接入电子阅览室从1300多家增加到1500多家。加强横向联合，探索与经济开发区合作共建公共电子阅览室。完成全省调研，确定杭州经济技术开发区白杨街道邻里社区、宁波余姚经济开发区党群活动中心、湖州经济技术开发区科创中心等12家单位参与共建。全面实施数字图书馆推广工程。完成网络设备、存储和服务器等硬件设备采购。完成全省10条MSTP电路（全省VPN）租用，省馆至台州线路提升至100M，用于系统和数据灾备。继续开展全省公共图书馆VPN网联通工作，省—市全部联通，67个县（区）馆联通。全省用户管理系统用户数据达到1212.7万条。搭建全省非书资料系统，全省市级图书馆完成部署使用。全省联合目录系统在全部市级图书馆安装部署。开展浙江省数字图书馆推广工程运行管理平台建设。开展全省公共图书馆云服务平台建设升级，整合数字资源、联盟服务、采编中心、古籍保护、地方文献、文化礼堂等服务内容，建设全省公共图书馆馆员一键登录的工作、交流平台。

根据古籍普查平台统计，截至2015年年底，全省已完成古籍（含民国时期传统装帧书籍）普查数据著录31.7万条231.2万册，普查完成率为92.26%。57家藏书单位已完成馆藏古籍普查，丽水市、宁波市完成全地区所有公藏单位古籍普查。新立项古籍普查项目10个。全省累计71家藏书单位普查项目已批准立项。组织开展第三批“浙江省古籍重点保护单位和保护达标单位”申报评审工作，评出3家省古籍重点保护单位和3家省古籍保护达标单位提交省文化厅复核。组织开展第三批《浙江省珍贵古籍名录》申报评审工作，评出184部提交省文化厅复核。组织开展第二批浙江省“省级古籍修复中心和古籍修复站”申报评审工作，共评选出推荐单位1

家省级修复中心和6家修复站提交省文化厅复核。全省共计完成古籍修复22336叶，完成基础维护4717册。新购修复用纸54种16700张，登记入库纸张4种8000张。“国家级古籍修复技艺传习中心浙江传习所”揭牌成立，聘请国家图书馆资深古籍修复专家胡玉清担任导师授课。举办3期全国古籍编目合作进修班，1期全省古籍修复基础维护培训班。编制《省古籍保护工作简报》6期，与省图书馆学会、中国美术学院、绍兴图书馆等单位合作，举办展览、修复体验等活动20场，宣传古籍保护工作和知识。（浙江省图书馆学会秘书处）

【海宁市图书馆等一批新馆开馆】 1月1日，位于海宁市学林街62号的海宁市图书馆新馆正式启用。该馆总投资1.35亿元，总建筑面积19900平方米，设计馆藏图书容量80万册，1000多个阅览席位。馆内功能布局体现智能化管理、开架式借阅、休闲型阅览、公益性服务等多元化服务理念。提供图书借阅、报刊阅览、地方文献查阅、视障文献借阅、3D视听、影音鉴赏、图书自助借还、24小时自助图书馆、公益培训、讲座展览、数字图书馆、手机图书馆等多种服务项目。常年开展“潮阅读”和“星阅读”两大品牌活动，下设20余项阅读推广服务。

1月1日，北仑少年儿童图书馆（原宗瑞图书馆）恢复对外开放，开放科室有低幼绘本室、外借室、报刊阅览室；年末新增开放的科室“苗苗悦读”电子书工坊和手工创意室可供外借图书约2万册，低幼绘本1500册，报纸80种，杂志180种；并根据少儿及周边老年读者的特点开展针对性、特色性的服务活动。

4月10日，由包玉刚先生胞妹包素菊女士及其夫婿张培明先生捐资助建的镇海区图书馆新馆（镇海培菊图书馆）正式对外运行。该馆位处镇海新城核心区，是镇海区市民文化艺术中心的重要组成部分。总建筑面积近7000平方米，共四层，主要布局有少儿阅览室、流通部、读者服务中心、学术报告厅等功能区块。其中，意在构建城市生活与文化休闲创意空间的生活主题馆、设有视听文献体验区的多媒体中心、弥漫浓郁中国书画气息的逸轩书画馆以及庋藏3000余册珍贵图籍的地方文献阅览馆，均给读者带来别样的文化艺术体验。

5月1日，绍兴市越城区图书馆正式开馆。该馆位于市区延安路，馆舍面积约5000平方米，藏书容量30万册，阅览座席500余个，是越城区集文献信息借阅、文化知识交流、社会教育培训等功能的公共文化服务机构。

5月20日，诸暨市图书馆新馆开馆。新馆位于暨阳街道浦阳路77号浙江农林大学暨阳学院图书馆内，与暨阳学院图书馆共建共享。位于图书馆大楼2、3、4楼层，总建筑面积约9000平方米，设有现代技术中心、报告厅、读者开架书库、残障阅览室、少年儿童阅览室等。新馆全面引进自动借还书机、多媒体读报机、电子图书阅读器等数字化设备，免费WiFi馆内全覆盖，实现藏、借、阅、咨、查、检一体化运作，成为开放型、多功能的现代化图书馆。

12月15日，温州市龙湾区图书馆新馆对外试开放。新馆于2009年动工建设，建址于龙湾区永中街道龙康路89号，共有四层，总面积1.2万平方米。馆藏从原有的5万余册增至17万余册，增设少儿借阅区、视障阅览室、24小时城市书房等借阅区和展览厅、自修区、报告厅、培训室等功能区，可提供图书借阅、多媒体视听、无线上网、培训、讲座、展览等多项服务。新馆实行全开架、智能化、网络化管理，引进自助办证机、自助借还机、电子读报机、电子图书借阅机等设备，提供更贴心的便民服务。

12月16日，文成县图书馆新馆正式对外开放。开馆首日即吸引6500余位读者到馆。该馆位于县文化中心四、五楼，建筑面积3200余平方米。馆内藏书容量30万册，开架图书16万册，每年还将新增藏书1.5万到2万册。拥有1200多册古籍和200余种畲族民间历史文献。设有地方文献室、报刊休闲阅览区、电子阅览室、少儿阅览区等多个功能区，阅览座位300个，日均可接待读者1200人次，设置网络节点60个，免费WiFi全覆盖。（浙江省图书馆学会秘书处）

【《浙江藏书楼》入选百种优秀音像电子出版物推荐目录】 2月，国家新闻出版广电总局启动2015年向全国青少年推荐百种优秀音像电子出版物活动。经过出版单位申报、材料审核、专家评审等程序，国家新闻出版广电总局于近日推出优秀音像电子出版物100种，《浙江藏书楼》

入选。《浙江藏书楼》（DVD）全片共 13 集，以翔实的史料、生动的影像画面与语言，着重解读浙江现存的杭州文澜阁，宁波天一阁、伏跗室、余姚五桂楼，瑞安玉海楼，湖州皕宋楼、南浔嘉业藏书楼，嘉兴曝书亭、海宁衎芬草堂、海盐西涧草堂，绍兴古越藏书楼等 11 座藏书楼。片中围绕藏书楼中发生的爱书、收书、护书、修书的故事，让青少年充分感受中国传统文化的魅力。（浙江省图书馆学会秘书处）

【全省图书馆联动开展“五水共治、两美浙江”大型朗诵活动】 为迎接首届浙江全民阅读节及 4·23 世界读书日的到来，4 月 19 日，由浙江省文化厅主办，浙江图书馆和杭州之声 89 频道承办，浙江省钱塘江管理局、杭州市西湖区文化广电新闻出版局协办的“五水共治、两美浙江——水之美人之梦”大型朗诵活动在浙江图书馆报告厅举行。朗诵活动由浙江图书馆牵头，全省 98 家公共图书馆联动，围绕“五水共治、两美浙江”主题，举办系列朗诵活动。主场活动采取 1+5 系列朗诵会形式，在浙江图书馆设置 1 个主会场，另外在 5 个不同阅览室分别设置治污水、防洪水、排涝水、保供水、抓节水 5 个主题朗诵分会场，由浙江图书馆文澜朗诵团团员和志愿者朗诵诗词、散文、话剧等文学作品，在全馆营造浓厚的读书氛围，也拉开全省各级公共图书馆联动开展“五水共治、两美浙江——水之美人之梦”大型朗诵活动的帷幕。（浙江省图书馆学会秘书处）

【国家级古籍修复技艺传习中心浙江传习所揭牌】 为进一步加强古籍保护人才队伍建设，建立古籍修复人才储备机制，5 月 7 日，国家级古籍修复技艺传习中心浙江传习所在浙江图书馆孤山分馆举行揭牌仪式。国家图书馆副馆长、国家古籍保护中心副主任张志清和浙江省文化厅副巡视员尤炳秋共同为传习所揭牌，并举行拜师仪式，聘请国家图书馆资深古籍修复专家胡玉清担任导师。（浙江省图书馆学会秘书处）

【第十一届浙江省未成年人读书节启动仪式暨“五水共治、两美浙江”故事大赛决赛举行】 5 月 13 日，由浙江省文化厅主办，浙江图书馆、宁波市北仑区文化广电新闻出版局承办，宁波市北仑区图书馆执行承办的第十一届浙江省未成年人读书节启动仪式暨“五水共治、两美浙江”故事大赛决赛在宁波北仑区图书馆举行。启动仪式上，为阳光小学、凌霄社区、蔚斗社区等 6 家亲子阅读推广基地现场赠书。上海图书馆副馆长周德明、中国图书馆学会秘书长霍瑞娟等 16 位图书馆馆长、嘉宾担任决赛评委。决赛现场，27 名小选手的精彩表演得到评委和观众们的好评。（浙江省图书馆学会秘书处）

【浙江图书馆信息服务入驻省人大代表履职服务平台】 5 月 22 日，为了更好地为人大代表服务，浙江图书馆在浙江人大代表履职服务平台专门开设“浙图参考咨询”专栏，下设立法资讯、专家观点、分析综述、时事观察、经济洞察、浙图咨询、网络图书馆等二级栏目，由该馆负责栏目的建设和管理。该馆还结合社会热点和未来浙江全省重点发展规划，联合全省 35 家公共图书馆合作编辑《2015 视界·浙江“两会”》专题信息，内容涉及浙江经济、政治、文化、社会、生态发展建设等 42 个主题，为各地代表和委员们提供参考服务。同时，还为两会代表委员提供 24 小时文献信息查找服务。（浙江省图书馆学会秘书处）

【全省公共图书馆馆际互借服务升级】 5 月 30 日，由浙江图书馆发起，联合全省 11 个地区 98 家公共图书馆，共同开展全省公共图书馆馆际互借推广计划。本次推广计划共吸收新加盟公共图书馆 24 家，使得公共图书馆馆际互借业务实现全省覆盖。通过制订《浙江省公共图书馆馆际互借操作规程》，明确服务职责和服务流程；建立《浙江省公共图书馆馆际互借负责人联系表》，搭建互借工作 QQ 群，保证服务畅通，提升服务时效。（浙江省图书馆学会秘书处）

【全省公共图书馆抗战历史图片展巡展在浙江图书馆启动】 7 月 7 日，时值“七七卢沟桥事变”纪念日，为纪念抗日战争和世界反法西斯战争胜利七十周年，由浙江图书馆、浙江安贤生命博物馆联合举办的“浙江抗战历史图片展”在浙江图书馆一楼展厅拉开帷幕。此次展览共展出历史图片 143 幅，分为“野蛮侵略”“奋起抵抗”“全民参战”和“抗日将士”4 个主题。全方位、多角度地再现七十年前抗日战争时期的历史风云，再现日寇战争罪行，以及浙江儿女不畏强暴、奋起反抗的牺牲精神。展览持续到7月17日，之后在全省各公共图书馆巡展。（浙江省图书馆学会秘书处）

【《浙江省公共图书馆“互联网+”行动计划》发布】 7月20日，浙江图书馆联合全省11个市级公共图书馆发布《浙江省公共图书馆“互联网+”行动计划》。运用云计算大数据提升行业管理能力和资源共建共享能力，使条件相对落后的图书馆快速提升资源和服务能力；以开放姿态，打造公共文化服务的新型业态。全省公共图书馆协同一致，通过流程重组，把围绕图书馆设置工作流程转变为围绕用户创建工作流程；通过服务上线，实现图书馆资源和服务上线；通过跨界融合，将服务入口前置，积极主动接入支付宝、微信等移动平台的城市服务，让用户在熟悉的生活和社交场景中触手可及；通过数据共享，建立和完善全省公共数字服务平台，促进资源共建共享和联合服务，建立和完善全省公共图书馆数据平台，实现全省公共图书馆书目信息、用户动态信息的共享和更新，进一步促进线上线下服务结合，网络服务与阵地服务结合，为公众提供更好的用户体验，让公众享受到更加公平、高效、优质、便捷的公共文化服务。（浙江省图书馆学会秘书处）

【2015年浙江省公共图书馆馆长培训班在瑞安举行】 8月5—7日，由浙江省文化厅主办，浙江图书馆、浙江省图书馆学会、浙江艺术职业学院承办，瑞安市图书馆协办的2015年浙江省公共图书馆馆长培训班在瑞安市举行。来自全省各市县区公共图书馆馆长100余人参加培训。本次培训班以“公共文化服务体系建设”和“图书馆法人治理”为主题，文化部公共文化司巡视员刘小琴、省文化厅公共文化处仲建忠副处长、浙江大学公共管理学院副教授李超平、温州市图书馆馆长胡海荣、浙江图书馆办公室副主任张晓俐分别做专题报告。培训安排了分组讨论交流，馆长们分为3个小组围绕培训主题进行热烈讨论，交流各馆的工作，并对今后的培训工作提出一些中肯的意见和建议。受中国图书馆学会的委托，培训期间召开《公共图书馆评估标准（修订稿）》征求意见（浙江）座谈会，60余位馆长就评估标准畅所欲言，提出许多想法和建议。（浙江省图书馆学会秘书处）

【艺术与文献国际学术研讨会暨张宗祥先生逝世五十周年纪念会在浙江图书馆举行】 8月16日上午，此次会议的开幕式在浙江图书馆二楼报告厅举行。来自美国、韩国和我国30多个单位的60多位学者以及浙江图书馆180多位馆员参加开幕式。会议由中国社会科学院历史研究所和浙江图书馆联合举办，以艺术和文献为主题的国际学术会议来纪念、缅怀张宗祥先生的杰出贡献。浙江省社会科学院顾志兴、中国社会科学院历史研究所马怡、浙江大学曹锦炎、山东省石刻艺术博物馆杨爱国、浙江师范大学黄灵庚分别在大会上发言。8月18—30日，浙江图书馆与西泠印社、浙江美术馆、海宁市人民政府联合主办的“崇文载学·铁如意——张宗祥逝世五十周年纪念特展”在浙江美术馆展出，共展出展品260余件，5万人次观展。（浙江省图书馆学会秘书处）

【浙江省公共图书馆读者服务技能竞赛暨第二期读者服务工作培训班在德清举办】 9月22日，由浙江省文化厅主办、浙江图书馆承办的此次竞赛在德清举办，来自全省11个市的33名选手参加比赛。竞赛共分为服务形象展示、知识竞答、电脑操作、分书排架4个环节，各环节内容设计新颖，包含图书馆的业务工作和服务工作内容，既考理论知识水平、又注重实际应用，还展示了各地区馆员的个人风采以及团队协作精神的体现。经过4轮角逐，嘉兴代表队获得团体一等奖，另10个代表队分别获得团体二、三等奖及优胜奖；温州市图书馆诸葛列炜、德清县图书馆何海燕获得优秀个人奖。（浙江省图书馆学会秘书处）

【第三十二届国际盲人节主题公益活动举行】 10月13日，由浙江图书馆主办的第三十二届国际盲人节“心阅风景　爱促融合”大型主题公益活动在钱江新城举行。今年该馆打破以往的盲人节活动惯例，首次带领100位视障者走出家门，走出图书馆，走进西湖风景区，走进钱江新城，用心阅读风景，触摸历史，畅想未来。此次公益活动筹备阶段，浙江图书馆组织了“全国盲人百

科知识竞赛”浙江赛区的比赛，150余位读者参与竞赛，掀起学习和讨论热潮。（浙江省图书馆学会秘书处）

【2015年度浙江省文化信息资源共享工程业务培训班举办】 10月14日—11月4日，2015年度浙江省文化信息资源共享工程业务培训班分别在金华、嘉兴、衢州3地举办，来自全省11个市110余位业务人员参加。此次培训为了更有针对性，增强学员间的相互交流，在培训形式上采用分片小班教学的模式，以金华、嘉兴、衢州3个地方为举办地，属地就近原则开展培训。会上对浙江省文化共享工程的下一步工作提出要求并传达文化部下一阶段公共数字文化建设的重要任务。培训班还邀请文化部全国公共文化发展中心宣传活动部处长王芬林、处长助理吴晓以及国家公共文化服务体系建设专家组成员、前浙江文化馆馆长张卫东为学员们讲授《公共数字文化建设与发展》《群众文化活动策划》等课程。同时，还结合各片区学员的特点，分别组织经验交流座谈会、实地考察乡镇分馆、农村文化礼堂等现场学习内容，让学员切实感受技术创新、活动推广的成果。（浙江省图书馆学会秘书处）

【浙江图书馆入选二十佳国际体验点】 10月29日，2015（第八届）“杭州国际体验日”启动仪式在太庙广场举行，来自32个国家的驻沪领事、文化参赞、商会代表等300位国际嘉宾参与活动仪式。浙江图书馆入选二十佳国际体验点，并将作为杭州活动东西方文化交流的体验点，为来自世界各地友人带来具有地方特色、又具国际范的体验项目。（浙江省图书馆学会秘书处）

【第二届浙江省公共图书馆参考咨询技能培训暨信息检索竞赛在杭州举办】 由浙江图书馆主办的此次活动于11月3—6日举办，来自全省28家公共图书馆的54名参考咨询馆员、信息检索竞赛参赛者参加培训。培训期间，浙江省政府办公厅信息中心副主任陈立三做题为“互联网+政务的浙江实践”的报告；上海图书馆文献提供中心副主任陈喆做题为“全媒体背景下图书馆舆情监测的创新实践”的演讲；浙江图书馆信息中心副主任徐进介绍参考咨询服务团队在浙江省联合知识导航网的运行和建设情况；《共时财经》主编冯巧婕分享互联网金融舆情热点等。浙江图书馆在赛前举办全省公共图书馆信息检索竞赛，48名参考咨询馆员报名参赛。竞赛题目涉及图书馆日常工作的咨询问题，并与时事、检索原则技巧相结合，受到参赛馆员的好评。在此次培训中还安排浙江省公共图书馆信息检索竞赛的试题讲解、点评和讨论环节，姚隽鸣、黄蓉、王松国等6名参赛学员进行现场逐题讲解，剖析解题思路，探讨过程中的难点，分享检索途径。浙江大学教授周萍、浙江图书馆副馆长贾晓东、信息服务中心陈天伦、杨敏文组成专家组对此进行点评。在整个培训过程中，浙江图书馆采用微信视频播报的形式，培训前进行微信视频预告，培训后进行微信视频回顾，运用新媒体的形式，起到比较好的宣传效果。（浙江省图书馆学会秘书处）

【非洲图书馆计算机自动化管理培训班在杭州举办】 11月5—13日，由文化部外联局、浙江省文化厅主办，浙江图书馆承办的此次培训班在杭州举办，邀请来自马达加斯加、马拉维、莫桑比克3国政府文化主管部门分管图书馆业务的官员、国家图书馆高级管理人员共6人来华参加为期2周的培训。浙江图书馆安排了包括图书馆数字化管理、公共图书馆网络服务体系建设、图书馆活动运营管理、古籍修复管理等内容丰富的课程，并编写专门教材，由馆领导和各部门专业骨干授课。此外，还安排市级、县级、乡村图书馆考察，以期3国同行对我国图书馆服务体系有全面、直观的认识，对其公共文化服务体系建设有所裨益。培训期间，还安排浙江省图书馆专业人员与非洲同行座谈，听取非洲同行介绍各自情况，互相学习借鉴。（浙江省图书馆学会秘书处）

【浙江省公共图书馆走进文化礼堂“双百活动”启动】 11月11日，浙江省公共图书馆走进文化礼堂“双百活动”启动仪式在杭州市富阳区富春街道湖塍村文化礼堂举行，湖塍村文化礼堂代表、湖塍村村民500余人参加。仪式上，全国文化信息资源共享工程浙江省分中心向全省百家文化礼堂赠送中国文化网络电视多媒体文化互动播出终端。同时，浙江省图书馆馆长徐晓军赴富阳湖塍村文化礼堂现场讲解展览《书的故事》，浙江图书馆党委书记雷祥雄赴龙游芰塘金村文化礼堂讲解展览《龙游乡风民俗》，浙江图书馆副馆长刘晓清赴缙云下洋村文化礼堂现场讲解展览《独峰展窗》，党委副书记徐洁赴海宁荷叶村文化礼堂现场讲解展览《海宁名人展》，副馆长李俭英赴永康上里叶村文化礼堂现场讲解展览《永康味道》。（浙江省图书馆学会秘书处）

【2015年全省公共图书馆网络技术培训班在杭州举办】 11月23—25日，由浙江图书馆主办的此次培训班在杭州举办。来自全省各市、县（区）图书馆的技术骨干共87人参加培训。培训班以总结交流"十二五"期间浙江省数字图书馆建设与服务经验为宗旨，以推动互联网思维下数字图书馆的创新发展为目标，回顾"十二五"期间全省公共数字文化的整体建设情况，分析存在的问题，并对"十三五"建设提出设想。通报全省公共图书馆虚拟专网建设情况，介绍和布置"全省公共图书馆互联网＋行动计划"相关工作，并通过案例分享、总结各馆在资源建设、新媒体应用、数字图书馆服务、数字图书馆宣传推广、数据分析等方面的工作经验和面临的问题，对"十三五"期间全省数字资源的整合分享，应用服务的纵向发展、横向融合，全省数据中心的建设，移动服务和新媒体服务等问题进行开放、热烈的讨论。（浙江省图书馆学会秘书处）

【浙皖公共数字文化资源走亲系列活动启动】 12月9日，此次系列活动在安徽合肥启动。浙江省12个市、县图书馆代表和安徽省市、县图书馆代表共200多人参加仪式。浙皖两省通过公共数字文化资源走亲的形式，为2016年两省各级公共图书馆搭建交流平台，将从省、市到县，逐步深入基层，从人才培养、公共数字文化资源建设与服务、信息技术等方面全方位进行深入交流和共享。在此次活动启动现场，浙江和安徽两省分别向对方赠送地方特色资源。与会代表还参观两省优秀数字资源成果展、公共文化一体机、浙江文化通手机等。浙江省精选《浙江藏书楼》《浙江书院》《瑞安东源木活字印刷术》《中国兰亭书法节》等32个地方特色数据库走进安徽省参加资源展示。当天，还举办文化资源走亲活动交流座谈会，两省市、县图书馆代表介绍各地区公共数字文化资源建设与服务特色，并为文化走亲内容、形式献计献策。（浙江省图书馆学会秘书处）

【浙江图书馆成立全省首个省级公共文化机构理事会】 12月21日，浙江图书馆首届理事会成立仪式在浙江图书馆举行。浙江省政府副秘书长李云林，省委宣传部副部长唐中祥，省文化厅厅长金兴盛，副厅长杨越光、柳河，省级有关部门负责人、全体理事等参加仪式。2014年初，省文化厅确定浙江图书馆等6家单位为省级法人治理结构试点单位。同年9月，浙江图书馆被文化部列为全国法人治理结构试点单位。经过一年多时间的努力，浙江图书馆首届理事会正式组建。理事会是浙江图书馆的决策与监督机构，本届理事会由13位理事组成。在21日下午举行的理事会预备会议上，经过全体理事选举，确定由钟桂松担任理事长。通过个人报名、组织推荐、团体推荐等途径，面向社会公开招募社会理事。首届理事会中社会理事9名，占70%，理事长也由社会理事担任。（浙江省图书馆学会秘书处）

【浙江图书馆首个村级分馆开馆】 12月25日，浙江图书馆首个村级分馆——淤上村分馆在丽水市庆元县淤上村开馆。该分馆的开放，将为淤上本地居民提供集图书借阅、报刊阅览、电子阅览等多种功能于一体的文化学习休闲场所，让广大居民享受到公益、便捷、优质的公共文化服务。1937年抗战打响，浙江图书馆藏书开始西迁。1942年，浙江图书馆藏书迁往淤上村，存放三年零六个月。浙江图书馆大量宝贵馆藏善本得以留存，离不开淤上乡民的妥善保存。浙江图书馆将首个村级分馆设在淤上村，在表达对淤上村村民先辈们深深谢意的同时，更衷心希望分馆为淤上村经济社会文化发展与繁荣做出贡献。（浙江省图书馆学会秘书处）

【杭州图书馆开通向海外图书馆出借文献业务】 2月4日，杭州图书馆顺利完成OCLC的WorldShare ILL（WorldShare Interlibrary Loan）平台开通工作，成功实现与海外图书馆间的馆际互借和文献传递业务，成为继上海图书馆、国家图书馆之后，国内第三家在WorldShare ILL平台向海外图书馆出借文献的公共图书馆。开通首月，已收到来自美国11所高校图书馆的19例请求，借出文献17册，内容涉及书法、传记、文学、中医学等方面。（浙江省图书馆学会秘书处）

【“公共图书馆:社会教育与市民终身学习国际研讨会”在杭州图书馆举办】 10月22日，由杭州市文化广电新闻出版局、市科学技术协会、市图书馆事业基金会和杭州图书馆主办的此次国际研讨会在杭州图书馆举行。来自美国、德国、新加坡、日本、葡萄牙等国家的图书馆馆长和国内各省市图书馆馆长、知名学者、代表等100余人参会。杭州市政府副秘书长姚坚和浙江图书馆馆长徐晓军分别致辞。此次研讨会为期2天，以主旨演讲、圆桌会议等形式，就公共图书馆开展社会教育、推动学习型社会建设的新思维、新内涵、新方式进行广泛而深入的学习交流。来自新加坡国家图书馆、美国印第安纳波利斯市立图书馆、日本岐阜市立中央图书馆、葡萄牙波尔图公共图书馆的馆长和波尔图市政府文化部主任分别做主旨演讲。（浙江省图书馆学会秘书处）

【杭州图书馆电影分馆成立】 11月29日，位于钱塘江畔市民中心的杭州图书馆电影分馆成立并向读者开放。这个电影分馆是杭州图书馆旗下的又一特色主题分馆，也是国内首家电影主题公共图书馆。收藏近5000部的影碟资料，读者可以通过电脑查阅馆内自建的数据库，也可以选择喜欢的影片观看。目前，该分馆已与中国电影资料馆、中国电影艺术研究中心及浙江传媒学院电影学院和浙江传媒学院图书馆等机构结成合作伙伴关系，同时也是中国电影资料馆和中国电影研究中心在杭州的分支机构，与这些专业机构的合作，将极大提升杭图电影分馆的学术含量和服务能力。（浙江省图书馆学会秘书处）

【公共图书馆数字资源覆盖杭州市中小学校】 为促进杭州全市区域、城乡间的中小学校阅读和教育资源均等化，2015年6月，杭州市文化广电新闻出版局和杭州市教育局共同发文，杭州少年儿童图书馆具体实施“公共图书馆数字资源覆盖中小学校”项目，实现杭州市教育和公共图书馆两个网络的连通，建立“课后也精彩”青少年课外阅读平台，并分类定制“学生版”和“教师版”资源，细分服务供给，满足师生不同需求。现平台上共有7200多万篇期刊论文，1.5万多部中小学教辅图书，7000多套教学音视频，2.2万小时科普影片和动画，8000多套试题，数字资源量达44.5TB。在几乎不增加公共财政投入的情况下，丰富了中小学阅读和教育教学资源。至2015年年底，已实现全市774所中小学校全覆盖，提供中小学师生数字阅读服务119.4万人次，被评为2015年度杭州市创新项目。浙江省委常委、市委书记赵一德，杭州市委常委、宣传部长翁卫军都对此项目做了批示和肯定。文化部网站、《图书馆报》等做专题推介。项目还作为“图书馆助力农村地区儿童阅读成长”案例，在2015年的国际图书馆协会联合会（IFLA）大会上做经验介绍，受到高度评价。（浙江省图书馆学会秘书处）

【嘉兴市图书馆建立首个跨省流通服务站】 2015年，由嘉兴市图书馆和嘉兴市农科院共同建设的陵水（农科）图书流通站在海南陵水育种基地成功试运行。嘉兴市图书馆提供的首批1000册新书已到位，还可一站式获取总馆海量的数字资源。陵水（农科）图书流通站是嘉兴市图书馆建设的首个跨省流通服务站，由嘉兴市图书馆提供远程服务。该流通站使用面积约50平方米，提供图书借阅、“你荐书，我买单”特色服务等。主要突出数字农科特色，特设首个为农科人员定制的专题性数字图书馆——嘉兴数字图书馆陵水（农科）分馆，除共享嘉兴数字图书馆的海量数字资源外，还拥有中国知网农业库、国家科技图书文献中心、网上联合知识导航等专业数据库资源，初步建成以打造学习空间为主、兼顾休闲服务，以数字资源远程服务为主、兼顾纸质文献服务的图书流通站。（浙江省图书馆学会秘书处）

【宁波市图书馆理事会正式成立】 10月9日，宁波市图书馆理事会成立大会在宁波市图书馆报告厅召开。宁波市图书馆是市文化广电新闻出版局确定的法人治理结构试点工作单位。为保证工作的顺利开展，成立了由馆长为组长的筹建工作小组，制订工作方案，起草《宁波市图书馆章程》并依据《章程》在《宁波日报》等媒体发布社会代表理事招募公告。宁波市图书馆首届理事会共13名成员，宁波如意股份有限公司董事长储吉旺当选为理事长。（浙江省图书馆学会秘书处）

【舟山市图书馆理事会成立】 12月4日下

午，舟山市图书馆理事会成立大会在市图书馆举行。会议宣读市图书馆首届理事会聘任文件。首届理事会由9人组成，舟山市文广新局副局长担任理事会理事长。当天，还召开第一次理事会会议，审议通过《舟山市图书馆章程》及5项配套制度，理事们还就2016年图书馆工作要点及如何切实发挥理事会作用等内容进行研究讨论并达成共识。（浙江省图书馆学会秘书处）

【温州新落成的7家城市书房同日开放】 12月15日，温州新落成的7家城市书房同日开放，开放仪式在温州市图书馆东面广场举行。至此，继去年开设5家自助图书馆以来，今年新增的10家城市书房已全部正式对市民开放。温州“城市书房”是以24小时自助实体图书馆为馆舍基础而创建的一个全开放、不打烊、高品位的城市书房体系。位于市图书馆一楼东首的市府路城市书房堪称“旗舰店”，总面积700余平方米，藏书3万余册。室内配备有高清投影仪、电动投影幕布、音响等设备，可举办主题沙龙、品书会、人文讲座、小型表演等多种文化活动。城市书房均采取无人值守的措施，倡导读者进行自助服务。读者可凭市民卡或读者证进馆，进行自助借还图书操作。城市书房为市民阅读提供了24小时便捷服务，真正打破传统图书馆在服务时间上的限制，在提升城市文化品质方面将发挥积极的作用。（浙江省图书馆学会秘书处）

【余杭区图书馆荣膺“第六届全国服务农民、服务基层文化建设先进集体”称号】 全国服务农民、服务基层文化建设先进集体表彰活动由中宣部、文化部、国家新闻出版广电总局等单位组织实施，旨在进一步激发广大文化工作者投身基层文化工作的积极性与主动性，推动基层文化工作建设。2015年，经层层组织推荐审核评选，余杭区图书馆荣获“第六届全国服务农民、服务基层文化建设先进集体”称号，是浙江省唯一获此殊荣的公共图书馆。（浙江省图书馆学会秘书处）

【德清县图书馆荣获2015年最美基层图书馆】 在2015年中国图书馆年会上，德清县图书馆荣获2015年最美基层图书馆。全国有3500多家基层图书馆参加此次活动，经过层层选拔，德清县图书馆上榜全国10家“2015年最美基层图书馆”。（浙江省图书馆学会秘书处）

安徽省

【概况】 截至2015年年底，安徽省共有各级公共图书馆121个，比2014年增加8个。其中省级馆1个，市级馆21个，县、区级馆99个。馆舍总面积39.93万平方米。总藏量1942.36万册/件，其中图书1575.64万册/件，古籍63.06万册/件，善本古籍4.37万册/件；电子图书3133.63万册，新增电子图书486.61万册；视听文献34.35万件（套），缩微制品7393件（套）；报刊1660.98万件。总流通人数1738.95万人次，书刊文献外借913.52万人次、1480.95万册次。公用房屋建筑总面积39.93万平方米，其中书库面积8.29万平方米，阅览室面积12.93万平方米，书刊阅览室面积9.1万平方米，电子阅览室面积2.14万平方米。阅览室座席数3.29万个，其中少儿座席数9272个，盲人阅览座席数1187个。计算机7675台，电子阅览室终端数5603台。流动图书馆（车）书刊借阅80.47万人次、31.93万册次。组织各类讲座2023场，参加55.67万人次；举办展览603场，参观120.62万人次；举办各类培训班941期，培训6.88万人次。开展基层培训辅导8.19万人次；成立志愿服务队伍131支，志愿者3647人。建立分馆1230个。

2015年，各馆继续以项目实施为抓手，做好文化共享工程、数字图书馆推广工程、公共电子阅览室建设三大文化数字工程建设和古籍保护工作。全年完成全国文化信息资源共享工程地方资源建设《安徽非遗》《安徽文化名人》等电视专题片41集，总量19.6TB，拍摄《安徽大讲堂》48讲，完成安徽省公共文化数字支撑平台二期项目和进村入户项目建设工作；参加中国中心举办的“大年小戏过新春”视频征集活动，省中心推荐的《家庭面试》《做爱老敬老的好宝宝》分别获得“观众最喜爱的十部小戏”和“观众最爱的十个曲艺”节目奖。根据数字图书馆国家中心要求，完成数字图书馆推广工程安徽省运维平台的部署工作；积极参与数字图书馆推广工作及国家图书馆组织开展的各项活动，举办“国家数字图书馆推广工程及安徽省公共阅读推广联盟数字服务宣传暨培训活动”（繁昌站）、“全国三大公共数字文化工程技术培训”（蚌埠站）

及“三大数字文化工程安徽培训班暨视频制作高级研修班”（合肥站）。按照国家古籍保护中心文件要求，汇总安徽省内各家古籍收藏单位有关信息，上报《中华古籍保护计划“十三五”规划预研调查表》；完成国家古籍保护中心在安徽省关于抗战时期抢救保护古籍重要事例的征集工作；积极配合国家古籍保护中心、中国图书馆学会举办“我与中华古籍”摄影大赛及优秀摄影作品巡展活动。本年度，安徽省公共图书馆事业发展依托文化信息资源共享工程、数字图书馆推广工程、公共电子阅览室建设计划和中华古籍保护计划的服务平台，积极构建数字化公共文化服务体系，初步形成资源丰富、服务快捷、技术先进、稳定可靠的分布式服务网络，实现把公共数字文化送到人民群众手中。（安徽省图书馆学会　武巍泓）

【安徽省召开古籍保护工作厅际联席会议】 3月3日下午，安徽省古籍保护工作厅际联席会议在省政府第二会议室举行。省政府副秘书长吴行、省文化厅厅长袁华、省民委副主任沙圣虎、省新闻出版广电局副局长朱训义等厅际联席会议成员单位领导及联络员，省政府办公厅、省委宣传部相关处室，省古籍保护中心主任易向军等出席会议。会议审议通过首批《安徽省珍贵古籍名录》和“安徽省古籍重点保护单位”名单。全省共有270部古籍入选《安徽省珍贵古籍名录》；芜湖市图书馆、安庆市图书馆、无为县图书馆、桐城市图书馆、歙县博物馆、皖西学院图书馆6家单位入选首批“安徽省古籍重点保护单位”。（安徽省图书馆学会　武巍泓）

【李清泉家属向安徽省图书馆捐赠图书】 2015年元月，安徽省原副省长、省政协副主席李清泉同志的家属遵照其遗愿，将他生前的部分私人藏书赠送给安徽省图书馆。李清泉曾历任安徽省人民政府秘书长、副省长，省政协副主席、党组副书记等，为安徽省经济社会发展和人民政协事业做出重要贡献。此次捐赠的4000余册图书涵盖文史哲多个学科，其中含大量有价值的文献信息。（安徽省图书馆学会　武巍泓）

【安徽省图书馆开展“网络书香过大年”活动】 为进一步加强数字图书馆推广工程的影响力，结合数字图书馆推广工程新春活动的总体安排，安徽省图书馆积极发挥省级馆在业界的引领作用，带动全省市、县近百家公共图书馆共同参与2015年数字图书馆推广工程“网络书香过大年”活动。2月7日上午，省图书馆举办的“网络书香过大年”——“趣味春联填填看”拉开此次活动的序幕，读者可以通过移动PAD在线上开展趣味春联填空的游戏。“网络书香畅游空间暨网络书香摄影展”在省图书馆西一楼大厅同时开展，向读者介绍数字图书馆推广工程资源及平台的内容和使用技巧，加快实现数图推广工程建设成果惠及全民。（安徽省图书馆学会　武巍泓）

【安徽家谱古籍数字化资源加工项目正式启动】 3月18日，安徽家谱古籍文献数字化资源加工项目在安徽省图书馆启动。此项目是省图书馆数字资源自建项目，通过政府招标与杭州中元数据公司合作共建，依据《安徽省图书馆古籍数字化加工规范》标准，对馆藏安徽家谱古籍文献进行资源外包加工，包括家谱古籍文献的修整、数字化采集、数字图像制作、数字图像文件处理、元数据著录及质检，数字资源成品交付专家验收。外包过程由省图书馆历史文献部确定专人全程跟进，确保制作周期内底本文献与数字资源的安全管理。此次进行数字化的安徽家谱主要来自合肥、庐江、巢湖、枞阳、怀宁等15个地区共60部家谱，约630册6.9万拍筒子叶，于5月底之前全部完成。（安徽省图书馆学会　武巍泓）

【安徽省图书馆举办纪念中国人民抗日战争暨世界反法西斯战争胜利70周年系列展览】 4月30日—5月10日，为纪念中国人民抗日战争暨世界反法西斯战争胜利70周年，省图书馆与省航空科普协会共同举办纪念中国人民抗日战争暨世界反法西斯战争胜利70周年之“世界反法西斯战争”展览，介绍世界反法西斯战争重大战役、二战尖端武器与科学技术、二战尖端武器模型、中国航空母舰与舰艇模型等。7月7日，“革命精神永放光芒——合肥地区新四军老战士风采展”在省图书馆开幕，共展出70位新四军（八路军）老战士的照片和感人事迹介绍，同时还展出刺刀、头盔、军旗、炮弹壳等抗战文物和与新四军抗战相关的馆藏图书。8月28日，“抗日战争时期的安徽出版”文物原件展在省图书馆展出。展览通过抗战时期的安徽图书、报纸、期刊以及出版人四个板块，全景式呈现 1931 年至 1945 年抗战时期安徽的战事战况以及政治、经济、文化、教育等方面的情况，展示安徽军民英勇抗战的辉煌历程。此次展出的图书、报纸、期刊等出版物皆为原件，绝大多数展品为首次公开展出，具有重要的文史和文物价值。8 月 29 日，纪念中国人民抗日战争暨世界反法西斯战争胜利 70 周年之"抗日战争历史文物展"在省图书馆开展，共设展板 30 块、展柜 26 个，展示图片 174 张，抗战实物近 200 件。所有展品均由合肥市军休一所休养干部张兴华（原为解放军电子工程学院教授）提供。张兴华老师 2006 年退休以后，专心于收集抗日战争时期的文物，前后用了 10 年时间，收藏近 500 件珍贵的抗战历史文物，还利用自家地下室办起家庭抗日文物陈列室。此次展览受到读者的热烈欢迎，争相观展。《安徽商报》、合肥电视台、安徽电视台等媒体相继对该活动进行宣传报道。（安徽省图书馆学会　武巍泓）

【2015 年湘鄂赣皖四省图书馆联盟巡回讲座在安徽省图书馆举行】 5 月 17 日上午，此次巡回讲座在省图书馆举行，巡讲主题为"上善若水——湘鄂赣皖名湖文化解读"。四省著名学者王东林（江西师范大学正大研究院院长兼文化研究所所长）、余三定（湖南理工学院院长）、方城（湖北省党史学会副会长）、戴健（合肥市政协副秘书长、文史资料委员会主任）分别介绍鄱阳湖、洞庭湖、洪湖及巢湖的自然风貌和历史文化内涵，带领听众领略名湖风光，解读名湖文化。4 位学者还与听众朋友进行积极互动，针对水环境保护、四省文化共同点等问题展开热烈讨论。（安徽省图书馆学会　武巍泓）

【2015 年全国公共图书馆缩微技术培训班在合肥举办】 8 月 25—27 日，由全国图书馆文献缩微复制中心、安徽省图书馆、合肥市文广新局主办，合肥市图书馆承办的此次培训班在合肥市图书馆举办。来自全国 14 个成员馆的 40 名学员参加培训。经过集中培训，学员们对缩微技术前沿理论、数转模工作流程及摄制规范、数转模设备的工作原理与实际操作、1600 缩微拍摄机设计原理、便携式缩微阅读器设计原理有了更加清晰的认识，进一步了解缩微事业的发展前景及在推动数字缩微理念的普及与推广、提升数字缩微工作在我国文化产业发展中的重要作用。"传承文明服务社会——全国图书馆文献缩微工作成果展"同时展出，以图文并茂的形式展示 1985 年至今的 30 年间，由全国缩微中心引领各省级公共图书馆，利用缩微技术对馆藏珍贵文献进行抢救所取得的成果。（安徽省图书馆学会　武巍泓）

【安徽省公共图书馆阅读推广联盟开展纪念抗日战争胜利暨世界反法西斯战争胜利 70 周年系列活动】 2015 年 5—9 月，安徽省公共图书馆阅读推广联盟依托 107 个联盟成员馆，联合举办以"重温历史 · 品味经典"为主题的纪念抗战胜利暨世界反法西斯战争胜利 70 周年系列活动。活动内容包括公益讲座全省巡讲、公益展览全省巡展、读书征文及演讲比赛、个人主题数字图书馆建库大赛、亲子电子书创作大赛、红色经典书籍书目推荐暨优秀书刊漂流阅读活动等。其中，读书征文比赛自 5 月在联盟各成员馆开展以来，得到各馆高度重视，积极响应，共报送征文 102 篇，内容涉及抗战时期安徽各地的主要战役、战斗，各地人民为抗战胜利做出的重大贡献与巨大牺牲，以及安徽抗战人物研究等诸多方面，涵盖面广、涉及领域多，史料准确、观点新颖，内容翔实、质量优良。经评审，成人读者组、少儿读者组和馆员组各评出一等奖 3 名、二等奖 5 名、三等奖 10 名。（安徽省图书馆学会　武巍泓）

【全国三大公共数字文化工程技术培训（蚌埠站）举办】 9 月 21—23 日，由文化部全国公共文化发展中心、国家图书馆、安徽省文化厅指导，安徽省图书馆、蚌埠市文广新局主办的全国三大公共数字文化工程技术培训（蚌埠站）在蚌埠举办。全省各市、县（区）图书馆馆长和技术骨干近 200 人参加培训。培训内容包括数字图书馆推广工程 2015 年数字资源联合建设任务中"元数据仓储建设标准及方法""唯一标识符命名规则详解及系统应用""地方文献数字化建设标准及方法"和共享工程视频资源制作"新环境下传媒艺术的创新的观念与艺术""数字时代文化资源的影像转化""专题片后期制作"等。培训期间，还举办安徽省三大数字文化工程建设成

果展览。（安徽省图书馆学会　武巍泓）

【湘鄂赣皖四省公共图书馆联盟工作推进会在安徽省图书馆召开】 12月8日，会议召开，湘鄂赣皖四省、市图书馆馆长参会。中国图书馆学会秘书长霍瑞娟、安徽省文化厅公共文化处处长何颂冰出席会议并致辞。江西省图书馆副馆长黄俊代表四省联盟作2015年度工作报告，回顾一年来四省联盟取得的成绩，对安徽省纪念中国人民抗日战争暨世界反法西斯战争胜利70周年系列主题活动、湖北省“长江论坛”、江西省为“两会”服务、湖南省“湘图百姓讲堂”等活动给予高度评价。来自四省图书馆的代表分别汇报联盟联合调研活动的相关情况，总结各省公共图书馆在讲座、展览、参考咨询、阅读推广、特殊群体服务、新媒体服务等领域的工作经验和亮点，同时也指出四省图书馆发展中存在的问题，并对中部地区公共图书馆的发展提出对策和建议。此次会议对于推动四省联盟建设，提高和促进四省公共图书馆事业的协调发展具有重要意义。（安徽省图书馆学会　武巍泓）

【《徽风皖韵看安徽》精品光盘制作完成】 自2008年以来，全国公共文化发展中心安徽省级分中心结合安徽地方特色文化资源，立足原创，打造精品，先后自主完成大型系列电视专题片15部、168集的拍摄制作，内容涵盖物质文化、非物质文化、历史文化、红色文化四个方面。2015年，对已制作完成的电视专题片进行整理汇编，制作《徽风皖韵看安徽》精品光盘1套。该光盘对于展示安徽地方特色文化风采，传承安徽历史文化精髓，宣传安徽文化大省形象具有一定的促进作用。（安徽省图书馆学会　武巍泓）

【安徽省图书馆获得多个奖项】 2015年1月，安徽省图书馆荣获第十届“安徽省文明单位”称号，这是省图书馆在荣获省直文明单位、合肥市文明单位之后再次获得的殊荣。近年来，省图书馆坚持以争创“省级文明单位”为引领，立足本职，创新思路，结合ISO 9001质量管理体系，积极打造“服务品牌”，创新服务方式，提升服务品质，着力履行图书馆精神文明建设窗口作用，全面提升全馆馆员的文明素质和图书馆品牌形象。4月19日，在2015年“书香安徽阅读季”暨第六届“省直机关读书月”游园活动启动仪式上，省图书馆特色品牌服务——“优秀书刊漂流阅读活动”被评为“省直机关十佳读书活动案例”并受到表彰。4月，共青团安徽省直机关工委命名表彰一批省直机关五四红旗团委（团支部）、青年文明号和先进个人，省图书馆借阅部被命名为2014年度省直机关“青年文明号”。近年来，借阅部全体员工创新服务理念，提升服务水平，将书刊借阅服务延伸到社区、学校、部队、企业、敬老院、乡村，和残障人士、农民工等弱势群体，服务绩效卓越，赢得业界的认可及社会各界的好评，为读者服务工作发挥模范表率作用。4月29日，在安徽省直机关庆祝“五一”国际劳动节暨表彰先进大会上，省图书馆数字资源加工部荣获第三届省直机关“工人先锋号”荣誉称号。数字资源加工部在人力、经费紧张的条件下，制作了一批低成本、高质量的安徽地方特色资源，截至2014年年底，制作完成17部（213集）电视专题片和10个特色资源库；同时，还承担图文数据库建设、文献缩微及缩微品数字化等工作，至今共抢救文献资源3285种，并建设多个图文和多媒体数据库。（安徽省图书馆学会　武巍泓）

【合肥市图书馆理事会一届二次会议召开】 2月6日，会议在合肥市图书馆召开，理事会11名成员出席会议。合肥市文广新局局长、合肥市图书馆第一届理事会理事长罗平介绍合肥市图书馆理事会成立和发展的背景，合肥市图书馆馆长李永钢总结理事会2014年工作并汇报2015年工作计划。经各理事会成员审议，通过修订后的《合肥市图书馆理事会章程》和《理事会议事规则》。合肥市图书馆理事会已被安徽省文化厅确定为“公共文化机构法人治理结构”试点单位。此次会议的召开，不仅明确了理事会的职责，更是理事会决策的具体体现。（安徽省图书馆学会　武巍泓）

【合肥市图书馆助力留住“增知旧书店”】 “增知旧书店”是合肥市最老的旧书店之一，深受无数爱书之人的喜欢，已成为合肥市文化书店之一。“合肥知名旧书店增知书店老板身患癌症　书店面临生存困境”经媒体报道后，受到社会各界的关注。4月8日上午，合肥市图书馆馆长李永钢带领工作人员来到该书店查缺补漏，购买了万元图书用于补充馆藏，助力留住"增知旧书店"。《新安晚报》《合肥晚报》等省市媒体对"增知旧书店"面临困境及爱书爱心人士的解囊相助给予持续关注与报道，中央电视台新闻联播也于4月12日对增知旧书店引发的凡人善举进行报道。（安徽省图书馆学会　武巍泓）

【合肥市少年儿童图书馆获得第十届安徽省文明单位荣誉称号】 2月初，安徽省精神文明建设指导委员会公布了第十届安徽省文明单位名单，合肥市少儿图书馆榜上有名，这已是少儿图书馆第二次获得省级文明单位的荣誉称号。作为合肥市未成年人思想道德建设和公共文化服务的重要阵地，少儿馆多年来高度重视文明创建工作，并将文明创建与业务工作、队伍建设有机结合，倾力营造浓厚的文明氛围，打造一支高素质的专业队伍，为提供更为优质的读者服务奠定基础，使合肥市少儿图书馆的文明创建工作不断提升。（安徽省图书馆学会　武巍泓）

【肥东县图书馆举行张劲夫亲属图书捐赠暨肥东"行知书屋"捐建仪式】 8月17日，仪式举行。张劲夫（1914—2015）生于合肥市肥东县包公镇大张村，曾在国务院、安徽省委任职，在中国科技和财经领域做出重要贡献。此次张劲夫同志的家人携其生前在中南海使用过的书柜、椅子以及3000余册图书来到肥东县图书馆，并向家乡人民传达了张老想在家乡建立"行知书屋"的遗愿。捐赠物品中，有杨振宁先生向张老赠送的台湾版本《合肥县志》残本，并附杨振宁先生亲笔赠言，具有较高的馆藏和研究价值。（安徽省图书馆学会　武巍泓）

【蚌埠市少年儿童图书馆正式成立】 2015年3月，经蚌埠市机构编制委员会批准，蚌埠市少年儿童图书馆正式成立，改写了蚌埠自建市以来没有少年儿童图书馆的历史。该馆占地面积1000平方米。截至3月底，装修已基本完成，家具陆续到货，少儿纸质图书以及数字电子资源的采购进入政府采购流程，少年儿童图书馆整体项目在6月底之前完成。（安徽省图书馆学会　武巍泓）

【全椒县完成图书馆总分馆建设并首次联手开展科普知识宣传活动】 图书馆总分馆建设是全椒县2015年重点民生工程之一，于6月下旬启动。经过2个月紧张筹备，8月下旬建成以县图书馆为总馆，各镇文化站为分馆，4个省级农民文化乐园为服务点的公共文化服务体系。自9月1日起，各镇分馆和村级服务点正式开放运行，实现总分馆图书通借通还一卡通。9月19—20日，县图书馆联手全县10个镇分馆和4个村服务点，共同举办主题为"知识就是力量，创新成就梦想"的科普知识与公民道德建设图片展，展板内容包括交通安全、食品卫生、环境保护、农业科普、突发事件等10多个方面，通过巡展，增加公众的科普知识。（安徽省图书馆学会　武巍泓）

【文化部副部长杨志今来凤阳县调研】 10月14日下午，文化部副部长杨志今来凤阳县调研指导工作，文化部财务司司长赵雯、公共文化司司长张永新等随同调研。安徽省副省长谢广祥，省文化厅厅长袁华，明光市市长张祥安、副市长金力，凤阳县领导徐广友、仲卫东、王兴德等陪同调研。在凤阳县图书馆，杨志今先后察看报刊借阅室、电子阅览室、电子书工坊、24小时自助借阅室等服务窗口，详细了解馆内文献资源建设、阅读环境及图书馆运行情况。杨志今一行接着来到于9月28日正式开馆的凤阳县博物馆参观，详细了解明中都城的遗址保护情况。10月15日上午，杨志今一行来到小岗村调研，先后参观沈浩同志先进事迹陈列馆、大包干纪念馆、小岗村农民文化乐园。小岗村农民文化乐园于2014年建成，投入600多万元，是安徽省首批农民文化乐园示范点，现拥有农民文化广场、礼堂、讲堂、文化活动室、图书阅览室、信息共享室等"一场两堂三室"资源，配备图书2万册，安装电脑10台并实现网络共享和"统借统还"。（安徽省图书馆学会　武巍泓）

【明光市图书馆打造新型服务模式】 明光市图书馆为打造互联网+文化生活空间，创新服务模式。10月6日下午，通过互联网团购平台——美团网面向社会1分钱发售图书馆"小小手学插花"亲子花艺沙龙活动，受到广大市民热烈欢迎，上线即被抢购一空。通过美团网平台发售图书馆活动这种全新的服务方式，不仅没有增加图书馆的人手和经费负担，还充分利用团购网站的广阔渠道扩大了图书馆服务的影响面，吸引更多潜在的读者走进图书馆。10 月 8 日，该馆借书证和图书配送业务在美团网正式上线，读者在美团网订购借书证后致电图书馆提交验证码和个人信息，即成为图书馆正式注册读者，押金 8 折，免费送证上门；持证读者在线支付 2 元同城配送费，即可以在家“点书”，一个工作日送书上门。为了打通公共文化服务最后一公里，明光市图书馆创新推出“从线上到线下”的 O2O 服务模式开展图书配送业务，利用第三方网络平台，提供“点菜式”“外卖式”借阅服务，给广大读者尤其是交通不便、行动不便、工作繁忙的读者带来极大便利。（安徽省图书馆学会　武巍泓）

【金寨县图书馆荣获第六届全国服务农民、服务基层文化建设先进集体称号】 全国服务农民、服务基层文化建设先进集体评选表彰活动由中宣部、文化部、国家新闻出版广电总局等单位组织实施，是一项旨在推动城乡基层文化建设的导向示范工程。此次全国共有 413 家基层单位入选，金寨县图书馆榜上有名。近年来，金寨县图书馆扎实推进公共图书服务一体化建设，形成以县图书馆为总馆，乡镇文化站图书室为分馆，村农家书屋为服务点的公共图书馆服务体系，全县图书通借通还，初步实现为城乡居民提供优质、免费、普遍、均等的公共图书馆服务理念。特别是将农家书屋纳入到公共图书馆服务一体化，打破原来文化部门主导的公共图书馆和新闻出版部门主导的农家书屋之间的“篱笆”，整合资源，打通农民进图书馆的“最后一公里”，保证最基层的农民读书需求。该馆提交的“锐意创新实现农村公共图书馆服务一体化”案例在第五届百县馆长论坛上荣获二等奖。在数字资源建设方面，截至 2015 年年底，已采购数字图书 40 万册、期刊数据库 2 个（包含期刊 7900 种）、报纸数据库 1 个（包含数字报纸 1020 种），建有可供盲人收听的包含曲艺、小说、电影等音频资源的平台，通过 VPN 技术远程访问省图书馆部分数字资源，数字资源总量达到 4.5TB 以上，位于安徽省县级图书馆的前列。建立官方网站，开通微信公共服务平台，实现馆内无线网络全覆盖；同时开通数字资源远程访问系统，全县读者无障碍获取图书馆数字资源。积极构建流动图书服务点，打造一批志愿者服务队伍，将公共图书服务延伸到大山深处的偏远山村。流动图书服务车自 2014 年运行 1 年来，已经开展流动图书服务近 20 次，行程超过 3000 多公里，其活动在新华网以《金寨：“流动图书馆”开进大别山》为题、《人民日报》在第四版要闻版以《小小图书馆》为题进行报道。坚持开展全民阅读“四进”活动、图书“漂流”活动、读书征文演讲比赛、《映山红大讲堂》品牌讲座、举办公益性展览、开展春节有奖灯谜竞猜等活动，全力打造书香金寨阅读推广品牌，受到社会各界的认可和好评。（安徽省图书馆学会　武巍泓）

【繁昌县图书馆创新服务案例获百县馆长论坛一等奖】 5 月 21 日，中国图书馆学会第五届百县馆长论坛在晋江隆重开幕，本届论坛主题为“县级图书馆在构建现代公共文化服务体系中的地位和作用”。围绕主题，中国图书馆学会面向全国图书馆界开展优秀案例征集活动。经过专家委员会评审，共有 45 个案例获奖，其中繁昌县图书馆的创新服务案例“精细化服务让智慧图书馆成为市民心中的精神憩园”被评选为一等奖，该馆馆长管霞作为优秀案例代表在大会上做交流发言。（安徽省图书馆学会　武巍泓）

【繁昌县图书馆设立乡贤馆】 乡贤文化是一个地域的精神文化标记，是连接故土、维系乡情的精神纽带。为宣传繁昌乡贤的嘉言懿行，崇德向善的力量，8 月，繁昌县图书馆特辟馆舍设立乡贤馆，用以收藏、展示繁昌籍人士以及与繁昌政治、经济、文化建设相关的各类体裁作品，包括个人著作、家谱文献、书画作品、数字资源、音频和视频资料、工艺品、证书、奖杯等。乡贤馆将陆续举办繁昌乡贤作品展示。（安徽省图书馆学会　武巍泓）

【芜湖市镜湖区图书馆服务外包案例获百县馆长论坛二等奖】 5 月 21 日，中国图书馆学会第五届百县馆长论坛在福建省晋江市开幕，芜湖市镜湖区图书馆提交的案例《芜湖市镜湖区图书馆全流程服务外包的创新实践》荣获二等奖。该馆馆长田勤作为优秀案例代表在大会上做关于“镜湖区图书馆在安徽省率先尝试服务外包”的经验交流，反响强烈。（安徽省图书馆学会　武巍泓）

【安庆市图书馆荣获书香安徽“十佳全民阅读推广活动”称号】 10月30日，安徽省委宣传部、省直机关工委、省新闻出版局等部门联合组织开展的“书香安徽”全民阅读工作现场会在合肥召开。会上，安庆市图书馆被书香安徽活动组委会授予“十佳全民阅读推广活动”荣誉称号。（安徽省图书馆学会　武巍泓）

【桐城市图书馆协办家族文化系列讲座】 3月21日下午，由上海市精神文明建设委员会办公室、上海市妇女联合会、上海图书馆、安徽省图书馆主办，桐城市图书馆协办的专题讲座《六尺巷德法相依，笃素堂礼让人家》在上海图书馆开讲，主讲嘉宾为清朝父子宰相张英、张廷玉家族世孙，曾任桐城市博物馆馆长的张泽国先生。该讲座是上海图书馆家族文化系列讲座的首场，张先生从六尺巷的典故引申笃素堂张氏家族的礼让德行与智慧，讲述历朝历代对张氏家族的推崇，阐述张氏家族文化对现今依法治国德法相依的借鉴意义。（安徽省图书馆学会　武巍泓）

【刘奇葆到宿松县考察基层公共文化服务体系建设】 在创建公共文化服务体系示范区工作中，宿松县图书馆总分馆服务体系建设取得实际成效，截至8月17日，该县26个乡镇图书馆分馆全部建设完成并对外免费开放。26个乡镇图书馆分馆(含4个省、市级农民文化乐园图书室)总投资60余万元，设备均通过政府招标采购，人员经过业务培训全部达标。宿松县自5月启动总分馆制建设以来，图书流动车30余次到乡镇(村)26个分馆进行业务指导，26个分馆的3万余册图书全部录入总馆数据库，实现宿松县境内27个公共图书馆资源共享、通借通还、“一卡通”惠民的公共文化服务，受到社会各界的好评。10月5日上午，中共中央政治局委员、中央书记处书记、中宣部部长刘奇葆在省委常委、省委宣传部部长曹征海，安庆市委书记虞爱华，宿松县委书记王华等领导陪同下，到宿松县实地考察基层公共文化服务体系建设。刘奇葆一行视察了宿松县洲头乡乌池村图书分馆及电子阅览室。该馆现有图书3500多册，与县图书馆总馆及全县任何一个图书分馆实现通借通还、资源共享，方便群众阅读。刘奇葆对此给予高度肯定，并指出要通过推荐书目、举办读书心得交流会等方式调动孩子们的阅读积极性，让图书充分发挥作用。（安徽省图书馆学会　武巍泓）

【岳西县图书馆获得安徽省“巾帼文明岗”荣誉称号】 3月，岳西县图书馆被安徽省妇女联合会授予省“巾帼文明岗”荣誉称号，这是该馆首次获此殊荣，极大地鼓舞了全馆员工爱岗敬业、创先争优的工作热情和信心。岳西县图书馆现有职工10名，其中女职工9名，占职工总人数的90%，是一个典型的以女性职工为主体的公益性文化单位。自2011年实施免费开放以来，本着“服务第一、读者至上”的原则，图书馆多措并举，完善服务设施环境，树立窗口服务新风，提升服务绩效。通过全馆员工的共同努力，读者队伍不断壮大，年服务读者12万人次以上，持证读者从百余人增加到1600多人，图书年流通量3.6万册次。（安徽省图书馆学会　武巍泓）

【宁国市7户家庭获得安徽省首届“书香之家”荣誉称号】 2015年3月，安徽省首届“书香之家”评选揭晓，宁国市赵祖军等7户家庭入选，成为安徽省全民阅读活动的先进典范。家庭是社会的重要组成细胞，共建“书香中国”人人有责。作为“书香之家”的典型代表，良好的读书家风充分展示出基层群众的阅读风采，同时也在一定程度上带动周围群众积极参与全民阅读的热情。（安徽省图书馆学会　武巍泓）

【黄山市图书馆举办王成德老人红色主题剪报展】 9月15日，王成德老人红色主题剪报展在黄山市图书馆一楼培训室举办。这位来自滁州全椒的七旬老人曾于1966年作为安徽优秀农民代表，和毛主席一起在天安门城楼参加国庆观礼，退休后开始致力于整理搜集革命题材的精彩报道和图片，从1990年开始至今已坚持20余年。此次展览持续3天，展出的剪报只是老人收藏的一小部分，分为“中国的革命伟人”“永远的丰碑”“从一大到十八大”三个板块，分别粘贴在几块长10余米的条幅上进行展示，参观者可以通过这些剪报了解到红色人物故事和革命史料。该剪报展作为纪念抗日战争胜利70周年的献礼，激励读者缅怀历史、珍惜现在、开创未来。（安徽省图书馆学会　武巍泓）

【休宁县图书馆举办“影响我一生的一本书”读书征文活动】 4月23日—10月15日，为培养市民阅读兴趣，提高文化素养，营造多读书、读好书的社会风气，休宁县图书馆举办“影响我一生的一本书”读书征文活动。大赛组委会共收到来自各地读者的各类征文作品50余篇，评选出征文一等奖1名、二等奖2名、三等奖3名、鼓励奖5名。（安徽省图书馆学会　武巍泓）

福建省

【概况】 2015年，福建省共有县级以上公共图书馆90个，其中省级馆4个、市级馆9个、县级馆77个。馆舍建筑面积38.05万平方米，其中书库面积9.03万平方米、阅览室面积11.72万平方米、公共电子阅览室面积1.39万平方米。阅览室座席总数31799个，其中少儿阅览室座席数9375个、盲人阅览室座席数605个。全省公共图书馆全年收入合计38345万元，其中财政拨款35014.80万元、购书专项经费4869.50万元；总支出34971万元，其中新增藏量购置费5206.30万元、新增数字资源购置费1022.60万元。全省公共图书馆从业人员1330人，其中专业技术人员983人、高级职称97人、中级职称457人。全省公共图书馆总藏量2821.13万册/件，其中图书2207.63万册（含盲文图书1.67万册）、报刊234.12万册、视听文献与缩微制品70.05万件、古籍与线装文献47.91万册（含善本4.45万册）；电子图书1854.28万册/件。2015年新增藏量428.47万册（其中新增图书211.18万册，新增电子图书217.29万册）。有效借书证数102.49万个，总流通2396.33万人次，书刊文献外借980.75万人次、2465.15万册次。全省公共图书馆积极开展闽台宗祠文化资源普查工作，全省85家单位全部完成数据上传，共上传数据总量2.07万条。全省公共图书馆共有计算机终端6101台，其中供读者使用电子阅览室终端3902台；全省有71家公共图书馆建立门户网站，总访问量4166.45万页次。

至2015年年底，福建省图书馆、福建省少年儿童图书馆、厦门市图书馆、厦门市少年儿童图书馆、三明市图书馆、闽侯县图书馆、长乐市图书馆、厦门市思明区图书馆、厦门市海沧区图书馆、晋江市图书馆、龙海市图书馆、宁化县图书馆等20多家图书馆普通图书全面采用RFID技术管理，实现图书自助借还。除传统借阅服务外，全省多家公共图书馆通过电话预约、网上预约、QQ预约、网上续借、在线阅读、网上参考咨询、微信等方式提供服务，并设置无障碍通道、开展残障人服务、语音提示服务，实现读者服务方式的多元化，开创图书馆“互联网+”行动新时代。

全省公共图书馆共建有分馆617个，共有流动图书馆17辆，流动服务书刊借阅154.86万人次、248.77万册次；延伸服务向纵深发展，深入乡镇、农村、社区、部队、学校等。全省各级公共图书馆全年举办讲座、展览、培训班4686场次，累计参加读者176.45万人次。其中，组织各类讲座2891场，参与28.66万人次；举办展览712场，参与142.04万人次；举办培训班1083个，培训5.75万人次。

全省各级公共图书馆联动，积极开展第十个文化遗产日系列活动，包括专题展览、讲座和系列主题活动3大块，共15项活动，主要有“我与中华古籍”摄影大赛优秀摄影作品巡展、古籍专题展览等系列活动。全省多家公共图书馆通过编印信息刊物进行阵地宣传，如福建省图书馆的《闽图简讯》《闽图快讯》，厦门市图书馆的《厦门图书馆声》《图书馆探索》，泉州市图书馆的《泉图信息参考咨询》，三明市图书馆的《书香三明》，龙海市图书馆的《信息选编》，永安市图书馆的《信息荟萃》等。（福建省图书馆）

【“读吧！福建”2015年世界读书日阅读推广系列活动启动】 4月19日，由福建省委宣传部、省直机关工委、省文化厅等13家单位联合举办的“读吧！ 福建”2015年世界读书日阅读推广系列活动启动仪式在福建省少年儿童图书馆广场举行。省委常委、省委宣传部部长李书磊，省人大常委会副主任刘群英，省政府副省长李红，省政协陈绍军副主席等出席活动。启动仪式聘请首批23名“阅读推广大使”和2名“阅读推广小使者”，同时启动首届“读吧！ 福建”读书征文活动。福建省图书馆在活动现场举办“你看书，我买单”、馆藏数字资源宣传推广、文津十年——历届文津图书奖图片展、世界图书馆巡礼图片展、经典蒙学作品知识竞猜、闽台精品图书书展、游读福州之书院坊巷等活动。（福

建省图书馆）

【罗援少将做客福建省图书馆东南周末讲坛】 4月25日，福建省图书馆“东南周末讲坛”特邀中国军事科学院世界军事研究部原副部长、研究员、博士生导师，著名国际战略学家罗援少将，主讲“周边安全环境和软实力建设”。讲座同时是福建省文化厅国防教育和中心组的学习内容。讲座由省文化厅党组成员、驻厅纪检组长张佩煌主持，省社科联党组书记、副主席冯潮华致辞，海军福建基地、中国人民解放军61716部队等多位军地领导参加讲座。省图书馆首次在主会场外，开设视频同步直播分会场。罗援将军从国家安全发展战略全局的高度，从内忧和外患两个方面对我国对外关系进行解读。讲座当天，吸引听众800余人。（福建省图书馆）

【腾讯大闽网《守艺》栏目线下摄影展在福建省图书馆举办】 6月11日起，福建省图书馆和腾讯大闽网联合主办的“老手艺的网络新生——腾讯大闽网《守艺》栏目线下摄影展”在福建省图书馆一楼展厅展出，展期20天。展览以图文形式展出腾讯大闽网90后团队3年来摄制17个非遗项目的100多幅代表性照片，展现福建文化遗产的独特神韵。（福建省图书馆）

【福建省图书馆开展“让古籍里的文字活起来”系列活动】 6月13—30日，福建省图书馆在正谊书院举办“让古籍里的文字活起来”系列活动。活动内容包括：①千人游读书院坊巷和乌山风景区。向市民发放游读趣味卷，内容以清《乌石山志》、地方文献《三坊七巷志》等馆藏为依据，取“行万里路中读万卷书”意，将古籍中的文史知识，整理成数十道自助人文游的导读题。用古代书院、朱子文化、撰书藏书等文化元素串起三坊七巷名人故居，解读乌山摩崖石刻。②“教你学做线装书”。由福建省古籍保护中心古籍修复师向小读者讲解古代书籍的装帧形式及历代发展情况，并现场教孩子自己动手制作一本属于自己的线装书。③“古琴今声”——《蕉庵琴谱》等古琴谱修复移交仪式。福建省古籍保护中心将修复完成的《蕉庵琴谱》等古琴谱移交给浦城县图书馆；浦城县文体新局与闽江学院签订古琴产学研合作框架协议；我国著名闽派古琴家、国家级非物质文化遗产项目古琴艺术代表性传承人陈长林，委托福州市古琴协会会长、闽江学院古琴研究中心李皞，向福建省图书馆和浦城县图书馆赠送其著述的签名古琴专著和演奏专辑。④古籍修复现场演示。为配合书院内的“我与中华古籍”摄影大赛优秀作品展暨古籍“复活”记摄影作品联展，福建省古籍保护中心派出修复师，在正谊书院现场进行古籍修复演示。（福建省图书馆）

【福州、晋江两地合办文化交流夏令营】 8月17日，由福建省图书馆、福建省艺术馆、晋江市文体新局主办，晋江市文化馆、图书馆等承办的“同舞台·共艺术”闽东闽南文化交流夏令营在晋江开营。8月21日，该夏令营文艺汇报演出在福建省图书馆举办，晋江40多名少年儿童与福州近百名少年儿童同台表演塔瓦舞、福州话表演唱、闽南四句、南音，提线木偶等代表闽东文化、闽南文化的节目，受到400多名观众的欢迎。（福建省图书馆　晋江市图书馆）

【台湾佛光山佛陀纪念馆一行莅临福建省图书馆参观访问】 9月22日，台湾佛光山佛陀纪念馆妙功法师一行9人莅临该馆参观访问，考察星云大师著述入藏该馆并设专架及馆藏珍品赴台展览事宜。佛光山佛陀纪念馆向福建省图书馆赠送星云大师新出版著作，福建省图书馆回赠《册府撷英（福建省图书馆藏珍品集萃）》及福建文化记忆摄制组拍摄的《闽南文化》纪录片光碟。（福建省图书馆）

【福建省图书馆举办《将苦难转化成祝福》新书首发式】 10月11日，福建省图书馆联合福建人民出版社、福建省同人助残志愿者服务中心和福州市盲人协会，在省图书馆一楼多功能厅共同举办“《将苦难转化成祝福》新书首发式暨盲人音乐家陈君恩分享心路历程”活动，福建省人大常委会副主任张广敏，福建省图书馆馆长郑智明，福建省、福州市残联领导以及近200名读者参与。活动得到中国新闻网、《福建日报》等媒体采访报道，并被中国日报网、新民网等数十家媒体转载。（福建省图书馆）

【国家级非物质文化遗产浦城剪纸展在福建

省图书馆开展】 10月17日，由浦城县文化体育新闻局、福建省图书馆共同主办，浦城县文化馆、图书馆承办的“梦笔浦城　金剪生花——国家级非物质文化遗产浦城剪纸展”在福建省图书馆一楼展厅开展。福建省图书馆馆长郑智明、福建浦城县文化体育新闻出版局副局长甘跃华、福建省图书馆副馆长柯少宁、福建浦城县图书馆馆长周冬梅等出席开幕式。来自浦城县的福建省非物质文化遗产传承人周冬梅和张薇、魏晓3位剪纸艺术家，向读者们现场展示浦城剪纸技艺。展览得到《福建日报》、福建教育电视台、《福州晚报》等媒体关注并刊发相关报道。展览展至11月7日，共展出来自浦城的精美剪纸作品100多幅。（福建省图书馆　浦城县图书馆）

【数字图书馆推广工程全国副省级市以上公共图书馆决策咨询服务培训班在福州举办】 10月29—30日，由国家图书馆主办、福建省图书馆承办的此次培训班在福州举办。来自全国各省、自治区和直辖市45家公共图书馆的100多位参考咨询部门主任及业务骨干参加培训。在为期两天的培训中，专家和学者们分别做专题报告，与会代表共同探讨图书馆决策咨询的发展趋势、分享服务机制与经典服务案例，令参训学员受益匪浅。（福建省图书馆）

【福建省少年儿童图书馆举办2015年少儿阅读年馆员培训班】 6月24—27日，福建省图书馆学会未成年人专业委员会和福建省少年儿童图书馆联合主办2015年少儿阅读年馆员培训班，主题为“少儿阅读推广与实践”。培训班邀请台东大学荣誉教授兼台东大学儿童文学研究所教授、儿童文化艺术基金会董事长林文宝，国家图书馆典藏阅览部主任兼少儿馆馆长王志庚，台湾著名儿童文学作家和儿童阅读推广人子鱼，福建幼儿师范高等专科学校副教授郑伟授课。（福建省少年儿童图书馆）

【新加坡国家图书管理局向厦门市图书馆赠书】 8月1—14日，为庆祝新中建交25周年和新加坡建国50周年，由新加坡驻厦门总领事馆主办的“回顾与展望”新加坡和中国（福建）双边关系图片展在厦门市图书馆大厅展出。展览通过135幅图片作品，展示新加坡与福建在经贸、文化、教育等领域的合作与交流。在展览开幕式上，新加坡总领馆总领事池兆森先生代表新加坡国家图书管理局，赠予厦门市图书馆300册图书。（厦门市图书馆）

【厦门市图书馆荣获“全国科普教育基地”称号】 9月19日，在厦门市科协组织的2015年厦门市“全国科普日”启动仪式上，厦门市图书馆被中国科学技术学会授予“全国科普教育基地”称号，这是厦门市图书馆首次进入全国科普教育基地行列。（厦门市图书馆）

【泉州南音特色资源平台建成】 2015年，泉州市图书馆建设完成泉州南音特色资源平台。该平台框架包括“指谱曲库”“南音影音”“南音人物”“南音文库”“南音社团”等板块。具体内容有被称为“南音教科书”的65套“指谱”，以音、像载体展示；有近千首代表性的南音曲目；有40多位“泉州南音”传承人的录像资料片，以及大量有关南音的论文和专著供读者在线阅读。（泉州市图书馆）

【日本“谏早市图书馆友会”发起人愿能良一访问漳州市图书馆】 9月11日，日本“谏早市图书馆友会”发起人愿能良一先生一行5人来漳访问，专程到市图书馆考察“谏早文库”近况并交流双方互赠图书的意愿。漳州与谏早是中日友好城市，自2001年起双方开始互赠图书。漳州市图书馆还专门设立“谏早文库”专架，陈列谏早市所赠图书。愿能良一先生曾于2005年来漳访问，回到谏早后与一群同样致力于推动友城友好发展的市民组成“谏早市图书馆友会”，邮寄日版图书充实“谏早文库”，至今共寄达图书7批187册。（漳州市图书馆）

【漳州市图书馆整理出版地方文献《张燮集》】 9月，漳州重要地方文献《张燮集》由中华书局正式出版。其整理工作由省文史馆馆员、原台盟福建省委专职副主委陈正统先生主持，漳州市图书馆张大伟、谢茹芃等参与点校。《张燮集》是明末漳州府龙溪人张燮的个人诗文合集，收录张燮存世诗文著作4种：《霏云居集》五十四卷目录五卷，《霏云居续集》五十四卷（实存四十八卷）目录六卷，《群玉楼集》八十四卷目录六

卷，《东西洋考》十二卷，全书 200 万字。（漳州市图书馆）

【平潭图书馆“诚信书屋”建成开放】 7 月 29 日上午，平潭图书馆“诚信书屋”正式启动。“借书还书全凭诚信，维护管理全靠自己”，只需填写登记表，各类图书可免费借阅。图书馆搭建起“共建·共享”的诚信平台，收到热心人士的慷慨捐赠，得到前来阅览的读者大力支持。（平潭图书馆）

【央视新闻频道报道福州市仓山区台屿农家书屋办馆情况】 4 月 14 日，福州市仓山区图书馆在建新镇台屿农家书屋开展“全民阅读，送书下乡”的活动，为农家书屋送去 350 册价值 8000 多元的图书，内容包含教育、文学、历史、人物传记、医疗保健、社会科学等。台屿农家书屋是全国示范农家书屋之一，中央电视台新闻频道的记者到活动现场对图书馆副馆长王文娴进行采访。（福州市仓山区图书馆）

【晋江市举办第五届悦读节暨青少年阅读推广活动】 3 月 27—28 日，晋江市第五届悦读节暨青少年阅读推广活动在晋江市图书馆开幕，海峡出版发行集团副总经理吴志明，泉州市委宣传部副部长、市文联主席许旭明，晋江市市长刘文儒出席开幕式。国内 50 家一级出版社及泉州市各高校图书馆、中小学图书馆 250 多名嘉宾参加开幕式。开幕式后，邀请著名作家周国平做题为“阅读与人生”的讲座，吸引泉州各地近 300 名读者到场聆听。图书馆中庭还举办图书现采活动，上千人次参加，活动持续 2 天，共接到 3.4 万余册图书订单。悦读节为晋江市 2015 年为民办实事项目之一，历时 11 个多月，举办各类活动 381 场次，参与人数 39 万多人次。在 12 月举行的颁奖典礼上颁发“读吧，晋江”读书征文活动、“书香晋江”首届书评大奖赛、晋江市少儿“一生阅读计划”阅读之星评选活动、“童心童趣·放飞梦想”晋江首届亲子绘本制作比赛和阅读推广贡献奖等奖项。（晋江市图书馆）

【晋江市基本实现“一公里半径”城市图书馆群覆盖】 截至 2015 年年底，晋江全市共有 32 台 24 小时城市街区自助图书馆投入运行，不仅在中心城区可以享受图书馆的服务，还将服务延伸至全市 19 个乡镇（街道）中的 18 个，真正实现将“家门口的阅读”从中心城区向全市各镇（街道）延伸。一年来，投入使用的 24 小时城市街区自助图书馆共新办证 3961 张、借书 14.98 万册、还书 13.38 万册。（晋江市图书馆）

【石狮市图书馆举办金门史迹特展】 1 月，该馆举办“金门建县一百年史迹特展”（石狮站）。展览集中展示金门建县 100 年大事记、怀旧影像集珍、艺匠工艺、饮食文化、百年楼厝及侨汇兴学等珍贵内容，不少老照片是首次与大众见面。同时展出的还有金门民间工艺、建筑、小吃、民俗等，全方位向参观者展现神秘纯朴的金门原貌。（石狮市图书馆）

【龙海市图书馆举办近年来福建省规模最大的经典美文朗诵比赛】 8 月 13 日开始，龙海市首届“图书馆杯”经典美文朗诵比赛在市图书馆举办，比赛持续到 9 月 27 日。此次活动是近年来福建省举办的规模最大的一次经典美文朗诵比赛。比赛分个人赛和团体赛，个人赛又分少年组和青年组两个级别，团体赛分乡（镇）场、机关企事业单位团体和中学生团体以及小学生团体三个级别，55 个团队 700 多人参加，历经 5 个多月。（龙海市图书馆）

【将乐县图书馆荣获第六届全国服务农民、服务基层文化建设先进集体】 2015 年 12 月，由中宣部、文化部、国家新闻出版广电总局组织的第六届全国服务农民、服务基层文化建设先进集体评选揭晓，将乐县图书馆荣获“第六届全国服务农民、服务基层文化建设先进基层图书馆”荣誉。（将乐县图书馆）

江西省

【概况】 2015 年，江西省政府和地方各级政府进一步加大对公共图书馆建设的支持力度，公共图书馆财政投入稳步增加，法制化、规范化建设取得重要进展。逐步建立起覆盖城乡、结构合理、方便快捷、惠及全民的公共图书馆服务网络。基础业务稳步推进，服务能力、服务水平与服务效益明显提升。共建共享成为全省公共图书馆的共识，带动了全省图书馆事业的发展，使公共图书馆在公共文化服务体系和公共数字文化建设中的主体作用日益凸显。公共图书馆成为满足人民群众基本文化需求的重要阵地，在公共文化服务中的地位和影响力显著提升。

截至 2015 年年底，全省共有县以上公共图书馆数量 112 家，其中省级 1 家、市级 11 家、县级 100 家，县级以上的行政区域实现公共图书馆全覆盖。共有从业人员 1355 名，其中高级职称 105 名、中级职称 360 名。公共图书馆总藏量（包含电子文献资源）2864 万册/件，人均藏量 0.63 册/件，纸质图书年入藏量 70 万册/件，报刊年入藏量 2.6 万种，数字资源总量达 800TB，其中自建数字资源总量 81TB。总流通达 1300 万人次，书刊文献外借 1100 万册次，人均 0.24 册次，举办讲座、培训活动共 1920 场次，展览 910 场。公用房屋建筑面积达 39 万平方米，比 2014 年增加 2 万平方米，阅览室座席 32844 个，比去年增加 1338 个。全年获得财政拨款 2.3 亿元，其中资源购置费 2500 万元。

全省数字图书馆与电子阅览室的建设不断深入。截至 2015 年年底，全省县以上公共图书馆电子阅览室增加到 2 万平方米，计算机 7000 台，供读者使用的电子阅览室终端 4500 多个。文化共享工程设立省级分中心 1 个，市级分中心 11 个，县级支中心 100 个，乡镇基层服务点 1446 个，村级基层服务点 21818 个。

依托丰富的文化历史资源，全省共有宜春市图书馆的禅宗主题、鹰潭市图书馆的道教文化主题、景德镇的陶瓷文献主题等 26 家主题图书馆先后建立。各主题图书馆将现场展览与体验有机结合，为全省公共图书馆服务的多样化、个性化、专业化发展提供了思路。

2015 年，公共图书馆努力提高学术水平，扩大在省内外的影响力和认可度。抚州市图书馆馆长孔彬被评为“中国图书馆榜样人物”；靖安县图书馆获得中图学会授予的“全民阅读示范基地”称号，成为全省第一家获此荣誉的县级图书馆。（江西省图书馆学会　哈马小亮）

【江西省图书馆的新媒体技术信息服务“两会”】 1 月 26—31 日，在江西省召开省“两会”之际，省图书馆“两会”信息服务小组第十三次进驻“两会”代表驻地，为代表、委员提供文献信息咨询服务，并将现代数字电子图书阅览、下载和传统图书借阅等服务带到“两会”代表身边，受到代表和委员的欢迎和好评。其中最引人注目的是省图书馆引进的“触摸屏数字图书馆”和“歌德电子书借阅机”，借阅机内安装了 2000 余册书籍供代表、委员们免费下载，新媒体技术成为此次服务“两会”代表的新生力量。（江西省图书馆学会　哈马小亮）

【江西省图书馆于海洋同志荣获江西省“最美青工”荣誉称号】 3 月 26 日，江西省“岗位技能兴赣鄱，青春建功中国梦——寻找最美青工（第二季）”评选结果揭晓，省馆于海洋同志通过层层选拔，成功入选，荣获江西省十大“最美青工”荣誉称号，成为省文化系统唯一获此殊荣的青年职工。于海洋同志还带领总服务台的同事们共同努力，在 2014 年度获得共青团江西省委“青年文明号”的荣誉称号。（江西省图书馆学会　哈马小亮）

【江西省启动“网络书香·数字图书馆建设与服务”宣传推广项目(江西站)系列活动】 4 月 15 日，由文化部公共文化司指导，国家图书馆、中国图书馆学会、江西省文化厅主办，江西省图书馆、江西省图书馆学会、抚州市图书馆承办的“网络书香·数字图书馆建设与服务”宣传推广项目（江西站）系列活动在抚州启动。本次活动面向各级公共图书馆馆长、业务骨干举办为期 2 天的专业培训。除专业培训外，还举办系列宣传推广活动，专门开辟数字服务展示体验区供读者参观体验。（江西省图书馆学会　哈马小亮）

【江西省第五届“读好书”活动启动】 4 月 23 日，“书香赣鄱”全民阅读活动暨江西省第五届“读好书”活动在江西省图书馆全面启动，省文联党组书记、常务副主席汪天行，江西省文化厅副巡视员谌洪敏等领导、嘉宾出席启动仪式。江西省图书馆以“阅读的力量”为主题，开展一系列形式多样、内容丰富、服务创新的“书香赣鄱”全民阅读活动。“图书漂流　共享阅读”换书大集活动，“盘活”读者手中藏书，让好书“流动”起来；少儿汉字听写比赛活动，提高小读者们学习汉字的热情，使他们对中华民族传统文化有更深的认同感；赣图大讲堂“社会主义核心价值观”“阅读方法漫谈”等主题巡讲活动、

“全民阅读推广系列展览——书籍的历史”，实现讲座、展览资源共享，让广大读者能够方便快捷地享受高品质的公益文化服务。（江西省图书馆学会　哈马小亮）

【全国图书馆文献缩微工作成果展首次巡展在江西省图书馆开幕】 4月28日，由国家图书馆主办，全国图书馆文献缩微复制中心和江西省图书馆承办的“传承文明　服务社会——全国图书馆文献缩微工作成果展”首次巡展在南昌举办。展览以图文并茂的形式展示从1985年至今的30年间，全国图书馆文献缩微复制中心引领各省级公共图书馆，利用缩微技术对珍贵文献进行抢救取得的成果；介绍图书馆界利用缩微品开展善本古籍全文数据库、民国文献全文数据库等数据库建设，以及缩微技术相关标准制定所取得的成绩。江西省图书馆的缩微工作不断取得进展，成功抢救保护了70余种民国时期的地方文献、近20种新中国成立以后的江西地方报纸，并编制《馆藏中文缩微品目录》《江西省图书馆馆藏民国时期期刊篇目汇编》，整理影印民国时期《江西省政府公报》等，为保护珍贵文献做出不懈努力。（江西省图书馆学会　哈马小亮）

【2015年江西公共图书馆讲座与展览工作会议在吉安召开】 4月29日，由江西省图书馆、江西省图书馆学会主办，吉安市图书馆协办的此次会议在吉安市图书馆召开，各设区市及省直管县（市）图书馆分管讲座与展览工作的领导和工作人员等40人参加会议。会议总结2014年度江西省公共图书馆讲座与展览联盟工作取得的成绩和存在的不足，共同商讨2015年联盟的主要工作，落实和完善联盟的组织建设工作。各设区市和省直管县（市）图书馆的参会代表分别介绍各馆工作开展情况，并就联盟资源推送与共享、创建主题图书馆品牌讲座与展览、强化联络员机制增强信息沟通等方面工作建言献策。（江西省图书馆学会　哈马小亮）

【江西省公共数字文化服务平台建设工作会议召开】 5月29日，全省公共数字文化服务平台建设工作会议在南昌召开，省文化厅副巡视员谌洪敏，省文化厅社文处处长丁跃、江西省图书馆馆长周建文及全省各设区市级图书馆领导和各县区公共图书馆馆长110余人参加会议。周建文就全省的公共数字文化服务平台建设工作做具体部署，并对在建设工作中表现优秀的市县馆提出表扬与肯定。（江西省图书馆学会　哈马小亮）

【2015年湘鄂赣皖四省公共图书馆联盟工作会议在南昌召开】 6月9日，来自国家图书馆、湖南图书馆、湖北省图书馆、安徽省图书馆和江西省图书馆的有关工作人员参加会议。此次会议以研究探讨四省联盟“十三五”发展规划为主题，总结联盟前期工作，介绍2015年联盟工作重点。江西省图书馆馆长周建文回顾了一年来联盟工作取得的成绩，部署联盟下一步的工作，即开展四省联合调研，共同举办摄影展等。其他三省的馆长先后在会上发言，介绍各自的工作经验，并对未来联盟的发展提出建议。（江西省图书馆学会　哈马小亮）

【“我与中华古籍”摄影作品巡展在江西省图书馆举办】 6月13日，由国家古籍保护中心、中国图书馆学会、中国古籍保护协会共同主办，江西省古籍保护中心、江西省图书馆学会组织承办的2015年“我与中华古籍”摄影大赛优秀作品巡展系列活动在省图书馆拉开帷幕。经过向各级各类图书馆及相关行业摄影爱好者和关注古籍保护工作的大众广泛征集，共收到作品2803幅，此次展览从中甄选出200幅优秀作品，分专业组和大众组进行展出。这些作品从不同角度展现古籍魅力，让公众了解古籍、认识古籍，增强古籍保护意识。（江西省图书馆学会　哈马小亮）

【江西省2015年度第一期数字图书馆推广工程培训班举办】 9月14—16日，江西省2015年度第一期数字图书馆推广工程培训班在南昌举办。来自省内各市县区图书馆的40位业务骨干参加此次培训。培训就数字图书馆新媒体服务、数字图书馆网络信息安全建设、数字资源联合建设、全省通借通还系统构建、公共图书馆数字资源服务及宣传等多个主题进行专题讲座。（江西省图书馆学会　哈马小亮）

【湘鄂赣皖四省公共图书馆联合调研活动在江西开展】 9月16日，湘鄂赣皖四省公共图书馆联合调研活动在江西省图书馆启动，安徽省图书馆馆长易向军、江西省图书馆馆长周建文带队调研。调研人员在对省馆调研后，分3组赴赣西、赣南、赣东北三地18个基层图书馆展开为期一周的调研。9月22日，江西站的实地调研活动结束。10月底完成对湖南、湖北、安徽三省的调研活动。整个活动结束后撰写的调研报告，以交流经验、改进工作为目的，为公共图书馆"十三五"规划的制定提出建议。（江西省图书馆学会　黄健）

【江西省图书馆举办纪念抗战胜利70周年系列活动】 为纪念中国人民抗日战争胜利暨世界反法西斯战争胜利70周年，江西省图书馆举办形式多样、内容丰富的系列活动。5月23日，在展厅举办"中国人民抗日战争暨世界反法西斯战争胜利70周年图书展"；7月下旬至8月底，相继推出"化剑为犁——纪念世界反法西斯战争胜利七十周年图片展"及"连环小人书　烽火大抗战：纪念中国人民抗日战争暨世界反法西斯战争胜利70周年连环画主题展"；8月24日，推出抗日主题系列活动——《抗日小英雄》连环画故事会及连环画拼图大奖赛；8月28日，举办"江西省图书馆纪念抗战胜利70周年歌咏比赛"。（江西省图书馆学会　哈马小亮）

【江西省图书馆召开全省公共图书馆"十二五"工作总结及"十三五"规划研讨会】 11月17日，江西省公共图书馆"十二五"工作总结及"十三五"规划研讨会在省图书馆召开。周建文馆长全面回顾总结了"十二五"期间全省公共图书馆及江西省图书馆的工作情况，各设区市、直管县（市）图书馆馆长详细介绍了所辖市区县公共图书馆"十二五"期间发展情况和工作亮点，就公共文化服务体系建设、数字图书馆服务、主题图书馆建设、古籍普查与保护、全省公共图书馆业务交流与帮扶等主题进行经验交流，并在此基础上对"十三五"期间全省公共图书馆事业的发展方向、总体思路和重点任务深入讨论，提出见解，确立建设覆盖城乡、便捷高效、保基本、促公平的全省现代公共图书馆服务体系发展目标。（江西省图书馆学会　廖叶丽）

【2015年全省公共图书馆工作会议在南昌召开】 12月29日，会议召开。省文化厅副巡视员谌洪敏出席会议并讲话，各设区市及省直管县文化局分管领导、全省各级公共图书馆馆长共200余人出席会议。会议总结了2015年全省公共图书馆工作，向第五届"读好书"活动先进单位、2015年全省古籍保护工作先进单位、公共数字文化服务先进单位颁发奖牌，并由抚州市图书馆、赣州市图书馆、新干县图书馆、新余市渝水区图书馆作全民阅读推广、公共文化服务、图书馆建设标准化均等化、"通借通还"推广工作等经验交流。（江西省图书馆学会　廖叶丽）

【"寻庐文化志愿者服务队"荣获文化部2014年"文化志愿服务推进年"系列活动示范项目】 1月，文化部发文通报表扬在2014年文化部、中央文明办组织开展的"文化志愿服务推进年"系列活动中取得突出成绩的单位、个人及示范项目。江西省共有2个项目受到表彰，其中九江市图书馆作为指导单位的"寻庐文化志愿者服务队"荣获系列活动示范项目。（江西省图书馆学会　廖叶丽）

【抚州市图书馆深入"欢乐春节家乡行"开幕式现场开展服务宣传活动】 2月13日，"活力抚州·幸福家园"——2015年"欢乐春节家乡行"活动开幕式在抚州市文化广场举行。市图书馆现场展出科学教育、实用技术、经管励志、劳动法规等方面新书300册，吸引返乡创业者来馆汲取创业知识养分，并免费向农民朋友赠送实用种植养殖技术类图书；歌德电子图书借阅器转移至现场，过往市民扫描图书二维码即可轻松借阅最新高清正版电子图书；书法艺术家现场挥毫，为广大群众免费书写、赠送春联，送去新春祝福，增添了浓浓的喜庆氛围，得到广大群众的喜爱和高度评价。（江西省图书馆学会　哈马小亮）

【赣州市图书馆理事会正式成立】 6月29日，赣州市图书馆理事会成立大会暨首届理事会会议在赣州市图书馆召开。大会审议通过《赣州市图书馆理事会章程》，理事们就如何履职，如何推动改革深入开展和图书馆事业的长足发展进行商讨并建言献策。赣州市图书馆理事会由11人组成，成员涵盖与图书馆事业发展紧密相连的政府相关部门代表、社会知名人士、读者及职工代表，具有较为广泛的代表性。（江西省图书馆学会　哈马小亮）

【新余数字图书馆正式上线开通】 7月14日，新余市数字文化网正式上线运营。新余市数字文化网依托“文化云”服务的概念和技术，携新余市图书馆、美术馆、群艺馆、博物馆四馆以及地方特色资源库创新“1＋4＋1”的文化服务概念实现文化信息同步，开创多元文化模式，让市民体验到触手可及的文化服务。（江西省图书馆学会　廖叶丽）

【吉安县图书馆新馆开馆被列为吉安县十件实事之一】 3月，吉安县召开第十五届人大第6次会议，会上郑重承诺，吉安县今年将为民办好十件实事，其中县图书馆新馆、档案馆、青少年活动中心和吉州窑遗址博物馆对外开放被列为十件实事之一。新馆坐落在县城的黄金地段，建筑面积近7000平方米，计划投资2000余万元。目前已完成外部装饰，正进入内部装修阶段，计划年内完成新馆搬迁并实现对外免费开放。（江西省图书馆学会　哈马小亮）

【遂川县狗牯脑茶文化主题图书馆对外开放】 遂川县图书馆立足于本地特有资源——狗牯脑茶及其茶文化，深刻挖掘这一区域文化内涵，于5月1日建成独具地方特色的狗牯脑茶文化主题图书馆并正式对读者开放。主题馆分为展示阅览、观赏体验、座谈研讨三个区间，充分展示狗牯脑茶的发展历史、品质特征、制作技艺、所获殊荣、各式茶具、茶艺茶道以及有关茶文化的诗词书画等，以助推县茶产业和文化事业的发展。（江西省图书馆学会　廖叶丽）

【会昌县图书馆开展地方文献普查登记工作】 2015年，会昌县图书馆开展地方文献普查登记工作，对该县登记地方文献进行详细清点和编目整理。目前该馆整理会昌地方文献共155种615册，分为9大类，其中县乡镇志20册、行业志83册、统计年鉴47册、调研文章50册、党史资料81册、文史资料59册、名人专著85册、资料汇编68册、文艺创作122册，另赣州史志27册、江西史志30册、其他史志16册。此外，会昌县图书馆还专门设置地方文献专柜，对现有地方文献建立数字档案。（江西省图书馆学会　廖叶丽）

【南丰县图书馆桔都文化广场分馆开馆】 10月27日，南丰县图书馆桔都文化广场分馆举行开馆仪式。该馆是南丰县在保持原有图书馆的基础上，在新城区、新的人口聚集地——桔都广场建设的一个多功能、多元阅读方式相融合的高端阅读场所。以“舒适、休闲、温馨、便利”为主旨，发挥“小而精”的优势，既打造好清新的阅读空间，又注重借阅的实用性。该馆共有架位60余组，可容纳各类纸质图书3万余册；电子图书1万多种，建设地方文化数据库1个，提供读者免费借阅的移动阅读设备两台，读者可同时扫描电子图书3000余种，为南丰市民提供了丰富的阅读内容及便捷优质的阅读服务。桔都文化广场图书馆为南丰县图书馆直属分馆，由县图书馆直接管理，与总馆实行“一卡通”通借通还，不仅白天开放，晚上也对市民免费开放，开馆第一个星期就新增借阅证1000多张。（江西省图书馆学会　廖叶丽）

山东省

【概况】 “十二五”时期，全省各项任务圆满收官，公共图书馆事业继续呈现出蓬勃发展的良好态势。截至2015年年底，全省县以上公共图书馆154个，其中省级图书馆1个、副省级图书馆1个、计划单列市图书馆1个、市级图书馆15个、县（市、区）级图书馆136个。从业人员2633人，其中高级职称393人、中级职称1061人。

经费投入加大。2015年，全省公共图书馆财政拨款达5.3亿元，比上年增加23%，其中购书经费8637万元，全省人均购书费0.88元。

办馆条件完善。总馆舍建筑面积85.3万平方米，淄博市、日照市、滨州市等地新建一批现代化图书馆。总阅览座席53781个，比上年增加15%，其中少儿阅览座席11654个。总藏书量为5051万册/件，比上年增长6%，人均拥有藏书达到0.52册。计算机数量10866台，网站123个，分别比上年增加3%和10%。

服务能力增强。全年为读者举办各种活动6334场（次），其中讲座3668场、展览1133次。持证读者211万人，全年流通2969万人次，文献外借2653万册次，分别比上年增加18%、19%和13%。全省公共图书馆实现尼山书院全覆盖，“图书馆＋书院”公共文化服务模式荣获第二届山东省文化创新奖。

学术研究水平提升。深入推进“大师引进工程”，在名誉馆长指导下，山东省图书馆“齐鲁儒学珍贵文献丛刊”第一期出版。山东省古籍保护中心被文化部评为“国家古籍保护中心人才培训基地”。（山东省图书馆）

【山东省图书馆“大众讲坛”走进基层】 “大众讲坛”是山东省图书馆、齐鲁晚报重点打造，面向社会大众的一项大型讲座活动，讲座内容以中国传统文化的传播为主，以齐鲁传统文化、儒家文化作为讲座重点，兼顾大众不同层次的文化知识需求。2015年，“大众讲坛”启动文化惠民“六进”系列活动，即：进农村、进社区、进广场、进学校、进军营、进企业，在不同基层广泛传播知识、传承文明，在广大群众中营造团结和谐、奋发进取的良好社会氛围。1月21日，此次系列活动之一的“共筑中国梦，欢庆幸福年”公益性文化讲座在济南市堤口路街道办事处举办，邀请济南市府学文庙管理处主任吕智勇主讲“儒家文化的大学之道”，吕智勇用大量生动的社会实例和自己的亲身感受为街道机关干部讲述传统的儒家文化，阐释儒家文化对当前社会建设与中华文化传统的渊源和深远影响。（山东省图书馆）

【我国首个驻外文化信息资源共享工程服务点设立】 2月28日，“全国文化信息资源共享工程——中国驻利比里亚维和警察防暴队服务点”授牌仪式在山东省公安边防总队举行，这标志着我国首个驻外文化信息资源共享工程服务点正式设立。文化部全国公共文化发展中心，山东省委宣传部、省文化厅，公安部边防管理局政治部、山东省公安边防总队、维和防暴队以及省图书馆有关领导出席此次活动。李建军副主任代表文化部全国公共文化发展中心向该服务点授牌，徐向红厅长代表省文化厅向赴利比里亚维和警察防暴队赠送文化共享工程E播宝、公共文化一体机、便携式听书机、投影仪及幕布，贺庆副主任代表公安部边防管理局赠送平板电脑。此外，文化信息资源共享工程山东省分中心为维和官兵提供7000余部影视节目和10000余种电子书刊，包括中国传统文化、中国国情、医疗保健等5大类11项文化信息资源。

中国第三支赴利比里亚维和警察防暴队由山东省公安边防总队独立承建，于2015年3月派赴利比里亚任务区执行为期一年的国际维和任务。“全国文化信息资源共享工程——中国驻利比里亚维和警察防暴队服务点”是文化信息资源共享工程拓展服务渠道的一项重要的具有标志性的服务项目，也是山东省文化信息资源共享工程开辟海外文化信息服务的第一步。该服务点的设立，在满足维和警察防暴队派驻期间文化需求的同时，也将为维和部队向当地政府和民众展示中国形象、传播中华文化、开展文化交流、推动“中华文化走出去”提供有力支撑，为中外文化交流与发展做出贡献。（山东省图书馆）

【2015年山东省公共图书馆馆长联席会议召开】 3月10日，2015年山东省公共图书馆馆长联席会议在菏泽市召开。山东省图书馆，菏泽市委宣传部、市文广新局有关领导以及全省17个地市图书馆馆长等共计40多人参加会议。会议传达省文化厅厅长徐向红在全省文化工作会议上的讲话精神。省馆馆长冯庆东对2014年全省图书馆工作进行回顾，同时强调在2015年要积极完成全省“着力提升公共文化服务水平，努力实现各项文化工作走在全国前列”的目标任务。会上，各市图书馆馆长围绕会议主题做工作交流，并对2014年公共图书馆工作中的成绩及问题进行总结。会议还就2015年如何更好地推进新馆建设、新技术应用、数字资源建设、总分馆构建、全民阅读推广、理事会制度建立等工作进行研究和探讨。（山东省图书馆）

【山东省尼山书院工作会议召开】 4月10日，山东省尼山书院工作会议在省图书馆尼山书院召开。全国人大常委会原副委员长、山东省尼山书院山长、山东大学儒学高等研究院院长许嘉璐，省委宣传部、省文化厅、省文物局、山东大学儒学高等研究院等单位领导以及省尼山书院有关负责同志出席会议。会议听取省文化厅副厅长李国琳关于尼山书院、乡村儒学和社区儒学建设的工作汇报。截至2014年年底，全省尼山书院举办各类活动1400余场次，参与群众17万余人次；乡村儒学开展活动1万余场次，参与群众54万余人次；社区儒学开展活动1400余场次，参与群众14万余人次。同时，积极吸引社会力量，整合社会资源，提高尼山书院社会化水平。

艺术体验、传统文化展示与培训以及社区儒学等方面取得实效，越来越多的社会团体、组织和个人参与到优秀传统文化的传承和弘扬中来。听取汇报后，许嘉璐就儒学与当代社会的融合、尼山书院建设方向、儒学研究院人才培养等问题发表讲话，为全省尼山书院下一步的建设与发展指出方向。（山东省图书馆）

【山东举办第十届全省读书朗诵大赛】 4月20日，由山东省文化厅主办，山东省图书馆学会、山东省图书馆、山东广播电视台经济广播承办的第十届全省读书朗诵大赛颁奖典礼暨汇报演出在省馆隆重举行。颁奖典礼在颜勤老师领诵的《我的中国梦》中拉开帷幕。省文化厅、省图书馆、山东广播电视台广播经济频道等相关单位领导共同为成人业余组一等奖获得者颁奖，并向活动中表现突出的单位颁发优秀组织奖。本届大赛历时1个月，地域覆盖全省17个地市，参与人数达1万余人次，在齐鲁大地营造了浓厚的书香氛围。（山东省图书馆）

【“春雨工程”新疆喀什地区图书馆骨干培训班在济南开班】 5月12日上午，由山东省文化厅、新疆维吾尔自治区文化厅主办的“春雨工程”新疆喀什地区图书馆骨干培训班在济南开班。此次培训班由山东省图书馆、喀什地区文化局具体承办，为期5天，共有来自新疆喀什地区图书馆界的26名业务骨干参加。期间将主要进行专题培训。培训主要以“大讲堂”形式授课，内容包括文化服务体系建设、基层公共数字文化建设与服务、“图书馆+书院”服务模式与优秀传统文化弘扬、图书馆社会教育职能与阅读活动等。（山东省图书馆）

【澳大利亚南澳州文化部门访问山东省图书馆】 作为澳大利亚南澳州代表团访问山东期间文化领域的重要内容，5月25日，南澳州政府发展部副首席执行官埃里克斯·瑞德一行访问山东省图书馆。在参观大明湖国学分馆、尼山书院期间，为促进南澳州州立图书馆和山东省图书馆之间的交流与合作，在南澳州与山东省签署的文化合作备忘录总体框架下，南澳州图书馆馆长阿兰·史密斯与山东省图书馆馆长冯庆东签署合作协议书，确定两馆建立馆际友好交流关系，这是此次访问双方在文化领域签订的第一个正式合作协议。签署协议中，双方约定发挥各自优势，在现代阅读服务、数字资源建设、业务人员来往、历史文化传播等方面强化交流，增进彼此了解，相互借鉴对方经验。近年来，省图书馆积极开展对外交流与合作，先后与澳大利亚、新加坡、英国、法国等国家图书馆业界建立合作关系。（山东省图书馆）

【山东省图书馆举办2015年图书馆服务宣传周系列活动】 山东省图书馆于5月25日—6月1日“图书馆服务宣传周”期间，围绕“构建书香社会　促进全民阅读”的主题，共举办各项活动25场次，参与活动读者5000余人次，到馆22000余人次。此次活动紧扣宣传周主题，立足省馆特色资源，结合社会热点，在延续展览、讲座、书目推介和流动站等固定性活动的同时，重点开展以尼山书院为平台的国学精品活动、以数字化阅读新方式为主体的读书活动、以引导读者合理高效利用图书馆为目的的读者培训活动、以增强图书馆社会影响力为宗旨的读者互动活动。如：“好书与您分享”首届读者捐书换书大集，近百名读者交换图书近300册；“尼山书院杯”首届少儿射艺比赛，共有5个学校和培训单位的40余位选手参加，最终分别决出团体和个人一、二、三等奖各一名；“照亮童年”——中外优秀绘本展，展出馆藏中外优秀绘本240本，同时通过精讲方式与小观众开展互动，激发孩子的阅读兴趣。另外还举办“数字书香　快乐六一”主题系列活动、“怎样利用图书馆”的主题讲座、青少年志愿者活动等。中国文化报、大众日报等媒体对活动进行宣传报道，取得良好的社会反响。（山东省图书馆）

【2015年山东省古籍保护工作会议召开】 6月13日，我国第十个文化遗产日当天，山东省古籍保护中心组织召开2015年山东省古籍保护会议。来自全省公共图书馆、博物馆、高校图书馆、省委党校图书馆等收藏单位的52名古籍保护工作负责人和工作人员参会。会议对全省古籍保护工作取得的成就进行梳理回顾，提出今后古籍保护工作的任务与目标，并强调各地各单位要按照省文化厅要求，尽快完成普查、加强古籍原生性保护力度、加强队伍建设、做好展示利用工

作等。来自济南市图书馆、青岛市图书馆、烟台图书馆、潍坊市图书馆的参会代表做先进工作经验介绍。会上表彰古籍保护先进单位 40 家，先进个人 71 名。会后下发《第一批山东省“省级古籍修复站点”评选标准（草案）》。同时，围绕遗产日主题“保护成果、全民共享”，组织开展古籍保护培训班、“走近古籍”体验日、“品真鉴奇”民间鉴宝等一系列活动。（山东省图书馆）

【图书馆新媒体新服务展示交流现场会在潍坊举办】 6 月 9 日，由山东省图书馆主办、潍坊市图书馆承办的此次现场会在潍坊市图书馆新馆举办，来自全省各地市、县级公共图书馆馆长 80 余人参加。本次现场会为全省公共图书馆搭建一个新媒体技术展示、交流的平台，以科学的思维、态度、方式对待和处理新媒体技术给图书馆带来的诸多影响。会上，济南市图书馆、临沂市图书馆、菏泽市图书馆和潍坊市图书馆分别介绍了利用新媒体技术进行资源建设与服务推广的做法和经验。多家新媒体技术公司采用图片、动画、视频等方式，多角度多层面展示新媒体技术在各个图书馆的应用案例。与会人员还参观了潍坊市图书馆新馆，并到新媒体服务展示区进行现场观摩、体验和交流。在互联网 + ” 新形势下举办的此次交流会，有助于推动全省公共图书馆的新媒体服务建设工作。（山东省图书馆）

【山东省“2015 年春雨工程——文化志愿者边疆万里数字文化长廊行”正式启动】 7 月 28 日，“2015 年春雨工程——文化志愿者边疆万里数字文化长廊行”旗帜交接暨“边疆万里数字文化长廊——海疆文化风”网络摄影作品巡展开幕式在山东省图书馆举行。天津图书馆和山东省图书馆完成旗帜交接，青岛、东营、烟台、潍坊、威海、日照、滨州 7 个沿海城市图书馆接受文化共享工程山东省级分中心赠送的中国文化网络电视机顶盒、听书郎等资源丰富、操作简便的数字文化设备。为发挥全国文化信息资源共享工程基层服务网点作用，促进信息技术在基层公共数字文化服务中的应用，推动边疆万里数字文化长廊深入发展，文化共享工程山东省级分中心在文化部全国公共文化发展中心指导下，通过大讲堂、大展台、小分队、旗帜传递的形式开展“2015 年春雨工程——文化志愿者边疆万里数字文化长廊行”活动。此次活动的全国旗帜传递在黑龙江省启动，分两路推进依次传递，最终在海南省会师。（山东省图书馆）

【山东省图书馆举办 2015 青少年公益夏令营】 2015 年暑期，省图书馆举办首届青少年公益夏令营。夏令营面向 6—12 岁学生，以“求知、探索、志趣”为主题，以传统文化、现代志趣、科学探索为主要内容，采用“亲身体验 + 剖析讲解 + 思考引导”的方式，旨在引导青少年通过学习体验中华优秀传统文化，提升人文素养，增强社会实践能力。夏令营从 7 月上旬开营至 8 月上旬结束，共举办 4 期，每期 5 天，累计参与营员 270 余人，参与教师及工作人员 20 余人。省馆在课程设置上进行了精心研究，开设科学实验、机器人、代魔术等课程，确保科学性与趣味性。同时结合馆藏文献优势，设置经典诵读，传拓技艺、雕版印刷技艺体验等传统文化学习环节，进行“感恩教育”和“环保意识”教育，让青少年全方位、深层次体验图书馆。此次活动经过山东电视台、山东教育电视台、《大众日报》《齐鲁晚报》、凤凰网、大众网等多渠道发布，同时综合运用微信、微博平台，进行资讯发布和活动宣传，取得良好的活动效果和社会效益。（山东省图书馆）

【尼山书院新六艺国学体验夏令营举行结业仪式】 8 月 22 日，尼山书院新六艺国学体验夏令营结业仪式在济南市府学文庙大成殿殿前广场上举行，266 名小学员获得结业证书，近百位小学员代表齐诵《弟子规》。新六艺国学体验夏令营由山东省图书馆尼山书院、山东大学历史文化学院和齐鲁晚报联合举办，以传统文化与艺术教育相结合，将传统的“六艺”演化为“琴棋书画健读”新六艺。共举办 6 期，课程内容丰富，包括少儿太极、诵读经典、六艺修习、围棋对弈，以及剪纸、捏泥塑等中国传统手工体验，讲解和体验相结合，让学员们从课程当中更加真切地体会到中国传统文化的魅力，并潜移默化地修正自己的行为。（山东省图书馆）

【“连环小人书　烽火大抗战”中国华东地区巡展首展揭幕仪式举行】 9 月 1 日上午，“连环小人书　烽火大抗战”纪念抗日战争胜利 70

周年大型展览中国华东地区巡展首展在山东省图书馆尼山书院举行揭幕仪式。本次展览以中国抗日战争史为纲，从连环画艺术作品的视角讲述中国人民抗日战争和世界人民反法西斯战争这段波澜壮阔的历史。展览以"展板＋实体书＋触摸屏"三位一体的形式，展出45幅展板，包含从1931年至今出版的抗日连环画，基本囊括所有连环画的绘画风格，重点围绕中国抗日史大脉络选取名家名作，不仅清晰展示中国抗战的历史，更是一场连环画艺术的视觉盛宴。展览共展出实体书60余册，触摸屏端展示8个抗战主题的3D立体场景。（山东省图书馆）

【山东省图书馆"不朽的抗战"馆藏抗战时期珍贵文献展开展】 9月2日，以纪念中国人民抗日战争暨世界反法西斯战争胜利70周年为主题的"不朽的抗战"馆藏抗战时期珍贵文献展在山东省图书馆开展。本次展品包括抗战时期出版报纸、期刊、图书等各类型文献200余种、抗战图片近百幅，精选自省馆所藏3000余种近10000册民国文献。展览以山东解放区和抗日根据地战争"抱犊崮战役""莱芜口子战斗""沂蒙战争""山东游击战争"等为主题内容。（山东省图书馆）

【山东省图书馆应邀出席首届中美尼山国际讲坛并做主题演讲】 10月12日，由山东省委宣传部等单位主办的首届中美尼山国际讲坛在济南举办，来自中国、美国、俄罗斯、波兰等国家的文化、出版、传媒、图书馆等行业代表以及留学生代表等近百人参加论坛。山东省图书馆馆长冯庆东应邀出席并做题为"丰富馆藏资源　促进全民阅读"的主题演讲。尼山国际讲坛是尼山书屋搭建的中外文明对话与交流的一个重要平台，中美尼山国际讲坛是其重要组成部分。本届讲坛主题是"阅读与馆藏"，对推进全民阅读活动的开展具有重要意义。（山东省图书馆）

【新疆喀什地区首家尼山书院揭牌】 10月30日，由山东省文化厅、喀什地区行政公署、山东省对口支援新疆工作指挥部主办，山东省图书馆、山东省文化馆、中共喀什地委宣传部、喀什地区文化体育新闻出版局承办的2015"齐鲁文化喀什行"活动在喀什科技文化广场开幕。喀什地委副书记、山东省对口支援新疆工作指挥部总指挥刘晓江，山东省文化厅副厅长王廷琦分别致辞。喀什地区相关部门负责人，地直部门单位代表，地、市两级宣传文化系统干部职工代表，疏勒县干部职工代表等1000余人参加开幕式。山东省文化厅非遗处、财务处负责同志，山东省图书馆、省文化馆、省非遗中心负责同志参加本次援疆任务。山东省图书馆对做好这次文化交流活动高度重视，作为一项重要工作进行重点研究、重点部署、重点推动。喀什地区尼山书院的建立，是山东省尼山书院和"图书馆＋书院"模式拓展服务的一项重要成果，将有助于优秀传统文化在边疆地区的传播，对于增强鲁疆文化共同认知，增进两地文化交流与融合起到积极的推动作用。（山东省图书馆）

【全国边疆万里数字文化长廊2015年建设经验交流会召开】 11月17日，全国"边疆万里数字文化长廊2015年建设经验交流会"在山东威海召开。来自文化部、公安部，19省（直辖市、自治区）文化厅（局）、文化共享工程省级分中心、公安边防总队，以及山东省文化厅和威海市有关领导同志90余人参加会议。省馆馆长冯庆东在会上重点介绍山东省海疆数字文化服务"双线"立体建设和服务模式。近几年来，在省文化厅领导下，省馆联合山东公安边防总队，积极创新"双线"立体建设模式。该模式以文化系统建设的文化共享工程基层服务点、公共电子阅览室以及公安边防系统的边防书屋、警营网吧为基础，通过合作共建方式开展深入协作，统一挂牌共建示范点和数字文化驿站212个，形成文化共享和公安边防两条海疆数字文化服务线路。两条线路目标一致，优势互补，互相促进，取得明显成效。（山东省图书馆）

【山东省图书馆首次为高等院校设立青年志愿者服务基地】 12月3日，由山东职业学院、山东省血液中心和齐鲁电视台主办，山东省图书馆协办的2015年青年志愿者表彰大会暨"全国无偿献血促进奖"颁奖典礼在山东职业学院举行。会上，省图书馆与山东职业学院负责同志共同为山东职业学院青年志愿者服务基地揭牌，这是省图书馆首次为高校设立青年志愿者服务基地。自2015年9月以来，山东职业学院图馆协会的志愿者发扬奉献精神，放弃节假日休息时

间，在省图书馆中文图书外借部开展志愿者服务，表现出良好精神风貌和团队合作精神。（山东省图书馆）

【山东省图书馆举办国家数字图书馆推广工程培训班】 12月7日，培训班在山东临沂开班，开始实施对全省市、县两级公共图书馆分管馆长和技术主管的数字图书馆专业知识培训。培训班上，国家图书馆专家就数字图书馆推广工程“基层图书馆数字资源提升计划”、唯一标识符系统及资源联建等相关技术工作进行详细讲解，省图书馆相关负责同志就“光明之家”盲人数字图书馆建设情况及下步在全省部署“光明之家·视障数字阅览室”相关工作进行讲解，旨在提高各级公共图书馆数字图书馆业务水平，全面推进基层图书馆资源提升。（山东省图书馆）

【枣庄市图书馆开通全民阅读数字平台及尼山书院资源网站】 2015年1月，枣庄市图书馆试用开通全民阅读数字平台及尼山书院资源网站。该数字平台致力于倡导全民阅读，为市民提供全新的网络阅读体验空间，全方位满足市民阅读文化生活需求。平台充分整合信息资源，内容丰富，包含人文社科分馆、少年儿童分馆、青少年同步教学分馆、英语分馆、音乐分馆、美术分馆和书法分馆七大部分，各个分馆下又分门别类，进行详细划分，便于读者查找，并且所有读物均为有声读物，读者可根据自身需要免费下载、在线阅读并参与评论。（枣庄市图书馆）

【潍坊公共文化云平台试运行】 6月29日，潍坊公共文化云平台上线试运行。该平台是潍坊市探索运用“互联网+公共文化”服务模式，整合图书、文博、非遗、文艺等各类文化资源，运用云计算、大数据等现代数字技术而建设的一个全方位覆盖、多终端访问、多通道发布的公共文化云平台。通过云连接、云操作和云存储等手段，将文化资源打包上“云”，让群众共享知识服务、艺术欣赏、文化传播、虚拟场馆、交流互动等公共文化云应用，使城乡居民足不出户都能通过网络免费享受海量的数字化资源和高品质的公共文化服务。（潍坊市图书馆）

【潍坊市图书馆“鸢都书香”志愿者在行动】 2015年12月，在第30个国际志愿者日来临之际，潍坊市图书馆“鸢都书香”志愿者组织以热诚服务、积极负责的精神为广大读者服务，搭建图书馆与读者之间的桥梁。近年来，“鸢都书香”志愿者服务队伍不断扩大，目前已经形成以“潍坊市图书馆志愿服务队”“潍坊市图书馆计算机专业志愿者服务队”“潍坊市图书馆尼山书院志愿者服务队”为核心的志愿者队伍。在服务记录统计中，目前参与图书馆志愿服务的志愿者已达1000余人次，服务时间10000余小时，对进一步发挥图书馆的公共服务职能起到重要作用，是服务读者的不可或缺的重要力量。（潍坊市图书馆）

【青岛市图书馆举办盲人无障碍电影观影活动】 8月29日上午，青岛市图书馆联合青岛市盲人协会，共同举办“纪念世界反法西斯战争暨中国人民抗日战争胜利七十周年——盲人无障碍电影观影活动”。此次活动邀请部分视障人士来到青岛市图书馆，共同观看纪录片《大抗战——山东纵队反“扫荡”突围》和影片《太平轮》。“盲人无障碍观影”是这几年新兴的残障人士文化服务方式，主要是邀请讲述人员以语言形式向视障人群描绘电影场景，人物等视觉要素，同时增补大量配音解说的方式，让视力障碍者了解电影内容，享受电影艺术乐趣。（青岛市图书馆）

【烟台图书馆理事会成立】 10月30日，烟台图书馆理事会成立暨第一届理事会第一次会议召开。理事会成员审议通过《烟台图书馆章程》，市文广新局向理事长、执行理事长及11名理事颁发聘书。烟台图书馆理事会是依据中央、省委、市委深化改革的要求、分类推进事业单位改革的指导意见，国务院、省政府《关于建立和完善事业单位法人治理结构的意见》《事业单位登记管理暂行条例》等法律法规和政策性文件而成立的。首届理事会聘任的13位理事，都具有丰富的管理经验，在本行业、本单位有较高的声望，既有政府机关代表，也有资深文化专家、媒体代表、服务对象代表，充分体现理事会的专业性和广泛性。（烟台图书馆）

【菏泽市图书馆举办少儿数字平台推广活动】 8月22日，菏泽市图书馆在二楼国学讲堂举办少儿数字平台推广活动。本次活动通过视频展示、互动问答等多个环节，用生动、活泼的语言结合详细的步骤演示，展示市图书馆全民阅读数字平台以及菏泽市数字图书馆的具体打开方式及操作方法，并以“小学语文写作精品课堂”为例，让小读者们亲自体验精品课堂的魅力，受到孩子和家长的欢迎。本次活动不仅提高了图书馆少儿数字资源的利用效率，也使小读者们可以足不出户就能享受到图书馆提供的便利服务并学到知识。（菏泽市图书馆）

【淄博市图书馆新馆试运行】 淄博市图书馆始建于1953年11月，是新中国成立后山东省首批设立的地市级公共图书馆之一。现为一级图书馆，全国古籍重点保护单位。位于张店区联通路的新馆于2010年10月奠基，2011年开始土建施工，2013年11月竣工交付使用，2015年12月16日开馆试运行。设有10个部室。现有工作人员56人，其中大专以上文化程度占95%，高、中级专业技术职务占60%以上。截至2015年，共有各类馆藏文献137.9万册/件，其中中文普通图书、报刊合订本、视听文献等92.3万册/件，电子文献43.2万余册/件，古籍2.3万余册/件，数字资源30TB。新馆建筑面积2.38万平方米，地上共五层，分别设立24小时自助图书馆、视障阅览室、少儿借阅室及自习室、地方文献阅览室、古籍阅览室（国学阅览室）、尼山书院等。新馆服务设施全面更新，实现图书馆服务的自动化、智能化、网络化和数字化，为读者提供自助办证、自助借还，电子图书借阅机借阅、无线网络免费上网、移动图书馆等公共文化服务。开馆试运行以来，已接待读者近50万人次，办理新借阅证近3万个，图书流通近34万册次。同时不断强化服务功能，拓宽服务领域，开展丰富多彩的阅读推广活动，“淄博市读书节”系列活动、“文化名城讲坛”“科学家大讲堂”系列公益讲座、“彩虹故事会”“故事大王擂台赛”等已形成独特的品牌活动，深受广大读者喜爱。（淄博市图书馆）

【威海市文登、乳山图书馆获中国图书馆学会第五届百县馆长论坛案例奖】 5月22日，中国图书馆学会第五届百县馆长论坛在福建晋江市举行，本届论坛主题为“县级图书馆在构建现代公共文化服务体系中的地位和作用”。威海市文登区图书馆提交的案例《文登区建设尼山书院促进图书馆发展》获得二等奖并在论坛分会场上作典型交流，获得与会专家的一致认可和高度评价；乳山市图书馆提交的《推行图书馆集群网络服务体系实现图书资源城乡服务均等》获得三等奖。（威海市图书馆）

【威海市文登区图书馆获全国服务农民、服务基层文化建设先进集体荣誉称号】 近年来，文登区图书馆坚持“全方位开放、全公益服务、全社会共享”方针，以“人性化、标准化、信息化、科学化”建设为重点，全面加强公益文化服务。在确保日常借阅服务的基础上，不断创新服务内容和形式，开展了内容丰富、形式多样的读者活动，每年举办“你选书，我买单”、图书交换大集、书画展览、市民大讲堂、文博书友会、国学诵读、传统文化培训和体验等活动100场次以上。在全区建设总分馆服务体系，通过搭建平台、交流图书、开展活动、建设队伍等方式，积极推进农家书屋建设，形成“大馆带小屋”的新路子，服务范围扩展到全区每个基层村（社区），极大地满足了农民群众精神文化需求。2015年，文登区图书馆荣获第六届全国服务农民、服务基层文化建设先进集体称号，是全省图书馆在本届评奖中唯一获此殊荣的单位。（威海市文登区图书馆）

【青岛市南区图书馆组织啡阅青岛活动】 为更好地推进全民阅读，鼓励更多青年人参与读书活动，满足青年人在咖啡馆等休闲场所内的读书需求，营造“书香市南”的良好氛围，扶持小微文化企业发展，青岛市南区文化新闻出版局于2015年组织发起“啡阅青岛”活动，区图书馆负责图书挑选、发放和管理。通过对大学路、黄县路和龙江路周边27家咖啡馆的调研，挑选出符合配送要求的馆藏图书近3000册，并统一设计制作“啡阅青岛”活动标识牌和书签，免费配送给咖啡馆。为加大活动宣传力度，还建立“啡阅青岛”微信群，征求咖啡馆对活动的建议，了解咖啡店需求信息和活动动态。下一步将扩大活动范围，加大对小微文化企业的扶持力度。此次活动筹划阶段便受到咖啡馆经营者的认可，同时也得到爱书读者的赞誉，真正实现让图书馆走进

大街小巷。(青岛市南区图书馆)

【青岛市南区创立私人咖啡馆兼公益图书馆模式】 橙橙书院儿咖啡馆（以下简称橙院儿）是一家私人咖啡馆，同时也是一家公益性质的精品图书馆。其突出主题即“书籍与阅读”，创办者的初衷是希望融合书香、绿色清香以及咖啡醇香，为顾客提供清爽温馨的阅读与交流场所，成为社区带有较浓厚文化气息的公共客厅。创办者将多年珍藏的1000余册优质书籍免费供顾客阅读，这些书涉及文史、艺术、文学、生活等各方面，多为名家名作，深为顾客所赞赏。青岛市南区文化局和区图书馆对橙院儿的定位与品质给予肯定并大力支持，双方于2015年合作创立“私人咖啡馆兼公益图书馆”模式，使橙院儿成为市南区第一家具有真正公益图书馆功能的私人咖啡馆，实现与全市各大图书馆的通借通还。区图书馆还将约1000册馆藏优选图书无偿放至这里供群众免费借阅，其免费提供借阅服务全天超过10个小时。橙院儿受到的关注度正在快速增加，范围也并不仅限于附近社区，还包括全市各地乃至外地的顾客。(青岛市南区图书馆)

【青岛市黄岛区图书馆尼山书院学校分院揭牌】 6月25日上午，黄岛区图书馆尼山书院六汪中心中学、小学两家分院揭牌仪式同时在六汪镇举行，该馆在建设学校图书馆分馆的基础上，顺利让尼山书院在乡镇学校落户生根。仪式开始前，六汪中心中学的老师采用传统的吟诵法带领学生欣赏李清照精工婉约的佳作；六汪中心小学的同学们也展示了他们在“经典诵读”活动中的成果。黄岛区图书馆尼山书院一直致力于完善书院的建设和服务工作，不断邀请学校图书馆加入尼山书院分院建设，通过“图书馆+书院”的服务模式，将国学的学习资源进行共享，通过一系列经典诵读、礼乐教化、国学讲堂、道德实践、传统文化体验等文化活动，各种形式进行公益文化服务，使尼山书院真正成为普及国学知识、弘扬中华优秀传统文化的平台，为公众尤其是青少年学生传承优秀文化搭建良好的平台。(青岛市黄岛区图书馆)

【烟台市福山区图书馆开展“爱心书架”活动】 福山区图书馆新馆自2015年9月开馆以来，先后举办“新书直通车”“图书进部队”“小读者读书会”“志愿者座谈会”“爱心书架”“非遗体验日”等书香福山系列活动，推进全民阅读的进程，其中“爱心书架”活动一经推出就在全区引起轰动。该活动以“传递悦读梦想，点亮美丽人生”为主题，通过读者捐赠的书籍经筛选组成爱心书架，书架旁设立爱心捐款箱，任何读者都可以带走自己心仪的图书并将其估值投放到捐款箱内，待捐款达到一定数量后，举办开箱仪式，并请读者、志愿者、电视台共同见证，捐款所得将为盲人购买盲人书籍或为弱视患者提供相关仪器。同时举办以“奉献爱心、共享智慧”为主题的爱心三行诗征文比赛。此次活动调动了人们的阅读热情，强化图书馆的社会服务功能，更直接有效地帮助盲人、弱视人群实现正常阅读的愿望。(烟台市福山区图书馆　卢玮)

【济南市长清区图书馆理事会成立】 经过3个多月筹备，济南市长清区图书馆理事会成立暨第一届理事会第一次会议于11月27日在长清区委宣传部会议室召开，在全区率先启动法人治理改革工作。会议产生并通过长清区图书馆第一届理事会理事长、执行理事及秘书名单，审议通过《济南市长清区图书馆理事会章程（草案）》。(济南市长清区图书馆　朱成香)

河南省

【河南省图书馆举办数字资源体验周活动】 5月25—29日，公共图书馆服务宣传周期间，河南省图书馆举办数字资源体验周活动。活动通过宣传展板、宣传手册、现场演示和现场答疑等形式，介绍国家数字图书馆、河南数字图书馆的数字资源。技术人员引导读者扫描二维码下载手机APP，体验电子图书和微视频的手机借阅，在触摸大屏上体验多媒体资源，在电脑上点击国家数字图书馆和省图书馆数字资源查询阅读数字资源，并播放数字图书馆推广工程宣传片。多种终端体验、展览、视频播放和技术人员对各种资源使用的答惑解疑，让读者体验到数字图书馆智慧服务带来的阅读快乐。(河南省图书学会　严真　马秀峰　伏琰)

【河南省图书馆缩微工作取得新进展】 6月25日，由国家图书馆主办，全国图书馆文献缩微复制中心和河南省图书馆承办的“传承文明 服务社会”——全国图书馆文献缩微工作成果展在郑州举办。本次展览展期1个月，展出展板50块，以图片文字相结合的方式展示从1985年全国图书馆文献缩微复制中心成立至今的30年间，缩微中心引领各省级公共图书馆，利用缩微技术对珍贵文献进行抢救取得的丰硕成果。30年来，在全国图书馆文献缩微复制中心的关心和支持下，河南省图书馆的缩微工作不断取得新进展。截至2014年5月，省馆共拍摄文献5776种907991拍，其中善本古籍178种87074拍、期刊48种21806拍、现报12种140249拍、民国书5538种658862拍。合作开展民国图书缩微胶卷数字化工作。购置阅读还原机和缩微胶片阅读机，设立供读者查阅缩微胶片的专门阅览室。为方便读者检索和使用，编制《河南省图书馆缩微胶卷报纸目录》等。除为读者提供利用馆藏拍摄的各种缩微胶片资源，还购进全套文渊阁《四库全书》缩微胶片460余卷供读者查阅。（河南省图书学会　严真　马秀峰　伏琰）

【河南省图书馆举办抗日战争胜利70周年纪念展】 9月1日，河南省图书馆（文化共享工程河南省分中心）举办的“豫中抗战烽火”——纪念抗日战争胜利暨世界反法西斯战争胜利70周年展览在省馆主楼外正式展出。该展览包括“山河破碎、患难与共、铁桥悲歌、大河决堤、郑州之战、胜利曙光、抗日劲旅、永恒纪念、老兵记忆”等栏目，图文并茂，集中反映河南尤其是以郑州为中心的豫中地区的英勇抗战历程。（河南省图书学会　严真　马秀峰　伏琰）

【河南省图书馆召开数字图书馆推广工程建设工作推进会】 10月28—30日，会议在鹤壁市图书馆召开。河南省文化厅公共文化处调研员张德祥、国家图书馆数字资源部副主任李春明、鹤壁市文化广电新闻出版局局长刘炳强、河南省图书馆馆长孔德超、鹤壁市文广新局调研员苏辉以及省图书馆、省少儿图书馆、全省地市级图书馆（少儿图书馆）馆长、技术骨干等60余人参加会议。张德祥发表讲话，对全省数字图书馆推广工程建设提出指导性意见。孔德超就全省具体工作进行部署。会议安排数字资源联合建设工作和“基层图书馆数字资源提升活动”，与会人员交流研讨数字图书馆推广工程建设、数字资源联合建设、全省虚拟专网和统一用户平台建设工作中的经验与问题。会议还开展数字图书馆推广工程相关知识培训。李春明和国家图书馆信息技术部童忠勇分别以“数字图书馆推广工程的创新驱动与公共数字文发展”“数字图书馆推广工程软硬件平台建设”为主题授课。（河南省图书学会　严真　马秀峰　伏琰）

【河南省图书馆举办2015海峡两岸暨港澳图书馆学情报学期刊发展论坛】 11月6日，河南省图书馆、河南省图书馆学会在郑州联合举办“2015海峡两岸暨港澳图书馆学情报学期刊发展论坛”，来自港、澳、台及省内的同行近80人参加。会议由河南省图书馆馆长、河南省图书馆学会理事长孔德超主持。省文化厅公共文化处处长崔玉山代表副厅长康洁致辞。武汉大学信息管理学院院长、教授方卿，北京大学信息管理系主任、教授李广建，南京大学信息管理学院院长、教授孙建军，南京农业大学信息科技学院院长、教授黄水清，台湾政治大学图书资讯与档案学研究所邱炯友，香港岭南大学图书馆副馆长杨继贤，澳门图书馆暨资讯管理协会出版部部长李星儒等专家、学者，分别就图书馆学情报学研究的前沿及热点、期刊发展面临的问题以及期刊国际化等问题做精彩的学术报告。《图书情报工作》杂志社社长、主编初景利与大家探讨学术创新与学术期刊的影响力建设的问题，指出学术创新的重要性。随后，来自《河南图书馆学刊》《图书情报知识》《图书与情报》《图书馆论坛》等图书馆学情报学期刊的主编、副主编参与研讨，分别就各自的办刊情况做大会交流发言。来自台湾地区的《图书资讯学研究》助理编辑梁鸿栩阐述台湾地区资讯学期刊的现状与面临的挑战。

此次论坛为海峡两岸暨香港澳门地区学术期刊的交流提供平台，为促进学术创新及学术期刊国际化提供思路，对我国图书馆学情报学期刊事业的发展同时起到一定的推动作用。会后，组委会发起《中国图书馆学情报学期刊抵制学术不端联合行动计划倡议》（征求意见稿）。（河南省图书学会　严真　马秀峰　伏琰）

湖南省

【湖南图书馆概况】 2015年，湖南图书馆文献藏量433万余册，到馆人次256余万，文献外借册次259万，新增办证4.9万个，数字资源访问量2862万。举办各类阅读文化推广活动275场，讲座285场、展览51场。湘图百姓课堂开设268门课程，累计培训8.9万人次。湖南图书馆官方网站年点击率1400万。湘图志愿者服务队现有8960人，服务时长计8.3万小时。完成省质量技术监督局立项的跨高校、公共、科研院所多类型图书馆的地方性服务规范《湖南省图书馆服务规范》课题项目。

湖南省少年儿童图书馆拥有各类文献资源89万余册/件，各类数字资源总量达22.1TB。2015年全年共完成文献采购253余万元，新办证6000多个，外借人次14万，外借册次41.3万，阅览人次51.2万，阅览册次138.9万。（湖南图书馆　段蓓虹）

【湖南省最大的自助图书馆开门迎客】 3月20日，经过几个月的提质改造后，焕然一新的湖南图书馆24小时自助图书馆重新开门，面积较之前扩大1.5倍，藏书量翻番，成为湖南省内面积最大、舒适度最高的24小时自助图书馆，有效延伸湖南图书馆的文化服务辐射力，造福市民。湖南图书馆24小时自助图书馆自2012年开放至今近3年。年均借阅册次达5万、年均借阅人次超过2万、年均办证数超过5000。（湖南图书馆　徐志）

【湖南省首个公共文化事业单位理事会——湖南图书馆理事会成立】 3月31日，湖南图书馆理事会成立，标志着湖南省首个公共文化事业单位理事会建设试点建成。省委宣传部、省发改委、省编办、省财政厅、省人社厅、省文化厅等相关部门领导出席成立仪式。湖南图书馆首届理事会由禹新荣担任理事长，王跃文、叶文智、朱汉民、寻霖、李莹、张勇、周迪三、陶开宇、彭兆平、曾小娟（按姓氏笔画排序）担任理事。成立大会后，理事会召开了第一次理事会议。会议审议并通过《湖南图书馆章程》，提名和通过湖南图书馆馆长张勇担任湖南图书馆理事会副理事长，湖南图书馆办公室主任、研究所所长王旭明担任理事会兼职秘书。（湖南图书馆　徐志）

【湖南图书馆拍得《新宁刘宫保七旬赐寿图》】 3月29日，湖南图书馆通过电话委托竞拍的方式参加上海博古斋举行的2015年春季首场古籍文献拍卖会，成功拍得《新宁刘宫保七旬赐寿图》，丰富了特色馆藏文献资源。《新宁刘宫保七旬赐寿图》，清光绪间石印本，一套8册，印刷精美，品相完好。该图册详细记载了刘坤一70寿辰时热闹场景，收录晚清统治者赐寿的物品清单、寿宴全景图及祝寿词，具有较高的文献价值。（湖南图书馆　秦庆涛）

【湖南图书馆2015年度世界读书日系列活动关注青少年阅读】 2015年世界读书日期间，湖南图书馆以青少年为活动重点，以培养阅读风尚、营造书香氛围为主旨，举办一系列阅读推广活动。4月21日，湖南图书馆工作人员和湘图志愿者们走进宁乡县贫困山区黄材镇月山完全小学，举办“传递温暖　爱心圆梦”活动，预先面向社会征集好书，为学校建立“爱心图书室”，同时还组织20名湘图“百姓课堂”志愿者老师给每个班的孩子上一堂文化辅导课，深受孩子们的喜爱。4月23日，在“快乐阅读　精彩人生”活动上，副馆长邹序明宣布湖南图书馆24小时自助图书馆新装启航；读者代表欧阳帆发表《文明阅读倡议书》；湖南图书馆与育英小学签署《共建德育基地协议书》。此外，“让图书回家”还书免责、“湘图讲坛”系列讲座、英语角、获奖图书展览、信息公益课、亲子互动阅读等丰富多彩的阅读推广活动，让读书日成为写书人、读书人、藏书人的盛大节日。（湖南图书馆　龙子华）

【湖南图书馆启动寻访湖南抗战遗址活动】 为纪念抗日战争胜利七十周年，湖南图书馆启动寻访湖南抗日战争亲历者和旧址活动，深入当年湖南发生重大抗日战役的长沙、岳阳、常德、衡阳、怀化等地，聆听亲历抗战的老兵和群众亲口讲述，记录抗日战争旧址、遗址或遗物现状。4月25—26日，寻访组来到岳阳境内寻访湘北抗战旧址。目前，在岳阳市境内保留了一大批抗战旧址，仅岳阳县就有几十处。寻访组走访新墙镇相公岭抗日战场战壕旧址、新墙镇马形村王超奎部队驻扎地旧址、大云山“三战三捷”“三战源泉”石刻遗址等抗战遗址，采访抗战老兵陈德祥，采集包括照片、音频、视频等诸多形式的一

大批珍贵抗战史料。（湖南图书馆　王兰伟　夏雨雨　杨庆怀）

【刚果（金）文化管理官员研修班在湖南图书馆现场教学】 5月18日下午，由商务部举办、中央文化干部管理学院承办的2015年刚果（金）文化管理官员研修班在湖南图书馆进行现场教学。来自刚果（金）的20多名文化管理官员参加现场学习与交流。湖南图书馆党委副书记、副馆长伍艺向来宾们详细介绍湖南图书馆情况，并就对方提出的关于该馆经费支持、文献采购、读者服务、书刊保存等方面的问题进行详细解答。随后来宾到各部门进行参观，重点了解古籍阅览室、自学室、现代技术部、盲人图书馆、综合借阅室等部门和服务窗口情况。（湖南图书馆　徐浪）

【湖南图书馆荣列“湖南省青少年社会实践认证平台联盟单位”】 8月29日下午，“我们都是接班人”——2015潇湘晨报快乐小报童暑期总动员颁奖暨“湖南省青少年社会实践认证平台联盟单位”授牌仪式在省教育电视台举行。湖南图书馆副馆长邹序明参加仪式并代表湖南图书馆接受“湖南省青少年社会实践认证平台联盟单位”授牌，为获得“思辨达人”的小报童颁奖。“快乐小报童暑期总动员”是潇湘晨报在2009年创立的大型青少年暑期成长励志活动，旨在搭建一个“社会参与教育”的平台，为少年儿童提供一种独特而受益终生的成长体验。湖南图书馆与潇湘晨报已经进行了多年的阅读体验合作，共促青少年学习成长。（湖南图书馆　廖源）

【湖南文献历史长卷《湖南文献撷珍》面世】 湖南图书馆编纂的《湖南文献撷珍》2015年9月由湖南人民出版社出版。这是一部反映湖南文献特征、湖湘文化发展历程的知识长卷。全书近200个独立选题，分为上、下两篇及其附篇。上篇以湖南人著述、内容有关湖南的著作为主，在跨度几千年的历史长河中选取各个时代重要的人物著述或文化现象，独立成篇，自内容最古的、传说中的石刻文献《禹碑》，湖南现存最早的文献实物——战国末年楚简帛书，一直延续至当今湖南最大的文化出版工程——《湖湘文库》，勾勒出清晰的湖南文献发展脉络。下篇以目前湖南所藏的珍贵文献为主，所选有宋元佳椠，精校旧钞，也不乏名家稿本，反映湖南地区文献出版和流布情况。附篇则择取若干种历史上有广泛影响力的非书形式的文献，如名家书画、舆图碑帖、通告手札等，涵括百总，相映成趣，凸显湖南文献类型的多样性。为展示每种文献的珍贵内涵，书中或随意散谈，或精炼严肃，力图达到可读性、资料性、艺术性兼备的效果。（湖南图书馆　刘雪平）

【湘鄂赣皖四省公共图书馆联盟联合调研湖南站调研活动】 9月15日，湘鄂赣皖四省公共图书馆服务情况调研活动在江西省图书馆启动。湖南图书馆作为该活动的第二站，于10月12日起开展为期7天的调研。调研组由湖南图书馆邹序明副馆长领队，组员为13名来自四省联盟馆的业务骨干。通过实地考察、座谈会等形式对湖南图书馆、株洲市图书馆、衡阳市图书馆、韶山市图书馆、攸县图书馆、炎陵图书馆、衡阳县图书馆、衡南县图书馆的基本情况、服务工作、资源利用及公共图书馆服务标准化、均等化建设进行了重点调研，为调研报告获得了数据等相关资料，并为当地图书馆建设提出意见与建议。调研组于10月16日与“衡阳调研”十年回访组会合。文化部国家公共文化服务体系建设专家委员会主任、文化部“十三五”时期文化改革发展规划专家委员会委员、北京大学信息管理系教授、博士生导师李国新、《中国图书馆学报》常务副主编卓连营、湖南图书馆馆长张勇及《人民日报》、《中国文化报》记者加入调研组，对衡阳县和衡南县图书馆进行了重点考察，并在衡阳市图书馆召开“衡阳调研”十年回访和湘鄂赣皖四省公共图书馆联盟联合调研的座谈会。

两个调研活动的同时举行，进一步探索推进基本公共文化服务标准化的模式、路径和方法，对提升公共文化服务效能、全面了解掌握中部地区公共图书馆服务状况，总结“十二五”期间公共图书馆建设经验及制定“十三五”公共图书馆发展规划意义非凡。（湖南图书馆　王茜）

【“册府千华——湖南省藏国家珍贵古籍特展”在湖南图书馆开幕】 12月27日，国家图书馆（国家古籍保护中心）主办、湖南图书馆（湖南省古籍保护中心）承办的“册府千华——湖南省藏国家珍贵古籍特展”在湖南图书馆开幕。展览分为册府漫谈和善本华章两部分，展出湖南省入选《国家珍贵古籍名录》的珍稀古籍 150 余部，不仅有敦煌写经、宋元旧椠，还有明清精校精刻本，名家手稿、批校本也是琳琅满目；一些清乾隆间禁毁书如长沙人廖元度的《覆巢余笔》、安乡人刘之珩的《格物集》亦在参展之列，可谓是册府千华，颇为难得。随展览一同举办的还有传统古籍修复、雕版印刷、拓片制作展示和体验等一系列活动。（湖南图书馆　刘雪平）

【株洲市图书馆 e 线送书】 从 2015 年 11 月 11 日起，利用“互联网 + 图书馆”的服务模式，株洲市图书馆推出“e 线送书”网上购书图书馆买单的服务方式，市民可在当当网上“借书”，图书馆将为该书“买单”，并由当当网直接将书寄到读者手中，看完后归还图书馆进行简单的加工入库，让读书不出门都能享受图书馆的服务。（株洲市图书馆）

【湖南省少年儿童图书馆举办少年儿童绘本创作大赛】 2015 年，作为“全国少年儿童阅读年——全国少年儿童绘本创作大赛”独立承办方，湖南省少年儿童图书馆举办“湖南省第二届少年儿童绘本创作大赛”。活动收到来自全国 18 个省市自治区 700 余件作品。“2015 年全国少年儿童阅读年”系列活动中，该馆获得中国图书馆学会颁发的优秀组织奖。（湖南省少年儿童图书馆　郭坚）

广东省

【概况】 全省已建有市县（区）级以上公共图书馆 145 个，其中县级图书馆 116 个。截至 2015 年年底，全省公共图书馆馆舍总面积 117.2 万平方米。共有从业人员 3968 人，其中高级职称 275 人、中级职称 1340 人。公共图书馆购书经费 21793.42 万元，2015 年购书 459.46 万册，总藏量共计 8979 万册。计算机总数达 1.51 万台，其中电子阅览室终端达到 7048 台。累计发放有效借书证 587.7 万个，总流通人次（年外借人次）达到 1472.3 万，书刊文献外借册次 4213 万册，组织各类读者活动 2.12 万次，参与读者 1182.6 万人次，其中组织各类讲座 4369 次，参加讲座人次 66.14 万；举办展览 1499 个，参观人次 838.72 万；举办培训班 3721 个，参加人次 19.17 万；举办各类阅读推广活动 8308 次，参加人次 292.43 万。揭阳市图书馆、广州黄埔区图书馆等新馆正式对外开放。（广东图书馆学会　何杰锋）

【广东省立中山图书馆概况】 2015 年，广东省立中山图书馆采购中文图书约 28.5 万册，累计馆藏总量近 800 万册。划拨约 60 万购书经费让读者自主采购图书，现场办理外借服务。历经 10 年淬炼，大型影印历史文献丛书《广州大典》共 520 册于 4 月 30 日首发。广东流动图书馆二期工程建设工作继续推进，新建分馆 4 个，分别为阳山分馆、潮南分馆、霞山分馆和汕尾红海湾分馆。共有分馆 88 个。采购图书 500 万元，为 77 个分馆补充新书。在粤东、粤西、粤北公共图书馆举办业务培训班。在全省市、县馆举办巡回展览。共有 70 家分馆实现图书借阅馆内一卡通，60 家分馆实现二代身份证借阅。

全年接待进馆读者 480 多万人次，门户网站主页全年访问量 136.3 万人次，OPAC 访问 229.6 万人次。综合《全国公共图书馆微博监测月报》及新媒体指数数据显示，省馆官方微博、微信长期稳居全国图书馆业界微服务转评量、阅读量评比前 10 名内，微信服务号更是多次进入榜单前三甲。在广州部分公交车及地铁路线投放专题广告，切实加强服务辐射力和社会影响力。举办讲座、展览、培训等读者活动 768 场。组织举办广东省第五届盲人诗歌散文朗诵大赛暨首届盲人散文创作大赛颁奖典礼、“百纳璐诗杯”首届全国听障演讲比赛决赛暨颁奖典礼、广东省盲人阅读推广与文化服务研讨会等。在广州市盲人学校设置服务点，定期配送盲文书刊和有声读物，举办“心聆感影”无障碍电影现场讲解、“听·爱”故事会，为视障儿童提供便捷的服务。全年组织超过 300 场少儿活动，累计吸引近 10 万名少儿读者和家长参加。继续组织党团员青年志愿者到广东省未成年犯管教所开展结对帮教活动。

与香港公共图书馆联合举办“阅读看世界——2015 年世界阅读日粤港创作大赛”；与香港中央图书馆和澳门中央图书馆合作，初步开通省港澳古籍民国文献网上资源共享平台；与国家图书馆参考咨询部合办全国参考咨询馆员培训班。

2015 年，荣获“全国图书馆联合编目中心

2014—2015 年度数据质量优秀奖”“全国图书馆联合编目中心 2014—2015 年度分中心组织管理奖”；广东省古籍保护中心荣获“广东省先进集体”荣誉称号。（广东图书馆学会　何杰锋）

【广东省立中山图书馆移动应用、NFC 自助借书客户端体验区正式启用】 1 月 29 日，广东省立中山图书馆移动应用、NFC 自助借书客户端体验区正式启用。移动图书馆 APP 能为读者提供 OPAC 查询、书刊预约、续借、在线展览、在线讲座、报纸、RSS 及互联网资源的主题内容订阅等共 15 项主要功能，而 NFC 手机自助借还书客户端则能利用手机自带的 NFC 功能完成借书操作，并提供借阅清单查询和续借服务。体验区向读者详细介绍两种应用的使用方法。（广东省立中山图书馆　李雅玲）

【广东省立中山图书馆举办世界阅读日粤港创作大赛】 4 月，广东省立中山图书馆、香港公共图书馆联合举办“阅读看世界——2015 年世界阅读日粤港创作大赛”。粤港两地近万名中小学生积极投稿，分享自己的阅读和创作体验，探索阅读的乐趣。广东赛区以广东省立中山图书馆作为组织方，积极发动广州、汕头、东莞、肇庆、清远等地公共图书馆、学校参与活动，共收到 7484 份创作稿件。中小学生们结合自己的阅读体验，围绕“图书看世界”“阅读看天下”“智能生活”“全球合作与世界融合”四个主题，通过不同的形式表达对世界的见解。各地图书馆、学校以创作大赛为契机，在当地举办形式多样的阅读推荐活动。4 月下旬，创作大赛优秀作品展在粤港两地图书馆同步展出。（广东省立中山图书馆　黄曼华　熊陈）

【广东省立中山图书馆举办 2015 年度广东公共图书馆高级研修班（粤西北地区）】 5 月 27—29 日，由广东省立中山图书馆与韶关市文化广电新闻出版局联合举办，韶关市图书馆承办的 2015 年度广东公共图书馆高级研修班（粤西北地区）在“岭南北郡”韶关市开班，来自韶关、清远、肇庆三地 28 个市县图书馆的 100 多名馆长和馆员参加此次培训。培训内容有：地方文献采集实证研究、基层图书馆管理与服务、公共图书馆创新与服务、基层图书馆阅读推广活动策划与组织、图书馆新技术应用。课后进行分组讨论和经验交流。（广东省立中山图书馆　伍舜璎）

【《图书馆参考咨询服务规范》实施】 由广东省立中山图书馆牵头制定的《图书馆参考咨询服务规范》于 2015 年 6 月审定通过，经文化部批准为推荐性行业标准（文科技发〔2015〕9 号），标准编号为 WH/T 71—2015，自 2015 年 8 月 1 日起实施。这是国内首个以参考咨询为规范主题的行业标准，该行业标准的推出与实施对推动图书馆参考咨询业的发展具有里程碑式的意义。（广东省立中山图书馆　沈静）

【数字图书馆推广工程·全国图书馆参考咨询业务培训班在广东省立中山图书馆举办】 6 月 8—12 日，由国家图书馆主办、广东省立中山图书馆承办的数字图书馆推广工程·全国图书馆参考咨询协作网图书馆参考咨询业务培训班在广东省立中山图书馆举办，来自全国各省级图书馆及广东省公共、科技、高校三大系统的 100 多名参考咨询业务主管领导及业务骨干参加培训。此次培训内容主要有：图书馆参考咨询服务规范的思考与研制、图书馆参考咨询服务概论、参考信息源与社科参考咨询服务、科技文献检索与文献查证服务、参考咨询案例评析、图书馆决策咨询服务等。（广东省立中山图书馆　杜丽莎）

【广东省立中山图书馆举办“中国驻印军印缅抗战胜利暨新一军广州受降七十周年特展”及专题讲座】 7 月 2—4 日，广东省立中山图书馆举办“顶天立地　英魂长存——中国驻印军印缅抗战胜利暨新一军广州受降七十周年特展”及“中国驻印军新一军印缅抗战及留在广州的印记”专题讲座，以文字、照片、地图、纪录片、典籍文献档案、实物和讲课等形式，多方位、多角度地展现那段厚重的历史。展览由“中国驻印军缅甸作战经过”“新一军广州受降”“广州新一军公墓”三个部分所组成，展品以省馆馆藏为主，辅以各方提供的视频和实物史料。卢洁峰女士在“中山讲堂”主讲的专题讲座，进一步介绍中国驻印军新一军印缅抗战的历程和新一军广州受降及公墓建设的经过。（广东省立中山图书馆　郭祥文，朱隽嘉）

【广东省立中山图书馆举办2015年度广东公共图书馆高级研修班(粤东地区)】 7月26—29日，由广东省立中山图书馆与梅州市文化广电新闻出版局联合举办，梅州市剑英图书馆承办的2015年度广东公共图书馆高级研修班（粤东地区）在梅州市开班，来自惠州、河源、梅州、汕尾、揭阳、汕头、潮州等43个市县图书馆100多名馆长和业务骨干参加。培训内容有：地方文献采集实证研究、深圳沙头角“小桔灯”阅读推广案例、基层图书馆阅读推广活动策划与组织。还召开了“全省阅读活动推广案例研讨会”，新兴、四会、曲江、南雄、云浮、惠东、澄海、梅州等基层图书馆进行经验介绍。2015年“我与中华古籍”摄影大赛及优秀摄影作品全国巡展梅州站活动同时启动。（广东省立中山图书馆　伍舜璎）

【首届全国听障演讲比赛决赛暨颁奖典礼在广东省立中山图书馆举行】 9月24日，由中国残疾人联合会、中国聋人协会主办，广东省立中山图书馆、广东省聋人协会、广东省朗诵协会、上海百纳璐诗家居用品有限公司承办，多家单位、组织、爱心企业共同支持和赞助的“百纳璐诗杯”首届全国听障演讲比赛决赛暨颁奖典礼在广东省立中山图书馆隆重举行。中国残疾人联合会副主席吕世明、组联部主任曹跃进，广东省残疾人联合会理事长张永安，中国聋人协会副主席范宜涛等领导和嘉宾亲临现场观看了比赛。（广东省立中山图书馆　王丽琴）

【广东省盲人阅读推广与文化服务研讨会在省立中山图书馆召开】 12月14—15日，由中国盲文图书馆、广东省立中山图书馆、广东省盲人协会、广东图书馆学会联合主办的“广东省盲人阅读推广与文化服务研讨会”在广东省立中山图书馆举办，来自全省各地市公共图书馆及盲人协会的近100名代表参加。中国盲文出版社副总编沃淑萍做题为“中国盲文图书馆视障特色文化服务”的报告，中山大学资讯管理学院的张锡田副教授做题为“信息无障碍视角下的图书档案管理、利用与服务需求研究”的报告，台湾畅谈国际文化出版社总经理祝秦梁分享在阅读推广方面的经验；浙江图书馆、安徽图书馆的参会代表分别以“阅读改变‘视界’”“帮助盲人实现美好的阅读梦”为主题，分享大量盲人文化服务方面的创新案例，研讨会还就“全国公共图书馆视障服务资源共建共享机制”“分享公共图书馆视障阅览服务创新案例”“探讨破解视障服务难题”等议题展开分组讨论。（广东省立中山图书馆　秦晓婕）

【国家级古籍修复技艺传习中心广东传习所揭牌暨拜师仪式在省立中山图书馆举行】 12月15日上午，国家级古籍修复技艺传习中心广东传习所揭牌暨拜师仪式在广东省立中山图书馆举行。广东省立中山图书馆副馆长、广东省古籍保护中心副主任倪俊明主持揭牌仪式并致欢迎辞。王红蕾代表国家古籍保护中心宣读关于成立国家级古籍修复技艺传习中心广东传习所批复文件。国家图书馆副馆长张志清与广东省立中山图书馆馆长刘洪辉共同为国家级古籍修复技艺传习中心广东传习所揭牌，并为传习所导师杜伟生先生颁发聘书。张志清发表致辞，随后举行拜师仪式。广东传习所首批14位学徒，其中9位来自省古籍保护中心、其他5位分别来自广东省博物馆、广东省档案馆、韩山师范学院图书馆、汕头市图书馆、江门市新会区景堂图书馆。（广东省立中山图书馆　左都雯　张淑琼）

【广州市图书馆概况】 广州市图书馆累计藏书732.7万册/件。2015年，完成3420万元文献采购，举办“你买书、我买单、即借走”等读者选书活动。继续深化数字图书馆服务，推进新框架下的数字图书馆建设，移动图书馆试运行，广州市数字图书馆建设进入测试阶段。全年接待公众访问615.4万人次，服务效益继续稳居国内公共图书馆界前列，网站首页点击量710.8万次，同比增长38.8%；数字资源下载、浏览量3583.9万篇、册次，同比增长87.5%。微博粉丝量2.4万人，在新媒体指数“图书馆微博影响力排行榜”中名列前茅；微信公众平台粉丝量16.7万人，同比增长67%。“2015广东互联网政务论坛”上，该馆微信服务号入选广东十大“最具影响力政务微信公众号”。24小时自助图书馆服务点服务效益提升显著，年均每台外借14612册次，同比增长135%。组织公众活动1261场，参加活动公众113.3万人次，同比分别增长17.1%、175%。首次承办全国手工绘本创作大赛，举办第九届“在阅读中成长——广州市青少年十年阅读系列活动”之手工绘本创作大赛等大型综合活动。推进未成年人多元文化交流服务，举办中美公共图书馆书签设计大赛。12月16—17日，承办2015年中国图书馆年会，3000多名代表参会，该馆协调在城市地标广州塔投放公益广告。

以法制推动广州地区图书馆服务体系建设。《广州市公共图书馆条例》自2015年5月1日起施行，这是我国第一部省会城市公共图书馆立法。2015年，广州馆拟定《广州市公共图书馆服务规范》等5个配套制度；组织召开广州市公共图书馆馆长联席会议；编辑出版《〈广州市公共图书馆条例〉解读》，举办培训班、展览、开展相关研究等积极进行法制宣传。广州市属公共图书馆全部实行免押金注册。还制定《广州图书馆2016—2020年示范服务体系发展规划》；完善跨集群通借通还系统功能，全市通借通还达120万册次，同比增长126%。援建梅州大埔县葵坑村分馆、清远市图书馆，新建社会福利院分馆，改造钟落潭分馆；24小时自助图书馆服务点新增海珠翠城花园服务点。流动图书馆新建荔湾西城都荟、增城金地公园上城、番禺中德公司3个服务点。增加编制80个。（广东图书馆学会 何杰锋）

【广州市公共图书馆馆长联席会议召开】 10月19日，广州图书馆组织召开广州市公共图书馆馆长联席会议，广州图书馆、广州少年儿童图书馆以及各区馆的馆长及相关负责人参加。会议由广州图书馆馆长方家忠主持。首先由陈深贵介绍《广州市公共图书馆馆长联席会议章程》，并现场征求各馆意见和讨论确定相关修改，达成基本共识。其后分别由陈深贵、袁兴薇、陈荧介绍中心馆起草的一系列业务标准和服务规范，包括：《广州市公共图书馆信息资源剔除规定》《广州市公共图书馆服务规范》《广州市公共图书馆信息化管理系统建设与管理办法》《广州市公共图书馆业务统计工作规范》《广州市公共图书馆通借通还物流管理办法》。这些标准和规范切实关系到全市各图书馆管理和服务等业务工作的方方面面，中心馆将根据会议上确定的意见和建议整理修订各项标准和规范。最后，方家忠馆长介绍广州图书馆《广州图书馆2016—2020年示范服务体系发展规划》及2016年中心图书馆运行经费预算安排。（广州图书馆）

【深圳图书馆概况】 2015年，深圳图书馆新增纸质文献32.72万册，文献总藏量（含电子文献）830.21万册/件。全年接待到馆读者412.8万人次，全年新办读者证8.27万张，文献外借总量383.9万册次。深圳馆网上图书馆服务读者507.65万人次，同比增长15.31%。三微平台（含新浪微博、腾讯微博、微信公众号）深入加强读者信息服务和阅读活动推广，截至2015年年底，深圳图书馆“微信公众号”与读者互动总计10.6万次，年净增6.04万次，订阅用户数量5.5万人，同比上升96.7%。深圳少儿馆接待进馆读者量为110万人次，日均接待读者量约3900人次；办理各类读者证共计11055个，其中儿童读者证为6495个，累计有效读者证数量为59211个。网站主页访问量为350130人次。举办各类阅读推广活动1320场，参与读者203万人次，同比分别增长37.64%、30.13%。新增深图公益培训、家庭生活公益讲座、深圳记忆、廉洁文化和哲学讲座等新的系列活动。组织全市联动的“少儿智慧银行”项目，少儿活动项目形成“亲子故事”等六大系列，创建“绘本半小时”等新的少儿活动项目。联合市区各级图书馆，开展“深圳记忆”特藏文献征集，研制“深圳记忆”数据库平台，推进“深圳记忆”访寻拍摄工作。集中建立“咨询服务知识库”，实现电话咨询、网上咨询、微平台咨询在组织管理上的统一，建立健全咨询员共同参与知识库建设的机制。

深圳“图书馆之城”建设进入规范化、标准化的发展阶段。牵头完成《公共图书馆统一服务技术平台应用规范》和《公共图书馆RFID技术应用业务规范》2个市级标准和5项《深圳市公共图书馆统一服务业务规范》的研究制定工作。推进阅读推广全城联动，推动建立阅读推广馆际联盟，共享专家资源和讲座展览信息。组织全市公共图书馆馆长联席会议和全市图书馆网络安全工作会议，推进“图书馆之城”重点工作。2015年，深圳全市234家公共图书馆和220台自助图书馆加入“图书馆之城”统一服务，统一服务平台累计有效读者证超过146万张。统一服务平台新增办证读者近24万人，同比增加21.17%。新增20台自助图书馆，9个服务点优化迁移。灵活采用共建机制，加强社会合作，完善创维、新百丽、富士康 3 家分馆建设，为馆外 64 家服务点提供文献服务。

2015 年，荣获深圳市“市长质量奖”“广东省文明单位”“全国社会科学普及教育基地”和全国“全民阅读示范基地”等多项荣誉称号。（广东图书馆学会　何杰锋）

【东莞图书馆概况】 2015 年，东莞全市各镇（街）分馆新增读者证 31692 个，实现书刊文献外借 192 万册，接待读者 563 万余人次。积极开展镇村两级基层图书馆服务人员培训，全年共计开展培训 106 期，培训人员 1864 人次。召开总分馆馆长例会两次。接待读者 253.25 万人次；新办理读者证 30407 个；累计外借书刊文献 223.48 万册次；图书馆网站点击量达到 190 余万人次，东莞学习中心各平台访问量达 430.3 万人次。共发布微博量 700 多条，微博累计粉丝 5000 多人；共发布微信 500 多条，微信累计粉丝 2 万多人。东莞移动图书馆使用推广，从 2014 年 10 月至 2015 年 9 月已安装用户达到 6647 个。

举办东莞第十一届读书节。读书节期间，全市共举办各类读书活动 452 项，当中全市性重点活动 30 项，参与群众约 420 万人次。儿童故事大王比赛是读书节主要活动之一，实行总分馆联动的活动模式，品牌效应进一步凸显。顺利举办第七届中国国际影视动漫版权保护和贸易博览会分会场暨“动漫之夏”系列活动。组织东莞图书馆新馆开馆十周年系列活动。“市民学堂”全年主办公益讲座 74 场，累计参与听讲人数 15650 人，同时注重总分馆展览资源共建共享。

2015 年，东莞图书馆被人力资源和社会保障部、文化部授予“全国文化系统先进集体”。中央精神文明建设指导委员会办公室授予“全国文明单位”荣誉称号。该馆完成文化部国家文化科技提升计划项目——“公共电子阅览室的新形态实现研究”，通过评审验收。（广东图书馆学会　何杰锋）

【东莞图书馆推出真人图书借阅活动】 1 月 11 日，东莞图书馆推出“真人图书馆”服务，在“市民空间”讲堂为读者呈现“一个故事，一次相遇，一份情怀”真人图书阅览会，并举办首场真人图书借阅活动。活动共邀请 13 本“真人图书”，内容涉及人生经历、职业、旅游、饮食等多个方面。真人阅览会分为三轮阅读，每一轮时间为 20 分钟，读者可以在每一轮选择不同的“真人图书”进行阅读交流。活动共接待读者 60 余人次，图书阅读 150 余次。（东莞图书馆　马迎）

【佛山市图书馆概况】 2015 年，佛山市图书馆图书购置经费为 905 万元，新书读者自主采购图书近 6 万册。全年共办证 8.1 万个，同比增长 57%，累计办证量达 31.8 万个；图书年借阅量达 166 万册次，同比增长 38.5%。2015 年，佛山市联合图书馆新增办证 11.5 万个，增长 33.42%；办证量达 57.2 万个，市民持证率达 11.9%。图书馆微信发送图文信息 499 条，总阅读量达 31.2 万，累计关注人数达 2 万人。研发上线“参考咨询知识库及网上咨询服务平台”，从 7 月平台上线运行至今，已整理读者常见问题 100 余个，表单咨询、QQ 实时咨询 200 余人次、现场咨询和电话咨询 12.7 万人次、微信咨询 1969 人次，收集、回复读者意见 345 条。全年开展阅读活动逾 1000 场，同比增长 134%，总参与达 83 万人次。形成以推广亲子阅读为宗旨，融合听、说、看、画、玩、演等形式为一体的少儿阅读推广模式。“少儿故事演出季”结合绘本阅读推广，以动静相结合的多种形式，迅速成为少儿活动的新品牌。蜂蜂故事会增加英文主题故事会。承办 2015“筑梦佛山”异地务工人员子女阅读夏令营。“南风讲坛”全年举办精品讲座 30 场。

佛山市联合图书馆成员馆全年新增 18 家，累计达到 78 家。涵盖公共馆、街道馆、村居馆、学校图书馆、部队图书馆等不同类型的图书馆，馆藏总量达 402 万余册。新增 11 家自助图书馆，总量达 29 家。汽车图书馆共建立服务点 78 个，开展上门服务 626 次，行程达 4 万余公里，开通读者证 6 万余个，借还图书 15 万余册，服务人数超过 30 万人。修订联合图书馆准入、考核、建设以及物流等规范文件。佛山馆牵头启动佛山市联合图书馆十周年系列活动项目。新版电视图书馆已于 2015 年 7 月正式上线，全市 90 万高清互动数字电视用户在家即可免费享受佛山市联合图书馆的文化信息服务。

2015 年，通过向社会招募文化志愿者作为授课老师，打造读者自助讲坛。通过外联社会资源，新增“口才课”和“理财经”两个主题活动；推出“读者定制·文化活动”的新型服务，读者自发组织阅读活动，读者成为阅读推广活动的主角；挖掘有一技之长的读者，进行读者技艺展示，与读者分享艺术的魅力，从而激发读者的创造力；读者持证登录“佛图说吧”，即可录制自己想说的话。经读者确认保存下来的视频，工作人员会进行筛选、编辑并在馆内播放。“佛图说吧”每个月举办两期主题系列活动，深受读者欢迎。（广东图书馆学会　何杰锋）

广西壮族自治区

【第八届广西壮族自治区、市级公共图书馆馆长联席会】 3月17日，由广西壮族自治区图书馆、广西桂林图书馆主办，北海市少儿图书馆承办的第八届广西壮族自治区、市级公共图书馆馆长联席会在北海召开，自治区文化厅党组成员、纪检组组长李晓泉，公共文化处处长沈国明，北海市文化局副局长陈言启和广西市级以上公共图书馆馆长参加此次会议。会上，对全区公共图书馆免费开放、文化共享工程边疆万里数字文化长廊建设和公共电子阅览室建设等提出工作要求。对2014年全区公共图书馆工作运行情况进行通报，传达2015年全区文化工作会议精神和黄宇厅长对图书馆工作提出的要求，并就2015年全区公共图书馆的重点工作提出了意见。会上做“公共图书馆理事会制度探索与实践”专题发言，并邀请北海市少年儿童图书馆、桂林图书馆、柳州市图书馆、南宁市图书馆、北海市图书馆分别就“儿童科普绘本编印”“特色视频资源的建设与利用”“2015年春．文化系列活动”“南宁市城乡一体化联合图书馆”“新型数字图书流通点建设与服务”做工作案例分享交流。与会馆长集思广益、畅所欲言，对构建现代公共图书馆服务体系提出了许多意见建议，积极研究探讨各馆间加强协作协调的新途径、新模式和新方法。（广西图书馆学会）

【2015年广西壮族自治区古籍保护工作会议】 3月31日，全区古籍保护工作会议在自治区图书馆召开，来自全区公共、高校、文博和专业系统的36家古籍收藏单位分管领导以及部分特邀代表共62人参加会议。会上，通报2013—2014年广西古籍保护工作情况和今后开展的工作。对近年来古籍保护工作取得成绩的单位和个人进行表彰，为获得“全国古籍保护工作先进单位”荣誉称号和“全国古籍保护工作先进个人”颁发荣誉证书；为广西17个单位颁发“广西古籍保护工作先进单位”奖牌，为25人颁发“广西古籍普查先进个人”荣誉证书。（广西图书馆学会）

【三区受援单位图书馆门户网站建设】 2014—2015年，广西壮族自治区图书馆分两批次组织三区受援单位参与申报图书馆门户网站建设项目，申报单位达44家。通过开展图书馆门户网站建设项目，旨在鼓励和推动基层图书馆建立自己独立的门户网站。目前，广西壮族自治区图书馆对第一批参与申报的22家图书馆门户网站进行验收收尾工作，组织参与申报的第二批受援单位开始图书馆门户网站的建设工作，并下拨第二批申报单位项目经费。（广西图书馆学会）

【广西壮族自治区图书馆“两会”专题服务】 2015年1月，在广西“两会”召开期间，广西壮族自治区图书馆进入“两会”会场和住地，为“两会”代表、委员提供快捷便利的文献信息服务。“两会”服务共接受专题咨询11件，一般性咨询563人次；发放《参考·借鉴：广西图书馆专题信息汇编》等资料1400余册；还提供办理借书证、书刊外借与阅览、检索打印文献等服务。收到服务反馈意见21条。该服务深受代表和委员们的欢迎和好评，扩大公共图书馆在领导决策层的影响。（广西图书馆学会）

【“危难之中方见本色：抗战中广西图书馆两度冒险转移古籍”入选国家抗战时期抢救保护古籍重要事例】 2015年，在国家古籍保护中心开展的征集抗战时期抢救保护古籍重要事例活动中，广西壮族自治区图书馆申报的“危难之中方见本色：抗战中广西图书馆两度冒险转移古籍”顺利入选。该文讲述在抗日战争1939年和1944年的桂南会战和桂柳会战中，南宁二次沦陷，广西壮族自治区图书馆同仁在馆长黄立生带领下，不顾个人安危，组织馆藏古籍图书文献两次转移疏散百色，由于措施得力，馆藏古籍图书几乎没有遭受损失的史迹。（广西图书馆学会）

【《八桂记忆》图书荣获广西第十三次社会科学优秀成果三等奖】 广西社会科学优秀成果奖第十三次评奖共收到参评成果2332项，评出获奖成果397项，其中一等奖20项、二等奖121项、三等奖256项。广西壮族自治区图书馆组织编辑的《八桂记忆：1949—1957年的广西》荣获著作类优秀成果三等奖。该书撷取1428幅记录广西重要事件和人物的照片，配以文字说明，编辑成册，力图反映这8年间广西在政治、经济、文化等领域取得的进步和成就。（广西图书馆学会）

【广西桂林图书馆成为中国古籍保护协会第一届理事会理事单位】 1月23日，广西桂林图书馆参加中国古籍保护协会成立大会暨第一届会员代表大会。大会选举成立中国古籍保护协会第一届理事会和领导机构成员，审议通过《中国古籍保护协会章程》《协会会费标准及管理办法》和第一次会员代表大会决议，广西桂林图书馆成为协会第一届理事会理事单位，馆长钟琼为单位会员代表。（广西图书馆学会）

【广西桂林图书馆服务“两会”成效好】 2015年，广西桂林图书馆的服务项目被纳入政协桂林市第四届委员会第五次会议“服务指南”。“两会”期间，广西桂林图书馆进驻会场及驻地，在延续为代表委员提供免费办理借阅证、书刊借阅、信息查询、发放参考资料、文字资料打印等服务的同时，推出了移动图书馆、“广西桂林图书馆”微信公众号、《2015“两会”专刊》《“品味 阅读”2014年度推荐书目》等服务。尤其是《2015“两会”专刊》根据国家发展规划，结合桂林市发展目标，围绕“十三五规划解读”“新型城镇化”“侧供给改革”等八个热点问题编写专题信息资料，为市委、市政府以及“两会”代表、委员提供决策参考服务。（广西图书馆学会）

【《桂林山水文化》系列专题片开播】 3月29日，由广西桂林图书馆承担的全国文化信息资源共享工程资源建设项目——《桂林山水文化》系列专题片在桂林电视台新闻综合频道开播。该系列专题片共27集（每集30分钟），分两期拍摄完成，第一期15集，第二期12集，选取桂林具有代表性的山水景点，从文化、审美、客观描述的角度，通过视频的形式深度揭示和展现桂林山水的科学、文化内涵，使人们形象直观地了解和欣赏桂林山水文化资源。（广西图书馆学会）

【广西桂林图书馆荣获“广西古籍保护工作先进单位”】 3月31日，由广西壮族自治区古籍保护中心举办的“2015年全区古籍保护工作会议”在南宁召开，来自全区高校、公共图书馆、博物馆、档案馆等30多家古籍收藏单位相关负责人、广西古籍保护工作先进工作者代表、部分特邀代表等60余人参加会议。广西桂林图书馆获得“广西古籍保护工作先进单位”，历史文献部林艳红、秦翠英、王银波获得自治区“古籍普查先进个人”。（广西图书馆学会）

【广西桂林图书馆申报的地方资源建设项目通过申报评审获立项】 5月14—15日，全国文化信息资源共享工程2015年度地方资源建设项目立项评审会在湖北武汉召开。来自33个全国文化共享工程省级分中心和8个省文化（群艺）馆相关负责人及工作人员参加了会议。广西桂林图书馆申报的4个项目较好地完成了项目陈述、专家质询与答辩等程序，其中独立申报的《抗战桂林》《桂林古迹（二）》，与北海图书馆联合申报的《广西历史文化名城：北海篇》等3个项目顺利通过立项。（广西图书馆学会）

【广西桂林图书馆开展“文化遗产日”系列服务活动】 6月13日，广西桂林图书馆组织开展了“文化遗产日”系列专题宣传活动，活动内容包括：举办由国家古籍保护中心、中国图书馆学会、中国古籍保护协会、广西壮族自治区文化厅主办，广西古籍保护中心、广西图书馆学会、广西桂林图书馆承办的“我与中华古籍”摄影大赛优秀作品巡展、《第三批广西壮族自治区珍贵古籍名录》图片展，同期展出的还有桂林图书馆“古籍保护工作实效展”。展览通过图片、实物等，展示了中华优秀文化的独特魅力，拉近了广大市民与古籍文献的距离。展览现场还配套有“教你学做线装书”“雕版印刷体验”等展示活动，由古籍保护工作人员为读者现场演示线装书的装帧和雕版印刷。活动期间，该馆还邀请著名画家、桂林旅游学院教授、中国美术家协会会员、97中国画坛百杰画家帅立功，桂林电视台

“板路”节目主持人文辉做客“公益课堂”，为读者介绍“桂林的水墨画”和“有趣的桂林方言”。（广西图书馆学会）

【红色历史文化系列专题片在广西电视台播出】 6月24日起，广西桂林图书馆制作的广西红色历史文化系列专题片在广西电视台新闻频道“七一”特别策划中陆续播出。该系列专题片通过真实详尽的史料收集，用电视画面的直观手法讲述了一个世纪以来广西红色革命的蓬勃发展，以及广西革命英烈的不朽功勋，成为广西电视台新闻频道献礼建党纪念日的重点内容之一。专题片除在电视台播出外，还在广西桂林图书馆主页上“广西桂林图书馆特色视频”网页发布，通过VPN提供给市县级图书馆宣传与使用。（广西图书馆学会）

【广西桂林图书馆荣获“全国科普教育基地”称号】 广西桂林图书馆历来重视科普教育，科普工作制度化、常态化、多元化。每年制定科普教育计划并组织实施，建有“广西桂林图书馆科普网”等科普数字资源库，辟有展览厅、报告厅、多功能活动室等作为从事科普活动的空间。常年举办各种科普讲座，运用多媒体设备设施播放科普视频，举办各类科普知识展览及沙龙，开展科普读物推荐等阅读推广活动。打造的科普品牌活动有“桂林市悦动·科学青少年科普大挑战活动”“走进科学”青少年科普活动等，其中，“走进科学”活动连续两年获全国科技活动周广西活动优秀项目奖。桂林图书馆是“桂林市青少年科技教育基地”“广西青少年科技教育基地”“全国人文社会科普及基地”。2015年6月，经中国科学技术协会认定，该馆被授予“全国科普教育基地（2015—2019年）”称号。（广西图书馆学会）

【“‘精神的丰碑’——广西桂林图书馆馆藏桂林抗战出版物图片展”在榕湖展厅展出】 抗日战争期间，桂林的出版事业繁盛，广西桂林图书馆成为抗战期间广西收藏和宣传抗战文献的中心，藏书达30余万册，“以其藏书之丰富，设备之完善，在西南各省首屈一指”。为纪念抗战胜利70周年，广西桂林图书馆结合馆藏特色举办了“‘精神的丰碑’——广西桂林图书馆馆藏桂林抗战出版物图片展”。8月26日，展览在广西桂林图书馆榕湖分部展厅正式开展。展览以桂林图书馆馆藏抗战时期出版物为主题，分抗战时期桂林出版机构盛况、抗战时期桂林出版物两大板块，系统展现桂林抗战时期文化的繁盛。其中，抗战时期桂林出版物分8个篇章，分别是政治篇、军事篇、经济篇、文学篇、艺术篇、教育篇、救国篇、本土篇。展览中，展出的抗战时期桂林出版机构一览表，翔实记录抗战期间云集在桂林的出版机构名称、地址、成立及结束年月，以及主要出版机构的负责人。展览结束后，广西桂林图书馆还组织开展此次图片展的巡展活动，在广西有14个市、县及高校图书馆参展，观展人数达3万余人。（广西图书馆学会）

【2015年全国公共文化巡讲培训班在桂林举办】 9月22—25日，“2015年全国公共文化巡讲培训班”在桂林举办。本次培训由广西壮族自治区图书馆和广西桂林图书馆共同承办，来自全区14个地市88个图书馆共计140多名学员参加培训。培训内容包括现代公共文化服务体系建设、公共数字文化建设、公共图书馆法人治理结构建设和文化志愿者四个专题。国家公共文化服务体系建设专家委员会顾问亢清泉解读了《关于加快构建现代公共文化服务体系的意见》；文化部全国公共文化发展中心主任助理罗云川分享全国公共数字文化创新服务案例；深圳图书馆党委副书记肖容梅以深圳图书馆为例，对公共图书馆法人治理结构试点工作实践与经验进行全面介绍；北京文化艺术活动中心培训部主任李蓁就“文化志愿服务组织与策划”，介绍文化志愿者示范性品牌活动和案例分析，分享活动策划与组织的经验。（广西图书馆学会）

【国家公共文化数字支撑平台广西桂林建设项目正式启动】 11月16—18日，“边疆万里数字文化长廊2015年建设经验交流会”及文化共享工程全国通讯员工作会议在山东威海召开。广西桂林图书馆馆长钟琼、馆长助理谢秋发、馆员卢山参加会议。会上，馆长钟琼代表广西桂林图书馆与国家公共文化发展中心签订国家公共文化数字支撑平台建设任务书，项目建设正式启动。项目建设周期为两年，主要建设内容包括硬件系统建设、基础软件系统建设、特色应用系统等。

为充分挖掘桂林历史文化资源，丰富智慧城市建设，广西桂林图书馆的特色应用系统确定为“桂林 e 文化”，力求探索广西地方数字文化资源传播平台建设模式，加以传播推广。（广西图书馆学会）

【南宁图书馆推进“互联网 + 图书馆”建设】 2015 年，南宁市图书馆大力推进“互联网 + 图书馆”建设，建立政府公开信息、地方特色数字资源服务平台，整合 CNKI 中国知网数据库、方正 apabi 电子图书、超星电子图书和超星名家讲坛等多种类型的数据库资源，为进一步加强数字图书馆推广工程提供资源保障；以移动互联网为载体，不断完善“e 键检索”自助服务；加强 24 小时自助图书馆、电子书借阅机以及微信微博等新媒体服务平台，提升市民的阅读新体验。2015 年，市图书馆微信公众平台累积关注人数 3659 人，分享转发 4790 人 7624 次，微信收藏 463 人；官方微博发布博文 822 条，新浪粉丝 615 人，腾讯粉丝 101 人，博文阅读 190068 次，粉丝互动 1188 次。（广西图书馆学会）

【南宁市社区 24 小时自助图书馆】 南宁市社区 24 小时自助图书馆项目是 2015 年度南宁市政府“为民办实事项目”的内容之一。一年来，南宁市图书馆在市政府、市文化新闻出版广电局的领导下，全力投入项目的选点、施工、图书配送等各环节，并于年底前完成首批 10 家、覆盖全市 6 个城区和 2 个开发区的自助服务点建设，与市图书馆 24 小时自助图书馆形成“一个核心、全市辐射”的良好格局，使南宁成为广西，乃至西南地区首个实现自助阅读服务全覆盖的城市。（广西图书馆学会）

【“绿城书香·相约邕图”阅读推广系列活动】 南宁市图书馆继续以“绿城书香·相约邕图”阅读推广活动品牌为引领，不断丰富和拓展图书馆的服务内容，不断提升和强化图书馆的服务品质，不断增强和扩大图书馆的服务影响。全年共举办各类读者活动 195 场次，参与人数达 146883 万人次，得到媒体报道 101 篇 139 次。（广西图书馆学会）

【南宁市少年儿童图书馆阅读推广活动】 2015 年，南宁市少年儿童图书馆以“弘扬社会主义核心价值观、立足中华传统文化”为主题，以品牌活动项目为载体，阅读推广活动月月有内容、周周有活动，活动阵地从馆内延伸到馆外、从市内延伸到市外，联合社会各方力量，共同为未成年人营造良好的社会阅读氛围，全年开展各类活动 190 场次，共有 35413 人次参加。其中，开展“绿城蒲公英讲坛”37 场次，5980 人次参加；“绿城蒲公英舞台”18 场次，2840 人次参加；爱薇园故事会 30 场/次，2413 未成年人受益；“玩具图书馆”共计 1840 名儿童参与玩具图书馆的操作学习，该项活动获得广西图书馆学会颁发的优秀活动案例二等奖；“我们的节日”系列活动 10 场，共 1620 人参加，“唱响山歌三月三”活动于 2015 年 11 月，获得中国图书馆学会颁发的优秀活动案例二等奖；汽车图书馆进校园共走进 17 所中小学、幼儿园，受益的读者 9690 多人次。（广西图书馆学会）

【柳州市图书馆古籍保护工作获嘉奖】 柳州市图书馆根据《进一步推进柳州市第一次全国可移动文物普查文物信息登录工作的通知》精神，制订了 2015 年柳州市图书馆可移动文物普查实施方案、普查录入倒排时间表等，按计划有序地开展可移动文物普查。将古籍及民国文献全部录入可移动文物普查的数据模板，并进行查重、修改、完善、审核，确保古籍藏品的名称、年代、文物类别、质地、来源和数量等六大项重要信息无遗漏。共完成古籍及民国文献数据 2509 条（其中古籍 2302 条，民国文献 207 条），并按时上报自治区可移动文物普查办。为入选第三批广西珍贵名录的 11 部古籍补拍书影，核对版本，配合自治区古籍保护中心对入选广西珍贵名录的古籍书影、版本及相关信息进行补充和完善。上传古籍普查平台共计 632 种约 6952 张，完善古籍数据。因为认真完成自治区古籍保护中心下达的普查任务，在古籍普查、保护、征集等各项工作中成绩显著，被评为“广西古籍保护工作先进单位”。（广西图书馆学会）

【柳州市图书馆“双语悦读会”活动获 2015 年全民阅读年会案例征集一等奖】 柳州市图书馆的少儿活动推陈出新，丰富小读者们的课余文化生活，充分地利用传统文化和地方民俗的特点，举办精彩传统文化节日活动，“游运有余”元旦智力闯关抢答赛，“‘春·文化’系列活动——百人剪窗花　喜迎幸福年”，“4·23世界读书日”全民阅读系列活动之“书香浸润心灵　书写美丽梦想”读书主题活动等；最为突出的是少儿“双语悦读会”活动，这是柳州市图书馆近年创立的品牌少儿阅读活动，是一个创新的阅读推广活动，突出学习互动与效果，深受学生和家长的热烈欢迎，同时加深读者对图书馆的认识。“双语悦读会”活动案例在“出版界图书馆界全民阅读年会”上，荣获“2015年全民阅读年会案例征集一等奖”，为广西公共图书馆界争得了荣誉。柳州市图书馆少儿绘本DIY系列活动在中国图书馆学会阅读推广委员会组织的“全国少年儿童绘本创作大赛”中，荣获“优秀组织奖”；“学传统文化　品地方民俗”荣获2015全国少年儿童阅读年“中国传统节日”图书馆未成年人服务案例三等奖。（广西图书馆学会）

【玉林市图书馆推出服务新举措】　2015年，玉林市图书馆将计算机技术、数字技术、网络技术、移动通信技术等应用于图书馆服务，推进数字资源阅读，打造基于新媒体的图书馆服务新业态。建立了玉林市图书馆微信公众服务号，通过微信为读者提供数字资源阅读、馆藏书目信息和借阅记录查询，网上续借图书、网上参考咨询等服务；设立了“24小时自助借阅室”，每天24小时为读者提供自助借书，自助还书、续借、查询等服务。开展玉林城区公共图书馆总分馆体系建设，以玉林市图书馆为总馆，玉州区、福绵区和玉东新区范围内的公共图书馆以及社区、街道图书室为分馆或服务点，实现总馆与基层图书馆（室）的资源共享、协同采编、统一检索、一卡通用、统一服务管理，实现玉林城区图书资源均等使用。配合市政府打造“10分钟公共文化服务圈”的部署，把城乡社区作为公共图书馆服务体系建设的重要载体，按照“建设规范化、管理网格化、服务便民化”的“三化”标准推进文化社区建设，现玉林市74个社区已实现有图书阅览室、公共电子阅览室和电子书借阅机，让玉林城区的群众在10分钟内可享受便捷、优质的图书馆服务。（广西图书馆学会）

【北海市图书馆创办“珠城书友会”】　2015年3月，北海市图书馆创办“珠城书友会”。“珠城书友会”从成立开始便受到广大书友的热烈欢迎，目前已拥有会员约270名，并每月定期举办一期书友会活动。截至2015年年底，“珠城书友会”已举办50期活动。“珠城书友会”的成立，为北海市广大书友提供了相互学习、分享知识和快乐的平台，对于推动全民阅读，建设文化北海，促进全民素质的提高具有非常现实的意义。（广西图书馆学会）

【北海市图书馆积极申报及推进重点项目建设】　2015年，北海市图书馆申报国家图书馆数字图书馆推广工程2015年数字资源建设项目，1月起组织骨干力量开展数字资源的建设工作，并于5月30日完成建设并交付使用，目前已完成验收。申报文化部全国公共文化发展中心“八桂历史文化名城：北海篇”系列专题片项目，5月通过文化部专家答辩和评审，9月正式立项，10月于北海老街正式开机启动。项目将以视频方式全面系统地展示北海悠久丰富的历史文化，对于充分宣传展示我市在“一带一路”中蕴含的深厚的历史文化底蕴将起到重要作用。（广西图书馆学会）

【北海市图书馆数字阅读服务】　2015年5月，北海市图书馆开通微信公众服务平台，实现移动终端对本馆图书检索、续借以及最新信息、新书通报等查询，并可随时随地阅读电子图书、听书，成为名副其实的“微信图书馆”，以创新的阅读方式突破传统的阅读习惯，为广大读者带来全新的数字资源阅读体验。12月，应文化部邀请，北海市图书馆的“微信图书馆建设与服务”项目参加2015年中国图书馆年会公共数字文化服务特色案例展，向全国展示该馆微信公众平台数字阅读服务的建设成果；同时，建设完成最新“书香北海”数字图书馆，积极为乡村、军营、学校、社区免费开通“数字图书馆”“移动图书馆”服务，使广大群众能享受到便捷的数字资源信息服务。（广西图书馆学会）

【北海市少年儿童图书馆读者服务工作】　2015年，北海市少年儿童图书馆新增藏量1.15万册/件，年外借108000册次（含馆外图书流通点），年总流通198000人次，年阅览280000人次（含馆外图书流通点），新增读者10%。搭建数字化阅读推广平台，设置数字体验区，实现图书自动化借还，提高服务效能。建成了广西首家自助绘本馆，并实现WiFi覆盖全馆，为读者提供更便捷的服务。创新服务方式，积极开展富有特色的读者活动，推动特色服务品牌化。截至12月，共出版新书推介，宣传、书评专栏48期；举办故事会、讲座42次，各类展览40次，送书下基层15次。开展读者活动49次，科普推广活动6次，参加读者活动16万人次。主要活动有："福娃迎新春·热闹中国年"系列活动、"4·23世界读书日"系列活动、助残日活动、寒暑假"五彩童年　与爱成长"系列阅读拓展活动、经典诵读活动、纪念抗战胜利70周年系列活动、全民读书月活动等。（广西图书馆学会）

海南省

【海南省图书馆"椰树下"小书屋图书捐赠活动正式启动】 1月1日，海南省图书馆"椰树下"小书屋图书捐赠活动正式启动。当天收到捐赠图书300本。这是一个长期有效的捐赠活动。活动倡导城市孩子把已看过的、闲置的图书捐献给图书资源相对匮乏地区的孩子，让书尽其用，资源共享，增强城市孩子"奉献、友爱、互助、进步"的志愿精神。活动中，通过图书标签、友谊信等形式，增强不同地区孩子们之间的沟通，形成一对一的结伴角色，各自了解城乡的不同；通过读后感的流通交流，促进孩子们阅读、学习能力；通过图书捐献证的形式，每捐赠一本，加盖一个印章，不断积累，最终形成点数（积分），来获得省图书馆各类优先服务。省图书馆定点定时培训乡村"椰树下"小书屋图书小助理，让他们学会自行管理小书屋。（海南省图书馆）

【中国家谱家训族规资料联展在海南省图书馆举办】 2月2—13日，中国家谱家训族规资料联展在海南省图书馆举办。本次展览分为"名谱巡礼""四海一家""啜英咀华""千年传颂"4个主题，从存世的数百部家谱中撷取部分精华，分为孝顺、修身、和睦、敬业、治家、爱国、诚信、教育、守法、廉洁10类，每一种美德又挑选出家训若干条，通过40块展板图文并茂地展示上海图书馆的家谱家训族规馆藏，以飨读者。这些家谱来自神州各地，所涉面甚广，文句精炼，且通顺易记。其中有毛泽东、刘少奇、荣毅仁、鲁迅、胡适、李鸿章、盛宣怀等名人的家谱。此次展览由海南省图书馆与上海市图书馆联合举办。（海南省图书馆）

【海南省开展"2015年春雨工程——文化共享志愿者边疆万里数字文化长廊行"活动】 5月23日，海南省"2015年春雨工程——文化共享志愿者边疆万里数字文化长廊行"启动仪式在省图书馆举办。省文化广电出版体育厅副厅长刘曦，省图书馆、省群众艺术馆、各市县文体局和图书馆、文化馆的负责人，以及全省各个行业的文化志愿者120人参加启动仪式。"春雨工程文化共享志愿者边疆万里数字文化长廊行"以公共数字化建设为重要内容，通过"大讲堂、大舞台、大展台及魅力边疆摄影作品网络展及活动旗帜传递"等"三大一小一传递"形式开展。省图书馆与省群艺馆的文化共享志愿者为基层群众、边防官兵送去文艺演出、专题讲座、移动数字终端服务设备等一系列数字文化志愿服务，开展"读道""拆书帮""读书会""英语沙龙""真人图书馆""快乐小园艺师体验阅读"等阅读推广活动，参加人数达29600余人次。本次活动由国家文化部、中央文明办主办，文化部公共文化司、海南省文化广电出版体育厅承办，海南省图书馆(文化共享工程海南省分中心)、海南省群众艺术馆等协办。省图书馆还在乡镇综合文化站、社区书屋、部队援建11个"边疆万里（数字）文化长廊示范点"。（海南省图书馆）

【举办海南省边疆万里数字文化长廊建设培训班暨公共文化发展交流会】 6月24日，文化共享工程海南省分中心在海口举办海南省边疆万里数字文化长廊建设培训班暨公共文化发展交流会。全省市县文体局、文化共享工程省分中心以及各支中心的代表70余人参加培训。文化部全国公共文化发展中心主任助理罗云川主讲《公共数字文化建设与服务》。海南省文化广电出版体育厅社会文化处处长杨济铭介绍海南省文化共享工程2015年工作重点。海南省图书馆馆长、文化共享工程海南省分中心主任李彤介绍"边疆万里数字文化长廊"建设与服务推广工作要求。此次培训课程还有"中国文化网络电视多媒体终端设备的介绍及设备使用""公共文化一体机操作使用”“魅力边疆摄影摄像”等内容。培训班安排交流环节，学员代表们就本地区工作亮点、存在的问题进行交流和讨论。（海南省图书馆）

【“家风家教万里行”系列互动直播惠民服务活动在海南省图书馆启动】 为贯彻落实习近平总书记关于“注重家庭、注重家风、注重家教”指示精神，在全社会倡导良好家风家教建设，全国文化信息资源共享工程推出“家风家教万里行”系列互动直播惠民服务活动。该活动第一站于8月13日在海南省图书馆报告厅启动。300多人参加启动仪式。此次活动特邀中央党校家风家教课题组组长、北京大学家庭文化与家长教育研究所所长齐大辉做《家风家教万里行——为人父母，你准备好了吗？》专题报告。本次活动依托中国文化网络电视新媒体传播渠道，在江苏省分中心、重庆市分中心、大连开发区支中心、海口龙华区支中心、75569部队服务点等5个互动分会场，全国上千个文化共享工程基层服务点以及手机应用上同步直播，有2000多人同时聆听、参与。本次活动由文化部全国公共文化发展中心主办，文化共享工程海南省分中心、北京大学家庭文化与家长教育研究所承办。活动还得到汉雅星空文化科技有限公司的技术支持和央视爱上、国际台华语中心等媒体支持。（海南省图书馆）

【韩国济州特别自治道汉拿图书馆馆长洪荣基一行到海南省图书馆参观访问】 2015年是海南省与韩国济州道结好20周年。中韩两国政府确定海南省与韩国济州道为2015年中韩人文交流主题省道。值此庆典之际，韩国济州特别自治道汉拿图书馆馆长洪荣基一行6人于11月26日到海南省图书馆参观访问。海南省图书馆馆长李彤向韩国同行介绍省图书馆建筑特色、馆藏精品、文献保存及数字化、古籍保护和利用、服务亮点等方面的情况，并带领洪荣基馆长一行参观地方文献与古籍部、阅读体验区，代表省图书馆向洪荣基馆长赠送《正德琼台志》《道光琼州府志》各一套。洪荣基馆长回赠韩国济州道当地特色书画作品及特产给海南省图书馆。（海南省图书馆）

【文昌市图书馆概况】 文昌市图书馆于1956年建馆创办，走过60年的历程。原馆址在文南路“郑康成公书院”内。新馆于2009年在文建路49—79号落成，建筑面积2700平方米。设有少儿图书阅览室、报刊阅览室、报刊资料馆藏室、特种书库、采编室、外借书库、电子阅览室、办公室等功能区。图书馆有从业人员8人，其中助理专业技术人员3人。图书馆使用Interlib图书馆集群管理系统，有电脑39台。图书馆藏有纸质图书15万册，电子图书25万种，报纸46份，杂志165份，古籍3807册。2015年接待读者25600人次，书刊外借19100册次，举办展览8次，图书馆网站访问171279人次，有效借书证3357张。2015年1月，建立文昌市图书馆网站。4月23日“世界读书日”和服务宣传周，在椰海尚品物业小区和东方龙湾物业小区建立图书流动点，给“书香之家”和重兴镇文化站赠送图书600多册，在图书馆LED屏幕上播放阅读宣传标语、教育宣传片和红色电影，在公园举办新书推荐、图片展和发放免费开放宣传单。7月，举办“书香童年”读书征文、主题演讲、经典诵读等比赛活动，全市17所小学的48位选手进入总结赛。10月，举办文昌市乡镇文化共享工程基层技术骨干培训班，全市17个乡镇文化站的51位人员参加培训；配合省图书馆给乡镇和边防武警发放2014年海南边疆万里数字文化长廊设备“全国公共文化一体机”36部。（文昌市图书馆）

重庆市

【概况】 2015年，重庆市共有公共图书馆43个，其中市级公共图书馆2个（重庆图书馆和重庆市少年儿童图书馆），区县公共图书馆41个，达国家等级率86%，其中一级图书馆25个、二级图书馆6个、三级图书馆6个，万人拥有公共图书馆面积达101平方米，位居全国第10位，西部第2位。全市公共图书馆从业人员874人，总藏量1303.8万册（其中图书藏量1045.5万册），新增藏书104.1万册，馆舍面积约44.7万平方米，流通人次约1234.7万人次；举办各类展览578个，观众157.9万余人次。全市电子阅览室终端2899台，重庆图书馆新建分馆10个，累计250个。

公共图书馆服务能力逐步增强。重庆图书馆成功组建理事会，并联合主城区11家公共图书馆联合推出重庆市公共图书馆统一服务电话：

4008223776，打造为民服务对外品牌，方便各类人群随时随地了解图书馆内图书信息，在国内属首创。公共图书馆一卡通升级业务系统到云平台，实现一卡通文献供应量达到197万册，同比增长12.65%；持证读者突破25.33万人，同比增长17.22%，通借通还借出量156.93万册，同比增长50.91%。渝中区、大渡口区先后探索出图书馆总分馆"直管模式"和"协议模式"。农民工图书馆、蒲公英书屋、公共图书馆农民工服务联盟等机构或组织逐年增多，蒲公英书屋在长寿、永川等地开设书屋12个，累计建成书屋24个，并跨省走入贵州省援助云紫县图书馆，活动获得第二届中国青年志愿者服务项目大赛银奖。巴南区、万盛区等23家图书馆加入公共图书馆农民工服务联盟，开展巡讲55场，巡展64场。

公共图书馆数字化水平不断提升。累计投入资金5000余万元，建成数字图书馆43家，文化信息资源共享工程四级网络覆盖城乡，累计建成市分中心1个、区县支中心41个、乡镇（街道）基层服务点827个、行政村基层服务点8318个，建成数字文化资源77TB，实现了各中心和服务点之间文化资源互联、互通、共享。标准化电子阅览室覆盖率居西部第一。累计投入资金1500余万元，建成标准化的电子阅览室700个，共配备电脑5000余台，实现市级、区县（自治县）、乡镇全覆盖，街道、社区分别覆盖47.3%、28.9%。

重庆市古籍普查累计发现古籍71.9万册，善本9.3万册。全年完成3.5万条古籍数据二审、三审工作，新录入656条古籍数据，完成拓片、字画等可移动文物4100余件的拍摄、普查著录工作。完成民国文献11.8万册书刊资料回溯建库工作。《抗战时期英国驻华大使馆档案汇编》成功申报国家民国文献保护中心2015年民国文献整理出版项目。

全民阅读主阵地作用不断彰显。2015年，市内各级公共图书馆举办全民阅读品牌活动400余项。"4·23"世界读书日宣传暨第八届重庆读书月启动仪式、年度全民阅读活动成果展、"中华魂"主题教育读书活动、"红岩少年"读书活动、少年儿童爱心图书接力活动、"重图讲座·全民阅读进机关"活动、阅读与生活摄影微视频大赛等市级层面全民阅读品牌活动影响力也在不断扩大，深受群众喜爱。区县层面形成全民阅读"一区一品、一县一特色"，万州区打造"高峡出平湖，书香润万州"读书品牌，云阳县打造"梦想课堂—书香云阳讲堂"读书品牌，城口县打造"巴山大讲堂"读书品牌，梁平县打造"书香社区"品牌，南川区利用"乡村小舞台"将阅读理念传播进村，涪陵区开设涪州讲坛，黔江区开展"老百姓买书，图书馆买单"活动，石柱县推出书香山寨行，关心留守儿童暑期阅读等，激发群众阅读热情，重庆文化形象与城市品位逐步提升，"以读书为荣"的价值观深入人心，"以读书为乐"的观念已融于市民生活，市民综合阅读率达85%。（重庆图书馆）

【重庆市公共图书馆统一服务电话正式开通】 2月10日，由重庆图书馆打造的重庆市公共图书馆统一服务电话——400-822-3776正式开通服务。统一服务电话依托电信400电话平台打造，操作简便，分为二级菜单，包含四大功能，包括"我的图书馆""重庆图书馆相关服务信息介绍""主城九区及市少儿图书馆服务电话转接""人工服务"。其中，"我的图书馆"对接重庆市公共图书馆通借通还系统的续借电话，提供24小时在线服务。"主城九区及市少儿图书馆服务电话转接"对接市少儿馆及主城九区公共图书馆服务电话，免去读者记忆各馆服务电话的烦恼，仅需记录400服务电话，即可实现一键转接。（重庆图书馆）

【重庆图书馆成立国家级古籍修复技艺传习中心重庆传习所】 3月6日下午，国家级古籍修复技艺传习中心重庆传习所揭牌拜师仪式暨赵嘉福老师及重庆图书馆弟子古籍修复成果展在重庆图书馆举行。揭牌仪式结束后，由国家图书馆、国家古籍保护中心、重庆图书馆及重庆市古籍保护中心联合主办的赵嘉福老师及重庆图书馆弟子古籍修复成果展在重庆图书馆北门展厅开幕。展览中展出修复后的《清乾隆殿试卷》《瘗鹤铭》翻刻等作品。（重庆图书馆）

【春雨工程——28个人口较少民族聚居区基层文化骨干培训班在重庆图书馆举行】 4月21—24日，文化部全国公共文化发展中心在重庆举办春雨工程——28个人口较少民族聚居区基层文化骨干培训班。培训班由文化共享工程重庆市分中心（重庆图书馆）承办，来自全国 28 个人口较少民族聚居区的 38 名基层文化骨干参加此次培训。来自国家公共文化服务体系建设专家委员会、文化部公共文化司、全国公共文化发展中心、西南大学以及文化共享工程重庆市分中心的专家、老师们分别讲授“现代公共文化服务体系建设”“我国少数民族地区的文化政策”“公共数字文化服务建设与发展”“我国民族地区文化发展”“重庆地区公共数字文化服务的社会化推广”的课程。（重庆图书馆）

【重庆图书馆荣获“全国文明单位”称号】 5 月 26 日，“全国文明单位”授牌仪式在重庆图书馆举行。仪式上，市文化委员会组织处处长江卫宁宣读《关于表彰第四届全国文明城市（区）、文明村镇、文明单位的决定》，该馆荣获“全国文明单位”称号。市文化委员会副巡视员谢宾为重庆图书馆授牌，并对重庆图书馆下一步工作提出具体要求和指导性建议。（重庆图书馆）

【重庆图书馆举办纪念抗战胜利 70 周年系列活动】 为纪念抗战胜利 70 周年，重庆图书馆自 6 月起，陆续推出多项系列活动。7 月，“重庆图书馆馆藏抗战漫画展”再现抗战漫画运动从兴起、高涨、沉寂、重新高涨的历史过程。8 月，“连环小人书　烽火大抗战——纪念抗战胜利 70 周年连环画主题展”开幕，翻开了中国人民抗日战争和世界反法西斯战争的生动历史画卷。重庆图书馆围绕抗战文献推出的“抗战时期重庆木刻运动文献展”也吸引了广泛关注。活动期间，重庆图书馆还安排了电影《飞虎群英》和《苦干：中国不可战胜的秘密》两场别开生面的电影展播，免费展映外国人拍摄的中国抗战影片。8 月 15 日，由重庆图书馆、重庆美术馆主办，浙江美术馆、河南省美术馆协办的“长枪出击——抗战时期大后方版画运动文献展”在重庆美术馆展出。（重庆图书馆）

【“杨武能著译文献馆”开馆仪式在重庆图书馆举行】 10 月 12 日，“杨武能著译文献馆”开馆仪式举行。杨武能是享誉海内外的学者、翻译家和作家，是地地道道的重庆人。半个多世纪以来，他投身文学翻译事业，著译等身，被誉为“德语界的傅雷”，同时还是世界范围内歌德研究的顶尖学者。杨武能多年来心系故土，决定将众多译著作品、手稿、书信等珍贵资料捐赠给重庆图书馆。重图为此特别开设“馆中馆”，以杨武能著译文献馆的特殊形式将这些珍贵资料妥善珍藏、精心展示、合理开发、充分利用。杨武能著译文献馆面积约 300 平方米，兼具阅览和研究功能，收藏、整理、陈列杨武能教授著作和译作的新老版本百余种近千册，并展示其稀有和富代表性的手稿和墨迹，以及钱钟书、冯至、季羡林、朱光潜、戈宝权、杨绛、王蒙、马识途等现当代文坛巨擘与杨武能教授来往的珍贵信函数十封，还有他在海内外获得的勋章、奖章、奖牌及奖状等丰富多彩的实物和文献资料。（重庆图书馆）

【全国图书馆联合编目中心 2015 年工作年会在重庆召开】 10 月 19 日，全国图书馆联合编目中心 2015 年工作会议在重庆举行，来自全国各省、市、自治区和直辖市的 40 家成员馆的采编主任、资深编目人员以及相关领域的专家学者，共计 80 余位代表参加此次会议。

大会听取全国图书馆联合编目中心王洋副主任做 2014—2015 年度全国联编中心工作报告，宣布并颁发 2014— 2015 年度分中心组织管理奖、数据质量优秀奖、数据质量监督奖、优秀质量监控员奖等奖项，并为 2015 年质量监控员颁发聘书。全国图书馆联合编目中心书目数据总审校万爱雯对 2015 年成员馆上传数据进行了质量分析。来自国家图书馆、北京外国语大学中国海外汉学研究中心等多家单位的专家就 ALEPH 系统主题规范控制、书目数据库在传播学研究方面的价值与利用等多个问题开展了分享与交流。分中心主任会议则围绕编目员资格认证年限、民国文献开展数据上传、各地区构建地区性联合目录的计划与设想、成员馆上传详编数据的积极性等多个问题进行讨论。（重庆图书馆）

【第三期全国古籍修复技术与工作管理研修班在重庆图书馆举行】 11 月 4 日，由国家古籍保护中心主办，重庆图书馆承办的“第三期全国古籍修复技术与工作管理研修班”开班。 共有来自上海、湖北、辽宁、山西、广东等全国多个省市 13 家古籍收藏单位的 20 位学员参与培训，通过集中研修、专业指导，在实践中积累经验的方式，提高古籍修复人员业务技能，旨在建立一

支覆盖全国、面向省级保护中心的老中青相结合的国家级古籍修复专家队伍，全面提升我国古籍保护工作水平。（重庆图书馆）

【重庆图书馆理事会正式成立】 12月26日，重庆图书馆理事会成立大会在重庆图书馆多功能厅召开。重庆市人民政府副市长谭家玲，市委宣传部、市政府办公厅、市编办、市文化委、区县图书馆代表、重庆图书馆中层干部和全体理事会成员等出席成立大会。首届重庆图书馆理事会由15人组成，其中政府方代表5名、社会方代表6名、馆方代表4名。理事长由原三峡博物馆馆长，西南大学历史文化学院教授、博士生导师黎小龙担任。

重庆图书馆是文化部确定的10个文化事业单位法人治理结构改革试点单位之一，也是重庆市的试点单位。（重庆图书馆）

【基层图书室管理员培训班在重庆市沙坪坝区图书馆举办】 为进一步增强沙坪坝区基层图书室管理员的业务能力，提高实际工作技能，由沙坪坝区文化委员会主办，区图书馆承办的2015年第一期基层图书室管理员培训班于5月20日在沙坪坝区图书馆举办。本次基层图书室管理员培训共有来自土湾街道、童家桥街道、磁器口街道、双碑街道、石井坡街道、井口镇、覃家岗街道所辖社区图书室管理员及街镇文化中心工作人员共49人参加。培训中，沙坪坝区文化委公共文化科蔡渝滨科长就公共图书室建设存在的问题与对策，沙坪坝区图书馆采编部的祖章宇就基层图书室建设基础知识对参培学员进行细致的讲解。培训结束时，全体学员还参观沙坪坝区图书馆，对专业图书馆的业务布局与管理进行现场观摩。（重庆图书馆）

【少儿期刊触摸屏阅读机亮相重庆市大渡口区图书馆】 8月19日，大渡口区图书馆面向少年儿童开通了少儿期刊触摸屏阅读机。该触摸屏阅读机主要是面向少儿教育为主的快乐型、自主型、互动型的学习平台。资源涵盖学前教育、课内课外、教学研究、艺术生活、家长必读、旅游民俗、文化科普等500多种类别，超过3万册专业少儿期刊，支持触摸屏翻页阅读和扫描借阅，且时时更新。为不同年龄阶段的读者，提供不同的资源内容，打破传统的静态学习模式，所有内容均在触控屏上实现。体验亲手点触、互动学习的乐趣，是少年儿童快乐的加油站。同时读者可以通过触摸屏访问馆内其他少儿数字资源，进一步丰富少儿读者对数字资源的需求。（重庆图书馆）

四川省

【概况】 截至2015年年底，四川省共有各级公共图书馆203个。在硬件设施建设方面，馆舍面积56.2万平方米，书库面积11.8万平方米，阅览室面积17.5万平方米，阅览座位4.5万个，计算机1万多台，流动服务车118台，分馆数量366个。历经5年建设的四川省图书馆新馆于12月26日正式开馆，将作为西部领先、国内一流、与国际接轨的大型公共文化服务载体，通过阵地服务与延伸服务的结合，成为覆盖四川、辐射西部的文献资源保障中心、公共信息导航中心、公共文化培训中心、阅读指导与服务教育中心、图书馆事业发展协调指导中心。

在馆藏资源建设方面，各馆因地制宜，努力克服环境与经济等不平衡带来的不利因素，全年新增藏书210.8万册/件，采购期刊5.45万种，新增电子图书343.7万册。

在人才队伍培养方面，全省有从业人员2261人，其中专业技术人员1368人。全年举办多种形式的业务培训、专题培训和讲座，参与4817人次。各馆还积极参加其他地区图书馆组织的培训辅导7.5万人次，提高馆员的业务水平。此外，各馆还通过事业单位公开招聘和校园招聘等方式，不断提高从业人员素质。

在读者服务方面，全年举办各类讲座3258场，听众56.8万人次；展览937场，观众197.9万人次；培训班1335个，受众11.5万人次。数字资源服务进一步加强，网站访问量5154.89万页人次。各馆还充分利用新媒体积极对自身的特色活动进行宣传，为群众提供更多、更丰富的文化服务。（四川省图书馆学会　赫青）

【“我们的文字——非物质文化遗产中的文字传承”展览在成都等地巡回展出】 2月10日，由文化部非物质文化遗产司和国家图书馆主办，四川省图书馆和成都图书馆承办的“我们的文字——非物质文化遗产中的文字传承”跨年大展在成都图书馆开展。展览共分六部分，包括中国文字概说、文字的书写、文字的传播、文字与艺术、文字与生活、文字的传承与未来，集中展示文字的历史变迁与发展现状，并从与中国文字相关的非遗项目中挖掘文字的内涵与魅力。巡回展览还在内江、泸州、绵阳、德阳、广安展出。（四川省图书馆）

【2015 年四川地区图书馆基础业务培训班在西昌举办】 3 月 25—27 日，由四川省图书馆、省图书馆学会主办，凉山州图书馆承办的图书馆基础业务培训班在西昌举行。来自全省各级公共图书馆及部分高校图书馆的 260 余名学员参与培训。主讲老师为省图书馆学会副理事长兼秘书长、研究馆员王嘉陵和《四川图书馆学报》责任编辑、省图书馆副研究馆员冯志。（四川省图书馆学会）

【四川省 2015 年度数字图书馆推广工程宣传员培训班在绵阳举办】 6 月 9—12 日，由四川省图书馆主办、绵阳市图书馆协办的此次培训班在绵阳市举办。四川省文化厅副巡视员兼省图书馆党委书记卢锋，国家图书馆办公室主任苏品红、数字资源部副主任吕淑萍，省图书馆副馆长陈雪樵，绵阳市文化广电新闻出版局副局长李大勇出席开班仪式。全省 21 个市、州公共图书馆相关主管领导和宣传骨干共计 50 余人参加培训。苏品红、吕淑萍分别就如何做好图书馆的宣传工作和数字图书馆推广工程全国宣传工作回顾及 2015 年度工作规划做详细介绍；省图书馆自动化部副主任刘韩萍回顾与反思四川省数字图书馆宣传与培训工作；《绵阳日报》记者讲授新闻撰写与摄影技巧，绵阳、自贡、眉山 3 家图书馆分别就公共图书馆阅读推广服务、数字图书馆成长之路、阅读无空间——服务全覆盖以及基层文化工作的宣传做经验介绍。省图书馆自动化部主任孙子山组织各市级馆有关技术人员进行数字图书馆推广工程应用平台安装情况调查了解和探讨交流。会上对绵阳市图书馆等 7 家数字图书馆优秀宣传单位进行颁奖，会下各馆宣传员进行经验交流，各馆还积极展示数字图书馆建设成果和宣传业绩，以点带面，很好地促进全省图书馆业界的融合交流。（四川省图书馆　刘韩萍　胡波）

【四川省第二期古籍编目培训班在成都举办】 6 月 29 日，由四川省图书馆主办、四川大学图书馆承办的“第二期古籍编目培训班”在四川大学图书馆文理分馆举行。来自全省各主要公共图书馆、大专院校图书馆、博物馆等系统共 23 家古籍收藏单位的 39 位学员参加此次培训。培训班邀请长期从事古籍整理与保护工作的罗琳先生莅临授课。罗琳先生将教学和实践有效地结合在一起，提高了学员的编目实践能力。学员们就学习中的相关问题展开讨论、相互交流，在较短的时间里初步掌握了古籍编目工作的基本知识和工作流程。此次培训提升工作人员古籍保护工作的业务能力，为古籍工作的标准化、规范化奠定坚实基础。（四川省图书馆　林英）

【汉藏文化交流工作座谈会在四川省图书馆召开】 9 月 14 日上午，四川省图书馆、四川省中心图书馆委员会办公室汉藏文化交流工作座谈会在省图书馆召开。党委书记、馆长何光伦，馆长助理谭发祥出席会议。会议重点就《四川省图书馆、四川省中心图书馆汉藏文化交流项目五年规划（2016—2020）》和《2015 年 10 月汉藏文化交流工作日程》进行讨论。来自西南民大的藏学专家、藏区代表及省图书馆代表等 10 人参加此次座谈会。（四川省图书馆　何先进）

【四川全省图书馆馆长座谈会在成都召开】 10 月 20 日，会议召开。四川省文化厅党组成员、副厅长向华全出席会议并讲话。省图书馆党委书记、馆长何光伦，省文化厅公共文化处副处长沈军，省图书馆领导班子成员、专家及部分中层干部，全省各市、州公共图书馆馆长及部分高校图书馆馆长，中科院成都文献情报中心主任，省社科院文献信息中心主任参加会议。与会代表就“省图书馆事业发展，全省图书馆联动协作”议题发言交流，提出建议。此次会议为全省图书馆联动协作，提升图书馆服务效能，加快构建公共文化服务体系指明方向。（四川省图书馆）

【“中国 · 马尔康嘉绒唐卡学术研讨会”在马尔康举办】 10 月 25 日，由四川省图书馆主办，马尔康县委宣传部、阿坝嘉绒文化研究会、金川东女文化传媒公司承办的此次研讨会在马尔康县召开。中国唐卡协会总顾问、中国社会科学院格萨尔王研究室主任降边嘉措，阿坝州政府副州长杨星，中国唐卡协会副会长、秘书长德央，西南民大民族研究所教授同美，四川省图书馆党委委员、馆长助理谭发祥，马尔康县县长窦孝解等出席开幕式并讲话。“唐卡”为藏语音译即卷轴画，是中华民族民间艺术中弥足珍贵的非物质文化遗产。嘉绒唐卡作为集中国画风和藏族唐卡各派艺术为一体的独特表现形式，具有极高的艺术价值和学术价值。（四川省图书馆　何先进）

【四川省图书馆举办“川图百年”“古籍精品”展暨新馆开馆仪式】 12月26日上午，四川省图书馆“川图百年”“古籍精品”展暨新馆开馆仪式在省图书馆新馆星光阅览大厅举行。四川省委副书记、宣传部部长尹力讲话并宣布“川图百年”“古籍精品”展开展、四川省图书馆新馆正式开馆。副省长黄彦蓉主持开馆仪式。国家图书馆副馆长陈力、省文化厅厅长郑晓幸分别致辞。部分机关事业单位代表、图书馆业界代表、读者代表共约100余人出席开馆仪式并参观展览。

四川省图书馆新馆位于成都市天府广场西北角，占地面积17亩，设地上8层地下2层，总建筑面积5.2万平方米，可同时容纳6000名读者。总投资4.9亿元，历时5年建成，是四川省“十二五”期间重大文化民生工程。与旧馆相比，新馆在发展理念、硬件建设和服务模式等方面都有很大的创新和改变。阅览室从原来的10个增加到31个，多功能室从原来的1个增加到13个（包括多媒体厅、展厅、报告厅、影视放映室、培训教室、自修室等）；建立覆盖全馆的无线WiFi接入，实现馆内虚拟导读、无线漫游等功能；增设幼儿、青少年、残障人士阅览室、专家研究室和创客空间、读者沙龙空间。（四川省图书馆）

【泸州市少年儿童图书馆获得“全国十佳绘本馆”称号】 2015年，在由中国图书馆学会、国家图书馆主办的全国优秀绘本馆评选表彰活动中，泸州市少年儿童图书馆荣获“全国十佳绘本馆”称号，该馆副馆长张庆荣获“全国十佳最具创新精神馆主”称号。此项荣誉的授予，标志着以泸州市少年儿童图书馆为主阵地开展的全民阅读活动得到社会的认可与业界同行的高度评价。（泸州市少年儿童图书馆）

【眉山市作品荣获全国“我爱我家”书香家庭阅读微视频大赛多项大奖】 12月16—17日，2015年中国图书馆年会在广州召开期间，在学术年会“中国原创图画书的未来”第一分会场，颁发全国“我爱我家”书香家庭阅读微视频大赛各类奖项，21件优秀作品分获一、二、三等奖。眉山市共有6件作品获奖，其中仁寿县图书馆选送的《阅读·飞翔》荣获大赛一等奖；眉山市图书馆选送的《读书的孩子最快乐》、仁寿县图书馆选送的《阅读·家传》荣获二等奖；眉山市图书馆选送的《长大做个好爷爷》、彭山区图书馆选送的《书香——世间最甜美的味道》、仁寿县图书馆选送的《阅读·时光》荣获三等奖；眉山市图书馆、仁寿县图书馆荣获大赛组织奖。（眉山市图书馆）

【甘孜州图书馆馆长刘骧荣获“2015年中国图书馆榜样人物”】 在文化部组织实施的“2015年中国图书馆榜样人物”评选活动中，全国共有35人被推荐为候选人。经过推荐单位互评、专家评委评选、网络投票、终评会等流程，最终评选出10名中国图书馆榜样人物，刘骧名列其中，并在12月广州召开的2015年中国图书馆年会上领奖。刘骧担任图书馆馆长以来，引入现代理念管理，规范基础工作，努力创建特色。她开辟了州图书馆与高校图书馆合作的道路，填补州图书馆几十年来无项目的空白，为把甘孜州图书馆打造成为具有民族特色和亮点的图书馆奠定坚实的基础。（甘孜州图书馆）

云南省

【云南省图书馆概况】 2015年，云南省图书馆在深入开展“三严三实”专题教育、充分发挥党组织战斗堡垒作用的基础上，以全面深化内部改革、深入实施免费开放服务工作、大力实施公共图书馆系统文化惠民工程为重点，探索体系化、标准化、均等化、数字化、特色化建设，着力发挥省级图书馆在构建云南现代公共文化服务体系中的重要作用，取得优异的成绩，获得“全国图书馆联合编目中心省级分中心组织管理奖”“云南省直机关青年读书基地”“文津图书奖联合评审单位”“全国文化共享工程地方资源建设优秀项目”“社会治安综合治理工作先进单位”等10多项荣誉，文化共享工程培训工作连年受到全国公共文化发展中心表彰。全馆共外借书刊55万册次，免费接待读者248.7万人次，新办读书证1万个。

以科学规划为基础，完成《云南省图书馆“十三五”发展规划》（以下简称《规划》）的起草工作。截至2015年年底，《规划》已经馆领导和各部门讨论修改完善，即将提交知名专家进行论证，按计划将在2016年年初正式制定实施。

以现代公共图书馆服务体系建设为核心，进一步提升服务水平。创新服务，延伸服务，促进公共图书馆服务的体系化和标准化。开通官方微信公众服务平台，通过各类新媒体及时发布服务信息；应用官方网站、微博、微信、意见箱等渠道，进一步修改完善各项服务制度，探索建立以群众为导向的服务机制和读者评价反馈机制；深入实施免费开放，大力倡导全民阅读。创新开展“全民阅读推广月”活动，春节共举办15项文化活动，“世界读书日”共举办17项读者活动，图书馆服务宣传周共举办10项读者活动。打造公共文化服务品牌，促进了服务均等化。加快构建全省文献资源总库暨文献信息资源中心，推进全省地方文献采访协作网建设，进一步建成全省地方文献资源中心、研究中心、服务中心和数字化中心；着重实施“特色图书馆”建设，正式建成“普洱茶文化图书馆”；继续为各类特殊群体提供高质量的人性化服务，接待盲人读者1450人次，辅导盲人上机7618小时，内阅、外借盲文图书1685册次。以少儿阅览室为平台，共接待未成年读者20万人次，外借少儿书刊48953册次；依托本馆硬件资源，积极打造省级公共文化会展中心；推行全方位的信息服务，提升社会知名度和影响力；切实加强基层培训和人才培养，充分发挥省级馆的示范引导作用。

以深入实施公共数字文化工程为重点，助推全省现代公共文化服务体系建设。继续加快云南独有少数民族资源库等地方特色资源建设。加强文化共享工程基层人员培训，共培训基层人员8000余人次。进一步深入实施公共电子阅览室建设计划数字图书馆推广工程以及边疆万里数字文化长廊和中国文化网络电视建设工作。

以古籍保护工作为抓手，促进优秀文献典籍传承体系建设。加快推进全省古籍普查登记工作。切实推进全省古籍修复工作，加大古籍保护力度。继续做好该馆古籍数字化工作。在完成提交国家中心的珍贵古籍数字化数据后，继续馆内善本进行数字化加工，完成第一期数字化建设任务，共加工善本537册、76736页。（云南省图书馆）

【云南省图书馆开展2015年“全民阅读推广月”系列活动】 1月30日，云南省图书馆启动主题为“保障阅读权利，享受阅读快乐”的“全民阅读推广月”系列活动。

活动当天，针对老年读者大多视力不好、看书吃力的实际情况，专门为60岁以上老年读者准备一款外形美观、简便易学的便携式听书机，采用抽奖形式免费发放给部分老年读者。针对少儿读者的需求，少儿阅览室与神州共享（北京）技术有限公司联合开展“萌娃闹新春”数字连环画培训暨少儿拼图大赛，吸引广大少儿读者踊跃参与，15个参赛小组共决出一等奖2名、二等奖4名、三等奖6名。该馆还举办数字资源推广活动，应用多媒体形式向广大读者宣传讲解各类馆藏数字资源特别是本馆自建特色数字资源，并以有奖竞答的形式与读者进行互动，让广大读者充分认识和体验到数字资源的优势。

此外，在“全民阅读推广月”期间，还陆续开展2015年迎新春图书荐购、迎新春写春联、云图艺术讲坛·迎新音乐鉴赏会等一系列活动，为广大读者送上一道道文化大餐。（云南省图书馆）

【云南省图书馆馆开展“书香云南”读者服务活动】 4月23日，“世界读书日”当天，云南省图书馆开展多项内容丰富、形式多样的读者服务活动。一是举行省直机关青年“读书·实践·成长”主题活动及“省直机关青年读书基地挂牌仪式”，300余名省直机关青年职工参加活动。二是少儿主题阅读活动，包括连环画“三位一体”大型展览、多纳“大pad”少儿体验活动等，使少儿读者在感受阅读乐趣的同时，体验精彩的数字探索之旅。三是向盲人读者发放听书机活动。云图听书机是该馆为盲人读者和60岁以上老年读者专门订制的有声读物，安装大量有声文献资源，形状小巧，便于携带。四是数字资源推广活动，包括“Duang！点‘识’成‘金’大型线上活动”、数字图书馆宣传推广活动、特色数字资源阅读推广活动等，免费培训广大读者学会使用该馆官方微信、数字图书馆和文化共享工程数字资源。五是古籍文献修复技艺展示活动。六是“昆明城市记忆”电子书创作活动，邀请广大读者参与昆明城市发展变迁的记录过程，在该馆《电子书工坊》上进行创作。活动一直持续到5月中旬。活动当天还举办“知识视界”环保主题视频放映、“蔡锷与护国运动”专题讲座、图书展销与荐购、青年如何读书专题讲座等活动。《云南日报》《春城晚报》云南网等新闻媒体对活动进行宣传报道。（云南省图书馆）

【2015年全国公共文化巡讲暨云南省公共图书馆馆长培训班在云南省图书馆举行】 5月19—20日，2015年全国公共文化巡讲暨云南省公共图书馆免费开放馆长培训班在云南省图书馆举行，来自全省16个州（市）、129个县（市、区）公共图书馆的馆长和云南省图书馆部分业务骨干参加了此次培训。在为期两天的培训中，首都图书馆馆长倪晓建、南开大学信息资源管理系教授柯平、佛山市图书馆馆长屈义华、苏州市图书馆研究员邱冠华等4位全国知名图书馆学专家分别讲授“公共图书馆总分馆体系建设”“社会公共服务体系中图书馆的发展趋势”“公共图书馆资源建设与服务”“公共图书馆管理实务”等课程，具有很强的针对性、指导性和实效性。省文化厅党组成员、纪检组长盛高举出席了此次培训班开班仪式并做动员讲话。培训结束后，云南省图书馆馆长王水乔、副馆长周宇青为学员颁发结业证书。（云南省图书馆）

【2015“我与中华古籍”摄影大赛云南站系列活动在云南省图书馆启动】 6月29日，由国家古籍保护中心、中国图书馆学会、中国古籍保护协会、云南省文化厅联合主办，云南省图书馆（云南省古籍保护中心）、云南省图书馆学会承办的2015年“我与中华古籍”摄影大赛及优秀摄影作品巡展（云南站）系列活动在云南省图书馆启动。为配合此次活动的开展，在云南站活动期间，省图书馆举办“我与中华古籍”摄影大赛、优秀摄影作品成果展和古籍修复记忆展示等活动，同时省图书馆网站在线播出相关展览作品。此外，为了加大宣传力度，扩大社会影响，还在昆明、曲靖、楚雄、大理及石屏等5个州市、县图书馆举办巡展。（云南省图书馆学会　金美丽）

【云南省图书馆开展2015年“图书馆服务宣传周”系列活动】 5月25—31日，省馆根据《全国知识工程领导小组办公室关于在全国开展2015年图书馆服务宣传周活动的通知》精神，以“履行图书馆职能，促进全民阅读，建设书香社会”为主题，开展系列活动。一是开展数字图书馆及数字资源宣传推广活动。该馆计算机中心举办读者培训班，引导读者学会使用数字图书馆，并开展了寓教于乐的互动体验游戏；还举办“作曲家的情怀”库克数字音乐图书馆专题讲座，多方位向读者展示数字资源。二是开展四项少儿读者服务活动。通过举办“爱的智慧”青少年心理健康教育公益讲座和“超星少儿阅读机体验活动”，以及“六一”儿童节“小小图书馆员”、少儿绘本阅读等活动，吸引广大少儿读者的积极参与，受到家长们的好评。同时，还举办“纪念抗战胜利70周年暨护国运动100周年专题文献展”、《贝多芬第九交响曲》音乐知识讲座、图书馆志愿者招募活动，以及与新华书店、新知图书城、春晓图书等企业一道合作开展读者荐购活动。

此外，省馆联合昆明市、区各级公共图书馆深入昆明市呈贡区文化广场，为呈贡市民送上丰富的公共文化服务。在活动现场，该馆工作人员免费向市民发放数字图书馆、古籍保护工程等方面的宣传资料，并引导市民学会使用云屏数字阅读机，取得明显的社会效益。（云南省图书馆）

【陈豪省长到云南省图书馆调研】 7月6日上午，云南省委副书记、省长陈豪到云南省图书馆调研。陈豪省长听取馆长王水乔的工作汇报，深入历史文献阅览室、地方文献阅览室、少儿阅览室、盲人阅览室、外文图书借阅室等一线服务窗口实地调研，对图书馆业务建设给予肯定。在历史文献阅览室，陈豪省长认真阅览馆藏珍贵古籍，了解古籍修复工作的情况，希望进一步加大重要历史文献和民族文化遗存收藏、整理、修复和保护工作，为弘扬民族文化做出积极贡献；在地方文献阅览室，陈豪省长询问地方文献资源建设情况，对“特色图书馆”建设工作给予好评。省委常委、省委宣传部部长赵金，副省长高峰，省政府秘书长李邑飞、副秘书长杨杰，省委宣传部常务副部长、省文产办主任张红苹，以及省委编办、省发改委、省财政厅、省人社厅、省政府研究室等相关部门的领导参加调研。省文化厅党组书记、厅长蔡春生，厅党组成员、副厅长崔文，厅副巡视员郭伟陪同调研。（云南省图书馆）

【2015年云南省边疆万里数字文化长廊建设培训班在云南省图书馆举行】 9月6—8日，由云南省图书馆暨文化共享工程云南省分中心主办的“2015年云南省边疆万里数字文化长廊建设培训班”举行，来自省内8个边境州（市）、25个边境县支中心的馆长、业务骨干以及云南省公安边防总队、省军区文化干事共计45人参加培训。培训班开班仪式由副馆长朱庆华主持。云南省文化厅公共文化处处长李友仁参加开班仪式，介绍省文化共享工程建设情况，强调边疆万里数字文化长廊建设工作的重要意义，并就省公共文化服务“十三五”规划进行展望。（云南省共享工程办公室　陈洁）

【2015滇桂图书馆首次业务培训班在云南省图书馆举行】 11月10—12日，由云南省图书馆与广西桂林图书馆联合举办的县级公共图书馆馆长业务培训班在该馆举行，来自广西桂林地区30多个县和云南省25个县的县级图书馆馆长共计62人参加此次培训。国家图书馆数字资源部主任曹宁、云南省图书馆馆长王水乔、广西桂林图书馆馆长钟琼、云南大学图书馆馆长万永林、云南大学公共管理学院情报与档案学系教授华林、广西桂林图书馆研究馆员吕立忠，分别就地方特色数字资源建设、民族文献收集与整理等内容进行授课。全体学员还深入云南省红河州泸西县图书馆、泸西县永宁乡文化站和城子古村农家书屋实地参观和调研。此次培训班进一步加强滇桂两省公共图书馆之间的馆际合作与交流，提升两省基层图书馆员工的业务水平和综合素质，增进两省图书馆馆员之间的友谊。（云南省图书馆）

【安宁市图书馆新书借阅点“书香驿站”正式启动】 5月22日上午，安宁市图书馆与安宁新华书店合作设立的该馆新书借阅点——“书香驿站”在新华书店安宁书城正式启动。凡持有安宁市图书馆有效借阅证的读者（不包含期刊借阅证），只要把原来在图书馆所借的图书全部归还后，均可持证到新华书店的安宁市图书馆新书借阅点“书香驿站”挑选并借阅卖场内的图书。只要是符合图书馆采选方针的，并经“新书借阅点”工作人员查重审核确定图书馆未入藏的图书，读者均可当场将书借走。期限为30天，到期前归还图书馆即可。此项创新服务的目的是将选书权交给读者，让读者真正与新书实现“零距离”，让图书馆的服务更加贴近读者需求、更加与时俱进。（安宁市图书馆　何瑞华）

西藏自治区

【“西藏书屋书香”点燃全民阅读热情】 2015年，全区启动“西藏书屋书香”全民阅读活动，为确保此次活动的顺利开展，西藏自治区全民阅读活动领导小组和新闻出版广电局先后制订印发实施方案，进一步明确指导思想、任务目标、方法步骤、组织保障。各地（市）、各部门积极响应、及时行动，成立相应的领导机构，明确主要目标，落实具体责任，充分调动一切积极因素，开展各有所长、各具特色的全民阅读活动，在全区迅速掀起全民阅读活动热潮。按照全民阅读活动“七进”（即进农牧区、进社区、进校园、进军营、进企业、进机关、进家庭）要求，相关部门组织开展送书下乡活动，先后向山南地区错那县、阿里地区噶尔县、自治区老干部活动中心、西藏大学、西藏公安边防总队、便民警务站、青藏铁路沿线护路联防队、拉萨市特殊学校、拉萨市第三中学等21个基层部门和单位捐赠10600种11万件（盘）、价值310万元的图书；开展以“快乐阅读、闪‘靓’心情”为主题的免费赠阅活动，向读者赠送8000多种1.3万册、价值20万元的图书。在“4·25”尼泊尔8.1级强烈地震中，日喀则市聂拉木县、吉隆县等受灾地区的农家书屋、寺庙书屋等基层公共文化服务设施受到不同程度的破坏。为保证灾区群众正常读书看报，全民阅读活动领导小组先后在日喀则市桑珠孜区、拉孜县等受灾群众过度安置点设立自治区新闻出版广电局服务站，为受灾群众搭建17个爱心帐篷书屋，免费向受灾群众提供《中国家庭应急手册》《地震来了怎么办》《抗震救灾宣传挂图》等科普常识、医疗保健、青少年读物7000多种22400多册（盘），共捐赠价值61.58万元的出版物、卫星数字书屋设备和书架。爱心帐篷书屋成为灾区群众的学习场所、信息窗口、宣传阵地和精神家园。（中国图书馆学会秘书处　胡京波）

【西藏实现县级流动图书车全覆盖】 流动图书车工程是文化部、财政部联合实施的一项文化惠民工程，是推动流动文化服务，丰富群众精神文化生活，促进公共文化服务体系建设的重要举措。西藏自治区县级流动图书车配送工程分两批实施，第一批配送的38辆图书车于2014年9月中旬完成，第二批36辆于2015年9月18日在自治区藏剧团顺利完成交接手续。目前，价值1814万元的74辆县级流动图书车已全部配送到位，实现西藏县级流动图书车全覆盖。流动图书车配有书架、投影、电视、音响和独立发电系统等设备，具有图书配送、借阅、宣传和小型文艺演出等功能。（中国图书馆学会秘书处　胡京波）

【西藏自治区图书馆闭馆改扩建】 从1月19日起，西藏自治区图书馆开始闭馆并启动改扩建工程。闭馆时间预计为1年，自治区财政斥资1800万元用于图书馆的功能升级。4月1日上午，自治区文化厅厅长尼玛次仁亲自带队，赴施工现场检查指导项目建设工作，并安排部署下一步工作。这次改建工程主要针对图书馆主楼进行，将把现在分隔开的期刊、港台、藏文、少儿和电子阅览室全部打通连接，并增加专题和特色阅览室，形成一个敞开式的大开间。完工后的阅览室总面积将比现在增加40%，阅览桌椅和电脑也将全部更新升级。扩建方面，工程将把现在一层楼高的多功能厅扩建为两层半。其中，第一层为阶梯教室，用于承办各类学术报告；第二层为多个研讨会议室；还有半层为机房，将依托国家文化信息资源共享工程，完善局域网和数字化资源存储建设。闭馆期间，图书馆将在大楼前设置流动图书车，方便读者借还图书。（中国图书馆学会秘书处　胡京波）

【“西藏数字文化网”改版工作启动】 2015年3月，由西藏自治区图书馆承担的“西藏数字文化网”改版工作正式启动。该网站改版上线后将被打造成一个西藏特色文化的展示平台，同时突出网站公共文化服务的重要性。此项工作是在原有的图书馆门户网站、全国文化信息资源共享工程西藏分中心网站平台的基础上进行的，主要是对这两个网站进行整合改版，打造成最终的“西藏数字文化网”。经过多次研讨和论证，目前新版网站的栏目已经基本确定，中文域名和通用网址也已经注册完成，网站版面经多次修改，整体建设方案也将于近期完成。网站共规划9个一级栏目，每个一级栏目下再分别设置数量不等的二级栏目，通过文字、图片、视频、音频等形式展现西藏的地方特色文化资源。（中国图书馆学会秘书处　胡京波）

【西藏打造国家级藏文古籍修复基地】 7月21日，西藏自治区首届藏文古籍修复培训暨西藏自治区藏文古籍修复中心揭牌仪式在拉萨举行。西藏自治区党委宣传部副部长、文化厅厅长尼玛次仁，西藏自治区文化厅副厅长任淑琼，国家古籍保护中心副主任、国家图书馆副馆长张志清，西藏自治区人力资源和社会保障厅、西藏古籍保护中心领导，以及来自布达拉宫、罗布林卡、哲蚌寺、大昭寺、自治区档案局等重要古籍收藏单位和文物单位的42名学员参加仪式。揭牌仪式后，开展为期10天的藏文古籍修复培训。

藏文古籍修复中心的成立，成为西藏打造国家级藏文古籍修复基地的又一重大举措，将提升藏文古籍的修复和保护水平。随后，西藏古籍保护工作在布达拉宫、哲蚌寺、罗布林卡、萨迦寺等著名寺庙全面开展。（中国图书馆学会秘书处　胡京波）

【西藏自治区图书馆不断拓展和延伸服务方式】 近年来，西藏自治区图书馆积极探索建立总分馆制、图书服务点、流动图书车等服务模式来延伸图书馆服务的触角，以此来拓展图书馆服务的辐射面，发挥资源的有效利用，使图书馆在公共文化服务体系中发挥出不可替代的优势作用。2012年以来，为拉萨市的153家便民警务站设立“便民书窗”，免费配备书柜，无偿提供图书。这些服务点不仅为便民警务站工作人员提供了精神食粮，还为周边居民提供就近的图书阅读服务。因服务工作成绩突出，西藏自治区图书馆拉萨便民警务站“便民书窗”服务网点获得国家级群众文化最高奖项——第十届中国艺术节“群星奖”（项目类）。2015年，为92个“便民书窗”更新了图书。同时，积极与各单位合作共建馆外服务点，并在建立服务点的基础上，探索总分馆服务模式。11月27日，与拉萨市金珠西路社区合作共建的5个小区“温馨文化书屋”

正式揭牌，并捐赠价值22.5万余元的图书7500册。截至2015年年底，西藏自治区图书馆已建立图书馆分馆5个、图书服务点169个、图书漂流站2个，启动流动图书车1个。（中国图书馆学会秘书处　胡京波）

【林芝市图书馆网站对外试运行】 4月16日，林芝市图书馆网站（http://www.xzlztsg.com）建成并对外试运行。网站主要由图书馆概况、新闻公告、数字资源、共享工程、特色馆藏、读者园地和指南等版块组成，体现了便捷性和服务性。读者在图书馆局域网内可登录使用馆藏资源，主要包括论文、期刊、报纸、音乐、教育视频、地方特色、古籍等数据库以及自建的地方资源，部分数据库在馆外也可使用。（中国图书馆学会秘书处　胡京波）

【西藏首个24小时自助图书馆落户林芝】 2015年6月，西藏首个24小时自助图书馆在林芝市青少年活动中心正式投入使用。自助图书馆建设总投资为67万元，可储藏图书500册。市民只需凭有效证件并缴纳一定保证金，即可免费办理借书、还书等业务。自助图书馆的书籍将根据借阅人员借阅书籍种类、数量定期进行更新，并设有读者意见簿，根据不同读者需求提供“私人定制”服务。（中国图书馆学会秘书处　胡京波）

【林芝市图书馆举办征文活动】 林芝市图书馆于2005年7月1日建成并正式向读者开放。2015年3月5日，为庆祝开馆10周年，图书馆面向社会各界举办“我与林芝图书馆”有奖征文活动。此次征文活动的主题包括在林芝地区图书馆学习、成长成才的经历，利用图书馆文献资源与服务所取得的科研成果和工作成就，对图书馆、图书馆活动、图书馆事业的建议、前瞻与憧憬等，作者不受年龄、学历、职业、民族、地区等限制。7月4日，举办此次征文活动的颁奖仪式。（中国图书馆学会秘书处　胡京波）

【林芝市图书馆开展公开课主题征集活动】 2015年10月，为进一步适应新媒体服务需求，完成2016年数字图书馆推广工程建设任务，丰富林芝市图书馆数字资源内容，图书馆面向全社会征集公开课选题。选题征集活动要求：一是选题内容必须符合相关法律、法规和文件规定，不得有科学性、政策性错误或含有争议的内容；二是选题要体现公共教育课的特点，突出重点，注重知识和技能的培养，以林芝传统文化作为讲座重点，兼顾大众不同层次的文化知识需求，尤其突出林芝地域文化特色，力求达到“雅俗共赏”的效果，内容可涉及政治、经济、人文、地理、历史及符合林芝市农牧区种养殖技术、农牧民技能培训等方面内容；三是选题内容要完整，分专题呈现，凝聚精华，引人入胜，时间控制在30—50分钟；四是原则上应尽量避免已在国家图书馆视频公开课上审核发布过的类似课程。（中国图书馆学会秘书处　胡京波）

【林芝市图书馆开展文化惠民工程】 2015年，林芝市图书馆在开展文化惠民工程中成绩显著。全年流通人数3万人次，外借图书11000册次，办理借阅证500个，分别比2014年增长90%、85%和116%。自2005年7月1日正式开馆以来首次实现年流通超过3万人次，也成为全区7地（市）首个年流通超3万人次的图书馆。同时完成第二届“超级读者”评选表彰工作，从233名报名的读者中，最终评选出“超级读者”1名、“达人级读者”2名、“牛人级读者”10名及纪念奖220名。（中国图书馆学会秘书处　胡京波）

【日喀则市图书馆开工建设】 2015年8月，西藏自治区日喀则市首个市级图书馆新建项目顺利开工建设。图书馆将建设在日喀则黑龙江南路东侧及规划五路南侧，规划用地4311.98平方米，总投资2025万元，预计2016年7月竣工。建成后的市图书馆将由成人及儿童文献收集、整理、保管、传播区，信息与自动化服务区，社会文化教育服务区，行政管理区等五部分组成。作为社会高度关注的公益性项目，日喀则市图书馆将具有民生效应、增长效应、形象效应和示范效应，对于日喀则市开展全民阅读活动，丰富广大市民的精神文化生活需求，推进西藏公共文化服务体系建设，构建和谐社会具有重要意义。（中国图书馆学会秘书处　胡京波）

【丁青县建立西藏自治区首个县级数字图书馆】 2015年7月底，“天津图书馆西藏丁青县分馆”暨“天津市少儿图书馆西藏丁青县分馆”正式免费对外开放，成为西藏自治区首个县级数字图书馆。该馆配备电脑40台、实体书籍1.2万余册，并与天津图书馆进行资源共享，为读者提供电子图书、学术期刊、专业论文、教育视频、音乐欣赏等多个种类的网络资源数据库30个。其中，博、硕士学术论文150多万篇、中国学术期刊9000多种、英文电子书3000多种、中文电子图书300多万种，全县读者可检索和使用天津图书馆的电子图书及馆藏资源。（中国图书馆学会秘书处　胡京波）

陕西省

【概况】 陕西省现有县以上公共图书馆110个（含少儿图书馆3个），其中省级馆1个，副省级馆1个，地、市级馆7个，县级馆101个。从业人员共计2121人，其中高级职称80人、中级职称556人。全省公共图书馆总藏量1506.35万册，其中图书1244.15万册，古籍57.33万册（其中善本5.364万册），报刊1412.39万册，视听文献、缩微制品14.44万册/件，其他48.04万册/件。全年总流通人数982.43万人次，书刊文献外借389.12万人次，680.74外借册次。组织各类讲座1547次，参加人数18,88万人次。举办展览703个，参加人数120.51万人次。举办培训班1029个，参加人数6.76万人次。实际使用公用房屋建筑面积24.43万平方米，其中书库面积4.79万平方米、阅览室面积7.94万平方米。阅览室座席数共计20015个，其中少儿阅览室座席4927个。全省公共图书馆计算机共计5642台，供读者使用电子阅览室终端3920个，图书馆网站访问量3674.23万页次。开展延伸服务方面，流动服务书刊借阅人次共计43.32万人次，借阅册次50.92万册，分馆数量274个。

8月18日，省馆新馆建设举行开工仪式，中共陕西省委常委、省委宣传部部长梁桂、副省长姜锋、省总工会主席白阿莹出席开工仪式。开始对新馆的人员编制、经费、文献准备和自动化建设等工作开展调研。在馆舍改造方面，2015年完成基本书库加层改造、书库与读者电梯更新、生活供水系统的更新改造、高压配电控制系统改造等工作。全省市、县、区公共图书馆加快图书馆基础建设，改善服务环境，优化阵地服务。蓝田县图书馆新馆建筑面积达8000平方米，于“4·23”世界读书日建成开馆。彬县图书馆10000平方米的新馆于7月1日建成并对外开放。潼关县图书馆建筑面积2000平方米的新馆工程于9月15日正式开馆接待读者。西安市长安区图书馆建筑面积3000平方米的新馆工程于11月18日正式落成对外开放。富平县图书馆在对旧图书楼等设施进行改造提升基础上，新建806.5平方米馆舍于年内完工交付使用，从而使该馆的馆舍面积增加至2400平方米。佛坪县图书馆筹措资金15万元，改建图书馆陈旧馆舍和设施设备。（陕西省图书馆学会）

【陕西公共图书馆服务联盟建设】 陕西公共图书馆服务联盟队伍不断壮大，联合编目工作持续发展。截至2015年年底，加盟成员馆数量由2014年的102家发展至105家，加入联合编目的成员馆由80家发展至91家（其中85家开通了联合编目。46家完成了回溯建库工作），二者在全省现有公共图书馆中的占比分别达到95.46%和82.73%，2015年，成员馆数据入库78.2万册，累计入库331万册（不含省馆）。

技术支持保障有力，文献资源建设有所突破。为12家联盟成员馆建设网站，并对已有网站进行维护改版；全年为成员馆提供报表分析、参数（属性）设置、远程客户端安装（卸载）等系统技术服务821次（个）。在地方文献资源建设方面，具有较高价值的支柱性文献、电子音像文献和非常规文献（如书画、手稿、照片）征集工作得到重视，西安图书馆“‘丝绸之路经济带’专题文献展”；韩城市司马迁图书馆“韩城文化名人”“韩城民俗”等主题宣传活动丰富多彩。西安图书馆《世界级非遗项目西安鼓乐文化专题片》和富平县图书馆《富平陶瓷多媒体资源库》首次成功申报文化部地方特色资源数据库建设项目。

数字资源推广领域拓展，联盟流通服务工作稳步推进。在数字资源推广方面，发放陕图数字资源阅览证10905张，开通5211张。在联盟流通服务工作方面，先后为10家成员馆开通了联盟外借业务，开通联盟外借的成员馆累计达67家，占全省公共图书馆总数的60.91%。全年办证3.9万余张，外借图书120.2万余册，环比增长43.73%。

阅读推广工作异彩纷呈，参考咨询联合服务

方兴未艾。在联盟阅读推广工作方面，联盟策划并在全省组织开展春节文化惠民活动、“科技之春”宣传月活动、4・23全民阅读活动、第三届陕西省阅读文化节等大型主题阅读推广活动。各成员馆亦通过展览、讲座、培训，征文、读书会等载体形式自主策划具有地方特色的阅读推广活动。中国图书馆学会授予陕西公共图书馆服务联盟“2014年全民阅读优秀组织奖”。在参考咨询联合服务方面，重新修订完善《联盟联合参考咨询工作手册》，举办联盟参考咨询信息员培训班；开展参考咨询联合服务的成员馆达到62家，联盟在线参考咨询平台共计解答读者咨询1260人次，比2014年增长16%。

讲座展览渐入佳境，联盟培训成效显著。在联盟讲座展览工作方面，2015年，全年共举办讲座巡讲活动8场，开展巡展活动15场，全年服务民众近4万人次；在联盟培训工作方面，先后举办以联合编目、摄影基础、阅读推广训、参考咨询等为内容的培训活动6期，为市县基层公共图书馆培训业务骨干320人次。

在联盟机制体制建设方面，修订完善《联盟工作考核奖励办法》，启动《陕西省公共图书馆事业发展蓝皮书：陕西公共图书馆服务联盟（2010—2014）》的编纂工作，为系统总结联盟组建5年来的工作经验，统筹规划联盟今后发展路向迈出了坚实的一步。（陕西省图书馆学会）

【体制改革与服务体系建设】 2015年，陕西省图书馆进一步深化体制改革、完善内部管理，科学合理配置人力资源。进一步完善工作质量考核评估管理体系，修订目标责任制管理和工作质量评估相关制度；配合陕西省文化厅，参与《陕西省加快构建现代公共文化服务体系实施意见（初稿）》部分内容的起草工作，历经多次修改，此《意见》已于2015年10月9日由省委办公厅、省政府办公厅以（陕办发〔2015〕30号）正式印发。

为配合全省各地公共文化服务体系建设，本省部分市、县基层公共图书馆积极配合当地文化行政主管部门，通过编辑业务辅导资料、举办农家书屋管理员培训班、深入基层乡镇（社区）图书馆协助加工整理文献、开展乡镇图书馆（含农家书屋）业务辅导工作等举措，促使乡镇、社区基层图书馆业务管理步入正轨，提升基层图书室管理员业务水平和服务意识和服务能力，充分发挥基层图书室的社会效益。

在体制、机制改革方面，西安图书馆“西安市公共图书馆集群信息化管理平台”成为第三批创建国家公共文化服务体系示范项目。宝鸡图书馆推进事业单位理事会改革，草拟《宝鸡市图书馆理事会章程》和《理事会社会代表招募公告》，加大“馆点线”制服务体系建设。铜川馆被确定为“国家公共文化政策研究实验基地”。（陕西省图书馆学会）

【文献资源建设】 截至2015年年底，陕西省图书馆共计入藏中外文图书、期刊、报纸及视听资料63823种，179377册/件，码洋1085.55万元。其中中文图书56886种168642册；中外文期刊、报纸4967种6190份；外文图书1166种1166册；视听资料804种3368件；预订2016年中外文报纸、期刊5033种6187份；整理验收呈缴本、征集文献、捐赠文献等共计3873种，8910册、视听资料260种534件。截至2015年年底，陕西省图书馆累计藏量463万册，另有电子图书122万册。

在国家公共文化服务体系及免费开放相关政策的促进和各地财政的积极扶持下，本省多数市、县（区）公共图书馆通过购买、征集、受赠等多种渠道，不断扩大和优化馆藏结构，做好特色文献、珍贵文化资源的保护和建设工作。富平县图书馆完成《孙志注释本》《富平方言志》《频阳二布衣诗抄笺注》珍贵文化资源抢救保护工程系列丛书。延安市图书馆新建毛泽东著作及其研究、评论专柜及党和国家领导人专著研究两个特色文献专柜。（陕西省图书馆学会）

【古籍保护工作】 2015年，陕西省古籍保护中心编辑出版《第二批陕西省珍贵古籍名录》，基本完成全省公共馆的古籍普查登记目录，全省提交登记目录数据审核7998条，复审数据1532条。全省44家古籍存藏单位提交古籍普查登记目录数据44470条，省中心完成数据审核并提交国家保护中心17家27423条。在可移动文物普查办公室的协作下，完成陕西省图书馆民国文献的全面普查，共普查图书42794册，期刊3514种11536册，陕西报纸61种，初步形成陕西省图书馆民国期刊、图书、报纸电子版目录。在古籍修复方面，全年完成普通古籍修复2575页，完成二、三级古籍修复2250页，修复装订古籍53册；修复保护拓片860张；建立纤维数据80条。10月，“国家级古籍修复技艺传习中心——陕西传习所”在陕西省图书馆成立，未来将常态化开展一、二级及濒危珍贵古籍修复保护，开创陕西省古籍修复保护的新局面。

以陕西省图书馆为主阵地，联合陕西师范大学图书馆、咸阳图书馆、汉中市汉台区图书馆、韩城市司马迁图书馆、延安市图书馆开展“我与中华古籍”摄影大赛优秀摄影作品巡展活动。在省古籍保护中心的带动下，全省各级公共图书馆全面推进古籍普查登记、著录、书影拍摄、数据上传及古籍保护宣传等工作。西安市、临潼区、高陵县、富平县等市、县图书馆馆藏入选陕西省珍贵古籍保护名录。延安市图书馆对馆藏古籍进行平台和古籍书目修改，共完成古籍有效书目数据录入626种，627条。国家古籍出版“十一五”重点规划项目《陕西古籍总目商洛分册》出版发行。全省古籍存藏现状有显著改观。（陕西省图书馆学会）

【文化共享工程建设】 共享工程陕西分中心完成文化共享工程省、市、县、乡镇及行政村的服务网点的全覆盖，截至2015年年底，已经完成建设基层服务点1554个；在资源建设方面，新增征集地方特色视频资源36部；提交国家中心验收完成2个多媒体资源库建设任务；2015年申报《丝绸之路多媒体系列资源库·文化科技篇》《节庆长安》等6个多媒体资源库及文化专题片项目并全部通过文化部审核。在前沿技术手段应用方面，《全国文化信息资源共享工程文化微播平台》获得国家文化创新工程奖。由陕西省分中心与文化部全国公共文化发展中心、福建省分中心联合申报的《“一带一路”文化共享机制和演示系统研究》获批为国家文化科技提升计划项目。文化共享工程培训工作形成常态化，组织或参与的培训达36场，参加人次达到6.8万余人。

西安市支中心申报以世界级非遗项目长安鼓乐为主题的文化专题片，通过文化部组织的专家评审后已正式立项。各级公共图书馆充分发挥共享工程网络优势，利用文化信息资源共享平台，提供文化信息，开展各类实用技术培训、中老年人免费电脑培训班、影视及优秀地方剧目播放、优秀栏目推介、生活常识及名家讲座等活动2015年，共享办配合上级活动安排，组织协调各级基层服务网点积极参与，本年度共督导组织包括“春运网购火车票”、集中放映《惠农资源》等剧集、“2015大年小戏闹新春”“祝福安康祺祥端午”等全省性大型主题文化活动共11次，累计服务达到73万人次。在2015年的“中国梦·文化情”第二届“文化共享杯”全国群众摄影艺术作品征集大展活动中，我省向国家中心选送提交300幅作品，获一等奖1个，二等奖1个，三等奖1个，优秀奖8个。（陕西省图书馆学会）

【数字化及网络化建设】 2015年，配合国家数字图书馆推广工程，做好元数据仓储等资源联合建设、相关软件平台建设、宣传推广活动以及推广工程在全省范围内的协调、联络、统计等工作任务。推进资源联合建设项目在陕西地区的实施，全年举办两场专项技术培训，积极参加数图推广工程各项活动，如，组织全省“网络书香过大年”活动、“网络书香讲坛”培训，加入公共图书馆决策咨询服务协作平台等，开展数字资源的宣传推广活动15次，参与读者11757人次。发放10905张数字资源阅览证，数字资源的总浏览下载数量达到435万篇（册）次，同比增长20.9%。

2015年，全省各级公共图书馆不断重视图书馆网络化建设，加大对数字资源建设和宣传力度。西安市、延安市、临渭区、高陵县、凤翔县、吴起县等市、县公共图书馆采购移动阅读平台、超星电子借阅机、人民日报电子阅报机、龙源电子书云借阅机等现代化数字设备及数字资源；高陵区图书馆春节期间举办“春节数字资源开放周”活动。2015年，各地特色资源数据库建设成果较以往有大幅增加。临渭区筹建容量不低于2TB的“三贤故里，文化临渭”特色专题数据库；《富平陶瓷多媒体资源库》获得国家2015年度地方资源库建设立项；洛南县精心策划拍摄的传统民俗《洛南槲叶粽子》，由商洛市图书馆牵头，商州、洛南、丹凤四馆联合摄制的《商山四皓》专题前期拍摄工作已经完成，即将进入后期制作。（陕西省图书馆学会）

【未成年人及弱势群体服务】 2015年，陕西省图书馆少年儿童分馆全年新增图书21385册，期刊2842册，报纸1680份，光盘364张，新增读者5922人，外借人次达到96001人次、外借册次达到334352册次，全年接待阅览读者322331人，电子阅览人次达6398人。组织开展适合少年儿童特点的多种读者活动及免费培训已达到62次，参加活动人数达6866人。加强少儿文献资源的二次开发和利用，加工编辑少儿知识信息共计1247条供孩子们上网阅读。"蒲公英绘本故事屋活动"全年开展62次活动，近7000人次参与，获省图书馆学会2015年阅读推广活动优秀案例。

2015年，全省各级公共图书馆重视发挥图书馆社会教育功能，充分利用丰富的文献资源，积极改善未成年人阅读环境，重点关注贫困地区儿童阅读情况。陕西省图书馆继续联合未来出版社在长武县、蒲城县、镇安县等贫困地区的15所贫困乡村学校开展第四届"关注乡村学生、分享阅读快乐"一人一本捐书助读活动。

在弱势群体服务方面，陕西省图书馆视障阅览室努力通过为读者上网查询资料、电话导读、网络解答读者问题、为视障读者传送音频数字资料、刻印盲文资料、帮助读者解决电脑问题等服务活动，积极开展各类主题文化活动。全年接待读者2322人，接收盲文图书735册，借书92人次，188册次，还书113册，心理辅导87人次，帮助读者查找下载资料268.3G，接送视障读者243次，电脑培训62人次，举办"守法依德　共铸国梦""文化助盲　共享阳光"视障读者读书沙龙主题活动，"心手相牵、同赏佳片、共迎春节"残疾人文化观影活动，"爱心传递"——走进残疾人家庭公益活动，"用法律武装自己"主题视障读者普法交流活动，国际盲人节视障读者"佳片共赏"等主题服务活动9次，参加人数1084人次。配合国家盲文图书馆，积极做好我省"全国盲人百科知识竞赛"活动工作，经过选拔比赛，选送三位盲人选手参加决赛。

2015年，全省各级公共图书馆在视障阅览室的场馆建设、设备选配、文献资料筛选以及后续业务拓展、读者活动方面有了长足进步。咸阳、汉中、长安、富县等市县公共图书馆为养老中心、社会福利院等机构借阅点更换书刊，举办残疾人视听讲座，在农民工密集的企业或边远贫困学校设立馆外借阅点，向社会提供均等化服务。三原、富平、蒲城、柞水、韩城等市县公共图书馆相继新增了视障阅览室。截至2015年，全省建有48家公共图书馆建设有视障阅览室。（陕西省图书馆学会）

【读者服务活动】 2015年，陕西省图书馆进一步加强阅读推广工作，全年策划五项全省示范性大型主题阅读推广活动。包括"2015年春节文化惠民活动"、"第二十三届科技之春"宣传月活动、"阅读的力量"4·23全民阅读活动、"第四届关注乡村学生、分享阅读快乐"捐书助读活动、"文化陕西　阅读三秦"第三届陕西省阅读文化节等。在全省范围内统筹安排，示范引领各级公共图书馆组织活动2877场次，参与人数163万人次，同比增幅6%。馆内全年共举办阅读推广活动共计65场次，参与人数达10.4万人次。以活动促品牌，推进阅读推广活动品牌化建设。注重"陕图读书会""陕图阅读加油站"书目推介项目的品牌化发展。新创设的"学在陕图"公益课堂活动项目，荣获"出版界图书馆界全民阅读年会（2015）"全民阅读优秀案例三等奖。充分发挥兰台志愿者团队旗下各高校团队的专业资源优势，截至2015年，陕图兰台志愿者团队下设高校志愿团队16个，学生个人志愿者464人，社会在职人员48人。组织志愿者参与志愿服务活动29场次，安排1766名志愿者参与文献整理、参考咨询岗位服务，服务时长累计8049.5小时。

"陕图讲坛"全年共举办70场讲座，参与听众22890人。完成《陕图讲坛》书籍出版工作。"陕图展览"全年共举办31场，观众8万余人。积极与陕西公共图书馆服务联盟成员馆合作，全年完成联盟现场讲座8场，参与听众2730人，联盟巡展15场，观众36875人。

全省各级公共图书馆不断深化免费开放政策，积极通过"4·23"世界读书日、"科技之春"宣传日、"五四"青年节、"六一"儿童节、图书馆服务宣传周等为载体，举办形式多样的宣传、服务活动，2015年，全省各级公共图书馆举办讲座、展览、培训班等形式的读者活动共计3279余次，比2014年增长4%，参与人数达到146.15万。在组织常规活动的同时，众多公共图书馆不断探索，策划组织品牌活动。西安图书馆探索"系列天禄"文化服务品牌，策划组织"天禄讲坛"讲座50场，内容涵盖人文历史、传统文化、艺术教育、百姓生活等主题，观众8000余人次；组织"天禄画卷"展览10次，接待读者近9000余人次；出版内部刊物《天禄集英》杂志3期，开展"天禄学苑"活动40期。宝鸡市图书馆推出"你阅读我买单"服务活动。户县图书馆打造"我的一本课外书"演讲活动、户县"故事大王"活动。延安市馆开展"阅读之星"活动等。（陕西省图书馆学会）

【参考咨询工作】 2015年，陕西省图书馆联合参考咨询工作取得长足进步，全年接待各类咨询7235人次，全年承接课题219项，为读者搜索资料3324篇；原文传递2523人次，2806篇次。全年编辑刊发《决策参考》24期，《资料汇编》29期、《舆情信息》316期、《图书馆资讯》11期。在"两会"信息服务方面，2015年新增了政协服务点，现场为代表委员提供各类咨询，查找各项资料242篇，借阅图书200余册。会后为人大提供研究文献共35项，555篇。6月，省图书馆成为首批6家陕西省地方立法协作成员单位之一，参与我省地方立法的有关资料收集和专题研究等工作。

2015年，全省各级公共图书馆不断创新服务形式，提升服务品质，全省21家基层公共图书馆进驻地方两会开展现场服务。（陕西省图书馆学会）

【地方文献工作】 2015年，围绕"丝绸之路"文化，进一步加强陕西特色文献专题数据库建设，推进联盟地方文献联合征集工作力度。2013年项目"话说陕商""陕甘宁边区红色记忆·延安精神库"已通过省内专家验收，2014年项目"丝绸之路·文物古迹篇"和"陕甘宁边区红色记忆·纪念旧址库"，完成前期栏目策划、书目调研等工作。"丝绸之路·文化科技篇""陕甘宁边区红色记忆多媒体资源库·研究文献库"项目，通过文化部2015年项目立项。策划举办"祝福祺祥端午节"传统节日文化展览，带动全省地县馆以现场和线上两种形式同时展出。该展览以32幅展板，8000多字、80多幅精美图片及自拍古籍书影，再现古今中外端午习俗。全年完成地方文献征集1135种1915册，超额完成13.5%。图书呈缴2144种4620册，音像制品呈缴112种159份。全年期刊总入藏量达到572种，报纸93种。积极辅导联盟成员馆的文献征集工作，41个馆成员馆向省馆交换地方文献61次944种1394册，省馆向32个成员馆交换文献48次1071种1204册。

2015年，全省各级公共图书馆加大地方文献建设工作，创新征集方式，丰富地方文献馆藏，拓展地方文献的载体范围。在年鉴、方志、文史资料等地方性强、价值高的支柱性文献也不断增加的同时，重视对不同载体的非常规文献，如：书画、手稿、照片、具有浓郁地方特色的"非遗"作品、电子音像文献等的征集。咸阳图书馆利用各种联席会议，与周边及较偏远的成员馆进行11次交换，交换文献160种。全省各级公共图书馆利用馆藏资源，开展地方文献征集宣传活动。西安图书馆举办"人间四月天乐游在西安——"旅行"主题文献展"和""丝绸之路经济带"专题文献展"；韩城市司马迁图书馆在网站上传"韩城文化名人""韩城民俗""韩城历史故事"的主题宣传；定边县图书馆开展"定边特色年味儿"活动，征集到对联200余副；蓝田县图书馆举办《西安往事》漫画展并邀请作者对此书做主题为"寻找淳朴·呼唤真诚"深层解读会，筹备了"春润滋水，书香蓝田"书画及摄影展览活动。与此同时，省图书馆与市、县图书馆之间的地方文献交换关系亦得到进一步发展。（陕西省图书馆学会）

【培训学习与人才培养】 2015年，陕西省图书馆重视职工继续教育，建立健全全员培训机制。在组织职工参加专业技术人员公需科目学习的同时，结合工作实际设计课程，举办专业科目学习10次，参加1282人次。将继续教育学习的指标纳入年度个人及部门的考核中，以继续教育促进工作和学术研究。2015年，成立专业技术人员继续教育基地，共举办8期公需科目、7期专业科目，培训360课时，3921人次。此外，面向全省举办了阅读推广服务、参考咨询等六期业务培训班，共计培训245家基层馆、320人次。2014—2015年度的三区人才专项培养分两期进行，共31个地县的60位学员参加了培训。

全省各级公共图书馆加大人才培养力度，制定人才培养计划，因地制宜开展全员岗位培训工作。西安、铜川、咸阳、安康、延安、阎良、户县、略阳等市、县图书馆亦结合免费开放、新馆筹建等机会，通过联盟培训、馆际协作、参观学习、岗位练兵等形式加强对员工的培训，从而使员工的专业素质有了一定提高。2015 年，全省公共图书馆专业技术人员 1186 人，占全部从业人员的 56%。（陕西省图书馆学会）

【延伸服务、送书下乡】 2015 年，陕西省图书馆依托流动服务车继续做好 15 个馆外服务点的上门服务工作，全年办证 77 张，接待读者 15843 人次，外借图书 7635 册次。分馆接待读者 212525 人次，外借图书 113954 册次，办证 281 张。为长庆坊、二十所社区安装 24 小时街区自助图书馆，配送图书 2219 册，办证 116 张，流动全年接待读者 229117 人次（其中阅览 151988 人次，外借 77129 人次），办证 474 张（其中流动车 77 张，馆外分馆 281 张，自助街区图书馆 116 张），外借图书 122844 册次，更换配送图书 13563 册次，出车 155 次。

全省各级公共图书馆不断扩展服务半径，西安、宝鸡、咸阳、延安、周至、凤县、耀州区、柞水、旬邑等市、区、县基层公共图书馆积极开拓分馆及馆外流动服务点建设，开展送书上门服务，充分发挥图书馆馆藏文献的资源优势，延伸图书馆服务职能，完善服务网络体系。宝鸡全面推进“馆点线”制服务体系，把凤县图书馆作为宝鸡市图书馆分馆予以挂牌，流转图书 3000 多种。咸阳图书馆外借阅点由原来的 18 个站点增加到 21 站点，并拓展流动车服务车的服务点 8 个。截至 2015 年年底，全省各级公共图书馆共有流动图书车 80 辆，建设分馆 274 个，比 2014 年增加 155 个。（陕西省图书馆学会）

甘肃省

【概况】 截至 2015 年年底，甘肃省共有县以上公共图书馆 103 个，其中省级馆 1 个、市级馆 17 个、县区馆 85 个。全省目前有少儿图书馆 4 个，其中市级少儿馆 2 个、县区级少儿馆 2 个。从业人员 1443 人，专业技术人员 831 人，其中馆员 348 人、副研究馆员 71 人、研究馆员 10 人。实际使用总建筑面积 21.91 万平方米，其中书库面积 4.6 万平方米、书刊阅览室面积 4.05 万平方米、电子阅览室面积 1.09 万平方米。阅览室座席 18873 个，其中少儿阅览室座席 5189 个、盲人阅览室座席 414 个。藏书总量 1339.53 万册/件，其中普通图书 1018.79 万册、古籍 52.26 万册（含善本 9.6 万册）、报刊合订本 190.17 万册、视听文献 10.58 万件、缩微文献 0.4 万件、电子图书 194.41 万册。全年新增纸质文献总量 55.13 万册，新增电子图书 49.24 万册，订购报刊 18386 种。全省累计发放有效借书证 31.46 万个，总流通 678.12 万人次，书刊文献外借 588.48 万册次。组织各类讲座 1013 场次，参与人数 19.38 万人次；举办展览 427 场次，参观人数 49.39 万人次；举办各种类型的培训班 352 个，培训人员 2.68 万人次。全省公共图书馆拥有计算机 4918 台，其中供读者使用的电子阅览室终端 3164 台，网站访问量 233.05 万页次。

各级党委、政府和文化部门对图书馆的支持力度逐年加大，财政拨款略有起伏。中央财政、甘肃省财政分别负担 80%和 10%的公共图书馆免费开放经费全部足额到位，地方财政负担 10%的免费开放经费尚有部分县区不能足额落实。2015 年全省财政拨款总额达到 22857.7 万元，较 2014 年减少 1700.1 万元，同比下降 6.92%；其中购书专项经费 1735.1 万元，比 2014 年减少 13.6 万元，同比下降 0.78%。实际使用新增藏量购置费 1675.7 万元，新增数字资源购置费 706.2 万元。2015 年，甘肃省图书馆购书经费较上年增加 100 万元，首次突破 1000 万元，达到 1100 万元。

基础设施不断完善。作为省列重大项目之一的甘肃省图书馆扩建项目完成所有行政审批及审查手续，进入主体施工阶段，全年完成投资额 5800 万元。施工期间，副省长夏红民、省政府副秘书长张正峰、省文化厅厅长孙伟等领导多次到省馆实地调研工程进展情况。天水市图书馆新馆建设项目估算总投资 8000 万元，已相继完成选址立项、用地规划、勘测定界等各项前期工作。甘南藏族自治州图书馆、临夏回族自治州图书馆新馆主体建设已经完工，进入室内装修和设计阶段。新成立的定西市图书馆、陇南市图书馆的工程建设已经完工，进入内部布局阶段。武威市图书馆、张掖市图书馆、酒泉市图书馆尚处于有馆无舍阶段。天祝县图书馆新馆建设项目列入藏区发展项目，总投资 2000 万元，建筑面积

4994平方米，工程建设已竣工，大部分图书已搬入。张掖市甘州区图书馆、敦煌市图书馆新馆建设已经完工，正在进行搬迁工作。瓜州县图书馆、庆城县图书馆等7个县区级图书馆新馆正在新建或改扩建中。2015年，全省公共图书馆实际使用总建筑面积较上年增加0.92万平方米。

公共文献资源保障能力继续提升。2015年新增纸质文献总量基本与上年持平；新增电子图书较上年增加12.86万册，增幅35.36％。甘肃省图书馆年入藏印刷型新书4.93万种15.36万册（其中地方出版物4151万种9239册），订购印刷型报刊4317种5554份、视听资料1381种，累计馆藏达到424.36万册/件。纸质文献年入藏量超万册的还有金昌市、平凉市、白银市、张掖市甘州区、天水市、庆阳市、敦煌市、金昌市金川区8个图书馆。在数字资源建设方面，甘肃省图书馆继续订购中国知网（CNKI）期刊全文数据库、万方知识资源库、读秀知识库、全国报刊索引、国研网等18个数据库、44个子库；更新“西北地方文献资源数据库”“四库全书研究资源数据库”“甘肃地方文献联合目录”以及馆藏书目数据库等20多个自建数据库数据；与中国知网（CNKI）和30余家省内县区图书馆共同建设的“甘肃省知识文化服务平台”全年为基层图书馆共享省馆数字资源提供下载文献3万篇。白银市图书馆继续完善“红军会宁会师暨长征途经白银史料专题馆藏”“资源枯竭城市转型专题”“丝绸之路沿线省市信息”等数据库，建设“华夏文明创承创新”专题数据库。天水市图书馆建成“伏羲文化”和“天水石窟文化”2个特色专题数据库。全省公共图书馆目前可供利用的数字资源总量达到100TB。

基础服务与品牌服务并进，读者服务水平得到进一步提升。全省所有的公共图书馆都实现基本服务免费开放。结合每年度的“全民阅读活动”“世界读书日”“图书馆服务宣传周”，各馆因地制宜地开展诸如读书报告会、演讲会、读书征文比赛、少儿绘画书法比赛等形式多样的阅读推广活动。甘肃省图书馆的“周末名家讲坛”坚持周周开讲，全年举办讲座80余场次。兰州市图书馆已策划举办“兰州读书节”11届。天水市图书馆策划的“书香天水读书节”已连续举办4届，开办“伏羲讲堂”，举办“天图杯”天水首届少儿百科知识大赛。敦煌市图书馆的“敦煌读书节”已举办3届。麦积区图书馆“让我们在阅读中健康成长”系列阅读推广活动已举办6届。金昌市图书馆“书香镍都”读书节已举办2届，《甘肃日报》于2015年4月23日以《书香飘镍都——金昌市图书馆提升公共文化服务能力掠影》为题，详细报道该馆在公共文化服务上取得的成绩。庆阳市图书馆举办读书演讲比赛，上千人参与活动。张掖市甘州区图书馆创办《张掖阅读》报，与甘州区广播电台联合推出“多彩张掖·书香甘州”阅读专栏；启动“甘州讲堂”，每月1期；成立甘泉书院，并在暑期举办首届青少年国学经典诵读营活动；设立“金张掖书香文库”。环县图书馆举办阅读演讲比赛和读者有奖征文活动。徽县图书馆举办国学经典诵读比赛。白银市图书馆开展手机移动图书馆进校园活动。陇南市武都区图书馆举办第二届少儿陶艺大赛。古浪县图书馆联合古浪县城关一小开展汉字听写大赛。

参考咨询、决策信息服务等深层次读者服务工作领域逐步拓展，读者服务能力得到进一步加强。甘肃省图书馆依托丰富的馆藏资源，为国家社科基金重大项目、省部级社科项目及地方史志、博硕士学位论文等项目提供检索咨询服务160余项，解答各类信息咨询47000余条。编辑《决策参考》等专题资料，定期向省委、省政府等领导机关寄送；编辑《西北研究通讯》《四库全书研究论著提要目录》等二、三次文献，为相关领域的研究者提供服务。为全国图书馆参考咨询联盟文献咨询与传递服务工作传递原文73篇，继续开展中国政府公开信息整合服务平台甘肃分站建设工作，采集著录甘肃省级政府各机构及市级主要政府机构网站公开信息2.4万条。

以少儿群体、视障人群、老年群体、进城务工人群为重点，深化弱势群体服务。甘肃省少儿图书馆全年举办亲子同乐故事会、少儿才艺大比拼、少儿炫彩刮画比赛、智力拼图、彩绘沙画、少儿绘画书法比赛等活动59场次；依托甘肃省图书馆学会少儿工作委员会，组织召开“全省少儿图书馆工作暨馆长座谈会”；举办“全省少年儿童中华经典读物诵读视频大赛”“全省少年儿童爱阅读、爱科学摄影大赛”“全省少年儿童绘画绘本创作大赛”等。兰州市少儿图书馆和榆中县图书馆开展“情系留守　阳光共读”系列活动，为马坡学区的20余名留守儿童赠送价值

2400余元的书包、学具和图书。嘉峪关市少儿图书馆举办“少儿阅读推广——故事屋”活动，每月2期，已举办16期，参与小读者数千人次。白银区少儿图书馆举办非遗剪纸手工公益培训、优秀文化经典诵读表演和国际盲人节助残活动。全省有24个图书馆建立盲文阅览室或阅览专架，拥有盲文图书1.39万册。甘肃省图书馆“阳光工程”继续为盲人读者开通服务热线，配备专车免费接送来馆阅览并提供免费午餐，盲人阅览室全年接待盲人读者1263人次；举办一期为期6天的盲人电脑培训班；组织全省的盲人读者参加“全国盲人百科知识竞赛”，选出3人到北京参加复赛和决赛；协办全省残疾人书画摄影作品巡展。省馆的“农民工之家”，除了传统的图书阅览、上网等服务外，还为农民工免费提供劳动保障、用工信息、法律维权等方面的咨询服务，免费提供安全生产知识宣传和消防安全知识培训等，发放“就业、创业数字图书馆”资源卡2000余张。

馆外服务网络不断拓展。甘肃省图书馆全年建立宕昌县麻界分馆、兰州消防支队特勤大队图书流通站等分馆和流通站6个，总数达到69个，配送图书65万册次，年借阅图书72万册次；图书流动车定期开进科教城社区、陇桥学院、兰州石化学院、西固公园等地现场为读者服务，全年出车100多次，借阅图书5.26万册，发放宣传资料3.78万份；第一台24小时自助图书馆在甘肃文化大厦运行良好，每周三更换图书1次。全省共有58个县（区）图书馆列入文化部、财政部流动图书车配送工程计划，2014年首批29辆流动图书车配送给29个贫困县图书馆，2015年第二批29辆配送到位。这些图书馆利用图书流动车在社区、乡镇、校园设立固定或流动服务点，开展馆外文献流通服务。2015年全省流动书刊借阅33.52万人次、56.56万册次。

继续推进文化信息资源共享工程建设。在资源建设方面，全国文化信息资源共享工程甘肃省分中心完成2012年度5个项目、2013年度4个项目的制作和验收工作；对2014年度建设的4个项目进行公开招标，并于9月中旬召开项目推进会，加强和完善项目管理；2015年，“甘肃名城（省级）专题片”“甘肃非物质文化遗产（省级）专题片”等4个项目获批资源立项；拍摄甘肃省图书馆《周末名家讲坛》49部，《书画研究院书法讲座》12部，《国学讲座》11部，并完成编辑制作48部。在人才培训方面，除组织全省基层工作人员参加国家管理中心安排的各种培训外，全年举办4期培训班，培训技术人员400余人次。在业务活动方面，推出以“送文化，送温暖”“深入生活，扎根人民”为主题的系列服务宣传活动；组织开展“2015年春雨工程——魅力边疆摄影比赛”“文化记忆·致敬荣光——纪念中国人民抗日战争暨世界反法西斯战争胜利70周年网络答题活动、征文活动、征集书法活动”等主题宣传活动；在卓尼县开展的“文化进村入户暖心工程”活动中，为村民免费发放文化资源包450套，每个资源包含3本图书和6张光盘资源，内容包括政策解读、法律宣传、畜牧养殖等，还专门制作部分安多藏语光盘资源方便少数民族使用。在文化部全国公共文化发展中心举办的2015年“大年小戏闹新春”视频节目征集展播活动中，由省分中心选送的作品《兰州鼓子：兰州美》获得“观众最喜爱的十部曲艺”节目入围奖；在全国妇联和国家发展中心举办的“我爱我家全国家庭情景剧推选展播活动”中，选送的《陪读妈妈》获优秀作品奖，省分中心被授予优秀组织奖；在省委组织部开展的“2015年全省党员教育电视片观摩评比活动”中，选送的《甘肃红色历史文化专题片》获二等奖。

数字图书馆推广工程进展顺利。2015年通过多渠道争取到张掖市图书馆、武威市图书馆和嘉峪关市少儿图书馆的数字图书馆推广工程建设经费，初步实现覆盖全省省、市两级公共图书馆的数字图书馆服务体系。配合国家图书馆完成省馆及兰州、白银、天水、平凉4个市图书馆必配软件系统现场部署，并对条件成熟的其他馆开展远程部署。为确保资源联合建设工作在全省的全面开展和有序推进，举办3次专题培训班。

公共电子阅览室建设计划顺利进行。2015年，省馆相继制订《甘肃省公共电子阅览室管理平台建设方案》《甘肃省公共文化数字支撑平台建设方案》上报国家发展中心和省文化厅并获得批复同意实施。其中，“甘肃省公共电子阅览室管理平台”建设已开展平台招标采购及后续的安装、部署、培训等工作；以文化共享工程和公共电子阅览室覆盖全省的五级服务网络设施设备为基础的“甘肃省公共文化数字支撑平台”建设已完成必配硬件、基础软件和特色应用三大核心建设内容及招标工作。同时，为使公共电子阅览室技术平台发挥更大的社会效应，中央财政向甘肃省拨付公共电子阅览室社会化合作专项资金 150 万元，用于公共电子阅览室社会化推广的业务系统的改造对接、系统部署、业务建设等，省馆根据省情制订《甘肃省公共电子阅览室社会化合作实施方案》。该方案采用软件推送平台建设与资源访问终端相结合的方式在全省开展公共电子阅览室社会化合作工作，让更多的单位、机构和群众享受社会化合作建设成果，提升全省文化服务的综合实力。

中华古籍保护计划稳步推进。2015 年，省古籍保护中心组队赴临夏、敦煌、张掖、庆阳及兰州市内收藏单位开展普查督导和培训，对其中一些基础薄弱的收藏单位驻点帮助完成普查扫尾工作。为了督促相对进度迟缓的文博系统古籍普查工作，先后赴省博物馆、甘州区博物馆等进行实地调研，协调进度，培训人员，督促文博系统重点收藏单位在做好可移动文物普查工作的同时，加强普查数据平台著录规范。经过 1 年的紧张工作，全省古籍普查进度明显加速，达历年新高。普查平台在线著录单位达 46 家，提交普查平台数据总量达 5 万余条，涵盖古籍约 55 万册；包括收藏量最大的省图书馆在内的全省 29 家收藏单位初步完成普查登记工作。反映全省古籍普查成效的《全省古籍普查登记目录》出版工作继续有序推进。收录兰州大学图书馆、西北师大图书馆等 4 家高校数据的《甘肃省古籍普查登记目录高校分册》（第一册）已经提交国家图书馆出版社，进入出版流程；高校分册第二册、公共图书馆分册第一册的数据审核工作正在加速推进。全省古籍保护工作会议全年按照分专题、分批次召开小会的形式进行。3 月 20 日，召开有 22 家收藏单位 40 多人参加的普查登记目录出版工作会议，有效促进全省古籍普查进度和目录出版工作进度。上报国家中心的第五批《国家珍贵古籍名录》已经通过专家审核，即将发布。继续开展第三批甘肃省珍贵古籍名录和古籍重点保护单位的申报工作。对张掖甘州区图书馆和西北师大图书馆申报下一批国家古籍重点保护单位的工作进行调研。加强全省古籍保护人才队伍建设，做好国家古籍保护人才培训基地和国家级古籍修复技艺传习中心甘肃传习所建设工作。承办“第六期全国古籍修复技术培训提高班”，并举行国家级古籍修复技艺传习中心甘肃传习所的揭牌拜师仪式，首批 10 名弟子依次向导师行传统拜师礼。完成《名家公开课师有宽古籍修复技术》教学片拍摄工作。开展全省珍贵古籍破损和装具情况调查工作，甘肃省图书馆成为《国家珍贵古籍名录》特制函盒项目的首家试点单位。加大对全省古籍保护工作的宣传力度，举办全省古籍保护成果展览和“我与中华古籍”摄影大赛优秀摄影作品巡展活动。全年修复古籍 218 册、约 15458 叶，其中包括甘肃省图书馆藏善本古籍 99 册、766 叶；修复古字画 2 幅，装裱书画作品 20 余幅。开展师带徒技艺传承工作，为申报国家级古籍修复中心创造条件。组织召开“甘肃省地方人士手迹修复项目专家研讨会”，邀请国家中心和故宫博物院、天津图书馆、山西省图书馆等修复专家，对省图书馆藏部分地方人士稿本手迹的修复方案进行研讨完善。协调全省古籍收藏单位参与全国古籍保护开发和研究出版等项目工作。年内还开展珍贵古籍破损情况调研、古籍保护科研项目选题推荐、抗战时期古籍保护事例征集等工作。由甘肃省图书馆承担的首批 25 部古籍数字化试点工作项目拍摄已经完成上交。甘肃中医院大学古籍数字化项目工作正在有序推进。年内对全省少数民族古籍保护工作开展制定了专项计划。

依托甘肃省图书馆学会、省高校图工委、共享工程甘肃省分中心、省古籍保护中心和国家科学图书馆兰州分馆等机构，开展图书馆员岗位培训和继续教育。全年累计举办面向图书情报从业人员的各类培训班、研讨班、报告会等 35 场次，培训学员 2725 人次。甘肃省图书馆继续教育中心与武汉大学合作开办在职人员攻读图书情报专业硕士学位研究生班，招收研究生 17 人；与北京大学、四川大学合办的远程教育学历班，在校学生 113 人。（甘肃省图书馆学会　董隽）

【甘肃省图书馆首台 24 小时自助图书馆投入使用】 1 月 16 日，甘肃省图书馆首台 24 小时自助图书馆启动运行仪式在甘肃文化大厦举行，这也是兰州市首台 24 小时自助图书馆，集合自助借还书、办证、查询等自助服务功能，突破传统图书馆在地域和时间上的限制。它依托省馆馆藏资源，将图书馆的服务功能延伸到机关、企事业单位、街区等任何有需求的地方，为读者提供24小时不间断服务，使图书馆的服务能够更加贴近读者。自助图书馆在甘肃文化大厦运行良好，每周三更换图书1次。与此同时，省馆馆内的RFID自助借还系统已于近期投入试运行，初步实现图书自助借还服务，为配合自助借还系统的正常运行，同期对原条码借书证进行升级，正式启用新版读者证，除在办证处办理外，读者也可持第二代身份证可在馆内自助借还机及馆外24小时自助图书馆网点办理。（甘肃省图书馆学会 李娜）

【甘肃省图书馆首家少数民族分馆开馆】 1月24日，依托兰州穆斯林图书馆成立的甘肃省图书馆首家少数民族分馆——穆斯林分馆正式开馆。兰州穆斯林图书馆成立于1993年，是全国唯一一所面向社会的NGO组织创办的公益性特色图书馆，其宗旨是宣传穆斯林文化，弘扬穆斯林文明，其主要业务工作由志愿者承担。为支持兰州穆斯林图书馆更好的发展，增进民族间的文化交流，经两馆协商决定成立甘肃省图书馆穆斯林分馆，并通过配送图书、共享数字资源以及人员培训等方式加强两馆间的业务交流，共同促进图书馆事业的健康发展。（甘肃省图书馆学会 李娜）

【全省古籍普查登记目录出版工作会议在甘肃省图书馆召开】 3月20日，会议召开，来自省内部分古籍收藏单位的负责人和业务骨干共计40余名参会。中国古籍保护协会副会长、甘肃省图书馆馆长郭向东主持会议。会议传达2015年国家古籍保护工作的总体部署，明确全省古籍保护工作的重点任务，要求各收藏单位加速完成馆藏古籍普查和编辑出版全省古籍普查登记目录的工作。省古籍保护中心负责人对全省古籍普查登记目录编辑工作开展现状和进度要求进行说明。兰州大学图书馆、天水市图书馆、甘肃省博物馆等部分收藏单位的代表作交流发言，分享工作经验，研究具体问题，探讨如何进一步推进古籍普查工作的全面完成。会上还向省内获得2014年文化部表彰的全国古籍保护先进单位和先进个人颁发奖牌和证书。为务求实效，今年全省古籍保护工作会议将根据工作实际分专题分期召开。本次会议后，省古籍保护中心将通过招贤纳士，充实加强普查工作队伍，开展全省古籍普查巡回辅导，协助各单位完成普查工作。（甘肃省图书馆学会 李娜）

【甘肃省图书馆和绿洲文化沙龙联合举办阅读推广交流活动】 8月9日上午，以“倡导绿色阅读、交流读书心得、推广电子阅读”为主题的此次阅读推广交流活动在省馆举办。绿洲诗社社长张斌宣读由省馆、绿洲文化沙龙、蚂蚁微公益和积木爱心团队共同发起《“书香我心”每天阅读半小时倡议书》。省馆馆员、兰州绿云书庵图书馆馆长、沙龙会员、盲人读者、少儿读者等依次分享了各自的读书心得。省馆工作人员为到场读者介绍馆藏数字动漫图书馆、中华连环画、超新电子书等电子资源，并现场发放电子阅读体验卡；沙龙会员进行了藏书晒书、赠书交流等活动。（甘肃省图书馆学会 李娜）

【甘肃省地方名人手迹修复项目专家研讨会在甘肃省图书馆召开】 11月13日，会议召开，主要研讨和完善一批省馆馆藏地方名人稿本手迹的修复方案。即将由省古籍修复中心着手修复的此批文献主要包括清末《京报》校订本，朱克敏、巩建丰等地方名人手迹稿本，巩建丰家谱，以及求古书院、兰山书院墨卷等。会议由省馆馆长郭向东主持，邵国秀、易雪梅等专家介绍待修复文献的价值特色，甘肃修复技艺传习所导师师有宽提出修复方案初步设想。与会专家在现场查看文献并充分交流意见后，分别对修复方案提出意见和建议。（甘肃省图书馆学会 李娜）

【甘肃省图书馆主办学术类刊物《图书与情报》入编《中文核心期刊要目总览》】 2015年，由甘肃省图书馆主办的学术类刊物《图书与情报》成功入编《中文核心期刊要目总览》2014年版（第七版），位列18种图书馆事业、信息事业类核心期刊第10名，相较第六版排名（第18名）有较大提升。《中文核心期刊要目总览》2014年版由北京大学图书馆和北京高校图书馆期刊工作研究会等单位编制，经过定量筛选和专家定性评审，从我国出版的14728种中文期刊中评选出1983种核心期刊，以供图书情报部门对中文学术期刊的评估与订购、为读者导读提供参考依据。此次是《图书与情报》第六次入选。

（甘肃省图书馆学会　李娜）

【兰州市图书馆承办第十一届兰州读书节中华经典诵读活动】 由中共兰州市委宣传部、兰州市文明办、兰州市教育局、兰州市文广局主办，兰州市图书馆和兰州图书馆协会承办的第十一届兰州读书节重点活动之一的“华夏文明、丝路长歌——中华经典诵读”活动自5月16日起在全市范围内开展。经过各县区图书馆的初选和兰州市图书馆的复选，最终16个代表队进入总决赛。6月14日，在兰州市广播电视总台演播大厅举行此次活动的总决赛。（甘肃省图书馆学会　李娜）

【兰州市红古区图书馆举办“经典阅读　弘扬传统文化”主题读书活动】 4月23日上午，在第20个“世界读书日”来临之际，由红古区图书馆举办的2015年“经典阅读　弘扬传统文化”主题读书活动在红古区文体中心图书馆正式启动。此次主题活动从4月23日一直延续到7月，活动内容包括“世界读书日”宣传、主题征文、农家书屋管理员培训班、书法绘画作品展等。与此同时，该馆还为全区读者精心准备各类优质图书和报刊杂志，以供读者借阅阅览。（甘肃省图书馆学会　李娜）

【兰州市西固区图书馆举办纪念抗战胜利70周年图文展览系列活动】 9月2日，为纪念中国人民抗日战争暨世界反法西斯战争胜利70周年，西固区图书馆举办以“勿忘国耻　圆梦中华”为主题的系列活动：举办“伟大的胜利”——纪念中国人民抗日战争暨世界反法西斯战争胜利70周年大型主题图片，播放红色经典歌曲，悬挂国旗以及宣传横幅，新书推介如《看得见的二战史》《南京大屠杀全纪录》，发放9·3阅兵式多媒体大屏幕转播观看券。（甘肃省图书馆学会　李娜）

【白银市图书馆举办读者读书笔记展览交流活动】 为进一步实现阅览接待的引导式服务，让部分读者在信息整合和知识积累方面的好经验、好方法得到广泛交流和共享，白银市图书馆于8月22日—9月16日开展读者读书笔记展览交流活动，共征集读书笔记及资料剪贴本150册，内容涉及保健、文学、书法、军事、政治等多个方面。展览期间，读者们竞相翻阅、浏览笔记，交流读书心得体会，探讨阅读经验。该馆最终评选出优秀读书笔记作者5名，并为他们奖励图书1册及精美笔记本1本。此次活动实现图书馆与读者的有效互动，一方面使“乐于阅读、善于梳理”的良好读书习惯在广大读者中间得到直观展示，另一方面也有利于工作人员从笔记反映出的读者信息整合特征出发，进一步有针对性地从阅读策略、知识检索、内容整合及阅读习惯等方面做好阅读引导工作。（甘肃省图书馆学会　李娜）

【白银市白银区图书馆举办国际盲人节助残活动】 10月15日是第32届国际盲人节。白银区图书馆联合白银区残联在该馆盲人阅览室举办以“社会有爱、阅读无碍”为主题的助残活动。活动现场，盲人读者通过聆听讲解和亲手触摸，了解手持放大镜、电子助视器、听书机等盲人阅读仪器的使用功能；区残联的工作人员还为参加活动的盲人发放电子助视器和收音机。（甘肃省图书馆学会　李娜）

【敦煌市图书馆举办非遗剪纸培训活动】 敦煌民间剪纸历史悠久、魅力独特，对于培养孩子们的思维能力、动手能力、审美能力有很大的作用。1月28日下午，敦煌市图书馆邀请敦煌民间非遗传承人何克凤为近50名少年儿童及家长做剪纸技能培训。通过培训，除了使孩子们了解剪纸的相关知识，掌握剪纸的基本技法外，更希望培养孩子们热爱民间传统文化的热情，也使敦煌民间文化传承和弘扬下去。（甘肃省图书馆学会　李娜）

【张掖市甘州区图书馆开展全民阅读系列活动】 2015年以来，甘州区图书馆围绕“让金张掖插上书香的翅膀”的主题开展一系列全民阅读活动。启动“甘州讲堂”，每月举办1期；成立“甘泉书院”，在暑期举办首届青少年国学经典诵读营，开展大学生志愿者阅读实践活动；设立“金张掖”书香文库和全国民刊专栏；开办《张掖阅读》报、张掖阅读公共微信平台，并与甘州广播电台联合推出“多彩张掖·书香甘州”阅读专栏，多层次地宣传全民阅读活动的重要意义，报道开展全民阅读活动的做法和经验；举办作家

作品研讨会、读者座谈会等。（甘肃省图书馆学会　李娜）

【孔子文化讲座暨《孔学纵横》首发仪式在天水市图书馆举行】 9月28日下午，天水孔子文化研究学院、秦州区政府、天水市图书馆在天水市图书馆举行孔子文化论坛讲座，天水市政协副主席、天水孔子文化研究学院院长安志宏出席讲坛并致欢迎辞。甘肃省政协原副主席周宜兴主讲“建立中国自主的文明起源标准”，天水孔子文化研究会会员及文化界人士100多人聆听讲座。周宜兴在国外学者提出的文字的发明、城堡的出现、冶金的出现等3条文明起源标准的基础上，创造性地提出中国自主的文明起源标准，增加国家进入比较发达的农业经济阶段、乐器和音乐的出现2条新标准，令人耳目一新。会上举行天水孔子文化研究学院主编《孔学纵横》期刊的首发仪式，并向天水市图书馆、天水师院图书馆、秦州区图书馆、麦积区图书馆4家图书馆及与会人士赠送该刊。（甘肃省图书馆学会　李娜）

【陇西县图书馆举办迎新春读者座谈会暨优秀中老年读者评选活动】 2015年1月，陇西县图书馆启动优秀中老年读者评选活动。此次活动本着“公开、公平、公正、公益”的原则，凡是常年利用图书馆资源获取知识的中老年读者均有资格参加。通过查阅读者阅读档案，调取读者意见箱资料和服务窗口工作人员推荐等方式，共评选出17名有良好读书习惯、关心支持图书馆发展、做到学以致用的优秀中老年读者典型。2月13日，该馆举办迎新春读者座谈会暨优秀中老年读者颁奖活动，向获奖人员颁发证书和奖品，并听取老读者在报刊征订、新旧报刊上下架等方面的意见。（甘肃省图书馆学会　李娜）

【永登县图书馆流动图书车首次开展送书下基层服务活动】 5月18日上午，永登县图书馆流动图书车首次开进“中国玫瑰之乡·兰州玫瑰节”苦水文化广场，开展送图书下基层服务活动。流动图书车上架的全部是新购的农业科学、医学、文学等图书和期刊共1000余册。在3个多小时内，当地群众、学生、游客100多人次上车阅览，解答咨询50多条，受到广大村民的热烈欢迎。此次活动得到甘肃省电视台、兰州市电视台等新闻媒体的报道。（甘肃省图书馆学会　李娜）

【镇原县图书馆建成中国历史文化及中国精神宣传长廊】 2015年，为进一步发挥图书馆的社会教育功用，镇原县图书馆在该馆二楼走廊建成中国历史文化及中国精神宣传长廊。宣传长廊包括《中华文明五千年》《民族的基因——中国优秀传统文化》《中国精神》3个板块，以图片的形式直观、形象地将中华文明、中国优秀传统文化及中国精神的宣传教育融入读者阅览活动中，引导读者特别是中小学生进一步感知中华民族的优秀传统文化和人文精神的丰富内涵和魅力，激发读者更加热爱传统文化、热爱伟大祖国。（甘肃省图书馆学会　李娜）

【镇原县举办“三区”人才支持计划综合培训班】 7月10日，由县文广局举办的镇原县三区人才支持计划市直综合培训班在县图书馆开班。此次培训邀请庆阳市图书馆、文化馆和博物馆工作人员作农家书屋书目的管理和编目上架、古籍地方文献的保护与管理、村级文化活动室建设、文化活动组织与实施、非物质文化遗产的保护和传承、文物的保护与管理等方面的辅导讲解，内容充实，针对性强。来自文广系统的100多名干部和全县19个乡镇的文化工作者参加培训，为进一步提高镇原县文化从业队伍的服务意识、服务水平及创新能力，推进全县公共文化服务体系建设提供人才保障和智力支持。（甘肃省图书馆学会　李娜）

青海省

【青海省图书馆一期改造二期扩建工程全面启动】 1月31日，青海省馆召开“青海省图书馆一期改造二期扩建搬迁动员大会”，会上决定2月1日起，全馆闭馆，暂停向社会公众开放。会后全馆职工对36万余册馆藏图书，5万余册过期刊物及地方文献资料进行清点、下架、打捆、搬运和存储。（青海省图书馆　蔡淑敏）

【青海省图书馆举办“数字图书馆推广工作”“公共电子阅览室建设计划”培训班】 7月27日至8月4日，青海省图书馆在贵德县分别举办州、市、县（区）数字图书馆推广工程、公共电

子阅览室建设计划馆长和专业技术人员培训班，接受培训人员近 100 人次。（青海省图书馆　蔡淑敏）

【文化部专家莅临西宁，指导青海省图书馆馆舍整体布局工作】 7 月 30 日，青海省图书馆新馆布局专家论证会在西宁召开。会议邀请北京大学教授、文化部国家公共文化体系专家委员会主任委员李国新，上海社科院研究员、文化部国家公共文化体系专家委员会副主任委员巫志南，华东师范大学教授、文化部国家公共文化体系专家委员会委员金武刚等 5 位全国知名专家，对新馆馆舍整体布局进行指导论证。青海省文化和新闻出版厅副厅长周斌等相关领导出席论证会。专家们在听取该馆基本情况介绍、审阅新馆建设项目设计方案、布馆构想后，提出具有建设性的意见和建议。（青海省图书馆　蔡淑敏）

【唐卡艺术作品展在深圳举办】 为增进青海省图书馆事业发展，扩大交流、促进合作，由青海省图书馆、深圳市美术家协会和侯宝斋文化传媒集团携手举办的“来自青藏高原之艺术奇葩——唐卡艺术作品展”于 7 月 30 日—8 月 28 日，在深圳市福田区侯宝斋艺术馆展出。深圳市委宣传部、深圳市文联、深圳市福田区文联、深圳市美术家协会、关山月美术馆、青海省图书馆的领导和嘉宾出席开幕式。

此次展览集中展示 60 幅唐卡精品，题材多为八马财神、寿量三尊、千手观音、金刚手菩萨、释迦牟尼等佛教人物。这些作品绘制极为复杂，用料极其考究，颜料全为纯金和天然矿植物原料，色泽艳丽，经久不退，具有极为鲜明的民族特点、浓郁的宗教色彩和独特的艺术风格。此次展览是深圳迄今为止最大规模的唐卡展览，也是青海省图书馆全国巡展第 13 站。（青海省图书馆　蔡淑敏）

【青海省图书馆系统百名馆员赴内地“转观念、换脑筋”培训工程结业】 青海省图书馆系统百名馆员赴内地“转观念、换脑筋”培训工程结业仪式在苏州图书馆举行，青海省文化和新闻出版厅厅长申红兴莅临结业仪式并讲话。

这次青海省图书馆系统百名馆员培训工程是在省文化厅党组全力支持和高度重视下展开，先后与四川馆、内蒙古馆、苏州馆等多家省市图书馆签订培训协议。省文化和新闻出版厅先后拨付“三区人才培训”专项资金 160 多万。培训从 2015 年 4 月份开始到 2016 年 6 月份结束，共派遣包括全省、州、县馆在内的 13 批 200 多人（次）前往全国 15 个省市级先进图书馆交流学习，达到了“转观念”“换脑筋”的目的，为新馆开馆奠定良好的思想和素质基础，对大力提升全省各级公共图书馆馆员技能发挥重要作用。（青海省图书馆　蔡淑敏）

【黄南州图书馆举办“数字图书馆推广工程”、“公共电子阅览室建设计划”培训班】 8 月 10—14 日，“数字图书馆推广工程”“公共电子阅览室建设计划”培训班在黄南州图书馆举办。全州及四县图书馆工作人员共 30 余人参加培训。青海省图书馆张景元馆长对本期培训做简单的介绍，强调图书馆业务发展是与时俱进的，需要全体馆员通过各种渠道来开阔眼界，通过学习可以找到差距，为馆员的业务水平提升明确努力的方向，并表示省馆将发挥龙头作用，带动基层图书馆服务水平和能力。本次培训由青海省图书馆老师授课，其内容包括“公共图书馆发展理念”“数字图书馆推广工程服务推广”“公共电子阅览室建设计划服务推广”“数字图书馆推广工程技术方案”等 5 个专题。培训中与学员畅谈图书馆工作心得、感受，介绍了许多数字图书馆的工作经验和方法。（黄南州图书馆　董春花）

【青海省黄南州图书馆举办第三期少儿藏汉书法免费培训班】 7 月 13—23 日，黄南州图书馆举办“第三期少儿藏汉书法免费培训班”，藏汉班共有 90 多名小朋友参加培训，年龄最小的只有六岁。本次培训班邀请公保才旦和李海东两位书法老师分别进行了藏汉书法技巧的讲授，培训中所用学习用具均有黄南州图书馆免费提供。通过此次培训，小朋友们不仅掌握毛笔字基本知识，还激发了小朋友们学习书法的浓厚兴趣，受到小朋友及其家长的好评。（黄南州图书馆　董春花）

【黄南州图书馆开展“三区”人才送书下乡及业务辅导活动】 8 月 8—13 日，黄南州图书馆分别到泽库县、尖扎县图书馆及保安镇（保安村）、年都乎乡、曲库乎乡、隆务镇、扎毛乡（立仓村、果盖村）、加吾乡、加毛村、吾屯村、黄南州民族文化宫等图书馆及农（牧）家书屋开展送书下乡及业务辅导活动。此次送书2000余册，内容涉及历史、法律、文学、农业、科技等方面，基本满足了广大农牧民群众的读书需要。与此同时，图书馆工作人员对各乡农牧家书屋管理人员进行现场指导。（黄南州图书馆　董春花）

【海南州图书馆概况】 海南藏族自治州（以下简称海南州）图书馆成立于1978年，为海南州文化体育广电局所辖的区（科）级公益性事业单位。新馆馆址在海南州共和县恰卜恰镇城北新区。现有在编人员10名，其中副高职称2名、中级职称5名；财政聘用人员9名，共19名。其中女12名、男7名；藏族14名，汉族5名；大专以上学历17名；馆内有党支部、馆务会、工会等组织。

海南州图书馆新馆是"十二五"期间建成的藏区建设项目之一，总投资1584万元，建筑面积4566平方米。大楼呈"回"字型框架4层，局部5层。该馆于2015年4月23日第20届"世界读书日"之际，全免费向社会公众正式开放。馆藏图书11.4万余册，数字文献5TB，阅览座席150多个，有开架阅览室、少儿阅览室、残障阅览室、藏文阅览室、地方文献阅览室、报刊阅览室等10个阅览室和2个休闲阅览区。其中，藏文阅览室和地方文献阅览室是该馆的特色阅览室。藏文阅览室藏有《大藏经》《甘珠尔》和《丹珠尔》等藏文版的藏族古代文献及近现代藏文文献，地方文献阅览室藏有海南州首轮修志成果州志及州辖五个县和一个行委的县志、行委志以及当地所出的综合年鉴、统计年鉴等珍贵的地方文献。另有多媒体教室、展厅等辅助设施。数字资源阅览区有40台终端，可为读者全免费提供网络服务。该馆旨在"打造绿色图书馆"，建筑秉承绿色、环保、节能的理念，充分利用自然光，给读者提供一个明亮、舒适、典雅的阅读环境。该馆的建设体现"设备新""理念新""风格新""布局新"的全新风貌和特点，设施设备，已具备国家标准的地（市）级公共图书馆基本功能，是目前海南州唯一一座地（市）级公共图书馆，也是海南州重要的公共文化服务场所之一。（海南州图书馆　尕藏才让）

【海南州图书馆2015年业务开展情况】 自2015年4月23日新馆开馆后，该馆主要做了以下工作。一是完成2.6万余册新书的数字化编目上架；二是以"倡导全民阅读，建设书香海南"为主题，开展"书香溢海南"系列活动。邀请青海省著名作家签名赠书、倡导机关干部走进图书馆，开展"读书日"活动等。三是举办全州大中专学生美术展、"我与中华古籍"优秀摄影作品展、全州残联干部培训班、暑期为中小学生举办计算机基础知识视频培训。四是制作一批反映海南州人文景观、民俗文化等方面的展板，形象直观地介绍了基本州情、人文景观、非遗名录等，使该馆的文化内涵得到进一步提升。五是根据该馆地方文献室地方文献藏书较少的实际，馆员到机关单位，积极征集地方文献，使得州县志书、综合年鉴等地方文献得到补充。六是在坚持每天开馆接待读者的同时，为读者提供人性化的温馨服务，为读者介绍新书信息、开展读者辅导、推荐好书、存包、提供饮水、提供笔与纸张、为中午在馆的读者提供微波炉方便服务。七是为广大考生提供复习场地，并购买视频辅导讲座资料，定期或不定期进行辅导，取得明显效果。数名在该馆复习的考生，已陆续考上公务员或事业单位工作人员。全年接待读者3.5万余人（次），阅览图书达5万余册（次）。由于新馆布局合理、环境舒适典雅、服务人性化，深得广大读者的欢迎和赞誉。（海南州图书馆　尕藏才让）

【海西州图书馆德都蒙古文献中心揭牌成立】 7月29日上午，青海省海西州图书馆"德都蒙古文献中心"正式开馆，海西州委副书记王振昌、中国藏学研究中心研究员、中央民族大学教授陈庆英先生为"德都蒙古文献中心"揭牌。海西州委常委、宣传部部长牛军、海西州文体广电局局长李天林、中国社会科学院历史研究所内陆欧亚研究中心主任李锦秀、副主任青格力，中国社会民族研究所、中国藏学研究中心、中央民族大学、西北民族大学、青海民族大学、青海社会科学院、内蒙古、甘肃、陕西等省区70余位专家学者参加揭牌仪式并参观图书馆各读者服务部门。（海西州图书馆　马丽）

【海西州图书馆成功举办两期州农(牧)家书屋管理人员培训班】 2015年9月和11月，青海省海西州图书馆分批举办海西州农（牧）家书屋管理员培训班两期，共有127个行政村的农（牧）家书屋管理员参加培训。切实提升海西州农（牧）家书屋管理水平和服务质量，提高了农家书屋管理员职业素质和业务能力，最大限度发挥农（牧）家书屋服务农牧民群众的实效性。为促进农家书屋管理规范化、科学化，为农（牧）家书屋的文化服务功能打下了坚实基础。（海西州图书馆　马丽）

【海西州图书馆理事会成立大会暨第一届理事会会议召开】 12月25日，会议在青海省海西州图书馆召开。举办单位及政府相关部门代表、社会公众代表、图书馆代表及图书馆全体职工参加此次会议。青海省海西州图书馆理事会的成立标志着图书馆的法人结构改革迈出了新的重要的一步，理事会将按照《章程》规范运作，大胆探索，勇于实践，完善制度，稳步运行，在图书馆的重大事项决策中发挥积极作用，体现制度化、科学化、民主化的特性，进一步推动海西州图书馆增强发展活力，提升图书馆的服务水平和服务质量。（海西州图书馆　马丽）

【青海省少儿版触摸屏一体机亮相海西州图书馆】 为进一步拓展图书馆免费开放服务内容，推进数字图书馆建设，将图书馆的服务与优秀的资源更广泛的呈献给读者，海西州图书馆新引进超星少儿版触摸屏一体机3台，该机配置多媒体资源，内容含电子书、flash动画、视频等形式，图、文、声、像并茂。打破传统的静态学习模式，可以让少年儿童亲身体验点触、互动学习的快乐，其绘声绘色的视听，生动直观的内容诠释，让孩子更容易理解和接受，是少年儿童快乐学习的加油站。（海西州图书馆　马丽）

【海西州图书馆举办“市民数字阅读推广”宣传活动】 为了促进广大市民对图书馆馆藏资源的了解，提高图书馆数字资源利用率，进一步宣传“数字图书馆推广工程”，12月25日，青海省海西州图书馆举办了一场别开生面的数字资源宣传推广活动。活动现场除了陈列“数字图书馆推广工程”的宣传展板、发放宣传手册以外，还为读者奉上移动图书馆、电子书、数据库等数字资源大餐，广大读者和市民亲身感受和体验了图书馆内数字资源及最新科技服务。（海西州图书馆　马丽）

【格尔木市图书馆被评为“巾帼文明岗”荣誉称号】 青海省格尔木市图书馆被青海省文化和新闻出版厅评为2015年公共文化“免费开放优秀图书馆”。（格尔木市图书馆　马兰芳）

【格尔木市图书馆开展“十下乡”活动】 1月13—16日，格尔木市委宣传部组织了文化、科技、卫生“十下乡”服务活动。格尔木市图书馆作为此次十下乡服务活动的组成单位积极参与，送去图书、期刊600余册，内容涉及政治、历史、法律、文学、农业、科技、养生保健等方面。并利用国家共享资源刻录了《马铃薯旱地覆模栽培技术》和《油菜主要病虫害防治技术》光盘8张，满足广大农牧民群众的阅读需要。（格尔木市图书馆　马兰芳）

【青海省文化和新闻出版厅为青海省格尔木市图书馆配备流动图书车】 6月22日，经青海省文化和新闻出版厅积极争取，国家文化部、财政部拨付专项资金456万元，为包括青海省格尔木市在内的全省23个州、县级公共图书馆分别配备流动图书车1台，方便开展图书流动借阅活动。此次配备的流动图书车内固定藏书架、图书周转箱、报刊阅读架一应俱全，同时还配备一体机电脑、笔记本电脑、电子书阅读器、数字影音系统、独立发电机和空调系统等设备，为开展流动文化服务提供坚实的设备保障。（格尔木市图书馆　马兰芳）

【格尔木市图书馆开展抗日战争图片展及影视教育展播活动】 8月24日—9月2日，格尔木市图书馆举办纪念世界反法西斯战争胜利七十周年专题活动。活动主题以推介抗战书籍、展示抗战图片、播放抗战影片的形式，共推介图书200余册、展出图片28副、播放影视作品50部。通过荧屏上的抗战故事、历史资料中的抗战、图书中的抗战、展画中的抗战、诗歌中的抗战、数字资源中的抗战等多种形式，让广大市民更加了解那段历史，在缅怀抗日先烈的同时，铭

记那段历史，将伟大民族力量继续弘扬下去。（格尔木市图书馆　马兰芳）

【青海省西宁市大通县图书馆开展以“平安寺院”为主题活动】　7月13—14日，大通县图书馆开展以“平安寺院”为主题的活动。分别到大通县青山乡祁家寺、城关镇宝贝寺、东峡镇广惠寺，给每家寺院捐书126册，价值为8001元。为改善住寺僧尼阅读条件，丰富僧尼文化生活，提高僧尼的知识水平和科学素质，为维护民族团结和社会和谐稳定，实现我省经济社会的协调发展做出贡献。（大通县图书馆　高乃英）

【大通县图书馆召开第一届理事会第一次工作会议】　10月30日，大通县图书馆召开第一届理事会第一次工作会议，按照程序选举产生大通县图书馆第一届理事长1名，常务理事长1名，副理事长1名，理事11名。大通县科技文化局王占云副局长向理事长颁发了聘任证书，新任理事长戴朝恩对新当选的8位理事颁发了聘任证书。（大通县图书馆　高乃英）

宁夏回族自治区

【概况】　2015年，宁夏公共图书馆立足于本地区图书馆发展实际，在加大文献信息资源保障力度，坚守好馆内基础性服务阵地的前提下，为切实满足各类读者群体的阅读需求，运用网络平台优势大力提升参考咨询、决策信息、微信、微博、QQ等深层次咨询互动服务能力，取得良好效果。宁夏图书馆完成300万元图书、报刊和100万元数字资源的2015年度采购工作，采购图书10052种38247册；新办读者证8681张，累计办证61274张；自习区年接待读者170792人次，讲座、展览、参观人次35000人次，馆区总借阅624655人次、1236446册次；数字化体验区接待读者4095人次，青少年电子阅览室接待读者7718人次，成人电子阅览室接待读者9890人次，网站访问量达157779人次。银川市图书馆全年分编入库图书5877种17028册，订阅报刊杂志1345种，共接待读者50.13万人次，书刊流通105.6万册次。青铜峡市图书馆年入藏文献资料5000册，修补装订图书1950册；年接待读者110237人次，书刊流通221624册次，网上读者1.2万人次。贺兰县图书馆采用网购新形式，全年新增图书4083种8167册，订阅期刊514种，报纸60种；截至10月25日，图书馆门禁人数达31.3万人次，月均3.1万人次；累计办理有效借书证7495个；图书外借12.3万册、7.6万人次；书刊阅览人数97848人次、272606册次。吴忠市图书馆全年共投入购书经费42万余元，购置新书14000册，购书经费较2014年增长1.4%点；全年接待读者共85096人次，借还书刊143772册次。平罗县图书馆年投入经费40万元，新购图书6245种12668册；征订期刊256种，报纸16种；采购电子书借阅机1台并投入使用，办理读者借阅卡1212张，图书流通71714册次。红寺堡图书馆年采购图书、报刊6万余册，获赠国家图书馆2万册赠书、青基会捐赠价值近60万元的1万余册图书；年接待读者11万人次，图书外借3000余册；实现读者自助办证、自助借还、电子书免费下载、读报机自助阅览等自助服务项目。海原县图书馆建筑总面积达3284平方米的新馆大楼于2015年7月竣工，目前已筹措资金183.5万元，采购图书1.5万册，征订报纸30种，期刊150种，购置阅览设备54.5万元，业务自动化软件系统30万元，电子读报机、借阅机、电脑等设备21万元；新馆机房及电子阅览室装修改造投资38万元。同时，宁夏图书馆继续推进网上联合参考咨询工作，全年回复解答读者各项信息咨询21567条，上传信息附件18657件；为自治区两会编制《资政参考》，为党政领导推荐新书好书编撰两周一期的《读讯》，为党委编撰《法律政策超市》系列丛书中的《自治区涉农政策》和文化厅的《法律政策超市》系列丛书中的《文化涉农政策》的目录和正文初稿等；开通短信服务平台，实现图书到期提醒、借阅查询、活动资讯等服务；开通宁夏图书馆官方微博，共发微博235条，读者咨询投诉168条。青铜峡市图书馆进一步完善馆内自动化管理系统并建立读者信息库，通过网络平台、电话、微信、QQ等为读者提供在线咨询互动、续借、预约、借书到期提示、读者投诉、反馈意见等服务，实现借、阅、询一体化网络互动服务；每月更换一次书架上流通率低的图书；每天延时服务30分钟；在一楼、二楼大厅设置读报机、查询机4台，免费供读者查阅、下载各类学习资料；自筹资金15万元，将原三楼办公区改建为儿童阅览室，于7

月暑期前正式对外开放，采购童书1424册、音像制品和电子出版物116种，为青少年读者提供安全、绿色的公益性上网服务。贺兰县图书馆开通“微官网”“书香贺兰”订阅号和移动图书馆手机终端，实现移动阅读、微官网与微信、微博等网络互动咨询平台的无缝链接和图书馆品牌展示、读者互动、资源共享等服务功能。

稳步推进并持续提升数字资源和数字图书馆建设及服务能力。2015年，宁夏图书馆通过征集、评选、制作，将《痴梦》《十二把镰刀》《望江亭》《扈家庄》等视频资料报送全国公共文化发展中心进行展播；完成“宁夏非物质文化遗产多媒体库”“西夏春秋多媒体资源库”“红色记忆多媒体资源库”“宁夏地方特色专题片”“回族暨伊斯兰教文献资源数据库”建设。春节期间，宁夏数字图书馆推广工程举办“网络书香过大年”系列活动，线上参与读者达2万余人次；举办推广工程成果展示及“掠美瞬间”图书馆优秀摄影作品展，接待参观读者700余人次。银川市图书馆在亲子阅览室开辟少儿数字图书馆体验区，购置超星少儿学习中心、新东方少儿数字资源及触摸屏学习机、爱迪科森少儿数字资源及触摸屏学习机等先进设备，举办的“少儿数字资源趣味体验活动”吸引众多孩子前来体验；在郊区小学举办“乐儿科普知识竞赛”等活动，让少儿体验到银川市图书馆丰富的数字资源及服务。年内，为实现图书馆网络服务到移动终端服务的无缝对接，歌德电子书借阅机的安装试用成为宁夏各公共图书馆新的服务点，盐池县、中宁县图书馆相继开启此项服务。青铜峡市、贺兰县图书馆启动“超星电子图书馆”推广活动，并印制电子图书读书卡深入各居民社区、广场、农家书屋等人群比较集中的地方发放宣传，特别是青铜峡市市民可以通过电子图书读书卡在图书馆、市医院、政务大厅电子书借阅机上免费下载各类书刊，通过手机扫描二维码，即可“把图书馆装进手机”。银川市西夏区图书馆开展移动图书馆及歌德电子借阅机使用讲座，并同时开通手机图书馆试用服务。

大力拓展服务领域，将资源和服务下移至社区、农家书屋及文化信息共享工程等基层服务点为年度工作重心。宁夏图书馆完成4台24小时自助图书馆的招标和验收工作；新建银川市公安局环保分局机关图书室等4个网点，并协议与自治区政协、人大、政府等部门建设“一卡通”标准化机关图书室；春节期间，为银川市西夏区宁红爱心老年公寓送去了养生保健、休闲娱乐等内容的500多册期刊和电影光盘，并依托共享工程资源在各市、县支中心的公共电子阅览室，每天上午9点至下午6点，向农民工提供免费、安全、绿色的网上购票服务；利用技术力量，复制刻录集学习性、欣赏性、娱乐性于一体的600张《惠农光盘》、100余张《世界经典电影》光盘下发给全区各支中心急需种养殖技术及致富经验的农民手中；向金凤区残疾人服务中心捐赠图书728册，其中，盲文书籍和普通期刊300余册、光碟20盘；为偏远困难地区单位捐赠图书杂志6万余册。中宁县图书馆巩固并发挥农家书屋、共享工程惠民作用，加强全县农家书屋的管理与服务，采取全馆人员定点包乡进村培训、检查、指导工作，主动配合并支持各乡镇服务点开展各类读书活动，促使其正常运转；依据每个农家书屋所在地村民的知识层次、农业产业结构和发展状况等实情，实行差异化选书、配书模式，为全县120个农家书屋统一购置补充12万元的图书，并且每个村补充的新书不一样，便于就近进行调换；为全县18个乡镇、社区电子阅览室安装管理信息系统、332个VPN授权及监控设备，实现所有乡镇、社区基层信息点都能登录全国文化信息资源共享系统。宁夏各市县图书馆还利用各种资源加大对基层点的资源补配力度。固原市图书馆借助各级党委政府文化惠民政策争取资金15.8万元，为158个农家书屋补配图书。红寺堡图书馆为63家农家书屋采购农业科技等方面图书9000余册，向8家企业捐赠书架、书桌共50余套（架）、图书5万余册。海原县图书馆投资7万元，采购图书3030册、书柜9个，建立流动图书室3个，并通过政府采购为全县185家农家书屋补充新书17800册，价值18.5万元；为8个乡（镇）、文化站、1个社区共享工程基层服务点配发电脑36台、桌椅18套。青铜峡市图书馆结合文化共享助春耕等活动，定期为全市8个乡镇图书室、85个村级农家书屋及30个种养殖大户、12个基层服务点的农民免费提供书刊、报纸、光盘及科技致富等相关信息资料达3万多字8500份、书刊4000册、光碟12种2000张，视频讲座培训4场次，受益群众达2500多人次。

文化惠民活动丰富多彩，吸引民众了解并走进图书馆。2015 年，宁夏图书馆举办宁夏回族民间工艺美术品展等公益性展览 15 场次、“塞上讲坛”等公益性讲座 16 场次、读者面对面交流等阅读推广活动 41 场次、“关爱残障人士——阅读让世界充满爱”活动 3 场次。银川市图书馆的品牌活动“书香银川·百姓讲堂”全年举办 47 场，参与人数达 3156 人次；与银川晚报社承办的“开卷有益读书沙龙”活动共举办 13 场，参与读者 1178 人。同时，该馆依托少儿阅览室全年共开展 20 项少儿阅读活动。其中，开展针对低幼儿童的“亲子趣多多”系列活动 14 期，参加活动的家长和孩子近千人；与喜阅童书馆联合举办的历时 1 个月的“第二届‘喜阅童书节·儿童读书月’活动”吸引 500 多名少年儿童参加，并借助童书节启动仪式为银川爱心园儿童孤独症康复中心捐建“爱心园图书角”；向 8 所小学征集寒假阅读书目，按单采购图书，特设专架，推荐图书 300 余种供学生寒假阅读；举办第三期少儿暑假电影展映活动，观看读者约 300 人，并招聘 48 名小读者开展为期 6 周的第十三期“暑期荣誉小馆员”活动。固原市图书馆开展“优秀书香家庭、书香乡镇”评选活动。贺兰县图书馆特邀本区书法家分别赴金沙村、县文化广场、马家寨等社区开展“迎新春送书送福送春联”文化下乡惠民活动，免费为群众书写春联 982 副，发放期刊图书 960 册，光盘 120 张；举办元宵节万人灯谜竞猜活动，参与者达万余人次；联合有关单位举办各类讲座、培训班 18 期，培训人数达到 1080 多人。吴忠市图书馆在暑期期间先后开展“暑期新书推荐”“科学普及”“动漫电影放映”等活动，参与的中小学生达 2 万余人次。中宁县图书馆举办 4 场“良好习惯、促进学习”专家报告会，1200 余名学生家长到场聆听；暑假期间，招募义务小馆员参与图书馆的对外宣传及咨询工作，发放宣传材料 2500 份，接待读者咨询 1000 余人，让群众了解图书馆、认识图书馆、利用图书馆，掀起“阅读，请到图书馆”的热潮。

继续开展馆员培训及继续教育工作，提升馆员专业素质及服务技能。宁夏图书馆及学会依托数字图书馆、共享工程等资源，大力加强对各市县馆馆员的业务培训和技术指导工作，全年共举办各类现场及在线培训活动约 23 场次，培训学员近 4000 人次。（宁夏回族自治区图书馆　菊秋芳）

【名家做客宁夏图书馆“塞上讲坛”】 4 月 23 日和 5 月 23 日，宁夏图书馆举办第十二期、第十三期“塞上讲坛”，宁夏大学人文学院院长、第八届少数民族文学“骏马奖”获得者郎伟教授，著名作家、北京师范大学珠海分校艺术与传播学院副院长陈继明教授受邀分别作题为“阅读是一次百感交集的精神旅程”和“阅读与语言”的讲座。他们结合实例，从不同层面、不同角度畅谈阅读体验和感悟，引导广大读者喜爱阅读、学会阅读。宁夏图书馆全体馆员及读者共 400 余人先后聆听讲座。9 月 8 日，宁夏图书馆举办第十六期“塞上讲坛”，邀请广东省立中山图书馆馆长刘洪辉做题为“图书馆阅读推广”的讲座。刘洪辉运用大量的数据、案例说明阅读推广的重要性和紧迫性，同时结合广东省及美国一些图书馆好的做法谈图书馆在做儿童阅读推广时应该注意的问题，并就如何做好阅读推广的具体问题与宁夏同仁进行互动交流。宁夏图书馆以及各市县图书馆馆员共 240 余人聆听讲座。（宁夏回族自治区图书馆　张雅妮）

【宁夏回族民间工艺美术品展在宁夏图书馆首展】 6 月 29 日—7 月 3 日，由自治区文化厅主办，宁夏民族艺术研究所、宁夏艺术职业学院和宁夏图书馆共同承办的“宁夏回族民间工艺美术品展”首展在宁夏图书馆举行。本次展览分为静态展示和技艺传承人现场制作表演两部分，内容涵盖剪纸、雕刻、刺绣、彩塑、农民画、工艺品、阿文书法、染织品、回族乐器与回族服饰等 13 大类 500 多件作品，有 40 多位传承人参展，充分体现宁夏特色的地域文化、乡土民风。展出期间，吸引上万名群众到场参观欣赏。本次展览是 2014 年度国家艺术基金传播交流推广项目“宁夏回族民间工艺美术品传承交流拓展”的主体部分。展览选取宁夏境内具有代表性、以回族生产生活或回汉民族团结为题材的民间工艺美术品作为展品，力求使不同的艺术门类、表现形式交相呼应。首展结束后，还将赴昆明、北京等国内其他城市展览。（宁夏回族自治区图书馆　张雅妮）

【宁夏图书馆举办“一带一路与伊斯兰金融”

专题讲座】 7月28日，宁夏图书馆举办“一带一路与伊斯兰金融——宁夏回族发展之契机”专题讲座，邀请西北政法大学伊斯兰法律、经济与金融研究所所长王永宝为读者讲授伊斯兰金融的含义、特征以及伊斯兰金融的发展史、基本模式和全球化发展趋势，并就中国如何与穆斯林世界进行伊斯兰金融合作来推动“一带一路”的建设，宁夏如何在“一带一路”建设中发挥作用提出建议。（宁夏回族自治区图书馆　张雅妮）

【敬一丹携新书在宁夏图书馆与读者交流】 10月17日，中央电视台著名主持人敬一丹携新书《我遇到你》在宁夏图书馆与众多读者现场交流，一起分享创作的初衷、感悟和读书的快乐。敬一丹从央视退休后写下回忆性文字《我遇到你》，回顾自己在央视《焦点访谈》《感动中国》《一丹话题》等栏目的工作历程，同时记述自己在央视27年里在全国各地采访做节目的难忘经历，讲述遇到的各阶层百姓和他们的故事以及与央视同事共事的经历，在交流会现场引起读者共鸣。（宁夏回族自治区图书馆　张雅妮）

【贺兰县图书馆举办万人灯谜竞猜闹元宵活动】 3月5日元宵节当天，贺兰县图书馆以元宵灯谜有奖竞猜活动参与欣兰广场的社火、舞台剧、地方戏曲等系列广场文化活动，近万名群众参与，发放奖品1500多份，兑奖率达到50%以上，为当地群众送上一份丰富的“文化大餐”。为了开展此次灯谜竞猜活动，贺兰县图书馆春节前就精心策划，共准备自制灯谜3000条，谜面涉及人物、地名、书名、成语、日常用品等内容。该馆举办灯谜竞猜活动已有10多年，从开始在馆内开展活动，到后来扩展为全县群众参与的万人猜谜广场文化活动，经费达2万元，并专门开发了谜语兑奖软件。如今，灯谜竞猜活动已成为贺兰县春节系列文化活动的一项重要内容和贺兰县不可或缺的一项公共文化服务品牌。（贺兰县图书馆　汪淑梅）

【银川市兴庆区图书馆“图书赶集”为农民送书】 4月22日，银川市兴庆区图书馆和贝尔超市图书角联合开展以“共建书香兴庆·共享阅读乐趣”为主题的“图书赶集”为农民送书活动，并将这一活动常态化，每逢乡镇集日深入到农贸市场为农民送书。当天，图书馆员带着文学、科技、养生保健、少儿等各类书籍来到兴庆区掌政镇集市，通过买一本书赠送一本书的方式向当地农民赠送图书。同时，利用问卷调查收集关于农民阅读喜好及阅读倾向的信息。活动受到农民朋友的欢迎。当天活动共展出优秀图书500多本，免费赠送100本，发放问卷调查100份。（银川市兴庆区图书馆　王希祥）

【平罗县图书馆举办少儿国学经典诵读比赛】 “六一”国际儿童节之际，平罗县图书馆举行少儿国学经典诵读比赛活动，来自全县各中小学的25名选手参加比赛。活动要求选手以自选形式选择中国优秀诗、词、文章进行朗诵。比赛中，参赛选手以饱满的精神风貌，丰富的肢体语言，在音乐、舞蹈和打快板等背景衬托下，诵读《少年中国说》《声声慢》《沁园春·雪》等中华文学经典，赢得在场观众阵阵掌声。经过角逐，共有12名选手脱颖而出，分别获得一、二、三等奖。（平罗县图书馆　李娜）

【泾源县图书流动服务车启动】 在国家财政部、文化部专项资金支持下，自治区政府为泾源县图书馆配置1辆图书流动服务车。7月25日，该馆借助新民乡石嘴村文化广场竣工典礼举行图书流动服务车启动仪式。图书流动服务车功能齐全，配置有自动化遮阳棚、阅览桌椅、电视、电脑、投影仪、音影系统，可装载各类图书2500余册。读者既可在车内借还图书，也可阅览图书，在当天的启动仪式上就有很多群众前来借阅图书。今后，该馆将定期到社区、学校、部队、福利院、老年活动中心、建筑工地等为群众开展流动服务，解决偏远地区读者“看书难”问题；同时，充分发挥流动服务车各项功能，开展各种实用技术培训和科技信息传送工作，为农民掌握科学技能和学习知识提供方便。（泾源县图书馆　者凤莲）

新疆维吾尔自治区

【概况】 截至2015年年底，新疆地区共有公共图书馆107个，其中省级1个、地市级14个、县级92个。新疆民族文献资料较丰富，现入藏的少数民族文献图书总量为1035万册，其中维吾尔文图书116万册，哈萨克文30万册，蒙文5

万册，其他文种 20 万册。图书馆从业人员共有 978 人，其中高级职称 93 人、中级职称 332 人、初级职称 223 人。全年举办各类读者活动 1238 场，参加 11.03 万人次；举办展览 342 场，观众 50.39 万人次；举办讲座 897 场，参加 5.86 万人次，举办培训 926 次，参加 3.75 万人次。

读者服务的广度和深度不断加大。结合每年度的全民阅读活动、世界读书日、图书馆服务宣传周活动，全疆各级各类图书馆因地制宜，开展丰富多彩的主题活动，吸引越来越多的读者走进图书馆，利用图书馆。自治区图书馆工作人员在世界读书日当天走上街头、走进快速公交车站开展“赠人玫瑰，手留余香；手捧图书，心存礼尚”赠送图书及玫瑰花活动，并与国家图书馆同步发布第十届“文津图书奖”获奖图书书目、举办获奖图书展览；乌鲁木齐市图书馆开展每年一度的“天山读书月”系列文化活动；伊犁州图书馆开展为期 1 个月的“美丽伊犁，全民阅读”摄影巡回展；博州图书馆开启 2015“我的中国梦，书香进万家”读书分享会；叶城县图书馆开展书香新疆——阅读的力量“全民阅读”暨“4·23 世界读书日”读书活动等，受到各族民众的好评。

开展文化下基层活动，建立基层图书流通站，发挥图书馆的整体效益，惠及更多群众。2015 年，自治区图书馆在原有分馆的基础上又在红其拉甫边检站等地新设分馆，既扩大了阅读覆盖范围，又拓宽了图书馆的服务领域，极大地培养了公众的读书热情。各地州图书馆也纷纷建立基层图书流通点，如奎屯市图书馆进部队举行服务点挂牌仪式；哈密地区图书馆心系子弟兵协同自治区图书馆建立下马崖边防派出所分馆；和静县东归图书馆建立国税局流动服务点；麦盖提县图书馆在人力资源市场设立流动图书站等，让各族群众都能享受到各种文化资源。

关注未成年人，关注弱势群体，保障公民的阅读权利。自治区图书馆到乌鲁木齐儿童福利院举办“送温暖，献爱心”活动，并给孩子们送去图书建立了少儿图书分馆，使他们充分感受到图书馆人的关怀和温暖；乌鲁木齐市图书馆举办“共浴阳光、携手同行”全国助残日主题活动；巴州图书馆开展“文学梦想，助力启航”残肢人文学爱好者王爱民签名义卖活动；喀什地区图书馆开展“关爱进城务工人员，优秀书籍送温暖”活动；哈密地区图书馆组织“地区肢残人协会”参观体验活动，让弱势群体充分感受到社会的关怀与温暖。

新疆积极响应由国家古籍保护中心和中国图书馆学会联合推出的 2015 年“我与中华古籍”摄影大赛活动，并在自治区范围内组织巡展活动。本次摄影大赛优秀摄影作品巡展及古籍保护宣传推广活动采取自治区古籍保护中心与自治区图书馆学会联合举办机制，承办单位有自治区图书馆、昌吉州图书馆、喀什地区图书馆、伊犁州图书馆等。报送参赛的作品包括活动类、故事类、工作类 3 个主题共计 19 幅摄影作品。其中，“为了古籍的重生”一组古籍修复图片被评为大众组一等奖，入选本次巡展中。此外，经与吐鲁番博物馆协调，为此次展览提供了考古挖掘现场及出土鞋样等珍贵图片，以古籍特展列入，突显新疆突出文献之特色，展现地域特色，呈现亮点。在 6 月 12 日“文化遗产日”，新疆古籍保护中心、新疆图书馆学会在新疆大学图书馆举办古籍保护宣传推广活动，并邀请新疆社会科学院历史研究所副研究员贾秀慧老师，在新疆大学图书馆二楼学术报告厅举办以“近代新疆历史与新疆古籍”为主题的讲座。（新疆维吾尔自治区图书馆学会　赵燕）

【数图推广工程·全国图书馆参考咨询协作网西北五省公共图书馆馆长培训班暨西北五省(区)图书馆第三次峰会在乌鲁木齐召开】 8 月 19 日，来自陕西、青海、宁夏、甘肃、新疆的图书馆馆长、学会理事长和秘书长以及特邀代表 30 人参加此会议。会议由自治区图书馆馆长历力主持，主题为“多元合作·西北地区图书馆发展与挑战”。国家图书馆信息技术部总工程师王乐春、陕西省图书馆副馆长陆路、西北大学图书馆馆长杨乐生、青海省图书馆馆长张景元、甘肃省图书馆副馆长李芬林、宁夏图书馆副馆长郭丽娟、中科院新疆分院文献信息中心主任张小云等先后代表各省（区）公共、高校、科研图书馆做发言。会上，五省代表就是否成立西北五省区协作协调委员会、西北地区地方文献数据库共享、志愿者师资力量培训问题展开深入讨论，并商定第四次峰会将于 2017 年在宁夏举行。（新疆维吾尔自治区图书馆学会　赵燕）

【新疆维吾尔自治区图书馆概况】 2015 年，

新疆维吾尔自治区图书馆在保障二期改扩建工程稳步推进的前提下，不断创新服务模式，提升服务水平，丰富服务内容，实现工程期间“业务不停、服务不断”的总目标。全年共接待读者16余万人次，书刊借阅17万册次、11.5万人次，网站访问量3.6万次，数字资源访问量13.9万次。新设立分馆6个，流通站8个。采购图书16593种46808册，码洋120万元；拨交图书4642种12432册。提升新疆图书呈缴率，呈缴图书共计1469种1621册，光碟77盘。记到现刊4713种29878册，现报352种108622册；过报入藏352种524册；记到海外期刊50种580册，海外报纸21种6500册。

深入开展“书香乡村万里行”走进基层文化惠民系列活动，拓展分馆服务范围。结合贯彻落实自治区“访民情惠民生聚民心”活动精神，自治区图书馆将分馆服务延伸到自治区人民政府、自治区人大、自治区发改委和兵团等单位的驻村点，在喀什地区疏勒县英阿瓦提乡喀巴5村、叶城县沙依巴格乡阿依坎特村等地建立分馆和流通站，解决基层群众读书难，看书难、听讲座难、精神食粮匮乏等问题，期间共计配送图书17450册；在自治区图书馆驻村工作组所在乡镇开展“无私捐，关爱南疆少年儿童成长”爱心捐赠活动，共募捐学习用品105套；在新疆公安边防部队红旗拉甫边检站、哈密下马崖边防派出所等单位设立流通站和分馆，并为其采选汉文新书共3133种3362册，民文图书300册；与兵团文化中心合作，成立自治区图书馆和平都会分馆，弥补兵团公共文化服务体系中没有本级图书馆的不足，实现统筹兵地基本公共服务体系建设，更多更好地服务地方各族群众。

创新读者服务模式，开展丰富多彩的读者活动。先后在克拉玛依市、呼图壁县、巴州焉耆县举办“书香万里行　诗文朗诵会”系列活动，旨在把全民阅读的火种传播到天山南北每个角落；举办“书香新疆·阅读的力量”诗文朗诵会暨网络书香少儿绘画比赛颁奖典礼；组织策划“书香佳苑·爱心之旅”——乌鲁木齐市福利院捐赠活动，给乌市儿童福利院的孩子们送去少儿图书百余册；在分馆举办“书香佳苑·尚书品读”系列阅读活动及“文津图书奖”展览，“新书推荐”“欢庆努鲁孜节”兰州军区政治部《人民军队》报社维文分社“书香佳苑·进军营”等系列活动；进学校、社区、军营、企业等地举办“昆仑讲坛”系列讲座活动10余场，丰富各族群众的文化生活。

开展自治区“两会”信息服务，编撰2015年自治区“两会”资料汇编、援疆四周年资料汇编、2015年自治区文化工作资料汇编等专题文献，受到与会代表委员的好评；提供立法决策服务，编撰《咨询研究参考》《东部看新疆》《境外新疆资讯》专题文献，及时为自治区政府机关立法决策提供有力的信息支撑和保障。

推进文化共享工程、数字图书馆推广工程与数字资源建设。完成文化共享工程2014年资源建设招标方案，完成3个特色库及1380小时少数民族语言译制招标参数；举行2015年“春雨工程——文化共享志愿者边疆万里数字文化长廊行”旗帜交接及北疆和南疆片区旗帜传递，活动历时18天，并前往西藏拉萨进行此次旗帜传送活动；组织各地州图书馆参加文化信息共享工程发展中心组织的2015年第二届“大年小戏闹新春”征集展播、数字图书馆推广工程——2015网络书香过大年系列活动、“魅力边疆”（新疆赛区）摄影作品网络展和全国文化信息资源共享工程2015“文化中国”（新疆片区）微视频征集、评选活动。（新疆维吾尔自治区图书馆学会　赵燕）

【新疆维吾尔自治区图书馆联合北京大学信息管理系举办2013年图书馆学专业研究生课程进修班第三学期课程】 1月3—8日，进修班在乌鲁木齐市图书馆正式开课，来自北大信息管理系的段明莲教授、李国新教授、张广钦副教授为学员们讲授“图书馆统计与评价”“图书馆法治与管理”等课程，共64个课时。此外，专门组织自治区图书馆与乌鲁木齐市图书馆近60余名馆员进行业务培训，为馆员提高个人学术水平、优化知识结构提供一个重要平台。（新疆维吾尔自治区图书馆学会　赵燕）

【新疆维吾尔自治区图书馆为残疾人服务】 3月24日，自治区图书馆工作人员为沙区残联分馆的残疾人送去盲人读屏设备，并协助安装调试好盲人读屏软件，希望他们在业余时间能多走进图书馆享受阅读的时光，多读书，读好书，好读书。此外，根据该分馆的特点，为扶持弱势群体的工作做努力，针对残疾人的书画作品进行数字化采样，并建立残疾人书画作品特色数据库，以期帮助残疾人宣传、拍卖作品，帮助他们增加收入的同时，提高他们的自信心，增强社会价值感。（新疆维吾尔自治区图书馆学会　赵燕）

【新疆维吾尔自治区图书馆举办“网络书香少儿绘画比赛”】 4月26日，“网络书香少儿绘画比赛”颁奖典礼在新疆维吾尔自治区图书馆和平都会分馆举办。此次活动由自治区图书馆主办，以“我心中的图书馆”为主题，旨在让孩子走进图书馆，利用、体验、感受和畅想，充分发挥想象力和创造力，画出心目中的魅力图书馆。全疆共有13家图书馆参与此次活动，提交作品595幅。由乌鲁木齐市中小学美术教育专业委员会常务理事武君教授对作品进行评审，最终评选出一等奖3名，二等奖10名，三等奖15名，优秀组织单位5家。（新疆维吾尔自治区图书馆学会　赵燕）

【2015年新疆文化共享工程南北疆技术骨干培训班（北疆片区）在昌吉举办】 8月4日，培训班在昌吉州图书馆开班，这也是“春雨工程——文化共享志愿者边疆万里数字文化长廊行”旗帜在新疆传递的第六站所开展的活动。文化部全国公共文化发展中心副主任李建军，自治区文化厅公共文化处处长李强、副处长李朝阳，昌吉州党委宣传部部长、文化体育广播影视新闻出版局局长吴勇，自治区图书馆馆长历力、副馆长王曙光以及来自北疆、东疆片区的96名学员参加开班仪式。李建军做题为“公共数字文化服务的发展与创新”的培训报告。新疆分中心针对学员们日常工作需要，特别为本次培训设置专门的课程，包括公共数字文化服务的发展与创新、公共电子阅览室的建设与维护、资源采集应用与技巧—单反及手机拍摄技巧等，力求让各位学员无论在技术上还是业务上都能学有所成。（新疆维吾尔自治区图书馆学会　赵燕）

【第二期全国古籍保护技术培训暨新疆古籍保护技术培训班在伊犁举办】 8月12—14日，由国家古籍保护中心、新疆维吾尔自治区文化厅主办，新疆维吾尔自治区古籍保护中心、伊犁哈萨克自治州文化体育广播影视局、伊犁州图书馆承办的“第二期全国古籍保护技术培训班暨新疆古籍保护技术培训班”在伊犁举行，这也是文化部、国家图书馆暨国家古籍保护中心开展“对口援疆”的一项专项工作，对加强全区的古籍保护工作队伍建设具有重要作用。来自新疆乌鲁木齐地区主要古籍收藏单位及各地州、县（市）29个单位近50名学员参加培训。培训主题为“古籍保护技术”，培训内容包括“中华古籍保护计划”工作介绍、中小型书库建设经验谈、古籍装具、图书馆古籍库房基本要求和古籍保护环境等，由国家古籍保护中心就，精心选派浙江省图书馆馆长徐晓军、中山大学图书馆副馆长林明及武汉大学图书馆刘家真3位老师授课，特别在再生性古籍保护方面介绍了成熟的保护技术与方法，对新疆地区古籍保护工作具有科学性、专业性和权威性的指导作用。（新疆维吾尔自治区图书馆学会　赵燕）

【新疆维吾尔自治区图书馆扎实推进古籍工作】 2015年，审核6家古籍收藏单位古籍普查数据13000条，整理与编写民文古籍提要100余条；拍摄古籍书影102部；编纂出版《新疆维吾尔自治区入选国家珍贵古籍名录图录》；参加由国家古籍保护中心主办的“我与中华古籍”摄影大赛，并组织协调新疆10个地州市图书馆参加巡展。同时，对“桑皮纸修复项目”进行前期调研，制定《桑皮纸修复民文古籍文献的实施方案》，以启动自治区图书馆古籍修复为开端，引领新疆各古籍收藏单位开展古籍修复工作。2015年投入3名工作人员开展古籍修复实践工作，其中2名人员在馆内进行破损古籍的修复工作，建立规范的修复档案；染修复用纸280张，拍摄破损与修复后书影100余张，修复轻度和中度破损汉文古籍7部（427叶），记录修复日志22篇。1名人员赴中山大学图书馆进行为期一年的西文装帧形式古籍修复的系统学习，并拜林明副馆长为师，修复完成12册书籍，修复2册察合台文古籍，在2015年中国图书馆年会展览会“中华古籍保护计划”展览区展示，受到广泛关注和好评。（新疆维吾尔自治区图书馆学会　赵燕）

【数字图书馆推广工程“网络书香”阅读推广活动在阿勒泰地区哈巴河县举办】 由国家图书馆主办，新疆维吾尔自治区文化厅、自治区图书馆承办的此次活动于9月16日举办，来自新疆地区的40余位基层图书馆代表以及各级图书馆员工、社会公众 100 余人参加。活动由捐赠图书、专家讲座、业务培训 3 个环节组成。国家图书馆代表向新疆地区 8 家基层图书馆代表捐赠 3 万册图书和期刊，推广工程精心组织总量达 4TB 的优秀数字资源，并在 9 月末以硬盘封装的方式面向新疆地区基层图书馆推送。赠书仪式后，来自国家图书馆、国广东方网络有限公司的专家围绕数字图书馆推广工程的创新驱动与公共数字文化发展、图书馆创新服务、数字电视建设等主题，对新疆地区基层图书馆员开展业务技能培训。截至目前，中央财政向新疆维吾尔自治区拨付推广工程建设经费共 3085 万元，其中用于软硬件和平台搭建 2400 万元，资源建设 605 万元，服务推广 80 万元。借助推广工程搭建的虚拟网和专网，新疆地区读者可以获取推广工程共享的总量超过 140TB 的数字资源。此外，推广工程与新疆地区各级图书馆在资源联合建设、人才培训和网络书香宣传推广活动方面都有广泛合作，积极推动新疆地区图书馆数字文化服务整体提升。（新疆维吾尔自治区图书馆学会　赵燕）

【新疆维吾尔自治区图书馆举办诗文朗诵会系列活动】 10 月 26 日—12 月 3 日，自治区图书馆先后下基层到克拉玛依市、呼图壁县、库尔勒市、巴州焉耆县开展“书香万里行·诗文朗诵会”系列活动，并走进校园，以专业朗诵水准向基层青少年读者推广“全民阅读”的重要性，宣传中华传统文化的博大精深，鼓励青少年多读书、读好书，近 2000 余名师生聆听朗诵会。此次活动是自治区图书馆开展“全民阅读”的重要举措之一，该馆联合新疆朗诵艺术协会，针对各地地域特点，精心策划节目，朗诵作品既有多语种美文精品和诗人原创作品，也有同学们喜欢和熟知的语文课文，更有 9 岁小朗诵者对作品的精彩演绎，反响良好。12 月 26 日，自治区图书馆联合新疆朗诵艺术协会、新疆生产建设兵团文化中心在和平都会举办“阅读，社会进步的力量”2016 新年朗诵会，同时举办“优秀读者表彰仪式”，为评选出的 15 名“2015 年度阅读之星”授予证书并赠送图书。（新疆维吾尔自治区图书馆学会　赵燕）

【2015 年新疆基层图书馆数字资源提升活动培训班开班】 12 月 8 日，自治区文化厅公共文化处副处长李朝阳，自治区图书馆馆长历力、副馆长王曙光出席此次培训班的开班仪式，来自全疆 94 个支中心 14 个地州的 107 名学员参加培训。王曙光等讲授“数字图书馆推广工程资源提升活动整体情况介绍及安排部署”“基层图书馆资源提升活动资源内容介绍和安装操作”等内容。考虑到新疆本地特殊情况，自治区图书馆工作人员还特别挑选 59.3GB 适合新疆基层群众的数字资源进行替换，方便基层馆为各族群众提供更符合实际需要的文化服务。此次资源提升活动为新疆基层图书馆推送的 4TB 资源内容丰富多样，包括 5000 册电子图书、200 种电子期刊、6000 集精品视频、3.2 万张图片资源、26 万条政府公开信息等。（新疆维吾尔自治区图书馆学会　赵燕）

【乌鲁木齐市图书馆概况】 截至 2015 年，乌鲁木齐市图书馆拥有持证读者 33559 人，年接待借阅读者 11.27 万人次，阅览、自习等读者 17.78 万人次，外借书刊 26.97 万册次，较 2014 年分别增加 7800 人次、40577 册次；组织文化活动 253 场，参与市民 5.45 万人次，全年累计接待读者 35.88 万人次。改变网络环境，带宽从 110M 升为 150M，提高了网速；增设多处“便民处”，包括“笔记本电脑使用专区”“失物招领处”“医用急救箱”等，方便读者利用；增加绿色植物、安装隔热窗帘、配备竹制椅垫等，为读者营造更好的阅读氛围；在四楼为自习读者增设开水间，为读者营造更舒适、自由的学习空间。（乌鲁木齐市图书馆　靳艺星）

【乌鲁木齐市图书馆举办全国助残日主题活动】 5 月 15 日，乌鲁木齐市图书馆与红庙子街道办事处新居社区共同举办“共浴阳光·携手同行”全国助残日主题活动，以呼吁全社会关爱残障人士，增强他们乐观、积极向上的生活态度。活动当天，引导残障读者参观市博物馆的“时光印记”图片展和市图书馆，了解图书馆服务内容、图书种类、特色活动等，并提供借阅证办理、盲人上网服务体验等。该馆今后将对行动不便的残障读者提供免费送书上门服务。（乌鲁木齐市图书馆　宋福燕）

【空军少将乔良座客乌鲁木齐市文化讲坛畅谈中国大战略】 7 月 18 日，乌鲁木齐市“文化讲坛”特邀中国人民解放军国防大学战略教研室教授、空军少将乔良做题为“当今中国战略选择的几点思考”的专题讲座，200多名市民聆听。乔良教授紧紧围绕资源和能源对中国未来发展的制约这一话题，结合当前国际形势，向听众深入浅出地讲述美国的国家战略以及金融大战略，深入解析美国金融大战略对军事力量的要求及运用，特别介绍了美国怎样防范中国的崛起和挑战，以及中国应准确把握世界权力新格局下博弈各方的利益关系，运用大战略思维，拓展大视野，积极探索建立世界经济社会各领域以及国防建设的新发展模式即“一带一路”的战略构想，走出妨碍中国发展的战略困境，实现和平崛起。（乌鲁木齐市图书馆　靳艺星）

【“春雨工程”——全国文化志愿者边疆行活动在乌鲁木齐市图书馆举行】 此次活动由陕西省文化厅、新疆维吾尔自治区文化厅主办，西安市文化广电新闻出版局、乌鲁木齐市文化局（新闻出版局、版权局）承办，首站已于8月15日在吐鲁番博物馆举行。8月16日，活动移师乌鲁木齐市图书馆，分为“天禄讲坛——丝绸之路文化专题讲座”和“西安市非物质文化遗产展示”2项内容。陕西师范大学历史文化学院教授、中央电视台“百家讲坛”主讲人之一的于赓哲教授，以“丝路与中国古代政治、经济、眼界”为题作专题讲座，带领读者感受丝绸之路的文化和历史；8位西安非物质文化遗产传承人，将具有浓郁陕西特色的剪纸、阎良核雕、雁塔棉絮画等8个非遗项目在现场进行展示和互动。（乌鲁木齐市图书馆　宋福燕）

【乌鲁木齐市图书馆举办纪念抗战暨世界反法西斯战争胜利70周年活动】 8月30日，由乌鲁木齐市图书馆、新疆朗诵艺术协会联袂打造的一档全新文化品牌“天山珠玑——新疆优秀文学作品系列朗诵会”第二十三场“铭记百年耻辱史　共筑千年强国梦——纪念中国人民抗日战争暨世界反法西斯战争胜利70周年文学作品朗诵会”在该馆举行。来自新疆朗诵艺术协会的26位表演艺术家、朗诵艺术家、电台知名主播以及朗诵界新秀，声情并茂地朗读了《囚徒歌》《饱尝铁窗风味的娃娃们》《纪念白求恩》等17首经典诗歌，从不同侧面展示抗日战争波澜壮阔的历史风云。8月31日，由乌鲁木齐市文化局主办、乌鲁木齐市图书馆承办的纪念中国人民抗日战争暨世界反法西斯战争胜利70周年大型图片展在该馆门前广场拉开帷幕。展览分为“中国人民局部抗战兴起，揭开世界反法西斯战争胜利序幕”“中国局部抗日战争的发展，抗日民族统一战线的形成”“中国全国抗战爆发，开辟世界第一个大规模反法西斯战场”等10个部分，按照时间顺序介绍中国人民抗日战争的历史进程，以及世界反法西斯战争的重大战役和重要事件。共展出抗日战争时期珍贵图片资料300余幅，充分阐释中国抗日战争对保卫世界和平的重大意义，弘扬中华民族在中国共产党领导下团结一心、共赴国难的伟大爱国主义精神和抗战精神。（乌鲁木齐市图书馆　靳艺星）

【昌吉州第一届公共图书馆专业技能比赛举办】 10月30日，比赛在昌吉州图书馆举办。此次活动由昌吉州文化体育广播影视新闻出版局主办，昌吉图书馆学会承办，共计8个成员馆24名选手参赛。比赛活动针对图书馆不同的岗位工作性质，开展图书分类、数据录入、图书加工等竞赛项目。比赛依据竞赛项目实际制定评分规则，以用时长短、准确率高低为评判标准，要求在规定时间内准确完成各项操作，通过现场评比、现场评分，按得分排定名次和奖项。竞赛现场，参赛选手精神饱满，熟练操作，充分展现昌吉州图书馆学会各成员馆馆员的专业技能水平。经过专家评委组综合评定，最终确定个人一等奖3名，个人二等奖6名，个人三等奖9名，集体一等奖1名。（新疆维吾尔自治区图书馆学会　赵燕）

【博州首个养老中心图书服务点挂牌成立】 11月6日，博州文体局、民政局及博州图书馆的工作人员来到博冶康复养老中心，参加州图书馆博冶康复养老中心图书服务点揭牌仪式。在此次活动中，图书馆为博冶康复养老中心准备了价值上万余元的图书、报刊，并为他们提供免费报刊查阅服务，希望养老中心的老年同志们老有所养、老有所学、老有所乐。该图书服务点的成立，标志着博州图书馆馆外免费开放服务工作的进一步拓展延伸，受到老年读者的欢迎。（新疆维吾尔自治区图书馆学会　赵燕）

高校图书馆

综述[①]

2015年，高校图书馆馆均经费略低于2014年，馆均文献资源购置费、馆均电子资源购置费略高于2014年，馆均纸质资源购置费持续减少。馆舍面积持续扩大，馆均2.41万平方米，略低于2014年，但有269所高校图书馆在建新馆。人才队伍素质进一步提升，高学历人才比例更大。数字化设施全面普及，信息技术应用更加深入。资源共建共享活动走向拓展和深入，中国高等教育文献保障系统(CALIS)和中国高校人文社会科学文献中心(CASHL)在资源建设、平台再造、服务提升、管理优化、协同创新等方面拾级而上，已成为支撑和保障中国高校教学科研的重要的信息基础设施。

教育部高等学校图书情报工作指导委员会、中国图书馆学会高校图书馆分会积极发挥研究、咨询、协调和指导作用，有力推动高校图书馆合作共建、协同创新。

一、2015年高校图书馆基本统计数据

(一)文献资源购置费

2015年，共有771所(2014年为689所)高校图书馆在"教育部高校图书馆事实数据库"中填报数据，数据有效的为739所(2014年为666所)。年度总经费的平均值[②]约为567.7万元(2014年的平均值约为580.8万元)，与去年相比减少13.1万元，中位值[③]约为296万元(2014年的中位值约为309.1万元)，有所减少，标准差[④]约为741.0万元(2014年的标准差约为760.5万元)，极差[⑤]约为6002.0万元(2014年的极差约为4866.9万元)，2015年的极差比2014年更大，表明我国高校图书馆年度总经费的差距依然巨大，投入极不均衡，但这种不均衡状况呈现出年度差异。年度总经费的具体分布情况见表1。

表1　2015年高校图书馆总经费分布

年度经费(万元)	百分比	向上累积百分比
<10	2.1%	2.1%
10—49.99	5.4%	7.5%
50—99.99	11.2%	18.7%
100—149.99	9.6%	28.3%
150—199.99	9.2%	37.5%
200—499.99	27.9%	65.4%
500—999.99	20.0%	85.4%
1000—1999.9	9.4%	94.8%
2000及以上	5.2%	100.0%

① 文中统计数据均来自"教育部高校图书馆事实数据库"，网址：http://www.scal.edu.cn:18080。

② 平均值指的是各高校图书馆填报的有效数据之和除以填报有效数据的高校图书馆的数量所得到的值。

③ 中位值指的是将有效数据从高到低排序，排在最中间的高校图书馆所填报的值。

④ 标准差指的是各高校图书馆填报的有效数据偏离平均数距离的总平均数，它能描述出各高校图书馆填报此项数据集合的离散程度。

⑤ 极差是指在各高校图书馆填报的有效数据中，最大值与最小值之差，也能描述数据离散度。

共有737所高校图书馆提交有效的2015年度文献资源购置费数据。文献资源购置费的平均值约为490万元(2014年为481.1万元),明显高于往年,延续2008年以来的持续走高趋势,见图1,中位值约为264万元,众值[①]为200万元(2014年为100万元),标准差为659.2万元(2014年为618.5万元)。

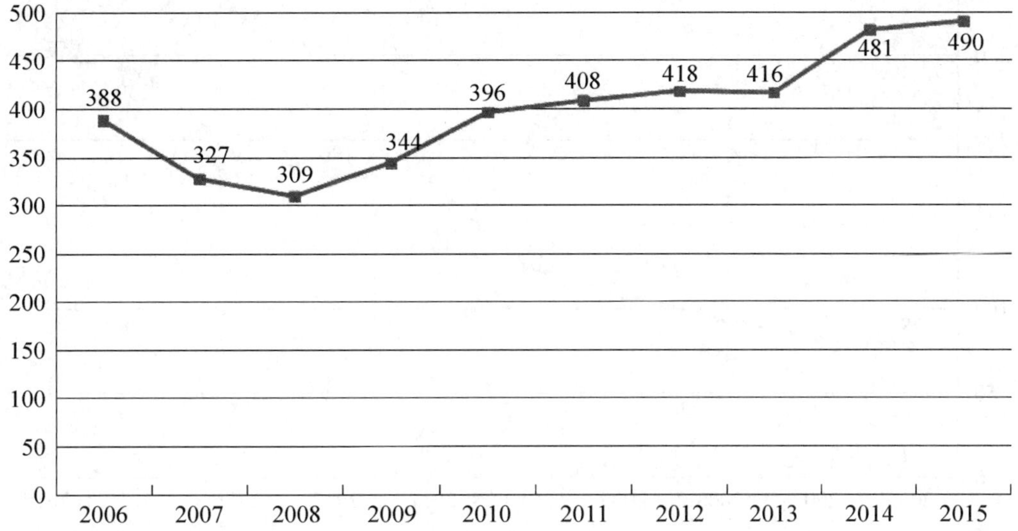

图1 2006—2015年高校图书馆馆均文献资源购置费(万元)

共有730所高校图书馆提交有效的2015年度纸质文献资源购置费,总数约为18.07亿元,较2014年增加2.08亿元,总经费增长主要是因为提交数据的高校图书馆总量增加。均值约为252万元(2014年约为263.8万元),纸质文献资源购置费出现小幅下降,明显低于2006年纸质文献购置费的平均值。近10年纸质文献购置费的均值分布情况见图2。中位值约为167.7万元(2014年约为172.9万元)。

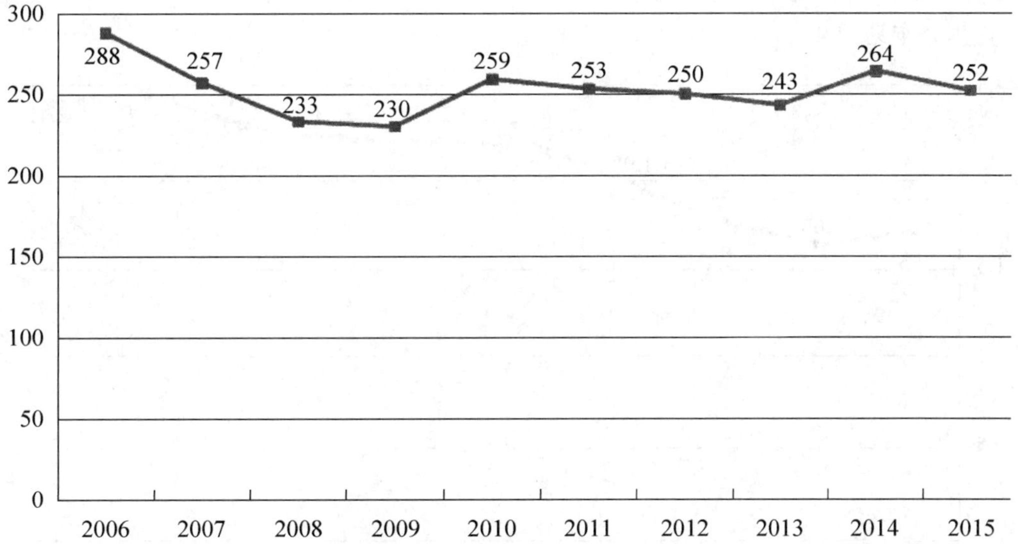

图2 2006—2015年高校图书馆馆均纸质文献资源购置费(万元)

共有665所高校图书馆提交有效的电子资源采购费,电子资源的总采购费用约为16.47亿元(2014年为13.1亿元),电子资源采购总费用大幅增长与提交有效数据的图书馆的数量增加有关,也与各馆实际采购费用增长有关。电子资源采购费的平均值约为251万元(2014年约为239万元),约占馆均文献资源购置费的51.3%(2014年约为49.7%),所占比例较2014年升高约1.6个百分点,且平均值逐年升高,延续2006年以来的持续走高趋势,历年比较状况见图3。中位值约为88.4万元(2014年约为86万元),众值约为500万元,标准差约为391.1万元,最小值仅为30元,最大值为2891.1万元,两者相差

① 众值指的是各高校图书馆填报的有效数据中,出现频次最高的值。

963702.1倍(2014年相差是254644.9倍),可见高校图书馆电子资源采购费用的离散度很大,馆际差别显著,且馆际间的差别正在逐步扩大。

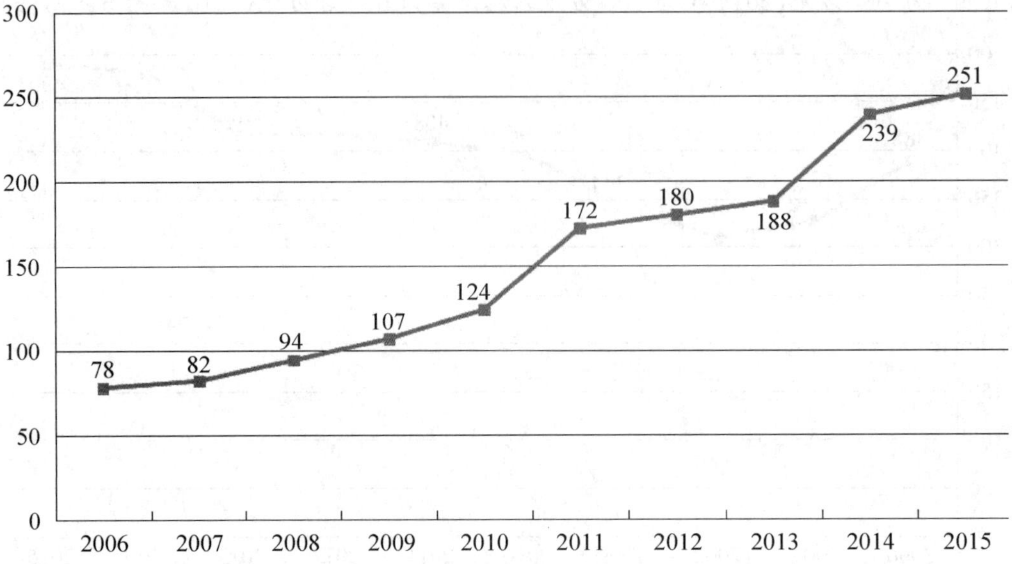

图3 2006—2015年高校图书馆馆均电子资源购置费(万元)

(二)馆舍面积

共有699所高校图书馆提交有效的2015年度馆舍面积的数据,建筑总面积约为1681.7万平方米(2014年为1491.9万平方米),馆均约为2.41万平方米,与2014年的2.46万平方米略有下降,标准差约为1.74万平方米,低于2014年的1.79万平方米。中位值约为2.1万平方米。从2006年到2010年,高校图书馆馆均建筑面积呈持续增长趋势,但2011年开始增长缓慢,高校图书馆进入建筑面积的平稳增长时期,具体分布见图4。

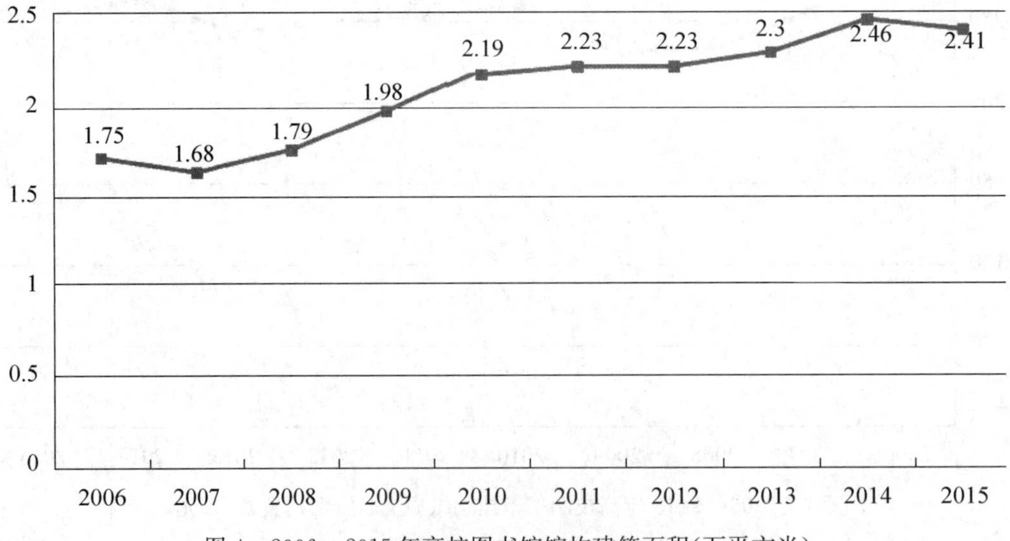

图4 2006—2015年高校图书馆馆均建筑面积(万平方米)

2015年,共有269所高校图书馆填报在建馆舍数据,数据有效的为121所,设计建筑面积的总和约为295.2万平方米(2014年约为276.9平方米),馆均约为2.44万平方米(2014年约为2.37万平方米),较2014年略有升高,中位值是2.15万平方米,众值也是2万平方米,标准差为1.78万平方米。从2006年到2015年,高校图书馆馆均在建新馆设计建筑面积呈递增趋势,2010年以后,又呈现出一定幅度的升降趋势,但稳定在2.2万平方米至2.5万平方米的范围内,具体分布见图5。

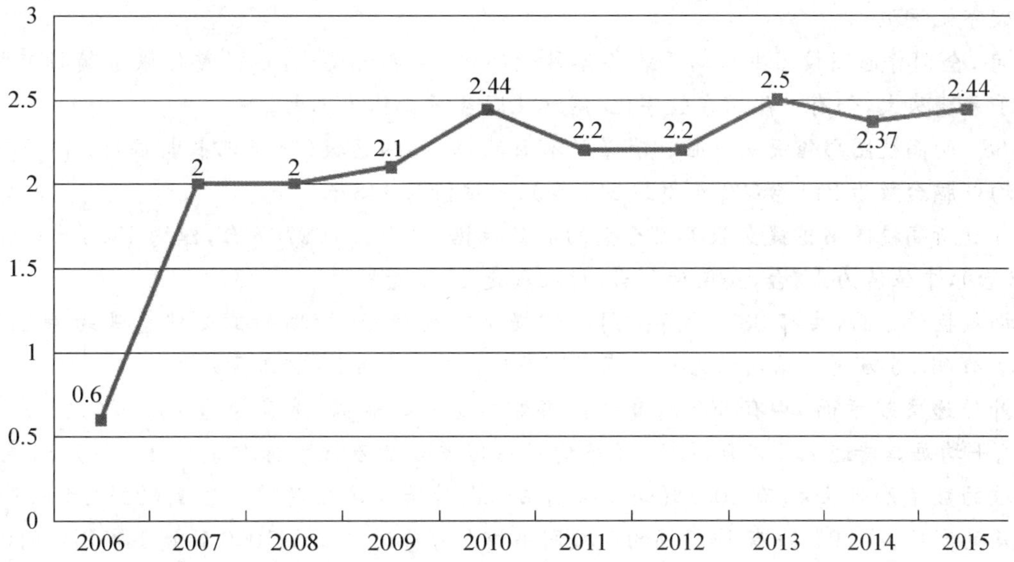

图 5　2006—2015 年高校图书馆馆均在建新馆设计建筑面积(万平方米)

(三)人力资源

2015 年,共有 741 所高校图书馆提交有效的在编馆员数据。在编馆员总人数为 28143 人,馆均约为 37.7 人(2014 年为 40.3 人),中位值为 26 人,众值为 18 人,标准差为 35 人,这些说明高校图书馆在编馆员的数量相差较大。

共有 730 所高校图书馆提交获得博士学位的馆员的数量,其中 488 所高校图书馆没有获得博士学位的馆员,242 所高校图书馆有获得博士学位的馆员,拥有博士学位的馆员的总人数为 695 人(2014 年为 596 人),表明博士馆员在高校图书馆仍处于稀缺状态。

共有 729 所高校图书馆提交在编的获得硕士学位的馆员的信息,其中 72 所高校图书馆没有在编硕士学位馆员,657 所高校图书馆有在编硕士学位馆员,硕士学位在编馆员总人数为 7183 人(2014 年为 6396 人)。这些数据表明各馆具有硕士研究生学历的馆员人数总体上保持稳定增长,这说明图书馆馆员的学历结构正在提升,硕士研究生学历馆员成为高校图书馆馆员的主要群体。

共有 728 所高校图书馆提交有效的本科学历馆员数据,共有本科学历馆员 13408 人,本科学历馆员的总人数是硕士学位馆员总人数的 1.87 倍(2014 年是 1.93 倍),平均每所高校图书馆拥有本科学历馆员 18.4 名(2014 年是 19.4 名),这些表明本科学历馆员仍是高校图书馆的主力,但其所占比例正在减小,他们对硕士馆员的数量优势正在逐渐减弱。

共有 726 所高校图书馆提交有效的大专学历馆员数据,总人数为 4791 人。有 85 所高校图书馆无大专学历馆员,所占比例为 11.7%。有大专学历馆员的高校图书馆中,有 1—2 名大专学历馆员的高校图书馆占 22.2%,有 3—7 名大专学历馆员的高校图书馆占 33.9%,有 8—15 名在编大专学历馆员的高校图书馆占 21.0%,有在编大专学历馆员超过 15 人的仅占 11.2%。

共有 726 所高校图书馆提交有效的大专以下学历馆员数据,总人数为 1730 人,其中有 39.4%的高校图书馆无大专以下学历馆员。有 1—5 名大专以下馆员的占 47.5%,比 2014 年的 47.7%下降 0.2 个百分点。从整体上看,高校图书馆的人力资源结构正在向高学历化、多学科化和专业化的方向发展,但发达城市重点高校图书馆的人力资源结构的转型速度明显快于欠发达城市的非重点高校图书馆。

共有 740 所高校图书馆提交体现在编职工性别结构的有效数据。其中,在编男职工总人数为 9347 人,占在编职工总数的 33.3%;在编女职工总人数为 18749 人,占在编职工总数的 66.7%。高校图书馆在编职工总人数正处在持续减少状态,如果考虑到高校图书馆每年新进馆员的因素,则可以推断出高校图书馆每年新进馆员的男女性别比例已经严重失衡,如果不加以人工干预,若干年后,高校图书馆的男性馆员将更加稀缺,可能只分布在水电工、系统维护等需要体力的技术性岗位了。

（四）数字化设施

2015 年，全国普通高校图书馆均已装备各种数字化、网络化设施，但是整体服务绩效有待提高，馆际服务水平差距极大，仍有一些馆在数字化、网络化服务方面作为不大。

共有 683 所高校图书馆提交电脑拥有量的有效数据，电脑总数（含笔记本电脑）约 14.7 万台。高校图书馆馆均电脑台数为 214 台（2014 年为 231 台），中位值为 148 台。

共有 690 所高校图书馆提交服务器台数的有效数据，总台数为 9767 台，馆均 14.2 台（2014 年馆均值为 14.2 台），中位值为 10 台，众值为 3 台，标准差是 15.7 台。

在扫描数据量方面，共有 339 所高校图书馆提交有效数据。扫描加工文献总量约为 2144.6 万页（2014 年为 27767.6 万页）。馆均约为 6.3 万页（2014 年馆均值为 90.2 万页）。

在向外传递文献方面，共有 502 所高校图书馆提交有效数据，总量约为 137 万篇（2014 年总量为 199 万篇）。平均每馆传递 2.5 万篇（2014 年平均每馆传递 0.2 万篇），标准差为 23.1 万篇，表明各馆向外传递文献的数量差别很大。有 10.7%的高校图书馆向外传递文献超过 1 万篇（2014 年向外传递文献超过 1 万篇的高校占 4.9%）；有 14.1%的高校图书馆向外传递文献在 1000 篇到 1 万篇之间（2014 年在这个数量区间的有 9.3%）。高校图书馆文献传出量大，表明高校图书馆之间的文献资源共享能力强，各馆间对文献资源的需求量大。

在文献传入方面，共有 540 所高校图书馆提交有效数据，总量约为 1355.1 万篇。平均每馆传入 2.5 万篇，标准差为 23.1 万篇，表明各馆传入文献的数量差别很大，资源需求惊人。至于传出文献明显少于传入文献，说明高校图书馆通过非高校图书馆的资源平台获取了大量文献。

二、2015 年高校图书馆的协同进步与资源共享

高校图书馆的宏观协调和指导工作主要由教育部高等学校图书情报工作指导委员会（简称“高校图工委”）和中国图书馆学会高校图书馆分会（简称“高校图书馆分会”）来开展。两大图书馆联盟——CALIS 和 CASHL 则继续承担资源共建共享的大本营的作用，克服各种困难，努力为全国高校提供文献保障。

（一）高校图工委的工作进展

3 月 17—18 日，《普通高校图书馆规程》（以下简称《规程》）第三次修订会议在四川大学召开。会议由教育部高校图工委秘书处举办，四川大学图书馆和四川省高校图工委承办。此前教育部高校图工委规程修订工作组曾在南方科技大学、北京大学举办过两次修订会，拟出了两个版本的修订草案，此次会议采用座谈会的形式，专家们对照图工委四届二次会议汇总的建议，逐条逐款逐句逐字对规程进行再斟酌推敲，形成更加完善的第三稿。会议还审阅《中国高等学校图书馆发展报告蓝皮书》大纲。此书是中国高校图书馆的第一部蓝皮书，受到图书馆界的广泛关注和教育部相关部门的重视。

6 月 18 日，由教育部高校图工委秘书处举办的《中国高等学校图书馆发展报告蓝皮书》编撰工作座谈会在北京大学图书馆召开。教育部高教司教学条件处处长李静、副处长都昌满，高校图工委主任朱强、秘书长陈凌，高校图工委各工作组推选的参与蓝皮书撰写的西南交通大学图书馆馆长高凡等参加会议。专家们就体例大纲草案进行讨论，最终确定报告的大纲和分工，并正式启动编撰工作。此外，还对《普通高校图书馆规程》报送稿逐条斟酌、修改，形成第四稿。

6 月 29—30 日，全国信息素养教育研讨会暨化工院校信息站第十九届年会在呼和浩特举行。会议由高校图工委信息素养教育工作组、全国化工院校信息站主办，内蒙古工业大学图书馆承办。来自清华大学、武汉大学等全国 60 多所高校 130 余名图书馆科研工作者参加。会议以“高校信息素养教育课程体系研究、信息素养教育评价标准、信息素养教育新模式”等高等教育改革过程中倍受关注的内容为主要议题。与会代表各抒己见、畅所欲言，其中部分新观点、新方法，为我国高校图书馆信息素质教育的改革与创新提供良好的参考和示范。会议共收到论文 67 篇，案例 12 个，经组委会组织专家评选，评出一、二、三等奖及优秀奖论文。闭幕式上，对获奖的优秀论文进行表彰。

7 月 2 日，2015 年教育部高等学校图书情报工作指导委员会信息技术应用工作年会暨大数据环境

下的图书馆统计分析与服务创新学术研讨会在兰州大学图书馆召开。来自信息技术应用工作组的高校图书馆馆长及参会代表近100人参加会议。与会馆长围绕大数据环境下的图书馆统计分析与服务创新进行深入研讨。大会向征文获奖论文作者颁发奖状。

7月22—23日，第四届教育部高等学校图书情报工作指导委员会第三次工作会议在辽宁省沈阳市召开。会议由图工委主办，辽宁大学图书馆承办。图工委委员、高职高专分委员会委员，各省、直辖市、自治区高校图工委秘书长等90余人参加会议。教育部教学条件处都昌满副处长通报《普通高校图书馆规程》《中国高等学校图书馆发展报告蓝皮书》进展，对图工委下一步工作提出三点希望。会议以高校图书馆"十三五规划"为主题，沙勇忠、计秋枫等委员做主题报告。各工作组依次报告一年来的工作进展和下一年度的工作计划。秘书长陈凌报告CALIS进展并作会议总结。

10月16日，由高校图工委读者服务创新与推广工作组主办，上海交通大学、上海财经大学、华中师范大学三校图书馆共同承办的首届全国高校图书馆阅读推广案例大赛总决赛暨研讨会在华中师范大学科学会堂举行，来自全国180多所高校图书馆的400多名代表参加。阅读推广案例大赛自2014年10月启动以来，得到全国高校图书馆的响应和支持。截至2015年6月底，大赛秘书处共收集参赛案例456个。其中，38个案例在决赛现场竞选，118个优秀案例（含单项奖案例）参加决赛现场的海报展示。经过角逐，四川大学图书馆、清华大学图书馆、上海交大图书馆、北京大学图书馆、武汉大学图书馆、天津财经大学图书馆的6个参赛案例获得一等奖，其他12个案例、17个案例分获二、三等奖；香港大学图书馆、香港理工大学图书馆、澳门大学图书馆的参赛案例获得特别奖。

10月28—30日，由高校图工委战略规划研究组主办、浙江省高等学校图书情报工作委员会和浙江工业大学图书馆承办的高等学校图书馆"十三五"发展规划高级研修班在浙江工业大学举办。与会代表通过专题报告、主题论坛、提问与讨论以及专家点评等环节，围绕"未来高校图书馆发展面临的形势"大会主题，共探高校图书馆发展之路。来自全国109所高校近200位代表参与本次研修班的学习。

12月10—11日，由高校图工委战略规划工作组、江苏省高等学校图书情报工作委员会主办，江苏大学图书馆承办的高校图书馆"十三五"规划经验交流会在镇江举办。美国伊利诺伊大学厄巴纳—香槟分校的伊利诺伊州消防服务培训学院图书馆馆长阮炼，高校图工委战略规划工作组、江苏省高校图工委的部分成员，以及来自全国100多所高校图书馆的馆长、副馆长和业务骨干等200多名代表出席会议。交流会共有12场专家报告，内容涵盖国内与国外高校图书馆、全国性与区域性图书馆、本科与高职院校图书馆的"十三五"规划的多层面特征，对图书馆制定"十三五"规划极具参考价值。

12月13—15日，由高校图工委主办、中山大学图书馆承办的2015年全国高校图书馆古籍整理与保护高层论坛暨学术研讨会在中山大学召开。来自全国50所高校图书馆的93位馆长、党委书记、古籍部（特藏部）负责人出席研讨会。本次高层论坛暨学术研讨会包括主旨报告、古籍整理与保护经验交流、高校古籍保护倡议3大主题，是教育部高校图工委主办的第一次全国性高校古籍保护工作及学术会议，对提高高校古籍整理与保护重视力度、团结兄弟院校古籍整理与保护力量、加强高校古籍保护工作的统一规划和组织管理、推动高校古籍保护工作整体向前发展，具有开创性作用。

12月31日，在高校图工委的积极组织下，历经3年、经过四上四下修订过程的《普通高校图书馆规程》由教育部印发全国高等学校。

（二）CALIS的工作进展

2015年，CALIS主要开展联机编目业务、外文期刊服务平台、文献传递与馆际互借业务、共享系统租用业务、数据采集和整理工作等。

联机编目工作稳步向前。CALIS联机编目中心在CALIS三期建设的基础上，继续发展中、西、日、俄文书刊以及汉语文古籍文献联合目录，不断扩充多语种文献以及部分电子资源和非书资料文献，扩大数据及馆藏信息量，深化服务，加大书目延伸成果的开发力度，构建多媒体书目资源共享合作服务系统。

CALIS外文期刊网全文服务升级。全文调度服务升级后通过系统提示的全文链接，用户均能有效获取全文；并且已形成一套规范的服务流程，开通使用和问题解答及时，成员馆大幅增加，目前已经有1225个成员馆。

e读新版上线。2015年3月，e读新版上线，被命名为"开元知海·e读"，数据量已逾2.8亿，新增中文期刊文章、中文报纸、工具书和年鉴等文献类型。截至2015年年底，已有489家高校申请开通"成员馆e读"。

文献获取服务补贴政策调整。鉴于目前全国开展文献传递与馆际互借服务的实际情况和CALIS运维经费的调整策略，CALIS对馆际互借与文献传递经费进行调整。调整后该项经费主要致力于提升高校文献传递服务质量、特种文献的获取等方面，进一步推动资源共享。

共享系统租用服务稳中有升。2015年，CALIS统一认证系统的租用馆达到1297家，馆际互借系统的租用馆达到1235家，参考咨询系统的租用馆达到1062家，统一交换系统的租用馆达到597家，特色库成员馆达到55家，新版e读的租用馆达到481家。

数据采集工作发展良好。"开元知海·查收查引系统"正式推出。从2015年6月系统推出至12月10日，共收到83所图书馆的系统试用申请。其中52所为"211工程"高校成员馆，约占63%，31所为普通本科院校成员馆，约占37%。浙江大学、南京大学、南昌大学、武汉大学4所高校图书馆申请本地试用，其中浙江大学图书馆已经达成购买意向。

与此同时，还启动一些新服务，包括：与香港特别行政区大学图书馆馆长联席会(JULAC)开展文献传递服务、认证编目员普级工作等。在技术研发方面，CALIS技术中心完成了约20个应用系统升级工作，承担的CALIS-CARSI Shibboleth认证项目以及《知识单元模型》和《数据交换规则》两项标准顺利通过验收。在学术研究方面，出版《日文书刊联机合作编目教程》《中国高等教育数字图书馆评估规范》两本专著。

CALIS主办或参加一系列重要会议，包括：CALIS可持续发展机制建设专家研讨会、数字资源开放获取研讨会暨CALIS第十三届引进数据库培训周、中文/外文/日文联机编目业务培训、"中文名称规范联合协调委员会"第13次会议、高校机构知识库共享联盟筹备会、NSTL走入高校——高校馆员培训座谈会等。在2015年6月举办的国际教育信息化大会上，CALIS作为我国高等教育信息化代表性项目之一参展。

(三)CASHL的工作进展

资源建设方面，CASHL在外文印本期刊发订平稳的同时，对2015年保障刊目录进行调整，外文印本刊订购总量在2014年基础上微调到2028种。同时呈现零复本、85%被SCI/SSCI/A&HCI收录、各参与建设馆保障刊总订购量比例均达70%、非英文语种比例增高(约占20%)等特点。外文图书发订和到书均保持平稳。共发出自主采购27965笔，学科协调订购23799笔(其中中国周边国家非西文小语种文献共发订1991种)，新发订大型特藏13种(引进总量达172种)。此外，以"采购纸本书+电子书访问"方式引进美国哈佛大学出版社1913—2006年间(版权年份)2785种无库存绝版图书电子版的永久访问权。年到书总数达44065种。外文期刊图书二次文献库数量持续增长。年新增纸本期刊目次80581条、文专图书联合编目数据45836条、大型特藏目次21种、国家哲学社会科学期刊69种(总数达636种)的260万条目次数据，及华东南7000多种民国期刊目次数据。

文献服务方面，CASHL服务的覆盖面进一步扩大。年新增CASHL成员馆1家(总量达782家)、服务馆2家(总数达31家)、用户1.59万个(总用户数达10.97万个)，拥有成员馆一卡通的用户总量累计近千万个。保持较高服务质量。文献传递与馆际互借方面，2015年底CASHL可服务印本图书达172.8万种、印本期刊达4570多万条，共处理印本图书馆际互借6533笔，处理期刊文献传递103672笔，平均完成时间1.90天，满足率达94.76%。电子资源服务方面，2015年底CASHL可服务电子书达41.7万种，CASHL经费所购电子书2015年下载量19万余次，累计达257万余次；CASHL经费所购电子刊，2015年下载量达179万余次，累计下载次数达1945万多次。

此外，首次启动"特藏++"深度服务，对CASHL收藏的172种大型特色文献的内容进行深度挖掘和广泛报道。武汉大学和中山大学作为试点，分别承担"特藏++"深度服务项目，完成《日本外交文书》和《卫理公会传教士信件》两种大型特藏文献的深度揭示。

在文献推广方面，在传统"深入院系""走入其他兄弟院校""走近读者"活动的基础上，首次对外提供

CASHL 检索系统和馆际互借系统 API 接口，并正式启动官方微信“CASHLservice”，进一步利用新媒体对 CASHL 资源服务推广进行布局。

运营管理方面，在教育部的批准下，服务体系更加完善，增设北京师范大学图书馆为 CASHL 华北区域中心、增设兰州大学图书馆为 CASHL 西北区域中心。

此外，通过举办主题为“演变中的学术环境和图书馆：资源建设新方向”的第三届中美高校图书馆合作发展论坛、提供 CASHL 前瞻课题成果开放获取、推出“CASHL/汤森路透西部馆员”项目和“CASHL-Emerald 图书馆情报学国际出版项目”等，打造 CASHL 管理服务品牌，持续助力 CASHL 成员馆的馆员职业发展。2015 年“西部馆员”项目，共有来自贵州师范大学、河西学院、西南民族大学、广西工学院的 4 位馆员顺利结业；“国际出版项目”遴选出 7 篇文献，已有 4 篇发表在国际刊物上。（王波　吴汉华　姚晓霞　朱本军　宋姬芳　朱强）

年度工作

普通高校图书馆

北京市

【概况】 截至 2015 年年底，北京市共有各类型高等学校图书馆 93 个，在高等教育改革协同发展、资源共享、实践育人等方面发挥作用。在保持常规业务的基础上，加强高校图书馆开放日和图书馆阅读推广活动，卓有成效。

北京市教委、北京地区高等学校图书馆工作委员会（以下简称北京高校图工委）联合倡议高校图书馆面向全市中小学设立参观开放日，以参观、游览、介绍等形式为主，充分发挥北京高校众多，图书馆资源丰富的优势，积极开展全民阅读活动，推进北京高校服务中小学进程，提高服务社会能力。4 月 23 日，开放日正式设立。开放日分为平时开放日和主题开放日。平时开放日采取集体预约方式，在固定时间内面向中小学生开放，一般一次接待 50 人左右；主题开放日则是图书馆根据自身建设特色，打造适合中小学生参加的主题活动，每年进行更新。高校图书馆开放日具体安排可在北京高校图工委网站（http://bjgxtgw. ruc. edu. cn）查看。

2015 年，教育部高等学校图书情报工作指导委员会读者服务创新与推广工作组举办首届全国高校图书馆阅读推广案例大赛，旨在通过优秀方案征集，深入交流图书馆阅读推广经验，提升图书馆利用率，强化图书馆服务创新意识，提高图书馆服务水平，探索信息化环境下图书馆阅读推广模式与方法。北京高校图工委组织此次大赛的北京赛区初赛，共收到全市 28 个高校的 35 个案例。4 月 23 日，北京赛区颁奖仪式在中国人民大学图书馆举办。

北京地区高校图书馆文献资源保障体系（简称 BALIS）原文传递请求量总体平稳，原文传递服务量达 10. 80 万条，满足量达 9. 17 万条，满足率 84. 88%，读者注册量 3. 16 万人次。其中服务量与 2014 年相比略有提升，读者注册人数和满足率略有下降，但响应时间大幅提升，由 2. 22 天降低到 1. 8 天。BALIS 馆际互借中心发展成员馆数量达到 80 家，系统注册 1. 12 万人，提交请求数量 2. 48 万条，文献满足数量 1. 61 万条，满足率 64. 79%。2015 年，BALIS 非书资料项目建设的工作重点是提高非书资料保障率。目前有 59 家高校参加博云非书资料，其中 25 家采用云服务和本地系统结合的方式、34 家采用云服务方式。（首都图书馆　张小野）

【高科联盟图书馆资源生态系统上线】 1 月 9 日，由北京高科大学联盟图书馆共同开发的高科联盟图书馆资源生态系统上线，联盟馆内部实现资源共享。系统拥有包括图书、报刊、论文、专利、标准、开放资源等在内的各类学术资源 4. 5 亿篇，涵盖北京邮电大学、西安电子科技大学、北京科技大学、北京交通大学、北京化工大学、北京林业大学、华北电力大学、哈尔滨工程大学、中国地质大学（北京）、中国矿业大学（北京）、中国石油大学（北京）11 所高水平行业特色大学的信息资源，实行一站式检索并开通移动图书馆功能。（华北电力大学图书馆　林建华）

【2015 年“卓越联盟”高校图书馆馆长年会】 6 月 8 日，会议在北京理工大学图书馆召开，来自同济大学、重庆大学、大连理工大学、东南大学、哈尔滨工业大学、天津大学、西北工业大学、华南理工大学“卓越联盟”高校和湖南大学图书馆等 20 余人参加会议。会议由北京理工大学图书馆馆长张永发主持。年会主题是“图书馆创新战略与新兴服务”，卓越联盟各图书馆馆长分别围绕主题重点探讨图书馆空间建设、人文环境建设、图书馆战略情报服务和特色馆藏等做专题报告。最后，代表们就卓越联盟高校图书馆下一步发展进行交流和探讨，决定继续合作建设“卓越联盟”资源共享平台。（北京理工大学图书馆　姚文莉）

【2015 年中国高校图书馆研究数据管理推进工作组会议】 10 月 15—16 日，会议在北京理工大学图书馆召开，来自复旦大学、上海交通大学、上海外国语大学、同济大学、浙江大学、武汉大学、北京大学、清华大学和北京理工大学 9

所高校图书馆的 20 余名代表参加会议。上海外国语大学图书馆馆长任树怀介绍研究数据管理框架，复旦大学图书馆伏安娜深入调研和介绍科研数据存储系统的评估体系 DSA，殷沈琴介绍国内外研究数据管理的进展，重点介绍 Dataverse 平台的应用进展；清华大学图书馆副馆长窦天芳介绍科学数据引用与出版方面研究进展；同济大学图书馆副馆长何青芳分析国内外科学数据保存政策的调研结果；北京大学副馆长聂华探讨图书馆在研究数据管理在高校的实践中的责任与困境；北京理工大学副馆长崔宇红调研和探索研究数据管理方面的教育、培训以及馆员的职业发展方向。（北京理工大学图书馆　姚文莉）

【全国通信电子类高校图书情报工作委员会 2015 年学术会议】 10 月 28—31 日，会议在北京邮电大学图书馆召开，由该馆承办，北京邮电大学出版社协办。共有来自 4 所邮电大学、4 所电子科技大学及北京信息科技大学共 9 所高校图书馆的领导和馆员 40 余人参加。会议共收到论文及案例 56 篇。会上，西安电子科技大学图书馆馆长卢朝阳等 4 位专家分别就深层次信息咨询服务、文献资源建设、自动化系统建设、创新教育服务等发言。西安邮电大学图书馆的张媛媛等 6 位馆员分别从创新服务、技术进步、文献资源建设和计量分析等方面与参会代表分享工作经验和研究成果。（北京邮电大学图书馆）

【北京高校图书馆“大数据支撑下的图书馆服务创新”学术研讨会】 11 月 5—6 日，会议在北京召开。会议由北京高教学会图书馆工作研究会数字图书馆专业委员会主办，北京科技大学图书馆承办，来自北京地区 40 多所高校的图书馆代表及部分企业代表共 150 余人参加会议。开幕式由北京科技大学图书馆馆长季淑娟主持。北京市高校图工委副主任黄朴民、数字图书馆专业委员会主任姜爱蓉致辞，对大数据的迅速发展带来的挑战和本次会议的交流主题进行概述。学术研讨会分为主题报告以及应用案例报告两部分。来自中科院文献情报中心、北京大学、中国人民大学、清华大学、北京科技大学、北京航空航天大学、北京理工大学、北京工业大学等 7 所高校的 8 位报告人作主题报告。（首都图书馆　张小野）

【北京高校网络图书馆“十三五”规划研讨会】 12 月 4—5 日，会议在北京召开。来自教育领域的专家及高校的馆长、领导约 60 余人参加会议。4 日，会议由首都师范大学图书馆副馆长熊丽主持。北京高校网络图书馆副主任、北京工业大学图书馆馆长阮平南致辞。首都师范大学高等教育研究所的黄宇红做题为“新常态下高等教育发展的思路与改革”的报告，阮平南做题为“高校图书馆战略规划编制的思考”的报告。5 日，会议由北京联合大学图书馆馆长程雨琴主持。北京航空航天大学图书馆馆长杨晓光做题为“‘十三五’规划交流”的报告，中国人民大学图书馆馆长刘春鸿做题为“高校图书馆‘十三五’规划编制探讨”的报告。（首都图书馆　张小野）

【北京大学医学图书馆与六家附属医院图书馆正式开通图书通借通还服务】 1 月 1 日起，北京大学医学图书馆与六家附属医院图书馆（北大医院、人民医院、第三医院、口腔医院、肿瘤医院、第六医院）图书通借通还服务正式全面开通。图书通借通还服务全面开通后，读者在医学部图书馆系统（医学部图书馆和附属医院图书馆）内的任一图书馆均可借阅到系统内其他图书馆的图书，且有专职人员送书上门，不需要再到系统内其他图书馆亲自取阅。（首都图书馆　张小野）

【北京大学图书馆马克思主义分馆、国际马克思主义文献中心揭牌仪式】 4 月 15 日，北京大学图书馆马克思主义分馆、国际马克思主义文献中心揭牌仪式在马克思主义学院举行。图书馆馆长朱强、党委书记萧群、副馆长肖珑和马克思主义学院党委书记孙蚌珠、副院长兼文献中心主任孙代尧、副院长程美东等出席揭牌仪式。马克思主义分馆现设在马克思主义学院，拥有超过 1 万册图书资料的馆藏。（首都图书馆　张小野）

【北京大学图书馆举办中美大学图书馆馆长研讨会】 4 月 23—24 日，“大学图书馆的未来——中美大学图书馆馆长研讨会”在北京大学图书馆召开。研讨会由北京大学图书馆和哈佛大学图书馆联合主办，来自美国哈佛大学、斯坦福大学、普林斯顿大学、加州伯克利大学、芝加哥大学、康奈尔大学、华盛顿大学，加拿大多伦多大学，以及北京大学、清华大学、上海交通大学、武汉大学、南京大学、厦门大学、中山大学等高校图书馆馆长参加研讨会。在两天的会期里，馆长们围绕本馆或所在区域大学图书馆面向未来所做的尝试或探索展开讨论，内容涉及图书馆的核心价值、使命与发展方向、资源建设、资源共建共享、服务创新、读者数据创新应用、空间变革、特藏文献的数字化建设、发展环境前瞻、跨越式发展途径探究等。在自由发言环节，馆长们还就可能的合作进行深入探讨。（首都图书馆　张小野）

【百度与北京大学图书馆、CALIS 签署战略合作协议】 6 月 10 日，百度在线网络技术（北京）有限公司与北京大学图书馆、高等教育文献保障系统（简称 CALIS）管理中心在京签署战略合作协议。百度技术副总裁王海峰、北大图书馆馆长朱强、CALIS 管理中心副主任陈凌代表三方签署协议。百度网页搜索部总监吴海峰、北大图书馆副馆长聂华等出席签字仪式。根据协议约定，三方通过资源、技术、平台和服务等多方位的合作，形成图书馆信息服务业务与百度互联网搜索引擎的深度融合与优势互补，积极实施和实现学术信息资源的共建、共知和共享，建立优质学术信息资源与持续、稳定的服务体系和服务机制，在学术信息资源建设、知识发现与获取、学术评价等方面进行多方位的交流与合作。（首都图书馆　张小野）

【清华大学图书馆举办首届年度学术论坛】 4 月 29 日，清华大学图书馆首届年度学术论坛在人文社科图书馆格物会议室举办。论坛采取由话题发起人引出话题，馆员围绕话题进行互动交流的形式进行。图书馆党委书记蒋耘中、系统部主任张成昱以及信息参考部副主任王媛先后作为话题发起人，分别就“重返核心——世界一流大学建设视野下的图书馆建设与发展”“O2O：数字图书馆的降落”“阅读那么美，怎能缺了你”3 个话题抛出观点，每个话题结束后是头脑风暴环节，馆员通过现场发言或微信互动的方式各抒己见、畅所欲言。论坛由图书馆学术委员会、图书馆工会和图书馆共青团支部联合主办，图书馆学术委员会主任林佳主持会议，来自校图书馆和分馆的 60 余位馆员参加论坛。（首都图书馆　张小野）

【北京中医药大学图书馆成立李茂如捐赠资料暨学术成果研究室】 3 月 17 日，“李茂如捐赠资料暨学术成果研究室”在北京中医药大学图书馆成立，《大医垂范——李茂如人生实录》纪念册同时印发。李茂如是中医学家、中医文献目录学家，著有《历代史志书目著录医籍汇考》《医籍叙录集》。其子女先后两次将其毕生手稿、札记、卡片、图书、手绘图表、制作仪器等无偿捐赠给北京中医药大学图书馆。（北京中医药大学图书馆）

【北京理工大学图书馆举办 2015 年研究数据管理国际研修班】 由北京理工大学图书馆和美国伊利诺伊大学香槟分校图情学院合办的此次研修班于 6 月 10—12 日举办。来自北京、天津、上海、重庆、陕西、江苏、湖北、广东等地区高校图书馆、中国科学院和情报研究机构总计 60 余人参加。此次研修班是国内图书情报界首次在“数据管理”前沿领域与国际研究团队开展合作进行的推广普及活动，围绕当前研究数据管理的前沿应用和具体实践进行全面系统地阐述。美国伊利诺伊大学图情学院副院长 Stephen J. Downie 教授介绍大型人文领域数据仓储 Hathiturst 并对其元数据应用进行深入分析，Andrea K. Thomer 博士和 Nicholas Weber 博士则以专题报告和案例研究形式涵盖从研究数据管理的生命周期理论、Curation Profiles Toolkit & DMP Tool、数据清洗工具 OpenRefine 使用到数据引用和 RDF 技术等一系列主题，伊利诺伊大学图书馆的 Dr. Heidi J. Imker 博士以伊利诺伊大学的研究数据服务为案例具体介绍当前美国高校图书馆的实践情况。北京理工大学图书馆副馆长崔宇红做题为“Research Data Management Development: a Global Inisight”的报告，从可持续发展视角对美国、英国、澳大利亚和中国的数据管理政策和实践案例进行比较分析，副研究馆员吕娜结合北京理工大学具体实践介绍数据可视化软件工具 Citespace 在科研数据处理中的应用。（北京理工大学图书馆　姚文莉）

河北省

【概况】 2015 年，河北省高校图书馆共 110 个，其中本科院校图书馆 44 个（含民办 5 个），高职高专图书馆 66 个（含民办 13 个）。

高校图书馆总建筑面积67.64万平方米，比上年增加7万平方米，阅览座席63380个；文献总藏量5035万册/件，年度新增130万册/件；年度经费投入17521万元，其中文献资源购置费14016万元；95%以上的高校图书馆建有网站；从业人员2070人，其中专业技术人员1656人，占80%；持证读者52万人。（河北省高校图工委）

【全省世界读书日系列读书活动在河北师范大学图书馆启动】 4月21日，“阅读在我身边”——河北省世界读书日系列读书活动在河北师范大学图书馆启动。省委宣传部副部长武鸿儒发表讲话。省新闻出版广电局局长李晓明宣读河北省全民阅读书香系列评选活动的决定。河北日报报业集团副总编辑桑献凯宣布河北阅读出版界“三个十”评选结果。河北出版传媒集团总经理张军良介绍河北出版传媒集团系统全省出版惠民系列活动情况。省新闻出版广电局副局长陈建英介绍“津津乐语”移动数字阅读项目及数字阅读活动情况。仪式现场还举行赠送图书、万人签名、图书放漂等活动。此次系列读书活动于4月23—5月3日在全省开展。期间，全省安排160多项内容丰富的主题读书和出版惠民活动，参与读者超过百万人次。（河北师范大学图书馆）

【河北省高职高专院校图书馆工作研究会完成换届工作】 10月14—16日，河北省高职高专院校图书馆工作研究会第二届第四次工作交流会暨换届大会在承德石油高等专科学校举行。河北省高职高专院校图书馆、中职中专院校图书馆馆长、馆员代表以及企业代表共70余人参加会议。与会代表围绕会议“高校图书馆服务创新与建设书香社会”的主题开展深入研讨，总结与交流各院校图书馆在创新管理、延伸服务、现代科技管理手段运用等方面的经验。本次会议还完成新一届理事会换届选举，河北外国语职业学院图书馆馆长杨梅娟当选为第三届理事会理事长。会议确定河北省高职高专院校图书馆工作研究会第三届第一次工作交流暨学术研讨会2016年在河北外国语职业学院召开。（河北外国语职业学院图书馆　宗影）

【河北省高等学校图书馆科学管理研究会2015年年会召开】 10月20日，由河北经贸大学图书馆主办、石家庄学院图书馆承办的此次会议在石家庄召开。来自全省40多所高校的100多名代表参加会议。会议邀请上海交通大学图书馆馆长陈进教授、中国科学院文献情报中心编辑出版中心主任初景利教授做学术报告。省内高校4位图书馆馆长交流管理和创新经验；8位图书馆老师介绍各馆的阅读推广活动。（河北经贸大学图书馆）

【邢台职业技术学院图书馆读书月活动启动】 4月23日，邢台职业技术学院2015年读书月活动启动仪式在图书馆前广场举行。本届读书月活动以“享受阅读快乐，建设书香校园”为主题，安排读者见面会、“我最喜欢的一本书”主题征文及演讲比赛、“读书的邢台最美”照片征集、读书讲坛等丰富多彩的读书活动，并对积极参与的优秀同学给予奖励。（邢台职业技术学院图书馆）

【廊坊职业技术学院举办第六届读书月】 5月13日，由廊坊职业技术学院设备与图书管理中心主办的主题为“好书点亮人生　经典与你同行”的第六届读书月活动启动仪式举行。学院领导及师生代表200余人参加启动仪式。院长王建强对读书月活动表示热烈祝贺，副院长李彦明宣读第六届读书月活动方案。本次读书月活动持续1个月，陆续开展名师讲坛、读者推荐书目、书画作品展、悦读经典有奖征文、优秀影片展播等系列活动。（廊坊职业技术学院设备与图书管理中心）

【石家庄学院图书馆获中国图书馆学会“全民阅读活动先进单位”荣誉称号】 6月30日，石家庄学院图书馆荣获中国图书馆学会颁发的“全民阅读活动先进单位”荣誉称号。中国图书馆学会对在2014年全民阅读活动过程中，组织得力，富有创意，贡献突出的69家阅读先进单位进行表彰，石家庄学院图书馆是河北省唯一一家获此荣誉的高校图书馆。（石家庄学院图书馆）

【保定学院开展2015年读书月活动】 此次活动于4月22日启动，至10月底结束，历时193天。读书月活动由图书馆、宣传部、团委、工会、学生处等单位联合举办，围绕“德业兼修，知行并重——争做文明学院人”的活动主题，开展数据库讲座、“搜书达人”大赛、特藏图书开放、文化讲座与展览等丰富多彩的系列读书活动。11 月 4 日，学院在图书馆多功能厅举办 2015 年读书月活动总结表彰会，院领导为获得十佳“读书明星”称号的教工和学生以及教职工读书征文活动获奖者颁发获奖证书。（保定学院图书馆）

山西省

【山西省高校图书馆馆长会议召开】 6 月 12 日，会议在山西财经大学学术交流中心召开。会议主题是“高校图书馆特色服务探讨”，山西省高等学校图书情报工作委员会（以下简称“山西省高校图工委”）秘书长、山西大学图书馆馆长李景峰主持开幕式。会上邀请《图书情报工作》杂志社社长初景利做题为“从资源能力到服务能力——高校图书馆用户服务战略的一些思考”的学术报告。来自全省 31 所高校图书馆的 50 余名图书馆馆长出席会议。（山西大学图书馆　赵冬梅）

【山西省高校图工委举办政府采购专题报告会】 6 月 13 日，山西省高校图工委邀请省财政厅政府采购管理处处长琚良太到山西大学图书馆做政府采购专题报告。来自省内 23 所高校的 50 余名馆长、副馆长参加本次报告会。琚良太解读了我国实施政府采购的原因和目的，阐述省政府采购的运作和方法，着重对公开招标、谈判、单一来源、协议供货等图书、数据库的采购方式及论证方式进行详细解释。7 月 8 日，山西省高校图工委组织部分高校分管资源建设的馆长以及资源建设部门主任进行“文献资源政府采购方式”的讨论，针对纸质图书招标要求的制定和数字资源单一来源的认定及格式达成共识，为各高校文献信息资源政府采购提供一定的参考建议。（山西大学图书馆　赵冬梅）

【《晋图学刊》举行创刊 30 周年座谈会】《晋图学刊》创刊于 1985 年，主办单位是山西省高校图工委和山西省图书馆。12 月 18 日，《晋图学刊》举行座谈会，庆祝刊物创刊 30 周年。该刊主编李景峰教授主持座谈会。刊物历届编委、核心作者代表和读者代表共计 30 余人参会。与会者一致认为刊物在全省图情界的学术交流、经验交流、人才培养等方面都起到积极的作用，希望刊物传承发扬好的传统，力争越办越好。（山西大学图书馆　赵冬梅）

【山西大学图书馆举办系列阅读活动】 4 月 14 日，山西大学图书馆举办读书月系列活动之“走进姚奠中先生的世界”。本次活动特邀中国书法家协会会员，山西大学书法研究所副所长、姚奠中艺术馆馆长、姚奠中国学基金会监事李星元教授主讲，对姚先生的书法、诗词、篆刻等进行生活化的详细讲述，使听众对他的治学精神和生活态度有更深刻的感悟。4 月 27 日，以在线活动方式举办“知识视界——穹顶之下的绿色思维网络活动”。将数据库中绿色环保类的节目推荐给广大读者，扩展读者环保视野与思维，展现图书馆资源的专业性与多样性。读者可进入知识视界在线活动页面，观看相关视频，参与答题，并给予评论和建议，并将活动予以微信、微博和 QQ 分享。（山西大学图书馆　赵冬梅）

【太原科技大学图书馆完成阅览室软硬件升级改造】 3 月，太原科技大学图书馆开始执行新的读者图书借阅规章制度，本科生每次可借 5 册，期限 60 天；教工和研究生可借 15 册，期限 90 天。4 月，实现无线网络全覆盖以及自助打印系统，专业阅览室改造，视听室、电子阅览室的改造。专业阅览室增加插座 100 余个，改善读者的阅读环境，方便读者使用笔记本电脑。视听室更新电脑 60 台，免费对读者开放，方便没有个人电脑的同学查阅学校购买的电子资源。6 月，实现图书馆网络万兆接入校园网，千兆网络到达桌面。（山西大学图书馆　赵冬梅）

【山西省财政税务专科学校图书馆举办世界图书日主题活动】 为庆祝第 20 个世界图书日，4 月中旬至 5 月底，山西省财政税务专科学校图书馆举办“让读书成为习惯，让书香盈满校园”的主题活动，具体内容包括校园读书之星评选、“让图书回家，还书免责”及馆藏新书推介等。4 月 15 日，图书馆评选出赵凯等 10 名“教师读书之星”、张晓丽等 10 名“学生读书之星”。此次活动，广泛宣传图书馆馆藏信息资源和服务功能，充分发挥图书馆文献信息服务中心和文化教育基地的职能，让广大师生享受到读书带来的乐趣与收获。（山西大学图书馆　赵冬梅）

【忻州师范学院图书馆设立图书借阅超期豁免日】 忻州师范学院图书馆为进一步推广全民阅读，从9月起，设立图书借阅超期责任豁免日：每年4月23日（世界读书日），9月10日（教师节）和6月18日（忻州师院校庆日），师生读者归还图书如出现超期现象，一律享受豁免超期责任的普惠待遇。（山西大学图书馆　赵冬梅）

【山西农业大学图书馆启动可移动文物普查工作】 6月，山西农业大学图书馆可移动文物普查工作启动。许爱萍副馆长主持该馆民国古籍的信息核查与数据录入工作，共完成1378种9781册44255卷古籍的整理与普查工作，拍摄照片9240张。此次核查工作于11月结束。（山西大学图书馆　赵冬梅）

辽宁省

【东北地区高校图书馆阅读推广培训班在沈阳师范大学举办】 此次培训班于3月26—27日举办，由辽宁、吉林、黑龙江三省高校图书情报工作委员会联合主办，沈阳师范大学图书馆承办，主题为“多元推广创品牌，校园阅读正当时”。来自省内外86所高校图书馆的30余位馆长及近200名学员参加开班仪式及培训。（辽宁省图书馆学会）

【东北大学图书馆开展全民阅读系列活动】 4月10日至5月30日，东北大学图书馆在全校师生范围内组织开展全民读书推广文化活动，活动内容包括：赠送校长签名的图书，鼓励全体师生开展广泛阅读；“你选书，我付费”活动；“电子阅读”系列讲座活动；知名大学校长推荐书目推广活动；我爱读书交流共勉会；“读书观影”活动；“书光溢彩”有奖征文等。通过系列活动引导鼓励全校师生育德励志、启智明史，增强东北大学校园文化的人文底蕴，努力提高学生的思想道德素质，通过全民阅读活动营造东北大学的书香气息，建设翰墨飘香、格调高雅的人文校园。（辽宁省图书馆学会）

【沈阳师范大学举办第六届大学生读书文化节】 5月28日，沈阳师范大学第六届大学生读书文化节闭幕式在图书馆举行。院校相关领导及师生代表300余人参加闭幕式。读书节历时一个月，以“书香伴春日，阅读正当时”为主题，先后组织开展“奉天烽火，盛京记忆”“漫谈读书，修身治学”“阅读真人图书，分享大励志人生”“图林逐鹿，以赛促读”4大板块近30项丰富多彩的活动。共有20多个学院3000余名学生参与，200余名学生在各项活动中获奖。（辽宁省图书馆学会）

【沈阳师范大学荣获首届全国高校图书馆阅读推广案例大赛二等奖】 10月16日，由教育部高等学校图书馆情报工作指导委员会主办的首届全国高校图书馆阅读推广案例大赛落下帷幕，沈阳师范大学图书馆参赛案例“‘奉天烽火盛京记忆’纪念抗战胜利70周年主题阅读”荣获二等奖，“阅燃星火　共享书香‘阅读推广人’行动计划”作为优秀案例参加决赛现场的海报展示。（辽宁省图书馆学会）

吉林省

【吉林大学图书馆建设特色馆藏】 2015年，吉林大学图书馆加大电子文献的采购比重，尤其是增加电子图书的采购比重，优化藏书结构。在特色古籍采购方面，努力保持新编方志的连续性，东北地方文献力求采全；有计划、有重点地采购影印古籍，从而更好地满足广大师生对教学科研的需求。“巴纳书库”目前收到的175箱书即将分类上架，这批书具有较高的使用价值和收藏价值。着力筹建的“吉大学人书库”也进入实体建库阶段，集中收书已取得阶段性成果。该工作得到各院系的大力支持，累计收书3000余册。为提高馆藏质量，通过开展图书荐购活动，将选书权交给读者，全年图书荐购系统共收到荐购书目信息336条。10月末，在联合长春学人书店共同举办的“你选书　我买单”荐购活动中，由学生精挑细选的261册图书均已完成上架工作，供荐书读者借阅。（吉林大学图书馆　田丹）

【吉林大学图书馆深入开展读者服务】 2015年，图书馆共接待到馆读者296万人次，借阅图书43万册，图书借阅率同比提高4%，馆藏质量的提高和学科结构的改善初见成效。图书馆部分区域24小时开馆，图书借阅时间延长至晚10点，深受全校师生好评。全年图书馆自助文印服务点为11424人次（仅中心馆），其中黑白文印机11005人次，彩色文印机419人次，提供网络云存储、云打印服务，让读者通过自助的方式轻松获得快捷、便利的服务。4月，借助读书月活动正式开启“图书借阅无上限”服务，取消外借图书的数量限制，为读者提供更加宽松的借阅政策。7—11月，继2014年工学馆、医学馆陆续完成馆舍维修改造之后，地学馆馆舍改造初步完成，该馆在传统借阅的基础上，提供更加多样化、个性化的服务。各馆舍着力打造信息共享空间，旨在为全校师生实现共享学习提供平台。全年共收取900余条学生建议，在图书馆相关部门的共同努力下，90%的问题得到解决。（吉林大学图书馆　田丹）

【吉林大学图书馆优化信息呈现方式】 2015年，吉林大学图书馆通过校园网校内通知、校内快讯、图书馆主页、图书馆办公网等平台及时发布图书馆活动动态，累计发布信息1372条。位于各馆大厅的LED屏幕承担馆内动态宣传任务，入馆须知、馆藏布局、讲座活动、原声电影放映等信息都通过LED屏幕展示给读者。“图书馆微信公众平台”通过文字、图片、语音信息实时和读者实现“微互动”，是学生最热衷的信息获取平台。到2015年年底，图书馆微信公众平台用户达8204位。为增加与读者的互动交流，2015年图书馆正式开通“吉林大学图书馆微博”官方微博，截至年末已发布1104条微博，拥有2466位粉丝。图书馆“QQ实时在线咨询群”实现文献资源数字化和读者服务功能网络化的虚拟参考咨询服务，让读者随时随地享受到图书馆的各种信息资源和网络服务。目前3个QQ群总计4636人。（吉林大学图书馆　田丹）

【吉林大学图书馆举办读书月系列活动】 以“世界读书日”为契机，连续三年开展的读书月系列主题活动，已成为吉林大学校园里的知名品牌活动。工学馆的“书签DIY”活动，地学馆的“经典图书”推荐活动，农学馆的“看图猜名著”活动，信息学馆的“期刊漂流”活动，医学馆的“图书静读日”活动吸引各个校区读者的广泛参与。此外，读书月活动还结合新媒体平台创新活动形式，“3D建模大赛”“书票、满铁印章展”“库克音乐图书馆”等活动都给同学们带来崭新的阅读体验，营造浓郁的文化氛围。图书馆首创的“白桦书声”校园朗读分享平台先后参加吉林省和首届全国高校图书馆阅读推广案例大赛，并获得吉林省阅读推广冠军、首届全国高校阅读推广案例大赛三等奖以及优秀组织奖的好成绩。比赛结束后，组织吉林大学60余名朗诵爱好者成立“白桦之声”校园朗读协会，激发读者的阅读兴趣。（吉林大学图书馆　田丹）

【吉林大学图书馆开设信息共享空间】 2015年，信息共享空间在全馆范围内开始运行，这是信息共享空间在东北地区的首次实践。广大读者在图书馆构建的一站式服务中心和协同学习的环境下，通过组建团队共同学习、讨论，共同分享知识和智慧，获得全校师生的一致好评。本年度原声影院共举办观影活动50次，接待读者2500人次；英语角接待读者840人次，电子阅览室接待上机读者42115人次；接待读者预约协作空间和原声影院活动10次200人次以上。（吉林大学图书馆　田丹）

【吉林大学图书馆举办特色展览】 为纪念中国人民捍卫国家独立和民族尊严的英雄壮举，吉林大学图书馆举办“纪念世界反法西斯战争暨中国人民抗日战争胜利70周年报刊文献展”，此次展出的简报图片均摘取自馆藏的老旧报刊。吉林大学图书馆还努力争取外部合作，共同承办专题展览，9月末，与长春电视台共同举办的“岁月长春——大型珍稀历史图片展”是长春有史以来最大的一次城市历史图片展览，通过展览弘扬城市精神，丰富校园文化，起到爱家荣校的教育目的。（吉林大学图书馆　田丹）

【吉林大学图书馆“新版方志和影印旧志数据库建设与研究”课题完成】 为了清晰、准确、系统、全面揭示吉林大学图书馆新中国成立后出版的地方志和影印旧志馆藏资源，同时也为给教师和研究人员提供便利的检索手段，吉林大学图书馆古籍部开展为期一年的“新版方志和影印旧志数据库建设与研究”项目。作为课题的核心成果，整理新中国成立后出版的地方志数据5493条、影印旧志数据1485条。另外，课题的研究成果——论文《嘉靖吴邑志的版本流传及价值》在《中文古籍整理与版本目录学国际学术研讨会论文集》中发表。该课题的完成，填补了“吉林大学图书馆古籍文献库”缺少新版方志和影印旧志之空白，形成的新版方志和影印旧志数据目录为日后古籍集成数据库的建设奠定基础。同时它也为今后采集新出版方志和影印旧志查重提供准确可靠的依据，为古籍线装旧方志的保存提供保障条件。（吉林大学图书馆　田丹）

【长春工程学院图书馆概况】 长春工程学院图书馆拥有64年办馆历史。目前拥有湖西区逸夫图书馆和湖东区图书馆两个馆舍，总建筑面积2.66万平方米，有阅览座位4445个；馆藏文献总量为274万册（种），其中纸质图书150万册、电子图书122万种、纸质期刊1119种、电子期刊1.8万种，拥有知网等26个中文数据库，EI、Springer等7个外文数据库，3个视频数据库，并依托现有数据库建成6个与学校重点学科密切相关的特色数据库；磁盘阵列存储容量144TB；服务器23台；读者用机达350台；工作人员56人，其中正高级职称1人、副高级职称7人、中级职称33人。2015年度文献购置经费为692.6万元。文献资源建设以专业教学参考书为主，以基础学科和其他相关学科为辅，向重点学科、特色专业倾斜，形成纸质文献与电子文献共存，实体与虚拟馆藏有机结合，以工科为主，覆盖全校各学科专业的文献信息资源保障体系。2015年安装调试自助借还书机2台、歌德电子书借阅机2台和自助文印机2台，图书馆智能选座系统进入试用阶段。积极开展参考咨询、代查代检、课题跟踪、馆际互借与文献传递、重点学科导航等有针对性的深层次和个性化服务，为3项课题提供信息服务支撑，科研成果有12项成功申请专利，2项专利实现科技成果转化；利用CALIS和CASHL文献传递系统，为教师读者传递文献51篇、代查代检文献1578篇；编辑《学科信息导报》核心期刊专版3期。全年接待读者98.34万人次，总借阅图书85071万册。（长春工程学院图书馆）

【长春工程学院图书馆举办“书香十年，你我同行”第十届校园读书节活动】 活动日期为3—6月。本届读书节主题活动包括：“观影品书　书影相随”光影系列第三季、“奔跑吧　图书”寻找阅读推广大使、“读好书，听他的”院长推荐图书、“来图书馆就购了”图书馆现场选书会、“毕业论文e网打尽”毕业论文写作培训讲座、“你发文，我点赞”书香中国主题征文活动、“读书达人”评选校园读书之星。图书馆聘请专家对各单项活动进行评选，评选出阅读推广大使9人，并颁发聘书；按点赞次数评选出书香中国主题征文活动一、二、三等奖；评选出“读书达人”10名。活动结束后召开总结表彰大会，根据读书节活动中各院（系）的参与和获奖情况，对表现突出的先进集体及个人予以表彰。另外，图书馆还联合学生工作部、大学生思想政治教育研究所举办第三届大学生国学知识竞赛和第一届校园道德评书家活动；开展“书架上的青春”毕业生图书漂流活动，举办15场光影系列经典影片展播，展出《阅读的力量》《重读抗战家书》等展板，促进校园文化建设。（长春工程学院图书馆）

【长春工程学院图书馆承办吉林省高校图书馆首届阅读推广大赛】 5月12日，由吉林省高校图工委组织的吉林省高校图书馆首届阅读推广案例大赛在长春工程学院图书馆报告厅举行。来自23个图书馆的28个案例报名参赛，案例包括主题活动类、读者组织类、出版物类、新媒体推广类等。各参赛队伍以PPT、海报、视频等形式，生动展示本馆阅读推广案例和阅读推广工作成果。大赛最终评出一等奖5个、二等奖8个、三等奖15个。长春工程学院图书馆参赛案例“奔跑吧，图书——寻找阅读推广大使”获得一等奖，并被推送参加9月的全国高校图书馆阅读推广案例大赛。（长春工程学院图书馆）

【北华大学图书馆开展“五型图书馆”建设】 3月，北华大学图书馆开展以“依法治校、依规治馆，建设五型图书馆”为主题的实践活动，即建设学习型、规范型、开放型、数字型、服务型的“五型图书馆”。以“学以立德，学以增智，学以致用”为目标，建设学习型图书馆；以《图书馆规章制度与岗位职责》《图书馆量化考核办法》为依据，建设“风清气正”的规范型图书馆；以文化为引领，构建传承文化的精神家园，以海纳百川的心态，建设一个充满活力的开放型图书馆；以信息资源保障、现代技术手段为支撑，依托学校数字化校园建设，进一步建设数字型图书馆；以读者满意为目标，不断完善服务体制，规范服务行为，改进服务方式，建设服务型图书馆。活动为期三年，分三个阶段。第一阶段：2015 学习规划年。围绕为什么建设、怎么建设展开学习讨论，统一思想，达成共识，按照学校总体安排，制订图书馆“十三五”发展规划。第二阶段：2016 完善建设年。围绕图书馆“十三五”发展规划，具体抓落实，着手总结提炼馆标、馆歌、图书馆精神。第三阶段：2017 建设提高年。围绕图书馆“十三五”发展规划和学习型组织建设要求，对活动进行全面总结。（北华大学图书馆　张野）

【北华大学图书馆创新开展阅读推广服务工作】 2015 年，北华大学图书馆业务部更名为“阅读推广服务部”，强化阅读推广职能。对馆藏数据库资源加以推广宣传，深入学院为师生举办专题数据库培训。在“世界读书日”举办“读书看世界　书香飘校园”主题宣传月系列活动，活动包括 4·23 我和“她”的约会——好书推荐活动、书影之旅——跟着电影去读书等。纪念孔子诞辰，举办“传承国学经典、致敬万世师表”经典诵读系列活动。为推广数据库的使用，举办“宣传数字馆藏　助力教学科研”数字资源推广宣传月活动。2015 年，荣获首届全国高校图书馆阅读推广案例大赛优秀奖、吉林省高校图书馆首届阅读推广案例大赛一等奖和三等奖。（北华大学图书馆　贾红英）

【东北电力大学图书馆开展丰富多彩的读者活动】 2015 年，东北电力大学图书馆与校外多部门合作，联合举办“Web of Science 核心合集 SCI 数据库在科研中应用”“英语四六级考前辅导”“大数据时代的知识发现与科学创新”学术讲座和“有我陪伴你——书山有路”主题征文、“南京大屠杀国家公祭日师生对谈”等活动；联合辽宁北配图书公司举办“‘悦’动五月　开启阅读”新书展和荐书活动；举办 CNKI 和万方数据库讲座；在媒体系配合下，制作入馆教育宣传片，编制读者手册，帮助新生了解图书馆。组织成立大学生自管会，搭建学生与图书馆之间的沟通桥梁，为学生提供锻炼自身管理能力和沟通能力的平台；成立“书香东电”读书会，组织开展读书交流活动，活跃校园文化氛围。（东北电力大学图书馆）

黑龙江省

【第六届 CALIS 全国高校医学图书馆工作会议暨 2015 两岸三地医学图书馆馆长论坛在哈尔滨召开】 6 月 2—4 日，由 CALIS 全国医学文献信息中心、北京大学医学图书馆主办，哈尔滨医科大学图书馆承办，美国 Ovid Technologies Inc 协办的第六届 CALIS 全国高校医学图书馆工作会议暨 2015 两岸三地医学图书馆馆长论坛在哈尔滨医科大学召开。来自台湾、香港及内地的 60 余所高校医学图书馆的近百名馆长和部门负责人参加会议。会议围绕 CALIS 全国高校医学图书馆工作的最新议题，以专题报告和交流讨论的方式，组织 4 场专题报告会，12 位专家做了报告。会议就高校图书馆在学术信息资源走向开放获取及大数据时代背景下机构知识库、开放出版和资源、替代计量学、MOOC 及医疗大数据等专题进行广泛交流。期间同时举办 2015 两岸三地医学图书馆馆长论坛。来自香港、台湾及内地的多位馆长就医学图书馆在新的信息环境下的资源建设、服务创新、技术应用等问题进行讨论和交流，提出意见和建议。（黑龙江省图书馆学会秘书处）

【黑龙江省高校图工委秘书处换届暨 2015 年度黑龙江省高校图书馆馆长年会召开】 4 月 11 日，此次会议在哈尔滨召开。来自省内 50 余所高校图书馆共 90 余人参加会议。高校图工委第七届副主任兼秘书长、哈尔滨医科大学图书馆原馆长曲章义对第七届图工委的工作进行总结。高校图工委第八届副主任兼秘书长、东北农业大学图书馆馆长刘世英对第八届图工委的工作计划和相关工作进行部署。省图书馆学会秘书长闻德锋代表省学会致辞。省高校图工委高职高专分会副主任兼秘书长、黑龙江建筑职业技术学院图书馆馆长武爱斌代表高职高专分会做上一届工作总结和新的年度工作安排。会议邀请沈阳师范大学图书馆馆长王宇做题为“阅读推广——高校图书馆的责任与使命”的学术报告。东北林业大学图书馆馆长邹红菲、哈尔滨工业大学图书馆副馆长郭健民分别以“顺应互联网 + 发展趋势，实现图书馆 + 创新服务”“哈工大图书馆服务转型——深化、延伸、提升”为题做经验交流。（黑龙江省

图书馆学会秘书处）

【高职院校图书馆开展馆际交流合作】 6月，为了加强高职院校图书馆间的合作，推动高职图书馆的全面发展，哈尔滨职业技术学院图书馆分别与浙江金融职业学院图书馆和浙江商业职业技术学院图书馆达成《3＋1图书馆馆际交流协议》，单位间互派馆员顶岗学习，取长补短，互相促进，为高职院校图书馆的建设与共同发展奠定良好基础。（黑龙江省图书馆学会秘书处）

【哈尔滨商业大学图书馆阅读推广案例获奖】 10月16日，首届全国高校图书馆阅读推广案例大赛总决赛在湖北武汉落下帷幕。经过各省初赛，全国复赛的激烈角逐，哈尔滨商业大学图书馆提交的案例在黑龙江省赛区456个案例的选拔中荣获第一名，并在东北分赛区脱颖而出，成为参加全国总决赛的38个案例之一。最后，其选送的“聆听经典，品味书香——名家名作朗诵会”案例荣获三等奖。（黑龙江省图书馆学会秘书处）

上海市

【概况】 2015年，上海高校图书馆的馆均总经费投入稍高于2014年，馆均纸质资源购置费呈逐年下降趋势，电子资源购置费继续攀升。上海健康医学院、上海建桥学院、上海外国语大学贤达经济人文学院和上海师范大学天华学院4所高校图书馆新馆落成，馆舍总面积持续扩大。人才队伍素质进一步提升，高学历人才比例增大。数字化设施全面普及，信息技术应用深入读者。资源共建共享活动向区域深入、向长三角高校图书馆拓展。上海10所“985”“211”高校图书馆资源建设、平台再造、学科服务、管理优化、协同创新等方面拾级而上，已成为支撑和保障高校教学科研的重要基础信息资源设施。（上海市图书馆学会秘书处）

【上海财经大学图书馆举办巴金生平展系列活动】 5月26日，“青春·梦想”巴金生平展系列活动开幕式在上海财经大学图书馆学习共享空间举行，活动由巴金故居、上海财经大学图书馆、上海财经大学团委主办。巴金图片文献展是此次系列活动的核心内容，以《家》《春》《秋》为主线，通过不同时期巴金对个人与社会关系的思考，还原他的思想历程，演绎他一生中成长、写作、生活、恋爱的故事。另有十余件实物展品，涉及巴金的写作手稿、译稿、与妻子萧珊的往来书信以及题词等，同时还展出画家黄永玉专门为纪念巴金创作的画作。（上海市图书馆学会秘书处）

【国家级古籍修复技艺传习中心——复旦大学传习所揭牌】 为了在实际工作中培养高质量人才队伍，建立完善古籍修复人才培养的长效机制，国家古籍保护中心在复旦大学图书馆/中华古籍保护研究院设立国家级古籍修复技艺传习中心复旦大学传习所。5月29日，传习所揭牌拜师仪式在光华楼中华古籍保护研究院举行。国家图书馆副馆长张志清、复旦大学校长助理兼财务处长苟燕楠为国家级古籍修复技艺传习中心复旦大学传习所揭牌，并为传习所导师赵嘉福、童芷珍颁发聘书，随后举行拜师仪式。（上海市图书馆学会秘书处）

【第四届中美法律信息与图书馆论坛】 10月7—10日，第四届中美法律信息与图书馆论坛在美国夏威夷檀香山市举行。华东政法大学副校长林燕萍、图书馆馆长贺小勇等参加会议。林燕萍做题为“中国法律图书馆发展变革的国际视野与实践探索”的主题演讲，贺小勇做“图书馆参与上海自贸试验区法制建设的概括与评估”大会发言。华东政法大学作为2013年第三届会议的承办方，受执委会的委托，承担本届大会中方人员赴美参会相关事宜的组织和协调工作。（上海市图书馆学会秘书处）

【日本汉籍五山版《大川和尚语录》入藏华东师范大学图书馆】 10月20日，“中国古书的扶桑故事——华东师范大学图书馆藏日本汉籍善本特展”在华东师范大学图书馆举行，特别展出最新入藏的日本汉籍五山版《大川和尚语录》。经专家研讨会评估鉴定，五山版《大川和尚语录》不仅为上海孤本，而且为长江以南公家收藏机构唯一一部五山版汉籍，创造一项新的馆藏记录。《大川和尚语录》上卷8个部分分别为大川在8处寺院的法语。日本川濑一马氏《五山版研究》定该书版本年代“不晚于南北朝（1336—

1392 年）早期，或许可以追溯到镰仓末期”。这部语录首篇《大川和尚住庆元府妙胜禅院语录》深得中国宋刻浙本神韵，弥足珍贵。（上海市图书馆学会秘书处）

【上海高校图书馆展览资源共建共享联盟协作交流会在同济大学图书馆召开】 11 月 17 日，由同济大学图书馆主办的上海高校图书馆展览资源共建共享联盟协作交流会在同济大学四平路校区图书馆举行，上海高校图书馆展览资源共建共享联盟的 10 所高校图书馆主管文化推广和展览工作的领导和主管人员参会。会议总结回顾 2015 年各馆展览工作的协作情况，各馆汇报交流 2016 年的展览工作打算以及推出的上海雕塑精品展、“乐韵风雅”古乐展、义乌文物保护展等情况，实现展览资源共享。（上海市图书馆学会秘书处）

【首届全国高校图书馆专利信息分析与服务研讨会暨研修班在同济大学召开】 12 月 3 日，由同济大学图书馆主办的首届全国高校图书馆专利信息分析与服务研讨会暨研修班在同济大学云通楼举行。教育部科技发展中心副主任周静做题为“加强专利信息服务　支撑高校科技创新”主题报告，同济大学图书馆馆长慎金花做“高校图书馆专利信息服务概况”报告。来自教育部、国家知识产权局等专家及全国 90 多所高校的图书馆馆长、专业馆员近 200 人围绕新形势下高校图书馆如何开展专利信息分析与服务业务进行深入探讨与交流。12 月 4—5 日，研修班邀请专利信息服务研究及实践方面的专家学者，面向全国高校图书馆有志于专利情报分析与服务工作的馆员 150 余人，全面系统地传授专利信息分析的理论知识及实践技能。（上海市图书馆学会秘书处）

【2015 年上海高校信息素养教育研讨会在上海大学图书馆举行】 11 月 25 日，2015 年上海高校信息素养教育研讨会在上海大学图书馆举行。研讨会主题为“使命与责任——信息素养教育的转型与变革”，旨在促进上海地区高校信息素养教育学术交流，推动信息素养研究。会议由上海市高等学校图书情报工作委员会及其信息素养教育工作组主办，同济大学图书馆、上海大学图书馆共同承办。来自上海及华东地区 27 家单位的 97 名嘉宾参加研讨会。会议共收到市内外 23 所高校提交的 30 篇论文，经组委会评审，共评出一等奖论文 3 篇、二等奖论文 5 篇、三等奖论文 9 篇。（上海市图书馆学会秘书处）

【上海交通大学图书馆阅读推广案例获一等奖】 10 月，在教育部高等学校图书馆情报工作指导委员会读者服务创新与推广工作组主办的首届全国高校图书馆阅读推广案例大赛中，上海交通大学图书馆申报的案例“鲜悦：以人为书，分享智慧”获一等奖。2015 年，该馆共策划鲜悦（Living Library）22 次，除校园名师、达人，还邀请熊光楷、孙逊、曹雷、赵子平、赵凤林等社会各界著名人士作为真人图书供读者借阅，主题包括人生导航、馆藏利用、创新创业、人文艺术、科学研究、出国留学六大门类。（上海市图书馆学会秘书处）

江苏省

【概况】 2015 年，江苏省共有普通高校图书馆 134 家。全省高校图书馆以“建成文献信息资源丰富、技术手段先进和服务体系完善的江苏省高等教育文献信息保障体系，为高等学校的教学科研工作提供强有力的支撑与服务，整体水平、共享程度全国领先，部分高校达到世界先进水平”为目标，科学规划和建设图书馆文献信息资源，积极推进图书馆数字资源建设与使用，进一步提升全省高校图书馆文献资源建设的整体水平。电子资源购置费继续攀升，数字化程度日益提高。办馆条件进一步改善，馆舍面积持续扩大。人才队伍素质进一步提升。数字化设施全面普及，信息技术应用不断深入，管理与服务力争创新。为建设书香社会，省内各主要本科院校都拿出面向社会开放的具体方案和措施。江苏大学等单位尝试开拓与公共图书馆、新华书店的横向合作，整合服务，深化服务，极大地改善了用户体验。大力开展阅读推广活动，高校图书馆读书节已经成为各馆阅读推广的主阵地和常规服务、品牌服务。4 月 23 日世界读书日期间，各高校图书馆组织举办“读书周”等系列活动，推广优秀和经典著作，组织读书沙龙，举办名家讲座，开展优秀读者、优秀书评的评选等。经常性地通过图书漂流、好书分享等活动，激活馆藏，构建网络导读平台，吸引读者，优化馆内服务环境。

努力创办导读馆刊，积极推送引导阅读。江苏省高校图工委及各专业委员会充分利用江苏省高等教育文献保障系统（JALIS）的经费资助，积极组织各类型、各层次的培训活动，涵盖专题培训、新近馆员、高级管理人员培训、人员互访等，并在国内形成一定影响。（江苏省图书馆学会　杨岭雪）

【2015江苏高校图书馆馆长工作会议在南京召开】 6月4—5日，2015江苏高校图书馆馆长工作会议在南京大学仙林校区杜厦图书馆召开，全省高校图书馆的主要负责人120余人参加会议。江苏省教育厅高教处处长袁靖宇，副处长经贵宝，教育部高校图工委秘书长、北京大学图书馆副馆长陈凌，中科院国家科学图书馆出版中心主任初景利，南京大学校长助理范从来，江苏省高校图工委秘书长、南京大学图书馆馆长计秋枫等领导和专家出席开幕式。江苏省高校图工委副秘书长、南京大学图书馆副馆长罗钧主持开幕式。与会领导向荣获2012—2014年度“江苏省高校图书馆先进工作者”的获奖代表颁发荣誉证书。会议特邀袁靖宇、陈凌、初景利3位专家分别围绕江苏省高等教育发展、CALIS行动计划、图书馆发展战略研究与制定等主题做精彩的专题报告。计秋枫以“团结奋进、坚持创新、深化合作、迎接挑战”为题，做关于江苏省高校图工委、JALIS管理中心工作总结和计划的工作报告。会议通报江苏省高校图工委、JALIS领导班子人员调整情况，同时宣布调整后各专业委员会的领导人员名单。南京师范大学图书馆馆长张建平、东南大学图书馆馆长顾建新、南京邮电大学图书馆馆长钱军、中国矿业大学图书馆馆长李明分别做交流报告。大会之后还进行了分组讨论。江苏省高校图工委副主任、南京农业大学图书馆馆长倪峰最后做大会总结。（江苏省图书馆学会）

【江苏省高校图工委情报咨询专业委员会2015年学术年会在盐城召开】 10月28—30日，由河海大学和盐城工学院共同承办的江苏省高校图工委情报咨询专业委员会2015年学术年会暨情报咨询业务培训会在盐城工学院图书馆召开。江苏省高校图工委领导、情报咨询专业委员会主任及委员、省内66所高校图书馆领导及业务骨干150余人参加会议。年会围绕“信息素养教育案例研究”的主题组织9场报告。（江苏省图书馆学会）

【国际赛珍珠学术研讨会在江苏大学图书馆召开】 此次会议于9月7日召开。镇江市委常委、常务副市长张洪水，镇江市人大常委会副主任凌苏，江苏大学校长袁寿其、副校长宋余庆、图书馆馆长卢章平，美国赛珍珠国际董事会主席大卫·布雷丁格尔、美国赛珍珠国际总裁和首席执行官珍妮特·明泽女士等来自世界各地的180余专家与学者参加本次会议。袁寿其致大会欢迎辞，介绍江苏大学赛珍珠研究成果以及该校国际赛珍珠文献资源中心的建设情况，并与张洪水共同为国际赛珍珠文献资源中心揭牌。凌苏、宋余庆、大卫·布雷丁格尔和珍妮特·明泽女士共同开通国际赛珍珠文献资源中心网站。镇江市老领导许晓霞和江苏人民出版社总经理助理韩鑫为《寻绎赛珍珠的中国故乡》首发揭幕。在中国人民大学教授郭英剑、南京师范大学外国语学院教授姚君伟的主持下，11位研究专家做大会交流发言。（江苏省图书馆学会）

【赛珍珠主题诗书画展暨作品集首发式在镇江举行】 11月13日，由江苏大学主办的“大地珍珠”——赛珍珠主题诗书画展暨作品集首发式在镇江画院举行。江苏大学图书馆馆长卢章平主持开幕式，中华诗词学会副会长范诗银与镇江赛珍珠研究会名誉会长许晓霞共同为《大地珍珠——赛珍珠主题诗书画选萃》一书揭幕。来自镇江赛珍珠研究会、江苏科技大学图书馆、镇江高等专科学校图书馆、船艇学院图书馆、镇江市图书馆、赛珍珠纪念馆、赛珍珠故居、崇实女子中学、江苏大学艺术学院和文法学院等10家单位的代表接受赠书。有关单位代表，著名诗、书、画家、赛珍珠研究学者、嘉宾等各界人士百余人参观画展。（江苏省图书馆学会）

【西交利物浦大学图书馆举办海报交流活动】 5月29日，西交利物浦大学图书馆举办海报交流活动，作为2014—2015学年活动的闭幕式。活动中，图书馆各团队用海报的形式展示图书馆过去几年的成就和未来的计划。50张海报的内容覆盖图书馆的运行、管理、数据。此外，还有英语语言中心给图书馆员工定制的英语学习课程的海报展示。为表示对图书馆联络员所做贡献的感谢，西交利物浦执行校长席酉民教授代表图书馆为任职超过 3 年的图书馆联络员颁发证书，图书馆馆长毕新给来馆最多的学生和教工、借阅最多的学生和教工、团队研讨室使用最多的学生以及优秀图书馆志愿者颁发图书馆最佳用户证书。（江苏省图书馆学会）

浙江省

【概况】 2015 年，浙江省高校图书馆保持稳健发展。馆舍面积持续扩大，2 所高校图书馆新馆正式投入使用，10 所高校图书馆在建新馆。经费投入保持稳定增长，根据 76 所高校图书馆填报的数据统计，全年总经费约 3.38 亿元，其中用于纸质文献购置费约 1.8 亿元，用于电子资源购置费约 1.29 亿元，相比 2014 年，纸质文献购置费和电子资源购置费均稳中有升。

人才队伍素质进一步提升，高学历人数持续增长。各高校图书馆在编职工人数基本保持稳定，76 所高校图书馆有正式在编工作人员 2348 人，其中，博士 39 人、硕士 660 人、本科 1228 人、大专 322 人；正高级职称 82 人、副高级职称 425 人、中级职称 1282 人、初级职称 322 人。

文献资源建设稳步发展。各高校图书馆根据学校发展与学科建设新要求，加强传统文献与电子资源采访工作，着力打造特色文献资源库。根据 76 所高校图书馆填报的数据统计，全年新增中文纸质图书约 325 万册、外文纸质图书约 16 万册，中文电子图书约 794 万册、外文电子图书约 9.6 万册。截至 2015 年 12 月底，76 所高校图书馆文献资源累积总量约 2.35 亿册。

常规读者服务工作正常有序开展，大部分高校图书馆保持每周 98 小时对外开放，网络数字化资源每天 24 小时对校园读者开放。在基础和特色服务工作方面，高校图书馆致力于创新读者服务新模式，打造图书馆文化品牌，建立学科服务、情报分析工作机制，取得了一定的成效。在文化建设方面，积极参与校园文化建设，打造有影响力的文化讲座和展览。还有些学校利用自身资源优势积极为地方经济建设和社会发展服务。

浙江省高校图书情报工作委员会积极发挥组织、协调和指导作用。定期召开全省高校图书馆馆长工作会议、高职高专院校图书馆馆长工作会议，对事关高校图书馆发展的重大问题进行研讨，促进事业协调发展；组织开展学术研究、学术交流和科研成果评奖；组织开展的科研项目申报工作，获得省教育厅专项课题立项 15 项；组织开展多形式、多层次的全省高校图书馆的业务协作、学术研讨；举办浙江省高校图书馆第二届非图书情报类专业背景新职工图书馆专业基础知识培训班、浙江省高职高专院校图书馆业务骨干培训会等业务培训；继续办好刊物《浙江高校图书情报工作》，一年共出版 4 期。（浙江省高校图书情报工作委员会　陈华）

【2015 年浙江省高校图书馆馆长工作会议在浙江传媒学院召开】 5 月 7—8 日，2015 年浙江省高校图书馆馆长工作会议在浙江传媒学院桐乡校区图书馆召开。全省 85 所高校图书馆的馆长、图工委各专业委员会主任等 120 余人参加会议。会上，省高校图工委副主任兼秘书长章云兰做了“浙江省高校图书情报工作委员会 2015 年工作报告”；教育部高校图工委副主任、清华大学图书馆馆长邓景康应邀做“面向图书馆角色重塑的改革探索与思考”专题报告。会议还围绕“图书馆文化建设”等主题进行交流，浙江财经大学图书馆馆长张守凯、浙江传媒学院图书馆馆长王志华、嘉兴学院图书馆副馆长曹泰斌、宁波大学图书馆副馆长董其军、浙江机电职业技术学院图书馆馆长蒋歌声等分享所在图书馆的文化建设和改革发展的经验。（浙江省高校图书情报工作委员会　陈华）

【2015 年浙江省高职高专院校图书馆馆长工作会议在金华职业技术学院召开】 11 月 19—20 日，由省高校图工委高职高专院校图书馆分委会主办、金华职业技术学院图书馆承办的 2015 年浙江省高职高专院校图书馆馆长工作会议在金华召开，来自全省 40 余所高职高专院校图书馆的馆长等近 60 人参加会议。会议听取“高职高专院校图书馆分委会 2015 年工作报告”“浙江省高职高专院校图书馆建设第四次调研情况通报”“浙江省集团采购和资源共享情况说明”“高职高专院校图书馆的科研支持服务”等主题报告。会议还围绕报告内容，进行分组讨论及总结汇报。（浙江省高校图书情报工作委员会　陈华）

【浙江省高校图工委网络数字化专业委员会2015年“信息技术＆图书馆”年会在浙江大学海洋学院召开】 此次会议于11月20—21日召开，全省高校图书馆的50余位代表参加会议。本次会议以“数据、发现、知识”为会议主题，邀请浙江大学图书馆副馆长黄晨、扬州大学王正兴教授、温州医科大学图书馆孙发、宁波大学图书馆与信息中心王洋洋、浙江师范大学图书与信息中心任豪栋以及IT公司的员工等围绕主题分别做相关专题报告和技术报告。（浙江省高校图书情报工作委员会　陈华）

【2015年沪浙两地高校“图书馆学研究趋向”论坛在上海财经大学浙江学院举行】 11月27—29日，由上海市高校图工委、浙江省高校图工委共同主办，上海财经大学浙江学院图书馆承办的长三角地区高校图书馆学术交流活动——2015年沪浙两地高校“图书馆学研究趋向”论坛在上海财经大学浙江学院举行，来自沪浙两地高校图书馆馆长及业务骨干近80人参加此次活动。北京大学刘兹恒教授、上海师范大学天华学院图书馆吴志荣馆长、上海图书馆王宗义研究馆员、南开大学徐建华教授应邀分别做题为“当代中国图书馆学基础理论研究状况”“我国图书馆学研究中的‘外部反思’现象”“图书馆活动原理与阅读推广工作深化”“基于专业尊重的图书馆职业分析与馆长担当”的主题报告。（浙江省高校图书情报工作委员会　陈华）

【“互联网＋”时代下高校图书馆文献资源建设学术研讨会在浙江海洋大学召开】 由浙江省高校图工委文献资源建设专业委员会主办的此次会议于12月23—24日召开，来自全省62所高校图书馆的120余名代表参会。研讨会围绕“互联网＋思维与高校图书馆文献资源建设”这一主题进行深入交流与探讨。特邀武汉大学图书馆副馆长张洪元、宁波大学图书馆副馆长董其军、中国索引学会副理事长叶艳鸣、中国计量学院图书馆副馆长郎杰斌、浙江大学图书馆资源建设部主任孙晓菲、上海交通大学图书馆资深采访馆员黄镝、浙江省高校图工委高职高专院校图书馆委员会副主任叶新明分别做相关专题报告。（浙江省高校图书情报工作委员会　陈华）

安徽省

【安徽省高校首届互联网读书征文颁奖暨第二届征文活动启动仪式举行】 4月29日，由安徽省高等学校图书情报工作委员会主办、安徽省内各高校图书馆和北京中文在线教育科技发展有限公司承办的首届“品读经典　对话信仰　弘扬社会主义核心价值观”互联网读书征文颁奖暨第二届征文活动启动仪式在安徽大学磬苑校区文典阁图书馆第一报告厅举办。颁奖仪式上，各高校获奖师生们发表获奖感言，交流阅读经典的方法和体会。安徽大学、安徽师范大学、中国科学技术大学、合肥工业大学、安徽农业大学、安徽医科大学6所高校图书馆的馆长分别发言，分享各馆阅读推广的举措和心得。大数据的背景下，如何充分发挥信息优势，进行创新性的阅读推广，是各高校图书馆正在积极探索的。以图书馆为主体，采用各种新型传播方式，积极引导学生参与成为各高校图书馆所共同支持的一种模式。（安徽省图书馆学会　武巍泓）

【安徽省高校图书馆馆藏资源数字化研讨会举办】 5月21日，由安徽省高等学校数字图书馆主办、合肥工业大学图书馆承办的安徽省图书馆馆藏资源数字化研讨会暨安徽省数字化研究中心揭牌仪式在合肥工业大学翡翠湖校区图书馆举行。全省各高校图书馆及部分市、县图书馆馆长、技术骨干共计150余人参加会议。本次研讨会主要围绕如何进一步推进高校图书馆馆藏资源数字化建设工作展开，与会代表分别就各馆在馆藏数字化建设工作中取得的进展及面临的问题展开交流和讨论。其中，合肥工业大学图书馆副馆长蔡灶林在报告中概述安徽省高校馆藏图书数字化工作进展情况，并对馆藏图书数字化后给图书馆事业发展带来的变化进行探讨；东南大学图书馆副馆长范斌以东南大学图书馆为例，做题为“馆藏纸质图书数字化——高校图书馆如何面对”的专题报告；安徽大学图书馆副馆长林泽明、安徽建筑大学图书馆副馆长徐华洋分别对安徽大学古籍数字化项目建设工作、安徽建筑大学馆藏精品图书数字化建设工作的进展情况做详细介绍。（安徽省图书馆学会　武巍泓）

【中国科学技术大学图书馆公布读者借阅排

行榜】 4月27日，中国科学技术大学图书馆公布了一个有趣的“读者借阅排行榜”，榜单统计的时间从2014年9月1日至2015年3月31日。根据此次榜单统计，在短短212天里，位于前三名的借阅者图书借阅量分别为212本、210本和170本；位居榜单前十名的学生，平均每1.46天就能读完一本书。（安徽省图书馆学会　武巍泓）

【安徽大学图书馆荣获全国巾帼文明岗荣誉称号】 3月4日，根据全国妇联日前发布的《关于表彰全国三八红旗手标兵、全国三八红旗手、全国三八红旗集体和全国巾帼文明岗、全国巾帼建功标兵、全国巾帼建功先进集体的决定》（妇字〔2015〕17号），全国共表彰巾帼文明岗2000个，其中安徽省有60个单位获此殊荣，安徽大学图书馆榜上有名。安徽大学图书馆是全国图书馆先进集体、安徽省文明建设窗口单位。现有员工114人，其中女员工86人，占人员总数的75%，她们在图书馆为学校教学科研服务、为安徽省经济建设服务、成为学校向社会展示文明形象的重要窗口，发挥着积极重要的作用。（安徽省图书馆学会　武巍泓）

【合肥工业大学图书馆“一带一路”战略支撑平台试用】 11月13日，由国研网与合肥工业大学共同研制开发的“一带一路”战略支撑平台正式上线，访问地址为http://ydyl.drcnet.com.cn。该平台将及时跟踪、编译和整合全球智库、国际机构、顶尖咨询机构以及“一带一路”沿线国家和地区政府机构及其研究机构发布的最新研究成果和政策文档，实时收集处理“一带一路”沿线国家和地区政府机构发布的工程招标和项目投资信息，全方位洞察“一带一路”沿线国家和地区的政经形势、投资机会和投资风险，系统总结中国企业“走出去”的经验和教训，真正打造“一带一路”相关国内外智力成果的高端汇集平台。（安徽省图书馆学会　武巍泓）

【安徽医科大学图书馆实现国家级课题零的突破】 9月，安徽医科大学图书馆冯瑞主持申报的国家自然科学基金项目“定量模型及在线智能引导的癌症筛查咨询方案优化验证”获准立项，从而实现该馆国家级课题零的突破。该课题结合国家城市癌症早诊早治项目的实施，利用课题组所在团队经长期研究业已形成的系列行为干预规程，制订由定量行为模型及在线智能引导的、相对规范的癌症咨询干预方案，将其融入国家城市癌症早诊治项目，以促进国家项目发挥更大的作用。（安徽省图书馆学会　武巍泓）

【安徽新华学院第十届读书节开幕】 5月6日下午，安徽新华学院第十届读书节开幕式暨首场报告会在学术报告厅隆重举行。本届读书节以“悦读经典，点亮人生”为主题，由校图书馆、校团委、科研处联合主办。会上公布此次读书节的活动方案和“读书王”的评选结果，商学院的任雪军同学以125本的借阅量荣膺“读书王”的称号；学生代表向全体师生发出崇尚读书、品味经典、谨慎阅读以及争做文明读者的倡议。开幕式后，特邀中国科技大学罗昭锋教授做题为“信息社会高效学习的策略和方法”的报告，内容丰富，与师生工作学习密切相关，博得听众的热烈掌声。（安徽省图书馆学会　武巍泓）

福建省

【概况】 2015年福建省共有高等院校84所，其中本科28所、高职高专53所、成教3所。全省高校图书馆（不含独立学院和院系资料室）馆舍总面积约135万平方米，在编人员总数1700多人，文献资源购置费2.5亿元（其中电子资源购置费约1亿元），纸质文献总量6300多万册，外借书刊约700万册次。（福建省高校图工委秘书处）

【福州大学图书馆举办闽赣两省高校图书馆联盟暨网络信息化建设学术研讨会】 11月20日，闽赣两省高校图书馆联盟暨网络信息化建设学术研讨会在福州大学图书馆召开。由江西财经大学蒋岩波馆长带队的昌北高校图书馆联盟代表团、福州地区大学新校区文献信息资源共建共享协调小组成员等30余人参加会议。会议双方各自介绍本省图书馆联盟的情况，并就如何开展高校图书馆联盟工作，建设网络信息化，得到政府支持等多方面进行了深入的探讨。（福建省高校图工委秘书处　福州大学图书馆）

【福建师范大学图书馆与明溪县团委共建社

区“青年书屋”】 2015年7月，福建师范大学图书馆与明溪县团委共建的爱心图书室“青年书屋”揭牌仪式在明溪县雪峰镇城南社区举行，福建师范大学图书馆党委书记余深冬，明溪县委常委、组织部部长施正立出席活动并共同为书屋揭牌。该书屋是明溪县首个青年书屋，福建师范大学图书馆向其捐赠图书2000册，涵盖科技、农业、文化、保健养生等方面。城南社区将对书屋管理全面实行“5+2”工作制，保证周一到周日全天正常开放。（福建师范大学图书馆）

【福建省高校图书馆“信息素质教育课程教学”研讨会在福建农林大学安溪茶学院召开】 10月28—30日，由福建省高等学校图书情报工作委员会主办，福建农林大学图书馆承办的福建省高校图书馆2015年“信息素质教育课程教学”研讨会在安溪茶学院大学生活动中心报告厅召开。来自全省24所本科院校的50多名代表参加研讨会。研讨会以“大数据背景下，高校信息素质教育的改革与发展”为主题，采用报告和会议交流的方式，围绕大数据背景下高校信息素质教育课程（文献检索课）教学内容建构与教学流程再造、基于MOOC的高校信息素质教育课程（文献检索课）教学方式等方面进行研讨。（福建省高校图工委秘书处　福建农林大学图书馆）

【厦门大学图书馆世界读书日活动】 4月，世界阅读日期间，该馆通过微博微信平台全方位推送读者节活动。图书馆借校庆契机，举办“金名俊校友捐赠民国纸币展”，将其个人珍藏多年的257张民国纸币及相关刊物进行展示，浓缩了民国时期纸币的发展史，让读者深刻了解民国纸币发展的历史脉络。同时，该馆还推出“汪德耀教授纪念展”，按照主题布展，以展品形式再现汪德耀教授的传奇人生。同月，图书馆全面启动跨校区的大规模信息素养教学拓展项目“i学堂”。从春季到秋季课程，“i学堂”跨校区讲座共计35场，到场听众超过1000人次，成为“互联网+”时代图书馆信息服务的一大亮点。（厦门大学图书馆）

【厦门大学图书馆设立西文图书修复工作室】 8月，在美国康奈尔大学图书馆、中国国家图书馆和中山大学图书馆的协助下，该馆设立西文图书修复工作室，成为国内少数开展西文图书修复工作的机构之一。西文图书修复业务隶属于以文献保存保护为核心业务的储存图书馆，该馆设计可容纳纸本书刊250万册以上，保存包括西文特藏图书、2007年前合订本期刊、报纸合订本、学位论文等。同时，开展远程服务，提供跨校区书刊预约、委托借阅及文献传递服务。（厦门大学图书馆）

【闽南师范大学图书馆举办华东地区地方院校图书馆第二十次协作年会暨学术研讨会】 11月23—24日，该馆承办的华东地区地方院校图书馆第二十次协作年会暨学术研讨会召开。来自山东、浙江、安徽、上海、福建、江西、江苏等华东地区六省一市30余所地方高校图书馆的60余名代表参会，共商华东地区地方院校图书馆发展大计，探讨区域集群建设和协同发展等热点问题。大会闭幕式上举行论文颁奖仪式，图书馆协作委员会常委馆各位馆长向获奖单位和个人颁发获奖证书。（福建省高校图工委秘书处　闽南师范大学图书馆）

【福建省高校图工委组织推荐参赛案例参加全国高校图书馆阅读推广案例大赛华南分赛区】 3—10月，福建省高校图工委组织专家，评审推荐20个（其中推荐优胜奖7个，推荐优秀奖13个）参加“全国高校图书馆阅读推广案例大赛华南分赛区”案例。其中，厦门大学图书馆的“Multilingual Share Event（中英语言交流趴）”获得全国高校图书馆阅读推广案例大赛华南分赛区二等奖、主题活动类单项奖，还入围全国总决赛单项奖案例。厦门大学图书馆的“圕·成长——厦门大学图书馆读者数据展示”、福建师范大学图书馆的“乐知乐行青年分享计划”、三明学院图书馆的“历史上的今天与书籍·读书频道”、闽南师范大学图书馆的“晒出你的书单来”、福州大学图书馆的“福州大学图书馆导读中心阅读推广活动介绍”、闽江学院图书馆的“道听‘图’说”，“书海行舟——闽江学院真人图书馆”阅读活动获得全国高校图书馆阅读推广案例大赛华南分赛区三等奖。（福建省高校图工委秘书处）

江西省

【概况】 截至2015年年底，江西省共有各级各类普通高等学校和成人高等学校 98 所，其中 27 所本科院校、4 所专科院校、48 所高职高专、13 所独立学院、6 所独立设置的成人高校。

2015 年，江西省高校数字图书馆建设项目工作稳步推进。完善制度建设，制定《江西省高校数字图书馆章程》，明确各层级成员馆的职责、权利和义务；加强分中心馆基础建设；高校数图项目设有 5 个分中心馆，即九江学院图书馆、景德镇陶瓷学院图书馆、新余学院图书馆、井冈山大学图书馆、江西理工大学图书馆，分别作为赣北、赣东、赣西、赣中、赣南 5 个地区区域分中心；规范项目数字资源采购建设，开展各成员馆业务培训；开通“江西省高校数字图书馆”微信公众号，增加微信公众号的统一检索、公告栏、成员馆动态等栏目。

江西省高校图书情报工作委员会（以下简称“江西省高校图工委”）积极参加跨区域各项学术交流与合作活动。参加 2015 年华东地区六省一市高校图工委秘书处工作会议；组织参加教育部高校图工委战略规划工作组主办的全国高校图书馆“十三五”战略规划交流会；组织参加首届全国高校图书馆阅读推广案例大赛；完成江西省内高校古籍保护现状的调查工作。（江西省图书馆学会　潘小芳）

【CALIS 江西省文献信息服务中心开展“一战成名，谁与争锋”知识竞答】　为总结 CALIS 江西省中心几年来发展的成绩，帮助读者加深对 CALIS 的了解和利用，同时促进各联盟馆之间的互动交流，实现文献信息资源的共建、共知、共享，10 月，江西省文献信息服务中心与昌北高校图书馆联盟主办、南昌大学图书馆承办的“一战成名，谁与争锋”知识竞答活动在南昌大学举行。南昌大学等 9 所高校图书馆组队参加此次知识竞答，南昌大学代表队获得第一名。（江西省图书馆学会　潘小芳）

【江西省高校图工委举办全省高校图书馆阅读推广业务培训】　11 月，江西省高校图工委在南昌举办“2015 年江西省高校图书馆图书情报业务（阅读推广）培训”，来自江西省 40 多所高校的图书馆同人参加此次培训。特邀首届全国高校图书馆阅读推广案例大赛全国总决赛获奖院校——四川大学图书馆、上海交通大学图书馆、武汉大学图书馆、井冈山大学图书馆、九江学院图书馆、江西师范大学图书馆相关专家做专题报告。各位专家以“高校图书馆阅读推广的实践和思考”为主题，结合本馆工作实际，传授阅读推广服务工作的先进理念。（江西省图书馆学会　潘小芳）

【“万方杯”图书馆服务创新竞赛在南昌航空大学图书馆举办】　由昌北高校图书馆联盟主办，南昌航空大学图书馆承办的此次竞赛于 6 月 17 日举办，参赛代表队分别来自联盟 8 所成员馆。竞赛采取现场评分制，专家团评委根据参赛方案创新性、可操作性、可持续性、预期产生的影响实施效果（或预期效果）及现场陈述过程中各团队语言表达、语言组织能力、仪态仪表等综合表现进行评分。经过激烈角逐，江西农业大学图书馆、江西中医药大学图书馆获得本次竞赛一等奖，另 6 所图书馆分获二、三等奖。（江西省图书馆学会　廖叶丽）

【“我与图书馆”微电影决赛在华东交通大学图书馆举办】　11 月 4 日，昌北高校图书馆联盟主办的“我与图书馆”微电影决赛在华东交通大学图书馆举办。经过近两个小时的展播、评分、颁奖，大赛圆满落下帷幕。活动开展以来，各馆积极组织筹备，共收到作品 15 部，评出一等奖 1 部、二等奖 2 部、三等奖 4 部、优秀奖 8 部。综观此次微电影大赛，具有三个特点：一是主题鲜明。二是客观公正。三是内容丰富。（江西省图书馆学会　廖叶丽）

【南昌大学图书馆举办读书月系列活动】　4 月 23 日，由南昌大学图书馆主办、南昌大学读者协会承办、艺术与设计学院学生会协办的“读书月”系列活动正式启动。此次活动为期一个月，以“众‘新’捧‘阅’”为主题，由展现新型阅读形式的“超星杯”微电影大赛、推广学校流动阅读平台的图书漂流岛活动、展示校图书馆信息资源建设的数据库介绍活动、读者交流互动论坛等活动组成。（江西省图书馆学会　潘小芳）

【江西财经大学移动图书馆开通】　5 月 6 日，江西财经大学移动图书馆暨图书馆微信公众平台开通仪式在图书馆报告厅举行。“移动图书馆”是校图书馆为贯彻落实学校关于“加快信息化建设的步伐”的方针积极筹划和建设而成的“云端图书馆”，实现了服务从PC端转移到手机端的发展。移动图书馆具有PC客户端的大部分功能，如读者账户管理、在线一站式馆藏资源检索、电子文献全文阅读、学术视频观看、文献借阅期限到期提醒等，还有资源导航、信息发布等特色功能，让读者享受一站式移动服务。（江西省图书馆学会　廖叶丽）

【江西财经大学图书馆学习中心向读者开放】 10月19日，江西财经大学图书馆麦庐园学习中心如期向全校师生开放。“学习中心”的开放意在为读者提供一个虚拟和实体并存、馆内和馆外交融的共有平台，以培育读者信息素养，促进学习、交流、协作和研究为目标的创新服务模式。目前学习中心空间分为如下几个区域：服务台、自主学习区、休闲区、电子阅览区、期刊阅览区。通过这些多功能的分区设置和服务，构建一个可以使图书馆在传统服务的基础上，整合不同类型的资源和不同层次的信息服务，搭建学习、科研和学术交流环境，实现个性化、学科化、知识化的服务。（江西省图书馆学会　廖叶丽）

【南昌航空大学图书馆举办第二届汉字英雄大赛】 11月28日，南昌航空大学图书馆读者协会举办第二届汉字英雄大赛。本次比赛共有150名选手参加，最终决出一等奖1人、二等奖2人、三等奖3人，一等奖获得者被评为“汉字英雄”。比赛让同学们获得了交流和学习的机会。（江西省图书馆学会　廖叶丽）

山东省

【中国高教学会财经分会图书资料协作委员会主任会议在济南召开】 5月26—28日，中国高教学会财经分会图书资料协作委员会主任会议在济南山东财经大学舜耕图书馆召开。来自上海财经大学、西南财经大学、中南财经政法大学、对外经贸大学、浙江财经大学等高校的图书馆馆长出席会议。此次会议评审2015年“大学图书馆的文化建设与价值实现”主题征文和调研项目，商讨财经高校图书馆特色资源建设及资源共享问题，研究2015年年会有关事项。会议期间，对外经贸大学图书馆馆长邱小红、浙江财经大学图书馆馆长张守凯为山东财经大学图书馆工作人员做两场精彩的学术报告。（山东省图书馆学会）

【2015年山东省高校(本科)图书馆工作会议在烟台召开】 此次会议于4月21日在烟台大学逸夫图书馆报告厅召开。烟台市政协、山东省教育厅、烟台大学、山东省高校图工委等有关领导出席会议。山东省高校（本科）54所图书馆的85位馆长和部主任参加会议。此次会议邀请教育部高等学校图书情报工作指导委员会副秘书长、《大学图书馆学报》副主编王波和中国科学院国家科学图书馆编辑出版中心主任、《图书情报工作》主编初景利两位专家，分别做题为“高校图书馆阅读推广的现状、案例与建议”和“高校图书馆学科服务的难点与破解”的学术报告。在交流发言阶段，山东师范大学图书馆交流创意阅读、志愿者在行动的情况，聊城大学图书馆介绍开展学科馆员服务的一些做法，山东理工大学图书馆分享坚持“一个主题，依托三个平台，做好三个结合”的阅读推广案例，烟台大学图书馆推介与法学院联合建设烟台大学图书馆法律分馆、实现校内资源共建共享的经验。（山东省图书馆学会）

【2015年山东大学图书馆文化节举办】 4月23日—6月12日，山东大学党委学生工作部、研究生工作部、校团委和图书馆联合举办以“品读、视野、创意、分享”为主题的2015年山东大学图书馆文化节。图书馆文化节是体现素质教育的一个重要方面，是学校文化建设的一项战略工程。图书馆领导高度重视本次文化节活动，全体馆员精心筹划组织并积极与学生会、团委、青年志愿者协会联系，经过多次论证、调整，制订切实可行的活动方案，使活动有条不紊地开展。在say you say me图片讲述比赛、文艺作品征稿、找书比赛、主题征文、馆标征集、优秀影片展播等文化节系列活动中，同学们充分发挥主动性和创造性，展示才艺，活跃校园文化，增进交流，推动学校素质教育和精神文明的发展。（山东省图书馆学会）

【山东财经大学图书馆举办2015年阅读推广系列活动】 4月23日，山东财经大学图书馆以

"享受阅读快乐 沐浴文明书香"为主题，正式启动2015年阅读推广系列活动。此次共组织活动11场次，包括："经典的力量"图书评论有奖征文、图书馆知识搜索技能大赛、2014年度"借阅之星"评选、读者座谈会、7场学术报告及数字资源讲座等。系列活动贴近广大师生，读者参与度高，有上千人次的读者直接参与系列活动，活动推动图书馆文献资源的利用，对提升校园阅读氛围，打造书香校园，丰富读者的文化生活起到积极的推进作用；同时，活动也促进图书馆进一步优化馆藏，提高服务质量，更好地为广大读者服务。（山东省图书馆学会）

【山东农业大学图书馆深入开展新生入馆教育】 为增强入馆教育效果，山东农业大学图书馆在启用新生入馆教育网上考试后，不断探索和创新新生入馆教育新形式、新途径，充分利用好图书馆志愿者这一资源，推出"图书馆讲解员"服务。经过培训和两次选拔，4名表达能力强、熟悉图书馆情况的讲解员成为最终的图书馆讲解员，并经过多次模拟演示训练，达到现场讲解要求。10月17日，4名身披"图书馆讲解员"绶带的志愿者来到山东农业大学南校区图书馆，为2015级农学院和资环学院27个班的800余新生现场开展入馆教育，讲解入馆须知、OPAC使用、图书查找、馆藏布局、排架方法、图书借还规定、图书借还流程演示等，并带领新生参观自然文学书库、社科书库。整整一天的现场参观学习效果良好，得到新生的充分肯定。通过组织图书馆志愿者担当图书馆讲解员，提高了新生对图书馆的感性认识，使他们了解南校区图书馆的各室功能、藏书特点、馆藏布局，掌握图书借阅的基本要求与流程，同时也减轻新生集中入馆给工作人员带来的咨询、答疑的压力，提高了工作效率，为同学们充分利用图书馆文献资源奠定良好的基础。（山东省图书馆学会）

【山东农业大学图书馆创办《书香山农》馆报】 2015年年底，酝酿已久的山东农业大学图书馆报《书香山农》正式面世。设立信息传递、工作动态、图书馆文化、读者之声4个板块，每年刊印4期，幅面4开。《书香山农》是图书馆创新服务理念，提升服务水平，增进师生交流的又一方式，与新媒体、电子大屏、网站、宣传栏等媒体，共同构成图书馆服务师生的多维度宣传平台。（山东省图书馆学会）

【鲁东大学举办第八届读书节"文化长街"活动】 5月9日上午，由校图书馆、团委、教务处协同主办的第八届读书节"文化长街"活动成功举办。全校21个学院在各自独具特色的主题活动中逐一亮相，丰富多彩的活动既增添活动乐趣，让现场气氛更加热烈，又传播了各学院特有的文化知识。"文化长街"作为鲁东大学独有的读书节特色活动，以文化长廊的形式鼓励鲁东学子热爱读书，重视文化建设，以开放的思维传承校园精神和文化内涵。（山东省图书馆学会）

【鲁东大学图书馆举办"书中淘宝"活动】 11月7日，作为鲁东大学图书馆阅读推广和文化服务内容之一的"书中淘宝"活动举办。学生通过组队限时找书和知识竞答的方式，进一步熟练利用图书馆的相关知识。东区馆第三期"徜徉璜山 同读经典"读书活动和主校区"读书沙龙"活动也在同时进行。目前该馆已通过读书节、读书沙龙、阅读分享会、读书论坛讲座等形式，使阅读活动贯穿全年，形成常态化、长效化服务机制。2015年上半年，该馆借还书总量为8.9万册，略高于去年同期水平，在受电子阅读冲击而下滑多年以来，首次出现逆增态势。（山东省图书馆学会）

【临沂大学图书馆推出"青年创业真人图书馆"活动】 临沂大学图书馆成功推出以创新创业为主题的"青年创业真人图书馆"活动，邀请在创业或者行业领域有一定丰富经验的创业青年作为"真人图书"到馆讲述自己的创业经历故事，在校学生则可以读者的身份，参与"真人图书"的"阅读"，分享他们成功励志经验。10月23日下午，一场主题为"跌跌撞撞疯疯癫癫的20年"的真人创业经验交流活动在图书馆举办，60余名读者一起分享了主讲人曲折而坚定勇敢的创业历程。互动中，同学们就自己来到大学后的迷茫和困惑与学长进行提问交流。本次活动后，图书馆将定期、不定期地邀请校内外成功人士做客"真人图书馆"，与读者共同分享他们成功创业的经历经验。（山东省图书馆学会）

【中国海洋大学移动图书馆暨“行之远”知识发现系统启用】 中国海洋大学图书馆依托校园网络启动移动图书馆项目建设，搭建移动阅读平台，在移动终端上实现随时随地的资源服务。“行之远”知识发现系统集成整合馆内外、多类型学术资料，提供“一站式”学术文献获取服务。两者均是数字图书馆建设的重要内容，是图书馆对读者信息资源发现和获取习惯的认同，是对读者个性化、智能化需求的响应。11 月 4 日，该系统启动仪式在崂山校区图书馆一楼大厅举行，有关中文发现系统、外文发现系统和移动图书馆的培训相继在崂山校区、鱼山校区图书馆开展，多个数据库的使用培训也在随后的 1 个月内陆续开展。（山东省图书馆学会）

河南省

【教育部高校科技查新人员资格培训班在洛阳举办】 5 月 19 日，由教育部科技发展中心主办、河南科技大学承办的此次培训班在洛阳开班，来自全国各高校的 270 余名学员参加培训。教育部科技发展中心副主任周静，河南省教育厅科技处副处长张水潮，河南科技大学校长孙金锋、副校长雷方，以及教育部有关专家等出席开幕式。孙金锋介绍洛阳历史文化和河南科技大学的基本情况。张水潮介绍河南省社会经济发展和高校发展情况，强调科技查新在科研和国家创新发展中的重要作用。周静做题为“营造良好科研环境，激励高校科技创新”的主题报告。培训期间，北京大学教授谢新洲、吉林大学教授张柏秋、北京科技大学教授季淑娟等分别做专题报告。培训结束后，主办方为考试合格者颁发教育部科技查新员资格证书。（河南省图书馆学会　严真　马秀峰　伏琰）

【河南省高校图工委承办 2015 中国图书馆学会年会第 11 分会场】 2015 年中国图书馆年会在广州举办期间，由中国图书馆学会阅读推广委员会主办，大学生阅读专业委员会、阅读与心理健康专业委员会、河南省高等学校图书情报工作指导委员会（以下简称“河南省高校图工委”）、河南省图书馆学会等单位共同承办的 2015 中国图书馆学会年会第 11 分会场于 12 月 17 日在广州召开。此次会议以“关联与创新——校园阅读文化与阅读推广”为主题，由河南省高校图工委副主任兼秘书长崔波主持，吸引全国 100 多位图书馆同人参与。中国阅读学研究会会长、中国图书馆学会阅读推广委员会副主任、南京大学教授徐雁，阅读与心理健康专业委员会主任、《大学图书馆学报》副主编王波，电子科技大学图书馆副馆长侯壮分别做题为“书香加码，颜值倍增——如何创意、策划‘新生入学季’的校园阅读推广”“对图书馆阅读推广活动的十大建议”“阅读树志，百学修身”的主旨报告。5 位阅读推广案例的获奖代表分别从不同角度分享图书馆阅读推广创新案例。（河南省图书学会　严真　马秀峰　伏琰）

【全国中医药图书信息学术会议暨第十二届中医药院校图书馆馆长会议在南阳医专图书馆召开】 此次会议于 5 月 14 日召开。中华中医药学会学术顾问、中医药文化分会秘书长、中医药科普分会主任委员温长路，南阳医学高等专科学校校长方家选、副校长逯应坤，北京中医药大学图书馆馆长梁永宣，河南省高校图工委副主任兼秘书长崔波等领导出席开幕式。崔波在讲话中强调图书馆要重视中医药文化的传承和发扬，要大力推广全民阅读。大会邀请西南交通大学图书馆馆长高凡博士做题为“阅读悦读越读”的精彩报告。（河南省图书学会　严真　马秀峰　伏琰）

【河南省高校组队参加中南六省（区）高校图书馆学术年会】 10 月 29—30 日，中南六省（区）高校图书馆学术年会在广西桂林召开。河南高校组织 26 人参会，省高校图工委秘书长崔波带队。此次年会全省投稿 21 篇，获奖论文 8 篇，其中一等奖 1 篇、二等奖 3 篇、三等奖 4 篇。会上，河南工业大学图书馆馆长刘广普以“执书我爱”为主题介绍该馆在阅读推广实践中取得的成功经验；中原工学院图书馆馆长张怀涛介绍以“阅读学”课程体系建设为纽带带动学校图书馆开展阅读推广的经验；河南师范大学图书馆张垒博士作为论文一等奖获得者做交流发言。（河南省图书学会　严真　马秀峰　伏琰）

【河南省高等学校图书馆 2015 年工作会议召开】 4 月 16 日，由省高校图工委主办、郑州大学图书馆承办的此次会议在郑州召开，来自全省各高校图书馆的 100 多名代表参加会议。郑州大学副校长高丹盈，省教育厅高教处副处长岳德胜，教育部高校图工委副主任、清华大学图书馆馆长邓景康，省图书馆学会副理事长杨扬，省高校图工委主任崔慕岳，副主任李景文、张怀涛、崔波等领导出席会议。高丹盈、岳德胜、邓景康分别致辞，崔波宣读获得 2014 年度河南省高校图书馆创新服务先进单位和先进个人名单。开幕式后，邓景康教授做题为“邺架巍巍，继往开来——面向图书馆角色重塑的改革探索与思考”的学术报告。报告分析高校综合改革形势、图书馆人事制度改革需求、改革形势下图书馆的服务探索，指出高校图书馆要顺应改革形势、信息环境以及用户需求的变化，围绕图书馆的使命、功能、定位做好转型和角色重塑。会议期间，与会代表分别听取河南省高校图书馆 2014 年工作总结、省高校图工委 2015 年工作计划和省高校图工委 2014 年财务收支报告，并就 3 个报告做分组讨论。闭幕式上，崔慕岳梳理全民阅读在我国的推进过程，指出当前全民阅读推广的 5 个特点，即活动常态化、地区差别缩小、新技术广泛应用、关注特殊群体、注重品牌化，并向各位馆长提出相应要求。（河南省图书学会　严真　马秀峰　伏琰）

【河南省高校图书馆“十三五”规划专题研讨会召开】 会议于 9 月 18 日在河南中医药大学图书馆召开。河南中医药大学校长郑玉玲、省高校图工委主任崔慕岳出席会议并讲话。全省各高校图书馆馆长 60 余人参加会议。省高校图工委副主任李景文、张怀涛先后就教育部高校图工委十届三次会议、全国高校阅读推广高级研讨班做专题汇报。河南师范大学图书馆馆长苏全有、河南工业大学图书馆馆长刘广普、中原工学院图书馆副馆长岳修志就各馆“十三五”规划的制订做主题发言。省高校图工委秘书长崔波对会议进行总结。（河南省图书学会　严真　马秀峰　伏琰）

【河南省高校古籍整理与保护工作研讨会召开】 会议于 11 月 6 日在河南大学金明校区图书馆召开，省内图书馆界 40 多名领导与古籍整理方面的专家学者参会。河南大学党委副书记王凌致开幕词。文化厅副厅长康洁做主题发言，回顾全省古籍普查情况、古籍保护人才培养、珍贵古籍与古籍重点保护单位申报等方面的工作情况，明确今后一段时间古籍保护工作的目标和任务。全国古籍保护专家、中山大学图书馆副馆长林明教授做题为“图书馆古籍保护项目组成要素”的报告；河南省图书馆研究馆员周新凤做全省古籍保护工作总结；郑州市图书馆馆长李红岩等就各自图书馆在古籍保护方面所做的工作、经验与参会者交流；河南大学图书馆馆长李景文做题为“河南大学图书馆古籍保护工作的实践与思考”的发言。省高校图工委秘书长崔波就高校图书馆“十三五”时期的古籍保护工作，提出全面完成河南省古籍普查登记工作、推进古籍书库标准化建设、推进古籍保护人才队伍建设等几点建议。河南大学图书馆党总支书记郭鸿昌研究馆员做会议总结。（河南省图书学会　严真　马秀峰　伏琰）

【全国图书馆地方文献建设学术研讨会在河南师范大学图书馆召开】 12 月 4—6 日，由河南省高校图书情报工作委员会主办、河南师范大学图书馆承办的此次研讨会在新乡召开。河南师范大学副校长马治军，中国图书馆学会地方文献专业委员会委员、首都图书馆北京地方文献中心主任李诚，北京晋商博物馆馆长、河北大学特聘教授孟伟，以及来自浙江、山西、陕西、甘肃、山东等地 18 个科研院所的 80 余位专家学者参加研讨会。马治军介绍了河南师范大学及图书馆的基本情况，崔波、王小方、孟伟分别在开幕式上致辞。李诚、王学春、谢琳惠、赵长海、苏全有等分别做题为“关于地方文献工作的认识与实践”“地方文献理论研究的实践与展望”“馆中馆——洛阳理工学院图书馆特色馆藏介绍”“河南省地方文献建设工作的思考和建议”“新乡地方文献建设的实践与思考”的主题报告。与会代表分别以“地方文献相关理论研究”“地方文献建设个案探讨”“地方文献的征集与数字化”和“地方文献的利用与相关研究”为主题开展分论坛讨论。（河南省图书学会　严真　马秀峰　伏琰）

【河南省多家高校图书馆获得阅读推广奖项】 10 月 15—16 日，教育部高等学校图书情报工作指导委员会在武汉召开首届全国高校图书馆阅读推广案例大赛全国总决赛，来自全国 180 多所高校图书馆的代表参加此次活动。本次大赛于 2014 年 10 月启动，共收到来自全国各高校图书馆的参赛案例 456 份。经各省选拔、各大区预赛，共优选出38个案例参加决赛，156个优秀案例参加决赛现场的优秀案例海报展示。河南省有16家高校图书馆参加比赛，其中，2家图书馆的案例获得中南赛区一等奖，4家图书馆获得二等奖，9家图书馆获得优秀奖。最终，中原工学院图书馆的案例“阅读学课程开讲了——以阅读学课程促进阅读推广”获得总决赛二等奖（名列全国第9名），郑州大学图书馆的案例“高校文学原创——郑州大学读书会微信公众平台”获得总决赛单项奖。12月，在2015年中国图书馆年会上，郑州升达经贸管理学院图书馆、黄淮学院图书馆被中国图书馆学会命名为“2014年全民阅读示范基地”，郑州大学西亚斯国际学院图书馆被评为“2014年全民阅读先进单位”。（河南省图书学会　严真　马秀峰　伏琰）

【河南大学教育部部级科技查新工作站揭牌】 5月20日，河南大学教育部部级科技查新工作站举行揭牌仪式。教育部科技发展中心副主任周静，河南大学校长娄源功、副校长张宝明，河南省教育厅科技处副处长张水潮，教育部科技查新资深专家、吉林大学图书馆教授张柏秋，河南省高校图工委秘书长崔波，开封市科技局领导以及河南省本科高校图书馆馆长参加此次活动。娄源功与周静共同为河南大学教育部部级科技查新工作站揭牌。周静做题为“营造良好环境，激励科技创新”的学术报告。在此次获批的18所高校查新站中，河南大学和河南科技大学2所河南高校榜上有名，河南大学是唯一一所综合类科技查新工作站。（河南省图书学会　严真　马秀峰　伏琰）

湖南省

【中南大学举办第八届读书月活动】 4月23日，中南大学2015年“阅读的力量”读书月暨“一校一书——经典、精读、经世”阅读推广系列活动启动仪式在新校区图书馆举行。本届“读书月”活动紧扣阅读推广的主题，推出七大板块的系列活动。启动仪式包括“校友捐赠文献展览”“百部精选好书大推介暨新书联展”“图书馆服务和功能整体介绍”等环节。系列活动还包括“你推荐，我买单”书目征集、“书海泛舟，分享知识”系列交流活动及读者风采展示、“走近数字图书馆”系列数据库培训、“一校一书——经典、精读、经世”2015年湖南省普通高等学校阅读推广活动、读书月专题网站建设和系列宣传活动等，以大型专题展览为特色，以深入教学科研一线为主要形式，致力于营造学习氛围，建设书香校园。（中南大学图书馆　王云祥）

【中南大学图书馆推进科技查新与信息咨询服务工作】 2015年，该馆科技查新与信息咨询服务工作稳步开展，同时积极探索将科技查新服务范围逐步扩大，服务链条向校外、其他省市地区不断延伸。服务范围已辐射到北京、上海、天津、江苏、浙江等十多个省市自治区，积极参与CALIS、CASHL和NSTL举办的各项文献传递活动，完成文献传递申请1416条，参与湖南省高等学校图书馆数字资源共享平台咨询工作，传递全文文献11600篇。特别是完成中南大学中国村落文化研究中心的重点专利《文物保护剂的制取及使用方法》的一系列相关专利咨询、国防科技大学任才清教授关于《城市反恐怖主义军事行动问题研究》定题文献检索。（中南大学图书馆　王云祥）

【湖南涉外经济学院图书馆举办特色阅读活动】 2015年，该馆以“书香涉外，精彩阅读”为主题开展一系列读书活动。系列活动由7项活动组成，分别是“大家来找书”“猜书名”游戏、“爱上读书，爱上图书馆，我阅读，我快乐”知识竞赛、“拼图寻宝”“悦读”书签设计大赛、微博“悦读涉外随手拍”和读书分享会。读书活动参与学生人数众多，受到广大师生的欢迎和好评，达到了预期效果。主管副校长白解红教授参加启动仪式和颁奖典礼并致辞。继2014年“一校一书”阅读推广活动确定《谁的青春不迷茫》为全校精读图书之后，2015年根据全校师生在学校主页上的“一校一书”浮动窗口进行网上投票，确定《追风筝的人》作为精读图书并征集读书心得。邀请专家从众多读者稿件中评选出一等奖6篇、二等奖10篇、三等奖10篇、优胜奖20篇。（湖南涉外经济学院图书馆　谢萍）

广东省

【全国高校图书馆阅读推广案例大赛华南赛区赛在广州举行】 6月16—17日，全国高校图书馆阅读推广案例大赛华南赛区赛在广州举行。

本次大赛由广东省高校图工委主办，中山大学图书馆承办，来自华南六省区（广东、广西、海南、福建、云南、贵州）98所高校图书馆的230余名代表参加会议。大赛由来自华南六省区的7位专家担任现场评审嘉宾，对现场展示的参赛案例进行评审打分。参加华南赛区赛现场展示的34个优胜案例共决出一等奖2个、二等奖8个、三等奖24个。大赛一等奖由来自云南师范大学图书馆的“在复合式阅读中享受发现的快乐”和中山大学图书馆的“导读‘超能陆战队’——中山大学东校区图书分馆多类型导读系列”夺得。（广东省高校图工委秘书处）

【广东省高校图工委2015年年会举行】 12月2—3日，广东省高等学校图书情报工作指导委员会2015年年会在广州举行，来自全省108所高校图书馆馆长、业务骨干及20多家公司企业近280名代表参加会议，教育部高校图工委主任朱强馆长、副主任燕今伟馆长应邀出席会议并做专题报告。会上，向与会代表全面介绍广东省高校图书馆的基本情况与发展现状，加深与会代表对广东省高校图书馆现状的了解，有助于广东省各高校馆之间的交流与合作，取长补短，制订规划。（广东省高校图工委秘书处）

【现代教育技术在信息检索课中的应用·广东省高校图书馆培训班在广州举办】 6月18—19日，由广东省高等学校图书情报工作指导委员会教育培训委员会主办的“现代教育技术在信息检索课中的应用”培训班在广东技术师范学院举办。来自24所高校图书馆领导和信息检索课骨干教师共50余人参加培训。培训内容主要包括现代教育技术在教学中的应用、思维导图的学习及应用、信息检索课教学中素质教育的体现及融合、信息检索课课堂观摩、利用SCI助力科学研究、课堂教学观摩等。（广东技术师范学院图书馆）

【图书馆技术发展及创新暨新技术在图书馆应用研讨会在华南师范大学图书馆召开】 由广东省高校图工委信息技术委员会主办、华南师范大学图书馆承办的此次会议于7月3—4日召开。全省90余所高校图书馆技术主管馆长及技术负责人等200余人参加会议。会议由广东省图工委副主任委员、华南师范大学图书馆馆长陈启买教授和广东省图工委信息技术分委员会副主任委员、华南理工大学图书馆副馆长蒋春林主持，大会安排8个专题报告，聚焦图书馆相关业务的变革和创新。（华南师范大学图书馆）

【日本国立国会图书馆再次向中山大学图书馆归还原岭南大学图书馆藏书】 2015年10月，日本国立国会图书馆再次向中山大学图书馆归还原岭南大学图书馆藏书，共计11种。这是继2011年该馆归还40种原岭南大学学位论文后，第二次向中山大学图书馆归还原岭南大学图书馆的相关藏书。日本国立国会图书馆还承诺如今后发现其他来自岭南大学图书馆的藏书，也将尽快归还。这11种文献为1939—1941年间的岭南大学学士学位论文，扉页上均有原岭南大学图书馆的藏书章和藏书票。中山大学图书馆现藏有1952年院系调整前的岭南大学学位论文1400余册，中山大学学位论文6000余册。一直以来，中山大学图书馆致力于收集流散在海内外其他机构的中山大学及原岭南大学图书馆的藏书。（中山大学图书馆）

【中山大学图书馆在首届全国高校图书馆阅读推广案例大赛总决赛中荣获佳绩】 10月16日，首届全国高校图书馆阅读推广案例大赛总决赛在湖北华中师范大学举行，中山大学图书馆申报的案例“阅读无止境，借书不限量”和“导读‘超能陆战队’——中山大学东校区图书分馆多类型导读系列”在决赛评奖案例中分获二、三等奖，中山大学图书馆同时荣获优秀组织奖。本次大赛由教育部高等学校图书馆情报工作指导委员会读者服务创新与推广工作组主办，上海交通大学图书馆、上海财经大学图书馆和华中师范大学图书馆共同承办，吸引来自全国180多所高校图书馆的代表出席。经过专家评委和大众评委的综合评定，选出一等奖6名、二等奖12名、三等奖17名和特别奖3名。（中山大学图书馆）

【中文古籍整理与版本目录学国际学术研讨会在广州召开】 11月8—9日，由中山大学图书馆、《广州大典》与广州历史文化重点研究基地联合主办的以“《广州大典》与广州历史文化研究”为主题的此次学术研讨会在广州图书馆和中山大学图书馆召开。来自中国、美国、加拿大、德国、日本等海内外机构的中文古籍整理与版本目录学专家学者共计200余人出席会议。开幕式由中山大学图书馆馆长程焕文教授主持。中国国家图书馆名誉馆长、文化部原副部长周和平与广州市市长、《广州大典》主编陈建华分别做题为“保护典籍　传承和弘扬中华优秀传统文化”“传承历史文献典籍　弘扬广州历史文化”的主旨报告。与会专家学者就中文古籍整理与版本鉴定、中文古籍善本书志及其编撰研究、中文古籍数字典藏与数字人文研究、海外中文古籍的收藏、整理与利用、中文古籍保存与保护等问题报告了各自的最新研究成果，并展开交流和讨论。闭幕式上，中山大学图书馆特聘专家、美国哈佛大学哈佛燕京图书馆善本部原主任沈津做大会总结。（中山大学图书馆）

【中山大学学人文库正式开放】 11月11日，中山大学学人文库开放仪式在该校南校区图书馆举行。中山大学创校首任校长邹鲁先生的女儿邹方女士、女婿司徒松勋先生、外孙女司徒嘉玉小姐，美国加州大学洛杉矶分校汤维强教授，中山大学副校长颜光美、中文系教授黄天骥、图书馆馆长程焕文等嘉宾出席仪式。仪式由图书馆特藏部主任王蕾主持。学人文库的收藏范围为各个历史时期中山大学学人独撰、合著、集体编写、翻译、编辑的专著、译著、教材、研究报告、资料书、工具书、作品集、论文集等各类型正式出版物和非正式出版物。目前文库典藏的学术著作近万种，不少为作者签名本。（中山大学图书馆）

广西壮族自治区

【2015年广西高校图书馆工作与学术年会在南宁召开】 5月6—8日，由广西高校图工委、广西高教学会图专委和CALIS广西中心共同主办，广西民族大学图书馆承办的2015年广西高校图书馆工作与学术年会在南宁召开。来自全区近60所高校的145位代表及40位企业界代表，共计185人参加会议。会上，对广西高教学会图专委第24次学术年会获奖论文作者及广西高校第十届图书馆学研究成果获奖作者进行表彰。此次年会共收到征文69篇，评出二等奖3篇、三等奖10篇、鼓励奖10篇；正式论文32篇。共收到第十届广西高校图书馆研究优秀成果参选作品61项，评出一等奖2项、二等奖5项、三等奖11项、鼓励奖14项。邀请中国人民大学书报中心社会编辑部主任、《情报资料工作》副主编徐亚男做题为“学术期刊的选稿标准与用稿规范——以《情报资料工作》及复印报刊资料《图书馆学情报学》为例”的学术报告。还完成广西高教学会图书馆专业委员会第八届理事会组成人员及工作机构的换届选举。（广西图书馆学会）

【广西高校图工委组织召开中南六省区高校图书馆2015年学术年会】 10月29—30日，由广西高校图书情报工作指导委员会主办、广西师范大学图书馆和桂林电子科技大学图书馆协办的中南六省区高校图书馆2015年学术年会在广西桂林召开。来自河南、湖南、广东、广西、海南、湖北六省近百所高等学校的265位图书馆人及40多位企业界代表，共计300余人参加会议。此次年会共收到征文188篇，其中一等奖14篇、二等奖22篇、三等奖40篇，正式论文84篇。邀请北京大学信息管理学院王余光教授做“高校图书馆经典阅览室与经典教育”的报告，东南大学图书馆馆长顾建新教授做“美国大学图书馆的馆舍空间组织和再造”的报告。（广西图书馆学会）

【广西科技大学图书馆阅读推广案例获得首届高校图书馆阅读推广案例大赛单项奖】 5月7日，由广西高校图工委、广西高教学会图专委联合举办的首届广西高校图书馆阅读推广案例大赛在广西民族大学举行。此次大赛共收到32个案例，18个案例经专家评审进入现场角逐，最终决出一等奖1名、二等奖2名、三等奖4名。6月，广西高校图工委组织成员馆参加全国高校图书馆阅读推广案例大赛华南赛区赛，广西科技大学图书馆薛宏珍汇报的“书香校园阅读推广活动纪实系列光盘”案例和吕芳贤汇报的“青阅读·微信书评”活动案例分别获得华南赛区二、三等奖，“书香校园阅读推广活动纪实系列光盘”案例还入围10月在武汉举行的首届全国高校图书馆阅读推广案例大赛总决赛，并最终获得单项奖。（广西图书馆学会）

【广西科技大学图书馆获得“全民阅读示范基地”称号】 2015年，广西科技大学图书馆被中国图书馆学会命名为“全民阅读示范基地”，成为全自治区第一家获此称号的高校图书馆，是继2012年和2013年连续两年被授予“全民阅读先进单位”之后获得的又一殊荣。（广西图书馆学会）

海南省

【海南省高校图工委2014年学术年会在临高召开】 1月8日，海南省高校图工委2014年学术年会在临高召开。省高校图工委领导、省图书馆协会领导、19所高校图书馆馆长及各馆业务骨干180余人参加会议。会议特邀海南医学院校长吕传柱、副校长曾渝作为嘉宾出席本届年会。省高校图工委副主任于挽平主持会议。省教育厅高教处副调研员邓昌清出席会议并致辞。省高校图工委主任詹长智做2014年图工委工作报告，并传达中南六省区高校图书馆学术年会、教育部高校图工委四届二次会议、全国高校图书馆“十三五”规划研讨会等三个会议的主要精神。吕传柱校长、海南医学院图书馆朱良杰副馆长、海南大学图书馆资源建设部张敏主任分别做题为“一个大学校长心目中的图书馆”“积微成著踟蹰前行——海南医学院图书馆信息素质教育总结汇报”“纸质图书的价值：意义、采访和评价”专题报告。会议为在2014年由教育厅主办的“海南省高校图书馆阅读推广优秀案例评选活动”中获奖的单位颁发奖牌。获得一等奖的海口经济技术学院图书馆和海南医学院图书馆分别介绍各自馆开展阅读推广工作的情况。（海南省高校图工委）

【海南省高校图工委召开2015年工作会议】 3月19日，海南省高校图工委在海南大学召开2015年工作会议，对“十三五”规划和“十二五”评估工作进行了全面部署。省教育厅高教处副处长邓昌清，图工委领导、各专业委员会主任、各高校图书馆馆长、省教育科研数字图书馆负责人出席会议。省图工委主任詹长智主持会议。省图工委秘书长李春就“海南省高校图工委2015年工作要点”的起草背景和工作内容做详细介绍和说明。海南医学院图书馆馆长于挽平、琼台师范专科学校图书馆研究馆员赵会平分别对评估检查方案（评估时间、评估办法、评估指标的几个方向）的制订提出设想。海南大学图书馆馆长王琦作为《海南省高校图书馆“十三五”发展规划》研制工作项目负责人，对“十三五”规划的制订工作提出翔实的思路和计划，着重对规划制订的机构和成员组成、制订的程序与步骤、规划内容关注点、项目完成时间等方面进行介绍。省教育科研数字图书馆常务副馆长王小会对海南特色数字资源库作为拟建机构知识库重要资源品种将推广使用，以及开展异构自动化系统下的馆际互借服务试运行情况做介绍。海南师范大学图书馆副馆长李冕斌就全省高校图书馆联合采购招标的可行性以及存在的问题做说明。会议围绕以上工作内容及其将要举办的信息素养教育研讨会、阅读推广常态化、规范和加强“教育部高校图工委事实数据”填报和“海南省高校图书馆业务统计月报表”统计制度、编写海南省高校图工委十年文献资料集等工作内容进行讨论。会议结束后，教育厅高教处领导和全省高校图书馆馆长参加省高校图工委秘书处挂牌仪式，并参观海南大学博物馆。（海南省高校图工委）

【海南省高校图工委召开《海南省高校图书馆“十二五”建设审核评估方案》审议会议】 此次会议于4月3日在海南大学召开，对全省高校图书馆“十二五”建设审核评估的评估形式、评估办法、评估项目、评估时间等及相关事宜进行讨论。省教育厅高教处副处长邓昌清出席会议并做总结发言。会议指出，《海南省高校图书馆“十二五”建设审核评估方案》在评估指标体系、评估形式和评估方法都有重大的突破和创新。此次评估采用“审核评估”，即以事实数据库数据为依据，以学校自评为主，专家组在审阅学校的自评报告基础上，经过到受评学校实地考察后写出审核报告，审核评估形成写实性报告，不分等级。整体要求是重在建设，重在实效。会议要求，评估方案修改小组根据会议提出的意见和建议，进一步修改和完善评估方案，尽快提交省教育厅审议下发文件。（海南省高校图工委秘书处）

【海南省高校图书馆举行阅读推广优秀案例选拔赛】 5月12日，海南省高校图工委在海南医学院图书馆举行阅读推广案例大赛活动。全省各高校图书馆近百人参加活动。大赛活动由省高校图工委秘书长李春主持。此次参赛案例主要来自2014年下半年全省高校图书馆首次阅读推广优秀案例大赛中选拔出的一批获奖案例再结合2015年本馆的阅读推广活动案例进行参赛。由詹长智、王琦、张信文、于挽平、石焕玉、王永喜、赵会平、缪军、吉家凡等图工委领导和创新服务专业委员会负责人组成的评委会，根据各单位报送的材料（含动感视频、图片、图表、文字、音乐等）及PPT演示汇报效果，严格按照评分标准（案例的创新性、可实施性、意义价值、材料准备）和评比细则进行评分，评选出2个优胜奖案例和3个优秀奖案例，获奖案例将选送教育部首届高校图书馆阅读推广创新案例大赛华南赛区参加复赛。（海南省高校图工委秘书处创新服务专业委员会）

【召开海南省高职高专院校图书馆审核评估工作研讨会】 10月9日，海南省高职高专院校图书馆审核评估工作研讨会在海南职业技术学院图书馆南山厅召开。此次会议由海南省高校图工委高职高专委员会主办，来自全省高职高专图书馆的馆长及相关工作人员30余人参加会议。高职高专委员会副主任、海南职业技术学院图书馆馆长王海主持会议。省图工委副主任、学术委员会主任安邦建，省图工委副主任、省高职高专委员会主任赵会平，省图工委顾问王永喜分别做“海南省高校图书馆审核评估自评报告撰写要点”“问卷调查与事实数据库统计汇报”“读者服务与图书馆评估”的报告。三位省内专家的报告重点探讨了自评报告撰写、业务数据统计与分析、读者服务创新等问题，对各馆迎评工作给予具体的指导意见和建议。（海南省高校图工委高职高专指导委员会）

【海口经济学院图书馆举办“2015读书季”系列活动】 4月10日，海口经济学院图书馆举办以“读书丰富人生　创业成就梦想”为主题的“2015读书季”系列活动。活动内容有“海经必读”精品图书展、《海经学子谈创业》读书沙龙、“让书回家　还书免责”“找书大比拼”“九月茴读者见面会”“阅读分享你做主”、微拍“图书馆之美，等你发现”摄影比赛、“时光·青春”诗词朗诵、“移动数字图书馆宣传推广”“悦读·无处不在”户外宣传、读者调查问卷、帮助读者安装使用超星移动图书馆、现场体验手机阅读等。截至4月28日，“海经必读”精品图书共借出275册，164人次借阅，共赦免超期图书128册。4月23—24日，超星移动图书馆两天的登录次数达3000余次，新增微信用户105人。本次活动项目多、时间跨度大（从4月至6月）、奖项多，尤其是竞技类活动数量大有增加。（海口经济学院图书馆）

【海南医学院图书馆2015年“中国红”阅读推广系列活动启动】 此次活动于4月23日世界读书日当天举行。校各院系及外国留学生近百人参与活动。活动内容有“书缘讲堂”“中国红”主题馆藏展、实物展、中国文化荟萃体验、中华文化知识有奖竞答、抽奖、《碧波孔雀》舞蹈、古筝和书法相配的表演、中文绕口令等。通过这些主题活动将中国悠久的历史，深厚的文化底蕴展现出来，让读者在国粹精华的推荐阅读中体验中国博大精深的文化遗产，提升广大学生对中国文化的认识及民族荣誉感，营造和谐校园环境，为中外学生的相互协作与交流建立良好的平台。（海南医学院图书馆）

【海南大学图书馆概况】 海南大学图书馆属海南省建省10周年重点文化教育项目。由海甸总馆、儋州校区和城西校区2个分馆及19个二级馆组成，馆舍面积共计46296平方米，阅览座位5178个。2015年，馆藏文献471.07万册，其中纸质文献（含纸质图书、期刊合订本）270.69万册、电子图书200.38万册。学生人均图书总量122.35册，其中人均纸质文献70.3册、电子图书52.01册。拥有维普中文科技期刊数据库、万方数据资源系统、Science Direct、SCI等知名中外文数据库。

图书馆以海南大学师生为主要服务对象，面向全省社会各界开展文献交流与情报信息咨询服务，既是为海南大学教学和科研服务的图书情报中心和学术活动中心、学生的第二课堂，又是海南省的文献情报中心和信息服务中心。突破藏借阅分立的传统布局，实现文献收藏、流通和阅览全开架的现代化的局域网管理模式，读者可直接进入面向读者开放的厅室，任意选用文献资料。功能由单一的文献借阅，扩展到知识、情报、信息的生成、获取、转化、整合、传递与共享等全方位知识服务。管理和业务工作全部采用电子计算机管理，文献检索全面实现电子化网络化操作。读者可通过海南大学校园网检索到国内外内容丰富、形式多样的信息资料。（海南大学图书馆）

四川省

【概况】 2015年，四川省共有普通高等学校107所，其中：本科院校50所（含独立学院10所），高职（专科）院校57所。图书馆馆舍总面积183.8万平方米；读者座位17.2万个；文献累积总量2.5亿册，其中纸质图书7886万册，纸质期刊合订本816万册。文献资源购置费3.36亿元，比2014年增加20%；其中，电子资源购置费1.7亿元，比2014年增加55%。

2015年，各高校馆学习贯彻教育部新颁布的《普通高等学校图书馆规程》，调研、制订高校图书馆"十三五"规划，全面推动全省高校图书馆文献资源建设、信息技术平台建设与读者服务水平的提升。大力推进四川省高校文献信息资源的共建共享。四川高校图书馆数字资源采购引进评估咨询专家组召开多次引进数据库专家评审会，为全省高校图书馆引进数字资源提供评估咨询参考，极大地提高各馆文献经费的使用效益。倡导阅读推广活动，推进高校图书馆文化建设。各馆开展了形式多样、内容丰富的大学生阅读指导和推广活动，西南交通大学图书馆、四川大学图书馆、电子科技大学图书馆被中国图书馆学会命名为"全民阅读示范基地"。加强高校图书馆队伍建设，重视培养高层次的专业馆员。四川省高校图书情报工作委员会（四川省高校图工委）及其下设的各协作组和专业组举办各种研讨会、工作会，进行有计划、分层次的各种业务培训和工作交流，并积极参与与国内外及西南地区图书情报界的学术交流活动。（四川省图书馆学会）

【首届高校图书馆阅读推广理论与实践高级研修班在成都举办】 9月14—17日，由中国图书馆学会阅读推广委员会主办、电子科技大学承办的首届高校图书馆阅读推广理论与实践高级研修班在成都举办，来自全国各高校、各省市图书馆的210多位专家、业内人士参加交流学习。这是中国图书馆学会首次举办专题性的研修班，主题为"大学生阅读推广的理论与实践"。中山大学图书馆馆长程焕文做主旨报告。阅读推广委员会副主任、南京大学教授徐雁，大学生阅读专业委员会主任、郑州大学《周易》与古代文献研究所所长崔波，经典阅读推广专业委员会副主任、南开大学商学院教授徐建华，武汉大学图书馆馆长王新才，阅读与心理健康专业委员会副主任、中原工学院图书馆馆长张怀涛，图书评论专业委员会副主任、南京邮电大学图书馆馆长钱军，南京农业大学信息科学技术学院教授茆意宏，电子科技大学图书馆馆长李泰峰，重庆大学图书馆馆长杨新涯和西南交通大学图书馆馆长高凡10位专家分别做主题报告，各位专家根据各自研究方向，从不同角度探究高校阅读推广工作。湖南大学图书馆等8所高校图书馆做案例交流。此次研修班现场专家和学员互动活跃，取得很好的交流与研讨效果。（四川省图书馆学会）

【第三届中美高校图书馆合作发展论坛在成都举行】 由中国高校人文社会科学文献中心（CASHL）、北美中国研究图书馆员学会（SCSL）、四川大学联合主办，四川大学图书馆承办的此次论坛于6月10—13日举行。论坛主题是"演变中的学术环境和图书馆：资源建设新方向"。来自19所海外和国内40余所高校及地方图书馆的专家、学者共110人参会。论坛举办12场主题报告，专家们从宏观角度探讨我国和北美高校对演变学术环境下资源建设工作的现状、面临的问题及未来发展的构想。大会还分别安排6场主题为"特色资源建设与服务"及6场主题为"新型资源建设与服务"的分会场报告，报告人以个案研究方式，从个体图书馆出发，交流海内外高校图书馆对特色资源及新型资源建设与服务开展的相关研究工作及思考。（四川省图书馆学会）

【2015年四川省高校图书馆建设发展研讨会召开】 4月27—29日，由四川省高校图工委主办、西华大学图书馆和四川大学图书馆承办的2015年四川省高校图书馆建设发展研讨会在西华大学召开。西华大学副校长朱晋蜀教授，四川省高教学会副秘书长、省高校图工委副主任赵锦棻，省社科联规划办主任黄兵，省高校图工委秘书长、四川大学图书馆馆长马继刚教授出席会议。清华大学图书馆馆长邓景康教授作为大会特邀专家莅临会议。全省65所高校图书馆的近110名馆长参加会议。7所高校图书馆馆长分别做专题发言。会议还安排培训研讨和馆长经验交流等环节，并对省高校图工委2014年工作总结和2015年工作计划、各协作组2015年工作计划

进行研讨。（四川省图书馆学会）

【四川省高校图书馆中文图书编目业务培训研讨会召开】 5月25—28日，中国高等教育文献保障系统（CALIS）西南地区中心暨四川省中心、四川省高校图书情报工作委员会、四川大学图书馆举办四川省高校图书馆中文图书编目业务培训研讨会，会议在四川大学图书馆工学馆报告厅举办。来自四川省内32所高校以及浙江金融职业学院、西藏大学等省外高校图书馆的代表共65人参加培训。会议特别邀请CALIS全国联机编目中心主任喻爽爽、CALIS全国联机编目中心质控组编目专家刘春玥授课。CALIS管理中心会后向学员颁发结业证书。（四川省图书馆学会）

【"四川高校图书馆数据共建共享平台"产学研战略合作协议签署】 9月29日，四川省高校图工委与广州联图电子科技有限公司的"四川高校图书馆共建共享平台"产学研战略合作签约仪式在西华大学图书馆举行。这是四川高校图工委以产学研结合的模式，探索深入开展数据图书馆的理论探索与实践，与企业共同研发该平台，促进全省高校图书馆数据资源共建共享一次新的尝试。（四川省图书馆学会）

【四川省高校图书馆第十一届专家论坛暨第二届现代技术年会举行】 11月5—6日，由四川省高校图工委主办、四川大学图书馆与西南交通大学图书馆联合承办的此次会议在四川大学图书馆举行。省教育厅高教处处长杨亚培到会并致辞。来自省内54所高校的170多名代表参会。会议以"服务、创新与技术"为主题，特邀西安交通大学图书馆邵晶教授、四川大学图书馆馆长马继刚教授、中科院文献情报中心张智雄博士分别做专家报告。（四川省图书馆学会）

【四川省高校"超星杯"信息检索与利用课件大赛举办】 2015年，四川省高校图工委举办此次课件大赛。共收到申报案例51项，经专家评审，四川农业大学"信息检索与利用"等5项获一等奖，成都大学图书馆"信息检索与毕业论文写作"等7项获二等奖，成都体育学院图书馆"体育信息检索与利用"等14项获三等奖。（四川省图书馆学会）

云南省

【2015年云南省数图新服务应用研讨班在云南财经大学举办】 4月28日，由云南省高校图工委、云南高校图书馆联盟主办，云南财经大学图书馆承办的2015云南省数图新服务应用研讨班在云南财经大学举办。研讨班得到北京万方数据股份有限公司协办并赞助。研讨班邀请国内知名专家学者到场授课，培训合格后颁发培训证书。本次研讨的主题是"数图新服务应用，进入知识服务新时代"。来自中国人民大学图书馆、清华大学图书馆、云南大学图书馆、云南财经大学图书馆以及北京万方数据公司的几位专家紧紧围绕本次主题授课，来自昆明和地州图书馆的专家、学者，与图书馆建设和发展相关的北京万方数据库公司的代表约150人出席。（云南财经大学图书馆）

西藏自治区

【2015—2016学年西藏高校图工委年会暨教育部CALIS和CADAL项目西藏自治区工作会议召开】 11月16—17日，由自治区教育厅主办、西藏藏医学院承办的2015—2016学年西藏自治区高等学校图书情报工作指导委员会（以下简称西藏高校图工委）年会暨教育部CALIS和CADAL项目西藏自治区工作会议在拉萨召开，会议主题是"特色文献资源建设"。教育部高教司副巡视员张爱龙，教育部CALIS管理中心副主任、北京大学图书馆副馆长陈凌，教育部CADAL项目管理中心副主任竺海康，教育部高等学校图书馆学学科教学指导委员会副主任委员、浙江大学信息资源管理系副主任李超平，西藏自治区教育厅副厅长娄源冰、文化厅副厅长任淑琼以及西藏地区各高校图书馆负责人、教职工代表等参加会议。会议由教育部高等学校图书情报工作指导委员会委员、西藏高校图工委秘书长尼玛扎西主持。张爱龙、娄源冰先后致辞，陈凌、竺海康做项目工作介绍，尼玛扎西做西藏高校图工委和教育部CALIS、CADAL项目西藏自治区年度工作总结。此次会议为期2天，安排3场专家学术讲座，举办西藏高校图书馆馆长研讨交流会、自治区高校图书馆特色文献资源建设成果展和4场数据库功能利用培训以及实地参观交流等活动。陈凌、竺海康、李超平分别以"图书

馆如何为本科教学服务”“共享·扁平·互动——CADAL 项目实践与规划”和“图书馆服务与理念”为题做精彩学术讲座。参加研讨交流会的各位图书馆馆长研究、讨论自治区高校图工委、教育部 CALIS 和 CADAL 分中心 2016 年度重点工作并达成共识。（中国图书馆学会秘书处　胡京波）

【西藏大学举办“4·23”读书日系列活动】 4 月 23—24 日，西藏大学结合学校实际，组织开展以“分享阅读书香校园”为主题的“4·23”读书日系列活动，引导学生崇尚读书，共建书香校园。活动期间，邀请校内外专家，举办以“古典时代的爱情婚姻”“藏文读书要领”“中国藏文文献资源网”和“西藏大学图书馆电子文献检索”为题的 4 场专家讲座，讲座主题新颖，内容贴近读者，深受学生欢迎，参与学生达 1000 人次。还举办评选 2014 年度读者之星、勤工助学之星和志愿者之星，为学生宿舍文化室捐赠图书资料，好书推介及阅读有奖知识问答等。各学院结合各自专业特色，举办首届学生图书漂流、首届“书海寻宝”“你的眼光，我的选择”采书、读者培训、读书心得交流会等丰富多彩的读书活动。西藏大学高度重视校图书馆建设，近年来投入力度加大，条件逐步改善。目前馆藏纸质图书近 100 万册，电子图书 50 万种，建有全国唯一的中国藏文文献资源网。2014 年成立西藏大学藏文古籍研究所，馆藏珍贵古籍《菩日文献》，为学校高层次人才培养提供强有力的图书资源保障。2015 年，学校划拨专项经费，实施新校区图书馆阅览室书库布局调整改造项目、新校区图书馆二楼大厅改造项目和新书编目外包项目，改善图书馆基础条件。（中国图书馆学会秘书处　胡京波）

【多家单位向西藏大学捐赠图书】 6 月 21 日，复旦大学出版社、同济大学出版社、天津大学出版社和复旦大学图书馆联合向西藏大学捐赠图书仪式在西藏大学老校区举行。西藏大学党委副书记、校长普布次仁出席捐赠仪式，代表西藏大学签署捐赠协议并讲话。复旦大学出版社社长王德耀、同济大学出版社社长支文军、天津大学出版社书记王志勇参加仪式。此次捐赠适逢西藏自治区成立 50 周年大庆和即将召开中央第六次西藏座谈会等重大战略机遇之际，3 所高校向西藏大学捐赠共计 100 万码洋的图书，包括外语、经济管理、人文、新闻等十几个学科门类，并与西藏大学建立长期合作关系。此次图书捐助仪式，将对加强校际合作、促进学校人才培养、科学研究和社会服务起到积极的助推作用。7 月 13 日，国家新闻出版广电总局党组成员宋明昌率国家出版基金规划管理办公室赴西藏调研，并向西藏大学赠送价值 16 万元的精品图书 1000 余册，内容涵盖政治、经济、文学、科技、古籍整理等多个方面，这是新闻出版广电系统援藏工作的一项重要内容。赠送的这批图书是近年来国家出版基金资助的优秀出版成果，对学校人才培养、科学研究、社会服务和文化传承创新起到积极的促进作用。宋明昌一行还赴阿里地区，向农牧民群众赠送 3 万余册、价值 130 万码洋的精品图书。（中国图书馆学会秘书处　胡京波）

【西藏藏医学院图书馆新增电子图书】 2015 年 5 月，为做好科研与教学服务，西藏藏医学院图书馆联系中国知网和超星公司，为该院免费提供电子图书及视频、学术论文、期刊等，在学院图书馆网页的数据库栏里均可免费下载。此次提供的 100 多万种全文电子图书，涵盖经典理论、哲学宗教、政治法律、经济、语言文字、数理科学、生物和工业技术等 22 个专业学科，每年还会补充新书资源。与此同时，光华基金也为该馆赠送 3 万册纸质图书（均为汉语版），包括政治经济类、医药卫生类、经济管理类、文学艺术类、音像品等。（中国图书馆学会秘书处　胡京波）

【西藏藏医学院打造藏医药文献信息中心】 近年来，西藏藏医学院加快打造藏医药文献信息中心的步伐，面向全区开展的藏医药古籍文献搜集整理工作基本完成。拥有 2000 多年历史的藏医药，是藏民族通过长期丰富的生产和生活实践，博采中医学、古印度医学和古阿拉伯医学之长，逐步形成的传统医学体系。目前，国内存世藏文古籍总数约在百万函以上，其中 2/3 在西藏，而藏医药古籍文献主要散布在寺院、图书馆、档案馆、博物馆和私人家中。自 2010 年开始，专家团队以布达拉宫为核心，以自治区图书馆、档案馆和拉萨、阿里、山南、日喀则、那曲等地（市）为半径开展搜集整理工作。已搜集到

800多卷藏医药古籍文献，其中大部分是稀世罕见的孤本、绝本。专家在完成这些古籍的修复后，严格尊重文献原貌、原意，对文献母本进行影印复制，并利用非接触古籍扫描仪的方式进行扫描、排版等，避免对文献的二次破坏。目前已整理出版《中国藏医药影印古籍珍本》丛书，共30卷2700万字，收录《药师佛祷文五部》等百余部藏医药学古籍手抄本，其中《四部医典》就有多个版本。面向青海等地乃至国外的搜集整理工作也正式启动，预计两年完成。西藏藏医学院图书馆现有藏书56000部，包含藏医、藏药等，面向海内外的藏文古籍搜集整理工作完成后，将为建成全球最大的藏医药文献信息中心奠定基础。（中国图书馆学会秘书处　胡京波）

【西藏民族大学图书馆举办"书香校园，燃情民大"读书月活动】 5月22日下午，"书香校园，燃情民大"读书月闭幕式在图书馆举行。图书馆领导、部分员工以及学生代表共80余人参加活动。这是该校正式更名为西藏民族大学之后举办的第一届读书月活动。图书馆先后举办"心中有爱，阅读无痕"破损书展、"书随我动"教职工预约送书、"民大，我知道……"知识竞赛等一系列丰富多彩的活动，并得到全校师生高度好评，达到预期效果。其中"知网杯恋上图书馆"系列图文设计大赛是这次读书月最大的亮点。经过新闻学院唯一色工作室成员的策划、指导和图书馆老师的大力宣传，在全校范围内共征集到作品20余幅，评选出一等奖1名、二等奖2名、三等奖3名，优胜奖9名。闭幕式上，进行征集作品展播并为获奖作品颁奖，同时为从40名勤工助学学生馆员中评选出的10名"馆员之星"颁奖。孔繁秀馆长做读书月活动总结，希望学校师生充分利用图书馆资源，多读书、读好书，做一个有智慧的读书人。（中国图书馆学会秘书处　胡京波）

【中国作协和作家出版社向西藏民族大学图书馆赠送图书】 10月10日，中国作协和作家出版社向西藏民族大学图书馆赠书仪式在西藏民族大学图书馆举行。中国文联副主席、中国笔会中心主任、西藏民族大学杰出校友丹增书记，陕西省作协党组书记黄道峻，作家出版社社长葛笑政，西藏民族大学校长扎西次仁等参加赠书仪式。此次赠书均为作家出版社出版，共计187册，其中所赠送的《新时期中国少数民族文学作品选集》系列图书是作家出版社自1949年以来中国少数民族文学最大集成的出版，同时也是该社第一次出版少数民族文种，除汉文版外，还有藏语、朝鲜语、蒙古语、哈萨克语、维吾尔语5个版本。这些赠书进一步丰富了学校图书馆馆藏资源，对少数民族文化事业建设具有重要意义。（中国图书馆学会秘书处　胡京波）

陕西省

【概况】 2015年，陕西高校图书馆平均馆舍面积23121平方米，比上年平均22240平方米增加了881平方米。馆均在编职工37人，与上年持平。在编职工中，本科及以上学历者占70.90%，与上年的70.21%基本持平，其中，博士占1.62%，硕士及第二学士学位占21.82%，本科占47.77%。在编职工中，中级及以上职称者占62.23%，其中，正高级职称占3.85%，副高级职称占17.37%，中级职称占41.01%。馆均年度总经费4470927元，比上年的4847715元减少376788元（7.77%）。馆均文献资源购置费3985532元，占年度总经费的89.14%，比上年的79.60%增加9.54%；其中，馆均纸质资源购置费2133570元，占文献资源购置费的53.53%，比上年的56.99%减少3.46%；馆均电子资源购置费1850343元，占文献资源购置费的46.43%，比上年的42.70%增加3.73%。馆均年购中文纸质图书46530册，比上年的平均49891册减少3361册；馆均年购外文纸质图书604册，比上年的平均631册减少27册；馆均年购中文电子图书275589册，比上年的平均428968册减少153379册；馆均年购外文电子图书13169册，比上年的平均26202册减少13033册。馆均中文纸质图书累积量1101027册，馆均外文纸质图书累积量53414册。（西安交通大学图书馆　张惠君）

【陕西省高等学校图书情报工作委员会换届】 按照《陕西省高等学校图书情报工作委员会章程》，第七届陕西高校图工委聘期届满。根据省教育厅的工作安排，2015年完成省高校图工委换届工作。在各高校申报、推荐的基础上，经省教育厅研究，决定聘请有关高校图书馆的专家为第八届省高校图工委成员。新一届图工委常务委员会由 19 人组成，其中主任委员 1 人、副主任委员 7 人。秘书处设在西安交通大学图书馆，设秘书长 1 人、副秘书长 1 人。（西安交通大学图书馆　张惠君）

【陕西省高校图工委举办新入职人员培训专家报告会】 10 月 9 日，由陕西省高校图工委主办、西安邮电大学图书馆承办的陕西省高校图书馆新入职人员培训会在西安邮电大学长安校区图书馆举行，来自省内 40 所高校的近 80 名馆员参加。康万武研究馆员以“一个老图书馆员的心声”为题，通过自身经历为大家讲述一名老图书馆员的成长历程和心得体会；强自力研究馆员为新员工普及图书馆专业基础知识；西安交通大学图书馆凌黎和第四军医大学图书馆宋蕊为大家分享读者服务的小故事，传递图书馆员应有的职业精神和专业素养。最后，省高校图工委副秘书长张惠君研究馆员做总结发言。（西安交通大学图书馆　张惠君）

【陕西省高校图工委举办读者服务案例展示交流活动】 11 月 27 日，由陕西高校图工委主办、长安大学图书馆承办的第三届陕西高校图书馆员读者服务典型案例在长安大学校本部举行，省内 56 家高校图书馆和部分公共图书馆的 204 名馆员报名参加。本次活动共收到 24 家图书馆的 74 项案例，经过专家初评，选出 39 个案例参加交流竞赛。经过一天的展示和比赛，最终由 21 位评委评选出 20 个优秀案例，并在会上为获奖者颁发了荣誉证书。为了培养图书馆员的公益心，弘扬志愿者精神，会议期间还对 2015 年赴基层图书馆参加案例展示交流的志愿者进行表彰，为他们颁发志愿者证书。

此外，由省高校图工委和省图书馆学会携手组织的读者服务优秀案例赴基层图书馆交流巡展活动也取得了可喜成效。该活动历时半年，举办活动 10 余场，共有近 30 位志愿者参与案例交流，足迹遍及西安、宝鸡、咸阳、杨凌、汉中等地的高校图书馆和基层县级图书馆。参加展示的服务案例从日常工作的微小细节出发，内容涵盖图书馆服务工作的方方面面，从不同的角度诠释了读者服务工作中所蕴含的“小案例大智慧，小故事大情怀”的内涵。（西安交通大学图书馆　张惠君）

【陕西省高等学校图书情报工作会议】 12 月 21—22 日，陕西省高等学校图书情报工作会议暨第八届省高校图工委成立大会在西安召开。来自全省 71 所高校图书馆的 100 多位馆领导参加会议。此次会议的主题是“陕西省高校图工委换届”及“做好‘十三五’规划，共谋图书馆发展”。会议开幕式由陕西省高等学校图书情报工作委员会副主任、西安交通大学图书馆馆长王元教授主持。根据国家精简机构的要求和陕西省高等教育分类分层次布局需要，本次对新一届高校图工委副主任委员、常务委员的数量和构成进行较大幅度调整。进一步厘清高校图工委的宗旨、工作内容、组织架构、管理模式以及各成员单位的基本责任等，使其规范化、科学化运行。会上，省高校图工委秘书长张惠君做工作报告，回顾和总结上一届图工委的工作，通报 2016 年高校图工委工作安排。西安交通大学、西北工业大学等 9 位高校图书馆负责人做大会发言，就图书馆“十三五”规划编制情况进行深入交流。会议期间，与会代表还参观西安医学院图书馆和西安工业大学图书馆。（西安交通大学图书馆　张惠君）

甘肃省

【概况】 截至 2015 年年底，甘肃省共有各类高等学校图书馆 46 个。其中：普通本科高校图书馆 16 个，专科院校图书馆 21 个，独立学院 5 个，党校图书馆 1 个，甘肃广播电视大学图书馆 1 个，其他 2 个。调研 7 个图书馆的馆舍面积总计 23.89 万平方米；拥有阅览座席 21698 个，馆均 3100 个。甘肃中医大学新校区、陇东学院等 5 个图书馆的新馆正在建设中。

人员素质和科研能力不断提高。7 个馆有正式在编人员 391 人。其中：大专学历 78 人，占人员总数的 19.9%；本科学历 195 人，占 49.9%，硕士和博士研究生 80 人，占 20.5%。391 人中，馆员 138 人，占专业人员总数的 35.3%；副研究馆员 78 人，占 19.9%；研究馆员 16 人，占 4.1%。员工在省级以上刊物发表论文 134 篇，馆均 19.14 篇；出版图书馆学、情报学专著 11 部，国家级、省部级、厅局级等在研课题 23 项，各类学术成果获奖 16 项。

文献资源保障能力稳步提升。7 个馆藏书总量 1783.5706 万册。其中：纸质图书 913.26 万册，报刊合订本 88.62 万册，古籍 25.12 万册

（善本 0.84 万册）万册，地方文献 6.91 万册，电子图书 723.34 万册，外文书刊 47.78 万册，有 3 个馆的电子文献拥有量已超过纸本文献。购买或自建各类数据库 217 个，其中购买中文数据库 153 个、外文数据库 58 个，自建数据库 6 个。拥有数据库最多的是兰州大学图书馆，达到 75 个。

经费投入稳定增长。7 个馆 2015 年新增藏量购置费合计 4435.01 万元，馆均 633.57 万元，最高的是兰州大学图书馆的 1573 万元。其中：图书购置费 1636.23 万元，数字资源购置费 2798.68 万元，数字资源购置费已占资源建设费的 63.1%。新增藏量购置费。7 个馆全年新购图书 9.82 万种 23.29 万册，报刊 9243 种，电子文献 337.63 万种。

网络化、数字化设施全面普及。7 个馆拥有计算机 2256 台，馆均 322.3 台；其中电子阅览室配有计算机 1433 台，馆均 204.7 台。网络带宽有 6 个馆达到 1000bps，7 个馆拥有网络端口 7100 个，网站年点击累计 392.69 万次。4 个馆开通微信公众平台，开展信息推送服务。

图书馆服务水平全面提升。7 个馆累计发放有效借书证 12.94 万个，馆均 1.85 万个。全年接待读者 328.97 万人次，年外借书刊 155.13 万册次。每周开馆时间合计 578 小时，馆均 82.57 小时，其中 3 个馆达到周开馆 100 小时以上。全年举办读者活动 297 场次，其中讲座、报告会 100 场次，其他读书活动 197 场次，参与读者 2.94 万人次。积极开展由甘肃省图书馆学会每年组织举办的全民阅读活动。全年解答参考咨询 12300 条，检索课题 902 项，编写情报研究报告等二、三次文献 10 种。在做好常规服务的同时，甘肃部分高校图书馆还积极探索学科化信息服务，建立以学科馆员为核心的新型服务模式。（甘肃省图书馆学会　董隽）

【甘肃省高等学校图书情报工作委员会概况】 2015 年，甘肃省高等学校图书情报工作委员会（以下简称“甘肃省高校图工委”）有成员馆 37 家。4 月 18 日，组织召开“2015 年甘肃省高校图工委委员馆馆长会议”，来自全省 30 所高校图书馆的馆长、业务工作负责人及数据库商代表共计 80 余人参加会议。11 月 6 日，组织召开“甘肃省高校图工委 2015 年年会”，90 余人参会，会议总结甘肃省高校图工委 2014—2015 年工作并通报 2015—2016 年工作思路。联合举办“甘肃第九届甘、青、宁新书看样订货会”。

积极推进 3C（CALIS/CASHL/CADAL）工作与馆际合作。兰州大学图书馆获教育部批准，正式成为 CASHL 西北区域中心，成为 CASHL 全国 7 个区域中心之一。在资源建设方面，省内各成员馆依托 CALIS，分别开展联合编目、书目数据交换、本校学位论文收藏、特色数据库建设等工作；开展集团采购谈判；促成“牛津期刊甘肃省集团订购方案（2016 年度）”的形成。在文献服务方面，配合 CALIS 管理中心的部署，西北区域中心开展一系列文献传递优惠活动，包括“聚会桃花三月 CASHL 十一周年全国优惠活动”“2015 年西北区域优惠活动”等。在宣传推介方面，依托新媒体，发展微环境下宣传推介模式，在微博主页、微信圈等社交平台进行宣传，把文献传递的宣传推广嵌入数据库培训、新生素质教育中，针对性强，效果明显。在人员培训方面，西北区域中心结合“一小时讲座”、走入学院和全民阅读月活动，进行嵌入式培训。“世界读书日”当天，兰州大学图书馆两位老师第二次赴河西学院图书馆做“‘汇聚资源，海纳百川’人文社会科学资源与服务的一体化平台”的宣传推广讲座。5 月，西北区域中心两位老师借宁夏高校图工委 2015 年工作会议之机对宁夏高校图书馆馆员开展 CASHL 培训。2015 年 CASHL 中心西部馆员培训计划中，为资源和技术力量薄弱的西部高校图书馆馆员争取了赴北京大学、复旦大学图书馆学习进修的机会。6 月，CALIS 甘肃省文献信息服务中心在河西学院举办第四期服务培训——“文献资源建设与编目培训班”。在项目申请方面，CASHL 西北区域中心共获得 CASHL 服务与前瞻性课题 3 项：“‘开篇寻章、博览筑梦’区域宣传推广及优惠活动”、CASHL 学科服务推广项目“‘风华耀九月，传递显真章’兰州大学、四川大学图书馆民族学及边疆史地文献传递优惠活动”、前瞻性研究课题“移动操作系统下的 CASHL 服务与推广研究”。省内成员馆协同发展方面，为提升在兰高校 3C 服务能力，5—9 月，兰州大学图书馆技术人员走进西北民族大学图书馆、兰州理工大学图书馆、甘肃中医药大学图书馆、西北师范大学图书馆、甘肃农业大学图书馆及兰州财经大学图书馆开展调研与服务，全面了解成员馆的服务现状、人员配置、文献资源建设等状况，并重点就 3C 建设、数字图书馆发展、文献传递服务、微环境下图书馆服务推介、机构知识库建设等问题，了解发展需求，探讨创新举措，共同解决使用中的技术难题，对 3C 建设与发展形成诸多共识，为成员馆的协同发展和创新服务打下基础。4—10 月，在兰州大学图书馆举办各类数据库培训会议 14 场次、研讨会及集团采购会议 2 场次。培训会主要有“大数据环境下图书馆创新服务模式研讨会”“2015 年新东方多媒体学习库资源建设研讨会暨新产品发布会”等。

配合教育部全国高校图工委，完成相关工作任务。7 月，“2015 年教育部高校图工委信息技术应用工作年会暨大数据环境下的图书馆统计分析与服务创新学术研讨会”在兰州大学图书馆召开，来自信息技术应用工作组的高校图书馆馆长及参会代表近 100 人参加会议。7 月，由中国图书馆学会高等学校图书馆分会主办，兰州大学图书馆、《中国现代教育装备》杂志社联合承办的“2015 高等学校图书馆新任馆长高级研修班”在兰州大学图书馆举办。（甘肃省图书馆学会　董隽）

【甘肃省高校图工委 2015 年年会召开】 会议于 11 月 5—7 日在陇南师范高等专科学校召开，来自省内 29 所高校图书馆的馆长、业内同人及数据库商代表 90 余人参加会议。陇南师范高等专科学校党委成员张勇致开幕词。兰州大学图书馆馆长沙勇忠教授做“关于高校图书馆‘十三五’规划制定的几个问题”报告，西北民族大学图书馆馆长陈自仁做“纸质图书招标采购问题研究”报告。会议听取兰州交通大学图书馆馆长严松宏所做“甘肃省高校图工委 2014—2015 年工作总结及 2015—2016 年工作思路”的报告。讨论与交流阶段，与会代表围绕“高校图书馆‘十三五’规划”的主题开展专题研讨。此次会议对甘肃省高校图书馆事业长远发展起到阶段性的推动作用。（甘肃省图书馆学会　张毅宏）

【兰州大学图书馆获教育部批准正式成为 CASHL 西北区域中心】 2015 年 11 月，兰州大学图书馆收到 CASHL 管理中心通知，获得教育部批准正式成为 CASHL 西北区域中心。该馆将以此为契机，以国际性学术视野逐步构建以“丝绸之路文献和西北边疆文献”为主题的特色资源体系，大力发展成员馆和注册用户，稳步推进 CASHL 在西北地区高校的宣传推广，拓展深化基于移动环境下的服务内容，不断提高 CASHL 服务能力，围绕国家“建设中国特色新型智库”和兰州大学人文社会科学优势特色学科建设，打造具有“丝绸之路和西北边疆文献中心”功能和提供全国服务保障的西北人文社会科学文献信息资源共享平台。（甘肃省图书馆学会　张毅宏）

【《国家图书馆藏敦煌遗书》入藏西北师范大学图书馆】 2015 年 4 月，由任继愈先生任主编、国家图书馆编纂的《国家图书馆藏敦煌遗书》入藏西北师范大学图书馆。该书以国家图书馆收藏的 16000 多件敦煌遗书为底本影印出版，共 146 册，是迄今为止揭示国家图书馆敦煌遗书藏品最大最全的一部大型图录。除图版外，另有总目、条记目录及新旧编号对照表。该书对敦煌遗书的文献研究、文物研究与文字学研究具有重要价值，是敦煌学研究、中古史研究、文献学研究、宗教学研究必不可少的第一手资料。（甘肃省图书馆学会　张毅宏）

青海省

【青海师范大学图书馆开展“三区”文化援助服务活动，被评为“青海省高校优秀校园文化品牌”】 2015 年青海师范大学图书馆积极发挥高校图书馆服务社会的功能，继续开展“三区”文化援助服务活动，精心组织、优质服务，获得良好的社会声誉，受到省委教育工作委员会及学校的表彰，被省委教育工作委员会评为“青海省高校优秀校园文化品牌”。2015 年青海师范大学图书馆“三区”文化援助服务团队继续走进海东市乐都区、海西州、黄南洲泽库县和河南县，为农（牧）家书屋管理员进行业务培训。（青海师范大学图书馆　王琳）

【青海师范大学图书馆 CALIS 省中心开展研讨活动】 6 月 26 日下午，由 CALIS 青海省中心主办、青海师范大学图书馆承办的 2015 年 CALIS 青海省中心业务研讨会在青海师范大学图书馆三楼培训教室召开。来自全省本科院校、高职院校、公共、科研、党校、广播电视大学图书馆的馆长及业务人员参加了会议。会议由青海省中心管理委员会副主任刘霞主持并代表省中心做2013、2014年青海省中心工作总结。青海大学图书馆馆长陈伟、青海民族大学图书馆馆长那成英、西宁市图书馆馆长王海山先后做“图书馆内装设计与探索”“加强古籍保护，建设特色馆藏”“图书馆延伸服务工作”的专题报告。（青海师范大学图书馆　王琳）

【青海师范大学图书馆CALIS青海省中心工作再上新台阶】 青海师范大学图书馆作为Calis省中心从2005年开始建设，历经10年的建设和发展再上新台阶。2015年中央财政支持地方高校经费210万元，用于数据库更新和购置新数据库，新购CNKI硕士学位论文、CNKI博士学位论文及美国探索教育视频资源库3个数据库，至此数据库总量已达27个。2015年数字资源得到了较好的利用，数字资源检索达506605人次，浏览文献篇目达1077266人次，全文下载达713173篇，文献传递量达88578篇。青海师范大学图书馆作为CALIS省中心，利用电子资源方面的优势，开展资源共享工作，较好地满足了全省各高校的科研和教学需求，为推动全省电子资源的共建共享起到了积极的推动作用。（青海师范大学图书馆　王琳）

【青海民族大学图书馆举办“文化遗产日”专题讲座】 在第十个世界“文化遗产日”到来之际，由青海省古籍保护中心、青海省图书馆学会主办，青海民族大学图书馆协办的“我与中华古籍”活动于6月17日下午在青海民族大学图书馆举行。青海省图书馆党委书记李智信做题为“古文献、古文字与彩陶”的专题讲座，青海省古籍保护中心、青海省图书馆学会、西宁市图书馆领导、青海民族大学图书馆馆员及文学院部分学生80余人聆听讲座。李智信书记结合马家窑文化、宗日文化、齐家文化、卡约文化、辛店文化等特点，以旋涡纹、勾连旋涡纹、葫芦纹、网格纹、回纹、草裙纹、发纹、蛙纹及双勾纹等抽象和具象的条纹为例，对青海彩陶内涵进行全面分析，并介绍彩陶图案和古文字演化的关系，指出彩陶图案是古文字研究的有力佐证。此次讲座严谨扎实，内涵丰富，互动积极，详细展示古代文化的风貌，取得了良好效果。（青海民族大学图书馆　范志峰）

【青海民族大学图书馆荣获首届全国高校图书馆阅读推广案例西部赛区一等奖和优秀奖】 6月17日，教育部首届全国高校图书馆阅读推广案例大赛西部赛区赛在重庆大学举行，青海民族大学图书馆推送的“汉藏文优秀传统文化互译图书推广案例”和“寻找丢失的图书”获得一等奖和优秀奖。（青海民族大学图书馆　范志峰）

【青海卫生职业技术学院图书与医学信息中心获得“全民阅读优秀案例三等奖”】 2015年9月，青海卫生职业技术学院图书与医学信息中心参加由中国图书馆学会、韬奋基金会、中国出版集团公司、中国新华书店协会主办，《图书馆报》承办的“2015全民阅读优秀案例”，并获得“全民阅读优秀案例三等奖”。（青海卫生职业技术学院图书与医学信息中心　赵青杏）

新疆维吾尔自治区

【新疆大学图书馆概况】 截至2015年年底，新疆大学图书馆各类馆藏文献资源总量达到344万余册，其中纸本文献资源收藏总量达220万册，中外文报刊15.5万册；电子文献累计108.5万册。数据库62个，其中订购数据库51个，自建数据库11个。建立学科导航10个。文献资源涵盖人文社会科学和理工科学的所有学科门类，覆盖新疆大学所有的学科专业。馆藏文献中，现代版新疆少数民族文种（维吾尔文、哈萨克文、柯尔克孜文、乌孜别克文、蒙古文、满文等）文献16900余种，16万余册；古籍文献25万册，其中明、清善本书14000册；民国书刊4万册；新疆地方文献2万余册。古籍与民国线装图书是该馆最重要的馆藏之一，总量达17万余册（其中善本古籍533种1.4万余册），列新疆高校之首。2008年以来，馆藏元刻明弘治正德嘉靖递修本《资治通鉴二百九十四卷》、明成化九年（1473）内府刻本《资治通鉴纲目五十九卷》、明正德十五年（1520）顾璘刻本《逊志斋集二十四卷》和明嘉靖十三年（1534）秦藩朱惟焯刻二十九年（1550）重修本《史记一百三十卷》等19种古籍入选《国家珍贵古籍名录》。少数民族文种古籍300余种（包括察合台文古籍、波斯文和阿拉伯文古籍），察合台文契约文书700余张，其中《五卷诗（Xemse）》和《四卷诗集（Chahar Divan）》等察合台文文献和契

约文书以及用波斯文和阿拉伯文等文种抄写的古籍文献为新疆大学图书馆所特藏。（新疆大学图书馆　韩延彬）

【新疆大学图书馆开展世界读书日系列活动】 4月23日，新疆大学图书馆结合世界读书日开展以“阅读，让我们了解世界”为主题的读书月活动，举办读者座谈会、“我读书、我快乐”主题征文活动、“分享阅读、交换快乐”的图书漂流、“中国知网杯”新疆大学图书馆 logo 设计大赛征集活动、数据库培训等系列活动。读书月系列活动旨在以多种不同形式的活动向读者展示读书的魅力，是图书馆大力深化素质教育，推动校园精神文明建设的一项重要举措，是图书馆拓宽服务广度、增加服务深度、强化服务力度的具体体现。（新疆大学图书馆　韩延彬）

【新疆师范大学温泉校区黄文弼图书馆开馆】 3月9日，新疆师范大学温泉校区黄文弼图书馆一期工程开放试运行。温泉校区黄文弼图书馆面积为4.3万平方米，共12层，是新疆师范大学标志性的建筑，为目前新疆面积最大的图书馆，在整个西北地区也是位于前列。其中，新建立的黄文弼特藏馆除保存和利用黄文弼先生的藏书之外，还将以黄文弼图书为核心，汇集并不断延续西域研究的文献资料，使黄文弼特藏馆成为世界范围内西域研究的资料中心。不仅如此，以这批藏书为契机，新疆师范大学将“黄文弼与中瑞西北科学考察团研究”作为该校重点科研项目，由自治区人文社会科学重点研究基地——新疆师范大学西域文史研究中心立项启动。（新疆师范大学图书馆　林宏磊）

【自治区党委常委、自治区人民政府副主席艾尔肯·吐尼亚孜视察新疆师范大学温泉校区黄文弼图书馆】 4月3日，自治区党委常委、人民政府副主席艾尔肯·吐尼亚孜在自治区人民政府副秘书长刘华、教育厅党组书记梁超、教育厅副厅长张建仁等领导的陪同下考察温泉校区图书馆，详细询问温泉校区图书馆的建设、搬迁、管理等情况，参观图书馆自助借还系统、自主学习、阅览空间，并就图书馆新技术应用、管理模式的设计以及如何建好高校图书馆进行现场交流。（新疆师范大学图书馆　林宏磊）

【新疆医科大学图书馆概况】 2015年，新疆医科大学图书馆借还总量为22.29万册，其中电子图书借阅量达6.45万册，借阅率比去年提高8.28%，通借通还借阅总量比去年提高14%；数据库登录41.77万人次，下载及传递量134.37万篇，比去年提高10%以上；馆内数据库推介讲座25场，开设不同主题的图书专架7个，比年初计划增加57%。全年共接待到馆读者124.81万人次，比去年增加3.04%；移动图书馆新增用户数2844人，总点击量达1456.8万次，比去年增加17.8%。图书馆微信订阅号和微信服务号用户已达9436余人，通过微信进行续借和常见问题回复达4.55万人次，比去年增加52.98%；完成查新报告中外文400篇，成果鉴定32篇，论文认定报告中外文5179篇。为缓解馆藏空间不足的问题，投入150万元在负一层建成可容纳50余万册图书的密集书库。

电子文献资源建设方面，现订购数据库41个，其中中文数据库22个，外文数据库19个；电子图书419.69万册（买断版权的中文电子图书43.87万种，外文电子图书1.01万种，包库访问的330万种，共建共享的23.83万种）。通过共享，还可获取5万余种期刊，400余种报纸，10T随书光盘及大量的视频、音频等资源。与CALIS新疆中心共建共享电子图书10.7万册，2108集视频资源，随书光盘10T。

在新技术引用和应用方面，完成“台账式工作管理软件”的研发，完成每日微信推送、回复及测试，引进二维码、RFID智能图书管理系统，建立现代“智慧型”图书馆的雏形。（新疆医科大学图书馆　戴哲）

【新疆医科大学图书馆开展荐购模式调研】 2015年，新疆医科大学图书馆对读者纸本资源和电子资源的需求进行多渠道的调研。纸质资源方面，建立与各个学院的供需沟通渠道，广泛征求各学院师生及附属医院教职工读者的意见，又与同类专业多所高校图书馆进行比对，定期分析现有藏书的学科结构，结合读者的需求适时调整采购策略，以便统筹兼顾、突出重点、提高质量、优化结构；电子资源订购方面，成立决策团队，紧紧围绕新疆医科大学的整体定位和发展方向，通过读者满意度调查、成本效益、数据库学术价值等指标对上一年已订购的电子资源进行多方位评价，建章立制，建立科学的电子资源评价机制和末位电子资源淘汰制度，制订出适合新疆医科大学图书馆的电子资源建设和订购方案，使资源配置更趋科学和合理。加大对数据库等电子资源的倾斜力度，在每年电子资源平均涨幅10%—15%的情况下，保证数据库订购的延续性。同时，制定《图书馆中医图书采购原则》，加大中医图书采购力度，保证复本量；增加采购渠道，通过网络平台、古旧书店进行查漏补缺；尽力满足中医学读者的特殊需求，投入专项经费5万余元补充中医珍藏线装书等，为给中医学专业认证提供强有力的资源保障。（新疆医科大学图书馆　戴哲）

【新疆医科大学图书馆开展嵌入式学科服务】 2015年，新疆医科大学图书馆将信息工作与具体学科相结合，在学科竞争力评价、专利申报等方面提供信息服务。比如运用文献学方法对中医相关学科进行分析，并与中医学院合作申报哈医药文献数字化研究课题，获教育部人文社科立项；运用SWOT分析法以新疆医科大学附属医院为例对“一带一路”背景构建中亚医疗中心进行战略分析，并从辐射力、聚集力、示范力、延展力等角度提出初步意见；完成《新疆医科大学公共卫生学院学科研究态势分析——以劳动卫生与环境卫生学为例》和《新疆医科大学引进人才评价研究》分析报告；完成《新疆医科大学2014年SCI发文分析报告》等。（新疆医科大学图书馆　戴哲）

【新疆医科大学图书馆举办第二届新疆图书馆发展论坛】 11月24日，由新疆维吾尔自治区图书馆学会、新疆高校图工委主办，新疆医科大学图书馆承办的以“新理念、新技术、新服务”为主题的第二届新疆图书馆发展论坛在乌鲁木齐召开，来自全疆20多家高校馆和公共馆的130多名代表参加。会上，北京人天图书集团公司董事长邹进、中国医学科学院信息研究所（协和医学院图书馆）资源建设部主任任慧玲、新疆师范大学副馆长包瑞等13位代表从资源建设、新技术、新产品、新服务等方面做精彩发言，引发与会者深厚的兴趣与强烈的反响。此次会议对新疆图书馆界的发展产生积极影响，预示着传统图书馆正在向数字图书馆、泛在图书馆、智慧图书馆不断迈进。（新疆医科大学图书馆　戴哲）

党校图书馆

【河北党校文献信息学会开展第二届有奖书评活动】 4月23日至6月23日，河北党校文献信息学会在全省党校系统开展第二届有奖书评活动。学会制订“有奖书评”活动方案，力争把有奖书评办成全省党校系统有影响的品牌活动。各地学校图书馆根据本地实际制定实施细则，有的党校具体规定阅读书目，有的党校设置专门书架，还有的党校为了提高书评质量请专业老师就书评种类、书评写作要求等开展专题讲座，使河北党校文献信息学会第二届有奖书评活动扎扎实实地开展。（河北省委党校图书馆）

【江西省委党校图书馆举办书香党校读书周活动】 在第20个“世界读书日”到来之际，中共江西省委党校图书馆举办为期一周的系列庆祝与阅读活动。作为活动的序幕，图书馆牵头，联合校干培处、机关党委、机关工会等共同举办了“领导与读书和图书馆利用座谈会暨书香党校读书周活动开幕式”。座谈会上，专家就“领导干部为什么读书、读什么书、怎么读书”进行了详细的阐述，与会学员代表也纷纷结合自身工作实际，向与会者分享了自己读书的经验、方法和技巧。（江西省图书馆学会　潘小芳）

【四川省委党校图书馆数字图书馆建设取得新进展】 该馆承担的“邓小平理论研究数据库”是全国党校数字资源共建共享项目子项之一，于2015年6月完成数据库建设工作，数据库总数据量达到4万余条，并撰写“邓小平理论研究数据库”子课题结项报告。接受中央党校图书馆领导到馆评估检查并获好评。继续开展“4.20芦山地震”数据库建设工作，完成数据库页面设计、分类体系设置、平台搭建、程序对接等工作，整理数据4.8万条，标引、分类数据入库近4万条。完成移动图书馆平台与校园移动办公平台单点登录功能的程序开发、调试工作，建成校（院）移动图书馆并开通使用。（四川省委党校图书馆　施静）

【四川省委党校图书馆举办世界读书日系列

活动】 4 月 20—24 日，图书馆策划举办以“让学习成为习惯，让读书成为享受”为主题的系列活动，活动涵盖馆员荐书 100 种，读者荐网、荐书、建言，“为木里藏区脱贫送本书”“数字图书馆知与用”和“看片品书”等子活动，图书馆的文化窗口作用进一步凸显。（四川省委党校图书馆　施静）

军队院校图书馆

【概况】 2015 年，军队院校图书馆着眼“能打仗打胜仗”强军目标要求，按照“需求牵引、技术推动、联合保障、注重效益”的原则，坚持“面向战场、面向部队、面向未来”的服务宗旨，以军队院校图书馆联建共享工程为牵引，以提升信息服务保障能力为中心任务，以培养锻炼学科馆员为途径，在为院校教学科研与人才培养服务、为各级领导机关决策咨询服务、为部队教育训练服务等方面取得显著成绩。

资源建设与信息服务不断拓展。本年度，军队院校图书馆以“2110”工程三期重点项目为牵引，围绕学校重点学科、新兴学科建设，大力加强文献资源建设，文献资源学科配置更加合理，特色更加鲜明，更加贴合学校教学科研需求。各馆瞄准新技术发展前沿，完善提升数字图书馆服务平台，实施数字图书馆备份系统工程建设，引进电子图书阅读机、电子读报机系统、24 小时自助图书馆等高新技术设备设施，进一步提升读者对新媒体阅读的体验和使用效果。

联建共享工程稳步推进。按照“全军院校一个馆”的建设目标，各馆以“联建共享”为中心，积极推进军队院校图书馆信息管理系统（简称 MALIS 系统）的安装部署。该系统由图书馆业务管理、信息资源建设、信息服务 3 个子系统组成。为培训各馆技术骨干，南京政治学院军事信息管理系年内共举办两期全军院校图书馆技术骨干培训班，培训人员 90 余人。

积极开展阅读推广与学术交流活动。各馆以世界读书日为契机，采取多种形式，开展多种内容的主题读书活动，深化对国家、军队各项改革的理解。以纪念抗日战争胜利 70 周年为契机，各馆积极开展红色文献宣传推介活动，举办各种书画展览活动。以“周六讲坛”“知行讲座”“读书沙龙”等多种学术交流平台为载体，各馆为推进教学模式转型，开展内容丰富的课余学术交流活动。（军队院校图书馆委员会　李莉　李抒）

【陆军军官学院图书馆举办百部战争影片轮展活动】 为充分发挥图书馆在培养有灵魂、有本事、有血性、有品德的新一代革命军人方面的文献信息保障作用，2015 年以来，陆军军官学院图书馆着眼于能打仗、打胜仗的战斗力建设标准，积极落实“两个靠拢”要求，接轨部队实战化训练需要，每周二、五晚举办百部战争影片轮展活动，先后有 5000 余人次学员观看影片。影片内容涉及国内外著名战役、重大军事事件、著名军事将领等，得到广大学员的热烈反响，不仅丰富了学员的校园文化生活，更潜移默化地熏陶了学员的军事素养。（陆军军官学院图书馆）

【军队院校图书馆开办多个学术讲坛】 2015 年，国防大学图书馆举办的“周六讲坛”邀请本校金一南、徐焰、李莉、王宝付等名师大家，紧密围绕国际赛博冲突、半岛危机、叙利亚危机、南海问题等问题、“一带一路”、军队改革、新领域作战、纪念抗战胜利等国际国内热点焦点问题，举办 19 场讲座。第二炮兵指挥学院图书馆举办的“知行讲座”，聚焦当前热点问题，邀请军内外知名专家教授来院授课，倡导“知行合一”理念，切实在学院营造出浓厚的学术文化氛围。所开办的学术讲座活动，在学校形成良好的品牌效应，为提升军校学员的战略素养，拓展学术视野，活跃课余学习生活具有指导意义。（国防大学图书馆　李莉　第二炮兵指挥学院图书馆　曹国强）

【第二军医大学图书馆迈上转型发展变革之路】 近年来，第二军医大学图书馆在学校教学训练任务加大、招生规模上升，以及移动互联网技术迅猛发展的内外环境变化下，谋求脱困之道，迈上转型发展变革之路，在数字资源、服务平台、人员培养以及功能布局、空间重构等软硬件建设上全面升级改造。2012 年 7 月，该馆正式启动全方位改造扩建，重新规划图书馆大楼布局。建立学科馆员制度，提升服务质量，安排中级职称以上的业务骨干与某个院系或学科专业建立起沟通联系，主动为用户提供有针对性的文献信息搜集服务。根据全校教学、科研、医疗以及学科建设的实际需要，重点引进和自建了以SCI、国外军事医学期刊数据库为代表的7个大型数据库数字资源方阵，特别是针对该校新成立的研究与教学单位，及时购买引进相关领域的期刊数据库。经过几年的转型升级，该馆焕然一新。入馆人数已连续两年以30%的速度递增，图书馆日均接待量突破2500人次。率先在军队图书馆引进使用座位预约管理系统，先后获得包括3项国家自然（社会）科学基金项目、军队图书馆优秀信息成果奖在内的多项大奖。2015年1月6日，《科技日报》第10版以较大篇幅刊登题为《精心构筑学员的"精神家园"》的文章，对该馆谋求转型发展变革给予专题报道。（第二军医大学图书馆　曹洪欣　姚勤）

【武警工程大学图书馆新增服务广受欢迎】 武警工程大学图书馆为更好地服务于学校教学科研工作，2015年以来，积极开展多项创新性服务活动。一是开展嵌入式教学服务。馆员走出图书馆，与一线教员直接合作，参与到教员的整个教学过程中，包括课前备课、课堂讲授和课后辅导三部分。二是办理馆际互借。图书馆向陕西省高校图工委申请办理50个通用借书证，全校读者凭通用借书证可以到西安交通大学图书馆、陕西师范大学图书馆等陕西省内各大高校图书馆借阅本校未收藏的图书文献资料及电子资源。三是开展文献传递。依托CALIS军队院校文献信息服务中心的校际合作，免费为学校读者开展文献传递服务，3个工作日内即向读者反馈相关文献，充分发挥图书馆在大学教学、科研活动中的文献信息保障作用，受到读者们的一致好评。（武警工程大学图书馆）

【国防科技大学图书馆举办第20届世界读书日系列活动】 4月23日，国防科技大学图书馆以"感受书香之美，尽享阅读之乐"为主题举办第20届世界读书日系列活动。主要包括：读者新书推荐活动、图书馆使用及信息服务有奖知识问答、"一校一书"《创客：新工业革命》读书心得征文评选活动、"文献传递——轻松获取我馆缺藏文献"主题讲座、3D打印作品征集评选及三号院新馆体感与视觉体验活动、"遇见·我的图书馆"原创微视频作品征集评选、"书香悦读"主题摄影作品征集评选、三号院新馆影音欣赏室首映观影体验活动、当日来馆前50位借还书读者赠送礼品活动、图书修补赠礼、图书期刊漂流等活动。丰富多彩的活动得到读者们的踊跃参与，当天共有500余位读者参与到图书馆的活动中，感受阅读的魅力。（国防科技大学图书馆　廖佳　牛宇）

【海军指挥学院图书馆开展丰富多样的信息服务】 2015年，海军指挥学院图书馆坚持"馆藏有限、服务无限"的宗旨，紧贴教学科研，跟踪学科建设，为全院读者提供丰富多样的信息服务，信息推送、融入课程、嵌入科研等学科服务深受读者好评，特别是"图书馆讲坛""学科专家咨询日""学术沙龙"等活动已成为该馆的特色服务。通过这些服务及各项活动的举办，增强了学院的文化氛围，使广大读者开阔了视野，提高了自身的军事和人文素养，也为图书馆进一步了解读者需求、更好地开展服务工作开拓思路。（海军指挥学院图书馆　周小磊）

【襄阳士官学校图书馆建立图书流动保障站】 5月18日，襄阳士官学校开展"先行——2015"联合演练。图书馆作为保障部门，分两个批次派出人员建立图书流动保障站，将文献服务工作延伸至演练一线。保障小组提前筹划，精心编辑、制作战地小报和精美书签，将大量与后方勤务、基层后勤管理和军队财务3个专业相关的图书、期刊运送至演练一线。演练期间，保障小组合理分工，及时搭建起图书流动保障站，吸引大量干部、学员前来借阅。根据读者反馈意见，随时调整保障方式，重新归整图书和期刊。此次演练，图书馆结合评估实施办法的具体内容，将文献信息服务延伸至演练现场，创新了服务保障方式，受到演练人员的好评，为今后的演练保障服务积累经验。（襄阳士官学校图书馆　陈晶　刘作晶　喻磊　刘源）

【空军航空大学图书馆举办阅读推广案例评比活动】 6月1日，空军航空大学图书馆举办"双学为伴　阅读当时"阅读推广案例评比活动，13名学员提交的8份案例在评比活动中获奖。本次活动收集的案例反映出各连队以"双学"和"阅读推广"活动的长期实践为基础，学员坚持以"文化强军、文化强校、文化强队"为己任的思想信念，通过开展以“阅读推广活动”为载体的“双学”活动，将军魂塑造和血性培育“内之于心，外化于形，固化于志、物化于技”。各连注重对学员“以学强魂、以学强能、以学强德”的能力锻造，案例紧紧围绕“读什么书、铸什么魂”“怎么读书、怎么铸魂”，以及在连队化管理过程中，以“双学”为主题主线的“读书铸魂”阅读推广活动“为何推广、谁来推广、推广什么、如何推广、推的如何”几大要素展开，为读者展示一幅“读—思—行”反映校园“双学”活动全貌的立体画卷。（空军航空大学图书馆　翟东航　王佳　曹安阳）

【南京炮兵学院廊坊校区图书馆开展“百册经典图书下基层”活动】 2015年，为纪念中国人民抗日战争暨世界反法西斯战争胜利70周年，更好地营造校园读书氛围，南京炮兵学院廊坊校区图书馆开展“百册经典图书下基层”活动，为连队、学员队配发中国抗战纪实、战争文学经典、二战风云人物、经典武器装备、传世励志经典、中华国学典藏、经典文学名著等精品书籍，图书馆样本阅览室设置“品读经典书架”向读者重点推荐阅读。此外，图书馆还主动与大队对接建起5个书刊流动站，及时为基层图书室补充图书、期刊，为大队官兵集中办理借书证，邀请官兵在《悦读》专刊上荐好书、摘佳句、晒心得，分享读书的快乐和成长的收获，让一批有文化、想成才的90后士兵找到滋养精神的沃土。（南京炮兵学院廊坊校区图书馆　薄海涛　张帅）

【解放军外国语学院图书馆为优秀学员家长举办开放日活动】 10月8—9日，解放军外国语学院举办“共育星火，同心筑梦——我与外院零距离”军校开放日活动，邀请50名优秀学员的93名家长进入学院亲身感受学院的学习、生活和训练环境。作为开放日活动的重要参观场所，图书馆热情迎接来访的学员家长。馆内丰富的藏书、整洁的环境、浓郁的文化氛围给家长们留下深刻的印象。（解放军外国语学院图书馆　郝明洁　贾晓斌）

【空军指挥学院图书馆启动“蓝军文献建设工程”】 为满足军事教育训练的需要，空军指挥学院图书馆搜集大量的外军文献，特别是美国空军的文献，包括美国空军的条令、条例、学员论文、装备手册、训练手册、理论专著、军事视频等2万余份。图书馆组织有关力量，对这些文献进行整理，建设《蓝军文献数据库》，编纂《蓝军文献汇刊》，并在此基础上精选最有利用价值的文献，翻译出版《蓝军文献选译》丛书。（空军指挥学院图书馆）

【乌鲁木齐民族干部学院图书馆举办“新疆三史”教育专题图片展】 6月23—24日，乌鲁木齐民族干部学院图书馆联合新疆维吾尔自治区博物馆举办为期两天的“新疆三史”教育专题图片展。通过大量珍贵精美的历史文物，为全体官兵、教员、学员读者提供一个正确、系统、生动了解新疆历史、民族发展史和宗教演变史的途径。（乌鲁木齐民族干部学院图书馆　李文革　王安芝）

专业图书馆

年度工作

科研院所图书馆

国家科技图书文献中心

【概况】 2015年，国家科技图书文献中心（以下简称“NSTL”或“中心”）及各成员单位按照国家科技体制改革的精神，坚持“统一采购 规范加工 联合上网 资源共享”的运行机制，进一步巩固和坚持面向全国的科技文献公益服务，全面完成各项基础工作、重点工作，完成NSTL“十三五”战略规划的制订工作，为“十三五”顺利开局奠定坚实的基础。

一、基础工作

1. 资源结构持续优化，数字资源保障力度增强。持续优化国家科技文献印本资源保障体系，建立统一的优化评估资源标准，从二次文摘库收录、高被引、国内唯一收藏等多维度分析评价质量，持续跟踪统计分析印本文献在三期平台上的利用情况，结合各单位本地利用情况，全面多角度地分析资源的使用率。印本文献评估工作形成常态化，不断探索出资源评估的科学方法，跟踪研究资源发展趋势，指导资源保障工作的落实，满足国内科研用户的核心文献需求。在优化资源结构、深化评估、核心保障基础上控制印本资源订购总量，新增文献注重用户需求，侧重满足“一带一路”、京津冀、长江沿线相关的重点地区科研机构、高新技术企业等用户需求。全年印本文献发订总量26049种，其中期刊发订16930种，会议录等9119种。新增引进Taylor & Francis科技回溯期刊344种。

2. 数据管理工作步入正轨，数据加工任务全面完成。数据加工工作主要围绕多源数据、模式转型、数据标准、数据规范等展开，促进NSTL统一元数据体系的建设。大力推进数据加工业务转型，适应数据加工模式的改变，调整数据加工流程，优化联合数据加工系统结构，增强系统功能。进一步健全NSTL数据质检与监控的技术方法，建立数据加工进度监控程序，以可视化方式展现各类文摘和引文数据的总体完成进度，有利于促进数据加工质量的改善。推进名称规范数据库建设，完成名称规范系统开发，积累一定数量的规范数据。全年加工外文期刊、会议录等文摘类数据327万条，加工引文类数据3042万条。

3. 系统功能提升完善，网络服务系统安全稳定运行。NSTL网络服务系统软件架构改造方案通过专家论证，正式启动；完成NSTL云计算、云服务测试平台搭建和微信平台开发工作；适应新的服务需求，采用代码优化与重构、部署调整等多种方法持续改进完善系统功能；完成SCOAP3开放获取资源服务系统的元数据和全文的收割、组织、存储与服务；完成标准数据清洗，国际标准正版化和专利收费功能调整。通过完善中心网络系统的自动监测与评测，从技术和管理两个方面增强系统安全性。完善整个服务体系的安全管理机制和技术措施，NSTL运维集成监控平台（一期）投入试运行。全年系统无故障运行率继续保持在99.9%。

4. 服务体系建设成效显著，文献信息服务稳步发展。继续夯实和优化服务体系，完善服务推广与咨询机制，提高服务质量和效率，巩固和深化专项服务成果。全年网络系统点击访问量达1.13亿次，文献检索量311万次，文献浏览量53.8万次。印本文献全文服务115万篇，其中原文请求（网上）40.8万篇。目前已建成服务站39个，专题镜像平台38个，用户管理平台26个，接口嵌入单位23个，共126个机构。新增全国开通数据库机构用户56家，累计达708家，85%以上的“211”高校已开通服务。继续开展NSTL走入高校文检课项目。强化服务体系管理，确立考核任务及退出机制。深化拓展专项服务成果，针对重大专项、援疆援藏和企业创新等重点任务，持续嵌入科研与产业流程，提供定制式、个性化的深度信息服务产品。连续两年，NSTL 及九家成员单位通过科技部、财政部组织的“科技文献信息专项财政支出绩效考评”。

二、重点工作

1. 加强开放数字资源建设，研究各类资源的整合集成。开放资源已成为 NSTL 资源建设的有机组成部分，对高质量开放资源进行遴选、采集、整合和组织，推进与现有资源的有机整合、集成和一体化服务。完成 NSTL 开放资源描述元数据规范制定。初步确定 6 种开放资源分级评价指标及评价方法，完成开放资源元数据集成管理平台的需求分析，初步提出开放资源的组织揭示与功能需求方案，对开放期刊、学位论文等开放资源进行示范性采集加工。代表我国积极参加 SCOAP3 的运行管理，研究 SCOAP3 二期的实施策略和方案框架，表达国家意愿，提出积极建议。

2. 多途径引进期刊元数据，推进数据加工新模式转型。为适应大数据时代数据挖掘和知识化服务的发展趋势，经过调研，NSTL 需要以各种途径引进元数据，从根本上改变传统加工模式，带动数据加工技术创新，提高数据的标准性、规范性。广泛建立与国际上数据集成商和出版商在元数据方面的合作关系，2015 年与相关公司协商元数据合作方案，完成数据测试校验，正在推进随刊元数据配送服务的合作事宜相关谈判。此项合作增加元数据的来源途径，确保元数据获取途径的持续稳定，为 NSTL 数据加工的全面转型提供坚实基础。全面调整加工流程，改造联合数据加工系统，实现从自主加工向以利用外部数据为主的元数据加工模式的转型。数据加工业务转型，提高了数据加工的效率，利用第三方元数据提升数据质量，标志着 NSTL 数据加工业务从原来的封闭管理模式走向开放共享模式，为 NSTL 向知识服务转型奠定坚实数据基础。

3. 积极推进国家数字资源长期保存体系建设。国家数字资源长期保存体系建设事关国家科技信息安全，事关科学文明传承，任重道远，需要不断努力，持续坚持发展下去。完成国家长期保存战略指南、授权规范、协议范本、技术流程规范、可信赖认证规范等 20 余个政策、规范文件的制订。按照国家长期保存体系规划，确定新增北京大学图书馆为国家保存体系的节点机构，完成初期启动工作。为促进业界对国家数字资源长期保存系统的认同和参与，推动 175 家图书情报机构签署《数字文献资源长期保存共同声明》。新增保存 Wiley 期刊和电子图书、Springer Protocols 等重要资源。建立知识产权研究专门团队，关注国际动态，研究数字资源长期保存涉及的法律、技术、组织、标准和经济等问题，为数字资源长期保存的实施提供法律支撑。探索研究事实型数据资源的长期保存，对 TAIR 基因组数据库系统实施长期保存，为 NSTL 知识组织研究以及同类项目的开展积累宝贵经验。

4. 全面完成知识组织体系建设项目。历经四年的不懈努力，2015 年，面向国家科技创新和重大需求的科技文献信息知识组织体系建设（STKOS）项目的 7 个课题全部通过技术验收和财务验收。项目的实施对于我国建成以领域本体为目标，覆盖自然科学、工程技术、农林科学和生物医学等领域，适用于计算机应用，可有效服务于科技文献信息组织的外文科技知识组织体系并为其奠定坚实的基础。初步建成覆盖理工农医四大领域的超级科技词表，超额完成规定任务。建成超级科技词表管理与协同编制平台，建立超级科技词表持续更新、优化的建设平台和管理机制。开展知识组织体系的本地规模化应用示范。待科技部通过项目验收后皆可将各课题成果上网面向公众提供共享服务。

5. 创新服务体系建设，提升服务能力。经过一年的实践，服务体系改革成效显著，服务团队协同作用凸显。专项服务紧扣前沿热点，按需定制，拓展服务范围，用户量大幅度增长。应用微信、APP 新媒体手段大大推进向普惠服务的辐射。聚焦国家战略发展规划，提供决策支持。援疆援藏特色专题库与应用平台援助，有效提高两区对信息资源开发与利用的效率，改善当地信息环境。企业服务实现企业信息服务机构文献搬运工角色的转变，以“企业情报管家”“企业战略决策顾问”的新面貌支持着企业的信息化和知识管理工作，2015 年服务企业用户增长 1 倍。为服务国家开展多边合作，推动科技和经济的发展，中心开始一项新的实践。紧跟“一带一路”“京津冀协同发展”和“长江经济带”国家三大发展战略，组织专门团队进行调研，确立面向三大国家发展战略提供信息服务的框架；提出“一带一路”信息服务平台设计的需求方案，建立长江经济带科技信息服务联盟的工作方案；与北京第二外国语学院“一带一路”战略研究院、中国社会科学院西亚非洲研究所以及地方服务站等共同拟订合作研究与服务方案。通过加强资源保障协同服务，引领相关地区为国家三大发展战略实施提供信息支撑。

6. 多维度培养业务骨干，有计划储备人才。开展多种形式的专业化培训，通过“知识挖掘与科学数据管理”等培训班、“资源建设研讨会”等交流研讨会多种形式进行专业化培训，通过严格的培训考核有效提高青年业务骨干的业务水平，受到大家的欢迎和积极参与。增强与国际组织的交流合作，研究制定国际交流学者选拔方法，启动国际交流学者培养计划，率先选派一名农科院业务骨干赴美学习交流和工作。结合培训，与国际国内重点单位北京大学，武汉大学，美国雪城大学、德国国家医学、卫生、营养、环境与农业图书馆（ZB MED），美国国立医学图书馆（NLM）和 CERN SCOAP3 等合作建立人才培养基地。

7. 完成 NSTL“十三五”规划制订。NSTL 作为国家科技文献资源共享平台，需要主动适应国家加快实施创新驱动发展战略的新要求新常态，把握机遇，直面挑战，加强科技信息服务创新发展的整体谋划，进一步提升自己支持科技创新的能力。为此，在战略研究的基础上，组织“十三五”发展规划起草小组，在厘清自身发展现状，明确发展机遇和挑战的基础上，根据 NSTL 的使命和宗旨，提出 NSTL“十三五”时期的发展目标和指导原则，规划建设任务和保障措施。（国家科技图书文献中心）

【科技部副部长侯建国莅临国家科技图书文献中心指导工作】 7 月 13 日，科技部副部长侯建国莅临国家科技图书文献中心指导工作，基础司副司长郭志伟、巡视员彭以祺等陪同。侯副部长听取了 NSTL 工作汇报，对中心成立十五年来取得的成绩给予充分肯定，对中心在与“十三五”平台整体规划的结合、资源配置和用户服务的效果、创新协作共享的合作机制和新模式等方面的发展做重要指示。（国家科技图书文献中心）

【国家科技图书文献中心开通 Karger 回溯期刊数据库并提供在线服务】 8 月 25 日，国家科技图书文献中心以“国家许可”方式购买泰勒弗朗西斯出版集团科技回溯期刊数据库并举行购买协议签署仪式。即日起，通过 T&F 的期刊服务平台为国内公益性、非营利机构提供在线免费全文服务，所购买内容全部实现本地长期保存。（国家科技图书文献中心）

【国家科技图书文献中心召开成立十五周年座谈会】 8 月 28 日，国家科技图书文献中心召开成立十五周年座谈会。会议对中心十五年来的发展历程和现状进行回顾与总结，提出“十三五”创新发展的思路。中心“十三五”规划起草小组对正在制订中的“十三五”规划主要思路和内容做了汇报。（国家科技图书文献中心）

【知识组织项目通过技术验收】 9 月 24—25 日，国家科技图书文献中心组织召开验收评审会，对“十二五”国家科技支撑计划“面向外文科技文献信息的知识组织体系建设与应用示范”项目的 7 个课题进行验收评审。经过领域专家和财务专家的评审，7 个课题全部通过技术验收，课题 2 至课题 6 通过财务验收。（国家科技图书文献中心）

【国家科技图书文献中心领导换届】 10 月 28 日，科技部副部长侯建国、基础研究司司长马燕合一行到国家科技图书文献中心宣布接受袁海波同志辞职和新主任彭以祺任职。侯建国充分肯定中心为创建国家科技文献信息共建共享体系做出的卓越贡献，希望中心继续发挥机制体制创新的优势，在互联网时代，为国家的科学研究工作提供更好的信息服务。（国家科技图书文献中心）

【国家科技图书文献中心举办 2015 高校馆员培训座谈会】 10 月 29—31 日，由国家科技图书文献中心和高等教育文献保障系统（CALIS）管理中心联合主办的“NSTL 走入高校”——2015 高校馆员培训座谈会在中国科学技术信息研究所举办，来自全国 25 个省市 133 所高校的 220 多名高校图书馆员参加会议。会议全面介绍国家科技图书文献中心的资源策略和服务体系规划，阐述 CALIS 资源发现和文献获取的工作进展。此次会议是继 2012 年 NSTL 和 CALIS 管理中心合作举办“NSTL 走入高校文检课”培训座

谈会后的再次携手。（国家科技图书文献中心）

【国家科技图书文献中心2015年度工作会议召开】 12月23—24日，国家科技图书文献中心2015年度工作会议召开。会议全面总结2015年工作，学习领会科技体制改革政策精神，讨论中心发展面临的机遇，研究部署2016年重点工作。（国家科技图书文献中心）

中国科学院文献情报中心

【概况】 2015年，中国科学院文献情报中心（以下简称“文献情报中心”）在持续夯实综合资源保障和网络知识化服务体系同时，资源保障与建设新模式探索方面取得实质性进展；情报服务实现战略情报、学科情报、产业情报多元发展态势；知识化服务深度融入科研一线；科技期刊与科学文化传播社会影响力持续加大。在中科院“十二五”验收评审中，文献情报中心重大突破与重点培育方向项目（简称“一三五”专项）规划中，“重大突破综合化数字知识资源保障能力，建立支持科技创新全谱段需求的集成综合知识基础设施”和“重点培育国家科技信息政策与咨询的战略服务能力”被评定为“优秀”。同时，文献情报中心顺利完成领导班子换届，全面启动“十三五”规划调研和编制工作。

截至2015年年底，文献情报中心共有在编职工597人，其中专业技术人员515人，正高级专业技术人员58人，副高级专业技术人员140人。现设有图书情报与档案管理一级学科博士学位授予点与一级学科博士培养点，设有图书馆学、情报学博士后流动站，共有在学研究生166人（其中硕士生101人、博士生65人），在站博士后7人。

持续保障科研文献需求的高水平满足率，在资源保障与建设新模式探索方面取得实质性进展。截至2015年年底，共完成引进数据库171个，全院相关研究所可共享的外文期刊1.82万种，外文图书10.54万卷（册），外文工具书3.10万卷（册），外文会议录4.08万卷（册），外文学位论文54.31万篇，外文行业报告167.78万篇，中文图书35.39万种（套）/38.25万册，中文期刊1.69万种，中文学位论文278.91万篇。全院全文数据库和二次文摘数据库的使用量分别为5067万余次和1582万次。开放科技课件采集与服务系统已采集96个机构、2216门课程、49108个开放课件，覆盖理学、工学、农学、医学、社会科学五大领域；开放知识资源登记系统规模快速增长，全年新遴选登记资源6.2万余条，资源总量已达15万余条，基本覆盖全院重要学科领域的各类开放知识资源；开放资源元数据集成系统（OpenARE）已集成开放资源总量20万条，累积浏览量已达54.89余万次，累积全文下载量17.47万篇次。全院已有114家研究所建成机构知识库，累计收集各类科研成果数量已达69.4万份，访问量11018.35万次，下载量1382.54万篇次。

情报服务实现战略情报、学科情报、产业情报多元发展态势。加大对国家战略问题、科技体制改革和科技发展的深度支撑，政务信息工作总分全院排名第一，对上专报中有7份报告获国家领导人批示。公开出版《国际科学技术前沿报告2015》《科学结构地图2015》《技术交叉结构》《国际科技战略与政策年度观察2015》《中国基础研究国际竞争力蓝皮书2015》《地球科学资助战略与发展态势》和《新材料前沿发展报告》等情报成果。与汤森路透合作共建的新兴技术未来分析联合研究中心共同研制发布《2015研究前沿》。成都中心与四川省社会科学院共建“中华智库研究中心”，联合发布《中华智库影响力报告（2015）》。学科馆员深入研究所一线，为所领导、科技处、重点实验室、课题组、重大课题或科学家提供情报分析报告、课题跟踪、专题调研报告等共计211份，高质量的知识服务赢得研究所层面认可。全国科学院联盟文献情报共享服务向区域战略和产业情报方向发展，编制《产业技术情报》24期，新增联合共建“黑龙江省战略情报研究中心”，为江西、贵州、黑龙江、北京、山东、河北等省科院完成《井巷设备产业规划与战略研究》《油页岩深加工产业技术分析报告》《生物质气站安全技术研究现状分析报告》等。面向地方政府或企业，完成《国际铝产业现状与发展趋势调研报告》《山东六地市科技产出及影响力分析系列报告》《工业机器人产业研究报告》等分析报告。

夯实基础服务同时，持续深化院所协同服务。2015年，共接待读者29.64万人次，借出图书10.43万册，上机读者1.17万人次。通过各种方式解答读者咨询3.97万人次。文献传递12万篇，完成查新、引证检索、专题服务项目8010

项。学科馆员累计开展培训 841 场次，服务用户 3.1 万余人次，提供各类咨询服务 5.9 万人次。群组知识平台建设项目（四期）共组织全院 82 个研究所参与，建设平台 184 个，资源总量超过 33.4 万条。研究所情报可持续能力建设项目（四期）共组织全院 76 个研究所参与。研究所文献资源保障规划建设项目共组织全院 34 个研究所参与。面向中国科学院大学开展信息素质教育，为研究生开设课程 31 门，完成 885 个学时教学任务，选课人数 2301 人。

信息服务支撑能力显著提升，系列服务系统和工具投入使用。中国科学家在线 iAuthor 顺利投入应用，入驻机构 3000 余家，注册用户 3.4 万人，ORCID 获取人数 2.9 万人，覆盖中科院全部研究所，并扩展到全国千所高校和科研机构。开放获取期刊论文一站式发现平台（GoOA）论文数量增长超过 430G，访问总量超过 10 万人次。中国科学引文数据库服务效果稳步提升。科技决策知识服务平台开始提供服务，支撑科技态势跟踪分析、科技前沿遴选、技术可转移性分析、优秀科研人才发现、科技竞争力评估等方面决策需求。网络科技自动监测服务云平台服务成果显著，支持 50 多个团体用户对 174 个领域的监测服务。全院图书馆统一自动化系统新增研究所 17 家，书目数据量已达 150 万余条、印本馆藏数据 346 万余条、读者数据 12 万人。iSwitch 科研论文数据交换中心正式投入服务运营，可有效提升中科院科研成果的国际影响力。

持续发挥国家平台核心力量作用。牵头承担国家科技图书文献中心“十三五”规划预研与编制工作。规模化实现国家数字科技文献资源的长期可靠保存，引领全国图书馆界签署并发布《数字文献资源长期保存共同声明》，表达我国图书馆界对加快实现数字文献资源的国家长期保存的共同强烈愿望，对我国科研、教育、创新的信息环境可持续发展具有重要意义。作为中国主要的具有可靠法律保障的数字科技文献保存机构，实现对 16 种重要科技文献数据库的长期保存，覆盖电子期刊 1.69 万种、电子图书 7.46 万种、实验室指南 3.4 万种、预印本 99.96 万种。其中，实现本地化保存的外文电子期刊数量已超过全部外文电子期刊数量的 50%，外文电子图书数量的覆盖率则达到近 95%，为中科院和国家科技创新提供重要的战略性保障。国家“十二五”科技支撑计划项目开放性的科技知识组织体系（STKOS）相关课题成功结题。

积极推动我国科技期刊发展。参与国家层面的科技期刊发展政策研究，完成五部委《关于准确把握科技期刊在学术评价中作用的若干意见》的研究、文件起草与发布。完成中国科协委托的任务《深化学术评价导向改革，提升我国科技期刊质量与影响力》，作为研究报告拟呈交国务院。深度参与中科院率先行动计划和各级科技期刊“十三五”规划的制订。完成《中国数学文摘》改为《智库理论与实践》的申报工作，举办“新型智库建设 2015 首届学术研讨会”。英文刊《中国文献情报》改名为《数据与情报科学学科》获国家新闻出版广电总局批复。中心承办的 17 种期刊继续保持良好发展势头，质量稳步提升。

积极推动科学传播工作，全年共组织和承接各类科学文化传播活动 240 余场，到馆受众超过 6 万人次，各类专题巡展观众超过 100 万人次，产生良好的科学文化传播效果和影响。承办“中科院 2015 科技创新成就展”，先后完成在中国科技馆（北京）、南京、南宁、广州等地的巡展，社会公众参观络绎不绝。累计观众超过 50 万人次，产生良好的社会效益。截至 2015 年年底，院士文库与 412 位院士建立起有效联系，其中 300 位院士资源已不同程度到馆，并建成院士个人主页，院士文库网站正式上线。

文献情报中心是中国科学院档案馆、中国科学院现代化研究中心、全国科学技术名词审定委员会事务中心、中国图书馆学会专业图书馆分会、中国科学院自然科学期刊编辑研究会、中国科学院科学传播研究中心的挂靠单位。中心主办的期刊有《图书情报工作》《现代图书情报工作》《化学进展》《电子政务》《中国生物工程杂志》《高科技与产业化》《科学观察》《数据与情报科学学科（英文刊）》等 17 种。（中国科学院文献情报中心　吕秋培）

【中国科学院宣布中国科学院文献情报中心新一届领导班子任命】 6 月 29 日，中科院党组成员、副院长李静海一行到文献情报中心宣布新一届领导班子任命。中科院人事局副局长董伟锋宣读中国科学院党组和北京分院党组关于文献情报中心新一届领导班子任命决定：黄向阳任主任，何林、刘细文、张薇、李春旺任副主任。李静海代表院党组向前任中心主任张晓林、副主任孙坦颁发荣誉奖牌并做重要讲话。（中国科学院文献情报中心）

【网络连续型出版物《知识管理论坛（网络版）》获批准出版】 8月13日，根据国家新闻出版广电总局文件《关于同意出版〈知识管理论坛（网络版）〉网络连续型出版物的批复》（新广出审〔2015〕885号）：同意互联网出版单位《图书情报工作》杂志社出版《知识管理论坛（网络版）》网络连续型出版物，新编国内统一连续出版物号CN11-6036/C，中文双月刊，公开发行。（中国科学院文献情报中心）

【“中国科技资讯”平台建设正式启动】 2015年9月，中国科学院文献情报中心正式启动面向移动智能终端的“中国科技资讯”平台建设。该平台将整合中国科学院集团引进的数字科技文献资源、集成重要科技报道以及其他知识信息服务，支持科研人员、学生、科技管理者等随时阅读科研文献、便捷获取科技资讯，打造基于移动互联网的中国科学院知识服务品牌窗口。（中国科学院文献情报中心）

【《中国文献情报（英文）》更名】 10月14日，根据国家新闻出版广电总局（新广出审〔2015〕1187号）批准，文献情报中心主办期刊《中国文献情报（英文）》于2016年起更名为《数据与情报科学学报（英文）》，外文刊名由*Chinese Journal of Library and Information Science*更名为*Journal of Data and Information Science*。《数据与情报科学学报（英文）》的新编国内统一连续出版物号（即CN号）为CN10-1394/G2，该刊仍为季刊，主管主办单位等登记项目不变，面向国内外公开发行。（中国科学院文献情报中心）

【中关村生物医药科技信息交流中心揭牌】 12月22日上午，文献情报中心与中关村生命科学园联合，在中关村国家高新技术开发区生命科学园举行中关村生物医药科技信息交流中心揭牌仪式暨《大规模基因测序及其个性化医疗的应用》产业技术情报发布会，来自园区和生物医药行业的百余位代表参会。该中心的设立，标志着文献情报中心面向区域发展的服务网络布局迈出新的一步，将面向战略新兴产业的情报服务直接推向高技术开发区、新兴产业孵化器，实现与“双创”（大众创业、万众创新）的对接。（中国科学院文献情报中心）

【中国科学院成都文献情报中心概况】 2015年，中国科学院成都文献情报中心（以下简称中心）继续全面推进“一三四”规划的实施，确保圆满完成“十二五”建设任务；同时贯彻中国科学院“率先行动”计划，对战略定位和重点突破进行完善。全年新增项目52项，新增子课题83个；发表论文53篇，其中国外期刊、会议论文13篇；新增软件著作权3件，译著1部；开通中心的微信公众号。开通使用数字文献数据库104个，包括3.2万余种中外文全文电子期刊、41.5万篇外文学位论文、215万篇中文学位论文以及大量的网络版工具书、专利文献等，并通过网络共享NSTL丰富的科技文献资源；印本文献总量为220万册/件，较完整地收藏了国际著名的会议文献SPIE、IEEE、LNCS等。中心现任主任张志强，党委书记曾文华，副主任邓勇、杨志萍（女）。截至2015年年底，在职职工95人，其中高级职称35人。“新世纪百千万人才”工程国家级人才1人，四川省突出贡献优秀专家1人，全国专利信息领军人才1人，全国专利信息师资人才1人，博士生导师2人，硕士生导师13人。设有中国科学院大学图书馆学、情报学硕士培养点，情报学博士培养点，同时与四川大学合办有情报学和图书馆学硕士培养点。主办期刊《天然产物研究与开发》全年出版正刊12期、增刊1期，共计430余万字，在第四届《中国学术期刊评价研究报告（武大版）（2015—2016）》中被评为“RCCSE中国核心学术期刊（A）”，开通微信公众号1个；《世界科技研究与发展》全年出版6期，共计140余万字。（中国科学院成都文献情报中心）

【中国科学院成都文献情报中心专业型科技智库建设】 2015年，中心制订向专业型科技智库方向转型升级的发展规划。在智库研究方面，主任张志强受邀在四川省科技情报学会年会上做题为“国际智库发展趋势特点及我国新型智库建设”的大会特邀报告，赢得地方相关机构的肯定，并希望在智库研究与建设方面开展合作。在智库建设方面，中心与四川省社会科学院签署《共建天府智库》合作协议，组建“中华智库研究中心”，建设“中华智库研究网”，采集276家智库机构的数据47万余条；合作开展“中华智库影响力”研究，共建指标评价体系，联合发布《中华智库影响力报告（2015）》。在智库作用发挥方面，中心在《科技前沿快报》中发布的稿件有3篇被院战略咨询研究院对上专报采用；承办由中国科学院科技战略咨询研究院战略情报研究部、文献情报中心系统战略情报研究工作协调组主办的“战略情报研究学术论坛2015”；参与中共四川省委四川省人民政府决策咨询委员会“关于落实《中共中央国务院关于深化体制机制改革加快实施创新驱动发展战略的若干意见》的意见建议”的工作任务；为四川省经济和信息化委员会编制《四川省产业技术创新“十三五”发展规划》。参与组织调研撰写的《关于在四川建立高标准油橄榄科技示范园的建议》的调研报告，得到四川省委书记王东明的批示。在“中国发展论坛”上向科技部和省委等领导就“科技创新战略对区域经济发展的影响”做大会发言，提出“十三五”国家区域战略发展建议。（中国科学院成都文献情报中心）

【中国科学院成都文献情报中心多点多极服务站网建设】 中心加强区域合作，进一步延伸服务触角，深入了解地方科技需求，在成熟地区建设服务站点。按照四川省多点多极发展战略，根据地方需求与支持力度的不同，采用服务中心、服务站、服务窗口等不同的建设模式。截至2015年年底，已建立服务分中心3个，设立服务窗口2个，建立服务站10个，多点多极服务站网建设初具规模。（中国科学院成都文献情报中心）

【中国科学院成都文献情报中心知识产权信息研究与服务】 2015年，中心围绕知识产权特色服务能力建设，重点加强中国科学院知识产权分析评议和知识产权网两方面工作。在分析评议与管理决策支撑方面，完成《中国科学院专利分析报告2014》《中国科学院知识产权统计报告2014》年度报告2份；完成《面向中科院STS重大突破的知识产权服务模式与示范体系建设研究》等研究报告18份，1篇领导参阅稿获得白春礼院长的批示；完成《知识产权动态》（月报）快报产品1种12期。在知识产权网建设方面，进入中科院符合政府网站标准的23个网站之一，全年点击量超过百万人次。（中国科学院成都文献情报中心）

【中国科学院成都文献情报中心面向省级科学院服务】 在全国科学院联盟框架下，中心在继续加强为四川省科学院科研和管理人员提供文献保障基础服务的同时，积极为上海科学院、广西科学院和重庆科学院3家省级服务责任院承担情报分析调研项目。截至2015年年底，3家省级科学院在系统内注册账号161个，通过CSDL系统申请文献816篇，通过其他方式（QQ、邮件等）传递文献248篇，参与请求的科研人员共98人次，举办全院文献保障服务月活动6场次。举办宣传培训活动2场次，培训科研和管理人员70人次。建立QQ服务群，上半年通过QQ培训15次，参加人数600余人次，电话培训10余次。与广西壮族自治区贺州市人民政府签订战略合作协议，助力贺州市产业转型升级，促进产业经济发展。为广西科学院提供研究和分析报告13份，其中“广西海洋科技发展布局可行性调研报告”得到白春礼院长批示。与上海科学院初步达成以项目合作的方式为其提供支持，双方签署文献情报服务协议，合作开展科技发展动态分析平台建设。（中国科学院成都文献情报中心）

【中国科学院兰州文献情报中心概况】 截至2015年年底，中国科学院兰州文献情报中心（中国科学院兰州图书馆）有工作人员114人，其中大专学历7人，本科学历37人，硕士研究生以上学历57人。正高级专业技术人员11人，占人员总数的9.6%；副高级24人，占21.05%；中级47人，占41.2%；助理馆员7人，占6.1%；外籍访问学者2人。在岗人员中，35岁以下人员占43%，博硕士人员占50%。获得中国科学院特聘研究员2人，获批中科院“西部之光”人才培养计划2人，获批中科院“青年创新促进会”会员1人。获得中科院国际人才计划“外籍青年科学家项目”延期资助1人，获批院期刊出版领域优秀人才择优支持计划资助 1 人。中心现有博导 3 人、硕导 7 人。招收情报学图书馆学博士、硕士生，并与西北师范大学共建有人文地理学博士学位点。全年共派出 16 人次到国外出访交流学习。马建霞研究馆员入选全国专利信息专家库，被国家知识产权局评为“专利信息领军人才”。全年公开发表论文 71 篇，达到历史最高水平。出版专（编）著 5 部，出版译著 2 部。获甘肃省第十四届哲学社会科学优秀成果三等奖 2 项。全年共组织专题学术会议、专题学术论坛、专题培训、讲座等 18 场次，并参加院文献情报中心、兰州文献情报中心、中科院相关部门组织的各种培训 650 人次，参加视频培训 147 人次。

科技文献信息资源保障能力进一步得到提升。截至 2015 年年底，馆藏纸质藏书总量 233.47 万册，其中图书 36.11 万册，报刊 131.26 万册，缩微文献 1.7 万件，视听文献 0.25 万件，电子文献 60.05 万种，外文书刊 106.91 万册。全年入藏中文科技图书 5029 种 5061 册；订购外文科技图书 1022 种 1027 册，中外文期刊 227 种，电子文献 7.94 万种。开通使用的数据库有 153 个，覆盖外文电子全文期刊 18248 种（含开放获取期刊 10922 种、通过国家平台引进开通期刊 684 种）、外文图书 10.54 万种（册）、外文工具书 3.11 万卷（册）、外文会议录 4.08 万卷（册）、外文学位论文 54.39 万篇、外文行业报告 167.78 万篇；涵盖中文图书 35.39 万种 38.25 万册，中文期刊 1.69 万种，中文学位论文 278.91 万篇。另外，还有年鉴、产业经济统计资料数据库、产品与市场数据库、战略研究资源库和用户信息素质教育课件资料数据库等。

开放知识资源发现与组织建设工作取得新进展。“开放知识资源登记系统”（IRSR）全年新增资源 6.2 万余条，使得系统资源总量达到 15 万余条，基本覆盖自然科学重要学科领域的各类开放知识资源。2015 年，重点对开放资源自动发现与采集、链接检测、开放接口等功能模块进行优化升级，为资源的有效采集、访问利用和开放集成服务提供更加有效的保障。系统浏览访问量持续增长，终端用户访问总量已达 970 多万人次，其中 2015 年新增 310 万人次。同时，该系统还在全院 31 个研究所的 127 个用户群组平台中实现嵌入服务，为相关群组平台组织学科资源提供便捷支持。“开放资源元数据集成服务系统”（Open Academic Resources Engine——OpenARE）已实现对重要开放期刊、学术会议、科技报告、开放图书、会议演示文稿、数据仓储等开放资源系统元数据的采集和集成，建成开放知识资源一站式检索发现平台。目前，该平台已集成开放资源总量 20 多万条（其中全文 19 万多条），系统从 2015 年 4 月开始上线提供服务，目前累积浏览量已达 54.89 万次，累积全文下载量 17.47 万篇次。此外，还加强专门性知识资源组织服务系统建设。一是针对科研过程对科研项目信息利用的需求，启动专门收集和集成全球重要国家和基金组织的科研项目信息的服务系统建设。目前，已完成全球主要发达国家 28 个重要基金组织的科研项目数据的初步采集，累计发布项目数据信息 17 万多条，并开发全球科研项目知识库检索和分析实验应用系统。二是升级完善核心期刊名称规范库，实现对国内外重要核心期刊数据的完整覆盖，包括 SCI/SCIE、SSCI、EI、中文核心期刊要目总览、CSCD、CSCI、CSSCI 以及中国科技论文统计源期刊等认定的核心期刊，期刊总量达到 1.69 万种；该系统除提供规范名称查询服务外，还提供刊名变化信息、OA 期刊浏览、投稿指南服务，以及基于开放接口面向第三方系统提供规范刊名及期刊影响因子调用服务等。探索建立中文开放知识库集成服务系统（COR），初步对国内 308 家研究所 IR 进行集成，累计数据 184 万多条，访问量 495 万多人次。参与的“面向外文科技文献资源组织的超级词表（STKOS）建设”项目，完成项目组分配的领域间归并后交叉数据的处理、理学交叉数据自检自查、STKOS 超级科技词表数据的总审、相同原形术语归入不同概念的数据检查等工作。

推动公共资金资助的科研成果开放共享的 IR 建设与推广工作日臻完善。“中国科学院机构知识库服务网格”（CAS IR Grid）功能不断优化扩展、应用规模稳定增长。截至 2015 年年底，已经在中国科学院 114 家研究所部署建成 IR（本年新增 8 个研究所 IR 的安装部署），其中有 96 家支持不同程度的开放服务。CAS IR Grid 累计采集各类科研成果数量已达 69.4 万份（其中本年新增 6.98 万份），含全文成果数量达 51.79 万份（其中本年新增 4.51 万份）；累计用户访问量达到1.1亿人次（其中本年新增2650.51万人次），累计下载量达到1382.54万篇次（其中本年新增307.17万篇次）。同时，研究所IR平台CSpace4.0版正式发布，对功能模块扩展升级，进一步丰富和强化系统的知识管理与知识服务功能等。IR平台在院外高校系统的合作开发和推广应用取得新进展。与兰州大学图书馆合作建成兰州大学机构知识库（IRLU），完成北京大学医学部IR系统的安装部署，完成石家庄陆军指挥学院、上海交通大学IR试用系统的部署与建设，正在商讨合作开展中国工程院、兰石集团能源装备研究院IR系统的部署与建设。

面向区域的联合知识服务不断深入。继续加强与周边地区高校图书馆合作的同时，不断拓展合作对象与领域，与中国生物医药集团兰州生物制品研究所图书馆、金川集团公司信息中心、甘肃省科学院文献情报中心、甘肃省祁连山水源涵养林研究院信息中心等的业务协作持续推进。全年共完成科技查新服务项目240项，论文引证服务项目646项，专题检索10余项；继续加强面向区域科研用户的文献传递服务，其中接受请求1.49万篇，比上年增长26.28%；满足请求1.47万篇，比上年增长25.30%；满足率98.24%，比上年略有下降。在面向地方政府的决策咨询服务方面，承担甘肃省科技支撑计划“省级科技计划体系改革及管理模式研究”、嘉峪关市“十三五”科技发展规划研究与编制、张掖市“十三五”科技发展规划研究与编制、白银国家级高新技术产业开发区发展战略研究、甘肃能源装备业“走出去”发展战略研究等任务。面向地方科技型企业的产业情报服务方面，先后完成能源装备制造业发展态势分析及兰石集团2015年装备制造业任务规划、国内外生物质能技术与产业发展态势分析、生物质能专利技术态势分析等专题分析报告，为企业相关决策提供情报支撑。

面向科技战略决策的情报咨询服务取得较大成效。围绕科技前沿，特别是资源环境重大科学问题深入开展决策咨询研究，累计完成各类研究报告和咨询建议19份，其中有2份咨询建议分别被中办《信息综合专报》和国办《专报信息》采纳，1份得到国家领导人批示，3份被中国科学院领导参阅材料采用。继续加强重点领域科技前沿信息动态监测工作。全年编辑发布科学动态监测快报《地球科学专辑》《资源环境科学专辑》《气候变化科学专辑》共计72期，刊载812条前沿动态信息，其中被其他报纸期刊转载128篇。

面向科研一线的知识咨询服务工作持续深入。全年深入科研一线提供现场服务468次，为305个课题组（试验室或野外台站）的4116位科研人员提供服务。开展一线培训67场次、培训1841人次。完成资源保障分析报告5份、情报能力提升项目情报产品36份；群组平台项目构建群组平台26个；承担研究委托任务10项，提供专题信息快报36份。面向海洋研究所“十三五”规划，完成海洋科学领域战略分析报告，面向沈阳应用生态所申报特色所开展五大优势领域竞争力分析报告，面向西安高压电器研究所有限责任公司申报特色所的4个研究方向开展文献分析、研究所建所以来的发文统计分析和重点期刊的发文情况分析，为近物所“一三五”国际专家诊断评估，提供基础数据报告，完成东北地理所专利申请与保护现状分析，此外还为相关研究所开展关键技术与重点学科领域的发展态势分析的系列研究报告，科研影响力评估分析的知识咨询服务持续深入。

信息素质教育和用户发展工作得到持续加强。组织完成面向科研用户的集中培训80多场次，培训用户3000多人次，培训主题主要包括：学术大数据检索与利用、技术大数据检索与利用、商业大数据检索与利用、知识分析工具（如Endnote、ArcMap、Origin、MindMap、Reaxys、InCites、Citespace、TDA等）使用等。

面向社会公众的科学文化传播工作取得新进展。在2015年“世界读书日”期间，组织“读书有你、参与有礼”有奖问答等系列活动。积极参加甘肃省“科技活动周”系列活动，与兰州市教育局校外教育办公室联合主办“走近科学家”科普活动，邀请中小学生代表参观大科学装置，把展览和讲座送进校园。在定西师专举办“低碳科技生活”主题展览。在兰州分院园区建成的兰州分院创新文化广场举办展览5期。另外，还积极通过微信、网络、主流报纸等传播渠道，发布情报研究相关成果，扩大情报研究产品和机构的影响力。开通“全球变化信息研究中心”（微信号：CICGCS）和“资源环境科技战略研究中心”（微信号：CRES-LLAS）两个微信公众平台，发布内容影响力逐渐扩大，阅读和转发量逐渐上升。在科学网、《中国科学报》《中国社会科学报》等媒体上转载或发表战略情报研究成果或智库观点类文章。成功申报甘肃省科普教育基地（2015—2019），成为甘肃省科普教育基地联盟成员，为下一步开展工作提供良好的平台。（甘肃省图书馆学会　董隽）

【中国科学院所属上海地区专业图书馆概况】 2015年，中国科学院所属上海地区研究所信息中心图书馆有从业人员182人，图书馆建筑面积39754平方米，读者座位734个，年度文献购置费2982.06万元，其中购数字资源2151.53万元，累计馆藏文献447.54万册，其中外文期刊3.45万种，年度新增中文图书3227册，年度购外文图书649册；年度新办借书证2256张，总流通人次3.61万人次，书刊外借1.54万册，组织培训班93次，参加培训5835人次，文献传递78230篇次，参考咨询服务15225人次。中国科学院在上海地区所属有10个研究所图书馆（中国科学院上海生命科学图书馆、中国科学院上海有机所图书馆、中国科学院上海光机所图书馆等）及1个高校图书馆（上海科技大学图书馆），作为覆盖全国的分布式数字图书馆体系组成部分，目前可访问的数字文献资源包括中外文数据库100多个，中文电子图书18万种、电子期刊1.1万种、中文博硕士论文150万篇；外文电子图书3.9万种、电子期刊1.51万种、外文博硕士论文34万篇等，已初步形成满足科研一线需求的数字资源保障体系。2015年，部分研究所还组团引进World Scientific Press数据库产品。在持续深入开展面向科研一线的学科知识服务中，多个研究所图书馆完成各自承担的中国科学院研究所可持续能力建设项目，多个科研知识环境平台建设及学科情报服务项目在中期答辩及终期考核中表现出色。

2015年，上海科技大学图书馆正式完成建馆初期任务，在中国科学院文献情报中心及中国科学院上海生命科学信息中心的协同下，建立了面向科研及教学需求的资源保障体系，面向需求开展多种形式学科服务，成效显著。各研究所图书馆在顺利完成“十二五”既定目标的同时，讨论和制订“十三五”发展规划，围绕中国科学院“四项分类改革”“率先行动计划”要求，对数字资源保障体系变革和发展、服务内容拓展和延伸、情报智库能力建设等方面进行规划，并通过不断融入研究所学科发展，提供深入情报服务等方式获得各类项目支持。如中国科学院上海生命科学信息中心学科服务团队成为上海巴斯德所“中国科学院重点部署项目——治疗性抗体创新靶点的筛选平台建立和抗体的功能验证”的子课题承担者，该项目是中国科学院“十三五”期间重点项目；中国科学院上海药物所研究所情报团队是该所新药创制方向的长期合作伙伴。在与科研人员的协助与互动中，中国科学院上海地区各馆将会迎来更有挑战的未来五年，也将做出更多的创新服务。（上海市图书馆学会秘书处）

【中科院沪区文献情报系统加强图书馆与出版商互动交流】 5月13日，中科院上海生命科学信息中心生命科学图书馆邀请Elsevier、ProQuest两家出版商的代表来沪交流，以此推动中科院沪区研究所文献情报工作发展。中科院上海光机所、上海有机所、上海应用物理所、上海药物所、上海高等研究院、上海科技大学等单位的15位图书情报工作者参加交流会。两家出版商代表分别就Scopus使用、基于读者需求驱动DDA模式的电子书购买以及方便读者从Pubmed链接到全文的360link服务、科技导航及发现服务等内容做专题报告，与会代表就相关内容及图书馆未来发展趋势与数据库商进行探讨。（上海市图书馆学会秘书处）

【2015年中科院上海、江苏及安徽三地文献情报工作交流会】 会议于7月5—6日在南京紫金山天文台召开。本次会议以“‘十三五’文献情报发展与思考”为主题，由中科院上海生命科学信息中心、中科院南京紫金山天文台共同举办，来自三地14个研究所的36位文献情报人员参加会议。南京紫金山天文台图书馆馆长宋谊、南京地理与湖泊所图书馆馆长胡健红、合肥物质研究院信息中心主任张曙、上海光机所信息中心主任薛慧彬、上海有机所图书馆馆长秦聿昌、上海微系统所图书馆馆长张伟珠、上海天文台图书馆主管贺姝祎、上海高研院综保处贾佳、上海药物所信息中心杜化荣、上海生命科学信息中心主任于建荣等做大会报告，分别就“研究所文献资源保障策略变革”“研究所人才及科研评估体系

发展与实践”“研究所文献情报发展核心策略”及“‘十三五’创新发展思考”等进行深入思考和交流。（上海市图书馆学会秘书处）

【中科院上海生命科学信息中心开启科技信息素养培训新模式】 为帮助科研人员更好地利用科技信息资源，进一步提高科研人员对科研信息资源的获取与利用能力，中科院上海生命科学信息中心学科馆员根据各个研究所不同需求，推出更有针对性的学科服务精品培训新模式。新学期伊始，学科馆员从帮助2015级新生快速适应学习环境，加强新生的科技信息素养入手，于10月分别在巴斯德所、营养所、健康所开展以“图书馆资源使用及生命科学科技信息检索”为题的专题讲座。除了详细介绍生命科学图书馆现有的服务与资源使用，学科馆员还根据每个研究所研究方向，从科研全过程中不同阶段对文献的需求角度为科研人员提供针对性文献检索培训。（上海市图书馆学会秘书处）

【中国科学院新疆分院文献信息中心概况】 2015年，中国科学院新疆分院文献信息中心（又名中国科学院新疆分院图书馆、新疆维吾尔自治区科学数字图书馆）对外争取中国科学院文献情报中心、新疆维吾尔自治区自然科学基金资助项目、自治区科技厅科技支撑等软科学、学科信息平台建设项目，共计引进项目经费25万元。全年实现文献信息服务创收139万元。主要完成：国际合作项目课题专项——中亚生态环境状况基本资料的收集整理与编译、中国科学院国家科学图书馆中亚特色分馆建设、自治区自然科学基金项目“新疆2014年科技论文统计分析”、自治区科技支撑软科学项目“自治区本级财政科技投入与产出分析及对策”、中国科学院新疆数字图书馆二期建设项目2015年阶段工作；中国科学院新疆生态与地理研究所监测服务之中亚信息监测平台建设等。

情报分析与研究方面，紧密结合中科院、研究所、新疆科研及管理决策需求，完成21个情报调研项目，取得较好成效；编辑《中亚科技信息监测快报》12期，共计18万余字；围绕研究所中亚生态环境研究，完成《乌兹别克斯坦水资源及其利用》《哈萨克斯坦干旱区土壤及合理利用》专著等文字翻译共计27万字，审校字数约58万字；承担“阿尔泰山生物圈世界遗产保护与跨境生态旅游合作”国际研讨会、“中哈利用和保护跨界河流联合委员会专家工作小组第十二次会议”等6次国际会议翻译工作；担任研究所相关科学考察、研究、国际合作等随同翻译，完成赴塔吉克斯坦开展生物资源考察和采样、赴吉尔吉斯斯坦执行“中亚生态与环境研究中心（吉尔吉斯分中心）”建设等出访任务4次，接待来华参加“UNDP中亚减灾项目”启动会的吉尔吉斯斯坦和塔吉克斯坦代表、哈萨克斯坦地理研究所等来访5次。

科技查新与成果中介方面，查新项目及代理成果申报的数量、质量和创收额上均取得较大进展。全年实现总创收75.8万元，完成科技查新项目519项；收录与引用报告120项；受理成果鉴定材料的审查、指导、编写84项。组织专家到哈密、阿勒泰、伊犁、喀什等地进行55个项目的现场勘验工作，并协助专家编写现场勘验意见。

用户及职工培训工作方面成效显著。分别对生地所、理化所研究生新生进行信息素养等内容的培训；举办大学生夏令营培训，包括数字资源及其利用、科技文献与检索；与研究生部共同组织“Emerald 2015春季在线课程”4讲，“2015爱思唯尔免费在线培训”12讲，“Web of Science在线大讲堂2015年秋季课程”12讲。多次为科研、企业及部队用户进行文献检索和科技查新用户培训等讲座。

学术交流方面，在专业刊物上发表学术论文10篇，其中SCI第一作者论文1篇，CSCD第一作者论文2篇。参加学术交流、培训19人次，其中包括“数据、科学与丝绸之路经济带”为主题的“2015科学数据大会”以及“首届丝绸之路经济带竞争情报论坛”“中国科学院科技信息资源建设与开发利用研讨暨第六届电子资源培训”等。

数据库、学科信息平台、网络技术环境建设方面，完成网络、镜像资源更新与维护，对“万方资源系统(镜像)”、维普“中文科技期刊数据库”“国研网资源库”等系统迁移与更新共计约2.2T；网络建设与网络安全，随时监视、防范黑客非法入侵，基本做到重点机器日清日查；完成动议系统的更新与维护；IR、IIP系统平台建设与更新维护，上传IR数据942条。

文献资源建设及其推介服务方面，全年投入

文献资源建设经费总计 125.7 万元，新增印本图书 736 册，订购外文期刊 31 种、中文报刊 46 份；订购开通中外文数据库 48 个，共享数据库 86 个，试用库 10 个，分析工具 TDA1 套；分编各类文献 978 册，光盘 15 张；编制并在网上发布新书通报 15 期，通过 E-mail 推送到科研人员的桌面；帮助本所博、硕士研究生做毕业论文分类标引 30 余篇。全年接待读者、参观者近 2000 人次，书刊流通近 4000 册。完成中心馆藏俄文图书和新增俄文书刊的网上书目揭示工作，作为中亚特色分馆，中心俄文书刊已对全国读者开放，共计报出期刊文摘 4 种 80 篇；新增及更新"随意通"\E-key 服务账号约 200 人次。（中国科学院新疆分院文献信息中心　张小云）

【2015 京津冀科技情报机构协同发展工作交流会在廊坊举行】 由河北省科学技术情报研究院主办的此次会议于 11 月 4—5 日在河北廊坊召开。来自北京市科学技术情报研究所、天津市科学技术信息研究所、河北省科学技术情报研究院和北京市科技协作中心及秦皇岛、廊坊、承德、张家口、保定情报（信息）研究所的主要领导及负责人 30 余人参会。北京情报所、天津信息所和河北情报院联合签署《京津冀协同发展战略合作框架协议》，并就下一步具体合作事项达成共识。（河北省科学技术情报研究院）

【广东省科技图书馆承担的广东省科技文献共享平台建设项目通过验收】 2 月 13 日，广东省科技厅在广东省科技图书馆（简称"粤科图"）组织召开项目验收会，对该馆承担的 2011 年和 2012 年省科技计划项目"广东省科技文献共享平台建设"进行结题验收评审。经过项目组的工作汇报和验收组专家的问题质询与合议评审，上述两个项目均顺利通过验收。广东省科技文献共享平台建设是由广东省科技计划科技基础条件建设专项经费资助的延续性项目，旨在支持本地区公共科技文献资源的建设与服务。通过项目实施，粤科图在扩充、整合和共享科技文献资源，以及拓展科技文献信息服务等方面不断取得进展。（广东省科技图书馆）

【问题与决策驱动的企业信息服务专题报告会在广东省科技图书馆举办】 5 月 11 日上午，中国图书馆学会专业图书馆分会华南工作委员会联合广东省科技情报学会举办"问题与决策驱动的企业信息服务"专题报告会。来自中国图书馆学会专业图书馆分会华南工作委员会、广东省科技情报学会成员单位以及省内其他科研机构、科技企业的 70 位代表参与学习和交流。围绕"问题与决策驱动的企业信息服务"的会议主题，中国化工信息中心情报资讯部总经理顾方和数据库产品经理夏昕应邀分别做题为"新一代企业及服务机构竞争情报系统工作的开展""以专利信息为核心内容，服务于企业研发和技术创新"的专题报告。（广东省科技图书馆）

中国社会科学院图书馆（调查与数据信息中心）

【概况】 2015 年，在中国社会科学院党组领导的大力支持下，中国社会科学院图书馆（调查与数据信息中心）（以下简称"图书馆"）进一步加强领导班子自身建设。7 月，经院党组决定，任命王岚同志为图书馆馆长和党委委员，改变图书馆近 3 年馆长空缺的状况，从组织上强化图书馆党委领导班子。图书馆形成团结奋进谋发展、和谐互助讲奉献的良好风气，以中国社会科学院名优工程为动力，全力推进图书馆数字化转型发展，推进"一库两平台"建设，全面启动古籍保护和开发，进一步优化馆藏，改善服务，发挥"名馆""名库"建设优势，各项工作取得新进展。

1. "一库两平台"建设扎实推进，取得重要进展

①"海量数据库建设项目（一期）"正式启动，稳步推进实施。4 月 14 日，图书馆代表中国社会科学院与有关单位正式签约，标志着"中国社会科学院海量数据库建设工程（一期）"项目启动实施。该项目以院党组提出的"建设中国第一、世界一流的哲学社会科学海量数据库"为目标，成为进一步推进社科院创新工程，革新科研方式和手段、提高科研信息化水平的重大举措，受到院党组的高度重视。项目自启动以来，在各方的协作配合下稳步推进。为保证项目工程按时按质按量完成，图书馆制订《中国社会科学院海量数据库建设工程（一期）项目实施方案》，成立项目领导小组，委托专业公司监理招投标，聘请法律顾问做项目法律咨询。在监理公司和法律

顾问参与下，项目各个系统的知识产权相关资料已按要求收集齐全，便于签订知识产权补充协议。建立协调机制，先后组织召开 6 次子项目汇报展示会、14 次项目需求调研交流会和 18 次周例会，确定海量数据库及社科云平台各子项目实施单位，沟通各子项目的具体需求，通报每周项目实施中遇到的问题和处理的进展情况并沟通下一周工作计划。同时，各方共同召开云平台、古籍善本数据库建设专题讨论会 8 次。

截至 2015 年年底，海量数据库整合平台、馆藏文献数据库、科研成果数据库需求已通过评审。同时，3 个数据库的概要设计方案已提交，系统界面设计确定或正在沟通，系统开发、数据样例测试也已展开。社会调查数据库包括面访调查系统、网络调查系统、数据调查网站的需求通过评审。古籍善本数据库方面，加工场地、古籍专家小组、古籍修复等已提出初步方案。云平台建设方面，完成需求调研并制订实施方案，正在制订详细的软硬件部署实施方案。

国家期刊库在 2014 年飞跃式发展的基础上，2015 年继续推进期刊签约与数据上线，着重加强宣传推广与对外合作，开展课题研究与调研，重视用户服务与交流，其影响力与知名度进一步扩大，目前已经超越美国斯坦福大学海威出版社，成为世界上最大的开放获取期刊数据库。完成服务器扩容升级及安全设备更新，为未来功能及业务扩展抢注、备案部分域名，同时着手对系统的再次改版升级进行规划设计。全年新增论文 18.5 万篇，包括 2015 年新刊新增 7.4 万篇和 2014 年（含）以前过刊回溯 11.1 万篇。目前已有 410 种期刊回溯至创刊号，占全部期刊的 62%，回溯至 1995 年以前的期刊有 470 种，最早回溯至 1921 年。上线期刊共计 666 种，其中精品核心期刊 533 种；上线论文 296 万篇。个人注册用户 7.2 万人。日均点击量约 22 万次，日均检索次数 3 万次，总点击量 10453.2 万次，总访客数 145.2 万人次，累计下载论文 233 万篇，使用率不断提高。在专门发布网站的世界排名为 163479 位，较 2014 年提升 31947 位；国内排名位列第 16947 位，较 2014 年提升 2350 位。截至 2015 年年底，已经有 320 家国内外机构或添加国家期刊库的友情链接或作为推荐资源，其中包括求是网、光明网，国家图书馆以及美国国会图书馆、普林斯顿大学图书馆的网站等；同时与光明网合作创办“光明学术”频道，促进学术资源的传播。国家期刊库新浪官方微博粉丝数超过 15 万人，单条微博最高阅读 87.3 万次；微信关注人数超过 1 万人，单篇最高阅读量 7358 次，转发收藏 1887 次。举办 6 期国家期刊库编读活动，累计话题阅读量 1891.3 万次，参与讨论 2025 人次，受到各期刊编辑部与读者的好评。多次活动被中国新闻网、光明网、《光明日报》、凤凰网等媒体报道。2015 年，图书馆根据国家期刊库建设情况先后完成系列分析报告；开展 20 个国家的开放获取政策发展现状及趋势研究，为制定我国社会科学学术领域开放获取政策提供借鉴和依据；通过国家期刊库官网、社科网等渠道进行国外重要学术成果的译介；制作发布学术专刊《社科智讯》第一期，主要发布学科分析、重大现实与理论问题探讨、学术视点、专家热点分析等内容；应全国社科规划办要求，利用国家期刊库对 2015 上半年重大理论与现实问题进行归纳，对 28 个主要问题的发文情况进行统计分析，并完成有关“城镇化建设”等相关主题文献资料的收集与整理；配合院科研局、院新闻所等单位完成相关论文的收集、整理分析工作等。

科研成果数据库建设初见成效，完成科研成果知识门户网站系统建设及本地化部署。该门户网站具备科研成果发现、科研成果年份及文献类型图谱分析、基础情报挖掘等功能，收录社科院图书期刊等各类数据 11.1 万条。对该网站各项功能、性能及特色服务进行测试，完成相关测试报告以及科研成果数据库建设其他前期准备工作。经与科研局进行座谈，了解创新平台、后台管理模式运行方式及科研人员科研成果上报流程；整理社科院科研成果相关数据名目和实体机构数据；拟定《机构知识库内容存缴与传播的权益管理政策》等相关管理文件。

古籍善本数据库建设提速，开展建库准备工作。为加强对古籍善本的保护，将数字化过程的有关损害降到最低，图书馆制订完善古籍善本数字化方案和数字化车间的改造方案。经与有关单位多次沟通，确定古籍修复一期工程方案。此外，还开展古籍数据库发布平台功能设置、图像扫描色彩管理、古籍修复流程等调研工作，完善古籍数字化流程及工作规范、古籍数据加工有关规章制度。

②综合集成实验室平台启动试点实验室建设。目前全院19个科研院所建成专项实验室27个，并与院外4个科研单位达成实验室战略合作。2015年，图书馆制订综合集成实验室启动方案，具体开展以下工作：一是整合研究力量完成经济社会发展综合集成实验室启动方案并启动试点实验室建设，初步完成舆情实验室的建设方案。二是为全面地了解现阶段社科院实验室及国内外实验室建设情况，形成《实验室建设调研方案》，并对全院已建成的实验室进行问卷调查和实地走访调研。三是在原实验室管理文件的基础上进行修改，形成《中国社会科学院综合集成实验室管理办法》《中国社会科学院综合集成实验室评估细则》《中国社会科学院综合集成实验室评估指标》等系列文件。四是初步拟定内部通讯《实验室快讯》方案。五是制定实验室经费预算，并对社会保障实验室2014年的成果及运行情况进行评估，评估通过后给予后期资助。

③综合管理平台完成建设整体方案建议书。作为"一库两平台"建设项目之一，综合管理平台建设涵盖全院科研、外事、党政、后勤各个系统，涉及各个职能局和研究所，甚至涉及每个人，其难度和复杂性可想而知。由于各种原因，此项目酝酿多年，一直没有形成可行性实施方案。按照院领导的指示，图书馆于2015年正式启动项目调研，分别选择有代表性的20家局、所单位开展51次平台功能需求调研，最终完成《中国社会科学院综合管理平台建设整体方案建议书》。经向院党组就该建议书内容做专题汇报，王伟光院长等院领导对此给予充分肯定并要求2016年开始立项实施。

2. 加强信息化基础设施建设，确保系统安全运行

①开展基础设施平台项目建设。该项目2014年年底立项，总投入约1700万，主要从网络基础环境、网络安全等方面对社科院网络进行升级改造。具体包括以下内容：一是提升院网络出口带宽及院部学科片链路带宽，改善全院及学科片网络基础环境。二是购置流控设备，升级流量监控系统，加强网络监管能力。三是实现管理员分级管理，重新设计登录界面，增加自服务查询等功能，完成上网认证系统升级换代工作。四是完成1号楼、4号楼、图书馆楼、内网服务器汇聚设备、学科片网络汇聚设备、当代所网络设备的更换工作，保证网速明显提升。五是完成新系统切换工作，实现邮件系统的升级。六是完成邮件等保二级标准的防护区域搭建，同时也为今后搭建全院统一的二级等保区域打下基础。七是启动四号机房建设，完成一号机房、二号机房、配电室改造，有效利用机房空间，为全院各单位提供良好的机房环境。

②配合基建工程做好综合布线工作。2015年，图书馆配合科研大楼改造等基础建设工程，完成科研楼中段的综合布线和网络设备升级改造，行政楼综合布线敷设及网络安装调试工作，密云培训基地综合布线改造工程，法学片、国际片布线改造工程等。布线工程采用六类网线，大幅提升个人终端接入网络的速率，下载速度可以达到30M/秒。

③加强网络、数据库日常运维，确保重要时间节点安全运行。图书馆管理的网络、数据库种类多，用户广，影响大。为加强网络、机房、邮件、数据库等安全保障工作，图书馆2015年除在日常工作期间加强安全巡检外，在全国"两会"、庆祝反法西斯战争胜利70周年纪念活动、"十一"国庆、中秋节以及其他重要时期制定各类应急预案，加强重要时间节点的安全巡检工作，进行24小时现场值班和远程监控，保证网络系统及各数据库系统运行稳定和全院科研工作、图书馆各项业务工作的正常进行。全年完成网络维护60次，技术支持71次，数据、策略备份90次，策略调整96条，修改创建上网账号2503个；邮件系统维护90次，技术支持120次，数据策略备份180次，创建、修改邮件账户283个。

④启动社科网平台升级调研论证工作。中国社会科学网是中国社会科学院的重要宣传媒体，是院名优工程建设的重要内容。随着社科网任务不断加大，网络平台升级迫在眉睫。按照院名优会议的决定和院领导的批示，图书馆牵头组织社科网平台升级方案论证工作，召开多次座谈会，就目前社科网存在的问题和未来的功能需求等问题相互沟通，完成功能需求报告。

3. 资源建设成效显著，满足科研工作需要

2015年，图书馆开通使用数据库92个，包括38个中文数据库和54个外文数据库；与德古意特公司合作，首次将PDA模式（读者驱动采购）引入国内；开通72个数据库的试用，包括

38 个中文数据库和 34 个外文数据库。采访中文图书 12597 种、港台图书 107 种、外文图书 5425 种、新方志 7306 种 7681 册、古籍 79 种 240 册；收集、加工学位论文 27395 册。采购院属科研人员推荐的各语种图书 446 册。协调 3 家研究所采购高码洋图书 4 种。完成 2016 年中外文报刊的预订。完成与 2015 年国（境）外 41 家机构交流合作单位的期刊交换及 2016 年交换用期刊订购工作。其中，向外交换社科院主办和出版的期刊约 2600 册，接收境外机构交换期刊约 400 册。接收韩国庆北大学图书馆等境外 7 家机构赠送外文语种图书 600 种 700 册；接收国内、院内机构单位和个人用户赠送中文图书 1935 册，英文、俄文、日文、德文、蒙古文、阿拉伯文等图书 1100 册；向法国波尔多政治学院、西藏社科院、敦煌市图书馆、遵义市图书馆等累计赠送中文图书 1678 种 1888 册。继续加大藏书结构的优化和馆藏布局的调整，剔除旧书 14944 册，腾出更多的藏书空间改善一线书库阅览环境。

4. 狠抓服务创新，提高服务水平

2015 年是“图书馆创新服务年”，该馆继续在服务创新上下功夫，服务意识和服务水平进一步提升，受到院领导的肯定和科研人员的广泛好评。在数字资源使用服务方面，开通全院远程访问使用系统，便于科研人员随时随地访问院内数字资源。该系统资源主要以图书馆电子资源数据库为主，资源总数达到 180 余个，日均资源访问超过 1 万余次。截至 2015 年年底，该系统共有注册用户 11412 人。落实院领导关于“送资源上门”的要求，组织数据库商到院内有需求的院所开展“一对一”“一对多”“多对多”等不同形式的数字资源上门服务工作，在各院所得到一致好评。全年向全院 36 家研究院所的 700 余人开展 58 种数据库资源使用现场培训，同时开展小型沙龙、培训等服务共 23 期。举办 3 次“数字资源让学术研究更便利”主题数字资源宣传推广日活动，共有 25 家国内外著名数据库商在现场展示院馆引进的中外文数字资源并解答读者提问。在中国社会科学院第六届职工运动会上，对数字资源进行宣传推介，发放数字资源宣传手册，收集科研人员的意见和建议。开通数字资源线上服务，邀请有关数据库商加入全院数字资源服务 QQ 群，提供实时在线服务；开通 EIU 国家风险服务数据库在线研讨课程等各类在线培训课程，方便研究人员浏览学习。在纸本资源使用服务方面，全年为院领导和所局级领导、学部委员、荣誉学部委员、创新项目首席等约 300 余人提供新书预约、文献荐购、图书代借代还、证件代办等服务。对本馆没有收藏的图书，通过多种途径从合作馆查询获取后提供读者使用。建立读者急用书快速响应机制，馆内各相关部门通力配合，对读者推荐采购的急用图书加急处理，对符合入藏要求的图书采取从网店、书店单采方式，确保图书短时间内到馆，编目当天即可借给读者。启动在架图书预约外借服务，节省读者找书的时间，受到读者欢迎；开通读者咨询 24 小时服务热线；启动馆内读者复印等服务免费试点工作，吸引研究人员到馆使用馆藏资源，节省读者的经费开支。在网络运维服务方面，配合院属各单位做好机房管理、网络使用、网络安全、邮箱系统等运维和管理工作，及时处理解决各单位提出的工作需求报告，及时排查处置各单位提出的故障报告请求，为各单位提供 24 小时技术支持。

5. 结合实际开展学术研究，为转型升级工作提供理论支撑

全年新立项课题 3 项，其中：国情考察项目 1 项、中国社会科学院研究所国情调研基地 1 项、中国社会科学院研究所国情调研基地项目 1 项。结项课题 5 项，其中：国情考察项目 2 项、中国社会科学院研究所国情调研基地 1 项、中国社会科学院研究所国情调研基地项目 1 项、院青年科研启动基金课题 1 项。延续在研课题 6 项，其中：院长委托课题 1 项、院重大课题 1 项、所重点课题 4 项。紧扣大数据这一时代主题，编辑出版《程序员》杂志《大数据与智能化》专刊，撰写《大数据时代的知识定制服务》研究报告；开展调研和数据分析，完成《中国社会科学院图书馆数字资源使用统计报告（2014 年度）》《2014 年国家期刊库用户关注度分析报告》等系列研究成果。全年完成专著 1 部，29.2 万字；论文 3 篇，1.92 万字；研究报告 7 部，20.4 万字。在中国社会科学院图书馆优秀科研成果奖评选中，黄长著等的专著《网络环境中图书情报学科与实践的发展趋势》、任全娥等的论文《基于文献引证关系的人文社会科学论文评价》、包凌等的论文《图书馆统一资源发现系统的比较研究》获得一等奖；任全娥的专著《人文社会科学成果评价研究》、孔青青等的工具书《人文社会

科学数字资源使用手册》获得优秀奖。

6. 全年共接待来访 3 批 13 人次；派遣出访 5 批（含 2 个院级项目）5 人次；接待院属其他单位临时访问图书馆的外宾近 20 批 40 余人次。（中国社会科学院图书馆　魏进）

【俄罗斯科学院社会科学信息研究所访问中国社会科学院图书馆】 5 月 8 日，俄罗斯科学院社会科学信息研究所代所长叶夫列缅科一行 3 人访问图书馆，党委副书记、副馆长李春华会见俄代表团。在会谈中，俄方介绍了俄罗斯科学院社会科学信息研究所火灾及火灾后重建的情况。双方讨论了下一步业务合作等有关问题，并就在俄罗斯合作建立“中国馆”事宜交换意见。（中国社会科学院图书馆　魏进）

【“大数据时代的学术期刊数字出版——机遇与挑战”学术研讨会在北京召开】 7 月 16 日，图书馆、国家期刊库主办的此次会议在北京召开。来自全国各大学术期刊编辑部代表约 40 人探讨交流社会科学领域学术期刊数字化转型、新媒体应用、开放获取及网络化建设等方面的问题。中国社会科学院调查与数据信息中心副主任赵胄豪致欢迎辞。图书馆数据网络部主任杨齐做题为“推动学术期刊数字化变革　开创学术资源共享新局面”的报告，并介绍国家期刊库项目组对学术期刊网站建设的调研情况。各期刊编辑部代表就“大数据时代学术期刊编辑部将会面临哪些挑战”“如何做好学科的集群出版”“如何解决纸质期刊和数字出版之间的矛盾”以及“国内数字出版的发展趋势”等重点、难点、热点问题展开深入交流与讨论，为学术期刊未来的发展献言献策。此次研讨会对我国学术期刊的数字化转型、新媒体应用、开放获取及学术期刊的网络化建设起到积极的推动作用。（中国社会科学院图书馆　魏进）

【山西省社会科学院图书馆开展课题跟踪】 2015 年，山西省社会科学院图书馆为配合该院科研部门国家社科基金项目申报工作，采取各种措施提供资料保障，对国家级、省级重大课题及一般课题开展资料搜集、定题服务和跟踪服务。在闭馆期间纸质图书打包入库无法借阅的情况下，加大数字资源的收藏力度，购买超星公司电子图书 21800 册，继续订购中国知网数据库，利用有限的经费最大限度地满足特殊时期科研人员对科研前沿电子文献信息的需求。（山西省社科院图书馆　赵国良）

【山西省社会科学院图书馆加大家谱收藏力度】 2015 年，山西省社科院图书馆在接待来自全国的谱牒学研究人员，满足他们对家谱资料需求的同时，加大家谱收集、整理力度，采取网购、资料交换等措施，丰富家谱收藏，为打造该馆的特色品牌、努力把谱牒学打造成该院的优势学科做了大量工作。（山西省社科院图书馆　赵国良）

【四川省社会科学院文献信息中心概况】 2015 年，文献信息中心每天开馆 13.5 小时，全年共接待读者 16610 余人次，图书流通 6400 余册。向重点学科、优长学科倾斜，进一步加强图书资源的建设。预订图书 3000 多种，编目新书数据约 3000 多条，验收入库新书 3000 余册。收受赠书 203 册。剔旧图书约 6623 册。验收登录新刊 11200 册，上架现刊 46000 余册。完成 5616 册过刊的加工、验收、编目和入库上架。利用电子阅览室、远程访问系统为读者服务，远程访问系统用户已达到 400 多户。完成电子阅览室设备的初步改造和升级。

开展社科专题咨询检索服务。查找提供各省市“十三五”规划专题资料 20 余条，提供各省市 GDP 专题资料 20 余条。参与编辑报送资料汇编。参加地震资料的搜集工作。全年编辑出版《参阅资料》12 期，《参阅资料》特刊 6 期，《社会科学研究参考资料》12 期，共计 100 万字。

加强学术研究。主持研究 2015 年院青年课题“地方社科院图书馆服务新型智库建设研究”，参加国家社科基金课题“以信息技术深刻变革西部民族地区农牧区发展方向研究”（已结题）、“四川省百镇建设行动 21 个重点镇评估”等研究课题，撰写《自贡市荣县长山镇“百镇建设行动”评估报告》（已结题）、《南充市高坪区东观镇“百镇建设行动”评估报告》等，撰写专题调研篇《建制镇示范试点的探索和实践——以泸州市纳溪区大渡口镇为例》（已出版）。文献信息中心为中国社会科学情报学会理事单位，四川省图书馆学会常务理事单位，四川省社会科学情报学会挂靠单位。2015 年，加强与社科院系统、党校系统、高校系统等图书馆的联系协作，参加数字时代图书馆员能力提升培训班、全国社科院大数据智库联盟平台建设研讨班、四川省全省图书馆馆长座谈会、全国第十九次地方社科院图书馆馆长协作会议暨地方社科院新型智库信息化建设论坛、2015 年中国图书馆年会等。（四川省社会科学院文献信息中心）

中国医学科学院医学信息研究所（中国医学科学院图书馆）

【概况】 2015 年，中国医学科学院医学信息研究所/图书馆（以下简称“所馆”）不断优化印本资源结构，积极开展资源宣传推广。全年订购外文期刊 3590 种（续订 3581 种，新增 9 种），中文期刊 1184 种（续订 1171 种，新增 13 种，停订 199 种）。套订非刊文献 386/965 套/种（续订 383/947 套/种，停订 29/48 套/种，新增 3/9 套/种）。完成 83 个数据库的价格谈判、确定续订方案和付款存档工作，新增 2 个数据库。编辑出版 16 期《国外医学新书评介》，获得出版商外文图书赠书 414 种（册）。编目中西文新书 3391 种/册（其中电子版 18 种）。加强对期刊中会议专刊的编目揭示，制定《所馆外文期刊中的会议文献著录规则》，完成 208 种会议文献编目。开展院校研究生学位论文知识库建设。继续深化中文医学术语服务，初步开展临床、公众健康信息领域术语标准应用服务。深入开展医学文本信息自动处理技术研究，初步建立中文医学文献标引审核工作系统。继续开展引文、机构和基金数据规范研究，提升 SinoMed 平台知识服务能力。

拓展信息服务领域，全面做好文献信息服务工作。完成全文提供服务 38.2 万篇，学科专题咨询报告 35 份，专题简报 52 期，科技查新咨询服务 336 项，论文收录与引用分析 356 项，委托检索 12 题，定题跟踪服务 6 项，服务相关咨询 2300 余人次。全年共编写 6 期《新药研发动态》和 4 期《传染病研究动态》，共计 16 万字。利用重点学科领域平台推送新药信息 64 条，传染病研究动态信息 74 条，推荐论文 140 条。通过微信公众信息服务平台推送《传染病研究动态》信息 18 条，《药物研发动态》25 条。通过推送服务产品宣传推广专业化信息服务，面向广大的医学科技人员大力宣传推广专业化信息服务。完成《1985—2015 年中国学者发表药理学 SCI 文献计量分析》《国内十家综合医院发表 SCIE 论文比较分析》《2014 年中美药理学文献计量分析》《2015 年北京医学科技产出分析》《国际分子生药学研究发展态势与影响力分析》等 12 份咨询报告（共计 16 万字），提供《褪黑素的临床研究报告》等 18 期简报（共计 6 万字）服务。积极参与并完成“医学信息援疆援藏服务”专项任务，开展对西藏大学医学院、西藏人民医院的宣传培训，积极推进与西藏人民医院、新疆医科大学图书馆的合作，促进国家医学信息资源在两区的利用。承担 NSTL“重点领域信息门户”服务管理以及重大新药创制、重大传染病防治两个重点领域门户建设与服务专项任务。受中国医学科学院药物研究所委托，参与建设“国家人口与健康科学数据共享平台——药学数据中心”项目，对“创新药物研究专题服务”模块进行创新药物库、药物靶点信息的数据维护与更新。跟踪、组织、发布国内外最新药物靶点、在研药物、核心专利、上市药物、FDA 审批新药等信息，供新药物研发人员及时了解国际发展动态。

医学信息研究与情报调研工作取得新进展。围绕国家医学科技创新重要任务，持续推进医学信息学理论与实践、信息技术、医学知识组织研究，组织实施“十二五”科技支撑计划项目“面向外文科技文献信息的知识组织体系建设与示范应用”相关课题和“公众健康知识整合与服务技术研究与应用”的研究与结题验收工作；做好中国工程院中国工程科技知识中心医药卫生专业知识服务系统建设，在中国工程科技知识服务平台 2015 年用户接受度测试评估中获得第二名。持续推进医学科技评价工作，完善医院科技影响力评价指标，扩大评价对象和学科范围，发布 2015 年度中国医院科技影响力排行；参与卫生计生科技创新“十三五”规划、北京市医管局“十三五”学科建设规划、工程科技知识中心 2016—2018 年重点领域规划等编制工作；完成多份医学情报调研咨询报告，编写出版《中国医学科技发展报告 2015》。

科研教育、国家合作、编辑出版工作不断发展。2015 年，共获得国家卫生计生委、科技部、中国工程院、WHO 等各级各类科研项目和课题

129 项。以第一作者发表论文 190 篇，其中 SCI 或 SSCI 收录期刊论文 6 篇；主持或参与编写学术著作 10 部，形成咨询或研究报告 268 份；获得软件著作权 7 项。加强医学信息学系建设，赴国内外权威机构开展医学信息学系建设专题调研；创新“医学信息学”课程教学方法，邀请卫生信息化、临床信息学、互联网医疗创客共同开展教学活动，获得学生好评；申请并获批开设医学知识组织、医学数据挖掘实用技术等课程。导师队伍和研究生规模不断扩大，新增研究生导师 1 名，毕业研究生 18 名、录取 23 名。所馆研究生在第三届“共享杯”全国大学生科技资源共享与服务创新实践竞赛中获得 1 个一等奖、1 个优秀奖；指导老师钱庆获得优秀指导教师奖。继续做好医学信息检索与利用、医学信息分析评价、医学信息学、医学情报学等课程的教学工作和各种学术交流活动、课题评审会议的组织工作。加强学术刊物策划、编辑出版队伍建设和质量管理，《医学信息学杂志》《医学研究杂志》《中国卫生政策研究》《中国医药导报》和《中国现代医生》影响因子等质量指标排名均有所提升；《中国卫生政策研究》杂志入编《中文核心期刊要目总览》2014 年版预防医学、卫生学类核心期刊，《中国医药导报》合作办刊顺利推进。（中国医学科学院医学信息研究所）

【开展医学信息援藏工作专题调研】 2015 年是西藏自治区成立 50 周年。为进一步推进医学信息援藏服务工作，促进西藏医疗卫生事业发展，医学信息研究所所长代涛于 10 月带队赴藏开展医学信息援藏工作专题调研。调研组一行调研了西藏自治区人民医院，听取该院关于基础条件、人才队伍、信息化建设等进展情况的介绍，并就如何发挥所馆优势援建西藏医学信息服务中心、如何以西藏自治区人民医院为依托提高西藏地区信息服务能力等内容与该院领导及相关部门负责人进行深入座谈和交流。作为国家医学图书馆和国家级的医学信息中心，所馆在援藏工作中将按照西藏自治区人民医院医学信息服务中心建设的需求，积极组织人员队伍，制订可操作、可持续、可发展的一系列援助方案，支援建设西藏医学信息服务中心，并以人民医院为依托，实现医学信息服务在藏区医疗卫生机构的全覆盖，为西藏地区的医疗卫生科技事业发展提供信息保障。（中国医学科学院医学信息研究所）

【发布 2015 年度中国医院科技影响力排行】 在 12 月 30 日召开的第二届中国医学科学发展论坛暨 2015 年度中国医院科技影响力排行榜发布仪式上，所馆发布 2015 年度中国医院科技影响力排行榜。中国医学科学院院长曹雪涛出席发布仪式并致辞，所长代涛对排行榜进行发布解读。与会领导为综合影响力排名第一名和学科影响力排名前三的医院代表颁发牌匾和证书。与 2014 年首次发布的中国医院科技影响力排行相比，2015 年度评价针对我国医院特点进行了完善，主要变化包括参评医院范围由全国 846 家三甲医院扩展至全国 1324 家三级医院，学科由 20 个增至 25 个，修订并完善指标体系。报告以客观数据为依据，具有评价医院范围广泛、评价学科深入、指标体系系统、评价数据处理客观等特点，对推动我国医院科技创新和临床科研工作具有积极意义。（中国医学科学院医学信息研究所）

中国农业科学院农业信息研究所（国家农业图书馆）

【概况】 2015 年，中国农业科学院农业信息研究所通过对各类印本及电子资源深度加工与规范管理，研发和构建多种知识服务系统与加强应用、创新农业领域信息服务模式，逐步实现由基础性信息服务向多元化发现服务的转型。

资源建设和数据加工方面，全年共采集外文期刊 2242 种，外文会议录、科技丛书等文献 219 套，中文期刊 31 种、中文报纸 27 种、中文年鉴等工具书 221 种、中文图书 37000 种、中文学位论文 1100 种，中外文数据库 68 种；订购 E-Only 外文期刊 150 种，完成 E-Only 电子文献本地下载保存 16443 篇；继续组织农业科研系统电子资源集团采购，共集团采购国外数据库产品 12 个，参加集团采购的单位 31 家、127 个馆次；完成外文文摘和外文引文数据加工 385 万条，中文文摘数据 31.75 万条，整合国内专利 78 万条，国外专利 310 万条；对馆藏中外文期刊母体数据 5077 条和中文期刊文摘数据 726 万余条的进行清洗和入库，析出 3699 万余条引文数据；审核万方数据近 13 万条，审阅现刊选题 4800 册左右，回溯书刊 186 册，图书 1074 册左右；质检期刊文摘数据 6000 册左右、图书 700 多册、回退书刊200册左右，引文数据1000多册；完成农业科技基础、农业资源与环境、农业生物技术与生物安全等学科农业科学数据资源的加工、汇交与审核，包括农业科研项目、农业获奖科技成果、农业政策法规、农业学位论文、植物功能基因、农业气象指标、“一带一路”国家农业发展等18个数据集，总数据量超1000万条；开展网络资源的采集、解析和本地入库管理，包括10766种开放获取期刊及其203万余条文摘数据、434万条开放学位论文、48.7万个美国自然基金项目数据、10.6万个欧盟基金项目、1.1万个全球开放获取仓储目录以及近5年全球贸易数据5790万条；参与NSTL数据中心建设，配合中国科学院文献情报中心顺利推进农业分中心数据加工模式和加工流程的转变和改造，开发了分中心基于OAI-PMH协议的WOS数据收割及解析工具，确保提交WOS文摘数据顺畅。

平台系统建设方面，与农业系统内的相关科研团队紧密合作，搭建个性化科研信息环境，如作物转基因技术与应用科研创新团队信息环境平台、转基因作物安全评价与管理团队信息环境平台以及农业文献数字化与关联发现创新团队信息环境平台等，汇聚团队成员信息、科研成果、科研项目、科研进展、领域专家等资源，提供资源存储共享功能，为嵌入式科研服务提供支撑；对农科院机构知识库系统进行内容和资源建设，收集和整理38家院属科研单位的2015年科研产出数据2600余条，其中1500余条数据能够匹配到相关机构；开展大规模文献数字化与智能处理技术平台研究与构建，完成科技文献数据处理工具、外文引文数据智能拆分工具、数字化业务流程管理系统、数据质量网络协同质检平台、数据加工监测预警子系统、网络信息采集智能处理系统和专业领域数据深度加工平台等平台工具的集成整合；开展各类资源元数据标准规范和数据库结构的研究制定，搭建农业综合科技数字知识仓库系统的技术开发框架，开展各类资源的核心管理功能的开发，已实现对团队拥有的各类资源的集成管理、查询浏览和编辑维护功能；开展大数据环境下海量农业综合科技资源的知识化组织技术、方法、模型和构建工具研究以及基于农业综合数字知识仓库的知识关联技术研究，建立各类农业科技数字资源的关联模型。

信息服务方面，全年提供全文服务3万余篇，同比增长7.5%；出具论文收引检索报告134份，网络参考咨询系统完成咨询服务117次，通过电话、邮件、网络聊天工具、到馆咨询等形式提供咨询服务约1368多人次；为中国农业科学院京内外各研究所、省级农科院、农业类高校、其他农业科研机构以及与农科院合作的各类农业企业委托，共提供43项定题服务，结合定题服务提供中外文全文文献4009篇、中外文摘要或题录18162条、综述报告7份。中国农业科技文献与信息服务平台（NAIS平台）新版推出农业学术搜索系统、参考咨询系统、移动图书馆、短信提醒、微信等服务，大幅改善用户体验，平台目前注册人数6400余人，农E通用户450人，全年访问量突破32.5万人次，与2014年相比增长3倍多。图书馆微信服务初见成效，完成国家农业图书馆微信内容管理系统的研制，并试开通基于微信的实时咨询服务，关注用户已近2000人；持续开展为院士及其团队提供科技文献信息的服务，完成7个专题检索服务、中外文文献395篇和综述报告1份，特别开展院士主动推动服务，为农业专业领域的6位院士提供10次332条的信息编译和校对，同时与院士团队紧密配合，构建粮食和食物安全专题服务平台，为该领域研究人员提供政策法规、前沿资讯、学术文献以及领域态势分析等功能；面向“转基因生物新品种培育”重大专项开展信息支撑，为转基因研究的相关科研人员提供国际最新的动态文献、《国际转基因研究动态》简报；举办题为“新工具　新发现　新思路”的电子资源专题培训活动，来自中国农业科学院33个直属机构的科研人员、研究生150余人参加培训。

科研和学术交流方面，主持和承担国家“863”计划、国家科技支撑计划、公益性行业科技专项、国家自然科学基金、国家社会科学基金、农业部专项等课题97项；获农业部中华农业科技奖、北京市科学技术奖等3项，发表学术论文386篇，申请和获得发明专利21项、实用新型专利64项、软件著作权117项；主办第二届中国农业展望大会，并发布《中国农业展望报告（2015—2024）》，预测未来10年中国水稻、小麦、玉米、油料、蔬菜、水果、肉类、禽蛋、奶类、水产品等主要农产品的供给、需求、价格、贸易的展望信息；“农信采”已在全国14个省市推广使用，采集数据70余万条，并作为国家发改委、农业部指定技术产品，应用于我国大豆、棉花目标价格试点地区的价格采集工作；基层农技推广服务云平台完成云南全省、安徽省畜牧以及山东武城、江苏淮安、贵州赤水等地的示范应用与推广，同时对全国 37 个省级单位、2600 多个县，涵盖种植、畜禽、水产、农机等领域的 6000 多名信息员完成全面覆盖应用。

国际合作方面，接待外宾 10 个团组、48 人次，包括信息和知识管理（ICM/KM）交流访问团，国际组织农业监测预警模型构建、系统开发以及实际推广应用效果专家代表团等；派出 26 个团组 37 人次出访美国、英国、法国、德国等 13 个国家和地区；全年共执行国际合作项目 10 项，进一步促进与 FAO、OECD、CABI、欧盟等国际组织与机构的合作研究。

期刊经营与管理方面，所属 13 种期刊全年编辑出版 133 期，约 4190 万字。《中国农业科学》中文版总被引频次为 9518 次，继续在全国农业核心期刊中保持第一；《中国乳业》承办“中国国际乳业合作大会暨国际奶业展览会”，来自 36 个国家和地区的近 2000 名代表参加会议交流，主办的“2015（第四届）中国乳业技术创新与可持续发展大会暨中韩乳业技术交流会”已成为乳品行业一个品牌性会议。（中国农业科学院农业信息研究所）

【举办第六届农业科研系统电子资源建设与服务联盟学术研讨会】 5 月 7 日，由中国农业科学院农业信息研究所、中国农学会图书馆分会共同主办的第六届农业科研系统电子资源建设与服务联盟学术研讨会在重庆召开。来自全国 30 余家农业信息机构，以及来自 9 家国外出版（代理）机构的共 110 余位代表参加会议。此次研讨会围绕新信息环境下电子资源出版和发展现状、学科化情报研究与知识服务等内容进行专题研讨，旨在为全国农业科研信息服务的同行构建电子资源共建共享和业务交流平台。期间组织第二期农科联盟优秀课题的汇报和交流活动，并对获奖课题进行颁奖。（中国农业科学院农业信息研究所）

【召开农业信息学科建设与发展战略研讨会】 9 月 24—25 日，中国农学会科技情报分会成立三十周年暨农业信息学科建设与发展战略研讨会在成都召开。来自全国各省、自治区、直辖市农业科研院所和高等院校的 230 多名农业科技情报领域的学者、专家、科技人员、管理人员参加会议。会上，许世卫研究员做关于“农业大数据战略框架与技术支撑的思考”报告；四川省农业科学院农业信息与农村经济研究所所长李晓在“相守共荣 30 年”的报告中回顾研究所发展历程。来自北京、山东、广东、河南、江苏、福建、新疆、黑龙江、云南等地农科院的科技情报专家，分别就各自单位的发展历程、发展现状、主要成效、发展设想等做大会发言和交流。（中国农业科学院农业信息研究所）

【召开大数据环境下农业知识服务与创新研讨会】 10 月 22—23 日，由中国农学会农业图书馆分会主办、山西省农业科学院农业科技信息研究所承办的“2015 农业图书馆分会学术年会暨大数据环境下农业知识服务与创新研讨会”在太原召开。来自全国各省、直辖市、自治区农业科研单位、高等院校从事农业图书情报工作的 130 多位专家、学者参会。会上，NSTL 副主任沈仲祺做题为“NSTL 的发展与创新”的报告，提出优化国家科技文献资源体系建设，全面构建国家科技文献信息大数据管理与服务体系，扩大科技信息服务能力、提升创新知识服务能力，提升国家科技文献信息网络服务平台的知识服务能力，推动国家科技文献服务持续发展五大任务。来自山西省农科院信息所、中国农业大学图书馆、中国水产科学研究院、北京市农林科学院图书馆、南京农业大学图书馆、东北农业大学图书馆、江苏省农科院、上海市农科院信息所以及中国农科院信息所的专家分别就各自单位的发展历程、发展现状、主要成效、发展设想，以及研究所转型发展和图书馆特色服务、主动服务、创新服务、资源共享等主题做发言和交流。中国农学会农业图书馆分会理事长孟宪学做会议总结，提出要积极谋划“十三五”发展，更好地推动图书情报事业进步，提高经济、社会效益，提升地位。（中国农业科学院农业信息研究所）

【举办第二届“新疆南疆农业信息化论坛”】 11 月 14—15 日，由中国农科院农业信息研究所、新疆生产建设兵团第一师阿拉尔市和塔里木大学联合主办的第二届“新疆南疆农业信息化论坛”在塔里木大学召开，100 余人参加论坛。论坛以“互联网+南疆特色农业、合作共赢”为主题，本着“立足南疆、面向基层、服务兵团、服务新疆”的宗旨，针对如何促进互联网与南疆经济社会融合发展问题进行学术研讨，共同探讨和解读新形势下新疆南疆农业信息化发展进程中的新问题、新动向、新策略。论坛上还针对互联网+电子商务、互联网+现代农业、互联网+农业信息服务等进行研讨，并启动“数字枣园管理平台”。该平台是信息所周国民研究员主持的“数字果园”项目在南疆示范落地的成果展现，平台由果园监测设备、果园管理云、果园管理中心组成，实现生产过程管理的数字化。（中国农业科学院农业信息研究所）

中国林业科学研究院图书馆

【概况】 2015 年，中国林业科学研究院（以下简称“中国林科院”）图书馆在“服务现代林业建设，服务林业科技创新”总体方针的指导下，结合中国林科院年度重点工作，在条件平台建设、信息资源建设、服务手段等方面努力提高对林业科研的信息保障和服务能力。在资源建设方面，克服经费短缺的困难，保证对图书馆已购买的清华同方学术期刊、博硕士论文，重庆维普中文科技期刊，万方博硕士论文、会议论文，超星电子图书、移动图书馆及国外林业重点核心资源的更新，首次引进台湾地区的 Airitilibrary 台湾学术文献数据库，增加图书馆林业学术资源的覆盖广度。

在信息服务方面，改善服务设施，提升服务水平，图书馆的接待能力有显著提升。建成 RFID 图书自助借还系统；简化读者的借阅流程，实现读者对馆藏文献的自助服务，提高图书的流通周转速率；开通短信平台及电子邮件自动催还服务，使服务更加人性化。全年共接待读者 10376 人次，比 2014 年增加 33%。其中，晚间阅览 3277 人次，比 2014 年增加近 20%。完成鉴定、报奖和开题立项的查新项目 31 项，收录引证 37 项。

在宣传与研究方面，继续完善林业知识产权公共信息服务平台，制作“2015 林业知识产权宣传周”网站，展示研究成果和最新进展。开展林业重点领域知识产权预警机制研究和林业知识产权宣传与培训，出版《2014 中国林业知识产权年度报告》，完成《人造板连续平压机专利分析报告（2015）》和《木地板锁扣技术、采暖木地板技术专利分析报告（2014）》初稿。中国林业知识产权网新增入库记录 5 万多条，入库记录累计达到 60 多万条。编印出版《林业知识产权动态》（内部刊物，双月刊）6 期，主要跟踪国外林业知识产权动态、政策、学术前沿和研究进展，提供林业知识产权信息服务。获得“林业知识产权管理信息系统”（登记号：2014SR112769）和“基于云计算的森林多目标管理软件”（登记号：2015SR053268）两项软件著作权。（中国林业科学研究院图书馆　孙小满）

【加强数字图书馆及基础平台建设】 2015 年，完成中国林业信息网、中国林业知识产权网、中国林业数字图书馆等 10 多个主管网站的日常维护和数据共享服务工作，保证网站的安全稳定运行。对 70 多个已建的林业数据库进行数据更新，新增入库信息量 20 多万条。对引进的国内外林业数据库资源进行数据更新、软件升级和系统维护，克服经费不足的困难，保证资源建设的连续性，新引进台湾地区的 Airitilibrary 台湾学术文献数据库。目前，图书馆引进的中外文电子资源 15 个为镜像站点资源，10 个为网络版授权资源；全文数据库 22 个，文摘型数据库 3 个。拥有各类数字化的中文林业科技文献全文 7000 多万篇，外文文摘数据库 6000 多万条，电子图书 12 万余册，网络版学术期刊 850 种。数字图书馆统一资源整合服务平台用户访问量累计达到 24.69 万人次，其中数字参考咨询服务系统为用户提供国内外文献原文传递 6.86 万篇。移动图书馆全年访问量达到 93 万人次，为全院及各所、中心开展科研工作提供不可或缺的文献支撑平台。（中国林业科学研究院图书馆　孙小满）

【建设林业专业知识服务系统】 中国林科院图书馆承担中国工程科技知识中心建设项目“林业专业知识服务系统”的建设，项目建设期为 2015—2017 年。2015 年，完成该系统建设的需求分析及调研和林业专业知识服务系统整体设计，包括系统开发方案、系统所需软硬件设备、林业数据库资源建设的规范和标引；开展世界森林资源数据库建设研究，林业学科分类的规范和标准研究，对科技文献、科学数据、林业专利、林业成果等数据库进行自动分类标引的研究。

（中国林业科学研究院图书馆　孙小满）

军事科学院军事图书资料馆

【概况】 2015年，军事科学院军事图书资料馆（以下简称“军事图书资料馆”）坚持以军事科学院党委七届十二次会议精神为指导，紧紧围绕中国特色新型军事智库建设需求，按照“服务线、管理线、研究线”和“资源数字化、服务网络化、保障专题化”建设思路，着眼基础建设，着眼改革创新，突出抓服务、抓质量、抓管理、抓落实，全面推进馆藏文献资源体系建设、网络化信息服务体系建设以及重大重点科研项目信息保障建设。

信息资源建设方面，全年采购中外文图书1.05万册（集中采购纪念抗战胜利70周年图书718册），港台图书439册，订阅中外文报纸杂志1365份，接收机关和研究生部密级资料9153册，接收赠送图书1462册。购买电子图书25万册，更新人大报刊资料数据17519条，恢复和更新学术期刊全文数据2525万篇，标引军事论文题录数据8.53万条，加工图书期刊数据2.59万条。拍摄各类会议活动视频5900多个，购买视频专题资源24个、3800多部，网络下载视频资源3400多部，编辑整理视频186部。完善中文图书总库、军事图书总库等数据库，续建南海问题数据库、军事历史文献资源总库、军事科研学术成果资源总库等，新建院硕博论文数据库。

服务保障建设方面，全年接待读者9840人次，借还图书18471册次，装订报纸期刊合订本1983册，办理清退借阅证200余次。配合研究生部开展“品读经典图书”活动30次、200多人次参加，双休日开馆服务80多次。先后为院8项重大课题、24项重点课题、10项一般课题提供论文题录及书目3.01万条、全文资料1.96万份；为研究人员日常咨询提供论文题录及书目资料2.13万条、全文资料1.52万份。先后为第六届香山论坛、第四届军民融合发展论坛、军事科学学会军制分会、全军百科编审领导小组会议等进行拍摄保障42次，在院保密网发布学术活动视频186部，组织保障各学术部交流研讨活动网上直播7场。

特色服务方面，编辑出版《兵书展厅简介》，对兵书展厅1000余件陈列品进行仿真制作；完成古籍普查1915部22272册，制作书影120册5115张，研建“馆藏古籍信息服务系统”，接待军内外参观27批、188人次；为院首长推荐精品图书目录11期、购买精品图书1126册，编印《综合信息》《军事期刊论文索引》《新书目录》（28期、5480册）。（军事科学院军事图书资料馆　刘晓兰　骆建成）

【军事科研学术成果资源总库】 该数据库是总参立项课题，军事图书资料馆承建。主要任务是收集整理、数字化加工、分类标引、建库发布军事科学院自建院以来完成的军事科研学术成果成品，建立研究报告、法规条令、学术著作、军事辞书、院内期刊和研究论文6个专题库。2015年，累计收录军事科研课题1.1万余项，其中院内课题5000余项、全军性课题5000余项、国家社科基金军事学项目500余项。（军事科学院军事图书资料馆　刘晓兰　骆建成）

【馆藏古籍信息服务系统】 该项目是军事科学院立项课题，军事图书资料馆承建。主要任务是建设馆藏古籍概况、馆藏古籍书目、镇馆之宝（入选《国家珍贵古籍名录》古籍善本）、兵书、战图阵图、兵书展厅6个专题库，分别介绍馆藏古籍数量、特色及保护利用情况。收录馆藏9000余种10万余册古籍目录；介绍馆藏17部入选《国家珍贵古籍名录》的善本古籍；介绍馆藏1778种5544册古代兵书，并以图形方式介绍馆藏全部战图、阵图，以多媒体方式展示兵书珍品展厅所有展品。（军事科学院军事图书资料馆　刘晓兰　骆建成）

【馆藏音像资源信息服务系统】 该项目是军事科学院立项课题，军事图书资料馆承建。主要任务是整合馆藏1.4万部音像资源，涉及经典战例、军事历史人物、军情动态、军事训练、武器装备以及该院学术会议视频等资源，建设军事音像资源信息服务系统硬件平台，包含采集、分类、发布、检索及管理等软件系统、资源编目标准和资源数据库等部分，供全院科研教学使用。（军事科学院军事图书资料馆　刘晓兰　骆建成）

中国地质图书馆

【概况】 2015年，中国地质图书馆（中国地质调查局地学文献中心）（以下简称“地质图书馆”）文献信息资源建设持续加强，信息保障能力进一步提高。资源采集方面：全年采集验收图书4734种5669册，国际交换316种623册（含图书、期刊、地质图件）。采集验收期刊1116种9320册，在电子资源方面可以提供服务的数据库资源25个，包括CNKI、维普、SPRINGERLINK、AGU等，免费开通8个数据库，文献电子资源下载量已达400多万篇。数据加工方面：截至2015年，完成69965册馆藏重要地学文献数字化，完成25827册80185期132.6万篇670.9万页期刊数字化。

在传统服务、上门服务及流动服务基础上，不断探索创新地学文献服务方式，服务能力与水平不断提升。全年接待读者25.43万人次，较2014年(21.37万人次)增加19%。借还书总量为6.01万册次。为局属京内外各单位及社会其他单位和个人完成2327页的全文传递工作。为局属各单位及全国地勘行业12家单位提供外文专项服务，印制47.99万页，发刊1998册。截至2015年年底，已与24家单位签订合作协议，为地调局发展中心、岩溶地质研究所、地质科学院及部分省市地矿局、地调院、有色局、地震局等30多家单位开展上门学科服务，并通过远程访问等多种方式为协议单位提供服务。持续开展门户网站功能改进和维护，新增读者捐赠、廉政文化图书馆等专项栏目。开展地学资讯信息分类分面研究，促进采集资讯信息的分类整理，设计开发用户统一认证系统，开发针对个人用户的个性空间，推进个性化服务。门户网站全年访问量超过53万人次、272万页次，电子资源下载400多万篇。完成科技查新课题71项、文献引证220余份，顾客满意度均达到100%。初步建立世界海洋地质情报信息服务系统，完成900余条国外海洋地质文献资料信息及相关机构信息的采集、分类工作，翻译其中的关键信息数据（题目、摘要、关键词等）15万字，下载或扫描重点文献资料信息全文近300条。

完成3种公开发行期刊和6种内部发行期刊的编辑出版工作。其中，出版公开发行期刊《中国地质调查》7期，《国土资源科普与文化》4期，《中国地质文摘（英文版）》3期；内部发行期刊《国外地学动态》《非常规能源信息》等共计96期。（中国地质图书馆办公室　陈慧）

【加强项目服务和专题学科服务】 2015年，为广西岩溶地质研究所提供国外岩溶地质图件集成服务，为武警黄金地质研究提供我国部分重要成矿带文献3000余篇，为经研院提供国内外地质调查项目管理制度评估方面的专题文献60余篇，为矿产综合利用研究所科研人员查找相关电子图书。（中国地质图书馆办公室　陈慧）

【加强情报研究及服务】 2015年，加强“一带一路”、非常规能源和海洋地质调查等地学情报研究，编写《油砂、重油和沥青——从开采到冶炼》《美国地质调查手册第三篇行政系列委员会篇》《美国地质调查手册第四篇项目管理》及《美国地质调查手册原文资料目录与译词表》4个专辑，向政府、科研、企事业单位的相关人员发放2000余册。对俄罗斯、土耳其、秘鲁、缅甸等重点国家的近3000条馆藏文献进行梳理、建库和分析，编译报道文章16篇。集中开展“一带一路”及重要成矿区带主要组成国家地学文献采集与分析工作，覆盖114个国家，采集量达到2.1万条，编写《“一带一路”国家重要地学文献资料目录集成》专题研究报告。创办内部刊物《海洋地质信息》，内容涉及天然气水合物、海域油气、海洋矿产资源、海洋基础地质调查、海岸带地质调查与综合治理、海洋地质相关计划和政策等。完成《全球首次近海甲烷水合物试采——从选址到实施》《“世界海洋地质情报信息服务系统”功能简介》《海洋资源——机遇与挑战并存》3个专题研究报告和《国外煤层气勘探开发与利用技术及政策》《地球物理在油砂勘探开发中的应用》2个专辑。编译《全球三稀矿产资源地质调查与研究——稀土篇》和《全球三稀矿产资源地质调查与研究之——战略性新兴金属篇》。（中国地质图书馆办公室　陈慧）

【搭建科普教育平台】 2015年，开展科普进校园、进农村、进社区活动8次，向600多人次开展地学科普宣传教育。与清华大学电子系合作推进国土资源部科普示范活动——创建“星星火”图书角。组织师生开展科普进校园等活动，举办以“美妙的石头与大自然共生”为主题的系列科普讲座；前往密云县教育局、中国科技馆进行“十三五”科普宣传规划前期调研。正式开通地质调查成果科普网站“山海经”，出版《地质探秘之旅》之《走进火山》《飞跃珠峰》《洞穴之旅》等科普读物。（中国地质图书馆办公室 陈慧）

【开展成果评价体系建设研究】 2015年，调研行业地勘单位及一线地质专家，掌握地质调查工作成果管理、评价现状并形成调研报告；搜集英国、美国、日本等典型国家的成果评价指标体系、评价方法，编写《美国地质调查局重点工作变化分析与思考》《英国科技评价制度变迁与思考》《美国地质调查局项目评价的背景、方法及案例》等专题研究报告。建设地质调查成果信息管理服务系统，优化和维护地质调查成果奖励模块、登记模块和出版物管理模块，整合模块数据，补充专利等成果管理的信息，提升地质调查成果管理与服务水平。（中国地质图书馆办公室 陈慧）

【加大青年人才培养力度】 2015年，出台《职工教育培训管理办法》《中国地质图书馆职工发表论文和参加学术会议暂行管理办法》，采取内部学习和外出培训相结合、个人自学和集中培训教育相结合等方式，不断提高职工的业务能力和水平。举办培训班9次，有针对性地进行岗位业务知识学习教育。职工参加高层次学历教育8人次。全年参加各类学术会议30人次。以第一作者公开发表论文35篇，其中核心论文9篇，出版专著2部。（中国地质图书馆办公室 陈慧）

中国计量科学研究院文献馆

【概况】 2015年，中国计量科学研究院文献馆（以下简称“计量文献馆”）继续围绕国家《质量发展纲要（2011—2020）》《计量发展规划（2013—2020年）》及《2006—2020年国家信息化发展战略》，在夯实基础的同时，持续加大数字资源建设力度，采用先进科学技术方法，数据加工质量及服务能力得到一定提升。依托NSTL（国家科技图书文献中心）网络服务平台，坚持以人为本、服务至上，继续实现7天不间断、24小时原文传递服务，为全国科研人员提供普惠、公益的计量科技文献信息服务，逐步建立计量科技文献的普惠化服务体系，将知识服务有效地应用到计量科学事业的发展中，受到读者的普遍好评。面对信息环境的变化和读者需求的变化，稳步推进服务模式有效转型，在计量科技信息、计量经济效益等方面开展多项国家层面的调研分析研究工作，搭建知识服务技术平台，为科技发展、政策制定等提供极具价值的大数据分析信息，对计量科研创新提供支撑保证，为国家各项质量安全稳定提供坚实基础。

同时，面向国家重大需求持续开展文献信息服务，并建立相应的服务保障机制，为院士、计量重大科研团队、新疆、西藏等西部地区以及全军提供高质量的计量科技文献信息服务。全年为读者提供国内外文献30余万篇次，计量文献馆网站访问量50余万人次。此外，积极组织并参加各种宣传计量文献资源服务的活动，计量科技文献信息检索与利用专题讲座被纳入国家质检总局科技人员培训基础课；举办“书香计量 文化与科研同行”世界读书日主题活动；先后赴西藏、甘肃、新疆等全国质检系统单位深入开展计量科技文献信息服务等，有效满足基层一线科研人员文献信息需求。（中国计量科学研究院文献馆 李晓萌）

【计量科技文献信息检索与利用专题讲座被纳入国家质检总局科技人员培训基础课】 3月18—19日，国家质检总局基层专业技术骨干集中学习培训在中国计量科学研究院举办，来自全国各省市计量院、标准院、检验检疫研究院、特种设备研究院等的近百名技术骨干参加此次活动。受此次活动的组织机构国家质检总局人事司邀请，计量文献馆馆长李丽做题为“质检领域科技文献信息检索与利用”的专题讲座，以最直接的面对面方式向质检基层科研人员宣传推广NSTL服务平台，质检领域利用NSTL资源的范围，将NSTL公益普惠的科技文献信息服务继续深入到一线科研人员。目前，国家质检总局已将计量文献馆关于NSTL科技文献服务的专题讲座纳入“质检系统基层专业技术人员能力提升专题网络培训”课程，发布在国家质检总局的网络学院，质检系统一线专业技术人员都可在线观看学习。（中国计量科学研究院文献馆 李晓萌）

【举办“世界读书日”主题活动】 4月23日，计量文献馆举办以“书香计量 文化与科研同行”为主题的“世界读书日”宣传活动。中国计量院院长方向、副院长房庆，中国工程院院士张钟华等近百名计量科研及管理人员参加此次活动。在建设质量强国的新常态下，计量文献馆与SCI携手，今年首次设立“论文质量优秀奖”，鼓励科研人员更加重视论文质量，以强化计量科研过程更健康、科研成果更有效地服务于经济发展。同时，对中国计量科学研究院2014年度NSTL计量科技文献阅读排名前30位的科研读者进行表彰，鼓励广大计量科技人员充分运用NSTL文献资源服务平台，及时捕捉国内外相关研究新动向，有效运用到科研工作中。“世界读书日”宣传活动已成为中国计量院文化建设的一个品牌。（中国计量科学研究院文献馆　李晓萌）

【赴西藏开展科技文献信息检索与利用能力提升培训】　7月24—27日，西藏自治区计量管理暨计量技术能力提升培训班在自治区计量测试所举办，来自西藏各级计量领域的50余名管理人员、技术骨干参加此次培训。计量文献馆馆长李丽做题为“质检领域——科技文献信息检索与利用”的专题讲座，为西藏质检系统科研人员讲解如何方便快捷地获取NSTL科技文献信息等内容。在此次培训中，计量文献馆根据科研人员的实际需求，将包括流量、光学等领域的最新计量检定规程、中文科技论文等近1000篇计量科技图书文献资料赠送给西藏自治区计量测试所，有效满足西藏质检科研人员的文献需求。（中国计量科学研究院文献馆　李晓萌）

【以资源推介方式精准服务国家“一带一路”战略】　为充分落实科技文献信息支撑服务“一带一路”国家重大发展战略的精神和部署，切实满足甘肃省计量院对科技文献信息的迫切需求，计量文献馆于9月7—8日将NSTL全部数字化资源推介到甘肃省计量院，使国家公益的科技文献资源切实在西部较落后地区的科技工作者中发展最大作用。此外，计量文献馆工作人员还根据西部科研人员的实际需求，将一线科研人员急需的计量检定规程、标准物质相关科技图书等最新纸质文献送到甘肃省计量院。今后，计量文献馆将持续为该院提供文献信息支撑与保障，助力其科技创新取得更大的成效，为“一带一路”经济和科技发展做出新的贡献。（中国计量科学研究院文献馆　李晓萌）

【赴新疆开展科技文献信息援疆工作】　9月14—15日，计量文献馆工作人员应邀赴新疆计量院开展公益计量文献服务和文献资源利用培训，把NSTL和计量文献馆的丰富数字资源送到天山南北。同时，深入到新疆计量院理化所，现场为该所人员进行文献资源利用面对面服务，并向该所赠送《标准物质质量控制及不确定度评定》等一批科研人员急需的计量相关书籍。近几年，中国计量科学研究院与新疆计量院签订若干合作协议，两院交往日益密切。在科技文献援疆过程中，计量文献信息服务从未缺席，为支持中亚计量中心和新疆经济民生的建设，为中国质量基础走向广阔的中西亚地区，服务“一带一路”战略贡献应尽之力。（中国计量科学研究院文献馆　李晓萌）

中国标准化研究院国家标准馆

【概况】　2015年，中国标准化研究院国家标准馆（以下简称“国家标准馆”）全年实现经营收入1146.1万元，标准文献资源建设经费1300万元。国家标准文献共享服务平台通过科技部、财政部组织的平台2014年度运行服务绩效考核，获得1000万元经费的持续支持。全年共承担各类纵向项目12项，到位经费3582.274万元。获得省部级科学技术奖2项：“工程机械技术性贸易措施与关键技术研究”项目获2015年度国家质检总局科技兴检奖二等奖，排名第三；“我国大型成套设备标准国际化对策研究”项目获商务部商务发展研究成果奖三等奖，排名第一。

加强标准文献资源建设的科学化、规范化，加强针对国家重点领域、重点产业和“一带一路”国家的标准文献资源保障。通过多种途径，新增巴西、马来西亚、印度尼西亚、泰国、印度、沙特阿拉伯等国家标准的收集，共采集标准4.1万件，涉及400多个品种，国内外标准化文献358册；国内外标准化期刊1404册；完成5万条资源信息化加工以及200多个标准数据库的维护更新工作，数据总量累计达170万条，满足标准文献战略资源保障功能和服务业务的需求。通过组织召开各参建单位标准文献数据加工技术培训班、建立数据质量审校制度、建立平台资源建设单位资质遴选制度等措施，提升国外标准数据库的数据加工质量，资源保障综合能力持续提升。

以“支撑地方经济发展、支撑重大科技创新、支撑企业技术创新、支撑政府科学决策”为四大着力点，强化石油石化等重点企业标准咨询服务，深化国家标准文献平台联合服务及行业专题服务，探索平台支撑地方科技创新服务，多方位开展标准公益服务。全年新增注册用户7000多人，组织开展公益培训活动十余项，培训人员300人次，提升国家标准馆的品牌价值。参加世界标准日视频竞赛活动并荣获三等奖。通过数据挖掘和知识组织技术，组织专题研究，承担航空、电力、铁路、石油、食品安全等行业专题数据库的建设，重点企业服务能力有较大提升，公益服务效果显著增强，平台及行业联合服务初见成效。积极探索新形势下我国优势标准“走出去”带动我国装备、产品、服务“走出去”的创新驱动服务模式，大幅提升服务能力，取得显著的社会效益和经济效益。

完成信息化系统的硬件更换和软件升级、业务系统的运行维护工作。国家标准馆数据管理与分析系统、国家标准文献共享服务平台安卓客户端APP、标准全文检索系统上线使用，全面提升网络用户的使用体验。完成国家标准文献共享服务平台网站系统改版，网络服务系统的服务能力进一步提升，全年正常运行时间达到100%，网站访问量116万人次。进一步完善标准内容结构化、碎片化、技术指标数据库建设研究，运用大数据理论、知识挖掘技术等进行标准知识管理系统建设，提高标准信息资源的应用水平。

强化标准知识管理与知识服务领域建设。紧密围绕政府需求，贯彻落实《深化标准化工作改革方案》《标准联通“一带一路”行动计划（2015—2017）》《国家标准化体系建设发展规划（2016—2020）》的精神，积极开展并制订《中外标准比对工作方案》，争取到标准委的“中埃标准互认研究”项目；组织编写《国际标准化资料概览》系列丛书。全年在研科研项目3项，新立项3项，验收7项，申请软件著作权6项，出版论著2部，发表论文18篇。举办首届“标准知识管理与知识服务学术研讨会”，并有4篇论文荣获会议论文奖。1篇论文获国家科技图书文献中心“2015数字信息资源建设学术交流会暨第四届NSTL文献资源建设研讨会”优秀论文奖。基本形成以国家科技支撑计划项目为引领，以标准文献平台项目为应用示范，以中央基本科研业务费项目为培育，以市场化横向研究项目为推广的科研体系。加强文献领域标准制修订工作，新立项国家标准2项（标准文献分类规则、标准文献技术指标揭示数据规范），修订1项（标准文献元数据）。加强战略研究，制订中国标准化研究院业务工作“十三五”专项发展规划，研究并明确发展方向和发展目标，为下一步创新发展奠定基础。执笔撰写质检总局NQI专项标准领域2016年项目指南中的“中国标准走出去适用性技术研究”。参与中国标准化研究院“企业标准第三方评价服务平台”的相关工作，组织研究《企业自我声明标准合规性和符合性验证服务工作方案》，积极探索标准化体制改革中的业务发展新模式。

启动“国家标准馆基础设施改造项目”，在繁忙的业务科研工作中，统筹安排，多方协调，在经费下达之后，用半年时间完成项目设计和施工。至2015年年底，基本完成基础设施改造项目，进一步优化国家标准馆功能布局，扩大文献资源的保存能力，提高到馆服务的用户满意度。

全年累计培训100多人次。组织60余人次参加中国图书馆学会、国家科技图书文献中心等单位举办的培训班和研讨会。每月组织政业学习会，按照业务发展需要开展业务培训。鼓励和创造条件，让馆里员工到其他单位组织的宣传培训班讲课，如国家科技图书文献中心、中国图书馆学会专业图书馆分会组织的培训班、中科院第三方资源与服务培训班，中国仪器信息网网员培训等。通过培训宣讲，既宣传国家标准馆的资源与服务，又提升员工的业务能力。（中国标准化研究院国家标准馆　汪滨　陈云鹏）

【国家标准馆召开标准文献平台资源高校推广研讨会】　为推进国家科技基础条件平台第三届“共享杯”大学生竞赛活动的顺利开展，做好国家标准文献共享服务平台资源与服务在北京地区高校的宣传推广，4月13日，国家标准馆召开标准文献平台资源高校推广研讨会。会议围绕“标准文献平台支撑高校教育科研”展开研讨。中央财经大学的伏霖、北京交通大学的黄安强、中国传媒大学的王妍3位老师结合高校标准化教育、标准在高校科研中的作用、标准文献资源在高校推广等提出“扩大高校的宣传推广力度、增加平台对高校学生的培训、结合科研需求开展标准信息咨询服务”的建议。会议还就国家标准文献共享服务平台在中央财经大学、北京交通大学、中国传媒大学开展第三届“共享杯”大学生竞赛的宣传推广活动达成意向。（中国标准化研究院国家标准馆　汪滨　陈云鹏）

【国家标准馆2015年公益服务专题研讨会在深圳举行】 2015年，国家标准馆承担大量标准信息公益服务工作，多次举办公益讲座和研讨会，促进标准信息工作者之间的业务交流和合作。11月5—6日，在深圳市召开2015年国家标准文献共享服务平台公益服务专题研讨会，并组织参会代表赴华为集团进行交流和参观学习。此次会议围绕国家标准文献共享服务平台资源与服务，利用平台资源进行企业自我声明公开，标准信息挖掘和ASTM标准创新的解决方案等专题进行研讨，分享标准信息研究和管理的知识与经验。会上，通过与华为技术有限公司的标准化专家进行交流，参会人员既学习了华为的标准化发展模式，拓展国际标准化视野，也对标准化引领产业前行有了更加深刻的认识和了解。（中国标准化研究院国家标准馆　汪滨　陈云鹏）

【首届标准文献知识管理与服务学术研讨会在昆明召开】 11月19日，由国家标准馆主办、《中国标准化》杂志社承办的首届标准文献知识管理与服务学术研讨会在昆明召开。来自国家海洋局等17个单位的28位代表、标准化领域、知识管理领域的专家和学者参加此次会议，就“大数据与标准信息服务”“行业企业标准知识服务实践”和“地方标准知识管理与服务研究”3个板块开展研讨。与会代表和专家结合自身标准化工作实践，围绕大数据在标准信息服务中的应用技术、行业标准信息服务中面临的问题、地方标准知识服务的新方法等议题展开研讨，同时进一步交流和共享标准文献知识管理与服务的创新发展，探讨标准知识管理与服务如何在“一带一路”发展战略下发挥重要作用，以及“大众创业万众创新”形势下如何为社会公众、政府与企业、创业者和中小微企业提供公益性支撑和服务。通过前期遴选和评审，会议共选出18篇优秀论文分别获得一、二、三等奖。（中国标准化研究院国家标准馆　汪滨　陈云鹏）

【“我国大型成套设备标准国际化对策研究”课题研究报告获商务部全国商务发展研究成果奖三等奖】 2015年11月，国家标准馆承担的商务部项目“我国大型成套设备标准国际化对策研究”课题研究报告在质检总局办公厅组织申报的88件参评作品中被评为报告类三等奖，这是质检总局报送的参评作品的唯一获奖报告。该项目在分析高铁、核电等大型成套设备标准体系及标准国际化情况的基础上，提出推动我国标准国际化的实现路径和政策建议，对政府部门决策具有重要的参考价值和实践意义。（中国标准化研究院国家标准馆　汪滨　陈云鹏）

中国民族图书馆

【概况】 2015年，中国民族图书馆在编职工30人，包括汉族、蒙古族、藏族、维吾尔族、朝鲜族、回族、满族、水族、土家族等少数民族，少数民族职工人数占53%。研究馆员4人，副研究馆员9人，中级职称14人，初级职称3人。研究生及以上学历8人（其中在读博士研究生2人），本科学历16人（其中在读硕士研究生2人），大专学历6人，全馆本科及以上学历占总人数的80%。

基本业务工作方面，全年接待读者10880人次，借出图书1931册，借阅古籍811册，借阅报刊920册。共采购图书1897种3511册，多渠道积极争取各方赠书2772种4447册，征集少数民族文字书法作品14幅，少数民族文字写本文献15册。新增报纸23548份，期刊7044册。完成图书编目数据13622条，包括汉文、蒙古文、藏文、维吾尔文、哈萨克文图书，基本完成民族文化宫大修期间积压的所有图书编目任务。为满足更多读者需求，实行服务“走出去”，编辑制作《新书通报（汉文）（蒙古文）（藏文）（维吾尔文）》《2015年度报纸目录》《2015年度期刊目录》共589册，送至国家民委各司局等。网站发布206种优秀图书导读、介绍，编辑《优秀图书推介》，每月通过网络、办公楼公告栏等张贴，宣传民族图书。

数字资源与网络建设方面，跟踪拍摄“《民族区域自治法》实施30周年系列成就展”以及民族文化宫展览馆举办的各类专题展览，图书馆举办的文献展览各项活动、展览内容等，收集展览电子大纲、视频及图片、文献资料等。收集有关包尔汉、乌兰夫、阿沛阿旺晋美、粟裕、周保中、韦国清、赛福鼎·艾则孜 7 位少数民族革命人物的纪录片、老照片、纪念文章，撰写生平事迹。进一步完成国家民委研究室与民族文化宫共建阅览室项目民族工作研究成果数据库平台搭建和调试工作，筛选课题成果文件 300 余个。拷贝、整理、标记藏文古籍资料光盘 58 张。图书馆网站进行日常管理维护，全年共采集及发布新闻、公告、新书介绍、赠书信息等 298 条，目前点击量 49906 次。

古籍保护与开发利用工作方面，启动馆藏可移动文物（古籍）普查工作，进一步推进民国期间古籍普查，完成民国时期古籍平台编目数据 1287 条，上传书影 9601 张；完成 1689 函 8768 册古籍普查任务。整理满文、蒙古文、傣文、瑶文、东巴文、朝鲜文、藏文韩规经等少数民族文字古籍，编写《馆藏少数民族文字古籍简目》，供读者查询。完成汉文 1912 年前古籍普查古籍平台数据二审工作，共计 5163 条，普查成果《馆藏汉文古籍普查登记目录》送至国家古籍保护中心验收。2015 年 1 月，馆藏蒙古文《察哈尔格西洛桑楚臣传略》《蒙古文法诠释苍天如意珠》、水文《逢井》、察合台文《伊玛目艾山与伊玛目玉赛音传》《铁匠手 》5 部民族文字珍本古籍入选《中华再造善本》续编。

科研工作方面，全年新立项项目 7 项，包括“北京地区察合台文珍善本保护整理研究”“全国水文古籍书影采集项目”等国家社科基金青年项目、中华古籍保护计划项目。“赫哲族文献信息资源保障体系建设调查研究”“东北人口较少民族文献信息资源保障体系建设调查研究”两项课题顺利通过获准结项。现有 13 个项目正在研究过程中。全馆职工全年发表各类论文 14 篇。完成国家标准制定计划项目“中国少数民族文字古籍定级”《编制说明》的撰写工作。启动“专家系列讲座”，每个季度举办 1 期，全年共 4 期，邀请研究馆员宝音、杨长虹、吴贵飙、崔光弼为全馆员工做专题讲座，为其今后的科研工作提供有益的启迪。

少数民族文献展览与宣传方面，全年共举办自治州地方文献和各类文献专题展览 16 场，包括 3 场为配合“民族自治州成就展”系列活动举办的民族自治州暨自治民族文献展，7 场为纪念年度各项大型活动举办的各类专题文献展。参与在美国纽约举办的“国际书展——中国主宾国活动——中国少数民族出版文化展”，展示馆藏少数民族古籍珍本。到内蒙古自治区呼伦贝尔市举办“中国少数民族古籍珍品展”。（中国民族图书馆　李香）

【《民国时期西康资料汇编》获民国时期文献整理出版项目立项】 5 月 6 日，中国民族图书馆馆长吴贵飙主持申报的《民国时期西康资料汇编》项目，经民国时期文献整理出版项目专家委员会评审，获得 2015 年度该项目立项批准。这是中国民族图书馆首次获此资助，对抢救和传承馆藏民国珍贵文献具有重要意义。（中国民族图书馆　李香）

【“纪念中国人民抗日战争和世界反法西斯战争胜利 70 周年民族文献展”在中国民族图书馆展出】 8 月 10 日至 9 月 10 日，由民族文化宫主办，中国民族图书馆、民族文化宫展览馆承办的“铭记历史　珍爱和平——纪念中国人民抗日战争和世界反法西斯战争胜利 70 周年民族文献展”在中国民族图书馆展出。展览以实物文献、展板展示等形式，从众多抗战文献中选出 200 余部重要著作，介绍少数民族抗日将领、抗日英雄以及少数民族在抗日战争中的重要贡献等。（中国民族图书馆　李香）

【中国民族图书馆科研课题调研组赴云南省调研】 11 月 2—9 日，中国民族图书馆组织课题相关人员一行 3 人，在云南省西双版纳傣族自治州、丽江市和大理白族自治州等地调研，旨在完成国家民委“推动少数民族文化‘走出去’研究”“宗教文献与少数民族宗教问题研究”和“傣族传统文化的传承与现代变迁研究”3 项科研课题。调研内容主要涉及少数民族文化走出去的规划、措施、取得的成绩和经验，少数民族传统文化、少数民族非物质文化遗产传承和保护、民族宗教的现状、民族传统文化的变迁等。调研组一行在西双版纳州实地调研曼掌扶持人口较少民族发展示范村建设发展情况，观看少数民族非物质文化遗产传承人的现场技艺展示，并到当地的寺院、图书馆、博物馆等宗教、文化场所参观交流。在丽江市东巴文化研究院、云南省社会科学院丽江分院和丽江市摩梭文化研究会与专家座谈交流，并参观丽江东巴文化博物馆，考察玉龙纳西族自治县白沙镇白沙完小的民族传统文化教育工作开展情况。在大理州与大理大学的专家、教授座谈交流，了解该校在少数民族非物质文化遗产传承保护方面所做的工作和取得的成绩。（中国民族图书馆　李香）

【举办 2015 年中国图书馆年会第 16 分会场】 12 月 17 日，中国图书馆学会学术研究委员会少数民族图书馆专业委员会、中国民族图书馆在广州白云国际会议中心主持举办以“少数民族图书馆的社会责任与可持续发展研究”为主题的第 16 分会场。中国民族图书馆馆长、研究馆员吴贵飙主持会议。来自少数民族地区图书馆及关心少数民族图书馆事业的专家学者 80 余人参会。会上，5 位少数民族地区图书馆领导和专业人员围绕民族地区图书馆的社会责任和可持续发展，多角度、全方位地介绍了图书馆在本地区开展的社会服务、文化惠民工程、数字文化长廊建设、地方文化特色视频数据库的制作、对口支援、智力支边、特色文献资源建设和古籍保护等，既有经验交流、问题研究，也有对民族地区图书馆事业发展的探讨，对民族地区图书馆事业的建设和发展有着指导和借鉴作用。（中国民族图书馆　李香）

国家机关图书馆

全国人大图书馆

【概况】 2015 年，全国人大图书馆迎来一个甲子的纪念日，进入第一个五年发展规划实施的关键第三年。一年来，全国人大图书馆紧紧围绕机关中心工作，认真履行职责，做好新形势下的人大文献信息资源工作，努力发挥参谋助手作用，着重开展如下工作：

1. 做好馆藏资源建设与管理工作。一是多途径收集馆藏资源。通过采购、接收捐赠图书、跟踪市场和行业信息，完成年度资源采集任务，补充收集大量特藏资源。二是继续完善馆藏资源规范化管理，制定《特藏图书管理办法》《图书馆人大系统连续出版物特藏采集（管理）办法》《电子资源采购、存储和服务方式调整方案》，并修订《电子资源采购与管理办法》。三是加强典藏管理，完成年度分编任务和 2013 年、2014 年非装订期刊的下架、整理以及排架调整等工作；制订馆藏图书清点方案，为下一步馆藏图书数据盘点打下基础。

2. 持续开展资源研究与开发。一是继续做好专题资料工作。完成十二届全国人大三次会议的专题资料工作，完成 2015 年内外网常委会专题资料工作。二是探索完善出版物编制工作。重新修订主题分类表，完成《全国人大图书馆馆藏资料目录索引》2014 年卷和 2015 年卷的出版汇编，完成《人大文撷》2015 年文稿的编选工作，参与完成《人大舆情动态》的改版工作。三是启动《中华苏维埃代表大会史料汇编》工作。四是推动资源调查与研究。对国内智库现状及成果进行研究，形成综述文稿《我国智库的发展现状及成果》；对省级人大网站信息资源建设特别是人大常委会公报发布情况以及地方人大工作研究会建立情况进行调查统计。

3. 积极推进数字化建设。一是基本完成文献集成管理系统的更换和自建库加工发布系统的升级改造项目。二是做好网站系统维护，研究解决技术维护中遇到的老旧设备损坏、系统运行故障、运维服务交接等问题。三是继续推进内外网网站改版，设计需求问卷，开展需求调研，分析汇总结果。

4. 继续做好读者服务工作。一是做好专题咨询服务。及时解答、处理日常咨询；完成常委会领导专题咨询 28 项；完成研究部门专题咨询 2 项；为推动参考咨询工作制度化、规范化，完成《参考咨询处理与备案管理办法》初稿；为拓宽合作渠道，研究了用户需求和资源分布特征。二是做好资源宣传与推广。编辑三期《新书推介》；及时在内外网发布电子资源宣传和服务公告；编写《电子书借阅操作指南》，并初步完成内外网电子资源内容简介和使用指南。三是改进电子资源使用统计工作。增加各年度数据比对、分析，为改善电子资源服务提供依据。四是在机关内部进行交流合作。开展“走进图书馆”活动；建立交流合作机制等。

5. 抓好自身建设和干部培养。一是落实年度考察和调研计划，积极参加行业交流与研讨。全年组成 4 个调研组，由馆领导带队，分别赴北京市、内蒙古自治区、湖北省、辽宁省人大考察调研，了解各地人大会议文献资料的数字化管理和开发利用情况等。12 月，韩国国会图书馆馆长李恩徹一行 6 人来访，这是该馆首次接待国外议会图书馆来访，双方在加强交流、探索合作方面达成一致意见，也为今后与国外议会图书馆开展更广泛的交流积累经验。此外，还接待参加“人大系统文献信息资源共建共享”研讨会与会人员，最高人民法院图书馆、江西省人大、四川广安市人大、中建银投资有限责任公司等单位来馆参观考察调研。二是加大干部学习和培养力度，邀请业内专业人士走进图书馆举办专题讲座；安排馆内同志向全馆做专题研究报告。三是积极参加会议服务工作。（全国人大图书馆）

【举办全国人大图书馆成立 60 周年纪念活动】 1 月 22 日，“纪念全国人大图书馆成立 60 周年座谈会”在全国人大办公楼举行。全国人大常委会副委员长兼秘书长王晨，常委会副秘书长王万宾、李连宁、郭雷，常委会原副秘书长周成奎、研究室原主任程湘清等领导出席会议，图书馆的老领导、曾经在图书馆工作过的部分同志以及参加“我与图书馆”征文活动的部分机关读者参加座谈。座谈会上，王晨同志充分肯定全国人大图书馆 60 年来在提供文献信息资源服务保障方面发挥的积极作用和取得的成绩，提出“特色立馆，服务人大”的办馆宗旨，并希望图书馆全体同志不断提高自身素质和能力，努力把文献信息资源建设和服务工作推向前进。为全面总结 60 年来的发展建设经验，全国人大图书馆梳理了 60 年的发展历程，提炼出以资源形成特色、以服务创造价值、以研究促进工作、以技术支撑发展、以交流拓展空间五个方面的经验；开展“我与图书馆”征文活动，举办主题展览；对图书馆 60 年来开展的重要活动、形成的调研报告和课题研究报告以及开展的交流合作情况等内容进行汇总，编辑《全国人大图书馆成立六十周年纪念文集》。（全国人大图书馆）

【举办世界读书日好书推荐活动】 2 月初，启动国家机关第二届世界读书日“领导推荐好书”活动，共收到 16 位领导同志推荐的图书 16 种、寄语 11 条，并于 4 月 27 日举办读书交流会。全国人大常委会副委员长吉炳轩，常委会副秘书长王万宾、李连宁、郭雷和机关党组成员王金亮以及机关读者 100 余人出席交流会。吉炳轩副委员长精心准备 15000 多字的书面辅导报告《同机关干部聊读书》。活动采用现场提问的方式就大家读书时遇到的问题展开讨论，气氛热烈。（全国人大图书馆）

【举办人大系统文献信息资源共建共享研讨会】 10 月 13—14 日，由全国人大图书馆主办、北京市人大常委会办公厅承办的“人大系统文献信息资源共建共享研讨会”在北京举办，来自 29 个省市自治区的领导和工作人员参加会议。会议围绕人大系统出版物呈缴本制度的落实举措和会议文献库的共建共享等问题展开深入交流、研讨，明确人大系统出版物的呈缴范围和方式，达成共建共享的理念共识，并将人大特色文献信息资源共建共享从理念推向实践。（全国人大图书馆）

【“人民代表大会制度专题数据库”建设取得阶段性成果】 2015 年，图书馆以“会议文献库”为建设重点，初步建成“全国人大常委会公报数据库”“全国人民代表大会及其常务委员会会议简报数据库”。建库过程中，坚持深度开发，在数据标引、功能设计、页面展示等方面精益求精，力求做到内容可靠、分类科学、检索高效、功能完备；为详尽、准确地揭示人大会议文献的内容和形式特征，成立专项工作小组，历时半年，数易其稿，形成会议文献主题分类、文件类型分类、公报元数据、简报发言元数据、标引预定义取值等一系列标准规范。完成“人物资料库”升级改版，改进使用功能和用户体验，增加可视化统计分析和综合检索等功能。继续推进一期各子库建设并初步实现系统整合。（全国人大图书馆）

医院图书馆

【解放军医学图书馆举办未来知识馆系列学术活动】 2015 年 3—4 月，解放军医学图书馆深入研究论证“十三五”规划，围绕未来知识馆的情报研究、创新教育模式、全面感知理论与技术、物理空间建设、数字服务、资源采集、新型知识组织方法与工具、科研数据管理、学科化服务发展规划和新媒体利用及学术信息传递等专题，连续举办 5 场学术报告活动。（解放军医学

图书馆　郝继英　张利）

【解放军医学图书馆举办世界读书日活动】 4月18—30日，解放军医学图书馆开展以“阅读涵养创新、博学成就卓越”为主题的世界读书日系列活动。通过该馆建设发展主题展、“你选书、我买单”活动、虚拟现实新技术体验、“阅读之星”评选、掌上军图移动阅读推广、专利知识系列讲座等8大类20项丰富多彩的活动，带动军事医学科学院、解放军总医院的广大科技人员走进图书馆、利用图书馆，达到宣传世界读书日和推广图书馆资源与服务的目的。中央电视台军事频道、中国网、中国军网、《解放军报》等多家新闻媒体对此次活动进行宣传报道。（解放军医学图书馆　张莉莉　郝继英）

【解放军医学图书馆主办全军第十六届医学图书情报学术研讨会】 6月15—17日，此次研讨会在福建省福州市举办。会议以“推进知识服务创新，提升服务保障能力”为主题，来自全军各卫生信息中心（科）主任、医学图书馆馆长以及部分论文作者共计80余人参会。会议总结了全军卫生信息学专业委员会医学图书情报分委会年度工作。解放军医学图书馆馆长陈锐、南京军区福州总医院信息科主任张明、海军医学研究所科技信息中心主任方旭东、空军总医院信息科副主任张凌做大会专题报告，总结全军医学图书情报机构开展服务的主要做法和经验，集中展示全军医学图书情报机构在医疗、教学、科研创新服务方面的丰硕成果，研究探讨了新形势下医学图书情报工作人员所面临的困难、问题和对策。会议还特邀中国科学院文献情报中心孙坦教授、南京大学医学院附属鼓楼医院图书馆馆长侯惠欣就科技信息服务业“十三五”规划的方向与重点任务、医院图书馆数字化建设等做专题报告。7篇优秀论文作者做大会交流。（解放军医学图书馆　郝继英　孙长征）

【重庆医科大学附属第一医院图书馆开展“春天行动”系列活动】 重庆医科大学附属医院图书馆围绕医院党委“责任、服务、效率，一切以临床为中心”的服务主题，以3月“雷锋月”，4月“世界读书日”为活动契机，开展形式多样的“春天行动”系列活动。3月9日到4月10日，图书馆工作人员深入临床科室，完成36场关于医院图书馆资源整合平台使用方法的巡讲活动。在“世界读书日”来临之际，面向全院开展护理循证医学数据库、UpToDate临床顾问等专题讲座活动，邀请北京中科进出口有限公司在医院举办为期5天的外文原版图书书展。根据全院科室要求，馆员把来自Elsevier、Thieme等国际知名出版社的600册参展图书送到一线科室，让读者足不出户零距离阅读图书，营造浓烈的学习氛围。学科馆员面向一线临床医护人员，探索开展与呼吸内科护理团队之间的协作，图书馆派专人定期参与呼吸内科护理团队的质控会、读书报告会等活动，建立畅通的“需求”与“保障”渠道，有效解决临床、科研、撰写论文等问题。（重庆医科大学附属第一医院图书馆　黄维茜　王芹）

【中国医科大学附属盛京医院图书馆开展世界读书日主题活动】 4月23日中午，盛京医院图书馆在沈阳开展以“4·23”世界读书日为主题的系列宣传咨询活动。面向全院工作人员，发放图书馆常见问题解答宣传单和数据库使用指南，提供论文翻译投稿、检索服务、统计分析、个人数字图书馆等咨询服务，公布了经过评选的优秀外借读者、优秀到馆读者、优秀个人数字图书馆使用者、优秀医知网数据库使用者的读者名单，向读者赠送文艺类及赠阅的科技期刊过刊，营造浓烈的崇尚阅读、走进图书馆的氛围。（中国医科大学附属盛京医院图书馆　方丽　杨华）

【上海地区医院数字图书馆建设研讨会暨复旦大学医学图书馆联盟委员会会议召开】 10月23日，为加强上海市医院图书馆之间的合作与交流，促进上海地区医学图书馆事业的发展，复旦大学图书馆在上海市公共卫生临床中心主办此次会议，复旦大学附属医院图书馆以及上海地区其他医院图书馆代表参会。会议由复旦大学图书馆副馆长应峻主持，上海市公共卫生临床中心副院长徐建青介绍公共卫生临床中心数字图书馆建设目标。会议邀请美国密歇根大学图书馆副馆长Elaine L. Westbrooks、上海交通大学医学院图书馆馆长王成、上海交通大学医学院图书馆副馆长仇晓春、上海市公共卫生临床中心图书馆馆长方芳分别做题为“University of Michigan Taubman health sciences Library：A discussion of collection, services, and new spaces in US libraries""未来图书馆是什么样子的""医院数字图书馆建设与服务方法""上海市公共卫生临床中心数字图书馆平台建设情况"的专题报告。(复旦大学医学图书馆联盟)

【西藏日喀则市人民医院建立 MINI 图书室】 上海"组团式"援藏医疗队进入日喀则市人民医院开展工作以来，发现医院医务人员可利用的专业书籍等资料十分匮乏，严重限制了医务人员获取专业知识的渠道和途径。医疗队队员们经过调研、分析和讨论，决定从日喀则市人民医院骨科入手，探讨解决问题的可能性。医疗队依托援建的上海市第六人民医院骨科，并借助学术资源的支持，在上海市第六人民医院副院长、骨科学科带头人张长青和骨科行政主任柴益民等的倡导和支持下，收集权威学术专著、购买专业书籍、由长期开展学术合作单位的上海科学技术出版社捐献近年来出版的最新骨科专著，在日喀则市人民医院建起骨科 MINI 图书室。12 月，第一批 100 多册最新骨科专业图书到位，日喀则市人民医院——上海"组团式"援藏医疗队骨科 MINI 图书室已经成形并开始发挥作用。图书室还将不断得到充实和壮大，第二批图书正在上海市紧张地收集和整理中。(中国图书馆学会秘书处　胡京波)

香港特别行政区

公共图书馆

【概况】 香港公共图书馆提供图书馆和信息服务，以此满足市民在知识、信息、研究和消闲方面的需求，并借以支持终身学习。此外，香港公共图书馆还致力于推广阅读风气和文学艺术，为不同年龄人士举办图书馆推广活动。香港公共图书馆积极应用信息科技和通过小区合作，加强服务、提升设施和丰富馆藏，进而实现把公共图书馆发展为信息枢纽及“无墙图书馆”的目标，并根据《联合国教育、科学及文化组织公共图书馆宣言》中的信念，扮演开启知识门户的角色，致力于提供终身学习、独立思考、文化发展的环境，以满足社会各界人士对信息、知识、终身学习、研究及消闲的需求；同时作为社会的文化中心，推广阅读、文学艺术及相关研究。

公共图书馆系统内共有 80 个图书馆，包括 68 个固定的图书馆及 12 个流动图书馆（车）。按图书馆的规模和服务性质，分别以中央图书馆、主要图书馆、分区图书馆、小型图书馆和流动图书馆五层架构组成香港公共图书馆体系。截至 2015 年，全港的公共图书馆藏有书籍及多媒体资料合计 1415 万项，登记读者人数近 437 万人，外借书籍及其他图书馆资料超过 5134 万项。2015—2016 年度香港特别行政区政府公共图书馆的修订财政拨款为 10.7 亿港元，较 2014—2015 年度修订预算增加 7770 万港元。（香港中央图书馆　郑刘美莉　陈嘉乐）

【推广活动与提倡阅读和文学艺术工作】 为推广阅读风气和图书馆的馆藏，康乐及文化事务署全年共举办图书馆推广活动 21461 项，包括“4·23”世界阅读日创作比赛、“阅读缤纷月”大型活动及“世界节日阅缤纷”展览。此外，18 区的公共图书馆也与不同地区团体合作，举办多项阅读活动以切合区内人士的需要。

为推广文学艺术，康乐及文化事务署还举办“第十三届香港中文文学双年奖”，借以表扬香港作家的优秀中文文学作品；举办“全港诗词创作比赛”，向市民推广中国古典诗词。此外，香港中央图书馆继续与学术界和专业团体合作举办专题讲座，涵盖不同范畴。（香港中央图书馆　郑刘美莉　陈嘉乐）

【重置图书馆】 7 月，新的调景岭公共图书馆全面启用。新启用的调景岭公共图书馆为一所分区图书馆，面积 2900 多平方米。学生自修室及报刊阅览室设有 200 个座位。其他设施及服务包括成人图书馆、儿童图书馆、推广活动室、特快归还服务、自助借书及续借服务、多媒体信息系统、计算机信息中心及展览区。新图书馆的馆藏约 16 万项，包括成人及儿童中、英文书籍，中、英文百科全书和字典等参考书籍及激光唱片等。报刊阅览室更备有逾 140 种本地及海外出版的报刊及杂志，供不同年龄、职业及兴趣的市民阅读。此外，为推广及培养市民的阅读兴趣，该馆定期举办各类型的图书馆推广活动，如儿童故事时间及书籍展览等。图书馆同时欢迎学校及文教机构预约集体参观活动，让教学团体进一步了解馆内设施。（香港中央图书馆　郑刘美莉　陈嘉乐）

【各区公共图书馆活动】 香港公共图书馆继续与区议会携手合作，发展地区图书馆服务和筹办活动，以照顾区内人士的需要。各区公共图书馆为推广阅读文化而举办的小区活动日益多元化，种类也有增加，图书馆设施也得到优化。

年内，各区公共图书馆运用区议会的财政资助举办 3500 多项定期推广活动和大型阅读活动，例如深水埗区的暑期阅读活动“‘埗埗’爱运动”“屯门阅读节 2014——阅读愈有趣”、西贡区的“暑期阅读活动”“夏日阅读乐满区@黄大仙”、观塘区的“缤纷阅读三重奏”，以及离岛区的“阅满关爱乐共融”。这些活动大多由香港公共图书馆与地区组织合办，有助于吸引更多市民使用公共图书馆，培养读者的阅读习惯。为提高市民对地区历史及文化的兴趣，香港公共图书馆与小区组织合办多项推广活动，例如“认识葵青区历史掌故”、九龙城区的“亲子摄影乐满‘城’”“香港文化传承系列——中西区传统行业与老店”，以及“我们的回忆@观塘”旧照片展览和一系列相关讲座。

区议会一向积极优化图书馆设施和阅读环境，不但提出新工程计划，而且为有关工程提供财政资助。区议会在2014—2015年度进行和完成多项工程计划，其中包括：提升和更换空调、照明和闭路电视系统等设备，更换壁画和室内陈设，提升视听和公众广播系统，以及为新流动图书馆服务站安装电箱和告示板。（香港中央图书馆　郑刘美莉　陈嘉乐）

【提升参考和信息服务】 香港为市民提供参考和信息服务的图书馆包括香港中央图书馆和6个主要图书馆（大会堂公共图书馆、九龙公共图书馆、屏山天水围公共图书馆、沙田公共图书馆、荃湾公共图书馆和屯门公共图书馆）。香港中央图书馆的参考图书馆设有6个专科参考部门，收藏超过100万项参考数据，并提供各类电子资源，以满足用户对参考、自修及终身学习的需要。此外，参考图书馆不断丰富特藏的资料，并透过定期的“文献征集”活动征集文献资料，该馆也存收9个国际组织特藏。

香港中央图书馆的艺术资源中心、香港文学数据室和地图图书馆，以及大会堂公共图书馆的工商业图书馆、创造力及创新资源中心和基本法图书馆均为市民提供专科参考服务。九龙公共图书馆的教育资源中心提供教育专科资源和服务；沙田公共图书馆设有“运动与健体”特藏及其网页。屯门公共图书馆设有“食物与营养”特藏，通过一站式平台为市民提供实用和最新的食物与营养信息。香港公共图书馆与教育局、学术界人士和相关范畴的非政府机构合作，通过工作坊、图书馆参观活动和专题讲座向市民推广多元化的参考数据及专题资源。香港中央图书馆还设有转介服务，让已登记的用户阅览香港大学图书馆的馆藏。香港公共图书馆全年共处理346万项数据查询。

香港公共图书馆拥有61个电子数据库和20万册电子书。登记读者可通过香港公共图书馆入门网站查阅在电子资源网页的所有电子书和21个电子数据库，其余40个电子数据库，可于图书馆的开放时间内在指定图书馆使用。所有公共图书馆均可连接一般数据库，至于专门数据库，可在香港中央图书馆及其他主要公共图书馆的参考图书馆查阅。（香港中央图书馆　郑刘美莉　陈嘉乐）

【信息科技新措施和数码图书馆服务】 新世代综合图书馆系统提供全面的自动化图书馆服务，包括全日24小时网上图书馆服务，可供检索目录、预约和续借图书馆数据。香港公共图书馆通过网站（www. hkpl. gov. hk）和新近开发的流动应用程序“我的图书馆”提供多项电子化服务。在2014年年底推出的电子服务“指尖上的图书馆”荣获“2015香港信息及通讯科技奖”的最佳生活时尚（学习・生活）金奖。

为方便读者获取网上信息，各区图书馆安装了1900个连接互联网的计算机工作站，这些计算机工作站大多配有自助打印设施及八达通付款选项。全港67个固定公共图书馆都提供Wi-Fi无线上网服务。

“多媒体信息系统”是香港公共图书馆的数码图书馆系统，为各图书馆提供多媒体服务。该系统是一个全日24小时运作、配备一站式检索功能的网站，用户可通过新设计的版面阅览超过250万页数码化数据，包括香港旧报纸、照片、场刊、海报、地图、手稿、录音节目、电子书，以及电子数据库等。用户可经由互联网浏览多媒体信息系统的馆藏，或预约使用香港中央图书馆和其他66个固定图书馆1200个工作站。香港公共图书馆相关网页和网上服务的搜览数目全年共超过2148万次。此外，香港公共图书馆继续提升电子服务，在2015年推出图书馆流动版网页及一站式登入功能，让用户通过智能电话或平板计算机，只需登入一次便可方便快捷地享用各类丰富的图书馆电子服务。（香港中央图书馆　郑刘美莉　陈嘉乐）

【图书馆服务新措施】 香港公共图书馆与时并进，不但把服务扩展至图书馆以外其他地方，而且不断增加馆藏种类，加强参考和信息服务、全面应用信息科技，以及积极向市民推广良好阅读习惯。为进一步推动有关香港文学作家和其作品的研究，香港公共图书馆定期更新《香港文学作家传略》，并在2016年推出《香港文学作家传略》网上版，方便读者通过互联网查阅作家数据。(香港中央图书馆 郑刘美莉 陈嘉乐)

【书刊注册组】 书刊注册组为本地印制的书刊注册，协助保存香港的文献数据，并监察国际标准书号系统的有效应用。该组每季在《政府宪报》刊登《香港印刷书刊目录》，市民也可上网浏览有关目录。2014—2015年间，该组共处理14785册书籍和9688份期刊的登记数据，以及987个国际标准书号的出版社识别代号。(香港中央图书馆 郑刘美莉 陈嘉乐)

学校图书馆

【概况】 香港学校为配合电子学习的发展，积极丰富电子图书馆馆藏。香港学校图书馆主任协会积极为会员提供相关讲座及电子图书馆试用，以提供最新信息及意见交流的机会。并与香港教育城(教城)合作推出“e悦读学校计划”，以便在校园普及电子书，推动全校阅读。参与2015—2016学年先导计划的约30所学校，包括15所中学及15所小学会率先免费使用此项服务。

香港学校图书馆主任协会鼓励会员与香港以外的学校图书馆交流，如鼓励会员参加第六届世界华语学校图书馆论坛，内容包括主题演讲、工作坊。通过邀请各地学者和不同界别交流和互动，让与会者了解不同地区的学校图书馆最新发展情况及趋势；互相借鉴成功经验，一起进步。香港学校图书馆主任协会积极招募合肥图书馆老师师友计划2015的导师，通过在线交流的方式为合肥图书馆老师提供专业辅导。

香港国际学校图书馆方面，说英语的学校图书馆员协会(Association of Librarians in English Speaking Schools，ALESS)每月举行一次会议，并通过互联网平台上使会员互相交流，分享有关的知识和资源，以促进专业发展。2015—2016年度协会的重点议题包括选择和推广电子书、图画书和数据库及分享在线学习经验。同时，由于陆续有图书馆翻新计划，图书馆设计也为重点讨论之一。

除此之外，各校也视推广阅读为其重点工作，在年内举办和参与不同的书籍推选和阅读比赛，包括国际性的书籍推选——Carnegie medal，鼓励英语阅读的Hong Kong Battle of Books，促进跨地域阅读交流的International Battle of Books。以及鼓励香港中学生阅读中文书籍，开拓他们中文世界视野的“香港中学生中文阅读擂台赛”。(英皇佐治五世学校 蔡伟昌)

【2015年香港特别行政区大学图书馆长联席会(JULAC)员工论坛】 论坛由香港教育学院图书馆举办。主要介绍两个重要的JULAC协作项目。一是新的图书馆系统(ILS)的勘查。ILS是一个图书馆系统与发现平台的集成。它采用开放式体系结构来引进外部内容。在这个整合环境，该平台可以提供一站式搜索和无缝访问他们发现的库对象，如订阅的电子资源、期刊论文的全文、会议论文、电子书、新闻、免费的网络资源等。目标是使图书馆用户经由平台，而不是库对象的元数据来访问发现。二是教资会资助的JULAC信息素养项目。项目是基于JULAC 2013—2016“增强JULAC信息素养”的战略方向。由香港理工大学图书馆领导。参与者包括香港中文大学图书馆、香港城市大学图书馆、香港浸会大学图书馆、香港教育学院图书馆、香港科技大学图书馆、香港大学图书馆及岭南大学图书馆。项目的目标是实现高校管理层和教师们重视信息素养的模式转变，使信息素养能嵌入到大学课程，从而增进高校学生们的信息素养。这些项目展示了JULAC成员全都致力于开发一个全方位、互联的信息资源和服务，使各高校的学生和教职员都能受益。(香港大学图书馆 鲍国葆)

图书馆协会

【图书馆教育及职业讲座】 7月25日，香港图书馆协会举办一年一度的图书馆教育及职业讲座。香港歌德学院图书馆馆长Michaela Bodesheim女士获邀做演讲。她首先简要介绍全球的歌德学院概况，介绍歌德学院香港的具体工作。歌德学院图书馆除了提供借阅服务外，还提供中德图书馆之合作渠道。歌德学院一直以主办方邀请很多德国图书馆专业同人来香港及内地进行多次访问及学术交流。(香港歌德学院 邓淑敏)

【香港图书馆协会与香港歌德学院合作项目】 2015年，香港图书馆协会跟香港歌德学院继续紧密合作，合办不同专题和座谈会。其中比较重要的合作项目是6月6日在香港中央图书馆举办的关于“量度及评估网上图书馆服务的最新动向及展望”讲座。由德国斯图加特媒体大学的塞巴斯蒂安·蒙特教授主讲。此次讲座主要讨论网上图书馆服务的评价及介绍现时的趋势和未来动向以及如何评估使用者的满意程度及使用量等，展示现时的趋势可以让图书馆得以扩展及让公众更能认识其资讯系统服务。最后，介绍评估网上图书馆服务、数据搜集概要、欧洲图书馆的做法及探讨用于评估网上图书馆服务重要性的工具。（香港歌德学院　邓淑敏）

【香港图书馆教育和职业论坛2015】 7月25日，由香港图书馆协会及香港中央图书馆合办的论坛在香港中央图书馆举行，7位杰出的主讲嘉宾带给与会者图书馆及信息管理上专业进修和职业生涯规划的最新信息。香港中文大学专业进修学院讲师郭远谋先生、香港大学专业进修学院高级项目主任余玲玲女士和香港大学教育学院讲师Peter Warning应邀出席论坛，并担任主讲嘉宾，介绍各院校有关图书馆及讯息管理的不同课程。随后由香港中文大学图书馆馆长李鲁思、香港公共图书馆高级馆长（北区）黄炳权、香港学校图书馆主任协会副会长梁月霞和香港歌德学院信息与图书馆馆长Michaela Bodesheim分享有关不同类别图书馆的就业前景及发展路向。演讲结束后，进行了问答，7位讲者就个人的专业知识及丰富的领导经验，积极响应与会者提出的问题，与会者获益良多。（香港图书馆协会　陈敏仪）

澳门特别行政区

【概况】 回归以来，澳门图书馆事业正朝向人员专业化、服务普及化、藏书电子化、活动多元化等方面发展。2015 年，澳门的公共图书馆及阅书报室有 85 间，为邻近地区密度最高的地区。除了公共图书馆，澳门有学校图书馆 103 间、专门图书馆 80 间和高校及专科图书馆 34 间，总计为 304 间。其中公共图书馆主要由文化局、民政总署、教育暨青年局，及其他(包括政府部门、教会、私人机构及社团)所开办。依其主管部门可分类为，政府开办 46 间、社团开办 22 间、教会开办 16 间、私人机构开办 1 间。在 85 间图书馆中，有 55 间是重点向市民提供阅览服务，其他只是依母体机构服务职能为主，附设图书馆服务而已。澳门公共图书馆的特色是以小区图书馆及阅览室、公园图书馆为主，部分图书馆馆舍设计相当有特色，讲求空间及阅读气氛的营造，是各类型图书馆中发展最快的。

馆藏书籍量为 2094188 册，较 2014 年增加 186079 册(约 9.8%)；2015 年期刊有 14160 份，较去年增加 1067 份；在多媒体数据(含电子书刊)方面，较去年增加 234307 套，达 2782456 套；电子书籍有 2286838 册，较去年增加 130058 册；电子期刊有 406889 种，较去年增加 90918 种；总计有图书资源 4890804 册/种/套，较去年增加 421455 册/种/套。电子书刊在总量中占 55%。

2015 年向公众开放的图书馆及阅报室共接待读者 5026353 人次，较 2014 年增加 269866 人次。借书共 946858 册次，较 2014 年多出 240266 册次；全澳对外开放的图书馆面积增至 821752 平方呎，较 2014 年增加 27068 平方呎；在阅览座位方面也有所增加，总计为 8180 个，较 2014 年增加 599 个；而提供可上网的计算机有 1036 台，较 2014 年增加 99 台；计算机使用的人次为 511840，较 2014 年减少 818 人次。图书馆的购书经费为 75212000 澳门元，较 2014 年削减 6601000 澳门元。工作人员则为 391 人，较 2014 年增加 32 人①。

澳门的高校及专科学校图书馆及阅览室共 34 间，由政府及私人图书馆所组成，部分可以颁授学位的机构及课程并没有成立图书馆，有部分是澳门大学的学院及书院图书馆。目前高校图书馆藏书约 100 万册，从事图书馆的人员约有 110 人，半数以上具有图书馆专业学位，是各类型图书馆中专业比例最高的一类。

有学校图书馆 103 间。总面积为 12000 平方米，阅览座位 4400 个。目前澳门共有全职学校的图书馆员及阅读推广人员约 116 人，兼职人员为 85 人，服务的学生人数约为 74000 人。在藏书方面，共约 75 万册，期刊约 2800 种、报纸约 380 种、视听资料约 20000 种。其中海星学校图书馆、培正中学图书馆均为对小区开放的学校图书馆。

澳门的专门图书馆主要为政府机关图书馆、医学图书馆、法律图书馆、经济图书馆、博物馆图书馆、工程图书馆、治安部门图书馆、宗教图书馆及专业社团图书馆等，共计 80 间。

本年度计划兴建或搬迁的图书馆有 17 间。公共图书馆方面，有澳门街坊总会绿杨中心老人玩具图书馆；而政府计划在新填海地段及新落成公屋设立适当数量的图书馆，如文化局的图书馆设于石排湾市政综合大楼 6 楼，可使用面积约 2000 平方米，预计 2017 年 11 月完工。学校图书馆方面有澳门妇联学校新校部图书馆、圣若瑟教区中学第五校图书馆、镜平中学小学部图书馆、圣罗撒中学小学部图书馆、粤华中学家教会图书馆正计划兴建。大专及专门图书馆方面，则有圣若瑟大学图书馆、圣经学院图书馆、澳门理工学院学院图书馆、澳门体育联会图书室、海关图书馆旅游学院新图书馆、澳门理工学院博彩培训中心新图书馆及行政暨公职局新图书馆，后三者均在旧澳门大学地址建立新图书馆；而检察长办公

① 来自《澳门统计年鉴:2015》

室图书馆已于本年度迁往新址办公。

本年度新开放或整修完成的图书馆有澳门城市大学图书馆、圣若瑟大学图书馆、澳门理工学院博彩培训中心图书馆，其中以文化局设于氹仔的中央公园图书馆规划最大，于4月15日起试运作，面积约2200平方米，是目前全澳最大的公共图书馆，预计最高藏书量可达15万册。该馆最大亮点是特大的儿童专区，提供儿童图书近2万册，还有专为儿童而设的洗手间、育婴室及婴儿车停泊区。

澳门城市大学图书馆于12月15日开馆，使用面积为3600多平方米，纸质藏书约3万册，电子藏书约1万册。并设有小型会议厅、多媒体计算机区、小组讨论室、书库区、期刊区和阅读区，预计藏书量可达10万册，阅读席位300多个。

【图书馆技术服务】 在自动化系统方面，澳门中央图书馆耗资约500万元正式引进新的SirsiDynix，更换旧的TOTALII系统；澳门理工学院图书馆斥资200多万澳门元，引进Ex Libris系统；圣若瑟大学图书馆则以Koha更换了原有的SLS系统。在网页及网上目录方面，共有64间图书馆/阅报室有网页介绍，并可连上网上目录。此外，有46间图书馆设有图书防盗系统及24间图书馆备有RFID设备。

【电子化服务及馆藏】 为推动澳门的数码城市建设发展，澳门电讯与澳门明爱合作，为明爱图书馆用户提供免费CTM Wi-Fi服务，让他们更好地利用信息科技吸收最新信息，实现自我增值。

另外，澳门图书馆暨信息管理协会向澳门基金会虚拟图书馆提供澳门图书书目系统，共收录2000—2015年间澳门出版品检索系统的书目11000多条，网址为http://www.macaudata.com/publication/publicationAction/publication?headType=11。

电子馆藏方面，澳门的公共图书馆馆购电子馆藏主要集中在澳门中央图书馆，购置约30个数据库，并自建有“澳门出版物数据库”“中葡关系四百五十年数据库”等8个特藏及展览数据库。

在高校图书馆的电子馆藏方面，全澳9所高校图书馆共购置878个数据库，以澳门大学图书馆投入的资源最多，大约3000万澳门元，共购置约280个数据库。

【澳门高校图书馆联盟电子资源中心平台】 澳门大学图书馆开发的“澳门高校图书馆联盟电子资源中心平台”已于2014年启用，2015年共购置有14个数据库。今后澳门9所高等院校师生均可通过网络平台，免费使用澳门高校图书馆联盟（Macau Academic Library Alliance，MALA）提供的电子资源。该联盟资源的经费主要来自澳门高等教育辅助办公室的支持。

【赠书活动】 澳门中央图书馆向澳门大学图书馆转赠了3000多册澳门出版品等复本书刊。同时，澳门大学图书馆获香港中文大学图书馆赠书10000多册、国际佛光会中华总会赠书近800册，以及浙江省人民政府赠书约1000册等。

中国国家图书馆、中国数字图书馆有限责任公司与澳门基金会达成共识，由该公司作为主要捐赠方，向本澳濠江中学和劳工子弟学校捐赠数字图书。此次在澳门推广的项目包括面向中小学的“书香校园数字图书馆”和面向幼儿教育机构的“学前教育数字图书馆”，资源囊括数字图书、教材、音视频、图片、数字期刊、儿童绘本、教案课件、论文等。

中国数字图书馆有限责任公司副总裁林青一行与盛澳世纪文化传播有限公司董事总经理关伟霖到访教育暨青年局，并表示拟向该局赠送数字图书。

【社会义务】 澳门中央图书馆等单位于2015澳门图书馆周期间举办“逾期期刊义卖”活动。

民政总署图书馆第五年与荒岛图书馆合作，将市民捐出的书籍捐赠给广东省偏远地区的图书馆，使好书能再创价值，让更多人有阅读的机会。

11月7—8日，明爱图书馆图书义卖活动在南湾湖水上活动中心举办的第四十六届慈善园游会中举行。

澳门图书馆暨信息管理协会继续向中山大学信息管理系提供每年5000元人民币的奖学金。

【学校图书馆经费】 教育暨青年局在本年度资助每所学校的图书购置金额，本学年度图书资助按班级数量分，15 班或以下为 2.5 万元，15 班以上为 5 万澳门元，每年预算约为 350 万澳门元。此外，为推动班级阅读，每位学生每月有 5 元补贴期刊购买经费，每月预计支出 30 万澳门元，图书及期刊资助可以合并使用，用于购买电子资源的资助不可多于资助金额的 30％。

【阅读推广人员】 教育暨青年局在 2007 年 9 月推出学校阅读推广人员计划，每校部超过 900 名学生，可获聘请一名全职阅读推广人员，局方会给校方 20 万澳门元的津贴，2015 年增至 31.8 万澳门元，用作薪金及活动经费；900 人以下则为兼职人员，津贴减半。 2013 年改以班级数量为补贴依据，①每校部在 15 班以下可按下列三个方案选择聘请：2 名全职及 1 名兼职、1 名全职及 3 名兼职、5 名兼职；②16—25 班，则可选择：3 名全职、2 名全职及 2 名兼职、1 名全职及 4 名兼职；③26—35 班，可聘请 5 名全职；④36—45 班，可聘请 6 名全职；⑤46—55 班，可聘请 7 名全职。 ⑥56—64 班可聘请 8 名全职。 ⑦65 班可聘请 9 名全职人员。

【推广活动】 澳门本地开办的阅读推广活动及课程等日趋丰富多元，对外开放的图书馆借阅人次有 94 万人次，接待人次有 500 万人次。2015 年的阅读活动，形式多样，有书展、阅读比赛、演讲、游戏、话剧、电影欣赏、故事会、图书交换、义工服务、参观交流等，加上每年一度的图书馆周、亲子阅读节、“六一”儿童节、书香文化节、书市嘉年华、终身学习周的系列活动，以及澳门中央图书馆两年一度的“好书大晒”阅读推广活动等，十分精彩。

【春季书香文化节】 3 月 27 日至 4 月 5 日，由澳门出版协会和理工学院合办，体育发展局和澳门图书馆暨信息管理协会协办，星光书店统筹的“2015 春季书香文化节”在塔石体育馆举行。文化节旨为推广本地阅读文化，以及制订 2016 年计划与更多本地文创企业、文化团体合作，共同打造本地文化盛事。此次书香文化节广邀全国多个参展商代理近 2000 家出版社参与，现场展出的图书和音像产品超过 12 万种，以台湾书籍为主。集社会科学、自然科学、动漫绘本、文学艺术、工具书籍、亲子读物、美食美容、旅游观光、家政休闲、体育锻炼、健康养生及外语类图书等书籍及音像产品。期间举办十多场讲座和新书发布活动，内容涵盖创作与批评、作家访问录、历史著作、诗歌、散文、儿童文学等，广受读者喜爱。

【2015 图书馆周】 4 月 18 日，由澳门特区政府文化局、中央图书馆与民政总署、教育暨青年局及图书馆暨信息管理协会合办的 2015 图书馆周在南湾旧法院大楼举行启动式，连续 4 天在旧法院大楼开展“悦读 · 市集”活动，在大楼的不同区域设有多项活动同场举行，营造愉悦的阅读气氛。参与“好书交换”的市民凭计分卡到旧法院大楼内的换领区，依据面额换取价值相等的心仪书籍；每年深受欢迎的“逾期期刊义卖”供读者选购。此外，图书馆周的活动还包括：“荒岛图书馆——旧书回收活动”“书刊漂流”“阅读角”和主题多样的工作坊等，让市民感受阅读乐趣。主办单位更特邀澳门乐团为启动式做现场演奏，为 2015 澳门图书馆周精彩助兴。

【亲子阅读节】 5—8 月，民政总署图书馆举办 2015 亲子阅读节活动，其中包括“阅读梦飞翔”职业角色扮演活动，小朋友可以化身做机师、空姐、交通警察和飞虎队，体验不同行业的乐趣。2015 年的系列活动共有近 1.4 万人次报名参加，明政总署通过不同的活动，吸引市民走进图书馆，养成良好的阅读习惯。

【书市嘉年华】 7 月 10—19 日，第十八届澳门书市嘉年华在澳门理工学院体育馆举行，有近 3 万种中、葡文书及多媒体产品，周六、日设多场新书发布会、讲座、魔术表演、亲子音乐工作坊。本届书市以“阅读 · 正能量”为题。

【2015 终身学习周】 澳门教青局每年均邀请澳门多个社团及机构共同参与终身学习周活动。本年组织的活动接近 100 项，类型包括职业技术教育、自我成长、家庭生活教育、身心保健及博雅教育等。形式有讲座、展览、课程及户外活动，并有 8 个成人教育机构（亚洲英语 ESOL 学习中心——氹仔、亚洲英语学习中心——澳

门、灵均会计专科和灵均会计专科(II)、英华双语教育中心、澳门财经专业进修中心、澳门生产力暨科技转移中心、澳门科技大学持续教育学院及澳门延续暨小区教育发展中心)举办共32个课程，以及8间书店(一书斋、环球书局、活力文化书店、边度有书书籍有限公司、悦学越好有限公司、澳门文化广场有限公司、星光书店有限公司和理工分店)在终身学习周期间提供报读课程及购书折扣优惠，期望通过各种不同范畴的活动，促进不同阶层及年龄层的市民终身学习。

民政总署图书馆也参与此次推广活动。活动以儿童阅读推广、参观活动以及专题讲座为主，包括举办亲子体验职业之旅，让小朋友了解不同行业工作的乐趣，并在8月8日参观科学馆及9日参观麦当劳餐厅，两项参观活动均欢迎4至12岁儿童及家长参加。此外，还举行3场专题讲座，分别为“家居植物种植及护理”讲座及邀请资深摄影师吴文正和香港艺术家叶家伟，分别主讲“影楼岁月”和“记存街道之美”两个主题。

【秋季书香文化节】 11月7—15日，由澳门出版协会、台湾图书出版事业协会合办的“二〇一五秋季书香文化节”在塔石体育馆举办，展销最新出版图书、影音产品等，邀得全国数十家参展商提供逾20万册图书参展。书展以“读自强、迎挑战、见彩霞”为主题，希望大众意识到自我增值的重要，提升竞争力，应对社会不同挑战。

【对外合作】 为加强粤港澳公共图书馆的合作，开展共享资源计划，并丰富“全民网上阅读平台”的服务，文化局澳门中央图书馆于6月13日开通“广东省中山图书馆特藏文献全文数据库”，供市民免费使用。澳门科技大学与中国国家图书馆签署合作备忘录，就资源共享及公益服务方面展开合作。此外，文化局与葡萄牙共和国书籍、档案馆及图书馆总局于10月20日在葡萄牙国家档案馆签署档案领域合作备忘录仪式，合作备忘录的签署有助于推动双方联合提名“汉文文书”汇集申报列入联合国教科文组织《世界记忆名录》，促进双方档案专业人员的相互交流和档案领域的培训合作。

(本部分由澳门图书馆暨资讯管理协会潘雅茵、王国强供稿。鸣谢澳门大学图书馆、澳门科技大学图书馆、澳门理工学院学院图书馆、澳门旅游学院图书馆、澳门护理学院图书馆、澳门中央图书馆、民政总署图书馆、教育暨青年局成人教育中心、明爱图书馆、培正中学图书馆等单位提供数据。)

图书馆学会组织

中国图书馆学会

【概况】 2015 年，中国图书馆学会在理事会的领导下，各项工作均取得较大成绩，多项工作有新突破、新亮点。主要体现在如下 5 个方面：

一、学术交流与编辑出版工作

1. 举办 2015 年中国图书馆学会年会。2015 年中国图书馆年会——中国图书馆学会年会·中国图书馆展览会于 12 月 16—17 日在广州市召开，主题为“图书馆：社会进步的力量”。征集论文 1309 篇，组织 1 场嘉宾演讲、4 场主题论坛、21 个学术分会场和 3 场卫星会议，共有 3000 余名代表通过中国图书馆学会会员管理与服务平台注册参会。

2. 举办第五届百县馆长论坛。5 月 21—22 日，第五届百县馆长论坛在福建省晋江市召开。本届论坛主题为“县级图书馆在构建现代公共文化服务体系中的地位和作用”，围绕主题，面向全国图书馆界开展案例征集活动，设置专题发言、分会场和专家报告等环节，形成并发布《中国图书馆学会第五届百县馆长论坛晋江共识》。

3. 协调指导各专门工作委员会和分支机构开展学术活动，2015 高校图书馆发展论坛、专业图书馆分会 2015 年学术年会、医院图书馆委员会第 23 届学术研讨会暨 2015 年学术年会、第 27 届全国十五城市公共图书馆工作研讨会、历史与未来——中国图书馆事业建设与发展高层论坛等品牌学术活动顺利举办。

4. 开展“2014—2015 年图书馆学学科发展研究项目”，召开学科发展研讨会，编写《2014—2015 图书馆学学科发展报告》。这是继 2011 年和 2012 年分别承担中国科协学科发展研究项目和学科史研究项目的基础上，又一次开展学科发展研究项目，对我国图书馆学学科发展起到重要的推动作用。

5. 严格执行双向匿名审稿制度，编辑、出版、发行《中国图书馆学报》1—6 期，完成英文年刊各项组稿和编辑工作。召开前沿论坛和青年学术论坛，开设专题栏目，刊发具有前瞻性、战略性和思想性的学术成果。启动学报网站的图书情报学学术资源库，编辑《创刊 60 年学术成果汇编》，在学术期刊国际化方面取得新进展。

6. 编辑《中国图书馆年鉴 2015》《中国图书馆学会年会论文集（2015 年卷）》，编辑、推送《中国图书馆学会工作通讯》（电子刊），编辑、出版《全国公共图书馆评估上等级图书馆全集（第五次）》。

7. 开展学会信息化平台建设，“中国图书馆学会会员管理与服务平台”上线。完成学会网站改版工作，开通中国图书馆学会微信公众号，及时收集、发布和传递行业信息资源，加强信息整合与分析，夯实基础网络平台。

二、组织建设与评选表彰工作

1. 召开第九次全国会员代表大会。4 月 9 日，中国图书馆学会第九次全国会员代表大会在北京召开，400 余位代表出席大会。审议通过《继往开来　开拓创新　努力促进我国图书馆事业全面发展——中国图书馆学会第八届理事会工作报告》《中国图书馆学会第八届理事会财务收支情况报告》、修订后的《中国图书馆学会章程》和《中国图书馆学会会员会费标准及管理办法》，选举产生第九届理事会、常务理事会和学会负责人。

2. 召开秘书长联席会议。7 月 16—17 日，中国图书馆学会 2015 年秘书长联席会议在陕西省延安图书馆召开，以“创新会员服务方式，提升会员服务能力”为主题，专题研讨会员管理与会员服务工作。

3. 开展中国图书馆学会 2014 年度综合统计调查年报工作和年检工作，年检结果合格。完成第九次全国会员代表大会向中国科协和民政部的报备工作。

4. 开展第九届理事会分支机构设立工作，经充分调研，完成分支机构设置建议方案，并经九届一次常务理事会审议通过。协调指导各专门工作委员会和各分支机构开展工作。积极开展个人会员、单位会员的组织发展、收缴会费、颁发证书等工作。

5. 启动中国图书馆学会“十三五”规划制订工作，通过规划调研、起草、座谈、修订和征求意见等阶段，完成《“十三五”规划纲要（审议稿）》，并经九届一次常务理事会审议通过。

6. 获评中国科协学会创新和服务能力提升工程优秀科技社团项目三类建设单位，2015—2017 年度每年将获得中国科协奖建经费 100 万元，总额 300 万元。中国图书馆学会也是本次入选的两个交叉学科学会之一。

7. 组织 2015 年中国图书馆榜样人物和最美基层图书馆评选。经过通知、推荐、初评、网络投票、终评和公示等阶段，评出 10 位图书馆人和 10 家基层图书馆荣获相关荣誉，经年会组委会批准后，在年会开幕式上进行表彰。

8. 完成韦棣华助学金评审工作，共计 34 名学生获得 2015 年韦棣华助学金 51000 元人民币，年会期间举行颁奖仪式。

9. 开展李炳穆交流合作奖申报和评审工作，国家图书馆外文采编部李吉子荣获这一奖项，年会期间举行颁奖仪式。

三、行业协调与服务工作

1. 按照中国科协和文化部要求，进一步做好有序承接文化部政府转移职能扩大试点工作。充分发挥学会专业优势，加紧修订评估标准，开发评估定级管理信息系统，使县以上公共图书馆评估定级工作和中国图书馆年会组织工作体现出学会承接政府转移职能的特色。此外，受文化部公共文化司委托开展全国公共文化巡讲项目。

2. 组织开展立法咨询工作，参与《中华人民共和国公共文化服务保障法》《中华人民共和国网络安全法》《全民阅读促进条例》和《中华人民共和国公共图书馆法》等法律法规草案征求意见工作。

3. 开展全国数字图书馆建设与服务联席会议相关工作。6 月 17 日，在上海崇明县图书馆召开全国数字图书馆建设与服务联席会议第十六次会议，研讨、交流全国各系统图书馆数字图书馆“十三五”规划制订情况，审议《数字图书馆安全管理指南（修订版）》。

4. 开展数字图书馆建设与服务宣传推广工作，推广活动包括举办高级研讨班、数字图书馆推广工程体验区等内容。2015 年，“网络书香·数字图书馆建设与服务”宣传推广项目共完成江西站、浙江站和吉林站系列活动。

5. 开展全国图书馆未成年人服务提升计划工作。2015 年“提升计划”以“面向省级区域”和“面向全国，以省为基地”两种模式分别在海南和黑龙江举办。

6. 开展民国时期文献保护计划宣传推广工作，推广活动结合讲座、展览、培训班等多种形式开展，并以省份为单位进行面向全省图书馆的巡展和巡讲，将推广活动深入基层，全年共完成江苏站、贵州站和广西站系列活动。

7. 开展“文化遗产日——我与中华古籍”摄影大赛及优秀摄影作品巡展工作。2 月 9 日，召开活动记者会，摄影大赛正式启动。征集期间，各级各类图书馆及相关行业摄影爱好者和关注古籍保护工作的大众通过大赛官方报名平台共提交作品 2803 张，学会组织专业力量分专业组和大众组对作品进行评奖。6 月 11 日，“我与中华古籍”摄影大赛优秀摄影作品巡展在河北省图书馆启动。巡展内容包括摄影展览、古籍保护讲座、古籍修复技艺展示等读者活动。文化遗产日前后，巡展活动已在河北、天津、江苏、山西、黑龙江、湖南等约 30 个省（市）开展。同期，各承办单位还组织本省范围内部分地市级图书馆开展巡展，并配合举行相关活动，进一步提升本次巡展活动的影响力。

8. 结合业界需求，策划组织《中国图书馆分类法（未成年人图书馆版）（第四版）》、公共文化机构法人治理、现代图书馆与科技融合、构建现代公共图书馆服务体系和图书馆员在职专业培训等继续教育课程，培训各级各类图书馆馆长和业务骨干 1000 余人次。

四、科普与阅读工作

1. “4·23”世界读书日期间，在全国图书馆界发布《书香城市（县级）、书香社区标准指标体系》，该体系是受文化部公共文化司委托，由中国图书馆学会组织专家团队通过充分的调查研究，结合国内实际及未来发展趋势制定的，指导书香城市（县级）和书香社区建设。

2. 在“4·23”世界读书日和文化遗产日期间，协调指导全国各级各类图书馆开展全民阅读活动。创新全民阅读活动组织形式，联合社会力量举办经典与中国文化座谈会暨《论经典》新书发布会、西南四城市“风·雅·颂——国学经典诵读”、2015年阅读推广峰会（秋季）暨中国图书馆学会阅读推广委员会成立十周年学术研讨会等重要活动，不断提升广大社会公众对阅读重要性的认识，在全社会营造良好的阅读氛围，为学习型社会建设贡献力量。

3. 举办第九届全民阅读论坛。6月23—25日，第九届全民阅读论坛暨2015年阅读推广峰会在江苏镇江召开，主题为“促进全民阅读，构建书香镇江”。会上，评选2014年度全民阅读“优秀组织奖”“先进单位奖”，命名“全民阅读示范基地”。

4. 开展“2015全国少年儿童阅读年”系列活动。3月26—27日，“2015全国少年儿童阅读年”系列活动启动仪式暨全国图书馆少年儿童经典阅读推广培训班在天津市少年儿童图书馆举行。本次活动以“经典阅读——弘扬优秀传统文化”为主题，安排15项丰富多彩的主旨活动，号召全国各地少年儿童图书馆、公共图书馆、中小学图书馆联合行动，按照统一策划、规范组织、总分结合、上下互动的组织原则全面开展活动，在广大少年儿童和青少年中形成“多读书、读好书”的良好社会风尚。

5. 组织实施中国科协“科技周”活动。5月16日—20日，由中国图书馆学会与国家图书馆联合主办的2015年科技周活动在国家典籍博物馆举行。本次活动突出“大力弘扬和培育创新精神，营造良好的创新文化氛围”和“推动《全民科学素质行动计划纲要》实施，突出五个重点人群”的科普要求，以“网络书香　数字阅读”为主题，重点根据国家图书馆到馆读者身份特点开展数字图书馆科普活动。

6. 开展“少儿阅读推广人”培育行动。11月10日—12日，“少儿阅读推广人”培育行动（基础级）在黑龙江省图书馆举办，对“少儿阅读推广人”进行培训，开发测试平台，组织对培训人员进行考核，不断提升其业务水平，进而提高少儿阅读推广工作的实效。

7. 联合中国光华科技基金会等单位共同开展“基层文化建设促进计划”，面向全国开展申报和遴选，在革命老区和贫困地区评出10家公共图书馆，向其捐赠100万码洋图书。

五、国际合作与交流工作

1. 为业界代表参加2015年美国图书馆协会年会及2015年国际图联大会提供专业信息咨询与服务，包括翻译相关会议文件、申请邀请函等相关工作。

2. 主动跟踪国内参与国际图书馆界交流的动态，对国内代表在国际图联任职情况、本年度参与竞选国际图联职务情况及国内图书馆界注册国际图联机构会员情况进行综合统计，为国内代表参与国际图联职务竞选工作提供支持与服务。

3. 派员赴韩国进行业务交流。10月20日—24日，应韩国图书馆协会邀请，中国图书馆学会秘书长霍瑞娟，未成年人图书馆服务专业委员会委员、国家图书馆少年儿童馆馆长王志庚等一行3人赴韩国参加第52届韩国图书馆协会大会暨协会成立七十周年庆祝活动并进行业务交流。

4. 承办“第81届国际图联大会中国科协科技期刊展”，在国际上宣传推广我国科技期刊。

（中国图书馆学会秘书处）

专业图书馆分会

【概况】 2015年是“十二五”规划的收官年，也是“十三五”规划的启动谋划年，专业图书馆分会继续坚持“知识服务”的工作主旨，秉承搭建平台、推进合作、服务会员、促进发展的工作思路，关注国家科技发展新形势，瞄准专业图书馆发展方向，组织专业图书馆开展未来愿景、应对挑战和发展策略的探讨与交流活动，分享变革和创新发展的经验，探索专业图书馆文献情报服务能力转型发展的途径。通过组织系列学术交流、专业培训和组织发展等活动，展示专业图书馆的发展理念和发展潜力，扩大专业图书馆分会和会员单位的社会影响力，促进专业图书情报事业的发展。

学术交流跟踪领域前沿，共享实践经验，探讨专业图书馆发展新业态、新变革。一是围绕科技情报、产业情报、智库建设支撑科技创新主题开展交流活动。通过组织“知识服务2015：创新驱动·情报研究·决策咨询”专业图书馆分会学术年会、2015年中国图书馆年会“知识服务支撑经济与区域发展”主题论坛、联合举办“新型智库建设”研讨会等，探讨专业图情机构在科技创新全链条中的地位、作用、任务、发展途径以及实施路线。二是以开放获取、机构知识库、科研数据、长期保存为核心，探讨图书馆在开放信息环境、数字信息环境、科研变革环境中的新定位和新角色。通过联合组织 2015 中国机构知识库研讨会、2015 中国开放获取周、2015 中国图书馆年会“数字资源长期保存”分会场、2015 年 iAuthor 应用和发展研讨会等学术活动，探讨专业图书馆在知识服务模式转型中的责任、义务和能力建设。三是围绕数字出版、开放出版变革，探讨图书馆与学术出版社在新型学术信息环境下的融合发展模式。通过持续组织第七届中国图书馆馆长与国外出版社高层对话论坛，以及 2015 开放获取周“开放出版日”活动，探寻学术出版社与图书馆未来面向研究、面向用户、面向读者开展服务的基点，共同勾画学术信息服务的未来。四是组织专家学术报告会，拓展会员学术视野。全年共举办新型数字图书馆建设与服务、科学数据共享与服务、专利情报为科研创新服务、数据科学与图书馆交集带来的机会与挑战 4 场学术报告会。

继续深化以知识服务能力建设为主的培训内容，培养适应未来发展新要求的图书馆员专业素养。2015 年，以挂靠单位和会员单位的人才、资源优势为依托，积极向业界推广先进的理念、方法和优秀实践。组织面向业界的培训班 5 期，内容包括图书馆先进知识服务工具技能培训班、机构知识库建设与科研数据管理实务培训班、科技情报研究新方法新工具应用培训班、科技态势监测与动态快报编制以及图书信息机构开展科技型企业信息服务能力培训班，共计 311 人次参加培训。联合会员单位中国化工信息中心举办公益型培训“图书馆开展企业竞争情报系统实践培训班”1 期（2 天），105 名会员参加。受 NSTL 人才培养项目委托，组织“知识挖掘与科学数据管理”研修班，完成科研数据管理与服务、数据挖掘与数据分析、文本挖掘及其应用实践三个模块、累计 15 天学时的教学任务，共计 102 名 NSTL 成员单位人员参加培训。受挂靠单位委托，组织完成 2015 年中科院文献情报系统学术论文写作培训班（2 天）、2015 中科院及省科院交换馆员培训班（4 天），共计 90 多人参加培训。

发挥会员单位资源优势，交流合作步入新台阶。承接国家知识产权局专利局文献服务部“在专利信息传播利用体系中发挥图情机构作用”“面向审查的专利文献知识服务研究”两项研究项目，组织会员单位资源和业界资源开展项目调研，项目终审受到国家专利局专家的好评。在会员单位互访互学活动中，组织 5 批次赴故宫博物院图书馆古籍文化展参观活动。

区域信息服务交流合作持续加强。专业图书馆分会区域信息服务工作委员联络华南地区专业图书馆和信息情报机构，围绕信息情报工作开展学术研究与交流活动。通过主办“问题与决策驱动的企业信息服务”专题报告会，组织委员单位参加专业图书馆分会年会、培训班，在广东省科技图书馆联合举办“科技态势监测与动态快报编辑”培训班，邀请专业图书馆分会专家到广东做横向业务交流，组织委员会有关专家在专业图书馆分会学术、培训活动中做典型交流发言等活动，促进地区间的交流与合作，为推动区域发展发挥应有作用。

组织建设与秘书处日常管理规范化，为专业图书馆分会各项活动的有序开展提供基础保障。坚持主任委员会领导制，逐步完善工作委员会工作流程和分会工作运行机制。建设分会网站平台、会议平台，编辑发布电子会讯，定期在相关图情期刊、中国图书馆学会网站及省级学会系统、微信平台发布分会相关信息，扩大宣传专业图书馆分会的影响力，使其成为展示专业图书馆发展风貌的窗口。加强专业图书馆分会经费筹措和学术经营能力，开源节流，通过会议、培训以及争取项目经费、企业赞助、挂靠单位财物支持等，为各项工作持续开展提供经费保障。

完成中国图书馆学会交付的任务，组织参加中图学会相关活动。组织完成文化部 2015 中国图书馆榜样人物、最美基层图书馆中专业图书馆的参评工作。专业图书馆分会推荐的国家科技图书文献中心袁海波同志荣获 2015 年中国图书馆榜样人物。完成《中国图书馆年鉴 2015》中专业图书馆部分的组稿工作，组织中科院、社科院、医科、农、林、化工、冶金、机械、地质、标准、计量、专利等系统提交分报告。（专业图书馆分会秘书处）

【组织 2015 年中国图书馆年会知识服务主题论坛和第 3 分会场】 12 月 16—17 日，专业图书馆分会联合高校图书馆分会、国家机关图书馆分会举办 2015 中国图书馆年会“知识服务支撑经济与区域发展”主题论坛，联合中国图书馆学会数字图书馆专业委员会组织“数字保存：从国家战略到具体实践”第 3 分会场，介绍知识服务促进区域创新发展的实践探索，宣传展示国家数字科技文献资源长期保存体系的建设理念、已取得的成果、后续的建设计划。国家科技图书文献中心彭以祺主任出席第 3 分会场并致辞。共计 300 多人次参加活动。（专业图书馆分会秘书处）

【承办国家科技图书文献中心“知识挖掘与科研数据管理”研修班】 2015 年 10—12 月期间，专业图书馆分会承担 NSTL 人才培养与培训项目，策划组织“知识挖掘与科研数据管理”研修班，邀请美国雪城大学图情学院、北京大学、北京理工大学的专家授课，通过系统学习数据挖掘、文本挖掘及科学数据管理的理论、方法、技术与实践，培养具有系统管理科研数据与服务能力以及规划、设计、实施数据挖掘、文本挖掘能力的专业人员。来自 NSTL 成员单位及服务单位的 105 名学员参加培训。研修班共设三个模块，模块一：数据挖掘与数据分析；模块二：科学数据管理与服务实践；模块三：文本挖掘与典型应用。授课采用课堂讲授、小组讨论、项目练习、小组课程报告等开放式教学，经高强度学习和多项考核方式，学员以小组式完成 20 个项目报告，NSTL 出具研修班结业证书。NSTL 两位副主任吴波尔、沈仲祺分别出席培训班开班式和结业式，中科院文献情报中心副主任刘细文主持本次培训工作。（专业图书馆分会秘书处）

高等学校图书馆分会

【概况】 2015 年，中国图书馆学会高等学校图书馆分会（以下简称“高校图书馆分会”）在中国图书馆学会领导下，接受教育部高等学校图书情报工作指导委员会的指导并与之密切配合，圆满完成年度工作任务。

配合中图学会做好相关工作。组织高校图书馆代表参加中国图书馆学会第九次全国会员代表大会。协助统计中国代表在国际图联任职情况；统计高校图书馆国际图联机构会员情况。配合中图学会组织各高校开展 2015 年全民阅读活动，并推选高校图书馆系统内全民阅读活动先进单位和全民阅读示范基地，北京科技大学图书馆、北京大学图书馆、北京大学医学图书馆和中国人民大学图书馆被评为全民阅读活动先进单位，清华大学图书馆被评为全民阅读示范基地。参加中国图书馆学会最美基层图书馆推选工作。组织推选 2015 年中国图书馆榜样人物，北京大学图书馆副馆长陈凌高票入选。

举办年度发展论坛，保持分会的学术品牌。2015 年度高校图书馆发展论坛于 6 月 3—5 日在武汉举行，由华中师范大学图书馆和《中国现代教育装备》杂志社联合承办。年会主题为“大学图书馆服务能力的提升与拓展——资源支撑，技术助力”，下设“下一代图书馆管理系统”“大数据思维与图书馆服务”“PDA 的实施”等若干分主题。会议还邀请美国、加拿大等国的图书馆界同行参加。参会人数达 450 多人，共设 1 个主会场和 6 个分会场，同时举办图书馆设备展览和产品演示活动。

与教育部高等学校图书情报工作指导委员会及北京大学图书馆联合举办“高等学校图书馆新任馆长高级研修班”。研修班聘请图书馆界著名专家学者授课，培训内容包括：图书馆的使命、职能和发展规划，高校图书馆的资源建设和共享，高校图书馆服务创新，图书馆现代化及数字图书馆，高校图书馆人力资源建设等。

与中国图书馆学会各专业委员会合作，共同开展相关问题的研究。9 月 24—25 日，与中国机构知识库推进工作组、中国图书馆学会专业图书馆分会联合举办“2015 中国机构知识库学术研讨会”，会议主题为“机构知识库前沿论坛”。12 月 17 日，在 2015 年中国图书馆学会年会举办期间，与专业图书馆分会联合承办“知识服务支撑经济与区域发展”主题论坛。

继续推进“中国图书馆馆员暑期培训班（美国伊利诺伊大学—厄巴纳．香槟分校）”。此培训已举办十多年，逐步成为高校图书馆赴海外学习的品牌项目，在促进高校图书馆与国际接轨方面发挥积极作用。

与南京农业大学信息管理学院合作，以每年论坛征集的案例为基础，初步完成“中国高校图书馆案例数据库”建设工作。

协助教育部港澳台办组织《饶宗颐书画大

系》捐赠活动。国际潮团总会官网潮人在线董事局向全国高校无偿捐赠《饶宗颐书画大系》500套，全套共24卷，极具学术、艺术研究及收藏价值。高校图书馆分会协助教育部港澳台办，由各地高校图工委推选20多所高校图书馆接受赠书。（高等学校图书馆分会）

军队院校图书馆委员会

【概况】 2015年，军队院校图书馆委员会在中国图书馆学会及军委机关业务主管部门的指导下，认真履行职责，加强组织建设，深化合作交流，以联建共享为重点积极开展军地图书情报协作工作，在为军队院校教学科研与人才培养服务、为各级领导机关决策咨询服务、为部队教育训练服务、为国防建设服务等方面取得显著成绩。一是搞好军队院校图书馆建设整体规划设计工作。召开军队院校图书馆委员会第27次会议，明确2015年工作重点。组织专家分赴军内外有代表性的图书馆展开调研，起草《军队院校图书馆“十三五”建设规划》。二是抓好各项工作的部署落实工作。在完成全军院校图书馆信息管理系统研发并通过验收的基础上，推进全军院校图书馆信息管理系统（简称MALIS）安装部署。三是做好通用数字资源联合保障服务工作。开展2015年度军队院校图书馆通用数字资源统一采购谈判活动，提高军队院校图书馆通用数字资源联合保障服务能力。四是积极开展理论研究与成果推广活动。组织2013—2014年军队院校图书馆信息成果评选，有效地推动军队院校图书馆知识服务创新能力的提升。五是积极开展军地学术交流活动。完成中国图书馆学会及总部机关赋予的各项任务，组织参加行业学术研讨活动，加强与地方行业协会的联系与交流，扩大军队院校图书馆委员会的影响。（军队院校图书馆委员会秘书处）

【军队院校图书馆委员会第27次会议在合肥召开】 4月24—25日，军队院校图书馆委员会在陆军军官学院组织召开军队院校图书馆委员会第27次会议。会议以“军队院校图书馆联建共享”为主题，总结委员会以及各地区协作组2014年工作，明确2015年工作重点，重点研究全军院校图书馆信息管理系统（MALIS）的安装部署及培训应用等问题。（军队院校图书馆委员会秘书处）

【组织起草《军队院校图书馆“十三五”建设规划》】 6月23日至7月1日，军队院校图书馆委员会以组织《军队院校图书馆“十三五”建设规划》论证起草工作为契机，组织10位专家分赴北京、上海、南京、西安等军内外有代表性的图书馆展开调研，与国内一流专家进行深入探讨交流，广泛了解国内外图书馆建设发展动态，掌握军队院校教学需求。在此基础上，组织起草《军队院校图书馆“十三五”建设规划》，描绘军队院校图书馆未来5年发展建设蓝图。（军队院校图书馆委员会秘书处）

【开展优秀信息成果评奖活动】 5月，军队院校图书馆委员会印发《关于军队院校图书馆2013—2014年度优秀信息成果奖励的实施意见》，经各院校图书馆主管部门同意，各地区图书情报协作组推荐，共收到申报优秀成果项目161项。军队院校图书馆委员会聘请军队院校图书馆的10位专家，依据《军队院校图书馆优秀信息成果奖励办法》，坚持公正公平的原则，采取小组评审与大组统一平衡相结合的方式，逐项进行评审，评出一等奖21项、二等奖29项、三等奖50项，有效地推动军队院校图书馆知识服务创新能力的提升。（军队院校图书馆委员会秘书处）

【开展通用数字资源统一采购活动】 为落实军委机关下达的军队院校图书馆通用数字资源建设任务，11月3—4日，以国防大学图书馆为牵头单位，开展2015年度军队院校图书馆通用数字资源统一采购谈判活动。军队院校图书馆专家组与重庆维普资讯有限公司、人大数媒科技有限公司、北京铸成博信国防科技发展中心、北京翔智信息技术有限公司4家数据公司，就4个合作项目的内容、价格和服务方式达成合作意见并签订合作备忘录，大大提高军队院校图书馆通用数字资源联合保障服务能力。（军队院校图书馆委员会秘书处）

医院图书馆委员会

【概况】 在学术活动方面，中国图书馆学会医院图书馆委员会（以下简称“医图委”）2015年围绕“医学图书馆服务创新与发展”的主题，组织举办医图委第23届学术研讨会暨2015年学术年会，协办全军第十六届医学图书情报学术研讨会，参会人数 280 余人次，征集论文 90 余篇。同时，北京、上海、广东、广西、浙江、湖北、吉林、辽宁、河北、山西、天津等地的医图委分别召开学术年会，围绕“大数据背景下的医学图书馆发展方向和国外医学图书馆最新发展趋势”“学科馆员服务”“UpToDate 循证文献库助力临床决策”等主题，研讨交流学科领域的新进展、新实践和技术发展新趋势，参会人数 1000 余人次。

在科研活动方面，组织开展医图委 2015—2016 年度科研项目的申报及立项评审工作，14 个省（区、市）33 家医院图书馆申报项目，14 个项目获得立项。此外，解放军医学图书馆申获全军医学科技青年培育项目 1 项，“生物安全信息分析研究”课题研究成果申获军队科技进步三等奖，1 人参与的课题成果申获军队科技进步二等奖；河北医图委成员单位完成“河北省基层卫生专业技术人员文献信息需求分析研究”等 5 项河北省卫计委课题，实现顺利结题，“河北省基层卫生专业技术人员文献信息需求分析研究”和“探讨医院图书馆学科馆员为患者提供个性化信息服务”课题成果申获河北医学科技奖二等奖。中国医科大学盛京医院图书馆郑黎强被评为沈阳市 2015 年度市级青年岗位能手，并获得 2015 年第十届辽宁省青年科技奖。

在专题研讨交流方面，浙江省医院图书管理中心组建指导小组，调研浙医二院、邵逸夫医院、杭州师范大学附属医院、丽水市中心医院、丽水市人民医院、丽水市中医院等单位，面向全省医疗机构图书馆指导执行《浙江省三级医院图书馆评估标准》。北京医图委召开北京地区医院数字图书馆建设馆长研讨会，针对医院图书馆面临馆舍空间不足、人才技术匮乏、资源逐渐电子化、读者需求和服务模式不断变化的情况，研讨解决方案。上海医院图书馆组团赴江苏医图委参访交流，参观多家图书馆并交流学习，两地医图委负责人就医院图书馆的发展状况和学会建设情况进行交流。上海交大医学院图书馆联盟 11 月召开工作会议，协调“医院联盟”图书通借通还，并展示新建的联盟馆际互借平台系统。天津市医图委组织召开 3 次常委会议和 1 次委员会议，深入研讨学会建设、大数据时代医院图书情报的发展策略以及组织建设。黑龙江省医图委组织召开“黑龙江省医院等级评审图书信息管理评价迎评方案研讨会”，得到会员单位一致欢迎。

在业务培训与宣传活动方面，北京、湖北、吉林、辽宁、浙江、山西、上海等地医图委及其会员单位经常举办数字资源利用讲座、临床科研设计与统计分析培训、数字图书馆等主题的培训讲座，解放军医学图书馆、盛京医院图书馆、辽宁省肿瘤医院图书馆、汾阳医院图书馆等单位举办“4·23”世界读书日系列活动，广受临床医疗人员和医学科研人员欢迎与肯定。60 余名学员参加浙江大学医学院附属第一医院图书馆主办的国家级“医学科研产出评价与管理能力建设”继续教育项目，盛京医院图书馆的“医学信息素养与科研能力建设”申获国家级继续医学教育项目，吉林大学第一医院图书馆的“医务人员信息素养提升学习班”首次申获“2016 年第一批省级继续医学教育项目”。河北医科大学第四医院图书馆的参评项目“自建学术视频资源为医院继教工作助力”获得河北省图书馆学会年会读者服务创新大赛二等奖。

在组织建设方面，认真落实并完成 2015 年年检及《分支机构、代表机构情况表》的统计上报，积极开展中国图书馆学会个人会员登记与发展工作，组织会员参与“中国图书馆学会会员管理与服务平台”的注册申请工作，截至 2015 年年底，注册个人会员 167 名。扩大“医院图书馆之家”QQ 群规模，继续推行网络通讯员制度，积极组织报道医院图书馆行业新闻动态、工作经验和学术研究进展，有效促进学会内部的联系与交流。组建“医图委”微信群，分会常委单位、委员单位、会员单位有关专家和工作人员纷纷入群，业务交流和学术交流实时开展，有效推动了医学图书馆同行间的信息共享与交流合作，截至 2015 年年底，群员已达 150 余人。（医院图书馆委员会　郝继英　马红月　王伯秋）

【医院图书馆委员会第 23 届学术研讨会暨 2015 年学术年会召开】 会议于 8 月 5—7 日在贵州省贵阳市召开，主题为“医学图书馆服务创新与发展：发展战略和最佳实践”。全国 20 个省市的医学信息机构、医院图书馆及相关领域的 180 余人参加会议，征集论文 40 余篇。会议安排专题报告、工作研讨、技术交流、论文交流等版块内容，会议总结医院图书馆委员会的年度工作，重庆大学图书馆馆长杨新涯博士做“智慧图书馆理论与实践”的特邀报告，河北省医科大学附属第二医院图书馆馆长江建忠、山西省儿童医院图书馆主任高莉、江苏省人民医院图书馆馆长陆桂安分别做“发展中的河北医图委”“山西省图书馆学会医院图书馆委员会工作汇报”和“江苏省医图委工作汇报：‘一带一路’，携手共进”的专题报告，南京鼓楼医院图书馆主任侯惠欣、华中科技大学同济医学院同济医院图书馆馆长胡鸿和重庆医科大学附属第一医院图书馆馆长罗志宏分别就“医院图书馆由传统图书馆转向数字图书馆管理理念和实践”“同济医院图书馆创新型学科服务实践”和“图书馆如何做医、教、研信息服务的引领者”等内容进行工作研讨与经验交流。 徐静等4名一等奖论文作者进行大会论文发言。（医院图书馆委员会　郝继英　马红月　王伯秋）

【医院图书馆委员会2015—2016年科研项目申报立项工作启动】 3—6月，医图委秘书处组织开展中国图书馆学会医院图书馆委员会2015—2016年科研项目申报及立项工作，北京、广东、辽宁、浙江、江苏、湖北、山东、广西、山西、河北、上海、四川、新疆、重庆14个省市区33家医院图书馆上报了项目申报材料。经专家评审组评审，兰州军区乌鲁木齐总医院信息科闵波的“基于时间加权的生物医学文献知识发现研究”、中国医科大学附属盛京医院图书馆杨华的“网络一代的医学科研群体信息行为特征与图书馆服务策略研究”等10个项目获得立项并资助，中国医科大学附属盛京医院图书馆方丽的“基于双聚类方法探索医学学科知识基础与研究前沿”等4个项目获得立项。（医院图书馆委员会　郝继英　马红月　王伯秋）

【广西医学图书馆委员会举办2015年学术年会暨第三届广西医学图书馆委员会换届会议】 12月23—25日，由广西医学图书馆委员会主办、广西医科大学图书馆与桂林医学院图书馆承办的此次会议在桂林市召开，来自广西各医院、高校图书馆的40多位代表参会。广西区人民医院图书馆馆长黄文胜、广西医科大学图书馆馆长莫书荣等5位专家分别做专题报告。会议选举产生第三届广西医学图书馆委员会，莫书荣任主任委员，蒋才武、黄文胜等9人任副主任委员，刘鹏任秘书长。广西医院图书馆委员会成立于2007年5月，从成立之初就一直以医学高校图书馆与医院图书馆作为成员馆而长期存在并开展工作。在此次会议上，与会代表一致同意“广西医院图书馆委员会”更名为“广西医学图书馆委员会”。（广西医学图书馆委员会　刘鹏）

【北京市医院图书馆委员会举办2015年学术年会】 会议于4月17日召开，70多名代表参会。会上，中图学会医图委主任委员陈锐和秘书长郝继英传达上级学会精神，北京市医图委主任委员田新玉汇报年度工作总结及下一年度工作计划。会议特邀首都医科大学图书馆馆长马路做题为“大数据环境下的图书馆信息服务”专题报告，北京医院图书馆馆长李锦做题为“改善环境提高服务”的工作报告，5家企业会员代表介绍行业内最新技术进展。（北京市医院图书馆委员会　田新玉）

【河北省医院图书馆委员会召开第七届学术研讨会暨2015年学术年会】 5月7—10日，此次会议在秦皇岛市召开，来自全省各地的医院图书馆业界同人65名代表参加会议。会议由副主任委员顾沿泊主持，主任委员江建忠总结年度工作并介绍会议主要内容。解放军医学图书馆《中华医学图书情报杂志》编辑部主任杨春华主编代表中图学会医图委致贺词，贺词中肯定河北省医院图书馆委员会多年来的工作成绩。会议邀请杨春华、河北医科大学图书馆刘晓东分别做题为“医学图书情报论文的选题及写作规范”“无微不至的图书馆——用微信穿时空、拓服务”等专题报告。（河北省医院图书馆委员会　江建忠　顾沿泊）

【吉林省医院图书馆委员会召开2015年学术年会暨换届工作会议】 5月22日，由吉林大学第一医院图书馆承办的此次会议在长春召开，来自全省10个市34家医院，以及辽宁、黑龙江和河北的9家医院共计70余名图书馆工作人员及图书馆主管领导参会。会上，吉林大学第一医院科教部副主任、图书馆馆长伦志军公布新任常委名单，新任常委共同探讨全省医院图书馆事业的发展问题。在学术交流中，与会代表围绕区域医院图书馆资源共建共享、借用大数据建立医院数字图书馆、地区和专科图书馆工作介绍、医学学科馆员与医学信息服务进行交流与讨论。（吉林大学图书馆　伦志军）

【广东省医院图书馆委员会召开 2015 年学术年会】 会议于 6 月 17—19 日在惠州市召开，来自全省各地医院图书馆、医院信息中心的 100 余名代表参加会议。广东省医图委主任委员、广东省人民医院图书馆馆长陈小忠致开幕词。会议邀请广东省科技图书馆馆长魏东原教授、汕头大学医学院图书馆副馆长余恩琳、番禺中心医院信息科科长罗志雄、惠州市第一人民医院信息部副主任云凤羽分别做题为“嵌入科研创新的学科信息服务”“循证医学语境下的中、小型医学图书馆数字资源建设与信息服务策略”“大数据时代基层医院图书馆发展重点”“大数据时代医院图书馆的学科化服务”的专题报告。（广东省医院图书馆委员会）

【浙江省医院图书馆委员会召开 2015 年学术年会】 10 月 22—24 日，浙江省图书馆学会医院图书馆委员会学术年会暨浙江省医院协会医院情报图书管理专业委员会学术年会在海宁市召开。来自全省医院图书馆及医学信息管理的 100 余名代表参会。浙江大学医学院附属第一医院图书馆馆长邢美园汇报 2015 年度工作，通报 2015 年医院图书馆调研结果，提出深化各类培训、拓展省际交流、“走出去、请进来”的发展思路。会议邀请浙江大学图书馆医学分馆馆长陈益君、浙江大学医学院附属第一医院图书馆副馆长丁芸分别做题为“互联网思维与图书馆文献资源建设”“新时代下图书馆微信公众平台的实战分享”的专题报告。会议对获得优秀论文一、二、三等奖的作者颁奖。（浙江省医院图书馆委员会　陈小清）

【江苏省医院图书馆委员会举办 2015 年学术年会】 以“等级医院评审给图书馆带来的思考”为主题的此次会议于 11 月 18—21 日在宿迁市召开，全省 50 余名代表参加会议。主任委员陆桂安总结医图委年度主要工作。会议特邀上海交通大学医学图书馆馆长王成教授介绍美国医学图书馆协会 2015 年年会情况，上海交通大学图书馆副馆长仇晓春教授做“海外医学图书馆发展及服务一瞥”专题报告，南京大学郑建明教授做“大数据时代图书馆专业发展态势与图书馆馆员的应对”专题报告。陆桂安、江苏省苏北人民医院马桂平、大丰市人民医院包磊、苏州市市立医院车丹就会议主题分别做专题发言。（江苏省医院图书馆委员会　陆桂安　徐志荣）

【上海市医院图书馆委员会召开 2015 年上半年学术研讨会】 5 月 24 日，会议在上海交通大学医学院图书馆召开，主题为“大数据背景下的医学图书馆发展方向和国外医学图书馆最新发展趋势”。会议由中国图书馆学会医图委副主任委员、上海市医图委负责人、上海交通大学医学院图书馆副馆长仇晓春主持。邀请上海交通大学医学院图书馆馆长王成介绍美国医学图书馆学会发展历史和目前 14 个分会 22 个专业委员会的发展现状，复旦大学图书馆副馆长应峻介绍复旦大学即将建造的梦幻医学图书馆情况，仇晓春做“医学图书馆学科服务之实践与探索”专题报告。参会人员还统一前往南京，参观南京鼓楼医院图书馆，并在江苏人民医院图书馆与江苏省医院图书馆学会代表进行交流。（上海医院图书馆委员会）

各省、自治区、直辖市图书馆学会

北京市

【概况】 2015 年，北京市图书馆协会发展个人会员 758 人，团体会员 36 个。北京市图书馆协会严格遵守北京市社科联和主管单位北京市文化局的要求，不断完善、健全各项规章制度，督导会员正确、合理参加与开展各项学术研究活动，并按规定通过社会团体法人登记证、组织机构代码证、统计证等相关注册手续和年检工作。依据社团办安排，进行抽查审计工作。

开展业务培训。全年共举办各类培训 9 次，500 余人次参加，内容涵盖新入馆员工上岗培训，重点工程专项业务培训，图书馆专家的经验介绍等。

组织阅读活动。组织会员单位开展讲座、展览、送书、诵读等阅读活动，面向读者推荐图书、引导阅读，全年累计举办各类阅读活动 4698 次，165.9 万人次参与其中。

组织学术研究活动。积极开展学术研究，承办“海淀区图书馆新馆建设研究”课题，从新馆功能定位、技术应用、标识系统、开办项目等多方面为海淀区图书馆新馆建设提供智力支持；依据北京市文化局要求，北京市图书馆协会组织专家根据北京图书馆发展的新趋势，结合《公共图书馆服务规范》及各地新颁布的图书馆条例等内容，对《北京市图书馆条例》的适应性进行评估，提出修改建议。

组织会员代表参加中国图书馆学会第九届会员代表大会。会上，邓菊英被选为第九届理事会常务理事，倪晓建、肖佐刚、李金龙被选为理事。北京市图书馆协会积极组织会员参加中国图书馆学会 2015 年年会及其各专业委员会的学术征文活动，14 名会员获奖，北京市图书馆协会荣获 2015 年中国图书馆学会年会征文组织奖；朝阳区图书馆和西城区青少年儿童图书馆分别获得 2014 年度全民阅读活动组织奖和先进单位奖。（北京市图书馆协会）

河北省

【概况】 河北省图书馆学会现有常务理事单位 31 个，理事单位 65 个，会员单位 185 个。2015 年，省图书馆学会新增会员 125 名，会员总数达到 1708 名；按照中国图书馆学会新的会员管理平台要求，组织全省会员重新办理入会手续。

2015 年，省图书馆学会创新开展课题立项研究工作，制定课题管理办法和申报指南，填补了河北省图书馆界空白。全年收到申报课题 60 余项，批准立项 30 项。发动并组织会员参加中图学会、省图书馆学会年会征文活动，50 余篇论文获奖。组织 60 余名会员参加中国图书馆年会。成功举办“未来的图书馆和未来的图书馆员”——第三届青年论坛，吸引 70 余名青年代表参加。省图书馆学会还特别邀请魏大威、申晓娟、吴建中、吴晞等业界专家举办多场高水平学术报告。

组织举办“走进诗词天地，感悟经典之美”燕赵少年读书系列活动，吸引 10 万余名中小学生参加，收到各类作品 3 万余份，评出近 400 个奖项给予表彰。为此，省图书馆学会应邀在中图学会阅读推广峰会上交流活动经验。在全省深入开展全民阅读活动，打造“社会科学普及五进活动”“志愿者服务队”“汽车图书馆”等一批具有推广价值的服务品牌。2015 年，省图书馆学会组织服务创新案例评选展示，共收到案例 59 个，评出优秀案例 40 个。廊坊市图书馆等 3 家单位被中图学会授予“全民阅读先进单位”，沧州图书馆被授予“全民阅读示范基地”称号。邯郸市图书馆等 12 家图书馆也被省图书馆学会评为“全民阅读先进单位”。

联合中图学会举办全国图书馆阅读推广理论与实践高级研修班。邀请阅读推广委员会主任吴晞等国内阅读推广专家授课，全国 11 个省的近 300 名代表参加培训。与国家古籍保护中心共同举办第十期《全国古籍普查登记目录》审校人员培训班暨河北省第六期古籍普查培训班，全省图书馆、文博、高校、档案等古籍收藏单位的 107 名业务骨干参加。首次与文化部合作在中央文化干部管理学院举办全省公共图书馆高级管理人员研修班，组织全省 62 名图书馆管理人员参加培训研修。

组织召开 2015 年度馆长联席会深化交流，36 名省、市、省直管县图书馆馆长出席。在全省组织开展“我与中华古籍”摄影大赛及优秀作品巡展活动，省图书馆学会被中图学会评为“优秀组织单位”。

为推动河北省图书馆立法工作，省图书馆学会组织撰写《关于〈河北省公共图书馆条例〉起草情况的说明》，提交省法制办。组织业界专家参与文化部部颁标准《流动图书车车载装置通用技术条件》的起草制订工作。组织专家完成教育部与国家图书馆课题“文化场馆语言文字使用情况调查及对策研究”河北部分调研报告。

2015 年，省图书馆学会会员队伍持续壮大，各级学会和分支机构组织建设得到进一步规范和强化，沧州市学会被省民政厅评为 5A 级社会组织。省图书馆学会全年编辑印发《图书情报通讯》4 期、《河北省图书馆学会工作通讯》6 期；继续为《中国图书馆年鉴 2015》（河北部分）组织撰写稿件。（河北省图书馆学会　杨洪江）

【2015 年度燕赵少年读书系列活动正式启动】 4 月 23 日，在第 20 个世界读书日来临之际，由河北省文化厅、教育厅、团省委联合主办，省图书馆学会、省图书馆和各市图书馆学会、各市县图书馆承办的“走进诗词天地，感悟

经典之美”2015年度燕赵少年读书系列活动启动仪式在省图书馆举行，与此同时，2015年度燕赵少年读书系列活动在全省同步启动。省图书馆馆长李春来发布此次系列活动的主题和主要内容。省教育厅、团省委领导向荐读示范点石家庄市范西路小学赠送荐读图书。省文化厅副厅长彭卫国就中小学生如何学习传承中华民族优秀传统文化做重要讲话并宣布2015年度燕赵少年读书系列活动正式启动。（河北省图书馆学会　徐坤）

【2015年“我与中华古籍”摄影大赛优秀摄影作品巡展启动仪式在河北省图书馆举行】 6月11日，在第10个“文化遗产日”到来之际，由国家古籍保护中心、中图学会、中国古籍保护协会、省文化厅联合主办，省图书馆（河北省古籍保护中心）、省图书馆学会共同承办的2015年“我与中华古籍”摄影大赛优秀摄影作品巡展启动仪式在省图书馆举行。省图书馆学会在全省开展宣传推广活动，以省图书馆为活动中心，以5家省古籍重点保护单位为重点活动区，以全省11家设区市图书馆、10家直管县（市）图书馆为主要辐射区，以全省为网络覆盖区，使活动范围遍及全省。（河北省图书馆学会　徐坤）

【河北省图书馆学会第三届青年论坛举办】 6月17—19日，由河北省图书馆学会主办，河北大学管理学院、秦皇岛图书馆共同承办的河北省图书馆学会第三届青年论坛在秦皇岛市举办。来自全省各系统70余位图书馆界青年代表参加论坛。本届论坛以“未来的图书馆和未来的图书馆员”为主题，安排主旨报告、专题发言、专家点评及专业参观，受到青年馆员们的热烈欢迎。（秦皇岛图书馆）

【河北省公共图书馆馆长联席会议召开】 9月18—20日，由河北省图书馆、河北省图书馆学会主办，承德市图书馆承办的河北省公共图书馆馆员联席会议在承德召开，来自全省图书馆及全省11个设区市和10个省直管县图书馆馆长共36名代表出席。会议在总结交流各馆工作的同时，深入探讨“十三五”规划编制和京津冀协同发展背景下图书馆发展与合作等相关问题。（河北省图书馆学会　李玉杰）

【2015河北省图书馆学会年会召开】 12月29—30日，2015年河北省图书馆学会年会在邢台召开。本届年会主题为“图书馆与社会：角色重塑与提升”，来自全省图书馆界同人及相关企业代表300余人参加。李春来理事长致开幕词，省文化厅梁扉副巡视员发表讲话。会议对2015年度全民阅读先进单位、燕赵少年读书系列活动进行表彰并颁发奖牌或证书。国家图书馆副馆长魏大威做题为“立足互联网+战略，推动国家数字图书馆创新发展”的主旨报告。李春来理事长做题为“抓机遇　促繁荣　共谋图书馆事业新发展”的学会工作报告。学会学术委员会副主任赵俊玲对2015年度学会学术活动开展情况进行通报和总结。与会领导先后为图书馆服务创新案例大赛及2015年学术征文活动的获奖单位与个人代表颁发证书。副理事长兼秘书长顾玉青发布2016年学会工作计划，副理事长李振奇做大会总结。年会期间，河北大学、河北经贸大学首次组织数十位图书馆学专业在校学生参会。（河北省图书馆学会　孙革玲）

山西省

【概况】 1月16日，山西省图书馆学会召开五届十五次常务理事会，总结2014年工作，通报2015年工作计划，审议2014年相关表彰决定。本年度，省学会发展个人会员51人，发展团体会员21个。为推动学术交流，促进学科发展，组织开展各类活动，包括2015年中国图书馆学会年会征文、2015年数字图书馆新服务应用研讨会、2015年全省公共图书馆经验交流会等；组织全省会员及论文作者参加2015年中国图书馆学会年会，参与评选2015年度图书馆榜样人物；10月9日，山西省公共图书馆经验交流会在晋城市图书馆召开，会议表彰2015年度“全民阅读”先进集体；12月16日，组团参加2015年中国图书馆年会，全省119名代表参会。2015年，省学会下文组织全省各级各类图书馆开展“全民阅读”“图书馆服务宣传周”“我与中华古籍”摄影大赛优秀摄影作品巡展、“科普宣传周”、中国科协会员日等系列活动。在全社会倡导多读书、读好书的文明风尚，形成全民阅读的浓厚氛围。全年组织协调并推荐多名会员参加省内及全国性图书馆学界的学术交流活动；组织会员参加由中国图书馆学会举办的各类培训活动，征集2015年中国图书馆年会论文，参加第五届百县馆长论坛等；组织申报中国图书馆学会2014年“全民阅读先进单位”和“阅读示范基地”评选；联合省内10个地市的公共图书馆举办“我与中华古籍”摄影大赛优秀摄影作品巡展活动。2015年，省学会荣获由国家古籍保护中心、中国图书馆学会颁发的“我与中华古籍”摄影大赛优秀摄影作品巡展活动优秀组织单位；清徐县图书馆荣获中国图书馆学会颁发的2014年全民阅读先进集体；在2015中国图书馆学会年会征文中，3位论文作者获奖；在省科协第十七届山西省优秀学术论文评选中，山西省图书馆学会选送的4篇学术论文均荣获二等奖。（山西省图书馆学会　武锦丽）

【举办“我与中华古籍”摄影大赛优秀摄影作品巡展系列活动】 6月13日，由国家古籍保护中心、中国图书馆学会和中国古籍保护协会联合山西省文化厅、省学会、省古籍保护中心举办的“我与中华古籍”摄影大赛优秀摄影作品巡展在山西启动。省学会、省古籍保护中心以山西省图书馆为主宣传阵地，辐射带动省内太原市、阳泉市、吕梁市、长治市、朔州市、榆次区、曲沃县、祁县等基层公共图书馆同步开展巡展宣传活动。山西省在这次古籍摄影大赛中共有11幅作品获奖，其中3幅作品获得大众组一等奖。为配合巡展，山西省图书馆围绕“文化遗产日”主题，开展古籍保护讲座、“走进古籍——教你学做线装书”体验活动；朔州市图书馆开展“中华古籍保护知识”有奖答题等读者活动。全省30余万社会公众直接或间接地通过网络、微信观看展览。多家媒体对这次活动进行宣传报道。省学会在这次活动中获得由主办方颁发的“优秀组织单位”奖。（山西省图书馆学会　武锦丽）

【2015年山西省公共图书馆经验交流会召开】 10月9日，由山西省图书馆学会主办、晋城市图书馆承办的此次会议在晋城市图书馆召开。晋城市委常委、宣传部部长张志仁，省馆馆长、省学会理事长魏存庆，省学会副理事长兼秘书长石焕发出席会议并致辞。参加会议的130余人均为全省各级公共图书馆的馆长及业务骨干。会议表彰2015年度全民阅读先进单位。朔州市图书馆、清徐县图书馆等6家单位在大会上做全民阅读经验交流。魏存庆做题为“全新的理念引领图书馆事业实现跨越发展”的主题发言，超星集团副总、中国索引学会副理事长、研究馆员叶艳鸣做“公共文化服务体系建设中的主题图书馆建设与服务创新”主题报告，石焕发安排部署学会工作重点。（山西省图书馆学会　岳慧艳）

【召开2015年数字图书馆新服务应用研讨会】 6月26日，由山西省图书馆学会、山西省高校图工委与北京万方数据股份有限公司联合举办的2015年山西省数字图书馆新服务应用研讨会在太原科技大学图书馆学术报告厅举办，210名业界同人与业界代表参加这次研讨会。会议特别邀请清华大学图书馆副馆长姜爱蓉、北京师范大学政府管理学院肖明教授、山西省图书馆馆长魏存庆、太原理工大学图书馆馆长刘永胜围绕“数字图书馆时代的用户服务”的研讨主题，分别做题为“图书馆技术环境与服务创新”“科学知识图谱的理论、方法及应用”“新的理念引领图书馆实现跨越发展”“‘十问数据商’解读”4个专题的讲座，内容涵盖海量信息资源管理、新理念支撑下的图书馆发展模式及数据库新服务新应用等热点问题，基本上代表了当前数字图书馆研究和建设的热点趋势。（山西省图书馆学会　岳慧艳）

内蒙古自治区

【概况】 2015年内蒙古自治区图书馆学会举办内蒙古自治区图书馆学会第七次全体会员代表大会，选举产生新一届理事会领导机构，完成换届选举工作；完成《内蒙古图书馆工作》汉文版4期、蒙古文版1期的组稿、编辑和出版工作；举办首届八省区图书馆届蒙古文文献工作研讨会，力在推进蒙古文文献资源数字化进程，促进蒙古文文献工作者之间的相互交流与学习。内蒙古图书馆学会在全国社科联第十六次学会工作会议上荣获由广东省社会科学界联合会颁发的2015年度全国社科联先进学会。（内蒙古自治区图书馆学会）

【内蒙古自治区图书馆学会第七次全体会员代表大会召开】 9月13日，内蒙古自治区图书馆学会第七次代表大会在鄂尔多斯市召开，中国图书馆学会副理事长、国家图书馆副馆长陈力，中国图书馆学会秘书长霍瑞娟及内蒙古自治区社会科学联合会有关领导等出席会议并致辞。来自全区各盟市旗县（区）公共图书馆、大中专院校图书馆以及热心图书馆事业的单位机构、企业公司代表共228人参加会议。会议审议通过内蒙古自治区图书馆学会第六届理事会工作报告以及内蒙古图书馆学会章程(修订案)，以无记名投票方式选举产生第七届图书馆学会理事62名、常务理事22名及领导机构成员6名。同时，召开内蒙古自治区图书馆学会第七届理事会第一次理事会议，选举产生理事长1名、副理事长4名、秘书长1名，并成立了新一届常务理事会。会上，内蒙古自治区图书馆学会对2010—2014年度表现优异的93家高校及公共图书馆和全区193名图书馆工作者进行表彰。(内蒙古自治区图书馆学会)

【首届八省区图书馆界蒙古文文献工作研讨会在内蒙古自治区鄂尔多斯市召开】 9月14日，首届八省区图书馆界蒙古文文献工作研讨会在鄂尔多斯市召开，来自全区各盟市旗县（区）图书馆和部分大、中专院校图书馆馆长、论文获奖者以及八省区从事蒙古文文献工作的同人共计146人参加会议。本次研讨会议共收到征文117篇，经专家评审评出：一等奖8名、二等奖16名、三等奖33名、优秀奖16名。研讨会上，代表们围绕蒙古文书籍史的研究、数字时代如何开发、利用蒙古文文献、如何做好蒙古文文献工作等展开讨论。此次研讨会全面深刻地展示了蒙古文文献的发展状况，深入探讨加强保护蒙古族珍贵文献的重要性，为今后更好地开发、利用和保护蒙古文文献产生积极的推动作用。(内蒙古自治区图书馆学会)

辽宁省

【概况】 2015年，辽宁省图书馆学会顺利通过财务审计和登记管理机关的年检并定期召开理事会和常务理事会。为了增强活力，不断创新，省学会始终注重会员发展工作，2015年共发展新会员121人。

坚持学术立会，推动学科发展。辽宁省图书馆学会本着活跃学术研究、开展学术交流的宗旨，紧密围绕图书馆事业发展的实际，有针对性地组织策划丰富多彩的学术研究和业务活动，成效显著。省学会结合图书馆理论研究和事业建设中的热点、难点问题，组织召开2014年学术年会、东北地区第十五次图书馆学科学讨论会、辽东北五市第二十二届图书馆学术研讨会、辽南四市第十五届图书馆学学术研讨会。

鼓励学术研究，报送科研成果。向省科协报送自然科学成果27项，其中13项被评为一、二、三等奖；推荐自然科学著作1部，并被评为全额资助出版图书；积极参与省科协组织的重点资助活动立项工作，报送软科学课题等4项活动，其中两项活动获得省科协的资助。

开展继续教育，重视业务培训。5月14—15日，省学会承办的“全省公共图书馆中文图书、音像电子资源著录培训班”在沈阳开班，来自全省近121家公共图书馆、少儿图书馆的业务人员132人参加培训。11月11—12日，辽宁省图书馆和辽宁省图书馆学会在沈阳联合举办了“辽宁省公共图书馆全民阅读推广工作培训班”。

办好学术刊物，搭建交流平台。2015年，辽宁省图书馆学会会刊——《图书馆学刊》共收到省内外投稿4000余篇，刊登学术论文482篇，为广大会员和图书馆工作者提供学习和交流的平台。《图书馆学刊》连年获得“辽宁省一级期刊”称号。

重视科普工作，拓展教育职能。2015年，辽宁省图书馆学会紧紧围绕科普日的主题，精心策划，周密组织，推出了一系列针对学生的科普活动：魔幻数字阅读体验活动、“科普类玩具”展示和体验活动、中华连环画史话展、环保知识亲子动画故事会活动。

2015年，省学会在各项工作中表现突出，荣获全国社科联“先进学会”，省社科联2013—2014年度“标兵社团”，中国科协会员日活动优秀组织单位，中国图书馆学会学术年会征文组织奖等荣誉称号。(辽宁省图书馆学会)

【举办辽宁省图书馆学会2014年学术年会】 1月8—9日，辽宁省图书馆学会2014年学术年会在沈阳召开，来自全省图书馆界的学会领导、会员代表和论文作者160余人出席会议。会议得到辽宁省文化厅的高度重视，辽宁省文化厅党组副书记、副厅长佟昭出席会议并做重要讲话。会议期间，召开辽宁省图书馆学会第七届理事会第三次常务理事会议，讨论通过辽宁省图书馆学会

2013 年度先进学会名单；增补海镇淮等 16 名理事；商讨医院分委会成立事宜。（辽宁省图书馆学会）

【承办 2015 年“我与中华古籍”摄影大赛优秀摄影作品巡展活动】 6 月 13 日至 7 月 31 日，辽宁省图书馆学会和辽宁省图书馆（辽宁省古籍保护中心）联合举办“我与中华古籍”摄影大赛优秀作品展（辽宁）站巡展活动。辽宁省图书馆馆长王筱雯对此项工作高度重视，组织召开专门的工作会议布置巡展的具体工作，使巡展可以按期顺利举办。活动先由辽宁省图书馆启动，然后在沈阳市、鞍山市、抚顺市、丹东市、锦州市、辽阳市、阜新市 7 个地区进行巡展。（辽宁省图书馆学会）

【举办全民阅读推广工作培训班】 11 月 11—12 日，辽宁省图书馆和辽宁省图书馆学会在沈阳联合举办“辽宁省公共图书馆全民阅读推广工作培训班”，来自全省 120 家公共图书馆、少儿图书馆的馆长及副馆长 130 人参加培训。培训班邀请北京大学信息管理系教授、博士生导师王余光，北京超星集团副总裁，成都理工大学图书馆原副馆长叶艳鸣两位专家分别做题为“图书馆阅读推广的新进展”和“互联网＋下的全民阅读服务创新”专题报告，使与会人员了解到当前我国全民阅读推广工作最新的前沿动态，意识到“互联网＋”环境下的全阅读推广工作的重要性，应努力将全民阅读推广工作做深、做细，使阅读无处不在，触手可及。

培训班还选取辽宁省图书馆、鞍山市图书馆、抚顺市图书馆、大连少儿图书馆和沈阳师范大学图书馆分别以各自在全民阅读工作中的服务特色做交流发言，给业界同行以启示。（辽宁省图书馆学会）

【辽宁省图书馆学会主办第二十二届辽东北五市图书馆学术研讨会】 10 月 19—20 日，由辽宁省图书馆学会主办，沈阳市图书馆承办的辽东北五市第二十二届图书馆学学术研讨会在沈阳举行。此次会议以“打造服务品牌，构建现代服务体系”为主题，共征集学术论文 63 篇，评选出优秀论文 26 篇。来自辽宁省图书馆、辽东北五市（沈阳、丹东、本溪、抚顺、铁岭）的图书馆界同人 80 余人参会。（沈阳市图书馆学会）

吉林省

【吉林省图书馆学会八届三次常务理事（扩大）会召开】 3 月 13 日，吉林省图书馆学会八届三次常务理事（扩大）会议在省图书馆召开，52 名学会常务理事、地区馆长和部分高校馆长参加会议。吉林省文化厅社文处处长李虹到会并讲话。会议共 4 项议程：审议通过由副理事长、东北师范大学图书馆馆长刘万国所做的 2014 年学会工作总结和副理事长、吉林大学图书馆馆长王剑所做的 2015 年学会工作计划。审议通过增补赵瑞军、李东风等 5 名馆长为省学会理事、常务理事的人事任免提案。选举赵瑞军为学会理事长。就中国图书馆学会会费标准及管理办法修改情况说明进行讨论。（吉林省图书馆学会秘书处）

【吉林省图书馆学会医院图书馆工作委员会 2015 年学术年会召开】 5 月 22 日，吉林省图书馆学会医院图书馆工作委员会 2015 年学术年会暨换届工作会议在吉林大学第一医院召开。承办单位吉林大学第一医院党委副书记于家傲到会并讲话。省图书馆学会副秘书长马慧艳代表省图书馆学会致辞。来自省内 10 个市 34 家医院以及辽宁、黑龙江、河北 9 家医院的 70 余名主管领导和图书馆工作人员参会。会上，拟任医院图书馆工作委员会第三届委员会常委委员们一起探讨医院图书馆事业发展。吉林大学第一医院科教部副主任、图书馆馆长伦志军公布吉林省医院图书馆工作委员会新一任常委名单并颁发聘书。吉林大学第一医院、四平市中心医院、吉林大学口腔医院等单位的与会代表做交流发言。与会代表围绕区域医院图书馆资源共享共建、借用大数据建立医院数字图书馆、地区和专科图书馆工作介绍、医学学科馆员与医学信息服务等内容进行交流与研讨。（吉林省图书馆学会秘书处）

【吉林省联合开展“我与中华古籍”宣传推广系列活动】 6 月 12 日，为贯彻落实中国图书馆学会关于举办 2015 年“我与中华古籍”摄影大赛优秀摄影作品巡展活动的通知精神，由吉林省图书馆（省古籍保护中心）、省图书馆学会牵头，联合开展的“我与中华古籍”摄影大赛优秀摄影作品（吉林站）巡展活动拉开帷幕。随后，延边、白城、松原等地结合巡展活动，组织开展一系列古籍保护宣传推广活动，包括：“墨韵书香 馆藏撷珍”吉林省珍贵古籍图片展、古籍版本现场鉴定、古籍保护业务培训、古籍保护及非遗宣传文化演出等，活动受众近10万人，在全省范围内形成“寻踪历史记忆 共享文化遗产”的良好氛围。（吉林省图书馆学会秘书处）

【东北地区第十五次图书馆学科学讨论会举办】 7月8—10日，由吉林、黑龙江、辽宁三省图书馆学会主办，吉林省图书馆学会和白城市图书馆承办的东北地区第十五次图书馆学科学讨论会在白城召开，来自三省图书馆界的150余名专家学者和图书馆工作者参加会议。白城市副市长刘红霞到会并致开幕词；辽宁省图书馆学会副理事长、秘书长，省图书馆副馆长杜希林宣读中国图书馆学会贺信；吉林省图书馆学会理事长、省图书馆馆长赵瑞军致欢迎辞。会议邀请吉林省政协原副主席、省全民阅读协会会长赵家治，超星集团副总经理、中国索引学会副理事长叶艳鸣做全民阅读专题讲座；吉林省农业科学院图书馆馆长高玉江就该馆满铁馆藏藏书印研究做专题发言。本次会议以“引领全民阅读，创新协作发展”为主题，下设15个分主题，共收到论文355篇，获奖论文213篇，6篇论文做大会交流发言。（吉林省图书馆学会秘书处）

【“网络书香·数字图书馆建设与服务”宣传推广项目(吉林站)系列活动启幕】 8月19日，“网络书香·数字图书馆建设与服务”宣传推广项目（吉林站）系列活动在省图书馆拉开帷幕。活动由文化部公共文化司指导，国家图书馆、中国图书馆学会、吉林省文化厅主办，吉林省图书馆、省图书馆学会承办。省内各市（县）区图书馆共220人参加启动仪式。仪式结束后，在省图书馆举办为期两天的专业培训，面向馆长、业务骨干开设数字图书馆资源、软硬件建设、管理服务等课程，由国家图书馆副馆长魏大威、清华大学数字图书馆研究所副所长姜爱蓉、浙江图书馆副馆长刘晓清、国家图书馆信息技术部总工程师王乐春4位专家授课。此外，还开辟为期5天的数字服务展示体验区。读者通过亲自操作多媒体终端设备，了解国家数字图书馆及全国各地数字图书馆近年来自建的地方特色数字资源，体验电视图书馆、移动阅读平台、少儿数字图书馆、残疾人数字图书馆、盲人图书馆、中国政府公开信息整合服务平台等先进、新颖的全媒体平台，切身感受数字图书馆的方便与快捷。（吉林省图书馆学会秘书处）

【吉林省公共图书馆业务知识竞赛举办】 10月29日，由吉林省文化厅主办，吉林省图书馆学会和吉林省图书馆承办的全省公共图书馆业务知识竞赛（总决赛）在长春举行。本次竞赛各地区均做了精心的组织选拔工作，来自全省9个地区、2个试点市（梅河口市、公主岭市）公共图书馆的11支队伍、33名选手参加。参赛队桌号都由各队抽签决定，赛会专门设立仲裁委员会，并全程录像。总决赛采用现场竞答形式，包括必答题、抢答题、附加题三个环节。经过一个多小时的激烈角逐，最终辽源地区代表队荣获一等奖，四平地区代表队、长春地区代表队荣获二等奖，白城地区代表队、通化地区代表队、吉林地区代表队荣获三等奖。（吉林省图书馆学会秘书处）

【吉林省图书馆学会荣获多项荣誉】 2015年，吉林省图书馆学会屡获殊荣：在参与吉林省民政厅社会组织评估定级工作中，凭借扎实的工作作风、科学严谨的工作方式，荣获最高等级——5A级社团称号；9月，参加吉林省社科联全国先进学会的申报，随后在广东召开的全国社科联第十六次学会工作会议上，获评“全国社科联先进学会”荣誉称号；12月，与吉林省图书馆同时荣获由吉林省社科联颁发的“吉林省社会科学普及工作先进单位”荣誉称号。（吉林省图书馆学会秘书处）

【延边图书馆学会蝉联2015年度全州社会组织工作先进单位】 在延边朝鲜族自治州社会组织联合会工作会议中，延边图书馆学会被州民政局、州社会组织联合会评为2015年度全州社会组织工作先进单位，学会办公室主任金仙花参加会议并上台领奖。延边图书馆学会已连续多年获得“全州社会组织工作先进单位”荣誉称号。（延边图书馆学会）

黑龙江省

【黑龙江省代表参加中国图书馆学会第九次

全国会员代表大会】 4月8—10日，黑龙江省图书馆学会理事长、省图书馆馆长高文华率黑龙江代表团11人参加中国图书馆学会第九次全国会员代表大会。来自全国43个推选单位的328名代表出席本次会议。会议选举产生中国图书馆学会第九届理事会，黑龙江省高文华、李冬梅、曲章义、马海群、蒋伟5位代表被选举为第九届理事会理事，高文华被选举为第九届理事会常务理事。（黑龙江省图书馆学会秘书处）

【黑龙江省图书馆学会阅读推广专项工作研讨会召开】 此次会议于5月7—8日在大庆市召开，来自公共图书馆、高校图书馆的相关人员约20人参加此次会议。会议有两项内容，包括经验介绍环节和专题研讨环节。 经验介绍阶段中，黑龙江省图书馆副馆长毕洪秋说明召集本次专项工作会议的缘由，介绍全省阅读推广工作情况；黑龙江科技学院图书馆馆长苏显义介绍高校图书馆面向社会开展阅读推广工作的经验；大庆市图书馆馆长施连德与大庆师范学院图书馆馆长赵吉民介绍联合建设大庆市大同区图书馆的经验；哈尔滨商业大学图书馆介绍品牌经典诵读活动、阅读沙龙活动案例；东北林业大学图书馆介绍由图书馆、校团委、宣传部、出版社联合开展阅读推广工作的成功经验；黑龙江省图书馆介绍全省诵读演讲比赛、真人图书等阅读推广活动的组织与实施。专题研讨阶段中，针对目前省内阅读推广工作缺乏有效组织与统筹规划的现状，与会专家集中针对高校图书馆面向社会的阅读推广、启动全省阅读推广人培养计划、面向社会开展阅读指导工作、组建省阅读协会与建立阅读志愿者队伍等问题展开激烈研讨，并普遍形成共识。（黑龙江省图书馆学会秘书处）

【黑龙江省图书馆学会召开十届五次常务理事会议】 5月12日，黑龙江省图书馆学会十届五次常务理事会在省图书馆召开，13位常务理事出席会议。会议总结2014年黑龙江省图书馆学会工作，传达中国图书馆学会第九次全国会员代表大会决议，讨论和修改黑龙江省图书馆学会2015年工作计划，并对今后的工作提出建设性意见与建议。（黑龙江省图书馆学会秘书处）

【黑龙江省图书馆学会开展2014年度图书馆学优秀科研成果评奖】 6月18日，“黑龙江省图书馆学会2014年度图书馆学优秀科研成果评奖”评审会在省图书馆举行。此次科研成果评奖共收到申报成果264项，获奖185项。其中：一等奖25项、二等奖137项、三等奖23项。（黑龙江省图书馆学会秘书处）

【“互联网+”环境下的黑龙江知识管理与知识服务创新研讨会召开】 9月8日，由黑龙江省科协、省社科协、省农科院、省图书馆学会、省高校图工委、同方知网（北京）技术有限公司共同举办的此次会议在哈尔滨市召开，550人参加大会。本次研讨会安排“大数据环境下高校图书馆的协同创新服务”“龙江公共文化服务的创新融合”“新形势下的中小学数字图书馆建设与发展”“互联网+时代的现代农业知识基础设施建设”“学习型组织建设与政务创新”等专题研讨。与会者就如何利用大数据技术与知识服务模式，推动黑龙江区域的教育文化、金融、科研企业、生命环境、基建能源等行业的模式创新，进而实现老工业基地承压转型、主动引领经济新常态等进行热烈研讨。国内知名情报学专家、南开大学教授王知津在研讨会上做“互联网+环境下信息服务的发展”主题报告；哈尔滨师范大学远东科技与社会发展研究所所长、哈尔滨师范大学教授孙慕天做“中国社会转型的新节点——互联网+”主题报告。黑龙江省图书馆学会设立第二分会场，7个主旨报告围绕“龙江公共文化服务的创新融合”这一主题展开。（黑龙江省图书馆学会秘书处）

【全国图书馆未成年人服务提升计划——黑龙江站暨“少儿阅读推广人”培育行动（基础级）培训在哈尔滨举办】 11月10—12日，由国家图书馆、中国图书馆学会、黑龙江省文化厅主办，黑龙江省图书馆学会、黑龙江省图书馆承办的此次培训在省图书馆举办。来自全国图书馆界共285人参加培训。开幕式由黑龙江省图书馆学会秘书长闻德锋主持，黑龙江省图书馆学会理事长、省馆馆长高文华，中国图书馆学会副秘书长仲岩出席开幕式并致辞。培训安排8个学术报告。分别是：南开大学博士生导师柯平教授“关于儿童阅读推广的基本理论问题”，德国德累斯顿市立图书馆儿童图书馆副馆长索非亚·罗尔女士“德国儿童图书馆工作——以德累斯顿市立图书馆为例”，儿童阅读推广人、儿童文学作家、《新月读书会》主持人新月姐姐“怎样讲好一个故事——阅读推广技巧”，作家、影评人不流先生“少儿阅读推广活动策划与组织”，北京大学信息管理系博士王玮“中国儿童读物发展概况”，国家图书馆少年儿童馆馆长王志庚“少儿阅读空间的建设管理与服务”，长春师范大学教育科学学院副教授刘霖芳“以科学理念引领儿童教育，用多彩故事润泽童年生活”，吉林大学哲学社会学院应用心理学讲师孙蕾“儿童心理学在阅读中的应用”。培训后采取上机考试，有150人合格，获得全国首次“少儿阅读推广人”资格证书。（黑龙江省图书馆学会秘书处）

上海市

【概况】 上海市图书馆学会，在学术委员会、阅读推广委员会等工作委员会和公共、高校、专业图书馆等各系统委员会积极努力下及会员单位的积极支持配合下，开展学术活动次数和会员参与率连年保持不断增长的势头。全年累计共举办各类型国内外、全国性、区域性和全市性学术会议、年会、论坛、报告、讲座、征文、培训、科研课题申报等活动20余项，会员年人均参与学术活动达到2.7次。学会学术核心期刊《图书馆杂志》出版发行达6万多份，刊登发表各类学术论文360余篇，首次推出《图书馆杂志》2014年度合订本。学会网站访问量达2255870人次，学会学术平台影响力显著。（上海市图书馆学会秘书处）

【“数据技术新视界——与汤贝·克面对面”学术报告会】 5月5日，由上海市图书馆学会、中国图书馆学会、DCMIAsiaPac、上海图书馆以及《图书馆杂志》共同主办的“数据技术新视界——与汤贝·克面对面”在上海图书馆举行。来自中国信息技术研究所图书馆、清华大学图书馆、中国人民大学图书馆、南京大学图书馆、浙江省图书馆、山东省图书馆等，宝信软件、万达信息、杭州推知信息、上海电信研究所等公司共39家单位，共91人注册参会。会议由DCMI（都柏林核心元数据组织）教育推广委员会联合主席、上海图书馆副馆长刘炜主持并做了题为“图书馆关联数据应用概述”开场报告。国际知名的图情和信息技术跨界专家、DCMI的CIO、DCMI应用委员会的创始人和主席汤贝·克（Thomas Baker）在上午和下午分别做了“Linking your resources to the Data Web”“Web Data on the Planet of Phones I”及“Library Data on the Planet of Phones II”3个报告，上海图书馆的夏翠娟和上海生命科学信息中心的陈涛分别做了题为“基于关联数据的家谱知识库系统”和“关联数据的技术实现框架”的报告。（上海市图书馆学会秘书处）

【上海市图书馆学会大学生阅读推广委员会召开年度工作会议】 6月8日上午，上海市图书馆学会阅读推广委员会大学生阅读推广委员会在上海大学宝山校区图书馆召开年度工作会议。阅读推广委员会主任范并思教授出席会议，并做主题发言。上海大学图书馆常务副馆长陆铭、复旦大学图书馆副书记史卫华，以及来自上海地区8家大学图书馆的大学生阅读推广委员会委员及参与阅读推广工作的馆员参加了会议。来自“彩云之旅”阅读推广团队的长沙理工大学图书馆陈洪滨、陕西科技大学图书馆惠涓澈、山东理工大学图书馆王梅三位馆员分享了他们开展阅读推广工作的经验及心得。（上海市图书馆学会秘书处）

【2015年“我与中华古籍”摄影大赛优秀摄影作品巡展上海站】 6月16日，由国家古籍保护中心、中国图书馆学会、上海图书馆联合主办，上海市古籍保护中心、上海市图书馆学会、上海市中心图书馆共同承办的2015年“我与中华古籍”摄影大赛优秀摄影作品巡展上海站启动仪式在上海图书馆举行。中国图书馆学会副理事长、上海图书馆馆长吴建中，上海市图书馆学会理事长、上海图书馆副馆长周德明，上海市图书馆学会秘书长、上海图书馆副馆长刘炜，上海古籍保护中心副主任、上海图书馆历史文献中心主任黄显功等领导，摄影展作品参赛代表、上海图书馆员工、新闻媒体和广大读者参加了启动仪式。此次上海站巡展活动呈现三大特色，一是在主会场展出的60幅摄影作品，由承办方从150幅获奖及进入全国前200名的作品中精心挑选出来后，按专业摄影展要求还原制和布展，再现摄影者从不同角度定格感动瞬间，展现摄影艺术的古籍推广魅力；二是覆盖面广，此次巡展在全市中心图

书馆各区县分馆和部分有条件的街镇服务点图书馆以及部分高校、科研机构图书馆中分别展出，并联手东方信息苑全市300多家网点线上线下方式展开活动；三是巡展时间跨度长，展览一直持续到7月31日。另外相关的非遗和古籍保护专家举办的讲座、古籍保护现场拓印展示等活动同步进行。（上海市图书馆学会秘书处）

【2015上海阅读推广论坛】 7月2日，由上海市图书馆学会阅读推广委员会理论与方法委员会和数字阅读推广委员会共同主办的“2015上海阅读推广论坛”在上海图书馆召开。论坛主题为“阅读全方位，推广微创新”。此次2015上海阅读推广论坛，既有同济大学图书馆的“立体阅读”品牌和上海图书馆的“市民数字阅读”精彩实践的呈现，及上海市图书馆学会开展“阅读推广人”的进程介绍，更有从理论上进一步提升阅读推广研究的展现。来自阅读推广委员会理论与方法委员会、数字阅读推广委员会的委员，以及部分公共图书馆、高校图书馆关注阅读推广研究和实践的同行30余人参加论坛，还有来自广东外语外贸大学图书馆的两位同行也参加了会议。（上海市图书馆学会秘书处）

【第五期图书馆参考咨询业务培训班】 11月11—13日，由上海市图书馆学会、大连市图书馆学会主办，大连图书馆承办的第五期图书馆参考咨询业务培训班在大连图书馆举办。本次培训班来自全国各地65家各级各类图书馆的147名馆员参加培训。培训注重基础业务技能讲解，突出实践操作演示，通过对新媒体环境下图书馆日常信息和参考咨询基本技能的业务实践培训，传授新媒体时代参考咨询的新服务方式。（上海市图书馆学会秘书处）

【2015年度长三角地区“网上联合知识导航站”年会】 12月3日，由上海市图书馆学会、浙江图书馆学会、江苏图书馆学会发起并倡导的长三角地区城市图书馆发展论坛合作项目之一的2015年度长三角地区“网上联合知识导航站”年会在浙江海盐召开，来自25家长三角地区导航站合作图书馆的76名代表参加会议。2015年在大家的共同努力下导航站运行安全稳定，参考咨询提交量与去年相比总回复量提升33.91%，总入库量增加199%，获得读者以及合作图书馆专家的好评。上海市图书馆学会理事长、上海图书馆副馆长周德明进行总结与展望。2016年度网上联合知识导航站将依托主流新媒体对外加强宣传，加入机器人自动回复、探索与微服务咨询平台的整合，进一步加强与长三角地区图书馆合作激活各馆之间资源，继续做好图书馆参考咨询馆员的培训。（上海市图书馆学会秘书处）

【上海市图书馆学会2015年学术年会】 12月25日，主题为“图书馆：变革时代的使能者”的上海市图书馆学会2015年学术年会在上海交通大学召开。来自全市各级公共、高校、科研、党校、医院、中小学等各系统的图书馆学研究人员和从业者，以及相关企业的代表，还有来自国家图书馆、浙江、江苏等地的专家500多人参加会议。上海市科学技术协会副主席陆樑等领导出席会议并讲话。会议表彰“2014—2015年度上海市高校阅读推广先进集体和个人”，颁发“2015年度优秀学术活动组织奖”和“特别贡献奖”。上海开放大学教授鲍鹏山和上海科技大学图书信息中心主任张晓林分别做了“为有源头活水来——图书馆与文化传承”和“开放获取与图书馆创新”的主旨报告。分会场则由学会阅读推广委员会、学术委员会、少年儿童图书馆委员会的相关专业委员会向会员们奉献了4场高水平的主题讨论和21个交流报告。（上海市图书馆学会秘书处）

【IT4L'2015论坛】 12月25日，资源发光之路——IT4L'2015论坛在上海交通大学图书馆举行。IT4L（图书馆前沿技术论坛）系列会议是上海市图书馆学会的品牌会议，继2009年“云计算”、2010年“关联数据”、2011年“移动的未来”、2012年“大数据”、2013年“资源发现”、2014年“数字人文与语义技术”之后，今年已是第七届，会议主题为“资源发光之路”，由信息技术和资源组织两个委员会共同组织。在MARC成为关联数据、编目部被元数据部替代、编目员变成元数据专家的今天，作为图书馆核心能力的信息组织何去何从，成为业界关注的重点问题。国内著名编目专家胡小菁的“编目员的素养与修炼”、南京军区政治学院上海校区王景侠的“书目框架Bibframe的最新发展及思考”、上海图书馆夏翠娟的“互联网时代的书目控制——上海图书馆的实践”、华东师范大学信息学系许鑫的“非物质文化遗产数字资源的信息组织”、复旦大学图书馆殷沈琴的“社会科学数据组织管理与服务”、上海交通大学图书馆孙翌的“图书馆原生资源的多维度挖掘与展示”等报告，都代表其所在领域的最新进展。（上海市图书馆学会秘书处）

江苏省

【概况】 2015 年，江苏省图书馆学会以举办区域性学术研讨会和参与组织中国图书馆年会为重点，为全省图书馆工作者和广大会员创造良好的学术交流环境，繁荣了学术思想。参与策划和组织由上海市图书馆学会牵头的长三角城市图书馆发展论坛专题研讨会征文评奖活动。江苏全省共提交征文 75 篇，总体质量上乘；获奖论文 19 篇，其中唯一的一等奖被江苏省作者获得。积极宣传发动并组织 2015 年中图年会学术征文活动，年会征文主题为“图书馆：社会进步的力量”，江苏共提交征文 212 篇，获奖论文 81 篇，其中一等奖 13 篇、二等奖 23 篇、三等奖 45 篇，江苏提交论文总数和获奖总数继续保持全国第一。省学会延续近几年的荣耀，再次以排名第一的成绩荣获年会征文活动优秀组织奖。12 月中旬，2015 年中国图书馆年会在广州举行，全省各地图书馆工作者、管理者、专家学者等约 100 人参会。继续组织开展省学会立项课题研究。在省学会的严格规范管理和各立项课题组的积极努力下，2014 年度课题研究进展顺利，产生一批具有建设性、实证性的优秀研究成果。积极开展协作协调、宣传推广活动，以组织开展全民阅读活动、民国文献保护计划宣传推广活动为抓手，进一步拓展学会行业协调与指导的职能，开展跨地区、跨部门、跨系统、跨行业的协作协调。根据中国图书馆学会《关于开展 2015 年“全民阅读”工作的通知》要求，省学会及时进行全民阅读活动的宣传发动，各地区、各系统图书馆积极开展丰富多彩、各具特色的全民阅读活动，取得良好的社会效益。与此同时，组织各级各类图书馆进行 2014 年全民阅读活动有关奖项的申报和审核推荐。4 月，牵头组织由中图学会、国家图书馆、省文化厅等单位主办的民国时期文献保护计划宣传推广项目江苏站系列活动。6—7 月间，组织开展由中图学会等单位主办的以“保护成果，全民共享”为主题的“我与中华古籍”摄影大赛优秀摄影作品巡展江苏站活动。省学会努力提高依法办会、民主办会和科学办会的能力。配合中图学会做好第九次全国会员代表大会的组织工作，按照民主程序推选九大参会代表。4 月 9 日，13 名正式代表组成的江苏代表团由省学会理事长方标军率队，出席在北京召开的中国图书馆学会第九次全国会员代表大会，方标军、孙建军在会上当选为常务理事，洪修平、张建平、邱冠华、严峰当选为理事。省学会主动配合上级主管部门和社团登记管理机关的监督管理，顺利通过省民政厅、财政厅对 2015 年学会工作的年度检查和财务审计。不断发展和壮大会员队伍，在积极做好会员发展工作的同时，努力做好会员管理与服务工作。2015 年新发展省学会会员 109 名。截至 2015 年年底，在册省学会个人会员 1682 名，在册中图学会个人会员 639 名。配合中图学会使用新上线的会员管理与服务操作系统进行全省用户注册管理和中图会员的重新入会审核。注重强化为会员服务的意识，通过多种渠道建立与会员的联系与沟通。及时发布学会动态，更新会员信息，解答会员各种咨询，为会员提供力所能及的帮助。此外，积极帮助各市图书馆学会开展组织机构建设。做好编辑出版、信息交流工作。编辑出版发行省学会会刊《新世纪图书馆》12 期，全年收到投稿 2391 篇，刊登论文 270 篇，发行量 2100 份。编印省学会内刊《江苏图书馆之窗》6 期，每期印发 1850 份。加强省学会网站建设，及时更新信息；积极参与《中国图书馆年鉴 2015》的编撰工作。（江苏省图书馆学会　杨岭雪）

【承办“民国时期文献保护计划”宣传推广江苏站活动】 4 月 15—21 日，为期 1 周的“民国时期文献保护计划”宣传推广项目江苏站系列活动在南京图书馆举行。国家图书馆副馆长、中国图书馆学会副理事长陈力，江苏省文化厅党组成员、南京图书馆党委书记、省图书馆学会理事长方标军出席活动启动仪式暨民国时期文献保护工作培训班开幕式并致辞，中国图书馆学会副秘书长仲岩，南京图书馆馆长徐小跃，南京图书馆副馆长、省图书馆学会副理事长全勤等出席启动仪式。陈力代表国家图书馆、中国图书馆学会向南京图书馆、江苏省图书馆学会颁发感谢状。此次系列活动包括展览、讲座和培训。培训期间，陈力、全勤分别做题为“民国时期文献保护计划汇报”和“南京图书馆民国文献保护实践”的专题报告，国家图书馆民国文献整理与保护专家分别讲授“民国文献著录”“民国文献标引”和“全国联合编目系统民国文献馆藏编制和添加”3门应用型课程。来自全省公共图书馆、高校图书馆等各类型图书馆及相关单位的105名学员参加培训。展出1周的“民国时期文献保护计划展”既有图片展示，又有影印出版的民国文献实物，同时配以资料片视频播放、触摸式阅读机数字阅读，以及印刷品资料发放，内容精彩，形式多样，受到读者广泛好评内，共有1000多位读者入厅观展。讲座“话说民国档案”于4月19日上午在南京图书馆多功能厅举行，中国第二历史档案馆副馆长马振犊作为主讲人，介绍了民国档案的源流、概况、保存与迁徙历史，目前全国和海外重点分藏状况及其特点，以及档案真伪的鉴定方法等。讲座引人入胜，300多位市民听众到场聆听。“民国时期文献保护计划”宣传推广项目江苏站活动吸引多家媒体的关注，《新华日报》《扬子晚报》、中国江苏网、省电视台《江苏新时空》和《江苏零距离》栏目等新闻媒体进行现场采访并作报道。（江苏省图书馆学会　杨岭雪）

【组织“我与中华古籍”优秀摄影作品江苏巡展】 6月13日，第10个中国“文化遗产日”当天，主题为“保护成果，全民共享”的“我与中华古籍”摄影大赛优秀作品展江苏站巡展在南京图书馆启动，江苏省图书馆学会和江苏省古籍保护中心共同承办此次活动。此次摄影大赛由国家古籍保护中心、中国图书馆学会主办，于2月启动，展览共选取77件获奖作品，从不同视角展现古籍工作的感人瞬间。南京图书馆为巡展活动江苏站的主展场，展览展出1周（6月13—19日），展期结束后，省学会组织省内5家市、县级公共图书馆相继巡展至7月底。为配合此次摄影作品展，承办方还于“文化遗产日”当天在南京图书馆举办主题为“从甲骨文到数字出版——中华文明传承的足迹”的公益讲座，由金陵科技学院人文学院院长顾金亮教授主讲，有近300名听众到场聆听，讲座反响热烈。此次展览吸引新闻媒体的广泛关注，《江南时报》、中国江苏网等纸媒、网媒对活动进行较大力度的宣传和报道。（江苏省图书馆学会　杨岭雪）

【江苏省8家图书馆获2014年中国图书馆学会全民阅读活动表彰】 7月3日，中图学会在其网站上公布《关于命名全民阅读示范基地、表彰2014年全民阅读优秀组织奖和先进单位奖获奖单位的决定》。经江苏省图书馆学会推荐上报的15家图书馆中有8家获得表彰，其中无锡市图书馆和苏州独墅湖图书馆被授予“全民阅读示范基地”称号，镇江市图书馆、昆山市图书馆、阜宁县图书馆、南京市溧水区儿童图书馆、南京邮电大学图书馆、南通开放大学图书馆6家图书馆荣获全民阅读先进单位奖，江苏再次成为全国获奖单位最多的省份。（江苏省图书馆学会　杨岭雪）

【完成江苏省图书馆学会2014年度课题结项工作】 12月底，省学会组织专家对2014年度立项课题进行鉴定验收。共有34项立项课题通过评审，获准结项，其中一等课题2项，二等课题4项，三等课题7项，省学会对获得一、二等奖的课题给予相应的经费奖励。由于课题管理严谨规范，专家评审公平公正，课题工作得到普遍好评，为省学会赢得良好声誉。（江苏省图书馆学会　杨岭雪）

浙江省

【概况】 2015年，浙江省图书馆学会组织开展各项学术研讨、科普和展览等活动共24场次。10月，在海宁召开省图书馆学会第十四次学术年会，以4场主旨报告、1个区域合作论坛、5个分会场的形式展开，采用自媒体和网络直播方式及时报道会议相关情况，取得比较好的效果。组织数字图书馆体验与展览、“我与中华古籍”摄影大赛优秀作品浙江站巡展等活动7场次。“我与中华古籍”摄影大赛优秀作品浙江站巡展主会场设在浙江图书馆，并进行了中国传统印刷技术体验活动，网站线上展览也同时进行，6月起组织在全省14家市、县馆巡展，参加活动5万人次。各地学会和图书馆积极配合、媒体进行了多方位宣传报道。因组织得力，效果显著，获中图学会和国家古籍保护中心联合颁发的“优秀组织奖”。积极拓展合作渠道、充分发挥学会平台作用。除了行业内合作外，积极组织或开展国际交流、省际合作、企业合作。邀请新加坡国家图书馆管理局副总裁郑爱清、北美东亚图书馆协会会长程健做专题报告，与业外著名人士如国务院参事汤敏、浙江省作协副主席袁敏、阿里巴巴国际事业部高级产品经理刘俊屹等做行业借鉴交流，与福建省图书馆同人合作举办“浙闽论坛”，邀请江西省图书馆同行参加“互联网＋时代下的慕课研讨会”。积极开展学术研究课题的申报、立项和评审。2015 年省图书馆学会学术研究课题收到全省各位会员的 75 项申请，获立项 24 个。审结历年学术课题 24 个。组织省学会第六届优秀论文评选，参选论文 137 篇，评选出 45 篇分获一、二、三等奖。积极开展与中国图书馆学会、省社科联和各市图书馆学会的交流与合作。组织中图年会征文，19 篇论文获选中图学会年会一、二、三等奖；完成《中国图书馆年鉴 2015》浙江省稿件的信息收集和编撰工作。向省社科联推荐申报各项课题，申报省社科联科普周活动，参加“当代浙学论坛”等活动；与上海市图书馆学会合作开展“长三角城市图书馆发展论坛征文”活动。省图书馆学会日常工作正常有序；《图书馆研究与工作》完成出版发行，正式刊号已于 12 月 24 日获国家新闻出版总署批准，取得刊号 CN33-1398/G2。（浙江省图书馆学会秘书处）

【社科类课题申报专题辅导讲座在浙江图书馆举行】 6 月 16 日，省图书馆学会和省社科信息学会主办的社科类课题申报专题辅导讲座在浙江图书馆举行。讲座邀请省社联科普处处长郁兴超和社团处处长王三炼分别做“社科普及课题的设计技巧”“如何申报社科类研究课题”专题辅导，详细介绍浙江省社科类课题申报的相关政策和近年来课题申报、立项的基本情况，并分别从科普课题、研究课题的特点出发，对课题设计的基本要求、要素、研究方法以及成果呈现形式等做系统讲解。来自全省高校、公共及党校系统图书馆的 150 余人参加。（浙江省图书馆学会秘书处）

【美国专业图书馆馆员的业绩评价与职称评审制度报告会在浙江图书馆举行】 6 月 23 日，由省图书馆学会主办的此次报告会在浙江图书馆举行，来自全省各系统的图书馆馆员约 130 人参加了报告会。报告会邀请北美东亚图书馆协会会长、哥伦比亚大学史带东亚图书馆馆长程健先生主讲。程健先生从美国不同图书馆对图书馆员任职的不同背景资料的要求、馆员职称与工资、馆员待遇、馆员的评审制度等方面做阐述。在座谈交流阶段，参会人员与程健先生就馆员年终评审鉴定、馆员工作量化考核、馆员晋升制度等方面展开热烈讨论交流。（浙江省图书馆学会秘书处）

【“互联网＋”图书馆发展研讨会在杭州召开】 6 月 26 日，省图书馆学会主办的“跨界，浙思享”——“互联网＋”图书馆发展研讨会在杭州召开。研讨会以嘉宾演讲和参会者讨论交流的形式展开。宁波大学图书馆书记、网络中心主任刘柏嵩做题为“‘互联网＋’图书馆的思考与探索”的演讲；温州图书馆馆长胡海荣介绍温州图书馆在公共文化服务体系建设中的探索——温州“城市书网”建设；《GUT》中文编辑部主任、上海万方数据有限公司常务副总经理周轶雷先生对什么是“互联网＋图书馆”进行充分的探讨和阐述；阿里巴巴国际事业部高级产品经理刘俊屹先生的报告“互联网＋用户视角”，则以互联网企业从用户视角、用户体验的角度开发新产品的案例，给图书馆开展用户驱动型的服务提供新的视角和借鉴。本次研讨会为积极推动和探讨“互联网＋”与图书馆的融合，新技术、新理念在图书馆的应用以及提升图书馆的服务水平做了一次很好的尝试。（浙江省图书馆学会秘书处）

【“互联网＋”时代下的慕课研讨会在舟山举行】 7 月 30—31 日，由省图书馆学会主办、杭州慕课教育科技有限公司和舟山市图书馆协办的此次研讨会在舟山举行。来自浙江省各图书馆，以及来自江西省公共、高校系统图书馆的 90 名人员共计 230 多名代表参会。研讨会邀请 5 位专家就“互联网＋”时代下慕课的相关问题做演讲。北京航空航天大学图书馆馆长杨晓光的“My Library，My Dream”演讲生动活泼，引人入胜；大连图书馆馆长辛欣“关于‘互联网＋’时代下慕课的发展方向”的报告则从历史到现实的视角探讨偏远地区学校教育的状况，阐述“互联网＋”时代下慕课对促进教育公平、提高全民素质的重要意义；国务院参事、中国发展研究基金会汤敏副秘书长则通过远程演讲的方式，从“如何为第三次工业革命培养人才”的角度，讨论慕课在培养社会所需的各类人才，以及为公民提供终身学习方面的实践和发展方向；超星集团副总经理张慧敏、叶艳敏的“慕课时代图书馆学习中心案例分享”“‘互联网＋’环境下的图书馆服务创新”两个报告，介绍公共、高校图书馆慕课实践的成功经验，对今后图书馆如何提供慕课服务促进全民阅读等提出建议。（浙江省图书馆学会秘书处）

【浙江省图书馆学会第十四次（2015）学术年会在海宁市图书馆举行】 10 月 20—22 日，浙江省图书馆学会第十四次（2015）年会在海宁市图书馆召开。年会以“图书馆服务体系建设”为主题，以主旨报告、浙闽论坛、分会场活动和新馆·新产品·新技术“三新”展览等学术活动为主要内容，来自全省图书馆和福建省图书馆界的代表近 300 人共同探讨和交流当前图书馆工作的热点问题，共商图书馆服务体系建设大计。开幕式上对省图书馆学会第六届优秀学术论文评选获奖者进行了表彰。此次年会收到参评论文 137 篇，评选出一等奖 2 篇、二等奖 13 篇、三等奖 30 篇。年会邀请 3 位国内外著名专家做主旨报告。新加坡国家图书馆管理局副总裁、公共图书馆总馆长、国家图书馆馆长（代）郑爱清做题为“新加坡公共图书馆的现在与未来”的报告；国家公共文化服务体系建设专家委员会主任、北京大学教授李国新做题为“现代公共文化服务体系建设与公共图书馆发展”的报告；浙江省作协副主席、《江南》杂志社原主编、著名出版人袁敏做题为“行走，也是一种阅读——从探秘亚马逊说起”的报告。此次年会首次与福建省图书馆学会合作，共同举办“浙闽论坛”。这是浙闽两省图书馆界合作举办的一次盛会，福建省图书馆界 15 名代表赴海宁参会。论坛由省图书馆学会学术委员会副主任、浙江大学公共管理学院副教授李超平主持，杭州图书馆副馆长梁亮、嘉兴市图书馆馆长章明丽、厦门市图书馆副馆长付虹、晋江市图书馆馆长郑君平两省 4 位馆长，采用访谈形式以“公共文化服务总分馆建设”为主题进行交流，探讨未来图书馆事业的发展方向。省图书馆学会学术委员会各分委会举办“图书馆视觉空间——建筑与环境”“‘互联网＋时代’图书采访从封闭走向开放”“地方文献资源建设与考评”“云技术与数字图书馆建设”“元数据在新资源建设中的应用与发展”5 场分会场活动。各分会场通过演讲报告、现场展示、交流探讨、技术体验等多种方式，从不同角度展现行业前沿信息，体现图书馆行业丰富多样的服务和活动。本次年会展览会上，20 余家专业公司、出版社、书商和图书馆共同举办主题展览，展示“新馆、新产品、新技术”。“图书馆视觉艺术”图文展览，展现近年来全省图书馆新馆建设取得的成就；多家出版社展示新书新作品，并现场打折提供给读者和代表；各专业公司带来图书馆新产品新技术，助力图书馆事业的发展。（浙江省图书馆学会秘书处）

【广西公共图书馆“三区”人才高级研修班在浙江杭州举行】 11 月 23—27 日，由广西壮族自治区图书馆、浙江省图书馆学会、浙江图书馆教育中心联合举办的此次研修班在浙江图书馆举行。来自广西壮族自治区图书馆、广西“边远贫困地区、边疆民族地区和革命老区”的“三区”公共图书馆馆长及业务骨干共 49 人参加培训。研修班邀请 6 位专家为学员授课。浙江图书馆副馆长刘晓清讲授“互联网＋图书馆技术创新与资源建设”，浙江图书馆副馆长贾晓东讲授“图书馆联盟——浙江经验的启示”，浙江图书馆古籍部副主任童圣江讲解“浙江藏书文化与古籍保护”，浙江大学副教授李超平以简明的理论和丰富的实例讲解“怎样讲一个故事——论图书馆案例撰写”，温州市图书馆馆长胡海荣介绍“图书馆法人治理与社会化运作”，杭州图书馆馆长褚树青讲授“网络环境下图书馆发展新业态”。（浙江省图书馆学会秘书处）

安徽省

【安徽省图书馆学会召开八届五次常务理事会议】 5 月 27 日下午，会议在省图书馆召开，19 位常务理事出席。会上，省学会理事长易向军介绍中国图书馆学会第九次代表会员大会概况及九届理事会架构，并和与会理事共同学习《继往开来　开拓创新　努力促进我国图书馆事业全面发展——中国图书馆学会第八届理事会工作报告》。省学会秘书长张海政从教育培训、学会年会、活动开展、日常工作、存在问题、获得荣誉等方面全面回顾、梳理省学会 2013—2014 年所做工作，并部署近期工作安排。在学会工作研讨阶段，易向军就图书馆法人治理结构、省学会承接政府职能转移、省学会荣誉体系建设、学刊困境、省学会换届等话题发表意见和建议；与会理事分别从省学会年会形式、拓展教育培训途径、扶持学刊发展、课题研究与成果评奖、发挥省学会分支机构的作用等方面畅所欲言，积极建言献策，认真履行常务理事应尽义务，为完成省学会工作计划和任务而共同努力。（安徽省图书馆学会　武巍泓）

【举办2015年“我与中华古籍”摄影大赛优秀摄影作品巡展系列活动】 6月13日，由国家古籍保护中心、中国图书馆学会、安徽省文化厅联合主办，省图书馆（省古籍保护中心）、省学会共同承办的2015年“我与中华古籍”摄影大赛优秀摄影作品巡展（安徽站）系列活动在省图书馆拉开序幕。此次展出的150余幅优秀作品是从全国征集的2803幅作品中精选出来的，分为专业组、大众组和特展组。作品用一个个镜头拍摄古籍背后的发现、收藏、修复、研究的瞬间，借助镜头再现古籍保护工作场景，讲述古籍背后的故事。省图书馆为此次安徽站巡展首站，之后还分别在安徽省公共图书馆阅读推广联盟成员馆合肥、芜湖、铜陵、马鞍山、蚌埠5家市级图书馆和繁昌、金寨、五河3家县级图书馆进行巡展，并辅以讲座等多种方式，活动一直持续到12月，为公众了解古籍、认识古籍、增强古籍保护意识起到很好的宣传推广作用。在省学会、省图书馆的精心组织下，该活动覆盖面广，持续时间长，受到广大读者及社会各界好评，被国家古籍保护中心、中国图书馆学会评为此次巡展活动优秀组织单位。（安徽省图书馆学会　武巍泓）

【2015年全省图书馆阅读推广学术研讨会征文评选揭晓】 为繁荣图书馆学研究，传递阅读力量，安徽省图书馆学会、省公共图书馆阅读推广联盟开展的2015年全省图书馆阅读推广学术研讨会征文活动得到全省各系统图书馆工作者的积极响应。截至9月10日，共收到征文88篇。经省学会学术委员会组织专家对应征论文进行评选，共评出获奖论文37篇，其中一等奖5篇、二等奖11篇、三等奖21篇。根据参评单位报送论文质量和数量，蚌埠市图书馆协会、马鞍山市图书馆学会、安徽新华学院图书馆获本届学术研讨会征文“优秀组织奖”。（安徽省图书馆学会　武巍泓）

【2015年全省图书馆阅读推广学术研讨会召开】 9月24—25日，由安徽省图书馆学会、省公共图书馆阅读推广联盟、蚌埠市文化广电新闻出版局（旅游局）主办，蚌埠市图书馆承办的此次研讨会在蚌埠召开。省学会理事代表、获奖论文作者代表、全省公共图书馆阅读推广联盟成员馆馆长及业务骨干共180余人参加会议。研讨会特邀我国著名图书馆学家、北京大学信息管理系教授、博士生导师王余光先生做题为“图书馆阅读推广的新进展”学术报告，全面阐述十年来（2005—2015）图书馆阅读推广的进展，报告内容丰富翔实，旁征博引，令与会代表深受启发，获益匪浅。在论文交流阶段，蚌埠市图书馆馆长孟庆杰首先做题为“阅读推广——图书馆服务永恒的主题”专题发言，与参会代表分享该馆近年开展阅读活动的历程。另有9位获奖论文作者分别从图书馆品牌建设、总分馆模式、互联网+、大数据背景下读者服务走向、未成年人阅读等不同层面和视角做交流发言，共同探讨“阅读推广·建设书香社会”这一主题的现实意义和深远的历史意义。此次研讨会是安徽省公共图书馆阅读推广联盟成立后组织的首次学术研讨会，也是省学会首次以“阅读推广”为主题举办的专题学术研讨会，受到业界和社会各界的广泛关注，也得到省科协、省文化厅等主管部门的高度重视，省科协将此次会议列为2015年省科协重点学术会议之一。（安徽省图书馆学会　武巍泓）

福建省

【“我们的价值观　我们的中国梦”主题阅读活动】 “我们的价值观　我们的中国梦”主题阅读活动由福建省新闻出版广电局、省教育厅、省文化厅、团省委、省文联、海峡出版发行集团、省全民阅读促进会等单位联合组织开展。在4月22日召开的福建省推进全民阅读工作座谈会上，为该主题阅读活动获奖组织者颁发证书。此次活动共收到各地遴选推荐的读书征文2万多篇，选出优秀征文953篇（其中小学420篇、中学242篇、大学291篇），“阅读之星”953名，优秀指导教师397名，活动先进个人59名，优秀组织奖

获奖单位 86 个。（福建省图书馆学会）

【举办"中华古籍保护计划"成果宣传推广和文化遗产日系列活动】 6 月 13 日，我国第 10 个文化遗产日当天，福建省图书馆学会、省图书馆联合举办"我与中华古籍"摄影大赛优秀摄影作品成果展和文化遗产日系列活动。省学会组织全省 7 个地市图书馆、34 个县（市、区）级图书馆同步举办"我与中华古籍"摄影大赛优秀摄影作品展和文化遗产日系列活动，并最终获得 2015 年"我与中华古籍"摄影大赛优秀摄影作品巡展活动优秀组织单位。（福建省图书馆学会　福建省图书馆）

【福建省图书馆学会第九次会员代表大会在平潭召开】 10 月 14 日，福建省图书馆学会第九次会员代表大会在平潭综合实验区召开。福建省文化厅副厅长陈吉、福建省科学技术协会学会学术部副部长吴凌、中国图书馆学会秘书长霍瑞娟以及来自全省各机构各系统图书馆等 170 余人出席大会。大会表彰 2011—2015 年度先进集体、优秀会员和学会先进工作者，审议并通过《与时俱进　开拓创新　推动我省图书馆事业科学发展——福建省图书馆学会第八届理事会工作报告》《福建省图书馆学会第八届理事会财务报告》《福建省图书馆学会章程（审议稿）》和《福建省图书馆学会会员会费标准及管理办法（审议稿）》，选举产生由 75 名理事组成的第九届理事会。在九届一次理事会上，选举产生 32 名常务理事和学会负责人。福建省文化厅副厅长陈吉担任学会顾问，省图书馆馆长郑智明当选理事长，福建师范大学图书馆馆长方宝川、泉州市图书馆馆长许兆恺、厦门市图书馆馆长林丽萍、厦门大学图书馆馆长萧德洪、福建师范大学社会历史学院图书馆学系主任江向东、福州大学图书馆馆长刘敏榕当选副理事长，省图书馆研究发展部副主任雷兰芳当选秘书长。大会特邀霍瑞娟做"新业态环境下中国图书馆学会的职责与使命"主题报告。（福建省图书馆学会）

【福建省图书馆学会 2015 年学术年会在平潭召开】 10 月 14—16 日，以"图书馆：社会进步的力量"为主题的此次年会在平潭综合实验区召开，同时也是福建省科协第 15 届学术年会分会场。年会共收到论文 117 篇，全省公共、高校、医院、中学、科研院所等各系统图书馆的 230 多位代表出席会议。大会特邀著名图书馆学专家、上海图书馆馆长吴建中做"转型与创新：图书馆事业的下一个十年"专题报告。（福建省图书馆学会）

江西省

【概况】 截至 2015 年年底，江西省图书馆学会共有省图学会会员 739 名、中国图书馆学会（以下简称中图学会）会员 430 名，做好中图学会会员管理平台工作。荣获全国社科联授予的"2015 年全国社科联先进学会"称号；被江西省科协授予"省级示范学会"。

组织会员参加 2015 年中图学会学术年会征文、鲁豫皖赣新琼六省（区）图书馆学会年会征文和 2015 年江西省年会征文活动。在中图学会学术年会征文活动中，全省共有 19 篇征文获奖，其中包括一等奖 5 篇、二等奖 1 篇、三等奖 13 篇，学会被授予 2015 年中图学会年会征文优秀组织奖。主办 2015 年江西图书馆学会年会、全省公共图书馆"十二五"工作总结及"十三五"规划研讨会、"互联网＋"时代图书馆资源建设学术研讨会和第一届专业论文写作培训班，承办"网络书香．数字图书馆建设与服务"宣传推广项目"图书馆馆长及业务骨干高级研讨班"和"我与中华古籍"摄影大赛优秀作品巡展活动。

2015 年，省图学会向省社科规划办公室上报课题 1 项，申报省文化厅艺术科学规划项目课题 8 项，比 2014 年增加一倍。完成湘鄂赣皖四省公共图书馆联合调研活动，并形成调研报告。学会以"书香赣鄱"带动全省全民阅读活动深入发展，认真做好第五届"读好书""世界读书日""图书馆服务宣传周""纪念抗战胜利 70 周年""全国科普日"、征文比赛、文化下乡、"上善若水"名湖文化解读讲座和"湖光山色"摄影展览等活动的宣传、普及与组织工作。获得中图学会组织的全国青年图书馆员朗读比赛优秀组织奖。

编辑《江西图书馆学会年会论文集》和《江西省公共图书馆事业发展基础数据概览(2014)》。编辑《江西图书馆动态》4 期，发表消息 362 条，报道全省业界动态。发行《图书馆研究》6 期，发表文章170篇，其中国家级基金课题论文8篇，发行工作呈上升趋势，并入选国家新闻出版广电总局2015年发布的第一批认定的学术期刊名单。（江西省图书馆学会　黄健）

【2015年江西省设区市公共图书馆馆长联席会在景德镇召开】　3月19—20日，2015年江西省设区市公共图书馆馆长联席会在景德镇举行，省文化厅党组成员、副厅长王晓庆出席会议并讲话，省图书馆馆长周建文主持会议，省市相关单位领导、各设区市公共图书馆馆长以及省直管县图书馆馆长近30人参加会议。王晓庆副厅长全面总结2014年全省图书馆事业发展情况，充分肯定全省公共图书馆取得的成绩，并对今年的重点工作提出明确要求。周建文馆长对全省公共图书馆2015年的主要工作进行部署。（江西省图书馆学会　黄健）

【江西省图书馆学会新干县科技服务站开通】　9月25日，江西省图书馆学会科技服务站在新干县图书馆挂牌成立。省科协副主席孙卫民，省图书馆馆长、省图学会理事长周建文出席成立仪式。孙卫民在参观科技文献资料室、“新干县文化信息共享平台”后，肯定服务站的惠民作用，并希望服务站创新服务形式，真正做到文化惠民、科技惠民。服务站开通当天，全县100多家花卉苗木种植户和企业参加“新干县花卉苗木科技特派团技术培训班”，受聘请的省林科院科技特派团3名专家做技术指导并开展交流座谈会。60多名农民专业户参加县农业局专家举办的“新干县新型职业农民培训班”。（江西省图书馆学会　黄健）

【江西省图书馆学、情报学专业论文写作研修班在萍乡举办】　10月14—16日，由江西省图书馆学会主办、《图书馆研究》编辑部承办、萍乡市图书馆协办的2015年江西省图书馆学、情报学专业论文研修班在萍乡开班。培训班邀请《图书馆研究》编委龚花萍和《图书馆论坛》审稿人曾伟忠主讲。来自全省各市、县公共图书馆及高校图书馆逾70位学员参加培训。专家们以“如何写出高质量图书馆学、情报学专业论文”为主题，从论文选题、写作方法和投稿要点等方面进行讲解，从审稿的角度对比介绍省级普通期刊与国家核心期刊的写作要求和标准。在论文交流和点评环节，专家对学员们提交的论文进行现场点评和写作指导。（江西省图书馆学会　黄健）

【“互联网+”时代图书馆资源建设学术研讨会在南昌举行】　10月21日，由江西省图书馆学会主办的“互联网+”时代图书馆资源建设学术研讨会在南昌举行。来自全省公共图书馆与院校图书馆的馆长、业务骨干近350人参加会议。中图学会副理事长、首都图书馆馆长倪晓建做题为“‘互联网+’下图书馆资源服务创新”的专题报告，探讨“互联网+”下图书馆应如何准确把握时代趋势和互联网优势，创造性地运用到图书馆资源服务中。浙江大学图书馆资源总监张军、中图索引学会副理事长叶艳鸣等专家学者分别就互联网快速发展环境下的资源建设、创新服务和未来发展提出自己的见解。省图学会理事长、省馆馆长周建文介绍全省公共文化服务创新实践的内容、过程和经验，对公共文化服务体系在“互联网+”时代中的建设和发展提出具体要求。（江西省图书馆学会　黄健）

【江西省图书馆学会举办2015年学术年会】　12月29日，由省文化厅主办、省图学会承办的“2015年江西图书馆年会暨江西省图书馆学会年会”在南昌召开。省文化厅副巡视员谌洪敏、省社联副主席胡晓春等领导出席大会，全省各设区市、县（区）图书馆馆长、省图学会理事、院校图书馆馆长及征文获奖代表共218人参加大会。会议围绕“图书馆：社会进步的力量”主题展开。理事长周建文做2015年学会工作报告，全面总结一年的工作；通报2016年学会工作计划；做变更理事、常务理事的说明。在学术交流会上，4位年会征文获奖代表分别从数字图书馆建设与服务、图书情报学理论研究、全民阅读推广、古籍保护方面做学术交流发言。年会对2015年全民阅读先进单位、2015学会年会征文组织奖、学会年会征文个人奖、第三届青年人才奖、学会优秀工作者、学会优秀会员、《江西图书馆动态》优秀通讯员进行表彰。在此次年会征文活动中，全省共有98篇论文参选，选出一等奖5篇、二等奖8篇、三等奖12篇、优秀奖29篇。（江西省图书馆学会　黄健）

山东省

【概况】 2015年，山东省图书馆学会定期召开、参加有关工作会议及专业培训。如2015年山东省科协学会工作会议和外事工作会议、2015年全省社科联工作会议、中国图书馆学会2015年秘书长联席会议、2015年阅读推广峰会（秋季）暨中国图书馆学会阅读推广委员会成立十周年学术研讨会、2015年中国图书馆年会等。

本年度全省中国图书馆学会有效会员为650人。注册更新省学会有效会员825人，会费的收缴工作完成情况良好。全年编辑出版省学会内部刊物《山东图书馆信息》6期，为广大会员和图书馆工作者提供交流和学习的平台。

围绕事业发展的中心，积极开展专题研究、学术研讨会、学术年会等，并参与全国性的学术研讨活动。举办山东省图书馆学会第二十二次科学讨论会，研讨主题为：融合与超越——图书馆使命与目标，共收到征文220篇，评出二等奖27篇、三等奖及优秀奖若干（一等奖空缺），遴选其中95篇获奖论文结集为《山东图书馆学刊——2015年融合与超越——图书馆使命与目标专辑》出版。联合安徽、河南、江西、新疆、海南等省图书馆学会组织开展2015鲁豫皖赣新琼图书馆学会学术年会征文活动，此次会议于11月18日在海南召开。做好2015年中国图书馆年会征文组织工作，从省内选送100余篇优秀论文参加年会论文评选，其中40余篇分获一、二、三等奖，被中国图书馆学会授予“论文组织奖”。

策划、组织一系列科普宣传和阅读推广活动。定期将省学会在科普宣传、阅读指导等方面的工作动态编撰成文，报送至省科协《学会工作月报》和省社科联社科普及网两大省级学会信息平台，与全省各级各类学会交流学习、互通有无。在2015年春节期间，与省图书馆联手举办丰富多彩的读者活动，营造春节期间的喜庆气氛，如“开卷有益”——古典诗词有奖竞答、喜气“羊”洋——2015新春亲子动漫体验、“迎春送祝福，网聚中国心”——传统楹联知识展等。在世界读书日期间，承办第十届全省读书朗诵大赛，并与省图书馆组织策划首届少年儿童读书节系列活动。在图书馆服务宣传周暨“六一”儿童节期间，开展第四届读者书画作品展、第十届文津图书奖书目展、尼山书院国学系列活动、“文化宣传推广大使”活动、“图书馆志愿者行动”等。在文化遗产日举办“走近古籍体验日”活动。持续开展“大众讲坛”、尼山书院公益讲座等，受到读者欢迎。充分依托省图书馆的场地资源优势，积极与社会各界合作举办各种公益性展览，如“照亮童年”中外优秀绘本展、“山东抗战图片展”等。

先后举办公共图书馆理念、服务与推广培训班，图书馆新媒体新服务展示交流现场会，全省地方特色数字资源建设培训班，全省数字图书馆推广工程培训班，全省边疆万里数字文化长廊建设与服务培训班等。（山东省图书馆学会）

【公共图书馆理念、服务与推广培训班在烟台举办】 5月30日，由山东省图书馆学会、山东省图书馆举办的此次培训班在烟台开班。省图书馆副馆长周玉山出席开班仪式并做重要讲话。来自省内市、县级公共图书馆的130名业务管理人员参加培训。培训班特邀北京大学信息管理系教授张广钦，省图书馆研究辅导部主任陶嘉今、中文采编部主任王文刚进行授课。几位专家结合培训宗旨，分别以“公共图书馆的特征、使命与基本伦理”“公共图书馆评估的理论与实践”“公共文化服务与图书馆服务体系建设”“图书馆社会教育职能与阅读活动”“公共图书馆文献资源建设”为题进行深入浅出的讲解。（山东省图书馆学会）

【构建现代公共图书馆服务体系研讨班在青岛举办】 10月27—28日，由中国图书馆学会主办、青岛市图书馆和青岛市图书馆学会承办的“构建现代公共图书馆服务体系研讨班”在青岛市图书馆举办，来自全国各图书馆的230名代表参加研讨。研讨班上，柯平教授从相关政策、理论研究、发展成就与思考、区域模式探索、物理模式探索、馆长的作用、急需解决的问题、公共图书馆评估和发展展望9个方面，对我国公共图书馆服务体系建设进行详细讲解。德国不来梅市图书馆馆长芭芭拉·莉森以不来梅图书馆为例，从图书馆总馆、分馆、养老院馆、移动巴士馆、监狱馆、医院馆的管理与服务等入手，对不来梅市公共图书馆服务体系进行概述。于婧从青岛概况、青岛市公共图书馆服务体系建设情况、服务网络建设特点和近期要做的工作等方面，对青岛市图书馆在示范区建设中的作用与实践进行全面介绍。浙江省嘉兴市图书馆馆长章明丽从发展历程、发展现状、未来探索和建设体会等方面，就嘉兴市现代公共图书馆服务体系建设探索做演讲。苏州图书馆研究馆员邱冠华从为什么要建设总分馆和如何建好总分馆两大方面，对苏州总分馆的理念与实践做全面阐述。（青岛市图书馆学会）

【山东省图书馆学会荣获全省首批“社会组织品牌建设基地”称号】 12月29日，山东省社科联在济南召开全省社科类社会组织党的建设暨工作交流会。省委宣传部、省委组织部、省社科联有关领导同志出席开幕式并做讲话。包括山东省图书馆学会在内的100余家社会组织的代表参加本次会议。会上，山东省图书馆学会被省社科联命名为全省首批“社会组织品牌建设基地”之一。近年来，在上级机构的指导和帮助下，山东省图书馆学会依托自身优势，本着“以人为本、服务社会”的宗旨，充分利用自身在馆藏资源、学术研究、公益服务、场馆建设上的优势，积极协调各方，在巩固阵地服务，宣传图书馆基础服务的同时，不断延伸服务半径，通过举办丰富多彩的活动，吸引广大群众走进图书馆，利用图书馆，提高公众科学文化素质。通过近几年的精心打造与广泛宣传，在社科普及、全民阅读、学术交流等方面形成较为知名的活动品牌。全省读书朗诵大赛、大众讲坛、读书夏令营、书海灯谜会等服务社会大众的活动已形成常态化，凸显出品牌组合的优势，在社会上反响热烈。（山东省图书馆学会）

河南省

【河南省图书馆学会召开图书馆采编业务学术研讨与经验交流会】 3月16日，河南省图书馆学会下设的交流与合作委员会在河南师范大学图书馆召开图书馆采编业务学术研讨与经验交流会。全省51家图书馆以及北京大学出版社等代表近130人参加会议。河南师范大学图书馆副馆长白新勤研究馆员做“数字环境下高校图书馆信息资源建设”为主题的学术报告；3名有代表性的学术论文的作者分别从采访、编目和业务外包等方面和大家进行交流。河南师范大学采编部主任王瑞珍副研究馆员主持经验交流会，郑州大学等6所高校图书馆的采编主任以及清华大学、北京理工大学等出版社的代表相继做交流发言；在自由提问和有奖问答环节，与会代表就一些在工作中遇到的实际问题和发言的老师进行互动交流。省学会副理事长张怀涛最后做会议总结。会议共收到近30所高校图书馆的学术论文50余篇，会后集结成书。（河南省图书学会　严真　马秀峰　伏琰）

【河南省代表参加中国图书馆学会第九次会员大会】 4月8—10日，中国图书馆学会第九次会员大会在北京举行，来自全国的300多位代表参会。由河南省图书馆学会推荐的孔德超、杨扬、崔波、李景文、李红岩、田长斌、严真等代表参加会议。经过严格的换届程序，九届理事会正式产生。其中崔慕岳、孔德超、崔波、李景文、李红岩5人当选为九届理事，这是河南省当选中国图书馆学会理事人数最多的一届。（河南省图书学会　严真　马秀峰　伏琰）

【河南省图书馆学会举办全省图书馆界、情报界阅读推广高层论坛】 5月13日，河南省图书馆学会与省高校图工委、省科学技术情报学会联合举办此次会议，全省130多位图书情报工作者参会。论坛邀请中国图书馆学会大学生阅读专业委员会副主任、西南交通大学图书馆馆长高凡，中国图书馆学会阅读与心理健康专业委员会主任、《大学图书馆学报》副主编王波，阅读与心理健康委员会副主任、中原工学院图书馆馆长张怀涛，郑州大学图书馆主任曹炳霞4位省内外的知名专家学者，分别做题为“阅读·悦读·越读——高校图书馆经典阅读推广实践与探索”“高校图书馆阅读推广的现状、案例与思考”“阅读推广的内涵、方式与实施”“阅读推广，品牌助力——以郑州大学图书馆为例”的学术报告，从理论和实践的层面论述阅读推广的相关内涵以及开展阅读推广活动的方式方法。此次论坛为全省阅读推广活动的深入开展提供理论指导和实践参考。（河南省图书学会　严真　马秀峰　伏琰）

【河南省图书馆学会第九届二次全体理事会召开】 5月22日，来自全省图书情报界的100多位理事参加会议。省文化厅副厅长、省学会名誉理事长康洁到会并发表讲话，对省学会2014

年的工作给予肯定，对今后工作提出要求。会议审议通过理事长孔德超、副秘书长严真所做“河南省图书馆学会2014年工作总结暨2015年工作要点”“河南省图书馆学会2014年度财务工作报告”两个报告。副理事长崔慕岳在会上传达“中国图书馆学会2015年工作计划”；副理事长李红岩通报“中国图书馆学会第九次全国会员代表大会”的会议内容；副理事长崔喜梅通报河南省图书馆学会关于开展2015年“全民阅读”系列活动的安排；副理事长李景文宣读2014年度“全民阅读”先进单位名单，副理事长楚明超宣读调整、增补九届理事会理事、常务理事、副理事长、名誉理事长名单；副理事长张怀涛最后做大会总结。（河南省图书学会　严真　马秀峰　伏琰）

【河南省图书馆学会承办“我与中华古籍”摄影大赛优秀作品巡展活动】　“我与中华古籍”摄影大赛优秀摄影作品巡展（河南站）活动是由国家古籍保护中心、中国图书馆学会、中国古籍保护协会联合河南省文化厅主办，河南省图书馆（省古籍保护中心）、河南省图书馆学会承办的宣传推广活动。此次活动围绕“保护成果，全民共享”主题，面向各级各类图书馆及相关行业摄影爱好者和关注古籍保护工作的大众进行广泛征集，共征集作品2803张。6月10日—7月4日，先后在开封图书馆、洛阳市图书馆、新乡市图书馆、平顶山市图书馆新城区分馆和南阳市图书馆展出，共展出优秀摄影作品150余幅，接待社会各界观众32800余人次。此前，省学会积极筹备巡展工作，并以第10个“文化遗产日”为契机，加强宣传引导，营造浓厚氛围，积极开展以“保护成果全民共享”为主题的系列文化活动，取得良好的社会效益。（河南省图书学会　严真　马秀峰　伏琰）

【河南省图书馆学会联合省内各地图书馆及学会举办多次业务培训】　3月13日，省学会与焦作市图书馆学会在焦作市图书馆联合举办图书馆业务知识培训班，邀请郑州大学信息管理学院王国强教授、新乡学院秦珂教授讲授“基于经典阐释的中国图书馆学发展及其规律”和“图书馆口述史工作与版权保护”。来自焦作市6个县、区基层公共图书馆和河南理工大学、焦作大学等高校图书馆工作人员近200人参加培训。9月28—29日，省学会与许昌市图书馆联合举办培训班，邀请省图书馆馆副馆长、省学会秘书长申少春研究馆员，省学会学术委员会副主任周九常教授，省学会副理事长崔波研究馆员，安阳市图书馆副馆长刘燕副研究馆员4位专家，分别做题为“公共图书馆服务规范与图书馆服务创新”“公共图书馆的贴心服务及其实施”“文化创新与和谐图书馆建设”和“公共图书馆文明礼仪与服务”的专题讲座。来自许昌市5县1区的基层公共图书馆和许昌学院、许昌职业技术学院等高校图书馆及市直教育系统部分单位图书室的专业技术人员110人参加培训。10月21—22日，省学会联合安阳市图书馆学会在安阳市图书馆举办培训班，邀请省图书馆界知名的专家教授王国强、秦珂、周九常做讲座，带来先进的图书馆发展新理念、新思维。来自安阳市各县（区）、各行业的150余名图书馆专业人员参加培训。12月2—3日，省学会与新乡市图书馆联合举办培训班，张怀涛、秦珂、刘燕、周九常4位省图书馆界专家分别做题为“面向读者满意度的精细化管理”“国际图书馆界对文本和数据挖掘权利的争取与成果”“公共图书馆文明礼仪与服务”和“公共图书馆的社会形象定位”的专题讲座。来自新乡市、县（区）各级公共图书馆及驻新多所高校图书馆的110余名从业人员参加培训。（河南省图书学会　严真　马秀峰　伏琰）。

【河南省图书馆学会获得多个奖项】　4月2日，河南省社科联2015年工作会议在人民会堂召开，省学会在会上获得2014年度全省社科联系统先进单位称号并受到表彰。6月初，省学会对全省各系统图书馆界申报的80项全民阅读材料进行初选，从中推选出的郑州升达经贸管理学院图书馆和黄淮学院图书馆被中国图书馆学会命名为“2014年全民阅读示范基地”称号，开封市图书馆、平顶山市图书馆、郑州大学西亚斯国际学院图书馆和河南省少年儿童图书馆被评为“2014年全民阅读先进单位”。11月18—20日，河南省图书馆学会与山东、安徽、江西、新疆、海南五省（区）图书馆学会在海口联合举办“2015年鲁豫皖赣新琼图书馆学会年会”。河南省图书馆学会前期共收到会员学术论文102篇，从中遴选出20多篇优秀论文，组织相关论文作者赴海南与同行进行交流与探讨。此次年会共收到征文400篇，评出获奖征文269篇。一等奖共49篇，其中：河南省21篇、山东省11篇、新疆维吾尔自治区8篇、安徽省6篇、江西省4篇、海南省1篇；二等奖94篇；三等奖126篇。河南省图书馆学会获得征文组织奖。（河南省图书学会　严真　马秀峰　伏琰）

湖南省

【概况】 2015年，湖南省图书馆学会（以下简称“学会”）坚持把繁荣学术研究摆在各项工作的首位，将搭建高水平、多元化、开放性的学术交流平台作为提高行业素质的第一要务。重视青年人才培养，组织中青年人才库2015年度成员申报、考核和2014年度课题结题等工作，并由学会学术委员会组成评审委员会对递交的材料进行评审。全年共结项课题3项，立项课题9项，新增人才库成员16人。组织并完成中国图书馆学会2015年会征文的宣传工作，共有14个单位，36人获奖，其中一等奖2篇、二等奖12篇、三等奖8篇，学会获得中国图书馆学会颁发的优秀组织奖。

举办“2014年全省图书馆基础业务培训班”“湖南省‘三区’人才支持计划公共图书馆馆长研修班”“2015年衡阳市图书馆业务培训班”，带动全省图书馆行业协调发展。

在学会领导下的专业委员会在各自领域也展开众多学术活动。省少年儿童图书馆专业委员会，与全国少儿图书馆界广泛开展学术研讨、工作交流、协作联动。组织承办第三届“全国少年儿童阅读年”活动，“2015年全国少儿阅读峰会”，以及承办由省委宣传部、省文明办、省文化厅、省教育厅、省新闻出版广电局、团省委、省妇联、省关工委联合主办的“书香湖南——2015年全省少年儿童‘中国梦　汉语美’”诵读展演活动暨第五届“三湘少年儿童阅读之星颁奖仪式”等。高校图书馆工作专业委员会在全省开展的“一校一书——经典、精读、经世”阅读推广活动取得突破性进展，该活动被纳入教育厅支持项目。高职院校图书馆工作专业委员会召开2015年度高职院校图书馆工作专业委员会年会，开展年会征文活动，共收到论文58篇，评选出一等奖6篇、二等奖12篇、三等奖17篇。

学会在业务辅导，合作协调工作方面也做了大量工作，湘西自治州图书馆学会召开了成立大会，全省14个市州，已经成立13个市级学会。5月，全省公共图书馆馆长联席会在邵阳松坡图书馆召开，全省14个市州图书馆及邵阳市各县市图书馆馆长参加会议，会上成立湖南省公共图书馆讲座联盟和参考咨询联盟，并签订协议，以加强全省优势读者服务资源的馆际共建共享，全面提升全省公共图书馆讲座与参考咨询工作。（湖南图书馆　邹序明）

【2015年湖南省“三区”人才支持计划公共图书馆馆长研修班开班】 5月21日，由湖南省文化厅主办，湖南图书馆、湖南省图书馆学会承办的湖南省公共图书馆“三区”人才支持计划公共图书馆馆长研修班在湖南图书馆开班。湖南省文化厅党组副书记、副厅长禹新荣、厅人事教育处、公共文化处等领导，以及湖南省“三区”受援县的40名县级公共图书馆馆长出席开班典礼。此次培训班旨在全面推动全省公共图书馆事业的均衡发展，落实省“三区”人才支持计划文化工作者专项工作。

本次研修班为期两个月，教学方式采用课堂教学、专题讲座、研讨、现场教学、观摩学习相结合的形式，全面提高办班效益。（湖南图书馆　程晟）

【湖南省公共图书馆界共商联盟合作大计】 5月28—29日，由湖南图书馆主办、邵阳市图书馆承办的2015年全省市（州）公共图书馆（中心馆）馆长联席会议暨湖南省公共图书馆讲座联盟、湖南省公共图书馆参考咨询联盟成立大会在邵阳市松坡图书馆召开。省文化厅党组副书记、副厅长禹新荣，厅公共文化处、湖南图书馆馆长、省少年儿童图书馆，及全省14个市（州）公共图书馆馆长、邵阳市委、邵阳市文广新局等相关领导参加会议，邵阳各县(市)图书馆馆长列席会议。本次会议主题是对全民阅读工作经验和新型图书馆建设中的问题进行交流研讨。同时，为加强优势读者服务资源的馆际共建共享，全面提升全省公共图书馆讲座与参考咨询工作水平，联席会议结束后召开湖南省公共图书馆讲座联盟、参考咨询联盟成立大会。湖南图书馆馆长张勇主持联盟的签字仪式，副馆长邹序明代表湖南图书馆与14个市（州）图书馆签订联盟合作协

议书，正式宣告联盟成立。（湖南图书馆　王茜）

广东省

【首个全国图书馆绘本创作研修班在广州举行】 5月18—21日，由中国图书馆学会青少年阅读推广委员会、广州市图书馆学会主办，广东图书馆学会阅读指导委员会和广州图书馆承办的全国图书馆手工绘本创作研修班在广东省立中山图书馆举行，来自全国各地的图书馆从业人员约130人参加了本次研修班。研修班安排主题演讲和手工绘本创作实操环节，并组织学员前往广州图书馆亲子绘本馆和广州少年儿童图书馆绘本馆进行现场学习。（广州图书馆）

【公共图书馆法治建设研讨会在广州图书馆举行】 8月29日，中国图书馆学会图书馆法律与知识产权研究专业委员会、广东图书馆学会、广州市图书馆学会、中山大学图书馆与资讯科学研究所在广州图书馆联合举办公共图书馆法治建设学术研讨会。图书馆界、人大、政府文化部门、法制部门等领域知名专家及各地图书馆代表约300人参与研讨。

研讨会分为嘉宾演讲及嘉宾论坛两个环节。全国人大教科文卫委员会文化室主任朱兵做题为“加强立法，建立健全我国图书馆法律机制”演讲；北京大学信息管理系教授李国新做题为“我国地方性公共图书馆立法的新进展”演讲；北京市文化局原副局长冯守仁做题为“通过立法，推进公共图书馆服务社会化”演讲；中山大学校长助理、教授程焕文做题为“全面评价《广州市公共图书馆条例》”演讲；广东省立中山图书馆馆长刘洪辉做题为“城市图书馆服务体系建设的广州路径”的演讲；广州市文化广电新闻出版局法规处处长彭小群做题为“尽职履责，创新突破，扎实推进《广州市公共图书馆条例》立法工作”的演讲；广州图书馆方家忠馆长做了题为“论立法对广州市公共图书馆事业的作用”演讲。嘉宾论坛环节中，各位嘉宾高度评价《广州市公共图书馆条例》，并就我国地方图书馆立法现状、存在的问题，改进的建议等问题展开讨论。（广州图书馆）

【广东图书馆学会第十二次会员代表大会召开】 10月14—16日，广东图书馆学会第十二次会员代表大会在深圳市宝安区图书馆新馆举行。广东省公共、科研、高校等系统的会员代表，以及大会协办单位的公司特邀代表等近300人参加。首届全省公共图书馆网上业务知识大赛总决赛、企业展览和第十一届理事会工作巡礼展览同时举行。大会开幕式由副理事长曹树金主持。大会对“杰出贡献奖”“终身荣誉奖”“优秀服务奖”和“学会先进单位”“优秀会员”“优秀学会工作者”进行颁奖。秘书长陈卫东向大会做“关于第十二次会员代表大会筹备工作的报告”，理事长刘洪辉做“继往开来　改革创新　促进广东图书馆事业全面发展——广东图书馆学会第十一届理事会工作报告”。大会通过修订的《广东图书馆学会章程》和《广东图书馆学会会员会费标准及收支管理办法》。会议选举产生由122人组成的第十二届理事会，其中常务理事54名。（广东图书馆学会　何杰锋）

【中国图书馆年会会前会(深圳):“阅读·城市·图书馆”论坛】 12月15日，由中国图书馆学会主办，深圳图书馆、深圳图书情报学会承办，广东图书馆学会支持的2015年中国图书馆年会学术会议会前会在深圳图书馆召开，来自全国图书馆界的知名专家学者、图书馆馆长以及深圳本地图书馆人近300名代表齐聚一堂。主办方举办“阅读·城市·图书馆”嘉宾论坛，展开多方高峰对话。（深圳图书馆）

【中国图书馆年会主题论坛:迈向权利保障时代——公共图书馆发展与广州实践】 12月16日下午，由广州市图书馆学会、广州图书馆联合主办的“迈向权利保障时代——公共图书馆发展与广州实践”主题论坛在广州白云国际会议中心四号楼二楼东莞厅隆重举办。本次主题论坛与会人数高达500多人。

会上，中国图书馆学会副理事长程焕文、陈力分别为获得“韦棣华助学金”和“李炳穆交流合作奖”的获奖代表颁奖。

国家图书馆研究院副院长申晓娟，南开大学信息资源管理系教授柯平，广州市图书馆学会理事长、广州图书馆馆长方家忠，中山大学资讯管理学院教授程焕文，中山大学资讯管理学院教授曹树金分别做题为“从绩效数据的对比分析看我国公共图书事业发展”“第三代管理的到来——

图书馆规划与战略管理”“广州市公共图书馆服务体系设计”“迈向权利保障时代——兼评公共图书馆发展的广州模式（实践）”“点评《迈向权利保障时代——公共图书馆发展的广州模式研究》兼评广州地区图书馆的发展”的演讲。（广州图书馆）

【中国图书馆年会主题论坛:公共图书馆法制建设】 12月17日上午，由中国图书馆学会图书馆法律与知识产权研究专业委员会、广州市图书馆学会、广州图书馆、中山大学图书馆与资讯科学研究所联合主办的“公共图书馆法制建设”主题论坛在广州市白云国际会议中心四号楼二楼东莞厅举行。

论坛分为学术报告和嘉宾论坛两个环节。论坛由法律与知识产权专业委员会副主任肖燕和中山大学资讯管理学院教授潘燕桃共同主持。全国人大教育科学文化卫生委员会文化室主任朱兵做题为“加强立法，建立健全我国图书馆法律制度”的发言，德国图书馆协会会长芭芭拉·斯克赫雷哈根女士做题为“数字化环境下的图书馆法律条例框架”的发言，文化部公共文化司刘小琴巡视员介绍《公共图书馆法》立法工作进展情况以及草案框架，北京大学信息管理系教授李国新做题为“《公共图书馆法（征求意见稿）》修改完善的思考”的发言，中国图书馆学会副理事长、中山大学资讯管理学院教授程焕文做“全面评价《广州市公共图书馆条例》”的发言。

嘉宾论坛环节首先由四川省图书馆学会副理事长兼秘书长王嘉陵研究馆员介绍《四川省公共图书馆条例》立法基本情况。随后，山东省图书馆馆长冯庆东介绍《山东省公共图书馆管理办法》的特色和落实情况。参会代表就我国图书馆立法中的相关问题与各位嘉宾进行讨论与互动。（广州图书馆）

【继往开来　共铸辉煌——广东图书馆事业发展巡礼图片展在中国图书馆年会展出】 12月14—18日，“继往开来　共铸辉煌——广东图书馆事业发展巡礼图片展”在2015年中国图书馆年会广州白云国际会议中心主会场向全国图书馆同行展出。

本次展览由广东省文化厅主办，广东图书馆学会承办。内容按服务、管理、技术、资源、设施、协作6个篇章，采撷记录广东省图书馆领域的新思想、新观念、新技术、新进展，是对广东省“十二五”时期图书馆事业发展的一次系统回顾与总结。展览中同时用LED屏幕播放“广东省图书馆事业巡礼片”。年会期间近千人次参观展览。（广东图书馆学会　彭杰）

【中国图书馆年会会后会(广州):“作为社会公共空间的公共图书馆建筑与功能”学术研讨会】 12月19日，由中国图书馆学会主办、广州市图书馆学会和广州图书馆联合承办的2015年中国图书馆年会学术会议会后会（广州）：“作为社会公共空间的公共图书馆建筑与功能”学术研讨会在广州图书馆举办。会议邀请30多位知名社会学家、建筑学家和图书馆界专家学者参与学术研讨。全国广大会员近400人参加会议。

中国图书馆学会副理事长、上海图书馆馆长吴建中代表主办单位致欢迎辞。会议分为学术报告、对话交流、案例交流三个环节。

学术报告由广州图书馆馆长方家忠主持。北京大学社会学系郑也夫教授做题为“迈向公共空间的图书馆”的演讲，美国伊利诺伊大学香槟分校建筑学院波同德·伯格纳教授做题为“公共图书馆建筑与功能的发展”演讲，吴建中做题为“走向创造型图书馆——从广图新馆看图书馆建筑趋势”演讲。

对话交流环节由广东省立中山图书馆馆长刘洪辉主持。广州图书馆馆长方家忠、日本株式会社日建设计总建筑师宫川浩分别以“构建城市公共空间——广州图书馆新馆实践”和“建筑设计——追求新时代公共图书馆应有的形象”为题，做了演讲。广州图书馆新馆的建筑设计方代表宫川浩先生、使用方代表方家忠先生、读者方代表李明华先生共同对话“广州图书馆新馆与功能实现”。

在案例交流环节，美国西雅图中央图书馆馆长马塞勒斯·特纳做题为“西雅图中央书馆——图书馆的现在与未来”的演讲。首都图书馆倪晓建馆长做题为“公共图书馆——百姓文化生活的空间”的演讲。法国蓬皮杜艺术中心公共信息图书馆副馆长伊曼纽尔·阿齐扎做“公共信息图书馆的革新事业——以巴黎蓬皮杜中心为例”的演讲，俄罗斯圣彼得堡市立马雅可夫斯基中心公共图书馆副馆长叶列娜·阿赫基做题为“智能图书馆服务智能城市——新型概念图书馆”演讲，新加坡国家图书馆管理局纪祥福副处长以及德国法兰克福公共图书馆社区分馆部斯陶芬主任也以图书馆空间为题，做了发言。（广州图书馆）

广西壮族自治区

【概况】 2015年年末，广西图书馆学会有团体会员74个，设内部机构2个（秘书处、《图书馆界》编辑部）。现任领导机构是第九届理事会，有理事81人，其中常务理事21人。会长徐欣禄，秘书长贾莹。学会秘书处及时转发2015年中国图书馆年会——中国图书馆学会年会·中国图书馆展览会征文通知，并在全区进行广泛宣传，全区图书馆共有17位代表参加此次年会，学会同时还配合理事长单位广西壮族自治区图书馆资助10个县级图书馆的馆长到广州参会。此次年会征文广西共有13篇论文获奖，其中一等奖1篇、二等奖6篇、三等奖6篇。11月，在来宾举行广西图书馆学会2015年年会暨第33次科学讨论会，227人参加会议。（广西图书馆学会）

【广西图书馆学会举办业务培训班】 培训班于6月29日至7月3日举办，来自于41个全区各市县公共图书馆和高校图书馆的91名学员参加。培训班邀请广西壮族自治区图书馆副馆长秦小燕、信息服务部主任何玉英、研究辅导部副主任董惠霖、报刊部馆员韦宇宁以及南宁市图书馆读者活动部副主任黄珂等图书馆业务骨干给学员上课，开设的课程有：图书馆事业发展、信息资源检索与利用、文献编目工作、中文图书分类、现代图书馆的服务理念与技术创新、读者活动的组织与策划等，还安排学习实践环节。授课教师根据学员的实际情况，用通俗易懂的语言进行耐心的知识讲授，通过随堂练习及辅导、案例说明、互动问答等方式，让学员较好地掌握图书馆业务相关知识和技能。（广西图书馆学会）

【“民国时期文献保护计划”宣传推广系列活动（广西站）在南宁举办】 10月28—29日，由国家图书馆、中国图书馆学会和广西壮族自治区文化厅主办，自治区图书馆和学会承办的此次系列活动在自治区图书馆举行，来自广西公共、高校和科研图书馆等单位的103名代表参加启动仪式。广西壮族自治区文化厅领导李晓泉和中国图书馆学会副理事长、国家图书馆副馆长陈力先后致辞，陈力代表中国图书馆学会分别向广西图书馆和广西图书馆学会颁发感谢状。启动仪式由广西壮族自治区图书馆馆长、广西图书馆学会理事长徐欣禄主持。该宣传活动包括“民国时期文献保护工作培训班”和“民国时期文献保护计划成果展”两部分内容。在培训班上，分别就民国时期文献保护计划概况、广西民国时期文献情况、民国时期图书著录、民国时期图书标引中应注意的问题、全国联合编目系统民国时期图书馆藏编制和添加等进行授课。（广西图书馆学会）

【广西图书馆学会2015年年会暨第33次科学讨论会在来宾举行】 11月19日，广西图书馆学会2015年年会暨第33次科学讨论会在来宾举行，来自全区公共、高校、科研系统图书馆及部分企业代表共227人参加本次会议。开幕式由来宾市图书馆馆长何俊鹏主持，广西图书馆学会副理事长、广西大学图书馆馆长徐尚进致开幕词，来宾市文化新闻出版广电局副局长盘路航致欢迎词。广西图书馆学会理事长、广西壮族自治区图书馆馆长徐欣禄做广西图书馆学会2015年工作报告，浙江省作协副主席、著名作家、资深出版人袁敏女士做“行走，也是一种阅读”的主旨报告。科学讨论会采用案例分享的方式，在“少儿阅读推广服务”和“新媒体阅读推广”两个分会场同时举行。闭幕式由广西图书馆学会副理事长、广西师范大学图书馆馆长杨善朝主持。广西图书馆学会学术工作委员会副主任、《图书馆界》主编陈大广对被评为“中国知网CNKI”杯《图书馆界》2015年度优秀论文的“大数据对公共图书馆服务的影响探讨”和“高校图书馆构建全方位多层次立体阅读推广体系探析”两篇论文进行点评，同方知网（北京）技术有限公司广西海南分公司总经理刘剑为论文作者张鹤明（广西壮族自治区图书馆）、石莉（广西民族大学图书馆）颁奖。随后，徐欣禄等学会领导先后颁发优秀论文奖、征文活动组织奖、优秀活动案例奖。广西图书馆学会副理事长、广西桂林图书馆馆长钟琼致闭幕词。（广西图书馆学会）

【第六届全区图书馆采访工作研讨会暨“馆藏与出版”论坛（2015）】 11月21日，第六届全区图书馆采访工作研讨会暨“馆藏与出版”论坛(2015)在广西大学图书馆召开。本次会议由广西图书馆学会采访工作委员会、湖北三新文化传媒有限公司和上海图书馆《图书馆杂志》共同主办。广西区内各系统图书馆、出版社以及书商等200余名代表应邀出席会议，共同探讨当前出版和馆配的现状与未来，从案例与实证研究入手，探讨新形势下图书资源建设以及馆藏图书采访实证经验等课题。(广西图书馆学会)

【桂林市图书馆学会举办第十次代表大会暨2015年年会】 12月11日，桂林市图书馆学会第十次代表大会暨2015年年会在广西师范大学召开，来自桂林市图书馆界的近240名会员代表及图书馆工作者参加会议。会议由桂林市图书馆学会常务理事、桂林医学院图书馆馆长朱开梅主持，桂林市图书馆学会副理事长、广西师范大学图书馆馆长杨善朝致开幕词，桂林市科学技术协会副主席彭友萍做讲话。桂林市图书馆学会理事长、广西桂林图书馆馆长钟琼在会上做“桂林市图书馆学会2015年工作报告”。大会邀请《图书情报工作》杂志社社长、主编初景利先生做“课题申请与论文写作、和投稿”专题讲座。本次年会共收到论文32篇，桂林市图书馆学会常务理事、广西师范大学图书馆副馆长吴高做2015年年会学术论文评审总结，广西师范大学漓江学院图书馆、兴安县图书馆作为桂林市图书馆学会“品味书香”系列活动优秀案例代表展开交流。此外，大会选举产生桂林市图书馆学会第十届理事会理事以及新一届常务理事、副理事长和理事长。(广西图书馆学会)

海南省

【召开海南省图书馆协会二届二次理事会暨二次常务理事会】 3月13日，会议在海南省图书馆召开。表决通过王琦担任副会长，张蕊接替罗敏担任秘书长，王小会、刘丽担任副秘书长，张莉担任财务总监，以及18位理事、6位常务理事的申请。审议通过各专业委员会机构名称和主任、副主任委员的调整，将原来的学术委员会、数字图书馆建设委员会、未成年人教育委员会、读者工作委员会、职业教育评价委员会变更为图书馆员研究专业委员会、资源建设与信息技术专业委员会、图书馆法规研究专业委员会、古籍与地方文献专业委员会、阅读推广委员会。通过从2015年起取消缴纳协会个人会员会费和会员证工本费。会议推选省图书馆馆长李彤、海南师范大学图书馆副馆长李冕斌、昌江黎族自治县图书馆馆长郭玉光3位代表参加中国图书馆学会第九次全国会员代表大会。(海南省图书馆协会　文一叶)

【召开海南省图书馆协会二届三次常务理事会】 6月18日，会议在海南省图书馆召开。听取并审议通过协会2015年上半年工作总结和图书馆员研究专业委员会、阅读推广委员会、古籍与地方文献专业委员会、资源建设与信息技术专业委员会、图书馆法规研究专业委员会2015年工作计划要点。讨论确定2015鲁豫皖赣新琼图书馆学（协）会学术年会和2015年海南省图书馆协会学术年会的时间、地点、参会人数、会议费用标准以及邀请国内业界专家学者做专题报告等事项。会议还通过周翔接替王昌华担任常务理事、石焕玉接替林江云担任常务理事的申请。(海南省图书馆协会　文一叶)

【开展2015年“我与中华古籍”摄影大赛优秀摄影作品成果展暨系列活动】 6月13日至7月21日，由中国图书馆学会、海南省文体厅主办，海南省图书馆（省古籍保护中心）、海南省图书馆协会承办的2015年“我与中华古籍”摄影大赛优秀摄影作品成果展暨系列活动，在海南省图书馆、海南大学图书馆、文昌市图书馆、澄迈县图书馆、儋州市图书馆、五指山市图书馆、三亚市图书馆7家单位开展。活动内容有优秀摄影作品成果展、汉字记忆、修复体验、中医咨询、主题讲座等，还制作《海南省古籍保护知识宣传册页》，开展海南省古籍保护问卷调查。全省有5万多人参加活动。(海南省图书馆协会　文一叶)

【开展2015年海南省“书香童年”阅读征文比赛活动】 7月30日至10月20日，开展2015年海南省“书香童年”阅读征文比赛活动。活动主题是“阅读伴我成长”。来自儋州、琼海、文昌、五指山、定安、昌江、保亭、琼中8个市县的4440多名中小学生参加活动。征集稿件1448篇，评选出217篇，其中一等奖38篇、二等奖62篇、三等奖117篇。此次活动由海南省文化广电出版体育厅主办，海南省图书馆、海南图书馆协会承办。儋州市图书馆、琼海市图书馆、文昌市图书馆、五指山市图书馆、定安县图书馆、昌江黎族自治县图书馆、保亭黎族苗族自治县图书馆、琼中黎族苗族自治县图书馆协办。（*海南省图书馆协会　文一叶*）

【2015“全国图书馆未成年人服务提升计划”巡讲·海南站在省图书馆举办】 11月5—6日，由文化部公共文化司指导，国家图书馆、中国图书馆学会主办，海南省图书馆、海南省图书馆协会承办的2015“全国图书馆未成年人服务提升计划”巡讲·海南站在省图书馆多功能会议室举办。来自全省的市县区、中小学、高校、医院等36家图书馆的150余名馆长、业务骨干和图书馆员参加培训。海南省图书馆馆长、海南省图书馆协会会长李彤主持开班仪式。中国图书馆学会副秘书长仲岩出席开幕式并致辞。仲岩代表主办方授予海南省图书馆“全国图书馆未成年人服务提升计划”示范基地称号，授予海南省图书馆、海南省图书馆协会感谢状。华东师范大学信息学系教授范并思、华南师范大学经济与管理学院教授束漫、武汉大学信息管理学院副院长黄如花、德国德累斯顿市立图书馆儿童图书馆副馆长索非亚·罗尔等国内外图书馆界著名的专家学者分别就“图书馆未成年人服务与儿童阅读推广”“世界多国公共图书馆的读写困难群体服务”“如何利用免费信息提升读者服务质量”“德国儿童图书馆工作——以德累斯顿市立图书馆为例”专题进行讲授。海南省图书馆馆长李彤、少儿部副主任侯玉岭做“海南省图书馆未成年人特色活动——少年儿童体验式阅读”优秀案例演示。闭幕式由海南省图书馆副馆长、海南省图书馆协会秘书长张蕊主持。省图书馆馆长、协会会长李彤做巡讲总结。昌江黎族自治县图书馆馆长郭玉光代表学员发言。主承办方领导和授课专家为学员代表颁发结业证书。（*海南省图书馆协会　文一叶*）

【举办2015鲁豫皖赣新琼图书馆学(协)会学术年会】 11月19日，由海南省图书馆、海南省图书馆协会轮值承办的“2015年鲁豫皖赣新琼图书馆学（协）会年会”在海口召开。大会主题是“有活力的图书馆：合作、共赢”。来自山东、河南、安徽、江西、新疆、海南6省区图书馆、图书馆学（协）会的领导及业务骨干、论文获奖作者110多人参加会议。海南省图书馆馆长、海南省图书馆协会会长李彤出席会议并致辞。海南省图书馆副馆长、海南省图书馆协会秘书长张蕊主持会议。特邀北京大学信息管理系教授、博士生导师王余光做“图书馆阅读推广的新进展”专题报告。7—9月，面向鲁豫皖赣新琼六省区图书馆工作者及相关理论与实践工作者征集学术论文400篇，经6省区图书馆学（协）会组织的专家评委评审，评出获奖论文269篇，其中一等奖49篇、二等奖94篇、三等奖126篇。根据6省区图书馆学（协）会报送论文的质量和数量，河南省图书馆学会、安徽省图书馆学会获本届年会征文“优秀组织奖”称号。大会为征文获奖作者代表及优秀组织学会颁发荣誉证书，并推选6省区各一位获奖作者在会上宣读论文。（*海南省图书馆协会　文一叶*）

重庆市

【概况】 2015年，重庆市图书馆学会积极开展中图学会、重庆市图书馆学会单位会员、个人会员的发展工作，现有会员400余人；接待学会会员单位馆来馆参观，安排其在馆内主要业务部门学习与交流。向中图学会、重庆市社科联、重庆市科协传送重庆市图书馆学会各项活动信息及报道；通过重庆市民政局民间组织管理局2014年度市级社科社团年度检查。举办“重庆市图书馆学会、高校图工委第七届学术研讨会”。积极组织各馆馆员参加图书馆界的学术征文活动，在2015年中国图书馆学会年会的征文活动中，共有18篇论文获奖，其中一等奖4篇、二等奖4篇、三等奖10篇。在全市开展“2015最美基层图书馆”和“2015中国图书馆榜样人物评选”的申报活动，组织专家进行初选，向重庆市文化委员会报送相关材料，并报送至中国图书馆学会。2月，重庆市图书馆学会荣获“2014年度社科工作先进单位”的称号。

承办“2015年‘我与中华古籍’摄影大赛优秀摄影作品巡展”重庆站活动和“2015年重庆市公共图书馆业务技能大赛”。每月编辑出版1期《巴渝图讯——重庆市公共图书馆信息》（电子版），全年共出版12期，传递全市各公共图书馆动态，加强合作与沟通。组织开展重庆市区县"三馆一站"免费开放绩效评价检查工作。举办图书馆员信息素养、少儿阅读推广和业务技能大赛赛前培训 3 次。积极参与世界读书日、图书馆服务宣传周、重庆读书月等重大全民阅读活动的组织工作。(重庆市图书馆学会)

【重庆市图书馆学会召开四届六次常务理事会议】 9 月 25 日，重庆市图书馆学会四届六次常务理事会在重庆图书馆召开。会议由学会秘书长、重庆图书馆副馆长王宁远主持，来自重庆大学、第三军医大学等高校及重庆图书馆、渝中区图书馆、南岸区图书馆、沙坪坝区图书馆、北碚图书馆等公共图书馆的 12 位常务理事参加会议。会上，第三军医大学图书馆馆长、市学会学术研究与交流委员会主任李彭元介绍了重庆市图书馆学会、重庆市高校图工委第七届学术研讨会征文的评审情况。常务理事会对获奖征文进行终审。会议就重庆市图书馆学会、重庆市高校图工委第七届学术研讨会的活动方案进行进一步的细化，确定时间、地点、会务费征收方式、会议议程、主讲嘉宾及获奖论文发言作者等具体事项。市学会秘书处就 2015 年度理事单位会费的收取情况进行通报并对修订后的《中国图书馆学会会员会费标准及管理办法》及于 2015 年 9 月正式启用的"中国图书馆学会会员管理与服务平台"做简要介绍。(重庆市图书馆学会)

【重庆市图书馆学会、重庆市高校图工委第七届学术研讨会举行】 10 月 24 日，重庆市图书馆学会、重庆市高校图工委第七届学术研讨会在璧山举行。来自全市 46 所公共图书馆、高校图书馆的 195 位代表齐聚一堂，共同研讨互联网数据新常态下图书馆发展的方向，分享创新案例和成功经验。研讨会上，清华大学图书馆馆长、博士生导师邓景康教授为参会代表主讲"数据驱动创新服务"，详细介绍清华大学图书馆推出的创新服务，包括多源数据集成的几项实际应用、"清华学者库"的创建等。5 位获奖论文作者在研讨会上做交流发言，5 位代表来自不同系统，针对不同的业务工作开展交流，都反映出本届征文的整体状况——立足实践，着眼创新。本届研讨会共收到论文 108 篇，专家委员会最终选出一等奖 10 篇、二等奖 10 篇、三等奖 15 篇。(重庆市图书馆学会)

四川省

【概况】 2015 年，四川省图书馆学会完成如下各项工作：

学术活动方面，与吉、苏、冀、桂 4 省区的图书馆学会合作，组织 5 省（区）图书馆学会学术研讨会。举办 2015 年公共图书馆高峰论坛征文活动，收到论文 180 篇，出版获奖论文集《2015 年公共图书馆高峰论坛》。组织四川地区图书情报学、文献学规划项目的课题申报工作。主办《四川图书馆学报》，曾先后被评为我国图书馆学、情报学核心期刊，被载入《中国人文社会科学核心期刊要览》，现为四川省社会科学质量一级期刊，荣获中国图书馆学会、四川省科协优秀期刊奖。编辑出版《川图导报》4 期，主要刊载省学会、省图书馆及各市（州）、区（县）图书馆的动态，发布各类图书馆信息。

全民阅读方面，致力于打造品牌活动，全年举办"巴蜀讲坛"讲座 25 场，讲座深入到雅安、巴中、攀枝花、广元、南充、资阳等地。组织全民阅读评比活动，得到全省各类型图书馆的积极响应，通过专家评审，省学会决定命名 2 个单位"全民阅读示范基地"称号，授予 19 个单位"2014 年全民阅读先进单位"称号。

人才培养方面，组织省学会会员和各地、各系统图书馆人员参加多次学习与培训，极大地提高了人员素质与工作和服务能力。3 月，图书馆基础业务培训班在西昌举行，全省各地、各系统图书馆的 260 名学员参与培训。5 月，组织学会成员、全省图书馆工作人员参与中国图书馆学会举办的公共图书馆法人治理结构建设研讨班。10 月，组织省学会工作人员参加阅读推广委员会成立十周年学术研讨会。10 月，组织学会工作人员及省图书馆辅导部工作人员参加中国图书馆学会举办的构建现代公共图书馆服务体系研讨班。

荣誉方面，获得四川省科协系统先进集体、四川省社科联先进学会。四川省图书馆情报学、文献学规划项目和"巴蜀讲坛"两个项目被批准为四川省科协能力提升项目，获得经费 2 万元。(四川省图书馆学会　赫青)

【"我与中华古籍"摄影大赛及优秀摄影作品巡展(四川站)启动】 6 月 29 日，由国家古籍保护中心、中国图书馆学会联合四川省文化厅主办，四川省图书馆学会、四川省古籍保护中心、四川省图书馆、四川大学图书馆承办，遂宁市图书馆、南充市图书馆、富顺县图书馆、中江县图书馆协办的“我与中华古籍”摄影大赛及优秀摄影作品巡展（四川站）在四川大学（望江校区）文理图书馆大厅召开。各级各类图书馆及相关行业摄影爱好者、关注古籍保护工作的社会群众通过大赛官方报名平台共提交作品 2803 张。其中：工作类作品 1235 幅，故事类作品 248 幅，活动类作品 616 幅，阅读类作品 264 幅。（四川省图书馆学会）

【四川省图书馆学会第七届五次常务理事会召开】 会议于 10 月 19 日在成都金河宾馆召开。四川省图书馆馆长何光伦，省学会副理事长方曙、马继刚、王嘉陵、徐建华及常务理事参加会议，会议由副理事长兼秘书长王嘉陵主持。会议通过何光伦同志担任四川省图书馆学会理事长。根据相关单位领导岗位人员变动以及提出的申请，对 3 个常务理事的任职进行更换和增补。（四川省图书馆学会）

【2015 年公共图书馆高峰论坛在四川举行】 12 月 26 日，由中国图书馆学会、四川省文化厅主办，省图书馆、省图书馆学会、省中心图书馆委员会办公室承办的“2015 年公共图书馆高峰论坛”在省图书馆举行。论坛由中国图书馆学会副理事长陈力主持，四川省文化厅副厅长向华全、上海市图书馆馆长吴建中、四川省文化厅公共文化处处长刘传、四川省图书馆馆长何光伦等出席论坛。全国部分省级图书馆馆长，全省市（州）、区（县）图书馆馆长，部分高校图书馆馆长以及论文获奖代表 200 余人参加论坛。论坛以“驱动智慧之船扬起理想风帆”为主题，安排专家学者主旨演讲、获奖论文代表交流发言、为获奖论文作者颁奖等主要环节。（四川省图书馆学会）

【四川省文献影像技术协会·四川省高等学校档案工作协会 2015 年年会暨学术研讨会召开】 5 月 19—22 日，由四川省文献影像技术协会·四川省高等学校档案工作协会主办，巴中市图书馆学会、平昌县图书馆承办的此次会议在巴中市平昌县召开。来自北京、云南、贵州、甘肃、宁夏等 6 省 19 市图书情报与档案机构的 150 余名代表参会。会议收到学术论文 20 篇，经专家评审，共评出优秀论文一等奖 3 篇、二等奖 4 篇、三等奖 13 篇。2016 年年会暨学术研讨会在四川省南充市召开。（四川省图书馆　何先进）

【2015 年中央财政支持社会组织参与社会服务实施项目落户巴中】 2015 年中央财政支持社会组织参与社会服务实施项目——“革命老区‘红色文化进社区’发展示范项目”落户巴中，这是巴中市唯一一个经国家民间组织管理局批准实施的项目。该项目由巴市中市图书馆学会负责实施，将在全市范围内选择 3 所学校建立“爱心图书室”，每个图书室赠书 2000 册；在 3 个社区建立“爱心阅览室”，每个阅览室赠书 1000 册。（巴中市图书馆　郎多闻）

陕西省

【概况】 2015 年，陕西省图书馆学会各项工作继续扎实推进，学术研究委员会、编辑出版委员会、协作协调委员会以及阅读推广委员会、秘书处，都力争拓宽会员服务渠道，倡导学术创新，深化交流合作，推进全民阅读，凝聚行业力量，促进事业发展，继续保持学会的凝聚力和影响力。2015 年开展的活动有全国性的，全省性的。有面向全体会员的，更有面向基层公共图书馆的，如“我与中华古籍”摄影大赛优秀摄影作品巡展，在延安承办中图学会秘书长联席会议，举办陕西省中青年学者图书情报学国家级课题申报研讨会，召开“新时期高校图书馆阅读推广”和“深层次信息咨询服务的开展”主题沙龙活动。同时，还与省高校图工委联合主办“读者服务案例交流展示会”，共举办 8 期；继续推进高校图书馆与基层公共图书馆的结对帮扶工作等。（陕西省图书馆　霍彩玲）

【陕西省图书馆学会七届四次常务理事会议】 3 月 18 日，在长安大学召开陕西省图书馆学会七届四次常务理事会议，19 名常务理事出席会议，学术研究、编辑出版、阅读推广委员会主任列席会议。

会议通过了从 2015 年起，《当代图书馆》取消版面费，《当代图书馆》外审稿费由每篇 10 元提高到每篇 20 元，4 个委员会工作经费由每年 2000 元增加到 3000 元，对学会 A 类课题研究成果不少于 5

万字的专著由资助 3000 元调整到 6000 元，3 篇以上系列论文或报告由每项资助 2000 元调整到 3000 元的建议。本次会议收到的理事建议案有 4 项，一是建议学会采取多项举措，进一步改善会员服务；二是建议学会及时获取相关信息，组织会员积极申报文化部的科研项目；三是建议学会多举办专题性的学术沙龙、学术论坛、学术研讨会；四是建议学会进一步加强对研究课题的申报数量和资助经费的支持力度。经审议，会议原则通过了这 4 项理事建议案，并责成秘书处联合相关委员会具体落实。会议还通过了陕西省委党校图书馆由元德保接替吴临咸担任学会常务理事，第二炮兵工程学院图书馆由刘玉宝接替张甲文担任学会理事的申请。（陕西省图书馆　霍彩玲）

【阅读推广委员会召开主任扩大会议】 4 月 24 日下午，阅读推广委员会召开主任扩大会议，出席会议的人员除了主任委员、副主任委员外，还包括高校图书馆的全体委员。秘书处部分人员列席会议，西安工程大学图书馆副馆长谷秀洁作为特邀代表出席会议。本次会议的主要议程有三项：一是向中国图书馆学会推选 2014 年全民阅读先进单位奖、优秀组织奖、全民阅读基地参评单位；二是讨论撰写全省阅读推广工作年度报告相关事宜；三是落实 2015 年度委员会工作。（陕西省图书馆　霍彩玲）

【中国图书馆学会与国家古籍保护中心联合开展"我与中华古籍"摄影大赛优秀摄影作品巡展活动】 6 月 13—19 日，在学会的协调联络之下，以陕西省图书馆为主阵地，联合陕西师范大学图书馆、咸阳图书馆、汉中市汉台区图书馆、韩城市司马迁图书馆、延安市图书馆开展"我与中华古籍"摄影大赛优秀摄影作品巡展活动，主要内容有"我与中华古籍"摄影大赛优秀摄影作品展、古籍保护工作图片展、"中华再造善本" 10 种共 10 函展览、古籍知识问答、发放宣传册页和专题讲座等。为配合活动的开展，同时进行了线上展览及网站宣传报道，为更多的人通过网络参与活动、了解活动内容、增强古籍保护意识、增长古籍保护知识、欣赏珍贵古籍提供了便利。（陕西省图书馆　霍彩玲）

【西北五省(区)图书馆员联合培训】 7 月 29 日—8 月 6 日，由陕西省图书馆学会联合甘肃省图书馆学会举办 2015 年西北五省（区）图书馆员联合培训，采取现场参观、座谈交流等开放、互动式教学方式进行培训，主要对陇西县图书馆、通渭县图书馆、天水市图书馆、麦积区图书馆、平凉市图书馆、华亭县图书馆、镇原县图书馆、铜川图书馆、耀州区图书馆、户县图书馆、陕西省图书馆进行现场参观交流活动，来自甘肃、陕西两省各级公共图书馆的馆长及业务骨干 62 人参加交流培训。（陕西省图书馆　霍彩玲）

【西北五省(区)图书馆第三次峰会在新疆乌鲁木齐召开】 8 月 19 日，西北五省（区）图书馆第三次峰会在新疆乌鲁木齐召开。来自陕西、青海、宁夏、甘肃、新疆的图书馆馆长、学会理事长和秘书长以及特邀代表围绕峰会主题"多元合作——西北地区图书馆发展与挑战"做发言。陕西省图书馆副馆长陆路、西北大学图书馆馆长杨乐生、陕西省图书馆学会副秘书长尚庄等就西北五省（区）图书馆合作发展的现状、存在的问题、今后的发展提出意见和建议。五省（区）代表就筹备成立协作协调委员会加强交流合作、地方文献数据库建设，以及在五省（区）学会努力下，联合高校图书馆充分发挥其人才优势，并借助陕甘师资力量，开办志愿者培训班等方面达成共识。（陕西省图书馆　霍彩玲）

【阅读推广活动优秀案例交流展示会暨阅读推广人主题沙龙活动】 10 月 29 日，由陕西省图书馆学会主办的阅读推广活动优秀案例交流展示会暨阅读推广人主题沙龙活动在陕西省图书馆举行。来自全省公共、高校图书馆的 150 余名同人参加会议。会上，宣读《中国图书馆学会关于命名全民阅读示范基地、表彰 2014 年全民阅读优秀组织奖和先进单位奖获奖单位的决定》，颁发由陕西省图书馆学会阅读推广委员会评选的 2014 年度阅读推广工作先进单位和陕西省图书馆学会 2015 年阅读推广活动优秀案例两个奖项。交流展示陕西省图书馆的"'学在陕图'公益课堂"案例分析等 7 个获奖案例。（陕西省图书馆　霍彩玲）

【2015 年陕西省图书情报界中青年学术年会】 12 月 23 日，2015 年陕西省图书情报界中青年学术年会在西安建筑科技大学图书馆举行。来

自陕西省高校、公共、专门图书馆和企事业信息服务机构的30多个单位130多名馆长及中青年学术骨干代表参加年会。年会的主题是“当代图书馆服务的空间转向与实践趋势”。本次年会由陕西省社会科学信息学会、陕西省图书馆学会共同主办，西安建筑科技大学图书馆承办，是第六届陕西省图书情报界中青年学术年会。年会对过去5年陕西省图书情报界“云雀计划”实施情况进行回顾与总结，对未来5年的努力方向做了前瞻与规划，主张今后更多实施微小团队合作科技攻关，务实促进中青年馆员的专业化发展，倡议自2016年起积极创建“大型年会引领+中小沙龙激发+机构内训奠基+专技教育提升+微型工坊突破”五位一体化的陕西图情科学研究与教育提升长效机制，以更好具体落实“科教兴馆”和“人才强馆”的事业发展战略。（陕西省图书馆　霍彩玲）

甘肃省

【概况】 截至2015年年底，甘肃省图书馆学会拥有个人会员595人，中国图书馆学会个人会员248人；单位会员64家；理事102人，常务理事31人。分设图书馆学理论专业委员会、文献资源建设与共享专业委员会、地方文献专业委员会等8个分支机构。被评为2015年度“全国社科联先进学会”。

召开2015甘肃省图书馆学会年会，收到征文158篇，有92篇论文分获一、二、三等奖；组织会员参加2015年中国图书馆年会征文，全省提交论文18篇，其中10篇获奖；在甘肃省第十四次哲学社会科学优秀成果评奖中，省学会提交的成果有6项获奖，其中一等奖1项、三等奖5项，是历次成果评奖中获奖最多的一次。

合作召开西北五省（区）图书馆第三次峰会暨图书馆馆长、学会理事长、秘书长2015年联席会议；与陕西省图书馆学会合作，组织举办上等级图书馆学习交流培训班（甘肃、陕西）；与甘肃省图书馆、兰州书立方文化传播公司联合举办甘肃省第三届图书馆出版社文化论坛及新书现采会；组织承办“我与中华古籍”摄影大赛优秀摄影作品展（甘肃站）巡展活动。

3月，组织举办全省图书馆基础业务知识暨图书馆员继续教育培训班；7月，在金昌合作举办“地方文献基础业务知识”讲座；7月，在省图书馆举办图书馆法人治理结构建设培训班；9月，与陇西县图书馆合作举办农家书屋和学校图书馆管理员培训班；同月，与甘南藏族自治州图书馆合作，举办甘南州第二届基层图书馆业务培训班；10月，举办全省地方文献业务知识及区域特色体系的构建高级培训班；11月，赴古浪县图书馆进行辅导培训。全年举办各类培训班8期，培训学员1037人次。

根据中国图书馆学会的要求，组织开展“2015全国少年儿童阅读年”、以“经典阅读——弘扬优秀传统文化”为主题的全民阅读系列活动等，利用工作通讯《甘肃图书馆工作》对全省全民阅读活动和“图书馆服务宣传周”活动做集中宣传报道；做好活动的总结表彰与引导工作，命名“甘肃省全民阅读基地”1个、先进单位10个；兰州大学图书馆、嘉峪关市图书馆被中国图书馆学会命名为全国“全民阅读基地”。全年先后对金昌、定西、天水、平凉、庆阳、甘南、武威7个市州的12个图书馆进行巡回辅导，协助甘肃省图书馆开展“送书下乡”和文化帮扶工作，为武都区图书馆送书800余册；向全省公共图书馆配送《解读甘肃》1000册，向全省公共、高校图书馆赠送《此身未忍负流光》240册。做好“甘肃图书情报界讲座展览联盟”的相关工作，召开2015年度工作会议。

会刊《图书与情报》继续保持核心期刊地位。2015年共收稿4406篇，6期杂志共刊发144篇文章，其中包括国家自科、社科基金或教育部基金支持的9组专题和以知名专家、中青年学术骨干联合撰文的“互联网+与图情研究”等3组特别策划文章。编印《甘肃图书馆工作》6期。编辑出版2015年甘肃省图书馆学会论文集《甘肃图书馆公共文化服务体系建设研究》，收录论文71篇，计40余万字。完成《中国图书馆年鉴2015》甘肃部分。更新维护甘肃省图书馆学会网站，及时报道国内图书馆界和甘肃图书情报界的信息动态，网站点击量累计40万余次。（甘肃省图书馆学会　董隽）

【召开甘肃省图书馆学会七届六次理事会议暨七届九次常务理事会议】 会议于1月13日上午在兰州召开，省学会会长、省图书馆馆长郭向东，省图书馆党委书记魏孔俊，省文化厅公共文化处处长于吉凯等领导出席会议，学会理事、各分支机构负责人等70余位代表参加会议。会议由学会年度工作和分支机构工作交流两部分组成，并举行“甘肃省第二届图书馆学情报学学术成果评奖”颁奖仪式。与会代表审议并通过省学会2014年工作报告、2015年工作要点和2014年度财务工作报告，听取各分支机构通报2014年工作总结和2015年工作计划。（甘肃省图书馆学会　张毅宏）

【召开甘肃图书情报界讲座展览联盟2015年度工作会议】 4月27日上午，此次会议在甘肃省图书馆召开。联盟副主任、甘肃省图书馆副馆长许新龙，省图书馆副馆长陈军，兰州大学图书馆副馆长王勇以及各成员单位的代表共计50多人出席会议。会议讨论并通过该联盟2013—2014年工作总结和2015年工作要点，8个单位的代表做讲座展览经验交流。与会代表对图书馆讲座展览工作面临的新情况、新问题进行有益的交流探讨，共同分享各自图书馆的讲座展览经验，并希望联盟今后加强协作，互通信息，坚持主流导向，打造讲座展览精品，实现讲座展览资源共享。（甘肃省图书馆学会　张毅宏）

【举办图书馆法人治理结构建设培训班】 7月28日，由甘肃省图书馆学会主办的图书馆法人治理结构建设培训班在兰州举办，来自全省各级公共图书馆馆长、业务骨干共计39人参加培训。此次培训由省学会秘书长董隽研究馆员主讲，从法人治理的背景、图书馆管理与图书馆治理的区别、法人治理结构内涵、法人治理结构建立方法、国内外图书馆法人治理结构案例和公共图书馆建立法人治理的十大问题等方面，深入剖析图书馆建立法人治理结构的必要性与可行性，通过分析温州图书馆的实践案例，提出甘肃省公共图书馆法人治理结构的建设方向。（甘肃省图书馆学会　张毅宏）

【举办2015甘肃省图书馆学会年会】 会议于10月16日在兰州召开。来自全省14个市州公共、高校和科研图书馆的代表160余人参加会议。省图书馆馆长郭向东致开幕词，省文化厅副厅长周奉真做重要讲话。在开幕式上，举行2015年全民阅读活动的表彰仪式，白银市平川区图书馆获得“全民阅读基地”荣誉称号，西北民族大学图书馆等10家单位被评为2014—2015年度“全民阅读活动先进单位”。会议邀请北京大学信息管理系博士生导师王子舟教授做题为“图书馆职业发展的前景”的学术报告，5位获奖论文作者代表做大会交流发言。6位馆长做关于全民阅读活动的交流发言，分别向与会者分享各自图书馆在开展全民阅读活动中的新思路、新做法和新经验。此次年会的一个创新点，就是增加了图书馆新技术、新产品的展示。在闭幕式上，与会领导为获得此次年会征文“优秀组织奖”的白银市图书馆等12家单位和获奖征文作者代表颁奖。此次年会共收到论文158篇，经过专家评审，92篇论文获奖，其中一等奖10篇、二等奖28篇、三等奖54篇。年会论文集《甘肃图书馆公共文化服务体系建设研究》由甘肃省民族出版社出版，收录论文71篇，计40余万字。（甘肃省图书馆学会　张毅宏）

【举办全省地方文献业务知识及区域特色体系的构建高级培训班】 10月19日，甘肃省图书馆学会地方文献专业研究委员会在兰州举办此次培训班，来自省内公共、高校、科研图书馆的100余名专业工作者参加培训，这是该委员会首次举办三大系统图书馆地方文献专业知识培训。培训班邀请广东省中山图书馆副馆长倪俊明、首都图书馆地方文献部原主任李诚讲授有关“地方文献非常规采集的实证分析”和“关于地方文献工作的认识与实践”的课程，中国知网甘肃分公司讲师李璐做“区域特色体系的构建”的专题讲座。甘肃省图书馆馆长郭向东到会致辞，省馆副馆长陈军在开班仪式上宣读“关于加强图书馆地方文献资源建设的倡议书”。培训课间，学员们交流了各自图书馆的地方文献出版物，与授课老师进行互动交流，培训结束后学员们参观了兰州大学图书馆兰大文库、兰州大学边疆地方文献中心、伊斯兰文献中心。（甘肃省图书馆学会　李娜）

青海省

【青海省图书馆学会七届五次常务理事会暨七届五次理事会扩大会议】 3月27日，青海省图书馆学会七届五次常务理事会暨七届五次理事会扩大会议在青海省图书馆举行。青海省文化和新闻出版厅公共文化处处长边振刚、青海省科学技术协会学会学术部部长余宁青、青海省社会科学界联合会办公室副主任兼学会部副主任石阳和青海省图书馆学会各常务理事、理事及有关会员馆馆长共 35 人出席会议。会议由学会副理事长、省图书馆党委书记李智信主持。会议首先由学会秘书长李盛福代表理事会总结学会 2014 年工作，通报学会 2015 年工作要点。同时代表学会秘书处向七届五次常务理事会暨七届五次理事会，提交学会领导机构部分成员的任免建议名单和追加省图书馆理事单位团体会费的提议案进行表决，并由副理事长李智信宣布表决结果、任免决定和追加省图书馆理事单位团体会费的决定。（青海省图书馆学会　李盛福）

【2015 年"我与中华古籍"摄影大赛优秀摄影作品巡展(青海站)启动仪式】 6 月 13 日，由国家古籍保护中心、中国图书馆学会、中国古籍保护协会主办；青海省文化和新闻出版厅、青海省古籍保护中心、青海省图书馆学会承办；青海民族大学，西宁市、海北州、海南州、黄南州、湟中县、湟源县、大通县、贵德县、海东市乐都区图书馆协办的 2015 年"我与中华古籍"摄影大赛优秀摄影作品巡展（青海站）启动仪式在西宁市新宁广场举行。青海省文化和新闻出版厅公共文化处处长边振刚，青海省图书馆馆长、青海省古籍保护中心主任、青海省图书馆学会理事长张景元等领导出席启动仪式。启动仪式由青海省古籍保护中心副主任周志强主持。青海省图书馆学会秘书长李盛福在启动仪式上致辞。巡展活动为期 18 天，将在 9 个巡展协办图书馆所在地进行巡回展览。通过巡展，让青海更多的社会公众和广大读者进一步认识中华古籍保护工作的重要性，进一步了解图书馆，利用图书馆。青海电视台、《青海日报》《西海都市报》《西宁晚报》等主流新闻媒体对此巡展活动给予了宣传报道。（青海省图书馆学会　李盛福）

【"古文献、古文字与彩陶"知识讲座】 6 月 17 日，为配合"2015 年'我与中华古籍'摄影大赛优秀摄影作品巡展"活动，更好地宣传和普及古籍保护知识，让更多的社会公众了解青海彩陶文化，由青海省图书馆、青海省古籍保护中心、青海省图书馆学会主办，青海民族大学图书馆承办的"古文献、古文字与彩陶"知识讲座在青海民族大学图书馆举办。讲座由青海省图书馆党委书记、研究馆员李智信主讲。来自青海省图书馆、青海民族大学图书馆、青海大学图书馆、青海省委党校图书馆、西宁市图书馆的部分职工和青海民族大学部分在校研究生共 50 余人参加听讲。（青海省图书馆学会　李盛福）

【"青海多元文化与民族团结漫谈"专题讲座】 7 月 5 日，为配合"2015 年'我与中华古籍'摄影大赛优秀摄影作品巡展"活动，继 6 月 17 日"古文献、古文字与彩陶"知识讲座之后，由青海省图书馆、青海省古籍保护中心、青海省图书馆学会主办，青海省贵德县图书馆承办的第二场专题讲座——"青海多元文化与民族团结漫谈"在贵德县图书馆二楼大厅举办。讲座由青海省社会科学院民族宗教研究所所长、研究员鄂崇荣博士主讲。来自贵德县文化系统的职工和部分读者共 60 余人参加听讲。（青海省图书馆学会　李盛福）

新疆维吾尔自治区

【概况】 2015 年，新疆维吾尔自治区图书馆学会有个人会员 558 人，理事单位 49 个，常务理事单位 20 个。10 月，召开学会第六次会员代表大会，选举产生第六届理事会、专业委员会机构人员名单和以历力为理事长、从冬梅为秘书长的学会组织。

联络和组织安排会员先后参加 8 月 19 日在乌鲁木齐举办的西北五省（区）图书馆第三次峰会、11 月 18—20 日在海口举办的 2015 年鲁豫皖赣新琼六省（区）图书馆学会学术年会以及 12 月 17—20 日在广州举办的 2015 年中国图书馆学会年会。全疆地州（县市）公共图书馆、高校及科研图书馆的 57 位图书馆工作者参加上述学术会议，共征得学术论文 56 篇，其中有 34 篇论文在年会中获得奖项。

负责组织、协调、完成全疆的图书馆业务建设交流培训活动，其中包括 2015 年度图书·资料专业技术人员继续教育培训班、资源联合建设培训班、2015 年新疆文化共享工程南北疆技术骨干培训班（北疆片区）、全疆图书馆建设与发展馆长培训班、全国图书馆参考咨询协作网西北五省公共图书馆馆长培训班等。在南北疆基层图书馆开展业务培训班 13 期，参与组织文化共享工程技术人员培训班、古籍数字化培训班 6 期，青少年科技活动 2 场次，培训学员千余人次。

尝试拓展和完善多种形式的对外宣传与服务

途径，推出“昆仑讲坛下基层”——进学校、进社区、进军营等系列公益讲座 12 场次，听众达 1800 余人，讲座的品牌效应、知识传播效应进一步显现。此外，根据自治区党委关于 2015 年继续推进“民生建设年”的重大工作部署，先后组织十余名专家学者深入开展“百会万人下基层”系列科技服务活动，全年分别向塔城地区图书馆、巴州地区图书馆、博州地区图书馆、昌吉州图书馆、吐鲁番图书馆、和丰县图书馆等单位推荐讲座 7 场次。

编辑出版《西域图书馆论坛》（汉文）、《图书论坛》（维吾尔文）各 4 期，刊登图书馆专业学术论文（汉文、维吾尔文）150 余篇，并对两刊进行改版；编辑出版《新疆图书馆学会通讯》4 期；定期维护“新图讲坛”网页，发挥网站的阵地与传播作用。

组织开展 2015 年全民阅读活动，并做好活动的总结表彰和总结工作，其中，阿勒泰地区图书馆被中国图书馆学会授予“2014 年全民阅读优秀组织奖”，库尔勒市图书馆被授予“2014 年全民阅读先进单位”；积极配合科协、社科联等社团管理部门工作，参与《新疆科协年鉴·2015》《新疆社科联年鉴·2015》的编辑撰写；配合完成科协关于 2015 年全疆学会的评估工作；联系地州（市）馆组织参加中图古籍巡展活动；参加民政厅组织的全区性社会组织负责人培训班等。（新疆维吾尔自治区图书馆学会　赵燕）

【新疆维吾尔自治区图书馆学会常务理事会扩大会暨全疆公共图书馆馆长联席会召开】 会议于 1 月 27 日在乌鲁木齐市召开，新疆图书馆学会常务理事、地州市公共图书馆馆长、自治区图书馆部室主任等近 50 人参加会议。自治区图书馆馆长历力在会上做 2014 年自治区图书馆学会工作总结，汇报学会学术交流、讲坛联盟、全民阅读活动、社会教育、经费使用等工作情况，同时明确学会今后要在发挥行业引领、行业管理和服务职能等方面进一步努力的目标。各常务理事、理事、公共图书馆馆长等在座谈交流中各抒己见，就如何发挥学会职能、讲坛联盟协议、实现资源共建共享、提升馆员能力素质、促进学术繁荣创新等方面进行讨论，并研究探讨各馆间加强协作协调的新途径、新模式和新方法。本次会议对推动全区图书馆服务体系建设，努力创造全区图书馆事业发展新局面具有积极意义。（新疆维吾尔自治区图书馆学会　赵燕）

【2015 年度图书·资料专业技术人员继续教育培训班举办】 此次培训班由新疆维吾尔自治区文化厅主办，自治区图书馆学会承办。从 3 月 16 日开班至 26 日结束，历时 11 天，来自全疆各地州市县的公共、高校、科研系统 143 人参加此次培训。培训工作设置汉文课程 14 个专题讲座，共计 80 个学时，来自图书馆行业的 14 名资深专家承担授课任务，力求在课程中为学员补充新知识、新理念。与往年不同的是，今年申报中级职称的学员也需参加业务答辩这一环节。答辩专家组由图书系列的 6 名专家担任，重点从答辩人回答问题是否切中要点、阐述是否全面、语言表达是否流畅等情况独立进行评分。通过培训，学员们通过专业答辩，并取得合格的成绩。（新疆维吾尔自治区图书馆学会　赵燕）

【新疆维吾尔自治区图书馆学会第六次会员代表大会召开】 10 月 27 日，会议在乌鲁木齐隆重召开，来自疆内 15 个地州的公共、高校、科研、专业图书馆学会的正式代表、列席代表共 80 余人出席大会。与会代表听取、审议《开拓创新，提升服务，努力推动新疆图书馆事业发展——新疆维吾尔自治区图书馆学会第五届理事会工作报告》《新疆维吾尔自治区图书馆学会第五届理事会财务收支情况报告》以及修订后的《新疆维吾尔自治区图书馆学会章程》及说明，并获得代表们的一致通过。会议通过等额选举、无记名投票的方式选举产生第六届理事会。在随后召开的六届一次理事会上，选举产生第六届常务理事会和学会负责人。会议当天下午，召开全疆公共图书馆馆长研讨会，由自治区图书馆馆长历力做 2015 年自治区图书馆工作总结及 2016 年工作思路的介绍，并与各地州图书馆馆长就参考咨询服务、二次文献、古籍保护、昆仑讲坛联盟、数字资源建设以及全民阅读活动进行深入探讨。此次代表大会是在十八届五中全会召开的背景下进行的，适应新形势发展变化，具有开创全区图书馆事业新局面，与时俱进的特殊意义。（新疆维吾尔自治区图书馆学会　赵燕）

学术研究与活动

中美大学图书馆馆长研讨会

4月23—24日，“大学图书馆的未来——中美大学图书馆馆长研讨会”在北京大学图书馆召开。研讨会由北京大学图书馆和哈佛大学图书馆联合主办，来自美国哈佛大学、斯坦福大学、普林斯顿大学、加州伯克利大学、芝加哥大学、康奈尔大学、华盛顿大学、加拿大多伦多大学，以及北京大学、清华大学、上海交通大学、武汉大学、南京大学、厦门大学、中山大学等高校图书馆馆长参加研讨会。

哈佛大学副校长、图书馆馆长Sarah Thomas女士发表题为“The Disrupted Dinosaur or Rising Phoenix: the Future of Academic Libraries”的主题演讲，她介绍美国大学图书馆近年来合作开展的一些项目，以及图书馆在转型过程中所采取的策略，例如空间变革，未来的图书馆是集知识、文化和社会的中心，文献资源的来源渠道也将更加丰富和全球化。她认为，无论环境如何变化，读者、空间、馆藏仍然是图书馆的三大要素，图书馆的功能不会消失，通过自身的变革，图书馆必将会是一只浴火重生的凤凰。

北京大学图书馆馆长朱强介绍今后几年北京大学图书馆资源建设的策略。其主题内容包括统筹图书馆资源建设经费的预算与协调使用；加强馆藏资源结构调整，加快馆藏资源数字化转型；加强特色资源建设，提高保障水平；重点进行开放获取资源建设；通过新技术应用及平台建设，加强资源建设与服务的管理水平，提高工作效率，整合揭示各类资源。他希望学校能够以5%的涨幅每年递增校拨文献资源建设经费，以保证师生最基本的文献资源需求。

会议期间，馆长们围绕各馆或所在区域大学图书馆面向未来所做的尝试或探索展开讨论，内容涉及图书馆的核心价值、使命与发展方向、资源建设、资源共建共享、服务创新、读者数据创新应用、空间变革、特藏文献的数字化建设、发展环境前瞻、跨越式发展途径探究等。

本次研讨会，中国和北美大学图书馆馆长就共同关心的图书馆未来发展主题充分展开讨论，对于图书馆的转型方向交换意见和看法，对于增进相互了解，明确未来大学图书馆发展方向以及开展国际合作，起到重要的桥梁作用和推动作用。研讨会由哈佛大学和北京大学两校图书馆联合发起，每年轮流主办，希望通过中国和北美两个地区大学图书馆的交流与合作，共谋未来发展。（摘编自北京大学网站）

首届中国与阿拉伯国家图书馆及信息领域专家会议

4月27—30日，由阿拉伯国家联盟秘书处主办的首届中国与阿拉伯国家图书馆及信息领域专家会议在埃及开罗召开。中国驻埃及大使兼驻阿盟全权代表宋爱国、驻埃及使馆文化参赞兼开罗文化中心主任陈冬云、阿盟秘书处助理秘书长兼新闻与通讯部部长埃布格扎拉、约旦驻阿盟大使兼会议阿方主席哈苏奈出席开幕式。中国国家图书馆、首都图书馆、甘肃省图书馆、北京大学图书馆、中国社会科学院图书馆等8家国内机构，阿盟秘书处图书馆信息文献局、埃及开罗大学文学院以及巴林国家图书馆、沙特阿拉伯法赫德国王图书馆、埃及亚历山大图书馆等10余家阿盟成员国图书馆参加此次活动。中国国家图书馆副馆长陈力在致辞中表示，希望通过此次会议共同促进中阿图书馆事业的携手发展，进而增进中国与阿拉伯国家人民之间的相互理解与文化交流。开幕式后，陈力和埃布格扎拉分别代表中国国家图书馆和阿盟秘书处共同签署《中国国家图书馆与阿拉伯联盟秘书处谅解备忘录》。会议期间，阿盟秘书处代表阿盟各成员国图书馆向中国图书馆机构捐赠5312册阿拉伯文出版物，以供中国研究人员使用。

此次会议是根据2014年在北京举办的中国阿拉伯国家图书馆馆长论坛上通过的《中国与阿拉伯国家图书馆2014北京合作倡议》召开的。会议以建设中阿信息化社会为主题，就中阿在信息化社会领域的尝试与实践、中阿图书馆在保存国家（民族）记忆方面的作用和措施、合作建立中阿数字图书馆等内容进行探讨，对于加强中阿各国图书馆间的交流与合作，促进各国文化的共同发展，具有十分重要的意义。（摘编自国家图书馆网站）

全国图书馆阅读推广的理论与实践高级研修班

5月18—21日，全国图书馆阅读推广的理论与实践高级研修班在石家庄举办。研修班由中国图书馆学会、中国图书馆学会阅读推广委员会、中国图书馆学会经典阅读委员会、河北省图书馆学会、河北省图书馆联合举办，来自全国11个省份近300名代表参加研修班。

会议分为专家报告、阅读推广案例交流和自由发言3部分。专家报告阶段，河北省委宣传部原副部长周振国做题为“全民阅读与图书馆的担当”的报告，报告解析阅读的意义及图书馆在全民阅读中的责任；中国图书馆学会阅读推广委员会主任吴晞做题为“图书馆阅读推广的若干理论问题”的报告，报告从全局的角度，阐述当前图书馆阅读推广的几个核心理论与实践问题；北京大学教授王余光以“图书馆经典阅览室与家庭阅读”为题，对经典阅读、经典阅览室建设，支持家庭阅读、推广家庭藏书建设进行论述；南开大学教授徐建华题为“目录与阅读”的报告，论述目录学基础知识以及在阅读推广活动中目录编制的关键问题；华东师范大学教授范并思题为“图书馆儿童阅读推广理论与实践”的报告阐述儿童阅读推广的有关问题对于公共图书馆的意义。此外，赵俊玲、王媛分别做题为“阅读推广项目的策划实施及读书会运营培育”和“阅读推广中的视觉营销策略”的报告。

阅读推广案例交流中，北京大学博士生江少莉的“图书馆读书类刊物编制的实践与思考”、河北师范大学图书馆副馆长刘绍荣的“新技术在阅读推广中的应用——以高校图书馆为例”、河北省图书馆教育培训部主任崔稚英的“图书馆阅读推广类公益讲座的设计与实践——以冀图讲坛为例”、华北理工大学图书馆原馆长黄晓鹂的“百尺竿头须努力——团队协作模式下阅读疗法的多维探索”等报告，与全体学员分享各自单位多年以来成功实践经验的优秀案例。

在自由发言阶段，主持人充分调动学员们的交流热情，学员们或向专家发问求解困惑，或分享阅读推广工作中的体会，或畅谈对阅读推广的展望与理想，现场气氛活跃。（摘编自中国图书馆学会网站）

中小型公共图书馆联合会2015年研讨会

6月21—23日，由全国中小型公共图书馆联合会、中国知网、中国知识资源总库编委会主办，内蒙古自治区图书馆学会、内蒙古赤峰市图书馆承办的全国中小型图书馆联合会2015年研讨会在赤峰市举行。此次会议汇集全国24个省、市、自治区图书馆界的领导、专家、代表，参会人员150余人。

研讨会上，参会的各位领导、专家、代表围

绕“新蓝图、新发展——现代公共文化服务体系下的中小型公共图书馆”的主题进行交流和研讨。白雪华、刘春鸿、王子舟、成鑫、冯守仁等分别做题为“公共文化服务标准”“图书馆阅读推广活动的探讨”“图书馆读者资源建设”“面向中小图书馆的数字化服务”“现代公共文化体系下公共图书馆建设”的主旨报告。在创新案例交流发言中，缪建新、张猛、曹磊、张雄等分别围绕“图书馆驿站模式将是社区图书室的发展方向”“创新管理优化服务——打造现代图书馆新模式”“建设‘三味书咖’城市阅读联盟推动江阴全民阅读社会化发展”“公共图书馆延伸服务模式的探索和创新”等内容做发言。

研讨会共收到征文500余篇，经过专家的严格筛选、评审，最终评出252篇优秀论文，其中一等奖48篇、二等奖76篇、三等奖128篇。（摘编自赤峰市图书馆网站）

第九届全民阅读论坛暨2015年阅读推广峰会

6月24—28日，第九届全民阅读论坛暨2015年阅读推广峰会在江苏镇江举办。此次会议由文化部公共文化司、中国图书馆学会、镇江市人民政府指导，中国图书馆学会阅读推广委员会、江苏省图书馆学会、镇江市文化广电新闻出版局主办，镇江市图书馆承办，250余位来自全国各地公共图书馆、高校图书馆的专业人士参加会议。文化部公共文化司巡视员、中国图书馆学会副理事长刘小琴，国家图书馆副馆长、中国图书馆学会副理事长陈力，江苏省文化厅副厅长、党组成员裴旭，镇江市副市长曹丽虹等出席活动并致辞。镇江市政协副主席卢章平，江苏省图书馆学会副理事长、南京图书馆副馆长全勤等也出席了会议。开幕式由镇江市政府副秘书长朱金生主持。

此次会议以“促进全民阅读，构建书香镇江”为主题，通过专家报告、业务讲座、代表交流互动和专题研讨、走读书文化等形式，提升业内外人员在战略上充分认识全民阅读的新常态，在战术上研讨阅读推广的新对策，并借此凝聚海内外同行的智慧，巩固全民阅读工作的已有成果，前瞻性地展望和规划未来的全民阅读推广图景。数十位国内阅读推广方面的专家做专题讲座，包括：阅读推广委员会主任吴晞的“图书馆阅读推广的若干热点问题”，北京大学教授王余光的“图书馆阅读推广面临的几个问题”，台湾大学教授陈书梅的“阅读推广与馆员的专业成长”，阅读推广委员会副主任、南京大学教授徐雁的“分众阅读取向与分类读物推广”，阅读与心理健康专业委员会主任王波的“高校图书馆阅读推广的现状、案例与思考”，台州市图书馆馆长毛旭的“调动整合社会资源，推动科普阅读推广工作”，网络与数字阅读专业委员会副主任、上海图书馆副馆长刘炜的“阅读的未来与图书馆”，华南师范大学教授束漫的“图书馆平等公正的服务”，阅读推广委员会副主任邱冠华的“阅读推广工作管理”，镇江书文化史研究专家、镇江市图书馆学会理事长徐苏的“镇江的藏书传统与读书风气”等。十余场讲座重点探讨分众阅读与分类读物推荐、阅读的未来与图书馆、阅读推广工作管理等问题。专家们的专题报告、主持人的精彩点评和与会者的讨论交流使人印象深刻，获益匪浅。

6月26日晚，大会安排阅读推广案例交流。分别是：山东图书馆的“创新推进‘图书馆+书院’模式”、《图书馆报》的“倡导全民阅读共建书香社会”、上海图书馆的“上海图书馆市民数字阅读推广案例”、深圳图书馆的“行走‘南书房’”、东莞图书馆的“读书会：小众阅读，大众推广”、镇江市图书馆的“阅读，美镇江”、电子科技大学图书馆的“博约书屋话阅读”、江苏大学图书馆的“阅读实验研究”和武汉大学图书馆的“《拯救小布之消失的经典》经典名著闯关在线游戏”，这些优秀案例具体且具有可操作性。

为了让广大人民群众共享阅读之乐，在峰会召开的同时，第九届全民阅读论坛于6月27日在镇江市图书馆举办。南京大学教授徐雁、郑州大学图书馆馆长崔波、上海作协副主席赵丽宏 3 位专家在该馆文心讲堂分别做题为“文宗阁与《四库全书》及镇江书文化传统”“周易文化的智慧”和“开卷有益：文学经典与阅读素养的提升”的演讲。

此次会议时间安排紧凑，内容翔实新颖，交流形式多样，将进一步推动全民阅读工作的建设与发展。（摘编自中国图书馆学会网站）

全国高校信息素养教育研讨会

6 月 29—30 日，全国信息素养教育研讨会暨化工院校信息站第十九届年会在呼和浩特举行。本次会议由教育部高等学校图书情报工作指导委员会信息素养教育工作组、全国化工院校信息站主办，内蒙古工业大学图书馆承办。

此次会议以新技术、新环境下的信息素养教育为主题，全面、系统地探讨信息素养教育在新形势下的改革与创新。来自清华大学、武汉大学、山东大学、北京化工大学、华东理工大学、华南理工大学等全国 60 多所高校 130 余名图书馆科研工作者参加。内蒙古工业大学副校长姚德，全国高校图工委副主任委员、信息素养教育工作组组长、清华大学图书馆馆长邓景康，内蒙古自治区高校图工委秘书长、内蒙古师范大学图书馆党总支书记刘羚参加开幕式并分别致辞。

研讨会期间，山东理工大学图书馆刘文云教授、沈阳师范大学洪跃分别做题为“信息检索课的实践与创新”“全国高校信息素养教育现状调研报告”的专题报告。清华大学图书馆馆长邓景康教授以“美国高校信息素养新框架、新视野”为题，对美国高等教育信息素养新框架中 6 部分内容从知识技能、行为方式两个角度分别进行详细解读。江南大学彭奇志以“融合主题抽取与信息计量开展学科文献分析”为题，结合实际案例，演示如何利用 BICOMB 进行共现分析、利用 SPSS 软件进行聚类分析，最终将二者的分析结果有机融合，共同服务于学科文献分析。

与会代表分别以“学科服务、阅读推广”及“信息素养教育”为主要议题进行分组讨论。本次会议共收到论文 67 篇、案例 12 个，经组委会认真评选，评出一、二、三等奖及优秀奖论文。闭幕式上，对获奖的优秀论文进行表彰。

随着新技术、新媒体的不断涌现及广泛应用，高校信息素养教育面临诸多挑战。本次会议以“高校信息素养教育课程体系研究”“信息素养教育评价标准”“信息素养教育新模式”等高等教育改革过程中备受关注的内容为主要议题，极具针对性。与会代表各抒己见、畅所欲言，其中部分新观点、新方法，将为我国高校图书馆信息素质教育的改革与创新提供良好的参考和示范。（摘编自内蒙古工业大学网站）

中国社会科学情报学会第八届全国会员代表大会暨 2015 年学术年会

7 月 8—10 日，中国社会科学情报学会在四川省成都市召开“中国社会科学情报学会第八届全国会员代表大会暨 2015 年学术年会”，主题为“大数据环境下的情报服务与创新”。本届年会由中国社会科学情报学会、中国科学技术情报学会联合主办，四川省科学技术信息研究所协办。社会科学院系统、高校系统、党校系统、军队院校系统和新闻系统等中国社会科学情报学会五大系统的图书情报信息工作者，以及来自中国科技信息研究所、全国各省（市）、自治区科技情报（信息）研究所（院）的 300 余名代表参加会议。

年会期间，国内10位著名图书情报学专家围绕大数据环境下的情报学研究、大数据环境下的情报分析技术发展、大数据环境下的情报服务创新、大数据背景下的用户研究等主题，做精彩的学术报告。分别是：中国社会科学院学部委员、中国社会科学情报学会理事长黄长著的“浅阅读VS深阅读与全民文化素养的提高”；中国科学技术信息研究所所长戴国强的“众创时代科技情报服务创新的新思考”；武汉大学信息资源研究中心主任马费成的“大数据环境下用户需求信息组织”；中国国防科技信息中心主任刘林山的“大数据助推国防科技信息工作创新发展”；中山大学咨讯管理学院院长曹树金的“浅谈网络情报学”；华中师范大学信息管理学院院长夏立新的“科技报告中的知识发现”；中国科学院兰州文献情报中心主任张志强的“学科信息学的发展与情报研究”；中国社会科学院评介中心主任荆林波的“信息技术对社会科学研究的挑战”；北京市科技信息研究所副所长吴晨生的“互联网+大数据情报的情报3.0”；福建社会科学院历史研究所所长刘传标的“构建与地方社会科学院相匹配的文献情报服务体系”。会议期间，中国科学技术情报学会秘书长郑彦宁、中国社会科学情报学会秘书长刘振喜公布此次学术年会的征文评选结果并宣读获奖作者名单。

7月10日，中国社会科学情报学会第八届全国会员代表大会召开。来自社科院系统、高校系统、党校系统、军队院校系统和新闻系统等中国社会科学情报学会五大系统的图书情报信息工作者100余人参加会议。会议审议并通过第七届理事会工作报告、会费使用情况、关于修订学会章程的几点意见，选举产生新一届理事会领导机构，通过理事长、副理事长、秘书长、常务理事、理事及学会专家咨询委员会等各委员会组成人员名单。中国社会科学院图书馆党委书记庄前生当选为第八届理事会理事长。（中国社会科学院图书馆　魏进）

中国图书馆学会专业图书馆分会2015年学术年会

7月21—24日，中国图书馆学会专业图书馆分会2015年学术年会在贵阳市举办。本次年会以“知识服务2015：创新驱动　情报研究　决策咨询”为主题，重点交流探讨在创新驱动环境下，图书情报机构开展情报服务与决策咨询的战略思考与创新实践。来自全国专业、高校、公共各类型图情机构，涵盖中央部委、中科院、社科院、国防、部队以及省市科技情报所、企业等系统的230多名同人参会。

本届年会继续秉承近10年来专业图书馆分会学术年会“知识服务”的主题方向，今年的主题聚焦于“创新驱动　情报研究　决策咨询”，与历届年会主流方向既一脉相承，又重点突出。年会以主旨报告、互动对话、专题发言、论文交流的形式，设立战略与趋势、科研情报服务、学科情报服务、技术与平台、企业情报服务、开放资源服务6个分主题，特邀30多位专家学者紧密围绕主题，通过理论探讨、趋势预测、工具开发、角色定位、探索实践等不同侧面，全面展示图情机构在科技创新全链条中的地位、作用、任务、发展途径以及实施路线，分享图情机构面向未来发展的战略思考及情报服务创新实践。（摘编自中国图书馆学会专业图书馆分会网站）

2015 年全国少儿阅读峰会

8 月 25—27 日，由中国图书馆学会、国家图书馆主办，中国图书馆学会未成年人图书馆服务专业委员会、《图书馆报》、厦门市少年儿童图书馆承办的“2015 年全国少儿阅读峰会”在厦门市召开。本届阅读峰会以“阅读让梦启航：少儿阅读与内容创新”为主题，邀请图书馆、出版社、新华书店等代表深度讨论，提出建设性意见，促进少儿阅读更快、更好地发展。主办方邀请了少儿出版机构、少儿图书馆、儿童阅读推广人、学者和著名少儿作家等与会研讨。主旨报告部分，华东师范大学教授范并思做“图书馆儿童阅读推广的理论与实践”的报告；中国立体科普书推广第一人、乐乐趣童书总编审袁秋乡就“幼儿科普教育的意义和作用”话题与代表们进行交流与互动；来自台湾的著名阅读推广人林美琴，结合自己多年的阅读推广经验带来主题为“绘本大发现与阅读大表现——绘本在少儿阅读推广中的意义与作用”的精彩报告；阅读推广人代荣柱做“留守儿童——不应该被阅读遗忘的角落”的报告，呼吁人们共同关注留守儿童的阅读现状。

主办方还设置 3 个分会场，即主题为“阅读推广，当代图书馆员的使命”和“内容创新：出版人的责任与担当”的 2 个分论坛，以及由著名亲子教练邵珺带来的主题活动“亲子阅读：阅读与未来的连接”。在分论坛上，国家图书馆少儿馆副研究员陈慧娜、机械工业出版社基础教育分社社长助理张欣、广东新世纪出版社副总编辑翁容等为大家带来了精彩报告。分会场活动主题鲜明，内容丰富，收到良好的反馈。

在峰会闭幕式上，《图书馆报》副社长李漓发布《2015 年上半年少年儿童图书馆借阅榜数据分析报告》。此外，主办方为获得本届少儿阅读峰会“全国优秀绘本馆”“全国优秀绘本馆主”以及“中国最美绘本”称号的获奖者颁发了获奖证书。大会还确定 2016 年全国少儿阅读峰会的承办馆——河南省少年儿童图书馆，厦门市少儿馆馆长黄天助与河南省少儿馆馆长崔喜梅进行了会旗交接仪式。（摘编自国家图书馆网站）

第七届中国图书馆馆长与国际出版社高层对话论坛

8 月 27 日，中国图书馆学会专业图书馆分会联合中国图书进出口（集团）总公司、中国图书馆学会高校图书馆分会共同主办的第七届“中国图书馆馆长与国际出版社高层对话论坛”在北京举行。本届论坛主题为增强出版与图书馆服务转型，是继 2009 年举办首届中国图书馆馆长与国际出版社高层对话论坛后的第七次大型学术活动，也是第 22 届北京国际图书博览会的重要专题学术活动之一。230 多名来自国内 150 多家图书馆的馆长和负责人、30 多家海外出版社高层出席本次论坛。

国家科技图书文献中心副主任吴波尔莅临会议并致开幕词，中国图书馆学会专业图书馆分会（以下简称“专业分会”）副理事长、中国图书进出口（集团）总公司总经理张纪臣代表主办方致欢迎辞。出席会议的主办方专家有：专业分会理事长、中国科学院文献情报中心张晓林教授，专业分会副理事长、中国化工信息中心副主任揭玉斌，专业分会副理事长、解放军医学图书馆馆长陈锐，专业分会秘书长、中国科学院文献情报中心副主任刘细文，中国图书馆学会高校图书馆分会副理事长、清华大学图书馆馆长邓景康，高校分会秘书长、人民大学图书馆副馆长宋姬芳，上海图书馆副馆长刘炜应邀出席会议。论坛由揭玉斌主持。

基于内容增强的数字化学术交流已经成为科研信息交流的主要形式，并进一步提升和丰富了学术信息交流的内容。论坛围绕“增强出版与图书馆服务转型”的主题，就数字出版未来、新型出版模式（富内容出版、开放出版、数据出版、定制出版等）、知识化服务平台建设及开放创新信息服务等热点话题展开对话和讨论。张晓林、邓景康、刘炜 3 位专家分别做题为“丰富知识组织　增强创新能力”“知识化服务：现状　启发　实践”“媒体融合环境下图书馆的阅读服务”的主题演讲；爱思唯尔产品开发副总裁 Bryan Davies、美国化学文摘社总裁 Manuel Guzman、约翰威利学术传播总监 James Murphy 分别做题为“数字出版未来：趋势、挑战与发展”“迎接挑战：日益增长的客户需求推动从出版商到信息解决方案提供商的转型”“电子书：出版者如何让科研与学习更轻松”的演讲。演讲嘉宾们从数字技术为增强出版提供技术可能、阅读需求为增强出版提出现实要求、图书馆服务转型适应数字与印本出版融合发展的客观趋势等角度，深入分析业界共同面对的新课题。在互动对话环节中，与会代表与演讲嘉宾围绕论坛主题开展热烈讨论，内容涉及开放获取、电子书在中国的未来趋势、数字出版中的版权保护、数字内容移动服务、知识服务技术应用等，进一步拓展论坛的主题。通过对话交流，与会专家和代表形成共识，一致认为在数字出版飞速发展的大环境下，内容、服务必须依托于技术而升级，技术、内容与服务必须相互促进、共同提高；图书馆、出版商和服务商应携起手来创新服务模式，应对数字化带来的新挑战。（摘编自中国图书馆学会专业图书馆分会网站）

第 27 届全国十五城市公共图书馆工作研讨会

9 月 10—11 日，由中国图书馆学会主办、长春图书馆承办的第 27 届全国十五城市公共图书馆工作研讨会在吉林省长春市召开，会议主题为“现代公共文化服务体系建设进程中城市公共图书馆的创新发展与服务效能提升”。文化部公共文化司、中国图书馆学会、吉林省图书馆学会、长春市政府及长春市文广新局等相关单位领导，全国十五个副省级城市公共图书馆馆长、业务骨干，长春市各县市区图书馆相关人员等百余人参加。

10 日上午，第 27 届全国十五城市公共图书馆工作研讨会开幕式举行。长春市委常委、副市长张晶莹出席并致辞，文化部公共文化司巡视员、中国图书馆学会副理事长刘小琴出席并讲话。开幕式由长春市政府副秘书长卢福建主持。

张晶莹副市长在致辞中肯定公共图书馆在现代公共文化服务体系中发挥的积极作用，并倡议行业专家、学者加强合作，促进文化事业的发展与繁荣。刘小琴巡视员提出加快构建覆盖城乡、便捷高效、保基本、促公平的现代公共文化服务体系的目标要求。中国图书馆学会学术研究委员会常务副主任、北京大学信息管理系李国新教授做题为“现代公共文化服务体系建设与公共图书馆发展”的主旨报告。来自深圳、宁波、武汉、长春的图书馆馆长及代表分享各馆在开展全民阅读推广活动中的成功经验。会议期间，十五城市公共图书馆的与会代表围绕“现代公共文化服务体系建设进程中城市公共图书馆的创新发展与服务效能提升”的主题，进行深入地学术探讨与经验交流。（摘编自中国图书馆学会和长春市文化广电新闻出版局网站）

第三届图书馆现代技术学术研讨会

9月10—12日，第三届图书馆现代技术学术研讨会在北京举行。本届研讨会以“新时代，新思维，新挑战——‘互联网+’背景下数字图书馆的战略规划与创新发展”为主题，聚焦互联网思维在数字图书馆的发展现状及未来趋势，共商“十三五”期间数字图书馆发展研究和战略规划。这在即将全面收官“十二五”规划、统筹谋划“十三五”规划的关键时期，具有非常重要的意义。

研讨会开幕式由国家图书馆馆长助理孙一钢主持，国家图书馆副馆长魏大威、文化部科技司副司长李蔚分别致辞。来自全国的10余位图书馆领域知名专家、40多位全国副省级以上公共图书馆信息技术部门主任及业内技术骨干等参加了会议。

研讨会上，国家图书馆副馆长魏大威、中国科学院文献情报中心主任助理张智雄、中国高等教育文献保障系统管理中心（CALIS）总工王文清、国家科技图书文献中心（NSTL）技术服务中心主任梁冰，分别就国内图书馆领域几大机构“十三五”期间的设想进行展望，共同探讨数字图书馆的未来发展趋势，引领和指导公共图书馆合理制定“十三五”期间的战略目标，推动数字图书馆的创新发展。

另有来自国家图书馆、内蒙古图书馆、福建省图书馆、上海图书馆、浙江省图书馆、包头市图书馆的专家分别带来“互联网+”环境下图书馆社会教育职能的拓展与实践、内蒙古图书馆彩云服务、“互联网+”图书馆的思考、图书馆众创空间的数字化服务实践探索、浙江省公共图书馆“互联网+”行动计划、包头数字文化资源整合的探索与思考等主题报告，展现以上多个图书馆在当代信息技术环境下各有特色的创新服务，体现我国图书馆界蓬勃的发展形势。

研讨会另外组织全国副省级以上公共图书馆信息技术部门主任联席会议，与会代表围绕“建立精细化运维管理体系，提升图书馆信息服务效能”主题，分享各馆“十二五”期间的建设成果、信息化建设和管理的经验，深入探讨当前形势下如何提升图书馆信息化工作的建设和服务效率，共同推动我国图书馆事业的创新发展。（摘编自国家图书馆网站）

出版界图书馆界全民阅读年会（2015）

9月18—19日，由中国图书馆学会、韬奋基金会、中国出版集团公司、中国新华书店协会主办，中国图书馆学会阅读推广委员会、《图书馆报》、苏州工业园区独墅湖图书馆共同承办的“出版界图书馆界全民阅读年会”（2015）在苏州市举办。

全国政协常委、副秘书长、民进中央副主席朱永新，韬奋基金会理事长、全国政协委员聂震宁，国家新闻出版广电总局出版管理司巡视员朱启会，新华书店总店总经理、中国新华书店协会常务副理事长、《图书馆报》社长兼总编辑茅院生，中国图书馆学会副理事长、国家图书馆副馆长陈力等相关领导出席。来自全国各地的图书馆界、出版界的代表们300余人齐聚独墅湖畔，共话全民阅读。朱启会、茅院生、陈力等领导分别在开幕式上发表致辞，对出版界图书馆界全民阅读年会举办的重要意义给予高度肯定。

主旨报告阶段，朱永新以“我心中的书香社会”为题，描述书香社会的理想高度，人人溢书香，处处有书香，时时闻书香，好书飘书香。聂震宁的报告“现代阅读的悖论”，对阅读进行深层次思考。南京大学教授、中国阅读学研究会会长徐雁以“最是书香能致远——馆、社联手共促阅读”为题，从图书馆和出版社联合的角度倡导出版界和图书馆界要抱团取暖、相濡以沫，一方要出版好书佳作，一方要积极推荐和指导读者消费这些好的精神产品。

闭幕式上，中国作协副主席、党组成员、书记处书记何建明做题为“读书与人生”报告。

这次全民阅读年会上既有朱永新、聂震宁等业界大家的主旨报告，也有优秀出版单位、图书馆在阅读推广领域的实际工作经验分享，从理论层面到实践层面，展现业界同人在推动全民阅读工作中的经验和思考，推动全民阅读的深入开展。（摘编自国家图书馆网站）

2015 中国机构知识库学术研讨会

9 月 24—25 日，由中国机构知识库推进工作组主办、中国科学院文献情报中心和上海交通大学图书馆联合承办的“2015 中国机构知识库学术研讨会”在上海交通大学图书馆召开。来自国家自然科学基金委的领导与全国 120 余所高校和科研机构图书馆的 260 余名代表出席研讨会。中国机构知识库推进工作组倡导者、中国科学院文献情报中心原主任张晓林受邀为开幕式致辞，国家自然科学基金委政策局副局长郑永和做主题报告。研讨会由上海交通大学图书馆馆长陈进主持。

研讨会上，郑永和带来题为“科学基金开放获取政策及实施”的报告，详细解读科学基金开放获取政策声明。张晓林在题为“机构知识库：颠覆与创新”的报告中指出，把知识从深宅大院中解放出来变成全社会的创新利器是浩浩大势，呼吁中国科学家履行社会职责，积极推动数据开放获取。COAR（开放获取知识库联盟）代表简要介绍 COAR 发展战略与实践经验。中信所信息资源中心就国家科技管理与共享系统的建立、运营等问题做简要说明，并强调建立创新调查制度与创新报告制度的重要意义。中国科学院文献情报中心则展示了 arXiv China 的用户数量、使用情况、应用界面与优势特征。互动交流中，参会代表积极参与讨论。

此外，香港大学图书馆研究及数据服务主任陈庆晃介绍集出版者、科研人员、专利数据、经费管理等多种元素于一体的香港大学新一代机构知识库 Scholars Hub，以及香港地区开放数据的发展现状。台湾大学图书馆副馆长陈光华介绍台湾大学机构知识库的发展历程及特色功能，并就科研数据采集问题分享独到经验，强调建立数据监管系统的重要性。

本次大会共安排主题学术报告 22 场，陈列案例展板 26 份，发布《中国机构知识库积极实践案例手册》和《机构知识库应用 iAuthor 手册》，并对优秀会议论文进行表彰。大会将有利于推进中国机构知识库同行的交流合作，解决机构知识库建立维护过程中的实际问题。（摘编自 2015 中国机构知识库学术研讨会主页和上海交通大学网站）

首届全国高校图书馆阅读推广案例大赛总决赛暨研讨会

10 月 16 日，由教育部高等学校图书情报工作指导委员会读者服务创新与推广工作组主办，上海交通大学、上海财经大学、华中师范大学三校图书馆共同承办的首届全国高校图书馆阅读推广案例大赛总决赛暨研讨会在华中师范大学举行，来自全国 180 多所高校图书馆的 400 多名代表参加。

阅读推广案例大赛自 2014 年 10 月启动以来，得到全国高校图书馆的热烈响应和大力支持。截至 2015 年 6 月底，大赛秘书处共收集 456 个参赛案例。其中，38 个案例在决赛现场竞选，118 个优秀案例（含单项奖案例）参加决赛现场的海报展示。

开幕式后，38 个案例逐一向与会代表进行汇报，每个案例展示 5 分钟，回答专家提问 3 分钟。参赛案例主题明确、中心突出、形式新颖、内涵深刻。它们聚焦阅读推广，各有所长。天津财经大学图书馆充分利用天津的文化优势，将话剧与书籍进行结合，形成独特的阅读品牌。四川大学图书馆站在读者的视角进行思考，将时下最流行的微视频形式融入图书馆的推广工作中，创造“微拍电子书”这一富有创意的阅读活动。北京大学图书馆在追求创意的同时坚持实效为王，以 30 本经典书籍为原型，创立一场场令人叹为观止的阅读摄影模仿秀，受到在校师生及社会各界的一致好评。武汉大学图书馆首创具有特色的阅读游戏化服务，将经典书籍与学生热爱的游戏加以融合，以图书馆吉祥物小布为主角，设置不同风格的精灵闯关关卡，使得广大学子在玩游戏的同时，加强对经典图书的学习。

经过角逐，四川大学图书馆、清华大学图书馆、上海交通大学图书馆、北京大学图书馆、武汉大学图书馆、天津财经大学的 6 个案例获得一等奖，其他 12 个案例、17 个案例分获二、三等奖；香港大学图书馆、香港理工大学图书馆、澳门大学图书馆的参赛案例获得特别奖。

本次阅读推广案例大赛大大加强了高校图书馆之间的交流与学习，为广大图书馆员搭建了一个新的互动平台。阅读推广工作作为近年来高校图书馆工作的亮点，对于传承经典文化、彰显各馆特色、弘扬阅读风尚具有十分重要的作用。（摘编自教育部高等学校图书情报工作指导委员会网站）

第五届全国情报学博士生论坛暨 2015 中国信息资源管理论坛

10 月 17 日，由中国人民大学信息资源管理学院主办，《情报学报》《情报资料工作》《情报科学》、*Chinese Journal of Library and Information Science* 协办的第五届全国情报学博士生论坛暨 2015 中国信息资源管理论坛在中国人民大学召开。本届论坛以“情报学的创新与发展——大数据与互联网背景下的情报学发展”为主题，重点围绕互联网与大数据背景下情报学理论与方法、信息组织、信息检索、信息分析、信息生态建设、竞争情报等领域展开深入探讨，致力于搭建高水平的情报学博士生学术交流平台。

中国人民大学常务副校长王利明教授、中国人民大学学术委员会副主任冯惠玲教授、中国科学技术信息研究所党委书记赵志耘研究员、南京大学信息管理学院院长孙建军教授、北京大学信息管理系主任李广建教授出席本次论坛并致辞。中国社会科学院学部委员黄长著研究员、武汉大学研究生院院长陈传夫教授、南京理工大学信息管理系副主任王曰芬教授分别做“图情学科的发展与名词审定工作——兼议某些关键性术语的理解”“大数据治理公共政策问题探索思考”“大数据背景下图书情报领域科学研究的再思考”的主旨报告。邱均平教授、胡昌平教授、赖茂生教授等来自武汉大学、北京大学、南京大学、中国人民大学等多所高校的 50 位教授与 70 余名博士生参加了本次论坛。

在随后进行的分论坛上，参会学者与博士生针对情报学理论与方法、信息生态理论与实践、信息组织与检索、信息管理系统与技术、大数据环境下信息资源管理学科建设与发展、竞争情报理论与方法、情报研究理论与实践、大数据环境下情报服务、信息资源建设、情报用户研究、信息计量与评价等主题展开研讨。（摘编自中国人民大学信息资源管理学院网站）

2015 年阅读推广峰会（秋季）暨中国图书馆学会阅读推广委员会成立十周年学术研讨会

10 月 17—19 日，2015 年阅读推广峰会（秋季）暨中国图书馆学会阅读推广委员会成立十周年学术研讨会在山东临沂举办。本次会议由中国图书馆学会、临沂市人民政府指导，中国图书馆学会阅读推广委员会、山东省图书馆学会、临沂市文化广电新闻出版局主办，临沂市图书馆承办，来自全国各地公共图书馆、高校图书馆的专家、学者、专业人士近 300 人参加会议。中国图书馆学会副理事长、文化部公共文化司巡视员刘小琴，中国图书馆学会副理事长、国家图书馆副馆长陈力，山东省文化厅副巡视员司兆德，山东省文化厅公共文化处处长刘显世，临沂市政府副市长侯晓滨出席开幕式并讲话。

会议期间，中国图书馆学会副理事长、中山大学图书馆馆长程焕文，中国图书馆学会阅读推广委员会主任、深圳图书情报学会理事长吴晞，北京大学教授、教育部图书馆学教学指导委员会主任王余光，中国图书馆学会阅读推广委员会副主任李东来，中国图书馆学会青少年阅读专业委员会主任、中山市图书馆馆长吕梅，中国图书馆学会阅读文化研究委员会主任、山东省尼山书院理事会秘书长、山东省图书馆副馆长李西宁，临沂大学教授、临沂历史学会会长、沂蒙文化研究所所长汲广运，中国图书馆学会阅读心理健康专业委员会副主任、中原工学院图书馆馆长张怀涛，长春图书馆馆长谢群，中国图书馆学会阅读推广委员会副主任、中国阅读学研究会会长、南京大学教授徐雁，南京艺术学院图书馆研究馆员陈亮等数十位国内阅读推广方面的专家汇聚一堂，带来“阅读是一种生活方式：阅读观认识论”“全民阅读与图书馆阅读推广”“图书馆阅读推广的新进展”“与时俱进，服务读者——东莞图书馆是如何从事阅读推广的？”“家长、图书馆员与儿童阅读推广人”“山东省尼山书院建设与图书馆阅读推广”“沂蒙文化与沂蒙精神”“促进全民阅读，建设书香社会——阅读文化的共识与阅读推广的合力”“长春市民阅读节的文化创意与可持续实践”“接续文脉，夯实地基，切实推高全民阅读推广新气场”“左书右网，得心应手——网络时代阅读推广馆员的知能结构”共 11 场专题讲座，重点探讨阅读的未来与图书馆发展、阅读推广工作管理、新媒体与阅读研究等问题。（摘编自中国图书馆学会网站）

2015 年中国开放获取推介周

10 月 19—20 日，由中国科学院文献情报中心主办，中国图书馆学会专业图书馆分会、中国图书馆学会高校图书馆分会和中国科学院自然期刊编辑研究会协办的 2015 年中国开放获取推介周在中国科学院文献情报中心举办。共安排 18 场专题演讲、4 场交流讨论，会场展示来自我国大陆及台湾地区的 26 个科研教育机构的机构知识库案例展板，共有 423 人参会。

会议讨论的主题包括如何检验、衡量和评价开放获取政策的实施效果、如何制定合理的开放出版资助框架、如何利用机构知识库开展深层次的服务以及如何通过建立合理的权益框架与激励机制推动科研数据及其他类型科研成果开放获取等内容。

自 2012 年以来，我国已有越来越多的科技界、期刊界、图书馆界人士关注开放获取和开展各种积极实践，本次大会与国际开放获取推介周同步，体现中国学者、专家、实践者积极参与的热情。两天会议共有25位专家从不同的角度和参会者分享对开放出版、开放存储和科学数据等方面的深刻认识，内容丰富，信息量大。开放获取关系着科研、出版和图书馆等各界的未来发展，也涉及理论、实践、技术等多方面的问题，并且这些问题随着时代的发展而不断变化，需要我们图书馆人不断探索、认识和推进。（摘编自中国科学院和中国图书馆学会高等学校图书馆分会网站）

2015 农业图书馆分会学术年会暨大数据环境下农业知识服务与创新研讨会

10月22—23日，由中国农学会农业图书馆分会主办、山西省农业科学院农业科技信息研究所承办的“2015农业图书馆分会学术年会暨大数据环境下农业知识服务与创新研讨会”在太原召开。来自全国各省、直辖市、自治区农业科研单位、高等院校从事农业图书情报工作的130多位专家、学者参会。山西省农业科学院副院长王娟玲、国家科技图书文献信息中心（NSTL）副主任沈仲祺、中国农学会农业图书馆分会理事长孟宪学出席并讲话。开幕式由山西省农业科学院农业科技信息研究所书记陈敏克主持。

沈仲祺在题为“NSTL的发展与创新”的报告中系统介绍NSTL发展现状和成效的基础上，提出“十三五”NSTL的发展宗旨、定位和发展目标。并提出优化国家科技文献资源体系建设，全面构建国家科技文献信息大数据管理与服务体系，扩大科技信息服务能力、提升创新知识服务能力，提升国家科技文献信息网络服务平台的知识服务能力，推动国家科技文献服务持续发展五大任务。

来自山西省农科院信息所、中国农业大学图书馆、中国水产科学研究院、北京市农林科学院图书馆、南京农业大学图书馆、东北农业大学图书馆、江苏省农科院、上海市农科院信息所以及中国农科院信息所的专家们分别就各自单位发展历程、发展现状、主要成效、发展设想，以及研究所转型发展和图书馆特色服务、主动服务、创新服务、资源共享等主题做发言和交流。（摘编自中国农业科学院农业信息研究所网站）

第四届全国文献编目工作研讨会

10月22—23日，由国家图书馆和中国图书馆学会信息组织专业委员会联合主办的第四届全国文献编目工作研讨会在重庆举行，来自国家图书馆、公共图书馆、高校图书馆，以及各专业图书馆的167名代表参会。各界编目同人就当下编目工作深入讨论并达成共识。

在当前信息技术环境不断变化的背景下，元数据在图书馆中发挥的作用越来越大，编目工作范畴日益扩展，为了积极应对挑战，提高编目工作核心竞争力，编目界同人应齐心协力推进如下相关工作：

1. 遵循国际编目原则声明精神，积极参与国际编目领域的活动与项目，提升我国行业影响力和国际话语权；

2. 跟踪国际编目规则的变化，加速规则本土化实施进程，推进国内编目规则在新的技术环境下的发展和统一；

3. 重视信息组织理论研究与实践创新，在统一的标准和体系下，扩大编目范畴，为各类资源整合提供元数据基础，全面实现一站式资源发现和获取；

4. 转变编目理念，以用户需求为导向，引入规范控制，建立各种元数据之间的关联关系，扩大图书馆元数据的应用范围；

5. 推动图书馆联合编目事业发展，加强数据标准化，提高时效性，降低编目成本；

6. 加强编目的开放性与跨业合作，实现编目成果社会利用的最大化；

7. 强化编目工作历来是图书馆各项工作基础的认识，提升编目从业人员社会价值认同；

8. 恪守编目工作职业操守，增强编目员职业自觉意识，加快新型编目人员培养。（摘编自国家图书馆网站）

第四届中美数字时代图书馆学情报学教育国际研讨会

10月25—27日，第四届中美数字时代图书馆学情报学教育国际研讨会在武汉大学召开。会议由武汉大学与全球顶尖信息学院联盟iSchool、美国图书情报学教育联合会（ALISE）合作主办，武汉大学信息管理学院、武汉大学信息资源研究中心、教育部图书情报专硕教育指导委员会、美国加州大学伯克利分校东亚图书馆、上海交通大学图书馆、武汉大学图书情报学国际合作研究院承办。来自国内外数十所大学的图书馆情报学院院长（系主任）、图书馆馆长，包括世界顶尖信息学院联盟iSchool主席、德国洪堡大学图书情报学院院长Michael Seadle，美国图书情报学教育协会会长暨系主任联合会合作主席、加拿大多伦多大学图书情报学院院长Seamus Ross，美国北卡罗来纳大学教堂山分校信息科学学院院长Gary Marchionini，国内知名图书情报院系的领导、国内部分重点高校图书馆馆长等出席本次会议。

研讨会包括13场大会专题报告。报告主讲人依次为Michael Seadle教授、Seamus Ross教授、Gary Marchionini教授、武汉大学研究生院院长陈传夫、国家图书馆副馆长魏大威、北京大学信息管理系主任李广建、南京大学信息管理学院院长孙建军、上海交通大学图书馆馆长陈进、中国人民大学信息资源管理学院周晓英、上海社会科学院信息研究所所长王世伟、中山大学资讯管理学院院长曹树金、上海大学图书情报档案系主任金波。报告主题鲜明，国内外专家学者共同探讨大数据时代图书馆、情报与档案管理教育的变革与创新问题，旨在进一步加强我国图书情报和档案教育界与iSchool联盟等机构的交流与合作，加深全球在图书情报和档案学教育上的合作与研究，促进图书情报和档案学教育与图书情报业之间的联系。

本届研讨会会议论文集共收录专业论文34篇，主题涵盖图书馆学、情报学与档案学教育的各个方面。部分到会的论文作者及相关人员在本次研讨会的4个分会场，围绕“大数据时代图书馆学教育面临的挑战与应对”“大数据时代情报学教育面临的挑战与应对”“大数据时代档案学教育面临的挑战与应对”“图书情报专业学位研究生教育专题研讨会”4个主题进行发言，讨论中国图书馆学、情报学与档案学学科的未来发展方向。

此外，本次大会还讨论和正式发布“大数据时代促进中国图书情报学教育变革与发展行动倡议”。（摘编自武汉大学网站）

高等学校图书馆“十三五”发展规划高级研修班

10月28—30日，由教育部高等学校图书情报工作指导委员会战略规划研究组主办、浙江省高等学校图书情报工作委员会和浙江工业大学图书馆承办的高等学校图书馆“十三五”发展规划高级研修班在浙江工业大学举办。

浙江工业大学副校长陈建孟、浙江省教育厅

高教处副处长祝鸿平、教育部高等学校图书情报工作指导委员会主任委员、北京大学图书馆馆长朱强出席开幕式并致辞。出席开幕式的还有浙江省高等学校图书情报工作指导委员会副主任兼秘书长章云兰。浙江工业大学图书馆馆长陈红主持开幕式。

在为期 3 天的培训中，与会代表通过专题报告、主题论坛、提问与讨论以及专家点评等环节，围绕“未来高校图书馆发展面临的形势”这一主题，共探高校图书馆发展之路。

本次研修班邀请教育部高等学校图书情报工作指导委员会主任委员、北京大学图书馆馆长朱强，教育部高等学校图书情报工作指导委员会副主任委员、战略规划研究组组长詹长智，江苏大学图书馆馆长卢章平，宁波大学园区图书馆馆长颜务林，西南交通大学图书馆馆长高凡，云南师范大学图书馆研究馆员赵益民，宁波大学图书馆馆长刘柏嵩，南开大学信息资源管理系教授柯平，浙江大学图书馆副馆长田稷 9 位专家学者分别做专题报告，从图书馆发展规划的理论研究、实际操作以及案例呈现等不同层面与角度进行全面的培训，对高校图书馆更好地把握“十三五”时期的发展方向和总体思路，科学编制“十三五”发展规划，具有很好的指导作用。

来自全国 109 所高校近 200 位代表参与本次研修班的学习。（摘编自浙江省高校图书情报工作委员会网站）

第九届全国图书馆学博士生学术论坛

11 月 14 日上午，第九届全国图书馆学博士生学术论坛在北京大学图书馆举行。本届论坛以“图书馆与书香社会建设”为主题，旨在通过学术交流，更有效地整合相关研究，并努力搭建一个开放、国际化的学术交流平台，推出一批具有重大理论和实践价值的创新成果，提高博士生的自主创新能力。

本次论坛由北京大学信息管理系主办，与会嘉宾有北京大学信息管理系资深教授吴慰慈、中国科学技术信息研究所副所长赵志耘、北京大学研究生院副院长刘明利、台湾大学图书资讯系暨研究所教授兼系主任林珊如、北京大学信息管理系王余光教授、中山大学资讯管理学院院长曹树金、南开大学信息资源管理系主任李月琳、武汉大学信息管理学院副院长黄如花、南京大学信息管理学院副院长陈雅、北京大学图书馆馆长朱强及众多图书馆学界的专家学者。

论坛中，吴慰慈阐述新时期图书馆开办博士生论坛的 6 点建议；赵志耘呼吁要重视“互联网＋”环境下图书馆阅读推广的机遇和挑战；刘明利表达了对图书馆在推动书香社会建设中的期待和展望。之后，与会嘉宾为此次博士生论坛的 8 名优秀作者颁奖。随后，林珊如做“迎接高龄社会——公共图书馆老年服务的挑战与机遇”的精彩发言，王余光就“图书馆阅读推广的新进展（2005—2015）”发表主题演讲。

此外，来自北京大学、南京大学、中山大学、武汉大学、吉林大学、南开大学的 8 位博士生分别就新环境下 Makerspace 在促进社区图书馆阅读服务中的应用、UNC 信息与图书馆科学学院未成年人服务馆员的教育研究、新媒体环境下阅读推广多元参与与集体效应、数字文化治理内涵、特征与体系研究、“赤脚图书馆员形象解构”——东南亚图书馆服务精神探析、数字时代的公民阅读素养的重新构建、区域图书馆在书香社会建设中的作为及保障机制、图书情报专业人才在管理咨询实务中的定位与应用研究等主题做报告。（摘编自北京大学网站）

2015年全国高校图书馆古籍整理与保护高层论坛暨学术研讨会

12月13—15日，由教育部高等学校图书情报工作指导委员会主办、中山大学图书馆承办的2015年全国高校图书馆古籍整理与保护高层论坛暨学术研讨会在中山大学召开。来自全国50所高校图书馆的93位馆长、党委书记、古籍部（特藏部）负责人出席本次研讨会。国家古籍保护中心副主任张志清、主任助理王红蕾作为特邀代表参加本次会议。

研讨会包括主旨报告、古籍整理与保护经验交流、高校古籍保护倡议三个主题。主旨报告环节由中山大学图书馆馆长程焕文主持，国家古籍保护中心副主任张志清，教育部高等学校图书情报工作指导委员会主任、古籍特藏整理与保护工作组组长、北京大学图书馆馆长朱强分别报告中华古籍保护“十三五”规划、高校图书馆古籍整理与保护“十三五”工作设想，回顾已取得的成果，对下一步工作提出建议。武汉大学图书馆馆长王新才主持古籍整理与保护经验交流环节，北京大学图书馆古籍部主任李云、复旦大学图书馆副馆长杨光辉、中山大学图书馆副馆长林明分别介绍其所在馆古籍保护工作的现状及未来展望。中山大学图书馆特聘专家沈津、潘美娣则分别结合自身工作和与会代表分享在古籍整理、古籍修复方面的丰富经验和深切体会。

“高校古籍保护倡议”是本次高层论坛暨学术研讨会的另一重点议程。北京师范大学图书馆馆长张奇伟、清华大学图书馆党委书记蒋耘中分别主持倡议书的介绍、倡议书的修改讨论环节。与会代表就会议起草的《高校图书馆古籍保护倡议书》进行热烈讨论，一致肯定倡议书在推动高校古籍整理与保护工作中的积极意义，并以实际行动支持倡议书的拟定和签署。代表们就倡议书的结构与措辞、倡议书的提交对象和涵盖范围、倡议的具体事项等展开热烈讨论，为倡议书的修改和最终签署积极献言。

“中华古籍保护计划”是国务院对全国古籍开展的一项重大保护工程。作为“中华古籍保护计划”的一部分及重要参与者，高校图书馆在古籍整理与保护工作中肩负重任。本次高层论坛暨学术研讨会是教育部高等学校图书情报工作指导委员会主办的第一次全国性高校古籍保护工作及学术会议，对提高高校古籍整理与保护重视力度、团结兄弟院校古籍整理与保护力量、加强高校古籍保护工作的统一规划和组织管理、推动高校古籍保护工作整体向前发展，具有开创性作用。（摘编自教育部高等学校图书情报工作指导委员会网站）

中国记忆项目资源共建共享研讨会

12月16日，中国记忆项目资源共建共享研讨会在广州召开。国家图书馆、各地公共图书馆以及高校和研究机构图书馆等全国31家图书馆的负责人、专家首次就口述史料、影音资料等文献资源的共建共享进行专题工作研讨，共同向全国图书馆界发出抢救和建设记忆资源的倡议，并启动首个全国图书馆系统的记忆资源共建共享项目——图书馆学家专题。

会上，国家图书馆馆长韩永进、湖南图书馆副馆长雷树德、中山大学图书馆馆长程焕文先后代表国家图书馆、中国图书馆学会地方文献专业委员会和图书馆史专业委员会致辞。北京大学信息管理系教授王子舟做题为“记忆功能退化将使图书馆走向濒危”的主题发言。新疆维吾尔自治区图书馆馆长历力、首都图书馆“北京记忆”项目负责人丁小蕾、湖南图书馆“天下湖南网”负责人夏雨雨和国家图书馆中国记忆项目负责人田苗分别介绍本单位建设记忆资源的实践项目。

以口述、影像等方式采集的记忆资源对国家发展、民族振兴具有重大意义。图书馆作为民族精神家园的守护者和传播者，对国家重大事件、重要人物、重要文化遗产等记忆资源进行系统、完整的保存保护责无旁贷。近年来，我国多家图书馆、高校、研究机构和社会组织已在口述史采访和影音资料等记忆资源的采集方面进行有益探索，并对各自地域和领域的记忆资源进行卓有成效的抢救建设。

会议代表普遍认为，目前图书馆记忆资源建设缺乏有效的统筹规划，“图书馆学家专题”资源的建设将组织全国图书馆系统共同参与记忆资源建设，开启记忆资源共建共享的崭新未来，为中国记忆项目更多专题的共建共享探索理想的合作模式。（摘编自国家图书馆网站）

法律法规与政策性文件

法律法规与政策性文件综述

2015年，中央和地方重点围绕国家文化体制改革的重点领域发布系列政策文件，为统筹推进公共文化服务均衡发展、增强公共文化服务发展动力、促进公共数字文化统筹协调发展等提供制度保障，并积极推动公共图书馆事业发展及促进全民阅读的法制化进程。

一、公共图书馆立法取得重要进展

《中华人民共和国公共图书馆法(征求意见稿)》(以下简称《征求意见稿》)于2015年12月由国务院法制办面向社会公开征求意见，《征求意见稿》分为总则、设立、运行、服务、法律责任、附则六章，以期通过详尽的制度设计，充分发挥公共图书馆的社会功能，满足社会公众的精神文化需求。《征求意见稿》对于公共图书馆的设立提出了更为科学、合理的要求。首先是要建立覆盖城乡、便捷实用的公共图书馆网络；其次是县级以上地方人民政府应当根据当地人口规模、人口分布等因素，确定本行政区域内公共图书馆的数量、规模、结构和分布，并通过固定设施和流动设施相结合的方式提供服务。此外，相比以往的法律草案，《征求意见稿》为了进一步增加公共图书馆事业的发展动力，还有如下亮点：将民办图书馆纳入本法的调整范畴；推动公共图书馆建立法人治理结构等。

在地方层面，近年来各地相继出台公共图书馆相关地方法规、规章，以保障本区域公共图书馆事业的发展，而较早制定的相关立法文本也依据公共图书馆事业发展的新形势、面临的新问题进行及时修正。《广州市公共图书馆条例》于2015年1月由广州市人民代表大会常务委员会批准并公布，对公共图书馆的设立、管理、服务等问题进行规范。该条例对于公共图书馆的设立、馆藏文献信息资源的建设、工作人员的配备都规定定量或定性的可衡量及评估的标准，如要求市、区人民政府应当根据本地区社会、经济、文化发展和人口分布状况，统筹规划、合理布局，建立覆盖城乡的公共图书馆体系；公共图书馆选址应当位于人口相对集中、交通便利、市政设施配套良好的区域；公共图书馆的建筑面积依据服务范围内的常住人口数量并适当考虑人口增长因素确定；对馆藏的人均藏量进行规定；文献信息资源建设应当兼顾纸质信息资源、数字信息资源和其他信息资源，满足服务人口的需求；按照区域内的常住人口配备工作人员等。此外，为了使公共图书馆的发展更为高效、更具活力，条例还要求推动建立和运行法人治理机制，促进公共图书馆的社会化发展等。1997年1月正式实施的《上海市公共图书馆管理办法》于2015年5月进行修正，经过修正的办法取消设立登记、终止与变更的条款，对改变公共图书馆使用性质规定更为严格的限制条款，对违反办法的惩罚条款进行调整。

二、公共文化服务均衡发展统筹推进

(一)着重建立基本公共文化服务标准体系

为了形成运转顺畅、协调高效的标准化工作机制，引导各级政府和公共文化机构科学、规范地开展公共文化建设，实现管理规范、质量良好、公众满意度高的公共文化服务，公共文化服务标准体系建设持续推进。2015年1月，中共中央办公厅、国务院办公厅出台《关于加快构建现代公共文化服务体系的意见》(以下简称两办《意见》)，要求以人民群众基本文化需求为导向，建立基本公共文化服务标准体系，《国家基本公共文化服务指导标准(2015—2020年)》同时下发。两办《意见》提出如下具体举措：一是明确国家基本公共文化服务的内容、种类、数量和水平，确立国家基本公共文化服务指导标准，明确政府保障底线，做到保障基本、统一规范；二是各地要根据国家指导标准，制定与当地经济社会发展水平相适应、具有地域特色的地方实施标准，逐步形成既有基本共性又有特色个性、上下衔接的标准指标体系；三是建立基本公共文化服务标准动态调整机制，适时调整提高具体指标。

在图书馆领域，标准规范建设的思路进一步明晰，标准规范体系也逐步完善。《国家标准化体系建设发展规划(2016—2020年)》提出要重点开展公共图书馆等技术、质量、服务设施、服务信息、术语与语言资源等领域重要标准制修订与实施工作。文化部针对省级、市级和县级图书馆及各级少年儿童图书馆制定《公共图书馆评估指标》6个文化行业标准，围绕各级公共图书馆的设施设备、经费与人员、文献资源、服务工作、协作协调、管理与表彰等方面进行规范。住房和城乡建设部发布行业标准《图书馆建筑设计规范》，对图书馆的选址、建筑设计、建筑设备、安全等方面进行规范。

（二）不断促进基本公共文化服务均等化

为了弥补我国公共文化事业建设的短板，实现公共文化服务均衡化发展，切实保障人民群众的基本文化权益，中央和地方先后发布两办《意见》《关于推进基层综合性文化服务中心建设的指导意见》《"十三五"时期贫困地区公共文化服务体系建设规划纲要》《安徽省文化厅关于开展县级公共图书馆总分馆制建设的通知》《中共贵州省委办公厅、贵州省人民政府办公厅关于加快构建现代公共文化服务体系的实施意见》《广州市图书馆之城建设规划（2015—2020）》等文件。这些文件涵盖以下主要内容：

一是根据城镇化发展趋势和城乡常住人口变化，统筹城乡公共文化设施布局、服务提供、队伍建设、资金保障，均衡配置公共文化资源，建立公共文化服务城乡联动机制。

二是推进基层综合性文化服务中心建设，完善基层公共文化设施网络，补齐短板，打通公共文化服务"最后一公里"。主要举措包括：采取盘活存量、调整置换、集中利用等方式加强基层综合性文化设施建设；制定本地基层综合性文化服务中心基本服务项目目录；提供数字图书馆等公共数字文化服务等。

三是推动革命老区、民族地区、边疆地区、贫困地区公共文化建设实现跨越式发展。实现基本公共文化服务标准化均等化，最艰巨、最繁重的任务在贫困地区，政策文件从完善设施网络、推动均衡发展、加大文化帮扶、推动脱贫致富等8个方面提出具体任务，围绕基本公共文化服务内容、公共文化服务效能、公共数字文化、文化帮扶等方面策划29个项目。

四是以县级文化馆、图书馆为中心推进总分馆制建设。安徽省要求在全省62个县（市）全面开展县级公共图书馆总分馆制建设，建立以县级公共图书馆为总馆、乡镇综合文化站为分馆的县乡两级图书资源建设、流通、服务网络，建立规范管理、分级运行、定期配送、通借通还的运行模式。贵州省要求强化县城对乡镇、村社文化辐射带动作用，以县级文化馆、图书馆为中心推行总分馆制建设，统筹管理乡镇（街道）、村（社区）等文化资源配置和活动开展。广州市要求以"中心馆—总分馆"体系为核心，计划2020年前实现包括镇街图书馆在内的全市公共图书馆通借通还，同时鼓励村（社区）图书室、服务点参与通借通还。

三、公共文化服务发展动力不断增强

（一）全面推动建立事业单位法人治理结构

为了加快转变政府职能，创新文化管理体制机制，建立事业单位法人治理结构成为公共文化机构的必由之路。在中央层面，两办《意见》要求建立事业单位法人治理结构，推动公共图书馆、博物馆、文化馆、科技馆等组建理事会，吸纳有关方面代表、专业人士、各界群众参与管理，健全决策、执行和监督机制。在地方层面，《青海省人民政府办公厅关于印发青海省公共文化服务体系建设协调机制工作方案的通知》《甘肃省委办公厅、省政府办公厅关于加快构建现代公共文化服务体系的实施意见》《中共贵州省委办公厅、贵州省人民政府办公厅关于加快构建现代公共文化服务体系的实施意见》《南京市关于加快推进我市事业单位法人治理结构建设试点工作的通知》等政策文件也对建立事业单位法人治理结构，推动公共图书馆等组建理事会做出明确要求。南京市还进一步要求理事会作为事业单位的决策和监督机构，负责本单位的发展规划、财务预决算、重大业务、章程拟订和修订等决策事项，并对理事会的组成、议事规则、追责制度等进行规定。依据上述政策的要求，各地纷纷开始建立公共文化机构法人治理结构，湖南、浙江、重庆、山西等省级图书馆，济南市、宁波市、武汉市、太原市、徐州市、株洲市、通辽市等市级图书馆已先后成立图书馆理事会。

（二）积极促进公共文化服务社会化发展

2015年，中央和地方政府继续出台相关政策，鼓励和引导社会力量参与公共文化服务。两办《意见》指出要吸引社会资本投入公共文化领域，建立健全政府向社会力量购买公共文化服务机制，促进公共文化服务提供主体和提供方式多元化，鼓励和支持社会力量通过投资或捐助设施设备、兴办实体、资助项目、赞助活动、提供产品和服务等方式参与公共文化服务体系建设。5月，文化部、财政部、新闻出版广电总局、体育总局印发《关于做好政府向社会力量购买公共文化服务工作意见》，围绕明确购买主体、科学选定承接主体、明确购买内容、制定指导性目录、完善购买机制等问题进行规定，并将公共图书馆（室）等的运营和管理，全民阅读活动的组织与承办，文化遗产保护、传承与展示，公共电子阅览室等公共数字文化设施的运营和管理等纳入指导性目录。此外，《关于在公共服务领域推广政府和社会资本合作模式指导意见》要求围绕增加公共产品和公共服务供给，在文化等公共服务领域广泛采用政府和社会资本合作模式。

在地方层面，江苏省、内蒙古自治区、江西省、吉林省、甘肃省、四川省等多个省级政府的文化主管部门先后出台政府向社会力量购买公共文化服务的专门政策，如《江苏省政府办公厅转发省文化厅等部门关于做好政府向社会力量购买公共文化服务工作实施意见的通知》《内蒙古自治区人民政府办公厅关于政府向社会力量购买公共文化服务的实施意见》等，将公共图书馆讲座及展览联盟的组织与承办，全民阅读活动的组织与承办，公共图书馆（室）、村（社区）综合文化服务中心（含农家书屋）等运营和管理等纳入指导性目录。

四、全民阅读得到全方位的制度保障

全民阅读作为提高社会公众文化素养，推动社会文明程度提升的重要途径，近年来得到中央和地方政府的全面重视。在中央层面，“倡导全民阅读”已经连续三年被写入政府工作报告。

在地方层面，各地政府通过制定地方性法规、建立标准规范等方式，推动及保障全民阅读的发展。《深圳经济特区全民阅读促进条例》规定工作职责、阅读推广、阅读保障等方面的内容，要求全民阅读促进工作遵循政府引导和社会参与相结合的原则，政府与社会各界协同提供全民阅读服务，并明确公共图书馆作为推动全民阅读主阵地所应履行的职责。《辽宁省人大常委会关于促进全民阅读的决定》要求激发社会各界参与全民阅读的活力，提高公民整体阅读能力，通过全面开展阅读推广各项活动、组织公共文化机构提供读书惠民服务、营造全民阅读的良好氛围、建立和完善全民阅读的长效机制等方式推动全民阅读。《广州公共图书馆条例》明确要求文化行政主管部门、公共图书馆等行政管理部门和单位应当通过各种形式组织开展全民阅读推广活动；将开展全民阅读推广活动和信息素养教育，举办公益讲座、展览、培训等社会教育活动，为公众终身学习提供条件和支持列为公共图书馆应当为公众提供的基本服务。《武汉市全民阅读综合评估指标体系》围绕基础建设、服务系统、阅读活动、阅读绩效和保障措施五个方面设置一级指标，对全民阅读状况进行量化评估，还设置武汉品牌阅读活动、武汉地区图书馆联盟、24小时自助图书馆、特色阅读资源等28项特色评价指标。

五、推进公共数字文化统筹协调发展

为了整合文化领域各方面力量，切实提高数字公共文化服务效能，统筹实施公共数字文化工程成为推进公共文化机构数字化建设的新重点。两办《意见》要求统筹实施全国文化信息资源共享、数字图书馆博物馆建设、数字农家书屋等项目，构建标准统一、互联互通的公共数字文化服务网络，在基层实现共建共享；提高资源供给能力，科学规划公共数字文化资源建设，建设分布式资源库群。

《文化部公共数字文化工程管理办法》规定，按照“统筹管理、分类实施、规范服务、提高效能”的原则，明确文化信息资源共享工程、数字图书馆推广工程、公共电子阅览室计划等公共数字文化工程所应承担的具体任务。该办法还要求三大工程在资源、平台及标准等方面注重统筹协调发展，如在资源建设方面，遵循“需求导向、分工合作、共建共享”原则；在平台建设方面，遵循“开放接口、兼容互用”原则，构建开放互动、共建共享的统一服务管理平台，提供集成化、一站式公共数字文化服务；在标准建设方面，由文化部结合国家公共文化服务标准化建设，统筹组织制定公共数字文化服务标准、评价标准和技术标准。

（国家图书馆　邓茜）

法律法规与政策性文件全文

中共中央办公厅、国务院办公厅印发《关于加快构建现代公共文化服务体系的意见》
（2015 年 1 月 14 日　中共中央办公厅、国务院办公厅）

近年来，在党中央、国务院高度重视下，我国公共文化建设投入稳步增长，覆盖城乡的公共文化服务设施网络基本建立，公共文化服务效能明显提高，人民群众精神文化生活不断改善，公共文化服务体系建设取得显著成效，呈现出整体推进、重点突破、全面提升的良好发展态势。但是，与当前经济社会发展水平和人民群众日益增长的精神文化需求相比，与基本建成公共文化服务体系的目标要求相比，公共文化服务体系建设水平仍然有待提高。在新的形势下，构建现代公共文化服务体系，是保障和改善民生的重要举措，是全面深化文化体制改革、促进文化事业繁荣发展的必然要求，是弘扬社会主义核心价值观、建设社会主义文化强国的重大任务。为贯彻党的十八届三中全会审议通过的《中共中央关于全面深化改革若干重大问题的决定》的有关要求，加快构建现代公共文化服务体系，现提出如下意见。

一、总体要求

（一）指导思想。以邓小平理论、“三个代表”重要思想、科学发展观为指导，贯彻落实党的十八大和十八届三中、四中全会精神，贯彻落实习近平总书记系列重要讲话精神，按照全面建成小康社会的总体要求，牢固树立以人民为中心的工作导向，以改革创新为动力，以基层为重点，构建体现时代发展趋势、适应社会主义初级阶段基本国情和市场经济要求、符合文化发展规律、具有中国特色的现代公共文化服务体系，促进基本公共文化服务标准化、均等化，推动社会主义文化大发展大繁荣，提高全民族文化素质，增强民族凝聚力，为实现中华民族伟大复兴中国梦提供强大的精神动力和文化支撑。

（二）基本原则。 坚持正确导向。以人民为中心，以社会主义核心价值观为引领，发展先进文化，创新传统文化，扶持通俗文化，引导流行文化，改造落后文化，抵制有害文化，巩固基层文化阵地，促进在全社会形成积极向上的精神追求和健康文明的生活方式。

坚持政府主导。从基本国情出发，认真研究人民群众的精神文化需求，因地制宜，科学规划，分类指导，按照一定标准推动实现基本公共文化服务均等化，切实保障人民群众基本文化权益，促进实现社会公平。

坚持社会参与。简政放权，减少行政审批项目，引入市场机制，激发各类社会主体参与公共文化服务的积极性，提供多样化的产品和服务，增强发展活力，积极培育和引导群众文化消费需求。

坚持共建共享。加强统筹管理，建立协同机制，明确责任，优化配置各方资源，做到物尽其用、人尽其才，发挥整体优势，提升综合效益。

坚持改革创新。加快转变政府职能，完善管理体制机制，创新公共文化服务内容和形式，促进文化与科技深度融合，推动文化事业和文化产业协调发展。

（三）主要目标。到 2020 年，基本建成覆盖城乡、便捷高效、保基本、促公平的现代公共文化服务体系。公共文化设施网络全面覆盖、互联互通，公共文化服务的内容和手段更加丰富，服务质量显著提升，公共文化管理、运行和保障机制进一步完善，政府、市场、社会共同参与公共文化服务体系建设的格局逐步形成，人民群众基本文化权益得到更好保障，基本公共文化服务均等化水平稳步提高。

二、统筹推进公共文化服务均衡发展

（四）促进城乡基本公共文化服务均等化。把城乡基本公共文化服务均等化纳入国民经济和社会发展总体规划及城乡规划。根据城镇化发展趋势和城乡常住人口变化，统筹城乡公共文化设施布局、服务提供、队伍建设、资金保障，均衡配置公共文化资源。整合利用闲置学校等现有城乡公共设施，依托城乡社区综合服务设施，加强城市社区和农村文化设施建设。拓展重大文化惠民项目服务“三农”内容。加大对农村民间文化艺术的扶持力度，推进“三农”出版物出版发行、广播电视涉农节目制作和农村题材文艺作品创作。完善农家书屋出版物补充更新工作。统筹推进农村地区广播电视用户接收设备配备工作，鼓励建设农村广播电视维修服务网点。大力开展流动服务和数字服务，打通公共文化服务“最后一公里”。建立公共文化服务城乡联动机制。以县级文化馆、图书馆为中心推进总分馆制建设，加强对农家书屋的统筹管理，实现农村、城市社区公共文化服务资源整合和互联互通。推进城乡“结对子、种文化”，加强城市对农村文化建设的帮扶，形成常态化工作机制。

（五）推动革命老区、民族地区、边疆地区、贫困地区公共文化建设实现跨越式发展。与国家扶贫开发攻坚战略结合，编制老少边穷地区公共文化服务体系建设发展规划纲要。根据国家基本公共文化服务指导标准，明确老少边穷地区服务和资源缺口，按照精准扶贫的要求，以广播电视服务网络、数字文化服务、乡土人才培养、流动文化服务、农村留守妇女儿童文化帮扶等为重点，集中实施一批文化扶贫项目。落实对国家在贫困地区安排的公益性文化建设项目取消县以下（含县）及西部地区集中连片特困地区市地级配套资金的政策。加强边境地区基层公共文化设施建设。促进地区对口帮扶，加大人才交流和项目支援力度。深入实施边远贫困地区、边疆民族地区、革命老区人才文化工作者专项支持计划。支持老少边穷地区挖掘、开发、利用民族民间文化资源，充实公共文化服务内容。力争在较短时间内使老少边穷地区公共文化服务能力和水平有明显改善。

（六）保障特殊群体基本文化权益。将老年人、未成年人、残疾人、农民工、农村留守妇女儿童、生活困难群众作为公共文化服务的重点对象。积极开展面向老年人、未成年人的公益性文化艺术培训服务、演展和科技普及活动。开展学龄前儿童基础阅读促进工作和向中小学生推荐优秀出版物、影片、戏曲工作。指导互联网网站、互联网文化企业等开发制作有利于青少年身心健康的优秀作品。将中小学生定期参观博物馆、美术馆、纪念馆、科技馆纳入中小学教育教学活动计划。加强乡村学校少年宫建设。实施青少年体育活动促进计划。公共文化服务机构要为残疾人提供无障碍设施。实施盲文出版项目，开发视听读物，建设有声图书馆，鼓励和支持有条件的电视台增加手语节目或加配字幕。加强对残疾人文化艺术的扶持力度。加快将农民工文化建设纳入常住地公共文化服务体系，以公共文化机构、社区和用工企业为实施主体，满足农民工群体尤其是新生代农民工的基本文化需求。

（七）建立基本公共文化服务标准体系。以人民群众基本文化需求为导向，围绕看电视、听广播、读书看报、参加公共文化活动等群众基本文化权益，根据国家经济社会发展水平和供给能力，明确国家基本公共文化服务的内容、种类、数量和水平，以及应具备的公共文化服务基本条件和各级政府的保障责任，确立国家基本公共文化服务指导标准，明确政府保障底线，做到保障基本、统一规范。各地要根据国家指导标准，制定与当地经济社会发展水平相适应、具有地域特色的地方实施标准，逐步形成既有基本共性又有特色个性、上下衔接的标准指标体系。标准以县为基本单位推进落实。建立基本公共文化服务标准动态调整机制，根据经济社会的发展变化，适时调整提高具体指标。

（八）提升公共文化设施建设、管理和服务水平。健全公共文化设施布局、土地使用、建设规模、设计和施工规范以及技术要求等标准。按照城乡人口发展和分布，坚持均衡配置、严格预留、规模适当、功能优先、经济适用、节能环保的原则，合理规划建设各类公共文化设施。结合基层公共服务设施建设，制定村（社区）综合公共文化服务中心建设标准，充分利用现有城乡公共设施，统筹建设集宣传文化、党员教育、科技普及、普法教育、体育健身等多功能于一体的基层公共文化服务中心，配套建设群众文体活动场地。坚持设施建设和运行管理并重，健全公共文化设施运行管理和服务标准体系，规范各级各类公共文化机构服务项目和服务流程，完善内部管理制度，提高服务水平。

三、增强公共文化服务发展动力

（九）培育和促进文化消费。在公共文化服务体系建设中统筹考虑群众的基本文化需求和多样化文化需求，推动公共文化服务向优质服务转变，实现标准化和个性化服务的有机统一。广泛开展公益性文化艺术活动，培养健康向上的文艺爱好，扩大和提升文化消费需求。鼓励有条件的公共文化机构挖掘特色资源，加强文化创意产品研发，创新文化产品和服务内容。完善公益性演出补贴制度，通过票价补贴、剧场运营补贴等方式，支持艺术表演团体提供公益性演出。鼓励在商业演出和电影放映中安排低价场次或门票，鼓励出版适应群众购买能力的图书报刊，鼓励网络文化运营商开发更多低收费业务，推动经营性文化设施、非物质文化遗产传习场所和传统民俗文化活动场所等向公众提供优惠或免费的公益性文化服务。积极发展与公共文化服务相关联的教育培训、体育健身、演艺会展、旅游休闲等产业，引导和支持各类文化企业开发公共文化产品和服务，满足人民群众多层次的文化消费需求。

（十）鼓励和引导社会力量参与。进一步简政放权，减少行政审批项目，吸引社会资本投入公共文化领域。建立健全政府向社会力量购买公共文化服务机制。出台政府购买公共文化服务指导性意见和目录，将政府购买公共文化服务资金纳入财政预算。推广运用政府和社会资本合作等模式，促进公共文化服务提供主体和提供方式多元化。鼓励和支持社会力量通过投资或捐助设施设备、兴办实体、资助项目、赞助活动、提供产品和服务等方式参与公共文化服务体系建设。推动建立健全公开透明的社会捐赠管理制度。鼓励党政机关、国有企事业单位和学校的各类文体设施向社会免费或优惠开放。创新公共文化设施管理模式，有条件的地方可探索开展公共文化设施社会化运营试点，通过委托或招投标等方式吸引有实力的社会组织和企业参与公共文化设施的运营。

（十一）培育和规范文化类社会组织。加强对文化类行业协会、基金会、民办非企业单位等社会组织的引导、扶持和管理，促进规范有序发展。制定完善关于文化类社会组织的规章，明确功能定位。鼓励各类公共文化服务机构成立行业协会，发挥其在行业自律、行业管理、行业交流等方面的重要作用。加快推进文化行业协会与行政机关脱钩，将适合由社会组织提供的公共文化服务事项交由社会组织承担。引导文化类社会组织依法依规开展公共文化服务。加大政府向文化类社会组织购买服务力度。加强政府管理和社会监督，严格执行社会组织年检制度和信息公开制度，开展运营绩效评估和社会信用评估，实现依法管理、依法运营。

（十二）大力推进文化志愿服务。大力弘扬志愿服务精神，坚持志愿服务与政府服务、市场服务相衔接，奉献社会与自我发展相统一，社会倡导和自愿参与相结合，构建参与广泛、内容丰富、形式多样、机制健全的文化志愿服务体系。创新服务内容、工作方式和活动载体，探索具有地方或行业特色的文化志愿服务模式。完善文化志愿者注册招募、服务记录、管理评价和激励保障机制。动员组织专家学者、艺术家、优秀运动员等社会知名人士参加志愿服务，提高社会影响力。要建立“结对子、种文化”工作机制，推动专业艺术院团、体育运动队和艺术体育院校等到基层教、学、帮、带，建立志愿服务下基层制度。加强对文化志愿队伍的培训，提升文化志愿者的服务意识、服务能力和服务水平。

四、加强公共文化产品和服务供给

（十三）提升公共文化服务效能。完善公共文化设施免费开放的保障机制。深入推进公共图书馆、博物馆、文化馆、纪念馆、美术馆等免费开放工作，逐步将民族博物馆、行业博物馆纳入免费开放范围。推动科技馆、工人文化宫、妇女儿童活动中心以及青少年校外活动场所免费提供基本公共文化服务项目。建立群众文化需求反馈机制，及时准确了解和掌握群众文化需求，制定公共文化服务提供目录，开展“菜单式”、“订单式”服务。加强公共文化服务品牌建设，推动形成具有鲜明特色和社会影响力的服务项目。加大对跨部门、跨行业、跨地域公共文化资源的整合力度。以行业联盟等形式，开展馆际合作，推进公共文化机构互联互通，开展文化服务“一卡通”、公共文化巡展巡讲巡演等服务，实现区域文化共建共享。加强基层广播电视播出机构服务能力建设。充分利用广播、电视、网络双向互动功能，为各级政府部门便民服务提供窗口和平台。

（十四）丰富优秀公共文化产品供给。进一步发挥国家级评奖和艺术、出版等基金的引导带动作用，创作生产更多传播当代中国价值观念、体现中华文化精神、反映中国人审美追求，思想性、艺术性、观赏性有机统一的优秀文化产品。建立优秀传统文化传承和发展体系。加强戏曲等优秀文化艺术的普及推广工作。开展优秀文化遗产、高雅艺术进校园、进社区，推进送戏、送书、送电影下乡等项目和优秀出版物推荐活动。提高网络文化产品和服务供给能力，促进优秀传统文化瑰宝和当代文化精品网络传播。推动少数民族地区广播电视播出机构在推广国家通用语言文字的同时，开办少数民族语言的频率频道，提高少数民族语言节目译制、制作、播映和传输覆盖能力；继续实施少数民族新闻出版“东风工程”，加强少数民族文字及双语出版物的出版发行和少数民族语言文艺作品的创作；推进少数民族语言文字网站建设。加强知识产权审核和版权保护，防止侵权或盗版产品进入公共文化服务供给体系。大力发展公益广告，有效推广公益慈善理念。

（十五）活跃群众文化生活。深入开展全民阅读活动，推动全民阅读进家庭、进社区、进校园、进农村、进企业、进机关。积极开展全民艺术普及、全民健身、全民科普和群众性法治文化活动。实施基层特色文化品牌建设项目，以富有时代感的内容形式，吸引更多群众参与文化活动。引导广场文化活动健康、规范、有序开展。推进民间文化艺术之乡建设。以“我们的节日”为主题，组织开展群众性节日民俗活动；传承和发展民族民间传统体育，广泛开展形式多样的群众性体育活动。鼓励群众自办文化，支持成立各类群众文化团队。通过组织示范性展演等形式，为民间文化队伍提供展示交流的平台。推进红色文化、社区文化、乡土文化、校园文化、企业文化、军旅文化、家庭文化建设，培育积极健康、多姿多彩的社会文化形态。促进边疆少数民族地区和其他地区群众文化交往交流交融。加强群众性文化活动的国际交流，支持群众文化走出去，形成多层次的对外文化交流格局。

五、推进公共文化服务与科技融合发展

（十六）加大文化科技创新力度。围绕公共文化服务体系建设的重大科技需求，发挥文化和科技相互促进的作用，结合中央财政科技计划（专项、基金等）管理改革要求，将公共文化科技创新纳入科技发展专项规划，深入实施国家文化科技创新工程。研究制定公共文化服务领域科技标准规范。开展文化专用装备、软件、系统的研发应用，推进公共文化服务创新手段、提高效能。加强科技成果转化应用，实施一批公共文化服务科技创新应用示范项目；支持公共文化机构、科研院所、高科技企业合作开展各类关键技术研究。依托国家公共文化服务体系建设示范区（项目）、高新技术园区和可持续发展实验区，开展公共文化服务与科技融合示范工作。

（十七）加快推进公共文化服务数字化建设。结合“宽带中国”、“智慧城市”等国家重大信息工程建设，加快推进公共文化机构数字化建设。统筹实施全国文化信息资源共享、数字图书馆博物馆建设、直播卫星广播电视公共服务、农村数字电影放映、数字农家书屋、城乡电子阅报屏建设等项目，构建标准统一、互联互通的公共数字文化服务网络，在基层实现共建共享。提高资源供给能力，科学规划公共数字文化资源建设，建设分布式资源库群，鼓励各地整合中华优秀文化资源，开发特色数字文化产品。支持数字版权公共服务平台建设，实现公共数字文化资源有效保护。加强公共文化大数据采集、存储和分析处理。加快推进数字文化资源在智能社区中的应用，实现“一站式”服务。

（十八）提升公共文化服务现代传播能力。着眼于形成与我国经济社会发展水平相称的传播能力，加快构建现代文化传播体系，保障信息传播的高效快捷和安全有序。灵活运用宽带互联网、移动互联网、广播电视网、卫星网络等手段，拓宽公共文化资源传输渠道。大力推进“三网融合”，促进高清电视、互动电视、交互式网络电视（IPTV）、手机电视等新业务发展，推广数字智能终端、移动终端等新型载体。推进数字出版，构建数字出版物传播平台。加强广播电视台、发射台（站）、监测台（站）建设，继续实施广播电视高山无线发射台站建设工程。积极推进有线电视网络建设和数字化双向化改造，加快推进直播卫星和地面数字电视覆盖建设，努力实现广播电视户户通。实施国家和地方应急广播工程，完善应急广播覆盖网络，打造基层政务信息发布、政策宣讲和灾害预警应急指挥平台。

六、创新公共文化管理体制和运行机制

（十九）建立公共文化服务体系建设协调机制。立足当前公共文化服务体系建设实际，完善党委领导、政府管理、部门协同、权责明确、统筹推进的公共文化服务体系建设管理制度。以国家公共文化服务体系建设协调组为平台，由文化部门牵头，充分发挥各部门职能作用和资源优势，在规划编制、政策衔接、标准制定和实施等方面加强统筹、整体设计、协调推进。各地要根据实际，建立相应的协调机制。推进国家公共文化服务体系示范区（项目）创建。发挥基层党委和政府作用，建立统一的基层公共文化服务平台，加强各类重大文化项目的统筹实施，探索整合基层公共文化服务资源的方式和途径，实现共建共享，提升综合效益。

（二十）加大公益性文化事业单位改革力度。按照关于深化文化体制改革和推进事业单位分类改革的要求，理顺政府和公益性文化事业单位之间的关系，探索管办分离的有效形式。进一步落实公益性文化事业单位法人自主权，强化公共服务功能，增强发展活力，发挥公共文化服务骨干作用。全面推进人事制度、收入分配制度、社会保障、经费保障制度改革。创新运行机制，建立事业单位法人治理结构，推动公共图书馆、博物馆、文化馆、科技馆等组建理事会，吸纳有关方面代表、专业人士、各界群众参与管理，健全决策、执行和监督机制。完善年度报告和信息披露、公众监督等基本制度，加强规范管理。加强和改进公益性文化事业单位党组织建设，充分发挥基层党组织的战斗堡垒作用和共产党员的先锋模范作用。

（二十一）创新基层公共文化管理机制。发挥城乡基层群众性自治组织的作用，推动开展公共文化服务参与式管理，推广居民、村民评议等行之有效的做法，健全民意表达和监督机制，引导城市社区居民和村民参与公共文化服务项目规划、建设、管理和监督，维护群众的文化选择权、参与权和自主权。调动驻村（社区）单位、企业和社会组织等多方面力量，统筹资源，共同参与基层文化的管理和服务，形成多元联动格局。扎实推进社区文化志愿服务。推进将公共文化服务纳入基层社区服务网格进行管理，培育城乡社区互助文化，营造社区和谐环境。

（二十二）完善公共文化服务评价工作机制。以效能为导向，制定政府公共文化服务考核指标，作为考核评价领导班子和领导干部政绩的重要内容，纳入科学发展考核体系。建立公共文化机构绩效考评制度，考评结果作为确定预算、收入分配与负责人奖惩的重要依据。加强对重大文化项目资金使用、实施效果、服务效能等方面的监督和评估。完善服务质量监测体系，研究制定公众满意度指标，建立群众评价和反馈机制。探索建立公共文化服务第三方评价机制，增强公共文化服务评价的客观性和科学性。

七、加大公共文化服务保障力度

（二十三）加强组织领导。各有关部门和单位要进一步认识构建现代公共文化服务体系的重要意义，根据本意见的要求，结合“十三五”规划的编制，尽快制定完善相关配套政策，明确责任，统筹建设，协同推进，狠抓落实。地方各级党委和政府要将构建现代公共文化服务体系纳入本地区国民经济和社会发展总体规划，纳入重要议事日程，切实加强组织领导，并结合实际制定实施方案、规划或专项行动计划，明确责任和时间表、路线图，集中力量推进工作落实。做好宣传和舆论引导工作，形成全社会支持和参与现代公共文化服务体系建设的良好氛围。

（二十四）加大财税支持力度。合理划分各级政府基本公共文化服务支出责任，建立健全公共文化服务财政保障机制，按照基本公共文化服务标准，落实提供基本公共文化服务项目所必需的资金，保障公共文化服务体系建设和运行。进一步完善转移支付体制，加大中央财政和省级财政转移支付力度，重点向革命老区、民族地区、边疆地区、贫困地区倾斜，着力支持农村和城市社区基层公共文化服务设施建设，保障基层城乡居民公平享有基本公共文化服务。进一步拓展资金来源渠道，加大政府性基金与一般公共预算的统筹力度。创新公共文化服务投入方式，采取政府购买、项目补贴、定向资助、贷款贴息等政策措施，支持包括文化企业在内的社会各类文化机构参与提供公共文化服务。落实现行鼓励社会组织、机构和个人捐赠公益性文化事业所得税税前扣除政策规定。加强对公共文化服务资金管理使用情况的监督和审计，开展绩效评价。

（二十五）加强基层文化队伍建设。进一步完善选人用人机制，着力培养一批具有现代意识、创新意识的公共文化管理者和基层公共文化服务人才队伍。按照控制总量、盘活存量、优化结构、有减有增的要求，研究制定公共文化机构人员编制标准，并根据业务发展状况进行动态调整。对实行免费开放后工作量大量增加、现有机构编制难以满足工作需要的公益性文化事业单位，要结合实际和财力，合理增加机构编制。加强对农村文化队伍的管理和使用，在现有编制总量内，落实每个乡镇综合文化站（中心）编制配备不少于1至2名的要求，规模较大的乡镇适当增加。设立城乡基层公共文化服务岗位，配置由公共财政补贴的工作人员。将公共文化服务专业人才培养纳入国民教育体系。稳步推进基层公共文化服务队伍培训，建立培训上岗制度，全面提高从业人员素质。乡镇综合文化站（中心）从业人员应熟悉广播电视技术，具备组织群众文化活动等多方面的服务能力。完善基层公共文化服务人才激励和保障机制。加强基层乡土文化人才建设。发展壮大社会体育指导员队伍。

（二十六）建立健全公共文化服务法律体系。加快建立健全坚持社会主义先进文化前进方向、遵循文化发展规律、有利于激发文化创造力、保障人民基本文化权益的文化法律制度，依法保障公民的文化权利得到有效落实。加快出台公共文化服务保障法等相关法律法规，为现代公共文化服务体系建设提供法律支撑。加强公共文化立法与文化体制改革重大政策的衔接，加快制定地方性公共文化服务法律规范，提高公共文化服务领域法治化水平。

附件：国家基本公共文化服务指导标准（2015—2020年）（略）

广州市公共图书馆条例
（2015年1月22日　广州市第十四届人民代表大会常务委员会公告第59号）

（2014年10月29日广州市第十四届人民代表大会常务委员会第三十四次会议通过　2015年1月13日广东省第十二届人民代表大会常务委员会第十三次会议批准　2015年1月22日以广州市第十四届人民代表大会常务委员会公告第59号发布）

第一章　总则

第一条　为促进公共图书馆事业发展，满足公众对知识、信息及相关文化活动的需求，实现与保障公众的基本文化权益，根据相关法律、法规，结合本市实际，制定本条例。

第二条　本条例适用于本市行政区域内公共图书馆的设立、管理与服务等活动。

第三条　本条例所称公共图书馆是指由各级人民政府设立，面向社会公众开放的，收集、整理、保存、研究和利用文献信息资源的公益性服务机构。

前款所称文献信息资源包括图书、报纸、期刊、缩微制品、音像制品、电子出版物、数字资源等。

第四条　市文化行政主管部门负责全市公共图书馆事业的管理工作，并组织实施本条例。

区文化行政主管部门负责本行政区域内公共图书馆事业的管理工作。

发展改革、财政、教育、规划、国土、人力资源、建设、交通等行政管理部门应当根据各自职责，协同实施本条例。

第五条　市、区人民政府应当将公共图书馆事业纳入国民经济和社会发展规划和年度计划、所需经费列入本级财政预算，使财政投入与经济社会发展和公共图书馆的服务人口、服务范围、服务需求、服务功能等相适应。

公共图书馆经费包括设施、设备、人员、文献信息资源、图书馆运行与维护等方面的费用。

第六条　鼓励国内外自然人、法人或者其他组织以捐赠资金、文献、设施、设备或者其他形式支持公共图书馆的发展。

鼓励和支持国内外自然人、法人或者其他组织兴办公益性图书馆，与公共图书馆合作提供或者单独提供公益性阅读服务，各级人民政府应当依照有关法律、法规的规定给予支持。

国内外自然人、法人或者其他组织按照本条第一款、第二款规定的方式参与图书馆建设或者提供公益性阅读服务的，依照有关法律、法规的规定享受税收等优惠待遇。公共图书馆可以以捐赠人的名字命名或者以其他适当方式给予捐赠人相应荣誉。

第七条　市、区人民政府可以发起设立公共图书馆发展社会基金。

鼓励国内外自然人、法人或者其他组织依法设立公共图书馆发展社会基金，或者向公共图书馆发展社会基金进行捐赠。

公共图书馆发展社会基金的设立、运作和管理依照有关法律、法规的规定执行。

第八条　市、区人民政府应当推动公共图书馆建立和运行法人治理机制，建立和完善理事会等法人治理机构。理事会由文化行政主管部门、有关行政管理部门、公共图书馆、专业人士、市民等有关方面代表组成。

第九条　每年四月为广州读书月。

文化行政主管部门、公共图书馆等行政管理部门和单位应当通过各种形式组织开展全民阅读推广活动。

第二章　公共图书馆的设立

第十条　市、区人民政府应当根据本地区社会、经济、文化发展和人口分布状况，统筹规划、合理布局，建立覆盖城乡的公共图书馆体系。

市文化行政主管部门应当根据国民经济和社会发展规划、城市总体规划以及土地利用总体规划编制公共图书馆事业建设规划，经市发展改革、规划、国土行政管理部门审查后，报市人民政府审批。

第十一条　公共图书馆选址应当位于人口相对集中、交通便利、市政设施配套良好的区域，符合安全、卫生、环保标准和服务半径合理的要求。

本条例实施前已经建成或者已经开工建设的公共图书馆选址不符合前款规定的，市、区人民政府应当逐步完善公共图书馆的配套公共交通、市政设施，并按照有关标准改善公共图书馆周边的安全、卫生和环境状况。

第十二条　市、区人民政府应当设立本级公共图书馆。

市人民政府设立的广州图书馆为全市公共图书馆的中心馆，中心馆可以根据公共图书馆发展规划和实际需要，设立直属综合性分馆或者专业性分馆。

区人民政府负责建设区和镇、街道公共图书馆，建立公共图书馆总分馆体系，区公共图书馆为区域总馆，镇、街道公共图书馆为分馆。省、市、区公共图书馆所在地的镇、街道可以不设立分馆。

第十三条　区人民政府应当因地制宜推进村、社区的图书室或者服务网点建设，可以在学校、企业、地铁站、火车站、汽车站、航空港等人口密集区域设立图书室或者服务网点。

有关单位应当根据实际情况为图书室或者服务网点建设在场地、配套设施设备等方面提供必要支持。

第十四条　市人民政府应当设立少年儿童图书馆。区人民政府可以设立少年儿童图书馆。市、区人民政府设立的少年儿童图书馆为中心馆、区域总馆的专业性分馆。

中心馆、区域总馆应当设置少年儿童阅览区域。

第十五条　中心馆、区域总馆应当独立建设。镇、街道分馆或者村、社区图书室可以与其他文化设施合建，或者利用其他现有建筑建设。

公共图书馆（室）与其他文化设施合建的，应当满足图书馆（室）的使用功能和环境要求，自成一区，设置单独出入口。

第十六条　公共图书馆的建筑面积依据服务范围内的常住人口数量并适当考虑人口增长因素确定。公共图书馆每千人建筑面积应当符合下列要求：

（一）市级公共图书馆达到十平方米以上；

（二）区域总馆和镇、街道分馆合计达到37.5平方米以上，但省、市公共图书馆所在地的区可以适当低于上述标准。

市、区公共图书馆和镇、街道分馆的建筑面积不得低于国家最低标准。

公共图书馆的少年儿童阅览区域面积应当不低于全馆借阅服务区域面积的百分之二十。

第十七条　公共图书馆的藏书总量应当高于国家标准。以公共图书馆服务范围内常住人口为基数计算，馆藏纸质信息资源人均拥有量到2020年应当达到下列要求：

（一）市级公共图书馆合计达到一册/件以上；

（二）区域总馆和镇、街道分馆合计达到二册/件以上。

第十八条　公共图书馆应当不断完善、丰富馆藏文献信息资源。文献信息资源建设应当兼顾纸质信息资源、数字信息资源和其他信息资源，满足服务人口的需求。

以公共图书馆服务范围内常住人口为基数计算，公共图书馆年人均入藏纸质信息资源应当达到下列要求：

（一）市级公共图书馆不少于0.06册/件；

（二）区域总馆和镇、街道分馆合计不少于0.14册/件。

第十九条　公共图书馆应当加强数字信息资源共建共享。中心馆应当建立全市统一的通用数字信息资源库，对数字信息资源与传统载体资源进行整合，为全市公共图书馆用户提供数字化、网络化服务；区域总馆可以建设具有本区域特色内容的数字信息资源库。区域总馆建设的数字信息资源库应当在中心馆网站建立链接。

数字信息资源建设中应当注重信息技术的应

用，根据数字信息资源的用途，确定相应的加工级别和保存期，优秀文化遗产应当长期保存。

中心馆与区域总馆应当建立完善的数字信息资源管理平台，实现对数字信息资源的科学管理，加强知识产权保护，保证数字信息资源的合法使用。

第二十条　公共图书馆应当加强对地方文献的搜集、整理和保护，逐步形成资料齐全、体系完整、具有地方特色的馆藏体系或者专题系列。

第二十一条　任何单位和个人不得擅自拆除公共图书馆（室）或者改变其使用功能、用途。

经依法批准拆除公共图书馆（室）或者改变其功能、用途的，应当依照有关法律、法规和本条例的规定原址重建或者迁建。原址重建或者迁建的公共图书馆（室）应当符合规划要求，并不得小于原有规模。公共图书馆（室）迁建应当在新馆（室）建成后再拆除旧馆（室）。

第二十二条　全市公共图书馆实行统一标志，并纳入路标、路牌、公共交通等城市标志系统。

第三章　公共图书馆的管理

第二十三条　市、区人民政府应当按照服务的常住人口每一万人至一万五千人配备一名工作人员的标准，结合服务时间、馆舍规模、馆藏资源数量、用户服务量等因素合理配备相应数量的公共图书馆工作人员。工作人员可以多形式、多类型配备。

公共图书馆新进管理人员和专业技术人员应当具备大学本科以上学历和与工作岗位相适应的专业知识与技能，并按照相关规定实行公开招聘，具体要求由市文化行政主管部门另行规定并向社会公布。

公共图书馆应当根据图书馆事业发展和业务要求，建立和健全工作人员业务培训和继续教育制度。

第二十四条　公共图书馆实行馆长负责制。

市级公共图书馆的馆长应当具有相应专业的正高级专业技术职称或者具有五年以上图书馆工作经验的相应专业副高级专业技术职称。

区域总馆的馆长应当具有相应专业副高级以上专业技术职称或者具有三年以上图书馆工作经验的相应专业中级专业技术职称。

第二十五条　中心馆应当履行下列职责：

（一）负责全市公共图书馆业务的指导和协调；

（二）负责制定和组织实施全市公共图书馆统一的业务标准和服务规范；

（三）负责统筹全市公共图书馆通借通还服务网络、信息化管理系统和数字图书馆建设；

（四）负责组织全市公共图书馆工作人员专业化培训工作；

（五）开展图书馆领域的国内外交流与合作。

第二十六条　区域总馆在中心馆的业务指导下，履行下列职责：

（一）负责所属分馆的统一管理；

（二）按照全市统一的业务标准，负责本馆和所属分馆文献信息资源的采购、编目和物流配送；

（三）按照全市统一的服务规范，制定本区公共图书馆（室）和服务网点的服务规范；

（四）负责本馆和所属分馆工作人员的统筹调配；

（五）开展图书馆领域的国内外交流与合作。

第二十七条　公共图书馆应当提高图书馆空间和馆藏纸质信息资源的利用率，定期对馆藏纸质信息资源进行清点，对于有利用价值但利用率相对较低的纸质信息资源，可以在图书馆之间调配使用，或者建立贮存图书馆进行收藏；对于破损严重或者陈旧等原因而无法使用的馆藏纸质信息资源可以根据有关程序予以剔除。

公共图书馆应当制定与本馆馆藏发展需要相适应的纸质信息资源剔除规定，报文化行政主管部门批准后执行。

第二十八条　公共图书馆应当做好文献信息资源的保存和保护工作，配备防火、防盗、防潮、防有害生物、消毒、容灾备份等必要设施，建立应急预案，落实有关的安全管理制度。

第二十九条　公共图书馆应当遵守国家知识产权保护的法律法规，依法保护和合理使用文献信息资源。

第三十条　在本市依法登记注册的出版单位出版的图书、报纸、期刊、音像制品、缩微制品、电子出版物等，应当在出版之日起六十日内，向广州图书馆呈缴两册（件）；少年儿童出版物应当同时向广州少年儿童图书馆呈缴两册（件）。

各级人民政府以及所属职能部门编印的内部资料性出版物，应当在编印之日起六十日内，向本级公共图书馆呈缴四册（件）作为资料保存。

鼓励自然人、法人或者其他组织通过各种方式向公共图书馆捐赠其出版或者编印的各类出版物和资料。

受缴、受赠公共图书馆应当向出版、编印单位出具接受呈缴或者捐赠凭证，定期编制呈缴本、受赠本目录并向社会公布。

第三十一条　公共图书馆应当建立文献信息资源采购咨询制度，广泛征求用户、专家以及相关行业组织对文献信息资源采购类别、数量等方面的意见。

第三十二条　市文化行政主管部门应当制定公共图书馆考核标准，建立第三方评估机制。

市、区文化行政主管部门应当定期对公共图书馆的设立、管理与服务情况进行考核。

第三十三条　鼓励建立图书馆行业组织，支持行业组织发挥行业自律、行业代表、行业服务、行业指导和行业协调作用。

图书馆行业组织的职责、议事规则等由其章程规定。

第四章　公共图书馆的服务

第三十四条　公共图书馆应当坚持普遍、平等、免费、开放和便利的服务原则。

第三十五条　公共图书馆应当为公众提供下列基本服务：

（一）文献信息资源的阅览、外借、查询、参考咨询等服务；

（二）政府公开信息的查询服务；

（三）开展全民阅读推广活动和信息素养教育，举办公益讲座、展览、培训等社会教育活动，为公众终身学习提供条件和支持；

（四）提供学习、交流和相关公共文化活动的空间、平台；

（五）其他基本服务。

第三十六条　公共图书馆除按照本条例第三十五条规定提供基本服务外，还应当根据自身的业务能力提供下列服务：

（一）为公众提供专题信息服务；

（二）为国家机关决策提供信息服务；

（三）为开展地方文献与地方历史文化研究提供服务。

第三十七条　公共图书馆应当利用互联网、手机等信息技术手段和载体，为用户提供远程查询、阅读等服务以及个性化信息服务。

公共图书馆应当借助计算机管理与书目检索系统，将纸质、电子和缩微等不同载体的馆藏文献目录向公众公开，提供题名、著者、主题等方便用户查询的基本检索途径。

公共图书馆应当为用户提供必要的数字服务空间和设施设备。

第三十八条　区域总馆应当根据村、社区居民的年龄结构、文化程度、就业状况等，有针对性地配置村、社区图书室的文献信息资源，改善阅读环境，提高服务水平。

公共图书馆应当通过流动站、流动车或者自助图书馆等形式，定点、定时在村、社区等基层组织和单位提供文献信息资源通借通还服务和其他公共图书馆服务。

第三十九条　公共图书馆应当通过推荐优秀读物、组织读书会、开展阅读辅导等形式，面向社会公众、重点面向少年儿童和青年倡导、推广阅读。

第四十条　中心馆、区域总馆及其分馆应当在2020年前实现文献信息资源的通借通还。

第四十一条　公共图书馆提供基本服务应当免费。

公共图书馆提供文献复制、文本打印、即时付费数据库检索、科技查新、专题信息服务、文献信息资源开发等服务，可以收取适当费用。收费项目和标准，由文化行政主管部门报送价格行政管理部门按照《中华人民共和国价格法》的规定确定。公共图书馆的收费应当用于公共图书馆的建设和管理。

公共图书馆不得将馆内场地提供给第三方举办与公共图书馆功能和服务无关的商业性活动。经公共图书馆同意举办相关活动的，不得影响用户对公共图书馆的正常使用。

第四十二条　中心馆每周的开放时间不少于七十小时，区域总馆每周的开放时间不少于六十三小时，镇、街道分馆每周的开放时间不少于四十小时。

少年儿童图书馆每周的开放时间不少于四十八小时，在学校寒暑假期间，每天开放时间应当适当延长。

在国家法定节假日，公共图书馆可以根据实际情况调整开放时间。

第四十三条　公共图书馆应当将本馆的服务范围、服务指南、开放时间、收费项目及标准等事项在图书馆入口处、馆内显著位置公示，中心馆、区域总馆还应当在其网站上公示。

因故变更开放时间或者闭馆的，除遇不可抗力和意外事件外，应当提前七日公示。

第四十四条　公共图书馆用户享有以下权利：

（一）平等获取信息和知识；

（二）免费、平等获得公共图书馆基本服务；

（三）向公共图书馆或者文化行政主管部门提出建议和意见，并及时获得回复；

（四）依照有关规定获得公共图书馆提供的其他服务。

第四十五条　公共图书馆用户应当遵守下列规定：

（一）依法合理利用公共图书馆资源；

（二）爱护公共图书馆的文献信息资源和设施、设备，不得损毁；

（三）妥善保管并按照规定期限归还所借馆藏文献信息资源；

（四）服从公共图书馆的管理，遵守公共秩序，在公共图书馆内不得有追逐打闹、高声喧哗等干扰、影响其他用户的行为；

（五）遵守其他规章制度。

第四十六条　公共图书馆应当依法保护和使用用户信息，未经用户同意，不得擅自向第三方披露或者泄露。

第四十七条　公共图书馆不得限制文献信息资源的利用，但国家规定禁止公开传播的文献信息资源除外。

古籍和其他珍贵、易损文献信息资源，应当按照法律、法规的规定采取保护措施，利用数字化、善本再造或者缩微技术等提供保护性使用。对于其他不宜外借的文献信息资源，读者可以在馆内阅览。

第四十八条　公共图书馆应当为老年人、残疾人等特殊群体提供设施、设备、文献信息资源等方面的便利服务。

中心馆、区域总馆应当设置盲人阅览室和残疾人专座。

第四十九条　公共图书馆应当通过组建图书馆联盟或者其他方式，加强与学校图书馆、科学与专业图书馆及其他类型图书馆的交流与合作，通过馆际互借、文献传递、联合参考咨询、开放数字资源库等方式实现资源共享与联合服务。

少年儿童图书馆应当推进与中小学校图书馆的合作，通过流动站、流动车等方式向中小学生提供服务。

鼓励学校图书馆、科学与专业图书馆及其他类型图书馆承担公共图书馆职能或者参与设立公共图书馆（室），提供公益性服务。

第五十条　公共图书馆应当建立常态化志愿服务机制，加强与志愿服务组织的合作，根据需要组织志愿者参与公共图书馆的日常运行和服务工作。

第五十一条　公共图书馆可以向社会组织购买服务，吸纳社会组织参与公共图书馆的运营与管理。

公共图书馆购买服务应当有助于提升服务效能。

第五十二条　公共图书馆应当在馆舍显著位置设立用户意见箱（簿），公开监督电话，开设网上投诉通道，组建社会监督员队伍，定期召开用户座谈会。

公共图书馆应当自收到意见或者投诉之日起五个工作日内将答复意见或者处理情况向提出意见的人员或者投诉人反馈。

第五章　法律责任

第五十三条　文化行政主管部门和相关行政管理部门及其工作人员有下列行为之一的，由上级行政机关或者有关部门责令改正、通报批评；情节严重的，对直接负责的主管人员和其他直接责任人员依法给予处分：

（一）违反本条例第十条规定，未按规定编制公共图书馆事业建设规划的；

（二）违反本条例第二十一条规定，未经批准擅自拆除公共图书馆（室）或者改变其使用功能、用途，或者未按规定原址重建或者迁建公共图书馆（室）的；

（三）违反本条例第三十二条规定，未制定考核标准，未定期对公共图书馆进行考核，或者未进行第三方评估的；

（四）其他违反本条例规定的行为。

第五十四条　公共图书馆及其工作人员有下列行为之一的，由文化行政主管部门责令限期改正；情节严重的，对直接负责的主管人员和其他直接责任人员，由任免机关或者有关部门依法给予处分：

（一）违反本条例第二十一条规定，未经批准擅自拆除公共图书馆（室）或者改变其使用功能、用途，或者未按规定原址重建或者迁建公共图书馆（室）的；

（二）违反本条例第二十八条规定，未按规定做好文献信息资源的保存和保护工作，导致文献信息资源损毁或者灭失的；

（三）违反本条例第二十九条规定，未依法保护和合理使用文献信息资源侵犯知识产权的；

（四）违反本条例第四十三条规定，未按规定将有关事项公示的；

（五）违反本条例第四十六条规定，未依法保护、使用用户信息，或者擅自披露、泄露用户信息的；

（六）违反本条例第四十七条第一款规定，擅自限制文献信息资源利用的；

（七）违反本条例第四十八条规定，未为老年人、残疾人等特殊群体提供设施、设备、文献信息资源等方面便利服务的；

（八）其他违反本条例规定的行为。

公共图书馆在提供服务过程中，违反规定向公众收取费用的，由价格行政管理部门依法查处。

第五十五条　违反本条例第二十一条规定，国内外自然人、法人或者其他组织未经批准擅自拆除公共图书馆（室）或者改变其使用功能、用途，或者未按规定原址重建或者迁建公共图书馆（室）的，由文化执法机构责令限期改正，并可以处以十万元以上五十万元以下的罚款。

第五十六条　出版单位未按照本条例第三十条第一款规定呈缴出版物的，广州图书馆或者广州少年儿童图书馆可以通知出版单位限期呈缴；仍不呈缴的，由市文化执法机构责令改正，给予警告。

第五十七条　用户违反本条例第四十五条第（二）项规定，损毁公共图书馆文献信息资源、设施设备的，应当依法赔偿；违反治安管理规定的，由公安机关依法给予治安管理处罚。

用户违反本条例第四十五条第（三）项规定，逾期未归还所借文献信息资源的，公共图书馆可以按照服务合同的约定收取违约金；经公共图书馆合理催告后仍不归还的，公共图书馆可以暂停其读者证的使用权限，并记入个人信用记录。丢失所借文献信息资源的，应当依法赔偿。

用户违反本条例第四十五条第（四）、（五）项规定，不遵守公共秩序，有干扰、影响其他用户的行为，或者不遵守其他规章制度的，公共图书馆工作人员有权予以劝阻、制止，情节严重的，予以劝离；违反治安管理规定的，由公安机关依法给予治安管理处罚。

第六章　附则

第五十八条　本条例自 2015 年 5 月 1 日起施行。

贵州省教育厅关于实施“三个三分之一”图书管理提升图书使用效益的通知
（2015 年 2 月 6 日　黔教基发〔2015〕4 号）

各市（州）教育局，贵安新区社会事务管理局，仁怀市、威宁县教育局：

为深化基础教育领域综合改革，推动我省新“两基”（县域内义务教育基本均衡发展和基本普及十五年教育）发展进程，积极创建书香校园，促进中小学内涵发展，决定实施“三个三分之一”图书管理，提升图书使用效益。现将相关事宜通知如下，请各地结合实际，认真贯彻落实。

一、“三个三分之一”图书管理

（一）图书存放。为让学生便于阅读，不受时间和空间限制，各校要坚持因地制宜、取用方便、存放安全、易于管理原则，将全校图书分成三部分，分别存放在图书室（馆）、教室、学校少年宫等地。即将师生借阅率相对较低部分图书存放在图书馆（室），师生按规定时间借阅；将师生借阅率相对较高的图书和使用率较高的工具书等资料存放在教室和学校图书阅览室，师生随机借阅；将中华优秀传统文化经典著作和可读性强的优秀书籍存放在教学楼（楼梯间转角或宽畅处）、宿舍楼（宿舍及楼梯间宽畅处）、学校少年宫、留守儿童之家等地，师生自由阅看。让学校图书从封闭式管理走向开放式管理。

（二）图书管理。存放在图书室（馆）的图

书由学校图书管理员严格按照《省教育厅关于进一步加强全省中小学图书馆（室）管理工作的通知》（黔教装发〔2013〕554号）要求规范管理。要进一步健全和完善图书管理和借阅制度，实施中小学图书规范化和信息化管理。要定期更新图书，对破旧残缺、可读性不强和不适于师生阅读的书籍要坚决下架，对新进图书要严格把关，杜绝盗版和不适于少年儿童身心健康发展的图书进校园。

存放在图书馆（室）外的图书倡导学生自主管理。建立学生图书自主管理制度和监督机制，充分发挥学生对图书管理的积极性和主动性。对学生开展“爱护图书”的专题教育，定期交流自主管理经验，提升学生图书管理能力。要以图书自主管理为契机，培养学生自主管理、民主管理和合作管理的意识和能力。

（三）相关要求

1. 加强学校图书管理员培训。各地要按要求配齐配足专兼职图书管理员，按照规定解决相关待遇。省教育装备管理中心和各地教育行政部门要加强图书管理员业务技能培训，提升图书管理员专业素养和业务水平，逐步实现乡镇以上学校图书管理员持证上岗全覆盖。

2. 加强学生诚信教育。广泛开展诚信教育和养成教育，培育学生诚信意识，培养学生善于看书、自觉还书和乐于护书的良好行为习惯。

3. 多形式丰富学校图书。学校要统筹使用生均公用经费，及时更新学校图书。各地要采取定期配置、社会捐赠和学生捐赠等方式丰富学校图书。重点丰富中华文化传统经典、青少年法律读本、体现时代特征和促进学生健康成长的书籍、报刊音像资料等。同时要增添一定数量实用性、指导性较强的教育教学科研书籍和工具书。配置适量电子图书，建设健康向上的专题读书网站。有条件的学校要与当地少儿图书馆等建立联盟，共享优质图书资源。

4. 建立图书定期流动制度。学校要建立图书定期流动制度，让学校图书在年级间、班级间定期流动，师生共享优质图书资源。校际间、区域间和学校联盟要加强图书交流，互通有无，相互借阅，让图书使用效益最大化。

二、提高图书使用效率

（一）加强学生阅读指导。学校要认真开展针对学生的阅读指导、读书笔记及资料收集等培训活动，培养学生良好的阅读习惯，不断提升学生的阅读能力，学会高效阅读。定期收集师生对学校图书管理及阅读的意见建议，开展“优秀童书”、“我最喜爱的一本书”推荐等活动，定期向学生推荐一批优秀图书阅读目录，让学生会读书、爱读书、读好书。

（二）定期组织读书活动。学校要定期组织开展学生读书专题活动，抓住世界读书日等契机，通过读书报告会、经验交流会、读书笔记展示、读书辩论会和开展主题读书等丰富多彩的有益活动，鼓励、督促、引导学生积极参与读书活动，激发学生的阅读兴趣，让学生从“要我读”到“我要读”。自2015年起，寒暑假各地均要开展“读一本好书”活动，省教育厅每两年组织一次全省中小学生主题读书系列活动。

（三）师生共创书香校园。大力倡导教师读书活动，建立机制鼓励教师积极读书，率先垂范。在学校范围内广泛开展师生共同参与的系列读书活动，师生共创书香班级，共同营造积极向上、清新高雅、健康文明的校园文化氛围。各地要积极开展书香校园创建活动，引领学校读书活动深入开展。

（四）村校共建“农家书屋”。农村学校尤其是村级学校要将学校图书室建设与“农家书屋”建设结合起来，有效发挥优秀课外书的育人作用和服务功能，充分提高图书资源的利用率。

三、加强组织保障

（一）转变图书管理观念。各市、县（区）教育主管部门和义务教育学校要加强组织领导，切实转变图书管理、存放及使用观念，树立“以生为本、科学规范、结合实际、提高效益”的图书管理理念，认真组织实施好“三个三分之一”图书管理，共同推进我省义务教育学校图书管理改革，共同创建书香校园。

（二）建立科学的评价机制。县级教育主管部门要结合实际，建立科学、多元和操作性强的图书管理评价机制，督促和引导学校图书管理多元化。各义务教育学校对学生每学年的阅读要有质和量的要求，从2015年开始，把学生每年阅读量纳入中小学学生综合素质评价体系。

（三）加强工作指导和督查。各市、县（区）教育主管部门，要将“三个三分之一”图书管理工作纳入标准化教育装备的管理整体工作当中，建立督查制度。省教育装备管理中心要组织专家组、指导组对义务教育学校的图书采购、管理与使用工作进行督查指导，不断推进图书管理工作的健康发展。

国家新闻出版广电总局关于开展 2015 年全民阅读工作的通知
（2015 年 2 月 25 日　国家新闻出版广电总局）

各省、自治区、直辖市新闻出版广电局，新疆生产建设兵团新闻出版局，解放军总政治部宣传部新闻出版局，中央和国家机关各部委、各民主党派、各人民团体出版单位主管部门，各出版集团：

为进一步贯彻落实党中央、国务院关于倡导和开展全民阅读的战略部署，结合中央办公厅、国务院办公厅《关于加快构建现代公共文化服务体系的意见》的任务要求，国家新闻出版广电总局在多年倡导并组织开展全民阅读工作、建设“书香中国”的基础上，决定继续组织开展 2015 年全民阅读工作。现就有关事项通知如下。

一、丰富优秀出版产品供给。坚持以人民为中心的工作导向，推出更好更多深入宣传阐释习近平总书记系列重要讲话精神、加强中国特色社会主义和中国梦宣传教育、培育和践行社会主义核心价值观、传承和弘扬中华优秀传统文化的优秀出版物。进一步实施精品战略，在人文社科、科学技术等领域，策划推出一批体现国家意志、代表国家水平的标志性出版项目。组织编辑、作者等深入生活、扎根人民，走与时代相结合的文艺道路，推出一批无愧于时代的优秀文艺作品。精心推出一批知识性、科学性、艺术性、趣味性相统一的优秀少儿出版物。

二、加强优秀读物推荐引导。按照分类指导、阶梯阅读的要求，完善针对不同读者群体的推荐机制，加强对各类图书排行榜的引导和管理工作。继续开展“向全国青少年推荐百种优秀图书和百种优秀电子音像出版物”、“向全国少年儿童推荐优秀少儿报刊”、“大众喜爱的 50 种图书”、“向全国老年人推荐优秀出版物”、“向全国推荐百种优秀民族图书”等推荐活动，组织实施首次“优秀网络文学原创作品推介活动”，充分发挥优秀出版物的引领示范作用。

三、广泛开展主题读书活动。围绕学习宣传贯彻党的十八大和十八届三中、四中全会精神，习近平总书记系列重要讲话精神，中国特色社会主义和中国梦宣传教育，培育和践行社会主义核心价值观等重大主题，以及纪念中国人民抗日战争暨世界反法西斯战争胜利 70 周年等重要纪念活动，在“4·23”世界读书日、“六一”国际儿童节、国庆节等重要节庆日和重要节点，结合“中国梦·我的梦”和“传承革命精神·弘扬红色文化”等主题实践活动，广泛开展主题出版物展示展销、中华优秀传统文化经典诵读、读书讲座、读书征文、知识竞赛等内容丰富、形式多样的主题读书活动，激发群众阅读热情，弘扬主旋律，传播正能量。

四、发挥书香品牌引领作用。巩固“书香中国”阅读活动品牌，积极协调各方力量，努力办好“书香中国·北京阅读季”、“书香中国·上海周”、“江苏读书节”、“书香荆楚”、“书香八闽”、“书香岭南”、“三湘读书月”、“南国书香节”、“天山读书节”、“书香重庆”、“三秦书月”、“书香八桂”、“书香龙江”、“深圳读书月”、“苏州阅读节”等各具特色的“读书节”、“读书月”活动，充分发挥“书香中国”品牌阅读活动的覆盖面和影响力。继续将书博会、书展、书市等各种行业展会与全民阅读工作紧密结合，吸引更多读者参与。做好首届全国“书香之乡（镇、街道）”推荐活动和第二届“书香之家”推荐活动，发挥阅读典型的引领示范作用，展现各地区、各民族人民群众的优秀读书传统和读书风采。

五、完善全民阅读设施体系。完善农家书屋出版物补充更新机制，推进数字农家书屋建设，推动农村、城市社区全民阅读服务资源整合和互联互通。加快城乡阅报栏屏建设，在城镇主要街道、公共场所、居民小区等人流密集地点设置阅报栏或电子阅报屏。加快社区书屋、职工书屋、连队书屋、寺庙书屋等基础阅读设施建设，探索长效管理机制。鼓励和支持有条件的其他阅读设施向公众开放。加强流动借书车、自助借书机等流动借阅设施建设。各地要加强出版物发行网点建设，特别是农村和社区网点建设，支持实体书店、书报亭等各类书店的发展，发挥其市场作用和公益功能，满足读者多样化的阅读需求。各地要根据实际情况探索制定当地全民阅读服务标准，并积极引入市场机制，通过政府购买、社会捐助等形式引导社会力量参与，逐步增加为全民阅读服务的资源总量，提高服务效能。

六、推动全民阅读深入基层。大力推动农村文艺题材作品创作、“三农”出版物出版发行工作，充分利用农家书屋，开展丰富多彩的农村读书活动。加强少数民族文字及双语出版物出版发行工作。探索实施边远贫困地区、革命老区阅读推广工作者的专项支持计划，加强人力和物力投入，着力推进老少边穷地区居民阅读。充分利用各类阅读设施，开展各种形式的基层读书活动，深入推动全民阅读进农村（牧区）、进社区、进校园、进军营、进企业、进机关、进家庭，真正将全民阅读活动开展到基层群众中去，推动基层群众阅读，传播阅读理念，引领阅读风尚。

七、保障重点群体基本需求。要着力保障未成年人、农村留守儿童、进城务工人员子女以及残障人士等重点群体的基本阅读需求。加快实施以中西部贫困地区学龄前儿童为重点对象的“书香·童年”阅读工程的试点工作，不断满足儿童基本阅读需求。加快将进城务工人员阅读服务纳入常住地全民阅读服务体系，探索实施进城务工人员e阅读推广工程，满足进城务工人员的基本阅读需求。继续开展“文化助残公益行动”。各地要大力鼓励和培育针对重点群体阅读的服务与推广项目，扩大政府文化资助和文化采购，探索向困难群体免费发放购书券等。

八、不断创新方式推广阅读。开展“全民阅读报刊行”活动、“强素质·作表率”主题读书活动、“百社千校”中小学生阅读活动等。组织动员各类数字出版内容投送平台，开展主题突出、内容丰富、形式多样的主题数字阅读活动。组织热心阅读的社会名人、文化名家，开展全民阅读大讲堂活动。探索建立阅读推广人队伍，积极开展阅读推广服务。鼓励和支持民间阅读推广机构以及各种社会力量开展各种捐书助读等阅读推广工作。各地要积极探索建立全民阅读状况调查监测评估机制，定期发布阅读指数。

九、加强全民阅读宣传服务。积极利用报刊、电视、广播、网络等媒介，加强全民阅读公益广告投放工作。继续组织“全民阅读媒体联盟”成员单位深入基层，开展“书香中国万里行”活动，充分发挥新媒体的宣传推广功能。鼓励各类媒体办好全民阅读的专栏、专题、专版、访谈节目等，充分发挥积极引导作用。各地要围绕“4·23”世界读书日、“六一”国际儿童节等重点节庆日，开展全民阅读宣传推广工作，不断提高社会影响力。各地新华书店及各类书店在4月23日当天可以通过开展优惠售书活动，延长营业时间，方便读者购书。

十、推动阅读立法阅读规划。加快推动《全民阅读促进条例》立法进程，发布《国家全民阅读中长期规划》。各地要学习借鉴江苏省、湖北省的全民阅读地方立法成功经验，推动本地的全民阅读立法工作，将全民阅读尽快纳入法制化轨道，推动全民阅读工作常态化、制度化。各地要组织编制全民阅读规划及实施计划，进一步确立全民阅读的战略目标、重点任务和保障措施。

十一、加强全民阅读组织协调。已经建立全民阅读组织领导机构的地方，要进一步完善体制机制，充分发挥各部门各单位的作用，整合资源，形成合力，认真开展全民阅读工作。其他地方要尽快协调有关部门和单位建立全民阅读组织领导机构，组织开展本地区的全民阅读工作。

各地新闻出版广电局要根据本通知要求，精心制订本地区2015年全民阅读活动工作方案，加强全民阅读工作所需人员、经费等的投入，切实履行好全民阅读工作职责，并认真总结2014年开展全民阅读活动的相关工作情况，于3月20日前一并上报总局出版管理司。

文化部办公厅关于印发《全国文化信息资源共享工程2015年度地方资源项目建设工作方案》的通知

（2015年3月30日　办公共发〔2015〕8号）

各省、自治区、直辖市文化厅（局），新疆生产建设兵团文化广播电视局，文化部全国公共文化发展中心：

数字资源建设是全国文化信息资源共享工程（以下简称“文化共享工程”）的核心。近年来，文化共享工程通过实施地方特色资源项目，以数字化、影像化方式，建成一批优秀原创数字资源成果，内容涵盖舞台艺术、文化遗产、少数民族文化、红色历史文化等领域，为传承优秀传统文化，丰富基层群众的精神文化需求和群众文化活动，作出了积极贡献。

2015年是实施“十二五”规划的最后一年，做好2015年的工作，对于文化共享工程下一步工作开展具有承前启后的意义。现将《全国文化信息资源共享工程2015年度地方资源项目建设工作方案》（以下简称《方案》）印发给你们。请按照《方案》要求，切实加强指导，督促文化共享工程省级分中心高质量完成2015年度地方资源项目建设任务，并于2015年4月24日前将申报材料报送文化部公共文化发展中心。

附件1:全国文化信息资源共享工程2015年度地方资源项目建设工作方案

为做好2015年度全国文化信息资源共享工程（以下简称“文化共享工程”）地方资源项目立项及建设工作，加强资源项目建设的科学性、系统性、针对性，提高建设水平，制定本方案。

一、指导思想

以邓小平理论、“三个代表”重要思想、科学发展观为指导，贯彻落实习近平总书记系列重要讲话精神，以及中央办公厅、国务院办公厅《关于加快构建现代公共文化服务体系的意见》文件要求，立足原创，突出特色，力求精品，积极创新，努力创作生产传播当代中国价值观念、体现中华文化精神、反映中国人审美追求，思想性、艺术性、观赏性有机统一，人民群众喜闻乐见的优秀数字资源产品，更好地满足人民群众日益增长的精神文化需要。

二、建设原则

文化共享工程2015年度地方资源项目建设坚持以下原则：

（一）坚持正确导向。坚持以人民为中心，立足中华优秀传统文化，大力培育和弘扬社会主义核心价值观，确保资源内容的真实、准确、客观和积极向上，努力促进优秀传统文化的传承和当代先进文化的传播。

（二）突出地方特色和文化特色。立足于本省（区、市）的地域文化特色，深入挖掘具有地域文明特点，体现当地文化精神，充满浓郁地方特色，群众认同度高，具有较强代表性和较高历史、人文、科学价值的资源内容。

（三）符合系统化、体系化的要求。立足文化系统自身的优势资源，整合其他系统的优秀资源，逐步形成以优秀传统文化资源、红色历史文化资源、当代艺术与群众文化资源为主体的资源建设体系。鼓励开展连续性资源项目的申报和建设，防止资源内容的小而散。鼓励相关省份联合策划、申报资源项目。

（四）坚持高标准、高质量。牢固树立精品意识，严格遵循资源建设工作的各项标准规范，各类资源成果应力求达到内容丰富、形式美观、脉络清晰、表现生动。

（五）努力满足群众需求。以群众需求为导向，提高资源内容的丰富性、针对性、适用性。鼓励申报微视频、微讲座、移动终端产品等用户体验良好的资源项目。积极探索以群众文化活动带动资源项目建设的新模式。鼓励多渠道利用资源项目建设成果，开展形式多样的服务活动。

（六）鼓励引入社会力量联合共建。鼓励文化共享工程系统之外的其他社会单位，参与地方资源项目的申报、建设。鼓励引入社会资金参与项目建设，探索社会联合共建、共享版权的资源建设模式。

三、成果形式

文化共享工程地方资源建设项目成果应结合实际，采用适合于网络、新媒体呈现和推送的形式。

文化共享工程地方资源建设项目成果以文化专题片为主，同时兼顾其他形式的资源产品，包括：多媒体资源库，音频库，图片库，戏曲动漫，文化微视频，舞台艺术及群众文化资源，讲座等。

在资源项目建设中，要注重收集、整理、保存各类原始素材，将其纳入资源建设成果的范围。

四、推荐选题

为加强统筹，促进地方资源项目建设的系统化、体系化，形成鲜明的资源特色，结合近年来资源项目的申报、评审情况，推荐以下选题方向，供各地参考：

（一）“一带一路”文化专题资源。结合国家“一带一路”（即“丝绸之路经济带”和“21世纪海上丝绸之路”)重大战略构想的推进，深入挖掘“丝绸之路”和“海上丝绸之路”的历史文化内涵，展示其在促进东西方经济文化交流与发展方面取得的巨大成就，总结历史经验，促进“一带一路”战略的实施。

（二）“中国人民抗日战争史迹”专题资源。今年是中国人民抗日战争暨世界反法西斯战争胜利70周年，要以此为契机，围绕抗战遗迹、史实、人物与事件，系统收集、整理相关文献、照片、影像等，采访抗战老兵和亲历者，抓紧抢救珍贵史料，展示在中国共产党领导下中国人民抗日战争的伟大胜利和艰苦历程。

（三）“红色历史文化”专题资源。着重反映中国共产党在革命、建设、改革过程中的重要事件、主要人物、发生地点、历史资料等内容，充分展示中国共产党带领人民走过的光辉历程和取得的辉煌成就。

（四）“国家级、省级非物质文化遗产”专题片。以本省（区、市）国家级、省级非物质文化遗产项目为主要内容，拍摄制作具有文化保存价值，雅俗共赏，易于传播的专题片，通过丰富、生动的影像表现和视听语言，对非物质文化遗产的历史价值、文化价值进行深度挖掘，促进相关知识普及与推广。

（五）“中国春节”专题片。以本省（区、市）具有代表性的春节习俗、民间艺术、民间技艺、饮食文化等为主要内容，拍摄制作具有文化保存价值，雅俗共赏，易于传播的专题片，通过丰富、生动的影像表现和视听语言，展示我国不同地区春节文化的传统和特色，展现幸福、团圆、喜庆、祥和的节日氛围，以及人民群众热爱祖国、热爱生活的精神风貌。

（六）“少数民族节庆”专题片。以本省（区、市）具有代表性的少数民族节庆活动为主要内容，展示少数民族节庆文化的丰富性、珍贵性、独特性，拍摄制作具有文化保存价值，雅俗共赏，易于传播的专题片，通过丰富、生动的影像表现和视听语言，展现中华民族多元一体的文化特色。

（七）“古村落、古民居”专题片。以本省（区、市）保存较好的古村落和古民居为主要内容，围绕人与居所之间的关系，拍摄制作具有文化保存价值，雅俗共赏，易于传播的专题片，通过丰富、生动的影像表现和视听语言，展示其历史沿革、建筑风貌与特色及相关风土人情。

（八）“历史文化名城（镇）”专题片。以本省（区、市）代表性历史文化名城（镇）的历史发展、文物古迹、风土人情、人文传统为主要内容，拍摄制作具有文化保存价值，雅俗共赏，易于传播的专题片，通过丰富、生动的影像表现和视听语言，深度挖掘历史文化名城（镇）的历史价值、文化价值，展示其当代发展活力。

（九）“历史文化名人”专题片。以本省（区、市）最具代表性和影响力的历史文化人物为内容，拍摄制作具有文化保存价值，雅俗共赏，易于传播的专题片，通过丰富、生动的影像表现和视听语言，展示人物生平、个人成就、历史贡献，深入挖掘其思想精华的当代价值。

（十）“戏曲动漫”。选取本省（区、市）主要戏曲剧种的代表性剧目开展资源建设，制作成系列戏曲动漫，以喜闻乐见的形式，吸引青少年了解、学习、喜欢传统戏曲，提高他们的艺术素养和综合素质。在建设完成戏曲动漫作品的基础上，开展相关推广服务活动，通过走进校园、讲座培训、知识竞赛等多种方式推广戏曲动漫建设成果，拓展戏曲动漫项目影响力，形成全社会了解和喜爱优秀传统文化的良好氛围。

（十一）“文化微视频”。为适应新媒体时代的传播特性，充分发挥基层群众参与资源建设的主动性和创造性，通过开展本省征集活动、微视频大赛等方式，建设内容丰富、形式多样的文化类微视频资源。

（十二）“舞台艺术、专题讲座”拍摄制作。拍摄制作本省（区、市）代表性舞台艺术演出资源，以及图书馆专题讲座资源。（相关要求、技术标准规范等由发展中心另行下发）

五、实施步骤

为了加强地方资源建设项目管理，保证建设进度和质量，2015年度地方资源建设项目申报、评审、立项、验收等工作按以下步骤进行：

（一）策划选题（2015年3月—4月）

各省（区、市）应结合实际，在充分开展前期研究、资源调查的基础上，做好选题策划。应注重项目建设系统性和连续性，新策划项目应注意与现有资源库的有机结合，现有资源库中合适的项目可续建。

（二）项目申报（2015年4月下旬）

文化共享工程各省级分中心应及时编制地方资源建设项目申报方案，填写申报材料，报经各省（区、市）文化厅（局）审核同意后，于2015年4月

25日前提交文化部全国公共文化发展中心(以下简称“发展中心”)。

(三)项目评审立项(2015年5月—7月)

1. 组织预审

发展中心对各省申报项目的选题、策划方案、经费预算、专家构成、资源建设成果形式等,进行预算,提出预审意见。各省根据发展中心预审意见对项目申报书进行修改、完善。

2. 组织专家评审及评审结果公示

发展中心组织召开专家评审会议,对申报项目进行立项评审,形成评审意见,并将评审结果予以公示。

3. 确定立项并划拨经费

发展中心按照专家评审结果,结合上一年度项目完成情况,提出立项意见,制定资金分配方案,报请文化部审定,经财政部批复后,由中央财政将经费下拨至各省(区、市)财政厅。经费下拨后,各省(区、市)签订《全国文化信息资源共享工程2015年度地方资源建设任务书》,项目正式立项。

(四)项目实施(2015年7月—2016年7月)

2015年地方资源项目建设实施周期一般为1年。

专题片制作项目应按照方案策划、制作脚本、材料准备、样片制作并报审、素材拍摄、后期制作、成品包装等流程进行;多媒体资源库项目应按细化资源制作大纲、明确数据库结构、准备素材、专题库搭建、数据加工与录入、成品包装等流程进行;其余类型项目应按照各自特点履行相关流程开展建设。

(五)项目验收与结项(2016年7月—12月)

各省(区、市)完成2015年度资源建设任务后,应先组织省内验收,经各省(区、市)文化厅(局)审核后,由发展中心组织评审专家进行项目验收。项目验收通过后,发展中心将逐一开展项目的查验工作,确保项目建设各项任务、指标的全部落实。查验结果将向各省分中心反馈,各省根据反馈意见作进一步修改,并再次提交后,由发展中心颁发项目结项证书。

六、建设标准与版权要求

(一)建设标准

为保证资源建设质量,各地在开展2015年度地方资源项目建设过程中,应严格执行文化共享工程相关标准规范。

1. 视频资源建设相关标准规范:资源项目的视频成果应达到广播级标清;视频数字化加工格式执行《全国文化信息资源共享工程视频资源数字化加工格式规范V2.0》;视频编目标准按照《全国文化信息资源共享工程视频资源编目规范》及电影、动画片、讲座、舞台艺术、专题类节目实施细则编目。视频摄像和制作的声音、画面、字幕等技术要求参见《全国文化信息资源共享工程视频资源制作规范》(发展中心另行下发)中相关内容。

2. 多媒体资源库建设相关标准规范:多媒体资源库对象数据可为复合型,包括文字、图像、音视频等,建设标准参照《全国文化信息资源共享工程多媒体资源库建设规范》(发展中心另行下发)。

3. 其他类型资源建设相关标准规范,参照相关行业通行的标准规范执行。

(二)版权要求

2015年度地方资源建设工作应妥善解决资源版权。自主建设项目成果的版权为发展中心与省分中心共有,可在全国范围内提供服务;整合的资源素材应妥善解决在本项目成果中使用的版权,确保项目成果提供服务时,无需再向其他单位获取版权。

七、资金管理

(一)加强资金监管。2015年度地方资源建设工作专项经费使用,应按照《全国文化信息资源共享工程试点工作资源建设经费管理办法》(办社图函〔2006〕437号)的有关规定,确保专款专用。各省(区、市)文化厅(局)要加强经费使用的管理和监督检查,严格执行相关经费标准,尤其在项目申报、省内验收等环节,切实把关。在经费使用方面,应确保用于资源建设的费用所占比例不低于建设项目总金额的85%,其余15%经费可用于购置与资源建设项目所需的软、硬件设备等。

(二)2015年度地方资源建设专项经费使用期限为1年(自经费划拨之日算起)。

(三)地方资源建设价格参考标准(见表1、表2)(略)

八、其他事项

(一)各省在进行地方资源项目申报时,请注意与数字图书馆推广工程项目进行区分。

(二)内蒙古、吉林、四川、西藏、青海、新疆六省(区)继续承担少数民族语言资源译制任务,须提交相关申报材料。少数民族语言资源相关标准可参见发展中心下发的《关于进一步加强全国文化信息资源共享工程少数民族语言译制工作的通知》，其他可参考《翻译服务规范》(GB/T 19363.1—2003)等国家相关标准规范。

(三)“进村入户”专项资源的申报评审办法另行下发。

附件2：全国文化信息资源共享工程2015年地方资源建设项目申报书（略）

安徽省文化厅关于开展县级公共图书馆总分馆制建设的通知
（2015年5月　安徽省文化厅）

各市、县（市）文化行政管理部门：

为统筹县域公共图书资源，提高现有公共文化设施和图书资源利用率，更好满足农村群众读书看报及数字文化需求，根据中办、国办《关于加快构建现代公共文化服务体系建设的意见》（中办发〔2015〕2号）精神，经研究，2015年，我省将在总结2013年农村公共图书服务一体化建设试点工作经验基础上，在全省62个县（市）全面开展县级公共图书馆总分馆制建设。现就相关事项通知如下：

一、目标任务

按照“政府主导、统筹规划、分级管理、资源共享”的原则，整合资源，优化配置，建立以县级公共图书馆为总馆、乡镇综合文化站为分馆的县乡两级图书资源建设、流通、服务网络，形成全面覆盖、均等便捷、实用高效的公共图书服务体系。运行模式主要体现在4个方面：

（一）规范管理。县图书馆为总馆。乡镇综合文化站为分馆，统一加挂“××县图书馆××乡镇分馆”名称。总馆和分馆是统一整体，共同构成一个图书馆网络，其图书业务管理集中于总馆，通过管理平台督促乡镇分馆的开放借阅，组织开展全县图书借阅、阅读推广等活动。

（二）分级运行。县级总馆负责全县图书文献的采购、编目、分类、标引、加工，并配送到乡镇分馆，在做好总馆图书借阅和开展读书活动的同时，负责对乡镇分馆人员进行业务培训，指导各乡镇分馆的业务活动和读者服务工作。乡镇分馆负责配送图书的登记、上架、借阅，做好分馆的日常管理维护和读者借阅、文献服务，组织乡镇阅读推广活动。

（三）定期配送。县级总馆牵头，定期组织图书配送。县级总馆、乡镇分馆基本藏书参与流动借阅。每年县级总馆配送到每个乡镇分馆的图书应不少于500册，其中，新书不少于50%。

（四）通借通还。本县（市）范围内，读者借书卡一卡通用，通借通还。

二、时间步骤

（一）工作部署（5月）

制定方案，部署推进工作。

（二）平台建设（6—9月）。

1. 设备采购（6—8月）。由县级文化行政管理部门牵头，对县级总馆和乡镇分馆所需软、硬件实施采购招标，县级图书馆做好相应配合工作。

2. 安装培训（9月）。由中标商对相关软件进行安装调试、并负责对县乡总分馆业务人员进行培训。

（三）开展服务（10月起）。

全面开展总分馆图书配送借阅和阅读推广活动。

三、工作要求

（一）高度重视，精心组织。总分馆建设是构建现代公共文化服务体系、促进基本公共文化服务均等化的重要内容，各市、县要把总分馆制建设纳入年度重点文化工作，高度重视，加强领导，周密部署，有序推进。各市、县文化行政管理部门要积极与财政部门对接，按照政府采购要求，严格程序，保证质量，组织好招标采购工作。各级公共图书馆要把总分馆建设纳入图书馆业务常规工作，加强工作研究、业务指导、队伍培训。县级图书馆要统筹做好总分馆平台建设、图书统采统编统配及借阅服务和读者活动。

（二）加大投入，完善保障。总分馆制建设是一项系统性、长期性的文化惠民工程，各地要积极争取党委政府重视支持，地方财政应增加配套经费投入，用于总分馆运行维护、图书增量购置配送、培训等方面的支出，确保总分馆按时建设成、建成能用好。省财政根据各县（市）乡镇分馆数量，安排专项补助，用于总分馆平台建设软硬件设备购置。6个农村公共图书服务一体化建设试点县、12个省级公共文化服务体系示范区创建县（市），前期均已给予经费补助，本次平台建设经费补助暂不安排。

（三）贴近基层，提升服务。总分馆制建设目的是提高现有公共文化设施和图书资源利用率，更好保障群众基本文化权益。各地要采取多种形式，加强总分馆建设的宣传推广，提升群众对该项工作的知晓率、参与率和满意度。各总分馆应贴近基层、贴近群众，按照《公共图书馆评估标准》、《安徽省乡镇综合文化站评估定级标准》相关要求，积极做好新书好书书目推介、书目检索指导，开展丰富多彩的图书借阅、讲座培训等读者服务活动，吸引更多读者走进图书馆、利用图书馆，提高图书流通率和借阅率。

（四）鼓励创新，抓好落实。省图书馆和有条件的市、区图书馆要积极与街道、社区、企业等基层单位开展总分馆制建设。有条件的地区应将农家书屋纳入总分馆服务体系，建立县乡村三级公共图书服务网络。先期开展农村公共图书服务一体化建设的试点县，重在巩固试点成果，提升服务，发挥示范作用。各地要加强总分馆建设的督查指导。县级公共图书馆总分馆制建设已纳入 2015 年全省重点文化工作测评，省文化厅将适时组织开展督查及资金使用绩效考核。

请各市文广新局于 5 月底、9 月底前分别将所辖各县（市）总分馆制建设实施方案、工作总结和建设情况统计表汇总报省文化厅（纸质和电子版）。

附件：1. 全省 62 个县（市）拟建乡镇分馆一览表（略）

2. 全省县级公共图书馆总分馆制建设情况统计表（略）

教育部、文化部、国家新闻出版广电总局关于加强新时期中小学图书馆建设与应用工作的意见

（2015 年 5 月 20 日　教基一〔2015〕2 号）

各省、自治区、直辖市教育厅（教委）、文化厅（局）、新闻出版广电局，新疆生产建设兵团教育局、文化广播电视局、新闻出版局，教育部直属各高等学校：

为贯彻党中央关于深化教育领域综合改革精神，指导中小学校全面贯彻教育方针、实施素质教育，提升学校内涵与品质，形成书香校园，带动全民阅读，助推学习型社会和书香社会建设，现就加强新时期中小学图书馆（含图书室，下同）建设与应用工作，提出如下意见。

一、总体要求

（一）重要意义。中小学图书馆作为服务教育教学、教育科学研究的重要办学条件，是基本实现教育现代化的重要体现，是均衡合理配置教育资源的重要内容，是广大学生、教师获取信息资源不可或缺的重要途径，是落实立德树人根本任务、全面深化课程改革的重要阵地，对于保障教学、服务教学、改善教学，提高学生自主学习能力和终身学习能力，促进教师专业成长和学生全面发展具有重要作用。中小学图书馆作为国家图书馆服务体系的重要组成，对于服务学习型社会和书香社会建设，完善公共文化服务体系，丰富群众精神文化生活具有深远意义。

近年来，国家先后实施一系列基础教育重大建设工程，全面提高了中小学图书馆保障水平。但认识不足、摆位不当，区域、城乡、学校之间建设水平不均衡，管理服务水平不高，与教育教学融合不够，信息化基础薄弱，专业化队伍匮乏等问题仍然存在，直接影响中小学图书馆育人功能和综合效益的发挥。

面对全面深化教育综合改革的新形势，加快推进治理现代化的新部署，深入推进义务教育均衡发展的新要求，落实立德树人深化课程改革的新任务，倡导全民阅读建设书香社会的新氛围，必须深刻认识加强中小学图书馆建设与应用工作的重要意义，切实增强责任感、使命感和紧迫感，全面落实责任，明确目标任务，切实加大力度，不断完善措施，将中小学图书馆建设与应用工作提高到新水平。

（二）工作目标。到 2018 年，结合全面改善贫困地区义务教育薄弱学校基本办学条件、中西部农村初中校舍改造工程等重大项目实施，有条件地区要按照学校建设标准补充新建图书馆，改善不达标图书馆，不具备条件的农村中小学、教学点要建有图书柜、图书角。到 2020 年，绝大部分中小学要按照国家规定标准建有图书馆。

基本建成与深化课程改革、实施素质教育相适应的现代化中小学图书馆建设、管理和服务体系。使图书馆与教育教学全面深度融合，成为学校信息资源高地和师生智慧中心、成长中心、活

动中心。基本形成中小学图书馆与公共图书馆、高等学校图书馆馆藏资源共享格局，带动全民阅读，助推公共文化服务体系、学习型社会和书香社会建设。

二、重点任务

（三）推进基础条件建设。各地要落实要求，将图书馆纳入中小学建设规划，对中小学图书馆的功能定位、馆舍面积、配套设施、馆藏保障、资源利用、队伍建设、管理应用等方面做出合理安排。加快推进中小学图书馆建设。逐步将图书馆建设为设施齐全、功能完备、运转顺畅、服务便捷、使用高效的育人阵地和重要课堂。鼓励有条件的学校利用图书、报刊布置走廊、教室等边角空间，倡导学生自主管理、诚信取阅，形成学校在“图书馆”中的良好氛围，使师生阅读方式广泛多样、阅读选择丰富多元。

（四）确保馆藏资源质量。教育、文化和新闻出版部门要积极创造条件组织专家学者、文化工作者和出版发行单位，为中小学生创作更多富有教育性、启发性，符合年龄特点、品种丰富的优质出版物。各地要结合实际合理确定中小学图书馆藏书复本量标准及馆藏定向补充和剔旧原则。要制定增剔工作计划，严格操作，确保剔旧后每年至少生均新增一本纸质图书，确保实现生均纸质图书册数达标。妥善存续具有收藏保存价值的图书，基础藏书配备目录内的藏书，一般不进行剔旧。进一步整合实体和虚拟资源，形成相互补充、多元统一的馆藏资源体系。改善图书馆馆藏结构，探索建立学生、教师读书反馈和评议推荐制度，遴选学生和教师心目中的好书。各地中小学要重视对校本资源、特色资源的收集、整理、加工、保存和应用。

（五）规范馆藏采购机制。各级教育、文化和新闻出版部门要建立协作机制，完善中小学图书馆馆藏资源招标采购办法及实施细则。逐步健全师生、家长和专家学者等多方参与的采购机制，充分发挥全社会民主监督作用，共同把好中小学图书馆馆藏采购质量关。明确馆藏采购责任主体，将教育部指导编制的《全国中小学图书馆（室）推荐书目》作为中小学图书馆馆藏采购的主要参考依据。新闻出版部门要会同教育部门加强监管，严格审查参与中小学图书馆馆藏招标采购单位资质，共同加大验收检查力度，严禁盗版图书等非法出版物及不适合中小学生阅读、价格虚高的图书、音像制品和电子出版物进入中小学图书馆，发现一起，查处一起。对有令不行、有禁不止、违法情节严重的出版发行单位，新闻出版部门要依法依规严肃查处。

（六）不断提高信息化水平。各地要将中小学图书馆信息化建设纳入区域和中小学信息化建设整体规划，创造条件积极推进中小学数字图书馆及配套阅览条件建设。要充分发挥教育主干网、城域网、校园网的作用，以县级网络中心为依托推进数字图书馆和信息资源中心建设，辐射县域内学校。逐步建立起县级、地市级、省级中小学数字图书馆网络体系，为中小学图书馆、公共图书馆馆际数字资源共享搭建教育资源公共服务平台。县级以上数字图书资源中心要能够满足区域学校教育教学和广大师生电子阅读需求，确保师生便捷获取数字图书和电子期刊等数字资源。要逐步实现中小学图书馆管理信息化和服务形式网络化，探索动态实现区域内中小学图书馆纸质图书、报刊的联合采编、公共检索、馆际互借等功能。

（七）充分发挥育人作用。中小学图书馆每周开放时间原则上不少于40小时，确保每天课余时间、周末和寒暑假期间对师生有效开放，鼓励适当延长并向社会开放。要围绕深化课程改革目标任务，推进图书馆与学科教学有效结合、深度融合，将图书馆作为课程资源进行整合形成教学资源。提升学科教师对图书馆的认识，倡导学科教师自觉利用图书馆改善教育教学，开展教育科研活动，推出一批优秀教学案例和先进教师典型。创新图书借阅方式，简化图书借阅管理，将馆藏资源推送到楼层、课堂，促进师生便捷、有效阅读。要利用一定课时，培养学生搜集、整理、分析和选择信息资源的能力，提高学生信息素养。拓展图书馆使用功能，利用图书馆举办学术讲座，展示师生作品，开展教研、学习交流活动。积极组织开展书香校园创建活动，结合校园文化，开展经常性主题读书活动，传播社会主义核心价值观，培养学生阅读兴趣、阅读习惯等有效阅读能力，发挥好引领、辐射和带动作用。组织力量积极开展针对中小学图书馆的理论与实践研究，加强科研引领。

（八）带动书香社会建设。在每年4月23日“世界读书日”和9月9日“国家图书馆日”积极开展形式多样、丰富多彩的中小学生读书专题活动。提倡小学生每天课外阅读半小时、中学生每天课外阅读1小时。丰富学生课后生活，特别要为家庭贫困学生、寄宿制学校学生、农村留守儿童提供便利读书条件。鼓励中小学图书馆设立家长定期开放日，提倡学生和家长共同读书、读同一本书，营造良好阅读氛围。中小学图书馆与本地公共图书馆特别是少年儿童图书馆、高等学校图书馆要积极开展合作，推进资源共享，探索实现通借通还。中小学图书馆要主动探索向社区、社会开放，提高馆藏资源利用率。农村中小学图书馆要发挥辐射作用，采取有效措施服务农民精神文化需求。

三、保障措施

（九）落实经费保障。各地教育部门要在每年教育经费预算中安排中小学图书等馆藏资源购置经费，并向农村学校和薄弱学校倾斜。要结合学校标准化建设工作，围绕中小学图书馆建设工作目标和主要任务，制定资金筹措计划。积极拓宽办馆渠道，鼓励企事业单位、社会团体和公民个人以各种方式支持中小学图书馆建设，规范捐赠程序，明确责任与义务，确保捐赠馆藏和援建工程质量。

（十）强化队伍建设。逐步建成由专（兼）职人员、志愿者等组成的中小学图书馆管理人员队伍，有条件的地方或学校要配备专职管理人员。探索设立中小学图书馆图书资料系列专业技术岗位，其编制在本校教职工编制总数内合理确定，建立完善资格准入、岗位聘用和定期考核制度。不断提高图书馆专业人员比例。通过多种方式吸纳优秀人才进入中小学图书馆管理人员队伍。对从事图书馆工作的兼职教师进行图书馆业务培训，在职务（称）评聘、晋升、评优评先、待遇等方面，给予图书馆管理人员与教师同等机会。创新培训机制，建立分层分级培训体系，制定培训计划，提倡利用网络资源平台开展远程培训。鼓励各地充分利用高等院校图书馆及学术团体、行业组织专业优势，开展形式多样的中小学图书馆专（兼）职管理人员培训。加大高等学校培养中小学图书馆专门人才的力度。

（十一）纳入督导评估。教育督导部门要把图书馆建设与应用工作纳入依法治校，作为中小学校综合督导评估和义务教育均衡发展评估认定的重要内容，完善评估标准和实施细则，定期开展应用管理评估工作，并将评估结果纳入学校管理考核，督促和指导做好相关工作。加强中小学图书馆和相关出版领域的行业标准和业务规范的研制和执行工作，不断推进图书馆建设管理的制度化、规范化和专业化。

（十二）加强组织领导。各地教育、文化和新闻出版部门要将中小学图书馆建设与应用纳入教育和公共文化服务体系事业发展总体规划，有效运用项目实施、政策引导和经费支持等手段，加强对中小学图书馆建设的统筹协调和分类指导。发挥各级基础教育主管部门、教育装备部门在中小学图书馆建设、配备、管理、应用各个环节的作用。要结合本地实际，提出新时期推进中小学图书馆建设与应用工作的具体方案。省级工作方案应由教育、文化、新闻出版部门联合制订并推动落实。

上海市公共图书馆管理办法(2015 修正)
(2015年5月22日　上海市人民政府令第30号)

（1996年11月28日上海市人民政府发布，根据2002年11月18日上海市人民政府令第128号修正，根据2004年7月1日起施行的《上海市人民政府关于修改〈上海市化学危险物品生产安全监督管理办法〉等32件市政府规章和规范性文件的决定》修正，根据2010年12月20日上海市人民政府令第52号公布的《上海市人民政府关于修改〈上海市农机事故处理暂行规定〉等148件市政府规章的决定》修正，根据2015年5月22日上海市人民政府令第30号公布的《上海市人民政府关于修改〈上海市盐业管理若干规定〉等19件市政府规章的决定》修正并重新公布）

第一章　总则

第一条　（目的）

为了加强对本市公共图书馆的管理，充分发挥公共图书馆在社会主义物质文明和精神文明建设中的作用，推动公共图书馆事业的发展，满足人民群众对科学、文化知识的需求，制定本办法。

第二条　（定义）

本办法所称的公共图书馆，是指政府举办的，向社会公众开放的收集、整理、保管和利用图书、报刊、音像制品、电子出版物等书刊资料的公益性文化机构，包括市图书馆、区（县）图书馆和街道（乡、镇）图书馆。

第三条　（适用范围）

本办法适用于本市行政区域内公共图书馆的设置、使用及其监督管理。

第四条　（主管部门和协管部门）

上海市文化广播影视管理局（以下简称市文广影视局）对全市公共图书馆实施统一管理。各区（县）文化行政管理部门按照管理权限，负责本辖区内公共图书馆的管理。

各级财政、规划、人事、物价、建设、教育、新闻出版、房产、土地和邮电管理部门应当根据各自职责，协同文化行政管理部门实施本办法。

第五条　（设置原则）

各级人民政府和街道办事处应当根据本地区的人口分布情况和图书馆事业的发展需要，对辖区内各级公共图书馆的设置实行统筹规划。

公共图书馆按照行政区域分级设置。有条件的地区，应当设置独立建制的少年儿童图书馆；无独立建制少年儿童图书馆的地区，应当在公共图书馆内开设少年儿童图书室。

第六条　（管理原则）

本市公共图书馆的管理，实行统一领导、分级负责、专业管理的原则。

第二章　设置

第七条　（设计方案的备案）

新建、改建、扩建公共图书馆，建设单位应当按照下列规定将图书馆的设计方案报送文化行政管理部门备案：

（一）市和区（县）图书馆的设计方案报市文广影视局备案；

（二）街道（乡、镇）图书馆的设计方案报区（县）文化行政管理部门备案。

第八条　（馆舍面积）

区（县）图书馆的建筑面积应当达到5000平方米以上；街道（乡、镇）图书馆的建筑面积应当达到100平方米以上。

市图书馆建筑面积的要求，由市文广影视局另行规定。

第九条　（阅览座位）

区（县）图书馆的阅览座位总数与本区（县）内街道（乡、镇）图书馆的阅览座位总数之和，应当达到本区（县）人口总数的2‰。

区（县）图书馆的阅览座位应当达到500席以上；街道（乡、镇）图书馆的阅览座位应当达到50席以上。

第十条　（布局要求）

公共图书馆分为阅览用房、藏书库房、办公用房和其他用房。

公共图书馆可以根据工作需要，开设图书、报刊、音像制品和电子出版物等阅览室。

第十一条　（改变公共图书馆使用性质的限制）

公共图书馆的阅览用房和藏书库房必须严格管理和保护，不得占用。

禁止在公共图书馆内设置营业性文化娱乐场所。

第三章　书刊资料的收藏

第十二条　（收藏量）

区（县）图书馆书刊资料的收藏量应当达到50万册以上；街道（乡、镇）图书馆书刊资料的收藏量应当达到1万册以上。

市图书馆书刊资料收藏量的要求，由市文广影视局另行规定。

第十三条　（收藏重点）

市图书馆重点收藏专利文献、标准文献、本市的地方文献和国内出版社、报社、杂志社等出版单位出版的报刊、丛书、多卷书以及国外主要出版物。

区（县）图书馆重点收藏本区（县）的地方文献和本市出版社、报社、杂志社等出版单位的主要出版物。

第十四条　（目录管理）

公共图书馆应当及时对入馆的书刊资料进行验收、登记、分类、编目，并建立完善的书刊资料目录系统，安排专人负责管理，做到定期检查核对，保持书刊资料与目录相符。

书刊资料的分类、编目工作，按照国家规定的统一标准进行。

市和区（县）图书馆应当建立书刊资料目录数据库，实现计算机联网检索。

第十五条　（投入借阅的时间要求）

公共图书馆的书刊资料投入借阅的时间要

求是：

（一）报纸在收到的当天投入借阅；

（二）期刊自收到之日起 2 日内投入借阅；

（三）其他书刊资料自收到之日起 15 日内投入借阅。

第十六条　（书刊资料的清理）

公共图书馆应当定期做好书刊资料的清理工作，并将清理结果报市文广影视局或者区（县）文化行政管理部门备案。

第十七条　（出版物样本的送缴）

除特殊种类或者出版数量较少的出版物外，本市出版社、报社、杂志社等出版单位应当自本单位出版书刊资料之日起 30 日内，将样本送缴市图书馆收藏，具体送缴办法由市文广影视局另行制定。

第四章　工作人员、设备与经费

第十八条　（馆长的条件）

公共图书馆设馆长 1 名、副馆长若干名。市图书馆馆长应当由具有高级专业技术职称的人员担任，区（县）图书馆馆长应当由具有中级以上专业技术职称的人员担任。

第十九条　（工作人员的配备）

市和区（县）图书馆应当配备一定数量的专业技术人员和管理人员，具体要求由市人力资源社会保障行政部门会同市文广影视局另行规定。

街道（乡、镇）图书馆应当配备具有初级以上专业技术职称的专业技术人员。

第二十条　（培训与考核）

市文广影视局和区（县）文化行政管理部门应当定期对公共图书馆的专业技术人员和管理人员进行业务培训与考核。

第二十一条　（专用设备的配置）

公共图书馆应当根据工作需要，逐步配置电子计算机和视听、复印、缩微、传真等专用设备。

第二十二条　（经费保证）

市和区（县）图书馆的经费，分别由市和区（县）财政拨付。

街道（乡、镇）图书馆的经费，由街道办事处（乡、镇人民政府）予以保证，区（县）人民政府给予适当的支持。

公共图书馆的经费应当根据国民经济和公共图书馆事业的发展，逐年有所增加。

公共图书馆的建设资金可以多渠道筹集。政府鼓励单位和个人向公共图书馆捐资、捐书。

第二十三条　（书刊资料购置费使用的监督）

公共图书馆的书刊资料购置费必须专款专用。

公共图书馆书刊资料购置费的使用，受财政、审计主管部门的监督。

公共图书馆应当于每年 1 月，将上一年度书刊资料购置费的使用情况向其上级主管部门和文化行政管理部门报告。

第五章　读者服务工作

第二十四条　（开放时间）

各级公共图书馆每周开放的时间应当达到下列标准：

（一）市图书馆为 70 小时以上；

（二）区（县）图书馆为 63 小时以上；

（三）街道（乡、镇）图书馆为 49 小时以上；

（四）独立建制的少年儿童图书馆和公共图书馆开设的少年儿童图书室为 36 小时以上。

市和区（县）图书馆应当每天（包括节假日）向读者开放。独立建制的少年儿童图书馆与公共图书馆开设的少年儿童图书室周六、周日和学生寒暑假期间每天的开放时间不得少于 8 小时。

第二十五条　（借阅方式）

公共图书馆可以采用馆内借阅、外借阅读（包括邮寄、电话预约等）、流动借阅等多种服务方式。

第二十六条　（借阅范围）

除国家规定对某些书刊资料停止公开借阅外，公共图书馆不得另立标准，限定书刊资料的公开借阅范围。

第二十七条　（阅读指导）

公共图书馆应当采用图书展览、辅导讲座和组织群众性读书活动等多种形式，向读者推荐优秀读物，指导读者阅读。

第二十八条　（信息服务）

公共图书馆的工作人员应当为读者提供书刊资料信息，解答读者有关阅读方面的咨询，指导读者查找书刊资料。

公共图书馆应当根据读者需求，为读者做好专题信息收集、参考资料编写和书刊资料的代查、代译等工作。

第二十九条 （读者义务）

读者应当自觉遵守公共图书馆的借阅规则，馆内借阅时应当出具有效身份证件；需外借阅读的，应当办理外借证件。

读者应当爱护公共图书馆的书刊资料和其他公共设施。损坏、遗失书刊资料的，应当予以赔偿，赔偿标准由市文广影视局另行规定。

第三十条 （收费规定）

公共图书馆对图书、报刊借阅实行免费服务。

公共图书馆为读者收集专题信息，编写参考资料，提供音像制品、电子出版物借阅服务或者进行代查、代译、复印书刊资料等工作时，可以适当收取费用。具体收费标准由市文广影视局会同市财政局、市物价局另行规定。

第六章 辅导与协作

第三十一条 （业务辅导）

市和区（县）图书馆应当设立业务辅导机构，协助文化行政管理部门做好对本地区基层图书馆的情况调查和业务辅导工作。

第三十二条 （业务协作）

公共图书馆之间应当互相合作，并加强与其他系统图书馆的联系，在书刊资料采购、交换和借阅服务等方面进行协作，实现馆藏资源共享。

第七章 奖惩

第三十三条 （奖励）

对向公共图书馆捐资、捐书以及其他为公共图书馆事业发展作出贡献的单位和个人，市文广影视局和区（县）文化行政管理部门应当给予奖励。

第三十四条 （对违反本办法规定的处理）

违反本办法规定，有下列行为之一的，由市文广影视局或者区（县）文化行政管理部门责令补办有关手续或者限期改正；情节严重的，给予通报批评：

（一）新建、改建、扩建公共图书馆未按规定将图书馆的设计方案报送文化行政管理部门备案的；

（二）占用公共图书馆阅览用房或者藏书库房的；

（三）将书刊资料购置费挪作他用的；

（四）未按时向读者开放公共图书馆的；

（五）任意限定书刊资料公开借阅范围的。

违反本办法规定，擅自向读者收取服务费用或者超额收取服务费用的，由市文广影视局或者区（县）文化行政管理部门责令限期返还违法收取的费用，向读者公开赔礼道歉；情节严重的，给予通报批评。

第八章 附则

第三十五条 （里弄、村图书室的设置）

街道办事处和乡、镇人民政府应当对辖区内里弄图书室和村图书室的设置进行统筹规划。里弄和村设置图书室的具体办法由市文广影视局另行制定。

第三十六条 （应用解释部门）

本办法的具体应用问题，由市文广影视局负责解释。

第三十七条 （施行日期）

本办法自1997年1月1日起施行。1987年9月26日上海市人民政府批准的《上海市区县图书馆管理办法》同时废止。

文化部办公厅关于印发《文化部公共数字文化工程管理办法》的通知
（2015年6月18日 文化部办公厅）

各省、自治区、直辖市文化厅（局），新疆生产建设兵团文化广播电视局，本部各司局，国家图书馆，文化部全国公共文化发展中心：

为加强公共数字文化工程建设和管理，促进公共数字文化工程规范科学发展，文化部制定了《文化部公共数字文化工程管理办法》，现印发给你们，请结合实际，认真遵照执行。

文化部公共数字文化工程管理办法

第一章 总则

第一条 为加强对公共数字文化工程建设的组织管理，完善工作机制，提高工程建设的科学化水平，更好保障人民群众基本文化权益，按照党的十八届三中全会关于构建现代公共文化服务体系的要求，结合公共数字文化建设工作实际，制定本办法。

第二条　本办法所称的公共数字文化工程是指文化部、财政部组织实施的全国文化信息资源共享工程、数字图书馆推广工程、公共电子阅览室建设计划等，承担以下任务：

（一）优秀公共数字文化资源的征集、建设与使用；

（二）推进公共图书馆、文化馆等公共文化机构数字化服务；

（三）推进乡镇（街道）、村（社区）公共数字文化服务；

（四）公共数字文化服务标准体系建设；

（五）公共数字文化服务平台建设。

第三条　按照“统筹管理、分类实施、规范服务、提高效能”的原则，建立文化部统筹协调，专家委员会咨询指导，工程组织实施单位具体负责，省级文化行政部门配合实施的工作机制。

第四条　按照政府向社会力量购买公共文化服务相关文件要求，放开准入条件，通过政府采购、委托管理等方式，以资源建设、服务应用为重点，推动公共数字文化工程的设备升级和机制创新，逐步提高社会力量参与的比例。

第五条　公共数字文化工程建设应加强知识产权的保护和运用，遵守国家关于信息安全和保密管理的有关规定，健全和落实信息安全管理的规章制度。

第六条　公共数字文化工程建设严格执行国家有关法律法规政策，并接受文化、财政、审计、纪检监察等部门的监督检查。

第二章　机构与职责

第七条　文化行政部门作为管理部门负责公共数字文化工程建设的组织管理。组织实施单位受管理部门委托，负责公共数字文化工程建设的具体实施。

第八条　文化部承担以下职责：

（一）牵头制定和发布公共数字文化工程建设发展规划、年度计划及相关管理政策文件；

（二）发布公共数字文化资源建设、平台建设和服务推广等方面的重要工作文件；

（三）建立公共数字文化工程工作协调机制和专家咨询制度，统筹指导工程建设；

（四）根据公共数字文化工程建设发展规划和年度计划，审核工作任务，并向财政部提出资金分配建议；

（五）对公共数字文化工程实施情况进行监督检查，确定奖惩。

第九条　省级文化行政部门承担以下职责：

（一）牵头制定和发布本地区公共数字文化工程建设实施方案及相关管理政策文件；

（二）发布本地区公共数字文化资源建设、平台建设和服务推广等方面的重要工作文件；

（三）建立本地区公共数字文化工程工作协调机制和专家咨询制度，统筹指导本地区工程建设；

（四）根据工程建设重点和要求，汇总审核本地区公共数字文化建设工作任务，向文化部提出工程任务申请，同时向本地财政部门提出资金申报建议；

（五）对本地区公共数字文化工程实施情况进行监督检查，确定奖惩。

第十条　文化部组织实施单位承担以下职责：

（一）受文化部委托，组织实施本单位职责范围内的公共数字文化工程建设；

（二）负责编制工程建设发展规划、年度计划及资源建设、平台建设和服务推广等方面的重要工作文件，报文化部审批；

（三）受文化部委托，编制和发布本年度相关公共数字文化建设项目申报指南，并负责申报评审的具体组织工作；

（四）负责中央财政专项资金支持的相关公共数字文化资源建设、平台建设和服务推广；

（五）完成本单位承担的网络建设、软硬件系统开发及数字资源建设等任务。

第十一条　省级组织实施单位承担以下职责：

（一）在省级文化行政部门的指导下，按照本单位职责，组织实施本地区公共数字文化工程建设；

（二）负责编制本地区工程建设发展规划和年度计划，报省级文化行政部门批准和文化部组织实施单位备案；

（三）负责本地区公共数字文化资源建设、平台建设和服务推广；

（四）完成本单位承担的网络建设等任务。

第十二条　省级以下组织实施单位根据本地区公共数字文化工程建设发展规划和相关管理政策文件，组织实施公共数字文化工程建设。

第十三条　文化部设立国家公共数字文化建设专家委员会，承担工程建设的咨询职能。负责为全国公共数字文化建设提供咨询指导，参与重大项目、规划、方案的论证，工程建设的申报评审、中期督查、后期验收，公共数字文化队伍培训，以及其他相关工作。

第三章　工程实施管理

第十四条　依据国家及文化部相关规划，结合事业发展需要，文化部组织实施单位承担公共数字文化工程发展规划编制的具体工作。

省级文化行政部门委托地方组织实施单位，依据本地区经济和社会发展规划纲要和文化改革发展规划纲要，结合事业发展需要，编制本地区公共数字文化工程发展规划，并报文化部备案。

第十五条　文化部组织实施单位依据工程发展规划，负责拟订公共数字文化工程年度计划，明确年度工作要点、进度安排、激励约束机制等，于每年 1 月底前报文化部批准后实施。

地方组织实施单位依据本地区工程发展规划，负责拟订本地区公共数字文化工程年度计划，于每年年底前将下年度工作计划报省级文化行政部门批准后实施，并报文化部组织实施单位备案。

第十六条　公共数字文化工程建设实行立项申报制度。资源建设、平台建设、服务推广等相关工作，严格履行申报、审核、评审、审批、立项程序。

第十七条　文化部组织实施单位承担的、由中央本级专项资金予以支持的项目，依据文化部审定的发展规划和年度计划执行，履行《中央本级项目支出预算管理办法》规定的审批程序。执行过程中涉及重大调整、变更或新增内容的，应按照申报、审批程序执行。

第十八条　由中央财政转移支付、各省级文化行政部门组织实施的公共数字文化建设项目，执行以下立项审批程序：

(一)文化部委托文化部组织实施单位依据工程规划与年度计划，于每年 2 月底前向各省发布本年度公共数字文化建设项目申报指南。

(二)各省级文化行政部门委托地方组织实施单位，组织本地区符合申报条件的公共文化机构、企业和有关社会组织，按要求向文化部组织实施单位提交申报材料。

(三)文化部委托文化部组织实施单位对各省申报的建设项目进行评审。评审专家从国家公共数字文化建设专家委员会中随机抽取产生。文化部对评审过程予以监督。评审结果公示后由文化部批准实施。

(四)项目执行过程中涉及重大调整、变更的，应由工程组织实施单位提出申请、省级文化行政部门同意，经文化部组织实施单位审核后报文化部批准。

第十九条　建立公共数字文化工程验收制度，重点对工程规划实施情况、完成情况、资金使用情况和实际效果等进行检查验收。

(一)工程项目验收包括中期检查和结项验收。中期检查结果纳入结项验收考核之中。

(二)中央转移支付资金支持的地方工程建设任务，验收工作由管理部门委托组织实施单位开展。

(三)中央本级资金支持的工程建设任务，验收工作由文化部组织开展。

第四章　重点任务

第二十条　在文化部的统筹协调下，组织实施单位依据工程规划与职能任务要求，遵循“开放接口、兼容互用”原则，面向各级各类公共文化服务机构，构建开放互动、共建共享的统一服务管理平台，为基层群众提供集成化、一站式公共数字文化服务。

第二十一条　按照“需求导向、分工合作、共建共享”原则，文化部统筹制定资源建设规划，发布资源建设目录。

资源建设应突出工程功能定位和重点方向。全国文化信息资源共享工程重点建设与文化艺术普及和基本公共文化服务相适应的资源；数字图书馆推广工程重点建设与公共图书馆服务相适应的资源；公共电子阅览室建设计划重点为基层群众提供公共数字文化资源导航服务，原则上不进行资源建设。

第二十二条　按照“技术支撑、需求牵引”的原则，适应现代信息技术的发展，建立信息技术应用定期更新机制，促进公共数字文化服务方式与手段及时升级换代。

工程组织实施单位应结合公共文化服务机构免费开放，建立公共数字文化服务宣传推广机制，保证人民群众的知情权、参与权和监督权。

第二十三条　文化部结合国家公共文化服务标准化建设，统筹组织制订公共数字文化服务标准、评价标准和技术标准。

(一)已有国家标准和行业标准的，由组织实施单位在工程实施过程中推广应用；尚无相关国家标准和行业标准的，由文化部依托相关标准化技术委员会制订通用标准，组织实施单位组织制订个性化标准。

（二）各地区开展公共数字文化工程建设，应遵循国家标准和行业标准要求。

（三）标准制定和落实情况作为工程建设评价的重要依据。

第二十四条　按照“统一规划、分级实施、合作共享”的原则，将公共数字文化队伍培训统筹纳入全国基层文化队伍培训范围，建立培训资源共建共享机制。

（一）文化部组织实施单位重点面向省级工程实施人员开展管理和业务骨干培训。

（二）各省级文化行政部门负责制订本地区培训计划，重点组织开展地市级、县区级工程实施人员和基层服务人员培训。

（三）培训情况纳入工程建设评价和考核指标。

第五章　评价、考核与奖惩

第二十五条　建立工程组织实施单位内部自评、管理部门评价、第三方评估和群众监督相结合的科学评价机制。

（一）文化部组织实施单位按年度对工程实施情况开展自评，向文化部报告自评结果。各省级文化行政部门会同文化部组织实施单位组织本地区工程建设年度检查评价，结果报送文化部。

（二）文化部委托第三方专业机构，定期对工程建设与服务情况、群众满意度等进行检查评估。

（三）工程建设与服务的评价结果纳入各级文化行政部门对本级工程组织实施单位的年度考核。

第二十六条　建立公共数字文化工程年度考核制度，重点考核工程规划和年度计划的实施情况，以及资金使用情况。

各级文化行政部门对本级组织实施单位就公共数字文化工程建设进行年度考核。省级文化行政部门应将考核情况报文化部备案。

各级文化行政部门对公共数字文化工程建设的年度考核情况，应纳入工程组织实施单位领导班子和个人年度考核指标体系。

第二十七条　文化部根据评价和考核结果，对工作成绩突出的地区、单位和个人给予表扬奖励；对工作不力的地区和单位提出整改意见，限期整改达不到要求的予以通报批评，并核减下一年度工程建设资金；对工程实施过程中出现严重失误，造成重大损失和严重社会影响的地区和单位给予通报批评，并取消有关项目申报资格。

第六章　附则

第二十八条　工程建设经费管理另行制定办法。

第二十九条　本办法由文化部负责解释。

第三十条　本办法自印发之日起施行。

国务院办公厅关于推进基层综合性文化服务中心建设的指导意见
（2015 年 10 月 2 日　国办发〔2015〕74 号）

各省、自治区、直辖市人民政府，国务院各部委、各直属机构：

为贯彻落实《中共中央办公厅国务院办公厅关于加快构建现代公共文化服务体系的意见》精神，推进基层公共文化资源有效整合和统筹利用，提升基层公共文化设施建设、管理和服务水平，经国务院同意，现就推进基层综合性文化服务中心建设提出如下意见。

一、推进基层综合性文化服务中心建设的重要性和紧迫性

基层是公共文化服务的重点和薄弱环节。近年来，我国公共文化服务体系建设加快推进，公共文化设施网络建设成效明显，基层公共文化设施条件得到较大改善。但随着我国新型工业化、信息化、城镇化和农业现代化进程加快，城市流动人口大幅增加，基层群众的精神文化需求呈现出多层次、多元化特点，现有的基层文化设施和服务已难以满足广大人民群众的实际需要。一是基层特别是农村公共文化设施总量不足、布局不合理。尤其在西部地区和老少边穷地区，基层文化设施不足的问题突出。二是面向基层的优秀公共文化产品供给不足，特别是内容健康向上、形式丰富多彩、群众喜闻乐见的文化产品种类和数量少，服务质量参差不齐。三是由于缺少统筹协调和统一规划，公共文化资源难以有效整合，条块分割、重复建设、多头管理等问题普遍存在，基层公共文化设施功能不健全、管理不规范、服务效能低等问题仍较突出，总量不足与资源浪费

问题并存，难以发挥出整体效益。

党的十八届三中全会明确提出“建设综合性文化服务中心”的改革任务。推进基层综合性文化服务中心建设，有利于完善基层公共文化设施网络，补齐短板，打通公共文化服务的“最后一公里”；有利于增加基层公共文化产品和服务供给，丰富群众精神文化生活，充分发挥文化凝聚人心、增进认同、化解矛盾、促进和谐的积极作用；有利于统筹利用资源，促进共建共享，提升基层公共文化服务效能。要从战略和全局的高度，充分认识加强基层综合性文化服务中心建设的重要性和紧迫性，增强责任感和使命感，为巩固基层文化阵地、全面建成小康社会奠定坚实基础。

二、指导思想、基本原则和工作目标

（一）指导思想。全面贯彻党的十八大和十八届二中、三中、四中全会精神，按照党中央、国务院决策部署，以保障群众基本文化权益为根本，以强化资源整合、创新管理机制、提升服务效能为重点，因地制宜推进基层综合性文化服务中心建设，把服务群众同教育引导群众结合起来，把满足需求同提高素养结合起来，促进基本公共文化服务标准化均等化，使基层公共文化服务得到全面加强和提升，为实现“两个一百年”奋斗目标和中华民族伟大复兴中国梦提供精神动力和文化条件。

（二）基本原则。

坚持导向，服务大局。发挥基层综合性文化服务中心在宣传党的理论和路线方针政策、培育社会主义核心价值观、弘扬中华优秀传统文化等方面的重要作用，推动人们形成向上向善的精神追求和健康文明的生活方式，用先进文化占领基层文化阵地。

以人为本，对接需求。把保障人民群众基本文化权益作为工作的出发点和落脚点，把群众满意度作为检验工作的首要标准，建立健全群众需求反馈机制，促进供需有效对接，真正把综合性文化服务中心建成服务基层、惠及百姓的民心工程。

统筹规划，共建共享。以中西部地区和老少边穷地区为重点，从城乡基层实际出发，发挥基层政府的主导作用，加强规划指导，科学合理布局，整合各级各类面向基层的公共文化资源和服务，促进优化配置、高效利用，形成合力。

因地制宜，分类指导。综合考虑不同地区的经济发展水平、人口变化、文化特点和自然条件等因素，坚持试点先行，及时总结不同地区建设经验，发挥典型示范作用，推动各地形成既有共性又有特色的建设发展模式。

改革创新，提升效能。围绕建设、管理、使用等关键环节，改革管理体制和运行机制，创新基层公共文化服务的内容和形式，鼓励社会参与和群众自我服务，提高综合服务效益。

（三）工作目标。到2020年，全国范围的乡镇（街道）和村（社区）普遍建成集宣传文化、党员教育、科学普及、普法教育、体育健身等功能于一体，资源充足、设备齐全、服务规范、保障有力、群众满意度较高的基层综合性公共文化设施和场所，形成一套符合实际、运行良好的管理体制和运行机制，建立一支扎根基层、专兼职结合、综合素质高的基层文化队伍，使基层综合性文化服务中心成为我国文化建设的重要阵地和提供公共服务的综合平台，成为党和政府联系群众的桥梁和纽带，成为基层党组织凝聚、服务群众的重要载体。

三、加强基层综合性文化服务中心建设

（四）科学规划，合理布局。在全面掌握基层公共文化设施存量和使用状况的基础上，衔接国家和地方经济社会发展总体规划、土地利用总体规划、城乡规划以及其他相关专项规划，根据城乡人口发展和分布，按照均衡配置、规模适当、经济适用、节能环保等要求，合理规划布局公共文化设施。

（五）加强基层综合性文化设施建设。落实《国家基本公共文化服务指导标准（2015—2020年）》，进一步完善基层综合性文化设施建设标准，加大建设力度。基层综合性文化服务中心主要采取盘活存量、调整置换、集中利用等方式进行建设，不搞大拆大建，凡现有设施能够满足基本公共文化需求的，一律不再进行改扩建和新建。乡镇（街道）综合性文化设施重在完善和补缺，对个别尚未建成的进行集中建设。村（社区）综合性文化服务中心主要依托村（社区）党组织活动场所、城乡社区综合服务设施、文化活动室、闲置中小学校、新建住宅小区公共服务配套设施以及其他城乡综合公共服务设施，在明确产权归属、保证服务接续的基础上进行集合建设，并配备相应器材设备。

（六）加强文体广场建设。与乡镇（街道）和村（社区）综合性文化设施相配套，按照人口规模和服务半径，建设选址适中、与地域条件相协调的文体广场，偏远山区不具备建设条件的，可酌情安排。文体广场要建设阅报栏、电子阅报屏和公益广告牌，并加强日常维护，及时更新内容。配备体育健身设施和灯光音响设备等，有条件的可搭建戏台舞台。

四、明确功能定位

（七）向城乡群众提供基本公共文化服务。着眼于保障群众的基本文化权益，按照《国家基本公共文化服务指导标准（2015—2020年）》和各地实施标准，由县级人民政府结合自身财力和群众文化需求，制定本地基层综合性文化服务中心基本服务项目目录（以下简称服务目录），重点围绕文艺演出、读书看报、广播电视、电影放映、文体活动、展览展示、教育培训等方面，设置具体服务项目，明确服务种类、数量、规模和质量要求，实现“软件”与“硬件”相适应、服务与设施相配套，为城乡居民提供大致均等的基本公共文化服务。

（八）整合各级各类面向基层的公共文化资源。发挥基层综合性文化服务中心的终端平台优势，整合分布在不同部门、分散孤立、用途单一的基层公共文化资源，实现人、财、物统筹使用。以基层综合性文化服务中心为依托，推动文化信息资源共建共享，提供数字图书馆、数字文化馆和数字博物馆等公共数字文化服务；推进广播电视户户通，提供应急广播、广播电视器材设备维修、农村数字电影放映等服务；推进县域内公共图书资源共建共享和一体化服务，加强村（社区）及薄弱区域的公共图书借阅服务，整合农家书屋资源，设立公共图书馆服务体系基层服务点，纳入基层综合性文化服务中心管理和使用；建设基层体育健身工程，组织群众开展体育健身活动等。同时，加强文化体育设施的综合管理和利用，提高使用效益。

（九）开展基层党员教育工作。结合推进基层组织建设，把基层综合性文化服务中心作为加强思想政治工作、开展党员教育的重要阵地，发挥党员干部现代远程教育网络以及文化信息资源共享工程基层服务点、社区公共服务综合信息平台等基层信息平台的作用，广泛开展政策宣讲、理论研讨、学习交流等党员教育活动。

（十）配合做好其他公共服务。按照功能综合设置的要求，积极开展农民科学素质行动、社区居民科学素质行动、法治宣传教育和群众性法治文化活动，提高基层群众的科学素养和法律意识。要结合当地党委和政府赋予的职责任务，与居民自治、村民自治等基层社会治理体系相结合，根据实际条件，开展就业社保、养老助残、妇儿关爱、人口管理等其他公共服务和社会管理工作，推广一站式、窗口式、网络式综合服务，简化办事流程，集中为群众提供便捷高效的服务。

五、丰富服务内容和方式

（十一）广泛开展宣传教育活动。围绕新时期党和国家的重大改革措施及惠民政策，采取政策解读、专题报告、百姓论坛等多种方式，开展基层宣传教育，使群众更好地理解、支持党委和政府工作；开展社会主义核心价值观学习教育和中国梦主题教育实践，推进文明村镇、文明社区创建和乡贤文化建设，利用宣传栏、展示墙、文化课堂、道德讲堂以及网络平台等方式开展宣传，举办道德模范展览展示、巡讲巡演活动，通过以身边人讲身边事、身边事教身边人的方式，培养群众健康的生活方式和高尚的道德情操，引领社会文明风尚；弘扬中华优秀传统文化，利用当地特色历史文化资源，加强非物质文化遗产传承保护和民间文化艺术之乡创建，开展非物质文化遗产展示、民族歌舞、传统体育比赛等民族民俗活动，打造基层特色文化品牌；积极开展艺术普及、全民阅读、法治文化教育、科学普及、防灾减灾知识技能和就业技能培训等，传播科学文化知识，提高群众综合素质。

（十二）组织引导群众文体活动。支持群众自办文化，依托基层综合性文化服务中心，兴办读书社、书画社、乡村文艺俱乐部，组建演出团体、民间文艺社团、健身团队以及个体放映队等。结合中华传统节日、重要节假日和重大节庆活动等，通过组织开展读书征文、文艺演出、经典诵读、书画摄影比赛、体育健身竞赛等文体活动，吸引更多群众参与。加强对广场舞等群众文体活动的引导，推进广场文化健康、规范、有序发展。工会、共青团、妇联等群团组织保持和增强群众性，以基层综合性文化服务中心为载体开展职工文化交流、青少年课外实践和妇女文艺健身培训等丰富多彩的文体活动，引导所联系群众继承和弘扬中华优秀传统文化，自觉培育和践行社会主义核心价值观。

（十三）创新服务方式和手段。畅通群众文化需求反馈渠道，根据服务目录科学设置“菜单”，采取“订单”服务方式，实现供需有效对接。实行错时开放，提高利用效率。为老年人、未成年人、残疾人、农民工和农村留守妇女儿童等群体提供有针对性的文化服务，推出一批特色服务项目。广泛开展流动文化服务，把基层综合性文化服务中心建成流动服务点，积极开展文化进社区、进农村和区域文化互动交流等活动。充分发挥互联网等现代信息技术优势，利用公共数字文化项目和资源，为基层群众提供数字阅读、文化娱乐、公共信息和技能培训等服务。推广文化体育志愿服务，吸纳更多有奉献精神和文体技能的普通群众成为志愿者，在城乡社区就近就便开展志愿服务活动。探索国家和省级文化体育等相关机构与基层综合性文化服务中心的对口帮扶机制，推动国家及省级骨干文艺团体与基层综合性文化服务中心“结对子”。

六、创新基层公共文化运行管理机制

（十四）强化政府的主导作用。县（市、区）人民政府在推进基层综合性文化服务中心建设中承担主体责任，要实事求是确定存量改造和增量建设任务，把各级各类面向基层的公共文化资源纳入到支持基层综合性文化服务中心建设发展上来；宣传文化部门要发挥牵头作用，加强协调指导，及时研究解决建设中存在的问题；各相关部门要立足职责、分工合作；公共文化体育机构要加强业务指导，共同推动工作落实。

（十五）建立健全管理制度。加强对乡镇（街道）综合文化站的管理，制定乡镇（街道）综合文化站服务规范。建立村（社区）综合性文化服务中心由市、县统筹规划，乡镇（街道）组织推进，村（社区）自我管理的工作机制。结合基本公共文化服务标准化建设，重点围绕基层综合性文化服务中心的功能定位、运行方式、服务规范、人员管理、经费投入、绩效考核、奖惩措施等重点环节，建立健全标准体系和内部管理制度，形成长效机制，实现设施良性运转、长期使用和可持续发展。严格安全管理制度，制定突发事件应急预案，及时消除各类安全隐患。

（十六）鼓励群众参与建设管理。在村（社区）党组织的领导下，发挥村委会和社区居委会的群众自治组织作用，引导城乡居民积极参与村（社区）综合性文化服务中心的建设使用，加强群众自主管理和自我服务。健全民意表达机制，依托社区居民代表会议、村民代表会议和村民小组会议等，开展形式多样的民主协商，对基层综合性文化服务中心建设发展的重要事项，充分听取群众意见建议，保证过程公开透明，接受群众监督。

（十七）探索社会化建设管理模式。加大政府向社会力量购买公共文化服务力度，拓宽社会供给渠道，丰富基层公共文化服务内容。鼓励支持企业、社会组织和其他社会力量，通过直接投资、赞助活动、捐助设备、资助项目、提供产品和服务，以及采取公益创投、公益众筹等方式，参与基层综合性文化服务中心建设管理。率先在城市探索开展社会化运营试点，通过委托或招投标等方式吸引有实力的社会组织和企业参与基层文化设施的运营。

七、加强组织实施

（十八）制订实施方案。各省（区、市）政府要把加强基层综合性文化服务中心建设发展作为构建现代公共文化服务体系的重要内容，对接相关规划，结合本地实际，尽快制订实施方案，明确总体思路、具体举措和时间安排。市、县两级政府要结合农村社区建设、扶贫开发、美丽乡村建设等工作，抓紧制订落实方案。

（十九）坚持试点先行。要稳步推进，先期确定一批基础条件较好的地方和部分中西部贫困地区进行试点，并逐步在全国范围推广实施。支持试点地区因地制宜探索符合本地实际、具有推广价值的基层综合性文化服务中心建设发展模式，创新服务内容和提供方式，拓宽优秀公共文化产品和服务供给渠道。

（二十）加大资金保障。地方各级政府要根据实际需要和相关标准，将基层综合性文化服务中心建设所需资金纳入财政预算。中央和省级财政统筹安排一般公共预算和政府性基金预算，通过转移支付对革命老区、民族地区、边疆地区、贫困地区基层综合性文化服务中心设备购置和提供基本公共文化服务所需资金予以补助，同时对绩效评价结果优良的地区予以奖励。发挥政府投入的带动作用，落实对社会力量参与公共文化服务的各项优惠政策，鼓励和引导社会资金支持基层综合性文化服务中心建设。

（二十一）加强队伍建设。乡镇（街道）综合文化站按照中央有关规定配备工作人员，村（社区）综合性文化服务中心由“两委”确定1名兼职工作人员，同时通过县、乡两级统筹和购买服务等方式解决人员不足问题。推广部分地方基层文化体育设施设立文化管理员、社会体育指导员等经验。鼓励“三支一扶”大学毕业生、大学生村官、志愿者等专兼职从事基层综合性文化服务中心管理服务工作。加强业务培训，乡镇（街道）和村（社区）文化专兼职人员每年参加集中培训时间不少于5天。

（二十二）开展督促检查。把基层综合性文化服务中心建设纳入政府公共文化服务考核指标。由各级文化行政部门会同有关部门建立动态监测和绩效评价机制，对基层综合性文化服务中心建设使用情况进行督促检查，及时协调解决工作中的各种问题。同时，引入第三方开展公众满意度测评。对基层综合性文化服务中心建设、管理和使用中群众满意度较差的地方要进行通报批评，对好的做法和经验及时总结、推广。

教育部关于印发《普通高等学校图书馆规程》的通知（2015修订）
（2015年12月31日　教高〔2015〕14号）

各省、自治区、直辖市教育厅（教委），新疆生产建设兵团教育局，有关部门（单位）教育司（局），部属各高等学校：

为适应高等学校图书馆事业发展需要，更好地指导和规范高等学校图书馆工作，我部对2002年发布的《普通高等学校图书馆规程（修订）》进行了修订。现将修订后的《普通高等学校图书馆规程》印发给你们，请遵照执行。

普通高等学校图书馆规程

第一章　总则

第一条　为促进高等学校图书馆的建设和发展，指导和规范高等学校图书馆工作，依据《中华人民共和国教育法》《中华人民共和国高等教育法》及相关规定，制定本规程。

第二条　高等学校图书馆（以下简称“图书馆”）是学校的文献信息资源中心，是为人才培养和科学研究服务的学术性机构，是学校信息化建设的重要组成部分，是校园文化和社会文化建设的重要基地。图书馆的建设和发展应与学校的建设和发展相适应，其水平是学校总体水平的重要标志。

第三条　图书馆的主要职能是教育职能和信息服务职能。图书馆应充分发挥在学校人才培养、科学研究、社会服务和文化传承创新中的作用。

第四条　图书馆的主要任务是：

（一）建设全校的文献信息资源体系，为教学、科研和学科建设提供文献信息保障；

（二）建立健全全校的文献信息服务体系，方便全校师生获取各类信息；

（三）不断拓展和深化服务，积极参与学校人才培养、信息化建设和校园文化建设；

（四）积极参与各种资源共建共享，发挥信息资源优势和专业服务优势，为社会服务。

第二章　体制和机构

第五条　高等学校应由一名校级领导分管图书馆工作。图书馆在学校授权范围内实行馆长负责制。学校在重大建设和发展事项的决策过程中，对于涉及文献信息保障方面的工作，应吸收图书馆馆长参与或听取其意见。

第六条　高等学校应根据图书馆实际工作需要设置图书馆内部组织机构和岗位，明确各组织机构和岗位的职责。

第七条　高等学校可根据学校校区分布或学科分布设立相应的总图书馆、校区分馆、学科分馆和院（系、所）分馆（资料室），分馆（资料室）受总图书馆领导或业务指导，面向全校开放。

第八条　高等学校可根据需要设立图书馆工作委员会，作为全校图书馆工作的咨询和协调机构。

图书馆工作委员会由学校相关职能部门负责人、教师和学生代表组成。学校主管图书馆工作的校领导担任主任委员，图书馆馆长担任副主任委员。

图书馆工作委员会应定期召开会议，听取图书馆工作报告，讨论全校文献信息工作中的重大事项，反映师生的意见和要求，向学校和图书馆提出改进工作的建议。

第三章　工作人员

第九条　图书馆工作人员应恪守职业道德，

遵守行业规范，认真履行岗位职责。

第十条　图书馆设馆长一名、副馆长若干名。

图书馆馆长应设置为专业技术岗位，原则上应由具有高级专业技术职务者担任，并应保持适当的稳定性。

馆长主持全馆工作，组织制订和贯彻实施图书馆发展规划、规章制度、工作计划、队伍建设方案及经费预算。副馆长协助馆长负责或分管相应工作。

第十一条　高等学校应根据发展目标、师生规模和图书馆的工作任务，确定图书馆工作人员编制。

图书馆馆员包括专业馆员和辅助馆员，专业馆员的数量应不低于馆员总数的50%。专业馆员一般应具有硕士研究生及以上层次学历或高级专业技术职务，并经过图书馆学专业教育或系统培训。辅助馆员一般应具有高等教育专科及以上层次学历，具体聘用条件根据工作岗位的要求和学校的人事管理制度确定。

第十二条　高等学校新聘用图书馆工作人员，按照规定应当面向社会公开招聘的，按照规定执行。

图书馆工作人员按照国家有关规定，实行专业技术职务聘任制和岗位聘任制，享受相应待遇。

第十三条　高等学校应将图书馆专业馆员培养纳入学校的人才培养计划，重视培养高层次的专家和学术带头人。鼓励图书馆工作人员通过在职学习和进修，提高知识水平和业务技能。

第十四条　高等学校对于在图书馆从事特种工作的人员，按国家规定给予相应的劳保待遇。

第十五条　高等学校应根据图书馆工作特点，制定考核办法，定期对工作人员进行考核，考核结果作为调整工作人员岗位、工资以及续订聘用合同等依据。

第四章　经费、馆舍、设备

第十六条　高等学校应保证图书馆正常运行和持续发展所必需的经费和物质条件。

图书馆应注重办馆效益，科学合理地使用经费。

高等学校应鼓励社会组织和个人依法积极向图书馆进行捐赠和资助。

第十七条　高等学校要把图书馆的经费列入学校预算，并根据发展需要逐年增加。

图书馆的经费包括文献信息资源购置费、运行费和专项建设费。运行费主要包括设备设施维护费、办公费等。

第十八条　图书馆的文献信息资源购置费应与学校教学和科学研究的需要相适应，馆藏文献信息资源总量和纸质文献信息资源的年购置量应不低于国家有关规定。全校文献信息资源购置费应由图书馆统筹协调、合理使用。

第十九条　高等学校应按照国家有关法规和标准，建造独立专用的图书馆馆舍。馆舍应充分考虑学校发展规模，适应现代化管理的需要，满足图书馆的功能需求，节能环保，并具有空间调整的灵活性。

馆舍建筑面积和馆内各类用房面积须达到国家规定的校舍规划面积定额标准。

第二十条　高等学校应有计划地为图书馆配备服务和办公所需的各种家具、设备和用品，重视自动化、网络化、数字化等现代信息基础设施建设。

第二十一条　高等学校应做好图书馆馆舍、设备的维护维修，根据需要持续改善图书馆的服务设施，重视图书馆内外环境的美化绿化，落实防火、防水、防潮、防虫等防护措施。

第五章　文献信息资源建设

第二十二条　图书馆应根据学校人才培养、科学研究和学科建设的需要，以及馆藏基础和资源共建共享的要求，制订文献信息资源发展规划和实施方案。

第二十三条　图书馆在文献信息资源建设中应统筹纸质资源、数字资源和其他载体资源；保持重要文献、特色资源的完整性与连续性；注重收藏本校以及与本校有关的各类型载体的教学、科研资料与成果；寻访和接受社会捐赠；形成具有本校特色的文献信息资源体系。

第二十四条　图书馆应积极参与国内外文献信息资源建设的馆际协作，实现资源共建共享。

第二十五条　图书馆应根据国家和行业的相关标准规范，对采集的信息资源进行科学的加工整序，建立完善的信息检索系统。

第二十六条　图书馆应合理组织馆藏纸质资源，便于用户获取和利用；应加强文献保护与修复，保证文献资源的长期使用。

第二十七条　图书馆应注重建设数字信息资源管理和服务系统，参与校园信息化建设和学校学术资源的数字化工作，建立数字信息资源的长期保存机制，保障信息安全。

第六章　服务

第二十八条　图书馆应坚持以人为本的服务理念，保护用户合法、平等地利用图书馆的权利，健全服务体系，创新服务模式，提高服务效益和用户满意度。

第二十九条　图书馆在学校教学时间内开馆每周应不低于90小时，假期也应有必要的开放时间，有条件的学校可以根据实际需要全天开放；网上资源的服务应做到全天24小时开放。

第三十条　图书馆应不断提高文献服务水平，采用现代化技术改进服务方式，优化服务空间，注重用户体验，提高馆藏利用率和服务效率。

图书馆应积极拓展信息服务领域，提供数字信息服务，嵌入教学和科研过程，开展学科化服务，根据需求积极探索开展新服务。

第三十一条　图书馆应全面参与学校人才培养工作，充分发挥第二课堂的作用，采取多种形式提高学生综合素质。

图书馆应重视开展信息素质教育，采用现代教育技术，加强信息素质课程体系建设，完善和创新新生培训、专题讲座的形式和内容。

第三十二条　图书馆应积极参与校园文化建设，积极采用新媒体，开展阅读推广等文化活动。

第三十三条　图书馆应制定相关规章制度，引导用户遵守法律法规和公共道德，尊重和保护知识产权，爱护馆藏文献及设施设备，维护网络信息安全。

第三十四条　图书馆应为学生提供社会实践的条件，设置学生参与图书馆管理与服务的岗位，支持与图书馆有关的学生社团和志愿者的活动。

第三十五条　图书馆应通过加强无障碍环境建设等，为残障人士等特殊用户利用图书馆提供便利。

第三十六条　图书馆应加强各馆之间以及与其他类型图书馆之间的协作，开展馆际互借和文献传递、联合参考咨询等共享服务。

第三十七条　图书馆应在保证校内服务和正常工作秩序的前提下，发挥资源和专业服务的优势，开展面向社会用户的服务。

第七章　管理

第三十八条　高等学校应秉持改革与创新的理念，确定图书馆办馆宗旨。

图书馆应根据学校发展目标制订图书馆发展规划，建立健全各项规章制度。

第三十九条　高等学校应推动图书馆严格遵循相关的专业标准，不断完善业务规范和考核办法，改进和优化业务管理。

第四十条　高等学校应支持图书馆有计划地开展学术研究，组织和参与国内外学术交流活动，发表研究成果。支持图书馆积极参加专业学术团体，按国家有关规定申请加入国际学术组织。

图书馆应鼓励馆员申报各级各类科研项目，有条件的可根据需要自行设立科研课题。

第四十一条　图书馆应注重统计工作，如实填报各类统计数据，做好统计数据的保存和分析。

第四十二条　图书馆应建立文书和档案管理制度，制订管理规范，妥善收集、整理和保存文书档案资料。

第四十三条　图书馆应重视馆藏文献等资产的管理，建立完整的资产账目和管理制度。

第四十四条　高等学校应重视图书馆公共安全管理，采取多种防护措施，制订突发事件应急预案，保护人身安全。

第四十五条　高等学校应鼓励图书馆积极开展业务评估评价活动，不断提高办馆效益和水平。

第八章　附则

第四十六条　本规程适用于全日制普通高等学校。各高等学校可依据本规程并结合学校的办学层次、学校性质、学科特点、学校规模、所在地区等具体因素，制订本校图书馆的工作规定和实施细则。

第四十七条　教育部高等学校图书情报工作指导性专家组织可根据本规程制订各类型高等学校图书馆的建设与服务方面具体规定，指导各类型高等学校图书馆的发展和评估评价工作。

第四十八条　本规程自发布之日起施行。原《普通高等学校图书馆规程(修订)》(教高〔2002〕3号)同时废止。

（国家图书馆　邓茜整理编辑）

与图书馆相关法律法规及政策性文件目录

主题	标题	文号	发布与实施时间
综合性法律法规	青海省地方志工作规定	青海省人民政府令第 107 号	2015 年 1 月 19 日发布，2015 年 3 月 1 日实施
	陕西省实施《无障碍环境建设条例》办法	陕西省人民政府令第 184 号	2015 年 3 月 18 日发布，2015 年 5 月 1 日实施
	甘肃省非物质文化遗产条例	甘肃省人民代表大会常务委员会公告第 21 号	2015 年 3 月 27 日发布，2015 年 6 月 1 日实施
	宁夏回族自治区预防未成年人犯罪条例(2015 修正)	宁夏回族自治区人民代表大会常务委员会公告第 21 号	2008 年 11 月 1 日实施，2015 年 3 月 31 日修正
	湖北省旅游条例(2015 修订)	湖北省人民代表大会常务委员会公告第 175 号	2015 年 4 月 1 日发布，2015 年 6 月 1 日实施
	福建省国家档案馆管理办法	福建省人民政府令第 158 号	2015 年 4 月 10 日发布，2015 年 6 月 1 日实施
	黑龙江省档案管理条例(2015 修正)	黑龙江省第十二届人民代表大会常务委员会第十九次会议修正	1999 年 9 月 1 日实施，2015 年 4 月 17 日修正
	中华人民共和国老年人权益保障法(2015 修正)	主席令第 24 号	2013 年 7 月 1 日实施，2015 年 4 月 24 日修正
	中华人民共和国文物保护法(2015 修正)	主席令第 28 号	1982 年 11 月 19 日实施，2015 年 4 月 24 日修正
	山东省防震减灾知识普及办法	山东省人民政府令第 289 号	2015 年 5 月 19 日发布，2015 年 7 月 1 日实施
	上海市文化娱乐市场管理条例实施细则(2015 修正)	上海市人民政府令第 30 号	1996 年 9 月 1 日实施，2015 年 5 月 22 日修正
	江西省非物质文化遗产条例	江西省人民代表大会常务委员会公告第 65 号	2015 年 5 月 28 日发布，2015 年 9 月 1 日实施
	天津市学校安全条例	天津市人民代表大会常务委员会公告第 32 号	2015 年 7 月 24 日发布，2015 年 9 月 1 日实施
	山西省实施《无障碍环境建设条例》办法	山西省人民政府令第 243 号	2015 年 9 月 11 日发布，2015 年 10 月 15 日实施
	西藏自治区实施《中华人民共和国预防未成年人犯罪法》办法	西藏自治区人民代表大会常务委员会公告〔2015〕9 号	2015 年 9 月 23 日发布，2016 年 1 月 1 日实施
	山东省非物质文化遗产条例	山东省人民代表大会常务委员会公告第 106 号	2015 年 9 月 24 日发布，2015 年 12 月 1 日实施
	湖南省社会科学普及条例	湖南省第十二届人民代表大会常务委员会公告第 33 号	2015 年 9 月 25 日发布，2016 年 1 月 1 日实施
	山东省安全生产行政责任制规定	山东省人民政府令第 293 号	2015 年 11 月 5 日发布并实施

续表

主题	标题	文号	发布与实施时间
综合性法律法规	陕西省旅游条例(2015 修订)	陕西省人民代表大会常务委员会公告第 30 号	2015 年 11 月 19 日发布，2016 年 4 月 1 日实施
	海南省未成年人保护条例	海南省人民代表大会常务委员会公告第 58 号	2015 年 11 月 27 日发布，2016 年 1 月 1 日实施
	广东省禁毒条例	广东省第十二届人民代表大会常务委员会公告第 43 号	2015 年 12 月 3 日发布，2016 年 3 月 1 日实施
	江苏省公共文化服务促进条例	江苏省第十二届人民代表大会常务委员会第十九次会议通过	2015 年 12 月 4 日发布，2016 年 3 月 1 日实施
	中华人民共和国教育法(2015 修正)	主席令第 39 号	1995 年 9 月 1 日实施，2015 年 12 月 27 日修正
	上海市非物质文化遗产保护条例	上海市人民代表大会常务委员会公告第 34 号	2015 年 12 月 30 日发布并实施
文化建设	文化部、中央文明办关于开展 2015 年文化志愿服务工作的通知	文公共发〔2015〕2 号	2015 年 1 月 8 日发布并实施
	黑龙江省人民政府关于推进文化创意和设计服务与相关产业融合发展的实施意见	黑政发〔2015〕5 号	2015 年 2 月 9 日发布并实施
	北京市人民政府关于印发《北京市推进文化创意和设计服务与相关产业融合发展行动计划(2015—2020 年)》的通知	京政发〔2015〕20 号	2015 年 4 月 7 日发布并实施
	国务院办公厅转发文化部等部门关于做好政府向社会力量购买公共文化服务工作意见的通知	国办发〔2015〕37 号	2015 年 5 月 5 日发布并实施
	北京市人民政府关于进一步加强基层公共文化建设的意见	京政发〔2015〕28 号	2015 年 5 月 29 日发布并实施
	山东省委办公厅、省政府办公厅印发《关于加快构建现代公共文化服务体系的实施意见》	鲁办发〔2015〕25 号	2015 年 6 月 5 日发布并实施
	湖南省人民政府办公厅关于印发《湖南省现代公共文化服务体系示范区创建工作方案》的通知	湘政办发〔2015〕56 号	2015 年 6 月 15 日发布并实施
	中国残联办公厅关于贯彻落实中办、国办《关于加快构建现代公共文化服务体系的意见》的通知	残联厅函〔2015〕172 号	2015 年 6 月 29 日发布并实施
	中共上海市委办公厅上海市人民政府办公厅印发《上海市贯彻〈关于加快构建现代公共文化服务体系的意见〉的实施意见》的通知	沪委办发〔2015〕36 号	2015 年 8 月 7 日发布并实施
	西藏自治区贯彻落实《关于加快构建现代公共文化服务体系的意见》的实施意见	藏党办发〔2015〕29 号	2015 年 8 月 7 日发布并实施
	甘肃省人民政府办公厅转发省文化厅等部门关于做好政府向社会力量购买公共文化服务工作的实施意见的通知	甘政办发〔2015〕116 号	2015 年 8 月 14 日发布并实施
	国家文物局关于"高层次文博行业人才提升计划"的通知	办人函〔2015〕1177 号	2015 年 8 月 17 日发布并实施

续表

主题	标题	文号	发布与实施时间
文化建设	广西壮族自治区党委办公厅、自治区人民政府办公厅印发《关于加快构建现代公共文化服务体系的实施意见》的通知	桂办发〔2015〕21号	2015年9月8日发布并实施
	中共重庆市委办公厅、重庆市人民政府办公厅《关于加快构建现代公共文化服务体系的实施意见》	渝委办发〔2015〕23号	2015年9月11日发布并实施
	吉林省人民政府办公厅转发省文化厅等部门关于做好政府向社会力量购买公共文化服务工作实施意见的通知	吉政办发〔2015〕47号	2015年9月11日发布并实施
	甘肃省委办公厅、省政府办公厅关于加快构建现代公共文化服务体系的实施意见	甘办发〔2015〕37号	2015年9月14日发布并实施
	文化部办公厅关于公布第二批全国基层文化队伍培训教材立项选题名单的通知	办公共函〔2015〕522号	2015年9月29日发布并实施
	中共湖南省委办公厅、湖南省人民政府办公厅《关于加快构建现代公共文化服务体系的实施意见》	湘办发〔2015〕39号	2015年9月29日发布并实施
	宁夏回族自治区党委办公厅、人民政府办公厅印发《关于加快构建现代公共文化服务体系的实施意见》的通知	宁党办〔2015〕45号	2015年10月14日发布并实施
	河北省人民政府办公厅转发省文化厅等部门关于向社会力量购买公共文化服务实施意见的通知	冀政办发〔2015〕29号	2015年10月23日发布并实施
	青海省人民政府办公厅关于印发青海省公共文化服务体系建设协调机制工作方案的通知	青政办〔2015〕211号	2015年11月19日发布并实施
	天津市财政局、天津市文化广播影视局、天津市文物局等关于印发天津市基层公共文化服务体系建设专项资金管理暂行办法的通知	津财教〔2015〕59号	2015年11月25日发布并实施
	江西省人民政府办公厅转发省文化厅等部门关于做好政府向社会力量购买公共文化服务工作实施意见的通知	赣府厅发〔2015〕70号	2015年11月29日发布并实施
	江苏省政府办公厅转发省文化厅等部门关于做好政府向社会力量购买公共文化服务工作实施意见的通知	苏政办发〔2015〕128号	2015年12月3日发布并实施
	国家新闻出版广电总局关于公布首届向全国推荐中华优秀传统文化普及图书名单的通知	新广出发〔2015〕88号	2015年12月15日发布并实施
	中共江西省委办公厅、江西省人民政府办公厅印发《关于加快构建现代公共文化服务体系的实施意见》的通知	赣办发〔2015〕32号	2015年12月22日发布并实施
	中共福建省委办公厅、福建省人民政府办公厅《关于加快构建现代公共文化服务体系的实施意见》	闽委办发〔2015〕58号	2015年12月24日发布并实施

续表

主题	标题	文号	发布与实施时间
文化建设	财政部关于印发《中央补助地方公共文化服务体系建设专项资金管理暂行办法》的通知	财教〔2015〕527 号	2015 年 12 月 24 日发布，2016 年 1 月 1 日实施
	内蒙古自治区人民政府办公厅关于政府向社会力量购买公共文化服务的实施意见	内政办发〔2015〕143 号	2015 年 12 月 25 日发布并实施
文化遗产保护	国家文物局关于承德避暑山庄文津阁装修复原设计的批复	文物保函〔2015〕151 号	2015 年 2 月 5 日发布并实施
	文化部办公厅、国家文物局办公室关于开展 2015 年文化遗产日活动的通知	办文物函〔2015〕117 号	2015 年 5 月 14 日发布并实施
	中共云南省委、云南省人民政府关于进一步加强农耕文化保护与传承工作的意见		2015 年 5 月 27 日发布并实施
教育事业	山东省教育厅、山东省发展和改革委员会关于印发《省会城市群经济圈教育事业发展规划》的通知	鲁教计发〔2015〕2 号	2015 年 1 月 16 日发布并实施
	北京市财政局、北京市教育委员会关于印发《北京市市级教育经费基本支出预算管理办法》的通知	京财教育〔2015〕209 号	2015 年 2 月 4 日发布并实施
	山东省教育厅关于义务教育学区制建设指导意见	鲁教基发〔2015〕3 号	2015 年 2 月 17 日发布并实施
	山东省教育厅关于印发山东省中小学教学基本规范的通知	鲁教基发〔2015〕6 号	2015 年 2 月 17 日发布并实施
	广西壮族自治区人民政府办公厅转发教育厅等部门关于进一步加强青少年科技教育工作意见的通知	桂政办发〔2015〕47 号	2015 年 3 月 30 日发布并实施
	中共北京市委关于推进义务教育优质均衡发展的意见		2015 年 4 月 23 日发布并实施
	河南省人民政府关于深化高等教育综合改革全面提升服务经济社会发展能力的意见	豫政〔2015〕41 号	2015 年 7 月 20 日发布并实施
	上海市教育委员会等 9 家单位关于印发《促进本市城乡义务教育一体化的实施意见（暂行）》的通知	沪教委发〔2015〕139 号	2015 年 10 月 9 日发布并实施
	湖南省人民政府办公厅关于印发《湖南省教育扶贫规划（2015—2020 年）》的通知	湘政办发〔2015〕96 号	2015 年 11 月 8 日发布并实施
	湖南省人民政府关于印发《湖南省教育综合改革方案（2015—2020 年）》的通知	湘政发〔2015〕45 号	2015 年 11 月 19 日发布并实施
	福建省人民政府办公厅转发省社科联关于福建省社会科学普及规划纲要（2016—2020 年）的通知	闽政办〔2015〕160 号	2015 年 12 月 27 日发布并实施
	江苏省教育厅关于印发深化普通高等学校学分制改革意见的通知	苏教高〔2015〕23 号	2015 年 12 月 29 日发布并实施
	辽宁省人民政府办公厅关于加强和改进学校美育工作的实施意见	辽政办发〔2015〕113 号	2015 年 12 月 30 日发布并实施

续表

主题	标题	文号	发布与实施时间
特殊人群保护	国务院关于加快推进残疾人小康进程的意见	国发〔2015〕7 号	2015 年 1 月 20 日发布并实施
	四川省人民政府办公厅印发关于加强老年人关爱服务体系建设意见的通知	川办发〔2015〕13 号	2015 年 2 月 2 日发布并实施
	四川省人民政府关于进一步做好为农民工服务工作的实施意见	川府发〔2015〕21 号	2015 年 4 月 10 日发布并实施
	宁夏回族自治区人民政府关于进一步做好为农民工服务工作的实施意见	宁政发〔2015〕31 号	2015 年 4 月 20 日发布并实施
	云南省人民政府关于进一步做好为农民工服务工作的实施意见	云政发〔2015〕22 号	2015 年 4 月 27 日发布并实施
	福建省人民政府关于进一步做好为农民工服务工作的实施意见	闽政〔2015〕19 号	2015 年 4 月 27 日发布并实施
	河北省人民政府关于进一步做好为农民工服务工作的实施意见	冀政发〔2015〕13 号	2015 年 5 月 18 日发布并实施
	湖北省人民政府办公厅关于加快推进残疾人小康进程的实施意见	鄂政办发〔2015〕37 号	2015 年 5 月 25 日发布并实施
	河北省人民政府关于加快推进残疾人小康进程的实施意见	冀政发〔2015〕30 号	2015 年 5 月 30 日发布并实施
	江西省人民政府关于进一步做好为农民工服务工作的实施意见	赣府发〔2015〕27 号	2015 年 6 月 1 日发布并实施
	江苏省政府关于进一步加强为农民工服务工作的实施意见	苏政发〔2015〕75 号	2015 年 7 月 2 日发布并实施
	陕西省人民政府关于做好为农民工服务工作的实施意见	陕政发〔2015〕29 号	2015 年 7 月 10 日发布并实施
	浙江省人民政府办公厅关于进一步做好为农民工服务工作的实施意见	浙政办发〔2015〕83 号	2015 年 7 月 13 日发布并实施
	陕西省人民政府关于加快推进残疾人小康进程的实施意见	陕政发〔2015〕33 号	2015 年 7 月 18 日发布并实施
	吉林省人民政府关于进一步做好为农民工服务工作的实施意见	吉政发〔2015〕29 号	2015 年 7 月 23 日发布并实施
	新疆维吾尔自治区人民政府办公厅关于进一步做好为农民工服务工作的实施意见	新政办发〔2015〕98 号	2015 年 7 月 27 日发布并实施
	北京市民政局、市高级人民法院、市委宣传部等关于进一步加强北京市老年人优待工作的意见	京民老龄发〔2015〕289 号	2015 年 7 月 28 日发布并实施
	河南省人民政府关于进一步做好为农民工服务工作的实施意见	豫政〔2015〕50 号	2015 年 8 月 3 日发布并实施
	吉林省人民政府关于加快推进全省残疾人小康进程的实施意见	吉政发〔2015〕34 号	2015 年 8 月 6 日发布并实施
	青海省人民政府关于进一步加快推进残疾人小康进程的实施意见	青政〔2015〕77 号	2015 年 9 月 6 日发布，2015 年 10 月 7 日实施

续表

主题	标题	文号	发布与实施时间
特殊人群保护	甘肃省人民政府关于加快推进残疾人小康进程的实施意见	甘政发〔2015〕80号	2015年9月8日发布并实施
	重庆市人民政府关于加快推进残疾人小康进程的实施意见	渝府发〔2015〕58号	2015年9月16日发布并实施
	贵州省人民政府关于进一步做好为农民工服务工作的实施意见	黔府发〔2015〕31号	2015年9月26日发布并实施
	中国残疾人联合会、教育部、国家语委、国家新闻出版广电总局关于印发《国家手语和盲文规范化行动计划(2015—2020年)》的通知	残联发〔2015〕47号	2015年10月13日发布并实施
	吉林市人民政府关于进一步做好为农民工服务工作的实施意见	吉市政发〔2015〕15号	2015年11月23日发布并实施
	天津市人民政府关于印发天津市加快推进残疾人小康进程实施方案的通知	津政发〔2015〕30号	2015年12月1日发布并实施
	广东省人民政府关于加快推进残疾人小康进程的实施意见	粤府〔2015〕121号	2015年12月7日发布并实施
	内蒙古自治区人民政府关于加快推进残疾人小康进程的实施意见	内政发〔2015〕148号	2015年12月31日发布并实施
特殊人群保护	湖南省人民政府关于加快推进残疾人小康进程的实施意见	湘政发〔2015〕52号	2015年12月31日发布并实施
	新疆维吾尔自治区人民政府关于贯彻落实国务院加快推进残疾人小康进程意见的实施意见	新政发〔2015〕120号	2015年12月31日发布并实施
政府信息公开	西藏自治区人民政府办公厅关于印发《西藏自治区政府信息公开办法》的通知	藏政办发〔2015〕64号	2015年10月1日发布并实施
科技发展	北京市人民政府关于加快首都科技服务业发展的实施意见	京政发〔2015〕25号	2015年5月6日发布并实施
	云南省人民政府关于印发云南省加快科技服务业发展实施方案的通知	云政发〔2015〕32号	2015年5月26日发布并实施
	内蒙古自治区人民政府关于加快推进“互联网+”工作的指导意见	内政发〔2015〕61号	2015年6月2日发布并实施
	安徽省人民政府办公厅关于印发安徽省加快科技服务业发展实施方案的通知	皖政办〔2015〕35号	2015年6月12日发布并实施
	浙江省人民政府办公厅关于推进全省无线局域网(WiFi)建设和免费开放的指导意见	浙政办发〔2015〕73号	2015年6月25日发布并实施
	海南省人民政府办公厅关于印发推进全岛重点区域无线网络全覆盖实施方案的通知	琼府办〔2015〕121号	2015年7月17日发布并实施
	湖北省人民政府办公厅关于印发加快推进智慧湖北建设行动方案(2015—2017年)的通知	鄂政办发〔2015〕55号	2015年8月7日发布并实施

续表

主题	标题	文号	发布与实施时间
科技发展	海南省人民政府关于印发海南省信息基础设施建设三年专项行动实施方案的通知	琼府〔2015〕66号	2015年8月11日发布并实施
	湖北省人民政府办公厅关于印发湖北省加快信息基础设施建设工程行动方案的通知	鄂政办函〔2015〕72号	2015年8月14日发布并实施
	辽宁省人民政府办公厅关于加快高速宽带网络建设推进网络提速降费的实施意见	辽政办发〔2015〕72号	2015年8月16日发布并实施
	浙江省人民政府办公厅关于加快推进无线宽带网络建设的实施意见	浙政办发〔2015〕90号	2015年8月17日发布并实施
	国务院关于印发促进大数据发展行动纲要的通知	国发〔2015〕50号	2015年8月31日发布并实施
	广东省人民政府办公厅关于印发广东省“互联网＋”行动计划(2015—2020年)的通知	粤府办〔2015〕53号	2015年9月23日发布并实施
	湖北省人民政府关于印发湖北省加快科技服务业发展实施方案的通知	鄂政发〔2015〕62号	2015年9月26日发布并实施
	广西壮族自治区人民政府办公厅关于印发广西加快科技服务业发展实施方案(2015—2020年)的通知	桂政办发〔2015〕94号	2015年9月30日发布并实施
	湖南省人民政府办公厅关于印发《湖南省实施“互联网＋”三年行动计划》的通知	湘政办发〔2015〕86号	2015年10月11日发布并实施
	贵州省人民政府关于推进“互联网＋”行动的实施意见	黔府发〔2015〕34号	2015年10月22日发布并实施
	广东省人民政府办公厅关于印发广东省信息基础设施建设三年行动计划(2015—2017年)的通知	粤府办〔2015〕56号	2015年10月26日发布并实施
	安徽省人民政府关于印发安徽省加快推进“互联网＋”行动实施方案的通知	皖政〔2015〕127号	2015年12月24日发布并实施
	湖北省人民政府关于加快推进“互联网＋”行动的实施意见	鄂政发〔2015〕80号	2015年12月25日发布并实施
政府工作	海南省人民政府关于加强城市基础设施建设的实施意见	琼府〔2015〕8号	2015年1月29日发布并实施
	吉林省人民政府关于促进互联网经济发展的指导意见	吉政发〔2015〕10号	2015年1月29日发布并实施
	浙江省文化厅关于社会组织实行对口业务管理的通知	浙文人〔2015〕7号	2015年2月5日发布并实施
	黑龙江省人民政府关于印发黑龙江省新型城镇化规划(2014—2020年)的通知	黑政发〔2015〕8号	2015年3月9日发布并实施
	江西省人民政府关于印发服务业发展提速三年行动计划(2015—2017年)的通知	赣府发〔2015〕17号	2015年4月2日发布并实施
	湖南省人民政府办公厅关于印发《2015年全省基本公共服务清单》的通知	湘政办发〔2015〕29号	2015年4月16日发布并实施

续表

主题	标题	文号	发布与实施时间
政府工作	江苏省委宣传部、省依法治省领导小组办公室、省法制宣传教育工作领导小组办公室、省司法厅关于创新社会普法教育机制的意见	苏法宣办〔2015〕5 号	2015 年 4 月 20 日发布并实施
	四川省人民政府办公厅关于印发四川省基本公共服务体系“十二五”规划 2015 年实施计划的通知	川办函〔2015〕79 号	2015 年 4 月 21 日发布并实施
	宁夏回族自治区人民政府关于加快发展现代保险服务业保障和促进经济社会发展的意见	宁政发〔2015〕32 号	2015 年 4 月 22 日发布并实施
	宁夏回族自治区人民政府办公厅转发自治区发展改革委关于加快推进实施国家和自治区重大工程建设意见的通知	宁政办发〔2015〕51 号	2015 年 4 月 27 日发布并实施
	广东省人民政府关于加快推进城市基础设施建设的实施意见	粤府〔2015〕56 号	2015 年 6 月 4 日发布并实施
	黑龙江省人民政府办公厅关于印发黑龙江省新型城镇化规划(2014—2020 年)主要目标和重点任务分工方案的通知	黑政办综〔2015〕14 号	2015 年 6 月 16 日发布并实施
	广西壮族自治区人民政府关于实施大县城战略提高县域城镇化发展水平的意见	桂政发〔2015〕38 号	2015 年 7 月 14 日发布并实施
	中共湖南省委办公厅、湖南省人民政府办公厅印发《关于加强湖南新型智库建设的实施意见》的通知	湘办发〔2015〕33 号	2015 年 7 月 14 日发布并实施
	四川省人民政府关于创新重点领域投融资机制鼓励社会投资的实施意见	川府发〔2015〕41 号	2015 年 7 月 28 日发布并实施
	湖北省人民政府关于创新重点领域投融资机制鼓励社会投资的实施意见	鄂政发〔2015〕51 号	2015 年 8 月 7 日发布并实施
	国务院办公厅关于印发全国地方志事业发展规划纲要(2015—2020 年)的通知	国办发〔2015〕64 号	2015 年 8 月 25 日发布并实施
	湖南省人民政府关于印发《湖南省贯彻落实国家〈长江中游城市群发展规划〉实施方案》的通知	湘政发〔2015〕35 号	2015 年 8 月 25 日发布并实施
	文化部文化市场司关于印发《互联网上网服务行业转型升级工作指引》的函	市函〔2015〕87 号	2015 年 8 月 27 日发布并实施
	中共湖南省委、湖南省人民政府关于印发《湖南省新型城镇化规划(2015—2020)》的通知	湘发〔2015〕12 号	2015 年 9 月 9 日发布并实施
	河南省人民政府办公厅关于印发河南省推进三个一批人城镇化实施方案的通知	豫政办〔2015〕118 号	2015 年 9 月 14 日发布并实施
	四川省人民政府关于在公共服务领域推广政府与社会资本合作模式的实施意见	川府发〔2015〕45 号	2015 年 9 月 14 日发布并实施
	国家税务总局关于印发《“互联网 + 税务”行动计划》的通知	税总发〔2015〕113 号	2015 年 9 月 28 日发布并实施
	吉林省人民政府关于鼓励和支持社会资本投向农村建设若干政策的意见	吉政发〔2015〕45 号	2015 年 10 月 9 日发布并实施

续表

主题	标题	文号	发布与实施时间
政府工作	山东省人民政府办公厅关于印发山东省地方史志事业发展规划纲要(2016—2020年)的通知	鲁政办发〔2015〕46号	2015年10月20日发布并实施
	民政部办公厅关于支持中国村民自治展示中心开展史料征集工作的通知	民办函〔2015〕447号	2015年12月11日发布并实施
	国务院办公厅关于印发国家标准化体系建设发展规划(2016—2020年)的通知	国办发〔2015〕89号	2015年12月17日发布并实施
	慈善捐赠物资免征进口税收暂行办法	财政部、海关总署、国家税务总局公告2015年第102号	2015年12月23日发布,2016年4月1日实施
	内蒙古自治区人民政府办公厅关于印发地方志事业发展实施方案(2016年—2020年)的通知	内政办发〔2015〕141号	2015年12月23日发布并实施
	福建省人民政府办公厅关于印发《福建省地方志事业发展规划纲要(2016—2020年)》的通知	闽政办〔2015〕161号	2015年12月27日发布并实施
	浙江省人民政府办公厅关于进一步深化山海协作工程的实施意见	浙政办发〔2015〕132号	2015年12月28日发布并实施
	吉林省政府办公厅关于印发吉林省地方志事业发展规划(2016—2020年)的通知	吉政办发〔2015〕73号	2015年12月28日发布并实施
	广西壮族自治区人民政府办公厅关于印发广西贯彻落实全国地方志事业发展规划纲要(2015—2020年)实施方案的通知	桂政办发〔2015〕137号	2015年12月30日发布并实施
	内蒙古自治区人民政府办公厅关于鼓励和引导社会资本投资农村牧区社会事业和基础设施建设的若干意见	内政办发〔2015〕151号	2015年12月31日发布并实施
安全卫生	甘肃省教育厅关于进一步做好学校消防安全工作的通知		2015年发布并实施
	教育部关于贯彻落实《国务院关于进一步加强新时期爱国卫生工作的意见》的通知	教体艺〔2015〕1号	2015年2月11日发布并实施
	上海市教育委员会转发《教育部关于贯彻落实〈国务院关于进一步加强新时期爱国卫生工作的意见〉的通知》的通知	沪教委体〔2015〕14号	2015年3月23日发布并实施
	广东省教育厅关于加强新时期学校爱国卫生工作的通知	粤教体函〔2015〕35号	2015年4月24日发布并实施
	广东省文化厅关于文化单位(场所)安全生产和消防安全监督管理工作规范的指引	粤文执法〔2015〕31号	2015年8月12日发布并实施

(国家图书馆　邓茜整理编辑)

专业文献

2015 年部分院校图书馆学情报学博士学位论文摘要

［中文题名］商务印书馆“大学丛书”出版研究

［英文题名］Research on the Publishing of “University Textbook Series” of the Commercial Press

［论文作者］王友富

［指导老师］吴慰慈

［学位授予单位］北京大学

［内容摘要］本文立足于考察大学教材出版的发生发展史，将商务印书馆“大学丛书”的出版放在历史坐标中，对它做全景式综合研究，揭示其出版的大背景、原因和内外条件，分析其策划、组稿、编辑、发行、推广等运作过程，考证种数、起讫年、经济效益、形制结构、版本与流传等基本问题，总结其颇具生命力的意义、成功经验及给当今的启示和不足之处，力求以会通的方法贯穿古今，在细致全面研究的基础上审视“大学丛书”在教育史、出版史和大学教材发展历史中的地位与作用，为当今的出版提供借鉴。

本文采取两条线索，以出版为明线，以教育改革与发展为内在逻辑，综合历史、教育、出版、文献目录等多种角度，在前人研究成果基础上全面梳理“大学丛书”出版的背景、原因、过程、意义以及对当今出版业的启示等宏观问题，并挖掘一些前人未涉及的较微观却是基础性的问题，丰富论题研究的范围，构建关于“大学丛书”较为完整的研究框架。

本文的主要创新之处有：（1）通过搜罗多种一手资料，考证“大学丛书”的基本问题，首次比较清晰地划定了“大学丛书”的准备、启动、正式出版与初版结束的时间节点。（2）在前人研究基础上，论述前人未涉及的领域或问题，在多个方面具有补白作用，如首次对“大学丛书”的经济效益、编辑的结构与职责、形制结构、版本与流传、不足之处等进行探究与分析。（3）提出一些新的观点和论断，如商务印书馆首创“大学丛书”“大学丛书”开启“精英主义”教材传统等。

［中文题名］版权制度中的公有领域问题研究

［英文题名］The Study on Public Domain Issues in Copyright System

［论文作者］李华伟

［指导老师］吴慰慈

［学位授予单位］北京大学

［内容摘要］在社会发展与技术进步的大背景下，著作权的扩张不断蚕食公有领域的范围，在此情况下，加强对公有领域的研究具有很强的现实意义。

本文首先梳理了公有领域的概念和范围。其次，从不受版权法保护的作品和虽然受到版权法保护但因各种原因流入公有领域的作品两个方面来分析公有领域的来源。接着，从立法上的权利扩张，政策障碍，技术壁垒，权利滥用，财产权、隐私权、邻接权以及同族其他知识产权带来的消极影响入手，分析论证影响公有领域实现的诸多因素。并针对这些因素，尝试给出解决方案，主要从寻求立法支持、政策支持、技术方法、抑制版权滥用等几个方面进行解答。作为社会公共服务的重要基础设施，公共图书馆在公有领域资源的建设与利用中，应当有所作为。再次，介绍了国际图联与联合国教科文组织的相关主张与美国、法国、日本等国的实践案例，并以中国国家图书馆为例，进行实证研究，介绍该馆近年来进行的有关项目及成果。同时，为扩大公有领域资源的覆盖面，提出争取博物馆、档案馆、美术馆、信息中心等国家同类公益性文化机构的认同并开展联合行动的设想。最后，简要分析了如果通过国家立法、司法的良性干预，公益性传播机构的筛查、清理以及助理社会的普法教育等几种途径来限制公有领域中的不当因素。

［中文题名］跨学科研究者信息行为研究

［英文题名］Research on Interdisciplinary Scholars’ Information Behavior

［论文作者］高丹

［指导老师］刘兹恒

［学位授予单位］北京大学

［内容摘要］基于已有信息行为理论模型和学科行为差异理论，本研究从影响因素的角度提出

跨学科研究者信息行为的理论模型，结合针对跨学科研究者的访谈结果，通过问卷调研收集数据和证据验证此模型的合理性，考察跨学科研究者和单一学科研究者在信息需求、信息查寻、信息选择、信息交流、信息利用上存在的差异，从知识结构、主观态度、社群因素、感知成本、信息环境因素这五方面分析影响跨学科研究者信息行为的因素，归纳其常见信息行为活动。最后结合他们在信息行为中出现的壁垒和障碍，考察相应的信息服务策略。

本研究发现：（1）跨学科研究者比单一学科研究者倾向于利用更多信息源，更偏好使用学术搜索引擎、浏览图书期刊、同行交流和引文链接这些路径来获取学术信息，且使用频率多于单一学科研究者。（2）知识结构、主观态度、感知成本、社群因素、信息环境因素影响跨学科研究者信息行为。（3）跨学科研究者的信息行为活动和特征。由于涉及多个学科，跨学科研究者在信息行为中将最小努力原则利用到最大化；其信息需求更多地表现为弱信息需求，信息查寻路径多样化，存在定型行为；会更多地利用探测、浏览、引文链接这些信息活动。（4）跨学科研究者具有更多的信息服务需求，信息服务机构需要关注和重视对这类人群的信息服务。图书馆可利用现有信息资源和信息服务，构建联络平台，促成跨学科研究者的交流和合作。

[中文题名]基于项目管理的两岸高校机构知识库发展研究

[英文题名]A Project Management Approach to Research on Cross-strait Universities' Institutional Repositories Development

[论文作者]包心萍

[指导老师]刘兹恒

[学位授予单位]北京大学

[内容摘要]本文通过访谈两岸 28 所高校图书馆 IR 项目负责人，汇总各高校网站信息和国内外相关研究文献，运用定性研究方法分析归纳两岸高校 IR 发展中现存的问题，评估 IR 项目执行成效，在总结经验教训的基础上，提出可行性发展方案。

本文从项目管理角度，将 IR 建设主要过程划分为启动、规划、执行、监控、收尾等 5 大环节，对各阶段的投入产出结果进行效益评估。

本文的主要内容为：第一章阐述研究意义和目的。第二章对 IR 发展相关的研究进行综述和述评，确定国内外研究热点。第三章介绍本研究采用的项目管理理论，以及 IR 开展的知识管理应用技术和提供的知识链接服务。第四章主要探讨两岸高校 IR 发展的过程，并分析现状，研究应用项目管理的利益相关者、范围、时间、成本、质量、人力资源、沟通、风险、采购等制约因素，梳理 IR 项目负责人的访谈内容。第五至七章分析前述问题的产生原因和影响因素，列举受访高校成功案例的发展特色和评估效益，总结两岸高校在构建 IR 的过程中遇到的问题。最后，得出本研究的结论：学校行政管理层支持度影响 IR 项目发展的成效；建立国家层级的中国 IR 统计分析平台，集中保管知识资产，并向国际公开揭示学术成果；图书馆的角色从被动提供服务发展为主动宣传、从信息收集发展为信息出版。

[中文题名]贫困地区公共阅读服务体系构建研究

[英文题名]A Study on Public Reading Service System Development in China's Poverty-stricken Areas

[论文作者]金武刚

[指导老师]李国新

[学位授予单位]北京大学

[内容摘要]本文首先梳理贫困地区公共阅读服务体系构建的现代理念、国家政策和现状问题。在此基础上，借鉴国际经验和标准、结合各地实践，提出贫困地区公共阅读服务体系构建的组织方式、实施单元、突破方向及保障机制。

贫困地区公共阅读服务体系构建方面，建议：（1）公共阅读设施建设方面，重点建设县级图书馆，充分利用乡镇综合文化站，有效利用村级文化设施，整合利用现有城乡各类公共设施、民间社会设施，按需配备流动阅读设施和普及推广数字传播设施。（2）公共阅读资源保障方面，以县域为基本单元统筹建设农家书屋，积极推动城市优秀公共阅读资源下移，大力推进区域内阅读资源共建共享，开展地方特色文化资源建设。（3）公共阅读服务提供方面，完善公共阅读设施免费开放保障机制，优先服务留守儿童，组织区域性阅读活动，培育壮大基层服务人才队伍。

贫困地区公共阅读服务体系组织实施方面，建议：（1）运营管理方面，以县级图书馆为总馆，以乡镇综合文化站为分馆，以村级（社区）文化室（农家书屋）为流动服务点，建立总分馆制，在县域层面统筹使用农村文化经费，由总馆实施文献资源统一采购、统一编目和统一配送。（2）组织单元方面，以县域为基本建设单位。（3）统筹建设方面，以农家书屋和农村公共图书馆两大农村公共阅读服务提供主体为例，应当将农家书屋纳入农村公共图书馆服务体系，通过两者融合发展，提高贫困地区公共阅读服务效能。（4）在保障机制方面，应当按照精准扶贫的要求，集中实施一批文化扶贫项目，促进地区对口帮扶，争取在较短时间内明显改善贫困地区的公共阅读服务能力和水平。

[中文题名]美国图书馆协会年会研究

[英文题名]Study on the Annual Conference of American Library Association

[论文作者]于春明

[指导老师]李国新

[学位授予单位]北京大学

[内容摘要]本文通过对美国图书馆协会年会相关因素的分析，总结其年会运作的模式、经验，同时结合中国图书馆学会年会的实际情况提出建议，以推动国内图书馆学会年会的改革，发挥其在我国图书馆事业发展中的作用。

本文共分八章：第一章，绪论。对研究背景、研究意义、研究思路与方法进行说明，总结与梳理国内外研究成果。第二章，美国图书馆协会介绍。通过梳理美国图书馆协会有关内容，分析其在美国图书馆事业发展中的作用。第三章，美国图书馆协会年会组织运行，包括年会组织模式、组织管理部门、参会人员、经费以及年会调查反馈。第四章，美国图书馆协会年会要素研究，包括年会区位、会议参观以及年会宣传。第五章，美国图书馆协会年会学术活动分析，包括年会学术活动主题确定的步骤、方式、年会学术活动信息媒介以及年会学术活动评价情况。第六章，美国图书馆协会年会展会，包括展会规模、组织协调机构、参展人员及展品情况以及针对展会进行的媒体宣传。第七章，美国图书馆协会年会运作模式经验借鉴。第八章，结语。

[中文题名]中国民营绘本馆事业研究

[英文题名]Research On Private Picture Book Libraries in China

[论文作者]王一帆

[指导老师]王子舟

[学位授予单位]北京大学

[内容摘要]本文首先梳理绘本馆发展的背景，阐述本研究的意义、使用的主要概念、理论基础与研究方法。其次，对国内外绘本与绘本馆的研究状况进行综述与分析，就国内绘本馆发展的总体状况进行分析，将现有绘本馆从规模上分成三类：社区型绘本馆、商业型绘本馆、品牌型绘本馆。在此基础上，研究绘本馆的办馆方式及主要类型，总结主要服务内容，提出主要功能。目前，绘本馆在发展过程中存在的问题主要有：缺乏国家法规政策支持；西方文化侵占启蒙期儿童记忆，国内原创绘本书亟须振兴；绘本馆自身定位不明晰，营利艰难；网络推广力度大，社区宣传不足；缺乏专业人才等。此外，本文还为绘本馆目前存在的问题提出应对之策，分析其未来发展趋势。最后，在前文基础上，得出以下结论：（1）绘本馆兴起原因国内外不完全一致；（2）绘本馆办馆方式多样；（3）绘本馆的服务内容具有早教特色；（4）绘本馆作为我国特色的事物具有较强的发展阶段性。

[中文题名]钱学森情报思想及其应用研究

[英文题名]Study on Qian Xuesen's Information Thoughts and Its Application

[论文作者]卢胜军

[指导老师]栗琳

[学位授予单位]北京大学

[内容摘要]本文尝试分析钱学森情报思想的产生历程、体系架构，以及在科技情报工作中的应用价值。

本文共十章，逻辑上分五部分。第一部分是本研究的总体考虑和布局，包括第一和第二章。第一章介绍本文的选题考虑、思路框架等。第二章梳理有关钱学森情报思想研究的文献及当前国内外研究情况。第二部分主要研究“钱学森情报思想”本身，是本研究的主要内容和创新点之一，包括第三至六章。第三章运用历史分析法，从钱学森情报思想发展历程的纵向角度入手，梳理钱学森情报思想形成与发展的脉络。第四章从钱学森情报思想内容的横向角度入手，重构和明晰钱学森情报思想架构，主要包括情报理论思想、方法技术等。第五章从我国情报学发展史、我国科技工作体系经典理论等四个角度阐释钱学森情报思想，从宏观层面对钱学森情报思想整体进行综合研究。第六章在以上研究基础上，全面阐述钱学森情报思想的产生原因、理论本源、主要特征、核心内容、历史功绩、时代价值和重要地位。第三部分主要研究钱学森情报思想在智慧时代科技工作和理论创新中的应用，是本研究的关键和主要创新点，包括第七至八章。第四部分即第九章，是本研究的拓展和深化。探讨钱学森情报思想的不足之处及其在智慧时代的发展特征、潜在热点和趋势。第五部分即第十章，是本研究的总结与展望。

[中文题名]我国咨询公司员工知识共享动机研究

[英文题名]A Study on Knowledge Sharing Motivation of Chinese Consulting Company Employee

[论文作者]吕双

[指导老师]秦铁辉

[学位授予单位]北京大学

[内容摘要]本文采用实证分析和理论探讨、案例探讨相结合的研究方法，对新时期我国咨询公司员工知识共享动机进行系统分析。

本文的主要内容有：首先，通过对咨询公司员工知识共享的理论分析发现，各种分享模式的效果更多取决于知识分享者和提供者的意识或动机。其次，通过问卷调研将知识共享动机归纳为个人兴趣动机、关系维护动机等九类基本动机，并划分为内部动机和外部动机两个维度，形成咨询公司员工知识共享动机的九维度模型。其中，职业认同动机为我国咨询公司员工所独有。第三，在九维度模型的基础上，通过小样本预调研，得到包括 9 个维度共 26 个题项的咨询公司员工知识共享动机测量量表。第四，针对咨询公司员工知识共享动机的影响因素，提出 9 个基本假设，并以测量量表题项为基础，形成大规模正式调研问卷。通过问卷调研发现：咨询公司员工知识共享动机维度中，对于知识共享行为影响较为显著的维度依次为声望塑造动机、组织贡献动机、关系维护动机、利他心理动机、个人兴趣动机、互利交换动机和职业认知动机。第五，在上述研究基础上提出新时期促进我国咨询公司员工知识共享的对策建议。

[中文题名]信息分化背景下的新生代农民工信息能力研究

[英文题名]Information Capability of New-generation Migrant Workers in Context of Information Differentiation

[论文作者]樊振佳

[指导老师]赖茂生

[学位授予单位]北京大学

[内容摘要]本文以新生代农民工群体为研究对象，围绕“以信息效用为导向，信息主体在信息能力方面存在怎样的差异及出现这种差异的原因”这一核心问题，展开研究。

本文的主要内容有：首先，对信息分化和信息能力及相关领域成果进行文献综述及述评，在此基础上，总结信息能力概念基本框架，并结合相关理论对其进一步扩展形成信息能力概念扩展框架，对信息能力的内涵与外延做出重新界定。其次，通过质性材料扎根理论分析信息能力的关联因素及表现维度，结合信息能力概念框架，重构信息能力一般模型。再次，以新生代农民工群体为研究对象，基于信息能力一般模型提出关联因素的研究假设，结合问卷和访谈等途径得到的实证数据，对相关假设进行验证并提取出关键关联因素，进而对新生代农民工信息分化进行分类。最后，结合研究得出的关联因素和信息分化类型，提出改善该群体信息能力的对策。

[中文题名]社交网用户隐私信息关切意向系统模型研究

[英文题名]Study on Model of User's Private Information Concern Intention on Social Network Services

[论文作者]李彦篁

[指导老师]周庆山

[学位授予单位]北京大学

[内容摘要]本研究以社交网用户隐私信息的保护为主题，聚焦社交网用户隐私信息的理论基础，构建关切意向生态系统模型与假设。

本文的主要内容如下：第一章，介绍研究背景、目的、意义、思路框架及难点、研究方法等。第二章，分析梳理有关国内外隐私研究方面的文献，在此基础上提出本研究尝试解答的三个问题，即社交网隐私信息关切和用户提供个人信息的意向之间是否有关联；当用户使用社交网站传播信息时，什么样的影响因素会改变隐私信息关切问题；在不同类型的信息环境下，研究隐私信息关切模型的实际应用，探讨各种新模型的适用差异。第三章，在相关理论和模型基础上，提出构建更符合社交网发展现实情况的隐私信息关切模型 CFIP。第四章，提出诸多假设，并在这些假设和各种隐私模型的基础上，构建系统模型，全面整理相关变量，描述数据采集的方式和过程，阐述数据测量的重要方法和变量，选定统计工具。第五章，通过样本信息的特性分析，调查问卷的信度和效度检测、结构方程模型检验等，验证本研究构建的模型和假设。第六章，整体分析社交网络隐私信息关切意向生态系统全模型。第七章，借助社交网用户隐私信息关切意向生态系统模型，提出隐私信息应用的保障措施。

[中文题名]面向开放服务的科学数据共享模式研究

[英文题名]Open Services Oriented Scientific Data Sharing Mode Study

[论文作者]张丽丽

[指导老师]赖茂生

[学位授予单位]北京大学

[内容摘要]本文对面向开放服务的科学数据共享模式进行探究。

首先梳理科学数据与开放服务的相关概念，以及研究现状。进而探讨经验理论科学时代、计算科学时代与数据密集型科研时代面向开放服务的数据共享历程，总结出主流的科学数据共享模式，提出科学数据共享模式的驱动性影响要素。论文用问卷调查法对我国科学数据共享模式及其驱动性影响要素进行实证分析检验，同时验证研究领域、学科交叉性、研究经验、团队规模等属性对研究与共享行为的影响差异，并配合深度访谈与内容分析，进一步了解科学数据共享的现实问题与未来发展预期。本文还描述科学数据共享生态系统逻辑框架，阐释科学数据共享治理机制、模式的选择，并提出基于相关利益者视角的优化对策。

本文的创新点有：（1）调查分析国内外科学数据共享实践，发现三种典型的面向开放服务的科学数据共享模式。（2）从实证研究角度出发，构建科学数据要素驱动模型，提出共享文化、资源保障、共享动机和共享能力等四项驱动要素并进行验证。（3）构建科学数据生态系统，提出科学数据共享的治理机制、模式的选择与优化，以及相关利益者视角的发展对策。

[中文题名]企业竞争情报工作嵌入性影响因素的实证研究

[英文题名]An Empirical Study on the Influence Factors of Enterprise Competitive Intelligence Work Embeddability

[论文作者]仝丽娟

[指导老师]秦铁辉

[学位授予单位]北京大学

[内容摘要]本文旨在拓展和丰富情报学理论的同时，为企业建立、保持或提升竞争优势提供决策参考。本文主要运用文献研究法、案例研究法、问卷调查和统计分析方法等对企业竞争情报工作嵌入性进行研究，通过深度剖析嵌入的三维度对竞争情报工作的影响，发现嵌入影响的作用机制，提出企业竞争情报工作的适度嵌入方面的见解和策略。

主要结论如下：

1. 理清并解析嵌入各维度：关系嵌入、结构嵌入和制度嵌入的内涵及其重要性，并对企业竞争情报工作的嵌入性进行维度划分，框定企业竞争情报工作绩效的评测指标体系。

2. 通过理论推演和假设分析，建构嵌入作用于企业竞争情报工作的三重嵌入模型。

3. 嵌入各维度正向影响情报绩效各维度，按它们对情报绩效影响系数的大小排序依次为：制度嵌入、关系嵌入、结构嵌入。

4. 提出构建企业竞争情报工作嵌入性的适度嵌入策略：一是加强制度嵌入中的非正式制度建设，二是对关系嵌入中关系质量的维护和提升，三是在拓展结构嵌入中的网络规模时考虑规模的适度性。

[中文题名]民国时期的图书馆学教育

[英文题名]The Chinese Library Science Education in the Period of Republic of China

[论文作者]郑丽芬

[指导老师]王余光

[学位授予单位]北京大学

[内容摘要]我国正规的图书馆学教育肇始于民国，这一时期奠定我国图书馆学专门教育的基础。本文利用史料分析法，分别从教育制度史、教育活动史和教育思想史等不同的维度，考察特定时代政治、文化环境下我国图书馆学教育的发展。

本文的主要内容为：第一章为绪论，提出进行图书馆学教育史研究的必要性。第二章在分析图书馆事业发展的时代背景和内外环境下，以时间为序综合介绍民国时期图书馆学教育的发展历程。第三章基于教育制度史视角，从宏观、中观两个方面论述政府、教育学术团体在图书馆学教育发展中的作用。第四章从学术传承和国际交流两方面分析中国古典图书馆学理论和西方图书馆学译著对中国近代图书馆学学科建设的影响，以及美国对中国图书馆学教育的直接影响。第五至七章分别从办学机构、办学人物、学科建设、学术发展和人才培养等方面考察我国图书馆学教育从萌芽、到发展、到停滞继而复兴的历程。第八章分析民国时期图书馆事业和开展图书馆学教育面临的困难，总结民国时期图书馆学教育的特点和成就，指出存在的问题。在此基础上，还分析民国时期图书馆学教育可供现代图书馆学教育借鉴的地方。

[中文题名]晚清民初女性期刊出版研究（1898—1927）

[英文题名]A Study on Women' s Magazines Publishing in the Late Qing Dynasty and the Early Republic Period（1898－1927）

[论文作者]蔡银春

[指导老师]李常庆

[学位授予单位]北京大学

[内容摘要]晚清民初时期的女性期刊，自1898年诞生至1927年间，经历一系列复杂的历史变迁，无论是对于近代出版业的发展还是对于女性解放思想的促进，都发挥重要作用。本文从出版文化的视角出发，以1898—1927年间出版的女性期刊为考察对象，从整体上梳理这一时期女性期刊的出版脉络；随后，对女性期刊的内容特征、形态演变、出版经营三个方面分别进行系统性的分析和阐述，并结合个案做深入探讨。

研究表明，晚清民初时期女性期刊具有较强生命力的并不多，仅有少数几种期刊对读者的影响较大，多数期刊传播影响很小。尽管如此，数量较多的晚清民初时期女性期刊仍发挥重要的文化功用，体现出不容小觑的出版价值。同时，晚清民初时期女性期刊的成败案例也足以给我们当今的女性期刊出版业带来思考与启迪，女性期刊要具备一定的市场竞争力，不仅需要有以读者为本位的“实用性”的期刊编辑观，还要使期刊保持独立的个性特征，以防随波逐流，失去自己的特色，湮没于众多同质化的期刊中，从而退出历史舞台。

[中文题名]传统文化对我国数字出版之影响研究

[英文题名]Study on the Impact of Traditional Culture on Chinese Digital Publishing

[论文作者]王念祖

[指导老师]李常庆

[学位授予单位]北京大学

[内容摘要]国内传统出版产业在由纸质出版物向数字出版跨越的过程中，出现巨大的“落差”。本文即从此“落差”现象入手，从而指出具备中国特色的数字出版之路的可能愿景。

本文首先对近20年国内外的数字出版研究进行比较分析，并通过对20位两岸出版产业界相关之学者专家、资深出版人之访谈，以及国内114家出版社第一线之编辑人员进行问卷调查，确认采用文化研究视角进行分析的可行性。

其次，将我国当前的出版转型置于中国近代中西文化接触过程的脉络中进行分析，指出当前的出版转型不仅仅是“媒介的转换”，更是“文化转型”。因此，只有立足于传统文化，才能真正走出一条具备中国特色的数字出版发展之路。

再次，利用文化研究的视角，分别从我国传统的版权文化、宋明以降士人的阅读文化，以及传统的藏书文化与重视书香社会文化等3个方面进行探讨。

最后，指出我国数字出版未来的发展方向应朝向“导入第三方版权验证，建立信息公开机制”“引入版权补偿制度，保障作者权益”等方向努力。同时，只有对国内数字出版发展进行更多的传统文化研究，才能真正构建出属于中国的数字出版。

[中文题名]图书档案资源数字化融合服务实现研究

[英文题名]Study on Digitized Integration of Library and Archive Services

[论文作者]赵红颖

[指导老师]王萍

[学位授予单位]吉林大学

[内容摘要]本文从馆际合作角度探讨图书档案资源数字化融合服务的实现路径。主要内容如下：绪论部分从宏观、中观和微观三个层面论述图书档案数字化融合服务研究的背景，探讨数字化融合服务的概念，并提出 7 个融合服务的重要研究领域。主体部分系统综述国内外在数字文化资源整合与共享、馆际合作、文化遗产保护等方面的文献资料，以及欧美等国家有代表性的实践项目，并与我国的相关实践进行对比分析，提出经验和启示。在此基础上，提出理论基础、实践基础和融合服务实现的总体框架。本文以信息集群理论、跨部门管理、信息资源分类与组织为基础，以数字环境下用户对文化资源的需求出发，以用户满意为核心构建融合服务的影响要素，从机构、技术和服务三个维度提出图书档案数字化融合服务的实现框架。其中机构维度主要探讨不同文化机构合作的模式；技术维度的研究目标是为图书、档案资源的有效描述提供一种可参考的标准；服务维度的研究目标是构建一个多元服务模式集成应用的门户平台。图书档案数字化融合服务的实现需要构建切实有效的保障机制。本文从战略规划导向机制、技术标准实现支撑机制、资源集成储备机制、管理协调激励机制、风险安全控制机制等 5 个方面进行探讨，并研究图书档案数字化融合服务保障机制的互动机理。

[中文题名]三网融合视域下数字图书馆移动服务模式研究

[英文题名]Research on Mobile Service Mode in Digital Library—Under the Background of the Convergence of Three Networks

[论文作者]李菲

[指导老师]徐恺英

[学位授予单位]吉林大学

[内容摘要]本文立足数字图书馆，借助与信息用户捆绑性最强、接收度最高的第五媒体（手机为代表），进行三网融合全媒体背景下的移动服务模式研究。通过对国内外理论及实践研究现状的介绍、相关概念与研究理论基础的梳理，阐述数字图书馆移动服务内涵及机制，完成对研究对象系统结构及要素间运行机制的完整分析。同时，为了使服务内容更好地满足三网融合背景下分众群体的需求，进行 400 余人的调查问卷信息收集工作。在以上理论研究与具体调查基础之上，进行三网融合视域下数字图书馆移动服务主体模式构建及共享模式构建。其中，主体服务模式以单一数字图书馆作为研究对象，从系统内微观角度进行的移动服务研究，内容涵盖数字图书馆发展中的信息资源、信息服务、信息技术三个板块；共享模式是超越单一的数字图书馆，从系统外的宏观角度进行的竞争与合作的服务研究，内容包括全媒体竞合共享、商业运行共享、Living books 移动知识共享三个维度。

为了验证所构建模式的移动服务效果，本文通过实验法进行移动知识学习推送服务实验操作。通过后测试卷作答情况及实验反馈问卷结论显示，所构建模型移动服务实验效果较好，符合实验预期。

[中文题名]超网络视域下数字资源聚合研究

[英文题名]An Exploration of Digital Resources Aggregation Based on Supernetworks

[论文作者]王传清

[指导老师]毕强

[学位授予单位]吉林大学

[内容摘要]本文通过归纳和分析语义标注的平台框架的技术方法，结合与国外成熟工具的分析比较，使用系统开发及模块化思想构建包含系统输入模块、语义处理模块、本体知识模块、语义标注模块和存储模块的自动化语义标注工具在内的系统模型，分析整体算法思想以及自动本体标注算法思想，为数字资源的自动化标注提供参考。然后，针对语义标注的数字资源实体元素，引入超网络理论和方法，构建和描述数字资源超网络，分析超网络中不同性质的关系类型，如引用关系、共现关系、耦合关系等，从关联维度探讨数字资源深度聚合的模式，进而分析利用数字资源超网络进行知识发现的具体应用方法，构建数字资源超网络聚合系统模型。最后，开展实验研究，验证超网络视域下数字资源深度聚合的适用性、先进性和创新性。

本文将超网络理论与技术引入数字资源的知识组织，构建图书情报与相关学科的知识关联，丰富语义网环境下图书馆学情报学的理论体系与技术方法，为当前图书情报机构组织和管理数字资源提供一套切实可行的操作方法，将图书馆学情报学的知识组织实践拓展到一个更为广阔的网络领域。

[中文题名]虚拟社区信息运动互动机理与规律研究

[英文题名]Research on Interaction Mechanism and Regular Pattern of Information Movement in Virtual Community

[论文作者]贯君

[指导老师]毕强

[学位授予单位]吉林大学

[内容摘要]本文从信息互动过程视角和信息互动周期视角对虚拟社区信息运动的互动机理着手，发现虚拟社区信息运动由信源、信宿、信息载体、信息通道、信息互动行为等五种要素构成，且受信息污染、社区完善程度、技术支持程度和环境制约等多种外部因素影响的互动机理。研究还以学术虚拟社区为例，综合运用社会网络分析和统计学方法，从在学术虚拟社区中发布的信息和用户在信息交互过程中建立的关联关系的视角，来验证前文所揭示的虚拟社区信息运动规律。此外，还以虚拟社区信息运动规律为基点，从用户和信息运动情境两个视角分析虚拟社区信息运动效率的影响因素，发现虚拟社区的信息转出方、信息接受方和信息运动情境均影响虚拟社区信息运动的效率。在把握影响虚拟社区信息运动效率的关键性因素的基础上，分别针对社区用户和信息运动情境提出对策与建议，从而为提升虚拟社区信息管理的质量提供实践参考。

[中文题名]管理信息系统在决策过程中的应用研究——苏丹尼罗河省案例研究

[英文题名]The Role of the Management Information Systems in the Decision-making Process Support：A Case Study of the River Nile State （RNS）-Sudan

[论文作者]埃斯兰

[指导老师]王萍

[学位授予单位]吉林大学

[内容摘要]本文主要确定管理信息系统在决策制定过程中的作用，并进一步检验和衡量部门类型对管理信息系统在尼罗河省决策制定过程的影响。

本文的主要内容有：第一章阐述研究目的、问题、意义等。第二章对信息系统的概念、组件，系统开发的生命周期等文献进行综述。第三章介绍数据收集过程及数据收集过程中遇到的问题。第四章概述信息与通信技术在尼罗河省目前的地位和应用，管理信息系统在尼罗河省遇到的挑战和障碍，对尼罗河省机构管理职能的影响以及在机构应用中的角色。第五章对现场数据进行分析研究。第六章说明描述性分析的结果和检验假设。第七章为研究结论。

[中文题名]基于协同进化理论的图书馆知识生态化机理与技术实现研究

[英文题名]The Research of the Mechanism and Technical Implementation of Library knowledge Ecologicalization Based on Co-evolutionary Theory

[论文作者]刘健

[指导老师]张海涛

[学位授予单位]吉林大学

[内容摘要]本文立足于图书馆的知识生态化实践，以协同进化的哲学生态观为指导，利用计算机科学与生命科学的相关方法，从多角度对数字环境下的图书馆知识生态化原理与过程展开研究，进而在理论与实践两个层面推进图书馆知识的全面生态化进程。

首先，评述协同进化理论，并给出协同进化、知识生态系统等关键词的定义，对研究涉及的核心概念进行界定。其次，研究如何构建基于协同进化的图书馆生态系统模型，对生态系统理论及协同进化理论进行梳理。借鉴生态学中协同进化的理论，在界定图书馆知识协同进化内涵的同时，重点分析竞争与协同对图书馆知识进化的影响。最后，梳理元数据抽取技术、数据挖掘技术与自组织人工神经网络技术等生态化技术的特点，并利用相关算法帮助图书馆知识实现元数据化，进而分析如何对大量元数据进行深度数据挖掘，由此从技术层面实现构建基于协同进化的图书馆知识生态化技术路线图。通过构建图书馆知识生态系统虚拟化模型，展现其封装机制、实施方法以及应用优势，最终实际构建起能够完成图书馆知识生态化的软件系统。

[中文题名]我国图书馆内外部用户的“满意镜像”研究

[英文题名]The Research on “Satisfaction Mirror” of Internal and External Users in Chinese Libraries

[论文作者]郭云鹏

[指导老师]徐宝祥

[学位授予单位]吉林大学

[内容摘要]本文借鉴服务营销领域的“满意镜像”理论，即员工对工作的满意程度和顾客满意程度紧密相关，两者相互影响的结果如同照镜子，对图书馆领域的相关问题进行研究。研究构建图书馆内外部用户的“满意镜像”模型。其中，“内部满意镜”是由图书馆通过多种途径提升内部服务质量、营造健康向上的组织氛围，进而提升馆员的满意度而形成的。“外部满意镜”的形成是馆员集体效率和创造力的提升，会有效提升图书馆的外部服务质量，而外部服务质量的提升会进一步提高读者的满意度。

本文的研究意义在于：给予图书馆服务质量评价与优化一种新的视角，即服务质量优化要同时兼顾图书馆内部服务质量和外部服务质量。外部服务质量的提升能够提高读者满意度，需要基于读者需求挖掘读者满意的驱动因素，从而有效地整合服务资源，优化服务方式，拓展服务内容；此外，外部服务质量的优化是在内部服务质量提升的基础上实现的。内部服务质量会进一步促进馆员满意度的提高，这也是工作效率和服务价值的保证，从而有效提高读者满意度，激发忠诚度,促进图书馆服务价值和地位的提升。

[中文题名]基于本体建模的微博信息管理机理研究

[英文题名]Study on the Mechanism of Microblog Information Management Based on Ontology Modeling

[论文作者]王新媛

[指导老师]徐宝祥

[学位授予单位]吉林大学

[内容摘要]本文以基于本体建模的微博信息管理机理为研究内容，通过研究微博的信息组织架构、传播模式和影响力形成机理，利用微本体技术改善微博信息资源的组织方式，寻找有利于微博管理的最合适的信息架构，分析微博产生裂变式传播能量和海量信息的动因，提出基于微本体建模的微博信息管理体系，解决现有微博信息管理中的技术问题。

本文的创新点有：（1）以形式概念分析和本体来规范微博信息组织。在形式概念分析的背景下构建一种基于 Folksonomy 的类似本体的结构——微本体，这种结构化的信息形式既可以结合 Folksonomy 的优点，让所有用户参与到本体构建中去，降低微博信息本体的构建成本和复杂度，又拥有本体的优点，形成结构化、无歧义、易控制的信息组织结构，便于信息管理和传播。（2）以系统学和本体规范微博信息传播。以系统的视角，即以系统稳定性、系统临界行为、系统可控性来研究微博信息的传播。从信息建模的角度，通过对微博信息抽取而成的微博信息传播本体的监测，达到对微博信息传播进行预警的目的。（3）基于信息创生系统演化提出全方位的微博信息管理模型（研究方法创新）。利用信息创生系统和微博信息系统的融合演化，说明信息架构在微博信息管理中重要性，通过研究得出的微博信息创生系统的分层演化模型来说明新构建的微博信息管理模型的合理性。

[中文题名]基于信息生态理论的供应链信息传递模式与传递效率研究

[英文题名]Research on Information Transmission Mode and Transmission Efficiency of Supply Chain Based on Information Ecology Theory

[论文作者]霍明奎

[指导老师]张向先

[学位授予单位]吉林大学

[内容摘要]本文在综合分析供应链、信息链、知识链、价值链、信息生态链相关理论和实践研究的基础上，构建供应链信息生态链的概念模型，并重点分析供应链信息生态链信息传递的模式和传递效率，探讨供应链信息生态链的本质和发展规律。

本文的核心研究内容及结论如下：（1）构建供应链信息生态链的概念模型，为信息生态理论在实践中的应用进行初次尝试。（2）深入研究供应链信息生态链信息传递的微观、宏观过程以及动力因素，分析其传递过程和传递模式。（3）对供应链信息生态链信息传递效率的影响因素进行细致的理论分析。通过深度访谈和问卷调查获得247份有效数据，采用偏最小二乘法进行数据检验和模型求解，并通过实证研究验证供应链信息生态链信息传递效率影响因素及其作用方式。（4）采用模糊DEA方法构建评价模型，为供应链信息生态链信息传递效率进行实证评价。（5）在供应链信息生态链信息传递效率的影响因素研究和信息传递效率评价研究的基础上，提出供应链信息生态链信息传递效率的优化策略，为供应链信息生态链的现实运作提供参考和帮助。

（国家图书馆　杨凡整理）

2015 年部分院校图书馆学情报学硕士学位论文目录

题目	作者	学校	导师	学科专业
汽车饰件注塑模具协同开发知识地图构建研究	黄洁钦	安徽大学	储节旺	情报学
大学生基于智能手机的知识学习影响因素及其对策研究——以安徽省部分高校为例	琚琼	安徽大学	储节旺	情报学
微博用户参与个性化知识服务的意愿研究	吴凯媛	安徽大学	储节旺	情报学
知识地图在协同产品开发中的作用机制研究	张瑶瑶	安徽大学	储节旺	情报学
基于知识管理的管理人员胜任力评价研究	程晴晴	安徽大学	周瑛	情报学
高校移动图书馆服务平台及应用研究	顾朝兵	安徽大学	周瑛	情报学
基于 WIKI 的个人知识管理研究	张芳芳	安徽大学	周瑛	情报学
英国政府信息公开研究	张正亚	安徽大学	谢阳群	情报学
员工信息安全行为影响因素的实证研究——以电子商务企业为例	乔保红	安徽大学	谢阳群	情报学
问答社区信息质量评价指标体系构建研究	张婉	安徽大学	谢阳群	情报学
基于 TRIZ 的专利信息服务研究	袁晓嘉	安徽大学	李德华	情报学
区级公共图书馆总体外包评价体系构建研究	徐珊珊	安徽大学	郭春侠	图书馆学
出租车车载信息服务研究	苗壮	安徽大学	郭春侠	图书馆学
高校图书馆数字素养教育研究——基于合肥地区 8 所高校图书馆的调查	姜丰伟	安徽大学	陆和建	图书馆学
公共图书馆弱势群体阅读推广服务研究	张利娟	安徽大学	杨晓晴	图书馆学
明清时期徽商藏书研究	龙燕	安徽大学	马功兰	图书馆学
我国图书馆全流程服务外包的研究	廖姗姗	安徽大学	张守卫	图书馆学
基于移动数据的移动用户画像研究	徐山川	北京大学	王军	情报学
多会话网络购物信息行为研究	刘洪莲	北京大学	王军	情报学
移动购物应用信息架构评价研究	沈奕娜	北京大学	王军	情报学
电商平台商品信息组织机制研究——以女装类商品为例	周妍	北京大学	王军	情报学
从新数字秩序理论看社交策展的性质	刘涵	北京大学	张浩达	情报学
移动游戏内嵌广告效果影响因素研究	张翔宇	北京大学	张浩达	情报学
基于开放式创新的知识产权外部商业化研究	陈中华	北京大学	申静	情报学
北京市信息服务业创新型组织结构特征研究	谷明	北京大学	申静	情报学
我国保险业服务创新保护方法研究	宋小双	北京大学	申静	情报学
跨国医药公司在华专利战略研究	崔新蝶	北京大学	祁延莉	情报学
核心专利识别的方法与工具研究	刘西琴	北京大学	祁延莉	情报学
基于本体的移动应用推荐研究	段紫薇	北京大学	王益明	情报学
购物网站推荐系统头像设计对用户评价的影响	李维	北京大学	王益明	情报学
基于微信公众平台的企业营销行为对品牌关系质量的影响研究	张磊	北京大学	王益明	情报学
Spatial Scientometrics 视角下的科学文献计量分析研究	冯祝斌	北京大学	赵丹群	情报学

续表

题目	作者	学校	导师	学科专业
基于用户需求的移动 LAM 融合服务产品设计	郎宇洁	北京大学	周庆山	情报学
图书馆、博物馆及档案馆社交媒体服务模式的比较研究	刘宇初	北京大学	周庆山	情报学
学科领域的研究前沿识别方法与实证研究	刘芳	北京大学	王继民	情报学
大数据环境下的情报分析方法体系构建研究	王柏弟	北京大学	李广建	情报学
中美海洋情报事业的机构布局比较研究	赵柯然	北京大学	王延飞	情报学
军地应急物流融合管理策略研究	陈立	北京大学	王延飞	情报学
高校移动图书馆阅读推广策略研究	戴畋	北京大学	张久珍	图书馆学
大学生信息素养课程体系建设研究	苗美娟	北京大学	张久珍	图书馆学
大学生信息素养测评体系研究	寿秋野	北京大学	张久珍	图书馆学
公益图书捐助专业化的探索——天下溪公益图书平台个案研究	丁娜	北京大学	王子舟	图书馆学
《三国志》裴《注》引书目考索	钟迪	北京大学	王子舟	图书馆学
纽约市公共文化服务研究	梁丹妮	北京大学	李国新	图书馆学
伦敦市公共文化服务特色研究	罗珊珊	北京大学	李国新	图书馆学
北京地区公共图书馆移动服务研究	汤荷月	北京大学	刘兹恒	图书馆学
中小型公共图书馆数字资源建设与服务研究——以台州市图书馆为例	温欣	北京大学	刘兹恒	图书馆学
中国大陆儿童绘本出版研究	李文琦	北京大学	李常庆	编辑出版学
20 世纪 80 年代以来中国大陆同性恋书籍出版研究	王晓轩	北京大学	李常庆	编辑出版学
基于 TRL 的先进医疗器械技术成熟度评价方法研究	周平	北京协和医学院	池慧	情报学
我国医学研究机构科研竞争力影响因素分析	安嘉璐	北京协和医学院	田玲	情报学
中美图书馆学硕士研究生教育中信息组织课程比较研究	李彩虹	北京协和医学院	阮学平	情报学
《中国图书馆分类法》医学类目的变化与医学发展研究——以预防医学、卫生学类目为例	董凯元	北京协和医学院	阮学平	情报学
图书馆在开放存取期刊再利用中的权利保障研究	陈怡帆	北京协和医学院	任慧玲	情报学
基于多核学习的肿瘤——药物—基因语义关系提取	王逯姚	北京协和医学院	任慧玲	情报学
基于实验研究不同标注方式对医学图谱识别效率的影响	陈晨	第四军医大学	孙金立	图书馆学
基于 CiteSpaceⅢ输血医学研究领域知识图谱分析	史纪元	第四军医大学	孙金立	图书馆学
科技期刊引文评价主流指标对比、分类及综合研究	吴涛	第四军医大学	孙金立	图书馆学
图书馆学可视化分析引导的第四军医大学图书馆知识服务评价	杨筠	第四军医大学	孙金立	图书馆学
基于信息贫困视野的青少年信息行为研究	王洁瑾	东北师范大学	王翠萍	情报学
我国高校学习型知识地图模型的构建	孙明溪	东北师范大学	徐宽	情报学
发明专利文献间的非相关知识关联分析方法研究	韦晓路	东北师范大学	徐宽	情报学
高校学科信息微信服务平台构建研究	侯明秋	东北师范大学	徐宽	情报学
政府危机决策的信息联动机制研究	张梦航	东北师范大学	陈凌	情报学
网络舆情视角下的政府危机管理机制研究	刘明洁	东北师范大学	陈凌	情报学
政府危机决策的信息态势感知研究	孙晓宇	东北师范大学	陈凌	情报学
基于专利数据的 4G 技术竞争态势研究	洪珊珊	东北师范大学	孔庆杰	情报学

续表

题目	作者	学校	导师	学科专业
基于 BIBFRAME 的图书馆书目数据社会化关联研究	王雪静	东北师范大学	魏来	情报学
我国省级公共图书馆服务能力评价研究	李琪	东北师范大学	孙成江	图书馆学
中美公共图书馆服务比较研究——以辽宁省和密歇根州为例	李博雅	东北师范大学	孙成江	图书馆学
高校图书馆个性化信息服务 MOOC 研究	于茁	东北师范大学	王东艳	图书馆学
公共图书馆未成年人阅读推广研究——以长春市为例	林松柏	东北师范大学	王东艳	图书馆学
应用型本科生职业信息素养教育研究——以上海商学院为例	金伟丽	东北师范大学	王翠萍	图书馆学
公共图书馆建筑功能的异化	马晓书	东北师范大学	王战林	图书馆学
我国高校图书馆核心价值理论与实现途径研究	汪露珠	东北师范大学	徐跃权	图书馆学
中美高校图书馆的网页内容与形式的比较研究	周思霖	东北师范大学	徐跃权	图书馆学
1999 年以来我国图书馆知识服务理论的分析	李云霞	东北师范大学	徐跃权	图书馆学
图书馆事业研究:从概念到原理	杨贺晴	东北师范大学	徐跃权	图书馆学
我国近年来图书馆学与档案学的学科间相互影响研究	胡艳	东北师范大学	徐跃权	图书馆学
我国区域图书馆联盟建设 SWOT-AHP 分析研究	王学军	东北师范大学	徐宽	图书馆学
医学院校图书馆阅读推广活动研究——以大连医科大学图书馆为例	郑毅	东北师范大学	魏来	图书馆学
大数据时代高校图书馆数据馆员职能研究	高希然	东北师范大学	魏来	图书馆学
日本文献资源编目规则演变及发展研究	王灏夙	东北师范大学	魏来	图书馆学
高校图书馆社会科学数据管理与服务研究	吕欣	东北师范大学	李明鑫	图书馆学
福建省软件产业竞争情报服务现状与优化策略研究	王海霞	福建师范大学	孟雪梅	情报学
基于 WCAG 2.0 的中国省级政府门户网站可访问性研究	杨亚珂	福建师范大学	孟雪梅	情报学
福建省地方文献开发利用研究	陈颖	福建师范大学	孟雪梅	图书馆学
福建少年儿童图书馆发展现状及对策研究	王璠	福建师范大学	孟雪梅	图书馆学
加利福尼亚州图书馆法律制度研究	刘小瑛	福建师范大学	江向东	图书馆学
美国马萨诸塞州图书馆法律制度研究	叶旻	福建师范大学	江向东	图书馆学
晚清图书馆法规建设研究	林升用	福建师范大学	江向东	图书馆学
南非法定呈缴制度法律体系研究	马妮妮	福建师范大学	江向东;许春漫	图书馆学
闽籍寓闽明遗民及其著述研究	周银华	福建师范大学	方宝川	图书馆学
汉学研究的平台——皇家亚洲文会北支会图书馆	吴颖颖	福建师范大学	陈林	图书馆学
明代福建私人藏书家陈第交游研究	吴清燕	福建师范大学	陈林	图书馆学
民族文化知识图谱构建与应用研究	余波	广西民族大学	罗贤春	情报学
大数据视角下竞争情报价值研究	王嘉	广西民族大学	麻新纯	情报学
高校图书馆与校园阅读文化研究——以齐齐哈尔地区高校为例	杨雪	广西民族大学	苏瑞竹	图书馆学
贵阳市儿童阅读研究	李莉	广西民族大学	何致武	图书馆学
乡镇公务员信息行为研究——以河北省为例	孟峥峥	河北大学	杨秀丹	情报学
面向京津冀协同发展的河北省信息产业战略研究	高清	河北大学	杨秀丹	情报学

续表

题目	作者	学校	导师	学科专业
农民工信息采纳行为模型及其实证研究	杨杰	河北大学	顾潇华	情报学
萨拉塞维奇情报学理论及影响力研究	周旭	河北大学	赵俊玲	情报学
健康网站信息服务模式研究	李开通	河北大学	李振奇	情报学
智慧旅游信息服务能力评价研究——以秦皇岛为例	张瑜	河北大学	宛玲	情报学
面向知识导航的专家库构建机制研究	卢姗	河北大学	金胜勇	情报学
“知识导航”专家库的专家遴选机制	王彦芝	河北大学	金胜勇	情报学
清代大藏书家张金吾研究	赵晶晶	河北大学	张社列	图书馆学
图书馆学家李小缘研究	马浩然	河北大学	张社列	图书馆学
开放获取视角下人文社科核心期刊版权协议研究	路瑞红	河北大学	宛玲	图书馆学
面向孵化园的高职图书馆服务研究	王爱君	河北大学	宛玲	图书馆学
我国省级公共图书馆网站网络影响力评估研究	兰娜	河北大学	顾潇华	图书馆学
非传统公共图书馆发展研究	孙淑丹	河北大学	金胜勇	图书馆学
高校图书馆 SSOIC 构建实证研究	石璐鸣	河北大学	金胜勇	图书馆学
高校图书馆资源发现系统选型分析	杨超	河北大学	张长安	图书馆学
社会化媒体环境下的图书馆品牌营销现状及策略研究	寇素欣	河北大学	赵俊玲	图书馆学
开放存取期刊学术影响力研究	吴帆	河南科技大学	秦长江	图书馆学
基于 FAHP 方法的高校图书馆知识服务能力评价研究	燕珊	黑龙江大学	刘春艳	情报学
基于知识管理的高校图书馆知识服务研究	孙悦	黑龙江大学	刘春艳	情报学
基于社会网络分析的高校科研团队知识共享研究	吴国秋	黑龙江大学	刘春艳	情报学
旅游虚拟社区隐性知识转移影响因素研究	孙天舒	黑龙江大学	刘春艳	情报学
基于移动互联网的用户信息行为研究	吴迪	黑龙江大学	刘甲学	情报学
大数据环境下的知识自组织模型研究	付锦蓉	黑龙江大学	刘甲学	情报学
移动网络环境下信息资源共享模式研究	王丽敏	黑龙江大学	刘甲学	情报学
基于智能移动终端的知识传播模式研究	李香茹	黑龙江大学	刘甲学	情报学
开放获取政策体系研究	魏明坤	黑龙江大学	牛晓宏	情报学
知识产权视阈下的信息消费问题研究	焦一阳	黑龙江大学	牛晓宏	情报学
大数据环境下个人信息保护研究	张宸	黑龙江大学	马海群	情报学
我国大学生网络信息消费影响因素研究及实证分析	张羽	黑龙江大学	马海群	情报学
网络环境下旅游信息消费发展对策研究	郭宇箫	黑龙江大学	马海群	情报学
社交网络环境下的用户信息行为研究	季盈池	黑龙江大学	马小琪	情报学
移动互联网环境下的电子政务应用模式研究	宋辰皓	黑龙江大学	马小琪	情报学
章宗源《隋书经籍志考证》研究	杨璐	黑龙江大学	傅荣贤	图书馆学
清末民初中国省立公共图书馆研究	赵德健	黑龙江大学	傅荣贤	图书馆学
宋代书院藏书研究	段玲玉	黑龙江大学	傅荣贤	图书馆学
俄罗斯国立图书馆博士论文数据库的建设与服务	邵婷婷	黑龙江大学	傅荣贤	图书馆学
4G 环境下的移动图书馆服务研究	谷春梅	黑龙江大学	蒋永福	图书馆学
图书馆权利的合理性及其限度研究	孙明阳	黑龙江大学	蒋永福	图书馆学
中国传统社会对知识的选择性控制	曲莎薇	黑龙江大学	蒋永福	图书馆学
中国传统家训家规词频分析	郑秀花	黑龙江大学	蒋永福	图书馆学

续表

题目	作者	学校	导师	学科专业
图书馆服务障碍最小化研究	秦江莹	黑龙江大学	蒋永福	图书馆学
《明夷待访录》词频统计与分析	李晶	黑龙江大学	蒋永福	图书馆学
高校图书馆移动阅读服务研究	黄玥	黑龙江大学	黄丽霞	图书馆学
俄罗斯图书馆馆藏文献保护政策研究	齐佳佳	黑龙江大学	贺延辉	图书馆学
基于深度学习的商业领域知识图谱构建	袁旭萍	华东师范大学	王仁武	情报学
社交网络中领域专家的识别研究	翟伯荫	华东师范大学	王仁武	情报学
新世纪以来国内外市场营销研究的知识图谱分析	王小云	华东师范大学	许鑫	情报学
消费者健康信息需求模型的构建与应用——以社会化问答社区为例	徐一方	华东师范大学	许鑫	情报学
学术虚拟社区用户交流模式研究——以丁香园论坛为例	苏晓兰	华东师范大学	许鑫	情报学
坦桑尼亚中学图书馆使用情况的研究——基于阿扎尼亚中学和圣安东尼中学为例	MKAMBA MBONEA	华东师范大学	金武刚	情报学
中国券商的网络化发展模式研究	颜晶晶	华东师范大学	侯经川	情报学
未登录中文领域术语识别研究——以系统生物学领域为例	陈巧	华东师范大学	段宇锋	情报学
互联网金融下的小微企业融资模式研究	黄超	华中师范大学	王战平	情报学
微博用户购买行为影响因素研究	陈铭	华中师范大学	王战平	情报学
移动政务绩效评价:公众满意度视角	庄洪盾	华中师范大学	王战平	情报学
数字化应急预案设计	王杰可	华中师范大学	王战平	情报学
企业微博传播效果影响因素研究	周迁	华中师范大学	王战平	情报学
节日情境下消费者网络购买行为研究	张婷婷	华中师范大学	王伟军	情报学
学术虚拟社区用户持续使用意愿研究	李曼静	华中师范大学	王伟军	情报学
电子商务个性化推荐的用户信息采纳影响因素研究	冯超	华中师范大学	王伟军	情报学
网页浏览中屏幕视觉热区的区域分布研究	鲍丽倩	华中师范大学	王伟军	情报学
SaaS 用户感知服务质量评价研究	宁艳	华中师范大学	王伟军	情报学
电商个性化推荐采纳中用户隐私风险感知的影响因素分析	肖海清	华中师范大学	王伟军	情报学
基于 HTML5 的微课程资源管理系统的设计与实现	陈曦	华中师范大学	王伟军	情报学
社交网络信息可信度研究	丁科芝	华中师范大学	王学东	情报学
我国科技社团市场化运作研究	赵培	华中师范大学	汪少敏	情报学
农产品交易领域电子商务 O2O 模式应用研究	王玉珂	华中师范大学	门玉英	情报学
SoLoMo 概念下个性化信息服务平台构建与策略研究——基于企业的视角	瞿翔	华中师范大学	段尧清	情报学
政府门户网站公众使用意向影响因素研究	庄子民	华中师范大学	段尧清	情报学
我国团购网站盈利模式的优化方法研究	丁鹏	华中师范大学	娄策群	情报学
社交网络与电子商务结合的理论及实践研究	余珺	华中师范大学	娄策群	情报学
第三方电子商务平台功效评价研究	高洋	华中师范大学	娄策群	情报学
电子商务生态链价值增值研究	许职	华中师范大学	娄策群	情报学
微信公众平台在高校图书馆中的开发设计研究	韩媛媛	华中师范大学	李玉海	情报学

续表

题目	作者	学校	导师	学科专业
孔子学院教育资源信息化建设研究	李欣岩	华中师范大学	李玉海	情报学
面向知识产权纠纷与诉讼的企业竞争情报研究	全薇	华中师范大学	李进华	情报学
面向企业形象的本体构建与危机评估研究	孙祚旭	华中师范大学	李进华	情报学
O2O 模式下新华书店电子商务实施策略研究——以武汉市新华书店为例	朱寒	华中师范大学	桂学文	情报学
我国农民信息需求与信息行为区域比较研究	王中尧	华中师范大学	桂学文	情报学
湖北省农民信息需求影响因素实证研究	丁君	华中师范大学	桂学文	情报学
关联数据集混合式映射研究	张睿津	华中师范大学	张自然	情报学
基于 SOLOMO 的非物质文化遗产信息推送研究	姜楠	华中师范大学	夏立新	情报学
面向期刊论文的多粒度语义标注方法研究	张锐	华中师范大学	夏立新	情报学
基于本体的人物传记资料知识地图构建研究	郭羣	华中师范大学	夏南强	情报学
网络环境下跨行业情报服务联盟建设研究	韩红淼	华中师范大学	夏南强	情报学
大数据环境下数字图书馆面向用户的服务组织研究	仵淮林	华中师范大学	胡潜	情报学
大数据分析在移动通信网络优化中的应用研究	党永亮	华中师范大学	谭春辉	情报学
国家科技进步奖获奖项目中的科研合作分析	麻晓杰	华中师范大学	谭春辉	情报学
基于用户需求的网络社区信任研究	宋景璟	华中师范大学	易明	情报学
生命周期视角下网络社区动力机制与知识服务研究	张鹤	华中师范大学	易明	情报学
网络社区口碑传播情境研究	王幸子	华中师范大学	易明	情报学
技术转移对我国区域创新能力影响研究	程斌	华中师范大学	黎苑楚	情报学
信息素质教育游戏的“教育性”与“游戏性”融合研究	杨丹	华中师范大学	吴建华	图书馆学
信息素质教育游戏挑战——技能平衡策略研究	罗丁	华中师范大学	吴建华	图书馆学
“百度一代”网络信息搜查行为研究	陶加柱	华中师范大学	夏立新	图书馆学
网络环境下知识获取行为研究——以高校大学生为例	刘慧	华中师范大学	夏立新	图书馆学
我国智慧图书馆的构建研究	黄凯悦	华中师范大学	夏南强	图书馆学
中美图书馆电子书借阅服务比较研究	郭艳秋	华中师范大学	夏南强	图书馆学
基于 XML 的吉林大学研究生招生目录结构化与优化	陈雪	吉林大学	窦平安	情报学
研究生招生目录数据源生成与聚合的 XML 方法	孙蕾	吉林大学	窦平安	情报学
我国基层网络舆情信息监测体系构建研究	齐玥	吉林大学	黄微	情报学
低碳经济环境下我国新能源产业专利战略制定	王晨	吉林大学	黄微	情报学
美国 NSF 科研项目立项与专利信息关联关系分析的案例研究	袁翠敏	吉林大学	李贺	情报学
科技报告知识共享绩效评价体系构建研究	李亚峰	吉林大学	李贺	情报学
微博信息生态链解构及运行机制研究	宋拓	吉林大学	张海涛	情报学
商务网站信息生态化水平的评价研究	刘原池	吉林大学	张海涛	情报学
基于大数据的电子商务个性化信息推荐服务模式研究	胡一	吉林大学	张向先	情报学
基于社会网络分析的机械制造企业知识转移策略研究	刘宏宇	吉林大学	张向先	情报学
基于用户信息行为的电子图书馆网络环境优化研究	马宁	吉林大学	张向先	情报学
微博信息生态链的传播模式及仿真研究	张文晓	吉林大学	王晰巍	情报学
医药产业竞争情报协同服务体系构建及其运行机制研究	何伊日桂	吉林大学	郑荣	情报学

续表

题目	作者	学校	导师	学科专业
社会化标注系统资源聚合	孙中秋	吉林大学	陈晓美	情报学
高校图书馆信息服务能力评价研究	侯雯悦	吉林大学	毕强	图书馆学
知识服务情境下高校图书馆学科馆员制度研究	徐喆	吉林大学	毕强	图书馆学
基于系统动力学分析的数字图书馆信息生态链运行机制研究	魏傲希	吉林大学	马捷	图书馆学
高校图书馆微信用户接受行为研究——基于技术接受模型	白波	吉林大学	刘佳	图书馆学
大数据背景下我国高校图书馆移动信息服务优化研究	陈宇碟	吉林大学	徐恺英	图书馆学
我国公共图书馆延伸服务评价研究	袁艺	吉林大学	吴正荆	图书馆学
在线公共论坛的用户参与行为及影响因素研究	肖桂芳	兰州大学	沙勇忠	情报学
基于用户信息环境的高校图书馆参考咨询服务研究——以辽宁省高校为例	孙森菩	辽宁大学	张羽；崔海兰	图书馆学
RDA 对编目工作变革研究	薛红秀	辽宁大学	王晓红	图书馆学
以用户需求为导向的手机图书馆建设研究——以辽宁大学硕士研究生调查为依据	庄园	辽宁大学	郑伟；刘澜	图书馆学
我国区域性数字阅读共享平台建设研究	张慧	辽宁大学	范艳芬	图书馆学
基于 Web2.0 的个人信息环境构建研究	秦萍	辽宁师范大学	贾玉文	图书馆学
高职院校图书馆发现服务的应用研究	樊琦	辽宁师范大学	贾玉文	图书馆学
基于用户激励机制的高校图书馆虚拟社区现状与策略分析	金昱光	辽宁师范大学	贾玉文	图书馆学
云计算平台下数字档案信息资源共享策略研究	王飞	辽宁师范大学	贾玉文	图书馆学
面向智慧图书馆的知识服务模式研究	丁一闻	辽宁师范大学	高国伟	图书馆学
网络学术期刊影响力评价的系统聚类——以图书情报学期刊为例	马弘	辽宁师范大学	王筠	图书馆学
基于回归分析的网络信息老化问题研究——以图书情报学电子期刊为例	宋玉	辽宁师范大学	王筠	图书馆学
基于知识管理的图书馆个性化知识服务模式研究	刘璐	辽宁师范大学	李永先	图书馆学
基于 P2P 的图书馆知识服务模式研究	王蒙蒙	辽宁师范大学	李永先	图书馆学
数字化科研环境下高校图书馆学科服务平台研究与设计	宋美	辽宁师范大学	张秀兰	图书馆学
高校图书馆参与非遗保护的问题和对策	肖海龙	辽宁师范大学	张秀兰	图书馆学
基于 Tag 的数字图书馆信息服务模型的构建	庄媛	辽宁师范大学	张秀兰	图书馆学
基于 LibGuides 的交互式学科服务平台的构建	周丽媛	辽宁师范大学	张秀兰	图书馆学
吉林省基层图书馆全民阅读的问题及策略研究	焦博红	辽宁师范大学	张秀兰	图书馆学
智慧社区建设中的学习资源整合模式研究	苏婷	辽宁师范大学	田丽	图书馆学
高校图书馆科研数据管护模型研究	王超	辽宁师范大学	田丽	图书馆学
辽宁省农村全民阅读推广活动的策略研究——以农家书屋建设为例	赵晴	辽宁师范大学	田丽	图书馆学
RDA 体系结构的阐释及在文献编目中的应用研究	胡建敏	南昌大学	曾伟忠	情报学
基于 DEA 和外部认可的中文军事网站效率评价	葛伟	南昌大学	杨选辉	情报学

续表

题目	作者	学校	导师	学科专业
基于EA的灾害应急信息目录体系研究及共享平台建设	胥唯华	南昌大学	曾群	情报学
江西省电子病历信息资源整合与共享研究	赵一璠	南昌大学	沈玖玖	情报学
“学科信息动态分析”在学科建设中的应用研究	黄龙	南昌大学	何晓萍	图书馆学
基于竞争情报的企业危机公关管理体系构建与评价研究	孙晓	南昌大学	龚花萍	图书馆学
基于EA的数字防灾减灾资源规划机理分析与系统模型构建研究——以地质灾害为例	张曼	南昌大学	刘春年	图书馆学
基于CBR方法的公共卫生类突发事件案例库系统构建研究	朱泽宇	南京大学	杨建林	情报学
面向突发事件案例库的事件抽取模型构建研究	王文龙	南京大学	杨建林	情报学
虚拟学术社区成员知识交流——以科学网为例	管磊	南京大学	孙建军	情报学
基于UES的交互式信息检索评价研究——以图像检索系统为例	庄梦蝶	南京大学	成颖	情报学
我国反恐情报的搜集与利用	谭啸	南京大学	沈固朝	情报学
网络学术社区学科关系社会网络研究——以“科学网”为例	汤刚强	南京大学	邓三鸿	情报学
数字阅读平台用户体验影响因素研究	彭柯	南京大学	朱庆华	情报学
面向信息素养教育的游戏化设计要素研究	董凌轩	南京大学	刘友华；朱庆华	情报学
全民阅读立法研究	张麒麟	南京大学	徐雁	图书馆学
阅读疗法在院校图书馆读者工作中的实践与探索	陈路遥	南京大学	徐雁	图书馆学
读者决策采购(PDA)模型构建与运行管理	李显志	南京大学	邵波	图书馆学
医疗器械制造企业竞争情报综合分析框架构建与应用研究	吴穹	南京大学	郑建明	图书馆学
基于BDI模型的网络舆情演变过程中群体行为分析与仿真	夏子然	南京理工大学	吴鹏	情报学
基于社会网络的网络舆情演化研究	丁洁	南京理工大学	王曰芬	情报学
馆藏资源语义知识库及服务系统平台的构建研究	李佳南	南京理工大学	王曰芬	情报学
社会化影响下的个体信息认知处理机制研究与仿真实验	刘甜莉	南京理工大学	岑咏华	情报学
个体信息认知处理中的扭曲与偏见机制研究	万青	南京理工大学	岑咏华	情报学
面向专题情报服务的领域知识库构建平台研究	李兰彬	南京理工大学	颜端武；薛春香	情报学
网络环境下的非理性购买行为研究	于亚莹	南京理工大学	戴建华	情报学
大数据环境下高校图书馆个性化信息服务研究	夏秀双	曲阜师范大学	马秀峰	图书馆学
面向大学生的高校数字图书馆嵌入式服务设计	刘菲	曲阜师范大学	王焕景	图书馆学
基于情境感知的移动图书馆用户模型研究	郭顺利	曲阜师范大学	李秀霞	图书馆学
基于SVM的网络舆情文本分类研究	张帅	曲阜师范大学	崔新春	图书馆学
基于稀疏矩阵分解的特征基因识别方法研究	刘健	曲阜师范大学	刘金星	图书馆学
医学院校图书馆开展循证医学服务探析	陈艳	山东大学	郭砚常	图书馆学
基于SoLoMo理念的医学图书馆服务营销研究	刘丹	山东大学	郭砚常	图书馆学

续表

题目	作者	学校	导师	学科专业
用户使用图书馆微信的影响因素研究	刘培	山东大学	郭砚常	图书馆学
基于情景测试的大学生信息素养评价实证研究	刘亚男	山东大学	江三宝	图书馆学
物联网技术在图书馆管理中的应用研究	李悠然	山东大学	张辉	图书馆学
高校图书馆协同化学科服务模式研究	孙华	山东大学	张辉	图书馆学
高校机构知识库的运行与发展研究——以山东理工大学机构知识库为例	刘昊	山东理工大学	刘文云	情报学
开放存取学术论文质量评价模型研究	王雅静	山东理工大学	刘文云	情报学
我国信息素养教育的期刊论文技术统计分析与教学评价探讨	孙震	山东理工大学	葛敬民	情报学
语义增强的科技创新路径识别研究	祝娜	山东理工大学	王效岳；白如江	情报学
我国高校专利生态系统的现状、问题及对策研究	董坤	山东理工大学	吴红	情报学
山西特色农产品电子商务影响因素研究	张亚楠	山西财经大学	尚成国	情报学
山西生鲜农产品敏捷物流影响因素分析与研究	来瑶媛	山西财经大学	尚成国	情报学
山西高校图书馆微信公众平台服务现状分析及对策研究	刘雯	山西财经大学	韩雅鸣	情报学
微信支付用户使用意愿影响因素研究	王英迪	山西财经大学	韩雅鸣	情报学
面向社交网络的用户信息行为研究	张雅欣	山西财经大学	王红	情报学
图书情报机构对国家智库建设的支持研究	党岗	山西财经大学	王红	情报学
中国机械制造业社会责任评价体系研究	王一西	山西财经大学	白才进	情报学
中国开放资源建设及发展策略研究	韩进文	山西财经大学	白才进	情报学
移动社交网络位置服务用户使用意愿影响因素分析	李璇	山西财经大学	贾伟	情报学
基于社交媒体的企业竞争情报应用研究	李鑫	山西财经大学	贾伟	情报学
基于信息生态学的政府信息公开主体研究	彭广福	山西大学	杨光	情报学
基于框架的情感语义表示方法研究	刘荟	山西大学	由丽萍	情报学
中美信息质量的法律制度比较	宋璐	山西大学	相丽玲	情报学
我国政府信息公开监督与保障法律制度研究	李文龙	山西大学	相丽玲	情报学
非政府组织信息公开制度研究	张建秀	山西大学	相丽玲	情报学
高校图书馆网站分面检索体系有效性探析	李婷婷	山西大学	贾君枝	情报学
社会转型视角下的图书馆合作发展模式研究	刘丽莉	山西大学	裴成发	图书馆学
基于 kano 模型的高校图书馆电子服务质量要素分类研究	符晓阳	山西大学	齐向华	图书馆学
智力资本视角下的图书馆个性化服务研究	李紫雪	山西大学	李景峰	图书馆学
知识密集型组织供应链及其改进研究——以图书馆为例	闫书田	山西大学	李景峰	图书馆学
基于用户感知的高校机构知识库质量测评研究	朱梦月	上海大学	丁敬达	情报学
智慧档案馆初探	唐莉	天津师范大学	桑毓域	情报学
基于存史功能的档案的可替代原理	李媛媛	天津师范大学	桑毓域	情报学
档案与历史的关系研究——从历史的角度看档案与档案工作	李梦飞	天津师范大学	桑毓域	情报学
美国文献战略理论与实践研究	支萍萍	天津师范大学	李福君	情报学
加拿大私人档案研究	许姗姗	天津师范大学	李福君	情报学

续表

题目	作者	学校	导师	学科专业
基于用户体验的数字档案资源服务质量评价指标模型研究	李晓	天津师范大学	蒋冠	情报学
公共图书馆老年读者满意度影响因素实证研究——以天津市 7 所图书馆为例	何成竹	天津师范大学	刘冰	图书馆学
劳校小学亲子阅读现状及家长指导策略的调查与分析	李锦霞	武汉大学	周力虹	图书馆学
澳门公共图书馆发展城市第三空间功能的实现研究	潘嘉玲	武汉大学	司莉	图书馆学
澳门公共图书馆服务优化策略研究	王裕雯	武汉大学	冉从敬	图书馆学
澳门阅读推广人员专业能力需求研究	郑丽莹	武汉大学	李明杰	图书馆学
澳门阅读推广的现况与对策——以澳门劳工子弟学校中学为例	郑伟坚	武汉大学	黄如花	图书馆学
澳门小学图书馆网站建设研究	郭子健	武汉大学	陆颖隽	图书馆学
基于语义的多语言信息组织模式研究	李月婷	武汉大学	司莉	图书馆学
基于社群的协同信息检索行为与认知研究	向雪	武汉大学	吴丹	图书馆学
多语言领域本体构建研究以珞珈山植物多语言本体为例	辛娟娟	武汉大学	司莉	图书馆学
国家科技报告服务系统的知识产权风险与对策	代钰珠	武汉大学	陈传夫	图书馆学
公共数字文化资源整合中的视频元数据映射研究	李硕	武汉大学	肖希明	图书馆学
美国数字信息基础设施和保存项目研究	张伟肖	武汉大学	黄如花	图书馆学
美国数据管理硕士研究生学位教育研究	吉翠芳	武汉大学	黄如花	图书馆学
基于多语言领域本体的知识挖掘研究	李鑫	武汉大学	司莉	图书馆学
老年人网络健康信息查询行为研究	李一喆	武汉大学	吴丹	图书馆学
青少年网络信息查询行为影响因素研究	蔡卫萍	武汉大学	吴丹	图书馆学
公共数字文化资源整合中的资源组织方式研究	田蓉	武汉大学	肖希明	图书馆学
印刷品阅读障碍者著作权例外制度研究	黄梦萦	武汉大学	陈传夫	图书馆学
公共部门信息资源公益性开发利用的政策研究	鲜冉	武汉大学	陈传夫	图书馆学
信息探寻中社会化搜索行为研究	史敏珊	武汉大学	马费成	情报学
基于 ELM 模型的网购初始信任建立机制实证研究	孙广	武汉大学	查先进	情报学
新世纪我国“图书馆、情报与档案管理”学科的研究进展	赵湲吟	武汉大学	赵蓉英	情报学
基于第三方耦合的学科知识聚合研究	刘国徽	武汉大学	邱均平	情报学
社交问答用户知识贡献行为与服务优化研究	杨丽娜	武汉大学	邓胜利	情报学
网络环境下图书馆用户标注行为研究——以武汉大学图书馆为例	谢佳琳	武汉大学	查先进	情报学
学术文献的引文上下文探测研究	雷声伟	武汉大学	陆伟	情报学
中文学术文献的逻辑结构抽取	钱坤	武汉大学	陆伟	情报学
查询专指度特征分析与自动识别	唐祥彬	武汉大学	陆伟	情报学
基于专利生命周期的无线充电技术创新研究	李翔	武汉大学	马费成	情报学
第三方移动支付用户接受行为影响因素研究	范冰	武汉大学	邓仲华	情报学
基于概念格的微博二次检索模型研究	李佩珊	武汉大学	唐晓波	情报学
云环境下图书馆数字信息资源安全保障研究	吕美娇	武汉大学	胡昌平	情报学
基于情感依恋视角的虚拟社区用户忠诚度研究	李云云	武汉大学	查先进	情报学

续表

题目	作者	学校	导师	学科专业
问答社区用户知识共享行为影响因素研究	聂铁虎	武汉大学	胡昌平	情报学
社交问答网站用户的图像需求研究	李倩	武汉大学	邓胜利	情报学
科技与产业融合发展中的跨系统信息服务组织	李金林	武汉大学	胡昌平	情报学
基于跨语言信息检索的海外情报信息系统的构建	彭丽娟	武汉大学	邓仲华	情报学
基于本体的学术网络建模及学者关联度分析	马云路	武汉大学	刘萍	情报学
基于形式概念分析的学科知识结构探测——以图书情报学为例	吴琼	武汉大学	刘萍	情报学
馆藏资源聚合模式在高校图书馆学科服务平台中的应用研究	方国平	武汉大学	邱均平	情报学
用户图像标注的影响因素研究	韩阳	武汉大学	陆泉	情报学
基于矩阵因子分解的高校图书馆推荐系统研究	张聪	武汉大学	邱均平	情报学
基于主题元的研究主题预测——以图书情报学领域为例	贾茜	武汉大学	马费成	情报学
学术社交网站 Mendeley 公开群组论文分享与发现的定量分析	高慧琴	武汉大学	胡昌平	情报学
专利权人合作网络的社群结构研究——以燃料电池电动汽车为例	任佳佳	武汉大学	李纲	情报学
高校图书馆学科博客服务研究	余婷婷	武汉大学	胡昌平	情报学
中文维基百科用户协作行为及其对词条质量的影响	苏环	武汉大学	宋恩梅	情报学
基于 ELM 的社会化问答平台用户信息使用行为研究	樊彩锋	武汉大学	查先进	情报学
基于社区发现的移动自媒体用户兴趣建模	杨志墨	西安电子科技大学	刘怀亮	情报学
中日图书馆读者隐私权保护比较研究	吴雪敏	西北大学	杨玉麟	图书馆学
我国城市图书馆经营战略模式及其问题研究	李楠	西北大学	杨玉麟	图书馆学
语境视角下合作信息查寻与检索的相关性模型研究	童迎	西南大学	韩毅	情报学
大学生唯品会网站购物信息搜寻行为研究	李雨露	西南大学	阮建海	情报学
基于形式概念分析的 Folksonomy 用户兴趣识别研究	石光莲	西南大学	张敏	情报学
基于信任关系的虚拟学术社区知识共享研究	郑伟伟	西南大学	张敏	情报学
基于熟人关系的虚拟学术社区知识共享行为研究	蔡小筱	西南大学	张敏	情报学
高校研究生科研学习中知识转移的影响因素研究——引入角色压力理论	苏波	西南大学	邓小昭	情报学
人格特质对在线问答社区用户持续使用意愿的影响研究	杨敏	西南大学	郑宏	情报学
业务驱动模式中的高校电子文件管理流程研究	杨璐	西南大学	黄敏	图书馆学
大数据时代下民办高校学生信息素养的提升策略研究	熊慧	湘潭大学	邹凯	情报学
网络舆情环境下政府信息服务公众满意度评价研究	左珊	湘潭大学	陈旸;邹凯	情报学
社会网络中舆情传播的集群行为演化研究	屈亚琴	湘潭大学	李勇;邹凯	情报学
基于粗糙集条件信息熵的地方政府信息资源配置评价研究	肖锏	湘潭大学	毛太田;谭旭	情报学
复杂社会网络中舆情传播模型及影响因素分析	黄格	湘潭大学	毛太田	情报学
知识链接及其在网络知识服务中的应用研究	吕颖	湘潭大学	文庭孝;毛太田	情报学

续表

题目	作者	学校	导师	学科专业
连锁零售供应链竞争力评价研究	陈娇	湘潭大学	唐毅	情报学
地方政府电子政务公共服务的公众接受度模型研究	彭丽	湘潭大学	龙朝阳	情报学
社区图书馆多元化发展研究	霍瑞娟	湘潭大学	龚蛟腾	图书馆学
社区图书馆延伸服务众包模式研究	吴绍龙	湘潭大学	陈能华	图书馆学
云南省德宏州少数民族文献保护研究	袁纯奎	云南大学	马自坤	情报学
新媒体环境下的竞争情报工作研究	赵熙	云南大学	樊泳雪	情报学
在线实体图书馆研究	刘露	云南大学	甘友庆	情报学
我国社会群体事件中信息不对称问题及对策研究	刘诗璐	云南大学	杨勇	情报学
口述历史——拓展图书馆工作的新方向	赵晓	云南大学	胡立耘	图书馆学
NGO 援建我国基层图书馆可持续发展策略研究	巴茜	云南大学	胡立耘	图书馆学
互联网时代高中生阅读现状及对策研究——以昆明市 3 所高中为例	严莉	云南大学	王水乔	图书馆学
针对期刊的多类型信息计量指标实证研究	王舒月	浙江大学	叶鹰	情报学
基于语义和引用加权的文献主题提取研究	杨春艳	浙江大学	潘有能	情报学
基于合著与引用网络的专家知识地图构建研究	贺焕振	浙江大学	潘有能	情报学
中美物理学领域科学基金资助论文比较研究	刘天石	浙江大学	周萍	图书馆学
协同科研环境下协同信息行为研究	王霄文	郑州大学	金燕	情报学
期刊型学术交流系统的成本收益分析	王晓梅	郑州大学	臧国全	情报学
数字保存项目的延迟期权价值计量研究——基于对特色数字资源保存项目的分析	董妍	郑州大学	臧国全	情报学
数字保存项目的投资决策研究——基于项目投资成本不确定性的分析	李思思	郑州大学	臧国全	情报学
基于施引期刊差异的 h 型指数研究	张鑫	郑州大学	郭强	情报学
后数字图书馆时代的图书馆新空间服务模式研究	任欣	郑州大学	周九常	情报学
中美公共图书馆用户权利政策比较研究	李国霖	郑州大学	付立宏	情报学
海峡两岸高校图书馆用户权利政策比较研究	王慧芳	郑州大学	付立宏	情报学
高校图书馆阅读推广活动研究	马威	郑州大学	尚新丽	情报学
非智力因素对情报分析的影响研究	黄珊	郑州大学	尚新丽	情报学
河南省县级图书馆现状与可持续发展研究	葛占彪	郑州大学	尚新丽	情报学
高校图书馆微博影响力测评研究	王冰	郑州大学	刘焕成	情报学
云计算技术在信息资源组织与服务中的应用研究	刘坤锋	郑州大学	刘永	情报学
旅游领域本体构建研究	李庆赛	郑州大学	郭少友	情报学
中原古代图书出版文化研究	丁欢欢	郑州大学	王国强	图书馆学
中原古代藏书文化研究	田中梅	郑州大学	王国强	图书馆学
基于大众分类法的书籍本体构建研究	黄淑勇	郑州大学	白华	图书馆学
基于 folksonomy 标签的音乐本体构建研究	董高洁	郑州大学	白华	图书馆学
新环境下高校图书馆组织结构重组研究	李春艳	郑州大学	周拴龙	图书馆学
基于 SSCI(2009—2014 年)考古学知识图谱构建研究	段鑫然	郑州大学	周拴龙	图书馆学
图书馆知识管理中知识地图的分析与构建	高孟娜	郑州大学	张怀涛	图书馆学

续表

题目	作者	学校	导师	学科专业
本体知识库构建研究——以水稻领域为例	李嘉锐	中国农业科学院	张学福	情报学
关于我国基层农技推广信息化成效的研究——以“全国基层农技推广服务云平台”示范应用为例	陈守合	中国农业科学院	李秀峰；杨勇	情报学
中西医结合治疗脑梗死的用药规律研究	刘思鸿	中国中医科学院	张华敏	情报学
民国中医药期刊的文献计量分析	付书文	中国中医科学院	牛亚华	情报学
“心身医学”相关中医研究文献的计量分析	刑鹏	中国中医科学院	赵英凯	情报学
中医药软科学研究项目绩效评估方法研究	车玉霞	中国中医科学院	朱佳卿	情报学

（国家图书馆　杨凡整理）

2015 年出版图书馆学著作目录

（按责任者姓名汉语拼音排序）

序号	书名	责任者	出版社	ISBN
1	册子本起源考	(英)C. H. 罗伯茨，(英)T. C. 斯基特著；高峰枫译	北京大学出版社	978-7-301-26418-8
2	谷歌语义搜索	(英)David Amerland 著；程龚译	人民邮电出版社	978-7-115-37626-8
3	读者驱动式图书馆：数字时代管理馆藏与服务实用指南	(美)Dee Ann Allison 著；韩冰，张晓丹译	大连理工大学出版社	978-7-5611-9719-6
4	抄工与学者：希腊、拉丁文献传播史	(英)L. D. 雷诺兹，(英)N. G. 威尔逊著；苏杰译	北京大学出版社	978-7-301-26479-9
5	Elasticsearch 服务器开发	(波)Rafal Kuc，(波)Marek Rogoziński 著；蔡建斌译	人民邮电出版社	978-7-115-38032-6
6	ElasticSearch 可扩展的开源弹性搜索解决方案	(波)Rafal Ku c，(波)Marek Rogoziński 著；时金桥等译	电子工业出版社	978-7-121-25200-6
7	图书馆焦虑：理论、研究和应用	(美)安东尼·J. 奥韦格布兹，(美)焦群，(美)莎伦·L. 博斯蒂克著；王细荣主译	海洋出版社	978-7-5027-8964-0
8	开放存取简编	(美)彼得·萨伯著；李武译	海洋出版社	978-7-5027-9033-2
9	随泰坦尼克沉没的书之瑰宝	(英)罗勃·谢泼德(Rob-Shepherd)著；李凌云译	海豚出版社	978-7-5110-2209-7
10	情报：从秘密到政策	(美)马克·洛文塔尔(Mark M. Lowenthal)著；杜效坤译	金城出版社	978-7-5155-1003-3
11	从埃及到高加索：探索未知的古文献世界	(法)让-皮埃尔·马艾著	生活·读书·新知三联书店	978-7-108-05363-3
12	静盦汉籍解题长编	(日)长泽规矩也编著	上海远东出版社	978-7-5476-0803-6
13	情报分析心理学：最新中文全译本	(美)小理查兹·J. 霍耶尔(RichardsJ. Heuer, Jr.)著；张魁，朱里克译	金城出版社	978-7-5155-0990-7
14	书的故事	(苏)伊林著；胡愈之译	生活·读书·新知三联书店	978-7-108-05507-1
15	书林扬觯	(清)方东树著；李花蕾点校	华东师范大学出版社	978-7-5617-9140-0
16	常熟图书馆志	《常熟市图书馆志》编纂委员会编	广陵书社	978-7-5554-0376-0
17	读书大家谈	《读书大家谈》编委会编著	长春出版社	978-7-5445-3744-5
18	读书让人生更美好：大庆钻探职工“双十”读书活动优秀作品选	《读书让人生更美好》编委会编	石油工业出版社	978-7-5183-0623-7

续表

序号	书名	责任者	出版社	ISBN
19	公安科技查新实用指南	《公安科技查新实用指南》编写组编著	群众出版社	978-7-5014-5332-0
20	古籍研究.总第 61 卷	《古籍研究》编辑委员会编	凤凰出版社	978-7-5506-2165-7
21	古籍研究.总第 62 卷	《古籍研究》编辑委员会编	凤凰出版社	978-7-5506-2305-7
22	数字资源揭示:海量数据环境下图书馆资源发现之路学术研讨会论文集	《数字资源揭示——海量数据环境下图书馆资源发现之路学术研讨会论文集》编委会编	国家图书馆出版社	978-7-5013-5556-3
23	馆藏资源聚合研究与实践进展	《图书情报工作》杂志社编	海洋出版社	978-7-5027-9137-7
24	移动图书馆服务的现状与未来	《图书情报工作》杂志社编	海洋出版社	978-7-5027-9140-7
25	一次关于梦想的旅行	《一次关于梦想的旅行》编委会编	辽宁人民出版社	978-7-205-08240-6
26	书香似故人	BTV 书香北京编	译林出版社	978-7-5447-4393-8
27	高校图书馆人力资源管理研究	艾家凤著	中国科学技术大学出版社	978-7-312-03831-0
28	纸媒贵族	巴义尔著	中国民族摄影艺术出版社	978-7-5122-0708-0
29	现代图书馆管理理论探索研究	白芳等编著	天津科学技术出版社	978-7-5308-9690-7
30	风朝雨夕:包和平图书馆学专题讲座选编	包和平主编	国家图书馆出版社	978-7-5013-5529-7
31	书海寻梦:包和平图书馆学论文选	包和平著	国家图书馆出版社	978-7-5013-5704-8
32	图书情报工作理论与实践	包华主编	湖北科学技术出版社	978-7-5352-7771-8
33	北京大学中国古文献研究中心集刊.第十四辑	北京大学中国文献研究中心编	北京大学出版社	978-7-301-25876-7
34	馆员的力量:2014 年中国图书馆年会特辑	北京市东城区人民政府编	北京出版社	978-7-200-11236-8
35	文献检索与利用	本书编写组编	华东师范大学出版社	978-7-5675-4017-0
36	边疆少数民族地区农家书屋建设研究	毕东著	光明日报出版社	978-7-5112-8155-5
37	大学图书馆学科服务理论与实践	蔡莉静主编	海洋出版社	978-7-5027-9032-5
38	郭沫若著译作品版本研究	蔡震著	东方出版社	978-7-5060-7797-2
39	曾国藩与金陵书局.第一卷	曹凤祥著	中国书籍出版社	978-7-5068-5249-4
40	唐末别集版本源流考述	曹丽芳著	辽宁师范大学出版社	978-7-5652-1756-2
41	常熟藏书史	曹培根,李向东主编	江苏凤凰教育出版社	978-7-5499-5408-7
42	网络环境中公共图书馆和高校图书馆用户需求实证研究	曹树金等著	学习出版社	978-7-5147-0531-7
43	中国古代图书史	曹之著	武汉大学出版社	978-7-307-11830-0
44	中国古籍版本学(第 3 版)	曹之著	武汉大学出版社	978-7-307-11790-7
45	中国古籍编撰史(第 2 版)	曹之著	武汉大学出版社	978-7-307-11792-1
46	中医药文献检索与利用	常傲冰主编	科学出版社	978-7-03-044340-3

续表

序号	书名	责任者	出版社	ISBN
47	网络环境下叙词表编制与发展	常春著	科学技术文献出版社	978-7-5023-9861-3
48	图书馆发展中的知识产权问题研究	陈传夫等著	中国人民大学出版社	978-7-300-20677-6
49	回族历史文化典籍与文献检索研究	陈冬梅著	中国书籍出版社	978-7-5068-5094-0
50	少数民族科技古籍文献遗存研究	陈海玉著	中国社会科学出版社	978-7-5161-5818-0
51	传承与守望	陈红彦著	国家图书馆出版社	978-7-5013-5695-9
52	现代图书馆及数字资源利用教程	陈加新著	国防科技大学出版社	978-7-5673-0319-5
53	大学图书馆变革发展思考	陈进主编	上海交通大学出版社	978-7-313-14128-6
54	高校图书馆服务创新案例精编	陈进主编	海洋出版社	978-7-5027-9145-2
55	近四十年出土简帛文献思想研究	陈丽桂著	中华书局	978-7-101-11156-9
56	实用生物医学信息检索	陈平，张轶群主编	科学出版社	978-7-03-043609-2
57	化学化工文献检索与应用(第2版)	陈琼，朱传方，辜清华编著	化学工业出版社	978-7-122-22129-2
58	信息检索与案例研究	陈荣，霍丽萍主编	华东理工大学出版社	978-7-5628-4176-0
59	环球图书馆之旅	陈思编著；广东省立中山图书馆编	广东经济出版社	978-7-5454-3894-9
60	数字图书馆特色资源共享与服务研究	陈维著	浙江工商大学出版社	978-7-5178-1069-8
61	信息检索与利用	陈新艳，陈振华主编；云爱玲等编写	武汉理工大学出版社	978-7-5629-4979-4
62	文献信息检索与利用	陈彦坤编著	辽宁民族出版社	978-7-5497-1198-7
63	古籍修复	陈子达主编；魏华琳著	中国美术学院出版社	978-7-5503-0841-1
64	高校图书馆数字参考咨询服务研究	程石，王诗涵主编	江西高校出版社	978-7-5493-3777-4
65	基于用户行为的图书馆数字资源语义聚合研究	程秀峰著	武汉理工大学出版社	978-7-5629-4914-5
66	古典文献研究. 第十八辑. 上卷	程章灿主编	凤凰出版社	978-7-5506-2306-4
67	古典文献研究. 第十七辑. 下卷	程章灿主编	凤凰出版社	978-7-5506-2169-5
68	杭州图书馆 ISO9000 质量管理体系建设实践	褚树青，粟慧主编	国家图书馆出版社	978-7-5013-5589-1
69	天堂的模样：杭州图书馆读者访谈录	褚树青，粟慧主编	国家图书馆出版社	978-7-5013-5585-3
70	城市图书馆研究. 第三卷第一辑	褚树青主编	国家图书馆出版社	978-7-5013-5568-6
71	现代图书馆与数字资源利用	代宏编著	黑龙江科学技术出版社	978-7-5388-8332-9
72	公共图书馆服务探析	戴广珠著	白山出版社	978-7-5529-0565-6
73	中国古代科技文献史	丁海斌著	上海交通大学出版社	978-7-313-12722-8
74	SEO 实战宝典：实用工具 + 步骤图解 + 典型案例	丁士锋著	人民邮电出版社	978-7-115-38637-3
75	海源阁善本叙录	丁延峰著	国家图书馆出版社	978-7-5013-5516-7
76	《永乐大典》小学书辑佚与研究	丁治民著	商务印书馆	978-7-100-11104-1
77	版画及其创造者：明末湖州刻书与版画创作	董捷著	中国美术学院出版社	978-7-5503-0858-9

续表

序号	书名	责任者	出版社	ISBN
78	中国古典戏曲目录发展史	杜海军著	广西师范大学出版社	978-7-5495-6187-2
79	迈向权利保障时代:公共图书馆发展的“广州模式”研究	方家忠,黄斌主编	中山大学出版社	978-7-306-05554-5
80	朱熹学派与闽台书院刻书的传承与发展	方彦寿著	福建教育出版社	978-7-5334-6596-4
81	信息检索	冯涛编著	知识产权出版社	978-7-5130-3596-5
82	图书馆知识管理理论与应用	冯媛著	江西高校出版社	978-7-5493-3889-4
83	清末民初小说版本经眼录(俄国小说卷)	付建舟著	中国致公出版社	978-7-5145-0815-4
84	清末民初小说版本经眼录(日语小说卷)	付建舟著	中国致公出版社	978-7-5145-0813-0
85	简帛文献与古代史:第二届出土文献青年学者国际论坛论文集	复旦大学历史学系,复旦大学出土文献与古文字研究中心编	中西书局	978-7-5475-0828-2
86	读书思廉	傅清卿主编	新华出版社	978-7-5166-1535-5
87	和谐信息生态环境构建:以中国古代文献信息生态观为视角	傅荣贤,韩雷著	知识产权出版社有限责任公司	978-7-5130-3723-5
88	抚顺市图书馆数字化建设实践与探究	盖奇文编著	辽宁大学出版社	978-7-5610-7991-1
89	全球专利信息公共检索资源指南	甘绍宁主编	知识产权出版社	978-7-5130-3043-4
90	专利信息分析管理与应用	甘绍宁主编	知识产权出版社	978-7-5130-3272-8
91	高校图书馆发展规划编制指南	高凡主编	海洋出版社	978-7-5027-9274-9
92	网络信息实用检索(第三版)	高飞主编	中国质检出版社;中国标准出版社	978-7-5026-4015-6
93	实战 Elasticsearch、Logstash、Kibana:分布式大数据搜索与日志挖掘及可视化解决方案	高凯编著	清华大学出版社	978-7-302-39984-1
94	新时期高校图书馆文化建设论	高明锐,图雅编著	民主与建设出版社	978-7-5139-0557-2
95	信息检索方法与实践	高庆殿,孙志春,伏立霞主编	北京大学出版社	978-7-301-25922-1
96	旅游文献管理与分析教程	耿松涛,吴凯编著	天津科学技术出版社	978-7-5576-0201-7
97	爱读书读好书善读书:公安部直属机关读书活动心得选登.二	公安部直属机关党委编	中国人民公安大学出版社	978-7-5653-2258-7
98	藏书家.第19辑	宫晓卫主编	齐鲁书社	978-7-5333-3286-0
99	图书馆数字信息化建设理论研究与探索	关绍伟等编著	天津科学技术出版社	978-7-5308-9689-1
100	标准信息资源检索与实用指南	郭德华,李景等编著	科学技术文献出版社	978-7-5023-9794-4
101	中国古籍原刻翻刻与初印后印研究,通论编实例编	郭立暄著	中西书局	978-7-5475-0855-8
102	中国古籍原刻翻刻与初印后印研究,图版编(实例)	郭立暄著	中西书局	978-7-5475-0855-8

续表

序号	书名	责任者	出版社	ISBN
103	中国古籍原刻翻刻与初印后印研究,图版编(通论)	郭立暄著	中西书局	978-7-5475-0855-8
104	中国秘书省藏书史	郭伟玲著	武汉大学出版社	978-7-307-12902-3
105	古文字与古文献论集续编	郭永秉著	上海古籍出版社	978-7-5325-7632-6
106	电子器件领域专利检索策略及应用	郭永菊主编	知识产权出版社	978-7-5130-3275-9
107	足迹:昌江图书馆的发展变迁	郭玉光主编	中国文联出版社	978-7-5059-9659-5
108	融摄与传习:文献保护及修复研究	国家古籍保护中心,天津市古籍保护中心编	中华书局	978-7-101-11196-5
109	古籍保护研究.第一辑	国家古籍保护中心编	大象出版社	978-7-5347-8620-4
110	编目:核心能力与挑战:第四届全国文献编目工作研讨会论文集	国家图书馆中文采编部编	国家图书馆出版社	978-7-5013-5658-4
111	外观设计专利文献检索	国家知识产权局专利局,外观设计审查部编	知识产权出版社	978-7-5130-3274-2
112	制礼作乐与西周文献的生成	过常宝著	中国社会科学出版社	978-7-5161-5625-4
113	山西科技文献资源云服务与云安全研究	韩雅鸣,贾伟等著	科学技术文献出版社	978-7-5023-8977-2
114	中共中央党校图书馆规章制度汇编	郝永平主编	中共中央党校出版社	978-7-5035-5514-5
115	管理与服务:基层图书馆发展研究	何流著	云南美术出版社	978-7-5489-1912-4
116	河南中医学院图书馆史	何明举著	郑州大学出版社	978-7-5645-2532-3
117	图书馆杂志:2014年合订本	何毅主编	上海科学技术文献出版社	978-7-5439-6574-4
118	静水流深:河南省电力女职工优秀读书心得.Ⅵ	河南省电力工会编	中国电力出版社	978-7-5123-7271-9
119	图书制作小史	贺玲玲编著	广东旅游出版社	978-7-5570-0039-4
120	大众传播时代留守儿童的阅读研究	胡登全,邓倩著	西南交通大学出版社	978-7-5643-4160-2
121	医学文献检索与评价	胡怀富,刘娟著	吉林科学技术出版社	978-7-5384-8835-7
122	SEO搜索引擎优化从入门到精通	胡奇峰编著	广东经济出版社	978-7-5454-4153-6
123	《资源描述与检索》的中文化	胡小菁等著	国家图书馆出版社	978-7-5013-5519-8
124	湖北省全民阅读促进办法	湖北省政府编	湖北人民出版社	978-7-216-08515-1
125	信息检索与利用的实践与研究	华薇娜著	国家图书馆出版社	978-7-5013-5693-5
126	信息检索与论文写作	黄惠烽编著	西南交通大学出版社	978-7-5643-3687-5
127	我国少儿图书馆研究	黄洁,陈慧娜著	国家图书馆出版社	978-7-5013-5610-2
128	知识服务的语义匹配机制研究	黄涛著	华中师范大学出版社	978-7-5622-6933-5
129	图书馆合理分享著作权利益诉求研究	吉宇宽著	中国社会科学出版社	978-7-5161-6166-1
130	信息检索与图书馆资源利用	计斌主编	人民邮电出版社	978-7-115-39282-4
131	力量:与大师一起读书成长	季羡林等著	国际文化出版公司	978-7-5125-0815-6
132	我与书的故事.4	贾捷频主编	宁夏人民教育出版社	978-7-5544-1211-4

续表

序号	书名	责任者	出版社	ISBN
133	甬城藏书楼	贾亚炜主编;宁波市海曙区政协文史委编	宁波出版社	978-7-5526-2144-0
134	建设适应干部教育培训图书馆的实践思考	江亚玲著	国家行政学院出版社	978-7-5150-1424-1
135	军队院校图书馆延伸服务研究	江友霞,常思浩,朱李礼编著	合肥工业大学出版社	978-7-5650-2192-3
136	社会网络分析方法在图书情报领域的应用研究	姜鑫著	知识产权出版社	978-7-5130-3559-0
137	公安文献信息检索教程	蒋和平主编	四川大学出版社	978-7-5614-8329-9
138	医学信息检索教程(第3版)	蒋葵,董建成主编	东南大学出版社	978-7-5641-5908-5
139	图书情报档案理论与实践研究.第二辑	金波,于英香主编	上海世界图书出版公司	978-7-5100-9183-4
140	图书馆与微服务	金红亚主编	上海科学技术出版社	978-7-5478-2815-1
141	现代高校图书馆用户服务及其创新研究	金花著	现代教育出版社	978-7-5106-2979-2
142	贫困地区公共阅读研究	金武刚著	国家图书馆出版社	978-7-5013-5669-0
143	高校图书馆馆藏资源安全保障研究	经冬鋆著	东北林业大学出版社	978-7-5674-0593-6
144	马克思主义理论学科期刊评价报告.2015	荆林波主编	中国社会科学出版社	978-7-5161-6666-6
145	图书馆服务思维研究	康存辉著	中国纺织出版社	978-7-5180-1744-7
146	基于网络环境的高效图书馆信息服务体系研究	康敬青著	地质出版社	978-7-116-09257-0
147	图书馆战略管理	柯平编著	海洋出版社	978-7-5027-8829-2
148	信息检索与信息素养概论(第2版)	柯平主编	高等教育出版社	978-7-04-042102-6
149	图书馆管理理论与实践	孔德超主编	河南人民出版社	978-7-215-09520-5
150	信息资源检索与利用(第3版)	来玲,王宏波主编	东北财经大学出版社	978-7-5654-1852-5
151	现代图书馆资源与服务管理的理论与实践	兰孝慈,修文举,吕新双主编	东北林业大学出版社	978-7-5674-0607-0
152	情报应用数学	兰月新,曹维芳,苏国强编著	吉林大学出版社	978-7-5677-3727-3
153	图书馆服务与建设	黎晓著	世界图书出版广东有限公司	978-7-5100-8097-5
154	日文书刊联机合作编目教程	李晨英,刘春玥主编	知识产权出版社	978-7-5130-1939-2
155	石渠论坛:图书文献信息研究文集.第三辑	李德龙主编	中央民族大学出版社	978-7-5660-0955-5
156	图书馆数字阅读推广	李东来主编	朝华出版社	978-7-5054-3795-1
157	面向中文Web评论的观点挖掘技术研究	李芳著	上海交通大学出版社	978-7-313-13132-4
158	图书馆信息资源建设与管理	李会艳,魏虹,王喜平著	东北师范大学出版社	978-7-5681-0696-2
159	信息检索概论	李锦秋著	北京理工大学出版社	978-7-5682-0978-6
160	图书馆儿童阅读推广	李俊国,汪茜主编	朝华出版社	978-7-5054-3792-0

续表

序号	书名	责任者	出版社	ISBN
161	待兔轩文存·说文卷	李零著	广西师范大学出版社	978-7-5495-6263-3
162	科技文献检索与分析	李明著	华中科技大学出版社	978-7-5609-7802-4
163	中国古代藏书	李楠,李杰编著	中国商业出版社	978-7-5044-8537-3
164	东阿图书论谭	李清洪主编	中国社会出版社	978-7-5087-5146-7
165	大学文化建设与图书馆文化	李瑞芬,谭国臣著	光明日报出版社	978-7-5112-9509-5
166	经济管理信息的检索与利用	李树青,陈亚天主编	清华大学出版社	978-7-302-41356-1
167	图书馆经典阅读推广	李西宁,张岩主编	朝华出版社	978-7-5054-3793-7
168	常熟图书馆史:1915—2014	李向东,曹培根著	江苏凤凰教育出版社	978-7-5499-5409-4
169	现代化图书管理系统研究	李小贞,何永春,斯琴图雅主编	光明日报出版社	978-7-5112-9244-5
170	藏书楼	李秀敏,赵峰著	山西教育出版社	978-7-5440-7490-2
171	网络信息开发与利用	李月明著	国家图书馆出版社	978-7-5013-5702-4
172	海源阁史	李云著	中华书局	978-7-101-10760-9
173	灰色文献理论与实践	李泽文著	武汉大学出版社	978-7-307-13325-9
174	图书馆学概论	历力著	新疆美术摄影出版社;新疆电子音像出版社	978-7-5469-6195-8
175	世界的记忆	联合国教育、科学及文化组织编著;金琦,万洁译	安徽科学技术出版社	978-7-5337-6478-4
176	历史学文献检索与利用	廉慧著	山东人民出版社	978-7-209-08944-9
177	高校图书馆学科化服务机制研究	廉立军著	国家图书馆出版社	978-7-5013-5583-9
178	全媒体时代文献信息资源建设	廖志江,杨双琪,黄晓鹏著	光明日报出版社	978-7-5112-8588-1
179	图书馆知识服务研究	廖志江,张燕,刘志国著	吉林大学出版社	978-7-5677-3907-9
180	西南古籍研究	林超民主编	云南大学出版社	978-7-5482-2171-5
181	清人诗经序跋精萃	蔺文龙编著	中国书籍出版社	978-7-5068-4736-0
182	浙江女性藏书	凌冬梅著	浙江工商大学出版社	978-7-5178-1054-4
183	医学文献标引与编目	刘大文编著	云南科技出版社	978-7-5416-8941-3
184	LAMP & OpenLDAP 图书馆 Web 应用平台构建与开发	刘丹,徐来著	上海社会科学院出版社	978-7-5520-0883-8
185	大数据时代高校图书馆信息服务创新研究	刘芳著	光明日报出版社	978-7-5112-8963-6
186	医学信息检索与利用	刘桂锋主编	江苏大学出版社	978-7-81130-911-9
187	信息素养与信息检索	刘鸿,刘春主编	科学出版社	978-7-03-044488-2
188	古籍保护原理与方法	刘家真著	国家图书馆出版社	978-7-5013-5676-8
189	理工信息检索与利用	刘竟主编	江苏大学出版社	978-7-81130-910-2
190	高校图书馆声像服务创新研究	刘乐乐编著	东北林业大学出版社	978-7-5674-0562-2
191	大学生阅读行为与图书馆阅读推广	刘漫主编	黑龙江科学技术出版社	978-7-5388-8190-5
192	图书馆应用实践教程	刘淑娥,景娜主编	清华大学出版社	978-7-302-40004-2
193	图书馆业务外包及其发展趋势	刘淑华著	国家图书馆出版社	978-7-5013-5575-4
194	大学图书馆信息资源建设	刘淑梅著	中国戏剧出版社	978-7-104-04289-1

续表

序号	书名	责任者	出版社	ISBN
195	山东大学图书馆规章制度汇编	刘相金主编	山东大学出版社	978-7-5607-5330-0
196	图书馆评价研究	刘晓英编著	知识产权出版社	978-7-5130-3477-7
197	经典与校勘论丛	刘玉才,水上雅晴主编	北京大学出版社	978-7-301-25696-1
198	化学化工文献信息检索与利用	刘玉珠编著	甘肃科学技术出版社	978-7-5424-2243-9
199	我的图书馆(第 2 版)	柳金发,李其港主编	电子科技大学出版社	978-7-5647-3253-0
200	图书馆自建数字资源质量评价体系研究	龙伟编著	国家图书馆出版社	978-7-5013-5644-7
201	图书馆研究撷英文集	卢蓉著	长江出版社	978-7-5492-3293-2
202	公共图书馆卓越绩效管理:以深圳龙岗图书馆为例	卢向东,陈鹏飞,潘金辉著	武汉大学出版社	978-7-307-16245-7
203	中医药文献信息检索(第 2 版)	陆伟路主编	上海浦江教育出版社	978-7-81121-406-2
204	社科信息检索与利用	吕彬主编	江苏大学出版社	978-7-81130-912-6
205	方面级观点挖掘理论与方法	吕品等著	科学出版社	978-7-03-046185-8
206	RDA 全视角解读	罗翀主编	国家图书馆出版社	978-7-5013-5582-2
207	中国古籍校勘史	罗积勇,李爱国,黄燕妮著	武汉大学出版社	978-7-307-12980-1
208	汲古黔谭. 1	罗世荣主编;贵州省民族古籍整理办公室编	民族出版社	978-7-105-13925-5
209	跨语言信息检索中的双语主题模型及算法研究	罗远胜著	复旦大学出版社	978-7-309-11943-5
210	中国传统方志艺文志研究	马春晖著	国家图书馆出版社	978-7-5013-5518-1
211	医学信息检索(第 2 版)	马俊等主编	人民邮电出版社	978-7-115-38775-2
212	中国古书编例史	马刘凤,曹之著	武汉大学出版社	978-7-307-12363-2
213	化学化工信息检索与英语阅读	马正飞等编著	化学工业出版社	978-7-122-23018-8
214	智能图像检索关键技术研究	毛金莲著	北京理工大学出版社	978-7-5682-0825-3
215	书香袁州	毛静主编	江西高校出版社	978-7-5493-3781-1
216	高校图书馆理论与实践	孟丽群著	天津科学技术出版社	978-7-5576-0706-7
217	图书馆发展与信息资源建设	孟雪梅著	国家图书馆出版社	978-7-5013-5730-7
218	新农村建设中黑龙江省基层图书馆问题研究	牟鑫编著	东北林业大学出版社	978-7-5674-0572-1
219	科技文献检索实用教程(第 4 版)	穆安民编著	重庆大学出版社	978-7-5624-8934-4
220	图书馆管理学原理与实践研究	娜琳著	吉林大学出版社	978-7-5677-3219-3
221	图书馆的故事:西财 90 年	聂富强,李天行主编	西南财经大学出版社	978-7-5504-1893-6
222	书香余韵	聂鑫森等著	湖南人民出版社	978-7-5561-0863-3
223	书屋的故事:幼儿图书馆建设与利用	宁征主编	南京师范大学出版社	978-7-5651-2343-6
224	泛在信息环境下图书馆信息资源组织研究	欧阳剑著	知识产权出版社	978-7-5130-3558-3
225	CADAL 项目标准规范汇编. 二	潘云鹤主编	浙江大学出版社	978-7-308-13625-9

续表

序号	书名	责任者	出版社	ISBN
226	读书声里是我家:萧山区公共图书馆服务连锁体系建设实例	庞晓敏,徐草编	天津大学出版社	978-7-5618-5327-6
227	农家书屋建设与发展	彭宝珍著	青海民族出版社	978-7-5420-2441-1
228	简帛文献纲要	骈宇骞著	北京大学出版社	978-7-301-25784-5
229	图书馆阅读推广基础工作	邱冠华,金德政主编	朝华出版社	978-7-5054-3796-8
230	中国学术期刊评价研究报告(武大版):RCCSE权威、核心期刊排行榜与指南. 2015—2016	邱均平,赵蓉英,刘霞等编著	科学出版社	978-7-03-043809-6
231	图书馆联盟资源共享绩效评估研究	屈宝强著	科学技术文献出版社	978-7-5023-9860-6
232	载书漂流记	屈万里著;屈焕新编注	中西书局	978-7-5475-0871-8
233	古籍导读	屈万里著	上海辞书出版社	978-7-5326-4466-7
234	国家图书馆与中国近现代目录学史研究	全根先编著	中国文史出版社	978-7-5034-6201-6
235	数字出版对文献资源建设的影响:第五届全国文献采访工作研讨会论文集	全国文献采访工作研讨会组委会编	国家图书馆出版社	978-7-5013-5527-3
236	新蓝图·新发展:现代公共文化服务体系下的中小型公共图书馆	全国中小型公共图书馆联合会编	朝华出版社	978-7-5054-3746-3
237	专利竞争情报理论及应用:以云计算产业为例	冉从敬著	中国政法大学出版社	978-7-5620-6422-0
238	中华大典,文献目录典,古籍目录分典	任继愈总主编	广西师范大学出版社	978-7-5495-6420-0
239	中华大典,文献目录典,文献学分典,目录	任继愈总主编	广西师范大学出版社	978-7-5495-6387-6
240	中华大典,文献目录典,文献学分典,文献总论辨伪辑佚总部	任继愈总主编	广西师范大学出版社	978-7-5495-5983-1
241	高校图书馆信息资源共享机制研究	荣宏伟著	湖北科学技术出版社	978-7-5352-8288-0
242	公共图书馆管理与服务	阮光册,杨飞主编	上海科学技术文献出版社	978-7-5439-6833-2
243	公共图书馆元数据仓储编目规则	萨蕾,韩萌,孟然编著	国家图书馆出版社	978-7-5013-5742-0
244	公共图书馆网络政府信息编目	萨蕾著	国家图书馆出版社	978-7-5013-5637-9
245	数字图书馆元数据基础	萨蕾著	中央编译出版社	978-7-5117-2746-6
246	山东省图书馆馆史资料选编	山东省图书馆编	齐鲁书社	978-7-5333-2426-1
247	信息服务论	山崎久道等合著;李翠薇,陈瑜译	海洋出版社	978-7-5027-9200-8
248	岁月留痕:上海图书馆历史记忆	上海图书馆编著	上海科学技术文献出版社	978-7-5439-6414-3
249	标准化视角下的我国基层图书馆事业发展研究	申晓娟主编	国家图书馆出版社	978-7-5013-5512-9

续表

序号	书名	责任者	出版社	ISBN
250	信息检索(多媒体)教程(第3版)	沈固朝,储荷婷,华薇娜主编	高等教育出版社	978-7-04-041486-8
251	版本目录学研究.第六辑	沈乃文主编	北京大学出版社	978-7-301-25892-7
252	经济信息资源检索与图书馆利用	十所财经高校文献检索课程教材编写组编	东北财经大学出版社	978-7-5654-1947-8
253	科技文献信息检索与利用(第4版)	时雪峰等编著	北京交通大学出版社;清华大学出版社	978-7-5121-2398-4
254	书香中国·北京阅读季	书香中国·北京阅读季领导小组办公室编	北京出版社	978-7-200-11336-5
255	大学图书馆资源利用与开发	宋冰,丁辉主编	东北师范大学出版社	978-7-5681-0896-6
256	大学图书馆学科知识服务能力理论与实践	宋姬芳著	海洋出版社	978-7-5027-9142-1
257	科技咨询	宋伟,任代祥著	人民邮电出版社	978-7-115-38082-1
258	图书馆采编业务研究与实践	苏全有主编	中州古籍出版社	978-7-5348-5430-9
259	图书馆史沉思录	苏全有主编	中州古籍出版社	978-7-5348-5468-2
260	科技信息检索	孙波,孙昊主编	重庆大学出版社	978-7-5624-9282-5
261	长春市民阅读指导读本	孙久山,谢复玉,李波主编	吉林人民出版社	978-7-206-11920-0
262	图像特征提取与检索技术	孙君顶等著	电子工业出版社	978-7-121-25271-6
263	现代图书馆参考咨询服务	孙琪著	安徽大学出版社	978-7-5664-1019-1
264	图书馆嵌入式学科服务的理论与方法	孙坦,初景利主编	科学出版社	978-7-03-043932-1
265	高校图书馆数字资源绩效评价	覃凤兰编著	武汉大学出版社	978-7-307-16867-1
266	信息素质教育	谭逎立主编	人民邮电出版社	978-7-115-37051-8
267	公共图书馆与中国老年教育	汤更生,全根先,史建桥著	国家图书馆出版社	978-7-5013-5656-0
268	聚焦:湖北省图书馆2014年报道集锦	汤旭岩,刘杰民主编	中国和平出版社	978-7-5137-1048-0
269	历史文献修复保护理论与实践	陶建强,陶伟成,陶仁和主编	广东人民出版社	978-7-218-10667-0
270	天一阁文丛.第12辑	天一阁博物馆编	浙江古籍出版社	978-7-5540-0488-3
271	天一阁文丛.第13辑	天一阁博物馆编	浙江古籍出版社	978-7-5540-0642-9
272	书香徐州	田秉锷,张瑾著	南京出版社	978-7-5533-0887-6
273	基于概念的信息检索方法	涂新辉著	华中师范大学出版社	978-7-5622-6929-8
274	国家图书馆年鉴.2015	汪东波主编	国家图书馆出版社	978-7-5013-5643-0
275	信息检索技术(第2版)	汪楠,成鹰主编	清华大学出版社	978-7-302-41268-7
276	图书馆与国学文化传承	汪茜编著	安徽科学技术出版社	978-7-5337-6462-3
277	知识与数字化图书馆信息管理	王爱杰,刘淑玲主编	吉林出版集团有限责任公司	978-7-5534-7384-0
278	中国近现代图书馆学术思想史导论	王安功著	中州古籍出版社	978-7-5348-5383-8
279	信息检索理论方法及问题分析	王彪,高光来编著	电子工业出版社	978-7-121-27437-4
280	图书馆时尚阅读推广	王波主编	朝华出版社	978-7-5054-3794-4
281	中国古代文献的保护	王国强等著	武汉大学出版社	978-7-307-11395-4

续表

序号	书名	责任者	出版社	ISBN
282	中国古籍序跋史	王国强著	武汉大学出版社	978-7-307-12454-7
283	现代信息检索技术与应用	王建行著	人民日报出版社	978-7-5115-2980-0
284	图书馆学散论:科学网图谋博客精粹	王启云著	知识产权出版社	978-7-5130-3882-9
285	仇雠相对:版本校勘学述论	王瑞来著	山西教育出版社	978-7-5440-7753-8
286	数字环境与图书管理	王显燕,何萍,秦小华主编	西安交通大学出版社	978-7-5605-7502-5
287	海量网络学术文献自动分类研究	王效岳,白如江等著	人民出版社	978-7-01-014847-2
288	文献学讲义	王欣夫著;吴格编	复旦大学出版社	978-7-309-11359-4
289	文献信息检索教程	王勇,肖泽干,杨坤主编	中国传媒大学出版社	978-7-5657-1276-0
290	图书馆阅读推广研究	王余光主编	朝华出版社	978-7-5054-3797-5
291	图书馆管理学	王玉双编著	天津科学技术出版社	978-7-5576-0011-2
292	数字时代我国图书馆信息资源及服务研究	王媛媛,苏静,李靖璐主编	东北师范大学出版社	978-7-5681-1099-0
293	工程信息检索教程(第2版)	王知津主编	机械工业出版社	978-7-111-50334-7
294	信息检索与处理	王知津主编	机械工业出版社	978-7-111-50383-5
295	语义场模型及其在P2P搜索中的应用	王志晓著	中国矿业大学出版社	978-7-5646-2611-2
296	元代文献与文化研究.第三辑	魏崇武主编	中华书局	978-7-101-10636-7
297	独立日.1,用一间书房抵抗全世界	魏小河著	生活·读书·新知三联书店;生活书店出版有限公司	978-7-80768-089-5
298	藏书楼与文化传播	魏秀萍著	吉林大学出版社	978-7-5677-3624-5
299	清代版本叙录	翁长松著	上海远东出版社	978-7-5476-1004-6
300	协同信息检索行为研究	吴丹著	国家图书馆出版社	978-7-5013-5666-9
301	中国古典文献学	吴枫著	中华书局	978-7-101-10964-1
302	文献检索及其实践应用研究	吴海媛著	吉林大学出版社	978-7-5677-3370-1
303	信息检索与利用	吴红光,艾莉,张溪主编	武汉大学出版社	978-7-307-15343-1
304	广西重点产业专利竞争情报实践案例研究	吴洁霞主编	知识产权出版社	978-7-5130-3514-9
305	古文献整理与研究.第一辑	吴敏霞主编;陕西省社会科学院古籍研究所编	中华书局	978-7-101-10817-0
306	信息检索实践指南	吴沛主编	西北大学出版社	978-7-5604-3616-6
307	阅读的真味:中外人物读书例谈	吴探林编著	云南人民出版社	978-7-222-12449-3
308	图书馆阅读推广基础理论	吴晞主编	朝华出版社	978-7-5054-3791-3
309	清话书林:图书馆的故事	吴晞著	社会科学文献出版社	978-7-5097-7653-7
310	图书馆史话	吴晞著	社会科学文献出版社	978-7-5097-6798-6
311	中国人民大学"复印报刊资料"转载指数排名研究报告.2014	武宝瑞主编	中国人民大学出版社	978-7-300-21174-9
312	中国人民大学复印报刊资料转载指数排名研究报告.2015	武宝瑞主编	中国人民大学出版社	978-7-300-22038-3

续表

序号	书名	责任者	出版社	ISBN
313	先秦语类文献形态研究	夏德靠著	中华书局	978-7-101-10803-3
314	中国图书史十讲:插图本	肖东发,杨虎著	国家图书馆出版社	978-7-5013-5551-8
315	中国图书	肖东发著	中国书籍出版社	978-7-5068-4120-7
316	专利战术情报方法与应用	肖沪卫,瞿丽曼,路炜主编	上海科学技术文献出版社	978-7-5439-6308-5
317	数字图书馆资源建设与服务	肖珑著	国家图书馆出版社	978-7-5013-5694-2
318	图书馆事业发展与法制建设研究	肖燕著	国家图书馆出版社	978-7-5013-5681-2
319	图书馆信息资源建设与服务研究	谢少勇主编	吉林大学出版社	978-7-5677-4154-6
320	薪火学刊. 第二卷	薪火学刊编辑部编	复旦大学出版社	978-7-309-12001-1
321	信息检索实用教程	徐岚编	化学工业出版社	978-7-122-24344-7
322	文献信息检索与图书资源利用	徐玲著	吉林摄影出版社	978-7-5498-2352-9
323	医学信息检索(第2版)	徐云,张倩主编	华中科技大学出版社	978-7-5609-9604-2
324	书香青岛	许红炜主编	现代教育出版社	978-7-5106-3069-9
325	继往开来　开拓创新:庆祝中国农学会科技情报分会成立三十周年	许世卫主编	中国农业科学技术出版社	978-7-5116-2257-0
326	校亿万字勘百部书	许土根编著	中国文史出版社	978-7-5034-5126-3
327	高校图书馆信息服务研究	续远凤著	吉林大学出版社	978-7-5677-4646-6
328	生物医药信息检索与利用	薛晓芳,郝继英,陈锐主编	军事医学科学出版社	978-7-5163-0627-7
329	文字与解释:学术交流会论文集	延世大学人文学研究院,复旦大学出土文献与古文字研究中心合编	中西书局	978-7-5475-0766-7
330	高校图书馆资源与服务体系建设研究	严潮斌,李泰峰主编	北京邮电大学出版社	978-7-5635-4520-9
331	严峰文集	严峰著	华龄出版社	978-7-5169-0566-1
332	网站排名的秘密:很多人想知道的SEO关键问答	严家成,卢盟晃著	华中科技大学出版社	978-7-5680-0754-2
333	文献检索与利用实用教程	颜世伟,柴晓娟主编	南京大学出版社	978-7-305-15192-7
334	刻书藏书与聊城	杨朝亮著	天津人民出版社	978-7-201-09446-5
335	元代文学及文献研究	杨镰著	中华书局	978-7-101-11182-8
336	高校图书馆建设与大学生阅读推广	杨庆书著	光明日报出版社	978-7-5112-9313-8
337	科技查新典型案例解析	杨守文,杨健安主编	化学工业出版社	978-7-122-21979-4
338	中外图书情报学科知识图谱比较研究	杨思洛等著	科学出版社	978-7-03-045714-1
339	新时代图书馆管理工作实务	杨天解,张红军,鲁荣荣著	中国言实出版社	978-7-5171-1711-7
340	现代图书馆信息资源建设及评价研究	杨晓雯,王慧,崔彦编著	吉林大学出版社	978-7-5677-4236-9
341	常州市图书馆志:1904—2014	杨欣,田子玲编纂	凤凰出版社	978-7-5506-2151-0
342	图书馆文献搜索研究	杨新涯著	重庆大学出版社	978-7-5624-8978-8
343	基于图书情报学的知识科学理论模型	杨溢,鞠巍著	知识产权出版社	978-7-5130-2863-9

续表

序号	书名	责任者	出版社	ISBN
344	图书馆管理与服务	杨勇著	国家图书馆出版社	978-7-5013-5679-9
345	计算机信息检索技术	杨兆辉主编	电子工业出版社	978-7-121-26997-4
346	中国目录学史	姚名达著	北京联合出版公司	978-7-5502-4928-8
347	中国高等教育数字图书馆评估规范汇编	姚晓霞主编	国家图书馆出版社	978-7-5013-5580-8
348	翰墨书香飘农家:我国新时期农家书屋建设研究	姚秀敏著	河北人民出版社	978-7-202-10794-2
349	信息组织(第2版)	叶继元主编	电子工业出版社	978-7-121-25097-2
350	基于情境感知的移动图书馆服务研究	叶莎莎著	上海世界图书出版公司	978-7-5100-9209-1
351	信息检索:理论与方法(第2版)	叶鹰主编	高等教育出版社	978-7-04-041747-0
352	第四届中国古籍数字化国际学术研讨会论文集	尹小林主编	五洲传播出版社	978-7-5085-3220-2
353	西北地区图书馆合作发展研究	尹玉霞,罗茜编著	甘肃人民出版社	978-7-226-04818-4
354	大学现代图书馆信息化建设	于成龙著	中国戏剧出版社	978-7-104-04289-1
355	法律文献检索(第3版)	于丽英著	北京大学出版社	978-7-301-25290-1
356	信息社会中的公共图书馆	于良芝著	国家图书馆出版社	978-7-5013-5675-1
357	领域本体构建方法及实证研究:以测绘学领域为例	余凡著	武汉大学出版社	978-7-307-16246-4
358	南湖藏书楼纪事	余三定,夏义生主编	南京大学出版社	978-7-305-15600-7
359	上海图书馆藏书发展研究	俞国琴主编	上海科学技术文献出版社	978-7-5439-6745-8
360	文献分类学(第2版)	俞君立,陈树年主编	武汉大学出版社	978-7-307-16894-7
361	信息检索与利用	袁守亮,周春宏主编	人民邮电出版社	978-7-115-39785-0
362	科技基础条件共享平台运行服务模式创新与实践	袁伟等著	科学技术文献出版社	978-7-5189-0528-7
363	《人民日报》视角下的当代图书馆事业史侧影·续编	原小平著	中州古籍出版社	978-7-5348-5470-5
364	《人民日报》视角下的当代图书馆事业史侧影	原小平著	中州古籍出版社	978-7-5348-5475-0
365	情报处理、辨伪及应用研究	曾祥丰,曾尧生著	科学技术文献出版社	978-7-5023-9789-0
366	高校图书馆"十三五"规划:理论与方法	詹长智主编	海洋出版社	978-7-5027-9275-6
367	读书之道	詹福瑞著	中华书局	978-7-101-10661-9
368	改革·发展·和谐:中国西部公共图书馆联合会第二届(2015)年会暨学术讨论会论文集	张承宏主编	内蒙古文化出版社	978-7-5521-0885-9
369	高校图书馆信息服务创新研究	张晖等编著	清华大学出版社	978-7-302-38425-0
370	高校图书馆资讯中心模式研究	张晖等编著	清华大学出版社	978-7-302-41708-8
371	信息检索与利用	张惠芳,陈红艳主编	华中科技大学出版社	978-7-5680-1296-6

续表

序号	书名	责任者	出版社	ISBN
372	信息检索与利用	张慧湘主编	电子工业出版社	978-7-121-26261-6
373	医学信息技术基础	张杰，丁玲主编	人民卫生出版社	978-7-117-21317-2
374	信息检索与利用(第 2 版)	张俊慧主编	科学出版社	978-7-03-044330-4
375	北朝石刻文献的文学研究	张鹏著	中国社会科学出版社	978-7-5161-6238-5
376	明清宫廷藏书研究(修订版)	张升著	商务印书馆	978-7-100-11408-0
377	图书馆管理学	张淑珍编著	科学技术文献出版社	978-7-5023-9796-8
378	查询意图自动分类与分析	张晓娟著	武汉大学出版社	978-7-307-16754-4
379	档案馆与图书馆比较研究	张晓萍，张珊编著	中州古籍出版社	978-7-5348-5225-1
380	文献学与历史研究	张鑫昌，张昌山主编	中国社会科学出版社	978-7-5161-5748-0
381	巷南巷北读书声：福州读书月十年回眸	张学勇主编	福建人民出版社	978-7-211-07200-2
382	新建本科院校图书馆创新与实践	张亚君，董艳珍，任碧凤著	世界图书出版广东有限公司	978-7-5100-6978-9
383	音乐文献检索与毕业论文写作	张燚，郑琳，赵志奇编著	南京师范大学出版社	978-7-5651-2123-4
384	图书馆学思想的攻防	张瑜，陈业奎著	汕头大学出版社	978-7-5658-1737-3
385	网络信息资源检索与利用	张志东编著	中国社会科学出版社	978-7-5161-5990-3
386	敦煌邈真赞释译	张志勇著	人民出版社	978-7-01-014791-8
387	信息检索与利用：中医院校用(第 2 版)	张稚鲲，李文林主编	南京大学出版社	978-7-305-14146-1
388	古典文献学(第 2 版)	张子开，项楚主编	重庆大学出版社	978-7-5624-8986-3
389	图书情报学发展导览. 2010	赵海江主编	社会科学文献出版社	978-7-5097-5308-8
390	春风送暖书香龙江：黑龙江全民阅读采录	赵洪生主编	黑龙江教育出版社	978-7-5316-7795-6
391	图像特征提取与语义分析	赵婕著	重庆大学出版社	978-7-5624-9150-7
392	跨系统协同信息服务研究	赵雪芹著	上海世界图书出版公司	978-7-5100-9420-0
393	基于多维尺度分析的潜在主题可视化研究	赵一鸣著	武汉大学出版社	978-7-307-17023-0
394	阅读推广理论与实践研究	赵颖梅主编	西南交通大学出版社	978-7-5643-3689-9
395	美国公共图书馆思想研究：1731—1951	郑永田著	社会科学文献出版社	978-7-5097-7989-7
396	高校图书馆文献信息服务研究	郑勇著	国家图书馆出版社	978-7-5013-5609-6
397	书中世界：福州市直机关干部读书荐书征文选	中共福州市委市直机关工作委员会编	海峡文艺出版社	978-7-5550-0642-8
398	信息技术与专业图书馆	中国地质图书馆编	地质出版社	978-7-116-09405-5
399	中国图书馆年鉴. 2014	中国图书馆学会，国家图书馆编	国家图书馆出版社	978-7-5013-5528-0
400	中国图书馆学会年会论文集. 2015 年卷	中国图书馆学会编	国家图书馆出版社	978-7-5013-5691-1
401	我与中华古籍摄影大赛优秀作品选	中国图书馆学会秘书处，国家古籍保护中心办公室编	浙江摄影出版社	978-7-5514-1212-4

续表

序号	书名	责任者	出版社	ISBN
402	中国专业图书馆发展报告. 2014	中国图书馆学会专业图书馆分会编	国家图书馆出版社	978-7-5013-5531-0
403	网络信息检索与运用	仲星明主编;仲惠圣编著	辽宁美术出版社	978-7-5314-6786-1
404	图书情报领域实用回归分析	周爱民编著	郑州大学出版社	978-7-5645-1942-1
405	信息检索与科技论文写作	周冰主编	机械工业出版社	978-7-111-51041-3
406	全民阅读组织活动读本	周丽霞主编	伊犁人民出版社	978-7-5425-1505-6
407	泛在知识环境下图书馆立体服务模式及其构建研究	周天旻,杨庆书著	中国言实出版社	978-7-5171-1300-3
408	郑樵与章学诚的校雠学研究	周余姣著	齐鲁书社	978-7-5333-3340-9
409	中国民航航空情报员执照考试指导教程	朱代武,黄邦菊主编	西南交通大学出版社	978-7-5643-3948-7
410	视频大数据智慧计算方法	朱定局著	科学出版社	978-7-03-043461-6
411	数据挖掘技术及其在图书馆的应用	朱姝著	吉林人民出版社	978-7-206-11945-3
412	无线网络资源优化的免疫算法理论及实现	朱思峰,柴争义著	科学出版社	978-7-03-043890-4
413	朱天俊文集	朱天俊著	国家图书馆出版社	978-7-5013-5705-5
414	图书馆学	朱晓霞,肖倩主编	西北大学出版社	978-7-5604-3644-9
415	面向互联网的多媒体大数据信息高效查询处理	庄毅著	浙江大学出版社	978-7-308-14413-1

(国家图书馆中文采编部)

统计资料

2015 年全国公共图书馆事业统计

按年份全国公共图书馆主要业务活动情况

年　份	机构数（个）	从业人员（人）	总藏量（万册、件）	总流通人次（万人次）		书刊、文献外借册次（万册次）	书架单层总长度（万米）	发放借书证数（万个）	本年新购藏量（万册）
					外借人次				
1979年	1651		18353	7787		9625			
1980年	1732		19904	9045		11830			
1985年	2344	29350	25573	11614		18942			1343
1986年	2406	31849	26133	11722		16205	504	523	1359
1990年	2527	40247	29064	12435		20242	772	603	895
1991年	2535	42037	30614	20496	7949	13325	758	631	771
1992年	2558	43051	31175	18495	7653	12625	748	563	740
1993年	2572	44656	31410	16973	6970	11685	797	562	631
1994年	2589	44367	32332	14451	7232	11852	776	552	556
1995年	2615	45323	32850	14142	7160	11814	899	540	551
1996年	2620	46457	33686	14793	7731	13544	967	527	577
1997年	2628	47882	37549	16114	8561	15685	817	556	680
1998年	2662	48313	38514	17058	8910	15422	873	582	700
1999年	2669	48792	39539	18040	9075	16290	934	596	678
2000年	2675	51342	40953	18854	9600	16913	978	623	692
2001年	2696	48579	42130	20757	9829	17559	945	792	819
2002年	2697	48447	42683	21950	10428	20021	995	918	946
2003年	2709	49646	43776	21440	10666	18775	1035	943	1049
2004年	2720	49069	46152	22095	10140	18536	1247	1056	1228
2005年	2762	50423	48056	23332	10821	20269	1320	1062	1535
2006年	2778	51311	50024	25218	11408	21039	1413	1160	1686
2007年	2799	51650	52053	26103	11454	21319	1318	1273	1871
2008年	2820	52021	55064	28141	12251	23129	1112	1454	2071
2009年	2850	52688	58521	32167	13277	25857	1216	1749	2939
2010年	2884	53564	61726	32823	13934	26392	1200	2020	2956
2011年	2952	54475	63896	37423	15316	28452	1218	2214	3985
2012年	3076	54997	68827	43437	17402	33191	1216	2485	5826
2013年	3112	56320	74896	49232	20552	40868	1191	2877	4865
2014年	3117	56071	79092	53036	22737	46734	1210	3944	4742
2015年	3139	56422	83844	58892	23085	50896	1262	5721	5151

按年份全国公共图书馆经费收支及设施情况

年　份	收入合计（万元）		支出合计（万元）		新购图书（万册）	实际使用房屋建筑面积（万平方米）			阅览室座席数（万个）
		财政拨款		新增藏量购置费			书库	阅览室	
1979年	5040	5040	5206	2163		86.6	38.1	21.1	
1980年	5476	5476	5486	2273		92.0	42.1	23.5	
1985年	15272	15272	13393	4164	1343	172.0	64.1	46.1	23.1
1986年	19891	19070	17242	5300	1359	210.2	73.0	53.4	33.7
1990年	32328	29292	30271	8474	895	326.0	98.4	76.1	32.1
1991年	36764	32593	34388	8927	771	349.1	104.3	80.0	34.0
1992年	45354	39010	41132	9916	740	363.6	105.3	84.3	34.4
1993年	50917	42975	48211	10698	631	368.0	108.0	85.0	34.3
1994年	74586	60639	63295	9252	556	409.1	113.6	85.7	34.8
1995年	79685	65829	74080	16788	551	415.5	117.8	88.3	35.2
1996年	93235	76582	88963	19626	577	441.4	120.8	94.0	35.6
1997年	114004	93177	113927	25527	680	471.5	124.9	98.0	37.4
1998年	129082	107521	127032	28067	700	492.5	131.7	101.8	39.9
1999年	137430	115830	135826	30473	678	506.0	137.4	105.7	41.6
2000年	163799	139321	157173	37141	692	598.2	139.0	109.7	41.6
2001年	183368	152732	187661	36489	819	561.8	146.4	114.4	43.7
2002年	213322	176882	208929	41853	946	582.8	151.6	122.6	43.9
2003年	242188	205252	235819	44407	1049	588.6	156.0	129.7	46.1
2004年	281234	238141	275034	50780	1228	625.1	158.4	138.6	47.2
2005年	325880	277848	312571	59781	1535	677.0	170.0	150.0	48.0
2006年	366089	319479	344076	66095	1686	718.9	175.5	159.0	50.0
2007年	450512	395441	431326	78262	1871	741.4	181.6	169.2	52.7
2008年	531926	477616	519841	83832	2071	780.0	183.5	179.3	55.4
2009年	613175	550808	606630	104404	2939	850.3	194.7	203.5	60.2
2010年	646085	583685	643629	111093	2956	900.4	204.5	220.6	63.1
2011年	813232	756357	794778	141477	3985	994.9	212.9	245.3	68.1
2012年	1002068	934890	977556	147785	5826	1058.4	230.1	281.9	73.5
2013年	1151163	1070575	1130035	165959	4865	1158.5	240.2	318.9	81.0
2014年	1212979	1137210	1163583	170133	4742	1231.6	252.4	331.8	85.6
2015年	1358370	1270354	1340481	197468	5151	1301.5	268.4	358.0	91.1

按年份各地区公共图书馆机构数

单位：个

地区	1995年	2000年	2005年	2010年	2013年	2014年	2015年
总计	**2615**	**2675**	**2762**	**2884**	**3112**	**3117**	**3139**
北京	22	24	25	24	24	24	24
天津	31	31	32	31	31	31	31
河北	134	145	153	165	173	172	172
山西	119	121	122	126	127	126	126
内蒙古	107	108	110	113	116	116	117
辽宁	127	128	126	128	129	129	129
吉林	51	60	63	65	66	66	66
黑龙江	96	97	96	107	107	107	107
上海	31	31	28	28	25	25	25
江苏	94	101	103	111	113	114	114
浙江	81	83	90	97	98	98	100
安徽	83	84	88	88	107	113	122
福建	78	81	84	86	91	88	90
江西	104	104	104	108	114	114	114
山东	130	133	145	149	153	153	154
河南	132	134	136	142	157	157	158
湖北	100	103	102	107	112	112	112
湖南	116	115	120	124	136	136	137
广东	114	124	129	132	137	138	140
广西	99	94	95	108	112	112	112
海南	19	19	20	20	21	21	21
重庆		42	43	43	43	43	43
四川	166	129	141	161	197	198	203
贵州	87	89	91	93	94	95	96
云南	148	148	149	150	152	151	151
西藏	18	1	4	4	78	78	79
陕西	114	114	111	112	114	114	110
甘肃	86	91	92	94	103	103	103
青海	41	38	43	44	49	49	49
宁夏	20	22	20	20	26	26	26
新疆	66	80	96	103	106	107	107

按年份各地区公共图书馆从业人员

单位：人

地　区	1995年	2000年	2005年	2010年	2013年	2014年	2015年
总　计	**45323**	**51342**	**50423**	**53564**	**56320**	**56071**	**56422**
北　京	886	1080	1219	1307	1254	1278	1263
天　津	1084	1111	1057	1077	1248	1217	1189
河　北	1592	1711	1690	1789	1851	1899	1855
山　西	1370	1527	1631	1575	1539	1593	1554
内 蒙 古	2015	1833	1776	1804	1998	1964	1942
辽　宁	2859	4916	2888	3152	2892	2932	2805
吉　林	1596	1724	1783	1661	1652	1642	1628
黑 龙 江	2014	1846	1669	1846	1817	1697	1693
上　海	1686	2513	2597	2180	2210	2104	2113
江　苏	1953	2092	2363	2838	3033	3034	3183
浙　江	1565	1936	2122	3040	3273	3483	3577
安　徽	1168	1241	1217	1239	1412	1410	1510
福　建	1077	1172	1110	1190	1301	1278	1330
江　西	1386	1462	1373	1406	1435	1390	1395
山　东	2318	2506	2690	2680	2760	2730	2750
河　南	2352	2626	2742	2762	2889	2934	2949
湖　北	2054	2299	2253	2151	2226	2231	2212
湖　南	1733	1925	1963	1993	2143	2106	2092
广　东	2355	2837	3252	3761	4147	4047	4159
广　西	1335	1540	1459	1509	1519	1508	1509
海　南	252	250	250	374	327	327	325
重　庆		785	755	854	852	869	874
四　川	2415	1719	1869	1972	2170	2152	2261
贵　州	869	876	905	937	1014	1015	1046
云　南	1429	1571	1661	1760	1806	1804	1826
西　藏	50	42	62	64	107	113	187
陕　西	1317	1572	1691	1988	2231	2167	2121
甘　肃	979	1110	1179	1306	1472	1458	1443
青　海	400	378	365	398	393	370	411
宁　夏	498	537	509	543	557	536	558
新　疆	770	907	951	978	1065	1061	1083

按年份各地区公共图书馆总藏量

单位：万册件

地　区	1995年	2000年	2005年	2010年	2013年	2014年	2015年
总　计	**32850**	**40953**	**48056**	**61726**	**74896**	**79092**	**83844**
北　京	670	767	1121	1715	2072	2223	2425
天　津	677	786	869	1258	1474	1598	1697
河　北	845	1081	1307	1611	1937	2105	2200
山　西	777	867	963	1208	1466	1472	1548
内蒙古	621	683	744	940	1325	1449	1513
辽　宁	1786	1970	2326	2953	3355	3563	3736
吉　林	921	1030	1202	1380	1597	1662	1768
黑龙江	1094	1186	1291	1644	1843	1721	1827
上　海	1586	5500	6049	6809	7239	7363	7568
江　苏	2420	2669	3179	4370	5770	6280	6847
浙　江	1511	1715	2324	3761	5165	5634	6250
安　徽	752	787	847	1236	1776	1753	1942
福　建	902	985	1274	1682	2467	2660	2821
江　西	1070	1122	1282	1520	1990	2127	2159
山　东	1724	1989	2746	3636	4422	4480	4727
河　南	1062	1239	1429	1837	2218	2312	2472
湖　北	1445	1678	1923	2361	2648	2822	3003
湖　南	1362	1514	1667	1961	2282	2422	2555
广　东	1651	2316	3119	4615	6101	6367	7008
广　西	1243	1312	1491	1881	2110	2482	2606
海　南	137	154	184	285	377	412	424
重　庆		811	768	1031	1129	1242	1304
四　川	2356	1722	2002	2599	3048	3162	3328
贵　州	616	681	764	812	1156	1217	1221
云　南	1104	1254	1371	1566	1765	1864	1944
西　藏	51	60	42	53	100	125	162
陕　西	733	837	887	1127	1377	1514	1506
甘　肃	670	745	860	1042	1226	1307	1340
青　海	280	286	324	358	379	394	415
宁　夏	338	380	378	462	595	690	706
新　疆	489	579	817	1113	1242	1292	1303

按年份各地区人均拥有公共图书馆藏量

单位：册/件

地　区	1995年	2000年	2005年	2010年	2013年	2014年	2015年
全　国	**0.27**	**0.32**	**0.37**	**0.46**	**0.55**	**0.58**	**0.61**
北　京	0.54	0.55	0.73	0.87	0.98	1.03	1.12
天　津	0.72	0.79	0.83	0.97	1.00	1.05	1.10
河　北	0.13	0.16	0.19	0.22	0.26	0.29	0.30
山　西	0.25	0.26	0.29	0.34	0.40	0.40	0.42
内蒙古	0.27	0.29	0.31	0.38	0.53	0.58	0.60
辽　宁	0.44	0.46	0.55	0.68	0.76	0.81	0.85
吉　林	0.36	0.38	0.44	0.50	0.58	0.60	0.64
黑龙江	0.30	0.32	0.34	0.43	0.48	0.45	0.48
上　海	1.12	3.29	3.40	2.96	3.00	3.04	3.13
江　苏	0.34	0.36	0.43	0.56	0.73	0.79	0.86
浙　江	0.35	0.37	0.47	0.69	0.94	1.02	1.13
安　徽	0.13	0.13	0.14	0.21	0.29	0.29	0.32
福　建	0.28	0.28	0.36	0.46	0.65	0.70	0.73
江　西	0.26	0.27	0.30	0.34	0.44	0.47	0.47
山　东	0.20	0.22	0.30	0.38	0.45	0.46	0.48
河　南	0.12	0.13	0.15	0.20	0.24	0.25	0.26
湖　北	0.25	0.28	0.34	0.41	0.46	0.49	0.51
湖　南	0.21	0.24	0.26	0.30	0.34	0.36	0.38
广　东	0.24	0.27	0.34	0.44	0.57	0.59	0.65
广　西	0.27	0.29	0.32	0.41	0.45	0.52	0.54
海　南	0.19	0.20	0.22	0.33	0.42	0.46	0.47
重　庆		0.26	0.27	0.36	0.38	0.42	0.43
四　川	0.21	0.21	0.24	0.32	0.38	0.39	0.41
贵　州	0.18	0.19	0.20	0.23	0.33	0.35	0.35
云　南	0.28	0.29	0.31	0.34	0.38	0.40	0.41
西　藏	0.21	0.23	0.15	0.18	0.32	0.39	0.50
陕　西	0.21	0.23	0.24	0.30	0.37	0.40	0.40
甘　肃	0.27	0.29	0.33	0.41	0.47	0.50	0.52
青　海	0.58	0.55	0.60	0.64	0.66	0.67	0.70
宁　夏	0.66	0.68	0.63	0.73	0.91	1.04	1.06
新　疆	0.29	0.30	0.41	0.51	0.55	0.56	0.55

按年份各地区公共图书馆总流通人次

单位：万人次

地　区	1995年	2000年	2005年	2010年	2013年	2014年	2015年
总　计	**14142**	**18854**	**23332**	**32823**	**49232**	**53036**	**58892**
北　京	272	320	715	775	1033	1146	1264
天　津	265	461	483	606	714	681	789
河　北	473	736	635	736	1079	1210	1428
山　西	227	261	256	374	603	676	830
内蒙古	282	270	380	312	575	621	649
辽　宁	829	1184	1133	1457	1939	1892	2068
吉　林	385	409	505	503	540	599	732
黑龙江	631	608	505	622	822	893	968
上　海	687	1225	1249	1853	3605	3961	3931
江　苏	883	1227	1735	3006	5047	5425	6001
浙　江	555	1140	1398	3454	4946	5480	7942
安　徽	372	561	461	760	1347	1546	1739
福　建	466	647	734	1193	1809	2052	2396
江　西	413	485	534	639	1165	1213	1258
山　东	509	795	1422	1717	2355	2558	2729
河　南	650	713	828	1026	1785	1968	2233
湖　北	559	714	1145	1516	1763	1868	1955
湖　南	618	808	787	1028	1694	1570	1617
广　东	1447	2235	3543	4540	7357	7657	7855
广　西	809	927	896	1343	1471	1998	2065
海　南	94	121	115	172	247	268	445
重　庆		266	595	621	1147	1221	1235
四　川	776	554	766	1168	1738	1867	2010
贵　州	462	228	187	369	467	525	594
云　南	559	654	735	907	1223	1210	1223
西　藏		2	2	3	11	17	20
陕　西	242	275	365	519	879	927	982
甘　肃	225	185	317	468	616	658	678
青　海	39	58	68	89	114	120	112
宁　夏	140	142	167	163	221	266	282
新　疆	140	263	212	350	502	544	474

按年份各地区公共图书馆图书外借册次

单位：万册次

地区	1995年	2000年	2005年	2010年	2013年	2014年	2015年
总计	**11814**	**16913**	**20269**	**26392**	**40868**	**46734**	**50896**
北京	283	442	678	804	893	953	940
天津	237	274	380	572	658	779	859
河北	379	673	469	493	727	838	972
山西	204	207	272	282	404	446	547
内蒙古	239	233	243	312	578	571	574
辽宁	856	1119	1173	1456	1750	1623	1708
吉林	332	387	794	412	462	608	748
黑龙江	500	527	789	479	575	631	688
上海	507	970	1028	1461	6316	7854	8681
江苏	967	1269	1494	2542	3997	4481	4980
浙江	550	1054	1233	2924	3919	4936	5727
安徽	343	455	341	683	1258	1394	1481
福建	517	779	729	1097	1805	2118	2465
江西	383	543	723	562	947	1059	1119
山东	573	718	1379	1514	2158	2623	2331
河南	517	695	647	915	1465	1569	1676
湖北	543	769	927	1846	1570	1755	1816
湖南	562	735	801	1059	1424	1476	1540
广东	687	1192	2037	2267	3499	3848	4377
广西	528	688	761	733	854	1099	1155
海南	49	64	28	86	153	188	222
重庆		435	472	706	969	990	949
四川	691	564	651	924	1374	1536	1617
贵州	133	189	118	222	337	384	476
云南	529	680	701	702	870	892	1072
西藏		11	4	4	9	9	7
陕西	238	305	264	305	609	635	681
甘肃	173	153	261	345	526	537	588
青海	51	52	58	42	89	105	91
宁夏	125	265	212	182	253	282	302
新疆	91	251	175	317	419	407	440

按年份各地区公共图书馆财政拨款

单位:万元

地区	1995年	2000年	2005年	2010年	2013年	2014年	2015年
总计	**65829**	**139321**	**277848**	**583685**	**1070575**	**1137210**	**1270354**
北京	1683	8734	15554	32746	49391	48865	58565
天津	1295	2751	10980	18500	27108	32511	37294
河北	1827	2980	6717	10034	21637	23133	28569
山西	1184	2150	4862	9838	20406	21442	22710
内蒙古	1432	2452	5086	17898	30656	34286	38852
辽宁	3737	6822	15446	31121	40948	45545	48542
吉林	1707	3364	5861	12385	22523	24904	28732
黑龙江	2088	3104	7752	13616	21645	27689	28784
上海	5558	22870	30636	56345	76095	81398	85027
江苏	3620	6729	16075	34240	65869	70529	82558
浙江	2356	6509	20316	43536	71759	77398	94626
安徽	1165	2054	5436	10008	22034	24603	24786
福建	1778	3681	6579	14975	26545	28712	35015
江西	1184	2022	3780	9726	18748	21956	24660
山东	2814	6129	12039	22996	44736	44553	54919
河南	1766	3591	5987	12252	30279	27240	33275
湖北	1649	2896	6498	29240	40567	42970	47629
湖南	1816	2550	5376	12154	23292	27136	29914
广东	6110	11868	28592	58296	99593	114011	127501
广西	1563	2851	5469	12191	23491	23347	32734
海南	378	322	631	3373	9393	9482	9758
重庆		1491	2957	7650	18838	21418	23778
四川	2591	2877	7229	16955	63021	53587	64020
贵州	746	1259	3401	5939	14714	14746	15290
云南	2178	5134	6096	11763	24684	23372	24864
西藏	72	111	336	1145	1718	1820	6932
陕西	934	2038	3973	11547	21708	23455	25922
甘肃	985	1752	4438	9648	22499	24556	22858
青海	724	678	1237	3096	4835	6259	9340
宁夏	408	786	1504	5067	9556	13063	12731
新疆	1062	1476	3360	8089	20343	22540	21635

按年份各地区公共图书馆总支出

单位：万元

地　区	1995年	2000年	2005年	2010年	2013年	2014年	2015年
总　计	**74080**	**157173**	**312571**	**643629**	**1130035**	**1163583**	**1340481**
北　京	1851	5326	16840	26706	54556	51957	59616
天　津	2128	3074	7548	20119	38499	31586	35517
河　北	2044	3458	7208	11062	21448	24241	28024
山　西	1170	2270	5085	10787	20052	19983	23050
内蒙古	1458	2536	4959	15124	31419	34172	39865
辽　宁	4392	7783	16225	32183	44930	45707	49577
吉　林	1835	3520	6295	12613	20660	26839	29390
黑龙江	2139	3409	8602	13500	18767	23907	31318
上　海	7021	24425	36757	63728	84361	92027	93556
江　苏	4046	8400	20630	37964	72904	72937	86604
浙　江	3082	8500	22905	47316	76969	83152	100338
安　徽	1384	2641	5767	11788	24087	22278	26927
福　建	1710	3916	7446	15517	28177	29969	34971
江　西	1323	2343	4343	10432	18337	20575	25599
山　东	2968	6881	13242	23206	44902	42755	56509
河　南	2140	3902	6377	13452	30732	28727	32060
湖　北	2372	3952	8120	31444	43633	45054	50295
湖　南	2329	3399	6431	13378	24418	26457	30504
广　东	6807	14597	33777	61294	106861	118424	134518
广　西	1769	3077	6288	13369	25286	26425	35915
海　南	369	355	658	4320	9239	9147	9808
重　庆		2026	3856	9335	19947	21923	24115
四　川	3245	3462	8218	17841	52668	41581	59960
贵　州	810	1428	3497	6736	14154	15178	17210
云　南	2234	3928	6786	12632	24899	24196	27661
西　藏	61	110	336	689	2129	2175	5146
陕　西	951	2263	4405	11820	22657	22627	27944
甘　肃	1011	1799	4399	9592	21308	22997	25254
青　海	424	780	1315	3155	6004	6877	9074
宁　夏	430	783	1574	5786	10089	12571	12828
新　疆	1119	1677	3999	8890	17275	22792	26944

按年份各地区公共图书馆新增藏量购置费

单位：万元

地　区	1995年	2000年	2005年	2010年	2013年	2014年	2015年
总　计	**16788**	**37141**	**59781**	**111093**	**165959**	**170133**	**197468**
北　京	251	914	3413	4483	6057	7204	8392
天　津	318	563	1527	3267	3358	4140	4870
河　北	302	428	677	1524	3469	3337	4063
山　西	131	292	385	1482	1124	2705	2466
内蒙古	86	166	169	939	3149	2640	3209
辽　宁	768	948	2027	5165	5742	5754	6801
吉　林	250	459	777	1312	2766	3061	3877
黑龙江	235	395	410	1584	1897	1829	2436
上　海	2204	11210	10342	14950	17855	18598	19127
江　苏	732	1780	3739	8279	13431	14827	15421
浙　江	578	1577	3994	10908	14418	14955	17781
安　徽	262	297	619	1454	3427	3859	4634
福　建	311	716	1599	2801	4696	5294	6229
江　西	99	302	646	1299	2294	2468	2624
山　东	506	978	1868	4000	7986	6986	7665
河　南	255	413	655	1449	3188	2212	4166
湖　北	299	699	1296	1847	6350	7366	8752
湖　南	207	415	900	1672	2496	2978	3933
广　东	1186	2832	7394	12506	18493	18703	23670
广　西	291	520	674	1863	3346	2851	5043
海　南	59	41	92	874	2061	1243	873
重　庆		330	569	1626	2887	2814	3230
四　川	431	485	1095	2129	4153	4383	4912
贵　州	100	166	301	682	1126	1407	1446
云　南	441	538	720	1700	4738	2639	2699
西　藏	14	16	43	119	147	176	1176
陕　西	104	117	701	1527	2992	2909	3270
甘　肃	170	289	594	1177	3819	3520	2382
青　海	33	54	72	153	612	517	785
宁　夏	41	68	136	501	582	763	1355
新　疆	91	136	347	925	1049	2066	1480

按年份各地区公共图书馆人均购书费

单位：元

地区	1995年	2000年	2005年	2010年	2013年	2014年	2015年
全国	**0.139**	**0.293**	**0.457**	**0.829**	**1.220**	**1.244**	**1.434**
北京	0.201	0.661	2.219	2.286	2.864	3.348	3.866
天津	0.338	0.562	1.464	2.525	2.281	2.729	3.148
河北	0.047	0.063	0.099	0.212	0.473	0.452	0.547
山西	0.043	0.089	0.115	0.415	0.310	0.742	0.673
内蒙古	0.039	0.070	0.071	0.380	1.261	1.054	1.278
辽宁	0.188	0.224	0.480	1.181	1.308	1.310	1.552
吉林	0.096	0.168	0.286	0.478	1.005	1.112	1.408
黑龙江	0.063	0.107	0.107	0.414	0.495	0.477	0.639
上海	1.558	6.697	5.817	6.494	7.393	7.667	7.919
江苏	0.104	0.239	0.500	1.052	1.692	1.863	1.933
浙江	0.134	0.337	0.815	2.004	2.622	2.715	3.210
安徽	0.044	0.050	0.101	0.244	0.568	0.634	0.754
福建	0.096	0.206	0.452	0.759	1.244	1.391	1.623
江西	0.024	0.073	0.150	0.291	0.507	0.543	0.575
山东	0.058	0.108	0.202	0.418	0.820	0.714	0.778
河南	0.028	0.045	0.070	0.154	0.339	0.234	0.439
湖北	0.052	0.116	0.227	0.323	1.095	1.267	1.496
湖南	0.032	0.064	0.142	0.254	0.373	0.442	0.580
广东	0.173	0.328	0.804	1.199	1.737	1.744	2.182
广西	0.064	0.116	0.145	0.405	0.709	0.600	1.051
海南	0.081	0.052	0.111	1.008	2.303	1.376	0.538
重庆		0.107	0.203	0.564	0.972	0.941	1.071
四川	0.038	0.058	0.133	0.265	0.512	0.538	0.599
贵州	0.029	0.047	0.081	0.196	0.321	0.401	0.410
云南	0.111	0.125	0.162	0.370	1.011	0.560	0.569
西藏	0.058	0.061	0.155	0.396	0.471	0.555	3.629
陕西	0.030	0.032	0.188	0.409	0.795	0.771	0.862
甘肃	0.070	0.113	0.229	0.460	1.479	1.359	0.916
青海	0.069	0.104	0.133	0.271	1.060	0.885	1.334
宁夏	0.080	0.121	0.228	0.796	0.890	1.154	2.029
新疆	0.055	0.071	0.173	0.424	0.463	0.899	0.627

按年份各地区公共图书馆购书费支出占总支出的比重

单位：%

地　区	1995年	2000年	2005年	2010年	2013年	2014年	2015年
全　国	**22.7**	**23.6**	**19.1**	**17.3**	**14.7**	**14.6**	**14.7**
北　京	13.6	17.2	20.3	16.8	11.1	13.9	14.1
天　津	14.9	18.3	20.2	16.2	8.7	13.1	13.7
河　北	14.8	12.4	9.4	13.8	16.2	13.8	14.5
山　西	11.2	12.9	7.6	13.7	5.6	13.5	10.7
内蒙古	5.9	6.5	3.4	6.2	10.0	7.7	8.0
辽　宁	17.5	12.2	12.5	16.0	12.8	12.6	13.7
吉　林	13.6	13.0	12.3	10.4	13.4	11.4	13.2
黑龙江	11.0	11.6	4.8	11.7	10.1	7.6	7.8
上　海	31.4	45.9	28.1	23.5	21.2	20.2	20.4
江　苏	18.1	21.2	18.1	21.8	18.4	20.3	17.8
浙　江	18.8	18.6	17.4	23.1	18.7	18.0	17.7
安　徽	18.9	11.2	10.7	12.3	14.2	17.3	17.2
福　建	18.2	18.3	21.5	18.0	16.7	17.7	17.8
江　西	7.5	12.9	14.9	12.4	12.5	12.0	10.3
山　东	17.0	14.2	14.1	17.2	17.8	16.3	13.6
河　南	11.9	10.6	10.3	10.8	10.4	7.7	13.0
湖　北	12.6	17.7	16.0	5.9	14.6	16.3	17.4
湖　南	8.9	12.2	14.0	12.5	10.2	11.3	12.9
广　东	17.4	19.4	21.9	20.4	17.3	15.8	17.6
广　西	16.4	16.9	10.7	13.9	13.2	10.8	14.0
海　南	16.0	11.5	14.0	20.2	22.3	13.6	8.9
重　庆		16.3	14.8	17.4	14.5	12.8	13.4
四　川	13.3	14.0	13.3	11.9	7.9	10.5	8.2
贵　州	12.3	11.6	8.6	10.1	8.0	9.3	8.4
云　南	19.7	13.7	10.6	13.5	19.0	10.9	9.8
西　藏	23.0	14.5	12.8	17.2	6.9	8.1	22.8
陕　西	10.9	5.2	15.9	12.9	13.2	12.9	11.7
甘　肃	16.8	16.1	13.5	12.3	17.9	15.3	9.4
青　海	7.8	6.9	5.5	4.8	10.2	7.5	8.7
宁　夏	9.5	8.7	8.6	8.7	5.8	6.1	10.6
新　疆	8.1	8.1	8.7	10.4	6.1	9.1	5.5

按年份各地区公共图书馆新购图书册数

单位：万册

地区	1995年	2000年	2005年	2010年	2013年	2014年	2015年
总计	**551**	**692**	**1535**	**2956**	**4865**	**4742**	**5151**
北京	11	33	114	125	152	114	196
天津	12	17	35	74	121	122	102
河北	26	15	33	68	108	128	122
山西	7	12	17	45	44	72	81
内蒙古	7	11	8	67	105	112	68
辽宁	41	39	72	157	169	194	179
吉林	14	14	32	52	95	122	96
黑龙江	17	17	26	71	81	135	88
上海	44	67	100	176	211	221	242
江苏	41	57	106	259	436	361	478
浙江	33	54	142	337	480	436	643
安徽	9	11	23	61	341	170	191
福建	18	25	71	103	230	206	211
江西	9	15	26	65	76	78	91
山东	23	32	64	133	359	227	259
河南	16	21	30	95	111	104	124
湖北	23	28	43	60	138	161	185
湖南	19	24	54	80	106	117	134
广东	69	77	316	368	604	601	557
广西	16	20	26	56	97	143	149
海南	6	3	3	25	49	36	27
重庆		12	23	52	107	119	104
四川	25	21	47	95	129	164	211
贵州	5	8	7	27	41	70	61
云南	22	15	26	43	106	95	93
西藏			2	2	3	36	39
陕西	5	6	25	43	83	79	79
甘肃	7	7	12	26	68	55	55
青海	1	2	3	6	17	12	19
宁夏	2	3	5	31	24	26	33
新疆	6	5	15	32	48	95	93

按年份各地区公共图书馆阅览室座席数

单位：万个

地　区	1995年	2000年	2005年	2010年	2013年	2014年	2015年
总　计	**35.2**	**41.6**	**48.0**	**63.1**	**81.0**	**85.6**	**91.1**
北　京	0.5	0.8	1.1	1.3	1.6	1.6	1.5
天　津	0.5	0.7	1.0	0.9	1.4	1.4	1.5
河　北	1.4	1.8	2.0	2.2	3.0	3.2	3.3
山　西	0.9	1.1	1.2	1.6	2.6	2.6	2.7
内蒙古	1.2	1.3	1.4	1.7	2.4	2.6	2.6
辽　宁	1.7	2.0	2.3	3.0	3.1	3.1	3.5
吉　林	0.9	1.2	1.2	1.4	1.6	1.9	1.9
黑龙江	1.1	1.1	1.3	1.8	2.2	2.3	2.3
上　海	1.2	1.5	1.5	1.9	2.3	2.2	2.2
江　苏	1.8	2.2	2.5	3.9	4.4	4.5	5.1
浙　江	1.2	1.6	2.5	3.5	4.2	5.1	6.1
安　徽	0.9	0.8	1.0	1.6	2.7	2.9	3.3
福　建	1.3	1.3	1.7	2.5	2.9	3.0	3.2
江　西	1.6	1.6	1.7	2.2	2.8	3.2	3.1
山　东	1.4	2.0	2.7	3.7	4.7	5.0	5.6
河　南	1.2	1.6	1.7	2.4	4.0	4.1	4.2
湖　北	2.1	2.1	2.4	2.7	3.5	3.7	3.7
湖　南	2.2	2.5	2.3	3.0	3.0	3.1	3.3
广　东	2.6	3.0	4.0	5.9	7.6	8.1	9.0
广　西	1.8	2.0	1.8	2.5	2.7	2.7	2.8
海　南	0.3	0.3	0.3	0.4	0.6	0.5	0.6
重　庆		0.8	0.8	1.4	1.7	1.9	2.1
四　川	2.2	2.1	2.3	2.6	4.1	4.2	4.6
贵　州	0.8	1.0	1.1	1.2	1.9	2.0	2.0
云　南	1.5	1.9	1.9	2.1	2.6	2.7	2.6
西　藏					0.2	0.2	0.3
陕　西	0.9	0.9	1.3	1.4	1.8	1.9	2.0
甘　肃	0.7	0.8	1.0	1.3	1.7	1.9	1.9
青　海	0.2	0.2	0.2	0.3	0.4	0.3	0.4
宁　夏	0.4	0.4	0.5	0.5	0.7	0.8	0.9
新　疆	0.5	0.7	1.0	1.4	2.0	2.2	2.3

按年份各地区每万人公共图书馆建筑面积

单位：平方米

地　区	1995年	2000年	2005年	2010年	2013年	2014年	2015年
全　国	**34.3**	**47.3**	**51.8**	**67.2**	**85.1**	**90.0**	**94.7**
北　京	56.7	75.3	99.5	86.6	113.8	115.7	113.6
天　津	81.6	99.9	162.0	103.1	168.1	169.4	167.4
河　北	26.9	33.5	38.5	34.6	52.9	65.3	59.2
山　西	27.6	34.3	45.0	67.8	108.1	111.8	114.3
内蒙古	46.0	53.0	65.8	90.4	131.5	137.0	135.5
辽　宁	53.8	61.6	81.3	100.8	103.4	112.6	126.7
吉　林	35.5	39.6	50.1	53.3	70.6	89.6	98.9
黑龙江	33.6	36.6	48.2	65.0	72.3	75.7	76.6
上　海	85.8	132.6	137.2	160.9	171.5	170.8	173.2
江　苏	30.3	35.5	57.9	83.1	112.1	119.4	129.3
浙　江	34.8	57.7	83.7	106.7	135.8	155.9	171.7
安　徽	14.6	15.9	23.9	37.0	58.7	60.6	65.0
福　建	42.2	47.5	65.9	117.1	93.4	98.5	99.1
江　西	38.6	39.9	47.6	61.1	75.9	80.7	80.1
山　东	22.6	26.9	42.3	49.7	73.5	74.7	83.8
河　南	21.6	25.9	27.2	34.5	56.8	57.8	57.9
湖　北	35.1	39.3	49.9	57.3	88.3	91.1	91.9
湖　南	33.6	38.7	39.7	54.9	56.9	56.7	61.1
广　东	43.2	132.1	57.8	80.6	102.8	105.2	115.9
广　西	38.1	46.8	45.1	55.8	59.6	70.3	72.0
海　南	36.0	41.9	53.1	98.2	91.4	89.7	88.5
重　庆		37.5	47.2	70.8	85.1	88.0	97.6
四　川	22.6	27.3	34.2	42.1	59.5	61.4	68.5
贵　州	23.9	39.7	35.7	44.5	59.9	62.3	63.7
云　南	44.6	48.5	78.4	65.5	73.2	72.6	75.1
西　藏	52.1	61.1	104.7	89.6	120.6	134.2	156.2
陕　西	32.8	33.8	52.7	53.5	64.1	65.4	64.4
甘　肃	34.5	43.7	41.6	63.2	74.9	81.0	84.3
青　海	60.5	73.4	68.1	78.9	79.5	77.8	105.9
宁　夏	78.2	78.3	68.8	133.9	163.7	167.1	158.8
新　疆	43.1	44.7	54.7	82.0	90.9	97.5	100.6

	机构数（个）	从业人员（人）	专业技术人才	正高级职称	副高级职称	中级职称	总藏量（万册）	图书	盲文图书
总　计	**3139**	**56422**	**40251**	**768**	**4978**	**18475**	**83843.93**	**64182.50**	**79.89**
其中：少儿图书馆	113	2262	1738	38	242	783	3698.23	3259.47	2.36
按隶属关系分：									
中央	1	1579	1359	56	305	742	3518.15	1262.36	0.13
省、区、市	40	7837	6285	283	1221	2780	19379.77	11909.61	7.37
地市	364	14447	11493	290	1781	5491	22221.68	18254.50	21.54
县、市、区	2734	32559	21114	139	1671	9462	38724.33	32756.03	50.85
县图书馆	1988	21359	14078	96	1094	6515	23027.39	18989.50	33.20

续表 1

	书架单层总长度（米）	本年新增藏量（万册）	本年新增电子图书（万册）	当年购买的报刊种类（种）	有效借书证数（个）	总流通人次（万人次）	书刊文献外借人次	书刊文献外借册次（万册次）
总　计	**12622364**	**5150.97**	**30794.82**	**1092145**	**57210823**	**58892.25**	**23084.68**	**50895.84**
其中：少儿图书馆	306907	301.01	132.11	38928	2286401	2373.12	1054.46	2852.74
按隶属关系分：								
中央		140.29	9.04	17349	2210623	388.29	43.56	65.61
省、区、市	2630778	711.48	469.06	165286	5951961	8830.33	3073.76	10917.42
地市	4496292	1527.70	26924.90	310218	26424893	17424.96	6811.02	14544.62
县、市、区	5495294	2771.50	3391.82	599292	22623346	32248.66	13156.35	25368.19
县图书馆	3465378	1418.27	1878.60	364367	9983373	18003.38	8541.75	14198.43

图书馆基本情况

古籍	善本	报刊	视听文献	缩微制品	其他	在藏量中		电子图书（万册）	本馆自建	本馆外购	从其他机构免费共享
						开架书刊	少儿文献				
2712.35	**273.47**	**8521.49**	**1493.59**	**1491.50**	**5442.51**	**37529.73**	**7370.55**	**83040.96**	**1019.36**	**62536.14**	**19485.46**
30.53	5.14	163.91	136.54	2.64	105.15	1971.15	1827.26	1455.38	17.11	869.13	569.15
194.86	28.25	1502.19	35.91	158.91	363.91	251.25	8.96	422.85	73.17	349.68	
1356.14	163.96	1908.82	302.84	1278.59	2623.77	4487.54	823.78	5147.40	44.51	4632.13	470.76
678.34	39.47	1887.10	541.69	7.26	852.80	11532.59	2718.77	49412.48	202.86	45500.77	3708.84
483.01	41.79	3223.37	613.15	46.74	1602.03	21258.36	3819.04	28058.24	698.81	12053.56	15305.86
363.54	32.91	2395.43	261.40	31.30	986.22	11547.78	2110.48	15614.24	480.87	6558.76	8574.62

为读者举办各种活动						开展基层培训辅导人次（万人次）	本单位受训人次（万人次）	计算机（台）	供读者使用电子阅览室终端数	图书馆网站访问量（页次）	本年收入合计（千元）
组织各类讲座次数（次）	参加人次（万人次）	举办展览（个）	参加人次（万人次）	举办培训班（个）	培训人次（万人次）						
59562	**934.12**	**20481**	**4722.22**	**34501**	**251.34**	**101.24**	**17.48**	**211816**	**126702**	**2228227344**	**13583698**
3655	55.92	699	220.73	3495	13.26	1.83	1.33	7645	4220	15968449	652805
343	6.99	26	94.26	399	1.43	4.75	0.01	3003	400	1450724496	870175
4825	105.61	2109	1129.73	3541	36.72	26.24	3.10	19678	7777	375528408	3455415
15966	269.67	4527	1441.91	9349	58.83	15.65	5.67	46100	26431	210405427	3774644
38428	551.84	13819	2056.32	21212	154.36	54.60	8.70	143035	92094	191569013	5483464
20869	325.43	9229	1286.55	12622	102.44	38.81	5.65	98865	63403	119891094	2915356

续表 2

	财政补贴收入	购书专项经费	上级补助收入	事业收入	经营收入	附属单位上缴收入	其他收入	本年支出合计(千元)	基本支出
总　计	**12703543**	**1760638**	**282652**	**349129**	**51498**	**527**	**196534**	**13404807**	**7353237**
其中：少儿图书馆	633458	84003	3674	4312	3078		8283	630793	308892
按隶属关系分：									
中央	685362	134500		140914	25550		18349	903864	413484
省、区、市	3257560	602475	4403	129085	14914		49453	3374630	1252203
地市	3659182	501191	38156	24441	2816	8	50041	3724539	2094328
县、市、区	5101439	522472	240093	54689	8218	519	78691	5401774	3593222
县图书馆	2685254	228056	160021	29141	413	268	40444	2845353	2092190

续表 3

	各种设备、交通工具、图书购置费	新增藏量购置费	新增数字资源购置费	资产总计(千元)	固定资产原值	实际使用公用房屋建筑面积(万平方米)	书库面积	阅览室面积	书刊阅览室面积
总　计	**2865524**	**1623650**	**351027**	**46626975**	**37058951**	**1301.46**	**268.42**	**358.00**	**263.20**
其中：少儿图书馆	146179	72412	18401	1468948	1208522	37.56	6.61	12.29	9.99
按隶属关系分：									
中央	207058	157953	29064	5608292	3231864	27.81	5.27	3.67	3.51
省、区、市	890357	474192	128469	14420683	10382465	168.26	39.47	46.90	40.99
地市	862995	448371	126194	11537350	10021856	385.14	73.60	106.29	85.70
县、市、区	905114	543134	67300	15060650	13422766	720.25	150.07	201.14	133.00
县图书馆	463966	261695	28539	8752479	7875536	449.78	94.49	119.31	76.21

项目支出	经营支出	在支出合计中：								
		工资福利支出	商品和服务支出	差旅费	劳务费	福利费	各种税金支出	对个人和家庭补助支出	抚恤金和生活补助	其他资本性支出
5997516	**32866**	**4282109**	**3496415**	**73562**	**241525**	**44937**	**21204**	**1586204**	**60007**	**3740903**
319355	2546	181429	167009	3996	11268	1578	473	72568	2944	205763
485776	4604	207091	309847	2443	6773	3590	2213	148491	2434	230240
2108885	13541	730618	973711	16064	53498	8883	10699	323894	12445	1095221
1614642	6851	1188246	911148	20172	67219	9787	4189	484061	14291	1140305
1788213	7870	2156154	1301709	34883	114035	22677	4103	629758	30837	1275137
741845	4525	1265407	552137	23402	45765	8907	2227	357750	19997	661850

电子阅览室面积	实际拥有产权面积(万平方米)	阅览室座席数(个)	少儿阅览室座席数	盲人阅览室座席数	志愿者服务队伍数(个)	志愿者服务队伍人数	图书馆延伸服务情况		
							流动服务书刊借阅人次(万人次)	流动图书馆车书刊借阅册次(万册次)	分馆数量(个)
55.85	**763.93**	**910679**	**223948**	**22285**	**7276**	**161045**	**3067.59**	**5102.60**	**13171**
1.40	21.22	33692	26600	676	298	14495	337.66	617.86	755
0.16	27.81	5303	300	12	4	230			34
2.78	104.64	73222	10058	994	829	46108	332.00	472.66	1179
11.86	194.42	228284	52005	5078	1046	41220	1163.07	1906.12	3005
41.07	437.07	603870	161585	16201	5397	73487	1572.52	2723.82	8953
27.06	298.02	386758	110247	10540	2516	28046	1052.49	1709.61	4800

2015年各地区公共

地区	机构数(个)	从业人员(人)					总藏量(万册)		
			专业技术人才	正高级职称	副高级职称	中级职称		图书	盲文图书
全国	**3139**	**56422**	**40251**	**768**	**4978**	**18475**	**83843.93**	**64182.50**	**79.89**
北京	24	1263	1054	12	85	393	2424.50	2134.75	0.35
天津	31	1189	864	12	129	359	1696.93	1496.76	0.74
河北	172	1855	1283	44	189	545	2199.83	1782.77	3.98
山西	126	1554	1027	19	78	449	1548.46	1198.16	2.83
内蒙古	117	1942	1622	14	281	675	1513.38	1260.66	3.14
辽宁	129	2805	2162	68	275	1190	3736.29	3004.95	2.09
吉林	66	1628	1334	42	258	626	1768.03	1447.17	1.16
黑龙江	107	1693	1386	77	306	702	1827.26	1509.56	0.81
上海	25	2113	1681	49	130	637	7568.18	3295.80	1.37
江苏	114	3183	2167	51	311	1012	6846.93	5865.68	5.01
浙江	100	3577	2108	55	277	993	6249.79	5355.27	4.33
安徽	122	1510	1068	8	91	438	1942.36	1575.64	5.74
福建	90	1330	983	7	90	457	2821.13	2207.63	1.67
江西	114	1395	849	16	92	369	2158.88	1654.70	5.69
山东	154	2750	2386	46	361	1106	4727.38	3859.50	6.13
河南	158	2949	1581	17	151	730	2472.30	2014.28	2.16
湖北	112	2212	1737	22	187	948	3002.53	2461.77	3.26
湖南	137	2092	1466	12	142	765	2555.25	2027.47	7.43
广东	140	4159	2749	48	228	1285	7007.74	6080.19	3.02
广西	112	1509	1183	10	92	529	2606.27	1770.38	0.72
海南	21	325	238		5	82	423.62	382.62	0.35
重庆	43	874	584	19	75	218	1303.80	1045.45	3.94
四川	203	2261	1368	13	125	536	3327.76	2660.22	4.02
贵州	96	1046	766	9	92	278	1220.58	967.27	1.99
云南	151	1826	1576	9	293	798	1944.22	1455.75	2.74
西藏	79	187	78		9	16	162.09	128.30	0.13
陕西	110	2121	1186	10	70	556	1506.35	1244.15	1.75
甘肃	103	1443	831	10	71	348	1339.57	1018.79	1.39
青海	49	411	305	5	38	146	414.76	347.18	0.38
宁夏	26	558	414	4	45	186	706.23	591.13	0.63
新疆	107	1083	856	4	97	361	1303.39	1076.24	0.84

图书馆基本情况

古籍		报刊	视听文献	缩微制品	其他	在藏量中		电子图书（万册）	本馆自建	本馆外购	免费共享
	善本					开架书刊	少儿文献				
2712.35	**273.47**	**8521.49**	**1493.59**	**1491.50**	**5442.51**	**37529.73**	**7370.55**	**83040.96**	**1019.36**	**62536.14**	**19485.46**
46.76	6.92	76.46	78.12	0.03	88.38	1359.15	303.23	2751.22	0.72	571.84	2178.67
57.84	10.58	95.47	28.43	0.99	17.44	777.11	169.39	387.94	15.68	242.76	129.51
57.70	2.60	195.79	37.35	7.43	118.78	1149.90	165.78	1055.62	37.37	878.25	140.00
73.67	11.09	223.15	13.08	1.55	38.85	660.93	108.30	530.59	21.35	262.71	246.54
31.77	1.25	125.57	16.19	0.57	78.63	730.88	77.02	657.57	41.44	370.18	245.96
135.34	16.08	270.19	82.62	20.03	223.16	1735.36	400.36	1070.68	19.67	879.12	171.89
44.80	6.52	165.62	30.31	2.89	77.23	583.79	106.06	2785.73	15.00	2727.67	43.07
44.85	2.15	214.24	26.08	19.15	13.38	823.21	95.07	818.48	14.88	461.66	341.94
202.23	20.43	385.95	133.87	1235.94	2314.40	2036.55	287.52	637.23	3.68	525.21	108.34
348.50	27.29	436.66	108.37	5.76	81.97	3229.64	672.09	4353.46	59.45	2676.87	1617.14
192.69	21.27	411.80	218.70	0.55	70.79	3564.89	753.78	39345.18	19.51	35292.26	4033.42
63.06	4.37	160.98	34.35	0.74	107.59	715.59	164.75	3133.63	57.85	2858.99	216.79
47.91	4.45	234.12	67.79	2.26	261.42	1346.03	389.89	1854.28	58.15	1295.74	500.39
78.45	7.65	269.64	18.79	0.96	136.34	812.01	195.94	696.19	24.55	537.93	133.71
142.05	25.11	434.37	39.92	4.12	247.44	2514.62	383.02	1908.16	32.64	1528.89	346.63
111.12	8.38	298.22	18.99	1.06	28.64	1106.89	175.40	1244.56	73.32	912.18	259.06
100.51	8.35	307.90	48.61	7.10	76.65	1492.40	237.45	1763.92	83.48	418.19	1262.26
109.79	8.88	303.04	53.25	1.28	60.42	1173.23	276.20	929.08	56.18	449.33	423.57
81.47	5.35	453.90	218.88	3.09	170.23	4151.93	1198.12	4425.73	41.66	2979.67	1404.40
43.37	2.98	415.73	30.50	1.15	345.14	869.39	177.58	1267.20	2.37	993.31	271.53
1.23	0.43	34.33	3.89	0.02	1.53	230.62	28.01	866.47	14.01	780.96	71.50
71.93	9.32	111.22	22.97	1.07	51.16	704.01	159.45	1045.24	97.33	754.29	193.62
163.95	10.13	365.32	48.03	1.05	89.19	1442.62	280.38	1858.48	50.31	1300.42	507.76
18.37	1.41	170.74	12.26	0.83	51.10	764.20	90.36	918.49	20.36	625.02	273.11
95.74	5.29	285.22	18.28	11.17	78.06	858.42	123.47	1697.97	17.07	847.37	833.53
0.82	0.21	15.13	0.57	0.32	16.96	18.59	7.51	32.29	0.00	11.66	20.63
57.33	5.36	142.39	14.16	0.28	48.04	730.22	88.18	3446.52	5.38	269.71	3171.42
52.26	9.60	190.17	10.58	0.40	67.38	686.82	68.02	194.41	3.76	178.88	11.77
14.63	1.27	35.71	2.78	0.34	14.14	109.89	26.66	129.08	7.70	116.38	5.00
15.15	0.45	48.04	5.31	0.09	46.51	310.74	51.82	204.22	0.58	100.34	103.30
12.20	0.05	142.22	14.67	0.43	57.63	588.86	100.80	608.49	50.74	338.71	219.05

地　区	书架单层总长度(米)	本年新增藏量(万册)	本年新增电子图书(万册)	当年购买的报刊种类(种)	有效借书证数(个)	总流通人次(万人次)	书刊文献外借人次	书刊文献外借册次(万册次)	组织各类讲座次数(次)
全　国	**12622364**	**5150.97**	**30794.82**	**1092145**	**57210823**	**58892.25**	**23084.68**	**50895.84**	**59562**
北　京	228790	196.18	98.24	21925	1036550	1263.94	394.27	940.41	1863
天　津	182302	102.11	33.91	23111	735990	788.70	305.68	859.29	794
河　北	491383	121.64	601.14	31307	892722	1427.56	596.10	971.81	2042
山　西	161756	81.19	85.29	16624	738973	830.29	305.26	547.34	1714
内蒙古	276566	68.31	55.85	26314	284897	648.96	267.10	573.99	1024
辽　宁	444925	178.56	93.99	52590	1261544	2068.18	751.45	1708.39	2321
吉　林	259092	96.20	103.74	24735	884269	732.49	352.50	747.90	897
黑龙江	397119	87.88	235.11	26099	613620	967.78	330.19	688.03	886
上　海	522125	241.72	119.36	49706	3049225	3931.39	1922.34	8681.37	2853
江　苏	1240456	477.69	519.53	80080	11073175	6001.25	2881.75	4979.84	3007
浙　江	747578	642.74	24947.54	84358	16385975	7941.99	2253.08	5726.66	3633
安　徽	285937	191.05	486.61	35397	966420	1738.95	913.52	1480.95	2023
福　建	376314	211.18	217.29	35072	1024890	2396.33	980.75	2465.15	2891
江　西	206526	91.29	60.85	28556	930376	1258.32	690.72	1118.59	1455
山　东	740171	258.94	163.80	61642	1888828	2728.98	1507.66	2331.27	3672
河　南	351280	124.28	286.34	34897	942575	2233.16	1106.81	1676.03	2640
湖　北	537364	184.76	171.24	35435	1443241	1954.59	991.78	1816.39	2048
湖　南	407499	134.36	202.00	36865	1064061	1617.12	823.37	1539.68	3049
广　东	1175268	556.68	827.63	87879	5244111	7854.69	1697.33	4377.20	6020
广　西	353150	149.23	80.39	39484	584222	2065.21	520.99	1155.03	1673
海　南	66752	27.13	57.50	8617	219674	444.95	81.49	221.99	235
重　庆	308731	104.09	121.29	23629	700120	1234.77	435.07	949.32	1396
四　川	1453635	210.83	343.74	54519	952981	2010.08	890.35	1617.07	3258
贵　州	199494	61.18	40.97	21507	422334	594.00	307.35	476.40	1606
云　南	461993	92.63	209.21	40947	444524	1222.57	534.13	1071.66	2079
西　藏	33164	39.40	14.29	3135	23386	20.00	4.70	6.52	108
陕　西	240287	78.83	400.24	21832	357228	982.43	389.12	680.74	1574
甘　肃	155076	55.13	49.24	18386	314572	678.12	343.89	588.48	1013
青　海	75912	19.08	6.59	7037	133899	111.76	75.23	91.36	190
宁　夏	96003	33.44	30.95	9092	144691	281.74	152.27	301.71	295
新　疆	145716	92.98	121.92	34019	241127	473.69	234.90	439.69	960

为读者举办各种活动					开展基层培训辅导人次（万人次）	本单位受训人次（万人次）	计算机（台）	供读者使用电子阅览室终端数	图书馆网站访问量（页次）	本年收入合计（千元）
参加人次（万人次）	举办展览（个）	参加人次（万人次）	举办培训班（个）	培训人次（万人次）						
934.12	**20481**	**4722.22**	**34501**	**251.34**	**101.24**	**17.48**	**211816**	**126702**	**2228227344**	**13583698**
14.15	311	116.97	585	2.91	1.47	0.37	4229	1748	27591127	606906
10.13	214	108.18	295	1.76	1.02	0.40	3714	1972	8734870	389388
28.24	703	134.51	864	5.77	2.14	0.35	7400	4673	24545596	292694
25.85	470	147.62	499	4.26	3.26	0.39	5638	4213	1725627	227866
14.10	306	33.84	302	2.04	0.94	0.23	6256	4195	5608717	398585
26.42	774	181.07	1784	7.76	2.13	0.40	7703	4259	35915892	502177
15.60	240	89.17	438	3.77	1.56	0.46	4791	2549	4294679	294360
12.58	484	70.19	780	4.06	1.61	0.24	5990	3821	6948454	293942
28.33	398	96.76	1007	7.84	0.98	0.35	6545	2348	105548509	953031
60.85	1127	282.42	1809	8.63	12.32	0.91	10291	5810	46847057	872470
72.25	2030	405.28	4793	35.01	2.64	1.04	20445	6599	64695386	996216
55.67	603	120.62	941	6.88	8.19	0.31	7675	5603	24080609	271488
28.66	712	142.04	1083	5.75	0.82	0.78	6101	3902	41664460	383450
26.06	1030	160.81	879	6.43	2.42	0.24	7072	4609	11164929	265428
57.41	1112	124.70	1624	13.28	2.84	0.84	11353	7364	27969739	566892
40.97	997	123.95	1421	11.76	4.81	0.75	9203	6204	8536440	339511
36.20	734	117.41	833	9.67	3.96	1.20	7203	4660	17058774	500183
52.51	553	102.97	1424	19.04	4.27	1.43	6515	4399	45859947	329926
97.19	1887	1050.99	3220	22.33	3.45	1.84	15182	9034	44691746	1330489
30.20	969	202.09	1439	9.57	2.37	0.88	6063	4098	21437222	359965
3.52	93	15.62	177	1.03	0.32	0.07	1458	1047	14782587	100749
25.65	578	157.93	2093	11.50	2.64	0.90	4176	2899	12031468	256509
56.84	937	197.93	1335	11.56	7.55	0.48	10259	6936	51548931	660367
14.31	309	35.90	652	4.76	2.89	1.03	4469	3232	74312838	172492
29.55	835	155.79	1314	12.55	3.74	0.38	7335	5235	7851433	272922
1.62	69	3.00	45	0.24	0.06	0.01	1360	1005	47959	75779
18.88	703	120.51	1029	6.76	7.63	0.42	5642	3920	36742346	279300
19.38	427	49.39	352	2.68	1.61	0.17	4918	3164	2330508	246230
2.16	62	4.16	149	0.91	0.08	0.03	2143	1424	552985	97596
5.87	62	6.46	150	1.17	0.48	0.29	2106	1515	268485	135090
15.97	726	69.69	786	8.25	6.31	0.30	5578	3865	2113528	241522

地　区	财政补贴收入	购书专项经费	上级补助收入	事业收入	经营收入	附属单位上缴收入	其他收入	本年支出合计(千元)	基本支出
全　国	**12703543**	**1760638**	**282652**	**349129**	**51498**	**527**	**196534**	**13404807**	**7353237**
北　京	585654	77680	3332	13987	831		3102	596158	291781
天　津	372942	52151	2910	8285			5251	355173	278641
河　北	285688	30552	2772	1114	95		3025	280237	197767
山　西	227098	17745	5		601		162	230500	138198
内蒙古	388518	22715	3589	777			5701	398649	267862
辽　宁	485418	69583	8262	2589			5908	495769	344383
吉　林	287317	36325	2451	255	210		4127	293895	183102
黑龙江	287844	20533	4376	1194			528	313184	189700
上　海	850272	218089	5101	90595	1572		5491	935558	486248
江　苏	825582	139529	14530	8245	7990		16123	866040	481425
浙　江	946257	150482	17476	12059	2004	114	18306	1003376	471172
安　徽	247862	38651	15638	5457			2531	269270	173433
福　建	350148	48695	7695	12741	2467		10399	349710	177261
江　西	246603	32673	10782	5160	126	162	2595	255991	163378
山　东	549191	73252	15691	637			1373	565089	331062
河　南	332748	34409	1237	1034	1533	5	2954	320599	217256
湖　北	476288	76547	7838	5785	42	75	10155	502954	231247
湖　南	299140	37242	15691	4264	3213	50	7753	305043	209491
广　东	1275007	223207	21182	8190			26110	1345175	593661
广　西	327339	39947	24110	1602	487		6427	359146	159451
海　南	97582	7730	1006	1325			836	98076	33561
重　庆	237782	29167	8990	9605			132	241150	120273
四　川	640195	38650	8990	345	40		10797	599600	245836
贵　州	152896	12091	11597	4012			3987	172103	117680
云　南	248639	21583	14260	1464	2918	10	5631	276607	188880
西　藏	69322	3855	6086	208			163	51458	28727
陕　西	259218	30224	14296	1037	642		4107	279440	182574
甘　肃	228577	17351	10801	2733	1177	10	2932	252539	148071
青　海	93396	4453	3740	262			198	90741	59513
宁　夏	127311	7774	4549	1500			1730	128275	79694
新　疆	216347	13253	13669	1754		101	9651	269438	148425

项目支出	经营支出	在支出合计中：								
		工资福利支出	商品和服务支出	差旅费	劳务费	福利费	各种税金支出	对个人和家庭补助支出	抚恤金和生活补助	其他资本性支出
5997516	**32866**	**4282109**	**3496415**	**73562**	**241525**	**44937**	**21204**	**1586204**	**60007**	**3740903**
303425	831	154769	242399	420	1584	2132	1120	71447	1130	118649
76532		106425	86591	389	1593	1699	680	75820	1455	67185
82321	147	109416	76665	1228	4037	365	24	30083	1305	63973
91400	714	89217	49175	1504	5778	288	944	25883	1558	64543
130737	50	146718	81146	2830	4947	1295	53	55539	2942	112034
151247	139	193528	136406	1848	5465	270	139	74160	2205	92324
110583	210	103370	71360	1211	4283	38	68	52532	1328	63423
123294	190	105521	61497	1808	2916	259	1	53445	1692	92621
448281	1029	325894	343793	2870	16683	6617	3234	24801	2558	241070
380692	2289	255338	220733	4589	22566	2338	1627	103608	813	284646
530171	2033	324687	250196	4926	36361	9907	871	84366	530	343359
95376	441	92962	62350	2367	3841	377	11	36060	821	76818
170782	1506	109138	74472	1960	11057	615	491	36301	1548	131559
90585	256	85772	70509	2450	8168	1363	682	42909	4560	47391
233868	159	208077	103325	1746	6334	154	51	58109	2046	195068
101638	1705	125776	68384	1913	7147	969	927	39084	2324	87360
271649	58	143828	107123	3138	8178	1190	1280	53150	2115	197217
90983	3324	118463	83434	2377	5103	1645	893	39522	3529	60493
749705	523	358745	389662	2745	29355	3203	3154	157439	3463	438034
198791	398	104157	61792	3549	2057	822	850	42417	1403	124167
63608	907	25903	40091	1026	1583	6	458	3004	174	29033
120867	10	62557	65865	6819	11306	2749	334	32420	1733	79166
353649	116	160879	139775	5248	13508	815	487	54211	2350	101379
53503	295	70544	43624	1587	2254	312		30748	1227	27231
84476	2690	120724	66813	2076	4049	560	11	37465	2302	52458
22246	363	15590	3397	448	74	25		1643	70	30573
95113	1175	121032	58934	1602	4056	327	142	23913	5304	47952
102875	1227	80588	43202	1589	5376	351	46	31210	2216	95999
31179	50	32112	19610	1606	1371	94	57	14258	443	24398
36129	449	46461	23189	439	443	57	13	18145	1227	40338
116035	4978	76827	41056	2811	3279	505	343	34021	1202	80202

地区	各种设备购置费	新增藏量购置费	新增数字资源购置费	资产总计(千元)	固定资产原值	实际使用公用房屋建筑面积(万平方米)	书库面积	阅览室面积	书刊阅览室面积
全　国	**2865524**	**1623650**	**351027**	**46626975**	**37058951**	**1301.46**	**268.42**	**358.00**	**263.20**
北　京	101737	74308	9610	2353275	1594087	24.66	4.62	6.37	5.18
天　津	63902	41337	7363	929260	728496	25.90	5.80	8.37	5.08
河　北	55297	32654	7973	725714	611366	43.92	9.13	12.80	9.48
山　西	48525	16722	7938	708690	609023	41.89	7.51	12.69	9.22
内蒙古	108058	23375	8710	1058294	869838	34.03	5.44	9.41	7.01
辽　宁	81711	46792	21220	1414063	1251547	55.52	9.51	15.08	10.89
吉　林	54091	34431	4339	641748	540176	27.23	4.69	8.11	6.50
黑龙江	84405	18577	5786	822662	752183	29.21	5.65	8.12	5.62
上　海	223355	161720	29553	4107148	3690566	41.83	9.28	10.48	8.91
江　苏	215292	137031	17183	2890087	2483404	103.12	15.84	23.83	18.15
浙　江	249762	145690	32124	2770584	2323828	95.08	19.35	22.99	18.57
安　徽	63664	37581	8758	889069	797031	39.93	8.30	12.93	9.10
福　建	105649	52063	10226	1116067	945045	38.05	9.03	11.72	9.33
江　西	37675	20382	5858	604742	483417	36.55	9.52	11.50	7.77
山　东	149029	65658	10990	1638543	1489238	82.57	18.21	22.74	15.77
河　南	66167	32093	9571	1060286	918824	54.87	11.59	13.43	9.90
湖　北	101588	73022	14496	2059661	1038135	53.79	11.40	14.18	10.73
湖　南	49310	34532	4802	748457	569947	41.43	11.89	10.91	7.84
广　东	299557	190002	46693	6090951	5445658	125.76	24.61	37.92	29.13
广　西	103894	37644	12783	871564	670287	34.52	8.29	8.64	6.28
海　南	24146	7600	1130	240759	165281	8.06	1.89	2.31	1.80
重　庆	58471	23013	9289	737015	638338	29.43	5.70	8.37	6.05
四　川	77965	42037	7079	1492729	988343	56.23	11.85	17.55	12.56
贵　州	20906	13073	1383	411883	340234	22.48	6.14	7.04	4.47
云　南	40698	24161	2827	944022	864519	35.63	8.25	8.82	5.61
西　藏	15936	6411	5345	134786	102256	5.06	1.41	1.12	0.68
陕　西	41745	28389	4309	815920	646937	24.43	4.79	7.94	6.21
甘　肃	37216	16757	7062	899091	701468	21.91	4.62	5.79	4.05
青　海	21191	5850	2000	147796	115773	6.23	1.54	2.14	1.53
宁　夏	19652	8357	5196	339751	286979	10.61	2.80	3.19	2.23
新　疆	37872	14435	367	1354066	1164863	23.73	4.53	7.87	4.06

电子阅览室面积	实际拥有产权面积（万平方米）	阅览室座席数（个）	少儿阅览室座席数	盲人阅览室座席数	志愿者服务队伍数（个）	志愿者服务队伍人数	图书馆延伸服务情况：流动服务书刊借阅人次（万人次）	流动图书馆车书刊借阅册次（万册次）	分馆数量（个）
55.85	**763.93**	**910679**	**223948**	**22285**	**7276**	**161045**	**3067.59**	**5102.60**	**13171**
0.73	7.04	15469	3903	338	64	5383	19.84	64.43	292
1.02	3.01	14500	2114	455	106	1761	19.99	43.00	31
2.03	29.84	33112	7136	667	77	2549	43.87	80.27	88
2.25	39.12	26910	5459	1011	88	4107	51.20	68.70	359
1.78	16.86	26251	6214	597	203	1328	63.27	92.38	290
2.15	21.59	35125	7518	877	154	11494	242.81	515.18	1029
0.99	14.27	19138	3736	441	70	1775	132.10	206.18	321
1.58	11.46	23324	6072	350	53	1976	128.41	194.32	384
0.87	28.13	22037	4526	190	236	15117	67.20	145.90	657
2.60	52.69	50707	14329	1365	216	12675	188.76	266.12	2271
3.52	45.79	60777	15207	1463	1420	14631	333.54	771.45	1058
2.14	27.37	32944	9272	1187	131	3647	80.47	131.93	1230
1.39	27.92	31799	9375	605	150	8083	154.86	248.77	617
1.87	23.19	31309	8752	1629	154	12941	132.51	144.05	173
3.53	42.86	55991	11683	1673	132	3566	128.02	188.40	670
2.63	37.13	42060	11541	1171	125	1904	66.43	103.29	262
2.40	43.59	37098	9559	799	745	3615	136.89	187.82	442
2.17	32.73	32591	10475	552	426	14175	57.32	92.36	337
4.74	42.61	89864	20493	966	1609	21986	300.37	430.14	1059
1.60	20.58	27856	7716	408	327	3031	65.19	135.05	74
0.33	7.31	5557	1356	61	8	644	9.97	19.47	15
1.12	21.06	21363	5549	697	91	3105	78.64	169.46	250
3.29	38.15	45739	10367	1440	135	4766	139.33	233.83	366
1.26	18.65	20215	5203	817	100	1246	84.59	86.39	181
2.32	23.73	26255	6893	742	139	848	146.72	207.95	227
0.35	4.06	2910	306	29	33	198	1.60	1.57	9
1.41	16.76	20015	4927	648	62	2265	43.32	50.92	274
1.09	16.08	18873	5189	414	86	938	33.52	56.56	36
0.39	2.52	3962	758	76	2	43	16.52	23.79	1
0.57	9.65	8568	1799	287	25	359	33.47	67.32	37
1.61	10.41	23057	6221	318	105	659	66.90	75.60	97

2015年各地区少儿

地区	机构数(个)	从业人员(人)					总藏量(万册)		
			专业技术人才					图书	
				正高级职称	副高级职称	中级职称			盲文图书
全国	**113**	**2262**	**1738**	**38**	**242**	**783**	**3698.23**	**3259.47**	**2.36**
北京	4	97	71	1	4	29	116.12	82.10	
天津	11	177	156	1	17	54	266.74	248.44	0.14
河北	1	6	6		2	1	27.49	27.49	
山西	1	10	9	1		4	12.07	9.41	
内蒙古	2	113	87	1	5	20	90.03	85.78	0.03
辽宁	15	267	215	5	35	122	408.26	373.26	0.12
吉林	4	312	232	14	61	91	536.96	433.42	0.34
黑龙江	1	13	13	1	1	11	5.82	2.79	
上海	4	81	54	1	6	26	198.67	167.81	0.08
江苏	8	98	57	3	11	19	157.77	145.74	0.04
浙江	4	147	111	3	16	54	260.33	220.89	0.03
安徽	10	86	71		3	33	53.36	45.73	0.07
福建	6	128	89	1	10	36	213.84	192.38	0.65
江西									
山东	1	10	9		2	5	14.26	12.03	0.11
河南	5	99	65		6	34	62.98	54.97	0.05
湖北	4	62	58		6	32	165.55	137.59	0.34
湖南	7	131	105	1	13	58	163.78	143.42	0.02
广东	5	171	137	2	21	69	606.45	572.68	0.21
广西	3	55	53		7	28	101.94	92.80	0.01
海南									
重庆	2	87	69	3	11	29	126.29	114.68	
四川	2	9	7			1	8.00	6.92	0.02
贵州	2	5	4			1	11.27	9.79	
云南	3	19	16		2	9	24.33	19.20	0.00
西藏	1	4					16.47	16.44	0.10
陕西	3	36	29		2	14	27.86	24.16	0.02
甘肃	4	39	15		1	3	21.59	19.57	0.01
青海									
宁夏									
新疆									

图书馆基本情况

古籍		报刊	视听文献	缩微制品	其他	在藏量中		电子图书(万册)	本馆自建	本馆外购	免费共享
	善本					开架书刊	少儿文献				
30.53	**5.14**	**163.91**	**136.54**	**2.64**	**105.15**	**1971.15**	**1827.26**	**1455.38**	**17.11**	**869.13**	**569.15**
		0.96	6.66		26.40	89.46	88.88	71.52	0.04	71.48	
		4.41	3.82	0.05	10.03	195.29	136.01	4.01		4.01	
		0.01				15.00	15.00				
		2.66				12.07	9.05				
0.48		2.87	0.72		0.20	74.28	6.82	7.92		7.92	
		7.68	18.22		9.11	250.09	180.20	74.20	2.04	72.17	
23.00	4.76	59.67	4.06	2.57	14.24	137.19	33.70	159.40		158.88	0.52
		2.35	0.05		0.63	4.34					
		1.45	29.42			112.56	119.79	27.39		27.39	
0.11		4.76	4.07		3.09	141.59	108.52	8.80		8.80	
		10.58	13.83		15.03	178.50	78.48	372.08		3.08	369.00
		5.37	1.84		0.42	23.25	34.68	38.14	12.56	23.48	2.10
		16.61	4.85			130.59	184.68	154.91	1.05	153.85	
		1.92	0.31					31.55		0.55	31.00
		8.02				58.65	40.40	22.56	0.26	22.30	
3.89	0.34	1.94	2.92		19.20	88.83	9.62	27.84	0.19	17.63	10.02
0.08		12.48	6.64	0.01	1.15	142.29	121.39	10.47	0.70	9.77	
		1.63	32.06		0.08	136.47	550.78	252.28		252.28	
		5.92	1.78		1.43	76.04	38.64	49.33		5.03	44.30
1.25	0.02	5.03	4.54		0.80	53.61	46.02	29.56		29.56	
		0.22	0.16		0.70	2.96	5.12	0.49		0.49	
		0.82	0.04		0.62	1.06	0.56	0.27	0.26	0.01	0.01
0.29		4.50	0.34			17.00	10.41				
		0.01	0.02			8.50		0.20		0.20	
1.43	0.02	2.01	0.16		0.09	12.54	6.62	112.40		0.20	112.20
		0.05	0.04		1.93	9.01	1.88	0.08		0.08	

地区	书架单层总长度(米)	本年新增藏量(万册)	本年新增电子图书(万册)	当年购买的报刊种类(种)	有效借书证数(个)	总流通人次(万人次)	书刊文献外借人次	书刊文献外借册次(万册次)	组织各类讲座次数(次)
全国	**306907**	**301.01**	**132.11**	**38928**	**2286401**	**2373.12**	**1054.46**	**2852.74**	**3655**
北京	10198	6.28	65.14	1352	134495	47.83	31.12	91.15	310
天津	6112	15.14	4.20	2004	46789	75.26	61.75	146.66	146
河北	1400	3.52		150	12000	7.00	5.00	17.32	30
山西	900	0.46		63	5321	8.18	8.18	8.18	
内蒙古	2583	0.43	1.50	531	28130	27.56	19.35	41.55	53
辽宁	32975	26.51	8.80	3286	216745	262.31	109.69	305.92	477
吉林	107196	24.89	0.80	7732	176906	166.76	75.51	125.44	72
黑龙江	330	0.02		33	3948	6.15	3.22	6.26	10
上海	10991	14.07	1.16	1553	39753	69.59	48.35	279.88	139
江苏	20561	22.75	1.35	1955	122721	169.31	103.73	158.59	80
浙江	10952	34.90	0.40	2137	445842	267.81	109.72	330.67	389
安徽	6119	12.72	6.25	1536	50793	102.37	56.01	90.51	158
福建	14528	23.98	10.56	3425	171667	266.28	178.45	448.81	339
江西									
山东		0.92	0.30	149	8098	13.12	8.08	10.32	16
河南	4692	12.53	20.56	1611	79799	128.34	35.51	91.93	242
湖北	7968	17.09	2.56	433	56070	95.97	23.34	102.33	60
湖南	15161	14.50	0.92	2326	152127	115.74	41.99	110.83	363
广东	24842	30.60	0.37	3739	419137	268.76	56.32	315.04	472
广西	7117	9.45	1.02	1464	57011	123.26	30.32	60.98	82
海南									
重庆	7522	6.74	5.90	1786	22406	85.57	21.67	62.47	46
四川	138	0.51		241	4564	12.32	2.05	6.70	46
贵州	4824	2.10	0.04		18600	1.50	0.42	1.53	9
云南	3200	0.68		307	1020	15.34	3.61	7.57	47
西藏	1	16.47	0.20	487					
陕西	3974	0.64	0.06	323	4259	18.71	9.78	15.83	21
甘肃	2623	3.12	0.04	305	8200	18.10	11.32	16.27	48
青海									
宁夏									
新疆									

为读者举办各种活动					开展基层培训辅导人次（万人次）	本单位受训人次（万人次）	计算机（台）	供读者使用电子阅览室终端数	图书馆网站访问量（页次）	本年收入合计（千元）
参加人次（万人次）	举办展览（个）	参加人次（万人次）	举办培训班（个）	培训人次（万人次）						
55.92	**699**	**220.73**	**3495**	**13.26**	**1.83**	**1.33**	**7645**	**4220**	**15968449**	**652805**
2.04	40	9.17	62	0.17	0.55	0.08	365	149	52	36512
1.11	37	11.35	43	0.26	0.05	0.01	544	371	1263	55326
0.50	2	4.00	24	0.05						1070
							31	20		1822
0.74	10	0.26	10	0.11	0.01	0.05	83	58	17325	10064
5.47	96	7.96	847	2.05	0.07	0.10	838	468	751093	60706
1.27	31	11.71	68	0.11	0.48	0.01	1016	514	1648698	95184
0.05							35	25		1650
0.77	13	9.41	165	0.71	0.01	0.02	374	153	2165596	26016
2.17	46	6.66	87	0.32	0.15	0.11	547	403	572023	37202
11.10	22	6.31	815	3.34	0.01	0.04	378	146	3525691	53005
3.42	24	2.91	73	0.41	0.04	0.01	311	243	283355	15593
5.47	68	10.13	227	0.60	0.01	0.01	705	435	751458	42349
0.08	4	0.24	12	0.06			70	33	29115	2112
1.70	104	16.41	483	1.80			304	182	95918	25787
0.31	18	1.91	67	0.20	0.04	0.01	140	71	325881	15030
8.07	40	4.90	72	0.66	0.01	0.45	246	100	615355	29303
7.61	39	104.26	146	1.26	0.22	0.36	657	170	3945491	90390
0.82	48	3.25	23	0.23	0.15	0.04	193	132	283273	10056
0.48	15	4.36	221	0.54	0.01	0.06	196	107	905868	23546
1.63	7	2.32	10	0.07			65	60	800	1411
0.04	4	0.09	1	0.01			66	43		1685
0.21	4	1.51	6	0.12	0.01		126	85		3012
			1				75	50		3302
0.41	13	1.34	18	0.10	0.01	0.01	135	98	30494	3985
0.45	14	0.29	14	0.10	0.01		145	104	19700	6687

地区	财政补贴收入	购书专项经费	上级补助收入	事业收入	经营收入	附属单位上缴收入	其他收入	本年支出合计(千元)	基本支出
全　国	**633458**	**84003**	**3674**	**4312**	**3078**		**8283**	**630793**	**308892**
北　京	36331	1282		160			21	30749	20047
天　津	54264	8339		194			868	48557	35364
河　北	1070	550						1070	520
山　西	1822	84						1811	1811
内蒙古	10048	50					16	10064	9864
辽　宁	59211	7010	50	40			1405	50378	32581
吉　林	94381	17175			210		593	102728	35232
黑龙江	1350	45	210	90				980	930
上　海	23819	4440		2184			13	25296	15788
江　苏	35655	2860	400				1147	36740	10080
浙　江	52333	5360					672	52068	22906
安　徽	15383	1808	210					16101	8660
福　建	38348	5590	110	130	1476		2285	42649	18768
江　西									
山　东	2081	150					31	2206	1662
河　南	25539	8950					248	24684	6842
湖　北	14239	2670	201				590	15030	9818
湖　南	27542	3770		78	1392		291	24851	14948
广　东	90366	9799		10			14	91548	32495
广　西	9487	1089	480				89	11521	7780
海　南									
重　庆	20810	2200	1710	1026				23256	12445
四　川	1411	142						1411	825
贵　州	1685	250						1685	270
云　南	3012							3012	2249
西　藏	3302							3302	432
陕　西	3785	130	200					3985	3335
甘　肃	6184	260	103	400				5111	3240
青　海									
宁　夏									
新　疆									

项目支出	经营支出	在支出合计中：								
		工资福利支出	商品和服务支出					对个人和家庭补助支出		其他资本性支出
				差旅费	劳务费	福利费	各种税金支出		抚恤金和生活补助	
319355	**2546**	**181429**	**167009**	**3996**	**11268**	**1578**	**473**	**72568**	**2944**	**205763**
10702		11329	9059	9	72	59	6	4099	118	6262
13193		14878	10857	43	497	208		11643	345	11179
550		520								550
		620	84	11	6	13		960		147
200		7219	811	74	21	61		1047		987
17797		20512	11996	232	1098	22	54	7102	321	11441
67286	210	18450	39911	369	2103	24		11537	50	29620
40	10	667	155					113		45
9508		11015	7270	73	125	177		604	102	6407
26660		6173	4925	362	1228	76	34	966		24676
29162		14196	11237	783	2669	477	1	5148	57	21487
7441		4723	3358	77	121			951		7069
22947	934	13808	12986	229	875	76		4377	576	11478
544		1108	144		1			534	141	420
17842		4216	6328	188	657	22		767	10	13373
5212		5699	2925	821	269		49	2851	78	3555
8511	1392	8051	4143	199	216	116	329	3915	528	7350
59053		21369	31178	273	459	231		8584		30417
3741		3715	2025	100	13	3		1606		4175
10811		6591	3930	99	683			4190	583	8545
586		502	92					187		630
1415		270	60					20		1335
763		1410	679	17				521		402
2870		432								2775
650		2146	886	22	65	13		367	35	586
1871		1810	1970	15	90			479		852

地　区	各种设备购置费	新增藏量购置费	新增数字资源购置费	资产总计（千元）	固定资产原值	实际使用公用房屋建筑面积（万平方米）	书库面积	阅览室面积	书刊阅览室面积
全　国	**146179**	**72412**	**18401**	**1468948**	**1208522**	**37.56**	**6.61**	**12.29**	**9.99**
北　京	3223	1149	832	79391	63305	1.36	0.12	0.50	0.34
天　津	11051	5483	2168	107125	83141	2.07	0.41	0.87	0.72
河　北	550	550		1538	1538	0.06		0.06	0.06
山　西	147	84		1643	1221	0.08	0.06	0.02	0.01
内蒙古	945	103	449	13350	11955	0.34	0.15	0.07	0.05
辽　宁	8607	6333	610	147281	123763	2.72	0.36	0.52	0.34
吉　林	23704	12620	3037	188705	153375	7.21	1.15	2.30	2.18
黑龙江	45	18		2049	2049	0.05	0.01	0.01	
上　海	6208	3375	1445	63129	53345	1.21	0.12	0.35	0.28
江　苏	5577	2837	20	91073	56924	3.03	0.74	0.83	0.50
浙　江	9089	5075	382	96657	89918	2.36	0.27	1.04	0.96
安　徽	6035	1908	1725	45341	41960	1.08	0.22	0.44	0.25
福　建	9840	4391	1941	93288	67597	2.49	0.71	0.86	0.76
江　西									
山　东	420	218	30	3233	2773	0.39	0.05	0.16	0.06
河　南	11932	6920	2240	39378	29577	1.68	0.21	0.72	0.63
湖　北	3270	2174	846	47029	29024	0.73	0.17	0.15	0.08
湖　南	6267	3253	1173	46299	34126	1.93	0.52	0.48	0.40
广　东	23818	9200	542	304808	270238	4.18	0.32	1.19	1.08
广　西	4175	1029	90	23599	22283	0.98	0.25	0.33	0.29
海　南									
重　庆	5937	1485	796	44254	42682	0.91	0.38	0.40	0.34
四　川	351	132	50	2007	1835	0.34	0.10	0.25	0.15
贵　州	762	280		1812	1782	0.36	0.04	0.08	0.07
云　南	402	402		4676	4676	0.50	0.04	0.21	0.16
西　藏	2775	2775				0.47	0.02	0.11	0.09
陕　西	586	180		4671	4667	0.45	0.09	0.13	0.11
甘　肃	463	438	25	16612	14768	0.56	0.10	0.20	0.08
青　海									
宁　夏									
新　疆									

电子阅览室面积	实际拥有产权面积（万平方米）	阅览室座席数（个）	少儿阅览室座席数	盲人阅览室座席数	志愿者服务队伍数（个）	志愿者服务队伍人数	图书馆延伸服务情况 流动服务书刊借阅人次（万人次）	流动图书馆车书刊借阅册次（万册次）	分馆数量（个）
1.40	**21.22**	**33692**	**26600**	**676**	**298**	**14495**	**337.66**	**617.86**	**755**
0.06	0.57	1532	1442	90	6	287	4.54	8.04	26
0.09	0.22	1428	985	18	6	497	2.53	5.99	
		70	70						
0.00	0.08	35	35						
0.02		230	120	6	1	75	3.86	2.34	
0.13	1.62	2475	1752	45	38	810	139.49	238.79	149
0.09	1.86	3624	736	16	25	580	40.99	50.76	38
0.01	0.05	90	90						3
0.07	0.48	1656	1463	6	2	63			7
0.10	2.05	2898	2702	46	10	464	8.65	12.63	29
0.05	1.51	2351	2051		15	1441	36.84	113.29	46
0.09	0.65	1760	1646	84	7	459	1.00	1.50	12
0.10	2.87	3255	3195	50	39	2562	59.49	62.54	271
0.03	0.39	158	50	12	2	51			3
0.09	0.26	1614	1574	40	2	35	6.00	12.00	5
0.03	0.42	924	670	4	7	145	1.34	1.60	12
0.08	1.55	1786	1750	36	6	264	1.31	2.24	67
0.06	2.66	3036	2736	32	115	5519	3.24	11.93	43
0.04	0.97	1075	895	20	4	208	12.70	42.27	5
0.07	1.11	824	778	12	5	794	10.30	45.48	20
0.10	0.34	270	180	15	1	30	0.40	0.41	3
0.01	0.32	572	472	100			0.37	0.15	
0.02	0.50	429	136	10	2	60	2.54	1.89	
0.02		358	38	4					
0.02	0.75	522	444		3	108	0.28	0.44	16
0.03		720	590	30	2	43	1.80	3.60	

2015年各地区省级

地区	机构数(个)	从业人员(人)	专业技术人才	正高级职称	副高级职称	中级职称	总藏量(万册)	图书	盲文图书
全国	**40**	**7837**	**6285**	**283**	**1221**	**2780**	**19379.77**	**11909.61**	**7.37**
北京	1	365	343	9	40	139	771.47	629.84	0.08
天津	2	558	315	9	61	136	949.00	811.32	0.08
河北	1	182	125	10	41	45	263.77	205.55	0.35
山西	1	211	193	8	29	61	320.09	197.45	0.34
内蒙古	1	160	151	3	41	51	278.66	207.52	0.29
辽宁	1	221	203	18	54	89	634.13	510.90	0.27
吉林	1	233	167	10	43	68	442.54	351.80	0.15
黑龙江	1	200	169	18	34	93	351.08	281.30	0.14
上海	2	773	667	46	96	313	5645.40	1523.20	0.54
江苏	1	514	392	23	88	206	1092.42	787.15	0.22
浙江	1	345	219	13	50	125	648.54	466.23	0.46
安徽	1	177	153	4	26	66	314.58	246.04	0.07
福建	2	224	203	1	34	99	382.15	305.47	0.36
江西	1	146	110	5	33	72	344.88	225.49	0.01
山东	1	219	210	12	33	94	797.31	506.21	0.01
河南	2	205	163	8	38	67	357.79	274.18	0.04
湖北	1	288	267	12	52	65	710.24	565.42	0.16
湖南	2	331	265	7	41	135	561.98	403.55	0.81
广东	1	298	252	8	50	123	797.39	607.31	0.19
广西	3	317	300	10	52	138	629.60	495.41	0.11
海南	1	115	85		5	45	137.34	131.08	0.19
重庆	2	294	225	12	35	77	415.73	283.99	1.21
四川	1	242	181	5	38	51	521.95	357.63	
贵州	1	148	115	3	30	55	192.69	145.28	0.42
云南	1	185	177	3	65	72	327.25	195.45	0.09
西藏	1	54	28		9	8	46.96	37.59	
陕西	1	308	164	8	19	89	464.07	360.88	0.18
甘肃	2	210	170	8	23	85	429.36	333.40	0.55
青海	1	93	80	5	17	35	169.24	133.61	0.04
宁夏	1	132	112	3	24	44	223.30	199.42	0.03
新疆	1	89	81	2	20	34	158.89	129.97	

公共图书馆基本情况

古籍	善本	报刊	视听文献	缩微制品	其他	在藏量中		电子图书(万册)	本馆自建	本馆外购	免费共享
						开架书刊	少儿文献				
1356.14	**163.96**	**1908.82**	**302.84**	**1278.59**	**2623.77**	**4487.54**	**823.78**	**5147.40**	**44.51**	**4632.13**	**470.76**
41.65	6.71	42.29	45.40	0.03	12.26	118.96	121.03	216.38	0.43	167.95	48.00
53.33	10.35	56.17	19.83	0.94	7.41	426.35	119.80	30.76	15.67	15.09	
6.85	0.56	36.53	11.76	2.80	0.28	90.85	10.49	280.01	0.01	280.00	
29.62	5.02	88.14	2.73	0.40	1.76	164.89	23.37	54.85	0.15	54.70	
18.00	0.45	10.70	0.66	0.20	41.58	60.51	3.35	162.46		162.46	
45.99	12.22	54.01	7.64	0.60	15.00	53.04	22.98	443.68	3.08	340.60	100.00
23.00	4.76	51.68	1.54	2.57	11.94	47.36	11.06	130.20		130.20	
13.37	0.66	33.25	4.19	18.96		70.82	6.53	107.29		107.29	
192.23	19.24	348.40	38.61	1235.93	2307.04	762.30	69.98	191.37		190.96	0.41
160.00	14.00	97.95	29.84	4.21	13.28	95.00	8.27	139.94	8.62	131.32	
83.78	14.50	88.22	9.99	0.31	0.01	136.71		160.66	0.50	160.16	
35.30	3.27	31.81	0.94	0.45	0.04			92.21		47.51	44.70
25.14	2.06	38.04	12.25	1.26		95.29	73.58	189.20	0.05	189.15	
37.00	3.00	33.29	0.75	0.13	48.23	113.85	7.80	131.32	0.02	131.30	
75.35	20.00	109.19	7.58	0.69	98.29	406.62	36.97	73.73		73.73	
50.66	3.00	29.95	2.76	0.24		70.45	17.89	201.86	0.26	201.60	
46.18	5.87	62.48	24.27	3.50	8.38	186.37	32.92	23.52		23.52	
62.09	5.00	63.94	28.94	0.46	3.00	215.86	106.10	339.97	0.70	174.27	165.00
44.01	3.25	131.68	11.13	2.88	0.38	270.01	22.28	193.71		193.71	
26.65	0.78	92.21	14.81	0.14	0.38	76.27	18.81	439.45	0.21	439.24	
0.02	0.01	5.06	1.09		0.10	85.50	13.70	546.33		546.33	
45.26	6.99	50.76	7.07	0.98	27.68	110.39	36.83	203.20	8.45	193.26	1.49
68.70	6.07	92.68	2.60	0.32	0.03	57.84	2.61	110.77	0.01	99.60	11.16
11.14	0.50	35.25	0.85	0.09	0.08	181.59	2.60	300.00		300.00	
59.56	3.29	67.70	4.37	0.13	0.06	4.50	3.86	41.80	5.47	36.34	
0.11	0.11	7.72	0.04		1.50	0.79	1.05	0.53		0.53	
32.84	4.37	57.94	5.38	0.03	7.02	157.60	20.93	107.66		107.66	
31.75	6.78	60.13	3.39	0.22	0.46	219.83	5.57	57.26		57.26	
11.48	1.00	21.67	0.47	0.05	1.96	31.31	1.44				
14.11	0.12	7.75	1.94	0.08		176.70	6.36	130.00		30.00	100.00
11.00	0.03	2.26		0.01	15.64		15.64	47.30	0.90	46.40	

地　区	书架单层总长度（米）	本年新增藏量（万册）	本年新增电子图书（万册）	当年购买的报刊种类（种）	有效借书证数（个）	总流通人次（万人次）	书刊文献外借人次	书刊文献外借册次（万册次）	组织各类讲座次数（次）
全　国	**2630778**	**711.48**	**469.06**	**165286**	**5951961**	**8830.33**	**3073.76**	**10917.42**	**4825**
北　京	97195	38.13	16.59	6229	443777	514.42	58.32	252.48	209
天　津	85621	57.68	0.65	12010	496475	262.24	89.99	380.87	187
河　北	71800	16.28	239.13	5664	271326	231.99	44.23	107.87	230
山　西		17.00	0.70	2711	33920	294.00	81.84	202.63	156
内蒙古	84320	19.33	7.56	2551	37784	56.83	20.88	22.71	9
辽　宁	129822	36.84	26.86	5097	142978	92.88	39.32	100.15	66
吉　林	101196	18.68		7046	143826	109.37	26.60	51.96	45
黑龙江	52905	7.47	24.38	2664	214300	266.46	101.35	185.89	250
上　海	318619	52.57	3.44	16731	859048	1581.95	1408.33	6580.06	260
江　苏	260000	44.04	0.09	7880	502308	310.49	119.27	163.77	122
浙　江	62322	24.65	21.04	8397	64740	259.03	37.50	142.19	94
安　徽	60168	13.50	9.18	3051	199356	153.46	115.37	182.63	252
福　建	55413	21.98	21.51	5934	162677	300.62	53.84	382.76	248
江　西	2200	12.45	2.21	4311	254204	132.00	60.29	80.47	58
山　东	136001	29.47	10.60	6044	59398	156.94	68.54	111.93	259
河　南	46016	10.35	0.45	3699	72132	216.42	78.77	158.69	50
湖　北	163732	60.42	9.26	5822	238123	294.08	78.84	220.46	109
湖　南	80805	29.95	10.22	3203	309559	328.52	69.08	301.13	591
广　东	261700	58.71	0.01	9524	292396	1320.49	140.84	309.93	764
广　西	42028	35.72	21.63	9181	197434	459.10	63.31	196.88	82
海　南	33947	13.31	3.38	3025	144775	311.36	45.87	146.02	64
重　庆	44300	17.53	23.22	5105	277590	366.13	37.71	126.59	138
四　川	41571	10.24	0.50	4449	25897	5.02	0.47	2.25	32
贵　州	62906	7.95	1.00	3102	71432	42.00	15.00	28.00	56
云　南	129035	8.90	10.00	4542	104132	248.71	27.52	55.04	118
西　藏	22708	1.10	0.03	1272	7800	3.00	0.50	0.50	46
陕　西	89448	19.45		4982	99081	265.57	75.41	219.12	156
甘　肃	8640	16.31	3.80	4410	125235	145.32	44.57	90.32	86
青　海	37286	1.28		1672	48776	13.03	13.03	14.34	30
宁　夏	39896	5.50		1800	50632	72.90	45.68	82.76	47
新　疆	9178	4.68	1.60	3178	850	16.00	11.50	17.00	11

为读者举办各种活动					开展基层培训辅导人次（万人次）	本单位受训人次（万人次）	计算机（台）	供读者使用电子阅览室终端数	图书馆网站访问量（页次）	本年收入合计（千元）
参加人次（万人次）	举办展览（个）	参加人次（万人次）	举办培训班（个）	培训人次（万人次）						
105.61	**2109**	**1129.73**	**3541**	**36.72**	**26.24**	**3.10**	**19678**	**7777**	**375528408**	**3455415**
2.36	49	55.01	18	0.05	0.24	0.05	773	317	23673323	223346
3.23	47	87.75	20	0.03	0.31	0.12	1570	506	2200123	169616
3.50	43	35.00	33	0.51	0.50	0.16	580	153	12600000	47950
2.90	27	98.00	16	0.03	0.19	0.06	227	156	310000	63365
0.40	1	0.20	10	0.19	0.07	0.01	473	305	4032763	120215
1.63	38	32.54	128	0.43	0.65	0.05	641	370	12289344	86006
0.85	20	11.33	8	0.04	0.47	0.00	792	405	1298198	82632
1.90	99	21.14	370	0.89	1.04	0.06	713	458	5950022	105016
4.71	95	33.51	208	3.40			2779	362	81289396	493288
3.90	86	108.96	445	0.26	5.20	0.12	1163	360	21551975	157335
1.62	30	31.76	44	0.17	0.22	0.00	540	200	31811739	130012
25.77	19	10.26					366	182	12129400	47200
4.83	74	40.28	171	1.12	0.08	0.06	936	477	19520981	76062
0.99	260	85.19	48	0.80	0.11	0.01	320	80	9176896	65511
2.64	47	5.71	123	1.83	0.07	0.02	589	300	8498200	84781
0.61	91	15.18	469	3.61	3.24	0.01	328	184	695918	57690
4.67	54	43.92	53	0.28	0.25	0.39	974	536	3000000	208034
4.98	52	9.30	315	9.30	1.38	1.15	516	153	29071916	87481
12.53	476	186.49	417	5.53	0.09	0.01	920	239	6652753	145497
1.72	274	123.59	89	1.26	0.13	0.31	636	301	5613132	146589
1.28	14	2.80	108	0.53	0.02	0.01	300	195	13853031	56613
2.38	86	52.14	229	2.74	0.02	0.24	728	412	7910068	95457
1.07	8	2.86	17	0.19	1.41	0.02	240	30	426786	243842
1.60	10	1.30	15	0.30	2.10	0.05	336	181	25566502	45846
4.12	14	5.00	65	2.10	1.20	0.01	391	301	143853	37324
0.84			4	0.03			80	80		50464
4.01	41	19.22	72	0.56	6.28	0.14	450	187	34884057	79033
1.78	34	7.74	11	0.10	0.48	0.03	555	169	1100000	98341
0.60	4	0.36	10	0.04			117	58	24000	34495
2.00	15	2.20	10	0.10	0.36	0.02	224	120	163117	65026
0.20	1	1.00	15	0.30	0.15	0.01	421		90915	51348

地区	财政补贴收入	购书专项经费	上级补助收入	事业收入	经营收入	附属单位上缴收入	其他收入	本年支出合计(千元)	基本支出
全国	**3257560**	**602475**	**4403**	**129085**	**14914**		**49453**	**3374630**	**1252203**
北京	214969	37886		6035	591		1751	214468	100579
天津	156324	39670	2362	7982			2948	156855	138234
河北	46406	10000					1544	47541	17394
山西	62627	8000	5		593		140	71180	19919
内蒙古	119328	8000					887	120528	20401
辽宁	84785	23022		957			264	90655	50983
吉林	82363	15000			210		59	90129	25604
黑龙江	104998	5500					18	105016	27861
上海	407625	145000		83248	1572		843	472320	193287
江苏	147215	45000		3455	515		6150	150271	62503
浙江	118036	30000		7779	2004		2193	134983	62156
安徽	46221	5998	418				561	49134	25273
福建	73183	12000	103	2277			499	72386	34637
江西	65511	13000						73360	17196
山东	84288	12300		411			82	85787	37240
河南	55773	11500			1528		389	51768	21436
湖北	208034	47761						208034	39803
湖南	80465	8900		2436	3173		1407	66370	36989
广东	133019	40923		2855			9623	155486	55540
广西	140207	18840	1300	580			4502	143589	31794
海南	55974	3834					639	57527	11995
重庆	85875	11700		9582				79260	41266
四川	240478	5941		38			3326	203677	27549
贵州	45776	4500					70	46680	18746
云南	34036	7500			2918		370	52908	18662
西藏	50464	1500						27642	10054
陕西	76115	10000			633		2285	86344	28027
甘肃	95656	11000		555	1177		953	108673	23512
青海	34248	1200	215				32	24726	15179
宁夏	64598	3800					428	44383	25316
新疆	42963	3200		895			7490	82950	13068

项目支出	经营支出	在支出合计中：								
		工资福利支出	商品和服务支出	差旅费	劳务费	福利费	各种税金支出	对个人和家庭补助支出	抚恤金和生活补助	其他资本性支出
2108885	**13541**	**730618**	**973711**	**16064**	**53498**	**8883**	**10699**	**323894**	**12445**	**1095221**
113298	591	41006	104939	224	626	843	849	21899	113	45524
18621		40557	46650	220	335	960	577	29548	131	40100
30147		11004	19196	507	2872			6023	149	11318
50669	592	14938	22143	482	2188	4	924	6909	268	27190
100127		13244	26051	546	1481	261		4752	122	73323
39672		16375	38524	441	406	23	84	10423	339	25333
64315	210	12757	37299	301	2081	21		9008	50	27855
77155		14529	23935	717	61			11168	529	55384
278004	1029	149566	179101	1923	6936	2250	2814	11097	1558	132556
87768		41259	35051	519	1581	156	618	21324	159	52637
70823	2004	41130	28571	541	2806	2543	316	12784	60	52498
23861		12754	12349	853	1868	6		11849	18	12182
37749		22506	17518	542	2243		384	10379	105	21983
56164		11540	29370	460	6160	198		8058	2358	15410
48547		23143	32398	310	2078	21	17	12967	40	17279
28804	1528	14313	14604	229	1659	234	261	6011		16840
168231		28071	42682	454	6487	448	640	10841	334	126440
26208	3173	19876	16836	286	1721	38	545	11929	155	14556
99946		29424	38377	319	791		1148	25460	494	62225
111795		27790	25928	857	442	630	595	14764	163	50430
45531		9054	28810	674	305		51	942		18721
37994		22206	20738	1692	1498	126	269	11239	690	25077
176128		19801	21758	150	1057	104	459	8889	141	11631
27934		12028	20771	416	1			5828		8053
31642	2604	12485	21710	471	588			6211	53	12502
17588		7423	1243	132		2		1389		17587
57684	633	19110	20918	241	793		89	6840	2398	11867
83984	1177	12584	22006	381	3921			7512	837	65531
9547		8759	3829	1035	468	3	5	5905	320	6233
19067		14233	14059	118	45			6829	854	9262
69882		7153	6347	23		12	54	5117	7	27694

地区	各种设备购置费	新增藏量购置费	新增数字资源购置费	资产总计（千元）	固定资产原值	实际使用公用房屋建筑面积（万平方米）	书库面积	阅览室面积	书刊阅览室面积
全　国	**890357**	**474192**	**128469**	**14420683**	**10382465**	**168.26**	**39.47**	**46.90**	**40.99**
北　京	45524	35027	5763	1437817	813540	9.40	1.31	2.65	2.50
天　津	40100	28508	5079	588458	440561	12.78	2.03	5.04	2.64
河　北	11318	6550	3450	145767	108456	5.06	1.12	0.93	0.86
山　西	27190	3499	6044	176896	114092	8.03	1.29	1.71	1.67
内蒙古	73323	6592	1500	317637	192554	2.80	0.58	1.27	1.21
辽　宁	25333	15916	7442	401587	385576	10.32	1.74	3.81	3.32
吉　林	21939	11973	3027	155823	127193	6.32	1.02	2.11	2.05
黑龙江	55384	5500	2000	303653	303653	3.39	0.34	0.90	0.80
上　海	127558	101351	17087	2923480	2656793	13.05	6.07	1.36	1.30
江　苏	49360	38788	4364	720720	602292	9.69	1.03	1.80	1.69
浙　江	43480	21937	15972	600030	509476	5.45	2.45	1.07	1.02
安　徽	12182	5998	117	228298	206181	3.69	0.77	0.90	0.75
福　建	19856	11767	4080	302365	233544	2.97	0.78	0.96	0.75
江　西	15410	4706	3789	152610	113330	2.25	1.52	0.71	0.70
山　东	14259	11246	2423	441400	416831	4.49	1.80	1.50	1.47
河　南	15399	7600	3450	171050	147676	3.89	1.04	1.46	1.38
湖　北	52376	43716	8660	1088374	238029	10.23	1.80	4.20	3.90
湖　南	13508	8400	973	217691	156860	4.40	1.33	1.17	1.13
广　东	45708	33254	7526	1148253	832466	9.03	1.88	1.53	1.49
广　西	50430	17230	8414	402247	278454	7.85	1.34	1.81	1.66
海　南	18721	3834	300	103944	57680	2.79	0.57	1.31	1.13
重　庆	24439	7365	4416	225197	187248	5.62	1.07	1.47	1.05
四　川	11631	5500		470252	116350	5.19	0.52	1.45	1.38
贵　州	8053	4500		91077	71752	2.52	1.66	0.86	0.83
云　南	9635	7500		276375	253631	3.04	0.75	0.82	0.75
西　藏	6797	1500	5297	67310	37109	1.75	0.42	0.34	0.26
陕　西	11867	10000	128	434947	312524	4.48	0.58	1.72	1.62
甘　肃	19973	7350	3709	423247	243907	4.03	1.13	0.87	0.65
青　海	6156	900		83608	56829	1.43	0.39	0.15	0.11
宁　夏	9262	2985	3459	100879	69854	2.33	1.18	1.05	0.96
新　疆	4186	3200		219691	98024				

							图书馆延伸服务情况		
电子阅览室面积	实际拥有产权面积（万平方米）	阅览室座席数（个）	少儿阅览室座席数	盲人阅览室座席数	志愿者服务队伍数（个）	志愿者服务队伍人数	流动服务书刊借阅人次（万人次）	流动图书馆车书刊借阅册次（万册次）	分馆数量（个）
2.78	**104.64**	**73222**	**10058**	**994**	**829**	**46108**	**332.00**	**472.66**	**1179**
0.16		2924	485	41	46	4618	0.15	3.50	18
0.25	0.14	4682	415	12	78	826	0.74	0.10	1
0.07	5.06	3070	280	22	5	500	4.70	6.10	
0.04	8.03	3237	212	212	17	3158			165
0.06	3.50	1593	527	48	185	185	16.63	1.50	
0.49		5340	296	80	16	4100	16.86	45.13	174
0.06	1.40	3000	120	8	20	480	14.19	18.74	1
0.10	3.05	1488	170	27	7	183	72.64	90.33	70
0.03	12.11	2316	448	14	92	1256	2.65	6.10	275
0.10	3.40	2528	206	32	1	200	24.69	22.05	56
0.06	4.92	1570		120	3	157	24.89	35.77	19
0.06	3.69	1659	278	24			6.85	6.05	6
0.07	6.00	2122	1056	33	37	3849	32.85	30.84	61
0.01		1411	160	20	10	12000	38.20	48.60	52
0.03	3.84	1884	164	20	3	90	18.53	19.42	2
0.08	2.95	2074	932		1	66			9
0.30	10.23	5293	750	24	1	124	4.41	4.45	
0.04	4.29	2258	770	24	276	9119	0.34	0.49	51
0.04	0.90	7467	410	10	6	604			88
0.08	5.12	2554	281	26	4	1280	22.78	43.52	18
0.06	2.79	1670	380	9			0.66	2.20	
0.08	0.60	2379	755	26	5	1777	12.01	50.70	18
0.07	5.19	2033	140	8	1	550	0.89	1.82	18
0.03	2.74	1071	95	20	2	210	5.16	7.26	25
0.08	3.04	1324	88	46	3	49	5.56	11.12	14
0.07	2.97	300	45				0.50	0.50	5
0.10		1927	252	14	3	528	0.32	0.79	20
0.06	3.92	1598	150	30	6	189	1.76	5.26	3
0.02	1.43	970	43	14			2.83	9.96	
0.10	3.32	1480	150	30	1	10			2
							0.20	0.35	8

2015年各地区地市级

地区	机构数（个）	从业人员（人）					总藏量（万册）		
			专业技术人才					图书	
				正高级职称	副高级职称	中级职称			盲文图书
全国	**364**	**14447**	**11493**	**290**	**1781**	**5491**	**22221.68**	**18254.50**	**21.54**
北京									
天津									
河北	12	491	441	27	78	164	820.52	602.63	1.75
山西	7	300	184	5	28	88	262.95	207.07	1.32
内蒙古	12	552	493	3	120	221	468.91	407.49	2.38
辽宁	22	1167	962	34	140	511	1813.17	1402.37	0.65
吉林	10	542	475	27	125	198	738.35	616.69	0.41
黑龙江	11	530	424	40	103	205	753.29	582.30	0.28
上海									
江苏	16	962	714	19	115	355	2015.32	1712.14	0.86
浙江	14	1078	698	25	116	307	1901.42	1596.95	0.98
安徽	21	511	399	3	39	176	681.38	524.38	1.74
福建	12	431	339	5	36	150	787.27	606.31	0.69
江西	11	359	269	1	39	111	619.96	520.89	0.84
山东	17	810	742	28	141	316	1308.52	1114.04	0.94
河南	18	778	598	7	85	252	904.24	736.57	0.95
湖北	16	667	601	9	98	342	1084.84	913.10	1.55
湖南	16	502	396	4	56	220	627.59	538.56	0.34
广东	27	1641	1403	31	134	717	3406.49	3067.57	1.53
广西	15	443	358		32	207	819.19	459.97	0.33
海南	4	65	54			17	106.13	94.62	0.15
重庆									
四川	22	683	452	6	62	225	1081.16	885.00	1.55
贵州	10	294	246	5	43	97	285.09	236.90	0.40
云南	18	479	395	6	76	199	439.42	340.58	0.46
西藏	4	30	12			7	43.95	34.60	0.10
陕西	7	281	186	1	34	111	304.29	274.57	0.39
甘肃	16	320	208	1	20	83	271.15	214.96	0.26
青海	7	109	79		14	39	89.03	84.43	0.15
宁夏	5	144	114	1	11	55	183.62	131.62	0.17
新疆	14	278	251	2	36	118	404.45	348.21	0.38

公共图书馆基本情况

古籍		报刊	视听文献	缩微制品	其他	在藏量中		电子图书（万册）	本馆自建	本馆外购	免费共享
	善本					开架书刊	少儿文献				
678.34	**39.47**	**1887.10**	**541.69**	**7.26**	**852.80**	**11532.59**	**2718.77**	**49412.48**	**202.86**	**45500.77**	**3708.84**
44.65	1.55	82.60	18.51	4.31	67.82	485.98	72.07	301.20	10.43	285.77	5.00
15.72	1.56	32.86	3.67		3.63	105.76	29.03	333.13	20.01	72.08	241.04
10.51	0.33	38.22	5.84	0.00	6.84	230.28	26.35	221.91		88.21	133.70
81.78	2.80	165.03	48.55	0.13	115.31	937.91	208.37	335.96	5.18	277.78	53.00
20.76	1.72	69.93	19.04	0.14	11.80	239.92	28.11	2496.42	1.54	2493.62	1.26
30.01	1.49	119.80	17.27	0.05	3.86	374.71	47.87	388.74	14.27	334.99	39.48
134.61	9.71	117.28	36.31	1.05	13.93	1100.51	225.80	1591.70	1.09	1344.30	246.31
54.60	4.24	109.59	124.55	0.01	15.73	1082.78	270.26	34334.07	9.38	33934.49	390.20
15.97	0.73	56.31	6.91		77.81	284.50	73.56	1098.28	0.20	1063.59	34.50
10.13	0.64	77.63	19.78	0.03	73.40	402.03	148.93	462.39	1.86	460.48	0.05
16.38	1.74	56.09	8.50	0.04	18.07	201.92	58.07	187.10	11.00	171.00	5.10
40.57	2.08	118.38	8.38	0.50	26.65	846.40	134.44	1145.23	0.16	1027.24	117.83
45.09	4.20	112.95	6.31	0.59	2.73	458.52	74.22	335.81		232.31	103.50
39.41	1.15	94.04	14.08	0.13	24.08	698.36	95.43	1101.65	8.64	279.94	813.07
14.94	0.56	58.48	12.57	0.14	2.92	326.28	47.48	213.04	47.09	75.94	90.00
24.67	1.06	163.94	131.26	0.02	19.02	1858.65	839.73	1968.61	34.97	1462.49	471.15
8.55	0.72	92.02	8.75	0.00	249.90	319.06	85.70	643.95		406.99	236.96
0.58	0.01	8.95	1.93	0.01	0.05	72.55	8.54	67.12		37.12	30.00
46.46	1.56	105.75	31.54	0.08	12.35	499.15	118.66	582.05	2.12	518.19	61.74
2.12	0.06	40.98	2.82		2.27	159.83	21.07	122.73	5.00	107.33	10.40
6.50	0.04	66.60	5.11	0.00	20.64	186.95	24.04	896.01	0.15	446.82	449.04
0.10		1.41	0.04		7.80	11.66	1.39	20.75		10.75	10.00
4.84	0.22	17.30	2.66		4.92	184.18	13.70	214.57	4.01	78.56	132.00
7.83	1.03	24.55	1.61	0.01	22.19	151.16	11.43	43.31	1.00	41.81	0.50
0.70	0.08	2.34	0.32	0.02	1.22	30.80	10.46	71.70		69.70	2.00
0.21	0.20	10.79	0.43		40.57	45.44	13.90	63.05		63.05	
0.66	0.00	43.29	4.97		7.32	237.31	30.19	172.01	24.76	116.23	31.02

地　　区	书架单层总长度(米)	本年新增藏量(万册)	本年新增电子图书(万册)	当年购买的报刊种类(种)	有效借书证数(个)	总流通人次(万人次)	书刊文献外借人次	书刊文献外借册次(万册次)	组织各类讲座次数(次)
全　　国	**4496292**	**1527.70**	**26924.90**	**310218**	**26424893**	**17424.96**	**6811.02**	**14544.62**	**15966**
北　　京									
天　　津									
河　　北	147960	41.24	26.59	9379	347056	667.03	294.94	431.64	786
山　　西	52656	23.33	35.72	2835	495445	139.57	52.11	73.75	242
内 蒙 古	71757	14.03	26.30	9152	134619	277.70	80.46	205.27	228
辽　　宁	154176	88.91	19.62	24885	616393	1102.17	347.76	824.19	1096
吉　　林	78424	33.38	51.60	8952	559880	293.31	167.42	317.56	490
黑 龙 江	242305	31.29	198.73	10804	236135	333.05	84.76	221.85	136
上　　海									
江　　苏	612375	146.12	260.55	22247	6414447	2419.61	916.45	1819.23	914
浙　　江	272147	139.29	24391.38	25689	10210994	2037.73	803.16	1907.59	1096
安　　徽	118836	75.70	286.10	12025	417359	547.34	240.71	424.24	732
福　　建	114631	64.69	30.84	9223	431490	827.34	358.27	856.29	1387
江　　西	46670	34.82	21.21	7664	325485	341.15	216.42	382.32	297
山　　东	272447	95.74	51.72	21975	812135	1019.09	482.13	769.86	1041
河　　南	124857	35.27	158.77	13024	424378	929.08	371.99	619.45	950
湖　　北	186636	52.35	84.40	12252	662653	757.32	372.98	788.87	709
湖　　南	91782	34.29	56.01	10381	311303	369.90	198.05	386.64	951
广　　东	494745	316.07	527.18	40380	2794008	2765.12	735.17	2305.32	1581
广　　西	109842	80.14	53.22	11120	174544	592.22	138.42	296.15	470
海　　南	6931	4.39	13.30	1872	57032	74.49	12.70	30.38	75
重　　庆									
四　　川	976372	69.74	81.58	13956	333139	695.46	312.33	624.62	853
贵　　州	28425	11.98	2.60	5603	105179	155.38	106.21	145.44	389
云　　南	106487	23.52	72.64	8499	140437	296.83	137.98	378.74	504
西　　藏	1733	21.68	13.75	1278	2742	7.63	1.08	1.83	11
陕　　西	58829	17.50	365.06	5752	107137	262.55	95.46	156.82	256
甘　　肃	51353	15.20	19.20	4880	64062	194.97	117.77	231.45	293
青　　海	11219	9.29	4.20	1563	63450	52.32	33.48	42.61	50
宁　　夏	21830	5.43	30.02	2625	60981	88.11	50.63	112.74	86
新　　疆	40867	42.32	42.64	12203	122410	178.51	82.23	189.78	343

为读者举办各种活动					开展基层培训辅导人次（万人次）	本单位受训人次（万人次）	计算机（台）	供读者使用电子阅览室终端数	图书馆网站访问量（页次）	本年收入合计（千元）
参加人次（万人次）	举办展览（个）	参加人次（万人次）	举办培训班（个）	培训人次（万人次）						
269.67	**4527**	**1441.91**	**9349**	**58.83**	**15.65**	**5.67**	**46100**	**26431**	**210405427**	**3774644**
8.93	167	64.34	264	1.13	0.11	0.07	1644	923	3717117	134509
3.93	54	6.90	40	0.27	0.03	0.12	1003	638	266823	39427
4.02	82	14.49	38	0.45	0.30	0.06	1949	1196	900397	120845
9.45	311	80.46	1187	3.20	0.79	0.24	2984	1374	22936380	240901
8.19	73	37.76	220	2.29	0.19	0.26	1407	626	2233777	112829
2.22	107	23.45	176	1.69	0.36	0.12	1467	873	908647	82474
20.48	281	56.31	225	1.26	0.73	0.26	2950	1546	5980210	354667
24.61	460	105.01	2672	11.59	0.29	0.14	2724	1430	17073704	377786
12.16	198	37.89	178	0.89	0.14	0.08	2583	1726	8193969	112235
8.67	166	40.70	303	1.03	0.18	0.53	1457	879	9988490	142263
8.41	120	15.93	132	0.85	0.49	0.04	1212	607	1136264	89054
17.19	260	36.88	416	3.26	0.17	0.48	3225	1706	16866009	234632
13.80	240	59.28	165	1.61	0.29	0.37	2641	1712	6115938	148896
12.34	147	24.05	220	4.61	0.48	0.58	1551	830	11466922	134512
23.46	132	30.52	312	2.13	0.14	0.12	1216	779	10374094	85950
32.36	684	610.05	1390	8.61	1.91	1.33	5690	2970	24595463	685832
10.30	202	36.51	267	0.95	1.02	0.33	1349	846	15484637	120232
1.46	17	6.22	4	0.05	0.03	0.01	296	186	165785	16850
18.32	208	46.51	341	3.45	2.28	0.11	2125	1200	43530129	139490
1.49	37	2.70	20	0.16	0.08	0.17	624	350	3471220	59951
6.66	189	51.75	258	2.85	0.52	0.14	1771	1111	3213989	84583
0.16	15	0.85	3	0.01		0.00	255	216	45502	9870
2.95	132	26.35	70	0.30	0.19	0.04	704	409	418856	45785
8.84	88	4.76	22	0.17	0.06	0.02	866	502	649530	51466
0.59	17	1.65	40	0.18	0.01	0.02	456	393	498841	37792
1.05	10	1.52	21	0.23	0.01	0.02	594	400	98806	36087
7.68	130	19.08	365	5.63	4.87	0.03	1357	1003	73928	75726

地　区								本年支出合计(千元)	
	财政补贴收入	购书专项经费	上级补助收入	事业收入	经营收入	附属单位上缴收入	其他收入		基本支出
全　国	**3659182**	**501191**	**38156**	**24441**	**2816**	**8**	**50041**	**3724539**	**2094328**
北　京									
天　津									
河　北	133855	14120	90	120			444	124493	91794
山　西	39405	3830			8		14	39776	26516
内蒙古	118052	11160	130	47			2616	121344	98963
辽　宁	235271	34332					5630	226315	148288
吉　林	108842	15590	293				3694	103433	76289
黑龙江	82347	7623		45			82	103808	78176
上　海									
江　苏	350006	49155	980	156			3525	350895	167320
浙　江	369348	55702	70	2639			5729	380833	155133
安　徽	108805	22937	1738	1310			382	109591	67498
福　建	121456	15092	1798	9021	2467		7521	119047	56135
江　西	87640	8900	944	374		8	88	73001	50945
山　东	230372	36210	3659				601	235664	124297
河　南	148031	13205					865	135855	79058
湖　北	126179	15401	475	3682			4176	135532	83146
湖　南	82228	8606	1844	248			1630	85361	66304
广　东	677605	129800	2392	1938			3897	697393	313084
广　西	110751	14824	8793		341		347	124692	53387
海　南	15516	280		1275			59	17076	7663
重　庆									
四　川	137063	12148	911				1516	139648	76332
贵　州	54282	4060	1900	1276			2493	58990	45113
云　南	77935	6337	2332	1008			3308	80221	56338
西　藏	8724	310	1146					9870	5854
陕　西	44789	9740	746	102			148	45351	34298
甘　肃	48423	3830	2243	800				47831	41442
青　海	36346	1156	1441				5	36785	21830
宁　夏	33594	1356	2251				242	46173	27572
新　疆	72317	5487	1980	400			1029	75561	41553

项目支出	经营支出	在支出合计中：								
		工资福利支出	商品和服务支出	差旅费	劳务费	福利费	各种税金支出	对个人和家庭补助支出	抚恤金和生活补助	其他资本性支出
1614642	**6851**	**1188246**	**911148**	**20172**	**67219**	**9787**	**4189**	**484061**	**14291**	**1140305**
32673	26	40910	40180	385	212	298	24	14024	574	29379
13252	8	16148	7107	201	1845	84		6634	7	9887
22381		49087	30615	913	2217	388	1	19416	885	22226
78027		86628	58610	725	3228	61	54	34946	1188	46124
27144		40067	21198	391	1590	17	63	23293	811	18875
25632		39556	22060	417	2053	174		23442	591	18750
183575		94940	106020	2315	14553	834	417	37592	278	112343
225700		104923	89126	2078	10968	3237	311	28693	130	158091
41893	200	33936	27566	387	767	80		9482	43	38607
61452	1460	36857	22093	560	2297	315	58	13167	753	46404
22056		24408	19299	458	855	77	358	14972	514	14322
111367		69769	35881	406	2772	45	22	27197	1129	102817
56797		42001	31922	799	4047	434	592	18181	1139	43751
52386		47962	39423	1446	1017	195	559	21644	489	26503
19057		33393	18200	629	1443	556	125	13669	1822	20099
383937		190410	202115	1554	6174	1351	1525	75381	463	228682
71021	284	33459	16752	914	377	87	21	14005	659	59455
9413		6984	5961	65	785		4	1003		3128
63317		51326	33103	1689	3013	300	20	18301	764	36920
13877		21343	13748	618	993	235		16789	381	7110
23883		35256	17470	620	1696	411	11	13180	507	15988
4016		2314	1120	128				184		6157
11053		20316	8288	251	1113	178	19	2699	46	14048
6389		18838	8824	342	376	175		10630	845	9539
14916	40	9054	12382	296	755	1	2	6352	64	8997
10253		14849	5297	178	157	3		6141	141	19886
29175	4833	23512	16788	1407	1916	251	3	13044	68	22217

续表 3

地区	各种设备购置费	新增藏量购置费	新增数字资源购置费	资产总计（千元）	固定资产原值	实际使用公用房屋建筑面积（万平方米）	书库面积	阅览室面积	书刊阅览室面积
全国	**862995**	**448371**	**126194**	**11537350**	**10021856**	**385.14**	**73.60**	**106.29**	**85.70**
北京									
天津									
河北	26554	14806	2174	336454	277071	13.25	2.61	3.46	3.08
山西	7049	5322	694	215861	204465	8.05	1.15	2.87	2.46
内蒙古	20553	11042	6292	490396	441018	14.13	2.01	3.41	2.74
辽宁	39969	19342	13180	689099	587713	22.69	3.77	5.51	3.52
吉林	18573	14532	287	340798	286375	10.90	1.78	2.70	2.15
黑龙江	15984	6611	1452	295969	246296	11.64	2.52	2.68	2.22
上海									
江苏	90090	46890	8032	991434	836466	31.16	5.87	8.61	7.34
浙江	113067	55144	11915	965057	814097	26.90	4.91	7.12	6.12
安徽	33331	19802	6934	366172	348464	16.53	3.90	6.56	4.83
福建	40602	15724	4130	341655	282614	10.33	1.93	4.08	3.71
江西	10036	7586	682	189986	153692	11.54	2.60	3.89	2.90
山东	65274	29916	6185	681808	591268	33.32	6.59	8.66	6.04
河南	29254	10700	4476	344095	254213	21.66	4.36	4.30	3.28
湖北	23489	14862	4890	573308	450226	20.33	4.09	3.72	3.06
湖南	15701	9847	2502	211978	184448	12.68	4.26	3.42	2.75
广东	174156	106918	33586	2684107	2504100	55.11	7.25	17.09	15.34
广西	43400	12901	4181	247235	216262	10.93	2.16	2.38	1.97
海南	548	325	48	67664	43608	1.70	0.51	0.33	0.25
重庆									
四川	27351	13664	4078	408872	329914	13.72	3.59	3.60	2.84
贵州	5385	3501	981	98493	91308	4.34	1.24	1.63	1.10
云南	15440	6782	2030	214630	189834	8.40	1.82	2.34	1.62
西藏	3495	3425		26445	25001	0.99	0.09	0.24	0.14
陕西	11914	6885	2864	176655	163939	4.76	1.16	1.87	1.75
甘肃	7611	3717	2457	236462	227578	5.44	1.05	1.95	1.64
青海	8113	2198	490	31712	27380	2.25	0.43	1.17	0.95
宁夏	6717	2068	1627	145521	135956	4.23	0.69	0.80	0.50
新疆	9339	3861	27	165484	108550	8.17	1.28	1.92	1.41

电子阅览室面积	实际拥有产权面积（万平方米）	阅览室座席数（个）	少儿阅览室座席数	盲人阅览室座席数	志愿者服务队伍数（个）	志愿者服务队伍人数	图书馆延伸服务情况		
							流动服务书刊借阅人次（万人次）	流动图书馆车书刊借阅册次（万册次）	分馆数量（个）
11.86	**194.42**	**228284**	**52005**	**5078**	**1046**	**41220**	**1163.07**	**1906.12**	**3005**
0.34	8.21	5699	1072	156	13	1278	15.17	42.66	51
0.25	6.24	3810	508	85	5	272	4.99	6.50	30
0.49	5.15	8820	1403	169	6	891	12.53	27.92	57
0.71	12.84	10698	2875	259	66	4321	180.68	375.52	559
0.21	6.10	6186	752	120	13	445	85.68	135.84	24
0.35	2.60	7167	896	59	13	1060	28.95	55.36	156
0.55	13.83	15970	3961	244	77	3942	72.03	81.48	231
0.62	12.18	12933	4620	238	71	6331	122.24	261.75	192
0.75	10.75	13465	3407	350	22	1471	13.22	24.35	214
0.32	4.04	8828	2858	135	11	289	54.85	105.85	274
0.37	5.52	7402	1598	441	41	160	44.14	38.21	17
0.86	17.76	15965	2894	353	21	1220	39.49	60.85	194
0.82	17.13	12935	2595	530	19	568	35.07	62.59	44
0.51	13.11	10655	2515	224	53	1416	52.75	74.44	140
0.58	9.16	7645	1960	102	46	1263	8.03	12.63	139
1.62	10.20	31814	8018	255	232	11423	155.62	190.45	367
0.35	3.40	6870	1985	118	162	843	12.24	42.04	25
0.06	2.04	1108	290	18	6	595	2.85	7.23	2
0.47	10.17	10028	2166	348	28	2074	44.08	81.19	99
0.16	3.80	4268	783	145	29	138	43.11	26.93	13
0.50	5.02	6463	1269	367	91	346	54.46	69.15	42
0.08	0.44	748	62	4		3	0.10	0.08	3
0.12	5.32	3545	320	75	5	414	15.71	17.48	58
0.21	3.43	5124	1095	71	2	26	8.38	20.21	5
0.15	0.43	1311	328	42	1	33	5.75	5.27	
0.13	2.46	2244	504	54	3	110	23.72	47.13	25
0.29	3.09	6583	1271	116	10	288	27.26	33.04	44

2015年各地区县市级

地　区	机构数（个）	从业人员（人）					总藏量（万册）		
			专业技术人才					图书	
				正高级职称	副高级职称	中级职称			盲文图书
全　国	**2734**	**32559**	**21114**	**139**	**1671**	**9462**	**38724.33**	**32756.03**	**50.85**
北　京	23	898	711	3	45	254	1653.03	1504.91	0.27
天　津	29	631	549	3	68	223	747.93	685.44	0.66
河　北	159	1182	717	7	70	336	1115.54	974.59	1.89
山　西	118	1043	650	6	21	300	965.43	793.64	1.17
内蒙古	104	1230	978	8	120	403	765.82	645.65	0.48
辽　宁	106	1417	997	16	81	590	1288.99	1091.68	1.17
吉　林	55	853	692	5	90	360	587.14	478.68	0.60
黑龙江	95	963	793	19	169	404	722.89	645.96	0.39
上　海	23	1340	1014	3	34	324	1922.78	1772.60	0.83
江　苏	97	1707	1061	9	108	451	3739.19	3366.39	3.93
浙　江	85	2154	1191	17	111	561	3699.83	3292.08	2.89
安　徽	100	822	516	1	26	196	946.41	805.22	3.93
福　建	76	675	441	1	20	208	1651.72	1295.85	0.62
江　西	102	890	470	10	20	186	1194.04	908.32	4.84
山　东	136	1721	1434	6	187	696	2621.56	2239.25	5.18
河　南	138	1966	820	2	28	411	1210.27	1003.52	1.16
湖　北	95	1257	869	1	37	541	1207.46	983.25	1.55
湖　南	119	1259	805	1	45	410	1365.68	1085.37	6.28
广　东	112	2220	1094	9	44	445	2803.87	2405.31	1.30
广　西	94	749	525		8	184	1157.48	815.01	0.28
海　南	16	145	99			20	180.15	156.92	0.01
重　庆	41	580	359	7	40	141	888.07	761.47	2.73
四　川	180	1336	735	2	25	260	1724.64	1417.59	2.47
贵　州	85	604	405	1	19	126	742.80	585.09	1.17
云　南	132	1162	1004		152	527	1177.54	919.73	2.19
西　藏	74	103	38			1	71.18	56.11	0.04
陕　西	102	1532	836	1	17	356	737.99	608.71	1.18
甘　肃	85	913	453	1	28	180	639.06	470.42	0.58
青　海	41	209	146		7	72	156.49	129.14	0.19
宁　夏	20	282	188		10	87	299.31	260.09	0.44
新　疆	92	716	524		41	209	740.06	598.06	0.46

公共图书馆基本情况

古籍		报刊	视听文献	缩微制品	其他	在藏量中		电子图书（万册）	本馆自建	本馆外购	免费共享
	善本					开架书刊	少儿文献				
483.01	**41.79**	**3223.37**	**613.15**	**46.74**	**1602.03**	**21258.36**	**3819.04**	**28058.24**	**698.81**	**12053.56**	**15305.86**
5.11	0.22	34.17	32.72		76.12	1240.20	182.21	2534.84	0.28	403.89	2130.67
4.50	0.23	39.30	8.60	0.05	10.03	350.76	49.59	357.18	0.01	227.67	129.51
6.21	0.48	76.66	7.07	0.33	50.68	573.07	83.22	474.41	26.94	312.48	135.00
28.34	4.51	102.15	6.68	1.15	33.47	390.28	55.90	142.62	1.20	135.93	5.49
3.26	0.47	76.65	9.69	0.36	30.22	440.09	47.33	273.21	41.44	119.51	112.26
7.57	1.07	51.16	26.43	19.30	92.85	744.41	169.02	291.03	11.41	260.74	18.89
1.05	0.04	44.02	9.73	0.18	53.50	296.51	66.89	159.11	13.46	103.85	41.81
1.47		61.19	4.62	0.13	9.53	377.68	40.67	322.45	0.62	19.38	302.46
10.00	1.19	37.56	95.26	0.01	7.36	1274.26	217.55	445.86	3.68	334.25	107.93
53.89	3.58	221.43	42.21	0.50	54.76	2034.13	438.02	2621.83	49.75	1201.25	1370.83
54.31	2.53	214.00	84.16	0.23	55.05	2345.40	483.52	4850.45	9.62	1197.61	3643.22
11.79	0.37	72.86	26.50	0.29	29.74	431.10	91.19	1943.14	57.65	1747.89	137.60
12.65	1.76	118.46	35.77	0.98	188.02	848.72	167.39	1202.69	56.24	646.11	500.33
25.07	2.91	180.27	9.54	0.79	70.04	496.25	130.07	377.78	13.53	235.63	128.61
26.13	3.03	206.79	23.96	2.93	122.50	1261.60	211.61	689.21	32.48	427.92	228.80
15.38	1.18	155.32	9.93	0.22	25.90	577.92	83.28	706.88	73.06	478.27	155.56
14.92	1.33	151.38	10.26	3.47	44.19	607.67	109.10	638.75	74.84	114.72	449.19
32.76	3.32	180.62	11.75	0.68	54.51	631.09	122.62	376.08	8.39	199.12	168.57
12.79	1.04	158.27	76.49	0.18	150.83	2023.27	336.11	2263.42	6.69	1323.48	933.25
8.17	1.48	231.51	6.94	1.01	94.85	474.06	73.08	183.81	2.16	147.09	34.56
0.64	0.42	20.33	0.87	0.01	1.39	72.57	5.77	253.01	14.01	197.50	41.50
26.68	2.33	60.47	15.90	0.08	23.48	593.62	122.62	842.04	88.88	561.03	192.13
48.79	2.50	166.89	13.90	0.66	76.82	885.63	159.11	1165.67	48.18	682.63	434.85
5.11	0.85	94.52	8.59	0.74	48.75	422.78	66.69	495.76	15.36	217.69	262.71
29.67	1.96	150.93	8.80	11.04	57.37	666.98	95.57	760.16	11.45	364.22	384.49
0.61	0.10	5.99	0.50	0.32	7.66	6.14	5.07	11.01	0.00	0.38	10.63
19.65	0.77	67.15	6.13	0.25	36.11	388.44	53.55	3124.28	1.37	83.49	3039.42
12.68	1.79	105.50	5.57	0.17	44.73	315.83	51.03	93.84	2.76	79.81	11.27
2.45	0.19	11.70	1.98	0.28	10.95	47.77	14.76	57.38	7.70	46.67	3.00
0.84	0.13	29.49	2.93	0.01	5.94	88.60	31.56	11.18	0.58	7.30	3.30
0.54	0.02	96.66	9.70	0.41	34.67	351.55	54.96	389.18	25.08	176.07	188.03

地区	书架单层总长度（米）	本年新增藏量（万册）	本年新增电子图书（万册）	当年购买的报刊种类（种）	有效借书证数（个）	总流通人次（万人次）	书刊文献外借人次	书刊文献外借册次（万册次）	组织各类讲座次数（次）
全　国	**5495294**	**2771.50**	**3391.82**	**599292**	**22623346**	**32248.66**	**13156.35**	**25368.19**	**38428**
北　京	131595	158.05	81.65	15696	592773	749.52	335.95	687.92	1654
天　津	96681	44.42	33.25	11101	239515	526.46	215.69	478.41	607
河　北	271623	64.11	335.43	16264	274340	528.54	256.94	432.31	1026
山　西	109100	40.87	48.86	11078	209608	396.72	171.31	270.96	1316
内蒙古	120489	34.95	22.00	14611	112494	314.43	165.76	346.02	787
辽　宁	160927	52.81	47.52	22608	502173	873.14	364.38	784.05	1159
吉　林	79472	44.13	52.14	8737	180563	329.81	158.48	378.38	362
黑龙江	101909	49.13	12.00	12631	163185	368.28	144.08	280.29	500
上　海	203506	189.15	115.92	32975	2190177	2349.44	514.01	2101.31	2593
江　苏	368081	287.53	258.89	49953	4156420	3271.15	1846.03	2996.84	1971
浙　江	413109	478.79	535.12	50272	6110241	5645.24	1412.43	3676.88	2443
安　徽	106933	101.85	191.33	20321	349705	1038.15	557.44	874.08	1039
福　建	206270	124.51	164.94	19915	430723	1268.37	568.63	1226.10	1256
江　西	157656	44.02	37.43	16581	350687	785.17	414.01	655.80	1100
山　东	331723	133.72	101.48	33623	1017295	1552.94	957.00	1449.48	2372
河　南	180407	78.66	127.12	18174	446065	1087.67	656.05	897.89	1640
湖　北	186996	71.99	77.58	17361	542465	903.18	539.96	807.05	1230
湖　南	234912	70.12	135.78	23281	443199	918.70	556.25	851.91	1507
广　东	418823	181.90	300.44	37975	2157707	3769.07	821.32	1761.94	3675
广　西	201280	33.37	5.53	19183	212244	1013.89	319.26	662.00	1121
海　南	25874	9.42	40.82	3720	17867	59.10	22.92	45.59	96
重　庆	264431	86.56	98.07	18524	422530	868.64	397.37	822.72	1258
四　川	435692	130.86	261.66	36114	593945	1309.60	577.55	990.20	2373
贵　州	108163	41.25	37.37	12802	245723	396.62	186.13	302.96	1161
云　南	226471	60.22	126.57	27906	199955	677.03	368.63	637.88	1457
西　藏	8723	16.62	0.51	585	12844	9.37	3.11	4.19	51
陕　西	92010	41.87	35.18	11098	151010	454.31	218.25	304.80	1162
甘　肃	95083	23.62	26.24	9096	125275	337.82	181.56	266.70	634
青　海	27407	8.52	2.39	3802	21673	46.40	28.72	34.40	110
宁　夏	34277	22.51	0.92	4667	33078	120.74	55.96	106.21	162
新　疆	95671	45.98	77.68	18638	117867	279.18	141.17	232.91	606

为读者举办各种活动					开展基层培训辅导人次（万人次）	本单位受训人次（万人次）	计算机（台）	供读者使用电子阅览室终端数	图书馆网站访问量（页次）	本年收入合计（千元）
参加人次（万人次）	举办展览（个）	参加人次（万人次）	举办培训班（个）	培训人次（万人次）						
551.84	**13819**	**2056.32**	**21212**	**154.36**	**54.60**	**8.70**	**143035**	**92094**	**191569013**	**5483464**
11.79	262	61.96	567	2.85	1.24	0.32	3456	1431	3917804	383560
6.90	167	20.43	275	1.73	0.71	0.29	2144	1466	6534747	219772
15.81	493	35.17	567	4.13	1.54	0.12	5176	3597	8228479	110235
19.03	389	42.72	443	3.96	3.05	0.22	4408	3419	1148804	125074
9.68	223	19.15	254	1.41	0.57	0.15	3834	2694	675557	157525
15.34	425	68.08	469	4.13	0.69	0.11	4078	2515	690168	175270
6.56	147	40.08	210	1.45	0.90	0.20	2592	1518	762704	98899
8.45	278	25.60	234	1.48	0.21	0.07	3810	2490	89785	106452
23.63	303	63.25	799	4.44	0.98	0.35	3766	1986	24259113	459743
36.48	760	117.15	1139	7.10	6.39	0.52	6178	3904	19314872	360468
46.02	1540	268.51	2077	23.25	2.13	0.90	17181	4969	15809943	488418
17.74	386	72.47	763	5.98	8.05	0.22	4726	3695	3757240	112053
15.17	472	61.06	609	3.60	0.55	0.19	3708	2546	12154989	165125
16.66	650	59.70	699	4.78	1.82	0.20	5540	3922	851769	110863
37.58	805	82.10	1085	8.19	2.60	0.35	7539	5358	2605530	247479
26.56	666	49.48	787	6.54	1.29	0.37	6234	4308	1724584	132925
19.19	533	49.44	560	4.78	3.23	0.23	4678	3294	2591852	157637
24.07	369	63.16	797	7.61	2.75	0.16	4783	3467	6413937	156495
52.31	727	254.45	1413	8.19	1.45	0.51	8572	5825	13443530	499160
18.18	493	41.98	1083	7.36	1.21	0.24	4078	2951	339453	93144
0.78	62	6.60	65	0.45	0.28	0.05	862	666	763771	27286
23.27	492	105.79	1864	8.75	2.62	0.66	3448	2487	4121400	161052
37.45	721	148.56	977	7.92	3.86	0.35	7894	5706	7592016	277035
11.22	262	31.90	617	4.29	0.72	0.81	3509	2701	45275116	66695
18.78	632	99.04	991	7.61	2.02	0.23	5173	3823	4493591	151015
0.63	54	2.15	38	0.21	0.06	0.00	1025	709	2457	15445
11.92	530	74.94	887	5.90	1.16	0.23	4488	3324	1439433	154482
8.76	305	36.89	319	2.41	1.07	0.12	3497	2493	580978	96423
0.96	41	2.15	99	0.70	0.07	0.01	1570	973	30144	25309
2.82	37	2.75	119	0.85	0.11	0.26	1288	995	6562	33977
8.10	595	49.61	406	2.33	1.29	0.27	3800	2862	1948685	114448

地区	财政补贴收入	购书专项经费	上级补助收入	事业收入	经营收入	附属单位上缴收入	其他收入	本年支出合计(千元)	基本支出
全国	**5101439**	**522472**	**240093**	**54689**	**8218**	**519**	**78691**	**5401774**	**3593222**
北京	370685	39794	3332	7952	240		1351	381690	191202
天津	216618	12481	548	303			2303	198318	140407
河北	105427	6432	2682	994	95		1037	108203	88579
山西	125066	5915					8	119544	91763
内蒙古	151138	3555	3459	730			2198	156777	148498
辽宁	165362	12229	8262	1632			14	178799	145112
吉林	96112	5735	2158	255			374	100333	81209
黑龙江	100499	7410	4376	1149			428	104360	83663
上海	442647	73089	5101	7347			4648	463238	292961
江苏	328361	45374	13550	4634	7475		6448	364874	251602
浙江	458873	64780	17406	1641		114	10384	487560	253883
安徽	92836	9716	13482	4147			1588	110545	80662
福建	155509	21603	5794	1443			2379	158277	86489
江西	93452	10773	9838	4786	126	154	2507	109630	95237
山东	234531	24742	12032	226			690	243638	169525
河南	128944	9704	1237	1034	5	5	1700	132976	116762
湖北	142075	13385	7363	2103	42	75	5979	159388	108298
湖南	136447	19736	13847	1580	40	50	4716	153312	106198
广东	464383	52484	18790	3397			12590	492296	225037
广西	76381	6283	14017	1022	146		1578	90865	74270
海南	26092	3616	1006	50			138	23473	13903
重庆	151907	17467	8990	23			132	161890	79007
四川	262654	20561	8079	307	40		5955	256275	141955
贵州	52838	3531	9697	2736			1424	66433	53821
云南	136668	7746	11928	456		10	1953	143478	113880
西藏	10134	2045	4940	208			163	13946	12819
陕西	138314	10484	13550	935	9		1674	147745	120249
甘肃	84498	2521	8558	1378		10	1979	96035	83117
青海	22802	2097	2084	262			161	29230	22504
宁夏	29119	2618	2298	1500			1060	37719	26806
新疆	101067	4566	11689	459		101	1132	110927	93804

项目支出	经营支出	在支出合计中：								
		工资福利支出	商品和服务支出	差旅费	劳务费	福利费	各种税金支出	对个人和家庭补助支出	抚恤金和生活补助	其他资本性支出
1788213	**7870**	**2156154**	**1301709**	**34883**	**114035**	**22677**	**4103**	**629758**	**30837**	**1275137**
190127	240	113763	137460	196	958	1289	271	49548	1017	73125
57911		65868	39941	169	1258	739	103	46272	1324	27085
19501	121	57502	17289	336	953	67		10036	582	23276
27479	114	58131	19925	821	1745	200	20	12340	1283	27466
8229	50	84387	24480	1371	1249	646	52	31371	1935	16485
33548	139	90525	39272	682	1831	186	1	28791	678	20867
19124		50546	12863	519	612		5	20231	467	16693
20507	190	51436	15502	674	802	85	1	18835	572	18487
170277		176328	164692	947	9747	4367	420	13704	1000	108514
109349	2289	119139	79662	1755	6432	1348	592	44692	376	119666
233648	29	178634	132499	2307	22587	4127	244	42889	340	132770
29622	241	46272	22435	1127	1206	291	11	14729	760	26029
71581	46	49775	34861	858	6517	300	49	12755	690	63172
12365	256	49824	21840	1532	1153	1088	324	19879	1688	17659
73954	159	115165	35046	1030	1484	88	12	17945	877	74972
16037	177	69462	21858	885	1441	301	74	14892	1185	26769
51032	58	67795	25018	1238	674	547	81	20665	1292	44274
45718	151	65194	48398	1462	1939	1051	223	13924	1552	25838
265822	523	138911	149170	872	22390	1852	481	56598	2506	147127
15975	114	42908	19112	1778	1238	105	234	13648	581	14282
8664	907	9865	5320	287	493	6	403	1059	174	7184
82873	10	40351	45127	5127	9808	2623	65	21181	1043	54089
114204	116	89752	84914	3409	9438	411	8	27021	1445	52828
11692	295	37173	9105	553	1260	77		8131	846	12068
28951	86	72983	27633	985	1765	149		18074	1742	23968
642	363	5853	1034	188	74	23		70	70	6829
26376	542	81606	29728	1110	2150	149	34	14374	2860	22037
12502	50	49166	12372	866	1079	176	46	13068	534	20929
6716	10	14299	3399	275	148	90	50	2001	59	9168
6809	449	17379	3833	143	241	54	13	5175	232	11190
16978	145	46162	17921	1381	1363	242	286	15860	1127	30291

续表 3

地区	各种设备购置费	新增藏量购置费	新增数字资源购置费	资产总计（千元）	固定资产原值	实际使用公用房屋建筑面积（万平方米）	书库面积	阅览室面积	书刊阅览室面积
全　国	**905114**	**543134**	**67300**	**15060650**	**13422766**	**720.25**	**150.07**	**201.14**	**133.00**
北　京	56213	39281	3847	915458	780547	15.26	3.31	3.71	2.68
天　津	23802	12829	2284	340802	287935	13.12	3.78	3.33	2.45
河　北	17425	11298	2349	243493	225839	25.60	5.41	8.41	5.54
山　西	14286	7901	1200	315933	290466	25.81	5.08	8.11	5.10
内蒙古	14182	5741	918	250261	236266	17.10	2.84	4.74	3.06
辽　宁	16409	11534	598	323377	278258	22.51	4.01	5.76	4.05
吉　林	13579	7926	1025	145127	126608	10.02	1.89	3.30	2.30
黑龙江	13037	6466	2334	223040	202234	14.18	2.79	4.54	2.60
上　海	95797	60369	12466	1183668	1033773	28.78	3.22	9.12	7.61
江　苏	75842	51353	4787	1177933	1044646	62.28	8.94	13.42	9.12
浙　江	93215	68609	4237	1205497	1000255	62.73	12.00	14.79	11.43
安　徽	18151	11781	1707	294599	242386	19.71	3.63	5.48	3.52
福　建	45191	24572	2016	472047	428887	24.75	6.32	6.69	4.88
江　西	12229	8090	1387	262146	216395	22.76	5.39	6.90	4.18
山　东	69496	24496	2382	515335	481139	44.75	9.82	12.58	8.26
河　南	21514	13793	1645	545141	516935	29.32	6.19	7.67	5.24
湖　北	25723	14444	946	397979	349880	23.23	5.51	6.26	3.78
湖　南	20101	16285	1327	318788	228639	24.35	6.30	6.32	3.96
广　东	79693	49830	5581	2258591	2109092	61.62	15.48	19.30	12.31
广　西	10064	7513	188	222082	175571	15.75	4.80	4.45	2.65
海　南	4877	3441	782	69151	63993	3.58	0.81	0.68	0.42
重　庆	34032	15648	4873	511818	451090	23.81	4.63	6.90	5.00
四　川	38983	22873	3001	613605	542079	37.31	7.74	12.50	8.34
贵　州	7468	5072	402	222313	177174	15.62	3.24	4.55	2.54
云　南	15623	9879	797	453017	421054	24.20	5.69	5.66	3.24
西　藏	5644	1486	48	41031	40146	2.32	0.91	0.55	0.29
陕　西	17964	11504	1317	204318	170474	15.19	3.06	4.34	2.84
甘　肃	9632	5690	896	239382	229983	12.43	2.44	2.97	1.76
青　海	6922	2752	1510	32476	31564	2.56	0.71	0.82	0.48
宁　夏	3673	3304	110	93351	81169	4.05	0.93	1.34	0.76
新　疆	24347	7374	340	968891	958289	15.56	3.26	5.96	2.65

							图书馆延伸服务情况		
电子阅览室面积	实际拥有产权面积（万平方米）	阅览室座席数（个）	少儿阅览室座席数	盲人阅览室座席数	志愿者服务队伍数（个）	志愿者服务队伍人数	流动服务书刊借阅人次（万人次）	流动图书馆车书刊借阅册次（万册次）	分馆数量（个）
41.07	**437.07**	**603870**	**161585**	**16201**	**5397**	**73487**	**1572.52**	**2723.82**	**8953**
0.57	7.04	12545	3418	297	18	765	19.69	60.93	274
0.77	2.88	9818	1699	443	28	935	19.25	42.90	30
1.62	16.57	24343	5784	489	59	771	24.00	31.50	37
1.96	24.84	19863	4739	714	66	677	46.20	62.20	164
1.23	8.22	15838	4284	380	12	252	34.11	62.96	233
0.96	8.75	19087	4347	538	72	3073	45.27	94.53	296
0.72	6.77	9952	2864	313	37	850	32.23	51.60	296
1.13	5.81	14669	5006	264	33	733	26.82	48.64	158
0.85	16.02	19721	4078	176	144	13861	64.55	139.80	382
1.95	35.45	32209	10162	1089	138	8533	92.03	162.59	1984
2.84	28.69	46274	10587	1105	1346	8143	186.41	473.93	847
1.33	12.93	17820	5587	813	109	2176	60.41	101.54	1010
1.00	17.89	20849	5461	437	102	3945	67.16	112.08	282
1.49	17.67	22496	6994	1168	103	781	50.18	57.25	104
2.64	21.25	38142	8625	1300	108	2256	70.00	108.13	474
1.73	17.05	27051	8014	641	105	1270	31.36	40.70	209
1.58	20.25	21150	6294	551	691	2075	79.73	108.93	302
1.56	19.28	22688	7745	426	104	3793	48.95	79.24	147
3.08	31.51	50583	12065	701	1371	9959	144.75	239.70	604
1.16	12.06	18432	5450	264	161	908	30.16	49.48	31
0.21	2.48	2779	686	34	2	49	6.46	10.04	13
1.04	20.46	18984	4794	671	86	1328	66.63	118.76	232
2.75	22.79	33678	8061	1084	106	2142	94.36	150.81	249
1.07	12.11	14876	4325	652	69	898	36.32	52.20	143
1.74	15.67	18468	5536	329	45	453	86.71	127.68	171
0.21	0.64	1862	199	25	33	195	1.00	1.00	1
1.19	11.44	14543	4355	559	54	1323	27.28	32.66	196
0.82	8.73	12151	3944	313	78	723	23.39	31.09	28
0.21	0.66	1681	387	20	1	10	7.94	8.56	1
0.35	3.86	4844	1145	203	21	239	9.75	20.20	10
1.32	7.32	16474	4950	202	95	371	39.441	42.210	45

主要统计指标解释

1. 藏量：指本馆已编目的古籍、图书、期刊和报纸的合订本、小册子、手稿，以及缩微制品、录像带、录音带、光盘等视听文献资料数量之和。

对同一书名，但分若干册（卷）的图书，按每一册（卷）作为一册统计。期刊和报纸均以每一合订本为一册统计。至填报本表时，尚未装订成册编目的期刊和报纸不应统计在内。

2. 图书：指装订成册，不少于49页，并在“古籍”范围以外的纸介质图书。装订成册但不足49页的，按小册子统计到“其他”类中。

3. 盲文图书：指供盲人读者阅读的图书。

4. 报刊：指刊登当前事件的专题或综合新闻，每周至少出版一张并按年、月、日顺序或按编号排列的连续出版物。或者是同一刊名下，按顺序号或按年、月、日出版的定期或不定期的一种连续出版物。包括报纸和期刊。

5. 古籍、善本：实际成书和出版年代在 1911 年（含 1911 年）以前的线装、卷轴装、经折装、蝴蝶装、包背装等书籍为古籍。其中清乾隆六十年即 1795 年（含 1795 年）以前的古籍为善本，1795 年至 1911 年间的具有历史文献性、学术资料性和印刷装帧艺术代表性的也归为善本。

6. 视听文献：包括各类型声频文献（唱片、录音带、盒式磁带等）、视频文献（例如幻灯片、透明正片等）和声频与视频混合文献（例如有声电影、录像片等）。

7. 缩微文献：指所有经过缩微处理制成缩微胶卷和缩微平片，使用时需要放大的文献资料。

8. 其他：指馆藏文献资源中，不在以上任何一类文献中的内容。

9. 开架书刊：指图书馆总藏量中已上架并可用于外借或馆内阅读的图书、报刊等。

10. 少儿文献：是指供少儿阅读的文献，包括图书、绘本、画册、连环画等，不论其是否装订成册，或页数是否达到49页，均按1个“册件”计算在内。“少儿文献”不纳入“总藏量”加总计算，在图书、报刊、视听文献、缩微制品中，涉及少儿文献的，仍然分别统计在内。

11. 电子图书：指本馆通过购买方式取得当前使用权的电子图书，以及本馆自建或与其他机构合作建设的电子图书。

本馆自建电子图书：指本馆通过数字化加工、网络采集、依法保存等方式获得，并在本地存储和保管的电子图书。

本馆外购电子图书：指本馆付费获得使用权不少于 12 个月的电子图书。

从其他机构免费共享的电子图书：指其他机构通过 VPN 共享、本地镜像或硬存储等方式免费授权给本馆使用的电子图书。

12. 书架单层总长度：指馆藏实际占用书架、书柜单层单面长度之和。

13. 本年度新购藏量：是指本年度内，通过购买、征集、竞拍等各种方式新入藏的各类型文献资源总量（不包括电子图书）。

14. 新增电子图书：指图书馆本年度通过自建、购买(获得使用权不少于 12 个月)的电子图书总量。

15. 当年购买的报刊种类：指图书馆当年购买的期刊和报纸种类之和。其计量原则同图书。

16. 有效借书证数：是指由本馆或本馆所在总分馆体系中其他图书馆发放，并在当年内在本馆、本馆下辖分馆或本馆派出各类馆外服务设施中使用过至少一次的借书证数。

17. **总流通人次**：指本年度内到图书馆场馆接受图书馆服务的总人次，包括借阅书刊、咨询问题，以及参加各类读者活动等。

18. **书刊文献外借人次**：指通过本馆或本馆所辖分馆以及本馆派出的馆外服务设施将本馆各类型文献资源借出阅读的读者人次。

19. **书刊文献外借册次**：指读者通过由本馆或本馆所辖分馆以及本馆派出的馆外服务设施借出阅读的本馆各类型文献册次。

20. **组织各类讲座次数、参加人次**：指由本馆举办或与外机构联合举办的各类讲座次数及参加这些讲座的人次。

21. **举办展览个数、参观人次**：指本馆举办或与外机构联合举办的在馆内或馆外展览的展览个数及参观人次。个数按展览的内容计算。同一内容的展览不论在哪些地点展出和展出时间多久，只计算一个。

22. **举办训练班班次、培训人次**：指本馆举办或与外机构联合举办的各种科普、文化、艺术等训练班，按截止到年底办完的班数及培训人数分别计算班次及培训人次。截止到年底未办完的班数和人数均在下一年度统计。

23. **为少儿举办的专场活动**：是指专门以少年儿童为受众组织的展览、讲座、读书、培训等活动，含亲子阅读类活动。

24. **图书馆网站访问量**：指本年度中图书馆网站中所有网页（含文件及动态网页）被访客浏览的总次数。图书馆网站指有独立域名的 Web 站点，其中包括 cn 和通用顶级域名下的 Web 站点。

25. **计算机台数**：指图书馆内列入固定资产管理并正在使用的计算机终端台数。

26. **供读者使用的终端数**：指图书馆内放置可供读者使用的计算机台数。

27. **新增藏量购置费**：指本馆本年购进图书、报刊、缩微制品、视听文献等藏品所用经费之和。

28. **新增电子图书购置费**：指图书馆本年度专门用于自建、购买电子图书的经费。

29. **少儿阅览室座席数**：指图书馆中专门提供给少年儿童使用的座位数。

30. **盲人阅览室座席数**：指图书馆中专门提供给盲人使用，并配置有专门的辅助阅读、视听设备的座位数。

31. **流动服务书刊借阅人次/册次**：是指图书馆利用流动服务方式开展书刊借阅服务的读者人次和册次。

32. **分馆数量**：是指在以本馆为中心馆的总分馆体系中，接受本馆统一管理，具有独立馆舍、一定数量的馆藏、专职管理人员的图书馆数量。总馆对分馆负有业务指导关系，并且总、分馆之间实现文献资源共建共享、通借通还。

（本统计资料由文化部财务司规划统计处提供）

2015 年全国高校图书馆统计数据

2015 年 741 所高校图书馆在编职工人数统计表

序号	机构名称	在编职工(人)	序号	机构名称	在编职工(人)
1	武汉大学图书馆	275	36	临沂大学图书馆	106
2	中山大学图书馆	267	37	深圳大学城图书馆	105
3	上海交通大学图书馆	212	38	南京农业大学图书馆	104
4	四川大学图书馆	192	39	长安大学图书馆	103
5	华中科技大学图书馆	185	40	大连理工大学图书馆	102
6	武汉理工大学图书馆	174	41	兰州大学图书馆	102
7	同济大学图书馆	172	42	福建师范大学图书馆	102
8	郑州大学图书馆	171	43	集美大学图书馆	102
9	复旦大学图书馆	164	44	西南交通大学图书馆	101
10	厦门大学图书馆	164	45	河北师范大学图书馆	101
11	北京大学图书馆	157	46	暨南大学图书馆	99
12	上海大学图书馆	157	47	合肥工业大学图书馆	96
13	苏州大学图书馆	157	48	温州大学图书馆	95
14	扬州大学图书馆	156	49	宁夏大学图书馆	94
15	河南大学图书馆	151	50	延边大学图书馆	94
16	西安交通大学图书馆	140	51	浙江工业大学图书馆	94
17	西北农林科技大学图书馆	136	52	华东理工大学图书馆	92
18	湖南大学图书馆	133	53	新疆大学图书馆	91
19	南京大学图书馆	133	54	江南大学图书馆	90
20	深圳大学图书馆	133	55	海南大学图书馆	89
21	华东师范大学图书馆	128	56	南通大学图书馆	89
22	东南大学图书馆	126	57	华北电力大学图书馆	88
23	华南理工大学图书馆	126	58	华南农业大学图书馆	88
24	中国人民大学图书馆	125	59	南京航空航天大学图书馆	87
25	清华大学图书馆	124	60	广州大学图书馆	87
26	东北师范大学图书馆	124	61	山东师范大学图书馆	87
27	重庆大学图书馆	123	62	烟台大学图书馆	87
28	南京师范大学图书馆	119	63	华南师范大学图书馆	86
29	江苏师范大学图书馆	115	64	广东外语外贸大学图书馆	85
30	江苏大学图书馆	113	65	首都师范大学图书馆	84
31	北京师范大学图书馆	112	66	安徽工业大学图书馆	84
32	上海师范大学图书馆	111	67	安徽师范大学图书馆	84
33	福州大学图书馆	109	68	中南林业科技大学图书馆	83
34	浙江师范大学图书馆	109	69	山东农业大学图书馆	82
35	安徽大学图书馆	108	70	东北大学图书馆	81

续表

序号	机构名称	在编职工(人)	序号	机构名称	在编职工(人)
71	辽宁大学图书馆	81	111	北京邮电大学图书馆	65
72	东北财经大学图书馆	81	112	河北工业大学图书馆	65
73	贵州师范大学图书馆	81	113	福建农林大学图书馆	65
74	广西大学图书馆	80	114	哈尔滨商业大学图书馆	65
75	贵州大学图书馆	80	115	淮海工学院图书馆	65
76	广东工业大学图书馆	80	116	沈阳师范大学图书馆	65
77	江西师范大学图书馆	80	117	西北大学图书馆	64
78	广东海洋大学图书馆	79	118	石家庄学院图书馆	64
79	华北理工大学图书馆	79	119	辽宁师范大学图书馆	63
80	电子科技大学图书馆	78	120	山西大学图书馆	63
81	中国科学技术大学图书馆	78	121	北京理工大学图书馆	62
82	中国矿业大学图书馆	77	122	东华大学图书馆	62
83	大连海事大学图书馆	76	123	成都理工大学图书馆	62
84	北华大学图书馆	76	124	大连大学图书馆	62
85	潍坊学院图书馆	76	125	佛山科学技术学院图书馆	62
86	中国石油大学(华东)图书馆	75	126	淮北师范大学图书馆	62
87	内蒙古工业大学图书馆	75	127	西安科技大学图书馆	62
88	西安建筑科技大学图书馆	75	128	重庆文理学院图书馆	62
89	哈尔滨工程大学图书馆	74	129	上海财经大学图书馆	61
90	青岛科技大学图书馆	74	130	石河子大学图书馆	61
91	沈阳大学图书馆	74	131	杭州师范大学图书馆	61
92	宁波大学图书馆	73	132	岭南师范学院图书馆	61
93	西南民族大学图书馆	73	133	西安理工大学图书馆	61
94	陕西师范大学图书馆	72	134	长春理工大学图书馆	61
95	西南财经大学图书馆	72	135	台州学院图书馆	60
96	西北民族大学图书馆	71	136	西华大学图书馆	60
97	西北工业大学图书馆	69	137	西安电子科技大学图书馆	59
98	安徽理工大学图书馆	69	138	广东技术师范学院图书馆	59
99	井冈山大学图书馆	69	139	华侨大学图书馆	59
100	重庆师范大学图书馆	69	140	杭州电子科技大学图书馆	59
101	辽宁石油化工大学图书馆	68	141	西安财经学院图书馆	59
102	南京工业大学图书馆	68	142	北京工业大学图书馆	58
103	西华师范大学图书馆	68	143	北京化工大学图书馆	58
104	北京联合大学图书馆	67	144	福建工程学院图书馆	58
105	淮阴师范学院图书馆	67	145	重庆工商大学图书馆	58
106	浙江工商大学图书馆	67	146	中国药科大学图书馆	57
107	成都大学图书馆	66	147	沈阳理工大学图书馆	57
108	南阳师范学院图书馆	66	148	天津理工大学图书馆	57
109	四川师范大学图书馆	66	149	西安翻译学院图书馆	57
110	天津外国语大学图书馆	66	150	中国民航大学图书馆	57

续表

序号	机构名称	在编职工(人)	序号	机构名称	在编职工(人)
151	深圳职业技术学院图书馆	57	191	长春工业大学图书馆	51
152	四川农业大学图书馆	56	192	重庆三峡学院图书馆	51
153	江西理工大学图书馆	56	193	河北北方学院图书馆	50
154	南昌航空大学图书馆	56	194	河西学院图书馆	50
155	上海海事大学图书馆	56	195	洛阳师范学院图书馆	50
156	上海应用技术学院图书馆	56	196	兰州交通大学图书馆	50
157	苏州科技学院图书馆	56	197	四川理工学院图书馆	50
158	西南石油大学图书馆	56	198	上海理工大学图书馆	50
159	西南政法大学图书馆	56	199	西安工业大学图书馆	50
160	长春大学图书馆	56	200	西昌学院图书馆	50
161	中国政法大学图书馆	55	201	长春工程学院图书馆	50
162	广东财经大学图书馆	55	202	浙江财经大学图书馆	50
163	赣南师范学院图书馆	55	203	浙江理工大学图书馆	50
164	河南工业大学图书馆	55	204	安徽农业大学图书馆	49
165	上海中医药大学图书馆	55	205	宝鸡文理学院图书馆	49
166	中国医科大学图书馆	55	206	韩山师范学院图书馆	49
167	北京科技大学图书馆	54	207	西安外事学院图书馆	49
168	东北农业大学图书馆	54	208	许昌学院图书馆	49
169	成都中医药大学图书馆	54	209	徐州工程学院图书馆	49
170	贵州民族大学图书馆	54	210	宜春学院图书馆	49
171	黄淮学院图书馆	54	211	北方民族大学图书馆	48
172	嘉兴学院图书馆	53	212	阜阳师范学院图书馆	48
173	闽南师范大学图书馆	53	213	内江师范学院图书馆	48
174	四川工商学院图书馆	53	214	南京医科大学图书馆	48
175	西安工程大学图书馆	53	215	西安外国语大学图书馆	48
176	肇庆学院图书馆	53	216	西南科技大学图书馆	48
177	中央民族大学图书馆	52	217	长春税务学院图书馆	48
178	华东政法大学图书馆	52	218	北京大学医学图书馆	47
179	河南工程学院图书馆	52	219	广东金融学院图书馆	47
180	辽宁工程技术大学图书馆	52	220	广西师范学院图书馆	47
181	沈阳航空航天大学图书馆	52	221	吉林师范大学图书馆	47
182	西北政法大学图书馆	52	222	丽水学院图书馆	47
183	中国计量学院图书馆	52	223	兰州商学院图书馆	47
184	中南民族大学图书馆	52	224	琼州学院图书馆	47
185	广西财经学院图书馆	51	225	陕西理工学院图书馆	47
186	南京林业大学图书馆	51	226	延安大学图书馆	47
187	平顶山学院图书馆	51	227	浙江海洋学院图书馆	47
188	四川外语大学图书馆	51	228	湖州师范学院图书馆	46
189	陕西科技大学图书馆	51	229	遵义师范学院图书馆	46
190	温州医科大学图书馆	51	230	东北电力大学图书馆	45

续表

序号	机构名称	在编职工(人)	序号	机构名称	在编职工(人)
231	广东医学院图书馆	45	271	河北民族师范学院图书馆	38
232	贵州财经大学图书馆	45	272	海口经济学院图书馆	38
233	吉林工商学院图书馆	45	273	淮南师范学院图书馆	38
234	牡丹江师范学院图书馆	45	274	景德镇陶瓷大学图书馆	38
235	浙江传媒学院图书馆	45	275	辽宁医学院图书馆	38
236	安徽医科大学图书馆	44	276	绵阳师范学院图书馆	38
237	广东石油化工学院图书馆	44	277	上海对外经贸大学图书馆	38
238	兰州理工大学图书馆	44	278	武汉东湖学院图书馆	38
239	韶关学院图书馆	44	279	白城师范学院图书馆	38
240	上海电力学院图书馆	44	280	大连职业技术学院图书馆	38
241	绍兴文理学院图书馆	44	281	川北医学院图书馆	37
242	沈阳农业大学图书馆	44	282	莆田学院图书馆	37
243	西安文理学院图书馆	44	283	山东中医药大学图书馆	37
244	浙江大学城市学院图书馆	44	284	上海工程技术大学图书馆	37
245	金陵科技学院图书馆	43	285	沈阳工程学院图书馆	37
246	南京审计学院图书馆	43	286	北京建筑大学图书馆	36
247	忻州师范学院图书馆	43	287	福建医科大学图书馆	36
248	成都信息工程大学图书馆	42	288	南京艺术学院图书馆	36
249	黄山学院图书馆	42	289	萍乡学院图书馆	36
250	济宁学院图书馆	42	290	青海师范大学图书馆	36
251	闽江学院图书馆	42	291	天津城建大学图书馆	36
252	南京工程学院图书馆	42	292	渭南师范学院图书馆	36
253	泉州师范学院图书馆	42	293	西交利物浦大学图书馆	36
254	首都医科大学图书馆	42	294	浙江农林大学图书馆	36
255	陕西学前师范学院图书馆	42	295	苏州市职业大学图书馆	36
256	中国人民公安大学图书馆	42	296	南方医科大学图书馆	35
257	长江师范学院图书馆	42	297	宜宾学院图书馆	35
258	扬州职业大学图书馆	42	298	中国民用航空飞行学院图书馆	35
259	上海外国语大学图书馆	40	299	浙江科技学院图书馆	35
260	广西科技大学图书馆	40	300	重庆医科大学图书馆	35
261	贵州工程应用技术学院图书馆	40	301	漯河职业技术学院图书馆	35
262	山西农业大学图书馆	40	302	绥化学院图书馆	35
263	皖西学院图书馆	40	303	大连海洋大学图书馆	34
264	西安欧亚学院图书馆	40	304	惠州学院图书馆	34
265	咸阳师范学院图书馆	40	305	凯里学院图书馆	34
266	徐州医学院图书馆	40	306	上海海洋大学图书馆	34
267	青海民族大学图书馆	39	307	三明学院图书馆	34
268	沈阳工业大学图书馆	39	308	沈阳体育学院图书馆	34
269	西藏民族大学图书馆	39	309	西安石油大学图书馆	34
270	浙江万里学院图书馆	39	310	中国美术学院图书馆	34

续表

序号	机构名称	在编职工(人)	序号	机构名称	在编职工(人)
311	延安职业技术学院图书馆	34	351	上海立信会计学院图书馆	29
312	沈阳化工大学图书馆	33	352	西安体育学院图书馆	29
313	成都纺织高等专科学校图书馆	33	353	西北工业大学明德学院图书馆	29
314	贵阳学院图书馆	32	354	浙江中医药大学图书馆	29
315	贵州师范学院图书馆	32	355	遵义医学院图书馆	29
316	贵州医科大学图书馆	32	356	福建中医药大学图书馆	28
317	铜仁学院图书馆	32	357	广西艺术学院图书馆	28
318	五邑大学图书馆	32	358	乐山师范学院图书馆	28
319	西安思源学院图书馆	32	359	攀枝花学院图书馆	28
320	北京农学院图书馆	31	360	上海政法学院图书馆	28
321	湖北汽车工业学院图书馆	31	361	西安邮电大学图书馆	28
322	陇东学院图书馆	31	362	吉林农林科技学院图书馆	28
323	龙岩学院图书馆	31	363	中国石油大学(北京)图书馆	27
324	泸州医学院图书馆	31	364	安徽工程大学图书馆	27
325	汕头大学图书馆	31	365	安徽科技学院图书馆	27
326	西安医学院图书馆	31	366	广州医科大学图书馆	27
327	西京学院图书馆	31	367	广州中医药大学图书馆	27
328	长春中医学院图书馆	31	368	吉林工程技术师范学院图书馆	27
329	浙江外国语学院图书馆	31	369	商洛职业技术学院图书馆	27
330	朝阳师范高等专科学校图书馆	31	370	汕头职业技术学院图书馆	27
331	达州职业技术学院图书馆	31	371	北京师范大学珠海分校图书馆	26
332	宁波大红鹰学院图书馆	30	372	东北师范大学人文学院图书馆	26
333	宁波工程学院图书馆	30	373	福建江夏学院图书馆	26
334	石家庄铁道大学图书馆	30	374	吉林华侨外国语学院图书馆	26
335	商洛学院图书馆	30	375	宁德师范学院图书馆	26
336	三亚学院图书馆	30	376	四川文理学院图书馆	26
337	武夷学院图书馆	30	377	长春师范大学图书馆	26
338	西北大学现代学院图书馆	30	378	广州工商学院图书馆	26
339	信阳农林学院图书馆	30	379	河源职业技术学院图书馆	26
340	河南工业职业技术学院图书馆	30	380	四川工程职业技术学院图书馆	26
341	盘锦职业技术学院图书馆	30	381	四川交通职业技术学院图书馆	26
342	陕西工业职业技术学院图书馆	30	382	镇江高等专科学校图书馆	26
343	杨凌职业技术学院图书馆	30	383	巢湖学院图书馆	25
344	北京中医药大学图书馆	29	384	广东培正学院图书馆	25
345	合肥师范学院图书馆	29	385	郑州师范学院图书馆	25
346	吉林化工学院图书馆	29	386	金华职业技术学院图书馆	25
347	六盘水师范学院图书馆	29	387	南通职业大学图书馆	25
348	兰州文理学院图书馆	29	388	安顺学院图书馆	24
349	宁夏师范学院图书馆	29	389	甘肃政法学院图书馆	24
350	黔南民族师范学院图书馆	29	390	贵阳中医学院图书馆	24

续表

序号	机构名称	在编职工(人)	序号	机构名称	在编职工(人)
391	四川音乐学院图书馆	24	431	外交学院图书馆	21
392	上海机电学院图书馆	24	432	白城医药高等专科学校图书馆	21
393	上海体育学院图书馆	24	433	常州轻工职业技术学院图书馆	21
394	厦门理工学院图书馆	24	434	闽西职业技术学院图书馆	21
395	沈阳音乐学院图书馆	24	435	南京工业职业技术学院图书馆	21
396	兴义民族师范学院图书馆	24	436	西安航空职业技术学院图书馆	21
397	浙江越秀外国语学院图书馆	24	437	长春医学高等专科学校图书馆	21
398	鹤壁职业技术学院图书馆	24	438	中山职业技术学院图书馆	21
399	哈尔滨职业技术学院图书馆	24	439	北京电影学院图书馆	20
400	海南软件职业技术学院图书馆	24	440	广东警官学院图书馆	20
401	九江职业技术学院图书馆	24	441	国际关系学院图书馆	20
402	连云港职业技术学院图书馆	24	442	吉林建筑大学城建学院图书馆	20
403	宁波职业技术学院图书馆	24	443	上海杉达学院图书馆	20
404	四川建筑职业技术学院图书馆	24	444	厦门华厦学院图书馆	20
405	芜湖职业技术学院图书馆	24	445	西安工业大学北方信息工程学院	20
406	营口职业技术学院图书馆	24	446	西安交通大学城市学院图书馆	20
407	长春职业技术学院图书馆	24	447	延安大学西安创新学院图书馆	20
408	上海第二工业大学图书馆	23	448	广州商学院图书馆	20
409	西安航空学院图书馆	23	449	广东省外语艺术职业学院图书馆	20
410	广东岭南职业技术学院图书馆	23	450	连云港师范高等专科学校图书馆	20
411	广州航海高等专科学校图书馆	23	451	南京化工职业技术学院图书馆	20
412	咸阳职业技术学院图书馆	23	452	宁夏职业技术学院图书馆	20
413	成都体育学院图书馆	22	453	陕西能源职业技术学院图书馆	20
414	广东第二师范学院图书馆	22	454	苏州卫生职业技术学院图书馆	20
415	合肥学院图书馆	22	455	温州科技职业学院图书馆	20
416	聊城大学东昌学院图书馆	22	456	西安电力高等专科学校图书馆	20
417	四川民族学院图书馆	22	457	常熟理工学院图书馆	19
418	上海音乐学院图书馆	22	458	甘肃民族师范学院图书馆	19
419	陕西国际商贸学院图书馆	22	459	山东政法学院图书馆	19
420	陕西中医药大学图书馆	22	460	仰恩大学图书馆	19
421	广州大学华软软件学院图书馆	22	461	邕江大学图书馆	19
422	广州城市职业学院图书馆	22	462	广东交通职业技术学院图书馆	19
423	绵阳职业技术学院图书馆	22	463	广东司法警官职业学院图书馆	19
424	四川职业技术学院图书馆	22	464	江西旅游商贸职业学院图书馆	19
425	东莞理工学院图书馆	21	465	黎明职业大学图书馆	19
426	贵州理工学院图书馆	21	466	上海旅游高等专科学校图书馆	19
427	河北建筑工程学院图书馆	21	467	浙江纺织服装职业技术学院图书馆	19
428	南方科技大学图书馆	21	468	浙江经贸职业技术学院图书馆	19
429	上海师范大学天华学院图书馆	21	469	中国矿业大学(北京)图书馆	18
430	沈阳医学院图书馆	21	470	电子科技大学中山学院图书馆	18

续表

序号	机构名称	在编职工(人)	序号	机构名称	在编职工(人)
471	江苏警官学院图书馆	18	511	浙江医药高等专科学校图书馆	17
472	南开大学滨海学院图书馆	18	512	福建警察学院图书馆	16
473	四川旅游学院图书馆	18	513	福州外语外贸学院图书馆	16
474	上海金融学院图书馆	18	514	广东财经大学华商学院图书馆	16
475	天津大学仁爱学院图书馆	18	515	贵州商学院图书馆	16
476	西安美术学院图书馆	18	516	南京医科大学康达学院图书馆	16
477	榆林学院图书馆	18	517	四川警察学院图书馆	16
478	吉林警察学院图书馆	18	518	西安科技大学高新学院图书馆	16
479	安徽商贸职业技术学院图书馆	18	519	西安培华学院图书馆	16
480	成都职业技术学院图书馆	18	520	浙江警察学院图书馆	16
481	广东轻工职业技术学院图书馆	18	521	长治学院图书馆	16
482	广州涉外经济职业技术学院图书馆	18	522	北京邮电大学世纪学院图书馆	16
483	惠州经济职业技术学院图书馆	18	523	成都航空职业技术学院图书馆	16
484	民办南华工商学院图书馆	18	524	福建信息职业技术学院图书馆	16
485	宁波城市职业技术学院图书馆	18	525	佛山职业技术学院图书馆	16
486	南宁职业技术学院图书馆	18	526	广东舞蹈戏剧职业学院图书馆	16
487	宁夏工商职业技术学院图书馆	18	527	泸州职业技术学院图书馆	16
488	四川水利职业技术学院图书馆	18	528	民办安徽文达信息技术职业学院图书馆	16
489	浙江金融职业学院图书馆	18	529	南充职业技术学院图书馆	16
490	浙江交通职业技术学院图书馆	18	530	厦门城市职业学院图书馆	16
491	浙江水利水电学院图书馆	18	531	厦门南洋职业学院图书馆	16
492	漳州职业技术学院图书馆	18	532	浙江工贸职业技术学院图书馆	16
493	成都工业学院图书馆	17	533	湖南信息学院图书馆	15
494	成都师范学院图书馆	17	534	江苏第二师范学院图书馆	15
495	承德医学院图书馆	17	535	安徽医学高等专科学校图书馆	15
496	广东药学院图书馆	17	536	北京教育学院图书馆	15
497	华南农业大学珠江学院图书馆	17	537	福建船政交通职业学院图书馆	15
498	四川美术学院图书馆	17	538	广东机电职业技术学院图书馆	15
499	上海建桥学院图书馆	17	539	广东农工商职业技术学院图书馆	15
500	西安交通工程学院图书馆	17	540	广西国际商务职业技术学院图书馆	15
501	长春财经学院图书馆	17	541	江西工业工程职业技术学院图书馆	15
502	长春科技学院图书馆	17	542	湄洲湾职业技术学院图书馆	15
503	宝鸡职业技术学院图书馆	17	543	西安铁路职业技术学院图书馆	15
504	揭阳职业技术学院图书馆	17	544	浙江商业职业技术学院图书馆	15
505	内江职业技术学院图书馆	17	545	漳州城市职业学院图书馆	15
506	清远职业技术学院图书馆	17	546	陕西服装工程学院图书馆	14
507	汕头大学医学院图书馆	17	547	西安音乐学院图书馆	14
508	邢台职业技术学院图书馆	17	548	四川大学锦城学院图书馆	14
509	长春金融高等专科学校图书馆	17	549	安徽机电职业技术学院图书馆	14
510	浙江国际海运职业技术学院图书馆	17	550	北京工业职业技术学院图书馆	14

续表

序号	机构名称	在编职工(人)	序号	机构名称	在编职工(人)
551	常州信息职业技术学院图书馆	14	591	广东食品药品职业学院图书馆	12
552	广东工程职业技术学院图书馆	14	592	广州城建职业学院图书馆	12
553	广东科学技术职业学院图书馆	14	593	广州南洋理工职业学院图书馆	12
554	广东邮电职业技术学院图书馆	14	594	宁波卫生职业技术学院图书馆	12
555	吉林工程职业学院图书馆	14	595	四川托普信息技术职业学院图书馆	12
556	吉林农业工程职业技术学院图书馆	14	596	上海出版印刷高等专科学校图书馆	12
557	江苏信息职业技术学院图书馆	14	597	上海工商外国语职业学院图书馆	12
558	六安职业技术学院图书馆	14	598	浙江工商职业技术学院图书馆	12
559	黔南民族医学高等专科学校图书馆	14	599	浙江旅游职业学院图书馆	12
560	顺德职业技术学院图书馆	14	600	浙江长征职业技术学院图书馆	12
561	陕西交通职业技术学院图书馆	14	601	北京舞蹈学院图书馆	11
562	贵州广播电视大学图书馆	14	602	北京联合大学师范学院图书馆	11
563	阿坝师范学院图书馆	13	603	华南理工大学广州学院图书馆	11
564	北方工业大学图书馆	13	604	江西应用科技学院图书馆	11
565	成都医学院图书馆	13	605	中山大学南方学院图书馆	11
566	浙江财经大学东方学院图书馆	13	606	安徽工贸职业技术学院图书馆	11
567	广州大学松田学院图书馆	13	607	福建商业高等专科学校图书馆	11
568	上海海关学院图书馆	13	608	广东开放大学图书馆	11
569	中山大学新华学院图书馆	13	609	广东女子职业技术学院图书馆	11
570	河南水利与环境职业学院图书馆	13	610	杭州职业技术学院图书馆	11
571	惠州卫生职业技术学院图书馆	13	611	吉林工业职业技术学院图书馆	11
572	江苏建康职业学院图书馆	13	612	江门职业技术学院图书馆	11
573	江西交通职业技术学院图书馆	13	613	嘉兴职业技术学院图书馆	11
574	泉州经贸职业技术学院图书馆	13	614	陕西财经职业技术学院图书馆	11
575	四川航天职业技术学院图书馆	13	615	陕西警官职业学院图书馆	11
576	上海电子信息职业技术学院图书馆	13	616	陕西职业技术学院图书馆	11
577	汕尾职业技术学院图书馆	13	617	桐城师范高等专科学校图书馆	11
578	陕西青年职业学院图书馆	13	618	天津电子信息职业技术学院图书馆	11
579	深圳信息职业技术学院图书馆	13	619	铜陵职业技术学院图书馆	11
580	浙江机电职业技术学院图书馆	13	620	浙江东方职业技术学院图书馆	11
581	浙江医学高等专科学校图书馆	13	621	漳州卫生职业学院图书馆	11
582	福州理工学院图书馆	12	622	江西警察学院图书馆	10
583	甘肃医学院图书馆	12	623	南京中医药大学翰林学院图书馆	10
584	宁夏理工学院图书馆	12	624	安徽外国语学院图书馆	10
585	天津天狮学院图书馆	12	625	福建卫生职业技术学院图书馆	10
586	浙江大学宁波理工学院图书馆	12	626	阜阳职业技术学院图书馆	10
587	安徽中医药高等专科学校图书馆	12	627	广东创新科技职业学院图书馆	10
588	常州工程职业技术学院图书馆	12	628	黑龙江民族职业学院图书馆	10
589	广东工贸职业技术学院图书馆	12	629	湖州职业技术学院图书馆	10
590	广东水利电力职业技术学院图书馆	12	630	江西农业工程职业学院图书馆	10

续表

序号	机构名称	在编职工(人)
631	健雄职业技术学院图书馆	10
632	四川司法警官职业学院图书馆	10
633	四川商务职业学院图书馆	10
634	四川卫生康复职业学院图书馆	10
635	上海东海职业技术学院图书馆	10
636	上海震旦职业学院图书馆	10
637	陕西国防工业职业技术学院图书馆	10
638	陕西铁路工程职业技术学院图书馆	10
639	义乌工商职业技术学院图书馆	10
640	珠海城市职业技术学院图书馆	10
641	浙江同济科技职业学院图书馆	10
642	浙江体育职业技术学院图书馆	10
643	广东环境保护工程职业学院图书馆	9
644	广西警官高等专科学校图书馆	9
645	茂名职业技术学院图书馆	9
646	宁夏民族职业技术学院图书馆	9
647	上海立达职业技术学院图书馆	9
648	上海农林职业技术学院图书馆	9
649	厦门海洋职业技术学院图书馆	9
650	山西水利职业技术学院图书馆	9
651	长春汽车工业高等专科学校图书馆	9
652	浙江建设职业技术学院图书馆	9
653	肇庆医学高等专科学校图书馆	9
654	郑州幼儿师范高等专科学校图书馆	9
655	复旦大学上海视觉艺术学院图书馆	8
656	西安财经学院知行学院图书馆	8
657	福建华南女子职业学院图书馆	8
658	广州番禺职业技术学院图书馆	8
659	广州体育职业技术学院图书馆	8
660	吉林电子信息职业技术学院图书馆	8
661	丽水职业技术学院图书馆	8
662	宁波教育学院图书馆	8
663	宁夏财经职业技术学院图书馆	8
664	青海卫生职业技术学院图书馆	8
665	四川工商职业技术学院图书馆	8
666	上海城建职业学院图书馆	8
667	上海公安高等专科学校图书馆	8
668	上海济光职业技术学院图书馆	8
669	上海民航职业技术学院图书馆	8
670	上海医疗器械高等专科学校图书馆	8
671	绍兴职业技术学院图书馆	8
672	重庆信息技术职业学院图书馆	8
673	上海健康医学院图书馆	7
674	天津医科大学临床医学院图书馆	7
675	安徽工商职业学院图书馆	7
676	广东职业技术学院图书馆	7
677	广东青年职业学院图书馆	7
678	广东生态工程职业学院图书馆	7
679	广东文理职业学院图书馆	7
680	广州铁路职业技术学院图书馆	7
681	江西财经职业学院图书馆	7
682	闽北职业技术学院图书馆	7
683	泉州轻工职业学院图书馆	7
684	四川华新现代职业学院图书馆	7
685	厦门医学高等专科学校图书馆	7
686	天津滨海职业学院图书馆	7
687	梧州职业学院图书馆	7
688	榆林职业技术学院图书馆	7
689	浙江艺术职业学院图书馆	7
690	重庆城市管理职业学院图书馆	7
691	天津理工大学中环信息学院图书馆	6
692	亳州学院图书馆	6
693	广东东软学院图书馆	6
694	广州华南商贸职业学院图书馆	6
695	广州科技贸易职业学院图书馆	6
696	金华教育学院图书馆	6
697	马鞍山职业技术学院图书馆	6
698	泉州纺织服装职业学院图书馆	6
699	四川化工职业技术学院图书馆	6
700	四川邮电职业技术学院图书馆	6
701	厦门安防科技职业学院图书馆	6
702	厦门兴才职业技术学院图书馆	6
703	重庆工商职业学院图书馆	6
704	中山火炬职业技术学院图书馆	6
705	安徽审计职业学院图书馆	5
706	广州工程技术职业学院图书馆	5
707	广州松田职业学院图书馆	5
708	辽源职业技术学院图书馆	5
709	眉山职业技术学院图书馆	5
710	四川文化产业职业学院图书馆	5

续表

序号	机构名称	在编职工(人)	序号	机构名称	在编职工(人)
711	上海邦德职业技术学院图书馆	5	727	上海科学技术职业学院图书馆	3
712	三明职业技术学院图书馆	5	728	上海思博职业技术学院图书馆	3
713	漳州科技职业学院图书馆	5	729	上海托普信息技术职业学院图书馆	3
714	广东技术师范学院天河学院图书馆	4	730	上海行健职业学院图书馆	3
715	福建电力职业技术学院图书馆	4	731	长春教育学院图书馆	3
716	福建体育职业技术学院图书馆	4	732	北京语言大学图书馆	2
717	广东碧桂园职业学院图书馆	4	733	福州英华职业学院图书馆	2
718	广东文艺职业学院图书馆	4	734	四川财经职业学院图书馆	2
719	泉州理工职业学院图书馆	4	735	武夷山职业学院图书馆	2
720	上海新侨职业技术学院图书馆	4	736	厦门演艺职业学院图书馆	1
721	安徽广播影视职业技术学院图书馆	3	737	北京师范大学—香港浸会大学联合国际学院图书馆	0
722	福建艺术职业学院图书馆	3	738	广东科技学院图书馆	0
723	广东行政职业学院图书馆	3	739	四川大学锦江学院图书馆	0
724	广东亚视演艺职业学院图书馆	3	740	首钢工学院图书馆	0
725	泉州工艺美术职业学院图书馆	3	741	广州现代信息工程职业技术学院图书馆	0
726	泉州华光职业学院图书馆	3			

2015年699所高校图书馆馆舍面积统计表

序号	机构名称	馆舍总面积(平方米)	序号	机构名称	馆舍总面积(平方米)
1	中山大学图书馆	116660.0	39	清华大学图书馆	55647.0
2	厦门大学图书馆	102558.0	40	福建师范大学图书馆	55571.0
3	郑州大学图书馆	84000.0	41	北京理工大学图书馆	55000.0
4	大连理工大学图书馆	83000.0	42	中国人民大学图书馆	54985.0
5	华南师范大学图书馆	82000.0	43	长安大学图书馆	54372.0
6	暨南大学图书馆	81518.5	44	上海大学图书馆	53900.0
7	苏州大学图书馆	79850.0	45	广东财经大学图书馆	53185.0
8	贵州师范大学图书馆	75656.0	46	华东师范大学图书馆	53087.0
9	扬州大学图书馆	75177.0	47	浙江师范大学图书馆	52974.1
10	广东工业大学图书馆	74004.0	48	西北大学图书馆	52661.0
11	南京大学图书馆	73100.0	49	江西师范大学图书馆	52461.0
12	临沂大学图书馆	71272.0	50	温州大学图书馆	52229.0
13	电子科技大学图书馆	66974.0	51	江南大学图书馆	52217.0
14	东南大学图书馆	66900.0	52	西安石油大学图书馆	51980.0
15	同济大学图书馆	66713.0	53	河南工业大学图书馆	51973.0
16	青岛科技大学图书馆	65997.0	54	广西财经学院图书馆	51043.0
17	福建农林大学图书馆	65316.4	55	合肥工业大学图书馆	50353.9
18	河南大学图书馆	65248.0	56	中国石油大学(华东)图书馆	50200.0
19	华中科技大学图书馆	64581.0	57	新疆大学图书馆	50000.0
20	山东师范大学图书馆	64400.0	58	西南财经大学图书馆	50000.0
21	重庆大学图书馆	64226.0	59	广东外语外贸大学图书馆	50000.0
22	上海交通大学图书馆	64194.0	60	兰州商学院图书馆	49933.2
23	安徽大学图书馆	64045.0	61	西北民族大学图书馆	49808.0
24	贵州财经大学图书馆	63578.0	62	苏州科技学院图书馆	49581.0
25	四川大学图书馆	63100.0	63	兰州交通大学图书馆	49463.0
26	武汉大学图书馆	62403.0	64	江苏大学图书馆	49403.0
27	华侨大学图书馆	61637.0	65	西南民族大学图书馆	49144.0
28	中国矿业大学图书馆	60000.0	66	复旦大学图书馆	48471.0
29	西安电子科技大学图书馆	59700.0	67	深圳大学图书馆	48441.0
30	浙江工业大学图书馆	59472.0	68	安徽师范大学图书馆	48150.0
31	西南交通大学图书馆	59316.0	69	南昌航空大学图书馆	47683.5
32	兰州大学图书馆	59000.0	70	金华职业技术学院图书馆	47455.0
33	广州大学图书馆	59000.0	71	华东理工大学图书馆	46766.0
34	安徽工业大学图书馆	58000.0	72	上海海事大学图书馆	46425.0
35	北京大学图书馆	57830.0	73	海南大学图书馆	46296.7
36	浙江工商大学图书馆	57800.0	74	中南民族大学图书馆	46217.0
37	陕西师范大学图书馆	57578.0	75	西北工业大学图书馆	46161.0
38	石河子大学图书馆	56000.0	76	哈尔滨商业大学图书馆	46106.0

续表

序号	机构名称	馆舍总面积(平方米)	序号	机构名称	馆舍总面积(平方米)
77	天津理工大学图书馆	45900.0	117	沈阳理工大学图书馆	39180.0
78	东莞理工学院图书馆	45020.0	118	河南工业职业技术学院图书馆	38874.0
79	常熟理工学院图书馆	45000.0	119	安徽理工大学图书馆	38774.4
80	琼州学院图书馆	44792.0	120	山西大学图书馆	38505.7
81	徐州工程学院图书馆	44701.0	121	成都中医药大学图书馆	38500.0
82	南方医科大学图书馆	44661.0	122	东北师范大学图书馆	38300.0
83	四川农业大学图书馆	44607.0	123	南京师范大学图书馆	38105.0
84	河北师范大学图书馆	44345.0	124	黄山学院图书馆	38076.0
85	潍坊学院图书馆	44254.0	125	绵阳师范学院图书馆	38000.0
86	中国人民公安大学图书馆	44000.0	126	长春科技学院图书馆	38000.0
87	三亚学院图书馆	43800.0	127	杭州电子科技大学图书馆	37913.0
88	西安工业大学图书馆	43265.0	128	武汉理工大学图书馆	37704.0
89	华南理工大学图书馆	43155.0	129	西南政法大学图书馆	37684.0
90	北京邮电大学图书馆	43111.0	130	辽宁大学图书馆	37470.0
91	重庆师范大学图书馆	43085.0	131	淮南师范学院图书馆	37300.0
92	中国传媒大学图书馆	43000.0	132	阜阳师范学院图书馆	37000.0
93	安徽农业大学图书馆	42546.0	133	河北建筑工程学院图书馆	36966.1
94	江西理工大学图书馆	42490.0	134	宁夏大学图书馆	36718.0
95	烟台大学图书馆	42300.0	135	西南科技大学图书馆	36475.0
96	深圳职业技术学院图书馆	42300.0	136	延安大学图书馆	36448.0
97	浙江传媒学院图书馆	42029.0	137	西安交通大学图书馆	36394.0
98	南京航空航天大学图书馆	42000.0	138	南阳师范学院图书馆	36000.0
99	西安外国语大学图书馆	42000.0	139	浙江理工大学图书馆	36000.0
100	中国科学技术大学图书馆	41783.0	140	山东协和职业技术学院图书馆	36000.0
101	东北电力大学图书馆	41700.0	141	海口经济学院图书馆	35787.2
102	西安财经学院图书馆	41516.8	142	长江师范学院图书馆	35264.0
103	合肥学院图书馆	41400.0	143	北华大学图书馆	35263.0
104	广东创新科技职业学院图书馆	41093.7	144	南京审计学院图书馆	35257.0
105	金陵科技学院图书馆	41056.0	145	浙江财经大学图书馆	35053.0
106	辽宁师范大学图书馆	41000.0	146	北京建筑大学图书馆	35000.0
107	集美大学图书馆	40950.0	147	四川工商学院图书馆	35000.0
108	盐城工学院图书馆	40900.0	148	黄淮学院图书馆	35000.0
109	上海师范大学图书馆	40371.5	149	西京学院图书馆	34980.0
110	河西学院图书馆	40261.1	150	广西科技大学图书馆	34723.0
111	深圳大学城图书馆	40000.0	151	沈阳工业大学图书馆	34700.0
112	淮阴师范学院图书馆	39900.0	152	贵州医科大学图书馆	34643.1
113	芜湖职业技术学院图书馆	39426.7	153	陕西科技大学图书馆	34600.0
114	四川师范大学图书馆	39406.7	154	西华大学图书馆	34576.0
115	济宁学院图书馆	39300.0	155	西北政法大学图书馆	34400.0
116	中国计量学院图书馆	39254.0	156	东华大学图书馆	34266.0

续表

序号	机构名称	馆舍总面积(平方米)	序号	机构名称	馆舍总面积(平方米)
157	西华师范大学图书馆	34000.0	197	广东医学院图书馆	30345.0
158	浙江建设职业技术学院图书馆	33910.0	198	湖南大学图书馆	30300.0
159	华北电力大学图书馆	33874.0	199	上海应用技术学院图书馆	30300.0
160	上海财经大学图书馆	33712.0	200	陕西理工学院图书馆	30300.0
161	华南农业大学图书馆	33702.0	201	东北农业大学图书馆	30102.0
162	广东科学技术职业学院图书馆	33656.0	202	巢湖学院图书馆	30000.0
163	苏州市职业大学图书馆	33443.0	203	韩山师范学院图书馆	30000.0
164	广州中医药大学图书馆	33350.0	204	武汉东湖学院图书馆	30000.0
165	西安工程大学图书馆	33337.0	205	宜宾学院图书馆	30000.0
166	广东药学院图书馆	33328.0	206	吉林师范大学图书馆	29935.0
167	河南工程学院图书馆	32914.5	207	贵阳中医学院图书馆	29811.0
168	辽宁石油化工大学图书馆	32900.0	208	浙江科技学院图书馆	29800.0
169	四川理工学院图书馆	32900.0	209	湖州师范学院图书馆	29750.0
170	西南石油大学图书馆	32867.0	210	西安交通工程学院图书馆	29736.0
171	北京师范大学珠海分校图书馆	32844.0	211	许昌学院图书馆	29648.0
172	长春理工大学图书馆	32720.0	212	浙江大学城市学院图书馆	29610.0
173	武夷学院图书馆	32600.0	213	浙江万里学院图书馆	29530.0
174	浙江海洋学院图书馆	32566.0	214	常州工程职业技术学院图书馆	29460.0
175	延边大学图书馆	32470.0	215	韶关学院图书馆	29426.0
176	广西大学图书馆	32338.0	216	中山大学南方学院图书馆	29092.0
177	广东轻工职业技术学院图书馆	32255.0	217	中国药科大学图书馆	29000.0
178	宝鸡文理学院图书馆	32200.0	218	洛阳师范学院图书馆	29000.0
179	岭南师范学院图书馆	32200.0	219	山东中医药大学图书馆	29000.0
180	大连大学图书馆	32150.0	220	佛山科学技术学院图书馆	28947.0
181	西北农林科技大学图书馆	32104.3	221	甘肃民族师范学院图书馆	28879.0
182	北京师范大学图书馆	32000.0	222	陕西国防工业职业技术学院图书馆	28876.0
183	南京农业大学图书馆	32000.0	223	吉林建筑大学城建学院图书馆	28657.8
184	赣南师范学院图书馆	32000.0	224	宁波工程学院图书馆	28618.0
185	南京工业大学图书馆	32000.0	225	浙江农林大学图书馆	28558.0
186	沈阳航空航天大学图书馆	32000.0	226	江苏信息职业技术学院图书馆	28500.0
187	西安医学院图书馆	32000.0	227	嘉兴学院图书馆	28316.0
188	连云港师范高等专科学校图书馆	32000.0	228	首都师范大学图书馆	28243.0
189	中南林业科技大学图书馆	31722.4	229	西安外事学院图书馆	28116.1
190	成都信息工程大学图书馆	31687.3	230	福建工程学院图书馆	28000.0
191	西安邮电大学图书馆	31125.0	231	内蒙古工业大学图书馆	28000.0
192	上海建桥学院图书馆	31000.0	232	温州医科大学图书馆	28000.0
193	广州番禺职业技术学院图书馆	30993.0	233	广州城建职业学院图书馆	28000.0
194	渭南师范学院图书馆	30681.0	234	南宁职业技术学院图书馆	28000.0
195	成都工业学院图书馆	30674.0	235	广州医科大学图书馆	27992.0
196	西安理工大学图书馆	30608.0	236	成都师范学院图书馆	27920.0

续表

序号	机构名称	馆舍总面积(平方米)	序号	机构名称	馆舍总面积(平方米)
237	景德镇陶瓷大学图书馆	27900.0	276	邕江大学图书馆	25352.3
238	宁波大红鹰学院图书馆	27800.0	277	宁德师范学院图书馆	25210.0
239	西安工业大学北方信息工程学院图书馆	27777.0	278	河北北方学院图书馆	25184.6
240	凯里学院图书馆	27703.0	279	吉林农林科技学院图书馆	25152.6
241	上海机电学院图书馆	27559.2	280	民办南华工商学院图书馆	25130.0
242	中国医科大学图书馆	27500.0	281	西安翻译学院图书馆	25083.4
243	泸州医学院图书馆	27289.0	282	宁波大学图书馆	25070.0
244	长春工程学院图书馆	27224.0	283	浙江中医药大学图书馆	25033.0
245	扬州职业大学图书馆	27210.0	284	陕西学前师范学院图书馆	25000.0
246	兴义民族师范学院图书馆	27189.2	285	沈阳化工大学图书馆	25000.0
247	兰州文理学院图书馆	27173.0	286	咸阳师范学院图书馆	24990.0
248	辽宁工程技术大学图书馆	27000.0	287	北方民族大学图书馆	24961.0
249	上海工程技术大学图书馆	27000.0	288	江苏警官学院图书馆	24800.0
250	清远职业技术学院图书馆	27000.0	289	连云港职业技术学院图书馆	24711.0
251	延安职业技术学院图书馆	27000.0	290	福建船政交通职业学院图书馆	24650.0
252	沈阳师范大学图书馆	26800.0	291	上海理工大学图书馆	24600.0
253	常州信息职业技术学院图书馆	26700.0	292	山东农业大学图书馆	24597.3
254	西昌学院图书馆	26684.0	293	五邑大学图书馆	24438.0
255	河北民族师范学院图书馆	26680.0	294	丽水学院图书馆	24147.0
256	长春师范大学图书馆	26644.0	295	大连海事大学图书馆	24132.0
257	北京化工大学图书馆	26641.0	296	中国政法大学图书馆	24050.0
258	广东第二师范学院图书馆	26600.0	297	上饶师范学院图书馆	24010.0
259	合肥师范学院图书馆	26599.0	298	北京科技大学图书馆	24006.0
260	浙江财经大学东方学院图书馆	26544.0	299	贵州商学院图书馆	24000.0
261	广东海洋大学图书馆	26511.0	300	上海杉达学院图书馆	24000.0
262	牡丹江师范学院图书馆	26500.0	301	广东食品药品职业学院图书馆	24000.0
263	重庆文理学院图书馆	26417.0	302	广东科技学院图书馆	23720.0
264	四川外语大学(原名四川外语学院)图书馆	26300.0	303	西安科技大学图书馆	23700.0
265	长春税务学院图书馆	26300.0	304	广东警官学院图书馆	23579.0
266	闽南师范大学图书馆	26256.0	305	安徽医科大学图书馆	23564.0
267	闽南理工学院图书馆	26082.3	306	亳州学院图书馆	23539.0
268	萍乡学院图书馆	26000.0	307	长春工业大学图书馆	23483.3
269	广东机电职业技术学院图书馆	25850.0	308	西北大学现代学院图书馆	23440.0
270	平顶山学院图书馆	25800.0	309	福建江夏学院图书馆	23395.0
271	西安培华学院图书馆	25780.0	310	泉州师范学院图书馆	23395.0
272	福建医科大学图书馆	25600.0	311	皖西学院图书馆	23300.0
273	辽宁科技大学图书馆	25506.0	312	长春中医学院图书馆	23000.0
274	山西农业大学图书馆	25430.0	313	广东农工商职业技术学院图书馆	23000.0
275	东北财经大学图书馆	25400.0	314	四川职业技术学院图书馆	23000.0

续表

序号	机构名称	馆舍总面积(平方米)	序号	机构名称	馆舍总面积(平方米)
315	淮海工学院图书馆	22904.0	355	北京工业大学图书馆	20713.0
316	佛山职业技术学院图书馆	22800.0	356	沈阳工程学院图书馆	20700.0
317	淮北师范大学图书馆	22717.0	357	池州学院图书馆	20639.0
318	上海外国语大学图书馆	22700.0	358	上海立信会计学院图书馆	20600.0
319	广西师范学院图书馆	22593.0	359	咸阳职业技术学院图书馆	20558.0
320	乐山师范学院图书馆	22574.0	360	东北大学图书馆	20510.0
321	华东政法大学图书馆	22541.0	361	仰恩大学图书馆	20500.0
322	安徽工贸职业技术学院图书馆	22500.0	362	四川美术学院图书馆	20400.0
323	天津外国语大学图书馆	22338.0	363	台州学院图书馆	20260.0
324	浙江经贸职业技术学院图书馆	22300.0	364	成都医学院图书馆	20195.0
325	白城师范学院图书馆	22003.0	365	辽宁医学院图书馆	20100.0
326	贵州民族大学图书馆	22000.0	366	泉州理工职业学院图书馆	20059.9
327	南京医科大学图书馆	22000.0	367	兰州理工大学图书馆	20000.0
328	西交利物浦大学图书馆	22000.0	368	上海海洋大学图书馆	20000.0
329	四川大学锦城学院图书馆	22000.0	369	广东东软学院图书馆	20000.0
330	安徽广播影视职业技术学院图书馆	22000.0	370	商洛职业技术学院图书馆	20000.0
331	顺德职业技术学院图书馆	22000.0	371	安徽医学高等专科学校图书馆	19911.8
332	铜仁学院图书馆	21919.5	372	贵州师范学院图书馆	19490.0
333	莆田学院图书馆	21876.0	373	沈阳大学图书馆	19300.0
334	江西警察学院图书馆	21861.0	374	广州商学院图书馆	19278.8
335	西安建筑科技大学图书馆	21818.0	375	大连职业技术学院图书馆	19100.0
336	贵阳学院图书馆	21700.0	376	福州外语外贸学院图书馆	19090.4
337	华北理工大学图书馆	21695.0	377	上海电力学院图书馆	19043.0
338	安徽工程大学图书馆	21567.0	378	杭州职业技术学院图书馆	19041.0
339	三明学院图书馆	21553.0	379	广东培正学院图书馆	18830.0
340	重庆三峡学院图书馆	21431.0	380	四川建筑职业技术学院图书馆	18829.7
341	汕头职业技术学院图书馆	21373.0	381	西安航空学院图书馆	18818.0
342	广州工商学院图书馆	21302.0	382	龙岩学院图书馆	18760.0
343	陕西国际商贸学院图书馆	21300.0	383	广东工程职业技术学院图书馆	18525.0
344	汕头大学图书馆	21245.0	384	肇庆学院图书馆	18420.0
345	上海金融学院图书馆	21180.0	385	邢台职业技术学院图书馆	18370.0
346	浙江大学宁波理工学院图书馆	21159.0	386	四川工程职业技术学院图书馆	18200.0
347	广东石油化工学院图书馆	21000.0	387	甘肃医学院图书馆	18126.0
348	惠州学院图书馆	21000.0	388	四川文化产业职业学院图书馆	18000.0
349	江苏师范大学图书馆	21000.0	389	厦门南洋职业学院图书馆	18000.0
350	成都纺织高等专科学校图书馆	21000.0	390	厦门海洋职业技术学院图书馆	17990.0
351	深圳信息职业技术学院图书馆	20930.0	391	遵义师范学院图书馆	17970.0
352	长治学院图书馆	20823.0	392	绍兴文理学院图书馆	17940.0
353	西安思源学院图书馆	20740.0	393	九江职业技术学院图书馆	17807.0
354	宁波职业技术学院图书馆	20723.8	394	福建中医药大学图书馆	17800.0

续表

序号	机构名称	馆舍总面积(平方米)	序号	机构名称	馆舍总面积(平方米)
395	中国民用航空飞行学院图书馆	17735.0	435	上海政法学院图书馆	15500.0
396	闽江学院图书馆	17620.1	436	北京邮电大学世纪学院图书馆	15500.0
397	宜春学院图书馆	17500.0	437	长春医学高等专科学校图书馆	15496.0
398	山东政法学院图书馆	17475.0	438	重庆医科大学图书馆	15370.0
399	成都理工大学图书馆	17450.0	439	哈尔滨职业技术学院图书馆	15200.0
400	浙江商业职业技术学院图书馆	17392.0	440	浙江工商职业技术学院图书馆	15170.0
401	广东青年职业学院图书馆	17300.0	441	上海体育学院图书馆	15087.0
402	北京农学院图书馆	17250.0	442	东北师范大学人文学院图书馆	15000.0
403	贵州工程应用技术学院图书馆	17203.0	443	南京艺术学院图书馆	15000.0
404	厦门华厦学院图书馆	17072.7	444	宁夏师范学院图书馆	15000.0
405	长春大学图书馆	16935.8	445	中国民航大学图书馆	15000.0
406	攀枝花学院图书馆	16889.0	446	华南理工大学广州学院图书馆	15000.0
407	上海对外经贸大学图书馆	16877.0	447	忻州师范学院图书馆	14892.0
408	浙江水利水电学院图书馆	16822.8	448	沈阳体育学院图书馆	14878.0
409	阿坝师范学院图书馆	16802.0	449	广州航海高等专科学校图书馆	14864.0
410	湖北汽车工业学院图书馆	16800.0	450	西藏民族大学图书馆	14821.0
411	南京化工职业技术学院图书馆	16764.0	451	成都大学图书馆	14684.0
412	漳州职业技术学院图书馆	16676.0	452	河北工业大学图书馆	14600.0
413	电子科技大学中山学院图书馆	16589.0	453	福州大学图书馆	14540.0
414	广东省外语艺术职业学院图书馆	16587.0	454	宁夏财经职业技术学院图书馆	14500.0
415	石家庄学院图书馆	16396.1	455	天津城建大学图书馆	14400.0
416	江西工业工程职业技术学院图书馆	16309.0	456	广东交通职业技术学院图书馆	14390.0
417	天津财经大学图书馆	16268.0	457	浙江国际海运职业技术学院图书馆	14325.0
418	福州理工学院图书馆	16232.0	458	漳州卫生职业学院图书馆	14325.0
419	长春汽车工业高等专科学校图书馆	16228.5	459	广东文理职业学院图书馆	14200.0
420	江西旅游商贸职业学院图书馆	16227.0	460	浙江金融职业学院图书馆	14080.0
421	绥化学院图书馆	16100.0	461	广东水利电力职业技术学院图书馆	14063.0
422	中国石油大学(北京)图书馆	16000.0	462	四川托普信息技术职业学院图书馆	14042.0
423	四川音乐学院图书馆	16000.0	463	惠州经济职业技术学院图书馆	14000.0
424	厦门理工学院图书馆	16000.0	464	浙江旅游职业学院图书馆	14000.0
425	西安文理学院图书馆	16000.0	465	重庆城市管理职业学院图书馆	14000.0
426	安徽中医药高等专科学校图书馆	16000.0	466	陕西铁路工程职业技术学院图书馆	13954.1
427	广西国际商务职业技术学院图书馆	16000.0	467	川北医学院图书馆	13928.0
428	商洛学院图书馆	15860.0	468	中国美术学院图书馆	13900.0
429	北京中医药大学图书馆	15811.0	469	吉林化工学院图书馆	13800.0
430	南开大学滨海学院图书馆	15800.0	470	首都医科大学图书馆	13800.0
431	西北工业大学明德学院图书馆	15800.0	471	四川工商职业技术学院图书馆	13630.0
432	六盘水师范学院图书馆	15750.0	472	成都航空职业技术学院图书馆	13600.0
433	西安欧亚学院图书馆	15700.0	473	宁夏工商职业技术学院图书馆	13588.0
434	温州科技职业学院图书馆	15635.0	474	广东岭南职业技术学院图书馆	13500.0

续表

序号	机构名称	馆舍总面积(平方米)	序号	机构名称	馆舍总面积(平方米)
475	井冈山大学图书馆	13350.0	515	上海师范大学天华学院图书馆	12000.0
476	贵州广播电视大学图书馆	13295.0	516	浙江越秀外国语学院图书馆	12000.0
477	大连海洋大学图书馆	13175.0	517	浙江长征职业技术学院图书馆	11969.0
478	青海师范大学图书馆	13167.6	518	上海中医药大学图书馆	11854.0
479	杨凌职业技术学院图书馆	13125.0	519	广西警官高等专科学校图书馆	11841.5
480	天津医科大学临床医学院图书馆	13106.0	520	镇江高等专科学校图书馆	11781.0
481	南京医科大学康达学院图书馆	13100.0	521	长春职业技术学院图书馆	11604.0
482	四川文理学院图书馆	13074.7	522	中山职业技术学院图书馆	11500.0
483	安顺学院图书馆	13073.9	523	四川航天职业技术学院图书馆	11278.5
484	南京林业大学图书馆	13039.0	524	义乌工商职业技术学院图书馆	11200.0
485	西安科技大学高新学院图书馆	13000.0	525	苏州卫生职业技术学院图书馆	11180.0
486	广东碧桂园职业学院图书馆	13000.0	526	福建信息职业技术学院图书馆	11150.0
487	江西交通职业技术学院图书馆	13000.0	527	浙江交通职业技术学院图书馆	11130.0
488	四川水利职业技术学院图书馆	13000.0	528	浙江医学高等专科学校图书馆	11052.5
489	厦门安防科技职业学院图书馆	13000.0	529	四川邮电职业技术学院图书馆	10991.0
490	陕西工业职业技术学院图书馆	13000.0	530	青海民族大学图书馆	10813.0
491	外交学院图书馆	12977.0	531	南方科技大学图书馆	10727.0
492	丽水职业技术学院图书馆	12913.0	532	吉林工程技术师范学院图书馆	10725.0
493	湖州职业技术学院图书馆	12900.0	533	广州城市职业学院图书馆	10546.0
494	闽西职业技术学院图书馆	12863.0	534	惠州卫生职业技术学院图书馆	10485.0
495	西安美术学院图书馆	12815.4	535	宁波卫生职业技术学院图书馆	10435.5
496	榆林学院图书馆	12800.0	536	江苏建康职业学院图书馆	10353.2
497	南通职业大学图书馆	12700.0	537	内江职业技术学院图书馆	10351.1
498	吉林华侨外国语学院图书馆	12641.0	538	南京工业职业技术学院图书馆	10315.0
499	石家庄铁道大学图书馆	12639.0	539	江苏第二师范学院图书馆	10300.0
500	遵义医学院图书馆	12634.0	540	北京大学医学图书馆	10200.0
501	白城医药高等专科学校图书馆	12634.0	541	黎明职业大学图书馆	10200.0
502	沈阳医学院图书馆	12616.0	542	兰州石化职业技术学院图书馆	10170.0
503	宁夏民族职业技术学院图书馆	12560.0	543	广东技术师范学院天河学院图书馆	10126.6
504	陕西中医药大学图书馆	12538.0	544	福建卫生职业技术学院图书馆	10112.8
505	陕西警官职业学院图书馆	12518.0	545	重庆工商职业学院图书馆	10065.0
506	重庆信息技术职业学院图书馆	12511.0	546	中国矿业大学(北京)图书馆	10047.0
507	内江师范学院图书馆	12500.0	547	北京工业职业技术学院图书馆	10000.0
508	陕西服装工程学院图书馆	12500.0	548	厦门城市职业学院图书馆	10000.0
509	广东技术师范学院图书馆	12375.7	549	江西财经职业学院图书馆	9936.0
510	健雄职业技术学院图书馆	12300.0	550	广东工贸职业技术学院图书馆	9920.0
511	天津大学仁爱学院图书馆	12256.0	551	泉州经贸职业技术学院图书馆	9917.0
512	四川交通职业技术学院图书馆	12166.0	552	浙江纺织服装职业技术学院图书馆	9872.0
513	四川警察学院图书馆	12000.0	553	北京语言大学图书馆	9870.0
514	四川旅游学院图书馆	12000.0	554	宁波城市职业技术学院图书馆	9751.6

续表

序号	机构名称	馆舍总面积(平方米)	序号	机构名称	馆舍总面积(平方米)
555	浙江机电职业技术学院图书馆	9728.5	592	泉州工艺美术职业学院图书馆	7000.0
556	盘锦职业技术学院图书馆	9622.0	593	四川司法警官职业学院图书馆	7000.0
557	中国农业大学图书馆	9550.0	594	陕西职业技术学院图书馆	7000.0
558	民办安徽文达信息技术职业学院图书馆	9519.0	595	西安航空职业技术学院图书馆	6852.0
559	漳州城市职业学院图书馆	9500.0	596	漯河职业技术学院图书馆	6848.0
560	福建华南女子职业学院图书馆	9490.0	597	上海出版印刷高等专科学校图书馆	6700.0
561	揭阳职业技术学院图书馆	9487.0	598	天津滨海职业学院图书馆	6592.0
562	福建警察学院图书馆	9200.0	599	桐城师范高等专科学校图书馆	6560.0
563	肇庆医学高等专科学校图书馆	9000.0	600	上海东海职业技术学院图书馆	6509.0
564	马鞍山职业技术学院图书馆	8962.0	601	广州体育职业技术学院图书馆	6457.5
565	安徽审计职业学院图书馆	8800.0	602	四川民族学院图书馆	6415.0
566	华南农业大学珠江学院图书馆	8688.0	603	浙江警察学院图书馆	6375.0
567	宝鸡职业技术学院图书馆	8676.0	604	西安体育学院图书馆	6351.0
568	中山大学新华学院图书馆	8441.1	605	福建商业高等专科学校图书馆	6340.0
569	广州涉外经济职业技术学院图书馆	8335.0	606	广西艺术学院图书馆	6202.5
570	黔南民族师范学院图书馆	8212.6	607	广东舞蹈戏剧职业学院图书馆	6148.9
571	安徽工商职业学院图书馆	8195.6	608	漳州科技职业学院图书馆	6133.7
572	上海济光职业技术学院图书馆	8193.0	609	上海旅游高等专科学校图书馆	6130.0
573	上海工商外国语职业学院图书馆	8052.0	610	北京师范大学一香港浸会大学联合国际学院图书馆	6088.0
574	成都体育学院图书馆	8033.0	611	四川商务职业学院图书馆	6049.0
575	南京中医药大学翰林学院图书馆	8000.0	612	广州现代信息工程职业技术学院图书馆	6000.0
576	绵阳职业技术学院图书馆	8000.0	613	眉山职业技术学院图书馆	6000.0
577	绍兴职业技术学院图书馆	8000.0	614	浙江同济科技职业学院图书馆	6000.0
578	广东环境保护工程职业学院图书馆	7898.7	615	泸州职业技术学院图书馆	5925.0
579	湄洲湾职业技术学院图书馆	7888.0	616	贵州理工学院图书馆	5915.0
580	上海立达职业技术学院图书馆	7819.0	617	广东职业技术学院图书馆	5900.0
581	天津电子信息职业技术学院图书馆	7815.0	618	南充职业技术学院图书馆	5867.0
582	上海电子信息职业技术学院图书馆	7800.0	619	海南软件职业技术学院图书馆	5719.0
583	厦门兴才职业技术学院图书馆	7747.0	620	吉林警察学院图书馆	5696.7
584	成都职业技术学院图书馆	7704.0	621	广州大学松田学院图书馆	5648.0
585	中山火炬职业技术学院图书馆	7700.0	622	上海行健职业学院图书馆	5600.0
586	安徽机电职业技术学院图书馆	7500.0	623	浙江工贸职业技术学院图书馆	5333.0
587	陕西能源职业技术学院图书馆	7447.0	624	广州工程技术职业学院图书馆	5247.0
588	上海农林职业技术学院图书馆	7386.0	625	梧州职业学院图书馆	5200.0
589	广州科技贸易职业学院图书馆	7361.0	626	吉林工程职业学院图书馆	5168.0
590	上海海关学院图书馆	7121.0	627	广东文艺职业学院图书馆	5100.0
591	浙江东方职业技术学院图书馆	7002.0	628	西安财经学院知行学院图书馆	5068.0

续表

序号	机构名称	馆舍总面积(平方米)	序号	机构名称	馆舍总面积(平方米)
629	上海公安高等专科学校图书馆	5061.0	665	广东邮电职业技术学院图书馆	3106.5
630	浙江外国语学院图书馆	5000.0	666	广州大学华软软件学院图书馆	3029.86
631	长春金融高等专科学校图书馆	4849.0	667	天津天狮学院图书馆	3011.0
632	陕西交通职业技术学院图书馆	4797.0	668	六安职业技术学院图书馆	3000.0
633	广州华南商贸职业学院图书馆	4795.0	669	西安电力高等专科学校图书馆	3000.0
634	广东行政职业学院图书馆	4700.0	670	福建电力职业技术学院图书馆	2860.0
635	沈阳音乐学院图书馆	4447.0	671	鹤壁职业技术学院图书馆	2800.0
636	营口职业技术学院图书馆	4421.0	672	四川化工职业技术学院图书馆	2765.0
637	四川财经职业学院图书馆	4400.0	673	辽源职业技术学院图书馆	2630.0
638	上海新侨职业技术学院图书馆	4364.0	674	四川卫生康复职业学院图书馆	2500.0
639	西安交通大学城市学院图书馆	4347.0	675	郑州幼儿师范高等专科学校图书馆	2485.0
640	聊城大学东昌学院图书馆	4330.0	676	西安音乐学院图书馆	2448.0
641	汕尾职业技术学院图书馆	4280.0	677	西安铁路职业技术学院图书馆	2433.0
642	厦门医学高等专科学校图书馆	4265.0	678	上海托普信息技术职业学院图书馆	2337.0
643	上海民航职业技术学院图书馆	4236.0	679	上海震旦职业学院图书馆	2295.0
644	珠海城市职业技术学院图书馆	4231.0	680	北京舞蹈学院图书馆	2240.0
645	陕西青年职业学院图书馆	4133.5	681	宁波教育学院图书馆	2200.0
646	浙江艺术职业学院图书馆	4112.0	682	三明职业技术学院图书馆	2053.4
647	吉林电子信息职业技术学院图书馆	4090.6	683	武夷山职业学院图书馆	2015.9
648	广东开放大学图书馆	4000.0	684	上海邦德职业技术学院图书馆	2014.0
649	四川华新现代职业学院图书馆	4000.0	685	山西水利职业技术学院图书馆	2013.0
650	上海科学技术职业学院图书馆	4000.0	686	福州英华职业学院图书馆	2000.0
651	天津理工大学中环信息学院图书馆	3929.4	687	上海音乐学院图书馆	1998.0
652	广州铁路职业技术学院图书馆	3777.0	688	榆林职业技术学院图书馆	1980.0
653	泉州华光职业学院图书馆	3753.7	689	广州松田职业学院图书馆	1901.0
654	汕头大学医学院图书馆	3750.0	690	金华教育学院图书馆	1850.0
655	江西农业工程职业学院图书馆	3709.0	691	广东亚视演艺职业学院图书馆	1678.0
656	上海健康医学院图书馆	3700.0	692	阜阳职业技术学院图书馆	1620.0
657	上海城建职业学院图书馆	3464.0	693	广东生态工程职业学院图书馆	1513.0
658	黔南民族医学高等专科学校图书馆	3296.0	694	上海思博职业技术学院图书馆	1200.0
659	福建体育职业技术学院图书馆	3283.0	695	闽北职业技术学院图书馆	1080.0
660	上海医疗器械高等专科学校图书馆	3268.0	696	泉州纺织服装职业学院图书馆	800.0
661	延安大学西安创新学院图书馆	3250.0	697	珠海艺术职业学院图书馆	737.0
662	北京教育学院图书馆	3220.0	698	吉林工商学院图书馆	640.0
663	陕西财经职业技术学院图书馆	3200.0	699	郑州师范学院图书馆	120.0
664	河南水利与环境职业学院图书馆	3155.0			

2015年646所高校图书馆电子资源购置费统计表

序号	机构名称	购电子资源(元)	序号	机构名称	购电子资源(元)
1	华中科技大学图书馆	28911063.0	39	成都理工大学图书馆	10409090.0
2	四川大学图书馆	27498730.3	40	上海大学图书馆	10355611.0
3	上海交通大学图书馆	24022214.9	41	浙江工业大学图书馆	9977884.0
4	武汉大学图书馆	21458415.8	42	山西大学图书馆	9935206.0
5	厦门大学图书馆	21156060.5	43	东南大学图书馆	9713516.2
6	浙江大学图书馆	20560747.0	44	武汉理工大学图书馆	9397244.6
7	电子科技大学图书馆	18372288.1	45	华北电力大学图书馆	9343643.0
8	同济大学图书馆	17759632.3	46	西北农林科技大学图书馆	9259564.3
9	首都师范大学图书馆	17048900.0	47	福建师范大学图书馆	9254672.0
10	西南交通大学图书馆	16780467.8	48	南京师范大学图书馆	9224214.0
11	北京师范大学图书馆	15876806.5	49	西交利物浦大学图书馆	9221300.0
12	北京大学图书馆	15733658.0	50	福建农林大学图书馆	9212400.1
13	南方科技大学图书馆	15528856.6	51	苏州大学图书馆	8980000.0
14	中山大学图书馆	15131100.0	52	中国矿业大学图书馆	8543716.0
15	西安交通大学图书馆	14857587.5	53	西南科技大学图书馆	8445705.0
16	深圳大学图书馆	14174261.6	54	扬州大学图书馆	8434316.0
17	复旦大学图书馆	13232030.0	55	合肥工业大学图书馆	8420240.8
18	重庆大学图书馆	12991100.0	56	西安电子科技大学图书馆	8385229.0
19	华东师范大学图书馆	12739879.0	57	江苏大学图书馆	7830891.0
20	福州大学图书馆	12721108.0	58	上海师范大学图书馆	7750344.9
21	华南理工大学图书馆	12617929.7	59	陕西师范大学图书馆	7480756.0
22	湖南大学图书馆	12575376.0	60	首都医科大学图书馆	7456448.0
23	西北工业大学图书馆	12557506.0	61	华南农业大学图书馆	7290194.0
24	河南大学图书馆	12280000.0	62	海南大学图书馆	7203510.0
25	北京工业大学图书馆	12236350.0	63	江西师范大学图书馆	7148600.0
26	广西大学图书馆	12039645.0	64	安徽师范大学图书馆	7099900.0
27	深圳大学城图书馆	11754531.0	65	广州大学图书馆	7055300.0
28	西南财经大学图书馆	11748156.4	66	浙江师范大学图书馆	6956411.0
29	东北大学图书馆	11429533.5	67	中央民族大学图书馆	6857249.0
30	北京科技大学图书馆	11428626.6	68	宁夏大学图书馆	6751115.0
31	北京理工大学图书馆	11250493.2	69	兰州大学图书馆	6725835.0
32	华东理工大学图书馆	11054062.3	70	上海财经大学图书馆	6631371.0
33	华南师范大学图书馆	11040000.0	71	陕西科技大学图书馆	6475201.7
34	东华大学图书馆	10917927.0	72	温州大学图书馆	6406788.0
35	宁波大学图书馆	10880000.0	73	华侨大学图书馆	6060000.0
36	南京大学图书馆	10852790.0	74	上海工程技术大学图书馆	6060000.0
37	东北师范大学图书馆	10585476.0	75	江苏师范大学图书馆	6010135.0
38	中国科学技术大学图书馆	10520117.0	76	上海理工大学图书馆	5989843.0

续表

序号	机构名称	购电子资源(元)	序号	机构名称	购电子资源(元)
77	中国石油大学(华东)图书馆	5907393.0	117	河北工业大学图书馆	4145855.0
78	西北大学图书馆	5555398.0	118	西安工程大学图书馆	4102919.0
79	石河子大学图书馆	5542894.0	119	温州医科大学图书馆	4036462.0
80	汕头大学图书馆	5526720.0	120	北京大学医学图书馆	4015549.0
81	江南大学图书馆	5478331.1	121	西安理工大学图书馆	4009885.0
82	浙江理工大学图书馆	5465000.0	122	浙江工商大学图书馆	4009508.0
83	广州医科大学图书馆	5441281.0	123	长安大学图书馆	3963378.6
84	广东外语外贸大学图书馆	5408182.0	124	集美大学图书馆	3904661.1
85	安徽大学图书馆	5284241.0	125	重庆医科大学图书馆	3880205.0
86	南方医科大学图书馆	5281790.0	126	四川农业大学图书馆	3877772.0
87	西北民族大学图书馆	5260952.0	127	北京联合大学图书馆	3856940.0
88	河北师范大学图书馆	5203179.0	128	中国医科大学图书馆	3834572.5
89	杭州电子科技大学图书馆	5192526.0	129	安徽工业大学图书馆	3826000.0
90	广东工业大学图书馆	5179670.0	130	北方工业大学图书馆	3809200.0
91	中国矿业大学(北京)图书馆	5162081.0	131	浙江农林大学图书馆	3800659.0
92	山东师范大学图书馆	5091787.0	132	广西科技大学图书馆	3798113.9
93	上海外国语大学图书馆	5085854.0	133	上海电力学院图书馆	3797036.0
94	大连大学图书馆	5031800.0	134	安徽农业大学图书馆	3783790.0
95	东北农业大学图书馆	4940952.9	135	东莞理工学院图书馆	3730000.0
96	中南民族大学图书馆	4806601.0	136	广州中医药大学图书馆	3686372.0
97	浙江财经大学图书馆	4780880.0	137	上海海事大学图书馆	3672624.0
98	大连海事大学图书馆	4743588.0	138	江西理工大学图书馆	3626081.0
99	南京医科大学图书馆	4713226.0	139	临沂大学图书馆	3597581.0
100	华东政法大学图书馆	4633848.4	140	西安外国语大学图书馆	3581974.6
101	山东农业大学图书馆	4633005.5	141	上海海洋大学图书馆	3574009.0
102	南京农业大学图书馆	4632790.2	142	西华大学图书馆	3517716.0
103	烟台大学图书馆	4578487.8	143	闽江学院图书馆	3511178.0
104	中国计量学院图书馆	4570500.0	144	贵州医科大学图书馆	3500000.0
105	西南石油大学图书馆	4534675.1	145	成都信息工程大学图书馆	3474320.0
106	长春工程学院图书馆	4500000.0	146	中南林业科技大学图书馆	3417200.0
107	四川理工学院图书馆	4498441.9	147	四川师范大学图书馆	3389005.0
108	东北财经大学图书馆	4438432.0	148	兰州交通大学图书馆	3369064.0
109	上海应用技术学院图书馆	4428210.6	149	闽南师范大学图书馆	3333156.4
110	南京工业大学图书馆	4247196.8	150	嘉兴学院图书馆	3316156.0
111	上海中医药大学图书馆	4244985.0	151	浙江中医药大学图书馆	3263748.0
112	延边大学图书馆	4243683.0	152	上海对外经贸大学图书馆	3219690.0
113	上海政法学院图书馆	4231498.0	153	常熟理工学院图书馆	3204379.5
114	西南民族大学图书馆	4221265.4	154	沈阳药科大学图书馆	3137505.0
115	南京林业大学图书馆	4204149.0	155	西南政法大学图书馆	3098736.0
116	南昌航空大学图书馆	4167500.0	156	大连理工大学图书馆	3093565.2

续表

序号	机构名称	购电子资源(元)	序号	机构名称	购电子资源(元)
157	上海体育学院图书馆	3090328.0	196	北方民族大学图书馆	2289595.0
158	乐山师范学院图书馆	3084000.0	197	宝鸡文理学院图书馆	2273000.0
159	成都大学图书馆	3077700.0	198	许昌学院图书馆	2260390.0
160	福建工程学院图书馆	3054568.3	199	岭南师范学院图书馆	2242398.4
161	沈阳师范大学图书馆	3005100.0	200	北华大学图书馆	2227500.0
162	河南工业大学图书馆	2989595.0	201	皖西学院图书馆	2222200.0
163	广东财经大学图书馆	2949415.0	202	广东石油化工学院图书馆	2204223.0
164	绍兴文理学院图书馆	2913137.0	203	苏州科技学院图书馆	2190889.0
165	西华师范大学图书馆	2890044.0	204	四川音乐学院图书馆	2174100.0
166	西安建筑科技大学图书馆	2879644.6	205	泉州师范学院图书馆	2150911.0
167	东北电力大学图书馆	2858930.0	206	青海师范大学图书馆	2138000.0
168	吉林农林科技学院图书馆	2844000.0	207	中国人民公安大学图书馆	2115400.0
169	中国政法大学图书馆	2839597.2	208	长春理工大学图书馆	2068108.0
170	兰州理工大学图书馆	2835800.0	209	合肥学院图书馆	2046753.0
171	重庆工商大学图书馆	2818899.0	210	淮海工学院图书馆	2020000.0
172	辽宁医学院图书馆	2804706.0	211	佛山科学技术学院图书馆	1983883.0
173	浙江海洋学院图书馆	2800000.0	212	上海海关学院图书馆	1982795.2
174	中国传媒大学图书馆	2787808.0	213	深圳职业技术学院图书馆	1979500.0
175	安徽工程大学图书馆	2723300.0	214	淮阴师范学院图书馆	1979000.0
176	五邑大学图书馆	2696823.0	215	河北北方学院图书馆	1978347.0
177	华北理工大学图书馆	2686902.0	216	阜阳师范学院图书馆	1949345.0
178	北京师范大学－香港浸会大学联合国际学院图书馆	2644257.0	217	井冈山大学图书馆	1945600.0
179	广东海洋大学图书馆	2609568.9	218	北京农学院图书馆	1908682.0
180	河南工程学院图书馆	2600000.0	219	洛阳师范学院图书馆	1904020.0
181	西藏民族大学图书馆	2593900.0	220	南京工程学院图书馆	1899934.0
182	山西农业大学图书馆	2569094.0	221	陕西理工学院图书馆	1881000.0
183	厦门理工学院图书馆	2560000.0	222	哈尔滨师范大学图书馆	1858979.0
184	沈阳航空航天大学图书馆	2511052.0	223	宜春学院图书馆	1858200.0
185	成都中医药大学图书馆	2505767.0	224	中国民用航空飞行学院图书馆	1851771.1
186	西安科技大学图书馆	2480746.0	225	上海立信会计学院图书馆	1840689.5
187	广东医学院图书馆	2474590.0	226	北京师范大学珠海分校图书馆	1797745.0
188	浙江科技学院图书馆	2472709.0	227	成都师范学院图书馆	1796150.0
189	天津理工大学图书馆	2439845.0	228	四川外语大学图书馆	1785850.0
190	西安邮电大学图书馆	2433885.0	229	西安工业大学图书馆	1777112.0
191	南京审计学院图书馆	2418732.0	230	宜宾学院图书馆	1764600.0
192	盐城师范学院图书馆	2394000.0	231	西安欧亚学院图书馆	1763200.0
193	景德镇陶瓷大学图书馆	2367950.0	232	宁波工程学院图书馆	1753363.0
194	西昌学院图书馆	2322700.0	233	重庆师范大学图书馆	1721921.0
195	四川警察学院图书馆	2289950.0	234	西安医学院图书馆	1710864.0

续表

序号	机构名称	购电子资源(元)	序号	机构名称	购电子资源(元)
235	贵阳学院图书馆	1692650.0	275	琼州学院图书馆	1298103.0
236	徐州工程学院图书馆	1692552.0	276	辽宁石油化工大学图书馆	1294080.0
237	合肥师范学院图书馆	1677100.0	277	天津城建大学图书馆	1235663.0
238	石家庄铁道大学图书馆	1665200.0	278	长江师范学院图书馆	1227500.0
239	广东药学院图书馆	1664836.0	279	西安航空学院图书馆	1224455.0
240	莆田学院图书馆	1656500.0	280	西安财经学院图书馆	1217059.0
241	汕头大学医学院图书馆	1655694.0	281	陇东学院图书馆	1205000.0
242	内江师范学院图书馆	1649000.0	282	遵义医学院图书馆	1198462.5
243	凯里学院图书馆	1607821.0	283	淮北师范大学图书馆	1197900.0
244	广东省外语艺术职业学院图书馆	1606800.0	284	宁波职业技术学院图书馆	1194452.0
245	广西财经学院图书馆	1600000.0	285	广东技术师范学院图书馆	1171200.0
246	广州番禺职业技术学院图书馆	1600000.0	286	沈阳工业大学图书馆	1165000.0
247	贵州民族大学图书馆	1581980.0	287	辽宁师范大学图书馆	1153808.0
248	亳州学院图书馆	1575000.0	288	西安石油大学图书馆	1149631.0
249	深圳信息职业技术学院图书馆	1573500.0	289	上海电子信息职业技术学院图书馆	1140000.0
250	沈阳农业大学图书馆	1560000.0	290	龙岩学院图书馆	1131400.0
251	陕西中医药大学图书馆	1559960.0	291	延安大学图书馆	1126865.7
252	绵阳师范学院图书馆	1542000.0	292	上海金融学院图书馆	1125003.0
253	山东政法学院图书馆	1531600.0	293	长治学院图书馆	1118900.0
254	北京工业职业技术学院图书馆	1500000.0	294	山东中医药大学图书馆	1111600.0
255	青岛科技大学图书馆	1494641.8	295	吉林工商学院图书馆	1110000.0
256	福建中医药大学图书馆	1482711.0	296	沈阳理工大学图书馆	1100000.0
257	长春工业大学图书馆	1469400.0	297	南宁职业技术学院图书馆	1100000.0
258	上海第二工业大学图书馆	1468819.0	298	牡丹江师范学院图书馆	1096986.0
259	河西学院图书馆	1456800.0	299	浙江金融职业学院图书馆	1080000.0
260	潍坊学院图书馆	1456677.0	300	惠州学院图书馆	1072662.0
261	陕西国际商贸学院图书馆	1443000.0	301	丽水学院图书馆	1067824.0
262	济宁学院图书馆	1439000.0	302	淮南师范学院图书馆	1060750.0
263	青海民族大学图书馆	1400000.0	303	黄淮学院图书馆	1060000.0
264	长春税务学院图书馆	1400000.0	304	安徽科技学院图书馆	1040000.0
265	肇庆学院图书馆	1400000.0	305	浙江越秀外国语学院图书馆	1035729.0
266	成都医学院图书馆	1398800.0	306	贵州理工学院图书馆	1012800.0
267	湖州师范学院图书馆	1398332.0	307	杨凌职业技术学院图书馆	1012000.0
268	平顶山学院图书馆	1380266.0	308	泸州医学院图书馆	1003385.0
269	渭南师范学院图书馆	1380000.0	309	长春大学图书馆	1002298.3
270	台州学院图书馆	1358647.0	310	榆林学院图书馆	1000000.0
271	广东轻工职业技术学院图书馆	1350000.0	311	贵州师范大学图书馆	993870.0
272	韶关学院图书馆	1328600.0	312	浙江工商职业技术学院图书馆	993400.0
273	贵州财经大学图书馆	1323000.0	313	武夷学院图书馆	976084.0
274	吉林师范大学图书馆	1311017.0	314	重庆三峡学院图书馆	970000.0

续表

序号	机构名称	购电子资源(元)	序号	机构名称	购电子资源(元)
315	天津外国语大学图书馆	963944.0	355	广东科学技术职业学院图书馆	700000.0
316	白城师范学院图书馆	960600.0	356	咸阳师范学院图书馆	693698.0
317	浙江万里学院图书馆	925400.0	357	金华职业技术学院图书馆	687800.0
318	上海公安高等专科学校图书馆	925000.0	358	成都体育学院图书馆	677635.0
319	广东金融学院图书馆	916759.0	359	四川旅游学院图书馆	670000.0
320	宁波大红鹰学院图书馆	908000.0	360	陕西铁路工程职业技术学院图书馆	665485.4
321	北京教育学院图书馆	902000.0	361	长春医学高等专科学校图书馆	664800.0
322	巢湖学院图书馆	900000.0	362	攀枝花学院图书馆	660000.0
323	黄山学院图书馆	893000.0	363	成都职业技术学院图书馆	655000.0
324	西安体育学院图书馆	890000.0	364	北京电影学院图书馆	649550.0
325	陕西学前师范学院图书馆	884000.0	365	连云港师范高等专科学校图书馆	640745.0
326	西安翻译学院图书馆	880950.0	366	肇庆医学高等专科学校图书馆	640000.0
327	上海建桥学院图书馆	878520.0	367	广东环境保护工程职业学院图书馆	638000.0
328	承德医学院图书馆	860500.0	368	西安铁路职业技术学院图书馆	636500.0
329	金陵科技学院图书馆	858849.0	369	广东培正学院图书馆	627528.8
330	桐城师范高等专科学校图书馆	858000.0	370	浙江经贸职业技术学院图书馆	626515.0
331	贵阳中医学院图书馆	847600.0	371	江苏警官学院图书馆	620000.0
332	沈阳化工大学图书馆	846677.1	372	成都工业学院图书馆	618848.0
333	浙江警察学院图书馆	814800.0	373	邕江大学图书馆	610600.0
334	遵义师范学院图书馆	814129.0	374	沈阳医学院图书馆	610294.5
335	西北政法大学图书馆	808666.0	375	重庆工商职业学院图书馆	600967.0
336	西安外事学院图书馆	808000.0	376	西安文理学院图书馆	599783.0
337	北京舞蹈学院图书馆	800000.0	377	西京学院图书馆	598000.0
338	长春中医学院图书馆	800000.0	378	上海农林职业技术学院图书馆	597300.0
339	上海机电学院图书馆	796856.0	379	江西警察学院图书馆	596500.0
340	河北建筑工程学院图书馆	795967.0	380	浙江建设职业技术学院图书馆	589328.0
341	浙江纺织服装职业技术学院图书馆	779180.0	381	吉林华侨外国语学院图书馆	588271.0
342	六盘水师范学院图书馆	774000.0	382	外交学院图书馆	581176.0
343	电子科技大学中山学院图书馆	768400.0	383	广东女子职业技术学院图书馆	580000.0
344	浙江水利水电学院图书馆	764300.0	384	河北民族师范学院图书馆	571195.0
345	广西师范学院图书馆	749338.0	385	广东第二师范学院图书馆	563000.0
346	韩山师范学院图书馆	739000.0	386	厦门医学高等专科学校图书馆	562178.0
347	安顺学院图书馆	736000.0	387	川北医学院图书馆	551500.0
348	苏州市职业大学图书馆	735445.0	388	广东行政职业学院图书馆	545000.0
349	绥化学院图书馆	734900.0	389	重庆文理学院图书馆	540056.0
350	广西艺术学院图书馆	718988.0	390	四川民族学院图书馆	536000.0
351	四川文理学院图书馆	716400.0	391	商洛学院图书馆	534000.0
352	南京艺术学院图书馆	713000.0	392	黔南民族师范学院图书馆	524000.0
353	江苏第二师范学院图书馆	712880.0	393	海口经济学院图书馆	511000.0
354	甘肃民族师范学院图书馆	700000.0	394	广东工贸职业技术学院图书馆	500000.0

续表

序号	机构名称	购电子资源(元)	序号	机构名称	购电子资源(元)
395	广州城市职业学院图书馆	500000.0	435	陕西职业技术学院图书馆	399000.0
396	杭州职业技术学院图书馆	500000.0	436	广州铁路职业技术学院图书馆	395000.0
397	厦门城市职业学院图书馆	500000.0	437	南京工业职业技术学院图书馆	387245.0
398	沈阳体育学院图书馆	499174.0	438	上海师范大学天华学院图书馆	380000.0
399	中国美术学院图书馆	496300.0	439	大连职业技术学院图书馆	379500.0
400	盘锦职业技术学院图书馆	495000.0	440	兴义民族师范学院图书馆	376000.0
401	广东开放大学图书馆	491000.0	441	广东农工商职业技术学院图书馆	372000.0
402	四川工程职业技术学院图书馆	490000.0	442	安徽商贸职业技术学院图书馆	371000.0
403	浙江旅游职业学院图书馆	489076.0	443	浙江外国语学院图书馆	370030.0
404	浙江商业职业技术学院图书馆	487808.0	444	天津医科大学临床医学院图书馆	362000.0
405	广东交通职业技术学院图书馆	478000.0	445	四川大学锦城学院图书馆	359267.0
406	忻州师范学院图书馆	473100.0	446	阜阳职业技术学院图书馆	350500.0
407	福建商业高等专科学校图书馆	468000.0	447	梧州职业学院图书馆	350000.0
408	常州轻工职业技术学院图书馆	467820.0	448	重庆城市管理职业学院图书馆	350000.0
409	池州学院图书馆	467700.0	449	西安培华学院图书馆	344000.0
410	三明学院图书馆	467607.0	450	上海音乐学院图书馆	343503.9
411	浙江医学高等专科学校图书馆	462864.0	451	东北师范大学人文学院图书馆	343000.0
412	铜仁学院图书馆	462000.0	452	闽南理工学院图书馆	340000.0
413	陕西工业职业技术学院图书馆	453800.0	453	浙江国际海运职业技术学院图书馆	333070.0
414	宁夏师范学院图书馆	450000.0	454	广东岭南职业技术学院图书馆	332600.0
415	浙江同济科技职业学院图书馆	450000.0	455	山东协和职业技术学院图书馆	330140.0
416	福建船政交通职业学院图书馆	445800.0	456	四川美术学院图书馆	330000.0
417	陕西服装工程学院图书馆	440000.0	457	广东青年职业学院图书馆	328000.0
418	常州信息职业技术学院图书馆	436168.0	458	浙江大学城市学院图书馆	325000.0
419	南通职业大学图书馆	428061.0	459	陕西警官职业学院图书馆	325000.0
420	信阳农林学院图书馆	420000.0	460	九江职业技术学院图书馆	324500.0
421	温州科技职业学院图书馆	419512.0	461	成都航空职业技术学院图书馆	322070.0
422	四川工商学院图书馆	417000.0	462	鹤壁职业技术学院图书馆	320000.0
423	华南农业大学珠江学院图书馆	413000.0	463	广州南洋理工职业学院图书馆	317500.0
424	南开大学滨海学院图书馆	410355.0	464	邢台职业技术学院图书馆	310000.0
425	四川文化产业职业学院图书馆	410000.0	465	嘉兴职业技术学院图书馆	309260.0
426	西安航空职业技术学院图书馆	410000.0	466	安徽工商职业学院图书馆	302500.0
427	西安音乐学院图书馆	405000.0	467	沈阳工程学院图书馆	302367.0
428	常州工程职业技术学院图书馆	403000.0	468	佛山职业技术学院图书馆	300000.0
429	华南理工大学广州学院图书馆	400000.0	469	河源职业技术学院图书馆	300000.0
430	成都纺织高等专科学校图书馆	400000.0	470	宁夏职业技术学院图书馆	298000.0
431	广西警官高等专科学校图书馆	400000.0	471	吉林化工学院图书馆	286666.0
432	江西财经职业学院图书馆	400000.0	472	广东警官学院图书馆	281840.0
433	四川交通职业技术学院图书馆	400000.0	473	闽西职业技术学院图书馆	278000.0
434	浙江交通职业技术学院图书馆	400000.0	474	广东生态工程职业学院图书馆	274000.0

续表

序号	机构名称	购电子资源(元)	序号	机构名称	购电子资源(元)
475	义乌工商职业技术学院图书馆	271215.0	514	福建警察学院图书馆	202000.0
476	中山职业技术学院图书馆	270019.1	515	上海城建职业学院图书馆	200800.0
477	广东科技学院图书馆	270000.0	516	甘肃中医药大学图书馆	200000.0
478	贵州商学院图书馆	267000.0	517	仰恩大学图书馆	200000.0
479	芜湖职业技术学院图书馆	265300.0	518	江西旅游商贸职业学院图书馆	200000.0
480	营口职业技术学院图书馆	265000.0	519	宁夏民族职业技术学院图书馆	200000.0
481	沈阳音乐学院图书馆	264761.0	520	三明职业技术学院图书馆	200000.0
482	天津体育学院图书馆	260944.0	521	浙江机电职业技术学院图书馆	200000.0
483	漳州科技职业学院图书馆	260000.0	522	揭阳职业技术学院图书馆	199400.0
484	广州科技贸易职业学院图书馆	258500.0	523	漳州职业技术学院图书馆	197000.0
485	辽源职业技术学院图书馆	258000.0	524	广州商学院图书馆	195000.0
486	南京医科大学康达学院图书馆	250000.0	525	河南工业职业技术学院图书馆	193000.0
487	广东食品药品职业学院图书馆	250000.0	526	茂名职业技术学院图书馆	193000.0
488	四川化工职业技术学院图书馆	250000.0	527	阿坝师范学院图书馆	190000.0
489	延安职业技术学院图书馆	250000.0	528	复旦大学上海视觉艺术学院图书馆	190000.0
490	四川职业技术学院图书馆	248160.0	529	四川工商职业技术学院图书馆	190000.0
491	西安财经学院知行学院图书馆	245320.0	530	天津大学仁爱学院图书馆	188000.0
492	南京化工职业技术学院图书馆	242577.0	531	厦门海洋职业技术学院图书馆	187000.0
493	广州大学华软软件学院图书馆	236000.0	532	四川司法警官职业学院图书馆	179600.0
494	扬州职业大学图书馆	235100.0	533	安徽医学高等专科学校图书馆	179421.0
495	陕西国防工业职业技术学院图书馆	235000.0	534	四川商务职业学院图书馆	178000.0
496	四川邮电职业技术学院图书馆	233860.0	535	西安交通大学城市学院图书馆	176000.0
497	白城医药高等专科学校图书馆	233000.0	536	上海行健职业学院图书馆	174000.0
498	黎明职业大学图书馆	232500.0	537	福建电力职业技术学院图书馆	170000.0
499	西安思源学院图书馆	230000.0	538	民办安徽文达信息技术职业学院图书馆	170000.0
500	清远职业技术学院图书馆	230000.0	539	南充职业技术学院图书馆	169150.0
501	四川建筑职业技术学院图书馆	228820.0	540	上海民航职业技术学院图书馆	168500.0
502	兰州文理学院图书馆	228000.0	541	福建体育职业技术学院图书馆	166000.0
503	甘肃医学院图书馆	227000.0	542	四川水利职业技术学院图书馆	162200.0
504	广东水利电力职业技术学院图书馆	226540.0	543	顺德职业技术学院图书馆	162200.0
505	广州城建职业学院图书馆	225000.0	544	长春科技学院图书馆	160000.0
506	河南水利与环境职业学院图书馆	225000.0	545	陕西能源职业技术学院图书馆	158800.0
507	广州涉外经济职业技术学院图书馆	223666.0	546	泸州职业技术学院图书馆	157600.0
508	三亚学院图书馆	220000.0	547	镇江高等专科学校图书馆	157500.0
509	吉林工业职业技术学院图书馆	215002.5	548	西北工业大学明德学院图书馆	157240.0
510	广西国际商务职业技术学院图书馆	212000.0	549	四川航天职业技术学院图书馆	153000.0
511	朝阳师范高等专科学校图书馆	210000.0	550	广东东软学院图书馆	150000.0
512	天津天狮学院图书馆	208750.0	551	广东司法警官职业学院图书馆	150000.0
513	江苏建康职业学院图书馆	208000.0	552	广州体育职业技术学院图书馆	150000.0

续表

序号	机构名称	购电子资源(元)	序号	机构名称	购电子资源(元)
553	上海思博职业技术学院图书馆	150000.0	592	兰州石化职业技术学院图书馆	88000.0
554	陕西交通职业技术学院图书馆	150000.0	593	广东机电职业技术学院图书馆	85000.0
555	四川卫生康复职业学院图书馆	149580.0	594	上海出版印刷高等专科学校图书馆	85000.0
556	石家庄学院图书馆	149000.0	595	漳州城市职业学院图书馆	85000.0
557	江西交通职业技术学院图书馆	148800.0	596	贵州工程应用技术学院图书馆	84000.0
558	福州理工学院图书馆	148500.0	597	上海健康医学院图书馆	80000.0
559	安徽机电职业技术学院图书馆	148000.0	598	西北大学现代学院图书馆	80000.0
560	西安电力高等专科学校图书馆	148000.0	599	福建艺术职业学院图书馆	80000.0
561	上海旅游高等专科学校图书馆	145244.0	600	广州航海高等专科学校图书馆	80000.0
562	上海济光职业技术学院图书馆	142000.0	601	上海东海职业技术学院图书馆	75000.0
563	西安科技大学高新学院图书馆	139800.0	602	宁波卫生职业技术学院图书馆	72000.0
564	马鞍山职业技术学院图书馆	138000.0	603	湄洲湾职业技术学院图书馆	70000.0
565	吉林工程职业学院图书馆	136600.0	604	六安职业技术学院图书馆	68000.0
566	广东工程职业技术学院图书馆	133000.0	605	丽水职业技术学院图书馆	65600.0
567	江苏信息职业技术学院图书馆	131000.0	606	北京语言大学图书馆	60000.0
568	安徽外国语学院图书馆	130000.0	607	广东技术师范学院天河学院图书馆	60000.0
569	宝鸡职业技术学院图书馆	130000.0	608	苏州卫生职业技术学院图书馆	56000.0
570	江西工业工程职业技术学院图书馆	130000.0	609	宁波教育学院图书馆	52400.0
571	浙江艺术职业学院图书馆	128400.0	610	宁德师范学院图书馆	51178.0
572	吉林建筑大学城建学院图书馆	120000.0	611	西安工业大学北方信息工程学院图书馆	50000.0
573	惠州经济职业技术学院图书馆	120000.0	612	广东职业技术学院图书馆	50000.0
574	漯河职业技术学院图书馆	120000.0	613	广州华南商贸职业学院图书馆	50000.0
575	连云港职业技术学院图书馆	120000.0	614	金华教育学院图书馆	50000.0
576	福建信息职业技术学院图书馆	118000.0	615	民办南华工商学院图书馆	50000.0
577	惠州卫生职业技术学院图书馆	118000.0	616	绵阳职业技术学院图书馆	50000.0
578	湖州职业技术学院图书馆	116262.0	617	咸阳职业技术学院图书馆	50000.0
579	浙江体育职业技术学院图书馆	114650.0	618	上海医疗器械高等专科学校图书馆	49961.7
580	厦门华厦学院图书馆	112980.0	619	广东文艺职业学院图书馆	49000.0
581	福州外语外贸学院图书馆	108900.0	620	广州工商学院图书馆	45000.0
582	安徽中医药高等专科学校图书馆	100000.0	621	上海科学技术职业学院图书馆	40000.0
583	广东创新科技职业学院图书馆	100000.0	622	上海震旦职业学院图书馆	40000.0
584	广州现代信息工程职业技术学院图书馆	100000.0	623	吉林电子信息职业技术学院图书馆	39000.0
585	天津滨海职业学院图书馆	99500.0	624	上海托普信息技术职业学院图书馆	37267.0
586	江门职业技术学院图书馆	99000.0	625	长春教育学院图书馆	33000.0
587	天津电子信息职业技术学院图书馆	96600.0	626	北京中医药大学图书馆	30000.0
588	铜陵职业技术学院图书馆	95000.0	627	浙江财经大学东方学院图书馆	30000.0
589	上海工商外国语职业学院图书馆	93000.0	628	黑龙江民族职业学院图书馆	30000.0
590	广州大学松田学院图书馆	90000.0	629	延安大学西安创新学院图书馆	20000.0
591	海南软件职业技术学院图书馆	90000.0	630	内江职业技术学院图书馆	20000.0

续表

序号	机构名称	购电子资源(元)	序号	机构名称	购电子资源(元)
631	黔南民族医学高等专科学校图书馆	20000.0	639	上海立达职业技术学院图书馆	3000.0
632	汕尾职业技术学院图书馆	20000.0	640	青海卫生职业技术学院图书馆	2000.0
633	广东邮电职业技术学院图书馆	15000.0	641	广州工程技术职业学院图书馆	1538.0
634	上海新侨职业技术学院图书馆	15000.0	642	新疆大学图书馆	632.0
635	汕头职业技术学院图书馆	15000.0	643	赣南师范学院图书馆	260.0
636	重庆信息技术职业学院图书馆	13500.0	644	郑州幼儿师范高等专科学校图书馆	60.0
637	健雄职业技术学院图书馆	5000.0	645	宁夏工商职业技术学院图书馆	30.0
638	泉州经贸职业技术学院图书馆	3000.0	646	珠海城市职业技术学院图书馆	30.0

2015年709所高校图书馆纸质资源购置费统计表

序号	机构名称	购纸质资源(元)	序号	机构名称	购纸质资源(元)
1	中山大学图书馆	27714300.0	38	浙江工业大学图书馆	7208193.4
2	复旦大学图书馆	25136869.7	39	华南师范大学图书馆	6980235.0
3	武汉大学图书馆	22374871.3	40	华东政法大学图书馆	6913223.1
4	北京大学图书馆	19644306.3	41	东北师范大学图书馆	6901215.0
5	浙江大学图书馆	18114115.2	42	首都师范大学图书馆	6606589.8
6	华东师范大学图书馆	16337860.3	43	华南理工大学图书馆	6511723.7
7	北京师范大学图书馆	15800778.6	44	重庆工商大学图书馆	6494728.1
8	南京大学图书馆	14613051.4	45	电子科技大学图书馆	6389640.5
9	上海师范大学图书馆	13590504.9	46	宁波大学图书馆	6219000.0
10	东南大学图书馆	13382237.7	47	厦门理工学院图书馆	6200000.0
11	四川大学图书馆	12889061.9	48	上海大学图书馆	6164062.0
12	暨南大学图书馆	12569877.0	49	广东创新科技职业学院图书馆	6160519.0
13	深圳信息职业技术学院图书馆	11698743.3	50	南京农业大学图书馆	6135192.0
14	西安交通大学图书馆	11666316.5	51	深圳大学图书馆	6125694.4
15	华中科技大学图书馆	11284620.8	52	四川美术学院图书馆	6090000.0
16	河南大学图书馆	9860000.0	53	厦门大学图书馆	6018193.2
17	东北大学图书馆	9675033.0	54	北京科技大学图书馆	5865646.8
18	海南大学图书馆	9470749.7	55	兰州大学图书馆	5859340.0
19	西南交通大学图书馆	9120581.3	56	南京师范大学图书馆	5838893.5
20	上海交通大学图书馆	9114968.8	57	闽南师范大学图书馆	5809881.9
21	亳州学院图书馆	9009703.0	58	江苏大学图书馆	5751712.2
22	武汉理工大学图书馆	8833203.8	59	上海财经大学图书馆	5719323.5
23	同济大学图书馆	8781667.9	60	华南农业大学图书馆	5719289.2
24	宁夏大学图书馆	8591715.1	61	合肥工业大学图书馆	5703145.1
25	中国矿业大学图书馆	8326372.0	62	长安大学图书馆	5671092.7
26	西北工业大学图书馆	8130260.0	63	西北农林科技大学图书馆	5526462.3
27	北京师范大学一香港浸会大学联合国际学院图书馆	8096684.0	64	南方科技大学图书馆	5468893.8
28	深圳大学城图书馆	8048258.3	65	浙江海洋学院图书馆	5466000.0
29	广东医学院图书馆	7999517.3	66	泸州医学院图书馆	5444942.0
30	中国政法大学图书馆	7960402.8	67	华东理工大学图书馆	5380713.3
31	西交利物浦大学图书馆	7945000.0	68	苏州大学图书馆	5358884.4
32	华侨大学图书馆	7884994.3	69	烟台大学图书馆	5303474.1
33	西南民族大学图书馆	7847780.9	70	西安科技大学图书馆	5297783.6
34	福建师范大学图书馆	7647809.0	71	扬州大学图书馆	5286134.0
35	重庆大学图书馆	7545000.0	72	西华师范大学图书馆	5215205.3
36	青岛科技大学图书馆	7325820.7	73	贵州财经大学图书馆	5171179.1
37	郑州大学图书馆	7319180.3	74	福州大学图书馆	5170838.1

续表

序号	机构名称	购纸质资源(元)	序号	机构名称	购纸质资源(元)
75	陕西师范大学图书馆	5169733.5	115	兴义民族师范学院图书馆	4167845.3
76	西南财经大学图书馆	5166087.5	116	广东外语外贸大学图书馆	4161081.3
77	许昌学院图书馆	5127564.4	117	深圳职业技术学院图书馆	4158000.0
78	三明学院图书馆	5113549.1	118	福建商业高等专科学校图书馆	4157456.1
79	东华大学图书馆	5064253.8	119	集美大学图书馆	4136621.0
80	四川理工学院图书馆	5063655.9	120	江苏师范大学图书馆	4114053.0
81	四川农业大学图书馆	4953925.1	121	浙江越秀外国语学院图书馆	4061399.0
82	安徽大学图书馆	4950000.0	122	湖南大学图书馆	4001474.1
83	景德镇陶瓷大学图书馆	4940727.4	123	潍坊学院图书馆	3984926.7
84	河北师范大学图书馆	4923599.4	124	上海海事大学图书馆	3975469.6
85	北方工业大学图书馆	4922563.0	125	绍兴文理学院图书馆	3966185.0
86	成都大学图书馆	4900000.0	126	广东石油化工学院图书馆	3956917.1
87	广东工业大学图书馆	4870512.5	127	合肥学院图书馆	3922083.3
88	浙江理工大学图书馆	4853029.0	128	大连理工大学图书馆	3903679.0
89	温州医科大学图书馆	4840349.7	129	广东财经大学图书馆	3900000.0
90	福建农林大学图书馆	4825773.6	130	川北医学院图书馆	3877057.9
91	浙江科技学院图书馆	4796699.0	131	南开大学滨海学院图书馆	3860496.1
92	韶关学院图书馆	4770938.6	132	四川师范大学图书馆	3838936.2
93	中国石油大学(华东)图书馆	4738046.8	133	西南科技大学图书馆	3834426.3
94	江南大学图书馆	4729332.6	134	北京语言大学图书馆	3792455.5
95	四川大学锦城学院图书馆	4708421.3	135	温州大学图书馆	3787933.3
96	浙江财经大学图书馆	4690000.0	136	黄淮学院图书馆	3720000.0
97	石河子大学图书馆	4667717.7	137	淮阴师范学院图书馆	3713213.1
98	西昌学院图书馆	4665917.3	138	南京工业大学图书馆	3707365.4
99	广西科技大学图书馆	4659870.1	139	浙江外国语学院图书馆	3691655.0
100	肇庆学院图书馆	4620049.0	140	宝鸡文理学院图书馆	3672792.9
101	江西师范大学图书馆	4601000.0	141	重庆工商职业学院图书馆	3668788.0
102	江西理工大学图书馆	4596777.0	142	陕西学前师范学院图书馆	3665400.0
103	中国科学技术大学图书馆	4585126.0	143	上海海洋大学图书馆	3647697.7
104	杭州电子科技大学图书馆	4520078.5	144	西安外国语大学图书馆	3625158.8
105	中国计量学院图书馆	4496755.4	145	西安电子科技大学图书馆	3594538.0
106	中南民族大学图书馆	4367740.7	146	中山大学新华学院图书馆	3581269.5
107	重庆医科大学图书馆	4359051.2	147	安徽医科大学图书馆	3520000.0
108	贵阳学院图书馆	4350000.0	148	广西大学图书馆	3519467.0
109	成都理工大学图书馆	4338390.0	149	苏州科技学院图书馆	3514395.0
110	安徽师范大学图书馆	4300219.7	150	甘肃政法学院图书馆	3511225.0
111	邕江大学图书馆	4250000.0	151	浙江师范大学图书馆	3505785.8
112	南京医科大学图书馆	4224570.0	152	华北电力大学图书馆	3500790.0
113	四川外语大学图书馆	4193050.9	153	北京工业大学图书馆	3500000.0
114	贵州师范大学图书馆	4169477.7	154	大连海事大学图书馆	3497123.0

续表

序号	机构名称	购纸质资源(元)	序号	机构名称	购纸质资源(元)
155	中山大学南方学院图书馆	3481700.1	195	成都职业技术学院图书馆	3000000.0
156	安徽工业大学图书馆	3461500.0	196	上海电力学院图书馆	2993408.5
157	浙江工商大学图书馆	3431685.9	197	兰州交通大学图书馆	2952696.2
158	河南工程学院图书馆	3430224.6	198	泉州师范学院图书馆	2922200.0
159	西北民族大学图书馆	3400000.0	199	盐城师范学院图书馆	2906000.0
160	上海工程技术大学图书馆	3388906.0	200	河北工业大学图书馆	2897833.9
161	浙江财经大学东方学院图书馆	3370000.0	201	福建中医药大学图书馆	2887726.0
162	嘉兴学院图书馆	3368358.9	202	五邑大学图书馆	2884370.2
163	池州学院图书馆	3364248.0	203	南京审计学院图书馆	2877281.2
164	广西艺术学院图书馆	3349181.8	204	宁波大红鹰学院图书馆	2858485.2
165	中国矿业大学(北京)图书馆	3323169.0	205	中央民族大学图书馆	2837894.0
166	闽江学院图书馆	3297589.3	206	广东食品药品职业学院图书馆	2810000.0
167	成都医学院图书馆	3287555.6	207	西北大学图书馆	2808893.3
168	阜阳师范学院图书馆	3224954.2	208	西安航空学院图书馆	2808424.4
169	北京师范大学珠海分校图书馆	3220089.5	209	广东第二师范学院图书馆	2800000.0
170	四川音乐学院图书馆	3209537.4	210	忻州师范学院图书馆	2792844.7
171	福州外语外贸学院图书馆	3206627.7	211	韩山师范学院图书馆	2785469.3
172	河南工业大学图书馆	3199694.2	212	成都中医药大学图书馆	2782763.7
173	南京林业大学图书馆	3198728.4	213	咸阳师范学院图书馆	2781816.6
174	内江师范学院图书馆	3195183.2	214	黄山学院图书馆	2772387.0
175	金华职业技术学院图书馆	3192200.0	215	广西财经学院图书馆	2762655.2
176	遵义医学院图书馆	3186884.7	216	山东师范大学图书馆	2751396.1
177	广州大学图书馆	3180465.4	217	中国医科大学图书馆	2745604.9
178	重庆三峡学院图书馆	3180000.0	218	西安建筑科技大学图书馆	2734323.9
179	湖州师范学院图书馆	3179151.0	219	三亚学院图书馆	2731792.1
180	福建工程学院图书馆	3163401.5	220	甘肃民族师范学院图书馆	2711757.6
181	天津理工大学图书馆	3161804.1	221	西安理工大学图书馆	2705046.6
182	浙江大学城市学院图书馆	3138969.4	222	上海理工大学图书馆	2694580.6
183	广东药学院图书馆	3134819.9	223	南京医科大学康达学院图书馆	2686000.0
184	乐山师范学院图书馆	3113980.4	224	西安石油大学图书馆	2682689.4
185	山西大学图书馆	3107642.3	225	陕西科技大学图书馆	2647454.0
186	惠州学院图书馆	3105338.6	226	福建江夏学院图书馆	2645168.8
187	山东协和职业技术学院图书馆	3097000.0	227	兰州理工大学图书馆	2643333.2
188	琼州学院图书馆	3061212.9	228	上海杉达学院图书馆	2637909.9
189	上海对外经贸大学图书馆	3054715.9	229	沈阳工业大学图书馆	2597981.0
190	中国美术学院图书馆	3045234.0	230	辽宁大学图书馆	2588522.1
191	河西学院图书馆	3029942.8	231	井冈山大学图书馆	2588129.0
192	浙江传媒学院图书馆	3020000.0	232	北京邮电大学图书馆	2581125.0
193	淮北师范大学图书馆	3019292.2	233	延安大学图书馆	2576508.4
194	北京理工大学图书馆	3001694.0	234	东莞理工学院图书馆	2568300.0

续表

序号	机构名称	购纸质资源(元)	序号	机构名称	购纸质资源(元)
235	长春工业大学图书馆	2561931.2	275	天津城建大学图书馆	2239453.0
236	北京中医药大学图书馆	2559343.4	276	上海机电学院图书馆	2233139.0
237	浙江农林大学图书馆	2546706.0	277	沈阳航空航天大学图书馆	2224346.6
238	成都纺织高等专科学校图书馆	2520000.0	278	惠州经济职业技术学院图书馆	2207627.0
239	上海立信会计学院图书馆	2517442.4	279	陕西理工学院图书馆	2201930.0
240	山东农业大学图书馆	2508237.5	280	榆林学院图书馆	2200000.0
241	西安财经学院图书馆	2507353.2	281	广州医科大学图书馆	2184555.3
242	西藏民族大学图书馆	2492941.4	282	莆田学院图书馆	2178520.7
243	广州工商学院图书馆	2465000.0	283	广州航海高等专科学校图书馆	2170000.0
244	西安欧亚学院图书馆	2461770.7	284	青海民族大学图书馆	2166573.0
245	厦门医学高等专科学校图书馆	2441046.0	285	宁夏师范学院图书馆	2160000.0
246	苏州市职业大学图书馆	2429493.7	286	北京工业职业技术学院图书馆	2155022.6
247	广东海洋大学图书馆	2427778.4	287	黔南民族师范学院图书馆	2153783.3
248	上海师范大学天华学院图书馆	2421238.0	288	广东科技学院图书馆	2152490.0
249	平顶山学院图书馆	2420000.0	289	皖西学院图书馆	2150000.0
250	六盘水师范学院图书馆	2413556.5	290	河北北方学院图书馆	2142936.1
251	广东轻工职业技术学院图书馆	2411377.0	291	天津外国语大学图书馆	2140041.0
252	哈尔滨师范大学图书馆	2411160.4	292	西京学院图书馆	2123754.7
253	北京联合大学图书馆	2397588.7	293	东北财经大学图书馆	2117492.6
254	宁波工程学院图书馆	2378742.5	294	贵州民族大学图书馆	2109991.6
255	吉林师范大学图书馆	2369559.8	295	济宁学院图书馆	2109000.0
256	常熟理工学院图书馆	2363515.3	296	西北大学现代学院图书馆	2101111.4
257	重庆文理学院图书馆	2363308.8	297	汕头大学图书馆	2100662.4
258	华南农业大学珠江学院图书馆	2355899.5	298	广西师范学院图书馆	2097206.6
259	安徽科技学院图书馆	2350000.0	299	上海政法学院图书馆	2097089.8
260	广州美术学院图书馆	2350000.0	300	广东农工商职业技术学院图书馆	2089659.0
261	广东青年职业学院图书馆	2315493.1	301	佛山科学技术学院图书馆	2085886.1
262	长春工程学院图书馆	2312944.6	302	中国民用航空飞行学院图书馆	2074546.5
263	郑州幼儿师范高等专科学校图书馆	2300000.0	303	成都师范学院图书馆	2074261.3
264	山东政法学院图书馆	2299976.1	304	宜春学院图书馆	2068047.0
265	上海金融学院图书馆	2293880.9	305	华北理工大学图书馆	2065887.8
266	中南林业科技大学图书馆	2279234.8	306	长春税务学院图书馆	2060047.0
267	上海建桥学院图书馆	2276641.2	307	外交学院图书馆	2054462.5
268	广东培正学院图书馆	2275514.7	308	西南政法大学图书馆	2034564.9
269	中国传媒大学图书馆	2274530.8	309	广东财经大学华商学院图书馆	2034135.8
270	成都信息工程大学图书馆	2260047.7	310	贵州师范学院图书馆	2031904.0
271	浙江大学宁波理工学院图书馆	2257629.8	311	遵义师范学院图书馆	2018723.3
272	西安工程大学图书馆	2252073.8	312	贵州医科大学图书馆	2018000.0
273	电子科技大学中山学院图书馆	2251634.6	313	渭南师范学院图书馆	2008486.9
274	西安工业大学图书馆	2243523.9	314	北华大学图书馆	2000000.0

续表

序号	机构名称	购纸质资源(元)	序号	机构名称	购纸质资源(元)
315	巢湖学院图书馆	2000000.0	355	四川工商学院图书馆	1672125.8
316	广州商学院图书馆	1999094.4	356	西安外事学院图书馆	1661625.3
317	淮南师范学院图书馆	1990000.0	357	广州城建职业学院图书馆	1650000.0
318	西华大学图书馆	1988052.3	358	辽宁工程技术大学图书馆	1648960.3
319	广东金融学院图书馆	1982008.5	359	西安财经学院知行学院图书馆	1648839.0
320	西北政法大学图书馆	1963146.4	360	重庆师范大学图书馆	1647746.4
321	北方民族大学图书馆	1947046.2	361	广州番禺职业技术学院图书馆	1647713.6
322	首都医科大学图书馆	1935250.0	362	海口经济学院图书馆	1636154.0
323	西安培华学院图书馆	1924641.0	363	西安思源学院图书馆	1635480.0
324	大连海洋大学图书馆	1924150.9	364	大连大学图书馆	1630846.5
325	长春中医学院图书馆	1913576.7	365	贵州理工学院图书馆	1630000.0
326	广东技术师范学院图书馆	1908697.9	366	浙江旅游职业学院图书馆	1629563.2
327	沈阳农业大学图书馆	1907958.6	367	广东机电职业技术学院图书馆	1626000.0
328	哈尔滨商业大学图书馆	1907821.5	368	九江职业技术学院图书馆	1611219.9
329	顺德职业技术学院图书馆	1901314.0	369	辽宁师范大学图书馆	1611027.0
330	西南石油大学图书馆	1895304.0	370	西安邮电大学图书馆	1610820.0
331	陕西中医药大学图书馆	1868722.5	371	陕西铁路工程职业技术学院图书馆	1597292.8
332	浙江中医药大学图书馆	1867332.0	372	上海中医药大学图书馆	1590600.0
333	浙江万里学院图书馆	1866134.0	373	肇庆医学高等专科学校图书馆	1585000.0
334	广州中医药大学图书馆	1850000.0	374	闽南理工学院图书馆	1580800.0
335	长江师范学院图书馆	1849860.4	375	复旦大学上海视觉艺术学院图书馆	1580000.0
336	扬州职业大学图书馆	1836706.1	376	漳州卫生职业学院图书馆	1574673.0
337	吉林工程技术师范学院图书馆	1834175.0	377	延边大学图书馆	1573170.5
338	浙江商业职业技术学院图书馆	1822305.3	378	陕西服装工程学院图书馆	1571600.0
339	上海应用技术学院图书馆	1821820.8	379	台州学院图书馆	1568995.0
340	岭南师范学院图书馆	1814389.2	380	内江职业技术学院图书馆	1565900.0
341	吉林化工学院图书馆	1812121.8	381	成都航空职业技术学院图书馆	1560711.6
342	长春科技学院图书馆	1781345.6	382	西安医学院图书馆	1560054.3
343	四川建筑职业技术学院图书馆	1772884.9	383	沈阳医学院图书馆	1557740.3
344	沈阳师范大学图书馆	1771200.0	384	淮海工学院图书馆	1552267.5
345	西安翻译学院图书馆	1767050.6	385	上海立达职业技术学院图书馆	1548374.1
346	杨凌职业技术学院图书馆	1726768.8	386	合肥师范学院图书馆	1536712.4
347	宁波职业技术学院图书馆	1717792.8	387	石家庄铁道大学图书馆	1536633.6
348	广州涉外经济职业技术学院图书馆	1713045.5	388	西安文理学院图书馆	1536617.3
349	陕西国际商贸学院图书馆	1690000.0	389	漳州职业技术学院图书馆	1531181.1
350	上海外国语大学图书馆	1689033.9	390	丽水学院图书馆	1520041.2
351	凯里学院图书馆	1681994.3	391	南京艺术学院图书馆	1516683.7
352	河源职业技术学院图书馆	1680000.0	392	广东工贸职业技术学院图书馆	1500000.0
353	贵阳中医学院图书馆	1676513.3	393	广东科学技术职业学院图书馆	1500000.0
354	延安大学西安创新学院图书馆	1672521.9	394	中国人民公安大学图书馆	1498460.0

续表

序号	机构名称	购纸质资源(元)	序号	机构名称	购纸质资源(元)
395	广东省外语艺术职业学院图书馆	1481579.4	435	华南理工大学广州学院图书馆	1280000.0
396	北京化工大学图书馆	1473367.0	436	湖州职业技术学院图书馆	1275534.1
397	四川工程职业技术学院图书馆	1468203.8	437	商洛学院图书馆	1274361.4
398	龙岩学院图书馆	1465080.4	438	苏州卫生职业技术学院图书馆	1269268.0
399	沈阳体育学院图书馆	1461853.2	439	北京电影学院图书馆	1268447.0
400	西安科技大学高新学院图书馆	1457301.3	440	沈阳化工大学图书馆	1264623.8
401	清华大学图书馆	1452676.0	441	阿坝师范学院图书馆	1260000.0
402	成都工业学院图书馆	1452676.0	442	清远职业技术学院图书馆	1260000.0
403	白城师范学院图书馆	1446000.0	443	连云港师范高等专科学校图书馆	1257013.4
404	浙江建设职业技术学院图书馆	1438460.6	444	上海海关学院图书馆	1247180.4
405	宜宾学院图书馆	1430408.1	445	山西农业大学图书馆	1242678.7
406	广东技术师范学院天河学院图书馆	1427622.0	446	四川民族学院图书馆	1239300.0
407	攀枝花学院图书馆	1417433.9	447	贵州商学院图书馆	1230724.3
408	浙江医学高等专科学校图书馆	1416253.3	448	四川水利职业技术学院图书馆	1209600.0
409	江西财经职业学院图书馆	1415195.0	449	金陵科技学院图书馆	1207591.9
410	安徽中医药高等专科学校图书馆	1415000.0	450	芜湖职业技术学院图书馆	1206898.6
411	浙江经贸职业技术学院图书馆	1413024.8	451	广东司法警官职业学院图书馆	1200000.0
412	北京农学院图书馆	1400000.0	452	四川文化产业职业学院图书馆	1200000.0
413	南宁职业技术学院图书馆	1400000.0	453	丽水职业技术学院图书馆	1192778.2
414	国际关系学院图书馆	1398386.0	454	上海农林职业技术学院图书馆	1189558.9
415	上海第二工业大学图书馆	1394249.0	455	仲恺农业工程学院图书馆	1180000.0
416	茂名职业技术学院图书馆	1392763.2	456	珠海城市职业技术学院图书馆	1180000.0
417	长春大学图书馆	1384165.6	457	广州南洋理工职业学院图书馆	1178069.8
418	东北农业大学图书馆	1382092.2	458	广东水利电力职业技术学院图书馆	1177092.1
419	浙江纺织服装职业技术学院图书馆	1364461.7	459	吉林华侨外国语学院图书馆	1173955.0
420	绵阳师范学院图书馆	1363500.0	460	厦门海洋职业技术学院图书馆	1168728.7
421	上海电子信息职业技术学院图书馆	1362000.0	461	天津大学仁爱学院图书馆	1164630.6
422	浙江金融职业学院图书馆	1353318.5	462	广东交通职业技术学院图书馆	1164324.1
423	长春理工大学图书馆	1336366.2	463	东北师范大学人文学院图书馆	1157000.0
424	福州理工学院图书馆	1332986.2	464	上海民航职业技术学院图书馆	1149412.4
425	西北工业大学明德学院图书馆	1326160.8	465	常州信息职业技术学院图书馆	1145995.0
426	大连职业技术学院图书馆	1317784.6	466	沈阳工程学院图书馆	1137629.0
427	上海体育学院图书馆	1313326.3	467	宁德师范学院图书馆	1135157.4
428	安顺学院图书馆	1312929.7	468	浙江交通职业技术学院图书馆	1131743.8
429	四川警察学院图书馆	1312667.9	469	西安美术学院图书馆	1122249.4
430	广东警官学院图书馆	1307134.1	470	陕西工业职业技术学院图书馆	1113925.7
431	广州工程技术职业学院图书馆	1300000.0	471	安徽农业大学图书馆	1110877.0
432	广东岭南职业技术学院图书馆	1297778.7	472	广东文理职业学院图书馆	1103565.0
433	南昌航空大学图书馆	1293500.0	473	天津天狮学院图书馆	1093799.7
434	安徽商贸职业技术学院图书馆	1290000.0	474	安徽工程大学图书馆	1091400.0

续表

序号	机构名称	购纸质资源(元)	序号	机构名称	购纸质资源(元)
475	广州大学华软软件学院图书馆	1090492.7	513	沈阳理工大学图书馆	900000.0
476	四川职业技术学院图书馆	1089833.1	514	安徽医学高等专科学校图书馆	889334.0
477	南京工业职业技术学院图书馆	1077681.3	515	上海城建职业学院图书馆	886182.3
478	南通职业大学图书馆	1063356.4	516	嘉兴职业技术学院图书馆	884124.2
479	梧州职业学院图书馆	1050000.0	517	广东行政职业学院图书馆	881000.0
480	徐州工程学院图书馆	1042235.0	518	宁波城市职业技术学院图书馆	880737.4
481	广西警官高等专科学校图书馆	1030000.0	519	广州现代信息工程职业技术学院图书馆	872933.1
482	浙江工商职业技术学院图书馆	1024500.0	520	商洛职业技术学院图书馆	869712.0
483	浙江同济科技职业学院图书馆	1014358.2	521	浙江警察学院图书馆	866629.2
484	陕西国防工业职业技术学院图书馆	1007817.4	522	天津电子信息职业技术学院图书馆	865855.8
485	厦门华厦学院图书馆	1002125.3	523	四川旅游学院图书馆	860980.0
486	牡丹江师范学院图书馆	1001565.7	524	浙江机电职业技术学院图书馆	860555.2
487	南京中医药大学翰林学院图书馆	1000000.0	525	健雄职业技术学院图书馆	860464.0
488	广州城市职业学院图书馆	1000000.0	526	广东环境保护工程职业学院图书馆	846541.2
489	江西警察学院图书馆	996370.6	527	绥化学院图书馆	846516.3
490	福建警察学院图书馆	993632.1	528	山东中医药大学图书馆	843967.2
491	广州铁路职业技术学院图书馆	990000.0	529	常州轻工职业技术学院图书馆	842032.2
492	西安交通大学城市学院图书馆	979001.5	530	江苏第二师范学院图书馆	840833.2
493	常州工程职业技术学院图书馆	978542.6	531	仰恩大学图书馆	839109.0
494	浙江水利水电学院图书馆	976019.0	532	兰州石化职业技术学院图书馆	835049.3
495	江门职业技术学院图书馆	972908.7	533	南方医科大学图书馆	835000.0
496	河北民族师范学院图书馆	971083.0	534	重庆城市管理职业学院图书馆	830000.0
497	镇江高等专科学校图书馆	969565.0	535	连云港职业技术学院图书馆	822000.0
498	辽宁医学院图书馆	967997.7	536	民办安徽文达信息技术职业学院图书馆	820000.0
499	广西国际商务职业技术学院图书馆	963103.9	537	铜仁学院图书馆	813343.8
500	黎明职业大学图书馆	960983.0	538	辽宁石油化工大学图书馆	809823.5
501	南京化工职业技术学院图书馆	955768.7	539	上海思博职业技术学院图书馆	804568.1
502	鹤壁职业技术学院图书馆	954996.0	540	江苏警官学院图书馆	801280.5
503	民办南华工商学院图书馆	950000.0	541	陇东学院图书馆	795000.0
504	四川交通职业技术学院图书馆	950000.0	542	陕西交通职业技术学院图书馆	788276.3
505	浙江艺术职业学院图书馆	948575.1	543	河南工业职业技术学院图书馆	787000.0
506	西安体育学院图书馆	946837.2	544	江苏建康职业学院图书馆	765761.5
507	东北电力大学图书馆	942900.3	545	吉林建筑大学城建学院图书馆	757849.4
508	上海音乐学院图书馆	938681.8	546	河南水利与环境职业学院图书馆	754900.4
509	温州科技职业学院图书馆	937563.9	547	三明职业技术学院图书馆	750000.0
510	福建卫生职业技术学院图书馆	928539.4	548	北京教育学院图书馆	735927.0
511	吉林农林科技学院图书馆	917667.1	549	上海出版印刷高等专科学校图书馆	734190.4
512	漳州理工职业学院图书馆	905911.6	550	南充职业技术学院图书馆	734111.3

续表

序号	机构名称	购纸质资源(元)	序号	机构名称	购纸质资源(元)
551	绵阳职业技术学院图书馆	730000.0	591	宁夏工商职业技术学院图书馆	560000.0
552	惠州卫生职业技术学院图书馆	721959.3	592	宁夏民族职业技术学院图书馆	560000.0
553	吉林工商学院图书馆	718956.4	593	宁夏理工学院图书馆	556854.2
554	上海旅游高等专科学校图书馆	713572.6	594	宁夏财经职业技术学院图书馆	554923.0
555	宁夏职业技术学院图书馆	713452.8	595	泉州经贸职业技术学院图书馆	550000.0
556	宁波卫生职业技术学院图书馆	709998.0	596	沈阳音乐学院图书馆	544817.7
557	漳州城市职业学院图书馆	709619.6	597	上海医疗器械高等专科学校图书馆	542358.9
558	沈阳大学图书馆	700000.0	598	上海科学技术职业学院图书馆	540306.6
559	六安职业技术学院图书馆	700000.0	599	汕尾职业技术学院图书馆	538989.0
560	西安航空职业技术学院图书馆	700000.0	600	天津体育学院图书馆	531260.1
561	闽西职业技术学院图书馆	697178.4	601	长治学院图书馆	525000.0
562	甘肃医学院图书馆	696695.0	602	广东开放大学图书馆	523891.2
563	厦门城市职业学院图书馆	690000.0	603	兰州文理学院图书馆	522402.3
564	陕西财经职业技术学院图书馆	689655.2	604	浙江长征职业技术学院图书馆	516084.7
565	义乌工商职业技术学院图书馆	685826.0	605	天津滨海职业学院图书馆	512102.0
566	贵州广播电视大学图书馆	680000.0	606	中山职业技术学院图书馆	510006.0
567	北京舞蹈学院图书馆	670000.0	607	河北建筑工程学院图书馆	505988.7
568	安徽机电职业技术学院图书馆	661349.0	608	承德医学院图书馆	500000.0
569	西安铁路职业技术学院图书馆	660909.2	609	杭州职业技术学院图书馆	500000.0
570	青海师范大学图书馆	660000.0	610	江西旅游商贸职业学院图书馆	500000.0
571	广州科技贸易职业学院图书馆	649138.0	611	汕头职业技术学院图书馆	500000.0
572	绍兴职业技术学院图书馆	648385.7	612	四川航天职业技术学院图书馆	497010.1
573	武夷学院图书馆	638904.5	613	成都体育学院图书馆	485177.9
574	咸阳职业技术学院图书馆	622154.6	614	佛山职业技术学院图书馆	478650.0
575	信阳农林学院图书馆	620000.0	615	厦门南洋职业学院图书馆	475479.9
576	四川卫生康复职业学院图书馆	619790.6	616	北京大学医学图书馆	474871.0
577	洛阳师范学院图书馆	611598.0	617	安徽工商职业学院图书馆	474871.0
578	江苏信息职业技术学院图书馆	609200.0	618	广东职业技术学院图书馆	472000.0
579	陕西青年职业学院图书馆	609000.0	619	四川司法警官职业学院图书馆	470000.0
580	长春医学高等专科学校图书馆	603049.8	620	四川邮电职业技术学院图书馆	469315.2
581	桐城师范高等专科学校图书馆	600000.0	621	上海东海职业技术学院图书馆	467301.4
582	中山火炬职业技术学院图书馆	600000.0	622	漯河职业技术学院图书馆	460000.0
583	四川商务职业学院图书馆	598506.7	623	广东工程职业技术学院图书馆	458395.5
584	长春职业技术学院图书馆	581733.4	624	上海工商外国语职业学院图书馆	455317.7
585	白城医药高等专科学校图书馆	578104.0	625	江西工业工程职业技术学院图书馆	450000.0
586	浙江国际海运职业技术学院图书馆	577964.5	626	浙江体育职业技术学院图书馆	450000.0
587	天津医科大学临床医学院图书馆	574820.6	627	西安音乐学院图书馆	448229.3
588	湄洲湾职业技术学院图书馆	574000.0	628	西安工业大学北方信息工程学院图书馆	442000.0
589	广东女子职业技术学院图书馆	572325.2			
590	马鞍山职业技术学院图书馆	567377.2	629	上海行健职业学院图书馆	436679.0

续表

序号	机构名称	购纸质资源(元)	序号	机构名称	购纸质资源(元)
630	陕西职业技术学院图书馆	436000.0	670	上海健康医学院图书馆	220000.0
631	上海公安高等专科学校图书馆	431661.0	671	萍乡学院图书馆	216250.1
632	吉林工业职业技术学院图书馆	428005.0	672	四川华新现代职业学院图书馆	200000.0
633	广州华南商贸职业学院图书馆	424000.0	673	营口职业技术学院图书馆	199972.0
634	四川化工职业技术学院图书馆	420000.0	674	上海新侨职业技术学院图书馆	199307.1
635	宝鸡职业技术学院图书馆	410000.0	675	泉州工艺美术职业学院图书馆	198775.9
636	盘锦职业技术学院图书馆	409440.0	676	西安电力高等专科学校图书馆	190357.2
637	泸州职业技术学院图书馆	408700.0	677	海南软件职业技术学院图书馆	190000.0
638	漳州科技职业学院图书馆	401200.0	678	石家庄学院图书馆	172588.8
639	广州松田职业学院图书馆	393577.2	679	江西农业工程职业学院图书馆	167032.0
640	黔南民族医学高等专科学校图书馆	390179.2	680	广东碧桂园职业学院图书馆	164646.1
641	山西水利职业技术学院图书馆	380000.0	681	上海震旦职业学院图书馆	127676.3
642	重庆信息技术职业学院图书馆	377200.0	682	黑龙江民族职业学院图书馆	125809.8
643	延安职业技术学院图书馆	371235.9	683	榆林职业技术学院图书馆	121899.0
644	江西交通职业技术学院图书馆	369000.0	684	聊城大学东昌学院图书馆	118000.0
645	广东生态工程职业学院图书馆	348264.4	685	揭阳职业技术学院图书馆	114378.8
646	广东东软学院图书馆	346375.0	686	四川文理学院图书馆	109643.6
647	汕头大学医学院图书馆	340775.6	687	厦门兴才职业技术学院图书馆	91324.9
648	朝阳师范高等专科学校图书馆	336762.1	688	福州英华职业学院图书馆	81767.2
649	贵州工程应用技术学院图书馆	335395.0	689	广东文艺职业学院图书馆	74067.0
650	福建电力职业技术学院图书馆	326458.0	690	厦门安防科技职业学院图书馆	73969.7
651	广州体育职业技术学院图书馆	323100.0	691	长春教育学院图书馆	73942.6
652	福建船政交通职业学院图书馆	318329.9	692	福建体育职业技术学院图书馆	71737.4
653	陕西警官职业学院图书馆	312619.2	693	吉林电子信息职业技术学院图书馆	69417.4
654	福建信息职业技术学院图书馆	312253.0	694	上海托普信息技术职业学院图书馆	68700.0
655	铜陵职业技术学院图书馆	310000.0	695	吉林工程职业学院图书馆	65072.6
656	阜阳职业技术学院图书馆	306159.7	696	安徽广播影视职业技术学院图书馆	60000.0
657	广东邮电职业技术学院图书馆	301735.1	697	武夷山职业学院图书馆	59069.8
658	南京工程学院图书馆	296274.5	698	上海邦德职业技术学院图书馆	45577.3
659	广州大学松田学院图书馆	287583.3	699	泉州华光职业学院图书馆	43259.0
660	金华教育学院图书馆	274490.0	700	青海卫生职业技术学院图书馆	40688.5
661	广东舞蹈戏剧职业学院图书馆	266981.6	701	眉山职业技术学院图书馆	40047.0
662	陕西能源职业技术学院图书馆	263029.5	702	广东亚视演艺职业学院图书馆	31364.0
663	宁波教育学院图书馆	262266.5	703	厦门演艺职业学院图书馆	30699.8
664	福建艺术职业学院图书馆	260701.0	704	四川工商职业技术学院图书馆	3000.0
665	邢台职业技术学院图书馆	260000.0	705	长春师范大学图书馆	700.0
666	西安交通工程学院图书馆	256673.7	706	新疆大学图书馆	429.5
667	上海济光职业技术学院图书馆	246818.0	707	赣南师范学院图书馆	290.0
668	泉州轻工职业学院图书馆	241348.0	708	临沂大学图书馆	150.0
669	珠海艺术职业学院图书馆	228355.0	709	辽源职业技术学院图书馆	18.5

2015年713所高校图书馆文献资源购置费统计表

序号	机构名称	文献资源购置费(元)	序号	机构名称	文献资源购置费(元)
1	武汉大学图书馆	45641364.2	38	中国矿业大学图书馆	16900088.0
2	中山大学图书馆	42845400.0	39	湖南大学图书馆	16800380.0
3	四川大学图书馆	40485805.6	40	海南大学图书馆	16674259.7
4	华中科技大学图书馆	40218554.8	41	上海大学图书馆	16528026.8
5	浙江大学图书馆	39142910.7	42	华东理工大学图书馆	16441435.1
6	复旦大学图书馆	38557733.5	43	东华大学图书馆	15982180.8
7	北京大学图书馆	37077971.1	44	北京工业大学图书馆	15766969.0
8	上海交通大学图书馆	33232140.7	45	广西大学图书馆	15559112.0
9	北京师范大学图书馆	32446266.9	46	宁夏大学图书馆	15342830.1
10	华东师范大学图书馆	29193989.9	47	中国科学技术大学图书馆	15109120.0
11	厦门大学图书馆	27332871.2	48	南京师范大学图书馆	15094405.5
12	同济大学图书馆	26652394.1	49	西北农林科技大学图书馆	14786026.6
13	西安交通大学图书馆	26523903.9	50	成都理工大学图书馆	14750298.5
14	西南交通大学图书馆	25901989.3	51	苏州大学图书馆	14344544.0
15	南京大学图书馆	25469415.0	52	北京理工大学图书馆	14252187.2
16	电子科技大学图书馆	24811213.0	53	合肥工业大学图书馆	14140385.8
17	首都师范大学图书馆	23791559.2	54	福建农林大学图书馆	14039673.7
18	东南大学图书馆	23145753.9	55	华侨大学图书馆	13944994.3
19	河南大学图书馆	22140000.0	56	扬州大学图书馆	13720450.0
20	上海师范大学图书馆	21356351.6	57	江苏大学图书馆	13583475.2
21	东北大学图书馆	21107226.5	58	深圳信息职业技术学院图书馆	13272243.3
22	南方科技大学图书馆	20997750.4	59	山西大学图书馆	13053958.2
23	西北工业大学图书馆	20687766.0	60	华南农业大学图书馆	13009483.2
24	重庆大学图书馆	20536100.0	61	华北电力大学图书馆	12846629.0
25	深圳大学图书馆	20304567.0	62	陕西师范大学图书馆	12657902.4
26	深圳大学城图书馆	19842314.7	63	兰州大学图书馆	12625150.0
27	华南理工大学图书馆	19129653.4	64	暨南大学图书馆	12569877.0
28	武汉理工大学图书馆	18230448.4	65	上海财经大学图书馆	12357894.5
29	华南师范大学图书馆	18020235.0	66	西南民族大学图书馆	12339046.3
30	福州大学图书馆	17891946.1	67	西南科技大学图书馆	12282173.5
31	东北师范大学图书馆	17489400.0	68	西安电子科技大学图书馆	11985667.0
32	北京科技大学图书馆	17295073.4	69	江西师范大学图书馆	11749600.0
33	浙江工业大学图书馆	17186324.3	70	华东政法大学图书馆	11563071.5
34	西交利物浦大学图书馆	17167926.2	71	安徽师范大学图书馆	11400119.7
35	宁波大学图书馆	17099000.0	72	首都医科大学图书馆	11141698.0
36	西南财经大学图书馆	16927939.0	73	中国政法大学图书馆	10800000.0
37	福建师范大学图书馆	16906273.0	74	南京农业大学图书馆	10787982.2

续表

序号	机构名称	文献资源购置费(元)	序号	机构名称	文献资源购置费(元)
75	北京师范大学—香港浸会大学联合国际学院图书馆	10741122.7	114	重庆医科大学图书馆	8244856.2
76	中国石油大学(华东)图书馆	10645439.8	115	大连海事大学图书馆	8240711.0
77	亳州学院图书馆	10584703.0	116	江西理工大学图书馆	8224858.0
78	广东医学院图书馆	10474107.3	117	西华师范大学图书馆	8108447.0
79	浙江师范大学图书馆	10465996.8	118	集美大学图书馆	8042331.5
80	浙江理工大学图书馆	10338702.9	119	成都大学图书馆	8007700.0
81	广州大学图书馆	10235765.4	120	南京工业大学图书馆	7954562.1
82	安徽大学图书馆	10234241.0	121	山东师范大学图书馆	7849459.8
83	江南大学图书馆	10227663.7	122	西安科技大学图书馆	7809877.6
84	石河子大学图书馆	10218611.7	123	北京大学医学图书馆	7765293.2
85	温州大学图书馆	10199728.3	124	汕头大学图书馆	7707382.4
86	河北师范大学图书馆	10163965.4	125	上海海事大学图书馆	7669423.6
87	江苏师范大学图书馆	10141647.0	126	广州医科大学图书馆	7628286.3
88	广东工业大学图书馆	10050182.5	127	浙江工商大学图书馆	7441193.9
89	烟台大学图书馆	9901853.7	128	南京林业大学图书馆	7403416.4
90	杭州电子科技大学图书馆	9717604.5	129	许昌学院图书馆	7390414.4
91	中央民族大学图书馆	9695143.0	130	郑州大学图书馆	7319180.3
92	长安大学图书馆	9634671.3	131	景德镇陶瓷大学图书馆	7308677.4
93	广东外语外贸大学图书馆	9592263.3	132	安徽工业大学图书馆	7287500.0
94	四川理工学院图书馆	9565330.8	133	浙江科技学院图书馆	7269408.0
95	浙江财经大学图书馆	9470880.0	134	上海海洋大学图书馆	7236037.0
96	上海工程技术大学图书馆	9448906.0	135	四川师范大学图书馆	7230941.2
97	重庆工商大学图书馆	9353627.1	136	西安外国语大学图书馆	7207333.4
98	中南民族大学图书馆	9179341.7	137	山东农业大学图书馆	7141243.0
99	闽南师范大学图书馆	9151764.9	138	河北工业大学图书馆	7067108.9
100	陕西科技大学图书馆	9126655.7	139	大连理工大学图书馆	6997244.2
101	中国计量学院图书馆	9067255.4	140	西昌学院图书馆	6988617.3
102	南京医科大学图书馆	8945196.0	141	绍兴文理学院图书馆	6880775.9
103	温州医科大学图书馆	8885611.7	142	嘉兴学院图书馆	6854514.9
104	四川农业大学图书馆	8835697.1	143	广东财经大学图书馆	6849415.0
105	青岛科技大学图书馆	8820462.5	144	长春工程学院图书馆	6812944.6
106	厦门理工学院图书馆	8760076.0	145	闽江学院图书馆	6808767.3
107	北方工业大学图书馆	8731763.0	146	上海电力学院图书馆	6790444.5
108	上海理工大学图书馆	8693786.0	147	上海外国语大学图书馆	6774887.9
109	西北民族大学图书馆	8660952.0	148	西安理工大学图书馆	6715931.6
110	中国矿业大学(北京)图书馆	8485250.0	149	大连大学图书馆	6662646.5
111	广西科技大学图书馆	8458253.4	150	中国医科大学图书馆	6591342.5
112	西北大学图书馆	8389755.6	151	东北财经大学图书馆	6556424.6
113	浙江海洋学院图书馆	8299000.0	152	贵州财经大学图书馆	6519179.1

续表

序号	机构名称	文献资源购置费(元)	序号	机构名称	文献资源购置费(元)
153	泸州医学院图书馆	6448627.0	193	四川音乐学院图书馆	5492576.9
154	西南石油大学图书馆	6432925.0	194	兰州理工大学图书馆	5479133.2
155	四川美术学院图书馆	6425000.0	195	南昌航空大学图书馆	5471000.0
156	河南工程学院图书馆	6360224.6	196	潍坊学院图书馆	5446003.7
157	西安工程大学图书馆	6356412.8	197	盐城师范学院图书馆	5300000.0
158	浙江农林大学图书馆	6349090.0	198	南京审计学院图书馆	5296013.2
159	上海政法学院图书馆	6329287.8	199	成都中医药大学图书馆	5292530.7
160	东北农业大学图书馆	6326545.1	200	阜阳师范学院图书馆	5174299.2
161	兰州交通大学图书馆	6321760.2	201	贵州师范大学图书馆	5172756.7
162	东莞理工学院图书馆	6298300.0	202	西南政法大学图书馆	5134800.9
163	上海对外经贸大学图书馆	6274828.0	203	浙江中医药大学图书馆	5132580.0
164	上海应用技术学院图书馆	6270031.4	204	浙江越秀外国语学院图书馆	5097128.0
165	广东创新科技职业学院图书馆	6260519.0	205	西藏民族大学图书馆	5095141.4
166	北京联合大学图书馆	6254528.7	206	泉州师范学院图书馆	5076111.0
167	福建工程学院图书馆	6217969.8	207	四川大学锦城学院图书馆	5067688.3
168	乐山师范学院图书馆	6197980.4	208	中国传媒大学图书馆	5062338.8
169	河南工业大学图书馆	6189289.2	209	广东海洋大学图书馆	5039347.4
170	深圳职业技术学院图书馆	6167500.0	210	北京师范大学珠海分校图书馆	5017834.5
171	广东石油化工学院图书馆	6161140.1	211	安徽农业大学图书馆	4898667.0
172	南方医科大学图书馆	6151790.0	212	邕江大学图书馆	4860600.0
173	韶关学院图书馆	6135763.6	213	内江师范学院图书馆	4844183.2
174	贵阳学院图书馆	6042650.0	214	广东药学院图书馆	4822655.9
175	肇庆学院图书馆	6020049.0	215	黄淮学院图书馆	4800000.0
176	四川外语大学图书馆	5981152.3	216	沈阳师范大学图书馆	4776300.0
177	合肥学院图书馆	5968836.3	217	华北理工大学图书馆	4752789.8
178	宝鸡文理学院图书馆	5945892.9	218	沈阳航空航天大学图书馆	4735898.6
179	上海中医药大学图书馆	5836085.0	219	成都医学院图书馆	4686355.6
180	中南林业科技大学图书馆	5818434.8	220	福建商业高等专科学校图书馆	4625456.1
181	延边大学图书馆	5816853.5	221	清华大学图书馆	4607091.4
182	成都信息工程大学图书馆	5735867.7	222	湖州师范学院图书馆	4577483.0
183	淮阴师范学院图书馆	5707213.1	223	陕西学前师范学院图书馆	4549400.0
184	苏州科技学院图书馆	5705284.0	224	兴义民族师范学院图书馆	4543845.3
185	西安建筑科技大学图书馆	5616724.8	225	井冈山大学图书馆	4533729.0
186	天津理工大学图书馆	5601649.1	226	河西学院图书馆	4486742.8
187	五邑大学图书馆	5582293.2	227	川北医学院图书馆	4429332.9
188	三明学院图书馆	5581156.1	228	上海体育学院图书馆	4403654.3
189	广州中医药大学图书馆	5576372.0	229	遵义医学院图书馆	4385347.2
190	常熟理工学院图书馆	5567894.8	230	皖西学院图书馆	4372200.0
191	贵州医科大学图书馆	5518000.0	231	福建中医药大学图书馆	4370437.0
192	西华大学图书馆	5505768.3	232	广西财经学院图书馆	4363055.2

续表

序号	机构名称	文献资源购置费(元)	序号	机构名称	文献资源购置费(元)
233	琼州学院图书馆	4359315.9	273	广东轻工职业技术学院图书馆	3761377.0
234	上海立信会计学院图书馆	4358131.9	274	西安财经学院图书馆	3724412.2
235	南开大学滨海学院图书馆	4270851.1	275	延安大学图书馆	3704074.0
236	哈尔滨师范大学图书馆	4270139.4	276	吉林师范大学图书馆	3680576.8
237	重庆工商职业学院图书馆	4269755.0	277	黄山学院图书馆	3665387.0
238	北方民族大学图书馆	4236641.2	278	北京工业职业技术学院图书馆	3655022.6
239	北华大学图书馆	4227500.0	279	成都职业技术学院图书馆	3655000.0
240	西安欧亚学院图书馆	4224970.7	280	中国人民公安大学图书馆	3613860.0
241	淮北师范大学图书馆	4217192.2	281	四川警察学院图书馆	3603617.9
242	惠州学院图书馆	4178000.6	282	临沂大学图书馆	3597731.0
243	重庆三峡学院图书馆	4175000.0	283	中山大学新华学院图书馆	3581269.5
244	宁波工程学院图书馆	4138105.5	284	淮海工学院图书馆	3572267.5
245	河北北方学院图书馆	4121283.1	285	青海民族大学图书馆	3566573.0
246	贵州民族大学图书馆	4100991.6	286	中国美术学院图书馆	3555375.0
247	陕西理工学院图书馆	4083680.0	287	济宁学院图书馆	3548000.0
248	岭南师范学院图书馆	4074878.6	288	韩山师范学院图书馆	3524469.3
249	佛山科学技术学院图书馆	4069769.1	289	安徽医科大学图书馆	3520000.0
250	广西艺术学院图书馆	4068169.8	290	甘肃政法学院图书馆	3511225.0
251	浙江外国语学院图书馆	4062485.0	291	天津城建大学图书馆	3481758.0
252	西安邮电大学图书馆	4045205.0	292	中山大学南方学院图书馆	3481700.1
253	长春工业大学图书馆	4038881.9	293	咸阳师范学院图书馆	3475614.6
254	西安航空学院图书馆	4034029.4	294	沈阳农业大学图书馆	3467958.6
255	西安工业大学图书馆	4021535.9	295	长春税务学院图书馆	3464258.0
256	宜春学院图书馆	3933247.0	296	浙江大学城市学院图书馆	3463969.4
257	中国民用航空飞行学院图书馆	3927189.8	297	长春理工大学图书馆	3435092.2
258	金华职业技术学院图书馆	3880000.0	298	陕西中医药大学图书馆	3429182.5
259	成都师范学院图书馆	3870411.3	299	山东协和职业技术学院图书馆	3427140.0
260	北京语言大学图书馆	3854149.5	300	上海金融学院图书馆	3418883.9
261	莆田学院图书馆	3840020.7	301	甘肃民族师范学院图书馆	3411757.6
262	西安石油大学图书馆	3833220.4	302	浙江财经大学东方学院图书馆	3402800.0
263	池州学院图书馆	3831948.0	303	安徽科技学院图书馆	3390000.0
264	山东政法学院图书馆	3831576.06	304	渭南师范学院图书馆	3388486.9
265	安徽工程大学图书馆	3814700.0	305	重庆师范大学图书馆	3369667.4
266	山西农业大学图书馆	3814572.7	306	广东第二师范学院图书馆	3363000.0
267	东北电力大学图书馆	3801830.3	307	福州外语外贸学院图书馆	3315527.7
268	平顶山学院图书馆	3800266.0	308	北京农学院图书馆	3308682.0
269	辽宁医学院图书馆	3772703.7	309	凯里学院图书馆	3292015.3
270	宁波大红鹰学院图书馆	3767285.2	310	西安医学院图书馆	3271418.3
271	沈阳工业大学图书馆	3762981.0	311	忻州师范学院图书馆	3265944.7
272	吉林农林科技学院图书馆	3761667.1	312	广州番禺职业技术学院图书馆	3247713.6

续表

序号	机构名称	文献资源购置费(元)	序号	机构名称	文献资源购置费(元)
313	上海海关学院图书馆	3232675.6	353	徐州工程学院图书馆	2734787.0
314	合肥师范学院图书馆	3213812.4	354	西京学院图书馆	2722254.7
315	石家庄铁道大学图书馆	3201833.6	355	长春中医学院图书馆	2713576.7
316	榆林学院图书馆	3200000.0	356	黔南民族师范学院图书馆	2677783.3
317	宜宾学院图书馆	3195008.1	357	西安翻译学院图书馆	2649030.6
318	六盘水师范学院图书馆	3187556.5	358	福建江夏学院图书馆	2645168.8
319	苏州市职业大学图书馆	3164938.7	359	广东青年职业学院图书馆	2643493.1
320	上海建桥学院图书馆	3155161.2	360	贵州理工学院图书馆	2642800.0
321	沈阳药科大学图书馆	3137505.0	361	上海杉达学院图书馆	2637909.9
322	陕西国际商贸学院图书馆	3133600.0	362	外交学院图书馆	2635638.5
323	天津外国语大学图书馆	3110485.0	363	宁夏师范学院图书馆	2610000.0
324	广东省外语艺术职业学院图书馆	3088559.4	364	龙岩学院图书馆	2596480.4
325	长江师范学院图书馆	3082360.4	365	丽水学院图书馆	2589865.2
326	广东技术师范学院图书馆	3079897.9	366	北京中医药大学图书馆	2589343.4
327	广东食品药品职业学院图书馆	3060000.0	367	辽宁大学图书馆	2589078.1
328	淮南师范学院图书馆	3050750.0	368	北京邮电大学图书馆	2581125.0
329	上海机电学院图书馆	3030111.7	369	贵阳中医学院图书馆	2524113.3
330	浙江传媒学院图书馆	3025000.0	370	洛阳师范学院图书馆	2515618.0
331	电子科技大学中山学院图书馆	3020034.6	371	广州工商学院图书馆	2510000.0
332	厦门医学高等专科学校图书馆	3003224.0	372	上海电子信息职业技术学院图书馆	2502000.0
333	三亚学院图书馆	2951792.1	373	南宁职业技术学院图书馆	2500000.0
334	台州学院图书馆	2946879.0	374	西安外事学院图书馆	2469725.3
335	南京医科大学康达学院图书馆	2936000.0	375	广东农工商职业技术学院图书馆	2461659.0
336	重庆文理学院图书馆	2928364.8	376	浙江金融职业学院图书馆	2433318.5
337	成都纺织高等专科学校图书馆	2920000.0	377	广东科技学院图书馆	2422490.0
338	宁波职业技术学院图书馆	2912244.8	378	白城师范学院图书馆	2406600.0
339	绵阳师范学院图书馆	2905500.0	379	长春大学图书馆	2386465.1
340	广东培正学院图书馆	2903043.6	380	广州美术学院图书馆	2350000.0
341	巢湖学院图书馆	2900000.0	381	惠州经济职业技术学院图书馆	2327627.0
342	广东金融学院图书馆	2898767.5	382	浙江商业职业技术学院图书馆	2310113.3
343	上海第二工业大学图书馆	2863068.0	383	郑州幼儿师范高等专科学校图书馆	2300060.0
344	广西师范学院图书馆	2846544.6	384	西安培华学院图书馆	2268671.0
345	遵义师范学院图书馆	2832852.3	385	陕西铁路工程职业技术学院图书馆	2262778.2
346	上海师范大学天华学院图书馆	2801238.0	386	浙江大学宁波理工学院图书馆	2257629.8
347	青海师范大学图书馆	2800000.0	387	广州航海高等专科学校图书馆	2250000.0
348	浙江万里学院图书馆	2797334.0	388	南京艺术学院图书馆	2229683.7
349	西北政法大学图书馆	2774774.0	389	肇庆医学高等专科学校图书馆	2225000.0
350	华南农业大学珠江学院图书馆	2768899.5	390	南京工程学院图书馆	2223055.5
351	辽宁师范大学图书馆	2764835.0	391	广东科学技术职业学院图书馆	2200000.0
352	杨凌职业技术学院图书馆	2738768.8	392	广州商学院图书馆	2194094.4

续表

序号	机构名称	文献资源购置费(元)	序号	机构名称	文献资源购置费(元)
393	西北大学现代学院图书馆	2181531.4	433	西安财经学院知行学院图书馆	1894759.0
394	沈阳医学院图书馆	2172411.4	434	成都航空职业技术学院图书馆	1884156.6
395	海口经济学院图书馆	2147154.0	435	浙江医学高等专科学校图书馆	1879117.3
396	浙江纺织服装职业技术学院图书馆	2143641.7	436	广州城建职业学院图书馆	1875000.0
397	西安文理学院图书馆	2137700.3	437	西安思源学院图书馆	1865480.0
398	浙江旅游职业学院图书馆	2118639.2	438	西安体育学院图书馆	1836837.2
399	沈阳化工大学图书馆	2111600.9	439	吉林工程技术师范学院图书馆	1834175.0
400	辽宁石油化工大学图书馆	2103903.5	440	吉林工商学院图书馆	1828979.5
401	吉林化工学院图书馆	2099487.8	441	江西财经职业学院图书馆	1815195.0
402	牡丹江师范学院图书馆	2098551.7	442	商洛学院图书馆	1808411.4
403	四川工商学院图书馆	2089125.8	443	上海农林职业技术学院图书馆	1786858.9
404	攀枝花学院图书馆	2077433.9	444	复旦大学上海视觉艺术学院图书馆	1776000.0
405	扬州职业大学图书馆	2071806.1	445	四川民族学院图书馆	1775300.0
406	成都工业学院图书馆	2071524.0	446	吉林华侨外国语学院图书馆	1762226.0
407	金陵科技学院图书馆	2066440.9	447	浙江水利水电学院图书馆	1740319.0
408	顺德职业技术学院图书馆	2063514.0	448	漳州职业技术学院图书馆	1728181.1
409	安顺学院图书馆	2050029.7	449	广东机电职业技术学院图书馆	1711000.0
410	浙江经贸职业技术学院图书馆	2039539.8	450	大连职业技术学院图书馆	1697284.6
411	广东财经大学华商学院图书馆	2034135.8	451	延安大学西安创新学院图书馆	1692521.9
412	贵州师范学院图书馆	2031904.0	452	浙江警察学院图书馆	1682229.2
413	浙江建设职业技术学院图书馆	2027788.6	453	华南理工大学广州学院图书馆	1680000.0
414	浙江工商职业技术学院图书馆	2017900.0	454	安徽商贸职业技术学院图书馆	1661000.0
415	陕西服装工程学院图书馆	2011600.0	455	辽宁工程技术大学图书馆	1648960.3
416	四川建筑职业技术学院图书馆	2001704.9	456	长治学院图书馆	1643900.0
417	陇东学院图书馆	2000000.0	457	广东交通职业技术学院图书馆	1642324.1
418	沈阳理工大学图书馆	2000000.0	458	北京教育学院图书馆	1637927.0
419	广东工贸职业技术学院图书馆	2000000.0	459	广东岭南职业技术学院图书馆	1630378.7
420	汕头大学医学院图书馆	1996469.6	460	武夷学院图书馆	1615640.3
421	河源职业技术学院图书馆	1980000.0	461	四川文化产业职业学院图书馆	1610000.0
422	沈阳体育学院图书馆	1961027.2	462	西安科技大学高新学院图书馆	1597501.3
423	四川工程职业技术学院图书馆	1958203.8	463	江西警察学院图书馆	1592870.6
424	山东中医药大学图书馆	1955567.2	464	广东警官学院图书馆	1588974.1
425	长春科技学院图书馆	1941345.6	465	内江职业技术学院图书馆	1585900.0
426	广州涉外经济职业技术学院图书馆	1936711.5	466	茂名职业技术学院图书馆	1585763.2
427	九江职业技术学院图书馆	1935719.9	467	绥化学院图书馆	1582416.3
428	大连海洋大学图书馆	1924150.9	468	常州信息职业技术学院图书馆	1582163.0
429	闽南理工学院图书馆	1920800.0	469	漳州卫生职业学院图书馆	1574673.0
430	北京电影学院图书馆	1917997.0	470	陕西工业职业技术学院图书馆	1567725.7
431	哈尔滨商业大学图书馆	1907821.5	471	江苏第二师范学院图书馆	1553713.2
432	连云港师范高等专科学校图书馆	1897758.4	472	上海立达职业技术学院图书馆	1551374.1

序号	机构名称	文献资源购置费(元)	序号	机构名称	文献资源购置费(元)
473	河北民族师范学院图书馆	1543278.0	513	四川职业技术学院图书馆	1337993.1
474	浙江交通职业技术学院图书馆	1534543.8	514	上海音乐学院图书馆	1329922.2
475	四川旅游学院图书馆	1530980.0	515	广州大学华软软件学院图书馆	1326492.7
476	安徽中医药高等专科学校图书馆	1515000.0	516	苏州卫生职业技术学院图书馆	1325268.0
477	东北师范大学人文学院图书馆	1500000.0	517	上海民航职业技术学院图书馆	1317912.4
478	广州城市职业学院图书馆	1500000.0	518	常州轻工职业技术学院图书馆	1309852.2
479	贵州商学院图书馆	1498524.3	519	天津天狮学院图书馆	1302549.7
480	广州南洋理工职业学院图书馆	1495569.8	520	河北建筑工程学院图书馆	1301955.7
481	南通职业大学图书馆	1491417.4	521	广州工程技术职业学院图书馆	1301538.0
482	清远职业技术学院图书馆	1490000.0	522	西安铁路职业技术学院图书馆	1297409.2
483	广东技术师范学院天河学院图书馆	1487622.0	523	鹤壁职业技术学院图书馆	1274996.0
484	广东环境保护工程职业学院图书馆	1484541.2	524	长春医学高等专科学校图书馆	1267849.8
485	西北工业大学明德学院图书馆	1484250.8	525	丽水职业技术学院图书馆	1258378.2
486	福州理工学院图书馆	1481486.2	526	陕西国防工业职业技术学院图书馆	1242817.4
487	北京化工大学图书馆	1473367.0	527	嘉兴职业技术学院图书馆	1202754.2
488	芜湖职业技术学院图书馆	1472198.6	528	南京化工职业技术学院图书馆	1198345.7
489	北京舞蹈学院图书馆	1470000.0	529	福建警察学院图书馆	1195632.1
490	南京工业职业技术学院图书馆	1464926.3	530	黎明职业大学图书馆	1193483.0
491	浙江同济科技职业学院图书馆	1464358.2	531	厦门城市职业学院图书馆	1190000.0
492	桐城师范高等专科学校图书馆	1458000.0	532	宁德师范学院图书馆	1186335.4
493	阿坝师范学院图书馆	1450000.0	533	成都体育学院图书馆	1182812.9
494	沈阳工程学院图书馆	1442296.0	534	珠海城市职业技术学院图书馆	1180030.0
495	广西警官高等专科学校图书馆	1430000.0	535	仲恺农业工程学院图书馆	1180000.0
496	广东行政职业学院图书馆	1426000.0	536	重庆城市管理职业学院图书馆	1180000.0
497	江苏警官学院图书馆	1421280.5	537	广西国际商务职业技术学院图书馆	1175103.9
498	广东水利电力职业技术学院图书馆	1403632.1	538	西安交通大学城市学院图书馆	1155601.5
499	铜仁学院图书馆	1401151.8	539	广东女子职业技术学院图书馆	1152325.2
500	梧州职业学院图书馆	1400000.0	540	镇江高等专科学校图书馆	1127065.0
501	国际关系学院图书馆	1398386.0	541	西安美术学院图书馆	1123749.4
502	湖州职业技术学院图书馆	1393296.1	542	厦门华厦学院图书馆	1115105.3
503	广州铁路职业技术学院图书馆	1385000.0	543	西安航空职业技术学院图书馆	1110000.0
504	常州工程职业技术学院图书馆	1381542.6	544	广东文理职业学院图书馆	1103565.0
505	四川水利职业技术学院图书馆	1371800.0	545	上海城建职业学院图书馆	1086982.3
506	承德医学院图书馆	1360500.0	546	浙江艺术职业学院图书馆	1076975.1
507	温州科技职业学院图书馆	1357075.9	547	江门职业技术学院图书馆	1071908.7
508	上海公安高等专科学校图书馆	1356661.0	548	安徽医学高等专科学校图书馆	1068755.0
509	厦门海洋职业技术学院图书馆	1355728.7	549	浙江机电职业技术学院图书馆	1060555.2
510	天津大学仁爱学院图书馆	1352630.6	550	信阳农林学院图书馆	1040000.0
511	广东司法警官职业学院图书馆	1350000.0	551	仰恩大学图书馆	1039109.0
512	四川交通职业技术学院图书馆	1350000.0	552	南京中医药大学翰林学院图书馆	1020000.0

续表

序号	机构名称	文献资源购置费(元)	序号	机构名称	文献资源购置费(元)
553	广东开放大学图书馆	1014891.2	591	漳州城市职业学院图书馆	794619.6
554	宁夏职业技术学院图书馆	1011452.8	592	天津体育学院图书馆	792204.1
555	杭州职业技术学院图书馆	1002200.0	593	宁波卫生职业技术学院图书馆	781998.0
556	民办南华工商学院图书馆	1000000.0	594	中山职业技术学院图书馆	780025.1
557	民办安徽文达信息技术职业学院图书馆	990000.0	595	绵阳职业技术学院图书馆	780000.0
558	河南工业职业技术学院图书馆	980000.0	596	佛山职业技术学院图书馆	778650.0
559	河南水利与环境职业学院图书馆	979900.4	597	安徽工商职业学院图书馆	777371.0
560	闽西职业技术学院图书馆	975178.4	598	四川商务职业学院图书馆	776506.7
561	江苏建康职业学院图书馆	973761.5	599	四川卫生康复职业学院图书馆	769370.6
562	广州现代信息工程职业技术学院图书馆	972933.1	600	六安职业技术学院图书馆	768000.0
563	天津电子信息职业技术学院图书馆	962455.8	601	福建船政交通职业学院图书馆	764129.9
564	上海旅游高等专科学校图书馆	959296.6	602	宁夏民族职业技术学院图书馆	760000.0
565	义乌工商职业技术学院图书馆	957917.0	603	兰州文理学院图书馆	750402.3
566	上海思博职业技术学院图书馆	954568.1	604	江苏信息职业技术学院图书馆	740200.0
567	三明职业技术学院图书馆	950000.0	605	马鞍山职业技术学院图书馆	705377.2
568	连云港职业技术学院图书馆	942000.0	606	四川邮电职业技术学院图书馆	703175.2
569	陕西交通职业技术学院图书馆	938276.3	607	沈阳大学图书馆	700000.0
570	天津医科大学临床医学院图书馆	936820.6	608	江西旅游商贸职业学院图书馆	700000.0
571	福建卫生职业技术学院图书馆	928539.4	609	陕西财经职业技术学院图书馆	689655.2
572	甘肃医学院图书馆	925345.0	610	贵州广播电视大学图书馆	680000.0
573	兰州石化职业技术学院图书馆	923049.3	611	咸阳职业技术学院图书馆	672154.6
574	浙江国际海运职业技术学院图书馆	911034.5	612	四川化工职业技术学院图书馆	670000.0
575	广州科技贸易职业学院图书馆	907638.0	613	漳州科技职业学院图书馆	661200.0
576	漳州理工职业学院图书馆	905911.6	614	阜阳职业技术学院图书馆	656659.7
577	盘锦职业技术学院图书馆	904440.0	615	四川航天职业技术学院图书馆	650010.1
578	南充职业技术学院图书馆	903261.3	616	四川司法警官职业学院图书馆	649600.0
579	宁波城市职业技术学院图书馆	880737.4	617	绍兴职业技术学院图书馆	648385.7
580	吉林建筑大学城建学院图书馆	877849.4	618	湄洲湾职业技术学院图书馆	644000.0
581	商洛职业技术学院图书馆	869712.0	619	吉林工业职业技术学院图书馆	643007.5
582	健雄职业技术学院图书馆	865464.0	620	陕西警官职业学院图书馆	637619.2
583	西安音乐学院图书馆	856390.5	621	广东生态工程职业学院图书馆	622264.4
584	惠州卫生职业技术学院图书馆	839959.3	622	延安职业技术学院图书馆	621235.9
585	陕西职业技术学院图书馆	835000.0	623	邢台职业技术学院图书馆	620000.0
586	四川文理学院图书馆	826043.6	624	天津滨海职业学院图书馆	611602.0
587	上海出版印刷高等专科学校图书馆	819190.4	625	上海行健职业学院图书馆	610679.0
588	白城医药高等专科学校图书馆	811104.0	626	陕西青年职业学院图书馆	609000.0
589	沈阳音乐学院图书馆	809578.7	627	中山火炬职业技术学院图书馆	600000.0
590	安徽机电职业技术学院图书馆	809349.0	628	上海医疗器械高等专科学校图书馆	592320.6

续表

序号	机构名称	文献资源购置费(元)	序号	机构名称	文献资源购置费(元)
629	广东工程职业技术学院图书馆	591395.5	669	上海健康医学院图书馆	330000.0
630	长春职业技术学院图书馆	581733.4	670	金华教育学院图书馆	324490.0
631	上海科学技术职业学院图书馆	580306.6	671	广东邮电职业技术学院图书馆	316735.1
632	江西工业工程职业技术学院图书馆	580000.0	672	宁波教育学院图书馆	314666.5
633	漯河职业技术学院图书馆	580000.0	673	揭阳职业技术学院图书馆	313778.8
634	泸州职业技术学院图书馆	566300.0	674	海南软件职业技术学院图书馆	280000.0
635	浙江体育职业技术学院图书馆	564650.0	675	广东舞蹈戏剧职业学院图书馆	266981.6
636	宁夏工商职业技术学院图书馆	560030.0	676	辽源职业技术学院图书馆	258018.5
637	汕尾职业技术学院图书馆	558989.0	677	西安交通工程学院图书馆	256973.7
638	宁夏理工学院图书馆	556854.2	678	泉州轻工职业学院图书馆	241348.0
639	宁夏财经职业技术学院图书馆	554923.0	679	福建体育职业技术学院图书馆	237737.4
640	泉州经贸职业技术学院图书馆	553000.0	680	珠海艺术职业学院图书馆	228355.0
641	上海工商外国语职业学院图书馆	548317.7	681	萍乡学院图书馆	216250.1
642	朝阳师范高等专科学校图书馆	546762.1	682	上海新侨职业技术学院图书馆	214307.1
643	上海东海职业技术学院图书馆	542301.4	683	吉林工程职业学院图书馆	201672.6
644	宝鸡职业技术学院图书馆	540000.0	684	甘肃中医药大学图书馆	200000.0
645	广东职业技术学院图书馆	522000.0	685	四川华新现代职业学院图书馆	200000.0
646	江西交通职业技术学院图书馆	517800.0	686	泉州工艺美术职业学院图书馆	198775.9
647	浙江长征职业技术学院图书馆	516084.7	687	四川工商职业技术学院图书馆	193000.0
648	汕头职业技术学院图书馆	515000.0	688	上海震旦职业学院图书馆	167676.3
649	福建电力职业技术学院图书馆	496458.0	689	江西农业工程职业学院图书馆	167032.0
650	广东东软学院图书馆	496375.0	690	广东碧桂园职业学院图书馆	164646.1
651	西安工业大学北方信息工程学院	492000.0	691	黑龙江民族职业学院图书馆	155809.8
652	厦门南洋职业学院图书馆	475479.9	692	安徽外国语学院	130000.0
653	广州华南商贸职业学院图书馆	474000.0	693	广东文艺职业学院图书馆	123067.0
654	广州体育职业技术学院图书馆	473100.0	694	榆林职业技术学院图书馆	121899.0
655	营口职业技术学院图书馆	464972.0	695	聊城大学东昌学院图书馆	119000.0
656	福建信息职业技术学院图书馆	430253.0	696	吉林电子信息职业技术学院图书馆	108417.4
657	陕西能源职业技术学院图书馆	421829.5	697	长春教育学院图书馆	106942.6
658	贵州工程应用技术学院图书馆	420395.0	698	上海托普信息技术职业学院图书馆	105967.0
659	黔南民族医学高等专科学校图书馆	410179.2	699	厦门兴才职业技术学院图书馆	91324.9
660	铜陵职业技术学院图书馆	405000.0	700	福州英华职业学院图书馆	81767.2
661	广州松田职业学院图书馆	393577.2	701	厦门安防科技职业学院图书馆	73969.7
662	重庆信息技术职业学院图书馆	390700.0	702	安徽广播影视职业技术学院图书馆	60000.0
663	上海济光职业技术学院图书馆	388818.0	703	武夷山职业学院图书馆	59069.8
664	山西水利职业技术学院图书馆	380000.0	704	上海邦德职业技术学院图书馆	45577.3
665	广州大学松田学院图书馆	377583.3	705	泉州华光职业学院图书馆	43259.0
666	石家庄学院图书馆	371588.8	706	青海卫生职业技术学院图书馆	42688.5
667	福建艺术职业学院图书馆	340701.0	707	眉山职业技术学院图书馆	40047.0
668	西安电力高等专科学校图书馆	338357.2	708	广东亚视演艺职业学院图书馆	31364.0

续表

序号	机构名称	文献资源购置费(元)	序号	机构名称	文献资源购置费(元)
709	厦门演艺职业学院图书馆	30699.8	712	长春师范大学图书馆	700.0
710	新疆大学图书馆	1061.5	713	赣南师范学院图书馆	550.0
711	天津财经大学图书馆	800.0			

2015年714所高校图书馆年度总经费统计表

序号	机构名称	年度经费情况(元)	序号	机构名称	年度经费情况(元)
1	北京大学图书馆	50220498.9	39	华南师范大学图书馆	19836667.1
2	四川大学图书馆	45917495.3	40	安徽师范大学图书馆	19534906.2
3	武汉大学图书馆	45641364.2	41	湖南大学图书馆	19321492.0
4	中山大学图书馆	45518400.0	42	宁夏大学图书馆	18952830.1
5	复旦大学图书馆	43572340.3	43	广西大学图书馆	18768456.8
6	同济大学图书馆	41571249.2	44	上海大学图书馆	18609842.5
7	华中科技大学图书馆	41286901.9	45	福建农林大学图书馆	18584897.1
8	浙江大学图书馆	40176710.8	46	上海财经大学图书馆	18522382.0
9	上海交通大学图书馆	36950942.5	47	福州大学图书馆	18191946.1
10	北京师范大学图书馆	34770494.6	48	华东理工大学图书馆	18183930.5
11	华东师范大学图书馆	33700211.7	49	西南财经大学图书馆	18006049.9
12	南京农业大学图书馆	33209003.4	50	宁波大学图书馆	17776000.0
13	河南大学图书馆	31985000.0	51	福建师范大学图书馆	17717452.0
14	厦门大学图书馆	29514675.1	52	浙江工业大学图书馆	17571114.3
15	东北师范大学图书馆	29032348.0	53	西交利物浦大学图书馆	17387926.2
16	西南交通大学图书馆	29017749.8	54	东华大学图书馆	17084680.8
17	西安交通大学图书馆	28837545.2	55	中南民族大学图书馆	17031590.8
18	山东师范大学图书馆	28581843.5	56	江苏大学图书馆	16727723.3
19	电子科技大学图书馆	27943902.6	57	北京工业大学图书馆	16232539.2
20	东南大学图书馆	27781346.0	58	西南民族大学图书馆	16108409.4
21	南京大学图书馆	27232177.9	59	兰州大学图书馆	16074565.0
22	首都师范大学图书馆	26843145.5	60	西北农林科技大学图书馆	15894526.6
23	北京科技大学图书馆	25110093.5	61	成都理工大学图书馆	15540983.5
24	广东财经大学图书馆	24296415.0	62	苏州大学图书馆	15523105.5
25	上海师范大学图书馆	23549755.1	63	中国科学技术大学图书馆	15485315.2
26	西北工业大学图书馆	23186742.0	64	西南科技大学图书馆	15435696.6
27	深圳大学图书馆	22389567.0	65	合肥工业大学图书馆	15365796.3
28	安徽大学图书馆	21890387.3	66	华东政法大学图书馆	15317372.5
29	武汉理工大学图书馆	21824796.4	67	扬州大学图书馆	14890428.8
30	海南大学图书馆	21750142.4	68	江西师范大学图书馆	14464106.6
31	东北大学图书馆	21627217.5	69	北京理工大学图书馆	14367945.2
32	南方科技大学图书馆	21195143.4	70	深圳信息职业技术学院图书馆	14327132.3
33	中国矿业大学图书馆	20539688.0	71	陕西师范大学图书馆	14018724.9
34	重庆大学图书馆	20536100.0	72	华侨大学图书馆	13944994.3
35	华南理工大学图书馆	20483540.1	73	华南农业大学图书馆	13761911.2
36	南京师范大学图书馆	20273611.1	74	江南大学图书馆	13579890.9
37	大连大学图书馆	20181494.5	75	华北电力大学图书馆	13294975.0
38	深圳大学城图书馆	19960854.7	76	浙江师范大学图书馆	13289355.0

续表

序号	机构名称	年度经费情况(元)	序号	机构名称	年度经费情况(元)
77	北京师范大学一香港浸会大学联合国际学院图书馆	13082473.3	116	四川农业大学图书馆	9559697.1
78	山西大学图书馆	13076605.2	117	吉林农林科技学院图书馆	9400309.6
79	长安大学图书馆	13001987.5	118	南京医科大学图书馆	9374652.0
80	广东外语外贸大学图书馆	12877263.3	119	浙江海洋学院图书馆	9359000.0
81	暨南大学图书馆	12569877.0	120	重庆工商大学图书馆	9353627.1
82	河南工业大学图书馆	12544330.5	121	厦门理工学院图书馆	9189864.0
83	西安电子科技大学图书馆	12508667.0	122	上海理工大学图书馆	9188066.0
84	温州大学图书馆	12014043.3	123	温州医科大学图书馆	9164619.8
85	中国政法大学图书馆	11938295.0	124	景德镇陶瓷大学图书馆	8810677.4
86	广东医学院图书馆	11842802.8	125	重庆医科大学图书馆	8769534.1
87	首都医科大学图书馆	11572529.0	126	西南政法大学图书馆	8740493.4
88	青岛科技大学图书馆	11353084.5	127	西北大学图书馆	8651857.6
89	石河子大学图书馆	11017391.7	128	江西理工大学图书馆	8633259.0
90	四川理工学院图书馆	10973204.6	129	上海政法学院图书馆	8599670.8
91	浙江理工大学图书馆	10964209.2	130	上海海洋大学图书馆	8589480.0
92	河北师范大学图书馆	10924772.0	131	大连海事大学图书馆	8549821.0
93	广东工业大学图书馆	10900182.5	132	绍兴文理学院图书馆	8545389.4
94	东北电力大学图书馆	10866582.3	133	北京大学医学图书馆	8521019.2
95	杭州电子科技大学图书馆	10863399.0	134	集美大学图书馆	8449867.2
96	中国石油大学(华东)图书馆	10795439.8	135	西华师范大学图书馆	8449449.3
97	江苏师范大学图书馆	10792066.0	136	河南工程学院图书馆	8439824.6
98	中国计量学院图书馆	10750490.3	137	西安科技大学图书馆	8344216.9
99	亳州学院图书馆	10744703.0	138	上海海事大学图书馆	8332310.6
100	西北民族大学图书馆	10696728.0	139	东北财经大学图书馆	8320102.6
101	四川师范大学图书馆	10253146.3	140	浙江科技学院图书馆	8292408.0
102	广州大学图书馆	10236265.4	141	浙江中医药大学图书馆	8260106.5
103	烟台大学图书馆	10195747.1	142	西安工程大学图书馆	8200316.9
104	陕西科技大学图书馆	10101655.7	143	成都大学图书馆	8122700.0
105	中央民族大学图书馆	9917643.0	144	南京工业大学图书馆	7954562.1
106	上海工程技术大学图书馆	9907373.0	145	汕头大学图书馆	7945435.9
107	中国矿业大学(北京)图书馆	9855250.0	146	青海师范大学图书馆	7925577.2
108	浙江工商大学图书馆	9798280.9	147	南京林业大学图书馆	7832648.0
109	闽南师范大学图书馆	9754664.9	148	山东农业大学图书馆	7799070.0
110	广西科技大学图书馆	9730572.6	149	上海第二工业大学图书馆	7793068.0
111	临沂大学图书馆	9730054.7	150	东莞理工学院图书馆	7758379.0
112	北方工业大学图书馆	9691763.0	151	嘉兴学院图书馆	7743944.9
113	安顺学院图书馆	9684408.9	152	成都信息工程大学图书馆	7738113.7
114	浙江财经大学图书馆	9623680.0	153	西昌学院图书馆	7714566.7
115	广州医科大学图书馆	9589926.1	154	广东创新科技职业学院图书馆	7707442.5

续表

序号	机构名称	年度经费情况(元)	序号	机构名称	年度经费情况(元)
155	许昌学院图书馆	7701011.4	195	河西学院图书馆	6286742.8
156	福建工程学院图书馆	7630926.9	196	华北理工大学图书馆	6237329.6
157	深圳职业技术学院图书馆	7602500.0	197	广东石油化工学院图书馆	6201202.1
158	贵州财经大学图书馆	7599179.1	198	乐山师范学院图书馆	6199980.4
159	大连理工大学图书馆	7589719.1	199	延边大学图书馆	6116853.5
160	贵阳学院图书馆	7414950.0	200	合肥学院图书馆	6114836.3
161	河北工业大学图书馆	7414164.9	201	中南林业科技大学图书馆	6083854.8
162	郑州大学图书馆	7319180.3	202	四川外语大学图书馆	6077187.8
163	安徽工业大学图书馆	7287500.0	203	北京师范大学珠海分校图书馆	6069643.9
164	浙江农林大学图书馆	7276229.2	204	三明学院图书馆	6061511.8
165	韶关学院图书馆	7271172.1	205	广东青年职业学院图书馆	6059474.7
166	西安外国语大学图书馆	7252612.5	206	清华大学图书馆	6035216.5
167	南昌航空大学图书馆	7187000.0	207	宝鸡文理学院图书馆	6016254.9
168	长春理工大学图书馆	7140897.2	208	成都中医药大学图书馆	5964099.6
169	西安理工大学图书馆	7104596.6	209	广州中医药大学图书馆	5955072.0
170	闽江学院图书馆	7052723.0	210	上海中医药大学图书馆	5936854.2
171	长春工程学院图书馆	6999214.6	211	南京审计学院图书馆	5926666.2
172	上海电力学院图书馆	6997538.5	212	常熟理工学院图书馆	5890193.8
173	四川美术学院图书馆	6953000.0	213	广东海洋大学图书馆	5854627.4
174	北京工业职业技术学院图书馆	6932022.6	214	兰州理工大学图书馆	5822001.5
175	吉林师范大学图书馆	6880576.8	215	安徽农业大学图书馆	5791064.0
176	潍坊学院图书馆	6834016.7	216	五邑大学图书馆	5781693.2
177	西南石油大学图书馆	6787590.0	217	苏州科技学院图书馆	5776951.0
178	上海外国语大学图书馆	6774887.9	218	盐城师范学院图书馆	5750983.5
179	中国医科大学图书馆	6749941.7	219	上海海关学院图书馆	5729175.6
180	北京联合大学图书馆	6745390.7	220	贵州民族大学图书馆	5690695.2
181	天津理工大学图书馆	6713214.1	221	贵州师范大学图书馆	5650748.6
182	西藏民族大学图书馆	6687599.1	222	西华大学图书馆	5641772.3
183	泸州医学院图书馆	6647123.9	223	四川音乐学院图书馆	5637383.5
184	东北农业大学图书馆	6629403.4	224	贵州医科大学图书馆	5578000.0
185	中山大学南方学院图书馆	6605650.6	225	泉州师范学院图书馆	5568111.0
186	兰州交通大学图书馆	6560734.1	226	上海建桥学院图书馆	5555360.4
187	上海对外经贸大学图书馆	6521825.3	227	贵州商学院图书馆	5534524.3
188	南方医科大学图书馆	6518790.0	228	外交学院图书馆	5529129.5
189	上海应用技术学院图书馆	6494010.1	229	浙江越秀外国语学院图书馆	5528854.6
190	淮阴师范学院图书馆	6400113.1	230	铜仁学院图书馆	5527151.8
191	肇庆学院图书馆	6375049.0	231	白城师范学院图书馆	5456600.0
192	淮北师范大学图书馆	6353792.2	232	川北医学院图书馆	5449337.2
193	大连职业技术学院图书馆	6296284.6	233	阜阳师范学院图书馆	5408911.7
194	西安建筑科技大学图书馆	6292317.0	234	内江师范学院图书馆	5353392.2

续表

序号	机构名称	年度经费情况(元)	序号	机构名称	年度经费情况(元)
235	成都医学院图书馆	5347355.6	275	上海体育学院图书馆	4403654.3
236	龙岩学院图书馆	5270392.4	276	重庆工商职业学院图书馆	4389755.0
237	西安邮电大学图书馆	5244759.0	277	北方民族大学图书馆	4385125.2
238	沈阳航空航天大学图书馆	5241356.6	278	宜春学院图书馆	4384247.0
239	黄淮学院图书馆	5200000.0	279	福建中医药大学图书馆	4370437.0
240	石家庄铁道大学图书馆	5160491.6	280	重庆三峡学院图书馆	4369000.0
241	西安石油大学图书馆	5153951.8	281	哈尔滨师范大学图书馆	4270139.4
242	四川大学锦城学院图书馆	5079688.3	282	中国民用航空飞行学院图书馆	4266259.6
243	中国传媒大学图书馆	5062338.8	283	莆田学院图书馆	4265620.7
244	南开大学滨海学院图书馆	5058154.8	284	中国人民公安大学图书馆	4249260.0
245	邕江大学图书馆	5050600.0	285	西安欧亚学院图书馆	4244210.7
246	皖西学院图书馆	5007200.0	286	河北北方学院图书馆	4237378.1
247	广东药学院图书馆	4974887.9	287	北华大学图书馆	4227500.0
248	上海师范大学天华学院图书馆	4946641.7	288	广西艺术学院图书馆	4213959.8
249	井冈山大学图书馆	4916709.0	289	黄山学院图书馆	4197487.0
250	西安航空学院图书馆	4880468.6	290	成都职业技术学院图书馆	4195000.0
251	广东轻工职业技术学院图书馆	4857218.0	291	攀枝花学院图书馆	4183677.9
252	淮南师范学院图书馆	4822330.0	292	陕西理工学院图书馆	4165658.0
253	湖州师范学院图书馆	4803785.0	293	安徽商贸职业技术学院图书馆	4141000.0
254	沈阳师范大学图书馆	4786542.5	294	长春工业大学图书馆	4111881.9
255	兴义民族师范学院图书馆	4745922.5	295	浙江外国语学院图书馆	4101211.0
256	山东协和职业技术学院图书馆	4729401.0	296	电子科技大学中山学院图书馆	4097602.3
257	琼州学院图书馆	4709315.9	297	南京医科大学康达学院图书馆	4004000.0
258	岭南师范学院图书馆	4652406.6	298	山西农业大学图书馆	4001999.0
259	福建商业高等专科学校图书馆	4648456.1	299	宁波职业技术学院图书馆	3999744.8
260	北京中医药大学图书馆	4648249.4	300	济宁学院图书馆	3993871.0
261	陕西学前师范学院图书馆	4624400.0	301	宜宾学院图书馆	3956808.1
262	上海立信会计学院图书馆	4601081.9	302	四川警察学院图书馆	3931617.9
263	金陵科技学院图书馆	4600621.7	303	金华职业技术学院图书馆	3921154.0
264	陕西国际商贸学院图书馆	4583258.0	304	合肥师范学院图书馆	3917369.9
265	遵义医学院图书馆	4575922.0	305	山东政法学院图书馆	3911576.1
266	广西财经学院图书馆	4558815.2	306	西北政法大学图书馆	3910583.4
267	宁波工程学院图书馆	4534875.2	307	池州学院图书馆	3906618.0
268	贵阳中医学院图书馆	4504113.3	308	长江师范学院图书馆	3901344.4
269	北京语言大学图书馆	4486617.5	309	宁波大红鹰学院图书馆	3883735.2
270	惠州学院图书馆	4483312.0	310	沈阳工业大学图书馆	3872291.0
271	广州番禺职业技术学院图书馆	4467125.6	311	成都师范学院图书馆	3870411.3
272	佛山科学技术学院图书馆	4449506.1	312	吉林工商学院图书馆	3868979.5
273	南宁职业技术学院图书馆	4420000.0	313	陕西中医药大学图书馆	3859451.9
274	西安工业大学图书馆	4410909.9	314	西安财经学院图书馆	3852014.7

续表

序号	机构名称	年度经费情况(元)	序号	机构名称	年度经费情况(元)
315	咸阳师范学院图书馆	3846467.1	355	榆林学院图书馆	3314400.0
316	辽宁大学图书馆	3828568.1	356	三亚学院图书馆	3304572.1
317	浙江传媒学院图书馆	3820873.0	357	西安翻译学院图书馆	3303716.8
318	安徽工程大学图书馆	3814700.0	358	台州学院图书馆	3258738.0
319	中国美术学院图书馆	3813140.0	359	顺德职业技术学院图书馆	3254670.7
320	浙江大学城市学院图书馆	3807069.4	360	遵义师范学院图书馆	3247852.3
321	延安大学图书馆	3804600.0	361	广东食品药品职业学院图书馆	3220000.0
322	平顶山学院图书馆	3800266.0	362	广东科学技术职业学院图书馆	3210300.0
323	辽宁医学院图书馆	3781361.7	363	广东培正学院图书馆	3201827.6
324	广东技术师范学院图书馆	3779924.9	364	成都纺织高等专科学校图书馆	3173000.0
325	浙江万里学院图书馆	3769723.9	365	沈阳药科大学图书馆	3137505.0
326	西安医学院图书馆	3758316.8	366	浙江建设职业技术学院图书馆	3102453.6
327	浙江商业职业技术学院图书馆	3746912.5	367	上海机电学院图书馆	3090542.7
328	北京农学院图书馆	3735682.0	368	徐州工程学院图书馆	3061215.0
329	中山大学新华学院图书馆	3695461.5	369	北京邮电大学图书馆	3048362.0
330	淮海工学院图书馆	3673467.5	370	丽水学院图书馆	3018289.7
331	广东省外语艺术职业学院图书馆	3663250.8	371	厦门医学高等专科学校图书馆	3003224.0
332	韩山师范学院图书馆	3659469.3	372	辽宁师范大学图书馆	2991652.4
333	安徽科技学院图书馆	3645000.0	373	绵阳师范学院图书馆	2985500.0
334	青海民族大学图书馆	3617188.5	374	广州航海高等专科学校图书馆	2950435.5
335	浙江财经大学东方学院图书馆	3595941.6	375	宁夏师范学院图书馆	2914000.0
336	上海金融学院图书馆	3562883.9	376	巢湖学院图书馆	2900000.0
337	天津城建大学图书馆	3529590.5	377	广东金融学院图书馆	2898767.5
338	渭南师范学院图书馆	3525298.9	378	长春中医学院图书馆	2897076.7
339	长春税务学院图书馆	3521714.0	379	广西师范学院图书馆	2881959.6
340	安徽医科大学图书馆	3520000.0	380	南京工程学院图书馆	2869365.5
341	甘肃政法学院图书馆	3511225.0	381	浙江金融职业学院图书馆	2843318.5
342	成都工业学院图书馆	3499649.0	382	华南农业大学珠江学院图书馆	2840719.8
343	苏州市职业大学图书馆	3482991.5	383	西京学院图书馆	2791230.7
344	天津外国语大学图书馆	3477260.0	384	贵州理工学院图书馆	2782600.0
345	沈阳农业大学图书馆	3467958.6	385	杨凌职业技术学院图书馆	2777168.8
346	甘肃民族师范学院图书馆	3461757.6	386	黔南民族师范学院图书馆	2770683.3
347	广东第二师范学院图书馆	3436600.0	387	上海电子信息职业技术学院图书馆	2737000.0
348	六盘水师范学院图书馆	3401603.5	388	广东科技学院图书馆	2735607.0
349	重庆文理学院图书馆	3398945.8	389	上海杉达学院图书馆	2727909.9
350	浙江警察学院图书馆	3395629.2	390	洛阳师范学院图书馆	2725618.0
351	凯里学院图书馆	3374464.4	391	广东农工商职业技术学院图书馆	2717659.0
352	重庆师范大学图书馆	3369667.4	392	广州城建职业学院图书馆	2705000.0
353	忻州师范学院图书馆	3339944.7	393	漳州卫生职业学院图书馆	2672673.0
354	福州外语外贸学院图书馆	3315527.7	394	福建江夏学院图书馆	2645168.8

续表

序号	机构名称	年度经费情况(元)	序号	机构名称	年度经费情况(元)
395	浙江经贸职业技术学院图书馆	2587239.8	435	吉林化工学院图书馆	2099487.8
396	南京艺术学院图书馆	2577080.2	436	西安航空职业技术学院图书馆	2085000.0
397	浙江大学宁波理工学院图书馆	2519209.8	437	贵州师范学院图书馆	2074904.0
398	广州工商学院图书馆	2510000.0	438	商洛学院图书馆	2067411.4
399	西安外事学院图书馆	2493606.3	439	成都航空职业技术学院图书馆	2061408.6
400	沈阳工程学院图书馆	2464596.0	440	广东岭南职业技术学院图书馆	2049758.9
401	惠州经济职业技术学院图书馆	2432627.0	441	陕西服装工程学院图书馆	2046352.0
402	长春大学图书馆	2408435.1	442	广东财经大学华商学院图书馆	2034135.8
403	肇庆医学高等专科学校图书馆	2395500.0	443	沈阳体育学院图书馆	2031287.2
404	四川工商学院图书馆	2387382.8	444	广东工贸职业技术学院图书馆	2005000.0
405	扬州职业大学图书馆	2387156.1	445	四川民族学院图书馆	2000071.0
406	广州商学院图书馆	2379094.4	446	广东交通职业技术学院图书馆	1995764.1
407	海口经济学院图书馆	2376984.0	447	广东行政职业学院图书馆	1976000.0
408	浙江纺织服装职业技术学院图书馆	2367337.2	448	山东中医药大学图书馆	1974032.7
409	沈阳化工大学图书馆	2356367.9	449	西北工业大学明德学院图书馆	1948976.4
410	广州美术学院图书馆	2350000.0	450	长春科技学院图书馆	1942899.2
411	陕西铁路工程职业技术学院图书馆	2312531.2	451	北京电影学院图书馆	1935949.0
412	西安思源学院图书馆	2304380.0	452	西安体育学院图书馆	1935116.2
413	郑州幼儿师范高等专科学校图书馆	2300060.0	453	大连海洋大学图书馆	1924150.9
414	西安文理学院图书馆	2296500.3	454	江西财经职业学院图书馆	1916695.0
415	西安培华学院图书馆	2289071.0	455	哈尔滨商业大学图书馆	1907821.5
416	宁夏民族职业技术学院图书馆	2274000.0	456	吉林华侨外国语学院图书馆	1905513.0
417	四川工程职业技术学院图书馆	2272832.8	457	西安财经学院知行学院图书馆	1899147.0
418	常州工程职业技术学院图书馆	2263924.5	458	连云港师范高等专科学校图书馆	1897758.4
419	辽宁石油化工大学图书馆	2241288.5	459	北京舞蹈学院图书馆	1896600.0
420	浙江旅游职业学院图书馆	2224639.2	460	桐城师范高等专科学校图书馆	1888000.0
421	长春医学高等专科学校图书馆	2207849.8	461	上海农林职业技术学院图书馆	1860858.9
422	西北大学现代学院图书馆	2198560.4	462	浙江水利水电学院图书馆	1843919.0
423	浙江医学高等专科学校图书馆	2185305.8	463	漳州职业技术学院图书馆	1837691.1
424	牡丹江师范学院图书馆	2180431.7	464	吉林工程技术师范学院图书馆	1834175.0
425	四川建筑职业技术学院图书馆	2178384.9	465	复旦大学上海视觉艺术学院图书馆	1816000.0
426	浙江工商职业技术学院图书馆	2177900.0	466	广东机电职业技术学院图书馆	1807000.0
427	沈阳医学院图书馆	2174095.6	467	四川旅游学院图书馆	1803028.0
428	陇东学院图书馆	2169700.0	468	四川职业技术学院图书馆	1769793.1
429	闽南理工学院图书馆	2166634.0	469	广州城市职业学院图书馆	1759050.0
430	河源职业技术学院图书馆	2160000.0	470	广东环境保护工程职业学院图书馆	1739810.8
431	九江职业技术学院图书馆	2156979.9	471	武夷学院图书馆	1738967.3
432	汕头大学医学院图书馆	2151645.9	472	河北民族师范学院图书馆	1734278.0
433	沈阳理工大学图书馆	2115000.0	473	福州理工学院图书馆	1730984.6
434	广州涉外经济职业技术学院图书馆	2109460.4	474	西安科技大学高新学院图书馆	1709898.3

续表

序号	机构名称	年度经费情况(元)	序号	机构名称	年度经费情况(元)
475	嘉兴职业技术学院图书馆	1701141.7	515	西安音乐学院图书馆	1460443.5
476	梧州职业学院图书馆	1700000.0	516	广西警官高等专科学校图书馆	1460000.0
477	江西警察学院图书馆	1699001.9	517	上海音乐学院图书馆	1459922.2
478	成都体育学院图书馆	1694131.4	518	厦门海洋职业技术学院图书馆	1446567.2
479	延安大学西安创新学院图书馆	1692521.9	519	陕西警官职业学院图书馆	1443619.2
480	华南理工大学广州学院图书馆	1690000.0	520	天津天狮学院图书馆	1435744.1
481	浙江交通职业技术学院图书馆	1673543.8	521	广州铁路职业技术学院图书馆	1435000.0
482	江苏第二师范学院图书馆	1665543.1	522	江门职业技术学院图书馆	1434408.7
483	天津大学仁爱学院图书馆	1652554.7	523	广东水利电力职业技术学院图书馆	1432640.6
484	长治学院图书馆	1651900.0	524	国际关系学院图书馆	1424150.0
485	辽宁工程技术大学图书馆	1648960.3	525	吉林建筑大学城建学院图书馆	1415919.4
486	东北师范大学人文学院图书馆	1643000.0	526	广东司法警官职业学院图书馆	1410000.0
487	北京教育学院图书馆	1637927.0	527	浙江机电职业技术学院图书馆	1408621.3
488	丽水职业技术学院图书馆	1637028.2	528	黎明职业大学图书馆	1384683.0
489	南通职业大学图书馆	1631327.4	529	四川水利职业技术学院图书馆	1371800.0
490	广州南洋理工职业学院图书馆	1630165.4	530	陕西国防工业职业技术学院图书馆	1370743.9
491	常州信息职业技术学院图书馆	1622163.0	531	陕西职业技术学院图书馆	1366430.0
492	绥化学院图书馆	1619416.3	532	上海公安高等专科学校图书馆	1358661.0
493	四川文化产业职业学院图书馆	1619000.0	533	广州大学华软软件学院图书馆	1356852.7
494	陕西工业职业技术学院图书馆	1617725.7	534	西安铁路职业技术学院图书馆	1348067.5
495	江苏警官学院图书馆	1614035.2	535	安徽医学高等专科学校图书馆	1331555.0
496	广东警官学院图书馆	1613670.9	536	常州轻工职业技术学院图书馆	1331352.2
497	芜湖职业技术学院图书馆	1612198.6	537	广州工程技术职业学院图书馆	1327538.0
498	内江职业技术学院图书馆	1589900.0	538	苏州卫生职业技术学院图书馆	1325268.0
499	茂名职业技术学院图书馆	1588763.2	539	西安美术学院图书馆	1318421.0
500	承德医学院图书馆	1570500.0	540	上海民航职业技术学院图书馆	1317912.4
501	温州科技职业学院图书馆	1568071.8	541	河北建筑工程学院图书馆	1301955.7
502	安徽中医药高等专科学校图书馆	1565000.0	542	鹤壁职业技术学院图书馆	1290796.0
503	阿坝师范学院图书馆	1560000.0	543	南京化工职业技术学院图书馆	1283645.7
504	湖州职业技术学院图书馆	1556591.6	544	义乌工商职业技术学院图书馆	1275502.0
505	上海立达职业技术学院图书馆	1551374.1	545	珠海城市职业技术学院图书馆	1270030.0
506	清远职业技术学院图书馆	1548800.0	546	兰州文理学院图书馆	1241347.2
507	浙江国际海运职业技术学院图书馆	1525926.5	547	宁德师范学院图书馆	1226171.9
508	四川交通职业技术学院图书馆	1521000.0	548	浙江艺术职业学院图书馆	1215008.3
509	四川文理学院图书馆	1501783.6	549	福建警察学院图书馆	1209552.1
510	广东技术师范学院天河学院图书馆	1500622.0	550	厦门城市职业学院图书馆	1190000.0
511	重庆城市管理职业学院图书馆	1480000.0	551	广州科技贸易职业学院图书馆	1189888.0
512	北京化工大学图书馆	1473367.0	552	西安交通大学城市学院图书馆	1186293.2
513	浙江同济科技职业学院图书馆	1472358.2	553	仲恺农业工程学院图书馆	1180000.0
514	南京工业职业技术学院图书馆	1464926.3	554	镇江高等专科学校图书馆	1177065.0

续表

序号	机构名称	年度经费情况(元)	序号	机构名称	年度经费情况(元)
555	广西国际商务职业技术学院图书馆	1175103.9	593	安徽机电职业技术学院图书馆	931360.0
556	辽宁科技大学图书馆	1165000.0	594	商洛职业技术学院图书馆	921910.0
557	广东女子职业技术学院图书馆	1152325.2	595	漳州理工职业学院图书馆	913321.6
558	厦门华厦学院图书馆	1139037.8	596	上海出版印刷高等专科学校图书馆	911190.4
559	海南软件职业技术学院图书馆	1124950.0	597	广东工程职业技术学院图书馆	900898.1
560	南京中医药大学翰林学院图书馆	1120000.0	598	四川司法警官职业学院图书馆	900780.0
561	甘肃医学院图书馆	1116418.0	599	白城医药高等专科学校图书馆	889670.0
562	广东文理职业学院图书馆	1103565.0	600	四川卫生康复职业学院图书馆	875810.6
563	信阳农林学院图书馆	1100000.0	601	沈阳音乐学院图书馆	858514.2
564	上海城建职业学院图书馆	1086982.3	602	福建船政交通职业学院图书馆	853129.9
565	杭州职业技术学院图书馆	1084250.0	603	惠州卫生职业技术学院图书馆	845351.3
566	中山火炬职业技术学院图书馆	1060000.0	604	四川化工职业技术学院图书馆	820000.0
567	闽西职业技术学院图书馆	1055142.9	605	安徽工商职业学院图书馆	819371.0
568	河南水利与环境职业学院图书馆	1051900.4	606	佛山职业技术学院图书馆	813650.0
569	宁夏职业技术学院图书馆	1051652.8	607	四川商务职业学院图书馆	808006.7
570	盘锦职业技术学院图书馆	1050240.0	608	江苏信息职业技术学院图书馆	805500.0
571	仰恩大学图书馆	1039109.0	609	四川航天职业技术学院图书馆	800010.1
572	广东开放大学图书馆	1031319.2	610	天津体育学院图书馆	796624.1
573	南充职业技术学院图书馆	1026061.3	611	漳州城市职业学院图书馆	794619.6
574	陕西交通职业技术学院图书馆	1024241.6	612	六安职业技术学院图书馆	788000.0
575	天津医科大学临床医学院图书馆	1024166.1	613	绵阳职业技术学院图书馆	782000.0
576	河南工业职业技术学院图书馆	1010000.0	614	广东生态工程职业学院图书馆	767264.4
577	宁波卫生职业技术学院图书馆	1003045.3	615	广东职业技术学院图书馆	764000.0
578	民办南华工商学院图书馆	1000000.0	616	江西旅游商贸职业学院图书馆	763500.0
579	漳州科技职业学院图书馆	992200.0	617	江西工业工程职业技术学院图书馆	760000.0
580	民办安徽文达信息技术职业学院图书馆	990000.0	618	朝阳师范高等专科学校图书馆	755762.1
581	上海旅游高等专科学校图书馆	986089.6	619	陕西青年职业学院图书馆	730334.1
582	三明职业技术学院图书馆	985000.0	620	漯河职业技术学院图书馆	730000.0
583	江苏建康职业学院图书馆	984241.5	621	邢台职业技术学院图书馆	729000.0
584	连云港职业技术学院图书馆	982000.0	622	吉林工业职业技术学院图书馆	728007.5
585	天津电子信息职业技术学院图书馆	980955.8	623	四川邮电职业技术学院图书馆	725075.2
586	宁波城市职业技术学院图书馆	980737.4	624	湄洲湾职业技术学院图书馆	720000.0
587	上海思博职业技术学院图书馆	978647.1	625	马鞍山职业技术学院图书馆	705377.2
588	广州现代信息工程职业技术学院图书馆	972933.1	626	咸阳职业技术学院图书馆	700584.6
589	中山职业技术学院图书馆	966625.1	627	沈阳大学图书馆	700000.0
590	兰州石化职业技术学院图书馆	962049.3	628	陕西财经职业技术学院图书馆	695955.2
591	健雄职业技术学院图书馆	958709.0	629	石家庄学院图书馆	688693.9
592	福建卫生职业技术学院图书馆	939289.4	630	贵州广播电视大学图书馆	687700.0

续表

序号	机构名称	年度经费情况(元)	序号	机构名称	年度经费情况(元)
631	绍兴职业技术学院图书馆	682890.2	673	广州大学松田学院图书馆	377583.3
632	阜阳职业技术学院图书馆	664659.7	674	西安电力高等专科学校图书馆	370357.2
633	上海医疗器械高等专科学校图书馆	650239.9	675	揭阳职业技术学院图书馆	367878.8
634	天津滨海职业学院图书馆	639602.0	676	福建艺术职业学院图书馆	340701.0
635	上海科学技术职业学院图书馆	630306.6	677	江西农业工程职业学院图书馆	337022.0
636	延安职业技术学院图书馆	621235.9	678	四川工商职业技术学院图书馆	332198.8
637	上海行健职业学院图书馆	610679.0	679	上海健康医学院图书馆	330000.0
638	泸州职业技术学院图书馆	606800.0	680	泉州轻工职业学院图书馆	262348.0
639	宝鸡职业技术学院图书馆	606000.0	681	辽源职业技术学院图书馆	258018.5
640	营口职业技术学院图书馆	604972.0	682	珠海艺术职业学院图书馆	251355.0
641	泉州经贸职业技术学院图书馆	602000.0	683	福建体育职业技术学院图书馆	237737.4
642	广东东软学院图书馆	600974.5	684	萍乡学院图书馆	216250.1
643	汕尾职业技术学院图书馆	597239.0	685	上海新侨职业技术学院图书馆	214909.1
644	贵州工程应用技术学院图书馆	594999.6	686	聊城大学东昌学院图书馆	214000.0
645	广东舞蹈戏剧职业学院图书馆	587180.8	687	福建华南女子职业学院图书馆	213434.0
646	长春职业技术学院图书馆	581733.4	688	吉林工程职业学院图书馆	201672.6
647	上海东海职业技术学院图书馆	574854.7	689	甘肃中医药大学图书馆	200000.0
648	上海工商外国语职业学院图书馆	572991.7	690	四川华新现代职业学院图书馆	200000.0
649	广州华南商贸职业学院图书馆	569000.0	691	泉州工艺美术职业学院图书馆	198775.9
650	宁夏工商职业技术学院图书馆	560030.0	692	上海震旦职业学院图书馆	177542.1
651	江西交通职业技术学院图书馆	557800.0	693	广东碧桂园职业学院图书馆	164646.1
652	宁夏财经职业技术学院图书馆	554923.0	694	黑龙江民族职业学院图书馆	160658.8
653	宁波教育学院图书馆	538733.5	695	广东文艺职业学院图书馆	155363.7
654	浙江长征职业技术学院图书馆	536084.7	696	吉林电子信息职业技术学院图书馆	138417.4
655	厦门南洋职业学院图书馆	535509.9	697	安徽外国语学院图书馆	130500.0
656	西安工业大学北方信息工程学院	521800.0	698	上海托普信息技术职业学院图书馆	107167.0
657	汕头职业技术学院图书馆	516270.0	699	长春教育学院图书馆	106942.6
658	广州体育职业技术学院图书馆	501100.0	700	厦门兴才职业技术学院图书馆	91324.9
659	福建电力职业技术学院图书馆	499458.0	701	福州英华职业学院图书馆	85767.2
660	黔南民族医学高等专科学校图书馆	471767.2	702	厦门安防科技职业学院图书馆	73969.7
661	天津财经大学图书馆	470800.0	703	泉州华光职业学院图书馆	68259.0
662	广东邮电职业技术学院图书馆	464930.1	704	武夷山职业学院图书馆	68069.8
663	福建信息职业技术学院图书馆	430253.0	705	安徽广播影视职业技术学院图书馆	61600.0
664	榆林职业技术学院图书馆	422922.0	706	青海卫生职业技术学院图书馆	56184.5
665	陕西能源职业技术学院图书馆	421829.5	707	新疆大学图书馆	51486.5
666	铜陵职业技术学院图书馆	405000.0	708	湖北汽车工业学院图书馆	50000.0
667	重庆信息技术职业学院图书馆	400000.0	709	上海邦德职业技术学院图书馆	45577.3
668	上海济光职业技术学院图书馆	399818.0	710	眉山职业技术学院图书馆	40047.0
669	广州松田职业学院图书馆	395577.2	711	广东亚视演艺职业学院图书馆	31364.0
670	西安交通工程学院图书馆	395449.7	712	厦门演艺职业学院图书馆	30699.8
671	金华教育学院图书馆	384490.0	713	长春师范大学图书馆	700.0
672	山西水利职业技术学院图书馆	380000.0	714	赣南师范学院图书馆	610.0

（此部分数据出自教育部高等学校图书馆事实数据库，为各馆自报。版权归教育部高等学校图书馆情报工作指导委员会所有）

2015 年国家图书馆馆情数据统计表

类别		项目	数据
面积		总建筑面积	28 万平方米
		总馆南区	17 万平方米
		总馆北区	8 万平方米
		古籍馆	3 万平方米
机构		处级机构总数	29 个
		职能部门	12 个
		业务部门	16 个
		后勤服务部门	1 个
		科组总数	102 个
人员结构	在编人员总数	在编人员	1523 人
	学历结构	博士	85 人
		硕士	715 人
		本科	485 人
		大专	125 人
		大专以下学历	113 人
	专业技术人员职称结构	专业技术人员	1361 人
		高级专业技术人员	415 人
		中级专业技术人员	686 人
		初级专业技术人员	260 人
	离退休人员总数	离退休人员	1058 人
经费		财政拨款总数	68536.19 万元
		购书经费	13450 万元
		事业经费	20156.19 万元
资产		资产总额	560829 万元
		固定资产总额	323186 万元
馆藏		馆藏文献总量	3518.15 万册/件
		中文文献总量	2346.43 万册/件
		外文文献总量	1171.72 万册/件
		善本古籍总量	34.0139 万册/件
		普通古籍总量	162.1332 万册/件
		善本特藏(不含古籍)	88.441 万册/件
		数字资源总量	1160.98TB(网络资源 77.28TB，自建资源 969.69TB)
		外购数据库	259 个(中文数据库 126 个，外文数据库 133 个)

续表

<table>
<tr><th>类别</th><th colspan="2">项目</th><th>数据</th></tr>
<tr><td rowspan="19">服务</td><td rowspan="5">开馆时间</td><td>总馆南区</td><td>周一至周日 9:00—17:00</td></tr>
<tr><td>总馆北区</td><td>周一至周五 9:00—21:00
周六至周日 9:00—17:00</td></tr>
<tr><td>古籍馆</td><td>周一至周五 9:00—17:00</td></tr>
<tr><td>少年儿童馆</td><td>周一至周日 9:00—17:00</td></tr>
<tr><td>典籍博物馆</td><td>周二至周日 9:00—17:00(周一闭馆)</td></tr>
<tr><td colspan="2">阅览室</td><td>23 个(总馆南区 13 个,总馆北区 8 个,古籍馆 2 个)</td></tr>
<tr><td colspan="2">阅览座位</td><td>5303 个(总馆南区 2155 个,总馆北区 3020 个,古籍馆 128 个)</td></tr>
<tr><td colspan="2">到馆读者</td><td>512.6 万人次</td></tr>
<tr><td colspan="2">流通书刊</td><td>2308.12 万册次</td></tr>
<tr><td colspan="2">各类咨询</td><td>101.95 万件</td></tr>
<tr><td colspan="2">网站点击量</td><td>14.51 亿次</td></tr>
<tr><td colspan="2">办理读者证卡</td><td>21.15 万个</td></tr>
<tr><td colspan="2">公益讲座</td><td>343 场</td></tr>
<tr><td colspan="2">公益展览</td><td>26 场</td></tr>
<tr><td colspan="2">公开课现场录制</td><td>41 场</td></tr>
<tr><td colspan="2">馆际互借</td><td>680 家文献信息单位</td></tr>
<tr><td colspan="2">国际互借</td><td>63 个国家和地区的 530 家图书馆</td></tr>
<tr><td colspan="2">部委分馆</td><td>16 家</td></tr>
<tr><td rowspan="3">全国图书馆联合编目中心</td><td>分中心</td><td>28 家</td></tr>
<tr><td>服务</td><td>成员馆</td><td>1986 家</td></tr>
<tr><td>服务</td><td>数据用户</td><td>2530 家</td></tr>
<tr><td rowspan="3">国际交流</td><td colspan="2">国际交换</td><td>117 个国家和地区的 552 家机构</td></tr>
<tr><td colspan="2">建立人员交流与合作关系
(不含港澳台地区)</td><td>45 个国家图书馆</td></tr>
<tr><td colspan="2">国际图联相关机构任职人员</td><td>12 名</td></tr>
</table>

(国家图书馆)

2015年全国图书馆标准化技术委员会立项标准化工作项目统计

2015年文化行业标准制修订项目

项目名称	承担单位
纸质文献封藏加工规程	国家图书馆

2015年文化行业标准化研究项目

项目名称	承担单位
汉语文古籍索引数据标准化研究	国家图书馆
汉语文古籍文本数据标准化研究	国家图书馆
汉语文古籍语料数据标准化研究	国家图书馆
公共图书馆阅读服务标准化研究	苏州图书馆

截至2015年年底，全国图书馆标准化技术委员会归口管理国家标准22项，文化行业标准制修订项目35项，文化行业标准化研究项目14项。

（国家图书馆　田颖整理）

2015年图书馆界获得各类基金资助项目统计

2015年国家社会科学基金资助项目

项目名称	负责人	工作单位	项目类别	预期成果	批准号
新型出版模式对学术图书馆的影响研究	初景利	中国科学院	重点项目	研究报告	15ATQ001
北美华人图书馆员共同体的身份认同研究(1927—2015)	李刚	南京大学	重点项目	专著　其他	15ATQ002
当代图书馆员"快乐指数"再测量与变迁研究	徐建华	南开大学	重点项目	专著　专题论文集	15ATQ003
基于关联数据的中文名称规范档语义描述及数据聚合研究	贾君枝	山西大学	重点项目	专著　专题论文集	15ATQ004
图书馆阅读推广的基础理论和体系结构研究	范并思	华东师范大学	重点项目	专著	15ATQ005
《中图法》最终用户版体系结构及可视化研究	卜书庆	国家图书馆	重点项目	研究报告	15ATQ006
大数据环境下战略性新兴产业的信息资源服务创新研究	王学东	华中师范大学	重点项目	专题论文集　研究报告	15ATQ007
开放数据与数据安全的政策协同研究	马海群	黑龙江大学	重点项目	专著	15ATQ008
数字档案资源社会化开发研究	连志英	上海大学	重点项目	专著	15ATQ009
基于公民阅读权利保障的公共图书馆制度建设研究	赵奇钊	吉首大学	一般项目	专著　研究报告	15BTQ001
基于"投入—状态—产出"框架的高校图书馆建设促进学科发展绩效评价研究	田景梅	山东财经大学	一般项目	研究报告	15BTQ002
民国时期图书馆学者群体研究	韦庆媛	清华大学	一般项目	专题论文集	15BTQ003
民国时期新知识群体图书馆学术思想史研究	王安功	河南师范大学	一般项目	专著　专题论文集	15BTQ004
图书馆智库职能与群体化新型智库建设研究	张旭	山东省委党校	一般项目	研究报告	15BTQ005
图书馆组织氛围测评模型及应用实践研究	包平	南京农业大学	一般项目	研究报告	15BTQ006
信息—知识—智能转换视野下的图书馆职业能力研究	王正兴	淮海工学院	一般项目	专题论文集　研究报告	15BTQ007
移动网络社交媒体与图书馆合作创新发展研究	汪琼	东莞理工学院	一般项目	研究报告	15BTQ008
中美图书馆职业能力比较研究	刘泳洁	吉首大学	一般项目	专题论文集　研究报告	15BTQ009
农村社区图书馆建设的众筹模式及保障机制研究	鞠彦辉	渤海大学	一般项目	专题论文集　研究报告	15BTQ010
数字环境下图书馆物理馆藏空间动态配置研究	刘利	东南大学	一般项目	专题论文集　电脑软件	15BTQ011
图书馆空间资源变革与服务融合趋势研究	盛兴军	上海大学	一般项目	专著	15BTQ012

续表

项目名称	负责人	工作单位	项目类别	预期成果	批准号
文化强国战略中公共图书馆的职能定位及其实现机制研究	袁永久	黑龙江工程学院	一般项目	专题论文集　研究报告	15BTQ013
政府购买公共信息服务的绩效评估研究	陈则谦	河北大学	一般项目	专著	15BTQ014
机构规范文档结构及构建方式研究	赵捷	中国科学技术信息研究所	一般项目	专题论文集　研究报告	15BTQ015
基于大规模网络分析方法和内存计算技术的高校图书馆大数据应用模式与实证研究	何胜	江苏理工学院	一般项目	专题论文集　研究报告	15BTQ016
数字资源使用绩效的多指标综合评价体系研究	蒲筱哥	江苏师范大学	一般项目	专著　电脑软件	15BTQ017
图书馆书目数据社会化应用研究	魏来	东北师范大学	一般项目	专题论文集　研究报告	15BTQ018
网络信息采集与保存策略研究	张炜	国家图书馆	一般项目	研究报告	15BTQ019
城镇化背景下农民工社会网络信息寻求研究	黄丽霞	黑龙江大学	一般项目	专著	15BTQ020
图书馆服务质量、关系质量与用户忠诚的关系研究	齐向华	山西大学	一般项目	研究报告　专题论文集	15BTQ021
阅读推广活动的评价指标体系构建及其实证研究	岳修志	中原工学院	一般项目	专题论文集　研究报告	15BTQ022
大数据时代图书馆服务体系的创新与发展研究	程结晶	曲阜师范大学	一般项目	专著	15BTQ023
大数据时代图书馆微服务应用研究	白广思	郑州大学	一般项目	研究报告　专著	15BTQ024
面向用户的微知识服务研究	彭爱东	南京农业大学	一般项目	研究报告	15BTQ025
新生代农民工的信息行为特征与图书馆服务策略研究	程孝良	成都理工大学	一般项目	研究报告	15BTQ026
需求和能力导向的大学图书馆专利情报服务机制研究	慎金花	同济大学	一般项目	研究报告	15BTQ027
中国图书馆动漫服务研究	李常庆	北京大学	一般项目	专著	15BTQ028
基本服务均等目标下西部贫困县公共图书馆财政保障研究	段小虎	西安文理学院	一般项目	专题论文集　研究报告	15BTQ029
面向叙词表构建的知识组织生态系统研究	常春	中国科学技术信息研究所	一般项目	研究报告	15BTQ030
基于小数据的高校图书馆用户电子资源使用习惯研究	杨涛	华南师范大学	一般项目	专题论文集	15BTQ031
近六十年来中国古籍出版研究	王育红	南通大学	一般项目	专著	15BTQ032
古籍修复技术的科学化管理研究	马文大	首都图书馆	一般项目	专著　研究报告	15BTQ033
滇缅抗战文献的收集整理与研究	魏国彬	保山学院	一般项目	专著	15BTQ034
伪满时期日本战争罪行文献史料整理与研究	高承龙	延边大学	一般项目	专著	15BTQ035
藏文古籍纸张的鉴别与修复综合技术研究	索朗仁青	西藏大学	一般项目	研究报告	15BTQ036

续表

项目名称	负责人	工作单位	项目类别	预期成果	批准号
建川博物馆馆藏二战时期侵华日军日记的整理、翻译与研究	瞿沐学	西华大学	一般项目	译著　研究报告	15BTQ037
晚清至民国时期流传于民间的阿拉伯文献搜集整理研究	马和斌	西北民族大学	一般项目	研究报告	15BTQ038
近代书目与中国传统学术的学科化转型研究	傅荣贤	黑龙江大学	一般项目	专著	15BTQ039
口述史方法下的中国大陆当代古籍版本学家鉴定经验整理集成与研究	赵宣	扬州大学	一般项目	专著　其他	15BTQ040
中国古代经典辞书编纂思想的发掘及其传承研究	钱荣贵	南通大学	一般项目	专著	15BTQ041
20世纪上半叶中国自主出版的英文报刊研究	黄芳	南通大学	一般项目	专著　专题论文集	15BTQ042
跨媒体用户生成内容情感倾向挖掘及其应用研究	徐勇	安徽财经大学	一般项目	研究报告	15BTQ043
产学研协同创新中的知识产权问题及对策研究	李玲娟	中国科学院大学	一般项目	研究报告	15BTQ044
大数据环境下情报研究方法论体系研究	周瑛	安徽大学	一般项目	研究报告	15BTQ045
媒介融合背景下的版权机制研究	黄先蓉	武汉大学	一般项目	专题论文集	15BTQ046
基于专利视角的面向企业技术创新风险管理的竞争情报预警研究	邱洪华	湘潭大学	一般项目	专题论文集　研究报告	15BTQ047
情报学视野下我国智库运行机制和能力体系建设研究	卓翔芝	淮北师范大学	一般项目	专著　专题论文集	15BTQ048
网络信息资源著作权侵权风险动态评估及风险沟通机制研究	张文德	福州大学	一般项目	专题论文集　研究报告	15BTQ049
信息安全策略与网络强国关系研究	李农	上海社会科学院	一般项目	研究报告	15BTQ050
大数据环境下政务信息资源优化配置与服务模式创新研究	毛太田	湘潭大学	一般项目	专题论文集　研究报告	15BTQ051
公平关切视角下微政务信息公开的动力机制与创新模式研究	朱晓峰	南京工业大学	一般项目	专题论文集	15BTQ052
科学数据引用的实现机制研究	屈宝强	中国科学技术信息研究所	一般项目	专著	15BTQ053
数据连续性的实现方法与保障机制研究	朝乐门	中国人民大学	一般项目	专题论文集　研究报告	15BTQ054
网络信息资源长期保存中信息安全保护机制研究	李伟超	郑州航空工业管理学院	一般项目	专题论文集　研究报告	15BTQ055
我国地方政府公信力的网络媒体评价机制研究	孙越恒	天津大学	一般项目	专题论文集　研究报告	15BTQ056
基于E-SCIENCE的新型科研范式研究	陈凯泉	中国海洋大学	一般项目	译著　专题论文集	15BTQ057
大数据环境下人文社会科学学术创新力自动测度研究	钱玲飞	南京航空航天大学	一般项目	专题论文集　研究报告	15BTQ058

续表

项目名称	负责人	工作单位	项目类别	预期成果	批准号
基于信息熵的学术期刊传播规律和评价方法研究	马峥	中国科学技术信息研究所	一般项目	专著　研究报告	15BTQ059
融合 ALTMETRICS 的科研影响力综合评价方法及实证研究	阎素兰	南京农业大学	一般项目	研究报告	15BTQ060
影响因子缺陷的多维度矫正与学术期刊跨学科评价研究	刘雪立	新乡医学院	一般项目	研究报告	15BTQ061
多模态危机情报在城市突发事件应急管理中的融合及应用研究	宋绍成	北华大学	一般项目	专题论文集	15BTQ062
基于社会网络分析的网络舆情主题发现研究	丁晟春	南京理工大学	一般项目	研究报告　电脑软件	15BTQ063
基于用户行为挖掘的 UGC 质量实时预判与控制机制研究	金燕	郑州大学	一般项目	研究报告　专著	15BTQ064
重大突发事件网络舆情的信息引导和处置策略研究	刘焕成	郑州航空工业管理学院	一般项目	研究报告	15BTQ065
多种类型文本数字资源自动分类研究	李湘东	武汉大学	一般项目	专题论文集　研究报告	15BTQ066
面向用户感知效用的在线评论的质量评价与控制研究	聂卉	中山大学	一般项目	专题论文集	15BTQ067
开放获取期刊知识传播效果研究	刘锦宏	武汉理工大学	一般项目	专题论文集　研究报告	15BTQ068
数字资源国际许可使用的法律风险及防控机制研究	张静	西安交通大学	一般项目	专题论文集　研究报告	15BTQ069
跨学科研究影响力的计量分析研究	陈仕吉	中国农业大学	一般项目	专题论文集　研究报告	15BTQ070
档案信息生态性保护理论与实现研究	麻新纯	广西民族大学	一般项目	专著	15BTQ071
古村落档案“泛化”现象及管理路径研究	徐欣云	江西师范大学	一般项目	专著　研究报告	15BTQ072
基于区域性远程服务实践的档案资源共享研究	张林华	上海大学	一般项目	专题论文集　研究报告	15BTQ073
数字时代档案保护技术变革与理论创新研究	赵淑梅	辽宁大学	一般项目	专著	15BTQ074
西藏地方档案发展史研究	侯希文	西藏民族学院	一般项目	专著	15BTQ075
现存中国古代历史档案编纂研究	赵彦昌	辽宁大学	一般项目	专题论文集　专著	15BTQ076
信息化背景下城市档案资源体系结构与整合利用研究	赵爱国	山东大学	一般项目	专著　研究报告	15BTQ077
信息化条件下档案社会化媒体信息资源的整合路径与机制研究	王兰成	解放军南京政治学院	一般项目	专著　专题论文集	15BTQ078
云计算环境下电子文件的凭证性保障原理和方法研究	薛四新	清华大学	一般项目	专题论文集　研究报告	15BTQ079
当代中国档案利用理论与实践研究	马仁杰	安徽大学	一般项目	专著	15BTQ080
公共档案馆用户感知服务质量评价与优化研究	邓君	吉林大学	一般项目	研究报告	15BTQ081
文化与科技融合背景下非物质文化遗产建档式保护机制及实现研究	叶鹏	湖北大学	一般项目	专著　专题论文集	15BTQ082

续表

项目名称	负责人	工作单位	项目类别	预期成果	批准号
西部少数民族传统村落档案管理与利用研究	王萍	四川大学	一般项目	研究报告	15BTQ083
公共图书馆理事会制度的建设与完善研究	冯佳	上海社会科学院	青年项目	研究报告	15CTQ001
基于保障公民阅读权利的图书馆制度创新研究	刘鑫	苏州图书馆	青年项目	专题论文集　研究报告	15CTQ002
面向2020的我国图书馆战略执行力模型与实证研究	贾东琴	天津工业大学	青年项目	研究报告	15CTQ003
公共图书馆保障公民阅读权利的对策研究	张春春	黑龙江省图书馆	青年项目	专题论文集　研究报告	15CTQ004
公共图书馆理事会配套制度研究	袁澍宇	黑龙江省图书馆	青年项目	研究报告	15CTQ005
基于关联数据的学术资源深度挖掘方法研究	王颖	中国科学院	青年项目	专题论文集　电脑软件	15CTQ006
面向语义出版的数字图书馆资源多维度聚合研究	翟姗姗	华中师范大学	青年项目	专题论文集　研究报告	15CTQ007
大数据视阈下军队院校青年教员信息能力再培养研究	何鹏	解放军西安通信学院	青年项目	研究报告	15CTQ008
基于嵌入式服务视角的高校图书馆特定用户延伸服务的理论与实践探索研究	罗亚泓	广东外语外贸大学	青年项目	研究报告　其他	15CTQ009
基于用户体验的公共数字文化服务营销研究	戴艳清	湘潭大学	青年项目	专著	15CTQ010
移动互联网思维中图书馆微服务体系构建与保障研究	孙慧明	首都图书馆	青年项目	专题论文集　研究报告	15CTQ011
面向科学数据与科学文献关联的机构知识库重构研究	卫军朝	上海大学	青年项目	研究报告	15CTQ012
社会化媒体情境下高校信息素养内容框架与教育实践实证研究	彭立伟	天津师范大学	青年项目	专题论文集　研究报告	15CTQ013
《明史艺文志》五种文本研究	王宣标	北京大学	青年项目	专著	15CTQ014
布达拉宫修缮史料整理与研究	多吉平措	西藏自治区布达拉宫管理处	青年项目	专著　译著	15CTQ015
城乡一体化进程中公共信息资源均衡配置的激励机制及实现路径研究	严密	常州大学	青年项目	专题论文集　研究报告	15CTQ016
基于信息价格动态揭示的社交媒体用户隐私保护研究	王树义	天津师范大学	青年项目	专题论文集　研究报告	15CTQ017
企业技术创新风险管理中的竞争情报预警机制研究	周鹏	嘉兴学院	青年项目	专题论文集　研究报告	15CTQ018
融合用户个性化与实时性意图的查询推荐模型研究	张晓娟	西南大学	青年项目	专题论文集	15CTQ019
基于复杂网络的公众健康知识网络构建研究	李晓瑛	中国医学科学院	青年项目	研究报告　电脑软件	15CTQ020
信息生命周期视角下科研数据管理与共享的政策保障研究	邢文明	湘潭大学	青年项目	专题论文集　研究报告	15CTQ021

续表

项目名称	负责人	工作单位	项目类别	预期成果	批准号
非相关网络科技信息的识别及其应用研究	邹益民	浙江师范大学	青年项目	专题论文集　电脑软件	15CTQ022
基于多维信息计量分析的学术影响力综合评价研究	王菲菲	北京工业大学	青年项目	专题论文集　研究报告	15CTQ023
基于社交媒体的学术信息交流模型及实证研究	程妮	华中农业大学	青年项目	专题论文集　研究报告	15CTQ024
科研合作中的协同信息行为研究	严炜炜	武汉大学	青年项目	专题论文集　研究报告	15CTQ025
面向社会网络的科学交流信任模式研究	许洁	武汉大学	青年项目	专题论文集　研究报告	15CTQ026
学术创新扩散过程及创新力测度研究	宋歌	东南大学	青年项目	专题论文集	15CTQ027
大数据时代面向国家安全的非通用语社交网络舆情研究	梁野	北京外国语大学	青年项目	专题论文集　研究报告	15CTQ028
动态社交网络中的信息扩散优化机理研究	张凌	武汉科技大学	青年项目	专著　研究报告	15CTQ029
基于超网络分析的微博舆情主题发现研究	田儒雅	中国农业科学院	青年项目	研究报告　其他	15CTQ030
面向高新技术企业技术创新的技术威胁预警研究	张丽玮	首都经济贸易大学	青年项目	专著　专题论文集	15CTQ031
意义构建视野下安全情报的弱信号研究	刘千里	南京大学	青年项目	研究报告　专题论文集	15CTQ032
政府危机信息联合服务质量控制研究	邵艳丽	安徽大学	青年项目	专著	15CTQ033
新媒体时代基于移动情境感知的知识服务研究	廖宏建	广州大学	青年项目	专题论文集　研究报告	15CTQ034
学科结构与演化的可视化分析理论框架及应用研究	陈必坤	南京理工大学	青年项目	研究报告	15CTQ035
数字档案资源生态管理策略研究	倪代川	上海大学	青年项目	专著	15CTQ036
新媒体环境下档案公共服务机理与策略研究	李颖	河北大学	青年项目	专著	15CTQ037
馆际合作视阈下数字档案文化遗产整合路径研究	张卫东	吉林大学	青年项目	专题论文集	15CTQ038
面向档案公共服务的档案法规体系建设研究	周旖	中山大学	青年项目	专题论文集	15CTQ039

2015年国家社会科学基金重大项目

项目名称	首席专家	责任单位	批准号
面向大数据的数字图书馆移动视觉搜索机制及应用研究	朱庆华	南京大学	15ZDB126
基于《汉学引得丛刊》的典籍知识库构建及人文计算研究	黄水清	南京农业大学	15ZDB127
清末民国时期图书馆事业档案整理与研究	姚乐野	四川大学	15ZDB128
大数据时代知识融合的体系架构、实现模式及实证研究	李广建	北京大学	15ZDB129

2015 年国家社会科学基金西部项目

项目名称	负责人	工作单位	项目类别	批准号
少数民族地区院校蒙古族大学生信息素养的培育与提高研究	蔺继红	内蒙古农业大学	西部项目	15XTQ001
《史记》写本文献及其传写与阅读研究	张宗品	陕西师范大学	西部项目	15XTQ002
内蒙古地方志特色日文旧籍整理与研究	文宝	内蒙古自治区图书馆	西部项目	15XTQ003
南方丝绸之路国内文献整理研究	范佳	西华大学	西部项目	15XTQ004
晚清民国时期南海文献整理与研究	王琦	海南大学	西部项目	15XTQ005
文化数字化保护视域下甘青川藏族民间苯教文献整理研究	庄虹	兰州大学	西部项目	15XTQ006
东乡族文献资料数据库建设研究	段新文	青海师范大学	西部项目	15XTQ007
贵州“三线建设”文献收集整理研究	刘瑞	贵州理工学院	西部项目	15XTQ008
湘黔边区傩书文献收集、整理研究	欧阳大霖	黔南民族师范学院	西部项目	15XTQ009
大数据并行聚类关键技术研究	洪月华	广西经济管理干部学院	西部项目	15XTQ010
社会化媒体环境下新疆突发事件舆情演变规律的分析及应对研究	哈丽云	中共新疆自治区委党校	西部项目	15XTQ011

2015 年国家社会科学基金后期资助项目

项目名称	申请人	工作单位
技术创新与产业经济视角下我国信息服务业发展路径研究	王建冬	国家信息中心
学术型大数据知识组织与服务标准研究	刘柏嵩	宁波大学
面向创新的区域信息资源配置研究	吕彬	江苏大学
诗注要义	陈永正	中山大学
中国近代辞书指要	钟少华	北京市社会科学院
移动互联新媒体的采纳与使用研究	巢乃鹏	南京大学
数字环境下高校图书馆业务流程重组模式研究	徐军华	湘潭大学
数据挖掘在 Web 资源开发与利用中的应用研究	刘忠宝	中北大学

2015 年国家自然科学基金资助项目

项目名称	项目负责人	依托单位	项目批准号
信息生命周期视角下的大数据隐私风险评估与溯源问责机制研究	朱光	南京信息工程大学	71503133
面向水电开发争端预警的国际河流流域空间数据知识组织研究	赵又霖	河海大学	71503068
h 型信息网络测度的机理与实证研究	赵星	华东师范大学	71503083
基于文献的科研事件语义链接及其应用研究	张均胜	中国科学技术信息研究所	71503240
基于被引科学知识突变的突破性创新动态识别及其形成机理研究	张金柱	南京理工大学	71503125
移动社交网络环境下基于情景化偏好的用户行为感知与自适应建模研究	张继东	湖北工业大学	71573073

续表

项目名称	项目负责人	依托单位	项目批准号
基于聚合的社会化短文本信息处理与细粒度倾向性分析	薛春香	南京理工大学	71503126
网络本体质量及适应性的评估研究	徐雷	武汉大学	71503189
面向学术资源的TSD与TDC测度及分析研究	王昊	南京大学	71503121
Web2.0下全员有效参与竞争情报的行为形成机理及治理策略研究	宋新平	江苏大学	71503107
大数据环境下科研数据机构库联盟形成机理及其服务研究：以“985”高校为实证对象	司莉	武汉大学	71573198
基于时间感知模型的学术主题检索与演化挖掘研究	沈思	南京大学	71503124
在线知识社区中社会系统与知识系统协同序化机制和规律研究	裘江南	大连理工大学	71573030
知识社区中的资源语义空间及其检索研究	秦春秀	西安电子科技大学	71573199
共现潜在语义向量空间模型及其语义核的构建与应用研究	牛奉高	山西大学	71503151
嵌入式知识服务驱动下的领域多维知识库构建	牟冬梅	吉林大学	71573102
大数据环境下的网络空间个性化信息构建优化机制研究	李小青	中国人民解放军空军工程大学	71503260
电子政务服务价值共创机制及实现模式研究与实证	胡广伟	南京大学	71573117
基于QSIM的图书馆移动用户群体行为模拟与学习兴趣引导研究	程秀峰	华中师范大学	71503097
认知转变和IT社会结构视角下互联网用户适应性信息行为影响规律及优化研究	查先进	武汉大学	71573195

2015年文化部科技创新项目

项目名称	承担单位	申报部门	项目负责人
转型期省级图书馆在服务体系中的功能定位与职能拓展	黑龙江省图书馆	黑龙江省文化厅	毕洪秋
数字文化走进蒙古包	内蒙古自治区图书馆	内蒙古自治区文化厅	李晓秋
少数民族多语言全媒体在线服务与培训平台	新疆维吾尔自治区图书馆 广州图创计算机软件开发有限公司	新疆维吾尔自治区文化厅	王曙光

2015年文化部国家文化科技提升计划项目

项目名称	申报单位	项目承担单位
“一带一路”文化共享机制和演示系统研究	文化部全国公共文化发展中心	文化部全国公共文化发展中心 福建省图书馆 陕西省图书馆 福州市规划设计研究院
公共文化服务类大数据分析试验系统与应用示范	重庆市文化委员会	重庆图书馆 深圳市文华数图信息咨询有限公司 成都十相科技有限公司

续表

项目名称	申报单位	项目承担单位
智慧图书馆研究与应用示范	湖北省文化厅	华中师范大学 湖北省图书馆 武汉图书馆 武汉普天合创系统工程有限公司
数字文化作品的收集保存系统研发与展示应用	文化部信息中心	文化部信息中心 中国文联文艺资源中心 东软集团(北京)有限公司
中文字符数转模技术研究	国家图书馆	国家图书馆 北京市照相机总厂 天津图书馆

2015年教育部人文社会科学研究规划基金、青年基金项目

学校名称	项目类别	项目名称	申请人
德州学院	规划基金项目	后现代图书馆学理论建构与发展的哲学思考	陈立华
安徽大学	规划基金项目	社会化网络、知识协同和开放式创新:作用机制及相关因素研究	储节旺
中国矿业大学	规划基金项目	机构知识资源知识关联揭示方法与关键问题研究	都平平
北京大学	规划基金项目	中日图书馆学交流65年(1899—1964)历史探微	范凡
华中师范大学	规划基金项目	基于企业创新价值链的知识融合服务研究	胡潜
武汉大学	规划基金项目	MOOC背景下图书馆嵌入教学服务的对策与实证研究	胡永生
湖南科技学院	规划基金项目	湖南石刻文献著录与研究	李花蕾
武汉大学	规划基金项目	开放网络环境下高校学术素养教育MOOC模式研究	林嘉
北京理工大学	规划基金项目	基于文献计量学视阈的科学家学术谱系研究	吕瑞花
重庆文理学院	规划基金项目	新型城镇化视角下的农村劳动力档案体系构建研究	马雁
宁波大学	规划基金项目	大数据环境下面向MOOC的高校图书馆知识服务平台建设研究	毛海波
首都师范大学	规划基金项目	《新疆图志》版本研究	史明文
复旦大学	规划基金项目	西方校勘学理论与方法研究	苏杰
四川师范大学	规划基金项目	《楚辞集解》版本文献研究	熊良智
黔南民族师范学院	规划基金项目	黔南民族民间古籍留存现状调查及整理研究	杨龙娇
华中师范大学	规划基金项目	基于标签主题的多维社会网络构建与Web知识推送研究	易明
鲁东大学	规划基金项目	分科与聚合:民国前期西方学术观念传入与中国图书馆学的产生	于作敏
南京师范大学	规划基金项目	中国农村博物馆研究	周裕兴
泉州师范学院	青年基金项目	海上丝绸之路文献目录整理、编纂与研究	陈彬强
南京财经大学	青年基金项目	基于快数据处理的语义数字阅读推广研究	陈俊鹏
中南民族大学	青年基金项目	海外瑶族古籍的挖掘、整理与研究	陈朋
湘南学院	青年基金项目	基于大数据分析的在线社会网络舆情挖掘及风险管控研究	陈雪刚
北京协和医学院	青年基金项目	基于多重数据融合的科研关系网络中关系挖掘研究	陈颖
新疆师范大学	青年基金项目	美国智库文本数据库及其情报分析系统的构建研究	陈媛媛
天津外国语大学	青年基金项目	“魂系历史主义”的档案元数据核心集的构建研究	崔杰

续表

学校名称	项目类别	项目名称	申请人
浙江财经大学	青年基金项目	大数据时代的数字图书馆资源深度挖掘与服务个性化推荐研究	过珊珊
西南大学	青年基金项目	经典阅读推广的困境与发展路径研究	何官峰
西南民族大学	青年基金项目	面向全信息检索的藏文古籍特征研究	胡建
南京信息工程大学	青年基金项目	论文低被引的影响因素分析、预测及其评价应用研究	胡泽文
桂林理工大学	青年基金项目	基于大数据的数字图书馆移动视觉搜索机制及其应用模式研究	李晨晖
安徽大学	青年基金项目	社会化媒体信息质量感知及用户信息行为影响规律和优化研究	李晶
华东理工大学	青年基金项目	面向语义出版的富语义模型构建与应用研究	李楠
中国医科大学	青年基金项目	Altmetrics 语境下的多类型科研成果评价新体系研究	刘春丽
山东师范大学	青年基金项目	元代官箴文献整理	马继业
东南大学	青年基金项目	基于学术交流的高校图书馆科研服务模式与保障研究	孟祥保
中央财经大学	青年基金项目	我国政府社交媒体信息档案化管理体系研究	宋魏巍
中原工学院	青年基金项目	协同创新视角下高校图书馆基于 MOOCs 和 SPOCs 的服务模式研究	陶海柱
淮海工学院	青年基金项目	新业态环境下高校图书馆专业馆员职业能力研究	王启云
渤海大学	青年基金项目	大数据时代图书馆文本类文献复制取证技术研究	王晓霞
上海工程技术大学	青年基金项目	基于信息融合分析的战略性新兴产业技术预测机制研究	王兴旺
武汉大学	青年基金项目	中国特色新型高校智库评价体系研究	吴艳
东北电力大学	青年基金项目	社会化标注系统中个性化信息推荐多维度融合与优化模型研究	武慧娟
陕西师范大学	青年基金项目	20 世纪以来地理学译著出版史	肖超
湖南科技学院	青年基金项目	湘粤桂边区民间文献研究及其数据库建设	尹华君
河南师范大学	青年基金项目	图书馆学对图书馆事业发展贡献定量研究	张垒
渤海大学	青年基金项目	异构环境下个性化数字资源云服务研究	张龙昌
华中师范大学	青年基金项目	基于事件群的网络舆情监测机制	张茂元
广州大学	青年基金项目	基于云计算的科学数据资源聚合研究	张新兴
武汉纺织大学	青年基金项目	普适个性化内容推荐的方法研究——基于知识管理和服务过程建模的视角	张宇

2015 年教育部人文社会科学研究西藏项目

学校名称	项目类别	项目名称	项目编号	申请人
西藏民族学院	规划基金项目	藏族网络用户信息行为特征分析与图书馆服务策略研究	15XZJA870001	马凌云

（国家图书馆　马祥涛整理）

2015 年国内图书馆学专业硕士、博士学位授予单位名录

2015 年国内图书馆学专业硕士学位授予单位名录

序号	单位名称	序号	单位名称
1	北京大学信息管理系	31	西安交通大学公共政策与管理学院
2	中国人民大学信息资源管理学院	32	西安电子科技大学经济管理学院
3	北京师范大学政府管理学院	33	西北大学公共管理学院
4	北京理工大学图书馆	34	山西大学经济与管理学院
5	中国农业大学图书馆	35	山东大学管理学院
6	北京协和医学院信息所	36	曲阜师范大学信息技术与传播学院
7	中国科学院文献情报中心	37	河北大学管理学院
8	中国科学技术信息研究所	38	郑州大学信息管理系
9	中国中医科学院中医药信息研究所	39	河南科技大学图书馆
10	南开大学商学院	40	安徽大学管理学院
11	天津工业大学图书馆	41	四川大学公共管理学院
12	天津师范大学管理学院	42	中科院成都文献情报中心
13	天津理工大学图书馆	43	重庆大学经济与工商管理学院
14	吉林大学管理学院	44	西南大学计算机信息与科学学院
15	东北师范大学传媒科学学院	45	云南大学情报与档案学院
16	黑龙江大学信息管理学院	46	湘潭大学管理学院
17	辽宁师范大学管理学院	47	中南大学医药信息系
18	辽宁大学历史文化学院	48	武汉大学信息管理学院
19	复旦大学文献信息中心	49	华中师范大学信息管理系
20	上海大学图书情报档案系	50	华中科技大学医药卫生管理学院
21	第二军医大学训练部	51	第四军医大学图书馆
22	空军政治学院	52	浙江大学公共管理学院
23	南京政治学院上海分院军事信息管理系	53	福建师范大学社会发展学院(社会历史学院)
24	南京大学信息管理学院	54	中山大学资讯管理学院
25	东南大学情报科学技术研究所	55	华南师范大学经济管理学院
26	南京理工大学经济管理学院	56	广西民族大学管理学院
27	南京农业大学信息科学技术学院	57	华东师范大学商学院
28	苏州大学社会学院	58	兰州大学管理学院
29	江苏大学科技信息研究所	59	南昌大学管理学院
30	南昌大学人文学院	60	浙江大学公共管理学院

2015年国内图书馆学专业博士学位授予单位名录

序号	单位名称	序号	单位名称
1	北京大学信息管理系	6	南京政治学院上海分院军事信息管理系
2	中国人民大学信息资源管理学院	7	南京大学信息管理学院
3	中国科学院大学(国家科学图书馆)	8	吉林大学管理学院
4	武汉大学信息管理学院	9	中山大学资讯管理学院
5	南开大学商学院		

(国家图书馆研究院　杨凡整理)

年度大事记

2015 年中国图书馆大事记

1 月

1 月 5 日，全国县以上公共图书馆评估定级工作研讨会在天津图书馆召开。来自高校图书馆，省级、副省级、地市级和县级公共图书馆的专家代表共 13 人出席会议。

1 月 6 日，2015 海南省图书馆协会学术年会在海南省图书馆召开。

1 月 8 日，由 BALIS 资源协调中心、社会科学文献出版社、中国书刊发行业协会图书馆馆配工作委员会主办、北京师范大学图书馆、首都师范大学图书馆协办的“第四届图书馆资源建设学术交流论坛”在北京师范大学图书馆召开。

1 月 8—9 日，辽宁省图书馆学会 2014 年学术年会在沈阳召开。来自全省图书馆界的学会领导、会员代表和论文作者 160 余人出席会议。

1 月 10 日，浙江宁波市图书馆音乐专题馆——天一音乐馆正式开馆。

1 月 12 日，京城首个地铁图书馆——“M 地铁·图书馆”正式开馆。

1 月 12 日，都柏林核心元数据组织（DCMI）在其官方网站上（http://dublincore.org/）宣布上海图书馆正式成为其机构会员，上海图书馆副馆长、DCMI 教育推广委员会联合主席刘炜作为上海图书馆代表任 DCMI 管理委员会委员。

1 月 14 日，中共中央办公厅、国务院办公厅印发《关于加快构建现代公共文化服务体系的意见》。

1 月 16 日，由中国新闻出版研究院和龙源数字传媒集团主办，首都图书馆、中国期刊协会、联通阅读基地、北京出版发行业协会等共同协办的“全民数字阅读论坛暨 TOP100 排行发布会”在首都图书馆举行。

1 月 19 日，西藏自治区图书馆即日起闭馆并同时启动改扩建工程。

1 月 23 日，中国古籍保护协会第一次会员代表大会暨协会成立大会在北京召开。国家图书馆副馆长刘惠平当选为协会会长。

1 月 24 日，2015 年省级古籍保护中心工作会议在国家图书馆举行。

1 月 24 日，依托兰州穆斯林图书馆成立的甘肃省图书馆首家少数民族分馆——穆斯林分馆正式开馆。

2 月

2 月 11 日，国家图书馆与全国 180 多家公共图书馆参与的 2015 网络书香过大年网站上线，该活动以线上推送资源、线下举办具有地域特色的文化活动的方式开展。

2 月 25 日，由四川省委宣传部指导，四川日报社联合省精神文明办、省新闻出版广电局、新华文轩出版传媒有限公司共同启动大型公益活动“为乡村孩子定制‘精神营养餐’”第二季，推出“微图书馆计划”。

3 月

3 月 1 日，全国首部关于全民阅读的地方性政府规章《湖北省全民阅读促进办法》实施。

3 月 1 日，广州少年儿童图书馆新馆正式开馆。

3 月 10 日，2015 年度山东省市公共图书馆馆长联席会议在菏泽市图书馆召开。

3 月 19—20 日，2015 年全国省级及副省级市公共图书馆参考咨询工作会议在南京召开。会议由国家图书馆主办，南京图书馆承办。

3 月 20 日，由甘肃省图书馆学会主办，甘肃省图书馆、兰州书立方文化传播有限公司承办，全国各知名出版社联合参展的甘肃省第三届图书馆出版社文化论坛及新书现采会在甘肃省图书馆举行。

3 月 23 日，文化部公共文化司在北京召开“图书馆与全民阅读研讨会”，来自国家图书馆、中国图书馆学会、高校、基层文化单位、新闻媒体、文化企业的 20 余位专家学者就新形势下各级各类图书馆如何更好地参与全民阅读进行研讨。

3 月 26—27 日，由中国图书馆学会和国家图书馆主办，中国图书馆学会未成年人图书馆服务专业委员会承办，天津市少年儿童图书馆协办的“2015全国少年儿童阅读年”系列活动启动仪式暨全国图书馆少年儿童经典阅读推广培训班在天津市少年儿童图书馆举办。

3月31日，湖南图书馆理事会成立大会在长沙举行。

3月31日，由云南省高校图书情报工作委员会、图书馆联盟组织召开的“云南省高校图书馆2015年馆长工作会暨图书馆联盟理事会议”在大理学院古城校区召开。

4月

4月3日，重庆市2015年高校图书馆馆长会议暨2013—2014年度高校图书馆先进集体和先进工作者表彰会议在西南大学召开。

4月9日，中国图书馆学会第九次全国会员代表大会在北京召开。大会选举产生由175名理事组成的中国图书馆学会第九届理事会，国家图书馆馆长韩永进当选为理事长。

4月13—17日，第三十一期全国古籍普查培训班暨全国党校古籍普查培训班在中共浙江省委党校举办。

4月15日，“民国时期文献保护计划”宣传推广活动项目江苏站活动启动仪式暨民国时期文献保护工作培训班开幕式在南京图书馆举行。

4月16日，由河南省高校图工委主办、郑州大学图书馆承办的河南省高校图书馆2015年馆长会议在郑州召开。

4月19日，国家文化部文化科技司在深圳召开“图书馆智慧平台的研究与示范”项目专家验收会，国内首个“智慧图书馆”落户广东省深圳市盐田区。

4月23日，北京高校图书馆面向中小学设立参观开放日启动仪式在中国人民大学图书馆举行。北京市52所高校将免费为中小学开放。

4月23日，第十届文津图书奖获奖图书正式揭晓。《中国古代物质文化》《沈从文的后半生：1948—1988》《耶路撒冷三千年》等10种图书获得第十届文津图书奖优秀图书奖。

4月23—24日，“大学图书馆的未来——中美大学图书馆馆长研讨会”在北京大学图书馆召开。

4月23—24日，由教育部高等学校图书情报工作指导委员会高职高专分委员会、中国高等教育文献保障系统（CALIS）管理中心主办，浙江省高校图工委协办，浙江金融职业学院承办的“教育部高等学校图书情报工作指导委员会高职高专分委员会2015年学术年会暨培训会”在浙江召开。

4月25日，目前京津冀区域最大的社区图书馆——幸福图书馆在河北固安新城开馆。该馆是公益性社区图书馆，将以社区公共客厅的形态24小时提供服务。

4月27—28日，浙江省图书馆学会2015年秘书长工作会议在宁波召开。

4月28日，由国家图书馆主办，全国图书馆文献缩微复制中心和江西省图书馆承办的“传承文明 服务社会——全国图书馆文献缩微工作成果展”在南昌举办。

5月

5月6日，由河北省图书馆、河北省收藏家协会共同主办的纪念抗战胜利70周年“抗日文献精品展”在河北省图书馆开幕。

5月7—8日，由中国图书馆学会主办，武汉图书馆和武汉市图书馆学会承办的“公共图书馆法人治理结构建设研讨班”在汤湖图书馆举办，来自全国公共图书馆260名代表参加研讨。

5月7—8日，由浙江省图书情报工作委员会主办，浙江传媒学院图书馆承办的“2015年浙江省高校图书馆馆长工作会议”在浙江传媒学院桐乡校区图书馆举行。

5月15日，“册府千华——西域文献保护成果展”在北京国家图书馆开展。精选近50件西域文献原件和50余件其他展品，集中展示21世纪初以来国家图书馆在西域文献征集入藏、修复保护、整理研究等方面的成果。

5月18—21日，由中国图书馆学会、中国图书馆学会阅读推广委员会、中国图书馆学会经典阅读委员会、河北省图书馆学会、河北省图书馆联合举办的全国图书馆阅读推广的理论与实践高级研修班在石家庄举办。

5月18—21日，由中国图书馆学会青少年阅读推广委员会、广州市图书馆学会主办，广东图书馆学会阅读指导委员会和广州图书馆承办的“全国图书馆手工绘本创作研修班”在广东省立中山图书馆举行。

5月19日，由国家古籍保护中心主办，国家古籍保护人才培训基地（贵州）、贵州省图书馆、贵州民族大学图书馆承办的“第四期全国民族文字古籍普查培训班”在贵州民族大学图书馆举办。

5 月 19—22 日，全国高校图书馆流通工作业务研讨会在清华大学图书馆召开。

5 月 20 日，教育部、文化部、国家新闻出版广电总局联合印发《关于加强新时期中小学图书馆建设与应用工作的意见》。

5 月 20 日，国家级古籍修复技艺传习中心湖北传习所在湖北省图书馆揭牌。

5 月 21—22 日，由中国图书馆学会和晋江市人民政府主办、福建省图书馆学会与晋江市图书馆承办的中国图书馆学会第五届百县馆长论坛在福建省晋江市召开。

6 月

6 月 3—5 日，由中国图书馆学会高等学校图书馆分会主办、华中师范大学图书馆、《中国现代教育装备》杂志社联合承办的“2015 年高校图书馆发展论坛”在武汉举行。

6 月 8—12 日，由国家图书馆主办的数字图书馆推广工程·全国图书馆参考咨询协作网图书馆参考咨询业务培训班在广东省立中山图书馆举办。

6 月 10—13 日，由国家古籍保护中心、河北省文化厅主办，河北省古籍保护中心、河北省图书馆共同承办的“第十期全国古籍普查登记目录审校人员培训班暨河北省第六期古籍普查培训班”在石家庄举办。

6 月 12 日起，由国家图书馆（国家典籍博物馆）、国家古籍保护中心、中国古籍保护协会主办的“册府千华——珍贵古籍雕版特展”在国家典籍博物馆举行。

6 月 16—17 日，中文数字出版与数字图书馆国际研讨会在中国古城西安隆重召开。2015 中文数字出版与数字图书馆国际研讨会是在国家及全社会大力探索李克强总理提倡的“互联网＋”战略背景下召开一次重要的学术会议，以“数字图书馆的知识创新”为主题。

6 月 18 日，国家级古籍修复技艺传习中心甘肃传习所在甘肃省图书馆揭牌。

6 月 21—23 日，由全国中小型公共图书馆联合会、中国知网、中国知识资源总库编委会主办，内蒙古自治区图书馆学会、内蒙古赤峰市图书馆承办的全国中小型图书馆联合会 2015 年研讨会在赤峰市举办。

6 月 24—26 日，“2015 年 NSTL 服务培训暨成果交流会”在中国科学院文献情报中心举行，来自 NSTL 各成员单位和服务站的相关人员近百人参加培训。

6 月 24—28 日，中国图书馆学会第九届“全民阅读论坛”暨 2015 年阅读推广峰会在江苏镇江举办。

6 月 25 日，由国家图书馆主办，全国图书馆文献缩微复制中心和河南省图书馆承办的“传承文明服务社会——全国图书馆文献缩微工作成果展”在河南郑州举办。

6 月 28 日，由中国西部公共图书馆联合会主办、呼伦贝尔市图书馆学会和呼伦贝尔市图书馆联合承办的“中国西部公共图书馆联合会第二届（2015）年会暨学术讨论会”在内蒙古呼伦贝尔市召开。

6 月 30 日，国家图书馆人民法院分馆正式成立并开通。最高人民法院常务副院长沈德咏、副院长贺荣，文化部副部长杨志今出席成立仪式。

7 月

7 月 8—10 日，由吉林、黑龙江、辽宁三省图书馆学会联合主办，吉林省图书馆学会和白城市图书馆共同承办的东北地区第十五次图书馆学科学讨论会在吉林省白城市举办。

7 月 10 日，“册府千华——民间珍贵典籍收藏展”在国家图书馆开幕。

7 月 21—24 日，中国图书馆学会专业图书馆分会 2015 年学术年会在贵州省贵阳市举办。

7 月 20 日，“中华古籍普查志愿服务行动”启动仪式在国家图书馆举行。

7 月 22—23 日，由教育部高校图工委主办、辽宁大学图书馆承办的第四届教育部高等学校图书情报工作指导委员会第三次工作会议在辽宁省沈阳市召开。

8 月

8 月 5 日，由国家图书馆主办，全国图书馆文献缩微复制中心和天津图书馆承办的“传承文明服务社会——全国图书馆文献缩微工作成果展”在天津图书馆文化中心馆举行。

8 月 14 日，“不朽的长城——纪念中国人民抗日战争暨世界反法西斯战争胜利70周年馆藏文献展”在国家典籍博物馆及国家图书馆总馆北区开幕。

8月18日，冯仲云图书馆揭牌暨捐赠仪式在黑龙江兴隆林业局举行，这是中国首个以东北抗日联军将领命名的图书馆。

8月19日，由文化部公共文化司指导，国家图书馆、中国图书馆学会、吉林省文化厅主办的“网络书香·数字图书馆建设与服务”宣传推广项目（吉林站）系列活动在吉林省图书馆拉开帷幕。

8月25—28日，由中国图书馆学会、国家图书馆主办，中国图书馆学会未成年人图书馆服务专业委员会、《图书馆报》、厦门市少年儿童图书馆承办的“2015年全国少儿阅读峰会”召开。

8月25—27日，2015年全国公共图书馆文献缩微技术培训会议在合肥市举行。来自全国14个全国图书馆文献缩微复制中心14个成员馆的40名学员参加此次培训。

8月27日，中国图书馆学会专业图书馆分会联合中国图书进出口（集团）总公司、中国图书馆学会高校图书馆分会共同主办的第七届“中国图书馆馆长与国际出版社高层对话论坛”在北京举行。

8月27—28日，“全国图书馆标准化技术委员会第二届委员会成立大会暨标准化工作与图书馆事业发展研讨会”在国家图书馆召开。

9月

9月10日上午，由教育部高等学校图书情报工作指导委员会、中国图书馆学会高等学校图书馆分会、上海交通大学图书馆主办、内蒙古科技大学承办的“全国第八届图书馆管理与服务创新论坛”学术会议在内蒙古科技大学图书馆召开。

9月10—11日，由中国图书馆学会主办、长春市图书馆承办的第27届全国十五城市公共图书馆工作研讨会在吉林省长春市召开。

9月10—12日，以“新时代，新思维，新挑战——互联网+背景下数字图书馆的战略规划与创新发展”为主题的第三届图书馆现代技术学术研讨会在北京举行。

9月11日，由北京大学信息产业战略研究中心、同方知网（北京）技术有限公司共同举办的“2015年公共图书馆特色资源数字化建设与应用研讨会”在安徽省合肥市召开。

9月12日，广西壮族自治区玉林市玉州区图书馆正式开馆。

9月14日，辽宁省、吉林省、黑龙江省、青海省、西藏自治区、新疆维吾尔自治区及云南省图书馆界联合举办的首届“八省区图书馆界蒙古文文献工作研讨会”在鄂尔多斯市召开。

9月15日，由中国图书馆学会主办，宁波市图书馆和宁波市图书馆学会承办的现代图书馆与科技融合研讨班在宁波市图书馆举办。

9月18—19日，由中国图书馆学会、韬奋基金会、中国出版集团公司、中国新华书店协会主办，中国图书馆学会阅读推广委员会、《图书馆报》、苏州工业园区独墅湖图书馆共同承办的“出版界图书馆界全民阅读年会”（2015）在苏州市举办。

9月21—22日，由联合国教科文组织指导，中国互联网协会、中国残疾人福利基金会共同主办的“第十一届中国信息无障碍论坛”在中国盲文图书馆举行。

9月23日，国家科技图书文献中心（NSTL）邀请国内多个图书馆共同发起签署《数字文献资源长期保存共同声明》发布会在京举行。国家图书馆、中国科学院文献情报中心、北京大学图书馆、清华大学图书馆等近60个文献信息机构的领导和代表出席发布会，集体签署《共同声明》。

9月28日，澳门文化局中央图书馆迎来成立120周年纪念日。

10月

10月9—15日，由国家图书馆主办，全国图书馆文献缩微复制中心承办的“传承文明　服务社会：全国图书馆文献缩微工作成果展”在广西图书馆展出。

10月14日，福建省图书馆学会第九次会员代表大会在平潭综合实验区召开。

10月16日，由教育部高等学校图书情报工作指导委员会读者服务创新与推广工作组主办，上海交通大学、上海财经大学、华中师范大学三校图书馆共同承办的首届全国高校图书馆阅读推广案例大赛总决赛暨研讨会在华中师范大学举行。

10月16日，2015甘肃省图书馆学会年会在兰州召开。

10月17—19日，2015年阅读推广峰会（秋季）暨中国图书馆学会阅读推广委员会成立十周年学术研讨会在临沂举办。

10 月 19—20 日，2015 年中国开放获取推介周在京举办。

10 月 19—21 日，2015 年江苏全省数字图书馆推广工程数字资源联合建设培训班在扬州举办。

10 月 21 日，由江西省图书馆学会主办的“互联网+”时代下图书馆资源建设学术研讨会在南昌举行。来自江西省各公共图书馆、院校图书馆的 350 位馆长、业务骨干参加会议。

10 月 21—22 日，由中文文献资源共建共享合作会议理事会主办、香港公共图书馆承办、香港图书馆协会与香港特别行政区大学图书馆长联席会协办的第十次中文文献资源共建共享合作会议在香港召开，会议主题为“数码薪传——中文文献共建共享项目的回顾与展望”。

10 月 22—23 日，由中国农学会农业图书馆分会主办、山西省农业科学院农业科技信息研究所承办的“2015 农业图书馆分会学术年会暨大数据环境下农业知识服务与创新研讨会”在太原召开。

10 月 22—23 日，由上海图书馆（上海科学技术情报研究所）主办，上海市科学技术情报学会和《竞争情报》编辑部、上海市前沿技术发展研究中心、上海市新兴产业情报研究联盟协办的 2015 竞争情报上海论坛在上海图书馆召开。

10 月 22—23 日，由国家图书馆和中国图书馆学会信息组织专业委员会联合主办的第四届全国文献编目工作研讨会在重庆举行，来自国家图书馆、公共图书馆、高校图书馆，以及各专类图书馆的 167 名代表参会。

10 月 25—27 日，“第四届中美数字时代图书馆学情报学教育国际研讨会”在武汉大学召开。

10 月 28—30 日，由教育部高等学校图书情报工作指导委员会战略规划研究组主办、浙江省高等学校图书情报工作委员会和浙江工业大学图书馆承办的高等学校图书馆“十三五”发展规划高级研修班在浙江工业大学举办。

10 月 30 日，由河北大学图书馆主办的华北高校图协第 29 届学术年会在河北大学新校区邯郸开幕。来自华北地区五省市自治区的 200 多位高校图书馆馆长和图书馆代表参加年会。

11 月

11 月 1 日，内蒙古最大的少儿图书馆——内蒙古图书馆少儿馆正式开馆。

11 月 4—6 日，国家科技图书文献中心与武汉大学信息管理学院联合主办的“2015 数字信息资源建设学术交流会暨第四届 NSTL 文献资源建设研讨会”在湖北省武汉市召开。

11 月 5 日，“2015 全国图书馆未成年人服务提升计划（海南站）”巡讲活动在海南省图书馆举行。海南图书馆被授予“全国图书馆未成年人提升计划”示范基地。

11 月 5 日，由国家图书馆、贵州省文化厅主办，全国图书馆文献缩微复制中心、贵州省图书馆承办的“传承文明　服务社会——全国图书馆文献缩微工作成果展”在贵州省图书馆开展。

11 月 6 日，2015 海峡两岸暨港澳图书馆学情报学期刊发展论坛在河南省图书馆召开。此次论坛由海峡两岸暨港澳图书馆学情报学期刊发展论坛组委会主办，河南省图书馆、河南省图书馆学会承办。来自港、澳、台及省内的同行近 80 人参加会议。

11 月 14 日上午，第九届全国图书馆学博士生学术论坛在北京大学图书馆举行。

11 月 18—20 日，由中国索引学会和四川大学图书馆联合主办的“2015 年中国索引学会年会暨学术研讨会”在成都四川大学召开，来自全国 11 个省市、51 个单位的 80 余名代表参加会议。

11 月 19 日，由海南省图书馆、海南省图书馆协会轮值承办的“2015 年鲁豫皖赣新琼图书馆学会年会”在海口召开。大会主题是“有活力的图书馆：合作、共赢”。

11 月 19 日，北京、天津、河北三地公共图书馆在石家庄签署合作协议，成立京津冀图书馆联盟，并就搭建资源共建共享平台、联合参考咨询平台、专业人才培养平台、惠民服务平台、公共文化示范区建设平台、冬奥会主题服务平台等事宜达成深化合作意向。

11 月 20—22 日，2015 年贵州省图书馆学会学术年会在六盘水市召开。学术年会以“新时期图书馆服务的提升与拓展”为主题。

11 月 21 日，“十三五”时期现代公共文化服务体系建设研讨会暨北京大学国家现代公共文化研究中心、文化部公共文化研究基地揭牌仪式在京举行。

11 月 29 日，重庆首个作家图书馆即重庆文学珍藏馆在北城天街举行开馆仪式。

12 月

12 月 4 日，由文化部公共文化司指导、上海图书馆主办的“大数据与公共数字文化服务研讨会暨文化部公共文化研究上海图书馆基地揭牌仪式”在上海图书馆举行。

12 月 4—6 日，全国图书馆地方文献建设学术研讨会在河南师范大学图书馆召开。本次研讨会由河南省高校图书情报工作委员会主办，河南师范大学图书馆承办。

12 月 9 日，国务院法制办公室公布《中华人民共和国公共图书馆法（征求意见稿）》公开征求意见的通知。

12 月 10—11 日，由教育部高等学校图书情报工作指导委员会战略规划组、江苏省高等学校图书情报工作委员会主办、江苏大学图书馆承办的高校图书馆“十三五”规划经验交流会在镇江举行。

12 月 11 日，文化部、国家发改委、国家民委、财政部、国家新闻出版广电总局、国家体育总局、国务院扶贫办七部委日前联合印发《“十三五”时期贫困地区公共文化服务体系建设规划纲要》。

12 月 13—15 日，由教育部高等学校图书情报工作指导委员会主办、中山大学图书馆承办的 2015 年全国高校图书馆古籍整理与保护高层论坛暨学术研讨会在中山大学召开。

12 月 15—17 日，2015 年中国图书馆年会在广州市举行。年会以“图书馆——社会进步的力量”为主题，围绕工作会、学术会和展览会三大板块展开。

12 月 16 日，中国记忆项目资源共建共享研讨会在广州召开。国家图书馆、北京大学图书馆等 29 家公共图书馆在广州发出倡议，加紧对“记忆资源”的征集、抢救性采访、摸底、编目、推广等工作，共建“中国记忆”。

12 月 19 日，全国少儿主题图书馆发展论坛在山西省运城市召开。全国二十几个省市的 150 家少儿图书馆或绘本馆负责人参与研讨与交流。

12 月 21 日，浙江图书馆首届理事会举行成立仪式。

12 月 25 日，主题为“图书馆：变革时代的使能者”的上海市图书馆学会 2015 年学术年会在上海交通大学召开。

12 月 26 日，重庆图书馆第一届理事会成立大会在该馆举行。

12 月 29 日，由江西省文化厅主办、江西省图书馆学会承办的 2015 年江西图书馆年会暨江西省图书馆学会年会在南昌召开。

12 月 29—30 日，2015 年河北省图书馆学会年会在邢台召开。本届年会以“图书馆与社会：角色重塑与提升”为主题，由河北省图书馆学会主办，邢台市图书馆学会承办。（国家图书馆　罗欢　祁东峰）

综合索引

B

C

D

E

F

H

M

Q

R

S

T

W

X

Y

Z

（衡中青编制）